江西法院
第32届学术讨论会
获奖论文集

JIANGXI FAYUAN
DI 32 JIE XUESHU TAOLUNHUI HUOJIANG LUNWENJI

主编 傅信平

人民法院出版社

图书在版编目（CIP）数据

江西法院第32届学术讨论会获奖论文集 / 傅信平主编. -- 北京：人民法院出版社，2023.7
ISBN 978-7-5109-3836-8

Ⅰ. ①江… Ⅱ. ①傅… Ⅲ. ①法院－工作－江西－文集 Ⅳ. ①D926.22-53

中国国家版本馆CIP数据核字(2023)第134640号

江西法院第 32 届学术讨论会获奖论文集
傅信平　主编

策划编辑	赵　刚
责任编辑	吴朔桦　杨佳瑞
执行编辑	白　鸽　姚丽蕾
封面设计	天平文创视觉设计
出版发行	人民法院出版社
地　　址	北京市东城区东交民巷 27 号（100745）
电　　话	（010）67550622（责任编辑）　67550558（发行部查询）
	65223677（读者服务部）
客 服 QQ	2092078039
网　　址	http://www.courtbook.com.cn
E - mail	courtpress@sohu.com
印　　刷	三河市国英印务有限公司
经　　销	新华书店
开　　本	787 毫米×1092 毫米　1/16
字　　数	1146 千字
印　　张	55.25
版　　次	2023 年 7 月第 1 版　2023 年 7 月第 1 次印刷
书　　号	ISBN 978-7-5109-3836-8
定　　价	218.00 元

版权所有　侵权必究

江西法院第 32 届学术讨论会评审委员会人员名单

主　任：傅信平

副主任：居国屏　胡淑珠　柯　军　赵九重
　　　　喻德红　盛　茵　桂云黔　黄建文
　　　　陈仁生　邹宇平　陈建平

委　员：（按姓氏笔画排序）
　　　　王慧军　方斯远　刘为勇　汤媛媛
　　　　肖　慧　肖建国　张慧斌　欧阳军
　　　　徐英荣　郭　敏　龚雪林　曾　华
　　　　熊永明　颜凌云

江西法院第 32 届学术讨论会组织委员会人员名单

主　任：喻德红

副主任：欧阳军　蔡玫而　杨勇杰

成　员：谢家辉　孙洪莉　沈　娜　刘铭昌
　　　　杨　俊

编印说明

2022年，江西全省法院第32届学术讨论会坚持以习近平新时代中国特色社会主义思想为指导，围绕"人民法院服务中国特色社会主义法治体系建设与刑事法律适用问题研究"的中心议题，立足于审判执行、综合行政、司法改革等司法实践工作，认真组织、积极发动全省法院干警，成功地组织开展了这次学术研讨活动。江西省高级人民法院组委会收到由各中级人民法院报送的272篇优秀学术论文，经过三轮评选，最终选出55篇精品论文报送全国法院第34届学术讨论会参评。在这过程中，全体作者表现出端正严谨的学术态度、积极向上的创作热情和争先创优的拼搏精神，涌现出一大批能办案、善思考、爱创作的优秀人才。指导老师悉心辅导，全体评委公正评选，胜出的文章得到普遍肯定，未选中的作者也虚心受教，营造出良好的学习、拼搏、提高的研讨氛围。

近几年来，江西省高级人民法院在学术研讨工作上确立"为审判实践赋智、为理论研究赋能"的发展定位，坚持"育人才强学术促发展"的发展思路，推行"学术研讨领军人才"战略，三级法院齐心协力，久久为功，终见成效：2020年获得全国法院第三名的好成绩；2021年度首次取得全国法院第一名的杰出战果，实现了历史性突破；2022年，获得全国法院第34届学术讨论会1篇一等奖、9篇二等奖、7篇三等奖、14篇优秀奖，获奖总篇数31篇，获奖率达56.4%，江西省高级人民法院以第五名的总成绩继续获得全国法院学术讨论会"组织工作先进奖"，南昌市中级人民法院、永丰县人民法院获得全国中基层法院"组织工作先进奖"。江西法院持续稳定地保持在全国法院学术讨论工作一流方阵，实现了高质量发展"走稳前列"目标。成绩值得肯定,拼搏还需继续。

习近平总书记指出:"对经过充分研究、比较成熟的调研成果,要及时上升为决策部署,转化为具体措施。"① 法院学术研讨侧重于应用法学研究,要从实践中来,到实践中去。本论文集收录的53篇论文,涉及刑事、民商事、行政审判和执行等领域司法实践、改革创新和法学理论研究最新调研成果。例如,永丰县人民法院陈春英等撰写的《"幽灵抗辩"司法应对路径探析——以172个无罪辩护案件为研究对象》、南昌市中级人民法院黄淑彬等撰写的《如何回应:辩方类案检索报告参照、释明路径之深化——基于"辩—审"主体互动类型的有效建构》等文章,不仅获得了全国法院大奖,文中观点、建议对提升审判工作也具有不错的参考价值。江西省高级人民法院将这些优秀成果结集出版,不仅可以为各级法院推动审判、政务发展,开展司法决策、改革创新等提供参谋、借鉴作用,也可以为法学理论发展提供比较权威、有力的实务研究支持。我们想,这也正是法院学术研讨工作重要的初心和使命。

最后,向江西省高级人民法院组委会全体同志道一声辛苦!感谢你们为江西全省法院学术研讨工作付出的辛勤而卓有成效的劳动!祝全省法院学术研讨工作越办越好。

组委会
2023年2月于南昌

---

① 《年轻干部要提高解决实际问题能力 想干事能干事干成事》,载《人民日报》2020年10月10日。

目 录

一等奖

"幽灵抗辩"司法应对路径探析
——以172个无罪辩护案件为研究对象
.... 江西省永丰县人民法院 陈春英
.... 江西省永丰县人民法院 赵文娟（3）

如何回应：辩方类案检索报告参照、释明路径之深化
——基于"辩—审"主体互动类型的有效建构
.... 江西省南昌市中级人民法院 黄淑彬
.... 江西省南昌市中级人民法院 刘利荣
.... 江西省南昌市中级人民法院 肖 慧（18）

非法占用农用地罪刑事规制转向及完善进路
——以《民法典》时代下的"三权分置"改革为视角
.... 江西省景德镇市珠山区人民法院 万 骏（37）

实体与程序并重：论"立功线索非法来源"的认定标准与举证责任
——以2844份相关刑事判决为研究样本
.... 澳门科技大学 方浩成
.... 江西省景德镇市中级人民法院 唐东勇（52）

穿透式审判与纠纷一次性解决协调适用的程序构建
.... 江西省贵溪市人民法院 刘 艳
.... 江西省贵溪市人民法院 周云伟（68）

循"案"而"理"：典型司法案例参与社会治理困境与出路
——以内外功能融合与优化为视角
.... 江西省赣州市中级人民法院 肖建国
.... 江西省赣县人民法院 龚享福
.... 江西省兴国县人民法院 王承强（82）

法官审判能力业绩评价的失范与调适研究
——以民事案件数据+综合指标考评为视角
.... 江西省万安县人民法院　肖代春（97）

刑事审判中大数据证据的合法性审查
——基于镶嵌论的逻辑推演方法
.... 江西省吉水县人民法院　伍春辉

.... 江西省吉水县人民法院　刘忠瑜（117）

数字货币价值认定标准的分歧与修正
——以刑罚适用有效性为视角
.... 江西省丰城市人民法院　邓　君（134）

二等奖

法秩序统一视角下侵犯公民个人信息罪入罪边界的调适
——基于"情节严重"认定标准完善的考量
.... 江西省南昌市中级人民法院　曾　琴

.... 江西省南昌市中级人民法院　潘　建（155）

积量构罪：信息网络空间中法益受侵害风险的量增质变
——以社会危害性评判为中心对非法利用信息网络罪适用的修正与完善
.... 南昌铁路运输中级法院　杨　皓

.... 南昌铁路运输中级法院　刘文娟（173）

虚假诉讼犯罪治理民刑衔接规则之构建
——以信息传递为分析路径
.... 江西省南昌市新建区人民法院　何　勐

.... 江西省南昌市新建区人民法院　曹青青

.... 江西省南昌市中级人民法院　魏日华（190）

罪量要素分割下网络暴力犯罪主体的认定规则探究
.... 江西省萍乡市安源区人民法院　严　琴

.... 江西省萍乡市安源区人民法院　樊雨兰（209）

刑事相似事实证据规则的探索与构建
——立足证据裁判与自由心证的衡平分析
.... 江西省都昌县人民法院　王丽娟

.... 江西省九江市中级人民法院　于振宇（223）

案外人异议主张截止期限的检视与优化
——以《强制执行法（草案）》第89条为切入视角
.... 江西省新余市中级人民法院　丁　锐

.... 江西省新余市中级人民法院　黄敏芳（237）

辩审对话：刑事"开放性"辩护与裁判文书"回应性"说理互动分析
　　——以刑事辩护热点案件裁判文书为视角
　　······················江西省铜鼓县人民法院　晏乃曦（250）

刑法谦抑性视野下工具型财物没收规则的厘定
　　——以需罚性的融合判断为切入点
　　······················江西省南昌市新建区人民法院　何　勍
　　······················江西省南昌市新建区人民法院　卢　芬
　　······················江西省南昌市中级人民法院　熊祖贡（271）

疫情下解除小微企业财产保全规则的检视与完善
　　——以回应型司法为路径
　　······················江西省九江市濂溪区人民法院　桂利娇
　　······················江西省九江市中级人民法院　毛江东（288）

类案参照在刑事审判中的功能变异和纠偏
　　——以"法官预断"习惯为视角
　　······················江西省宜春市中级人民法院　李雅芳（305）

民事执行程序中虚假诉讼识别与规制路径建构
　　——以冲突视阈下"有限"职权主义实体审查为视角
　　······················江西省宜春市中级人民法院　陈明灿（322）

何以辨明：刑事和解隐藏事实的查明方法
　　——以合意式诉讼模式为视角
　　······················江西省宜春市中级人民法院　管俊兵
　　······················江西省宜春市袁州区人民法院　陈国平（339）

思患预防：拒执罪帮助行为的入罪规则构建
　　——以对"逃废债"的治理为切入
　　······················江西省宜春市袁州区人民法院　周　顺
　　······················江西省宜春市中级人民法院　贾　莉（353）

何以趋同：暗示型内幕交易犯罪事实的判定
　　——以"证成+排除假说"模式为路径
　　······················江西省宜春市袁州区人民法院　陈国平
　　······················江西省宜春市袁州区人民法院　胡慧慧（368）

危险作业罪裁判规则的规范与完善
　　——以 LEC 风险评价法量化"危险"为路径
　　······················江西省丰城市人民法院　范雪梅（381）

企业刑事合规量刑激励的检视与完善
　　——化解从宽与罪责刑相适应原则的张力
　　………………………………………江西省靖安县人民法院　刘　鹏
　　………………………………………江西省靖安县人民法院　徐　帆（399）

法院如何有效回应民事当事人"其他类案"参照请求
　　——基于协同主义视角下的"三阶十步法"阐释
　　………………………………江西省吉安市吉州区人民法院　郑　辉（413）

从法院主导到共同治理的转变：法院普法融入诉源治理的思考
　　——基于"制度—生活"分析视角
　　………………………………………江西省大余县人民法院　刘向平
　　………………………………………江西省大余县人民法院　付秋红（433）

第三人有限协助调查取证义务的司法认定
　　——以互联网平台公共性展开
　　………………………………………江西省大余县人民法院　黄中林
　　………………………………………江西省大余县人民法院　刘向平
　　………………………………………江西省大余县人民法院　廖文秀（448）

从"叙事"到"融合"：司法政策个案实施的困境与出路
　　——以典型案例中政策运用场景考察为切入点
　　………………………………………江西省会昌县人民法院　李晓霞
　　………………………………………江西省会昌县人民法院　曾志强
　　……………………………………江西省南昌市中级人民法院　郭雨歌（465）

人工智能融入司法：算法证据真实性的认定规则
　　——以要素式审判为视角
　　…………………………………江西省景德镇市中级人民法院　董美霞
　　……………………………………江西省南昌市中级人民法院　吕昌燕
　　………………………………………江西省会昌县人民法院　王文娟（483）

三等奖

侵犯公民个人信息罪场景化印证的样态、逻辑与结构
　　——以传统印证场景的多重对比分析为切入点
　　………………………………………江西省会昌县人民法院　侯为民
　　……………………………………江西省赣州市中级人民法院　肖昌明
　　………………………………………江西省会昌县人民法院　李晓霞（499）

审判中心视野下刑事案件繁简分流要素识别
　　——以轻罪的智能化识别路径建构为视角
　　………………………………………江西省大余县人民法院　廖宝莲（518）

审判重心下沉背景下案件提级管辖机制完善
——以识别标准和程序机制为研究基点
.... 江西省赣州市中级人民法院 郭 敏
.... 江西省赣州市中级人民法院 钟 琰
.... 江西省赣州市中级人民法院 程艳红（536）

总体国家安全观下涉种子犯罪"轻刑化"现象的检视与修正
——从风险社会中粮食种子法益的"跃迁"切入
.... 江西省抚州市中级人民法院 饶辉华（554）

风险社会视角下司法警察保护审判安全"全周期"机制探究
——以100件法院突发应急事件"过程—情境"式解释范式为样本
.... 江西省乐安县人民法院 谢晨康
.... 江西省乐安县人民法院 李 依（573）

严字当头：性侵未成年人案件认罪认罚从宽制度的特殊构建
——以构建精细量刑规则为目的
.... 江西省高级人民法院 杨云欣（592）

院庭长类案监督的实践困境与完善路径
——以信息传递为视角
.... 江西省鹰潭市中级人民法院 孔梦娜（606）

具体危险犯形态下"危险"的实质解释与判断
——以《刑法修正案（十一）》第4条的适用为中心
.... 江西省安义县人民法院 刘志成
.... 江西省安义县人民法院 万 艳
.... 江西省南昌市中级人民法院 陈 洁（622）

虚开增值税专用发票罪的扩张与规制
——以中国裁判文书网变票虚开案件裁判文书为分析样本
.... 江西省武宁县人民法院 蔡报刚
.... 江西省武宁县人民法院 刘 宏
.... 江西省九江市中级人民法院 顾佰成（635）

网络开设赌场涉案资金处置的现状审视与处置机制完善
——兼论动态性账户资金没收标准构建
.... 江西省萍乡市中级人民法院 刘 浩
.... 江西省萍乡市安源区人民法院 黄 轲
.... 江西省萍乡市安源区人民法院 王石莎（649）

善意执行理念下失信修复分类分级机制的实践图景与制度构建
　　——基于二维矩阵模型为分析视角
　　　　　　　　　　　　　　……………江西省吉安县人民法院　刘清林
　　　　　　　　　　　　　　……………江西省永新县人民法院　欧阳晓凤（666）

袭警罪行为要素"暴力袭击"之检视
　　——以方法论范式上的主体间性为视角
　　　　　　　　　　　　　　………江西省吉安市中级人民法院　肖征元（688）

最有利于保护原则下未成年人认罪认罚规则之反思与重构
　　——以法定代理人、辩护人异议权为视角
　　　　　　　　　　　　　　…………江西省吉安市中级人民法院　尹　菁
　　　　　　　　　　　　　　……………江西省永丰县人民法院　王涌森
　　　　　　　　　　　　　　………江西省萍乡市中级人民法院　陈　晶（704）

网络暴力行为的犯罪化限度与进路
　　——以秩序法益观为视角的刑事一体化思考
　　　　　　　　　　　　　　……………江西省万安县人民法院　曾庆连（719）

印证视野下"刷单"辩解证明规则的偏差与校正
　　——以最佳解释推理原则为视角
　　　　　　　　　　　　　　………江西省吉安市中级人民法院　张慧斌
　　　　　　　　　　　　　　………江西省吉安市中级人民法院　曾　莹（730）

刑事诉讼分案与合并审理制度的智能化识别
　　——以技术治理的合理性与合理限度为视角
　　　　　　　　　　　　　　……江西省景德镇市中级人民法院　董美霞（744）

行政诉讼费用制度的"功能性"失调及完善
　　——以审级职能和诉讼收费的有效协同为视角
　　　　　　　　　　　　　　……………南昌铁路运输中级法院　占子明
　　　　　　　　　　　　　　……………南昌铁路运输中级法院　章鹏在（760）

从"分离"到"回归"：跨域管辖行政案件融入诉源治理的巡回审判路径
　　选择与结构重塑
　　——以N铁路法院巡回审判实践为样本
　　　　　　　　　　　　　　……………南昌铁路运输中级法院　郑　怡
　　　　　　　　　　　　　　………………南昌铁路运输法院　石春芳（778）

由"二维"至"精准"：认罪认罚从宽制度中被追诉人反悔之量刑考量
　　——以282份"侵犯公民人身权利、民主权利罪"的生效裁判文书
　　　　为研究样本
　　　　　　　　　　　　　　……………南昌铁路运输中级法院　孙　琴（794）

惩治网络犯罪利益链条罪刑均衡的体系化构建
——以网络犯罪去中心化为视角
.... 江西省宜春市袁州区人民法院 苏 州（809）

类案证据认定智能化模型构建
——基于刑事证据审查判断模式的人机交互改造
.... 江西省宜春市袁州区人民法院 邓永民
.... 江西省宜春市中级人民法院 李 佳
.... 江西省南昌市西湖区人民法院 吴芳兰（825）

不止于"同判"：功能主义视角下法院运用类案参与社会治理的反思与完善
——以"个案智慧到类案经验"为模式展开
.... 江西省宜春市中级人民法院 李 佳
.... 江西省宜春市袁州区人民法院 邓永民
.... 江西省进贤县人民法院 肖 慧（840）

碰撞与融合：乡村司法视域下在线诉讼的困境与出路
.... 江西省德兴市人民法院 童 慧（859）

一等奖

"幽灵抗辩"司法应对路径探析
——以172个无罪辩护案件为研究对象

江西省永丰县人民法院　陈春英

江西省永丰县人民法院　赵文娟

引　言

2021年9月,潜逃多年后落网的劳荣枝案一审宣判,劳荣枝被以故意杀人、抢劫、绑架三罪并罚判处死刑,剥夺政治权利终身,并处没收个人全部财产。宣判后,劳荣枝对判决不服,提出上诉。庭审阶段,劳荣枝也对故意杀人罪予以否认,辩称自己是受法子英胁迫,并当庭哭诉"一辈子没杀过一只鸡"。① 至二审时,劳荣枝则完全推翻了此前侦查阶段的供述,辩称自己完全是受法子英胁迫。案件相关情况一经发布即引起全网讨论,而笔者关注的则是她所提到的"被法子英胁迫"这一事实的认定问题。劳荣枝所称被胁迫到底是确有其事还是胡乱编造,由于法子英早已被处决,许多细节难以查证,刑事判决所要求的"证据确实、充分"在此情境下应当如何达成?

刑事诉讼中,就公诉机关的有罪指控提出辩解是被告人主动行使辩护权的正常表现。但经常有一些被告人提出的辩解理由像劳荣枝的"受胁迫"一样,一时无法查证或难以查证但又有存在的可能性。有学者将这类难以查证但有可能存在的辩解统称为"幽灵抗辩"。"幽灵抗辩"又名"海盗逻辑",源自我国台湾地区的一起海上香烟走私案,该案中被告人辩称自己是在海上捕鱼时遭遇了海盗,海盗将其捕的鱼抢走并将这些香烟丢到了其船上。法官认为该辩解存在一定的合理性,而且检察官无法举证排除该可能性,于是判决被告人无罪。因为被告人口中的海盗犹如幽灵一般难以查证,所以这一类的辩解就被称作"幽灵抗辩"。② 自此之后,海上走私类案件当事人纷纷效仿表示自己也是遭遇海盗,其他案件中也有越来越多的被告人选择提出一些难以查证的辩解以脱罪,甚至个别法律工作者还提供专门的"幽灵抗

---

① 《劳荣枝法庭痛哭道歉最后陈述:可以说我不优秀,但不可以说我不善良》,载 https://baijiahao.baidu.com/s?id=1686785783293255961&wfr=spider&for=pc,最后访问时间:2022年7月29日。

② 吴巡龙:《刑事举证责任与幽灵抗辩》,载我国台湾地区《月旦法学》2006年第133期。

辩"法律服务,将之称为所谓的"辩护技巧"。① 面对"幽灵抗辩",法官将始终面临"采信则有可能放纵犯罪"和"不采信则无法排除合理怀疑"的两难困境。

如何既保障被告人的诉讼权益,又及时查证案件,是亟待关注并解决的难题。

一、现状扫描:"幽灵抗辩"实务样态

为研究"幽灵抗辩"的常见形态、特点及司法应对方式,笔者通过各种方式收集了172个存在"幽灵抗辩"的案件,采用案例分析、统计分析等方法予以实证分析。

(一)"幽灵抗辩"案件基本特征初探

1. 从案由分布看,"幽灵抗辩"在各种类型案件中都有可能出现,但案由相对集中,172个样本案件中诈骗、盗窃等侵财型犯罪46起,故意杀人、强奸等侵犯人身权利型犯罪37起,毒品类犯罪53起,交通肇事罪、帮助信息网络犯罪活动罪等其他案由36起,具体分布如图1。

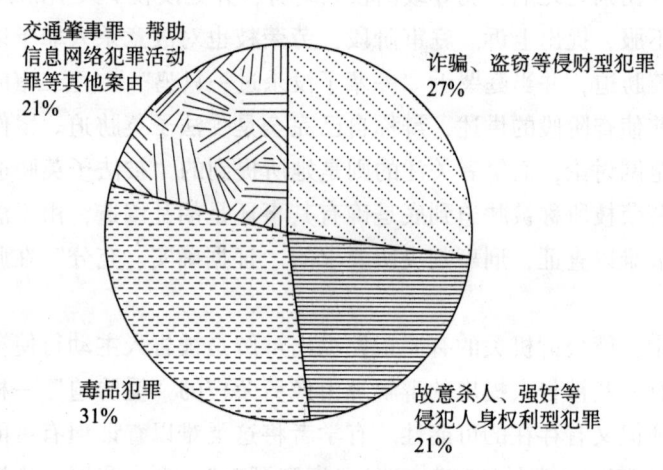

图1 样本案件案由分布

2. 从处理结果看,172个案件的被告人均提出了一时难以查证的抗辩事由以试图获得无罪或罪轻判决,抗辩事由被采纳并获得无罪、罪轻判决的47件,其中全部采纳并无罪判决7件、罪轻判决11件,部分采纳并罪轻判决29件,其余125件均被驳回,意见全部采纳率约为10.47%,部分采纳率约为16.86%(见图2)。值得注意的是,样本案件中还出现了基本事实和抗辩事项均相似,但处理结果完全相反的情况,可见司法实践中不同法官对证明标准的理解和把握存在一定差异。如吴某盗

---

① 微信公众号"涉毒犯罪辩护联盟"2017年11月29日发布《毒辩大讲坛第九十一讲——毒品犯罪辩护中的幽灵辩护》,该文将"幽灵抗辩"作为一种辩护策略予以宣讲。

窃案①和李某盗窃案②中，均在案发现场提取到了被告人生物物证，报案及现场勘查均及时进行，被告人均有盗窃前科，被告人均辩称案发时在他处没有作案时间，但一个被判有罪，一个被判无罪。

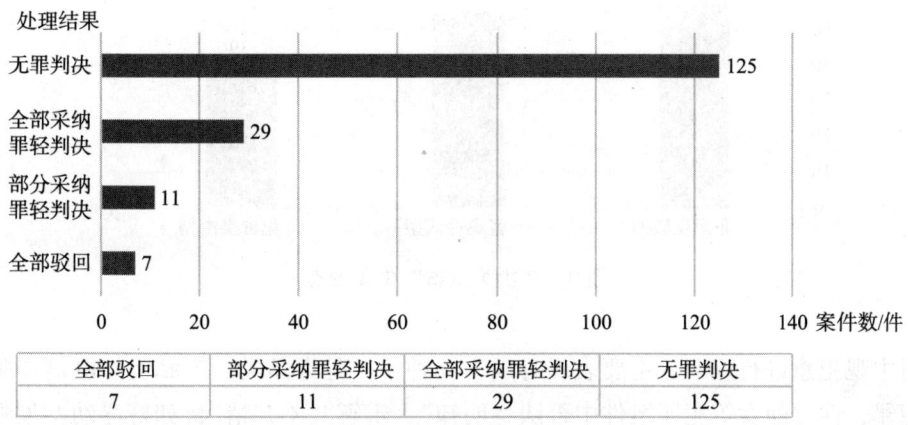

图 2　样本案件处理结果概览

3. 从审判程序看，所有 172 起案件一审均适用的普通程序，用时最长 342 天、最短 37 天、平均 85 天，二审平均用时 57 天。从审理用时可知，无论是一审法官还是二审法官，在对案件整体事实查明或抗辩事项核实方面均持谨慎态度。172 起案件中有 135 起进入二审程序，其中检察院抗诉 29 起、被告人上诉 101 起、既上诉又抗诉 5 起。而在抗辩意见没有全部采纳的 154 起案件中，上诉率虽然高达 68.18%，但在上诉不加刑的司法规则下，居然有三成多一审时不承认犯罪事实的被告人服判服法，本身就说明案件真实情况或许并不是他抗辩意见中所提那般。

（二）"幽灵抗辩"常见形态速描

本文依照犯罪构成四要件理论，区分具体的抗辩事由将"幽灵抗辩"大体分为犯意反驳型、客观否认型和免责事由型三种。（见图 3）③ 在收集的 172 个案件中，提出的抗辩事由属于犯意反驳型的 78 件，占比 45%；属于客观否认型的 55 件，占比 32%；属于免责事由型的 39 件，占比 23%。

1. 犯意反驳型。主客观一致是认定犯罪的基本要求，这类抗辩主要是针对犯罪主观构成要件中的犯意要素予以辩驳。笔者收集的 172 件案例样本中有 78 件主要是

---

① 详见辽宁省本溪市明山区人民法院（2019）辽 0504 刑初 26 号刑事判决书、辽宁省本溪市中级人民法院（2019）辽 05 刑终 130 号刑事判决书。
② 详见广东省广州市黄埔区人民法院（2014）穗黄法刑初字 747 号刑事判决书、广东省广州市中级人民法院（2015）穗中法刑二终字 515 号刑事判决书。
③ 值得注意的是，司法实践中被告人提出抗辩是为免除或减轻罪责，而非进行犯罪构成分析，所以他们所提出的抗辩理由有时也并不单纯针对某一方面，有的甚至主客观一概否认，实践中被告人的抗辩事由也是层出不穷、形式多样，这个分类也不完全客观严谨。

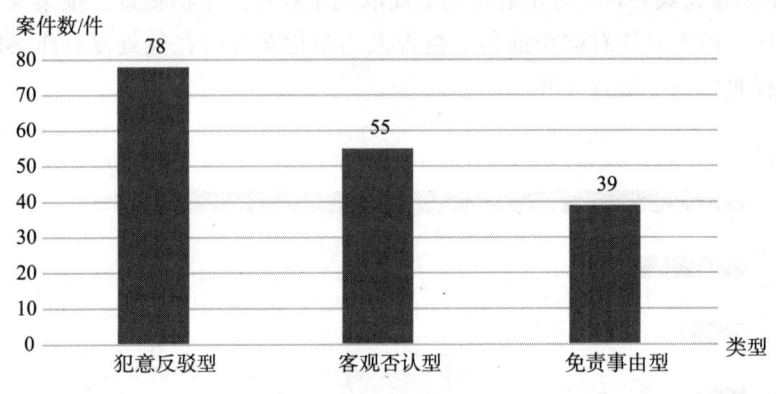

图 3 "幽灵抗辩"常见形态

针对主观犯意进行反驳。主要表现有以下几种：一是毒品类、走私类、电信诈骗关联犯罪、性侵幼女等犯罪案件中否认"明知"、辩解"不知情"，如奸淫幼女型强奸犯罪，被告人往往辩称不知道对方的年龄。二是侵财类案件中辩称没有"非法占有目的"，侵财类案件普遍要求行为人以非法占有为目的，如果没有非法占有目的则一般认为不构成犯罪，而主观目的属于当事人内心所思所想，很多被告人即使被追诉仍不愿直接承认自己的真实目的，如笔者办理的刘某某合同诈骗案中，刘某某即辩称其系合伙投资而非诈骗，所收款项也已用于打点项目。①

【案例1】谭某帮助信息网络犯罪活动案。2021年1月，谭某在微信群看到有人称提供银行卡每日可支付数百元好处费，遂办理了一张银行卡并将银行卡、个人手机、手机银行密码、身份证交给了对方。经查，该银行卡2021年1月28日、29日进账100余万元，其中56万余元经查实系电信诈骗被骗资金。谭某到案后辩称自己是受到他人胁迫才将银行卡等物交给对方，不知道对方是将银行卡用于电信网络诈骗。②

根据《刑法》规定，提供银行卡型帮助信息网络犯罪活动罪必须以行为人明知他人实施电信网络诈骗等信息网络犯罪为前提，但此类案件中许多被告人像谭某一样辩解自己不知情。而知情与否是深藏于行为人内心的事实，如非口述，通过证据一般难以探知。

2. 客观否认型。该类抗辩攻击的是犯罪构成客观要件，即被告人通过辩解自己实施了其他行为以达到否认指控行为的目的。大多数出现在控方证据体系较为薄弱的案件中。收集的172个案例中有55件抗辩对象主要锁定为客观要件，主要表现为被告人提出其本人独知的事实使控诉证据链无法形成闭环。如盗窃案中对于从其处查获的被盗财物则辩解称是捡的、买的或者别人给的；毒品犯罪案件中哪怕是人赃

---

① 详见江西省永丰县人民法院（2019）赣0825刑初17号刑事判决书。
② 详见广东省深圳市宝安区人民法院（2021）粤0306刑初1546号刑事判决书。

俱获，被告人都往往对事实予以否认，要么称被查获的毒品是绰号为某甲的人寄存的，要么称是帮绰号为某乙的人送茶叶，不知道怎么就换成了毒品。

【案例2】曾某交通肇事案。某日凌晨，某县110指挥中心接群众报警称有一人躺在路边，疑似发生交通事故。民警出警后发现被害人魏某躺在路边，现场还散落有疑似电动车碎片和血迹，当日魏某抢救无效死亡。之后，民警通过对现场血迹进行DNA鉴定锁定肇事者是曾某。曾某到案后承认自己当天曾骑车经过案发路段，但辩称在案发前十分钟即已通过该路段，人不是其撞的，自己受伤是因为在别处摔了一跤，对于DNA鉴定意见，则表示警察抽了其的血，可能搞错了。①

这是笔者亲历的一起案件。面对指控，曾某试图通过辩解自己不在案发现场予以脱罪，而对于自己受伤、DNA鉴定等客观事实，又提出别处摔跤、鉴定出错等理由。由于缺乏证明交通事故案发经过的直接证据，而曾某又言之凿凿、不像说谎，笔者在办理该案时一度心存疑虑。

3. 免责事由型。该类抗辩一般表现为被告人对公诉机关指控实施的构成犯罪要件的行为不予否认，提出在指控事实之外还独立存在诸如正当防卫、紧急避险、被害人同意、无刑事责任能力、受他人胁迫等事由并据此要求免责，提出的免责事由又因其他证据瑕疵或缺失而难以查证，从而形成"幽灵抗辩"。如在一些年龄处于临界节点的案件中，被告人往往以出生日期系农历、上户口时虚增了年龄等为由对刑事责任能力提出抗辩。而在一对一类案件中，则多提出对方先动手、自己是迫于无奈还击、自己被胁迫等辩解。在172个样本案例中，有39名被告人作出了此类选择。

【案例3】万某故意杀人案。万某与其儿子共同居住，两人在生活中经常产生矛盾，万某对其子一直不满。2018年8月6日凌晨，双方因琐事发生争执并发生肢体冲突，万某遂到厨房拿来一把尖刀砍切其子颈部将之杀死。案发后，万某前往某医院意图跳楼自杀，后被抓获。审理过程中，万某辩解儿子向其索要毒资不成，从厨房拿菜刀要砍其，其是在和儿子打斗过程中夺过刀而无意之中伤及儿子，其行为属于正当防卫。②

该案中，案件是否因被害人索要毒资而引发、万某是否因夺刀而误杀对案件定性有重大影响，但本案发生于相对密闭的空间和家庭内部成员之间，既无目击证人或视频监控等直接证据，被害人也已死亡，可谓死无对证、难以查证。

二、路径解析：千方百计地应对探索和破解乏力的实践现状

如何合法、有效地查明案件事实是刑事诉讼的核心问题。如果无法准确认定事实，将可能产生冤错案件。"幽灵抗辩"之所以成为一种困扰，一个非常重要的原

---

① 详见江西省永丰县人民法院（2022）赣0825刑初93号刑事附带民事判决书。
② 详见江西省高级人民法院（2019）赣刑终173号刑事裁定书。

因是这类抗辩也存在一定的合理性,某种程度上动摇了控方的指控体系。正因如此,检察官、法官才会想方设法去排解。但由于我国尚无明文规定的辩护事由证明方案,实践中对"幽灵抗辩"的应对亦无统一标准,从172个案例样本中粗略分析,发现主要有以下五种不同的处理模式(见图4),且各自均存在一定的局限而不具有普适性。

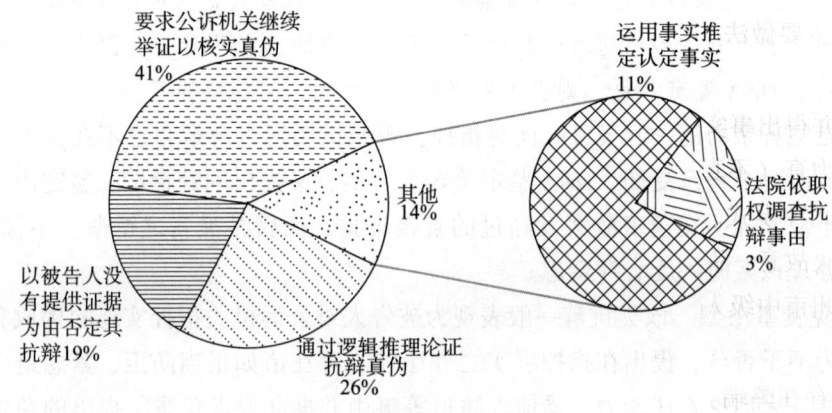

图 4 "幽灵抗辩"应对模式

(一)要求公诉机关继续举证以核实真伪

1. 主要做法。在刑事诉讼举证责任承担方面,2018 年修正的《刑事诉讼法》继续沿袭此前原则,明确规定"公诉案件中被告人有罪的举证责任由人民检察院承担",① 而当遭遇"幽灵抗辩"时,多数法官的第一选择都是要求公诉机关继续提供证据以查实抗辩事由的真伪。172 个样本案例中,选择此项处理模式的有 71 件。具体到个案办理中,法官一般是要求公诉机关就疑点问题继续补充侦查,而后再根据补查情况作出认定。如在刘某等人贩卖毒品案件中,法官认为"公诉机关应当举出相关证据来推翻被告人刘某的无罪辩解以使自己的举证达到排除合理怀疑的证明要求……公诉机关在庭审中明确表示不再调取新的证据,以致被告人刘某辩解之真伪因程序性规则而无法确实",② 进而对该起事实未予认定。

2. 存在弊端:耗时耗力、效果不佳。如果只要被告人提出抗辩就必须一一查证,则意味着控诉方必须通过严密的证据链以证明所有的犯罪构成要件,而辩护方则只需要在证据链条中轻轻拉扯使得部分模糊,控诉方的努力就将前功尽弃,将使案件陷于"提出抗辩——排除可能——提出新的抗辩"的无限往复中,这无疑是对司法资源的极大浪费。如在朱某诈骗案中,被告人朱某不断提出辩解称自己确实是

---

① 详见《刑事诉讼法》(2018 年修正)第 51 条。
② 详见江苏省南充市顺庆区人民法院(2018)川 1302 刑初 506 号刑事判决书。

在花钱找人办事,办案机关则逐一核实真伪,直至"提出来的各项辩解事项对于有具体线索的,司法机关已经穷尽调查,相关单位和个人出具了证明材料",也正因此,该案 2019 年 2 月 27 日一审立案,2020 年 1 月一审宣判,而二审裁判直至当年 12 月才作出,无论是一审还是二审用时都远超普通案件。①

(二) 通过逻辑推理论证抗辩真伪

1. 主要做法。该种处理模式其实是利用现有证据,通过逻辑推理来求证指控事实或抗辩事由真伪与否,是在间接证据与待证结论之间进行逻辑演绎找出两者的逻辑关系并得出事实结论。在这类处理思路中,裁判文书多表述为"在案证据足以证实……为真(不真实),辩解理由不成立,不予采信",172 个样本案例中,有 45 件采用了此种模式。比如"保姆纵火案",面对莫焕晶所提出的"只实施点火行为、没有放火故意,引燃窗帘系意外起火,应定失火罪,放火存在中止行为"的抗辩意见,杭州市中级人民法院法官采用逻辑推理方式对证据和案件事实之间的关系进行了逐级递进式说理,进而认定以上抗辩事由均不成立,堪称经典。②

2. 存在弊端:说理不足、难以服众。该类处理模式普遍存在裁判文书说理不足问题,推论的说服力也随之不足。与"保姆纵火案"裁判文书的范式说理不同,在对"幽灵抗辩"进行证伪时,更多法官只是作出结论但不对结论由来进行说明和论证,如仅表述为"对辩护意见不予采信",并不展示心证过程,裁判文书论证不足、结论生硬从而难以服众。如在祝某诈骗案中,面对被告人提出的"没有诈骗意图,确实收了钱但均用于办事"的抗辩,判决书只是简单罗列证据而未进行证据说理,结论也仅表述为"与查明事实不符"而未展示论证过程。③

(三) 以被告人没有提供证据为由否定其抗辩

1. 主要做法。另外的一些法官在遭遇"幽灵抗辩"时要么根据被告人是否就其抗辩事由提供证据支持来决定对抗辩内容采纳与否,有的案件甚至只是根据现有证据径行判决而对抗辩不作回应,当然,不回应的前提必然是无证据证实。172 个样本案例中,有 32 个案件的裁判者如此选择。在这一类处理模式的案件中,裁判文书多数表述为"上述证据足以证明××事实,被告人辩称××但无法提供证据证实(无证据支持),不予认定"。如赵某贩卖毒品案中,赵某否认相关微信支付源于毒品交易,对收到的 200 元辩称用于换现金,而转出的 130 元则解释系支付车费,而法官则认为该辩解属于"幽灵抗辩"且无证据支持,现有证据足以认定其行为构成贩卖

---

① 详见江苏省宿迁市中级人民法院 (2020) 苏 13 刑终 117 号刑事判决书、江苏省泗阳县人民法院 (2019) 苏 1323 刑初 53 号刑事判决书。
② 详见浙江省杭州市中级人民法院 (2017) 浙 01 刑初 121 号刑事判决书。
③ 详见四川省蓬安县人民法院 (2017) 川 1323 刑初 112 号刑事判决书。

毒品罪,遂作出有罪判决。①

2. 存在弊端:依据不足、不合法理。要求被告人就其"幽灵抗辩"提供证据,本质是要求其承担举证责任,但根据无罪推定原则以及我国《刑事诉讼法》的具体规定,公诉机关承担证明被告人有罪的举证责任,被告人既不能自证其罪也无需自证无罪,要求被告人承担举证责任的正当性存在争议。同时,被告人举证能力微弱、控辩双方地位不对等等现实问题也将制约被告人举证的有效性,甚至影响司法公正。

(四)运用事实推定认定事实

1. 主要做法。理论界根据推定依据不同将推定区分为法律推定和事实推定,其中法律推定因有法律明文规定一般不存在适用和认定困难,不在本文讨论范围内。事实推定虽然也是推定但因为缺乏直接法律规定作为推定根据,法官只能凭借逻辑与经验推导出待证事实并据以作出事实认定。当案件因为种种原因陷入证明不能的困境时,样本中有19件案件的法官选择了事实推定,其中最典型的是检例第65号案例"王鹏等人利用未公开信息交易案"。该案中,虽然在案证据能够证实存在异常交易行为,但无直接证据证明王鹏等人的主观明知,而包括王鹏在内的三名被告人都拒绝认罪,也拒不供述未公开信息传递过程等事实。最终,办案人员借助推定方法完成了事实认定。值得注意的是,一审宣判后,三名被告人都服从判决、没有上诉。②

2. 存在弊端:诱惑十足、效力存疑。事实推定能够让案件事实认定问题陷入"山重水复疑无路"的情况下获得"柳暗花明又一村"的结果,可谓"诱惑"十足。但由于事实推定的复杂性和理论研究的相对滞后,事实推定在具体的司法适用中存在诸多问题,比如何为经验法则,何为逻辑规则,如何选定推定根据,如何进行逻辑推理,推定结论是否允许反驳,被告人权利如何保障等问题均无明文规定和操作指引,推定规则不明则必然推定效力存疑。

(五)法院依职权调查抗辩事由

1. 主要做法。根据现行《刑事诉讼法》的相关规定,法院在法庭审理过程中,如果对于案件事实或证据存在疑问,既可以主动对疑问证据进行调查核实,也可以依职权调取新的证据。与前述做法不同的是,还有一些法官在遭遇"幽灵抗辩"时并不是消极听审而是主动进行调查取证以核实抗辩事由存在与否,172个案例样本中,还有5个案件的法官选择了主动进行调查取证以核实真伪。如在樊某合同诈骗案中,樊某辩解自己实际中标了相关工程项目,具有履行合同的能力和条件,但现有证据无法证实其所称的相关工程项目的真实性,法院遂主动依职权进行了调查核实。③

---

① 详见海南省文昌市人民法院(2019)琼9005刑初267号刑事判决书。
② 参见最高人民检察院第十七批指导性案例,检例第65号。
③ 详见安徽省高级人民法院(2019)皖刑终219号刑事判决书。

2. 存在弊端：地位不清、暗藏风险。法院主动进行调查取证的地位不清、程序不明还暗藏司法风险。法院依职权调查取证，一定程度上违背诉审分离的原则，同审判者在诉讼中的职能和中立地位格格不入，与司法被动性原则和现代刑事司法精神相悖。举例来说，如果法院主动调取的是对被告人不利甚至超越公诉方指控范围的证据，且据此对被告人进行了重判，法官则实际扮演了双重角色，将受到"既是裁判者，又是追诉方"的质疑，但是不依证据裁决又存在放纵犯罪风险，调查取证也失去了意义。

三、现状追问：内因外力的双重推动和证明规则的桎梏限制

（一）产生缘由："趋利避害"的自然选择和"口供情节"的外在驱使

一方面，实践中，许多被告人提出"幽灵抗辩"并不是为了证明事实，而是为了把水搅浑，终极目的是逃避或减轻处罚。很多案件中，被告人之所以提出"幽灵抗辩"，往往是源于趋利避害的本能，出于对罪轻、无罪结果的积极追求，特别是一些被控重罪的被告人其实清楚自己就算认罪认罚也无法获得理想的处理结果，顺势就产生了"拼一把""鱼死网破"的赌徒心理。笔者办理的一起被告人不认罪的贩卖毒品案件中，辩护人就表示被告人曾向其坦诚"数量摆在那，认与不认都是15年，还不如赌一把"。同时，"幽灵抗辩"还有一个重要特点是同类性、可模仿性，由于"幽灵抗辩"的抗辩效果较好，往往被人模仿甚至有人专门据此"传经授道"。① 如在最近发案率最高的"两卡"类案件中，许多被告人对"出卡"事实不予否认，但都不约而同将"收卡人"指认为路上偶遇的陌生人或者只知外号的网络好友，对于"出卡"理由则是用于电商刷单或者网贷提额。

另一方面，长期以来，我国刑事诉讼过程中都更偏爱认罪口供类的直接证据，裁判人员在作出裁决时更倾向于信赖被告人口供之类的直接证据，而许多被告人往往存在只要不是人赃俱获就不能证实其犯罪的侥幸心理，甚至存在司法人员认为没有口供不敢判决、被告人认为没有口供无法判决的"口供情节"。而在缺乏直接证据时，"口供情节"惯性思维下可能带来的"重大利好"将促使被告人选择作出"幽灵抗辩"。

（二）困境反思：跳出单一证明规则的桎梏

"幽灵抗辩"是被告人为免除或减轻自己的刑事责任而提出的，行为逻辑是先立后破，通过提出存在其他事实或主张来反证指控事实不存在，意图达到的是"以己之矛攻子之盾"的效果。但是，如果允许任何人就任何主张提出质疑而无相关限

---

① 微信公众号"涉毒犯罪辩护联盟"2017年11月29日发布《毒辩大讲坛第九十一讲——毒品犯罪辩护中的幽灵辩护》，该文将"幽灵抗辩"作为一种辩护策略予以宣讲。

制,那提出主张方将陷入无止境地回应困难当中。如前所述,面对"幽灵抗辩",无论是传统的举证责任分配还是运用推论等证明方式均显得心有余而力不足,此时必须主动跳出单一证明规则所形成的桎梏以寻求新的解答。

无罪推定原则是刑事诉讼的基本原则,指的是控方必须承担被告人有罪的证明责任,如果控方无法提供确切证据证明被告人有罪则推定被告人无罪,也即说被告人没有自证无罪的义务。但无罪推定原则是对证明犯罪构成要件进行限制,也就是说控方必须举证被告人的罪与非罪,但对于犯罪构成以外的其他争议,比如程序性事实、有责性事实则不能适用无罪推定原则,犯罪构成以外的举证责任可以由被告人承担,而且对于被告人独知的事实,由其自己提供证据或线索,显然也更有利于查明事实。"事实上,如果人们让原告承担所有的证明责任,那么从一开始无论哪一个诉讼都会变得毫无希望,所以说将证明责任科学且适当地分配给双方当事人,乃是刑事诉讼证据制度中最为关键或是最为重要之所在。"① 需要特别注意的是,被告人承担举证责任具有非常规性和特殊性,属于主观证明责任,即使没有完成,也不会直接对案件结果产生实质性影响,不会因此使得自己被判有罪,即虽然被告人无法证实其所抗辩的"幽灵"真实存在,但其罪与非罪仍应由控方证据决定。

四、破立并举:锚定争点、分步化解的路径探索

"幽灵抗辩"产生的根本原因是缺乏直接证据予以证明,而这也直接导致事实认定困难。由于难以查证,法官往往面临两难选择:如果采纳该抗辩,则可能助长被告人的投机心理,将会有越来越多的人试图通过此种方式来逃避法律追究;如果不采纳该抗辩,又难以通过现行证据规则有效排解,万一辩解为真则将酿成错案。面对层出不穷、似真似幻的"幽灵抗辩",唯有摒除事实认定过于依赖直接证明的惯性,破除"口供情节",首先识别抗辩本质、锚定争议焦点,对于明显不合常理的直接驳回,进而运用间接证据、刑事推定等证明方式构筑事实认定体系,并在适当时候由被告人举证来验证事实认定正误与否进而避免错判风险,通过"识别—论证—判定—验证"四步法以改善当前"幽灵抗辩"应对乏力的窘境。(见图5)

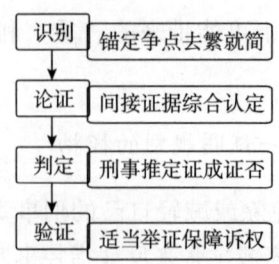

图5 "幽灵抗辩"应对流程图

---

① [德]莱奥·罗森贝克:《证明责任论》,庄敬华译,中国法制出版社2001年版,第96~97页。

(一) 第一步：识别——锚定争点去繁就简

基于无罪推定原则要求，对于犯罪基本事实和认定有罪的举证责任当然应由公诉机关承担，有利于被告原则也要求在证据不足、案件事实存有疑点的情况下应该作出有利于被告人的认定。需要首先明确的是，作出有罪判决的前提是排除合理怀疑。而对于何谓合理怀疑，引用最为广泛的为《加利福尼亚刑法典》中的表述："它不仅仅是个可能的怀疑，而是指该案的状态，在经过对所有的证据的总的比较和考虑之后，陪审员的心里处于这种状态，他们不能说他们感到对指控罪行的真实性得出永久的裁决已达到内心确信的程度。"① 合理怀疑"只能是有理由的怀疑，而不是随便怀疑；因为任何与人为的事务有关并且依赖于人为的证据的东西都容易存在可能的或想象中的怀疑"。② 这也就是说，合理怀疑必须具体且有一定事实根据。当法官面对被告人提出的抗辩事由时，既不能偏执于"客观真实"而让司法证明过于机械化、理想化，也不能一概盲目追求主观心证而使司法证明充满不确定。换言之，被告人提出的抗辩事由必须合乎常理，即必须符合法律规定、科学定论、自然常识、经验规则和逻辑法则，如果明显有悖于常理，则必然不足以对控诉证明体系形成抗辩，也就不存在前述"合理怀疑"，则应当对该抗辩事由直接驳回。也就是说，面对"幽灵抗辩"，首先应当是精准识别出争点所在，然后锚定争点、仔细辨别到底是无理狡辩还是可能确有其事，如果不合常理则直接驳回，而无需再对该抗辩事由进行"证否"，如果已然引发合理怀疑，则继续锚定争点并到下一步予以解决。

(二) 第二步：论证——间接证据综合认定

如前所述，"幽灵抗辩"之所以成为困扰很大程度上是由于缺乏直接证据，此时必须依赖间接证据来完成事实认定。间接证据证明主要通过推理实现。所谓推理，指的是从已知事实或判断出发进而推导出未知结论的思维方式。具体到个案中，推理结论是否真实、可靠，最重要的影响因素是推理的形式和前提。单个推理得来的结果具有或然性，并不一定符合客观真实，应当避免依靠单个间接证据证明案件事实。也就是说，间接证据只有形成了证据锁链，才能证明案件事实，并据之定案，即必须通过多个间接证据进行综合推理以确保结论可靠。

在运用间接证据证明时，首先需要审核的就是证据的真实性问题，必须确保据以定案的证据是真实可靠的。需要注意的是，在审查确认单个证据真实可靠的基础上，还应当对全案证据综合分析并判断是否存在矛盾，判断标准可简单概括为：自身矛盾的必然有问题，相互矛盾的定有一假，与众证矛盾的多为假证，与事实矛盾

---

① 《美国联邦刑事诉讼证据和证据规则》，卞建林译，中国政法大学出版社1996年版，第129页。
② ［英］J. W. 塞西尔·特纳：《肯尼刑法原理》，华夏出版社1989年版，第549页。

的定属假证。经过综合分析判断，如果在案证据已达自身统一、相互统一和全案统一则可以作为定案依据。

证据真实性问题解决后，还要考察证据的证明力。证明力是根据证据和案件事实之间所存在的联系决定的，而这种联系存在多样性。一方面，就联系的性质而言，既有真实联系也有虚假联系，既具有必然联系也具有偶然联系等；另一方面，就联系对象而言，既可能联系到作案行为与嫌疑人，也可能联系到作案行为与被害人，或联系上嫌疑人或案发时间地点等。而什么样的联系性质和联系对象，则直接关系到将产生什么样的证明效果。所以，必须全面考察、综合评判。相互之间内容独立甚至矛盾的间接证据，因为不存在内在关联也就无法形成证据链条，数量再多也不具有证明力。

间接证据真实性和证明力的问题解决后，再根据证据组合并借助逻辑推理，对案件事实作出综合认定。笔者处理曾某交通肇事案时使用的就是间接证据证明法，通过监控视频、现场勘验笔录、鉴定意见等多组间接证据连接成了一条环环相扣证据链条，并使得基础事实呈现层层递进样态，最终共同指向了待证事实。该案事实认定的推理过程可概括为：

大前提：案发现场的碎片是肇事车辆所留，案发现场除被害人以外的其他血迹是肇事人所留。

小前提：现场碎片经鉴定是曾某所骑电动车的，现场血迹经鉴定与曾某血液DNA吻合。

结论：被害人是被曾某骑电动车撞倒的。

论证过程中，曾某对小前提提出了异议，称 DNA 鉴定可能弄错了，该异议如果成立则将彻底动摇证明体系。但经审查其他证据，发现现场血迹是案发后第一时间由侦查人员依法提取，曾某的血样则是在数天后提取，即现场血迹提取在前、曾某血样提取在后，且无"侦查程序合法"的阻断因素出现，曾某仅口说"可能弄错了"并无法动摇现有证明，该异议未被采信。

当然，单纯根据以上推理，其实并无法得出唯一性结论，即还存在合理怀疑：曾某恰好骑车经过现场并摔了一跤留下了碎片和血迹。所以，为验证结论真伪，还需要进一步求证。此时，运用的是另一组间接证据——案发现场监控视频。碍于客观条件，监控视频下确实无法准确辨认肇事车辆或肇事人，无法直接证明犯罪事实，但其在证据链中依然不可或缺。具体求证过程如下：

前提：监控视频显示只有肇事人骑着肇事车与被害人发生碰撞，碰撞后肇事车也倒地，数分钟后才离开，至警方到场期间没有其他车辆和人员在现场异常停留过。

结论1：肇事车辆可能受损、肇事人可能受伤（印证了现场血迹由来，并与曾某受伤就医形成逻辑闭环）。

结论2：排除曾某在现场摔跤并留痕的可能。

至此，法官已经形成内心确信，该案的事实认定过程宣告完成。此时再回头看曾某的抗辩事由，无论是"事故发生前十分钟就已经通过了事发路段"以试图证实没有作案时间，还是"当天早上在其他地方摔跤了"以试图对自己受伤情况作出解释，显然均无法动摇前述论证，也就没必要——证否。

(三) 第三步：判定——刑事推定证成证否

在运用间接证据证明依然无法得出唯一合理性结论的情况下，刑事推定是法官们的另外一个选择。被告人所提出的"幽灵抗辩"中的事实往往虚无缥缈、难以查证，刑事推定在应对"幽灵抗辩"时具有天然优势，既可对案件事实进行正向证成以得出唯一性结论，也可对"幽灵"逐一证否，排除其他可能性之后的结论即为法律事实。

刑事推定，指的是依据法律规定、经验法则、逻辑规则等，通过基础事实来推导出推定事实，它包括基础事实、推定根据与推定事实三个要素，演绎过程可简述为"基础事实证明—经验法则演绎—待证事实证成"。与间接证据证明中以基础事实为一阶证成事实、以待证事实为二阶证成的二阶式证明过程不同，刑事推定还需要以推定根据作为判断枢纽，是一种"证明+认定"的递进式证明。"王鹏等人利用未公开信息交易案"就是运用刑事推定进行事实认定的典型，其主要证明过程可简单概括为：

基础事实1：被告人交易与未公开信息的关联性、趋同度及与其平常交易习惯的差异性。

基础事实2：双方具备传递信息的动机和条件。

基础事实3：交易行为不符合其个人能力经验。

推定根据：证券市场的基本规律和一般人的经验常识。

推定事实：被告人构成利用未公开信息交易罪。

当然，待证事实能否证成，受制于基础事实是否真实可靠、推定依据是否合法合理等，具有或然性，不可能100%正确。可以说，步骤二的间接证据证明能够还原案件的真实面貌，而刑事推定则是得出最大盖然性的推定事实。无论盖然性多高都无法确保万无一失，为了避免被滥用或被控方当作减轻证明责任的借口，应当对刑事诉讼过程中的刑事推定采取谨慎态度，只能将之处于补充定位，并通过确立适用规则来避免推定被滥用。

必须限制适用条件。一是应当后置适用。刑事推定具有主观性和或然性，推定事实并无法确保完全准确可靠，只能起辅助、补充作用，必须在穷尽其他证明方法的情况之下才能使用，在有证据证明时不得用推定代替证据证明，也不必然减轻公诉方的举证责任。二是基础事实为真。推定就是通过基础事实推导出待证事实，如果作为条件的基础事实不真实，那么结论必然是不可靠的，所以基础事实必须是真实可靠的，如自然规律或定理、众所周知的事实和已被证明的事实等。三是不得二次推定。如前所述，推定事实本身即具有或然性，并不等同于客观事实，在或然基础上再进行二次推定,其实质是在运用"乘积定律"而不是"加法定律"来认定案件事实,或然性将被放大,必然导致结论不可靠。

必须明确推定规则。一是明确推定根据。基础事实之所以能够推断出推定事实,是由于基础事实和推定事实间存在内在联系,也就是说只要基础事实存在,推定事实就也存在或大概率存在。这种内在联系除了有法律作出明文规定外,通常表现为客观的因果逻辑和合理的经验逻辑,也即逻辑规则和经验法则。二是过程应当公开。不公开、不公示则意味着推定过程无从监督,过程的不规范可能导致结果的不正义,所以适用刑事推定时必须在法庭审理过程中予以释明并引导控辩双方进行辩论,并在裁判文书中加以论证说理,这不仅关乎被告人能否顺利行使反驳权,亦将促使法官审慎适用推定并进而保障司法公正。三是结论允许反驳。从基础事实推导出推定事实的或然性使得仍有例外情形存在的可能和空间,推定事实并非百分百正确,所以必须允许被告人对待证事实进行反驳,而且反驳不要求确实充分而只需要引发合理怀疑即可,也就是说,只要反驳具有存在可能或使得推定事实不具有唯一性而具有其他可能性,则应当停止使用该推定。

(四)第四步:验证——适当举证保障诉权

案件办理必须经得起检验。如果通过以上三步,案件事实仍然处于真伪不明状态或者被告人就此提出了新的反驳且具一定合理性,即"幽灵抗辩"动摇了法官的心证,就应当要求控辩双方继续举证。此时,公诉机关应当通过进一步举证来对指控事实进行证成或者对抗辩事由予以证伪,而在公诉机关已经承担了大部分证明责任的大前提下,对于提出"幽灵抗辩"的被告人也应当承担一定的证明责任,也即就自己提出的抗辩事由提供一定的证据或材料线索,以避免不利认定。比如前述曾某交通肇事案件中,如果曾某不仅是口头表示"鉴定意见可能有问题",而是提供诸如血迹提取、送检程序等不合法的具体线索,法官必将重新审视全案证明体系。

第一,"幽灵抗辩"被告人承担一定证明责任具有现实必要。首先,适当赋予"幽灵抗辩"被告人一定的证明责任是跳出僵化刑事证明责任分配体系的必经路径。无罪推定原则要求控方承担被告人有罪的证明责任,但是具体到司法实践中,其实有很多证据往往是被告人相对容易获取而控方却难以甚至无法取证的。此种情况下,如果依然僵硬遵守控方举证的原则,不仅有碍于诉讼效率,同时与公平正义相违背。其次,赋予"幽灵抗辩"被告人一定的证明责任是提高诉讼效率的现实需求。对于一些使得诉讼进程陷入僵局之中的"幽灵抗辩",与其让控诉机关投入大量的人力、物力却难以取得进展,不如就由本就掌握优势资源的被告人提供证据予以证明,在公正司法的前提下该种选择将更具司法效率。最后,赋予"幽灵抗辩"被告人适当举证责任也是维护其自身权益的最优选择。"凡有主张责任原则上必有证明责任与之伴随。"① 司法活动当中，证明责任与诉讼主张从来就不是对立关系，而应当是紧密相连的，履行证明责任其实是为了印证己方的主张，刑事诉讼亦不例外。被告人积极举证将更有利于事实查明和性质认定，亦能据此更大限度地维护其自身利益。换个角度，于被告人而言，此种境遇下与其说是举证的责任，不如说是不举证的危险。

第二，"幽灵抗辩"被告人承担证明责任的方式和标准。关于举证方式。举证时，最直接、最有力的方式当然是直接提出证据，但囿于刑事诉讼的特殊性，被告人很少也很难通过提出额外证据的方式来提出辩解理由。基于此，应当对辩方对自己抗辩事项进行举证时的举证方式和证明标准进行特殊规定，可参考非法证据排除启动规则，允许被告人以提供线索或材料的方式履行举证责任。关于证明标准。由于控辩双方地位不平等，被告人举证的证明标准当然也不能等同于控方，否则将会进一步加剧实质上的不平等。所以在这种情况下应当采用优势证据的证明标准即"优势证明"，也就是说只需要被告人提出的抗辩事项和相关线索能够让裁判者相信该辩解存在的可能性大于不存在的可能性即可。如果裁判者认为该抗辩事项成立的可能性更大，证明责任则继续由公诉机关承担，公诉机关应当提供证据予以证否，否则将承担由此产生的不利后果。

结　语

刑事司法既要维护被告人的合法权益，也要保障社会公共利益和被害人的合法权益。"幽灵抗辩"事由纷繁复杂、真伪难辨，由此导致的司法证明也异常艰难。但是我们不能因此而刻意忽视或者粗暴对待，应当准确理解和运用"存疑有利于被告"规则，通过抽丝剥茧式的精准识别、理性论证、客观认定，从而达到打击犯罪和保障人权的相统一。

---

① 毕玉谦：《民事证据原理与实务研究》，人民法院出版社2003年版，第5页。

如何回应：辩方类案检索报告参照、释明路径之深化
——基于"辩—审"主体互动类型的有效建构

江西省南昌市中级人民法院　黄淑彬
江西省南昌市中级人民法院　刘利荣
江西省南昌市中级人民法院　肖　慧

引　言

随着类案检索进入到规范指导阶段，辩方提交类案检索报告为法官提供裁判参考的信息交换型辩护方式已深耕于实际。类案检索制度对于统一法律适用的实现则主要依托法官回应增强裁判可接受性、实现司法公信力的提升。然而，如何通过法官的回应有效构建"辩—审"主体在刑事类案检索制度中的良性参与、互动逻辑，仍有待实践探索。基于此，本文以法官回应为切入点，从辩方类案检索报告的类型观察出发，对回应方式、内容何以提升回应有效性的内在机理进行深入剖析，以期能为法官厘定回应规则、规范回应路径提供有益启示。

一、前提与基础：主体认知视角下刑事类案检索的适用观察

自类案检索制度被规范化确立以来，在具有明显对抗性关系的刑事诉讼结构中，类案检索兼具诉讼博弈的工具理性，塑造了刑事类案检索制度的不同发展。通过对辩方、公诉方、法官不同主体的区别化观察，窥探刑事类案检索背后独特的情境约束，从而明晰辩方类案检索报告回应中必然的局限性。

（一）刑事类案检索的主体观察

1. 公诉方：缺乏对抗的类案检索趋势。为确保类案检索工作取得实效，最高人民法院在《关于统一法律适用加强类案检索的指导意见（试行）》（以下简称《指导意见》）中明确，公诉机关可以提交类案作为控方理由，寄期通过有效运用"控—辩"主体间的对抗从而实现类案检索的穷尽性，提高法官裁判的效率。[①] 然

[①] 刘树德、胡继先：《〈关于统一法律适用加强类案检索的指导意见（试行）〉的理解与适用》，载《人民司法》2020年第9期。

而，迥异于辩方基于驱胜动机主动进行类案检索并提交相关类案检索报告，公诉方更多基于程序性要求进行类案参照，并将相关类案经验融入公诉意见中予以表达，并不另行提交类案。① 虽然类案检索制度系通过使不同司法主体受到同一逻辑影响从而达到实现法律适用的统一之目的，但没有针对类案的交换、辩论程序，公诉方对辩方类案检索报告更多持被动状态，怠于对其进行辩驳、对抗，这也就导致法官难以借用类案博弈减轻对参照与否、如何参照的回应成本。

2. 辩方：类案运用的行动习惯匹配。类案强制检索为辩方获得有利于己方的诉讼结果提供了一种重要方式，从而推动辩方自发且自觉地运用类案检索，将类案作为证据材料或是在辩护意见中载明。② 一方面，辩方作为对类案检索有最迫切需求、最广泛适用的主体，基于"控—辩—审"的交往结构，其提交的类案检索报告往往不可避免地带有偏向性，即试图通过列举于己方有利的"类案"对法官裁判形成说服性权威，并基于"类案"得出"类判"的预期；另一方面，辩方同时作为类案检索的主要行动者和受益者，如何更好发挥刑事类案检索的作用，实现类案报告的适切性，关键在于激发辩方主动约束的正向影响。因此，如何通过回应实现辩方类案运用的行动习惯与法官审判效率的良性循环，亦影响法官回应方式、回应内容的选择。

3. 法官：理性行动者的司法场域约束。事实上，法官对类案检索与运用的行动逻辑深受司法场域中相关主体与其之间权力关系的约束。即，既希望通过辩方提交的类案便捷、高效地明确案件的审理思路，从而降低审判成本，提高审判效率；又对辩方提交的类案是否属于真正意义上的"类案"持怀疑态度，从而更为注意防范借鉴这些"类案"，并不直接以"类案"作为形式理据，而是将理据蕴含在相关论证或裁判之中。③ 因此，类案检索虽然作为一种可以帮助法官作出正确司法判断的方法，但不同法源属性的类案所具有的说服力也在一定程度上影响了法官的回应内容，对于辩方普遍提供的仅具有泛在化司法智识的一般性案例，法官往往怠于回应，从裁判文书中无法得知辩方类案检索意见是否采信，进而一定程度上影响了辩方对裁判结果的可接受性。

(二) 刑事类案检索的情境观察

1. 辩方类案检索的选取范围。最高人民法院在《指导意见》中将类案检索范围分为 3 个层次，即最高人民法院发布的指导性案例/公报案例、本省高级人民法院参考性案例/上一级法院及本院裁判生效的案件，按照不同层次拘束力划分。④ 事实上，鉴于刑事领域具有显性拘束力的指导性案例数量较少，难以为辩方类案检索提

---

① 2019 年 4 月，最高人民检察院出台《关于案例指导工作的规定》，其中第 15 条规定应当参照指导性案例办理类案。
② 顾培东：《判例自发性运用现象的生成与效应》，载《法学研究》2018 年第 2 期。
③ 刘磊：《通过类案比较实现"类案同判"》，载《地方立法研究》2022 年第 2 期。
④ 刘树德、胡继先：《〈关于统一法律适用加强类案检索的指导意见（试行）〉的理解与适用》，载《人民司法》2020 年第 9 期。

供兼具制度性与智识性并重的权威依据,刑事诉讼中有关案例运用呈现更为丰富的差序格局。一方面,辩方"类案"呈现泛在化状态,即更多以智识性法源属性的类案进行简约化、差序化方式提交类案检索报告,以达到增强其辩护意见对法官的说服力的目的;① 另一方面,鉴于智识性法源属性的一般性案例本身仅具有弱隐性拘束力,这就导致刑事法官既要对不具有确定性的司法智识进行分辨,又要面临如何有效回应辩方类案检索意见的挑战。

2. 辩方类案检索的回应方式。在《指导意见》第 10 条中,明确了不同参照诉请的法官回应方式,即区分为说理回应与释明回应。然而,迥异于民、行诉讼中对释明问题的广泛关注,在当事人主义模式影响下的刑事法官,倾向于控辩双方的均衡对抗,也更容易忽略在诉讼过程中的释明运用。② 加之刑事诉讼对案件事实的探知程度更深,对释明的规范性要求也更高,法官也会尽量避免在诉讼过程中的直接释明,这就导致刑事法官在回应辩方类案参照诉求时呈现不同样态。实践中,辩方提交指导性案例或其他类案作为证据材料或辩护理由,法官主要通过裁判文书的说理进行回应,并不必然依循《指导意见》第 10 条的层次性回应要求。因此,"如何回应"辩方类案检索报告,既关系到刑事法官的具体思维样态——如何确定类似性,更涉及裁判文书的具体表述——如何通过回应增强裁判的可接受性,这也对法官回应的有效性提出更高要求。

3. 辩方类案检索的结果运用。类案检索通过运用在先案例"类似的思维方式"解决案件争议问题,从而达到解决案件中"把握不大"的问题。③ 诚然,适用类案检索的案件大多面临事实与法律、事实与规范或事实与价值的双重争议,需要法官通过兼具可参照性与智识性的先例类比推理作出决定。然而,相较于类案检索适用比例更高的民事案件而言,刑事案件以排除合理怀疑为其证明标准,因而争议问题更多集中于行为性质、量刑意见等"已经与价值关联的事实",加之刑事案件审理过程中诉讼博弈及制约性更为强化,法官在对辩方类案检索意见进行判断时,案件的比较点或相关的类似性事项的延展性被局限在固定的法律条文中。④ 因此,在"需求"与"效率"的双重衡量下,极易产生法官对辩方类案检索报告的审慎运用以及对辩方类案检索报告的无差别化回应的现状。

(三)辩方类案检索回应的影响因素分析

如前文所述,刑事类案检索所呈现的"技术—权力—主体"之间的互动关系,其目的在于让不同司法主体受到同一逻辑影响,在这个过程中,主体认知与情境约束共同作用下的不同行动逻辑同样渗透在类案检索所适用的,旨在统一裁判尺度的

---

① 顾培东:《我国成文法体制下不同属性判例的功能定位》,载《中国法学》2021 年第 4 期。
② 姬美修、周晓、解思辛:《刑事诉讼释明的偏差及矫正》,载《人民司法》2019 年第 2 期。
③ 张骐:《论类似案件的判断》,载《中外法学》2014 年第 2 期。
④ 付玉明、汪萨日乃:《刑事指导性案例的效力证成与司法适用》,载《法学》2018 年第 9 期。

微观权力技术——对不同司法主体的类案检索意见进行回应中。① 事实上，在公诉方、辩方、法官彼此关联的认知结构中，通过对案件信息交流等认识层面上的交互，是可以实现争议问题是否具有同类性的统一共识的形成。然而，不同主体对类案检索的作用、认识不同，在不同责任意识的交叉下产生了类案检索回应固有的局限。

如表1所示，从类案检索作用、责任主体意识、主体认识能力、回应需求性、回应认同感五个方面对多主体认知互动结构下类案检索报告回应的影响因素进行分析，可以发现：

表1　多主体认知互动结构下类案检索报告回应的影响因素概览

影响因素	公诉方	辩方	法官
类案检索作用	程序性要求	设计诉讼思路/获致利己裁判结果	程序性要求/解决裁判把握不大的问题
责任主体意识	无主体责任	法官应当回应	按类案的法源属性进行
主体能力认识	公诉对抗与否不影响法官回应	法官回应与否涉及程序、实体问题	对弱显性、弱隐性拘束力的类案回应与否不影响案件审结
回应的需求性	需求不大，对抗性不强	高度参与，希望回应	在需求与效率间权衡
回应认同感	是否影响公诉意见的成立	回应与否，回应是否得当系上诉的理由	回应与否不影响案件的正确审结/回应内容不影响裁判结果的正当性

公诉方虽然作为对抗性刑事诉讼中的主体，但是鉴于类案检索回应仍面临着"任意"还是"法定"的程序之争，公诉方对是否应当与辩方进行意见对抗、法官回应与否并无主体责任意识，这也就导致法官难以借用类案博弈减轻类案决策的成本。

辩方主动开展类案检索已然成为常态，通过类案检索设计诉讼思路，获致利己裁判结果驱动着辩方高能力、高效率适用类案检索，同时高度关注类案检索意见的回应。② 如何通过回应赢得辩方的认同感，从而为法官的恰切裁判提供有利帮助，亦是促成"类案同判"的重要辅助因素。

法官在类案检索中面临相对被动处境且存在诸多限定情形，从优化审判资源配置、提升审判运行效率的角度来看，刑事类案检索的作用发挥，依托于法官与辩方的良性参与、互动逻辑。法官的不同回应路径引导辩方提交更为简约、针对性更强的类案，从而提高法官类案决策的效率，破除法官对于回应需求性的疑虑。同时，辩方类案运用行为习惯的转变，亦为法官提高裁判结果的可接受性提供现实路径。

---

① 陈洪杰：《从技术智慧到交往理性："智慧法院"的主体哲学反思》，载《上海师范大学学报》2020年第6期。
② 郭叶等：《最高人民法院指导性案例2020年度司法应用报告》，载《中国应用法学》2021年第5期。

二、归纳与梳理：辩方类案检索报告的回应现状

通过不同主体认知视角下对刑事类案检索的适用观察，提供了一种对辩方类案检索报告回应固有局限性的"共思"。理论的探讨为实践的观察提供了前提和基础，实践的发展亦为我们更为贴切地了解辩方需求提供了有效工具。

（一）总体性分析：样本文书的情况概览

如图 1 所示，通过对样本文书审级、审判程序、回应情况、二审情况进行概览性分析，可以探知：①

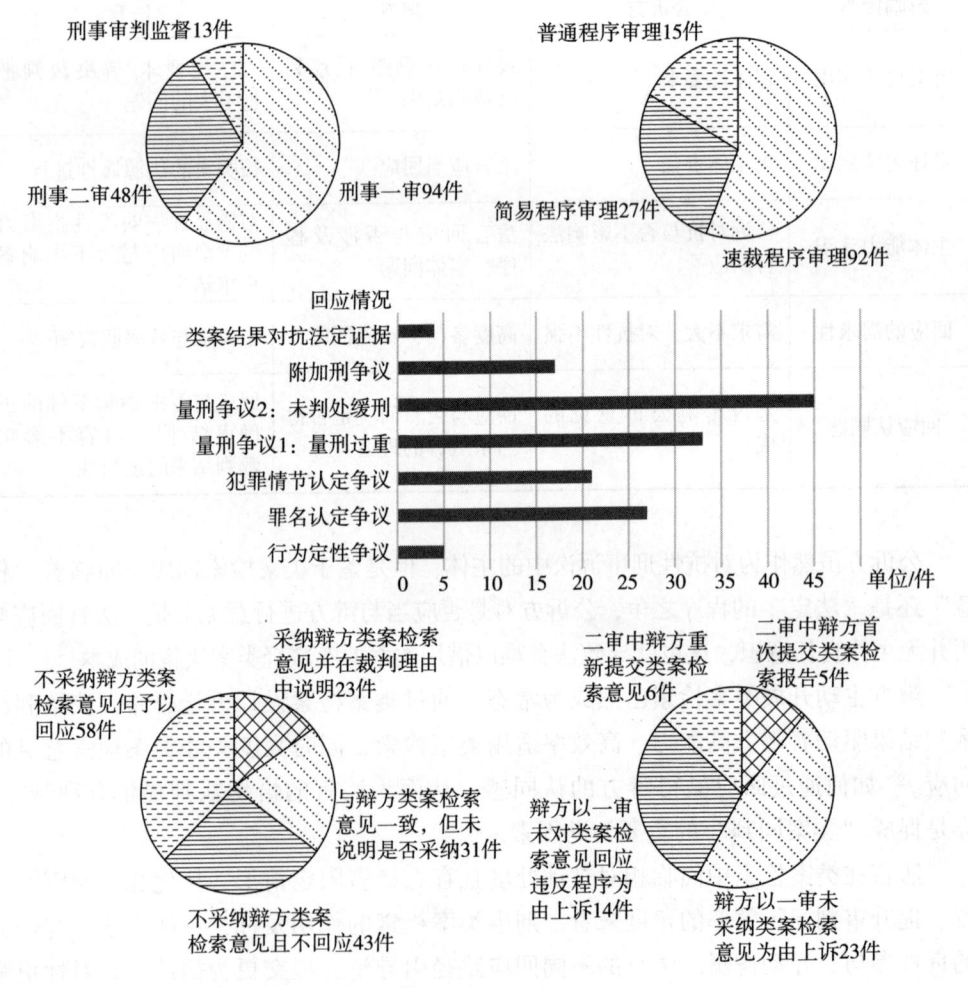

图 1 辩方类案检索报告的回应情况总览

---

① 因《最高人民法院关于统一法律适用加强类案检索的指导意见（试行）》自 2020 年 7 月 31 日起试行，本文所涉样本为以"类案检索"为关键词，通过北大法宝获取时间节点为 2020 年 8 月 1 日至 2022 年 8 月 1 日的 155 起公开案例。

自 2020 年 8 月至 2022 年 8 月，类案检索的规范化运行已有两年，相较于同样以"类案检索"为关键词全文搜索得到的 5517 件民事案件而言，刑事案件同期样本数仅为 155 件。其中一审案件 94 件，二审案件 48 件；一审案件中适用速裁程序审理的案件 52 件，适用简易程序审理的案件 27 件，适用普通程序审理的案件 15 件。可见，即便是在已经广泛适用认罪认罚的速裁程序、简易程序审理的案件中，辩方仍会通过提交类案检索报告争取有利裁判结果。

通过对样本文书中辩方提交类案检索报告的意见进行总结，主要涉及行为罪名认定争议（27 件），犯罪情节认定争议（21 件），量刑争议（共 78 件）。对于辩方类案检索意见，法官直接采纳并在裁判理由中说明的仅 23 件，绝大多数的案件存在意见一致但未说明是否采纳（31 件）、不采纳且不回应（43 件）。由此造成的辩方以一审未采纳类案检索意见或未回应类案检索意见为由进行上诉的案件 37 件，占所有二审涉及类案检索案件的 77%。

归纳言之，公开的刑事裁判文书中涉及"类案检索"的样本数虽然数量不多，这一方面源于刑事指导性案例的数量少，一定程度上影响了在裁判文书中"应当回应"类案参照需求的数量；另一方面，在"可以释明"并无规范式路径的前提下，法官在需求与效率的双重衡量下，也会怠于在裁判文书中进行回应。但是，就现有涉类案检索的审理程序来看，辩方在案件审理过程中提交类案检索报告呈范围逐渐扩大、类型逐渐增多的纵深纵广趋势，探索如何回应辩方类案参照意见，亦是紧迫的现实之需。

（二）采纳率分析：类案参照的差异对比

如前文所述，在 155 份样本文书中，仅有 54 份文书中法官对辩方类案检索报告"显性"或"隐性"参照，剩余 99 份裁判文书中法官对辩方类案参照意见回应不参照或不予回应，占全部样本文书的 63.8%。事实上，即便是对辩方类案检索意见予以参照，法官的裁判理由说明也呈不同样态。

表 2　类案参照的差异对比

案例	辩方类案参照意见	法官回应
王某伪造金融票证案	目前没有相关法律规定伪造金融票证罪的情节特别严重的相关规定。根据《吉林省高级人民法院关于常见犯罪的量刑指导意见实施细则》关于"对于同一地区同一时期，案情相近或相似的案件，所判处的刑罚应当基本均衡"的要求，和《指导意见》规定，按照上述要求，王某对该罪量刑也应当是参照同案犯判处二年	现有法律没有伪造金融票证罪的情节特别严重的相关规定，因此，原审以伪造金融票证罪，判处王某有期徒刑七年，并处罚金 5 万元的判决适用法律错误，量刑不当，应予改判。被告人王某犯伪造金融票证罪，判处有期徒刑五年，并处罚金人民币 5 万元

(续表)

案例	辩方类案参照意见	法官回应
伍某掩饰、隐瞒犯罪所得案	《指导意见》旨在健全完善类案检索机制，使在先案例成为法官作出裁判的参照或参考，是统一法律适用、促进公正司法的重要制度保障。类案对法官裁判案件主要起一定的参照或参考作用。根据现有裁判案例，类似于伍某的情形，适用缓刑的比比皆是	伍某及其辩护人提出的"对伍某可依法适用缓刑"的上诉和辩护意见，与法院查明的事实相符，于法有据，依法予以采纳

如表 2 所示，在王某伪造金融票证案①中，辩方以"法律规定不明确，同案犯仅判处二年"提出类案参照意见，法官以"现有法律没有伪造金融票证罪的情节特别严重的相关规定，原审适用法律错误，量刑不当"，采纳了辩方部分类案参照意见，对原判进行改判。

而在伍某掩饰、隐瞒犯罪所得案②中，辩方提出了适用缓刑的类案参照意见，法官以该意见与已查明的事实相符为由，对被告人伍某予以改判缓刑。

事实上，类案参照的前提是对案情、法律适用进行确定相似性的判断说理，但辩方类案检索报告对案件细节的忽略，致使法官即便是采纳了辩方意见，也很难直接根据辩方类案检索报告进行说理回应，导致模糊回应、"隐性"参照等问题的产生，限制了在先类案对案件的有效指导。如前所述，刑事类案检索的作用发挥在于辩方与法官的匹配性，如何通过法官回应内容的具体指向为辩方提交类案检索报告提供有效指引，进而为法官类案判断说理减轻决策成本，是减少"隐性"参照的可行路径。

（三）构成式分析：争议类型的回应现状

1. 类型 1：罪名认定争议。在罪名认定中，辩方类案检索主要围绕新型犯罪行为定性、相似行为罪名界分、犯罪对象影响罪名认定等展开，通过已决案件的相似事实提出辩护意见。

案例 1：③ 杨某等人帮助网络信息犯罪案

辩方意见：杨某仅为赌博群提供技术及维护，类案检索可知，同类行为均被认定为帮助网络犯罪活动罪。

法官回应：各被告人维护的赌博微信群的开设人员陈某等人已以开设赌场罪被判刑处罚且该微信群为线上赌博场所，各被告人明知是赌博群，仍提供维护群工作，

---

① 吉林省延边朝鲜族自治州中级人民法院（2021）吉 24 刑终 170 号刑事判决书。
② 广东省惠州市中级人民法院（2020）粤 13 刑终 402 号刑事判决书。
③ 浙江省淳安县人民法院（2020）浙 0127 刑初 116 号刑事判决书。

与开设赌场的人员成立共同犯罪。对辩护人的意见不予采纳。

在案例 1 中,针对相似行为的罪名辨析,辩方提出"对赌博群提供技术及维护"关键事实的行为定性的需求,法官以已决案件的必要事实(微信群主已被认定开设赌场罪)+被告人符合共同犯罪的构成要件(明知是赌博群仍提供群维护),认定被告人杨某构成开设赌场罪,对公诉机关指控帮助网络信息犯罪的罪名予以纠正,对辩护人关于罪名的类案意见不予采纳。

案例 2:① 吴某销售有毒、有害食品案

辩方意见:被告人吴某销售的"壮阳药"系"以非药品冒充药品"的假药,其主观上仅具有明知假药的故意,对于药品中含有毒有害的非食品原料,被告人并不明知,通过类案检索,此类行为均以销售假药论处。

法官回应:经鉴定,27 种涉案产品均检出"西地那非"成分。在案证据证实,吴某销售的产品中绝大部分是上述 27 种产品,故足以证实吴某已销售的及查获的 27 种产品中掺有"西地那非"。对辩护人的意见不予采纳。

在案例 2 中,涉及犯罪对象影响罪名认定,辩护人提出"被告人仅具有销售假药的故意"犯罪对象的认定需求,法官以客观证据(案涉产品检出"西地那非")+客观行为(销售了案涉产品),认定被告人吴某的行为构成销售有毒、有害食品罪,对类案意见不予采纳。

综言之,待决案件与类案检索结果的法律证成关涉法官对辩方类案检索报告的有效回应,但从法官回应现状来看,囿于刑事案件的内部证成与外部证成的侧重点不一,对法官如何在关键节点维度围绕类案要素的定型化给予有效回应提出了新的挑战。②

2. 类型 2:犯罪情节认定争议。在法律并未对相关罪名犯罪情节的认定进行明确规定时,意味着对类案是否参照,需要建立在法官的自由裁量之上。如表 3 中的案例 3③、案例 4④,同样涉及买卖对公账户的情节严重标准认定,法官同样以"没有法律和事实依据"为由予以回应,却作出了"不予采纳""不予支持"两种截然不同的判决结果。原本具有确定法律后果的成文法规则,实质上是一个不具有确定法律后果的规则,因此,对辩方类案检索报告的回应,不再是纯粹的法律推理,而是需要着眼于刑事裁判的融贯性及后果予以论证展开。诚然,法官在对辩方类案检索的回应中必然已经作出大量的过程整理工作,但如何通过说理确立判决结果的理性论辩框架,从而将不存在确定性的情况予以有效回应,对合理认识刑事类案指导

---

① 重庆市合川区人民法院(2020)渝 0117 刑初 610 号刑事判决书。
② 许迎玲:《法律论证理论对提高裁判可接受性的启示——基于"昆仑燃气公司案"的分析》,载《法律方法》2022 年第 1 期。
③ 湖北省松滋市人民法院(2021)鄂 1087 刑初 41 号刑事判决书。
④ 湖南省益阳市赫山区人民法院(2020)湘 0903 刑初 564 号刑事判决书。

制度对案件裁判的论证价值和发生机制具有重要意义,亦是在类案检索大背景下对刑事裁判文书说理提出的新要求。

表 3 犯罪情节认定争议的类案观察

意见与回应	案例 3：张某等人伪造、变造、买卖国家机关公文、证件、印章案	案例 4：彭某等人伪造、变造、买卖国家机关公文、证件、印章案
辩方意见	买卖对公账户资料套数"情节严重"标准尚无相关司法解释明确,本案应适用类案检索到的（2018）粤 0306 刑初 3034 号裁判文书（案情：被告人江某等共计购买 549 套企业资料,江某判处有期徒刑一年）,对本案适用三年以下刑罚	目前该罪情节严重的认定没有相关司法解释的明文规定,全国各地法院量刑有轻重之别,对情节严重认定谨慎。应当对被告人彭某在三年以下有期徒刑内幅度内量刑
法官回应	二辩护人关于无具体法律规定对买卖国家机关证件罪在何种情形下确定为"情节严重"之辩护意见,不予采纳	公诉机关指控的犯罪事实和罪名成立,法院予以支持。但认为二被告人的行为构成情节严重没有法律和事实依据,本院不予支持

3. 类型 3：量刑结果的争议。类案检索作为提升案件可预期性的一项重要制度,量刑结果是辩方确定类案检索意见是否被采纳的具体指征,然而,针对类案量刑结果是否应当被参照,实践中存在较大分歧。从样本文书的统计来看,辩方提交针对量刑结果的类案检索的类型主要可分为"是否判处缓刑争议"① "量刑幅度争议"② "附加刑争议"③ 等。

表 4 量刑结果争议的类案观察

类型	辩方意见	法官回应
是否判处缓刑争议	地区内类似案例绝大多数宣告缓刑	辩护人提出的适用缓刑的类案参照意见,与法院查明的事实相符,依法予以采纳。类案裁判结果不能作为本案是否宣告缓刑的依据

---

① 从搜索得到的样本文书来看,辩方提交的类案检索报告大多围绕量刑意见展开,笔者仅选取其中两种主要回应观点予以佐证。
② 河南省平顶山市湛河区人民法院（2020）豫 0411 刑初 101 号刑事判决书。
③ 湖北省松滋市人民法院（2021）鄂 1087 刑初 23 号刑事判决书。

(续表)

类型	辩方意见	法官回应
量刑幅度争议	张某和霍氏父子是共同犯罪，只是分工不同，霍氏父子的判决已经生效，本案与霍氏父子一案属于类案检索的犯罪，其与二霍犯罪情节一样，应判处相同的刑期	张某自愿认罪认罚，可依法从轻处罚
附加刑争议	结合（2019）鄂1087刑初248号刑事判决书，对被告人郭某判处违法所得一倍的罚金更符合同案同判的原则	本案根据确定附加刑比例原则，并体现犯罪行为人违法性与有责性，罚当其罪；综合确定被告人的罚金数额以其预缴的为宜

如表4所示，在面对类案量刑参照诉求时，法官以"辩护人提出的适用缓刑的类案参照意见，与本院查明的事实相符，依法予以采纳"或"裁判结果不能作为本案是否宣告缓刑的依据"为由作出了截然不同的裁判结果。析言之，一方面，迥异于定罪推理具有明确的法律规范作为大前提，量刑推理本身就是一个更多运用经验理性的过程，无法为个案量刑提供明确的指引和参考，加之类案量刑说理时对"程度"判断往往较为"隐蔽"，难以从案件的裁判结果中倒推出各阶段的量刑结果，也就无法为类案量刑中的"程度"判断提供充分的理由；[①] 另一方面，类案检索结果作为判断公诉方量刑建议是否得当的衡量标准，对法官提出必须对同地区、同时期、同类型案件以及共同犯罪主从犯之间的平衡进行把握的要求，从而导致法官即便难以从类案量刑参照中找到充分理由，也必须以概括式回应的方式采纳辩方类案检索意见。因此，在参考类案中被告人实质可罚性的同时，如何界定量刑的不同参考幅度，从而实现量刑均衡，仍待进一步探索。

三、理顺与再造：辩方类案检索报告的回应需求与有效供给

在某种意义上，类案检索制度为法官裁判与辩护意见的融合提供了观念性的保障，正是在这个意义上，如何更好发挥外部知识的功能，形成信息和知识合作治理的模式，对于辩方类案检索报告的回应都具有方法论的指导意义。

（一）何为有效回应：信息交换型的公力合作

"信息交换及意思疏通的质量决定了诉讼本身的质量。"[②] 随着合作性司法的理念逐渐深耕于实际，统一裁判尺度的功能诉求更多构建于辩方、公诉方、法官经过协商所进行的合作，对辩方类案检索报告的回应恰恰反映了一种"信息交换型的公

[①] 江珞伊、刘树德：《量刑说理中类案运用的审思与规制》，载《法律适用》2022年第1期。
[②] ［德］鲁特尔夫·瓦瑟尔曼：《从辩论主义到合作主义》，赵秀举译，中国政法大学出版社2005年版，第380页。

力合作"模式。① 详言之，类案检索既为辩方有序表达诉求提供了载体，也使辩方可以持续追踪法官的回应行为，赋予了辩方对法官回应行为进行抗辩的有力凭借和主体能力。正是基于这种合作治理体系，辩方提交的类案检索报告越是充分有力，法官所掌握的类案信息就越全面、可靠，其所作出的裁判结果就越是精准、公允，也就越容易被辩方所接受，进而实现不影响价值分工的合作治理。

从比较法的角度来看，在遵循先例原则的英美法系，诉讼主体也普遍期望法官在作出裁判时，能够将其提出的理由限制在辩护人所提交的包括先例在内的法律材料范围之中。② 在同样以先例作为统一法律适用重要举措的类案检索制度中，辩方通过类案检索报告诉求己方的辩护意见能够被法官采纳是法官有效回应的外部驱动力，通过辩方提交的类案检索报告实现案件快速、准确的审结是法官有效回应的内部驱动力，两者的相互作用在一定程度上激发辩方提供类案检索报告的热情和意愿以及法官主动参与并积极回应的动力。

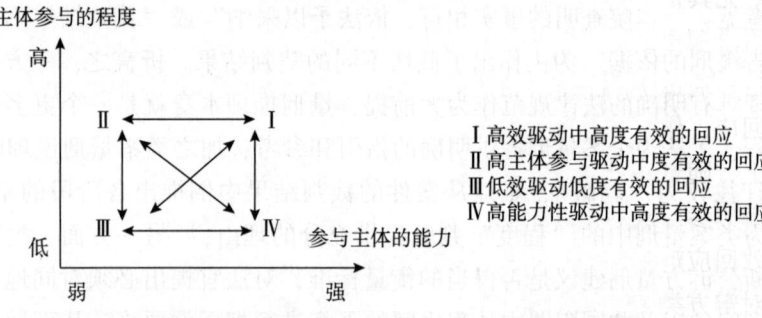

图2 信息交换型的公力合作模式下有效回应的动态模式

如图2所示，在信息交换型公力合作模式下，辩方类案检索报告的有效回应系由主体参与的程度与参与主体的能力两个变量的不同组合产生不同强度、效度的效应，进而驱动法官不同程度的回应。③ 具体而言，路径Ⅰ，较高的主体参与程度与较强的参与主体能力下产生高度有效的回应；路径Ⅱ，较高的主体参与程度与较弱的参与主体能力下产生高主体参与性，驱动中度有效的回应；路径Ⅲ，较低的主体参与程度与较弱的参与主体能力产生低效的程序运转力，驱动低度有效的回应；路径Ⅳ，较强的参与主体能力与较低的主体参与程度下产生高能力参与性，驱动中高度有效的回应。显然，从实现类案检索的目的来看，法官回应的理想路径是Ⅰ。

简言之，在类案检索的回应中，主体参与的程度与参与主体的能力共同决定着法官回应的有效性，当辩方参与度、能力都变强，即既能主动参与类案检索，又能

---

① 陈瑞华：《司法过程中的对抗与合作——一种新的刑事诉讼模式理论》，载《法学研究》2007年第3期。
② 叶楠平：《遵循先例原则与英国法官的审判思维和方法》，载《比较法研究》2015年第1期。
③ 该互动模型以公共管理学中公民诉求与政府回应的互动方式为引，通过分析辩方类案检索报告回应的核心因素而形成。

提供具有简约性、差序性的类案检索报告时,就应当考虑对法官回应进行有序、有理、有效的制度构建,以提高其回应性,进而推动刑事类案检索制度的良性循环。事实上,辩方提交类案检索报告作为一种行为实践,已然产生强大的压力场,并逐渐驱动法官选择有效性高的回应策略或对之前的回应行为进行有质量的矫正,使回应结果更具有可预期性,更符合公众期待。

(二) 为何有效回应:主体互动维度下的价值阐释

理论上,回应是围绕着"意见表达与回应"形成的一组多主体行为互动链条,如何回应被视为公共管理研究对象由来已久,其明确"当意见以目标群体所能识别的方式表达对特定问题的连贯情绪或观点,就应当得到群体对其回应"。① 在这个意义上,无论是互联网+改变了公众参与司法审判过程,抑或是"交涉性辩护"理念的兴起推动辩方以多元化渠道参与审判过程,这都在一定程度上重塑了当今法官回应的模式。尤其是,辩方与法官二者间存在信息关系构造的结构性差异,而多元社会的发展需求和司法进步的客观要求,决定了法官对辩方类案检索报告进行有效回应的必要性。通过建立起一系列相对稳定的回应路径,有意识地对各类辩方意见进行吸纳和回应,作为裁判理由的决策参考。

事实上,随着司法公开程度的扩大,裁判说理也日益受到公众普遍关注,在此背景下,辩方参与类案检索制度呼吁一种回应型的司法模式,裁判说理也逐渐衍生出一种有效回应辩方类案检索意见、面向公众说理的新需求。一方面,在主体互动维度下,对辩方类案检索意见的有效回应可以为类案博弈增强说服力;另一方面,法官回应的有效性能够为类似案件的回应提供表达技巧的参照,从而实现裁判文书说理的整体提升,实现不同司法功能溢出的外在社会效果。

1. 整合功能:如前所述,类案检索争议往往存在于法官"把握不大"的案件中,无论是法律关系难或是构成要件判定难,法官如何回应往往会产生多种意见的争论和博弈。在这其中,对辩方类案检索报告的有效回应,既能够通过融入主体共识来消弭冲突,确保同一逻辑的产生、适用;法官亦能够通过有效回应推动司法知识体系创新发展,促进不同主体间重叠共识的产生,从而融合、重塑社会认同的产生。

2. 引导功能:在大部分样本文书中,尽管辩方类案检索报告具有一定的偏向性,并非完全客观、中立,但辩方提交的类案检索意见仍反映出了不同案件中存在的法律事实上的争议。对辩方类案检索报告的回应,在强调"应当回应"与"可以释明"的层次性类案检索要求的同时,应当注重回应内容的有效性对辩方的引导。简言之,通过对参照、释明的原因、路径清晰化、区别化的司法回应,可以引导辩方高度、高效参与类案检索,使非理性、倾向性的意见被纠正和摒弃,从而调整辩

---

① 翁士洪:《网络治理能力视角下的政府回应效果研究》,载《公共管理与政策评论》2020年第9期。

方在类案检索适用中的行为模式。①

3. 调控功能：在当前法治现代化的需求下，法官裁判的过程也是司法公共性再生产的过程。辩方提交类案检索报告用于追求案件定罪量刑的恰当处理，更追求司法确定某种价值体系，体现司法对某类法律争议的立场态度和对利益诉求的保护倾向。法官回应的过程是对问题加以界定的过程，有效回应能够将意见在法律框架内一次性予以解决，也是当下实现刑事裁判文书说理实质提升的一个突破口和新思路。

（三）如何有效回应：要素分析框架下的现实进路

如何在司法实践中有效驱动法官回应，是实现类案检索信息和知识合作治理的关键。通过分解辩方的回应需求并进行有效供给，是在满足法官需求与效率的同时，为法官如何回应提供了一个较为有效且可行的借鉴路径。

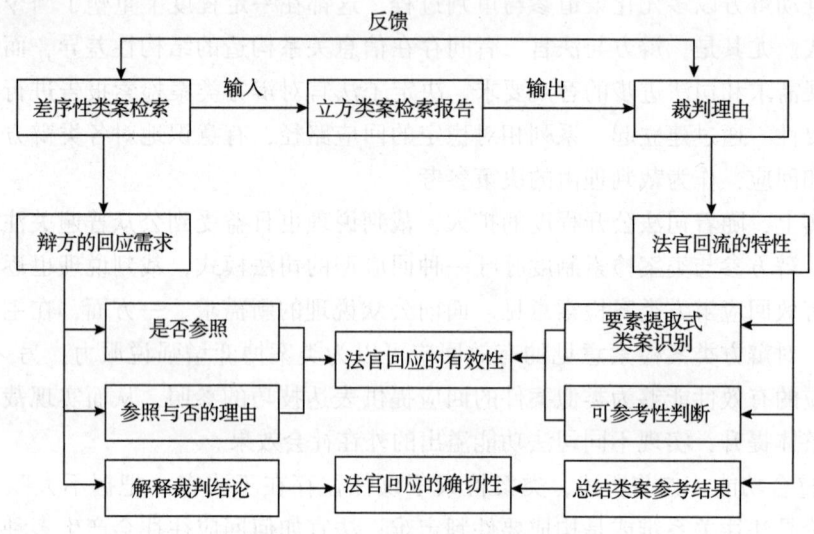

图3　法官有效回应的要素分析

如图3所示，辩方类案参照意见与法官回应之间可以通过输入（辩方提交类案检索报告）、输出（案件裁判理由）、反馈（提高辩方对裁判结果的信服程度）三个变量进行分析，三者之间呈现动态互动的特点。其中，输入部分即辩方进行差序性类案检索，包括具有显性拘束力的"应当回应"的意见和具有强隐性、弱隐性拘束力的"可以释明"的意见，前者是裁判结果意向的表达，后者是对在先判决结果的认同；输出部分则主要包括裁判理由，即对于裁判结果进行法律适用的解释；反馈则主要通过辩方对裁判结果的信服程度予以体现，常表现为辩方是否提起上诉，上诉理由是否涉及类案检索意见未被采纳、未被回应等；反馈使得输入和输出部分在循环往复中不断转换。

---

① 方乐：《司法说理的市场结构与模式选择——从判决书的写作切入》，载《法学》2020年第3期。

通过要素分析框架得到是否参照、参照与否的理由、解释裁判结论在内的三个辩方回应需求，再对法官回应是否进行类案识别、可参考性判断、总结类案参考结果三种方法获得法官回应的特征。通过两者的互动逻辑可知，有效回应包括以下三种形式：

第一种是法官对特定输入的输出会直接对这一输入产生作用，具体表现为法官对争议焦点的类案意见进行直接回应，如充分说明类案识别的考量因素以完成对类案意见是否具有可参考性的直接判断，可以达到说服辩护人，降低争议性的目的。

第二种是法官的某些回应能够通过影响类案意见成立的因素，进而影响特定输入，具体表现为对被告人行为定性、罪名认定等能够对案件整体产生影响的认定，从而使对辩方类案参照意见根据案件发展态势发生改变。

第三种是法官回应的确切性能够有效解释裁判结论，降低辩方类案参照意见输入的强度，具体表现为法官通过对先例裁判规则的总结明确类案裁判的指引，从而明晰辩方类案参照意见的作用，帮助解释现有裁判结论。①

四、探索与实践：法官回应范式的有效建构

类案检索制度的实践价值毋庸置疑，通过将有效回应的价值理念与实然运用层面的诉求回应相结合，以场景分类为框架建立多层次的类案回应渠道，无疑会助益于更为完整全面地理解和把握类案参照意见的回应，同时为辩方类案检索报告的提交提供相应的范式和依据。

（一）法官回应方式的场景分类

最高人民法院在《指导意见》中并未对民、刑、行案件的审理进行区分，仅基于效率的考虑，根据类案拘束力的不同对法官回应方式作出"应当回应"与"可以释明"的层次性要求。如前文所述，刑事案件中释明的适用并不深刻，加之辩方常以类案检索意见作为某一辩护意见的佐证材料予以提交，从而引发了实践中法官回应与否、释明与否的适用争议。通过对刑事案件中影响法官回应的因素（如适用程序、是否认罪认罚等）进行场景分类，并通过类型化演绎回应方式，以期能为法官回应方式提供明确指引。②

如表5、表6所示，影响法官回应的因素以不同适用程序、是否认罪认罚、类案拘束力、类案意见类型被分类 a~k 共 11 项，通过不同因素叠加而成 12 种案件类型，进而明确法官以审理过程中提示性释明、审理过程中回应性释明、裁判文书中说理论证三种回应方式。③ 对其重点类型予以分析可知：

---

① 汪海燕、陶文婷：《刑事案件类案检索机制研究——由解释学视角展开》，载《山西大学学报》2021年第5期。
② 释明的方式分类来源于胡云腾：《法官释明权之行使》，载《中国审判》2016年第8期。
③ 值得说明的是，鉴于文章篇幅所限，本文所总结的十二种案件类型系实践中出现的主要案件类型情况，但未完全涵盖实践中的所有情况。

表 5 影响法官回应的因素

适用程序	a 速裁程序
	b 简易程序
	c 普通程序
是否认罪认罚	d 认罪认罚
	e 未认罪认罚
类案拘束力	f 强显性拘束力
	g 强隐性拘束力
	h 弱隐性拘束力
类案意见类型	i 涉及案件定罪意见
	j 涉及案件量刑意见
	k 其他意见

表 6 法官回应方式的场景分类

案件所涉类型	法官回应方式
① a+d+h+j	审理过程中提示性释明
② a+d+f+i	裁判文书中说理论证
③ a+d+h+i	裁判文书中说理论证
④ b+d+g+i	裁判文书中说理论证
⑤ b+d+h+j	审理过程中提示性释明
⑥ b+e+f+i	裁判文书中说理论证
⑦ b+e+h+i	裁判文书中回应论证
⑧ b+e+g+j	审理过程中回应性释明
⑨ c+d+h+j	审理过程中提示性释明
⑩ c+e+f+i	裁判文书中说理论证
⑪ c+e+h+i	审理过程中回应性释明
⑫ c+e+g+k	裁判文书中说理论证

类型①，主要指在适用速裁程序且被告人认罪认罚的案件中，辩护人提交涉及案件量刑意见的弱隐性拘束力类案，如已认罪认罚的危险驾驶案中，辩护人提交其他地区危险驾驶案判处缓刑的类案，因该类案参照意见不具有参照作用，法官可在案件审理期间以口头、书面进行提示性释明的方式予以回应。

类型⑦，主要指适用简易程序但被告人未认罪认罚的案件中，辩护人提交涉及案件定罪意见的强隐性拘束力类案，如未认罪认罚的掩饰、隐瞒犯罪所得案中，辩护人提交相关罪名改判的类案,因该类案具有较强指导作用,且关涉被告人罪名认定,法官应当在裁判文书中进行详细论证说理。

类型⑪,主要指适用普通程序且被告人未认罪认罚的案件中,辩护人提交涉及案件定罪意见的弱隐性拘束力类案,如诈骗案中,辩护人提交其他地区该类案件定性为合同诈骗的类案,虽该类案参照意见拘束力弱,但其涉及相似行为的辨析,法官可在类案识别后以回应性释明的方式进行口头或书面回应。

类型⑫,主要指适用普通程序且被告人未认罪认罚的案件中,辩护人提交其他涉案件定罪量刑的弱隐性拘束力的类案,如非法收购珍贵、濒危野生动物制品案中,① 对于非市场流通物的价格认定,辩方提交其他地区类案反驳本案中的价格鉴定意见,因该类案具有参照作用且争议影响案件量刑,法官应当在裁判文书中进行可参考性判断并予以论证说明。

(二) 法官回应内容的范式建构

上文对回应方式的场景分类,为辩方类案检索报告的回应解决了基础性问题——何时回应,而法官回应的核心性问题——如何回应,仍待通过回应内容的范式建构予以解决。事实上,在裁判文书中进行回应并不意味着纯粹的逻辑演绎,裁判结果往往还需得到其他理由的证成或支持。② 通过内部证成(基于罪刑法定原则和形式逻辑的有效性展开)加外部证成(刑事裁判的融贯性以及后果论证展开)的法律论证回应,不仅能够涵盖类案参照与否的比较要素,而且通过刑法条文、案件事实与类案意见的有机统一,能够为法官回应提供富有层次性的论证结构,规范、评价法官的裁判说理,提高裁判结果的可接受性,实现法官对辩方类案检索报告的有效回应。③

如表7所示,司法实践中,辩方类案检索意见主要分为行为定性(是否构罪)、罪名认定争议(构成何罪)、犯罪情节认定争议(是否属情节严重等)、量刑争议1:量刑过重、量刑争议2:能否判处缓刑、附加刑争议(罚金数额)、类案结果对抗在案证据,共七大类。依据辩方类案检索意见的情境不同,法官可以依据不同论证标准采取相应的论证策略和方法,从而形成具有融贯性的证立图式,提高回应说理的可接受性。

---

① 相关案例参见四川省甘孜藏族自治州中级人民法院(2021)川33刑终8号刑事裁定书。其他举例案件均为笔者工作中所涉案例。
② 王夏昊:《司法公正的技术标准及方法保障》,中国政法大学出版社2017年版,第195页。
③ 本文对法律论证理论的了解主要来源于[德]罗伯特·阿列克西:《法律论证理论:作为法律证立理论的理性论辩理论》,舒国滢译,商务印书馆2019年版。

表 7　法官回应内容的范式构建

辩方类案检索意见类型	法官回应—内部证成	法官回应—外部证成
行为定性（是否构罪）	案件事实与法律规范的构成要件之间的证立与相似性分析	从刑事政策、法律解释方法、民众诉求等层面完成可参考性判断
罪名认定争议（构成何罪）	着眼于法律条文的"穷尽性"以及运用法律解释方法对比案件在法律适用上的相似性	对待决案件的合法性、正确性进行证成，再与类案进行可参考性比照
犯罪情节认定争议（是否属情节严重等）	分别列举待决案件与类案的基本事实构成要素，梳理总结从而增加或者扩充三段论的逻辑步骤	对参照意见与法律体系内部的规范要素的契合性进行融合性证成
量刑争议 1：量刑过重	侧重于待决案件各阶段量刑结果的考量因素、程度判断的明晰	从共同犯罪与否、类案的异同点（包括地区、案件发生时间等角度）等角度进行正当性论证
量刑争议 2：能否判处缓刑	从刑法条文的支援因素下完成法律论证，建立起案件事实与法律规范之间的必然联系	通过案件事实与量刑结果之间的相对一致性说服缓刑同判的弱主张
附加刑争议（罚金数额）	依托不同法律规范对案件事实与罚金数额之间的关系进行合理性证成	围绕类案与待决案件法律效果的理性判断和分析展开，据此论证附加刑的合理性
类案结果对抗在案证据	对类案的基本事实、法律适用与待决案件间的异同进行识别	在案证据形成的程序是否合法、形式要件是否完备、是否具有关联性、是否相互印证等进行合法性证成

1. 当辩方类案检索意见围绕行为定性展开时，主要涉及罪与非罪之争论，常见于民刑交叉型经济类犯罪案件中。法官在内部证成中主要完成案件事实与法律规范的构成要件之间的归入与比较分析，归入分析即案件事实与法律规范的证立，比较分析即待决案件与类案在基本法律事实构成要素的相似性分析；[①] 而外部证成需要从刑事政策、法律解释方法、民众诉求等层面进行后果对比，由此达到完整呈现类案辅助法律规则涵摄待决案件形成裁判结论的过程。

2. 当辩方类案检索意见围绕罪名认定展开时，主要涉及构成何罪的争议，常见于被告人行为模式较为复杂、需基于立法精神对刑法条文进行解释、刑法条文属于概括式或兜底式规定等案件类型中。鉴于此类案件常涉及法律漏洞的补充，法官回应的重点在于案件事实的证立与类案比较的证伪，在内部证成过程中应当着眼于法律条文的"穷尽性"，对类案与待决案件的重点构成要件进行对比；在外部证成过

---

① 孙海波：《重新发现"类案"：构建案件相似性的判断标准》，载《中国法学》2020 年第 6 期。

程中应首先完成待决案件的合法性、正确性进行证成，再与类案进行可参考性比照。①

3. 当辩方类案检索意见围绕犯罪情节认定争议展开时，主要涉及是否构成情节严重等争议，常见于法律规定尚不明确需参照适用的案件类型中。对类案可参考性的判断，在内部证成中需要分别列举待决案件与类案的基本事实构成要素，梳理总结出相同点和不同点，从而通过增加或者扩充三段论的逻辑步骤，提升论证的融贯性；② 在外部证成中，需要对参照意见与法律体系内部的规范要素的契合性进行融合性回应。

4. 当辩方类案检索意见围绕量刑争议展开时，主要有量刑过重和能否判处缓刑两种类案参照意见。在量刑过重的参照意见中，包含同案犯量刑参照、关联案件量刑参照等情形。在法官回应的内部证成中，应当侧重于待决案件各阶段量刑结果的考量因素、程度判断的明晰，鉴于量刑本身属价值推理过程，需充分运用经验理性，因而在外部证成的过程中，可以从个案的共同犯罪与否、关联案件考量因素辨析等异同点进行论证说明。③

辩方对能否判处缓刑的类案参照意见常见于危险驾驶、故意伤害等案件数量多但犯罪情节轻微的案件中。需要明确的是，类案同判并非意味着相同案件类型就必须得到同样的裁判结果。④ 因此，法官在内部证成时可以从刑法条文的支援因素下完成法律论证，外部证成时则通过案件事实与量刑结果之间的相对一致性建立起令人信服的必然联系，以依法裁判的强主张说服缓刑同判的弱主张，从而完成裁判结果正当性的论证说明。

5. 当辩方类案检索意见围绕附加刑争议展开时，主要有罚金数额的争议，常见于违法所得数额较高，法律规定具有区间幅度的案件中。在内部证成时可以依托不同法律规范对案件事实与罚金数额之间的关系进行合理性证成，而外部证成应当围绕类案与待决案件法律效果的理性判断和分析展开，据此论证附加刑的合理性，从而为法官回应附加刑类案意见提供进一步的支持与帮助。

6. 当辩方类案检索意见围绕类案结果对抗在案证据展开时，常见于以类案结果对鉴定意见等证据的认定异议中。法官回应的重点在于外部证成，内部证成是对类案的基本事实、法律适用与待决案件间的异同进行识别，而外部证成则主要从法定证据形成的程序是否合法、形式要件是否完备、与案件是否具有关联性、与案件其他证据是否矛盾等方面进行，通过对法定证据的合法性证成完成类案的可参考性判断。

---

① 王彬：《案例指导制度下的法律论证——以同案判断的证成为中心》，载《法制与社会发展》2017 年第 3 期。
② 梁苏琴：《刑事指导案例中的法律论证——基于"昆仑燃气公司案"的分析》，载《法律方法》2022 年第 1 期。
③ 张天择：《指导性案例参照中的类案判断尺度：内证成与外部证成》，载《南大法学》2022 年第 1 期。
④ 刘树德：《刑事司法语境下的"同案同判"》，载《中国法学》2011 年第 1 期。

(三) 法官回应范式的要素完善

通过内部证成与外部证成建立完整的不同类案参照意见的回应说理范式，解决法官如何有效回应的问题。但值得注意的是，在法官回应的过程中，还需要符合覆盖面、一致性、融贯性的形式要素，实现法官回应的清晰和严密。

1. 覆盖面：回应涵盖辩方类案检索意见和辩护意见。类案与待决案件之间的内在联系，需要考察案件之间的相似性并进行判断，提炼两者的比较点是判断的前提条件。实践中，辩护意见与辩方类案检索意见混杂甚至矛盾的情况广泛存在，因此，在法官回应过程中应当对辩方意见进行摘录列明，并建立一个从较大争议（如行为定性）到较小争议（如附加刑争议）的等级顺序，确保回应内容的全覆盖。

2. 一致性：回应围绕辩方类案检索意见展开。在回应过程中，应当概述辩方提交的类案，注重包括时间、空间、因果、状态等关键要素，保证法官回应内容与辩方类案检索意见的一致性。同时，法官回应内容应保证逻辑自洽，符合常识规则，围绕刑法规范适用的正当性和合理性进行充分叙述，检验回应内容是否围绕辩方意见，是否符合常情、常理、常识。

3. 融贯性：融贯不仅仅是从认识论角度实现统一逻辑，也是为裁判结论的成立提供知识论基础而进行合法化论证。① 法官对辩方类案检索报告的回应作为裁判说理的一部分，通过有效回应为不同司法主体提供合理认识与诠释刑法规范的重要途径的同时，也需要关注回应内容与其他裁判说理的融贯性论证，以增加与其他裁判说理的相关关系和支持强度，达到共同支持裁判结果成立的目的。

结 语

在类案检索成为统一法律适用的重要机制并日益引发广泛关注与重视的情况下，刑法作为部门法学，在刑事类案检索的适用上"春江水暖鸭先知"，如何恰当地把握类案检索与法官回应的内在机理，如何在法官回应上体现"普适性与有效性"并存的状态，是更好发挥类案检索作用的基础性问题。本文以有效回应这一观点为切入点，拟通过类型化回应的场景、内容范式，以期为法官回应塑造实践理性品格提供有益借鉴。

---

① 侯学勇：《融贯论在法律论证中的作用》，载《华东政法大学学报》2008年第4期。

非法占用农用地罪刑事规制转向及完善进路
——以《民法典》时代下的"三权分置"改革①为视角

江西省景德镇市珠山区人民法院　万　骏

引　言

习近平总书记强调："耕地保护要求要非常明确。""农田就是农田，而且必须是良田。"② 然而，国土"三调"的数据显示：从耕地数量上看，2019 年年末就已逼近 18 亿亩耕地红线，在高压保护下十年间仍减少近 1.2 亿亩耕地，且年均减少量呈扩大之势；此外，耕地质量形势更为严峻，高标准、高质量农田仅占总耕地面积的 31.24%，其中三分之二以上为中、低质量耕地。在耕地保护上，《民法典》确立了"绿色原则"并具体落实了农地"三权分置"改革，这项改革不仅提高了土地的资源利用率，而且凸显了农用地财产权利属性，但不可否认，随着改革的深入，工商资本将涌入农村，农用地潜藏着"非农化""非粮化"等不利因素，可能由此引发生态及粮食安全的风险。一边是不可逾越的政策红线，另一边却是改革所释放的巨大红利。为了实现《刑法》农用地保护的效能，刑事司法应对《民法典》带来的变革予以回应。非法占用农用地罪是规制农地"三权分置"改革生态风险的具体罪名，那么本罪如何在实务中适应农用地价值的演变？怎样在刑事司法处置中调整相应对策，找到农地发展与保护的平衡点？要在耕地保护中体现人民法院的司法担当，上述问题都值得关注。

一、实务审视：《民法典》颁布下原有秩序法益陷入适用困境

非法占用农用地罪是典型的"法定犯"，其所保护对象是农用地，按照传统秩序法益说，本罪侵犯的法益为国家土地管理秩序。在土地管理"政府权力中心化"的时代，秩序法益对耕地保护是有一定积极意义的。但在《民法典》"个人权利中心化"的变革下，单一适用秩序法益观将无法涵盖本罪所保护的全部法益。特别是"三权分置"改革的推动，导致农用地存在着复合属性的特征，引发农地刑事制裁

---
① "三权分置"改革是指《民法典》在原农村土地集体所有权、农户承包经营权之外，增设了一个土地经营权，使同一块土地上，可能存在三个不同的权利主体。
② 《中央农村工作会议在京召开》，载《人民日报》2021 年 12 月 27 日。

力度不足的问题。

(一) 传统秩序法益无法应对"三权分置"的生态风险

"三权分置"改革对推动社会经济发展有着多维度的作用,这项改革从制度上突破了土地流转的固有障碍,让农用地的财产价值凸显。其中的土地经营权流转,又赋予经营者更多自主权,激发了农用地的价值活力。然而,随着土地制度的改革创新,其身后所隐藏的生态风险不容忽视。

风险一:"三权分置"改革的缘起就是为了改变原有的"两权分立"下农地零碎化的现状,以此适应农业现代化和乡村振兴的需求。但不可否认的是,农业投资的长期性及低回报率可能导致经营者改变土地用途,借各种名义在农地上进行基础设施建设,兴建民宿、度假酒店、观赏园林等固定设施,对土地进行非农化使用。即便并未改变农地用途,也存在着将产出效能低的主粮作物替代为高产经济类作物的行为,这些都威胁着国家粮食安全。

风险二:"三权分置"加重了土地负荷,易致"良田"不再。特别是在农用地领域日渐兴起的信托流转,出现了福建"沙县模式"、安徽"中信信托模式"等,单就在沙县一地此类模式就占农地流转的六成以上。比如,在中信信托模式中,信托公司在收取经营者收益后,扣除信托报酬交给县政府,再由县政府将利润分配给农民。在此种信托模式中存在以下主体:农民(土地流转人)、县、乡政府(委托人)、信托公司(受托人)、农业经营公司(土地被流转人),除政府外的三方都要从土地流转及经营中获利。然而,农用地的获利空间在一定时限内是恒定的,加之农业经营公司对土地缺乏"天然感情"和"敬畏之心",以上各方在信托期限内不可避免地会对农地进行"掠夺式"地开发,造成土地地力下降,导致生态及粮食安全风险的出现。但秩序法益观只能被认定为对行政制度所定义的义务的触犯,对土地信托模式下可能出现的有实质性危害行为,单一秩序法益对此已无法规制。

(二) 秩序法益下农用地犯罪存在适用难题

1. 本罪犯罪行为的表现形式存在争议。局限于实务中对农用地犯罪法益的单一适用,这也导致了侵害农用地生态法益行为的表现形式认定含混。张明楷教授认为:行为是否具备违法性,是根据法益是否受到侵害或者危险来评价的,并非根据行为本身是否违反规范来决定的。[①] 秩序法益是对土地制度的侵犯,只能被认定为对行政制度所定义的义务的触犯,无法具化为实害与危险。比如在姚某英案[②]中,法院认定行为人在经营苗木培育及林木种植过程中进行"轮作",虽然"轮作"的目的是增加地力改善种植质量,但法院认定"轮作"行为破坏了原有的农地种植的生态

---

① 张明楷:《法益初论》,中国政法大学出版社2003年版,第208页。
② 参见内蒙古自治区扎赉特旗人民法院(2016)内2223刑初426号刑事判决书。

条件。虽然行为人的行为并未违反行政管理法规，但实际上侵害了生态法益，因此，"轮作"行为构成非法占用农用地罪。从实际上看，由于秩序法益下对本罪实行行为无法全部涵盖，这导致行为认定标准不清。而且，生态法益的缺失致使农地潜在的实质风险难以进行规制。鉴于此，置于《民法典》适用的背景下，对本罪所保护的法益应予重塑。

2. 秩序法益观下本罪罪名定性的客观标准模糊。当农用地犯罪仅违反土地行政法规时，适用本罪定性自不必证，但当农用地犯罪是侵害整体的生态环境时，在所保护的法益不明确，实行行为定性不准的情况下，实务中无法将本罪与其他相似罪名予以明确区分。例如，在胡某案中，法院认定行为人挖掘耕地并随意倾倒固体废物，使得水田表面被建筑固体废弃物压实，导致耕地原有的种植条件已灭失，且不易复耕。最终，法院将此种认定构成非法占用农用地罪。① 而在另一起案件中，行为人的行为也是挖掘耕地并将农地填埋压实，两起案件的行为相类似，但法院不仅认定农用地丧失耕种条件，还认为该行为直接破坏了生态环境，最终却将此按污染环境罪处理。② 除此之外，在非法转让、倒卖土地使用权罪的犯罪对象为农地时，该罪名在转让、倒卖农地的行为表现为"改变农用地的性质和用途，破坏农业生产能力和生态环境"，与本罪罪状存在重合与交叉，且两罪所保护的法益也有同一性，存在法条竞合，两者在实务中的适用也有一定争议。鉴于此，囿于生态法益缺漏，对相似实行行为并未作法益甄别，导致在农用地犯罪领域存在罪名适用的争议。这既降低法院司法裁判的公信力，而且定罪不清也可能存在肆意扩大刑事制裁的可能，因此，理应辨明农用地犯罪所对应的罪名。

3. 农用地犯罪法益损失未能量化。在实务中由于长期漠视农用地的生态价值，仅关注农地所固有的经济价值，这就导致农用地犯罪在核算损失价值时忽略了生态估值，虽然在实务中有些地区对于生态恢复补偿辅助定罪量刑有一定的探索，但就生态法益的核算以及各法益之间损失的相互换算方式鲜有提及。例如，在河源经济合作社案中，合作社流转 38 亩农田，受让人却改变基本农田用途，直接在耕地上挖掘取土变为鱼塘，这导致耕地的种植功能被损坏。但当对该行为定罪时也仅计算了平整土地的相关费用，也就是仅对破坏农用地造成的直接损失进行了认定。此种单一的评价体系不仅惩治教育功能有限，而且也忽视了农用地作为重要自然资源自身的价值损失。从现实作用看，农用地犯罪不仅关系国家宏观上的农地资源配置，还直接影响着粮食及生态安全。基于此，在实务中核算农用地所保护法益的损失，必须要加入生态法益损失评价体系，以此来实现对农用地犯罪法益侵害损失的统一核算。

---

① 参见浙江省金华市中级人民法院（2020）浙 07 刑终 609 号刑事附带民事裁定书。
② 参见广东省惠东县人民法院（2020）粤 1323 刑初 295 号刑事附带民事判决书。

二、法益重塑：《民法典》下农用地保护法益应予重新诠释

"生活的需要产生了法律保护，而且由于生活利益的不断变化，法益的数量与种类也随之发生变化。"①《民法典》倡导的绿色原则，在民事领域引入了生态法益保护，能够有力补充非法占用农用地罪的保护法益，避免法益保护缺漏；同时配合农地自身的财产价值，完善刑法的法益保护机能，契合当前提倡的兼顾生态学的人类中心法益论的宗旨。② 并且，基于由个体主义与整体主义的双重视角所形成的生态环境多元共治机制，③ 财产法益对应的是个人主义，生态法益则对应的是整体主义。换言之，非法占用农用地罪的犯罪行为，从本质上就是为了攫取农用地的自身价值（即生态价值）以及财产价值，④ 刑法所保护的法益也需随着对犯罪的变化而进行演进。

（一）引入生态法益是农用地现实价值保护的应有之义

在"五位一体"布局的生态文明建设的背景下，农用地不仅蕴含着巨大的经济价值，而且其生态价值也纳入立法者的视野中，国家及地方政府层面的土地管理法规也日趋重视农用地的生态保护。非法占用农用地罪作为打击侵害农用地法益最有力手段，自然也要与民事法律、行政法规一道将农用地的生态价值纳入规制中。本文从以下三点对生态法益在本罪中的必要性予以证成。

从实质解释层面看，重塑本罪所保护的法益，以完善法益保护范围，与财产法益及秩序法益构建农地保护法益的动态平衡体系。法益保护的实质缘起于利益结构的演变，现阶段农地的价值位阶从国家—个人—社会—生态的逐步演进。（如图1所示）在土地伦理层面，生态法益的概念本身就源于财产法益和秩序法益，衡量农用地生态性质的标准主要涵盖农地的地力（产出能力）及农地自身的生态状况，其中农用地的经济效益（农地产出能力）与财产权益挂钩，通过土地的财产价值来判断其属性。而农地环境及自然属性，具体为农地自身及周边自然环境系统，这就与农用地的生态法益挂钩。在土地伦理理论下，农用地土地伦理的表象特征是其管理规则及财产利得，而土地伦理的核心价值在于其生态环境的维持。随着《民法典》颁布及适用，农用地秩序法益必然会演进为生态法益，逐步构建土地善治的土地利用格局。

从法律规范本身看，非法占用农用地罪是空白罪状，参照性规范是本罪的司法适用范围。《民法典》将绿色原则作为民事活动的基本原则，贯穿于农用地经营、流转、抵押的各项行为中，绿色原则成为生态法益的概括性法律总则，是一种法律

---

① [德] 弗兰茨·冯·李斯特：《德国刑法教科书》，徐久生译，法律出版社2006年版，第127页。
② 张明楷：《污染环境罪的争议问题》，载《法学评论》2018年第2期。
③ 侯国跃、刘玖林：《不应被"矮化"的绿色原则：以功能论为中心》，载《环境资源法论丛》2019年第1期。
④ 蒋兰香、吴鹏飞、唐银亮：《环境刑法的效率分析》，中国政法大学出版社2011年版，第64页。

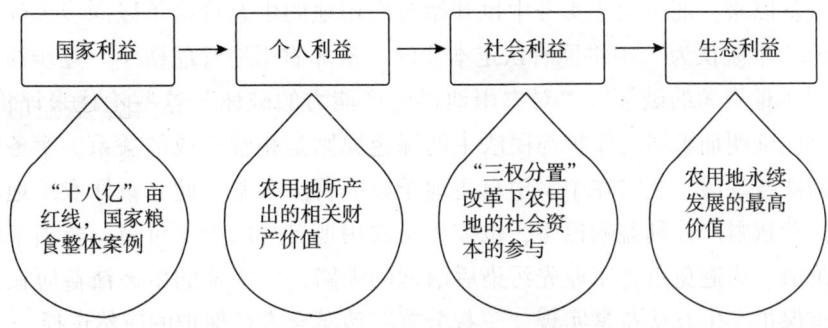

图 1　农用地利益价值结构模式转型图

内涵对农用地事实内容的涵摄。例如,《农村土地承包法》作为民事单行法律在第 38 条中,对生态法益保护予以直接陈述,并将其直接与农地产出能力相对应,在法条中直接体现了生态与发展的内涵。

从体系解释层面看,在《刑法》中,非法占用农用地置于破坏环境资源保护罪的章节中。《刑法》在同一章节所保护的法益具有体系上的一贯性,生态法益作为本章节所保护的法益,自然也应在非法占用农用地罪上予以适用。此外,生态环境损害案件中是实务上刑、民衔接的最佳场域,民法发挥生态修复之作用,刑法发挥生态保障的制裁作用。从法律作用看,《民法典》的绿色原则所衍生的生态法益,刑事法律需对此予以回应并吸纳在自身保护的法益内,并作出同民事法律步调一致的调整,以实现刑、民衔接的联动与流畅。

需强调的是,保护生态法益不等同于将秩序法益放弃,生态法益是对农用地保护法益的一种扩充。对土地管制行为应分:一是静态的区分,典型的就是按照土地管理用途及法规对破坏农用地的行为进行规制;二是动态的约束力,生态法益就赋予本罪司法判断的活力,不再机械地应用土地管理法规,而是置于生态保护的价值观中,对刑法所保护的法益进行动态完善。

(二) 生态法益是应对农用地 "三权分置" 改革的应然选择

单就土地管理秩序而言,国家反复提及的 "十八亿亩红线" 并未让社会真正关注农用地价值。而在实务中,与直接引用国家层面宽泛的秩序法益相比,法官其实对农用地的财产价值更易理解与应用。《民法典》作为土地制度的补充规范与《农村土地承包法》形成了完整的 "三权分置" 农用地规制体系,但就上述法律而言,其仍是为了最大限度发挥农用地的经济价值而设定的。农用地财产属性得以释放,自然地其生态属性就会被相对忽略。

在改革的推动下,农用地自身的价值属性日益显现,在土地流转中农用地的生态价值可转化为相应财产价值,规模化农业经营公司将目光聚焦于生态良好、经济效益高的农用地上。笔者查阅中国裁判文书网发现:自《民法总则》规定保护生态环境的条款以来,刑事司法实务中也开始对农用地的生态价值予以同步关注,在裁判文书的"本院认为"中将原有认定本罪的"破坏农用地管理秩序"逐步淡化,转而以"对土地资源的破坏""对农用地再生产能力的破坏"这些论述来评价案件,这也从侧面证明刑事司法保护与民法中的绿色原则是相辅相成的关系,实务中已发现本罪的法益缺漏,法官在个案中自主地予以完善。有鉴于此,破坏农用地不仅是对土地经营权财产性利益的侵害,也破坏了农用地自身的产出价值,减损了农用地的融资价值。为避免重走工业先污染后治理的老路,农用地的生态法益应在刑法上予以侧重保护。生态法益是实现"三权分置"改革全方位保护的应然选择。

三、解释修正:《民法典》引发生态法益下犯罪构成的变化

《民法典》规定了土地经营权,并在法律上充实其权能,使之回归用益物权的基础属性,① 因此对刑法与民法从内、外两个层面产生了有机的耦合作用,② 这也推动《刑法》中本罪犯罪构成的解释完善。

(一)《民法典》引发本罪"空白罪状"定位发生变更

张明楷教授对刑法分则中的空白罪状的定位分列了两种观点:第一种观点认为:空白罪状属于违法阻却是由,可排除符合构成要件的行为的违法性;第二种观点认为:"空白罪状"属于对行为违反相关法规的提示要求,认为空白罪状是犯罪的前置条件。这两种观点在理论界尚未有定论。③ 置于本罪的空白罪状中,在秩序法益观下应将本罪定位于第二种观点,注重对犯罪前置条件的提示作用。但在《民法典》时代下,由于作为空白罪状的规范愈加严密,本罪构成要件的变动与《民法典》相应规定之间也将相互影响。本文认为,空白罪状在本罪中视为违法阻却是由更为妥当。例如,在《民法典》第340条中,明确了土地经营权的概念,经营者可依据民事合同占用农用地,自主选择经营,这也意味着流转模式在市场交易行为中日渐丰富,刑法空白规范的参照范围也应基于此予以扩充。由此得知,"三权分置"改革实质上对本罪所参照的法规的适用方式作出了新的要求,让之前对本罪空白规范的判断重要性极大的提示要求,降低为违法阻却性事由。"三权分置"改革以前,对本罪进行定性时就需对民事规范、单行法等进行整体性的思考,在民事领域中对土地经营权纠纷尚需磨合探讨。若民事纠纷置于刑事实务中,空白规范就会存在法律位阶高(民法典)、参照法律多(各类民事、行政单行法),对于农用地权属的民事争议将直接影响实务中刑事司法的处理,造成司法误判。而与提示要求相对的违法阻却事由,对此就能较为妥善地处理。若客观上行为人的实行行为触犯了本罪的罪状,这就表明其行为符合本罪的构成要件。那么,只要其行为在空白规范中无法

---

① 单平基:《〈民法典〉编纂中土地承包经营权的定位》,载《南京农业大学学报》2020年第3期。
② [德]卡尔·拉伦茨:《法学方法论》,陈爱娥译,商务印书馆2003年版,第107页。
③ 张明楷:《刑法分则的解释原理》(第二版),中国人民大学出版社2018年版,第79页。

找到相应的违法阻却性事由，实行人就应被刑罚制裁。此种定位下，就无需再行印证行为人违反了空白罪状，与提示要求相比空白规范的权重自然降低，在实务中更易适用。

（二）《民法典》对农用地犯罪构成的重新解释

土地经营权是《民法典》物权编下农用地新设的权利属性，刑事保护自然也应延展至土地经营权中。对设立土地经营权本身而言，土地经营权作为本罪的犯罪构成要件，对于未经确认土地经营权而占用农地的实行行为，若主观上行为人为故意占用，则按本罪定性，反之则不构成本罪。除此之外，《民法典》在土地经营权的细节上还对《农村土地承包法》进行修改（见表1），这些修改也对本罪的犯罪构成产生了影响。

表1 《民法典》土地经营权修订内容

法律修改	主体方面	流转方式	备案
《农村土地承包法》第36条	承包方	出租（转包）	向发包方备案
《民法典》第339条	土地承包经营权人	出租	删除备案要件

1. 从犯罪主体上：就土地承包经营权人而言，有民法学者认为对此应予限缩解释为村集体承包农户和流转方式获得土地的承继者。[①] 村集体承包的农户实施破坏农用地行为，作为本罪的适格主体自不必言；而通过继受方式获得的土地承包经营权的经营者是否为适格主体，在实务中存在争议。《民法典》规定土地经营权获取的途径为：一是依家庭联产承包责任制按身份原始取得；二是通过"三权分置"改革经流转等方式继受取得。通过上述途径获取的土地经营权的经营者享有占有、使用、收益的物权权利，经营者行使物权权利的过程中自然也要受刑事法律的规制。适格的犯罪主体需具备侵犯生态及财产法益的行为能力，通过流转方式获得土地经营权的经营者，在约定的期限内能够实施非法占有及毁坏土地的行为，具备侵害法益的行为能力。而且，《民法典》、村约及合同亦要求经营者负担审慎使用农用地经营权及养护农用地的相关义务，而如果其违反了《刑法》规定的义务，土地实际经营者则必然成为适格主体。但值得注意的是，根据刑法谦抑性原则，若经营者所依据的合同在民事领域被认定为无效或不成立，且行为人开发农用地没有主观故意，虽然行为人对农用地的开发行为不合法，但同时也要考虑到行为人不具有土地经营者的身份，自然也就无需负担前述的相应义务，这就不构成对空白罪状的违反，不是适格的犯罪主体。

2. 从流转方式上：《民法典》将"转包"这一流转方式删除。"转包"并未在

---

① 高圣平：《〈民法典〉与农村土地权利体系：从归属到利用》，载《北京大学学报》2020年11期。

民事法律上予以定性，但转包的法律本质就是出租。根据农村土地承包的实践习惯，"转包"可定义为承包方将土地承包经营权转给同一集体经济组织的其他农户，这也是几十年来家庭联产承包在集体组织内部之间的流转方式。①《民法典》以法条的形式将土地经营权统一按"出租"方式获得。那么，对于不是村集体组织成员而以出租方式获得土地经营权的情形，以往刑事实务对土地流转的权属认识不足，而对此作出此种转包模式不合法的判断。例如于某案②中，法院认定行为人转包给村集体经济成员违反土地管理法规构成本罪。现《民法典》将流转方式统一为出租，不再局限于村集体组织成员，在身份上解除了限定，上述"转包"行为认定不合法也应出罪，体现谦抑性。

3. 从备案制度上：备案并非审批，备案制度的目的是确保发包方实现对其所流转土地享有知情权及监督权的一种手段。若《民法典》仍将"向发包方备案"写入条款中，形式要件在流转中就要被遵守。对于未备案的行为，由于本罪在实务中对行政法规考察严密，就可能出现将备案这一形式要件认定为实质要件的误判。例如，在马某及马某某案中，法院认定马某某系外村村民，租用农户林地须经发包方同意或报发包方备案，但马某某在租用村农户或者集体的林地时均未按相关程序办理。故马某某违反了土地管理法规，以非法占用农用地罪定性。③ 现《民法典》将形式要件删除，未予备案的行为在刑法上就不具有期待可能性，自然也就不构成对管理秩序的违反，此种行为应予出罪，这也符合放宽行政土地监管的要求。

（三）《民法典》引发本罪的罪量因素判断发生改变

《民法典》的颁布直接导致本罪罪量因素判断的改变，进而对非法占用农用地罪的入罪产生影响。本罪的罪量因素主要涵盖"数量较大"和"大量毁坏"，两者映射的是本罪条文中的两种实行行为。两种罪量因素解释在实务中存在不少争议，导致司法实践中发生法律适用冲突。

1. 《民法典》廓清"非法占用"和"造成毁坏"的关系。对于以上关系，有双重定义标准和单一定义标准两种实务做法。单一定义标准认为：只要"非法占用农用地"和"造成农用地毁坏"任一达到基本农田5亩或基本农田以外的耕地10亩以上④这一入罪标准即可，例如王某某案中，法院认定王某某非法占用农地堆放石料和圈建房屋，面积达13亩，并且还认定王某某存在大量毁坏的行为，其用石料堆积的方式毁坏农用地面积为10亩，最终被判处非法占有农用地罪且量刑上两种因素相累加，可以看出该案就是采用典型的单一标准认定。而双重定义标准认为："非法占用"需够入罪标准且"造成农用地毁坏"也需达入罪标准，两者为充要条

---

① 黄薇：《中华人民共和国农村土地承包经营法释义》，法律出版社2019年版，第55页。
② 参见吉林省伊通满族自治县人民法院（2018）吉0323刑初12号刑事判决书。
③ 参见四川省泸定县人民法院（2018）川3322刑初12号刑事判决书。
④ 详见《最高人民法院关于审理破坏土地资源刑事案件具体应用法律若干问题的解释》。

件关系,都要至入罪标准才能以本罪处刑。例如李某案中,李某因建工厂,未经审批手续非法占用了13亩非基本农田外的耕地,但由于建厂实际所毁坏的面积仅8.3亩,低于入罪的10亩门槛,因此判定不构成非法占有农用地罪。① 本文认同按双重定义标准对本罪予以定性,理由如下:第一,本罪双重定义标准对应的是《民法典》"三权分置"改革,行为人仅单一地占用农用地可通过民事、行政等救济途径主张返还,但造成农用地的毁坏是对农用地财产及生态法益实质性的侵害。在土地改革的背景下,占用农用地可能还存在权属纠纷,因此刑法应发挥谦抑性和打击的精准性,对单一占用的实行行为刑法应暂不予评价。第二,由于对农用地财产属性的认识不足,本罪原有的行为范式主要在占用行为上,而《民法典》颁布后,现阶段本罪的实行行为逐步演变为对农用地自身财产权益的掠夺上,随着农用地财产权益的提升,这就引发"造成农用地毁坏"的行为可直接从农地中获利,行为人的行为目的不再是直接占有而是对农地进行破坏与开发。基于上述实行行为的现实演变,自然本罪的罪量因素也应予变更。双重定义标准可在"非法占用"和"造成毁坏"之间找到衡平点,以应对"三权分置"改革后新出现的犯罪样式。

2.《民法典》对"数量较大"和"大量毁坏"的全新解读。在刑事实务中对上述关系的解读为:"数量较大"对应的是非法占用土地面积,而"大量毁坏"则对应的是造成农用地毁坏的毁损面积。对于两者关系的区分解读,在《民法典》确认"三权分置"后已然变得清晰。

一方面,原有秩序法益下司法实务一般以"数量较大"作为定罪标准。但由于土地经营权的设立,农用地财产属性趋强,刑法所保护对象的价值演变,刑法的罪量因素也应随之演进。比如,在土地流转的情况下,土地实际经营者经流转获得规模化土地,此时会出现非法占用面积较小但毁坏数量多的情形。在路某某、王某某案中,行为人经流转获得草原的经营权,但行为人却将土地用途由草原变为林地,法院最终认定行为人非法占用不足8亩,但其毁坏的草原面积大于30亩。② 事实上,上述两个罪量因素的权重已日益平衡,且更注重"大量毁坏"的保护,两者已不是包含与被包含关系。鉴于此,就"非法占用土地面积数量加大"这一罪量因素,应采用直接定量法,因为该因素受《民法典》变化影响较小,而且判断方式固定单一,也无需专业机构鉴定评估,直接按占用的具体面积"定量"予以认定即可。

另一方面,与"数量较大"相对的是对"大量毁坏"这一罪量因素的判断,由于农用地财产及生态属性的附着,增加了对"大量毁坏"解释的难度。刑事实务中对该因素的理解并非以"单一"定量的方式去解读,而是倾向于作扩大解释。比如,将"农用地的毁坏"扩大解释为污染,在詹本华案③中,行为人对林地的挖掘

---

① 参见陕西省西安市灞桥区人民法院(2007)灞刑初字第041号刑事判决书。
② 参见甘肃矿区人民法院(2019)甘95刑终19号刑事裁定书。
③ 参见江苏省连云港市海州区人民法院(2015)海刑初字第240号刑事判决书。

行为，造成林地的种植及植被覆盖污染，法院仍以非法占用农用地罪判处刑罚。鉴于此，对"大量毁坏"这一罪量因素的判断，不能仅单一地对毁坏的面积认定，还要根据农用地价值将财产损失及生态法益修复等损失进行统一的量化核算。随着犯罪实行行为的多元化，具体法益的损失计算也应复合化，对"大量毁坏"罪量因素的认定笔者倾向于采取"定量+法益定性"的模式予以认定。

四、完善进路：法益重塑和解释修正后的农用地刑事规制路径

通过对农用地保护法益的重塑以及《民法典》对本罪解释的重构，下一步就要在生态法益的构架内找到农用地犯罪制裁的完善进路。主要涵盖：对本罪实行行为进行法益甄别以及分类识别后作出入罪的认定，优化侵害法益损失的计算方式，以确保农用地刑事制裁路径的公正。

（一）法益重塑后本罪实行行为的重新认定

"刑法不外乎是为了法益保护的手段，通过向国民明示禁止一定的行为规范。"①由于本文引入了生态法益，主要对侵害生态法益的行为予以规制。从刑法解释层面上看，对农用地犯罪既要对新增侵害法益行为进行解释；同时，又需对既有的侵害行为进行评价。这集中体现在：

一方面，基于生态法益对本罪的实行行为进行适度扩大解释，以此来涵盖传统秩序法益下未能解释的行为，从本罪的构成要件看，"违反"和"非法"主要针对的是土地法规即秩序，而本罪中所规定的"大量毁坏"和"数量较大"是损害的结果对应的是财产利益，从法条的文义解释看并未对生态法益作出规制。在《民法典》及生态法益的指引下的扩大解释，这样既能保证本罪原有的认定方式不会趋于"式微"与"消亡"，又能将侵害生态法益的包括危险及实害的行为纳入新的解释当中。在农用地保护态势严峻背景下，财产法益为保护重点的非法占用农用地罪只有发生严重危害后果时刑法才介入，然而此时对于农用地保护来说为时已晚，农用地的重要性、不可替代性和难以恢复性决定了刑法保护必须提前。生态法益的确立将农用地质量与数量保护大为提前，提前到只要有侵害的危险性，刑法就可介入予以保护。②那么，对此如何应对？这就要将刑事政策与生态法益所保护的对象相结合。例如，广西崇左市某村委会为骗取耕地补贴，将田垄破坏，人为地开垦成耕地，以增加耕地数量，严重影响了当地的农业生产，法院认定村委会虽未直接破坏农用地，但田间道路的毁坏直接影响农业生产活动，并把田间道路扩大解释为间接用于农业生产的土地，将村委会按非法占用农用地罪处理。该案契合了对侵害生态法益的新型实行行为予以规制的目的，在未突破罪刑法定的情况下找到了保护扩大解释的平

---

① [日] 井田良：《刑法讲义总论》，日本成文堂2002年版，第248页。
② 吴萍：《农用地"三权分置"的生态风险与刑法应对》，载《江西社会科学》2020年第12期。

衡点。

另一方面，对本罪的实行行为进行"法益甄别"。有学者认为当前对侵害农用地行为的认定比较单一，例如非法占用农用地罪的行为方式仅限于非法占用，没有涵盖其他破坏农用地的行为，如合法占用而毁坏农用地的行为，此类行为的损害结果并不一定小于其他行为，但此种行为却成为刑事制裁的空白。在实务中，已经出现对此类行为规制的案例，比如在崔某某案中，行为人经行政机关批准种植林地，其所获批文为种植防护林，而被告人却种植经济效益更高的生态林，虽无法评价被告人的行为侵害了秩序及财产法益，但不同林种所涵养的生态系统肯定有所区别，防护林更侧重保护生态而非体现林地的经济价值，因此，被告人仍认定为非法占用农用地罪。与之相对的，并非新的行为都能构成侵害生态法益，比如法院认定"被告人将建筑废料等废弃物堆放在耕地上，造成原有的耕种条件破坏，国土部门认定石块堆压的物理性导致破坏生态复原较困难"，故本案一、二审法院均认定行为人犯非法占用农用地罪，但申请再审的期间内，移除耕地石块在仅两年的时间内就恢复了原有耕地的自然生态、耕种条件，法院以此认定行为人的实行行为仅破坏了农地上的农作物，根据生态法益的价值内涵，再审法院基于生态恢复就并未认定非法占用农用地罪。[①] 由此看来，对于实务中出现的如在农用地上违规处置危化物，导致农用地存在"跑、冒、滴、漏"的污染风险，使农用地出现严重生态风险的新情况，但此种行为又不构成《刑法》污染环境罪中的"严重污染环境"，对于此类抽象的危害结果基于生态法益的扩大解释可以认定为本罪。值得注意的是，对于实行行为的新类型，并非进行肆意的扩张，而是在沿着"生态法益"的内涵予以解读，以此来体现刑法的社会治理和社会控制机能。

（二）以生态法益危害为基准的农用地分类审查

在个人信息犯罪中，刑法根据保护必要性与紧迫性程度设定了类别的入罪门槛，创新性地进行了分类保护。与之相对，本罪中由于农用地的类型不同，在不同类别中又被划分为不同种类，这就造成了在本罪实务中从此类土地转为彼类土地无法认定的困境。因此，本文参照分类保护将农用地的第一大类作为第一等级，如草地、耕地等；在此第一级分类下层分为第二级，如耕地项下的水田、旱地等；另设第三级分类，间接农用地比如农田水利用地、田间道路等。对于改变土地用途和性质，可以在表2中予以分析。

---

① 参见河北省高级人民法院（2016）冀刑再2号刑事判决书。

表 2 农用地分类审查表

第一级分类	第二级分类	第三级分类
A：耕地	A1 水田、A2 旱地、A3 望天田、A4 水浇地	甲：农村道路
B：林地	B1 有林地、B2 灌木林地、B3 疏林地	乙：设施农用地
C：草地	C1 天然草地、C2 改良草地、C3 人工草地	丙：沟渠
D：园地	D1 果园、D2 桑园、D3 茶园、D4 橡胶园	T：田间道路
E：荒地、滩涂	—	—

由表 2 可知，如果实行的是在第一大类中，A、B、C、D 之间相互改变。如将草地变为耕地，从园地变为林地等，这显然是对土地之前属性的根本性改变，且上述改变必须对原有土地进行根本性的破坏，符合本罪的构成要件。比如杨某林案中，在未获行政许可的情况下，将原有的生态林进行毁坏，重新种植核桃并形成规模化的核桃园，最终认定适用非法占用农用地罪。核桃林属于经济园地，本案是在林地与园地之间转换，属于在第一级分类中进行改变，理应适用本罪。值得注意的是：《民法典》第 262 条规定了集体所有的不动产的范围，将"荒地、滩涂等"予以纳入，对农用地的解释不再仅局限于传统的林地、耕地等，事实上荒地、荒山、滩涂等，无论是经济价值上还是生态价值上，都可以将其进行扩大解释，在实务中对此已有认定，比如呼和浩特市某村民委员会非法占用农用地案就将荒地纳入；云南省某种专业合作社非法占用农用地案中将荒山视为犯罪对象也予纳入。在王某某犯非法占用农用地案中，王某某破坏的 1.27 亩滩涂也作为罪量纳入量刑当中。[①] 其实，上述类型的土地并没有公众印象中的那样贫瘠，相反面对土地资源日益枯竭的局面，将其视为农用地进行保护，此种扩大解释在生态及财产法益价值层面并不矛盾。

如果实行行为并未在第一大类中进行改变，而是在第二大类中进行的，如在 B 类林地内，对 B1、B2 及 B3 等的互换使用，虽然此种转换对土地也是改变，但通常情况下此种情况生态法益侵害较小，不宜认定为非法占用农用地罪。例如，获批种植桃树以便在当地形成规模化的桃园，后因效益不佳，私自砍伐重新种植了茶树，此种行为虽然改变了农用地的用途，但并未对生态法益造成严重的侵害。此类情形，刑法应该保持其谦抑性，克制刑罚边界。即便获批农用地的条件为必须在当地种植桃树，以便在当地进行规模化经营，行政部门可对此行为进行行政法上的规制，而非诉诸刑法。特别是在"三权分置"改革下，农业经营者对其获批种植的农用地应享有一定的经营自主权，在未对周边生态产生影响的前提下，不应笼统地按行政指令对本罪进行定性。但对于特殊场景下，在第二级分类中进行互换，却仍有可能侵害生态法益，比如前文提及的将防风固沙的防风林改为经济效益高的生态林，这种

---

① 参见内蒙古自治区呼和浩特市回民区人民法院（2019）内 0103 刑初 113 号刑事判决书、内蒙古自治区阿鲁科尔沁旗人民法院（2019）内 0421 刑初 216 号刑事判决书。

行为改变了原有的生态系统,给生态环境带来了风险,刑法对此应予规制。

在第三级分类中,主要是考虑本罪条文规定中"等农用地"字的存在,从条文看本罪采用的是非穷举的列举方法,因此本罪的犯罪对象不应作狭义解释,而需兼顾秩序、财产法益以及生态法益的保护,可以理解为现有的从事农业生产的土地。那么,为农业生产带来便利的设施用地必不可少。例如,田间道路、农业水利设施用地等,上述间接农用地是保证农业有序生产的必备土地资源,对此类土地进行破坏将直接影响到土地的生产经营秩序。

综上,是否属于非法占用农用地罪中"改变被占用土地用途",在个案当中具有一定的不确定性,以生态法益观为指引,借鉴分类保护法,结合个案来加以认定较为妥当。

(三) 生态法益下实务中对损失的计算予以量化

"刑法的任务是保护法益,因此没有或者不允许有不针对特定法益的刑法规定。"[①] 诚如前文所述,在生态法益作为本罪侵害的实质客体,将其涵盖在刑法规制内,在实务中可能会陷入判断标准模糊的桎梏中。这就要求生态法益在本罪中需可量化及类型化,避免落入"象征性"司法之嫌,因此,实现本罪的法益识别和精细化司法是其应有之义。

对于生态法益损失的计算已在实务中有了初步的构架,在谢某某非法占用农用地案中,鉴于农用地生态破坏后修复的不确定性、高投入性、周期性特征,创新性地将环境综合治理及农用地恢复生产及生态的投资情况进行了综合性的审核认定。[②] 对于此类生态法益的损失,在污染环境罪中多有提及,有学者将此种损失定义为"法所保护的自然在其自我代谢能力范围内保持其清洁性的付出"[③]。但对于具体的计算方式则应涵盖可测量性和法益间的可转化性。

1. 法益的可测量性是避免生态法益司法"符号化"的应然之举,具体表现为对本罪实质危害结果进行量化判断,借鉴民法中"修复生态环境"环境因素及生物因素对实害结果进行具体核算。[④] 对农用地土壤的自身环境损害可以定义为农用地的环境因素,那么农用地被毁坏的具体数量就是该因素的计量标准。例如,在杨某非法占用农用地案中,行为人在林地中开垦耕地种植果树,在种植过程中使用农药,农药导致土地污染及硬化,故最终认定其侵害了 11.23 亩的国有林地。这里就是破坏了农用地的生态环境直接影响了土壤质量属于对环境因素的改变。农用地自身生态价值的体现,代表着附着在农用地的各种生物要素也应对此予以评价,农用地的

---

① [德] 冈特·施特拉腾韦特、洛塔尔·库伦:《刑法总论 I——犯罪论》,杨萌译,法律出版社 2016 年版,第 196 页。
② 云南省昆明市中级人民法院 (2017) 云 01 刑终 17 号刑事判决书。
③ 侯艳芳:《环境法益刑事保护的提前化研究》,载《政治与法律》2019 年第 3 期。
④ 梁云宝:《民法典绿色原则视域下"修复生态环境"的刑法定位》,载《中国刑事法杂志》2020 年第 6 期。

生物要素主要如表3所示：

表3 农用地生物要素归类表

生态法益损失计算中的生物要素			
	农用地中的有机物	农用地中的植被	依附于土地的动物
释义	农用地含有的微生物等有机物，这关系到农用地的养分供应和可持续发展	农用地上种植的植物，这关系到农用地的水土流失和土壤肥力。需要按照相关规定进行农用地地表植被的养护	森林资源包括依托森林林木、林地生存的野生动物，这类动物本身也要划入农用地尤其是林地的生态法益中
案例	熊某东非法占用农用地案中，当事人把农用地抛荒，导致该土地种植功能彻底丧失，就是对农用地中的有机物进行破坏	姜某希非法占用农用地案中，当事人违反《退耕还林条例》的规定，滥采、乱挖等破坏地表植被，破坏农用地生态法益累计215亩	在王某辉非法占用农用地案中，当事人为了开采黄沙，导致圩埂被毁，破坏了原湖区沿岸带、亚沿岸带水生植被和水生动物群落，使部分生态功能丧失，破坏了生物多样性

从上表中可以明确农用地生物要素的构成，依托被侵害农用地中有机物、植被以及依附于土地的动物等相关要素，对农用地自身价值属性进行定量评估，以此确定生态法益的量化损失。

2. 明确法益之间损失如何转化。生态法益的具体化，在实务中的适用存在争议，由于生态法益的特性，在定罪量刑中需对其进行转换，因此需明确法益转换的相应标准。现有的转换路径主要有：第一种为直观地将破坏农用地表述为"破坏"或"污染"农用地××亩的纯数量表达，即直接以破坏的数量进行评价，并不将土地的类型、质量等因素予以考虑，该种模式在司法中最为常见。一般情况下破坏农用地管理秩序的数量与破坏生态环境的数量是一一相对的。但采取直观的评价方式既无法突出生态法益的保护，又可能在生态法益及秩序法益下进行了重复评价，因此该种路径有着固有的缺陷。第二种就是引入污染环境罪中对生态环境修复及补偿等财产费用，将本罪中所侵害的生态法益直接与上述费用相对，以此实现生态法益损失之间的转换。在"农田必须是良田"的政策下，对于破坏之后的农用地修复提出了更严苛的要求。因此，若仅对农作物复种、耕地平整等直接损失进行核算，已不足以保护农地的生态法益。而应将农地生态损失的修复费用及损害补偿等数额一并计算。此种模式下更能全面地评价法益损失，以此惩罚犯罪并修复生态。例如，当事人因破坏森林植被，法院并未直接科处赔偿损失，而是要求其对被破坏的森林按照森林抚育标准重新补种并直接看管三年，未能达到补种抚育森林存活率80%以上的就另行支付生态补偿款,这体现了财产法益与生态法益之间的转化。① 财产数额可以对转化后的法益进行累计计算,确保刑法惩治、教育、保护功能在农用地犯罪中展开。

结　语

"三权分置"改革下,农用地生态风险加剧。本文强调的重塑本罪法益的保护范围,将生态法益予以置重保护,这并非过分推崇刑法的功能主义,而是刑法对生态文明建设的应然回应。本文就适用非法占有农用地罪提出了一些值得关注及探讨的问题,笔者希望上述观点能在司法实务中有所裨益。最后,希望耕地保护这一国策得到刑法理论及实务的更多关注,助力实现"美丽中国"的美好愿景。

---

① 参见安徽省滁州市中级人民法院(2016)皖 11 刑终 88 号刑事裁定书。

实体与程序并重：论"立功线索非法来源"的认定标准与举证责任

——以 2844 份相关刑事判决为研究样本

澳门科技大学　方浩成

江西省景德镇市中级人民法院　唐东勇

引　言

司法实践中，由于虚假立功、串通立功、买卖立功等违背立功制度初衷、扭曲社会核心价值的状况层出不穷，最高人民法院分别于 2009 年和最高人民检察院共同出台《关于办理职务犯罪案件认定自首、立功等量刑情节若干问题的意见》（以下简称《职务犯罪意见》），于 2010 年出台《关于处理自首和立功若干具体问题的意见》（以下简称《意见》），进一步明确了侦诉方负有对立功线索来源合法性进行审查的职责。

《意见》第 4 条第 1 款规定："犯罪分子通过贿买、暴力、胁迫等非法手段……获取他人犯罪线索并'检举揭发'的，不能认定为有立功表现。"其中，"等非法手段"作为认定立功线索非法来源（以下简称"非法来源"）的兜底条款，常引发争议。

本文以相关刑事判决为样本，剖析了"非法来源"司法认定的困境及其原因，并以"手段—目的"公式为涵摄工具完善了"非法来源"的实体认定标准，以"推定合法说"为理论依据构建了其举证规则，希望能为规范"非法来源"制度提供一种新的研究视角。

一、"非法来源"司法认定的现实困境探析

为确保研究结论的可靠性与普遍性，本文以中国裁判文书网为检索工具，以 2011 年至 2022 年为时间区间，共检索到涉及审查"非法来源"的判决书共 2844

份,① 并以此为研究样本,探析"非法来源"司法认定的现实困境。

(一)审查意识明显不足

检索结果显示,在全国范围内,量刑情节涉及立功的判决有 254000 份,② 但其中提到"立功线索来源"的却只有 2844 份,占比只有 1% 左右。由此可见,司法机关对线索来源合法性的审查比例偏低,其审查意识明显不足。

但《〈意见〉的理解与适用》特别强调:"为防止犯罪分子获取立功线索不择手段,对线索来源的审查是认定立功的必经程序。"即便有些案件在线索来源合法性的认定上没有太大争议,检察意见和判决说理不宜刻意"节省笔墨",对线索来源合法与否只字不提。

(二)案件数量分布不均

经笔者检索,在所有相关判决中,一审判决共计 2545 份。③ 以此为样本,可大致统计出相关案件在我国的分布情况。

地域分布上,对"非法来源"进行审查的频率与占比存在较大差异,其中湖南、陕西两个省份就占据了近一半的案件份额,但甘肃等 23 个省份加起来才占比 20%(见图 1),平均案件数不足 40 件;时间分布上,涉及"非法来源"认定的案件多集中在 2015~2019 年,但 2019 年以后案件数量呈断崖式下滑,2022 年相关案件只有区区 40 件(见图 2)。案件数量在时间和空间分布上出现断层,正反映了审查"非法来源"的常态化机制在我国大部分省市尚未有效建立。

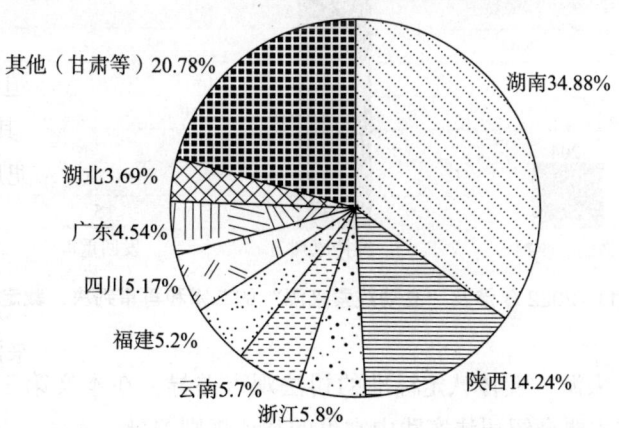

图 1　2011~2022 年"非法来源"相关案件数的地域分布

---

① 中国裁判文书网,检索条件:刑事案件;文书类型:判决书;裁判年份:2011~2022 年;关键词:立功、线索来源。
② 中国裁判文书网,检索条件:刑事案件;文书类型:判决书;裁判年份:2011~2022 年;量刑情节:立功。
③ 中国裁判文书网,检索条件:刑事案件;文书类型:判决书;审判程序:一审;裁判年份:2011~2022 年;关键词:立功、线索来源。

图 2　2011~2022 年 "非法来源" 相关案件数的时间分布

（三）评价标准不能统一

整体来看，认定"非法来源"的司法观点冲突不在少数。经笔者检索，涉及"非法来源"的二审和再审的判决、裁定共 994 份，而其中裁判结果为发回重审或撤销、改判的争议案件就多达 209 件，占比 21.1%（见图 3）。①

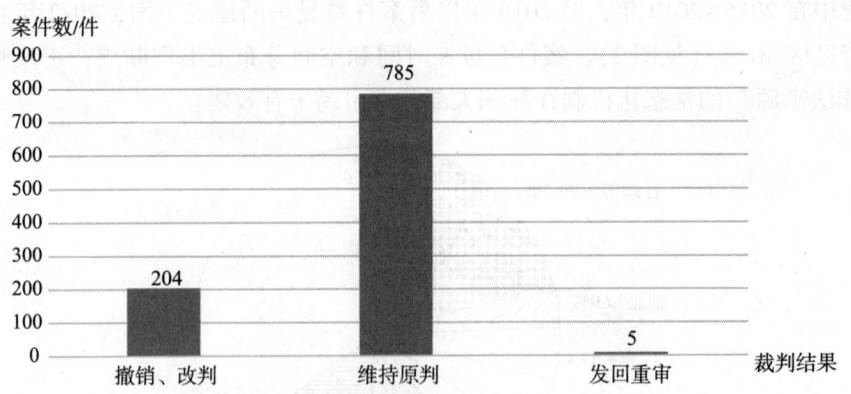

图 3　2011~2022 年涉及 "立功线索来源" 的二审和再审判决、裁定结果分布

对于"非法来源"实体认定标准的司法观点差异，在本文第三部分多有例证，故不赘言。下文主要介绍司法实践中常见的举证规则差异。

若以"线索来源存疑""来源真实性存疑"等类似关键词分别检索，共可检索到刑事判决 110 份。② 而判决书中之所以出现这些表述，是因为在这些案件中，出

---

① 中国裁判文书网，检索条件：刑事案件；文书类型：判决书、裁定书；审判程序：二审、再审；裁判年份：2011~2022 年；关键词：立功、线索来源。
② 中国裁判文书网，检索条件：刑事案件；文书类型：判决书；裁判年份：2011~2022 年；关键词：立功、线索来源存疑或立功、线索来源、真实性存疑或立功、线索来源不明。

现了被告拒绝说明线索来源、被告的说明前后矛盾等类似情况而被司法机关归为"来源存疑"。然而，经笔者梳理，对于事实结构相似的案件，法院的判决结果却不尽相同（见表1）。造成这些差异的根本原因在于，《意见》虽然列举了认定立功线索来源非法的几种情形，但却未明确举证责任的分配机制与相应的证明标准。

例如在成某飞故意伤害案①中，被告成某飞归案后向警方检举了另案逃犯唐某的行踪。成某飞称该线索系唐某本人告知，但唐某却不承认自己与成某飞相识。基于以上事实，一审法院认为，被告无法证明其线索来源的真实性与合法性，不宜认定为立功。二审法院则认为，虽然线索来源存疑，但因为目前检方尚未提供证据证明其线索是通过贿买、暴力、胁迫等非法手段获取的，所以不宜认定为"非法来源"。

不难看出，一审和二审法院的根本分歧在于前者倾向于将线索来源合法与否的举证责任分配给检方，而后者则倾向于将其分配给辩方，因而二者得出了正好相反的司法结论。

表1 2011~2022年立功线索来源存疑的判决结果分布

单位：份

案件事实 裁判结果	不认定 为立功	认定为立功但 不予从宽处罚	认定为立功 并从宽处罚	总数
被告拒绝说明	15	1	19	35
被告的说明 前后矛盾	29	3	23	55
被告的说明与其他 证据不能相互印证	10	3	7	20

（四）司法失范原因总结

1. 缺少参照标准。《意见》早在2010年就已出台，但实践中却一直缺少对《意见》第4条第1款的适用指引，例如指导性案例、会议纪要、规范性文件等。

2. 概念外延过宽。《意见》所指"非法手段"表面语义宽泛，在实体上，既可能被解释成"不符合刑法的行为"，也可能被解释成"违反任何现行法的行为"；在程序上，既可以认为应由辩方举证，也可以认为应由检方举证。因此，一审、二审法院面对相同的案件事实，援引相同的规范，但却可能基于对规范的不同理解，从而构建不同的涵摄模型，作出不同的判决。

3. 审查门槛增高。"非法来源"制度的司法适用难度会影响司法人员审查的积极性。《意见》出台之初，"非法来源"的审查对象多为暴力、胁迫、贿买这种易于鉴别的行为方式。但法律法规永远滞后于丰富的现实生活。当未被《意见》明确列

---

① 广东省高级人民法院（2015）粤高法刑三终字第196号刑事判决书。

举但确有一定社会危害性的赌博、吸毒、卖淫等行为进入审查范围后（见图4），线索来源"合法"与"非法"间的边界就逐渐变得模糊，令司法人员难以把握其认定尺度。

综上，《意见》第4条第1款"等非法手段"的抽象性虽能体现其存在价值（兜底），但也正是其失范原因所在。因此，只有找到一种可行的分析路径，统一其涵摄模型，明确其成立范围，才能有效应对现存的司法困境。

二、一种可行的分析路径："手段—目的"公式

正确适用某项制度的前提是明确其价值需求。①"非法来源"制度旨在排除线索来源"非法"的立功情节，故其根植于立功制度，应遵从立功制度的价值判断。而立功制度又以功利主义为价值基础。② 所以如何正确地理解"功利主义的刑罚观"成为探究"非法来源"实体认定标准的先决问题。

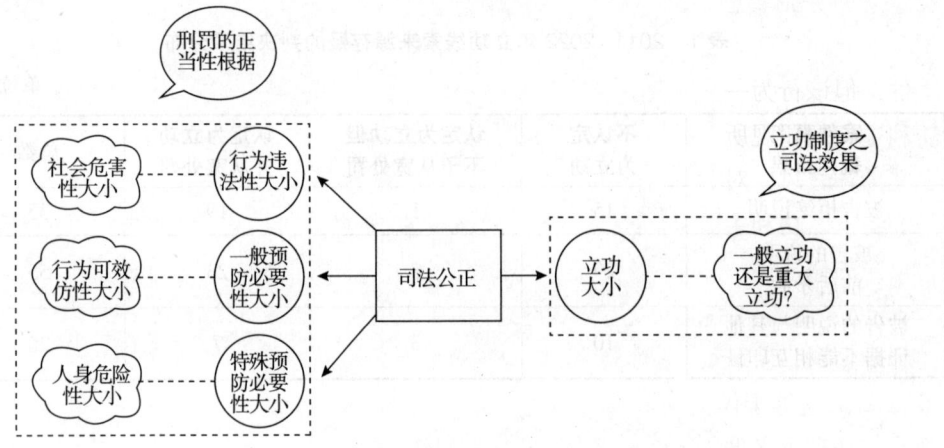

图4　"手段—目的"公式价值衡量示意图

（一）功利主义刑罚观之澄清

实践中，部分司法人员对功利主义刑罚观这一中立的法哲学概念存在误解，认为其有"背弃社会核心价值"之嫌。下文试简单梳理、澄清功利主义刑罚观的法哲学内涵，并以此为"手段—目的"公式的构建奠定价值基础。

1. 误区一：功利主义以"国家利益最大化"为核心。边沁是功利主义刑罚观最早的倡导者，他曾提出一个著名的论断："功利主义旨在增进最大多数人的最大幸福。因而只有社会的利益要求定为犯罪的行为，才应当是犯罪。"③ 但该论述遭到曲

---

① 张明楷：《刑法格言的展开》，北京大学出版社2013年版，第142页。
② 郭世杰：《立功制度向何处去》，载《南京大学法律评论》2019年第1期。
③ 胡萨克：《刑法哲学》，谢望原等译，中国人民公安大学出版社2004年版，第8~9页。

解的情形不在少数。例如，有学者认为功利主义主张将政府利益最大化，而置被害人利益于不顾，所以以功利主义为逻辑起点思考立功成立条件、程序和排除事由必然损害公正价值。①

可实际上，"增进最大多数人的最大幸福"的真正含义指的是"最大限度地增进每一个社会成员的幸福"。这并不是在进行利益再分配，而是在实现利益的帕累托效应，即在尽可能不损害其他个体利益的前提下提升幸福总值。②

进言之，平等是功利的前提，功利主义不会为了幸福总量的增加而使得不同社会成员之间幸福分化明显。因此，功利主义不赞成为了特定大多数人的利益而损害特定少数人的利益。功利主义只是允许为了增进不特定大多数人的利益，可以减损不特定少数人的利益（一般威慑）。③ 这意味着预防其他潜在犯罪者实施犯罪是功利主义惩罚犯罪的另一正当性根据。下举一例兹以说明。

实践中，部分监狱和看守所为方便管理犯人，会指定"号长"。这些人虽然不属于《职务犯罪意见》中所指拥有侦查职权的司法人员，但实际上也可利用其职务便利向其他人勒索犯罪线索。虽然由此获得的线索确有可能帮助国家司法机关侦破案件，但该行为一来侵犯了监狱的管理秩序，二来容易被其他"号长"效仿。基于功利主义刑罚观所主张的犯罪威慑功能，禁止此种行为有利于遏制"号长"以权谋私的不正之风，对其他"号长"形成一般预防，也有利于维护监狱内部秩序。

综上，功利主义刑罚观并不主张一味追求国家利益最大化，同时也要考虑到行为自身的违法性、一般预防必要性等因素。

2. 误区二：功利主义以"杜绝一切违法犯罪"为宗旨。我国司法实践中普遍存在的现象是，获取线索行为只要客观上造成了一定的社会危害，就被认定为"非法来源"。④ 这等于仅依据行为违法性就妄断被告应受的刑罚，是典型的报应主义刑罚观，与功利主义刑罚观所倡导的多元评价标准不同。

遏制违法犯罪固然是刑罚的重要目的，但功利主义的最终追求在于"促进最大多数人的最大幸福"。当遏制一部分违法行为反而会使得更多的犯罪不受制于法律，就变相增加了社会成本，违背了功利主义的初衷。

笔者对 2844 份判决样本进行系统抽样，分段间隔为 25，共随机抽出 114 个样本。通过对判决书中"法院已查明事实"的分析，其中有 46 份载明被告的立功方式涉及赌博、吸毒、卖淫等一般违法行为，占比超过40%。

由此可见，如果将提供犯罪线索的希望完全寄托在守法公民的身上，那么必然存在大量案件因缺少犯罪线索而无法得到查处，对整个社会的宏观司法调控也将难以保证。

---

① 温雅洁：《论功利原则在我国立功制度中的重新定位》，载《广西警官高等专科学校学报》2007年第2期。
② [美] 波斯纳：《法理学问题》，苏力译，中国政法大学出版社1994年版，第486~492页。
③ 罗冠杰：《刑罚正当性之功利主义根基》，吉林大学2016年博士学位论文，第29~35页。
④ 详见后文第三部分"郭某受贿案""方某柳开设赌场案""李某诈骗案"法院判决理由。

综上，为避免落入上述任何一种极端思维的窠臼，应将多个相关的评价要素一并纳入考量，以求刑罚的公正。这正印证了穆勒提出的"功利原则是多面向的"这一命题。① 进言之，功利主义刑罚观不仅不与以"公正、平等"为代表的社会核心价值相冲突，还可以作为实现后者的理论工具。只不过功利主义强调在追求社会公正的过程中应采取多元的评价标准，而绝不能仅凭单一因素（例如违法性、一般预防或国家利益）一锤定音。

（二）"手段—目的"公式的提出及其合理性

仅意识到多元评价标准的必要性是远远不够的。本文将进一步探究应将哪些要素纳入评价，又如何将这些要素置于正义天平的两端。

正如波斯纳所说，大多数法官在审判时实际上都会进行某种价值衡量，对于经济法学家而言，他们会从付出成本与收益间是否成比例进行分析；对于实践理性法学家而言，其分析角度在于"手段—目的"理性。而这二者实质上是同一的，并且"使手段适合于目的"可能是法律推理中唯一可用于证明合理性的手段。②

例如，在不同的个案中，当法官依据"手段—目的"合理性检验公式判定被告是否构成立功并决定具体的从宽处罚幅度时，可将问题转化为：以确立被告立功（并从宽处罚）的手段实现刑法确证的目的是否适当？

具体而言，在目的方面，需要考察立功制度所要实现的司法效果，即被告的检举揭发行为能在多大程度上提高案件的侦破效率。在手段方面，需要考察刑罚的各项正当性根据，即确立被告立功会在多大程度上妨碍刑罚实现其一般预防与特殊预防的目的（预防刑），以及会在多大程度上克减罪刑均衡原则（责任刑）。③ 简言之，该公式将获取线索行为的违法性、一般预防必要性、特殊预防必要性置于司法天平的一端，将行为人的立功大小置于天平的另一端，而法官的职责在于平衡天平两端（详见图4）。

公式中，"违法性"指的是行为客观上对法益的侵害程度（社会危害性）；"一般预防必要性"指的是行为本身的可效仿性，一般而言，实施频率（犯罪率）越高的行为一般预防必要性越高；"特殊预防必要性"指的是透过案涉行为体现的行为人人身危险性与再犯可能性；④ 而立功表现根据揭发的犯罪严重程度不同可分为一般立功和重大立功。

综上，由于立功制度以功利主义为根本，对"非法来源"制度的理解和适用也要遵循功利主义的价值判断——追求多元而非单一的评价标准。而"手段—目的"

---

① 穆勒：《功利主义》，徐大建译，上海人民出版社2008年版，第35页。
② V. A. Wellman, *Practical Reasoning and Judicial Justification*: *Toward an Adequate Theory*, 57 University of Colorado Law Review 45, 87（1985）.
③ 责任刑与预防刑存在二律背反，即以报应为基础的刑罚与预防犯罪所需要的刑罚可能存在明显差异，所以二者必须兼而考虑。详见张明楷：《刑法学》，法律出版社2021年版，第714~715页。
④ 张明楷：《刑法学》，法律出版社2021年版，第674~677页。

公式则在此基础上开花结果，构建出了个案中的正义天平。

三、"非法来源"的实体认定标准

"手段—目的"公式旨在全面检验立功线索的合法性，但其优点也正是其劣势：考虑要素偏多，思维过程略显繁杂。而在司法实践中，存在一些显然不构成"非法来源"而被误判的情形。故本文第三部分前两节将整合相关典型案例，提炼出构成"非法来源"的主、客观要件，作为"手段—目的"公式检验前的粗制滤网，筛选并排除这些情形，以减少司法成本。

（一）客观要件：立功手段与获取立功线索间存在因果关系

首先，应当承认的是，"任何人不得因恶性获利"，通过非法手段攫取的利益应予剥夺。例如，我国刑法中的责令退赔与违法所得制度就是通过否定行为人意欲发生的结果，即追回违法所得，来确定其行为的违法性。[1] 但本文认为，剥夺其利益的范围必须以与其非法手段直接相关者为限。如果某些利益并非通过非法手段获取，而是通过其他正当渠道获得，则不应被剥夺。

如果将该限定条件施加于《意见》第4条第1款，则要求被告的"非法手段"与获取立功线索间存在事实上的因果关系。在法解释上，因果关系可在《意见》第4条第1款"通过……获得……"的语词结构上有所体现。此外，本文认为这个教义学上的构造确能解决司法实践中的相关问题。

方某柳开设赌场案[2]中，取保期间，被告向公安机关举报赵某华开设赌场。由于赵某华通过微信群开设赌场的行为难以被侦查，被告只好加入微信群成为赌客，进一步获取犯罪线索。但群规之一就是不进行赌博就要被踢出群聊，所以被告决定听从公安机关的建议"小玩几把"以获取赵某华开设赌场的犯罪证据。一审法院认为，被告通过赌博获取立功线索的行为构成"非法来源"，故应排除本案中被告的立功情节。

本案中，被告先向公安机关举报了赵某华开设赌场（后查证属实），构成立功，[3] 之后为了进一步获取赵某华的犯罪证据才参与了网络赌博。即便赞同一审法院的观点，认为之后的赌博行为是"非法来源"，也没有理由禁止被告从先前的检举揭发行为中获益，毕竟揭发行为和获取他人犯罪线索间不存在事实上的因果关系。进言之，一审法院将不具有牵连性、应当分别单独评价的两个行为混为一谈，将本应施加给后行为的不利法律后果也一并施加给了前行为，错误地排除了本应合法成立的立功事由（先前的揭发行为）。

综上，立功手段与获取立功线索间不存在因果关系的，不构成"非法来源"。

---

[1] 车浩：《行贿罪之"谋取不正当利益"的法理内涵》，载《法学研究》2017年第2期。
[2] 江西省景德镇市人民法院（2021）赣0281刑初480号刑事判决书。
[3] 根据《刑法》第68条，立功形式有二：揭发型和提供犯罪线索型，本案属于前者。

（二）主观要件：具有通过非法手段攫取立功线索的目的

本文认为，若被告行为时主观上不具有通过非法手段攫取立功线索的目的，亦不构成"非法来源"，下举一例兹以说明。

2014年5月26日，房某云在安徽银监局副局长胡某、安徽省食药监局副局长陈某住所处行窃时被抓获，但房某云行窃过程中无意中发现这二人家中藏有巨额财产。案发后房某云向媒体、纪检检举这二人为贪官，希望以此获得减刑。①

小偷如实供述贪官受贿的犯罪线索是为了减刑，但如果不潜入贪官家中就不会构成犯罪而被施加刑罚，所以小偷在盗窃过程中必然不具有获取立功线索的主观目的。那么该盗窃行为是否应当被认定为"非法来源"？

有学者认为，犯罪分子检举揭发贪官是在"借官掩盗"，而《意见》正是为了纠正这些"只问立功，不问来源"的错误判处思路，② 故不能将其认定为立功。本文对此难表赞同，理由有二。

其一，《意见》第4条第1款禁止"暴力、贿买等非法手段"的目的在于防止犯罪分子为了获得减刑而引起新的违法犯罪行为。将到案前偶然获得线索的行为认定为"非法来源"，违背了其规范意旨。实践中，有的犯罪分子到案后，为立功教唆他人酒驾；③ 有的犯罪分子到案后向掌握他人犯罪线索的司法人员贿买线索；④ 有的犯罪分子到案后直接采取暴力、胁迫等手段攫取立功线索（详见图4）。但这些行为都是以犯罪分子到案前并不知晓的犯罪线索为对象。毕竟被处罚前他们没必要去获取这些线索，被处罚后他们才会想方设法去获取甚至"制造"立功线索。所以那些在犯罪过程中偶然获得的线索并不是《意见》所要针对的对象。

其二，该行为不具有一般预防和特殊预防的必要性。最高人民法院出台《意见》的重要理由之一在于抑制"非法手段"的发生率并避免其他犯罪分子效仿，以实现刑法的一般预防。但在本案的这种情形中，行为人根本不可能预见到自己会获得立功线索，惩罚这些行为既不能有效地对其他犯罪分子形成威慑（消极的一般预防），也不能安抚、教育其他犯罪分子，扑灭其犯意（积极的一般预防）。同理，规制这些行为对行为人自己也不能起到威慑或教育的作用，毕竟行为人自己也无法得知何时会"撞大运"，即不具有特殊预防必要性。一言以蔽之，对这些行为的惩罚，只是在惩罚一种偶然性。

综上，行为人主观上不具有通过非法手段攫取立功线索的目的的，不构成"非法来源"。

---

① 房某云等盗窃案，安徽省高级人民法院（2016）皖刑终346号刑事裁定书。
② 韩友谊博士观点。详见 http://news.sohu.com/20140806/n403161465.shtml。
③ 翁某华赌博案，福建省莆田市涵江区人民法院（2019）闽0303刑再1号刑事判决书。
④ 胡某灵受贿案，广东省五华县人民法院（2017）粤1424刑初444号刑事判决书。

（三）"手段—目的"公式的司法适用

上述主、客观要件旨在排除立功线索的取得与案涉行为显然无关的情形和被告实施违法行为过程中偶然间获得立功线索的情形，将这两种情形认定为立功有利于实现刑法的确证，并且这些情形一般不具有一般预防或特殊预防的必要。这已经在一定程度上限定了"非法来源"的成立范围。但如果被告的立功方式满足上述要件，就需要通过"手段—目的"公式进一步进行价值衡量，整体判定流程见图 5。下文以代表实践中三种典型情形的司法实例为分析样本，对"手段—目的"公式的司法适用过程作详细阐述。

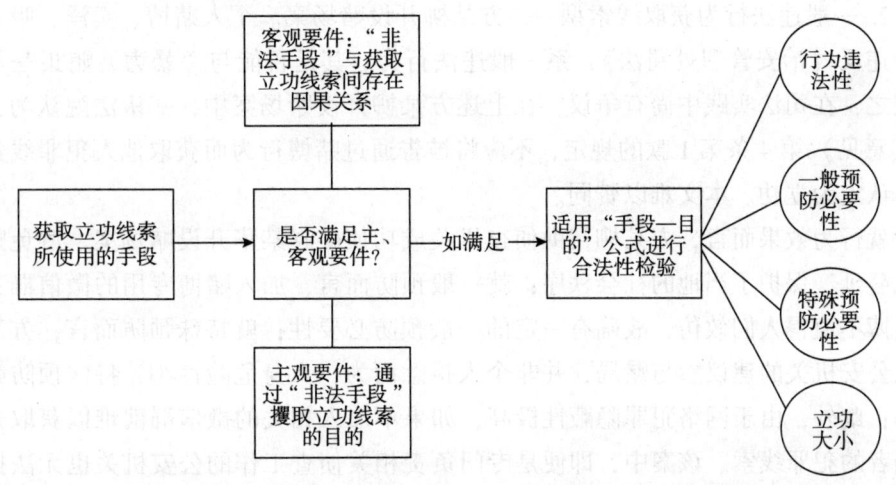

图 5 "非法来源"的整体认定流程图（实体）

1. 小恩小惠换取线索型——郭某受贿案。郭某在看守所羁押期间向管某提供矿泉水、面包等物品，以期获取李某贩毒的线索。管某接受这些物品后，果然将关于李某贩毒的线索告知郭某。后公安机关通过郭某的检举内容将李某抓获。①

有观点认为，郭某以物品换取立功线索与以金钱购买立功线索无异，属于《意见》中的"贿买"，不应将其认定为立功。本文难以赞成。

可以肯定的是，本案中的情形的确满足认定"非法来源"的主、客观要件：郭某的小恩小惠行为与获取李某的犯罪线索间存在事实上的因果关系，且郭某携有通过该行为获取立功线索的主观目的。但对兜底条款的解释应遵循同类解释规则，这意味着"等非法手段"与作为例示的"贿买、胁迫、暴力"具有类似的特征与性质，以确保二者规范目的的一致性。② 在"手段—目的"公式的语境下，这些特征包括行为的法益侵害程度，一般预防、特殊预防必要性。所以，只有这些评价要素

---

① 孟庆松、季军：《给同监舍小恩小惠获得他人犯罪线索是否立功》，载《检察日报》2016 年 6 月 19 日。
② 梅传强、刁雪云：《刑法中兜底条款的解释规则》，载《重庆大学学报（社会科学版）》2021 年第 3 期。

能同"贿买、胁迫、暴力"相比时,立功手段才有可能构成"非法来源"。

本案中,被告通过给予同监人员小恩小惠而换得立功线索的行为对公共秩序扰乱程度极小,即违法性轻微;且该行为不同于以金钱购买线索,不会导致灰色商业链的产生,故不易于被一般民众效仿,一般预防必要性小;另外,该行为具有一定的社会相当性,容易获得一般民众的谅解,不能彰显行为人的人身危险性,特殊预防必要性小。由此可见,该行为的各项评价要素显然难以与"暴力、贿买"相类比。同时,被告也帮助公安机关侦破了案件,间接保护了潜在的法益。这等于使用损害极小的手段实现了刑法确证的目的,手段与目的间成比例。

综上,本案郭某通过小恩小惠换取立功线索的行为不构成"非法来源"。

2. 一般违法行为获取线索型——方某柳开设赌场案。个人赌博、卖淫、吸毒等行为违反《治安管理处罚法》,系一般违法行为。其是否能与"暴力、贿买"等同而视之,在司法实践中尚有争议。在上述方某柳开设赌场案中,一审法院认为,根据《意见》第4条第1款的规定,不应将被告通过赌博行为而获取他人犯罪线索的情节认定为立功。本文难以赞同。

就行为效果而言,方某柳帮助侦查机关成功侦破赵某华开设赌场案,避免赌博之风蔓延,保护了当地的社会秩序;就一般预防而言,加入赌博专用的微信群并参与赌博不值得人们效仿,故确有一定的一般预防必要性;就特殊预防而言,方某柳听从公安机关的建议参与赌局,并非个人执意而为,人身危险性小,特殊预防必要性小;此外,由于网络犯罪隐蔽性极高,如果不加入相关的微信群就难以获取开设赌场者的犯罪线索。该案中,即便是专门负责相关侦查工作的公安机关也无法提供更好的方案。故其违法性尚在刑法可容忍的范围之内。反言之,如果方某柳事先知道自己顶着压力"潜入敌营"非但不构成立功还可能违反其他法律,他一定会选择继续包庇各位"同僚"。而这可能会导致该犯罪圈内的大量违法犯罪行为因为缺乏有效线索而无法得到查处,令赌博之风愈盛,进而使公共秩序在更大程度上受损。

综上,认定方某柳构成立功的手段与实现立功制度的目的间成比例,应将方某柳的揭发行为认定为立功。

3. 引诱他人犯罪获取线索型——李某诈骗案。李某因涉嫌诈骗罪被立案,取保期间假扮毒品购买者向出售者购买毒品,并将出售者检举揭发。公安机关随后查证属实。① 那么李某的揭发行为是否构成立功?第一种观点认为,刑事立法没有将片面的对合犯中的一方行为(购买毒品行为)规定为犯罪,表明其不具有刑事可罚性,所以应当认定为立功。② 第二种观点认为,购买者明知出售方贩卖的是毒品还仍然购买,基于"任何人不得因恶行得利"的正义原则,购买方的行为不应认定为

---

① 北京市朝阳区人民法院(2019)03刑终547号刑事判决书。
② 张军、黄尔梅主编,最高人民法院刑事审判第一庭编:《最高人民法院自首、立功司法解释:案例指导与理解适用》,法律出版社2012年版,第228页。

立功。①

上述两种观点是实践中典型的"一刀切"式逻辑，并未综合考虑购买毒品行为的一般预防必要性、特殊预防必要性、立功大小，只是孤立地看待其违法性，评价角度过于单一。本文认为，应结合案件的具体细节，根据"手段—目的"公式进行综合评价。

其一，如果李某引诱原本没有犯意的行为人售卖毒品并检举，构成贩卖毒品罪的教唆犯，不构成立功。这种情形下，就行为效果方面，李某不仅没有帮助公安机关侦破案件，反而引起了新的犯罪，妨碍了社会管理秩序。既然制度目的得不到实现，那么为此付诸的手段就不必分析。此时，手段和目的间显然不成比例，不应认定为立功。

其二，如果李某只是向正在寻找买家的售卖者进行购买，应当认定为立功。这种情形下，就行为效果方面，李某帮助公安机关逮捕了该犯罪分子，保护了潜在的公民的生命健康安全；从一般预防的角度看，被告有诱导卖家进行售卖毒品之嫌，可能会引起一般民众效仿，或许会产生一定的预防必要性；从特殊预防的角度看，被告在实施购买行为的同时向侦查机关进行检举可证明其主观目的的正当性，没有特殊预防的必要；此外，李某只是代替其他潜在的买家成为购买者，几乎没有对社会管理秩序造成新的损害。综合来看，认定李某成立立功的手段与实现立功制度目的间成比例。

基于对上述案例的分析可知，"手段—目的"公式并非给出一个简单的结论或定律，直接在"合法"和"非法"间划出一条固定的边界，而是给予法官在司法过程中划出边界的标准和方法。这使得法官能采取相同的评价体系，在不同的个案中实现司法公正。

四、"非法来源"的举证规则："推定合法说"

在适用"非法来源"制度的三段论推理中，《刑法》第 68 条、《意见》第 4 条是大前提，本文第三部分提出的"主、客要件"和"手段—目的"公式旨在对大前提进行规范性解释，以便正确涵摄。而下文所要回答的问题就是：与大前提相对应的各项待证事实（小前提）应分别由哪方举证？又该适用怎样的证明标准？

（一）"推定合法说"的内容及其正当性

对于"非法来源"的举证规则，司法实践中存在以下几种看法②：辩方证明说认为，应由被告提供证据证明其线索来源的合法性；检方证明说认为，应由侦诉机关提供证据证明线索来源非法，否则认定线索来源一律合法；推定合法说则认为，

---

① 郭世杰：《立功认定若干疑难问题探讨》，载《法律适用》2018 年第 11 期。
② 傅国方：《立功线索来源合法性证明责任应采结合说》，载《检察日报》2011 年 4 月 8 日。

被告只要能够合理说明立功线索的合法来源,就推定其合法,但如果检方有充足证据反证其非法,便可推翻该推定情节,将其认定为"非法来源"。

本文认为,"推定合法说"最符合我国司法实践的现实需求,下文详述之。

1."推定合法说"优于"检方证明说"的司法根据。若采检方证明说,令检方无条件承担所有举证责任,可能会造成"非法来源"制度在司法实践中不具可操作性。

如果令被告不必为线索来源负任何证明义务,等于要求侦诉机关通过立功线索倒查其获取途径。这无疑给侦诉方负担了过重的查证义务,而被告可能借此胡编乱造、蒙混过关。

例如在胡某灵受贿案①中,上诉人胡某灵不肯透露谁告诉她被检举人的下落,但检方目前也没有证据证明胡某灵是通过贿买、暴力、胁迫等非法手段获取他人犯罪线索并检举揭发。基于"检方证明说"的立场,二审法院肯定了胡某灵立功的合法性。从结果上看,检方甚至并未获得对线索合法性进行审查的机会。长此以往,必将造成《意见》第4条第1款的虚置。

相比之下,"推定合法说"令辩方也负担一定的举证义务,如果被告拒绝说明线索来源或其说法前后不一、自相矛盾,就应承担举证不利的后果,将线索来源直接认定为"非法"。

2."推定合法说"优于"辩方证明说"的司法根据。"辩方证明说"走向了另一个极端,认为应将全部举证责任分配给辩方。但推定合法说认为,当被告已经完成了对线索来源的合理说明,举证责任就发生了转移,应由检方提供证据对该来源的合法性进行反证,并达到"证据确实、充分"的证明标准(具体判断流程见图6)。这是由刑事举证责任分配的一般逻辑和我国社会的现实需求决定的。

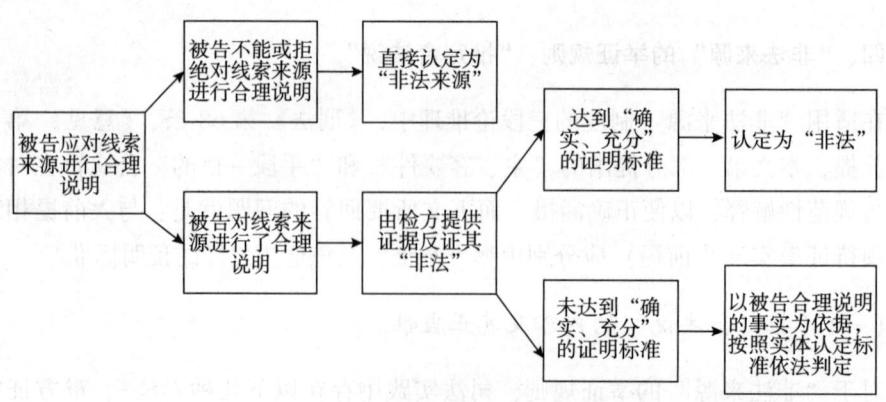

图6 "推定合法说"判定流程图

---

① 广东省梅州市中级人民法院(2018)粤14刑终61号刑事判决书。

一方面，应当区分对罪重事实与罪轻事实的举证责任。"非法来源"旨在排除本应成立的立功事由，增加了被告的刑罚，显然属于罪重事实。根据《最高人民法院关于适用〈中华人民共和国刑事诉讼法〉的解释》第72条第2款，"认定被告人有罪和对被告人从重处罚，适用证据确实、充分的证明标准"。承担这种严格举证责任的自然是检方。法理上，令罪重事实的举证采用与定罪事实相同的证明标准和举证责任分配原则，既符合控辩双方举证能力存在差异的现实，也契合"存疑时有利于被告人"原则对我国司法实践的要求。①

另一方面，不能忽略社会人情对司法进程产生的深刻影响。立功制度的弊端之一就在于易激化当事人之间的矛盾，破坏和谐社会。② 而在乡土熟人社会中，不能苛求检举人在庭审中不畏打击报复及人情压力，毫无顾忌地指证被检举人的犯罪事实。此时，将举证责任转移至检方能最大限度地降低立功制度对构建和谐社会带来的负面影响。

综上，"推定合法说"相比于比其他两说更应被实务所采。

（二）"推定合法说"的司法适用

"推定合法说"确有其正当性，但在对该说的司法适用过程中，尚存在"检举人供述的线索来源真实性难以查证""检举人的供述与证人证言矛盾"等特殊问题亟待解决。下举两例分别说明之。

1. 证人不配合调查型——罗某华危险驾驶案。"推定合法说"要面临的司法适用难题之一是，如果被告已经合理说明了线索来源，但出于关键证人不配合侦诉方调查或其他不可归责于被告的因素而使检方无法完成举证，应由哪一方承担举证不利的后果？

例如在罗某华案③中，罗某华称自己的线索来源于妻子的亲戚，但后者和被检举人住在同一村落。为避免报复，妻子的亲戚作为证人不肯配合侦诉方进行调查。一审法院认为，罗某华已合理说明线索来源，应认定其立功；二审法院认为，由于罗某华无法举证其线索来源的真实性，不应认定为立功。

本文赞同一审法院观点。二审法院既要求被告说明其线索的合理来源又要求其举证来源的真实性，裁判逻辑接近辩方证明说，而该说的弊端已在上文充分论述，不再赘述。另外，本文认为，在多数情况下，检方反证义务的主要内容实际上就是检验线索的真实性。如果线索来源经检验属实，法官可直接运用"手段—目的"公式对其合法性进行检验；如果线索来源经检验是虚假的，应由被告承担举证不利的后果，直接认定为"非法来源"。

本案中，被告已经合理说明了线索来源（由妻子亲戚告知），既然检方不能履

---

① 张吉喜：《论量刑事实的证明标准》，载《证据科学》2013年第5期。
② 徐科雷：《刑法立功制度若干问题刍议》，载《中国刑事法杂志》2012年第3期。
③ 罗某华危险驾驶案，福建省龙岩市中级人民法院（2021）闽08刑终156号刑事判决书。

行其对线索来源真实性的核验义务,就理应承担举证不利的后果,即排除本案对"非法来源"制度的适用。

2. 道听途说获取线索型——林某坚开设赌场案。实践中,"道听途说"是立功线索的普遍来源之一,但这类案件往往缺少实物证据,为检举者提供线索的证人的证词一般是这类案件的关键证据。在114份判决中,经笔者对其中线索来源为"道听途说"的判决书的查阅,证人证言作为案件关键证据的,占比达91.7%。

那么如果检举人称自己的线索系"道听途说",但对线索来源的供述却与相关证人证言相互矛盾,还能否认定为立功?本文认为,这种情形下,若该证人证言经法庭审查具有充分证明力,且没有其他在案证据可佐证线索来源的合法性,应由辩方承担举证不利的后果,即否定其立功情节。

在林某坚案①中,林某坚提出自己在取保候审期间曾检举并协助民警破获一起非法制造炸药案。经被告供述,其线索来源是,林某云带他找到了村民"铁残"的制炸药窝点。但一审开庭审理时,林某坚与林某云的供述存在多处矛盾,主要包括:林某云不知道有人在制造炸药,是林某坚自己去了案发现场;林某云不知道谁是"铁残"。

一审法院认为,上述二人对关键事实的供述有出入,线索来源存疑,不应认定立功。本文赞同之。

但辩护律师在二审时提出了新的意见:证人证言不同于实物证据,前者主观性极强,在立功制度的特殊语境下,其证明力易受案外因素影响而大打折扣。本案中,证人林某云与被检举人同村,证人很可能是因为不想与其交恶,才不敢承认自己是消息来源。故现有证据并未排除合理怀疑,达到"证据确实、充分"的证明标准。根据"存疑时有利于被告人"的诉讼原则,法庭应认定线索来源真实、合法。

本文认为,上述意见不能成立。"因不想与被检举人交恶而说谎"的确符合人趋利避害的本性,但不能仅凭辩方对此的臆想和猜测直接将其认定为案件事实。本案中,待证事实与证言直接相关且由证人亲身感知,证言内部逻辑一致,证人作证能力也没有任何瑕疵,故该言词证据证明力充分。因此,检方已充分举证说明了被告和证人对线索来源供述不一的事实,完成了对被告"合理说明线索来源"的反证。此时,举证责任自然又转移到被告,即应由被告举证证人受到威胁、恐吓,或因存在心理压力而不敢如实供述的事实。反言之,如果认为应由检方举证证人心态良好、不惧与他人交恶,才能达到"确实、充分"的证明标准,无疑是对检举人隐瞒、谎报其线索来源的纵容和鼓励。

此外,如上文所述,正是考虑到在乡土熟人社会中,检举人和证人可能受到被检举人的打击报复,"推定合法说"才将"非法来源"的举证责任大都分配给了检方(被告只需尽到合理说明义务),这已经是对辩方的优待。使辩方和为其提供线

---

① 林某坚开设赌场案,福建省福州市中级人民法院(2019)闽01刑终1320号刑事判决书。

索的证人的供述能够相互印证，是确保线索来源真实性的最低要求。因此，被告对线索来源关键细节的供述存疑，不应认定其构成立功。

综上，"推定合法说"旨在解决事实问题，即鉴别线索来源的真伪，"手段—目的"公式用以解决实体问题，即根据既定事实判定线索来源合法与否。只要正确运用这二者，就能对实践中"非法来源"的"认定难"问题作出有效回应。

五、结语

对"非法来源"制度理解与适用的研究并非仅仅有助于完善该制度本身，还能带来其他论域的反思。价值层面，功利主义刑罚观反对报应主义所遵从的"单一违法性标准"，提倡制度设计和法律适用上的价值多元性，可资借鉴；实体认定标准方面，作为涵摄工具的"手段—目的"公式将刑罚的正当性根据与司法制度所追求的社会效果置于正义天平的两端。在出现司法适用疑难时，这种价值衡量方法不仅适用于立功制度，亦能作为认定其他量刑情节（如自首、准自首）成立与否及从宽幅度大小的重要参考；举证规则方面，不同法律制度包含的大前提不同，对应的待证事实也有所不同，为契合我国司法实践的现实需求，构建举证规则时不可忽略社会风气、乡土人情等非法律因素对待证事实举证难度的影响。

穿透式审判与纠纷一次性解决协调适用的程序构建

江西省贵溪市人民法院　刘　艳
江西省贵溪市人民法院　周云伟

2019年《全国法院民商事审判工作会议纪要》（以下简称《纪要》）引言部分首次在民商事审判领域使用"穿透式审判思维"，提出"注意处理好民商事审判与行政监管的关系，通过穿透式审判思维，查明当事人的真实意思，探求真实法律关系"。穿透式审判正式进入民商事审判领域为审判实践所运用。《纪要》第36条和第104条同时分别提到"一次性解决纠纷"和"纠纷的一次性解决"，使得"纠纷一次性解决"成为指导民商事审判的另一不成文理念。从《纪要》整体审视，穿透式审判于引言部分提出，具有普遍性指引民商事审判意义；纠纷一次性解决则分列于合同纠纷和票据纠纷部分提出，更具规则性。然司法实践中，二者的良性适用并非自然而就。司法实践适用纠纷一次性解决，因忽视其规则边界，代之以"法律原则"适用情形并不罕见，从而导致纠纷一次性解决的适用产生当事人主义突破之弊端。穿透式审判的适用却受制于理论与现实的掣肘，落入极端当事人主义守正，带来繁诉困扰。

本文立足前述司法适用存在的问题，分析了背后的成因，提出以思维整合为基础，构建以选择之诉或备位之诉解决诉讼客体穿透偏差问题，以诉讼主体附条件变更或扩大合并审理范围解决诉讼主体穿透偏差问题，以期达到具体制度与体系的兼容，从而真正实现融合穿透式审判思维促进民商事纠纷一次性解决的民商事审判目标。

一、缘起：穿透式审判与纠纷一次性解决并行适用呈"二元表象"之困

因对民商事审判前沿疑难争议问题的明确态度，《纪要》一经公布便在理论和实务界产生巨大影响。穿透式审判及纠纷一次性解决因其明显的纠纷解决底色，一经提出便得到民商事审判的极大响应，得到广泛适用。但通过个案分析可以发现，司法实践适用穿透式审判思维并未很好地达成纠纷一次性高效审结的目标，甚至呈现二种"对立"的适用表象。

[案例1] 中铁二局瑞隆物流公司成都分公司诉四川中恒信实业公司等买卖合同纠纷案：二审根据审理查明事实作出的认定与当事人主张法律关系不一致，经法院

多次释明，一审原告仍坚持依照买卖合同法律关系主张权利。法院遂判决驳回诉讼请求，并告知一审原告就真实法律关系另行主张权利。①

[**案例2**] 福建省鑫万旺公司申请郑某等民间借贷纠纷再审审查案：判决认定案涉保证合同无效，福建省鑫万旺公司不承担保证责任。但基于公司未经有权机关决议即向债权人出具担保存在过错，应当根据自身过错承担相应的赔偿责任。生效裁判认为该赔偿责任不同于保证责任，二者的请求权基础并不一致。但从纠纷一次性解决理念出发，再审法院未释明一审原告变更诉讼请求或驳回其对该公司承担保证责任的诉讼请求，而是根据该公司的过错情况，判令其承担赔偿责任。②

上述案例的处理方式在司法实践中较为典型。依据现行适用的《最高人民法院关于民事诉讼证据的若干规定》第53条③规定，当事人主张法律关系与法院认定法律关系不一致时，该法律关系应作为焦点问题进行审理。根据该规定，出现案例情形时，法院不得就查明法律关系进行突击裁判。而案例两种处理方式显然存在冲突。案例1情形下，法院适用穿透式审判思维查明了本案真实法律关系，却囿于当事人处分权，仍以当事人主张诉讼标的为审理对象，导致本诉无法继续审理，需另行诉讼。形式上，该案未实现纠纷一次性解决。案例2情形下，为实现纠纷一次性解决，法院绕开了当事人的请求权主张，将不同诉讼标的一并处理。显而易见，该种处理方式可能出现突破当事人主义原则而不当职权干预情形，落入侵犯当事人处分权嫌疑。申言之，民事诉讼适用穿透式审判和纠纷一次性解决，呈现出当事人主义守正和突破的"二元表象"，并产生适用困境。

（一）当事人主义守正的繁诉之因

司法实践中，诉讼爆炸产生的人案矛盾已然成为客观事实。纠纷的日益增长和日趋多元、复杂，客观上要求纠纷迅速推进、实质化解。在此基础上，民事诉讼④遵循穿透式审判思维，能有效穿透当事人真实法律关系，最大程度实质化解纠纷。但在民事诉讼理论上，民事审判必须遵循基本诉讼原则，如当事人处分原则。而一经穿透真实法律关系，民事诉讼极易陷入法律主体、诉讼请求、法律性质偏差问题，导致本诉难以原则性依照诉讼程序进行，陷入繁诉弊端。

1. 同一起诉现多次诉讼。当法官适用穿透式审判思维探明当事人之间真实法律关系，出现当事人争执法律性质与原告诉称法律性质迥异，或者法律主体遗漏或偏差等问题。此类情况，法官或囿于程序限制，或基于理解不同，会劝导当事人撤诉

---

① 参见最高人民法院（2020）最高法民终1210号民事判决书。
② 参见最高人民法院（2021）最高法民再312号民事判决书。
③ 《最高人民法院关于民事诉讼证据的若干规定》第53条第1款规定："诉讼过程中，当事人主张的法律关系性质或者民事行为效力与人民法院根据案件事实作出的认定不一致的，人民法院应当将法律关系性质或者民事行为效力作为焦点问题进行审理。但法律关系性质对裁判理由及结果没有影响，或者有关问题已经当事人充分辩论的除外。"
④ 因民商事纠纷统一适用《民事诉讼法》作为适用的程序法，为行文方便，本文以"民事纠纷""民事诉讼"作为统一称谓。

后另行起诉,产生同一起诉现多次诉讼现象,纠纷无法实现一次性解决目标。

2. 同一纠纷现多场诉讼。民事诉讼中,法官严谨遵循一个诉讼解决一个法律关系,有利于权利义务的明晰和争议焦点的掌握,故而成为常态。但当事人之间的纠纷往往并非涉及单一法律主体或法律关系。法官在穿透式审判思维理念下,主张当事人一个法律关系一场诉讼,反而产生同一纠纷出现多场诉讼情况,纠纷一次性解决结果较难实现。

(二) 当事人主义突破的越界之困

纠纷一次性解决理念以一次性实质化解纠纷为目标。民事诉讼为贯彻该理念,强调把同一纠纷中的相关不同法律关系问题放在同一案件中处理,不作人为拆分。此种处理方式虽避免了同一纠纷产生的繁诉问题,仍存在诟病之处。

表1 司法实践适用纠纷一次性解决的"越界"处理样态示例

案例	评价	表征
原告起诉融资租赁纠纷,法院通过当事人之间签订的合同判断交易并不直接产生标的物所有权转移的法律后果,认定本案名为融资租赁,实为抵押借款,并按抵押借款关系处理并作出判决①	融资租赁关系和抵押借款关系的请求权基础并不一致,按传统诉讼标的理论,应当被认定为不同诉讼标的。法院的处理方式实则依职权变更了审理诉讼标的	模糊诉讼标的超诉请裁判
原审原告吴某仙与原审被告吉祥公司存在三笔借款,且三笔借款分别设置了不同保证人。二审法院认为三笔借款出借人和借款人一致,属于诉的客体合并类型,可以一并审理。为实现纠纷一次性解决,二审法院认定一审法院于本案中一并判决借款人承担三笔借款的还款责任,且由每笔借款的不同保证人分别对保证款项承担保证责任并无不当②	三笔不同法律主体间的借贷关系诉讼,并不符合《民事诉讼法》第55条规定的合并审理类型	违反诉讼程序合并审理
原审原告何某平诉原审被告泰宁公司、三怡公司支付钢材款及利息,二审法院经审理认定泰宁公司负有付款义务;而三怡公司对泰宁公司欠付何某平钢材款债务并不构成债务加入,故对何某平并无给付钢材款义务。但基于三怡公司负有向泰宁公司支付工程款义务,为实现纠纷一次性解决,判决三怡公司对泰宁公司向何某平支付钢材款义务承担连带付款责任,并在承担付款责任后,相应扣减应付泰宁公司及其他第三人工程款③	本案何某平与泰宁公司、三怡公司与泰宁公司之间成立不同法律关系,基础请求权不同。法院的处理结果实际在何某平与泰宁公司的买卖合同关系之外,扩容审理了三怡公司与泰宁公司之间的建设工程施工合同关系	依职权扩容审理范围

① 参见江西省南昌市东湖区人民法院 (2019) 赣0102民初3934号民事判决书。
② 参见福建省高级人民法院 (2019) 闽民终892号民事判决书。
③ 参见四川省高级人民法院 (2017) 川民终222号民事判决书。

如表 1 所示，因纠纷一次性解决的限度并不明晰，司法实践适用穿透式审判思维解析当事人之间各种法律关系，在此基础上追求一次性解决当事人之间全部纠纷，反而出现"越界"审理问题，并因此产生实质侵害当事人诉讼权利后果。

1. 扩容诉讼标的超诉请裁判。诉讼标的在理论上被认为是诉讼程序中的"最小计量单位"。[1] 民事裁判的客观审理范围一般认为是诉讼标的。但在民事诉讼新旧诉讼标的之争背景下，司法实践存在根据具体案情以新说扩容诉讼标的范围，将民事法律关系等同于诉讼标的，以促成一次性解决纠纷目标现象。这一做法与我国司法实践普遍采取的传统诉讼标的理论相矛盾。因民事法律关系的包容性更大，范围更广，判断标准更难把握；而诉讼标的识别标准的主要价值取向是明确性和可预期性，[2] 以此方式扩大诉讼标的范围实质上具有模糊其识别标准的嫌疑，反而落入超诉讼范围裁判陷阱，侵犯当事人处分原则。

2. 违反诉讼程序并案审理。因纠纷一次性解决的内涵与外延不明问题，对"纠纷"和"一次性"的理解迥异。或一次诉讼解决一个诉讼标的，或一个民事程序尽可能多地解决包含多个诉讼标的的一个纷争。在多数人之债中，一个纷争往往包含多个诉讼标的，蕴含不同法律关系。在现有诉讼程序中，支撑扩容诉讼程序解决多个纠纷主要是诉的客观合并制度，指向诉讼标的共同或同一种类。司法实践中，法院以穿透式审判理念明晰同一纷争下不同主体间法律关系，为达成纠纷一次性解决目标将并不相同种类的法律关系并案处理。此种做法实则突破了既有的民事诉讼程序扩容制度，可能产生侵犯当事人处分原则的后果。

3. 依职权不当扩容审理范围。司法实践中，普遍存在将民事诉讼标的理解为争议的实体法律关系现象，这无疑扩大了诉讼标的范围。在此基础上，因纠纷一次性解决并未框定边界，裁判者会以自己的理解软化纠纷范围，并以此作为突破民事诉讼规则甚至否定当事人诉讼权利的说理依据。前述扩容诉讼程序的行为，直接导致法院依职权扩容了案件的审理范围，实则弱化了诉讼标的识别标准，绕开了当事人的诉讼范围增加了新的诉讼标的，否定了当事人的诉讼意愿。这一做法与民事诉讼的基本理论原则并不契合，亦违反了现行民事诉讼规则。

二、思辨："二元表象"的成因追溯

穿透式审判和纠纷一次性解决系基于民事诉讼活动的实际运行需求对民事审判活动的倡导性选择和可行性建构，不属于民事基本原则和基本制度，没有一般或普遍性指导意义。作为解决民事纠纷的倡导性路径，二者所承载的实体法肌理或原理并无二致，本质上并不相斥。但前述"二元表象"所呈现的对立样态显示二者的协

---

[1] 参见卢佩：《困境与突破：德国诉讼标的理论重述》，载《法学论坛》2017 年第 6 期。
[2] 参见任重：《民事纠纷一次性解决的限度》，载《政法论坛》2021 年第 3 期。

调适用并非自然而就,反而存在相互掣肘,影响二者的适用效果。追溯前述"二元表象"成因,有利于找出症结,反思根源,构建良性适用的理念和实践路径。

(一) 现行诉讼模式下诉讼原则界限不明

所谓民事诉讼的基本模式,是对某一特定民事诉讼体制基本特征的概括。① 近二十年的司法改革历程,我国民事诉讼模式大体形成了摆脱传统职权干预诉讼模式束缚,向当事人主导型诉讼模式转换的共识。② 不同诉讼模式,核心在于界定当事人和法院在诉讼中的支配权和相互关系。当事人主导型诉讼模式以当事人处分原则为主要内容,体现了当事人在总体上决定诉讼程序启动、终结和其他诉讼内容。即便是当事人主导型诉讼模式,也并非绝对排除法院的职权干预。③ 但对于当前的当事人主义诉讼模式,仍存在若干误识,包括当事人主义诉讼模式作为民事诉讼唯一模式的绝对当事人主义,把当事人主义和职权干预完全对立等错误认识。当事人主导型诉讼模式倡导当事人主义为主,把职权干预尽可能限制在狭小的空间范围内。对于当事人处分原则和职权干预原则的界限,却没有明晰的边界。

虽然当事人主导型诉讼模式在我国已基本形成,但经济发展带来的多元权利义务纠纷倍增及民事案件数量急剧增加,呼唤着司法能动的良性应对。穿透式审判思维借鉴自金融监管思维,原是适用以明晰金融行为中的层层嵌套法律关系,具备一定的维护金融安全和稳定的社会管理属性,因而具有强烈的职权干预色彩。但适用于民事审判后,因未形成明确的适用程序、标准和限度,在前述诉讼原则界限不明背景下,易产生诉讼原则适用把握不定情形。而纠纷一次性解决则更强调一种"案结事了"的司法状态和职权参与的积极效果,可能会导致当事人基于处分原则所享有的控制诉讼标的大小的权限被"模糊化",从而突破"不告不理"。④ 前述"二元表象"实质上反映了民事诉讼当事人主义与职权干预界限不明之困。

(二) 逻辑起点异位下诉讼标的识别差异

民事诉讼是围绕法律和事实得出裁判结果的演绎推理过程,具有相当的逻辑性。而法官处理纠纷所定位的逻辑起点,自然很大程度影响诉讼的方向。从结果反推不难发现,法官适用穿透式审判和纠纷一次性解决的逻辑起点截然不同。前者旨在"探求真实法律关系"下的实质正义,结果又回归程序正义,其逻辑起点是具体法律关系基础上的法律规定。后者旨在提高诉讼效率,避免因同一给付目的或纠纷事实同时或先后出现多个诉讼,⑤ 其逻辑起点是纠纷本身的事实主张。深究之,二者

---

① 张卫平:《民事诉讼基本模式:转换与选择之源》,载《现代法学》1996年第6期。
② 参见冯珂:《从权利保障到权力制约:我国民事诉讼模式转换的趋向》,载《当代法学》2016年第3期。
③ 自20世纪90年代中期开始的模式论研究伊始,学者提出了我国民事诉讼基本模式的改革目标,即构建我国的当事人主义诉讼模式。参见许可:《论当事人主义诉讼模式在我国法上的新进展》,载《当代法学》2016年第3期。
④ 曹云吉:《多数人诉讼形态的理论框架》,载《比较法研究》2020年第1期。
⑤ 参见任重:《民事纠纷一次性解决的限度》,载《政法论坛》2021年第3期。

的逻辑理论点均落入诉讼标的范畴。

诉讼标的作为民事诉讼的核心，是诉的客观要素之一，当事人的诉求与答辩都是围绕诉讼标的进行，法院的审理活动也要围绕诉讼标的进行，故诉讼标的是民事裁判中心对象。① 当前，诉讼标的理论尚存新旧理论之争并无定论。民事诉讼不同制度或主张基于不同的实践立场，均尝试采纳"自圆其说"的诉讼标的识别标准。但从《民法典》乃至广义上的实体法体系规则的构建观之，我国未来仍有必要坚持旧实体法说的观点。② 穿透式审判立足法律规定，采纳旧说理论侧重于以具体法律关系下的请求权基础为识别标准，严格恪守一个请求权一个诉讼标的的规则，不免出现繁诉困扰。纠纷一次性解决则显而易见为新说理论站位，不断尝试以相对化的诉讼标的识别标准软化纠纷的边界，以此将涉及多数人的更多纠纷纳入同一程序予以处理，故而难免陷入职权主义过度而不当扩大审理范围泥沼。前述"二元表象"本质映射了司法适用对诉讼标的识别标准的模糊界定。

（三）人案矛盾背景下解纷模式探索缺陷

随着"诉讼爆炸"而来的人案矛盾已成客观现象，极大影响着审判功能的实现。由于司法制度和法院办案力量在一定时期内处于较为恒定的状态，案件数量的快速增长导致既有司法资源与诉讼规范难以对所有案件给予妥善、有效的解决和处理。③ 社会对诉讼的需求以及国家社会治理的双重压力内驱着司法稳妥的应对举措，以期解决此问题。司法体制改革、诉讼制度完善、审判机制的重构是长期的必由之路，审判思维的转换、审理方式的创新亦能在短期内提高办案效率，取得良好效果。人案矛盾缘起于"人少"，但"人少"的困扰凭一己之力无法解决，故而司法的主观能动聚焦"案多"的化解，锚定科学压缩"案件数量"，通过程序性简化"人案关系"，达到技术上减少案件数量的目标，成为短期内应对期待。

纠纷一次性解决正是人民法院关于民事诉讼科学"去案"的一种探索，锚定审判主体这一诉讼要素，意图将有限的司法资源从某些"不必要"的"案"中解放出来，实现多重诉讼关系的程序简化，从而提高司法效率。理念上，纠纷一次性解决重视一个法律事件引起的纠纷在一个案件中得以了结，以达到缩减同一事件引起纠纷的数量，从而实现案结事了的理想状态。实践中，"一事一案"的解纷目标受现有诉讼制度的制约较难实现。以多数人之债为例，一个法律事件引起的纠纷，在多数债务人或多数债权人内部与债务人和债权人之间成立不同法律关系。当各自法律关系迥异时，一个诉讼程序不加区分全部纳入处理，往往更显繁杂，亦可能导致侵犯当事人处分权利的情况，与现行诉讼制度和理念相悖。

如何科学"去案"，成为课题。但转型社会下纠纷日益繁杂、类型多元，对人

---

① 参见江伟、韩英波：《论诉讼标的》，载《法学家》1997 年第 2 期。
② 参见曹志勋：《德国诉讼标的诉讼法说的传承与发展》，载《交大法学》2022 年第 3 期。
③ 参见陈卫东：《诉讼爆炸与法院应对》，载《暨南学报（哲学社会科学版）》2019 年第 3 期。

民法院的审判能力提出更高要求,审判质量成为另一课题。复杂纠纷视域下,通过穿透式审判,撕开法律关系的表象,探求真实,一方面求得矛盾真相,实质解纷;另一方面维护审判质量,实质正义。双重追求下,穿透式审判适用谨小慎微,反而平添诉累,与"科学去案"背道而驰。因此,穿透式审判与纠纷一次性解决司法适用所出现"二元"表征,凸显了民事诉讼创新审判模式和审判理念的缺陷。

(四)司法治理目标驱动下多元纠纷应对失范

作为一种重要社会治理类型,司法治理实质上是司法权的前移与拓展,既包括司法的裁判功能,又包括对社会的影响即司法的社会功能。① 理论上,司法治理强调法院与社会的良性互动,通过法的实施活动,达成司法对社会秩序形成的规范作用。实践中,司法治理追求社会矛盾纠纷的化解和良性的社会治理状态。因此,司法治理的理念和策略,直接影响司法活动改革的推行。

社会变革催生的社会结构调整与重构导致矛盾的暴露与激发,新型生活方式带来法律关系的多元化涌现,实用主义司法倾向增强了司法主动理念。当前,司法治理的目标是通过司法审判实现看得见的公平和正义,因而更注重人民群众的司法获得感和满意度。在此目标驱动下,民事裁判回应治理需求集中于公正与效率两个方面内容,强调以效率的提升促进公正。从结果而言,纠纷一次性解决追求解纷效果,穿透式审判更看重纠纷本质,前者"以事为本"重视纠纷应对的效率性,后者"以人为本"重视权利保护的正当性。效率和正当作为司法治理内生价值的两个方面,符合多元纠纷解决的需求。但前述二者融合适用的现状,从结果上侵蚀了二者的内生价值,反而导致纠纷应对失范,产生诟病。因而,司法治理语境下,前述"二元表象"的产生隐含了多元纠纷司法应对理想与现实的差距。

三、反思:穿透式审判与纠纷一次性解决协调适用的思维整合

民事诉讼程序、制度或活动的设置影响纠纷解决的有效性,从宏观意义来看,必须考虑社会各方面的因素,如法律的、经济的、文化的、观念的,甚至政治的、伦理的、意识形态的因素,否则相应程序、制度或活动就不能很好地与纠纷的合理解决相契合。② 从实践来看,法律理论上的掣肘和司法现实的牵制,穿透式审判与纠纷一次性解决的协调适用似乎难以成就。但从诉讼原理而言,任何民事诉讼程序、制度或活动的设置都离不开民事实体法的精神和原则。透过民事实体法的深层肌理和民事纠纷的私益性特点,我们能够从整体上把握二者的司法价值、基本法理、功能属性的应有之义。③ 此为二者协调适用的思维整合提供了基础。

---

① 宋保振:《智慧社会背景下司法治理的理念转变与实践创新》,载《山东大学学报(哲学社会科学版)》2020年第4期。
② 参见张卫平:《民事纠纷的社会性与民事诉讼程序和制度的构建》,载《学习与探索》2020年第8期。
③ 参见张卫平:《论民事纠纷相对性解决原则》,载《比较法研究》2022年第2期。

（一）以价值权衡实现目标动因的归由

穿透式审判和纠纷一次性解决作为民事诉讼所倡导的两个不同维度的思想，均以化解纠纷为目标。此目标动因的一致归由为二者的协调适用奠定了基础。穿透式审判更追求实质正义，而纠纷一次性解决更侧重效率，此二者均内在体现人们或社会对民事诉讼的价值追求。

诉讼的价值具有多维度，且各价值之间时有掣肘。民事诉讼制度的建构和运行的理想状态，是各诉讼价值之间的紧张博弈关系中实现衡平，其中最重要的诉讼价值即公正与效率。穿透式审判与纠纷一次性解决的协调适用，亦存在不同诉讼价值之间的博弈，应以达成纠纷高效化解为目标归由，实现公正和效率的双重价值属性。为此，在案件审理过程中，通过双向关照穿透式审判和纠纷一次性解决不同价值属性下实体权利的实现效果，并交叉审视同一价值属性下的审判效果，作出择优选择。具体而言，首先，在个案中，通过科学方法精准测度和计算二者价值之间的消长关系。根据测算结果，通过一定的规则体系，尽可能实现二者价值衡平的理想状态。其次，在无法达成前述衡平状态时，通过细化纠纷的类型、性质、民事权益的大小、救济成本等因素进行权重衡量，评估二者所涉价值的优先次序。价值的优先与否并非穿透式审判与纠纷一次性解决各自价值的博弈，而是基于价值间固有的无法消除的紧张关系作出的择取，是另一种价值衡平的选择方式。根据所选取的价值，适用适当的规则。基于民事诉讼的工具价值，在二者的前述价值衡平关系上，如何体现并实现实体权利，依然是应被优先考虑的因素。①

（二）以传统理论达成诉的标准的统一

如学者所说，实体法的功能不在于实体权利的生成，而是对已经存在的权利向法官提供一种裁判规范，相反，程序法才是权利存在的根据，进而通过民事诉讼调整私人之间的纠纷或利害关系。② 从这个角度而言，民事审判思维、民事诉讼制度服务于民事诉讼功能的实现，以实体权利的保护和实现为己任。实体权利的实现直接表现为纠纷的化解，但最根本体现为对当事人私法利益的保护以及纠纷解决过程中实质的程序保障。"纠纷"并不是生活事实上的纠纷，民事诉讼视角下的纠纷是经由法律这个"网"过滤后的权利义务纠纷。③

传统诉讼标的理论以"请求权基础上的具体权利主张"为识别标准，④ 相较新说而言，与我国民事诉讼所指的"纠纷"在理论内涵上契合度更高，具体权利主张

---

① 参见张卫平：《双向审视：民事诉讼制度建构的实体与程序之维》，载《法制与社会发展》2021年第2期。
② 参见黄帆：《主客体视角下纠纷一次性解决理念之反思》，载《研究生法学》2021年第5期。
③ 参见黄帆：《主客体视角下纠纷一次性解决理念之反思》，载《研究生法学》2021年第5期。
④ 传统诉讼标的理论由德瓦哈教授创立，认为诉讼标的是原告在诉讼上所提出的一定的具体的实体法上的权利或法律关系主张，识别标准应为实体法上的请求权基础，一个请求权对应一个诉讼标的。经由赫尔维格发展，主张诉讼标的是原告在诉讼声明中所表明的实体权利主张。

亦更契合实体法请求权与诉讼请求的衔接,从而明确诉讼纠纷的指向性。穿透式审判的适用本就契合传统诉讼识别标准,不言自明。而传统诉讼标的识别标准对于纠纷一次性解决的实现亦具有相当的契合性。基于司法三段论,裁判系基于事实和法律规范基础上得出结论的过程。但法律规范和事实往往处于分离状态,裁判结论的作出也是根据原告诉讼请求声明基础上基于实体法律规范确定的法律事实,而非生活事实。因而,绝对性的纠纷一次性解决本就是虚无的。诉讼标的的核心功能即为法官划定清晰的审理范围,[①]通过实体请求权的识别框定案件生活事实的裁剪范围,明确前后诉是否同一事实的判断,判定重复起诉与否。这也可以被认为纠纷是否一次性解决的判断路径。因而,不管从理论还是司法实践角度,传统诉讼标的识别标准更符合审判需求。当请求权基础上的具体争议得以裁判,该裁判对双方当事人发生既判力,均不得再行争讼,纠纷应当被判定解决。当然,对当事人之外的第三人,并不当然受纠纷拘束。一场纠纷是否因此产生几个诉讼,应辅以相应制度工具,而非随意扩大诉讼标的范围,产生所判范围不明疑虑。因此,民事诉讼适用穿透式审判应坚持传统诉讼标的识别标准,框定纠纷一次性解决的边界,充分保障当事人的程序权利和实体利益,既实现纠纷化解,又体现程序正当和实质正义。

(三)以规范释明协调诉讼原则的有序

穿透式审判赖以追求的法律效果包括对真实法律关系主体的重新确认、对真实法律关系的重新定性以及对法律关系内容涵摄社会属性位阶的评价。置于市场经济条件下,适用穿透式审判应立足保护市场交易、维护法律关系和市场秩序基础上的诉讼利益保护。司法实践中,案件的性质、主体、事实经由穿透明晰后适用当事人主义原则处理,抑或是允许适当的职权干预,应当既遵循当事人的处分权,又保障程序的正当性,实现诉讼利益与司法制度的双重保护。据此,应通过符合私法权利保护的规范设计实施,达成不同诉讼原则适用程序操作的兼容性、处理结果的包容性和法律效果的统一性,实现制度体系的自洽和整合,以达到具体制度与体系的兼容性与整合性。[②]

为解决穿透式审判与纠纷一次性的不同程序面相冲突,应充分发挥规范性释明权的阶梯之效,帮助把握适用的规则性和限度,实现当事人主义和适当职权干预的协调进路。具体而言,应坚持明确性原则、针对性原则和适度自愿性原则。一则,采取合规的方式,明确释明内容,即当法官通过穿透式审判,发现争讼法律事实与诉讼主张不一致,法官应通过明确的方式向当事人晓谕具体法律事实区别,包含争议主体、法律关系性质、法律规范效力等。二则,释明应有的放矢,明确法律后果

[①] 任重:《民事纠纷一次性解决的限度》,载《政法论坛》2021年第3期。

[②] 参见张卫平:《双向审视:民事诉讼制度建构的实体与程序之维》,载《法制与社会发展(双月刊)》2021年第2期。

的区别，即前述穿透指标与本诉指标的具体法律区别，包括诉讼程序、法律后果等。三则，当事人对释明结果具有相当选择权，即在前述释明基础上，若前述指标冲突适用的诉讼程序已具备现行规定的基础上，可直接依法适用；若无适用程序解决前述指标冲突，则继续本诉、撤诉另诉还是变更诉讼，当事人具备相当的选择权，并承担相应后果。此种处理方式既遵循了当事人私法处分权，有利于保障程序正当性，亦符合现行民事诉讼规范的处理理念。①

四、进路：适用穿透式审判实现纠纷一次性解决的程序构建

如前所述，穿透式审判与纠纷一次性解决具有不同的价值程序面向。在司法治理驱动纠纷多元化解理念下，依靠现有规则适用实现效率基础上的公正，显然效果有限。因穿透式审判的规则守正和纠纷一次性解决目标追求具有复合属性，要求我们不能仅仅依靠现行规则阐释，需要立足法律文本肌理，搭建更行之有效解决复合诉讼标的的程序，在追求效率过程中回答公正。

民事诉讼的程序构建离不开民事诉讼的基本要素，包括主体要素，如原告、被告、第三人、不相关的案外人等；客体要素，如法律性质、法律事实、法律后果等。以传统诉讼标的理论视角审视，民事诉讼各要素经穿透后"真假显像"主要有法律主体偏差、法律性质认识偏差、法律事实认识偏差、法律后果认识偏差等情形。善用法官释明制度，构建可消解各"穿透显像"所龃龉的程序瓶颈，在保障当事人程序正当、维护诉讼法律制度安定基础上最大限度实现纠纷的实质化解，方为对症之策。

（一）"客体显像"应对之道

1. 选择之诉。适用于法律性质认识偏差或法律事实正确但法律后果判断偏差，导致诉讼请求竞合或矛盾差异情形。此种情形下，诉讼主张的权利义务主体、诉讼客观事实不变或未产生实质变更，赋予人民法院能动司法权并不实质上损害本诉当事人的实体利益和程序正当。因此，可以赋予原告选择诉讼的权利，即在当事人现有请求权主张基础上，允许当事人提出法院释明结果下的另一请求权主张为选择之诉。

具体而言，在诉讼当事人、案件事实明确的基础上，首先由法官向当事人释明法律性质、法律后果区别。其次由当事人考虑是否在现有诉讼之外，另行将法官所释明请求权基础作为选择之诉，可采取"若原告主张的A法律关系不成立，法院认定为系B法律关系，则原告的诉讼请求变更为Y"之形式。在选择之诉中，依据本诉或选择之诉作出的判决对双方当事人产生既判力，不得再行诉讼。若一方当事人

---

① 《最高人民法院关于民事诉讼证据的若干规定》第53条关于"法律关系性质或者民事行为效力作为焦点问题审理"的规定，既体现了法院对法律关系性质或民事行为效力的主动审查、释明权，又体现了存在区别时的程序保障，最大程度保障当事人诉讼权益。

上诉,二审应就本诉或选择之诉统一审查。据此,通过选择之诉,一方面,纠正当事人事实上辨析法律事实能力欠缺而导致的诉讼偏差,又防止因不当释明、错误释明情况下的诉讼失语;另一方面,在保障当事人程序正当的基础上,减少当事人、法院承担的不必要诉累,实现穿透审判与纠纷一次性解决的实质融合。

2. 备位诉讼。主要适用于法律性质认识差异导致的请求权竞合,如因同一物权事实产生的返还原物请求权与排除妨碍请求权竞合,但基于原告存在先后位之诉的意向产生本位之诉与备位之诉,本位之诉优于备位之诉。一般本位之诉可反映在当事人的诉讼请求上,系先位请求;备位之诉因审判穿透法律事实而产生,系后位请求。备位之诉与选择之诉的区别在于,先位请求与后位请求的先后顺位实际暗含了当事人对诉讼请求主次轻重的主观价值判断,故而原告的主要诉讼目的系先位请求。因其主观判断与客观法律事实的不相符,产生先位请求无法保障其诉讼利益结果,只有在法院不支持其先位请求时才退而接受后位请求。具体而言,备位诉讼可采取"如果X诉讼请求无法支持,则请求Y诉讼请求"。(见图1) X为先位请求,Y为备位请求。先位请求得以满足的情况下,备位请求消灭;先位请求无法裁判系备位请求发生的条件。二审时,法院应优先审查上诉请求,若上诉请求所对应的一审请求无法满足,应再行审查另一请求,实现全面审查。

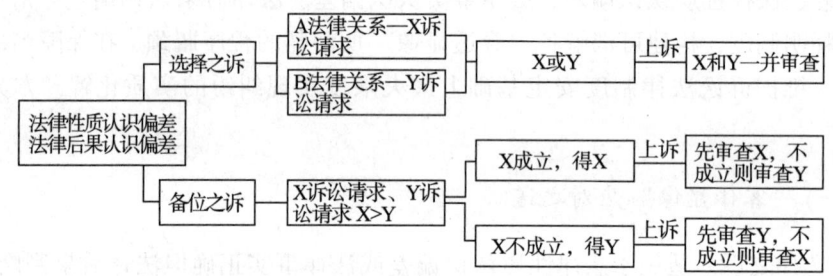

图1 选择之诉和备位之诉审理流程图

(二)"主体显像"应对之策

1. 诉讼主体附条件变更。适用于法律主体认识偏差导致当事人不当而诉讼争议主体范围未发生本质变化的情形,如个体工商户当事人错列为经营者。当双方当事人就民事权利义务发生争执,一方向法院提起诉讼,在诉讼系属①的过程中,双方所争执的民事法律关系并未处于被固化的阶段,仍然是一种流动变化的过程中,交易关系依然会在特定的主体之间发生变化。②或基于主体变更客观事实,或囿于诉

---

① 诉讼系属是大陆法系民事诉讼法学中的一个概念,表达的是当事人提出的诉讼请求与法院之间的关系,一旦当事人向法院提起特定的诉讼请求,则该诉讼便系属于法院,法院对该诉行使审判权。参见张卫平:《诉讼系属中实体变更的程序应对》,载《环球法律评论》2018年第1期。

② 参见张卫平:《诉讼系属中实体变更的程序应对》,载《环球法律评论》2018年第1期。

讼能力不足，或基于诉讼技术考量，司法实践中诉讼主体不当或错列现象时有发生，通常做法是原告撤诉或法院裁定驳回起诉后，适格的当事人再向真正的责任者提出诉讼。此种情形下，在案件的基本法律事实、相应的诉讼请求未发生本质变化的基础上，应允许申请变更诉讼当事人或适格主体通过书面形式参与诉讼，更符合民事诉讼"便利当事人参加诉讼，便于法院审理案件"的原则，亦有利于民事纠纷的一次性解决。

具体而言，在原告不适格情形下，基于当事人自愿处分诉讼权利原则，法院应当依书面变更申请后，向适格原告作出明确释明，征求适格原告的诉讼意愿，得到肯定结果方得变更。基于基础法律事实未发生本质变化之由，此种变更并未实质侵害被告的程序保障和实体权利，此项变更应由法院主动审查，不必征求被告同意。若"适格原告"不同意参与诉讼，法院得以作出相应裁判，该裁判的既判效力及于该"适格原告"，其不得因该请求权基础提出另一诉讼。在被告不适格情形下，法院得依职权或依原告申请作出变更，原列被告退出诉讼，以变更后的适格被告作出裁判。

司法实践实质存在以追加当事人方式"变相变更诉讼主体"现象，采取诉讼主体附条件变更方式符合司法实践需求，防止"空审空判"，亦得使前述"变相变更"正当化。从利益衡量角度审视，诉讼主体的附条件变更符合纠纷解决的意愿，又未实质损害当事人的实体权利，以合理的方式完善程序适用，实质杜绝主体选择起诉或技术规避现象，实为合理选择。

2. 扩大诉讼合并范围。适用于法律主体认识偏差情形。穿透式审判的内涵定位即要求洞穿交易行为背后真实的交易主体和交易行为，探求交易行为背后的实质。其中，交易主体之间的层层嵌套关系并不罕见。理论上，这表现在多数人债权债务关系，需要穿透式审判对各法律主体及之间的法律关系予以厘定，同时寻求得以兼顾主体利益保障和纠纷高效解决的诉讼框架。多数主体之间不同的法律关系体现为事实和法律上的共同关系、牵连关系、不存在关系等区别，诉的合并可以认为是主体之间穿透显像偏差的一种可选择的应对方式。

从现行民事诉讼法的规定来看，涉及不同诉讼主体形态制度主要为共同诉讼与第三人制度，包括必要共同诉讼、普通共同诉讼以及无独立请求权第三人、有独立请求权第三人等制度。但实践表明，现行制度的规定仍无法完全实现多数主体之间法律关系在一个程序中解决，产生桎梏。因此，扩大共同诉讼的纠纷解决机能，具备现实需求。而现代合并规则基本上是基于衡平法实践建立起来的，衡平法实践不再固守僵化的形式，更加注重实际，强调完整解决整个争议而非着眼于狭隘的逐个解决。现代程序观的一个主题是将因"同一事件引起"的诸多诉讼请求、涉及的诸多当事人并入一个案件中集中审理。① 这无疑为扩大诉讼合并范围提供了理论基础。

---

① 张旭东：《环境民事公私益诉讼并行审理的困境与出路》，载《中国法学》2018 年第 5 期。

为解决同一事件引起的诸多请求，应跳出"共同诉讼类型化标准"① 窠臼，即从"诉讼标的共同或同一种类"扩大到"具有牵连性的诉讼标的"。具体而言，应以主体、事实和法律关系为要素评价，判断是否可以合并审理，详见表2。

表2 主体、事实、法律关系要素组合影响是否合并审理组合表②

主体	事实	法律关系	是否合并审理	方式
相关主体	相同	同类	—	—
	相同	不同类	合并	依职权
	牵连	同类	合并	依职权
	牵连	不同类	不予合并	—
不相关主体	相同	同类	合并	征求当事人意见或依申请
	相同	不同类	有条件合并	征求当事人意见或依申请
	牵连	同类	不予合并	—
	牵连	不同类	不予合并	—

当合并审理评价系基于"相关主体"发生，则合并审理无需考虑当事人是否申请，法院可依职权处理；当合并审理评价系基于"不相关主体"发生，则合并审理应当考虑当事人的意见，依当事人书面申请为之。

同理，在前述合并审理理论基础上，若案件合并审理评价可依职权处理，案件经穿透式审判后当事人提出诉讼主体偏差、遗漏问题，可依合并审理判断标准依职权追加诉讼主体。若案件合并审理评价系依申请处理，则案件经穿透式审判发现的当事人主体不当问题，得依当事人申请追加诉讼主体。

当然，前述合并审理探讨只能成为基本思路。具体个案应否合并审理，就各事实间的牵连度仍属于判断要素。应具体权衡实体价值如当事人诉讼权利保护与程序价值之间的顺位，结合个案的诉讼目的综合判断。

五、结语

法律问题的认识、解释和解决都涉及主观价值判断问题，最突出的是规范、价值追求或理想与现实的冲突问题，这一问题最终归于方法论中的基本哲学问题——

---

① 现行法规定的共同诉讼类型化标准使共同诉讼研究陷入"诉讼标的的共同或同一种类"的窠臼。袁琳：《多数人之债的诉讼构造与程序规则》，载《中外法学》2021年第6期。

② 本表"是否合并审理"评价均系对不符合现行合并审理规则情形的分析。相关主体包括相同主体及在法律关系或法律事实上具有利害关系的主体。相关主体间因同一事实引起的同类法律纠纷，本身已属于现行《民事诉讼法》规定的合并审理范畴，故本表不予评价其合并属性。

应然与实然的关系问题。① 从民事诉讼法学方法论角度审视，穿透式审判和纠纷一次性解决的适用应尊重、承认和维护实体法权威性和确定性，但司法实践的日新月异亦促使法律文本的不断革新，以契合实践需求。本文就穿透式审判和纠纷一次性解决适用的实践困境、成因提出理论分析，并通过理念和程序构建提出协调路径，以期实现同一纠纷下不同诉讼标的主张经穿透审理后，获得一次性解决。程序终归服务实体，在诉讼爆炸的市场经济条件下，司法参与社会治理的目标无外乎纠纷实质化解。本文虽立足于穿透式审判和纠纷一次性解决提出思考，但其中之义无法脱离民事诉讼的运行展开。从此角度审视，本文的简薄之言，无疑可以为民事诉讼理论和司法实践提供启发。

---

① 张卫平：《民事诉讼法学方法论》，载《法商研究》2016年第2期。

循"案"而"理":典型司法案例参与社会治理困境与出路

——以内外功能融合与优化为视角

江西省赣州市中级人民法院　肖建国
江西省赣县人民法院　龚享福
江西省兴国县人民法院　王承强

"师也者,教之以事而喻诸德者也"。① 司法裁判具有教育、评价、指引、示范等功能,许多典型案例越来越具有影响力。较之于典型案例中法官裁判思路的呈现,淬炼出适应当前社会治理实际的"案理"与"法理"更是司法应当追求的目标。然而,与全国各级法院常态化发布典型案例的司法实践相比,对典型案例参与社会治理的功能定位研究尚有不足。因此,本文通过考察典型案例实践运行情况,总结分析典型司法案例参与社会治理过程中存在的问题,结合四级法院审级职能定位改革,融合典型案例内外功能,探索优化之路径。

一、典型案例参与社会治理的实证考察

紧急状态是"治理的典范"。下文将以全国法院发布的涉疫情防控典型案例为样本,深入考察其参与社会治理的运行逻辑。②

(一)样本观察:典型案例发布情况

1. 发布数量:案例发布广泛,但频次各有高低。从层级看,典型案例发布涵盖全国四级法院,既有最高人民法院,也有地方各级法院,还有海事法院、知识产权法院等专门法院。从地域看,典型案例遍布各地,不仅有北京、上海等直辖市法院,也有江西、陕西等中西部省份法院。值得注意的是,从占结案比看,基层法院在四级法院中虽然结案数最多,但其发布的典型案例占结案数比远小于上级法院。(见

---

① 出自《礼记·文王世子》:当老师的,应以事例教导学生使他得到道德上的启发。参见袁行霈:《礼记》,科学出版社2020年版,第179页。
② 笔者对各级法院发布在官方微信、发表在《人民法院报》等报纸杂志的涉疫典型案例进行了梳理。

表1）

另从高层级法院发布的典型案例看，绝大多数取材于基层法院。进一步调研发现，基层法院尽管有丰富的案例资源，但受人案矛盾、案例意识等因素影响，其开展案例工作积极性有待加强。相反，上级法院典型案例发布频次高于下级法院。经分析，主要原因有：一是层级越高，案件量相对更少，法官更有精力投入到案例研究以及对下级法院的指导；二是层级越高，法官专业性越强，越容易挖掘案件的指导价值。

表 1 全国法院涉疫典型案例发布数量统计表

单位：件

层级	2020 年	2021 年	2022 年	合计
最高人民法院	73	20	16	109
高级法院	293	67	114	474
中级法院	475	247	234	956
基层法院	323	246	199	768

2. 发布类型：紧贴实际需要，但主题各有聚焦。经梳理，典型案例主要有自上而下征集以及自下而上推荐两种方式。疫情多发高发期，工作重心为阻断疫情传播，需要依法惩治类案例；复工复产期，工作侧重于恢复正常生产生活，需要服务保障类案例；疫情多点散发期，工作聚焦在降低感染风险，需要警示教育类案例。（见表2）比如，2020 年 1 月 30 日，新疆维吾尔自治区阿勒泰地区吉木乃县人民法院发布涉疫典型案例。2020 年 2 月，部分高级法院将市县典型案例择优发布为省级典型案例。2020 年 3 月 10 日，最高人民法院发布首批依法惩处妨害疫情防控犯罪典型案例。

此外，调研还发现，中基层法院发布的案例涵盖刑事、民事、行政、执行等方面。而高层级法院，由于更关注裁判尺度统一，会选择相对集中、主题鲜明的案例。比如，中基层法院会发布涉及疫情防控民事行政纠纷、疫情合同纠纷、涉野生动物保护等案例。最高人民法院更加聚焦复工复产、妨害疫情防控犯罪、涉医犯罪、涉疫劳动争议等 4 种典型案例类型。从案由上看，浙江等地法院发布的民商事类典型案例相对较多，湖北、北京等地法院发布的刑事类典型案例相对较多。

表 2 典型案例类别及发布时机

类型	范例	发布时机
依法惩治类	"当下正值疫情防控关键时期，被告人无视法律规定及疫情防控通告，醉酒无证驾驶……" "疫情当前，没有人是旁观者……"	疫情多发高发期

(续表)

类型	范例	发布时机
服务保障类	"疫情期间,为减少现场业务办理,鼓励当事人依托诉讼服务网和移动微法院网上立案……""在疫情特殊时期,紧急修复企业信用,精准助力复工复产……"	复工复产期
警示教育类	"在新冠疫情的特殊背景下,本案如简单地一判了之,很可能导致被告无法正常经营,应最大程度降低诉讼活动的负面影响"	疫情多点散发期

3. 发布模式:以"案情+结果+意义"为主,但功能各有侧重。绝大多数法院会在"裁判结果"后阐述一段"典型意义"。但也有例外,最高人民法院在发布依法惩处妨害疫情防控犯罪典型案例时,仅采取"案情+结果"模式,未直接阐明"典型意义"。进一步调研发现,这与当时情况紧急有一定关联。

表3 典型意义分类表

类型	范例	来源
法理型	"本案涉及受疫情影响的中小微企业违约行为认定问题。根据合同约定,村委会享有合同解除权……"	人民法院助力全国统一大市场建设典型案例
政策型	"根据《最高人民法院、最高人民检察院、公安部、司法部关于依法惩治妨害新型冠状病毒感染肺炎疫情防控违法犯罪的意见》的规定……"	福建法院服务保障疫情防控典型案例
首案型	"本案系我市首例宣判的涉疫情防妨害公务案……"	衢州法院服务保障疫情防控典型案例
经验型	"积极利用电子网络手段开展线上送达和审理,让案件当事人足不出户就可以参加案件质证……"	张家口法院"一站式"服务助力疫情防控典型案例

同时,就"典型意义"而言,不同层级法院也会有所侧重。如法理型、政策型、首案型、经验型案例相对频繁。(见表3)调研发现,高层级法院倾向于突出法理解析和政策导向,中基层法院则偏重首案意义和经验做法。

(二)样本梳理:典型案例运行实效

1. 客观评估。发布更规范。以往典型案例内容较简略,存在对裁判文书的简单剪辑现象。涉疫典型案例社会关注度高,审核要求更严。上级法院在选编案例的同时,也会把严谨、严密的工作要求和作风传导至下级法院。如J省某法院在编辑案例时表述为"200多个"。后最高人民法院明确数据为"204个"。针对数据表述不够精准等问题，J省还专门出台文件，规范典型案例发布程序。

主题更突出。以往典型案例主题宽泛，聚焦不够。以J省G市为例，该院基本上发布消费者权益保护、禁毒等典型案例。随着发布主体有更强的问题意识，在司法大数据支撑下，法院选定典型案例主题更加明确。J省G市法院根据审判运行态势分析，作出"疫情期间当地涉企民间借贷纠纷剧增"的判断，及时向社会发布涉企民间借贷纠纷典型案例，规范疫情期间民间资本市场良性发展。

传播更广泛。早期典型案例较常见在《最高人民法院公报》等刊载传播。受众面受发行面限制，不少群众无法直接知晓、查阅。随着司法公开加快推进，典型案例传播也呈现出全面开放新格局。如最高人民法院在新媒体平台设立"学法典读案例答问题"栏目，就值得深化推广。地方各级法院根据本地实际，或召开新闻发布会，或作为法院工作报告附件，或结合巡回审判，发布典型案例。例如J省X县法院在当地各村委会张贴典型案例，努力方便不会使用智能手机的老年村民阅读典型案例。

主体更多元。近年来，法院逐步扭转单一主体案例供给模式，通过多主体联合发布，让案例资源得到充分共享，实现案例效果最优化与公共利益最大化。如长三角地区法院联合发布涉疫期间复工复产典型案例。此外，联合主体还扩至法院系统外。2020年3月9日，浙江省高级人民法院与浙江省人民检察院联合发布典型案例，目的是发挥好法治对疫情防控的推动与保障作用。

集成更有效。任何案例都不是孤立存在的，需要让不同案例"多声部"奏响助力社会治理"集结号"。以依法惩处妨害疫情防控犯罪典型案例为例，浙江杭州等多地法院结合当地疫情防控需要，对这批案例转载，起到了良好的类案示范作用。此外，受最高人民法院的启示，江西、山东等地还整理并推出"百个典型案例"，典型案例服务保障疫情防控工作向纵深推进。

2. 内外评价。疫情防控期间，全国法院发布典型案例引起热烈反响。[①] 表现为：

多数法官支持。96%的办案法官主张将具有普遍或典型意义的案件编辑成案例，并向社会发布。也有的法官持有疑虑，其理由是把握不准哪些有"典型性"，担心误导群众。负责宣传工作的法官M也感到很疑惑，根据最高人民法院的通知，地方法院不得制定在辖区内普遍适用、涉及具体法律问题的司法解释类文件。那么，中基层法院发布典型案例，是否适用该通知有待上级法院进一步明确。

当事人会关注。笔者以"典型案例""疫情"为关键词，在中国裁判文书网中检索发现有429篇裁判文书。97.2%的典型案例是由当事人为佐证观点而引用。如"最高人民法院典型案例明确表示亟待引导的行为""外地市典型案例不在类案检索

[①] 笔者就法院系统发布涉疫典型案例，向G市两级法院100名法官、100名当事人、100名法律工作者和100名当地群众进行问卷调查或座谈访谈，并通过查阅案卷和裁判文书，了解各方对典型案例的评价。

范围内""大量典型案例的统一观点为……""根据省高级法院发布的《涉新冠疫情房地产十大典型案例》中案例五,要求慎用查封措施"。

职业共同体普遍欢迎。G 市检察官 Z 认为,法院发布涉疫情防控的典型案例,不仅有利于及时宣传适合本地区办案经验,还能成为观察疫情防控形势的一个窗口。G 县劳动仲裁员 H 则表示,当地法院发布的涉疫劳动争议典型案例,为其办理案件提供了办案思路。

社会大众广泛认可。随机抽样调查结果显示,86%的民众认为法院通过发布典型案例,对内可促进法官更精准把握司法需求,对外则推动当地疫情防控工作开展。Z 县人大代表建议,法院多发布一些涉疫典型案例。当然,也有的民众反映,当前涉疫典型案例的引导功能有限,以完成上级任务或在重要时间节点发布为主。此外,面对各地各级法院发布的大量典型案例,有些民众表示无所适从。

(三) 样本检视:典型案例参与社会治理存在的问题

"不仅要看到制度的优势,更要看到制度的不足、短板和弱项。"任何制度都有其负面效应。[①] 典型案例制度及其参与社会治理的实践亦是如此。

1. 位阶困境。主要表现在:一是功能定位不明。各级法院更重视指导性案例培育,对典型案例关注不足。样本观察发现,高层级的法院强调对政治和政策的理解把握,较重视典型案例。对中基层法院而言,编辑案例需耗费大量精力,法官主动性积极性明显不足。二是职责定位不准。有的法官认为,受非法律因素的诸多牵制,典型案例的司法治理职能难以充分发挥。三是场景定位不清。存在缺乏系统性和针对性、主体作用发挥较弱等问题,未能进行场景设计。

2. 实践困境。主要表现在:一是说理不充分。中基层法院受主观和客观因素制约,存在"理论之理"难以诉说、"事实之理"说服力不够、"传播之理"辐射影响力有待提升等问题。如在"典型意义"阐述上,司法话语不够灵活以及日常话语较为欠缺。二是发布不平衡。法治观念较强的地区,法院发布典型案例配套机制较完善,如浙江、广东等地。但在法治基础薄弱的地区,典型案例的开展相对滞后。三是方式不同步。案例模式固化、案件信息单一、传播方式陈旧,尤其是灵活运用抖音、小红书等新技术新手段新应用不多。

3. 效应困境。主要表现在:一是舆论引导力不强。能切中问题要害的案例不多,编辑群众关心关注的案例不足,将重要案件、热点案件编入典型案例的规划性总体偏弱。二是故事吸引力不强。把"讲好法治故事"当成"讲法治好故事",讲述"我想说的"而非"你想听的"。此外,自我宣传、宏大叙事较多,能引起受众共鸣的较少。三是适配注意力不强。信息爆炸时代,最宝贵的资源是注意力而不是

---

① 江必新等:《将制度优势转化为治理效能的若干思考》,载《科学社会主义》2021 年第 2 期。

信息。① 若在选编典型案例时，未考虑职业、经历等方面，将很难让群众学懂相关法律。

4. 供需困境。主要表现在：一是有效供给不足。目前成为"典型"案例主要是公共政策因素，缺乏基层组织和群众的广泛参与。从样本看，典型案例仍偏向于个别性、经验性、零散性，还存在一定的滞后性。二是精准供给不足。面临优质数据匮乏、算法不够、算力不足与分配不均等问题，有的案例在整理编排上有所混乱。存在力量不足、素质不高、队伍不稳等问题。三是多维供给不足。比如，服务保障类典型案例以调解为主，注重正面宣扬，而用反向案例来弘扬契约精神的不多。

5. 支撑困境。主要表现在：一是指引缺失。下级法院为完成自上而下的典型案例报送任务，调查研究缺乏有效激励。二是规范缺位。目前，案例发布情况比较混乱，各种类型的案例类型名目繁多，主体和层次不一。部门之间、上下级法院、法院内外衔接配合仍存在诸多无章可循、无据可依的窘境。有的案例在没有进行类案检索、脱敏、除密就急于发布，有的过于追求眼球效应，宣扬首案首发，"同案不同判"现象时有发生。② 三是监督缺乏。经调研，不同法院对群众普法诉求的回应也存在显著的层级差异。受调研工作不扎实、案例量不够等因素影响，各层级法院在不同主题的回应程度方面存在"选择性回应"现象，导致有些群众关切的急切问题反而悬而未决。

二、典型案例参与社会治理的现实掣肘

任何社会治理问题都不是孤立的，而是要放在国家治理大局中考量。③ 从内外功能来看，典型案例参与社会治理，对内受法院内部职能定位影响，面对司法改革各项新要求，难免滞后；典型案例参与社会治理，对外需回应社会治理需求，面对社会治理及其现代化的复杂性、区域性等特征，难免受限。

（一）对内面对改革要求功能滞后

1. 监督指导不够导致治理"工具化"。当前社会发展迅速、地区差异明显，在案件数量激增的形势下，规范与事实之间的矛盾愈发明显，这对于法官的智识结构提出更大的挑战。此外，随着司法责任制改革纵深推进，"让审理者裁判、由裁判者负责"成为常态。基于地域、审级和经验的差异，"同案不同判"现象时有发生。因此，监督不仅要对案例的形式监督，还应对案例的内容进行审核。然而，受种种因素影响，四级法院之间的指导关系，"指"的功能尚未发挥充分，"导"的色彩较为浓厚。

---

① 练宏：《注意力分配》，载《社会学研究》2015年第4期。
② 刘玉凡：《隔离期间被裁员，起诉后法院这样判！记者梳理典型裁判案例》，载《半岛都市报》2022年4月6日。
③ 张文显：《新时代中国社会治理的理论、制度和实践创新》，载《法商研究》2020年第2期。

对典型案例参与社会治理的实践,下级法院有时"报喜多于报忧",加之实现规则治理是一个渐进的过程,各级法院都尚处于摸索之中,更关注典型案例"量"的积累,而疏忽"质"的要求。上级法院的监督指导功能发挥并不十分理想,沟通交流并不十分广泛、深入。另外,当前典型案例的遴选过于注重案件裁判结果所具有的社会效果。案例的社会效果固然重要,但更要重视案例的法理功能,尤其是明确各级法院职能定位,尽量减少扩大化误读。如中华苏维埃时期的经典司法案例,它们能获得认可,关键在于科学的法律判断。① 在法院参与社会治理工作中,需要解决的不仅是扩张治理,更应思考如何与提级管辖、司法责任制、审判监督管理等改革融合贯通。

2. 司法衔接不畅导致治理"孤立化"。信息占有的充分和完整是社会治理的基础。② 典型案例是由案件信息提炼加工而成。上级法院作出决策一定程度上依赖于下级法院反馈的案件信息。随着数字化平台的全面渗透,算法技术深刻影响注意力分配。个体获得了向外输出观点并"自由选择"感兴趣信息的机会,但这种表面上个性的深层由算法逻辑控制的规模复制,并未改变信息传播的单向度属性。信息单向度会进而发展成价值和思想的单向度,成为全面发展的障碍。再者,法官对案件信息的编辑带有主观性的判断,导致上级法院对案件信息掌握并不充分。因此,无法发挥各级法院优势,实现集成效应最大化,必将导致治理视野局限的问题。

另外,目前上下级法院存在沟通不畅的情况,协调配合不多,互动效果不够理想。③ 法院参与社会治理工作尚缺乏系统性和针对性,导致法院运行的专业化取向(法律逻辑)与层级治理整体性取向(治理逻辑)之间的不协调,以及法院运行的单目标取向与层级治理多目标取向之间的不协调。同时,法官对法治的认识与基层治理逻辑也具有不同的角度,法官易将法治当作一门技术,注重法治自身逻辑自洽,而基层治理逻辑更偏向于社会整体运行,关注法治的治理功能。

(二) 对外回应社会需求功能受限

1. 政策传递不足导致治理"碎片化"。费孝通先生指出:"人类社会存在着两种秩序:礼治秩序和法治秩序,而'乡土社会'是'礼治'的社会。"④ 礼治社会依赖于亲缘、血缘、地缘关系形成的特定圈层,"礼治"社会是知根知底的"熟人社会"。今天的中国,已经由原有内向、封闭结构向外向、开放结构转变,"礼治"功能已难以发挥,"法治"功能任重道远。仅靠成文法条,难以让民众快速适应转型社会的法治需求。典型案例来源于群众生活,抓取群众在日常生活中非常熟悉的人或事,将其升华为符合"法治"的意识符号。它在法治文化和民众文化之间搭起桥

---

① 韩伟:《苏区司法案例研究的史源、方法与价值意蕴》,载《苏区研究》2022 年第 4 期。
② 钱坤:《从"治理信息"到"信息治理"》,载《情报理论与实践》2020 年第 7 期。
③ 姜子莹等:《政府知识与创新政策效果》,载《学习与探索》2020 年第 2 期。
④ 费孝通:《乡土中国》,上海世纪出版集团 2007 年版,第 47 页。

梁，提升法律法规、公共政策在日常生活中的能见度，将法律法规、公共政策贯彻到日常生活中，潜移默化改变民众的价值取向。

然而在现代，不同层级法院典型案例的制度功能必然不同，法官所需的政策考量随着审级和层级不同有所区分。高层级法院法官虽然专业性强，但与民众接触较少，而中基层法院法官与民众地理距离邻近，他们在民众接触频率上比高层级法院法官高。在编辑典型案例时，有的法院对公共政策考量不足，易局限于案件本身，对社会共性问题观察和思考不深入。以服务保障复工复产典型案例为例，复工复产会因不同企业状况、各地疫情防控政策及营商环境的不同而有所区别，但目前案例如出一辙。更需注意的是，典型案例选取应仔细甄别。目前典型案例数量虽多，但能实现社会治理功能的案例不多，存在"不典型"问题。① 同时，办案深受办案人、司法环境影响，仅以裁判文书为蓝本的案例编辑"未必符合真相"。

2. 价值引领不深导致治理"刻板化"。毛泽东同志曾说过，如果真想做好宣传，就必须看对象，否则等于下决心不要给人看，不要给人听。② 目前各级法院会通过典型案例参与社会治理，加之长期以来维护大局稳定、服务辖区发展的影响，典型案例已成为各级法院的重要举措，以扩大司法话语的社会效应。在社会治理场景中，话语与语言是不同的。对话语的聚焦、选择和排序，应减少"硬传播"，把话语转化为现实效能。然而，话语间会产生竞争。以网络流行语为例，将网络流行语融入典型案例，可以拉近法院与网民的距离。法院在典型案例中借用网络流行语，也能对其调适。遗憾的是，多数法院未将典型案例的话语风格融入新型网络用语。

此外，法律只有融入地方性知识后，对当地人才有意义。③ 当前，各级法院参与社会治理的水平参差不齐，开展效果取决于重视程度。随着国家治理现代转型，传统权威性资源将不再有力，需聚集新治理资源。诚然，诚信是法律之外的社会规则，是社会主义核心价值观要素之一。"一处失信、处处受限"的法治社会特征，为社会治理提供新的权威性资源。典型案例定位显然不能局限于以案释法，还应关联国家意识形态建构。④ 更为关键的，正向案例值得肯定，但反向案例也非毫无价值，仍可提供反向观察司法的视角。

三、典型案例参与社会治理的功能厘清

如前文所述，当前亟待厘清典型案例参与社会治理的价值基础和功能定位，以案为"媒"融入社会治理，以此推动社会治理现代化。

---

① 朱光磊：《全面深化改革进程中的中国新治理观》，载《中国社会科学》2017年第4期。
② 毛泽东：《反对党八股》，中央文献出版社2011年版，第10页。
③ 赵旭东：《法律与文化》，北京大学出版社2010年版，第199页。
④ 金永兵：《思想表征与话语实践："典型"概念的理论史述评》，载《中国文学批评》2021年第4期。

(一) 价值基础

治理的价值包括对治理者自身的治理和对治理对象的治理。[①] 典型案例发布属于司法治理行为，也可分为对内价值和对外价值。

1. 对内价值基础："一锤定音"的对内指导性。对内价值集中体现在典型案例的对内指导性，促进裁判标准统一，为各级法院参与社会治理提供指导。除指导性案例、参考性案例外，上级法院通过典型案例指导下级法院，已成为一种成熟且有效的模式。特别是在应急时期，当无法"正面回应"时，通过发布典型案例解决法律规范供给不足问题，进而引领后续裁判。比如，妨害传染病防治犯罪等案件平时少见，如何准确认定犯罪是个难题。最高人民法院及时发布典型案例，为各地法院提供裁判尺度和标准，以此发挥司法裁判的规则引领作用。

2. 对外价值基础："声传四方"的对外传播性。对外价值集中体现在典型案例的对外传播性，传播社会正能量，引领社会风尚。疫情防控期间，最高人民法院充分运用官网、微信、微博等平台，在疫情最关键时期发布典型案例，引发亿万网民转发点赞。透过典型案例，民众看到法院把"是非对错"的价值引领功能应用到具体案件中，依据法律和事实作出公正处理。典型案例的发布，不仅有力指导了法官办案，也为其他部门单位提供了参考，更是一次给全社会的法治宣传教育，帮助民众提升规则意识、培育契约精神。

(二) 功能定位

1. 对司法的内部功能。规则赋能。法官在审判中所面临的法律难题，需要立法、司法解释或指导性案例加以解决。但上述措施出台周期长，难以快速有效满足需要。加之，不同员额法官对法律规范的理解不同、对冲突价值的选择不同，从而极易导致类案不类判。个案裁判短期内会产生治理效果，但长远看，法官的价值判断不应限于地方性。过于强调因地域不同产生的多样性，会让法官很难把握审判的整体情况。[②] 上级法院第一时间发布涉疫典型案例，及时为下级法院提供统一的裁判尺度。同时，搜集典型案例，也是一次再整理、再审思之过程，能发挥有效的审判监督作用。

裁量赋能。主动监测社会情况及其变化，是法院履行其社会治理职能的重要方式。作为审判机关，法院对国情社情在司法领域中的发展趋势掌控最为准确。法院工作特别是最高人民法院的工作理念会影响改变整个司法理念。比如，最高人民法院发布的第二批复工复产典型案例，不仅指出实体法如何解释和适用，更强调了法院的功能发挥以及与相关主体合作的必要性。从典型性上看，上述案例进一步说明

---

① 刘智峰：《国家治理论》，中国社会科学出版社2014年版，第166页。
② [日] 滋贺秀三等：《明清时期的民事审判与民间契约》，王亚新等编，法律出版社1998年版，第70页。

较高层级、具有较强法治意识的司法工作者意识到了司法理念的重要性,并将之传导至辖区法院。就像学者指出的,典型案例不仅有具体裁判规则,也可能透露出上级法院对政策的把握。① 更为重要的,通过典型案例把政策落实到司法领域,既让民众感受到"政策"实实在在地存在,更能有效提升法官的政策运用能力。②

经验赋能。经调研,有65%~86%的员额法官会选择通过上网浏览或者学习案例的方式累积审判经验。员额法官在累积包括但不限于案例的审判经验方面也会加强"个体化"的素质能力提升。疫情初期,某银行诉某公司金融借款合同纠纷案中,A法院在全省首次探索在线调解方式化解纠纷,提供了积极启示。此外,发布经验类典型案例,也有助于提升法院及法官的社会影响力。按照学者何帆的观点,法官应以充满司法智慧的形象展现在社会公众面前。对于中基层法官而言,能较好体现司法智慧的有学术论文(案例分析)、指导性案例和典型案例。撰写一篇高质量的学术论文(案例分析),需学术积累。指导性案例要层层上报,获选成功率较低。而典型案例遴选程序简便、种类多,且已正式纳入指导性案例的遴选范围。③ 这也将激励法官积极培育精品案例,将直觉和经验升华为规则和智慧。同时,入选典型案例对于单位而言也是一种无形资产。④

2. 对社会的外部功能。信息中介功能。构建法治社会,既需要成文的法律体系,也需要民众守法意识的养成,民众守法意识的形成需要法律信息的有效传播。在新冠疫情暴发的紧急时刻,广大群众最大限度地执行了防疫工作的各项要求,这些是民众守法意识取得有效提升的集中呈现。不可否认,某些人借此次疫情违法犯罪以牟取不法利益。例如,有人利用疫情期间民众对防疫物资的急切需求,有意哄抬物价等,牟取暴利。Q市中级人民法院第一时间发布妨害疫情防控典型案例,向社会传递明确信号,告诉民众实施何种行为要追究刑事责任。根据刘星教授的讨论,真正有意义有效果的法律是预测。预测对民众而言,具有约束指导的功能。⑤

行为示范功能。由疫情引发的纠纷,实质上是因为疫情所造成的风险,已无法在当事人间进行妥当分配。法官办案不是仅通过"程序"寻找"法律条文",而应更多倾听群众意见和引导群众行为。⑥ 正如陈柏峰教授指出的,只讲权力不讲义务、缺乏责任意识等问题在社会治理领域尚无有效解决办法。⑦ 随着国家整体治理结构进一步向法理型转型,法院不仅要把案例制度纳入法院整体制度链,还要把它放在市域社会治理层面通盘考虑。专业法官参与市域社会治理,也将进一步增强其专业

---

① 徐清霜、石磊:《向指导性案例学什么》,法律出版社2017年版,第309页。
② 强世功:《中国香港:政治与文化的视野》,生活·读书·新知三联书店2010年版,第120页。
③ 孙光宁:《法理在指导性案例中的实践运用及效果提升》,载《环球法律评论》2019年第1期。
④ 笔者所在的法院,每年均会将典型案例发布或获采用情况作为社会治理创新成果,写入法院工作报告或汇报材料。
⑤ 刘星:《法律是什么》,中国政法大学出版社1998年版,第76页。
⑥ 张骐等:《中国司法先例与案例指导制度研究》,北京大学出版社2016年版,第5页。
⑦ 陈柏峰:《基层社会治理模式的变迁与挑战》,载《学习与探索》2020年第9期。

水准。^①如法院将涉疫案例作为典型案例，着重论述"案情"与"结果"间的逻辑演绎进路，表达了法治思维。此类理念已获基层干部认可并积极引用。再者，案例的核心功能在于方法和理念的引导。通过典型案例来引导，让司法的社会整合功能得到智慧支持，可为多元解纷和司法领域的合作治理奠定实践基础。

价值传播功能。群众打官司过程中不仅会找证据，更会找法律。以普法为例，"送法下乡"让村民掌握了法律知识和法律条款。但这些知识很少或基本不会被用到，它们处于"休眠"或"半休眠"状态。一旦意识到法律背后有国家力量会进入村（居）时，处于蛰伏状态的法律知识或法律条款将会被有效激活。^②当"迎法下乡"成为必需，司法体系就必须承接诉求，提供有效法治供给。典型案例之所以能被遵循的重要原因是它们形成了得以被后续遵循的要素。一个可接受性典型案例应建立在共识的基础之上。共识广泛性直接决定了司法判决能否被民众接受。^③法院通过发布涉疫典型案例，对内可以促进法官更加精准把握民众的司法需求，对外则促进疫情防控各项政策的有效落实，实现了具体司法需求及宏观社会需求互动和价值共鸣。

四、典型案例参与社会治理的路径优化

基于以上分析，要破解当前典型案例参与社会治理面临的难题，有必要从典型案例的层级定位、体系划分、机制应用等方面进一步优化。

（一）典型案例参与社会治理的层级定位

典型案例能实现何种功能价值，取决于案件本身，即案件本身决定案例效果。为此，笔者结合当前四级法院受理案件实际，以及审级职能定位改革工作目标，提出建议：

1. 最高人民法院侧重政策导向。明确"政策法院"定位，突出"政策引导者"作用。在对内指导上，参照信息报送机制，畅通将具有普遍指导意义的参考性案例、典型案例转化为指导性案例的渠道。在对外传播上，针对经济社会活动中具有典型意义及较大影响力的法律问题，侧重从司法理念等方面发布指导性案例及典型案例。

2. 高级法院侧重衡平指导。明确再审法院定位，突出"衡平指导者"作用。在对内指导中，在充分发挥再审纠错作用的同时，畅通将具有重要参考价值的典型案例转化为参考性案例的渠道。在对外传播上，更加注重衡平，发布涉及交通事故责任赔偿等需要衡平各方利益、统一裁判标准的参考性案例及典型案例，协调区域发展不平衡的问题。

---

① 郭晔：《新时代社会治理现代化的法理思辨》，载《治理研究》2019年第2期。
② 陈柏峰等：《结构混乱与迎法下乡》，载《中国社会科学》2008年第5期。
③ 许德风：《论法教义学与价值判断：以民法方法为重点》，载《中外法学》2018年第2期。

3. 中级法院侧重价值判断。明确二审法院定位，突出"判断指导者"作用。在对内指导上，用好上诉案件资源，从普适性、必要性和可行性等考量因素挖掘案例价值。在对外传播上，归纳发布辖区内综合性、类型化、价值高的上诉案件典型案例，主动回应市域社会治理需求。

4. 基层法院侧重法律推理。明确初审法院定位，突出"纠纷解决者"作用。在对内指导上，适当发布典型案例，统一本院裁判尺度。在对外传播上，研判审判中发现的社会治理问题，引导民众和社会法治力量树牢法治意识。如对于非法吸收公众存款等案例，加强法律条款和裁判逻辑的论述。

（二）典型案例参与社会治理的体系划分

如前文所述，典型案例参与社会治理，应当根据四级法院职能定位，对典型案例发布、传播及响应机制重新定位与完善，以针对性的案例供给满足多样性的治理需求。本文拟提出建立"双向三级四型"典型案例工作机制。"双向三级四型"是指建立"法院—社会"内外互动与"上级—下级"上下互动为路径，突出内外功能兼具、对外功能为主、对内功能为主等三级功能，涵盖转型社会、风险社会、陌生社会、虚拟社会的四种应用场景的典型案例体系。

1. "双向"互动机制。"双向"指的是案例的供给向。以其价值基础，可以分为"上级—下级"上下互动与"法院—社会"内外互动。

"上级—下级"互动。包含两层互动，下级法院将好案例好经验形成典型案例上报上级法院，上级法院通过典型案例指导下级法院执法办案。另外，针对当前指导性案例、参考性案例存在的"覆盖面较窄且生成程序复杂""在新问题的及时应对上略显不足"等困境，处于司法案例最前端的典型案例生成相对灵活，能够最大限度凝聚各方共识，为指导性案例、参考性案例注入"源头活水"，让它们既有权威，更有共识。在此基础上，逐步形成最高人民法院主要生成指导性案例、高级法院主要生成参考性案例、中级法院生成典型案例为主、基层法院生成典型案例为辅的案例体系。

"法院—社会"互动。法院通过典型案例，贯彻落实全过程人民民主，将典型案例嵌入民众需求。当前法院对外发布的司法建议、司法白皮书等内部性色彩明显，尤以司法白皮书侧重于大数据反映宏观趋势和普遍问题更为明显，其实效性有待提升。"更加精准"的典型案例，蕴含或显现的信息更为详尽且富有情境性，凝结着各方主体的司法见解，无论是单独发布抑或作为附件发布，均能有效地将"说服性权威"传递至社会治理各方面。

2. "三级"选择序列。笔者根据典型案例的功能取向，除发布常规典型案例外，"自选"案例可划分为三级选择序列（见表4）：

表 4 典型案例功能分级

级别	功能	案例类型	主要适用层级
第一序列	内外功能兼顾	澄清误用型、适法选择型、新型案件型	中级法院、高级法院
第二序列	对外功能为主	新法示范型、裁判方法型、政策宣导型	中级法院、基层法院
第三序列	对内功能为主	补充法律型、细化法律型、政策实施型	高级法院、最高人民法院

第一选择序列：内外功能均实现的案例。这类案例大多源于情理法交织以及在当地具有典型意义的案件，如"于欢案""赵春华案"等社会关注案件。此类案例，应当讲清"法理"、讲明"事理"、讲透"情理"。

第二选择序列：对外功能为主的案例。即来源于因法律适用以外因素而导致的疑难案件，可采用"弱论证"模式，如赡养纠纷、彩礼返还纠纷等伦理性较强的案件。当然，此类案例发布，不应进行空洞的道德说教，而应聚焦于基本案情的生动形象、法律运用的合理合情和道德价值的提升渲染。

第三选择序列：对内功能为主的案例。即来源于法律适用问题而导致的疑难案件，主要在证据认定、法律适用等方面存有困难，可采用"强论证"模式，聚焦于要旨的提炼、法律适用的分析。尤其在疫情防控等特殊时期，高层级法院可通过发布典型案例，引导下级法院裁判。

3. "四型"场景模式。"四型"指的是案例的需求侧。根据社会治理的各项需求，有针对性地发布案例。包括转型社会下秩序建立需求、风险预防下风险化解需求、陌生环境下协同参与需求、虚拟社会下公共理性需求。一是"转型社会—规则供给"场景。转型社会新型问题和矛盾不断涌现，而法律的稳定性不可避免会带来滞后性。典型案例形成于前沿的司法实践，为转型社会供给规则。二是"风险社会—风险预警"场景。现代社会的风险具有整体性、系统性、更大的破坏性。[1] 通过典型案例预警潜在风险，为社会治理提供先决参考。三是"陌生社会—连结参与"场景。如前文所述，我国不少区域已由熟人社会转化为半熟人社会，甚至是陌生人社会。跨区域典型案例作为重要纽带，摆脱地域束缚，真正实现共建共治共享。四是"虚拟社会—观念塑造"场景。虚拟社会是民众在计算机网络中展开活动、相互作用形成的社会关系体系。典型案例的高效、广泛、外向优势，可潜移默化地塑造民众观念，力促建构公共理性。

（三）典型案例参与社会治理的机制应用

根据顾培东教授的研究，与最高人民法院、高级法院、基层法院相比，中级法

---

[1] 陈忠、吴伟：《市域社会的治理逻辑：发展趋势与伦理选择》，载《光明日报》2020 年 4 月 20 日。

院具有案件类型全面、区域影响力强、组织动员能力较强、规模体量适当等特征。[①] 基于此，上文也提出，典型案例的生成、发布应以中级法院为主。因此下文将以中级法院为切入点，探讨典型案例在具有不同特征的治理场景中采用适当运行路径。

1. 完善典型案例的发布、指导机制。第一，加强对中级法院本级典型案例发布的把关。中级法院所处的地域性特征或标杆性意义，会深刻影响本辖区基层法院的裁判指向。因此，中级法院发布典型案例，需在微观层面上建立识别、生成、运用、集成、反馈、完善的有效运行路径。如在有效识别上，可拓宽案例来源，将案例选取由已决案件向未决案件前移。由立案庭负责初步识别。经识别为具有典型性的，转交对应业务庭庭长。后由业务庭庭长进行二次识别，经识别为典型案件的，由庭长报分管副院长指定具有相应资质的法官承办。再由承办法官进行实质识别。若经识别不具有典型意义，则在汇报庭长后将案件转为普通个案，按普通个案的审理流程结案。若识别为典型案件，在案件审理过程中应细致分析，努力形成情理法兼具的裁判文书，用有力量、有是非、有温度的司法裁判回应民众期盼。最后应当进行评估检验。将此案例推演至更普遍的司法案例中，寻找相反或不一致的案例，全面综合考量运用情境。

第二，加强中级法院对基层法院典型案例发布的指导。为避免基层法院案例发布分散化，基层法院发布典型案例前应向中级法院报送。这样有助于基层法院以严格审慎的态度对待典型案例，引导其对典型案例的研究论证。基于此，应弱化基层法院因直接回应地方治理系统工作要求而发布的典型案例；基层法院对地方治理需求的回应性典型案例，应及时上报中级法院审核；加强中级法院案例研究能力，提升其对基层法院典型案例发布的工作指导。同时，可健全当前案例培育的激励机制，一方面，完善法官评价标准，激励法官在判决中充分说理，加大典型案例成果在目标考核、职级晋升、入额中的比重；另一方面，减少法官事务性负担，为法官培育生成典型案例提供充分保障，加大奖励力度，提升法官积极性。

第三，加强高级法院对中基层法院典型案例发布的监督、指导。一是协助最高人民法院细化本辖区典型案例的总体方案，避免与最高人民法院发布典型案例的政策导向偏离或缺乏与特定地方实际的有效适应；二是统筹本辖区不同法院间典型案例的协调与互补，促使辖内法院与其他省份法院之间相互借鉴；三是中级法院定期向高级法院提交辖区典型案例的发布情况，高级法院对下级法院开展常规性监督检查；四是加强系统化清理、汇编，针对现有典型案例，开展专项评估和清理。定期到基层、中级法院实地走访，实行"面对面"的指导。此外，建议在省级层面上完善提级管辖规则，规定由"下级法院院长及审委会讨论认为案件符合'普遍指导意义的案件'的条件时"，即可将案件转移到上级法院的保障性规则，提升典型案例的指导性。同时，对"法律适用争议"或"经过审委会讨论决定"的中基层法院生

---

① 顾培东等：《中级人民法院在司法改革试点中的地位与作用》，载《四川大学学报》2022年第3期。

效裁判案件，可逐级上报到高层级法院，从而保障高层级法院对社会纠纷的直接接触，增强其司法亲历性。

2. 完善典型案例的传播、响应机制。第一，应加强与个案传播、响应主体的有效衔接。《最高人民法院关于案例指导工作的规定》第2条的规定，提供了案例融合、吸收民间话语的可能。中级法院可引导辖区法院增强与乡贤、村民自治组织以及行业协会的工作联系，将民间习惯、民俗风俗等地方性知识和法律知识融入个案指导、疑案讨论、案例选编等全过程，切实把"法治"理念融入"乡土伦理"，深挖案例背后的司法价值、文化价值和蕴含的社会主义核心价值观，让典型案例在"转型社会"和"风险社会"等不同场景中都能"接地气"。

第二，加强对各类案例运用主体的精准对接。比如，在案例内容上，可以从法律共同体、社会大众、专家学者等适用主体区分。法理类案例旨在挖掘案例中的法理，可向指导性案例、参考性案例方向发展，既有利于"类案类判"，也为案例教学和运用法学研究提供鲜活样本和实务资源，适合于专业法官、专家学者和法律共同体等；教育类案例旨在阐明什么是违法违约行为、什么是合法守约行为，可向对外宣传发展，适合面向民众；保障类案例，旨在司法经验共享，可向经验做法方向发展，适合于基层法官和其他法治力量。

第三，完善与新型媒介的持续连接。比如，在发布推广上，顺应"网络社会""虚拟社会"等情境需要，发动广大民众积极参与，由单向发布转向与民众双向交流，由在线发布转向"在线发布+下线持续有效推广"相结合，由法院发布转向和其他法治力量联合发布，切实提升民众获取相关典型案例之便利度。在案例集成上，可将案例向更大范围、更广领域、更深层次普及，如事前典型案例、事中普法宣传与事后司法建议相结合，切实增强司法实效。顺应司法活动技术化、专业化趋势，开展典型案例评选，加强与教学科研、媒体等单位的互动，让案例数据点、专家评、民众论，弥补静态案例之不足，使得案例有意思、更有意义。

结 语

司法如何参与社会治理，是实现中国式现代化的一个重要时代命题，也是当下我国法院自身审判体系和审判能力现代化的一个重要实践课题。实践表明，典型案例通过淬炼其中的"案理"和"法理"，产生倍增效应，在参与社会治理中发挥着重要、积极作用。结合四级法院职能定位改革，以典型案例找准参与社会治理结合点、着力点，凝聚"治理合力"，有助于进一步推动司法改革，推进良法善治。

法官审判能力业绩评价的失范与调适研究

——以民事案件数据+综合指标考评为视角

江西省万安县人民法院 肖代春

执法办案是法院第一要务，法官则是第一要务的主力军。正如全国法院上下开展的"司法责任制综合配套改革"名称所蕴涵之意，"责任制"一直是改革的重心，并以此为中心点开展的各项综合配套改革措施也集中反映了"责任"两字。近年来，各地法院围绕审判质效排名的竞争越发激烈，因此，简单化、绝对化的数据考评成为法官审判能力和业绩评价的主要办法。特别是在民事审判工作中，各地法院采用几十项微观量化数据指标捆绑到业绩评价中，评价忽视了定性指标（如法官修养能力、外部群体监督等）和宏观指标（如审理案件的基础、过程、效果融贯）的作用。现代化审判能力业绩评价具有五个维度，即理念、程序、人员、硬件、结果。[1]数据治理是法院智能化转型的基础，亦是审判能力现代化的重要抓手。[2]有鉴于此，明确法官审判权责和加强法官履职监督，复归审判能力业绩评价的科学合理性已然成为当务之急。

一、扭曲偏轨：法官审判能力业绩评价的失范

民事审判工作特点尤其能反映多方交互、时间与场景变换的新时期人性化要求，譬如在异步审理模式下，当事人可用非同步方式完结整个诉讼过程。[3]然而，对法官审理民事案件的审判能力评价却盛行以简单化数据来体现业绩，具有忽视或牺牲个案公平，难以应对司法活动的"历时性"和"情境性"，弱化过程强化结果导向的特点。

（一）忽略案件差异，衡量审判能力失真

民事案件案由一般依当事人所主张的法律关系本始性质予以确定，要素是司

---

[1] 姚建龙：《审判体系和审判能力现代化的衡量标准》，载 https://mp.weixin.qq.com/s/aBuTlEtuGM0o M458z5YoJQ，最后访问时间：2022年3月30日。

[2] 周蓉蓉：《数据治理：审判体系与审判能力现代转型跃迁之道——以技术类知识产权数据的一体化司法应用为中心视角》，载《中国应用法学》2021年第1期。

[3] 党昭：《互联网异步审理方式法理定位论析》，载《南海法学》2021年第6期。

裁判的物质根基。通说认为，要素有诉讼请求特点和数量、证据事实、法律关系、标的额大小、争议性质、冲突程度、当事人身份情况、社会舆论影响、送达难易、审级与裁判标准等。同一案由的案件也有不同的要素，表现出极富张力的特征。质言之，个案与个案之间是不同的，审理难度亦相异，如表1所示。

表1 同一案由不同要素的民事案件情况

案件（案由）	要素									
	诉讼标的额	当事人数量	诉讼请求特点	诉讼请求数量	法律关系	证据情况	矛盾激烈程度	社会影响	其他要素	送达难易
离婚纠纷案件一	200万元	2	无反诉	4	2	证据保全申请+市外财产保全申请	激烈	有媒体报道	涉及子女抚养	易
离婚纠纷案件二	15万元	2	无反诉	2	1	无申请	一般	无媒体报道	不涉及子女抚养	易
合同纠纷案件一	10万元	2	无反诉	1	1	市内财产保全申请	一般	无媒体报道	无	易
合同纠纷案件二	230万元	5	有反诉	3	2	鉴定评估申请+证人证言出庭申请+市外财产保全申请	激烈	无媒体报道	无	难
相邻关系纠纷案件一	1万元	2	有反诉	3	1	现场勘验申请+证据保全申请	激烈	有媒体报道	无	易
相邻关系纠纷案件二	2000元	6	无反诉	3	1	现场勘验申请	激烈	无媒体报道	无	易

对于民事纠纷的化解，不单单在于化解的基础功能，更高层面的价值在于修复受损的社会关系。① 看似同案，实则不同。比如，一起离婚纠纷反映法官审判能力业绩的指标有实现的审理目标、内容、庭前证据交换、办案法官法律和社会知识补充、利用平台的水平、具体线上线下审理过程和裁判结果显示的效果等。因涉及子女抚养和财产分割问题，即使仅从证据交换这一指标考量，有些证据事实要素众多而有些证据事实要素很少，故对法官胜任力的要求亦不同。在婚姻家事案件中，常说"清官难断家务事"，难就难在审判中窥见法官的社会学、人类学和经济学等知识能力，而法官却对此很困惑。② 简言之，间接证明了法官审判能力出现某些偏误，作为直接"指挥棒"的业绩评价体系难辞其咎。为进一步考察，笔者通过搜索引擎随机检索全国7家法院在线公布的民事审判业绩考评体系，避免了样本片面性的弊

---

① 杜前、赵龙：《诉源治理视域下人民法院参与社会治理现代化的功能要素和路径构建》，载《中国应用法学》2021年第5期。

② 张剑源：《发现看不见的事实：社会科学知识在司法实践中的运用》，载《法学家》2020年第4期。

端，如表 2 所示。

表 2　七家样本法院民事审判业绩考评体系

序号	样本法院	民事审判业绩考评体系
1	山西省兴县人民法院	其中，办案数量指标达 40 分、审判效率 25 分。审判效率包括年度目标结案率（20 分）、法定审限内结案率（3 分）、12 个月以上长期未结诉讼案件（2 分）
2	河南省内黄县人民法院	员额法官工作业绩（80 分）考评，其中办案数量和办案效率 40 分
3	天津市滨海新区人民法院	其中，100 分考评总分中，审判效率考评为 26 分、标准化考评是 53 分。审判效率考评包括梯度结案指导指标（15 分）、平均审限（4 分）、长期未结案件（7 分）
4	黑龙江省克山县人民法院	员额法官和审判辅助人员审判工作考核评分标准（100 分），包括审判数量、审判质量、审判效率、审判效果
5	广东省珠海市斗门区人民法院	审判部门法官工作业绩（70 分）考核包括年度基本办案任务（30 分）、结案归档率（5 分）、结案率（15 分）、一审判决案件改判发回重审率（10 分）、上网文书结案比（5 分）、庭审直播收案比（5 分）、调解和裁判内容的可执行性
6	吉林省白山市浑江区人民法院	办案人员业绩考核基础分值 80 分。其中，办案数量考核指标达 40 分，审判效率考核指标为 10 分，考核指标包括结案率（10 分）、案件超审限（每 1 件减 0.5 分，减分以 3 分为限）、长期未结案件（每件减 1 分，减分以 3 分为限），审判效果考核指标包括信访投诉（5 分）、调解、撤诉（调撤率高于 50%，每高 1 个百分点加 1 分，上限为 10 分）
7	广东省广州市增城区人民法院	除部门领导外，其他工作人员分办案人员类和审判辅助人员工作业绩分值为 60 分。其中，40 周岁以下（含本数）的办案人员的年度结案指标为：本部门收案数（含旧存）÷本部门法官数×94%；41～50 周岁（含本数）的办案人员的年度结案指标为：本部门收案数（含旧存）÷本部门法官数×90%；51 周步（含本数）以上的办案人员的年度结案指标为：本部门收案数（含旧存）÷本部门法官数×84%

由此可知，纵然个案之间差别较大，各法院对法官能力业绩评价都主要集中在办案数量和办案效率。将不同审判部门的法官办理不同民事案件以"一刀切"式采用简单数据，并以此捆绑排名激励，看似合理实则不合理。S 省高级人民法院发布规定，除了人身关系、知识产权、具有重大社会影响的纠纷等 9 类案件外，其他案件均可适用速裁。① 无可置疑，适用程序和个案与个案之间差别存在关联度。但单

---

① 吴英姿：《民事速裁程序构建原理——兼及民事诉讼繁简分流改革的系统推进》，载《当代法学》2021 年第 4 期。

纯以案由进行划分，欠缺了如表 1 所显示的要素类别，则对案件难与易的界分是一个没有意义的伪命题。同样案由的民事案件，有的几百页判决书，有的一页要素式文书，若以此衡量审判能力可能会误入歧途。况且，疑难案件之间亦有程度区间之分。或许有人认为，法官一年总有疑难案件和简单案件，平均难易应该相当。但是，民事案件繁简分流背景下，采用小额诉讼程序审理的案件与普通或疑难案件全凭办案数量、结案率等数据，并作为评比法官的优秀审判能力依据显然是不恰当的。① 由于评价结果分不清业绩好坏，也有催生出投机取巧背离主业的事件，与专业化方向更是南辕北辙，落入了法官能力业绩评价失真的窠臼。

（二）缺少调适合力，妨害依法独立行使审判权

长期以来，各级法院法官考评委员会未能充分发挥作用，有的法院甚至未设立法官考评委员会。② 而法官考评委员会可以缩短审判业务部门与职能部门之间的距离，一定程度上具有打破司法行政化边界的作用。现实中，民事案件的各项数据考评往往由不同部门对接汇总，如图 1 中的部分项目指标，通过对各评价项目加减乘除得出"各自为政"的结局。因未在审判管理中形成合力，致使司法价值与法官审理过程磨合度不足，碎片化捕捉到的数据附带有较深的行政色调，是掣肘审判管理的一大沉疴。

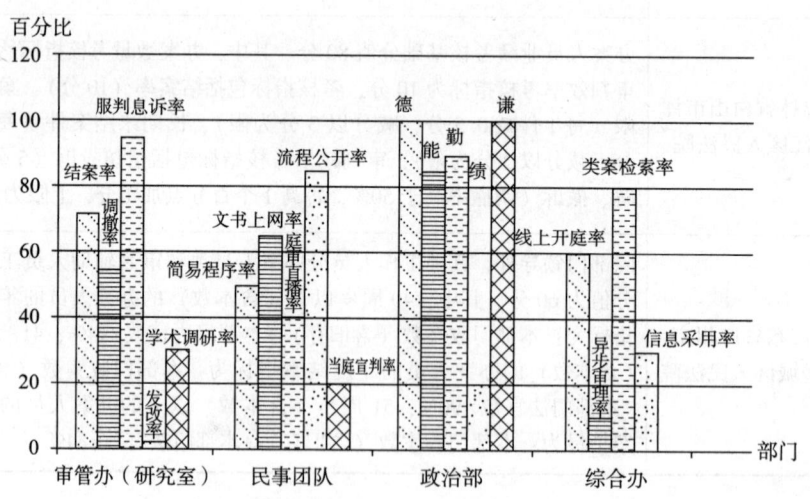

图 1 发达地区 W 法院独立分散的民事审判能力评价部门

对审判能力业绩评价，有些法院部门内部没有依据能力建设目标的调适需要，达成不了程度上的联结。易言之，各部门对民事案件中的数据崇拜，并保持独立分

---

① 参见李福清：《法院绩效考核机制之反思与重构》，载《东南司法评论》2015 年卷。
② 何帆：《完善绩效考核办法实现员额"有进有出"》，载《人民法院报》2017 年 5 月 26 日。

散样式,未形成有效的耦合嵌入,正常互动机制收效甚微。此外,《法官法》第 41 条规定,对法官的考核内容包括审判工作实绩、职业道德、专业水平、工作能力、审判作风。然而,考核过程中夹杂进了领导意志、同事利益等人际因素,显现出浓厚的主观意念倾向。① 而且,一直以来都是上级法院的评价指标促使下级法院不同部门对法官的考评,操纵渠道繁多但规范化、协同化水平较差。"司法资源是重要的公共资源,必须优化配置、精准匹配",② 不过重视上级考核的理念使得下级法院的考核凌驾于法官考核之上,用分散的"非司法化"控制法官。③ 一直以来弱视法官职业特性,妨害了法官独立性,本质上影响着审判能力的实质性发挥。而对于法院外部宏观评价,业绩评价数据指标始终无法回应。2009 年信访至最高人民法院的案件量几乎是 2006 年的两倍,④ 近年来也经常有离婚案件的当事人不满裁判结果,甚至还残忍地杀害了办案法官。例如,2020 年 11 月 13 日吴德仁杀害法官、2017 年 1 月 26 日龙建才杀害退休法官等。从本质上讲,这与当事人及相关群体的情愫未参与调适评价体系有关。

调适合力表达的是对业绩评价加以适应与调整的过程,然而当评价成为一种实在性的权力时,最鲜明的体现就是将审判工作置于一种管理主义的唯简单数据是从思路。法官为了按期完成业绩考核任务,注重数据,在办案过程中更多的是规避评价风险,放弃精雕细琢。

(三) 偏离办案初心,加剧内卷焦虑传播

目前地方法院混淆了部分与整体的关系,实际上反映法官能力业绩的数据对焦叠加为法院能力业绩图景,区域内法院与法院之间的激烈角逐终究是建立在表 3 基础之上,无法跳出内卷化效应。法官每月为了追求办案数量和结案率指标数据,耗费了较多的精力和时间。换言之,民事案件简单化数据考评导致有些案件被法官不合理地缩短审理时间、违背当事人意志拉高调解数。法官迫于无奈想办法提升评价分数,而不是想方法提高审判能力和办案质量。虽说分数"好看",却系"灌水"后的表象,最突出的诟病是以数量指标为导向。⑤

---

① 南京市中级人民法院课题组:《法官业绩考核评价制度研究》,载《中国应用法学》2018 年第 1 期。
② 刘峥、何帆、李承运:《〈民事诉讼程序繁简分流改革试点实施办法〉的理解与适用》,载《人民法院报》2020 年 1 月 17 日。
③ 杨铜铜:《法官绩效考核制度的非司法化困境及其调试》,载《法制与社会发展》2022 年第 3 期。
④ 数据来源于最高人民法院 2006 年、2009 年工作报告。
⑤ 骆锦勇:《完善法官业绩考核评价机制》,载《人民法院报》2018 年 1 月 11 日。

表3 对法官民事审判能力业绩进行评价的项目

月份	未结案数	已结案数	新收数	旧存数	结案率	上诉数	服判息诉率	发改数	发改率	调解数	撤诉数	……	简易程序适用率
1月													
2月													
3月													
……													
12月													
汇总													

为进一步考察法官内卷焦虑问题，考虑到基层人员最了解基层的事实，笔者线上调查了 J 省的市县两级法院和律师事务所共计 200 名民事法官、法官助理和律师，其中民事法官 100 人、法官助理 50 人、律师 50 人。据统计：知晓法官焦虑内卷严重现象为 200 人，占比 100%。而对于数据考评类别，200 人（县级有 58 人）中有 112 人首选民事案件简单化数据考评，占比 56%；29 人（县级有 13 人）选择刑事案件简单化数据考评，占比 14.5%；18 人（县级有 6 人）选择行政案件简单化数据考评，占比 9%；13 人（县级有 2 人）选择执行案件简单化数据考评，占比 6.5%；28 人（县级有 7 人）选择财产保全案件简单化数据考评，占比 14%。为利用上述的调查样本去检验总体分布是否具有某种特性，我们对其进行卡方拟合优度检验和 Pearson 卡方检验，① 如表 4、表 5 所示。

表4 卡方拟合优度检验

项	实际频数	期望频数	实际比例	期望比例	残差	X^2	P
民事案件简单化数据考评	112	40	0.56	0.2	72		
刑事案件简单化数据考评	29	40	0.145	0.2	-11		
财产保全案件简单化数据考评	28	40	0.14	0.2	-12	166.55	0.000***
行政案件简单化数据考评	18	40	0.09	0.2	-22		
执行案件简单化数据考评	13	40	0.065	0.2	-27		

注：***、**、* 分别代表 1%、5%、10% 的显著性水平

---

① 比较两组或者多组之间的分类型变量是否有显著性差异，其中卡方拟合优度检验用于问卷的多重响应频率分析，Pearson 卡方检验用于适配度检验和独立性检验。

表 5　Pearson 卡方检验

题目	名称	人员类别		总计	X²	校正 X²	P
		市级	县级				
数据考评类别	财产保全案件简单化数据考评	21	7	28			
	刑事案件简单化数据考评	16	13	29			
	执行案件简单化数据考评	11	2	13	11.999	11.999	0.017**
	行政案件简单化数据考评	12	6	18			
	民事案件简单化数据考评	54	58	112			

注：***、**、* 分别代表 1%、5%、10% 的显著性水平

从以上两个检验结果可以说明，法官群体内卷焦虑形势愈发严峻，且人员类别与民事案件简单化数据考评具有关联性。再对首选民事案件简单化数据考评的人员深入询问发现，其中 90% 认为简单化数据考评不但没有缓解"人案矛盾"，反而不断恶化这一关系并加剧法官焦虑，致使出现每年法官高离职率和很多法院公务员招考达不到开考比例的现象。法官内卷化，其实是一种不自信的表现，是不能从容面对新的审判能力需求和趋势，从而产生了过犹不及的情况。也曾有学者指出要取消诸如结案率等内卷焦虑的数据指标，可是在逐步推进审判能力现代化的道路上，定量与定性指标在审判管理中宜共存。

二、深层追问：法官审判能力业绩评价的失范溯源

起初，对法官审理民事案件的能力业绩评价以宏观定性评价为主，带有主观性偏见。为矫正由此带来的负面影响，有些法院纷纷规定各种民事数据指标，甚至多达到几十项，造成使用泛滥现象，更遑论评价体系在整体统摄下高效赋能。

（一）简单定量数据的捆绑

简单定量数据是以数量形式存在着的属性，可以直观看出或测算，如收结案数（率）、调解数（率）、撤诉数（率）等。反之，定性指标则表示具体司法活动性质、类别的文字表述。"好在适度，误在失度，坏在过度"，同理，定量分析越过了界，办理案件的政治、法律、社会效果将大打折扣。若纯粹按照定量化评价，企图越俎代庖，切实做到公允是存有误差的，有捉襟见肘之憾。而当事人及群众监督、理念、服务、内部等定性话语被漠视，只有数据堆积显然是不够的。① 此种评价体系不能满足审判现代化对复合性的要求，结果不能有效调动司法者与当事人的积极性。

审判现代化并不存在一个客观的、单一的固定含义。② 首先，审判能力是司法

---

① ［意］卢西亚诺·弗洛里迪：《第四次革命》，王文革译，浙江人民出版社 2016 年版，第 19 页。
② 刘艳红：《大数据驱动审判体系与审判能力现代化的创新逻辑及其展开》，载《东南学术》2020 年第 3 期。

机关审判管理的基础,具有多元复合的特征。在司法区块链背景下,能力业绩由法官在办理民事案件中所展现的技术应用能力、审理水平、司法公信力等决定。同时,把新理念、新服务、新流程等定性指标全部纳入至能力业绩评价体系以适合能力提升要求。然而地方法院往往对此不够重视或相关方面引导缺失,使得法官审判能力建设方向遭到偏离。比如,案件被简单定量数据的捆绑影响法官在审理方法、审理程序、审理时间等方面的自主能力选择权。① 其次,诸如法官主体的法律素养、使用审理平台的能力等无法量化或难以完全量化的因素常常可决定一个司法案件的"三个效果"。辩证地看,定量评价也具有"双刃剑"特征,在推动法官办案速度上有着积极一面,但更加蕴藏着以定量数据值掩盖审判工作的实际困难,引发曲解审判管理定性价值之势,以至于带来背离良好效果的可能性。

(二) 独立分散数据的捆绑

独立分散数据,顾名思义,说明了对数据多头管理,缺乏系统整合。现代化视角下法官审判能力业绩评价被赋予多层次结构、动态发展的特点,其完整性决定了将审理民事案件的基础、过程、效果评价项目指标相耦合是新样态。对于系统的数据治理而言,有必要站在多学科角度去研究相关机理,② 如图2所示。

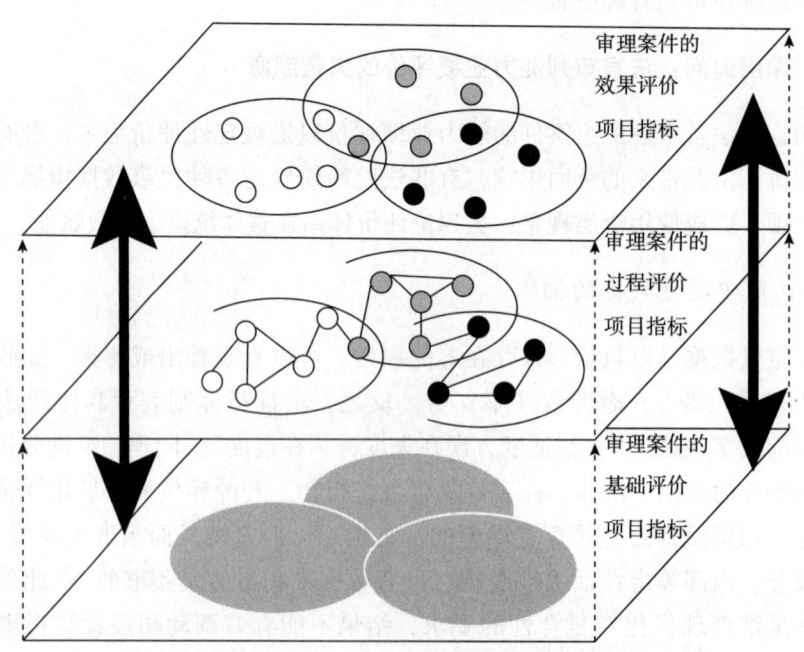

图2 审理案件的基础、过程、效果评价项目指标耦合机理

---

① 南京市中级人民法院课题组:《法官业绩考核评价制度研究》,载《中国应用法学》2018年第1期。
② 杜小勇:《系统探讨"数据治理"》,载《人民日报》2020年9月8日。

那么，业绩评价体系不妨理解为"各组成部分之间相互影响，相互依赖，具备新的功能属性"。① 实践中，却存在数据独立分散的不良影响。第一，各内部评价部门从认识和把握自身利益出发，用程序性的规则与技术手段框定法官审判能力。进一步说，考评安排隶属于内部效率至上的目标，不关心案件本身的理性分析，错综复杂的案情被简化，具备关联性的庞杂信息却被压缩成为一个个分散数据。如有些法院在传票上不标注案号却正常办理，按照《民事诉讼法》相关规定，没有经过立案程序，其后的诉讼活动则是无根之木。该操作无外乎就是为了这个"审理期限"的分散数据，亦即能力建设的落实若依赖于独立分散数据，法官对规则的遵从异化为完成各部门下达的任务，忽视了背后的司法价值。第二，从法官与各部门互动的反映结果看，未呈现出以法官行动导向为目标实现的内驱力，审理环境亦未给予法官或当事人足够的话语权。在开放的能力业绩评价体系下，应强调法官与考评委员会以及渗透到案件当事人要素之间的互惠性。换言之，没有对数据进行有效融合，将缺少对法官或当事人的归类分析，难以挖掘案件内在连接的信息所带来的延伸性影响，即以独立分散数据为本的价值取向压倒了公平正义外在的人本关怀，会致使司法过程流于形式。综上，独立分散的部门投入到法官考评中，招致法官办理民事案件既程序违法又偏离审判职能。

(三) 微观叠加数据的捆绑

对单个的定量数据层层叠加后所反映出的结果，即是微观叠加数据，而宏观指标则从总体或总量上分析问题。过分关注微观叠加的数据，将会使业绩归结于那些硬性办案数据指标。无疑，若是缺少了均衡性力量会受到非理性的浸染，跨界链接和协同性就较差。

很多法院对法官业绩进行诸如收结案数微观叠加后按"一月一监督，一季度一考核"操作。其一，存在程序公正或正当的瓶颈。即使凭微观简单叠加结果的有限理性，也会招致法官办案程序分配不均。一些本应程序化到位的民事案件，譬如影响范围大且舆论热度高的事件，但为了实现办案数或者结案率的冲刺考评，无法引起办案法官足够关注。其二，带来一定的评价标准模糊性。法律适用过程仅以文义解释，缺乏社会科学宏观指标，相对封闭的司法过程不能应对审理需要。② 民事审判具有错综复杂性，评价不但要考虑微观也要着重宏观，法官才会将其与审理模式匹配。随着多元化审判的发展，法官越来越受到模糊性困惑。如果没有以宏观层面视角进行衡平，相关方案的优先排序则不知所从。在具体执行过程中，调解数和撤诉数等微观指标促使了法官绞尽脑汁拼凑叠加数据。其三，引起审判活动或裁判效果的责任风险。有些民事案件，从内部关系或外部环境任何单一维度去梳理案情背

---

① 钱学森：《论系统工程（增订本）》，湖南科学技术出版社1988年版，第10页。
② 参见郑智航：《社会科学在司法裁判中的运用原理与方法》，载《法商研究》2022年第1期。

后的行为逻辑显得力所不逮。通过民事审判工作，参与并服务于国家和社会治理，实现社会民生的和谐正义，对司法活动提出了更高要求，① 而传统评价较少考量线上当事人的舆论造势影响着司法活动。微观叠加数据后显现出的无效悬浮问题，如为凑拢民事办案数而人为制造当事人被诉假象，让今后问责成为高悬在法官头上的"达摩克利斯之剑"。质言之，被奉作圭臬的数据微观叠加后不能消弭潜在的责任风险。

三、理性思辨：法官审判能力业绩评价应然的圆融逻辑

就民事诉讼而言，诉讼平台不仅是一个技术服务系统，也是一个规范系统。② 民事审判权要规范运行，但其审判能力业绩评价不可避免会出现这样或者那样的矛盾。③ 为此，应基于如下应然逻辑。

（一）单一形态向融合形态的转化，绘制业绩科学评价蓝图

能力业绩应站位于司法理性、经验以及人民群众的满意程度，体现出司法者与当事人博弈过程和双赢结果。对审理民事案件进行传统单一且简单数据捆绑式评价，并推崇其作为标准范式，实际上挑战了司法伦理。而法官在行使审判权力时需要将司法行为与裁判后果相连接，亦即实现数据与理念、流程、法官、效果、硬件平台遥相呼应。（见图3）

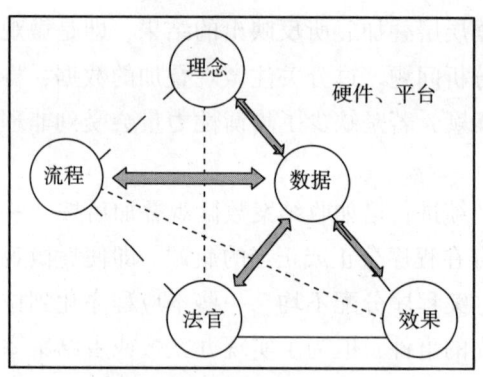

图3 审判能力业绩评价体系的融合形态

评价不能是孤立存在的，而且要在具体的现实场景中进行建构和运行，以消弭不合理的评价偏差。法官与当事人在线上线下、同步异步等具有全过程融合特征，民事案件在审理过程中受多种因素影响，需要考虑法律规范、个案事实、制度环境

---

① 许身健：《论司法裁判社会效果缺失之成因》，载《求索》2022年第2期。
② 张卫平：《在线民事诉讼的法律规制——基本框架与思路》，载《法学评论》2022年第2期。
③ 参见龙宗智、孙海龙：《加强和改善审判监督管理》，《现代法学》2019年第2期。

的特点。① 审判能力之复合性亦受司法内部和地域环境的影响,法院内部文化、司法体制、组织文化、法官素养,地域环境譬如市民文化水平、对公平正义的向往氛围等耦合,以此构成了对民事审判价值发挥的"筛选器",使司法活动具有丰富性和回归性。

评价必须突出指标间内在统一、两两补充、相互强化,并优化为"定性定量与宏观微观—理性—价值"多位一体、动态关联的综合体。鉴于此,应相应地发展出一套基于融合审判理论和实践的评价体系,以防御能力与评价不兼容现象。一方面,当法官面对各式各样的民事案件,不时会感触到规则间的强烈冲突,如是单一的能力评价会深感进退失据,在种种可能中彷徨。可以这样讲,欠缺对数据治理调适的评价是线性思维,一定程度上忽略了法官法律知识应用、驾驭庭审、对当事人进行心理疏导的能力等。从单一形态向融合形态的转化,有助于对当事人注意力的吸引,在嬗变过程中形成外部正效应。另一方面,稳固的审理机制亦需要将司法规律、审判经验、法官素养、纪律作风和当事人主观能动性相融合。审理重要的是实际的妥当性,需要依赖法官的判断。② 因为法官具有一些自由裁量权,不仅取决于自我经验,而且还取决于对法律适用的理解。由于审理机制融合的理性结构化,将不同民事司法行为统一至审理工作平台,可真实绘制出法官审判能力素描,评价系统则不会过度依赖泛滥的简单定量数据指标。

(二) 民事司法自发性与建构性互动,标志司法本真价值回归

民事司法自发性是由法官与当事人源自自利的行为动机,通过与既存审判环境相互调适,无意中生成新的行为规则过程和机制。自发形成的行为规则包括司法活动中交往情理以及道德精神层面上的法官品行,通常以非正式的惯例存在,潜移默化地塑造着主体行为方式。建构的规则必须以正式司法规范的形态而存在,对法官行为方式作出明文规定,如《法官行为规范(试行)》《人民法院法庭规则》《最高人民法院关于人民法院庭审录音录像的若干规定》等要求。

评价体系可适度增加主观评价,兼顾不同主体体验感受。③ 其言外之意,还要保留一定的定量评价方式。一方面,法官力求办好每一起司法案件,当事人也期望法官圆满化解纠纷,法官、当事人进行沟通对话,审理的基础、过程、效果具有原生的定性、宏观属性,属于自发性范畴。另一方面,法院需要相应环节的定量、微观指标及制度整合法官、当事人主体和要素资源,不仅使法官受到约束和激励,还要保持国家权威,具有建构性。审判能力是法官行使审判权力行为方式及所产生各

---

① 王勇:《主审法官在审判组织中的角色及其行动逻辑——基于本轮司法改革的考察研究》,载《云南社会科学》2020 年第 5 期。
② [日] 秋山贤三:《法官因何错判》,曾玉婷译,法律出版社 2018 年版,第 19 页。
③ 上海市第一中级人民法院课题组:《智慧法院建设评价体系之实证分析与完善建议》,载《中国应用法学》2018 年第 2 期。

种效果的具体体现,① 或者说是法院拥有的隐性知识和重要才具,亦是司法决策和审判理念创新的源泉,对当事人进行审理沟通的能力可固化为制度。概言之,对自发性与建构性互动后提取审理指标和制度,并经法院党组审查确定赋予其司法管理效力能够扬长避短。

值得说明的是,法院内法官间相互配合,形成了以法律技能为核心的分层次结构、动态变化的司法能力,从而具有持续角逐优势。当自发机制流行后,司法能力的复制十分疾速,基于法院核心竞争能力考量,亦会影响到建构性机制的调整。在一审服判息诉数据上,如机动车交通事故责任纠纷等案件中的当事人上诉可能出于拖延判决履行期限目的,与法官无关。此时,基于建构性考量,该指标对于与此纠纷相近案由在评价的权重设置上可适当降低。通过类似评价,不会盲目追随和迎合数据。当法官不再被简单化数据捆绑的评价排名所干扰,才能心无旁骛做好应该做的案件审理工作,这是真正回归司法本真价值的标志。总而言之,民事司法自发性与建构性互动,蕴含了提升办案工作质效和司法公信力的规律。

(三)场域内与场域外监督因子的耦合,拓宽司法为民评价空间

20世纪90年代以来,"法律与情感"研究就已经兴起。② 评价体系是审判管理实践的规律展现,亦呈现出多元模式。把场域内如上级法院业务指导、当事人参与及其场域外团体、群众情感等监督因子耦合到评价的范式框架内,目的在于融合和动员各类因素,弥补传统评价缺陷,提升和拓宽司法为民的质量和水平。一方面,评价体系根据场域内外监督因子的信息输入使法官主动地调适自身行为,形成以项目指标为识别工具;另一方面,体系亦将项目指标特别是宏观定性指标所表现的价值理念输出至审理环境中。

首先,评价的运行逻辑与内在机理须和场域内的上级法院指导、案件当事人公平公正之愿景一脉相承。其一,地方法官被置于多目标考评环境中,需要融合定性定量、宏观微观项目指标以消除瞄准偏差。其二,评价助益于增加司法实质合理合法性。当事人认为服从裁决是出于内心而非畏惧惩罚时,裁决方可得到当事人肯定。其三,有利于拉近法官与当事人的距离。评价体系若是一个开放、权变系统,法官与当事人持续进行信息交互,则可打破内部运作机制窘状,将解决司法服务与当事人需求偏离的矛盾。

其次,评价能促进场域外监督因子有序参与司法,深化推进法治建设。人民群众参与是司法民主化的希望,事实上,群众广泛参与的全过程性会激发其对审理能力的更多关注,继而促使法官能力资源优化配置。而且,场域内监督因子与场域外

---

① 韩德强:《审判主体现代化是推进和实现审判体系和审判能力现代化的关键与核心》,载《人民法院报》2020年2月20日。
② 参见章安邦:《"法律、理性与情感"的哲学观照——第27届IVR世界大会综述》,载《法制与社会发展》2015年第5期。

监督因子两个向度对评价产生计划辅佐、约束监控、激励优化等积极作用,将弥补审判能力缺陷。一方面,场域内外监督因子是民意表达的一部分,承载着提高司法公信力的功能。审理过程和结果要集合多数民众的利益,是社会主义核心价值观的风向标。如果洞察了现代法律在办案中的民意情感特征,是否还会苦恼?① 民意注入审判活动中是司法公信力的基础,让群众有评判能力业绩的权利,其生命力就在于回归至人民群众本位。另一方面,场域内外监督因子映射出综合、广义的审判能力框架,驱使法院强化司法回应性和责任意识。说到底是案件的审理内外对法官主体的制约和监督,从此意义上说,评价要用现代化的综合指标来评判,进而帮助法官以更加客观具体的方式提升审判能力和实现高质量法治水平。简言之,场域内外监督因子彼此耦合拓宽了司法为民的评价空间。同时,提高评价数据分析、处理与加工水平对审判能力业绩的发展也至关重要。②

四、优化合轨:法官审判能力业绩评价的调适路径

以提升人民群众司法获得感为出发点和落脚点,并遵循司法规律为主线的审判能力,将推动司法责任制综合配套改革系统集成、协同高效。③ 所以,对于当前民事案件简单化数据考评问题,应以定性与定量的分析方法,在宏观问题与微观数据之间建立牢靠的因果关系以期对能力业绩评价进行路径优化。

(一)评价基本流程

审判流程优化具备现实可能性,使其助力审判能力现代化提升,并保证法官办案质效。④ 评价体系主要有三个维度,即评价类型、内容、方法。评价类型包括审理案件的基础、过程、效果评价,每个评价类型都要构建一个指标完备、体系综合的系统;同时,业绩评价科学化要求禀赋定性定量和宏观微观耦合嵌入的因素,如图4所示。指标间只有通过耦合嵌入才能释放意义价值。显然,定性指标诸如服务党和国家大局、法官的法律素养、裁判文书说理程度等转化为可度量的数字与普通定量数据(如结案率等)具有本质区别,前者是两两对比便于总体量化,目的是为调适与消解简单化数据考评,而后者则是纯粹的简单数据捆绑,两者的作用机制展现出不同方向。

---

① 廖奕:《面向美好生活的纠纷解决——一种"法律与情感"研究框架》,载《法学》2019年第6期。
② 孙晓勇:《司法大数据在中国法院的应用与前景展望》,载《中国法学》2021年第4期。
③ 参见马骁:《深入贯彻习近平法治思想 加快推进审判体系和审判能力现代化》,载《人民法院报》2021年12月16日。
④ 吴丹盈:《优化审判流程提升审判能力》,载《人民法院报》2020年3月27日。

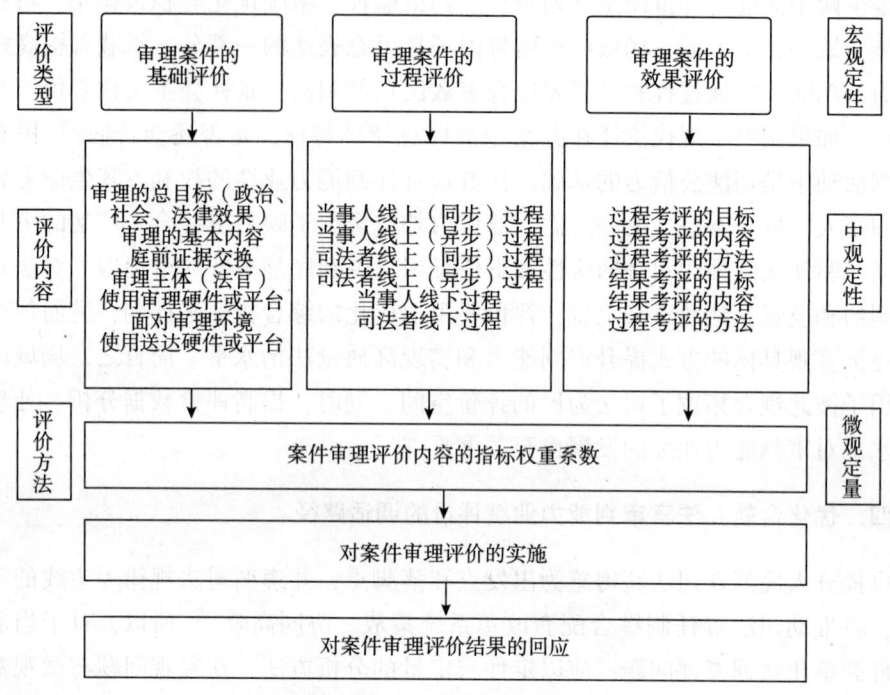

图 4　法官审判能力业绩评价流程优化模型

(二) 评价指标系统

评价指标系统应坚持宏中微多层面指标作为能力业绩评价的工具定位,同时防止无法挣脱全部取自简单定量数据的藩篱。[①] 影响评价体系优化的因素错综复杂,但综合指标系统会对其实现的可及性和正相关性产生重大影响。

1. 在审理案件的基础评价方面。结合民事案件包含的特定要素,关注审理是否符合诉讼标准,同时又要求达到"法官审判能力业绩提升、法院整体审判能力得到改善、智慧法院建设趋于加快"的无缝对接。换言之,既从审理目标、审理内容、审理法官等基础性指标进行宏观中观评价,又需要不同主体共同参与对这些指标的考评,又考量线上线下、同步异步安排合理性等微观项目,而且注重审理主体等定性评价和通过送达硬件平台传送诸如受理通知书、举证通知书、传票次数等定量评价,如表 6 所示。

[①] 大数据在司法审判中的融合应用研究课题组:《限度与深化:大数据在司法审判中的融合应用研究》,载《中国应用法学》2021 年第 2 期。

表 6 对法官审理案件的基础评价系统

一级指标 （宏观定性）	二级指标 （中观定性）	指标详情 （微观定性与定量）	考评主体 （采集方式：线上线下）
审理案件的基础评价	审理的总目标（政治、社会、法律效果）	（1）服务党和国家大局；（2）符合社会主义核心价值观；（3）坚持司法为民、坚持公正司法；（4）群众满意度提升	本院内外法律实务专家或资深法官
	审理的基本内容	（1）程序和实体严格遵守相关法律以及司法解释有关规定，实现定性和定量结合程度；（2）意识形态与舆情应对准确程度；（3）体现多学科融合，通俗易懂程度	本院内外法律实务专家或资深法官
审理案件的基础评价	庭前证据交换	（1）线上线下、同步异步安排合理程度及次数；（2）契合审理内容要求程度；（3）争点范围、证据交换程度	本院内外法律实务专家或资深法官
	审理主体（法官）	（1）全面从严治党、党风廉政建设责任制落实情况；（2）督查督办情况和保密工作落实情况；（3）服务和保障"三个效果"情况；（4）富有法律知识、素养及能力等维度	本院内外法律实务专家或资深法官
	使用审理硬件或平台	（1）快捷稳定操作平台；（2）审理形式符合平台规定；（3）办案人员、当事人通过平台互动方便程度且互动次数；（4）通过平台直播或回放审理次数；（5）利于当事人在平台中充分发挥	办案法官、当事人
	面对审理环境	（1）办案人员与当事人熟悉系统配置审理环境程度；（2）能保持系统不卡顿、网络稳定程度；（3）使用接口丰富、可扩容扩展可伸缩性程度	办案法官、当事人
	使用送达硬件或平台	（1）办案人员传送受理、举证通知书与传票次数；（2）使用其他软件的数据，并方便后续数据传送；（3）当事人传送证据、接收材料便利程度与次数	办案法官、当事人

2. 在审理案件的过程评价方面。为了完善司法者、当事人等主体之间的互动机制，法官与各方当事人围绕特定争议焦点而产生话语对其进行目的诠释，不同当事

人在辩论竞争中不断强化自身的有理性。墨子主张情感需要遵从"法仪",[①] 不可否认,法律情感是过程评价的重要一环。从过程评价角度出发,可对不同审理阶段变化的结构性因素进行深入了解。其隐含着一个预设,审判能力大小变化来源于对过程监督的转变。过程评价主要检验法官"办案过程是什么"与"办案过程做了什么"差距,见表7。

表7 对法官审理案件的过程评价系统

一级指标 (宏观定性)	二级指标 (中观定性)	指标详情 (微观定性与定量)	考评主体 (采集方式: 线上线下)
审理案件的过程评价	当事人线上（同步）过程	(1) 当事人线上（同步）总时长与次数；(2) 当事人线上（同步）接待、证据交换、调解、开庭时长与次数；(3) 当事人与司法者互动时长与次数；(4) 当那人与当事人互动时长与次数	办案法官
	当事人线上（异步）过程	(1) 当事人线上（异步）总时长与次数；(2) 当事人线上（异步）接待、证据交换、调解、开庭时长与次数；(3) 当事人与办案人员互动时长与次数；(4) 当事人与当事人互动时长与次数	办案法官
	司法者线上（同步）过程	(1) 司法者线上（同步）总时长与次数；(2) 司法者线上（同步）接待、证据交换、调解、开庭时长与次数；(3) 司法者与当事人互动时长与次数；(4) 司法者引导、指导、监督当事人审理时长与次数	当事人
	司法者线上（异步）过程	(1) 司法者线上（异步）总时长与次数；(2) 司法者线上（异步）接待、证据交换、调解、开庭时长与次数；(3) 司法者与当事人互动时长与次数；(4) 司法者引导、指导、监督当事人审理时长与次数	当事人
	当事人线下过程	(1) 当事人线下总时长与次数；(2) 当事人线下接待、证据交换、调解、开庭时长与次数；(3) 当事人与司法者互动时长与次数；(4) 当事人与当事人互动时长与次数	办案法官
	司法者线下过程	(1) 司法者线下总时长与次数；(2) 司法者线下接待、证据交换、调解、开庭时长与次数；(3) 司法者与当事人互动时长与次数；(4) 司法者引导、指导、监督当事人审理时长与次数	当事人

[①] 邵方:《墨子天志及其法律意义》,载《法学评论》2021年第2期。

3. 在审理案件的效果评价方面。信息化审理过程中数据融合可提高司法管理实时监测水平，多个不同因素组合重构将更新能力业绩水平，法官与当事人过程与结果博弈亦深入反映着审理效果。比方说，所调适的业绩评价路径，应达到过程考评与结果考评相耦合，并将关注的能力业绩内容展示出来，预留一定的调整系数，全力形塑高审判能力型法官。因为指标中的因素并非表现前后一致的轨迹，故要求效果评价对丰富多样的审判能力行为特点给出满意的解释。理论上，多类型指标融合一体的评价系统不仅强化了司法理性，也推动形成提升法官审判能力效果的新格局，如表 8 所示。

表 8 对法官审理案件的效果评价系统

一级指标 （宏观定性）	二级指标 （中观定性）	指标详情 （微观定性与定量）	考评主体 （采集方式：线上线下）
审理案件的效果评价	过程考评的目标	须包括案件进程性目标	本院内外法律实务专家或资深法官
	过程考评的内容	（1）廉洁自律；（2）接待、证据交换、调解、开庭；（3）当事人与办案人员互动、当事人与当事人互动；（4）文书上网；（5）庭审评查；（6）案件研讨；（7）开庭公告；（8）电子卷宗；（9）庭审直播；（10）信息录入；（11）系统管理；（12）上诉转卷；（13）程序变更；（14）引发信访；（15）司法服务；（16）变更分案；（17）委员参会、代表联络；（18）审判研究；（19）主动承办难案	本院内外法律实务专家或资深法官
	过程考评的方式	标准化与非标准化评价	本院内外法律实务专家或资深法官
	结果考评的目标	案结事了，努力让人民群众在司法案件中感受到公平正义，实现政治效果、法律效果、社会效果的有机统一	本院内外法律实务专家或资深法官
	结果考评的内容	（1）政治建设；（2）裁判文书释法说理程度；（3）审判质量（服判息诉率、一审案件改判、发回重审率、民事再审改变率、差错案件数）；（4）审判效率（结案率、案件一审简易程序适用率及小额诉讼适用率、长期未结案件数、超审限案件数、当期裁判文书上网率、庭审直播率、诉前调解）；（5）司法改革；（6）基础工作；（7）保密安全；（8）审判亮点	本院内外法律实务专家或资深法官
	结果考评的方式	标准化与非标准化评价	本院内外法律实务专家或资深法官

(三) 评价方法

当事人与法官的柔性契合是司法资源开发管理研究的热点,能力业绩评价优化路径亟待尊重这两类人群。事实上,法官的审判能力和当事人法律意识都有一套逻辑自洽的模式,① 可借助司法智能平台运用所构建的评价方法作出正确决策。一方面,在激励法官能力业绩提升同时,推动法院内法官与法官间的正义。譬如,据司法智能平台推送的"案由+要素"综合考量案件难易进行均衡分案,让能力业绩考核的基点公平公正。另一方面,有助于法院外当事人沉浸式互动机制的形成,从而增加当事人公平感和获得感之砝码。具体环节如下:

1. 创立基础数据库。考虑全国各地法官能力业绩评价的特殊性,宜以省域为单位构建标准化民事案件指标权重体系,即由省域法院组织法院内外法律实务专家或资深法官、群众对表 6 至表 8 中指标进行两两比较相对重要程度抉择打分(见表9),即 a_{ij} 说明二级指标 B_i 与二级指标 B_j 对一级指标 A 的影响之比,得出指标权重数值并且标准化后,将其存储至计算机数据库之中。

表 9　评价指标的两两比较影响程度

A	B_1	B_2	…	B_n
B_1	a_{11}	a_{12}	…	a_{1n}
B_2	a_{21}	a_{22}	…	a_{2n}
…	…	…	a_{ij}	…
B_n	a_{n1}	a_{n2}	…	a_{nn}

2. 构建判断矩阵、计算指标权重。以防割裂维度间联结所呈现的连贯性,亦是贯彻落实党的十九届四中全会精神、推进审判体系和审判能力现代化的客观要求。可见,该环节是实现对法官办案中所聚合的复杂多元因素进行有效度量的重要途径。首先,指标权重计算的方法有很多种,但和法和根法最为广泛。然后,再进行一致性检验合格。当 C. R. <0.1 时,说明计算机自动匹配的层次排序权重是合理的,不然返回前面步骤重新调整,直到检验合格才终止。

3. 批量评价。利用 BP 神经网络模型学习上面检验合格的基础标准数据库规则,在给定输入量值时得到最接近期望输出量值的结果。首先,利用 Matlab 数学软件创建人工神经网络模型,参照基础数据库相关参数信息对其训练,提高预测精度。其次,比对实际经办案件一级、二级指标详细情况后,自动打分构建判断矩阵,得出案件具体指标权重值,基本框架如图 5 所示。

---

① 冯晶:《支持理论下民事诉讼当事人法律意识的实证研究》,载《法学研究》2020 年第 1 期。

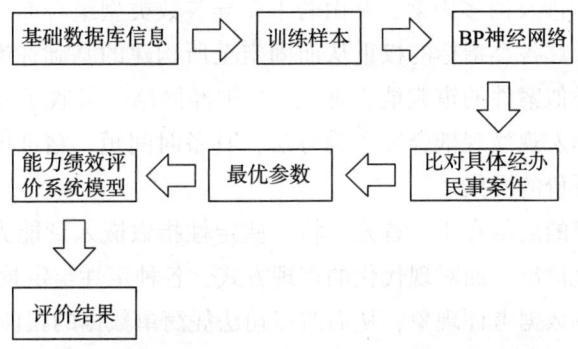

图5 BP神经网络参与审判能力业绩评价基本框架

五、实践探索：以法官审理一起民事案件为例

现以 W 法院 X 法官全过程利用线上线下、同步异步方式审理一起买卖合同纠纷案件为例，进行法官审判能力业绩评价优化的实践运用。

（一）主要步骤

假若省域法院已经建立此类案件"案由+要素"的基础标准数据库，对于定性指标设置评语集 V = {很差（0, 0.2），较差（0.2, 0.4），一般（0.4, 0.6），较好（0.6, 0.8），很好（0.8, 1.0）}。W 法院组织本院内外法律实务专家或资深法官、办案 X 法官、当事人对相应评价指标进行线上或线下打分，BP 神经网络采集此指标数据后与基础标准数据库比对，自动计算出评价指标权重系数。

（二）评价结果

该法官审判能力业绩评价为：效果评价系统>基础评价系统>过程评价系统，即重视表面审理效果，如审判效率数据等效果，而审理案件的基础和过程能力仍有较大改进空间。具言之，从一级指标看，审理该案件的过程评价系统结果最低为 0.0852，效果评价系统结果最高为 0.7375，但也存在忽略诸如审理目标、庭前证据交换、法官素养、使用平台（结果为 0.1773）之虞。其具体二级指标当事人线上（异步）过程结果偏低为 0.0268，并且通过线上、线下两过程相比较看，线上结果相对较低为 0.3665，折射出线上审判动力不足。易言之，评价结果表明法官审判能力业绩存在"侧重线下、忽略线上""重视同步、轻视异步"的弱点。故评价体系本体论的调适：理当改革和创新多元化审理模式，并将精益求精地办理每一起案件作为评价衡量法官审判能力的第一标准。

（三）讨论

本实践结合审理民事案件的特征，提出了 3 个一级指标和 19 个二级指标的"混合式"评价体系,涉及诸多因素,并由若干差异参数类型组合而成。通过实务专家或资深法官打分计算各类指标的权重从而固定至所构建的基础标准数据库之中,建立以批量评价相类似案件的审判能力业绩 BP 神经网络,吸收了专业知识与丰富经验,以定性定量和宏观微观耦合嵌入为方法,具备时间短、精准度高等优点,尽量减少舛误因素对评价的浸染。

再者,本研究的启示在于:首先,将一些定性指数嵌入到能力业绩评价体系中予以考量后再量化输出。面对现代化的审理方式,各种定性与定量因素交织在一起,不断消解过量简单数据考评现象,从而改变司法凭简单数据的扭曲性追逐排名行为,方能促进线上线下、同步异步良性循环助推案件质量目标的实现。其次,评价体系的宏观指标要与微观指标耦合嵌入,其中指标间的相对重要度与融合度在推动审判能力高质量发展起到举足轻重作用。在审理案件的不同阶段,变量不尽相通。初期主要为保证审理顺序开展所做的基础性渠道工作,如审理目标、人员主体、使用平台等。中期则体现为过程性指标,亦是关键的环节。后期随着审理效果的显现,激励性变量工具的设计和支持为能力跨越提供了资源性土壤。因此,需要突出基础评价的指引作用,施展过程评价的互动作用,注重效果评价的回应作用。最后,能力业绩评价亦要充分融合内外部的情境因素,从而达到连续消解与更新。随着信息技术对评价的优化应用和《人民法院在线运行规则》逐步深化智慧法院建设,将实现审判综合能力的跃迁。[1]

结　语

在人民法院法官审判能力现代化进程中,整体上尚处于初级阶段。全面推进信息化建设,是实现审判能力现代化的必由之路。[2] 当前法官审判能力业绩评价的失范与其说是一种浓烈的危机,不如说也潜藏着重要的机遇。对现行评价体系的调适之策是提高审判能力的核心内容,自然也能牵一发而动全身。值得庆幸的是,大数据为新时代审判管理注入强劲动能,拓展了评价的探索边界。无论如何,从强调以简单数据考评为重心逐步转向以定性定量、宏观微观等研究方法为审判能力现代化贡献出司法智慧,亦是推进国家治理体系和治理能力现代化的应有之义。为此,笔者冀望裨补缺漏的调适路径能尽快全面落地生根!

---

[1] 朱雅萌:《〈在线运行规则〉让人民法院更"智慧"》,载《中国审判》2022 年第 5 期。
[2] 周强:《以习近平总书记系列重要讲话精神为指导 全面推进审判体系和审判能力现代化》,载《法律适用》2016 年第 7 期。

刑事审判中大数据证据的合法性审查
——基于镶嵌论的逻辑推演方法

江西省吉水县人民法院 伍春辉
江西省吉水县人民法院 刘忠瑜

引 言

大数据技术的广泛运用为刑事犯罪的侦查取证提供了新思路即大数据侦查。然而大数据侦查天然的恣意性和扩张性必然对公民的个人信息数据构成现实的危险，甚至侵害公民的隐私权、个人信息权等合法权益。传统经验认识方式和证据审查规则显然已无法对以海量的数据集或特殊的算法为核心大数据证据进行合理有效的评价，甚至出现"真实即合法"的危险倾向，进而激化大数据侦查与权利保护之间的紧张关系。因此，如何对大数据侦查所获取的大数据证据的合法性进行有效的审查，显然已成为制约继续深入推进我国刑事诉讼机制改革以及平衡惩治犯罪和保护人权二者关系的关键性因素。

一、问题缘起：大数据证据合法性审查的实践样态及困惑

浙江省发布的 2022 年度第一批生态环境违法典型案例中的一个典型案例展示了公安机关如何运用大数据侦查手段厘清涉案人员结构、涉案危废来源、作案规律等重要信息。当这些大数据证据移送至法院时，法院将如何对其进行合法性审查？诚然，虽然当前的大数据侦查发展带来了实践中犯罪控制的显著效果，但无论是理论界还是实务界仿佛都陷入了两种误区之中，其一是将过多的注意力集中于通过大数据技术实现侦查的行政职能之上，而忽视了由此可能产生的司法风险。[①] 法院将如何应对这些司法风险已成为无法回避的现实问题。

（一）大数据证据合法性审查的实践样态

何为大数据证据？理论界和司法实务界对此均莫衷一是。有学者将其界定为以

---

① 张可：《大数据侦查之程序控制：从行政逻辑迈向司法逻辑》，载《中国刑事法杂志》2019 年第 2 期。

海量电子数据凝练的规律性认识发挥证明作用,其主要以分析结果或报告的形式呈现,而非传统证据的数据化。① 也有学者认为通过大数据侦查得来的证据即为大数据证据。② 基于不同的底层技术支撑,大数据证据与传统意义的电子数据、鉴定意见有着本质区别。③ 此处探讨大数据证据的意图并非从本体论上确定其静态概念,而是从司法实践论的角度出发,讨论侦查机关通过大数据侦查形成的以大数据素材为证明依据的相关证据的具体运用问题。

为全面了解我国目前大数据证据合法性审查的司法实践运作情况,笔者分别以"大数据""电子数据""技术侦查"为关键词在聚法网、中国裁判文书网进行精准检索,获得有效案例729个。其中,267个案例的辩方对大数据证据的合法性提出异议,占比仅为36.63%,主要涉及程序性问题及隐私权等实体权益等问题。如表1所示,法院作出具体回应的案例有157个,采纳抗辩意见的案例仅有8件,占比仅2.99%。对于其余562个案例,辩方未提出合法性抗辩,而提出真实性或关联性的抗辩,以求否定其证明能力。对样本裁判文书进行解构式分析后,仅有3个案例因无法核实其真实性而未被采信外,其余证据均被法院以概括性的方式认定真实、合法并予以采信,但均未对其合法性进行细致分析。

表1 法院对抗辩意见的处理方式

质证意见的处理情况	不采纳				采纳
	不予回应	简单拒绝	模糊回应	具体回应	
案例数/个	21	27	62	157	8

由此可见,司法实践中,大数据证据的合法性审查未得到应有之重视,质证环节主要也是围绕着大数据证据的真实性和关联性而展开,合法性审查的目的似乎为佐证大数据证据的真实性,甚至出现众多以真实性审查替代合法性审查案例。正如谢登科教授所认为的,从规范层面看,现有的电子数据合法性审查判断规则主要围绕保障真实性来展开,而非正当程序的保障。④ 大数据证据更是如此。

详细分析法院具体回应的157个案例,可以确定有135个案例的大数据证据存在合法性问题。细致分析该135个案例后,发现当辩方对大数据证据提出合法性抗辩时,法院常以下列四种方式予以回应。

1. 直接回避式:以不适用非法证据排除规则为由直接回避合法性审查。因我国《刑事诉讼法》及司法解释并未将非法收集的电子数据作为相对排除的对象,更何

---

① 刘品新:《论大数据证据》,载《环球法律评论》2019年第1期。
② 程龙:《论大数据证据质证的形式化及其实质化路径》,载《政治与法律》2022年第5期。
③ 马明亮、王士博:《论大数据证据的证明力规则》,载《证据科学》2021年第6期。
④ 胡铭:《电子数据在刑事证据体系中的定位与审查判断规则——基于网络假货犯罪案件裁判文书的分析》,载《法学研究》2019年第2期。

况应时代而生的大数据证据。大数据证据能否适用非法证据排除规则实践做法各异。如朱某三妨害信用卡管理罪案,[①] 辩护人认为侦查机关提取被告人电脑的相关数据时,无批准法律文书,取证程序不合法,属于非法证据,应予排除。但法院审查后认为,侦查机关并未对被告人进行刑讯逼供或暴力取证,收集的大数据证据即使收集程序确有瑕疵,但不影响公正审判,且该证据不适用非法证据排除规则,进而直接回避了大数据证据的合法性审查。

2. 间接回避式:以能够确保真实性与完整性为由间接回避合法性审查。分析我国《刑事诉讼法》司法解释和电子数据相关法律规范,不难发现电子数据合法性审查的相关规定的初衷亦为佐证其真实性和完整性。因我国缺乏大数据证据审查的相关规定,司法实践中,法院也只能参照电子数据的相关规定审查大数据证据。因此也就出现了大量以审查大数据证据的真实和完整来代替大数据证据合法性的审查案例,甚至存在"真实即合法"危险倾向。如孙某会等人非法吸收公众存款罪案,[②] 辩护人认为"天诚贷"网贷平台数据库资料再行整理后形成的表格数据的合法性和客观性得不到保障,不能作为有效证据使用。但法院审查后认为公诉机关提供的其他证据足以证实对相关数据提取的真实性和完整性,足以认定其合法有效,进而认可不具有法律资格的主体所提取的大数据的合法性。

3. 补强弱化式:以补正或作出合理解释的方式弱化合法性审查。根据《最高人民法院、最高人民检察院、公安部关于办理刑事案件收集提取和审查判断电子数据若干问题的规定》第 27 条的规定,瑕疵电子数据经补正或者作出合理解释后可采用。因此,在司法实践中,当辩方对大数据证据提出异议时,法院通常会以公安机关已对相关大数据证据补正或已作出合理解释为由弱化大数据证据的合法性审查。如吕某等人诈骗案[③],法院认为公安机关已作出合理解释,大数据报告也标明了哈希值,足以保证数据的完整性和真实性,进而采信合法性存在瑕疵的证据。

4. 违法否定式:以违反法定审批程序为由否定其证明能力。如梁某炫贩卖毒品罪案,[④] 辩护人提出公安机关采取大数据侦查时间早于立案时间,故该大数据证据系非法证据,应当排除。法院审查后认为大数据侦查必须严格按照法律法规所确定的适用范围和程序,该证据在立案前就采取了技术侦查措施,应当予以排除,该辩护意见予以采纳。

因我国尚无关于大数据证据审查相关制度安排,故法院常参照电子数据的相关规定对大数据证据进行审查。当辩方质疑大数据合法性时,法院常以上述方式回应。从数量上分析,第二种方式和第三种方式占绝对优势,分别有 71 件和 63 件,其中有 8 件案例同时采用这两种方法;而第一种方法和第四种方法的数量较少,分别只

---

① 参见(2016)川 0108 刑初 38 号。
② 参见(2016)鲁 12 刑终 30 号。
③ 参见(2019)鲁 0683 刑初 262 号。
④ 参见(2016)湘 01 刑终 1164 号。

有9件和8件。从法律效果上分析，前两种方式属直接采纳，第三种方式属补强后采纳，第四种方式则直接排除。申言之，在司法实务中，虽大数据侦查已广泛运用并不断扩张，但相关证据审查规则滞后，导致对大数据证据的证明力的关注远超过对其证明能力的关注，对大数据证据真实性和关联性的审查也远胜于对其合法性的审查，甚至存在"真实即合法"的危险倾向。

（二）大数据证据合法性审查实践困惑

1. 大数据证据真实性审查能否代替其合法性审查？根据庭审实质化的要求，法官应当组织控辩双方围绕证据的真实性、合法性及关联性进行质证和认证。但分析上述案例，不难发现，绝大部分案例均以大数据证据真实性为核心进行证据审查，并通过合法性审查来间接保障证据真实性。"真实故而具备证据能力"认定思路导致合法性审查逐渐丧失独立品格。

2. 大数据证据合法性审查是否适用非法证据排除规则？我国《刑事诉讼法》和相关司法解释并未将电子数据纳入非法证据相对排除范围。① 对于采用何种技术手段进行大数据整合将影响证据合法性，目前相关刑事法律法规亦无明确规定。② 电子数据尚且如此，更何况伴数字革命而生的大数据证据。

3. 电子数据的合法性审查标准是否适用大数据证据？《刑事诉讼法司法解释》对电子数据合法审查提出五项标准并规定瑕疵电子数据只有经补正或合理解释后方可作为证据采用；但并未明确可补正或作出解释的具体适用情形。该五项标准也仅局限于"合规范性"，而忽视"合正当性"。似乎只要"合规范性"即可采信，无需关注是否"合正当性"。虽然大数据证据与电子数据等传统证据存在相似性，但其与电子数据在技术底层或证明逻辑上仍存在本质的差异，故完全参照电子数据审查标准判断大数据证据合法性显然是值得商榷的。

二、质疑反思：当前大数据证据合法性审查的基本模式

如样本所示，我国司法实践中对大数据证据合法性审查的关注严重不足。当辩方提出合法性质疑时，法院常采取回避性或弱化性方式回应，进而导致刑事大数据合法性审查"形式化"。提炼上述样本的应对方式，可将我国大数据证据合法性审查模式归纳为法益权衡型审查模式和依附印证型审查模式。

（一）法益权衡型审查模式

法益权衡型审查模式，是指在审查大数据证据的过程中，如大数据侦查所获的大数据证据存在法益冲突时，法院通过法益比较的方式，选择优先保护阶位更高的

---

① 吴玮：《我国电子数据证据制度的若干反思》，载《中国刑事法杂志》2020年第6期。
② 庄乾龙：《刑事案件中大数据整合行为定性及其适用规则》，载《法学杂志》2020年第12期。

法益。即在充分考量被告人的犯罪行为的恶劣程度、社会危害性以及可能判处的刑罚程度等情况基础上，对大数据证据的合法性进行差异化审查。对于犯罪行为恶劣程度较低、社会危害性较低、可能判处的刑罚处罚较轻的犯罪行为，对侦查机关采取大数据侦查手段所形成的大数据证据的合法性审查采取更为严格的标准。而犯罪行为恶劣、社会危害性较高、刑罚处罚较重的犯罪行为，对侦查机关采取大数据侦查所形成的大数据证据合法性审查，则采取较为更宽松的标准。其理由为：对于社会公众而言，被告人犯罪行为的恶劣程度、社会危害性及可能判处的刑罚直接影响社会公众对公安机关侦查行为的包容性。换而言之，被告人犯罪行为越恶劣、社会危害性越大、可能判处的刑罚处罚越重，社会公众对公安机关侦查行为侵害被告人或第三人的合法权益的容忍度就越高；反之，公众的容忍度则就越低。下表2列举了法益权衡型典型案例。

表2 法益权衡型典型案例

序号	案号	案由	大数据证据证明目的	辩方意见	审理意见
1	（2017）鄂0982刑初13号	盗窃罪	陈某某涉案手机活动轨迹资料，证实陈某某的犯罪事实	侦查机关获取手机活动轨迹的行为侵犯陈某某的隐私权，属于非法取得的证据，应当排除	通过大数据分析等技侦手段确定被告人手机运行轨迹与案发地在时间上、空间上相吻合，且与侦破经过、被害人陈述、辨认笔录等在案证据相互印证，证明被告人与另一同案犯实施了盗窃行为
2	（2018）赣0481刑初210号	盗窃罪	被告人朱某的通话详单、通话基站位置以及朱某的购票乘车记录、移动轨迹，即确定朱某系本案犯罪嫌疑人	朱某作案期间的手机通话话单及坐火车的记录，只有公安部门自己盖章，没有通信、铁路等相关部门出具证明，作为证据有瑕疵	通过全省公安内部大数据平台获得的数据，是与相关业务部门联网的共享数据，与相关业务部门出具的数据具有同一性，可以作为证据使用，虽有瑕疵，但不影响证据的真实性、合法性和关联性，具有证据效力

(续表)

序号	案号	案由	大数据证据证明目的	辩方意见	审理意见
3	（2019）黔03刑终366号	犯贩卖毒品罪	采取技侦手段获取的通话录音，证实被告人贩卖毒品的事实	能证明自己犯有贩卖毒品罪的另一主要证据系公安机关采取技侦手段获取的通话录音，但后者决定及实际启动技术侦查措施的时间先于本案的立案时间，该证据应作为非法证据予以排除	侦查机关因发现胡某强有重大毒品犯罪嫌疑而于立案侦查之前呈报对之采取技术侦查措施并获得批准以后对其与他人之间的通话进行监听的行为并未侵犯胡某强等人的隐私权，其间所获取的证据亦可以作为定案证据使用

例如，对于毒品犯罪而言，社会公众对公安机关侦查行为是否侵害被告人或第三人的合法权益的关注度往往较低。为侦查毒品犯罪行为，即使公安机关采取了某些可能侵害第三人和被告人合法权益的大数据证据侦查手段，社会公众通常能够容忍。他们更多的是关注毒品犯罪是否已经侦破，犯罪嫌疑人是否已经抓捕。而对普通的盗窃行为的侦查，社会公众对公安机关的侦查行为的期待可能性则更高。如胡某强贩卖毒品罪一案，① 法院审查认为，公安机关在侦查其他嫌疑人时发现了胡某强有重大毒品犯罪嫌疑，虽然公安机关在立案决定之前对胡某强的手机进行监听，但并未随意侵犯胡某强的隐私权，该侦查程序合法，所获证据可作为定案依据。其潜在逻辑为：法官通过法益权衡模式对该证据的合法性进行审查时，法官经过法益权衡和自由心证后认为，较被告人个人隐私权而言，社会管理制秩序的安宁稳定和公民生命健康权显然更为重要。但该审查模式主观性过强，缺乏可操作性细节，不利于被告人合法权益的保护，极易造成大数据证据审查的形式化，与庭审实质化理念相悖。

（二）依附印证型审查模式

所谓依附印证审查模式，是指法官在审查大数据证据时，并不赋予其独立的证明价值，而是根据其他证据或证据之间印证关系对其合法性进行审查。鉴于庭审的客观情况，法庭很难将大数据证据的生成过程完整展示，因此大数据证据常以数据分析结论的形式呈现。在司法实践中，依附印证型审查模式可分为依附于传统证据模式和依附于印证结论模式。前者如表3中（2019）鲁1326刑初425号组织、领导传销活动罪一案，法院以大数据证据提取过程及证据形式的原始性、内容的真实性

---

① 参见（2019）黔0302刑初58号。

已被福建中证司法鉴定中心出具的电子数据检验报告认证，符合《刑事诉讼法》的相关规定，从而认定大数据证据的合法性。

表 3 依附印证型模式的典型案例

序号	案号	案由	大数据证据证明目的	辩方意见	审理意见
1	（2015）海刑初字第512号	传播淫秽物品牟利罪	以4台服务器为检材，鉴定服务器中的数据是否存在外部拷入或者修改的痕迹，结合在案证据及4台服务器的存储内容，从技术角度分析快播软件对于淫秽视频的抓取、转换、存储、搜索、下载等行为的作用及效果	扣押时未对服务器的物证特征进行固定；服务器内容存在被污染的可能服务器移交程序违法；淫秽物品鉴定存在程序违法；检材真实性存疑	综合海淀文委、北京市版权局、北京市公安局等出具的证据材料，结合对4台服务器的检验结果，加之文创动力公司为鉴定人提供转码服务等技术支持，没有破坏基础数据真实性和完整性，检材合法有效。基于该检材所作淫秽物品鉴定的程序瑕疵已由淫秽物品鉴定所补正
2	（2016）皖1202刑初402号	非法吸收公众存款罪	提供福建中证司法鉴定中心出具的〔2016〕数检字第568号电子数据检验报告以及武汉正浩会计师事务所出具的武正会鉴字〔2016〕第9、第10号司法会计鉴定意见书，e租宝平台发布借款项目及项目借款总金额	电子数据的提取没有按照法定程序进行，且司法会计鉴定意见依据的检材存在不确定情形，不能作为定案依据的辩护意见	武汉正浩会计师事务有限公司所依检材均系公安机关依法调取，相关电子数据的提取过程及证据形式的原始性、内容的真实性已被福建中证司法鉴定中心出具的电子数据检验报告认证，符合《刑事诉讼法》的相关规定，可以作为定案依据
3	（2019）鲁1326刑初425号	组织、领导传销活动罪	福建中证司法鉴定中心司法鉴定意见书及附件光盘：本中心在送检网址中检出委托方指定的网站内容。所有相关的网站内容、截屏文件、屏幕录像文件均在附件光盘，以证实参与传销的人数	福建中证司法鉴定中心出具的司法鉴定意见书及审计报告不具有合法性、真实性，认定参与传销的人数证据不足	福建中证司法鉴定中心根据委托对指定网站内容进行证据固定，系对电子数据的固定与保存，没有超出鉴定中心的业务范围，其出具的司法鉴定意见书经平邑县市场监督管理局作出说明，可以用作定案依据，依据该鉴定意见书作出的审计报告，查明的人数能够认定为发展的会员人数

对于第二种方式,印证强调证据间的相互关系,而非证明的完备状态,相互印证的证据数量越多,印证的可信度就越高。如张某源诈骗罪案,① 法院认为,通过技术手段确认作案手机号码与张某源使用的号码具有同一手机串码,且张某源使用的手机号码与作案手机号码在案发前后具有相同的移动轨迹;各证据间可相互印证,足以证实张某源主观上具有实施诈骗犯罪的故意,其行为符合诈骗犯罪的构成要件。该模式将大数据证据的审查依附于传统证据审查和其他证据的印证关系,无形中降低了大数据证据合法性审查标准,极易形成"侦查主导审判"的局面。法院未对大数据证据进行实质审查即将其作为证据予以采信,其本质系对司法审判权的弱化。

大数据技术的运用确实为刑事犯罪的侦查取证提供了新思路,然而大数据侦查必然对公民的个人信息数据构成现实的危险,甚至严重侵害公民合法权益。但我国现有审查模式已无法满足司法实践的现实需求,亦无法平衡好惩治犯罪与保护人权的关系,甚至与以审判中心的诉讼结构相悖,且存在以下弊端:

1. 法益权衡型审查模式缺乏具体的标准和可操作性。"似乎只要存在利益冲突的情形,利益衡量作为方法,便有其适用的余地……但其危险在于缺乏实体的内容,在相当程度上是可随意填充的。"② 正因如此,法益衡量在司法实践中经常出现阙如或乱用现象。③ 因此,该模式不利于被告人合法权益的保护,极易造成大数据证据审查的"形式化",甚至与刑法的立法目的及庭审实质化理念相悖。

2. 依附印证型审查模式依附其他传统证据或其他证据间的印证关系来审查大数据证据的合法性,而非直接回应大数据证据自身证据能力。刑事印证证明理论在方法论上存在先天缺陷,正如龙宗智教授所指出的,"难以从方法原理上判断其运用的合理限度和适当方式,且印证证明的适用范围及适用的技术性要求还缺乏精确指导。"④ 这种以待证证据来判断大数据证据的合法性的方法显然难以融贯自洽,更难以使被告人和公众信服。再者,从诉讼结构的角度分析,审判阶段对案件事实的认定和证据审查判断的最后判断权系以审判为中心的刑事诉讼机制改革推进的标志之一。该审查模式并未对大数据证据的证明能力进行实质意义上的审查。控方主导大数据证据的运用和审查,而裁判者却无法对侦查、审查起诉查明的大数据证据进行有效检验。这显然背离以审判为中心的刑事诉讼机制改革内在要求。

概言之,如何对大数据侦查所获取的大数据证据进行实质性的合法性审查,已成为制约我国刑事诉讼机制改革深入推进以及平衡打击犯罪和保护人权二者关系的关键性因素,亟待既能契合司法实践的现实需要,又能顺应人民群众新期待的分析视角或工具。

---

① 参见(2018)黑 01 刑终 422 号。
② 劳东燕:《法益衡量原理的教义学检讨》,载《中外法学》2016 年第 2 期。
③ 姜涛:《法益衡量中的事实还原运用——刑法解释的视角》,载《法律科学(西北政法大学学报)》2021 年第 2 期。
④ 龙宗智:《刑事印证证明新探》,载《法学研究》2017 年第 2 期。

三、理论探寻：镶嵌论逻辑推演审查模式

如上文分析，现有大数据证据审查模式已无法满足我国司法实践需求和公众对司法的新期待，甚至与我国以审判为中心的刑事诉讼机制改革相关制度相悖。因此，如何破解该困境，仍需从理论上探寻新的解决方案。

（一）镶嵌论的内涵与外延

镶嵌论亦称马赛克理论，它并非法学领域的专有理论。它既是一种信息协同效应理论，亦是一种逻辑推演方法。该理论最初是一种用于情报数据分析的构造。该理论认为，"分散的信息碎片尽管对于其占有人来说没有价值或价值有限，但将这些碎片组合起来则会产生不可估量的整体价值"。[1] 在这个数据分析构造中，某些彼此毫无关联的碎片信息，对其各自的占有者而言其价值有限甚至毫无价值，以某特定数据构造将其拼接后能够衍生的新信息，该信息揭示了各碎片信息的内在关联性，实现拼接信息整体价值大于各部分信息价值之和的信息协调效应。即哲学系统论所论述的整体大于部分之和。

通过对大数据证据的形成过程进行分析，不难发现，大数据证据具有独立性、聚合性、衍生性、间接性等典型特征。独立性是指大数据侦查所获得的每个信息都是独立的，并以碎片信息的形式存在，通过聚合拼接后才可衍生新的信息。聚合性是指大数据证据系通过大数据侦查所获得的碎片信息经过数据比对、算法分析、深度挖掘而聚合而成的，每个单独的碎片信息并非大数据证据，只有经过特定算法或者海量比对分析而聚合构成的信息才是大数据证据。衍生性诠释了大数据证据并非原始证据，而是一种传来证据。侦查机关运用大数据技术以特定模型或算法为基础对相关原始数据进行深度比对、碰撞、挖掘、分析后而衍生的信息，该信息能够揭露案件或者被告人的某些深层次特征。间接性是指大数据证据不是直接证据，无法独立证明案件事实，而需与其他证据相互印后才能证明案件主要事实。如在陈某某盗窃罪案中，检察机关提交的陈某某涉案手机活动轨迹虽能与案发地的时空相吻合，但也仅能证实陈某某曾出现在案发现场，必须与侦破经过、被害人陈述、辨认笔录等证据相互印证，才可证实其实施了盗窃行为。

（二）镶嵌论逻辑推演运用于大数据证据合法性审查的可能性

大数据证据的独立性、聚合性、衍生性和间接性恰与镶嵌论"信息整体价值大于部分价值之和"理论基础相耦合，大数据证据证明逻辑亦与镶嵌论逻辑推演内核相契合。具体表现以下三个方面：

---

[1] 转引自孔德伦：《大数据证据在网络犯罪案件中的运用——以镶嵌论为视角》，载《西南政法大学学报》2020年第6期。参见 David E. Pozen, The Mosaic Theory, National Security, and the Freedom of Information Act, 115 The Yale Law Journal, 628（2005）。

一是信息独立性的耦合。大数据证据系侦查机关通过大数据技术对收集的海量碎片化的信息进行分析、挖掘后衍生的证据，其已完全脱离且超越原始碎片信息，因而具备独立的价值。作为一种数据分析构造，镶嵌论逻辑推演过程系将各自相互独立甚至毫无关联的碎片信息通过信息拼接推演进而衍生全新的具有独立价值的信息的过程。① 因而二者在独立性方面相互契合。

二是信息衍生性的耦合。大数据证据和镶嵌论逻辑推演结论均是通过对原始碎片信息进行分析、碰撞、挖掘等方式而获取新的信息，该信息能够揭示特定人或事深层次特征，进而获得独立的价值。简言之，两者均是从其他信息衍生而来的，因而二者在衍生性方面相互耦合。

三是信息间接性的耦合。如上文所述，大数据证据不能单独直接证明案件的主要事实，它仅能证明案件事实中的某个片段或者环节，故必须综合运用各种逻辑推演方法与其他证据相互印证后才能证明案件实事。无独有偶，镶嵌论拼接信息的间接性也决定其必须与其他信息结合起来才能得出某些结论。简言之，大数据证据证明的案件事实与镶嵌论逻辑推演出的事实均属推论性事实。

概言之，大数据证据在信息独立性、衍生性及间接性等方面耦合于镶嵌论的拼接信息。镶嵌论逻辑推演亦耦合于大数据证据证明逻辑。这恰为镶嵌论运用于审查大数据证据合法性提供理论依据。

（三）镶嵌论逻辑推演方法在刑事诉讼领域运用之考察

除我国台湾地区在刑事审判中援引镶嵌论审查证据合法性之外，我国其他地区尚无援引镶嵌论审查刑事证据的案例。美国、德国和日本亦有相关典型案例。下面我们简单分析美国琼斯案②镶嵌论推演情况。

在琼斯案中，美国联邦地区法院根据 GPS 侦查所获的证据判定琼斯有罪。琼斯认为该行踪轨迹记录违反美国宪法第四修正案遂上诉至美国联邦巡回上诉法院。后联邦巡回上诉法院借鉴镶嵌论（见图1），认为警察逾期安装 GPS 对琼斯进行长达 28 天的不间断的监控，监控所得的零碎信息经过数据对比、挖掘、分析后，衍生的信息足以展示琼斯生活全貌，揭示琼斯过多个人隐私，该监控行为已经构成"搜查"，侵犯琼斯合理的隐私期待，并根据非法证据排除规则否认该证据的证明能力。

法官是这样运用镶嵌论逻辑推演的方法对侦查机关的侦查行为的合法性进行审查的（见图2）：首先，分析侦查机关对琼斯采取 GPS 定位侦查行为与传统的侦查行为的差异性；其次，分析该 GPS 侦查行为对琼斯侦查的深度、广度及质与量，由此判断该侦查行为所获得的信息经过信息拼接整理后形成的衍生信息是否可以揭示

---

① 孔德伦：《大数据证据在网络犯罪案件中的运用——以镶嵌论为视角》，载《西南政法大学学报》2020年第6期。
② 案情：警方怀疑琼斯系运输毒品之人，遂向地方法院申请令状。法院准许授权装置电子追踪系统于嫌疑人驾驶之车辆。但警方逾期将 GPS 装置琼斯车辆底盘下方，并对琼斯进行了长达28天的定位监控。联邦地区法院根据 GPS 获取的证据判定琼斯有罪。

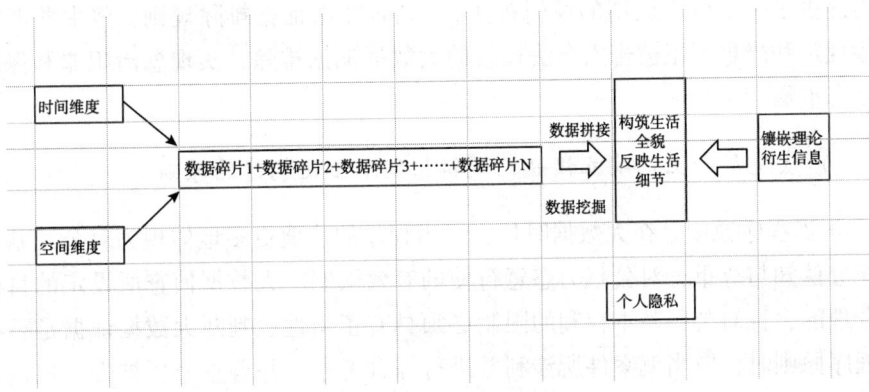

图 1 运用镶嵌论审查侦查行为是否侵害合理隐私期待的思维导图

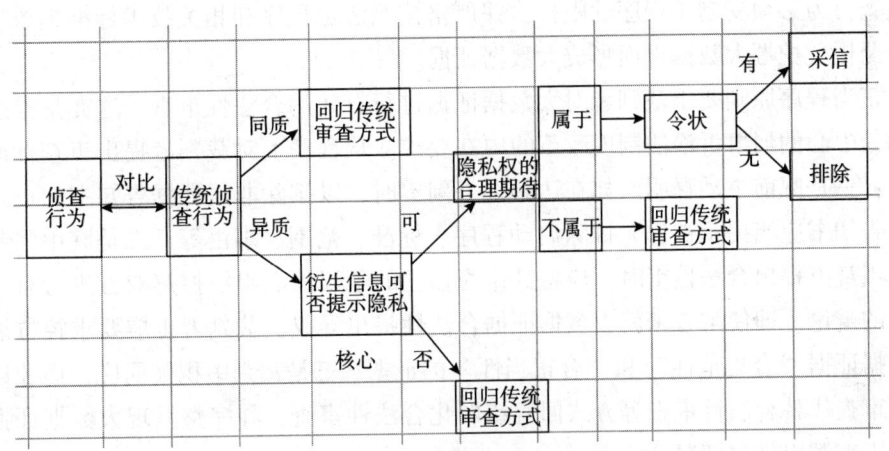

图 2 运用镶嵌论审查侦查行为是否合法的流程图

琼斯日常生活的全貌,能否勾勒出特定人的整体人格图像;再次,分析琼斯对该衍生信息是否具有合理的隐私权期待,如果答案是肯定的,那么该侦查行为属宪法意义的"搜查";最后,根据侦查机关是否获得令状而决定 GPS 数据资料是否作为证据适用。

四、路径构建:以镶嵌论逻辑推演方法审查大数据证据的合法性

大数据证据的引入意味着刑事证明体系的系统性变革。在某种程度上,科技的兴起必然会增进刑事侦查便利与社会安全,同时也必然牺牲一定的隐私权和个人信息权等权益。大数据侦查与公民权利之间的张力关系是刑事诉讼现代化过程中不可回避的议题。司法机关应如何顺势而为?镶嵌论引入,恰为我国刑事诉讼规则的具

体适用提供了一个可资运用的逻辑视角，[①] 结合非法证据排除规则，将那些严重违反法律规定和严重侵犯被告人合法权益的大数据证据排除，实现惩治犯罪和保护人权的动态平衡。

（一）宏观层面上：确立镶嵌论逻辑推演本土化构建的原则

1. 正当程序原则。在大数据时代，正当程序的价值更多地体现为对公民基本权利的充分认知与尊重，对公权力恣意行使的有效限制。大数据侦查所设定的目标必须是合理的，且对公民基本权利的限制必须具有正当性。判断大数据证据是否符合正当程序原则时，应当就案件所涉利益进行综合考察，并着重分析被告人权益之保障和公权力之限制等因素。从司法实践论的角度分析，大数据侦查的恣意性和扩张性已对公民的基本权利构成现实的危险。根据正当程序原则要求，侦查机关的大数据侦查行为必须受制于程序性限权，并严格按照法定程序和相关技术标准提取、冻结、分析、挖掘大数据进而形成大数据证据。

正当程序原则要求裁判者对大数据证据进行有效的合法性审查。这亦是推进以审判为中心的刑事诉讼法制度改革的内在要求。从程序上对裁判者提出审查标准或要素：一是庭前主动释明。如在达起诉书副本时，以排除非法证据告知书的形式释明，告知书应当提示被告人排除启动程序、标准、范围、事由等。二是庭中强制辩论。当辩方提出合法性审时，应将其作为独立的争议焦点组织控辩双方进行有效实质性的辩论。即使辩方未就大数据证据合法性提出异议，裁判者也应要求控方展示大数据证据"合规范性"和"合正当性"的证据。三是裁判中积极回应，而非以真实性审查代替合法性审查等方式回避或弱化合法性审查，并完整呈现大数据证据合法性审查逻辑推演情况。

2. 比例原则。比例原则的价值在于有效地限制权力和最大限度地保障权益。在镶嵌论本土化构建过程中，应当特别关注比例原则。该原则要求大数据证据取得过程符合目的正当性、手段目的匹配性和谦抑性的要求。其中，目的正当性的价值在于防止大数据侦查滥用，如大数据侦查构成滥用，因此形成的大数据证据便缺乏正当性基础而不应采信。手段目的匹配更多是基于经验与逻辑法则进行的事实性判断。"大数据证据获取手段应平衡犯罪打击与公民信息权利保障间的比例关系，遵循最小侵害原则获取证据。"[②] 在大数据证据语境下，谦抑性要求取证方式和对象的谦抑性。前者是指如果存在多种取证手段，应当使用对个人权益干涉最低的手段；后者则要求如有多个数据来源，选用对个人权益干涉最弱的来源。

[①] 初殿清：《镶嵌论视野下车载 GPS 证据的可采性——兼评 2012 年 United States v. Jones 案》，载《政法论坛》2013 年第 3 期。

[②] 程龙：《论大数据证据质证的形式化及其实质化路径》，载《政治与法律》2022 年第 5 期。

（二）中观层面上：建立镶嵌论逻辑推演本土化构建的规则

我国缺乏理论界和实务界共同认可的核心规制理论以回应大数据证据合法性审查现实需求。镶嵌论的引入为我国分析犯罪提供一个全新的有效分析工具。但法律移植成功的关键就在于移植制度的本土化适应，应在充分了解移植国家的文化传统和风俗习惯的基础上，对外来制度进行合理的调适，使其更好地在本土运行。① 故镶嵌论逻辑推演方法援引于我国刑事审判时，应在尊重我国法律文化和传统最本质的核心的基础上，与现有刑事审判司法制度进行合理调适。

1. 双重审查规则。证据的真实性与合法性均承载着不同的价值属性。虽然各自承载的价值存在竞争关系，但其并不相互排斥。前者更多的是彰显实体正义，而后者则展示了程序正义和人权保障。故二者应处同等价值位阶。大数据侦查的扩张性决定了其更具侵害公民权益之可能，因此审查大数据证据时更应重视合法性的审查，而非以真实性审查代替合法性审查。如大数据侦查过程中，单独某一侦查行为仅轻微侵犯或未侵犯被告人合法权益，但连续的系列侦查行为通过镶嵌或拼图后，超过普通人的容忍限度时，亦应否定其证据能力。

2. 合正当性规则。我国大数据证据合法性审查缺乏合正当审查规则，而以真实审查代替或弱化合法审查，直接导致实质正义与程序正义的失衡。这既是非法电子数据排除规则的缺失，更是程序正义保障功能的缺失。合正当性规则要求大数据侦查不但要符合相关技术与程序要求，且在其可能侵犯被告人合法权益时，还应课以必要限度；如超过必要限度，严重侵害被告人合法权益，则适用非法证据排除规则，否定该证据能力。该规则系证据能力的消极性、否定性要素，标志着司法正义的真实状况。②

3. 程序性制裁规则。"当违法行为导致程序公正性受损时，如果还存在有可能改变此种不公正状态的程序手段，原则上应优先采用"。③ 如大数据侦查严重违反正当程序原则和比例原则，经镶嵌论逻辑推演后衍生信息可呈现被告人或案外人生活全貌或大量敏感信息，佐证大数据侦查确已严重侵害被告人或案外人合法权益时，则应对大数据侦查课以程序性制裁，即适用非法证据排除规则予以严厉的法律制裁。同时，在程序性制裁机制中引入无害错误的分析，在制裁抑或容忍的双重分析机制运作下，将虽违法但确定无害错误排除在程序性制裁措施之外，④ 以防止其被滥用或机械适用。可从违法程度、违法阻却事由及违法损害后果三个方面对大数据证据的合法性进行镶嵌论类型化分析。（见表4）

---

① 郭星华、何铭灏：《从机械走向有机：法律移植的本土化调适》，载《新视野》2020年第3期。
② 赵航：《电子数据合法性审查规则的反思与完善》，载《大连理工大学学报（社会科学版）》2022年第1期。
③ 孙远：《论程序规则的出罪功能及其限度——以程序违法的实体减轻效果为中心》，载《政治与法律》2020年第2期。
④ 蒋鹏飞：《刑事诉讼程序性制裁机制之弊端及其应对》，载《中国刑事法杂志》2010年第12期。

表 4 大数据证据程序性制裁规则之镶嵌论类型化分析

假定要素		假定情形	实践表征	程序性制裁
违法程度	严重违法 A	A+C+F	为阻止正在发生的暴力犯罪,在无授权审批情况下,对案外人或被告人采取大数据侦查,经镶嵌论逻辑推演后,衍生信息揭示了大量案外人或被告人的敏感信息	○
		A+D+G	无授权审批对案外人或被告人采取大数据侦查,经镶嵌论逻辑推演后,衍生信息仅描述了部分一般信息或少量敏感信息	×
	瑕疵 B	B+C+G	为阻止正发生的暴力犯罪,采取超过授权审批文件准许的具体侦查方式,但与所批准方式相当的大数据侦查手段,经镶嵌论逻辑推演后,衍生出少量案外人或被告人一般个人信息	√
		B+D+F	在时间充裕的情况下,采取超过授权审批文件准许的具体侦查方式,但与所批准方式相当的大数据侦查手段,经镶嵌论逻辑推演后,衍生信息描述了大量案外人或被告人敏感信息	×
违法阻却事由	紧迫且必要 C	A+C+G	为阻止正在发生的暴力犯罪,在无授权审批情况下,对被告人或案外人采取大数据侦查,经镶嵌论逻辑推演后,衍生信息仅呈现案外人或被告人部分一般信息或少量敏感信息	○
	非紧迫、必要 D	A+D+F	在有条件获得授权审批情况下,对案外人或被告人采取超过授权审批文件准许的大数据侦查,经镶嵌论逻辑推演后,衍生信息描述了大量案外人或被告人敏感信息	×
违法损害后果	严重的权利侵害 F	B+C+F	为阻止正在发生的暴力犯罪,采取超过授权审批文件准许的具体侦查方式,但与所批准方式相当的大数据侦查手段,经镶嵌论逻辑推演后,衍生信息呈现大量案外人或被告人敏感信息	○
	轻微的权利侵害 G	B+D+G	在有条件获得授权审批情况下,对案外人或被告人采取超过授权审批文件准许的大数据侦查,经镶嵌论逻辑推演后,衍生信息仅描述了被告人部分一般信息或少量敏感信息	○

备注:"×"表示不符合合法性审查要件,应强制排除;"○"表示补救后可符合合法性审查要件;"√"表示符合合法性审查要件

(三) 微观层面上：镶嵌论逻辑推演的具体运用

在立足自身法律传统和国情的基础上，构建与我国法律传统和文化相适应的镶嵌论，并将其作为分析大数据证据的首要分析工具。在我国法律文化和传统中，尤为重视朴素正义观和大众"正义感"。正如张明楷教授所述，"如果刑罚不符合国民的'规范意识'正义感，刑罚制度就不能有效发挥其机能。"① 因此，在运用镶嵌论逻辑推演方法对大数据证据的合法性审查时，在遵循原则和遵守规则的基础上，充分兼顾形式合法性和实质合法性的审查。

1. 形式合法性审查的逻辑推演。

（1）大数据证据合法性审查流程（见图3）。不同大数据侦查方式对被告人或案外人的权益损害显然存在显著的差异。从经验法则的角度判断，嵌入型的侦查方式侵害权益可能性显著高于调取型。故笔者建议根据大数据证据的取得方式先行区分调取型大数据证据和进嵌入型大数据证据。对于审查调取型大数据证据，先分析该证据系从第三方处所调取的，还是从被侦查对象处调取。如果系从被侦查对象调取，经被侦查对象同意，无需内部审批程序，直接进采信阶段。若为第三方处调取，对于其中公民主动提供的信息，如公共场所下的行动轨迹，侦查机关可通过概括条款授权方式调取；但对于公民授权披露的相关信息，如电话通讯记录、短信记录、支付信息、手机基站信息等，则建议由县级以上侦查机关负责人审批。因为侦查机关调取上述信息后必然会对其进行大数据整合分析，该整合分析行为已超越公民授权披露时的合理预知。对于嵌入式大数据证据，通常对应的是"技术侦查"所获得大数据证据，侦查机关会常采取高强制性且持续性技术手段收集被告人的相关信息，通过数据分析和挖掘后可直接或间接获取其隐私信息。② 其内部审批程序参照"技术侦查"的相关规定。

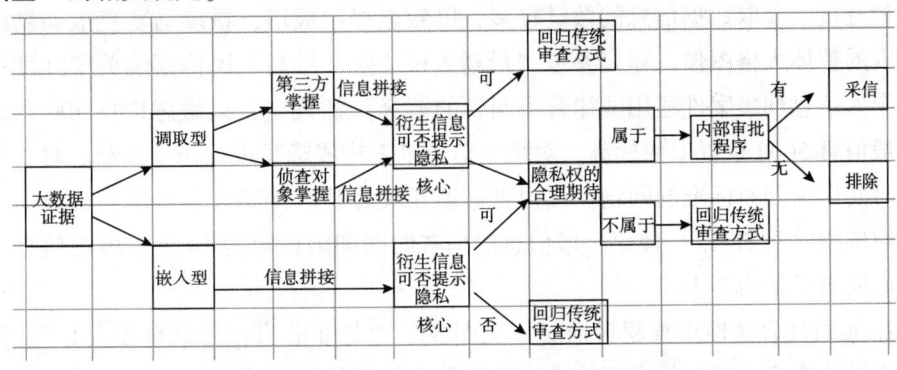

图3 大数据证据之镶嵌论形式合法性审查流程

---

① 张明楷：《中国刑法学的发展方向》，载《中国社会科学评价》2022年2期。
② 吴桐：《科技定位侦查的制度挑战与法律规制——以日本GPS侦查案为例的研究》，载《中国刑事法杂志》2020年第6期。

（2）大数据证据合法性审查之镶嵌论逻辑推演（见图4）。根据镶嵌逻辑推演方法，当侦查机关侦查的数据碎片通过拼接效应后衍生出的新信息能够描绘个人信息或者隐私时，用公式可表述为，公式1：数据碎片1+数据碎片2+数据碎片3+……+数据碎片N＝衍生信息＝大数据证据>N个碎片之和≥合理期待的隐私。当衍生信息无法描绘或仅能描绘极少个人信息或者隐私时，用公式可表述为，公式2：数据碎片1+数据碎片2+数据碎片3+……+数据碎片N＝衍生信息＝大数据证据>N个碎片之和<合理期待的隐私。其核心在于判断数据碎片经过数据拼接后所衍生的信息是否属于公民的合理期待隐私。合理的隐私期待要符合两个要件，即被告人对此具有合理的隐私期待且社会公众亦认为该期待合理。①

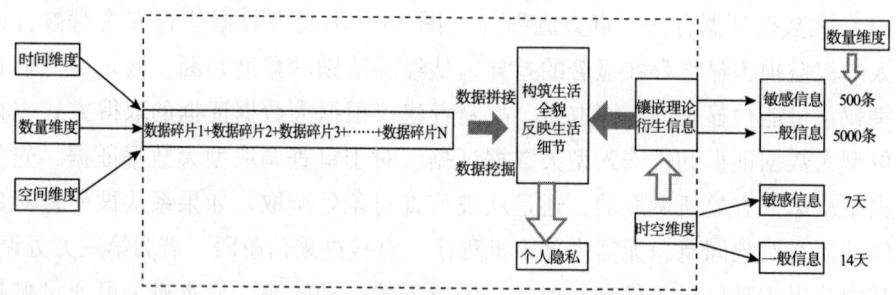

图4　大数据证据之镶嵌论形式合法性审查逻辑推演流程

（3）镶嵌论逻辑推演过程的核心要素分析。一般而言，在数据碎片经过镶嵌拼接后，能反映大量的生活细节，业已从量的积累实现了质的飞跃，达到足以构筑公民的生活全貌、反映生活细节的程度，即可认定属于合理期待隐私。鉴于该表述仍较为抽象，我们可从时间、空间、数量、信息属性等多维度进行分析。同时，为更好地作出判断，笔者建议对衍生信息进行分类，并根据信息的类型核定量化标准。如果侦查机关获取数据信息的数量较多，以致能聚沙成塔，拼凑马赛克般勾勒出某特定人的整体人格图像。建议参考《最高人民法院、最高人民检察院关于办理侵犯公民个人信息刑事案件适用法律若干问题的解释》的规定，以敏感信息500条以上或一般信息5000条以上为标准，对衍生信息是否构成隐私进行初步判断。对于追踪或以时间作为判断标准的问题。我国可借鉴相关经验，并结合自身实际，设立一个较为明确的时间期限。②建议一般信息的侦查时间期限设定为14天，敏感信息的侦查时间期限设定为7天。

2.实质性合法性审查逻辑推演（见图5）。"是非曲直，公道自在人心"。我国自古崇尚朴素正义观，且真正的法治精神是在朴素的正义感基础上孕育出的对法律

---

① 转引自初殿清：《镶嵌论视野下车载GPS证据的可采性——兼评2012年United States v. 琼斯案》，载《政法论坛》2013年第3期。

② 艾明：《从马赛克理论到完美监控理论：大数据侦查法律规制的理论演进》，载《北大法律评论》2020年第1期。

的尊崇,对理性的珍惜,对可预期的服膺。① 司法裁判者的公共责任就在于努力嫁接起朴素正义与法治价值的桥梁。因此,在运用镶嵌论逻辑推演审查大数据证据合法性时,也应对大数据证据的取得过程和方式进行实质性的审查。单个构成或不构成轻微权利侵害的大数据侦查,经过镶嵌论的数据拼接后,足以震惊普通人的良知,则构成严重的权利侵害,应予以程序性制裁,即非法证据排除;反之,则可以补正消除非法。

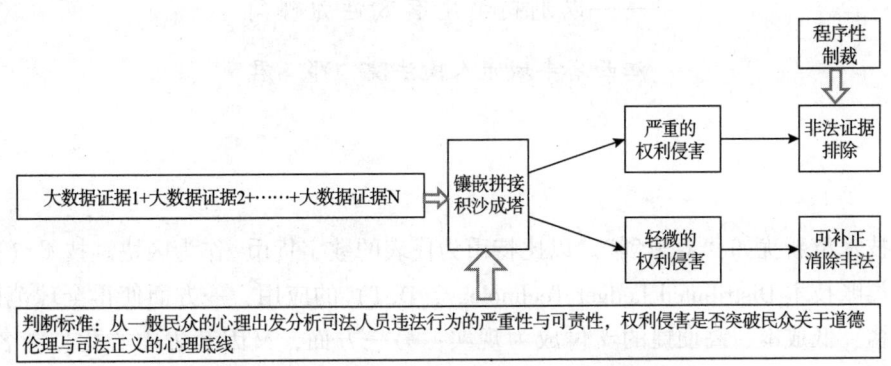

图 5　大数据证据之镶嵌论实质合法性审查流程

需要注意的是,并非只要经过了内部审批程序即可进行任意侦查,侦查必须遵循比例原则,还应重点关注侦查手段必要性和最小损害性。例如,对于一般的轻型罪,我们当更加关注被告人或第三人的合法权益,在启动大数据侦查获取大数据证据应经过具体授权。而对于危害国家安全犯罪、恐怖活动犯罪等严重危害社会及严重侵犯公民人身权利的重大犯罪案件,若尚未构成严重的权利侵害,即使为概括授权,亦可补正消除非法性。

结　语

随着数字革命不断地深入推进,人们的思维方式和认知模式也在悄无声息发生转变。公民的隐私权、个人信息权等新兴权利也逐渐成为公众的关注焦点。然而,大数据侦查的自生规律具有恣意性和扩张性已突破传统刑事侦查法律体系,公民的隐私权、个人信息权等权益时刻均面临着现实的危险。镶嵌论与非法证据排除规则紧密相结合而构建的大数据证据合法性审查模式,将大数据侦查的现实威胁控制合理的范围内,实现了惩治犯罪与保护人权动态平衡的良性互动,促成数据法治美好愿景的实现。

---

① 李雨晨:《论〈水浒传〉中朴素的正义观与现代法治》,南京大学 2016 年硕士学位论文。

数字货币价值认定标准的分歧与修正

——以刑罚适用有效性为视角

江西省丰城市人民法院 邓 君

技术革新犹如"双刃剑"。以比特币为代表的数字货币①作为区块链技术（分布式分类账技术 Distributed Ledger Technology，DLT）的应用，一方面使得全球范围内低门槛、低成本、高便捷的支付成为现实；另一方面，又因其去中心化、匿名化、难监管的特性，成为各类犯罪的"新宠"，严重侵害了权利和秩序法益。但是，实务中涉数字货币相关犯罪价值认定标准"各执己见""不成体系"，导致此类案件呈现罪刑不相适、罪刑不均衡的现象。因此，沿着实证分析的路径，以统一裁判标准为目标，剖析现有数字货币价值认定标准问题的根源，尝试构建一个明确、客观、可操作的价值认定标准模型作为解决罪刑不相适、不均衡问题的"工具"，十分必要。

一、数字货币价值认定现状及问题

实务对涉数字货币犯罪的处理，通常是将其归为虚拟财产的一类，刑法视域长期存在"以计算机犯罪论处"②和"以财产犯罪论处"③之争，争议重点为其法律属性——是财产还是数据，附随价值认定及规制效果考量。无论是以计算机犯罪论还是以财产犯罪论，数额均是定罪量刑关键情节，由于没有统一数字货币价值认定的标准，悬殊的裁判结果在所难免。为了对涉数字货币相关犯罪价值认定标准有一个全局概述，笔者以"比特币""数字货币""虚拟货币"为关键词检索中国裁判

---

① 本文在经济意义上使用货币概念，主流货币经济学认为货币是充当交换媒介的一般等价物，是否具有法定性和强制性并不是判断经济学意义上货币属性的依据。因此，本文数字货币识别为非主权个体发行或不存在特定的发行主体，可与法定货币双向流通、使用区块链技术的加密货币，包括诸如比特币 Bitcoin、以太坊 Ethereum、瑞波币 Ripple 等主流数字货币，及各类稳定币。非该类型的游戏币（例如 Q 币）、"空气币"均不包括在内。法定数字货币不存在价值认定标准问题，本文研究的是非法定数字货币价值认定标准，故文中非法定数字货币均简略称为数字货币。
② 喻海松：《最高人民法院研究室关于利用计算机窃取他人游戏币非法销售获利如何定性问题的研究意见》，载张军主编：《司法研究与指导》，人民法院出版社 2012 年版，第 135 页。
③ 张明楷：《非法获取虚拟财产的行为性质》，载《法学》2015 年第 3 期。

文书网，从 1073 份相关法律文书中筛选出 165 份①有效样本。

（一）价值认定贯穿裁判始终

165 件涉数字货币犯罪有效样本中，涉及 4 类 18 个罪名（如图 1 所示），即破坏社会主义市场经济秩序罪，妨害社会管理秩序罪，侵犯公民人身权利、民主权利罪，侵犯财产罪四大类，涉及组织、领导传销罪，盗窃罪，非法获取计算机信息系统数据罪，掩饰、隐瞒犯罪所得罪，帮助信息网络犯罪活动罪等 18 个罪名。在符合构成要件的情况下，法律属性财产或数据之争及数字货币的价值认定决定定罪量刑。

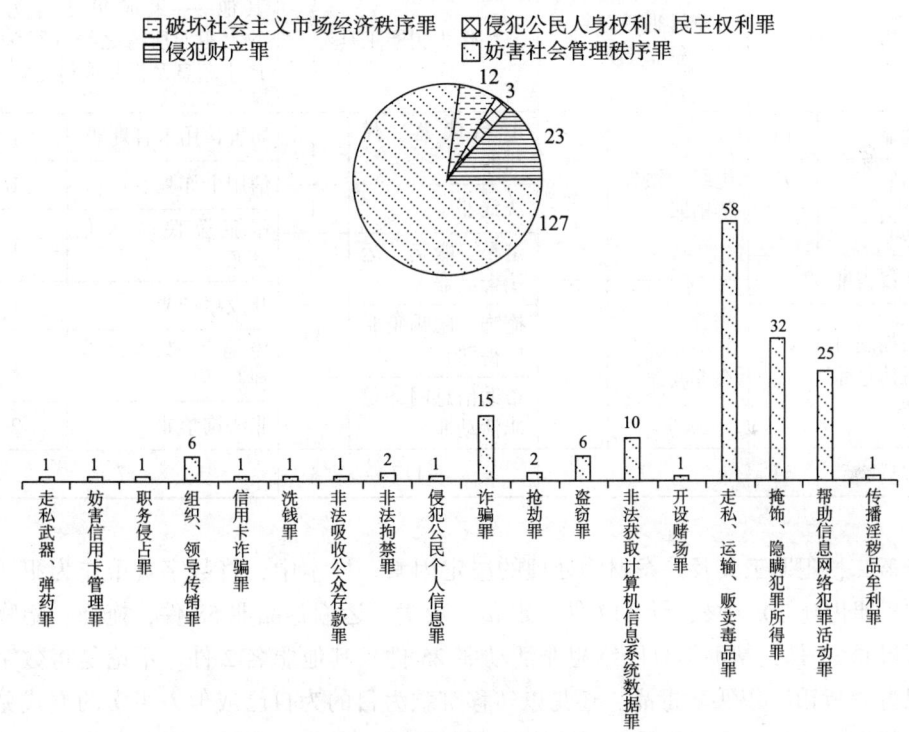

图 1 165 件案例样本罪名总体分布和个罪分布（单位：件）

第一，定罪量刑的关键要素。如表 1 所示，涉及作为犯罪对象的数字货币的 34 件样本中，②将数字货币视为刑法上的财物以相关财产犯罪论处 24 件（包括职务侵占罪 1 件），将数字货币视为刑法上的数据以计算机犯罪论处 10 件。财产犯罪定罪量刑的关键要素是案涉财产价值，数字货币的价值认定决定案涉财产价值。在仅将数字货币认定为数据且无违法所得的计算机犯罪中，"经济损失"是涉数字货币的

---

① 最后搜索时间为 2022 年 6 月 6 日。在 2019 年 1 月 1 日至 2021 年 6 月 6 日网上公开的文书中检索出相关法律文书 1073 份。剔除仅借比特币之名的案件以及重复的文书，筛选出有效样本 165 件。
② 其余 132 件有效样本涉及将数字货币作为犯罪工具兼具犯罪对象与犯罪工具及其他。

计算机犯罪定罪量刑的要素,① 数字货币的价值认定决定经济损失数额。涉及兼具犯罪工具与犯罪对象的数字货币的相关犯罪中,数字货币的价值亦是定罪量刑的关键要素。实务中认可数字货币经济价值,无论是以财产犯罪论还是以计算机犯罪论,价值认定都是必需的。

表1 165件个案裁判中价值认定标准作用

单位:件

价值认定影响定罪量刑		兼具犯罪对象犯罪工具		部分涉及量刑		不影响定罪量刑	
作为犯罪对象				作为犯罪工具		其他——组成犯罪行为之物、犯罪所得之物(行为所产生孳息及报酬取得之物)	
诈骗罪	15	组织、领导传销罪	6	走私武器、弹药罪	1	妨害信用卡管理罪	1
盗窃罪	6			洗钱罪	1	信用卡诈骗罪	1
抢劫罪	2			走私、贩卖、运输毒品罪	58	侵犯公民个人信息罪	1
职务侵占罪	1					开设赌场罪	1
非法控制计算机信息系统罪	10	非法吸收公众存款罪	1	掩饰、隐瞒犯罪所得罪	32	传播淫秽物品牟利罪	1
				帮助信息网络犯罪活动罪	25	非法拘禁罪	2
总计	34		7		117		7

第二,犯罪工具及涉案财物处理的决定因素。样本中,将数字货币作为犯罪工具的犯罪占比70.91%,计117件:走私、贩卖、运输毒品罪58件,掩饰、隐瞒犯罪所得罪32件,帮助信息网络犯罪活动罪25件,其他罪名2件。不论是将数字货币视为"货币"以买卖毒品,还是以转移赃款为目的为自己或他人买卖的方式兑换法定货币,均是对数字货币交换价值的事实认同。退赔、退赃等涉案财物处理也反映司法机关认同数字货币蕴含价值。如凌某根、谭某辉组织、领导传销活动罪一案,司法机关将违法所得比特币依法拍卖得款634.48万元。② 数字货币的价值对犯罪工具及涉案财物处理的结果有事实上的决定性影响。

(二)价值认定标准本身无位序

选择价值认定标准至关重要。例如,将数字货币作为犯罪对象、作为犯罪对象

---

① 根据《最高人民法院、最高人民检察院关于办理危害计算机信息系统安全刑事案件应用法律若干问题的解释》规定,非法获取计算机信息系统数据或者非法控制计算机信息系统、破坏计算机信息系统罪、提供侵入、非法控制计算机信息系统的程序、工具罪的情节认定中,若行为人没有将通过黑客等手段获取的数字货币予以销赃牟利时,就要以造成的"经济损失"来认定数字货币的价值。

② 详见湖南省长沙市中级人民法院(2019)湘01刑终1619号刑事判决书。

兼犯罪工具的案件中，价值认定标准直接影响数额犯（包括纯正数额犯和非纯正数额犯）①的定罪量刑。但各价值认定标准之间并无位序。

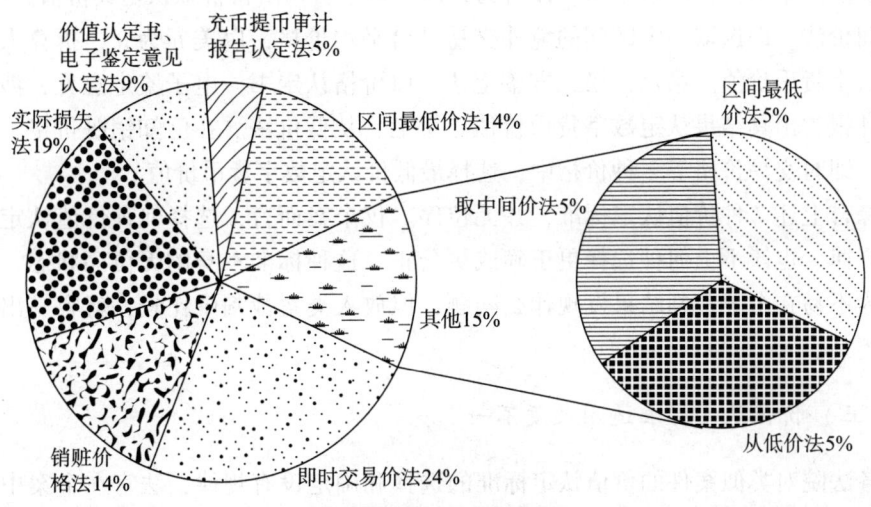

图 2 数字货币价值认定标准

将样本中提及的数字货币价值认定标准进行归纳，该认定标准总体有 9 种（如图 2 所示）：即时交易价法②，最低价法③，区间最低价法④，实际损失法⑤，销赃价格法⑥，取中间价法⑦，价格认定书、电子鉴定意见书认定价格法，充提币审计报告书认定价格法，从低价法——在多种价格中取最低价。经对具体个案案情比较，"价格认定书和电子鉴定意见认定法"和"充币提币审计报告认定法"实质上是借用了第三方意见，故合并为"第三方鉴定法"。同时，比对最低价法、区间最低价法均是考量平台、时段、市场交易价等因素后选最低价，这两种方法有同一性，故合并为即时交易最低价法。

经提炼，可得 7 种价值认定标准⑧：第一，即时交易价法。基于人民币与美元可合法兑换，以美元为介，以案发时任选的一个境外交易所数字货币兑换美元的交易价格为基，以美元同时点汇率转换为人民币的价格认定数字货币价值。第二，即时交易最低价法。由最低价法、区间最低价法合并而来，与即时交易价法的区别是：

---

① 唐世月：《不纯正数额犯略论》，载《政治与法律》2004 年第 6 期。
② 详见山东省临沂市兰山区人民法院（2021）鲁 1302 刑初 1460 号刑事判决书。
③ 详见浙江省温州市中级人民法院（2020）浙 03 刑终 178 号刑事裁定书。
④ 详见江苏省东台市人民法院（2020）苏 0981 刑初 780 号刑事判决书。
⑤ 详见江西省南昌高新技术产业开发区人民法院（2021）赣 0191 刑初 23 号刑事附带民事判决书。
⑥ 详见山东省沂南县人民法院（2021）鲁 1321 刑初 392 号刑事判决书。
⑦ 2019 年 2 月 12 日，江苏省宿迁市宿城区人民法院在审理张某敲诈勒索他人比特币案件中就采用了这种方法。被告人张某 2 月至 5 月期间多次向他人勒索比特币皆未遂，司法机关通过查询被告人行为始末间 3 个月时间段内的平均市场价格，折算成人民币确定犯罪数额。详见江苏省宿迁市宿城区人民法院（2018）苏 1302 刑初 856 号刑事判决书。
⑧ 逐个比对 165 件样本的价值认定标准，发现样本中数字货币价值认定未超出这 7 种标准。

以案发区间内该币种在各个国家地区不同大型交易平台的最低交易价格为准。第三，实际损失法。依据被害人、证人提供的购买凭证、转账记录证实的价格，认定数字货币价值。第四，销赃价格法。以行为人出售数字货币所得价款认定其价值。第五，取中间价法。即选取一定区间的境外交易平台平均价格，以美元为介，折算人民币确定数字货币价值。第六，第三方鉴定法。以价格认定书、电子鉴定意见，涉案金额审计报告出具结果认定数字货币价值。第七，从低价法。在已知销赃价格、购买价格、即时交易价格等多种价格中，选择最低价认定数字货币价值。

综合上述7种价值认定标准，并无位序。仅个案而言，选择何种价值认定标准并无规律，也谈不上何种选择更正确或更公正。这种标准本身的无位序状态，直接表现为不易在个案裁判结果发现什么问题，但放入类案裁判中比较，就容易出现类案不类判。

（三）价值认定标准适用尺度不一

各法院对类似案件的价值认定标准的选择和确定没有规律，法官在个案中对价值认定标准的选择和确定，基本上是法官个体自由裁量的结果。在法无明文规定的情况下，7种价值认定标准的呈现，体现了个案中法官罚当其罪的尝试。从刑罚适应性[1]角度和样本裁判结果出发，当前价值认定标准的适用，存在着刑罚灵活性过度而确定性不足的问题：

1. 标准选择方式随意，刑罚均衡性不足。类案样本中，法官选择价值认定标准，存在自由裁量意义上的任意性。类案应选择同样的价值认定标准，但两案选择方式不同导致适用的价值认定标准不同。以两个案件为例，案例1冯某仕案[2]和案例2戴某华案[3]（见表2）均是利用技术手段非法获取网络平台账户中的数字货币，定性为非法获取计算机信息系统数据罪的犯罪。案例1根据有利于被告人的原则，在已有被害人购买价格、销赃价格的情况下，另行选择了区间最低平台交易价格作为购买价格，认定经济损失为37555.70元；案例2未作说明直接选择以被害人购买价格认定经济损失25000元。被害人购买价格是被害人事实上的损失价格，销赃价格是被告人得利，平台交易价格是侵害时市场的参考价格，任一种选择似乎都有一定合理性。由此提出追问，如何评价不同选择方式的价值认定标准与罪刑相适应原则的适切度？若法官可无拘束地裁量选择不同的价值认定标准，则选择认定价值更低的标准达到轻刑、出罪的情况可能泛滥。

---

[1] 罪责刑相适应原则在刑罚中直接体现为刑罚适用性，即在刑罚的确定性和灵活性中找到一种良好的并序状态。参见于阳：《刑罚适应性的确立与确证研究》，载《政治与法律》2022年第7期。
[2] 详见河南省济源市中级人民法院（2020）豫96刑终7号刑事裁定书。
[3] 详见河南省濮阳市中级人民法院（2019）豫09刑终110号刑事判决书。

表2 同类案件价值标准选择不同

序号	案号	标准选择	选择结果
案例1	（2020）豫96刑终7号	法官没有选择被害人购买价格（约5万元）、销赃价格（约21万元）、案发时交易平台价格（202749.96元）这三个价格，而是根据有利于被告人的原则，另行选择被害人购入和案发时间，平台即时交易价格中最低购买价（37555.70元），作为经济损失的数额	即时交易最低价（区间最低价）
案例2	（2019）豫09刑终110号	法官在被害人购买价格（约25000元）、销赃价格（约2万元）中，直接选择被害人购买价格作为经济损失的数额	购买价格

2. 标准选择理由冲突，刑罚可预测性不足。同一理由，选择不同的价值认定标准，存在矛盾。如表3所示，案例3武某建案①和案例4廖某城案②均是涉数字货币的诈骗案。同样的"国家政策禁止数字货币作为货币流通"理由，类案作出截然不同的选择。案例3以这一理由否定使用即时交易价法，案例4却选择了即时交易最低价法。类案对比呈现出裁判逻辑与结果的矛盾，刑罚后果难以预测。

表3 同种理由选择不同价值标准

序号	标准选择
案例3	法官认为国家政策禁止比特币、以太坊作为货币流通、任何平台不得从事法定货币与虚拟货币的兑换、交易，因此，"比特币、以太坊不具有货币属性，火币网也不是规范的交易平台，不应将火币网提供的虚拟货币与法定货币的交易价格作为本案认定数额的依据"，认定公诉机关依据被害人提供的报案日火币网发布比特币、以太坊即时交易价格指控的诈骗金额（708000元）不当，而将被害人购买比特币以太坊价格（476899.18元）认定为诈骗金额
案例4	法官认为虽然国家禁止以太坊（ETH）场内交易，但其价值依然存在，因此根据火币网采集的犯罪日ETH交易平台即时交易最低价格，结合同日美元中国银行基准价认定20.08颗以太坊（ETH）价值的计算方法并无不当，据此，以即时交易最低价法认定诈骗金额

3. 标准使用不当，刑罚功能性受损。在案例1冯某仕非法获取计算机信息系统数据罪中，经济损失5万元是非法获取计算机信息系统数据罪"情节严重"和"情节特别严重"的分界。法官没有选择被害人购买价格（约5万元）、销赃价格（约21万元）、案发时交易平台价格（202749.96元），通过另行选择区间平台最低交易

---

① 详见广东省广州市越秀区人民法院（2019）粤0104刑初21号刑事判决书。
② 详见浙江省温州市中级人民法院（2020）浙03刑终178号刑事裁定书。

价格 37555.70 元作为购买价格认定经济损失数额。实际上降低了被告人冯某仕的量刑档次，仅因为价值认定标准选择就达到量刑减档效果，超出法官自由裁量限度，未能罚当其罪。

在案例 3 武某建诈骗罪中，盗窃 50 万元是区分"数额巨大""数额特别巨大"的分界点。该案有两名被害人，因被害人唐某 1 无法提供购买虚拟货币的相关证据，法院以"无法证实唐某 1 购入'以太坊'的价格，故对该部分数额不作具体认定"，最终依据另一名被害人购买价格 476899.18 元认定诈骗金额。同一案件中两名被害人，一名被害人的损失不作认定，仅以另一名被害人的购买价格认定被害人实际损失作为量刑依据，罪刑明显是不相适的，亦超出了法官自由裁量的限度，有损刑罚的功能。

4. 标准存在局限，适用普适性不强。现存价值认定标准，均存在不同程度的局限，导致标准适用的个案化。其一，客观性欠缺。如即时交易价法，由于数字货币价格涨跌起落较大，存在即时交易价格与被害人的实际损失相差较大的情况，单一适用即时交易价法认定犯罪数额，无法客观评价被害人实际损失。其二，确定性不足。如从低价法，存在销赃价格、购买价格、即时交易价格等多种价格时，选取最低价认定犯罪数额，虽有助于抑制数字货币投机，但个案最低价格往往不同，导致犯罪数额认定在多种价格中游走，于法无据。其三，合法性缺失。如第三方鉴定法。我国无合法的数字货币交易平台，鉴定的标准、机构也未统一，鉴定意见是否采信在实务中存在争议。其四，操作性有限。如取中间价法，如何计算中间价，存在一定困难，特别是不同的国际市场交易平台存在价格差，如何选取区间、如何确认国际市场平均价是专业问题，法官难以驾驭。

二、数字货币价值认定尺度不一的成因辨析

有必要从裁判认同角度剖析价值认定标准选择不一之原因与统一尺度之法。概言之，前述认定标准尺度不一的根源在于对数字货币自身属性认知模糊、法律属性认定不统一、反选属性导致标准不明确。因此，需纠正属性认知模糊、明确法律属性、确定法益保护位序，以统一裁判尺度，减少裁判中的不确定性。

（一）自身属性认知模糊掣肘标准选择

1. 货币、商品属性认知混淆导致即时交易价法适用受限。在立法缺位的情况下，中国人民银行等国家部委发布的监管政策以其鲜明的价值导向发挥着准裁判依据的作用，并深刻影响着我国当前的司法实践（见表4）。[①] 对于政策中不具有货币属性的不同理解，直接影响了数字货币价值标准的选择，导致出现前述刑罚不可预测的后果。

[①] 齐爱民、张哲：《政策与司法背景下虚拟货币法律属性的实证分析》，载《求是学刊》2022 年第 2 期。

如前述案例 3，有观点认为，"国家政策禁止比特币、以太币作为货币流通，任何平台不得从事虚拟货币与法定货币兑换、交易，因此不应当将虚拟平台提供的虚拟货币与法定货币的交易价格作为案件认定数额的依据"，持相同观点刑事法官在裁量时会回避使用即时交易价法，导致价值认定标准选择方式由随机所遇之法官的认知决定。另外，有效样本中数字货币价值认定标准适用率最高的就是即时交易价法（占 24%）。2022 年修正的《最高人民法院关于审理非法集资刑事案件具体应用法律若干问题的解释》明确虚拟币交易为新型非法吸收资金的行为方式，也是对实务中适用即时交易价法的肯定。上述理解分歧，根源在于对数字货币具有的部分货币职能和商品属性的混淆，没有认识到商品和货币属性并非互斥。根据奥国学派的回归定理，任何货币的产生都可以追溯至其作为货币使用之前的商品属性。① 因此，完全存在具备部分货币职能的商品。数字货币可以作为商品流通，其价值要通过交换来体现。

表 4 涉数字货币规范文件

主体	名称	规定
央行联合多部委	《关于防范比特币风险的通知》（2013 年）	比特币具有没有集中发行方、总量有限、使用不受地域限制和匿名性等四个主要特点。虽然比特币被称为"货币"，但由于其不是由货币当局发行，不具有法偿性与强制性等货币属性，并不是真正意义的货币
	《关于防范代币发行融资风险的公告》（2017 年）	代币发行是指融资主体通过代币的违规发售、流通，向投资者筹集比特币、以太币等所谓"虚拟货币"，本质上是一种未经批准非法公开融资的行为，涉嫌非法发售代币票券、非法发行证券以及非法集资、金融诈骗、传销等违法犯罪活动 代币发行融资中使用的代币或"虚拟货币"不由货币当局发行，不具有法偿性与强制性等货币属性，不具有与货币等同的法律地位，不能也不应作为货币在市场上流通使用
	《关于进一步防范和处置虚拟货币交易炒作风险的通知》（2021 年）	比特币、以太币、泰达币等虚拟货币具有非货币当局发行、使用加密技术及分布式账户或类似技术、以数字化形式存在等主要特点，不具有法偿性，不应且不能作为货币在市场上流通使用 开展法定货币与虚拟货币兑换业务、虚拟货币之间的兑换业务、作为中央对手方买卖虚拟货币、为虚拟货币交易提供信息中介和定价服务、代币发行融资以及虚拟货币衍生品交易等虚拟货币相关业务活动涉嫌非法发售代币票券、擅自公开发行证券、非法经营期货业务、非法集资等非法金融活动，一律严格禁止，坚决依法取缔 任何法人、非法人组织和自然人投资虚拟货币及相关衍生品，违背公序良俗的，相关民事法律行为无效，由此引发的损失由其自行承担；涉嫌破坏金融秩序、危害金融安全的，由相关部门依法查处

---

① 闵敏、柳永明：《互联网货币的价值来源与货币职能——以比特币为例》，载《学术月刊》2014 年第 12 期。

2. 即时交易价法是必要的价值认定标准之一。(1) 数字货币价值通过交易价格体现。价值尺度和流通手段是货币的两项基本职能。分布式分类账技术使比特币、以太币等数字货币实现了"不信之信",① 通过代码实现了全球范围内高效、便捷地价值交换,数字货币因此具有货币的流通职能。但是数字货币由于币值波动大、普遍接受性不强等特点,并不能充当价值尺度职能,其本质上还是不同法币之间的交换媒介,是一种特定的虚拟商品。商品需要通过交换实现其价值,通过价格体现价值。因此,数字货币价值通过交换实现,通过交易价格体现。(2) 适用即时交易价法认定数字货币价值符合客观经济规律。国际市场交易平台的即时交易价格就是人们愿意为数字货币支付的法定货币交易对价,我国没有合法的交易平台来认定数字货币即时交易价,但是我国并没有禁止私人持有数字货币,因此,数字货币的国外非法交易平台价格可作为认定数字货币价值的参考价格。

(二) 法律属性不一导致标准选择随意

1. 不确定性使得标准选择无所适从。锚定效应是司法认知偏见的一种,在事实认定和法律适用越不明确时,锚定效应的影响会更加突出。数字货币法律属性认定不统一:刑法上,对数字货币是数据还是财产存在分歧;民法上,对数字货币是物权、债权还是知识产权存在争议。法律属性认定不统一,导致价值标准选择多样,法官又不得不面对数字货币价值认定标准抉择的裁判难题。"跟数字打交道的认知难度远高于定性和归类所需要的抽象判断,因而人们在量化决策时会更加情绪化,其认知结果的可预测性也就更差。"② 因此,对于数字货币价值认定,法官可能会通过锚定过去的价格来明确现在的价格;通过锚定公诉人指控的价格来确定现在的价格。另外,诉讼参与人的影响也是不可忽视的,被告人提出的抗辩理由越充分,越可能削减法官心目中认定的犯罪金额。在多种锚的共同作用下,法官对数字货币价值认定标准的选择必然会呈现多样性,标准不一。

2. 明确法律属性利于选定价值认定标准。明确法律属性可以减少价值标准选择的恣意性,不同法律属性对应的价值认定标准不同,界定为何种法律属性直接影响价值标准选择。对数字货币由表及里,从技术、载体、表征权益三方面进行梳理和辨析,可知,数字货币物理载体是一段经计算后得出的加密数据,并非智力成果,其具有财产属性,可以认定其为刑法上的财产。(1) 数字货币不是知识产权。从技术上看,数字货币是经计算而产生的结果。③ 以比特币为例,能否最先算出正确结

---

① 分布式分类账技术使得参与者无须相信任何其他个体,只信系统结果即可。参见 [美] 凯文·沃巴赫:《信任,但需要验证:论区块链为何需要法律》,林少伟译,载《东方法学》2018 年第 4 期。

② 在统计学上有良好训练的个体(如法官),也显示出这种判断上的随机性(randomness),惩罚性赔偿金的评估是最具代表性的示例,司法实践中各种极端的个案(如著名的麦当劳咖啡烫伤天价赔偿案)映射出量化裁判中认知的无规律性。See CassR. Sunstein, Daniel J. Kahneman &David Schkade, Assessing Punitive Damages (with Notes on Cognition and Valuation in Law), 107 The Yale Law Journal 2071, pp. 2074-2081(1998).

③ 吕睿智:《数字货币的交易功能及法律属性》,载《法律科学(西北政法大学学报)》2022 年第 5 期。

果取决于各自"矿机"的计算能力,在此过程中并不包含任何人类的智力创造,因此持有者并不能通过"挖矿"而获得知识产权。[①] (2) 数字货币物理载体是数据。数字货币是一段加密的数据,将其认定为数据,以计算机犯罪论,似乎理所当然。实务中盗窃、抢劫数字货币等虚拟财产,通常定性为相应财产犯罪。2009 年颁布的《刑法修正案(七)》增设了非法获取计算机信息系统数据罪,对虚拟财产保护路径发生了重大转折。[②] 最高人民法院研究室 2010 年 10 月针对利用计算机窃取他人游戏币非法销售获利如何定罪的问题,[③] 认可以非法获取计算机信息系统数据罪定罪处罚。诚然,基于当时游戏币交易的"现实与虚拟"市场还未成熟,游戏币的价值与交换价值主要还局限于网络世界,前述认定有其合理性。当时比特币等数字货币市场发展同样不完善,窃取比特币等数字货币的行为在当时以非法获取计算机信息系统数据罪进行评价,符合当时的公众认知。(3) 数字货币法律属性是财产。从表征权益来看,数据不是单一的权益,而是一种"权利束",承载人格权益、知识产权、财产性权利和其他权益。[④] 数据根据权益类型的不同,适用不同的罪名:在具有知识产权性质时,认定侵犯知识产权犯罪;具有公民个人信息性质时,认定侵犯公民个人信息犯罪。那么,当数据具有财产属性时,其当然应当认定为财产犯罪。数字货币运用分布式分类账技术让网络中的所有节点对信息进行记录和处理,智能合约通过预先设置好的程序,由系统自动实现合约缔结与履行,其技术保障了去中心化下价值交换的可靠性,取得交换价值共识,对特定人群有使用价值,具有价值。同时,我国刑法中财产概念宽泛,为容纳新型财物提供了空间,将数字货币认定为财产,未超出刑法解释的限度。2014 年之后,数字货币应用的场景越来越丰富,交易在境外也形成了成熟市场。现在,数字货币一经生产即有财产属性,认定为财产符合公众的认识。

(三) 结果反选属性导致标准适用不当

1. 以结果反选属性导致裁判失衡。国家政策表明私人间数字货币交易系风险自负的买卖行为,特别是部分数字货币已形成投机市场,但民法中对数字货币的保护与否、保护限度未达成统一,导致未能给刑法规制提供参考。"对有潜在市场影响的案件,法院如果不能准确预测案件的积极后果,那么就会规避风险避免给市场带来不可预期的负面后果。"[⑤] 特定情况下涉数字货币犯罪可以同时符合计算机犯罪和财产犯罪的构成要件,在竞合时如何认定?实务中未形成统一意见。面对不稳定的币值,出于便利裁判或有利于被告人的考量,法官可能首先权衡可能的后果,然后

[①] 王熠珏:《"区块链+"时代比特币侵财犯罪研究》,载《东方法学》2019 年第 3 期。
[②] 陈兴良:《虚拟财产的刑法属性及其保护路径》,载《中国法学》2017 年第 2 期。
[③] 喻海松:《最高人民法院研究室关于利用计算机窃取他人游戏币非法销售获利如何定性问题的研究意见》,载张军主编:《司法研究与指导》,人民法院出版社 2012 年版,第 135 页。
[④] 王利明:《论数据权益:以"权利束"为视角》,载《政治与法律》2022 年第 7 期。
[⑤] 侯猛:《不确定状况下的法官决策——从"3Q"案切入》,载《法学》2015 年第 12 期。

再去发现适合的价值认定标准,将裁判结果正当化。"以果导因"即以结果反选数字货币在犯罪中的法律属性,可能导致数字货币价值认定标准的选择不当,有违罪刑相适应原则。这既表现为选择法定刑较轻的计算机犯罪定罪,又表现为财产犯罪中比较各价值认定标准计算出的数额,从低确定犯罪数额,以实现整体量刑尽量从宽。如表5所示,案例5黎某非法获取计算机信息系统数据案①和案例6凌某盗窃案②在犯罪对象、犯罪手段、犯罪结果上相似,量刑悬殊。

表5 同类案件以不同属性定罪量刑对比

序号	类案对比	基本案情			量刑
		犯罪对象	犯罪手段	独罪结果	
案例5	非法获取计算机信息系统罪	比特币	利用黑客手段,入侵"快捷币"网站,盗取网站内比特币	盗取网站比特币1478.22个	判处有期徒刑四年,并处罚金人民币50万元
		被告人黎某在被告人张某的帮助下利用黑客手段非法获取计算机信息系统数据,入侵网址为"p2pTrade.org"的"快捷币"网站,盗取该网站内比特币1478.22个,共计价值人民币7537783元。被告人黎某花用了部分比特币,剩余比特币350.11个、莱特币19791.7个及人民币317902.87元,被公安机关提现人民币17346718.76元后予以扣押				
案例6	盗窃罪	比特币、以太币、泰达币	非法修改网络请包的方式,破坏数字资产交易平台系统,盗取平台账户内比特币	盗取比特币149.99627927个、以太币12687个、泰达币62000个	判处有期徒刑十二年,罚金人民币20万元,剥夺政治权利二年
		被告人凌某等于2020年10月通过非法修改网络请求包的方式,破坏某公司服务维护的数字资产交易平台系统,盗取平台账户内虚拟货币,其中泰达币62000个,以太币12687个,比特币149.99627927个(按平台交易价格,价值5000万)。后二人在平台上出售比特币获利200万元				

从标准选择看,案例6中,法官认为,基于行为人"盗窃虚拟货币的总体价值缺乏权威、中立的评估机构进行认定",没有以5000余万元的平台即时交易交易价来认定二人的犯罪数额,而认为"盗窃虚拟货币后变卖获利200余万元是客观和现实的",选择以销赃价格法认定犯罪数额,呈现出的是一种轻缓化的量刑选择。从裁判结果看,案例5以计算机犯罪论,认定经济损失7537783元(未考虑扣押的人民币17346718元),量刑四年并处罚金人民币50万元;案例6以财产犯罪论,认定

---

① 详见辽宁省阜新市中级人民法院(2020)辽09刑终23号刑事裁定书。
② 详见北京市朝阳区人民法院(2021)京0105刑初1302号刑事判决书。

犯罪数额 200 万元（以销赃价格认定），量刑十二年并处罚金人民币 20 万元。结果导向反选价值认定标准，容易出现类案量刑悬殊的情况，有违罪责刑相适应原则。

2. 明确法益保护位序利于价值标准正确适用。确定法益保护的优先顺位可以避免以果导因，正确适用价值认定标准，避免标准选择任意适用。（1）以财产犯罪论更有利于全面保护。权利、安全和秩序是刑法保护法益最重要的三种形态。三者呈现价值梯度关系，权利是基础，处于优先保护的地位，秩序和安全是权利实现的保障。[①] 数字货币具有财产和数据双重属性，其蕴含个人财产利益和网络秩序的双重法益，应当优先保护基础权利，是故以财产犯罪论处具有优先的正当性。（2）以计算机犯罪论不利于完整评价。以比特币为例，从技术层面看，"比特币账户由公钥、私钥、地址构成，公钥和地址是对外公开的，是由私钥经过多个过程加密而成的。私钥是由 256 位的二进制编码构成。"[②] 公钥、私钥、地址均是数据中的编码数据，对该类数据的侵害，并不需附加侵害计算机信息系统为前置条件，其本身不会造成对计算机信息系统的损害，而受损通常是其映射现实中的财产利益。是故，仅以计算机犯罪论处，难以完整评价涉数字货币犯罪侵害的法益。（3）竞合优先适用财产犯罪法条。有观点认为，在侵害虚拟财产等数据这一特殊法益方面，财产犯罪和计算机犯罪的诸法条有着实质的补充关系，[③] 属于偏一竞合。[④] 从竞合状态下看，涉数字货币的犯罪，在构成计算机犯罪时同时会构成财产犯罪。反之，则不然。因此，在竞合时，应当以适用财产犯罪法条为基本规则，补充适用计算机犯罪法条。

三、构建梯次性价值认定标准模型

前述已明确数字货币法律属性为财产应当视为基本规则，如何构建一个较稳定的标准模型，以克服单一适用 7 种价值认定标准的局限，解决数字货币币值不稳等价值认定难题，以正确对涉数字货币犯罪定罪量刑，使得罚当其罪、量刑均衡，成为信息技术时代下的司法期待。有鉴于此，必须明确统一的原则作为指引，厘清标准构建要素，建立梯次价值认定标准规则。

（一）构建梯次价值标准司法认定模型的主要权衡因素

去中心化的数字货币没有稳定的价值基础，其价值基于"信任"，但该"信任"是不稳定的。无国家主权背书、被禁止的政策风险、被黑客攻击的技术风险都会使数字货币丧失"信任"，成为币值暴涨暴跌的要因。数字货币供应率、增长率由预

[①] 在统计学上有良好训练的个体（如法官），也显示出这种判断上的随机性（randomness），惩罚性赔偿金的评估是最具代表性的示例，司法实践中各种极端的个案（如著名的麦当劳咖啡烫伤天价赔偿案）映射出量化裁判中认知的无规律性。See Cass R. Sunstein, Daniel J. Kahneman & David Schkade, Assessing Punitive Damages (with Notes on Cognition and Valuation in Law), 107 The Yale Law Journal 2071, pp. 2074–2081(1998).
[②] 林胜超、林海珍：《非法转移加密数字货币的刑法规制》，载《中国检察官》2021 年第 18 期。
[③] 余剑：《财产性数据的刑法规制与价值认定》，载《法学》2022 年第 4 期。
[④] 陈兴良：《规范刑法学》（第四版），中国人民大学出版社 2017 年版，第 281 页。

设程序决定，无法与现实中公众的交易需求结合，会引起经济中商品价格的波动。①同时，逐利的投机客较易将数字货币作为投机工具囤积使其愈加稀缺。数字货币币值不能保持长期稳定，试图通过单一标准来确定数字货币价值是不现实的。认定数字货币价值必须以不保护投机收益为原则，充分考量实际损失和交易价值来选择适用标准，当前述考量遇到事实难题和专业性技术性难题时，还可以把第三方鉴定法作为适用标准的补充和修正，从而形成一个梯次的标准选择模型——梯次价值标准司法认定模型（见图3）。

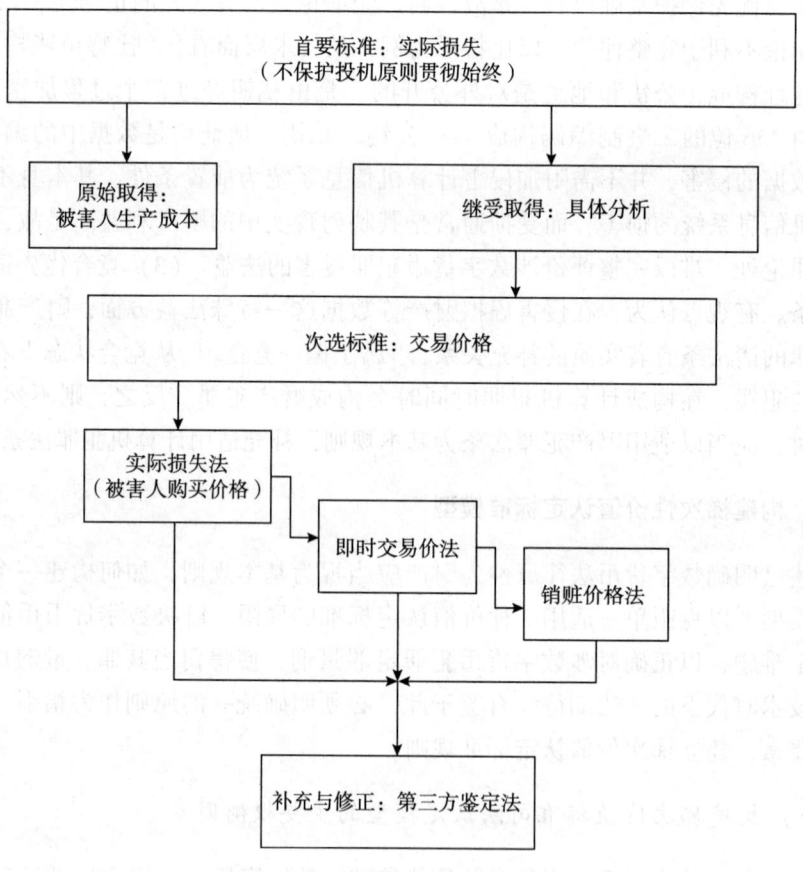

图3 梯次性价值认定标准模型

1. 不保护投机收益原则。涉数字货币犯罪通常表现为取得罪，是"占有状态的破坏"，② 具体表现为财物在不同主体之间的转移分配。数字货币价值认定应以任何人不得从犯罪中获利为考量，将法益主体的实际损失设置为标准选择首要因素。民法的保护限度对刑法的规制有参考作用，为在刑法中明晰数字货币保护限度，可以

---

① 徐忠、汤莹玮、林雪：《央行数字货币理论探讨》，载《中国金融》2016年第17期。
② 张明楷：《刑法学》，法律出版社2016年版，第942页。

将刑法中的财物还原为民法中的权利客体来讨论。如前所述，数字货币非知识产权，因此讨论重点在于数字货币权利属性为物权还是债权。去中心化技术特征使数字货币没有债权请求权可指向的对象，缺乏相对权存在的基础，不可能成为债权的客体。而物权的本质是支配权，"无须他人同意"是支配权的核心表征。① 在互联网时代数字货币权利人不需要经过他人的同意，则可以利用"私钥"来支配自己的数字货币，私钥经过验证，原权利人即丧失控制，可以实现排他性占有。因而，数字货币具有物权属性，对其救济应考虑原物的实际价值，以数字货币被侵害时（行为时）的价值确定犯罪数额，而不考虑未来预期利益。

2. 财产损失认定。

（1）财产损失包括可得利益。在财产犯罪中，财产损失是不成文的构成要件要素。② 法律经济财产说认为，"虽然原则上认为有经济价值的物或者利益都是财产，但是同时又要求相应的物或利益必须为法秩序所承认"。③ 数字货币的流转、交换并非当然为法秩序所不容，在损失判定上与普通财物存在共通之处。例如，针对有价证券的盗窃，不仅按照票面数额，还包括盗窃时应得的孳息、奖金、奖品等可得利益认定犯罪数额。因此，可确定的且满足刑事证明标准的可得利益要计入被害人财产价值计算。被害人实际财产损失为：取得价格+可得利益。

（2）梯次的标准。借鉴《最高人民法院、最高人民检察院关于办理盗窃刑事案件适用法律若干问题的解释》明确规定了盗窃犯罪财物数额的种类和计算标准（见表6），数字货币价值认定亦可采用梯次标准来解决标准选择的不确定性问题。

表6 盗窃罪财物数额计算标准

盗窃对象	价值认定标准		
	首选标准	次选标准	备选标准
一般财物	有效价格证明	委托机构估价	—
外币	盗窃时人民币对外币中间价	境内银行对该货币价/外币兑美元汇率中间价	—
电力、燃气、自来水等财物	查实数量	盗窃前6个月月均正常用量减去盗窃后计量仪表月均用量	正常使用月均数量减去盗窃后计量仪表显示月均用量推算
电信盗用	合法用户为其支付的费用	月缴费额减去被盗接、复制前6个月月均电话费推算	实际使用月均话费推算

---

① 王竹：《〈物权法〉视野下的虚拟二分法及其法律规则》，载《福建师范大学学报》2008年第5期。
② 蔡桂生：《论诈骗罪中财产损失的认定及排除——以捐助、被助诈骗案件为中心》，载《政治与法律》2014年第9期。
③ 江溯：《财产犯罪的保护法益：法律—经济财产说之提倡》，载《法学评论》2016年第6期。

(续表)

盗窃对象	价值认定标准		
	首选标准	次选标准	备选标准
电信盗卖	销赃数额	—	—
不记名的财产凭证	票面价格和盗窃时应得孳息、奖金等可得收益一并计算	—	—
盗窃记名的财产凭证	已兑现的，按照兑现部分的财物价值计算；未兑现但造成实际损失的，按照给失主造成的损失计算	—	—
国有馆藏文物	按照文物等级、数量认定	—	—
民间馆藏文物	按照一般财物标准认定	—	—

如上表所示，盗窃数额根据被盗物品的具体情况进行计算，从一般到特殊构建了数额认定梯次标准。梯次性表现为三个层次：一是以有效价格证明认定数额。二是当前一个标准无法适用时，即无有效价格证明或证明不合理时——通常是特殊财产，按照确定性大小，以被害人实际损失（被害人购买价格）为首要标准，次选标准为侵害行为或结果时点的市场交易价格（即被害人可得收益）、销赃价格（侵害行为人获利）。三是当前述条件导向的标准明显不具合理性或操作有专业困难时，第三方机构鉴定成为补充和修正。

被害人提供的购买数字货币的凭证，应当作为数字货币的有效价格证明。因为这代表着被害人为获取数字货币支付的人民币，是被害人真实损失的人民币计值。若侵害时（行为时）数字货币的价格远高于或低于数字货币购买价格，以被害人购买价格计算实际损失可能会明显不当，以侵害发生时市场交易价格或销赃价格来认定实际损失，具有合理性。

3. 犯罪数额的认定。财产犯罪大部分为数额犯。犯罪数额是客观财产损失与主观指向数额的统一。[1] 理想情况下，两者是一致的。现实情况下，两者不一致时，应遵循有利于被告人原则"就低"认定，例如天价葡萄案。在数字货币犯罪中，行为人侵害时主观指向的数字货币价格与实际损失数额不一时，也应综合考虑行为人的认识能力就低认定。

---

[1] 王骏：《盗窃罪中"数额较大"的认定规则》，载《政治与法律》2020年第2期。

(二) 首要标准: 实际损失

数字货币取得方式有原始取得 (挖矿)、继受取得 (交换、赠与等),笔者沿着实际损失、交易价格的路径,按取得 (交易) 对价、时间、方式、平台等因素对价值认定的不同程度影响,以确定性、可操作性并兼顾公平性考量,尝试建构一个梯次的价值认定标准模型。以实际损失为价值认定首要标准,而符合实际损失的标准在不同主体不同交易环节中各有不同。

1. 原始取得以被害人生产成本认定实际损失。原始取得数字货币即其生产依靠挖矿,故全网算力的大小、机器成本、电费以及挖矿难度①决定了生产成本。生产数字货币,损失的是其生产成本和预期利益。其中,预期利益是基于进入市场后价格变化的预估,未进入流通领域则未产生该损失。原始取得数字货币的价值认定标准是实际损失 (生产成本)。原始取得时,被害人实际财产损失为:被害人生产成本。

2. 继受取得首选被害人购买价格认定实际损失。继受取得数字货币时,因为已进入流通领域,其实际损失的判断变得复杂,因此要依具体情况判断实际损失。个案中,进入流通环节后,常选用的 7 种价值认定标准,最佳的标准是实际损失法。以被害人购买数字货币的价格认定数字货币的犯罪数额,能真实反映实际损失,是数字货币价值认定模型中的第一优先标准。

(三) 次选标准: 交易价格

前述 7 种主要价值认定标准主要是以交易价格为基准,② 重点是以何种价格作为交易价格才最符合实际损失的第一优先标准。回顾样本,根据适用率可知排名前三的是即时交易价法 (占 24%)、实际损失法 (占 19%)、销赃价法 (占 14%),代表数字货币的市场交易价、被害人购买价及侵害行为人销赃价格,与数字货币流通职能相符,在实务中具有可操作性。按照不保护投机收益原则的指引和确定性大小,首先选取的是实际损失法,其后依次适用即时交易价法和销赃价法。同时,此三种价值认定标准又具有相当的自身局限,因此需进一步明确三者在司法中的适用规则,以消除裁判中的不确定性。

1. 实际损失法 (被害人购买价格)。被害人实际财产损失为取得价格与可得利益之和。可得利益是确定的,但并非都是正向的。在存在价差的情况下,以即时交易价格认定实际损失,并没有违背不保护投机收益的原则。即时交易价格更高的,把升值部分作为孳息;即时交易价格更低的,亏损部分作为被害人自担风险。(1) 若行为人购买价格与侵害时即时交易价格两者价差不大,以被害人购买价格认定实际

---

① 比特币总量是不变的,每次挖矿每能产生的比特币都是按算法递减。
② 被害人的购买价格,依旧是被害人通过交易取得数字货币的价值,因此,其仍是交易价格。除非比特币系挖矿或受赠而得。

损失。(2) 若存在较大价差,特别是涉及量刑增减档时,应当以侵害时即时交易价格,认定被害人的实际损失。因为行为人是以实际侵害时市场上即时交易价格为基础,来预期自己犯罪行为能够得到的获利,与行为人的主客观相一致。(3) 侵害行为发生时和侵害结果发生时存在时间差,如何认定实际损失?《最高人民法院、最高人民检察院关于办理受贿刑事案件适用法律若干问题的意见》第2条规定,"受贿数额按转让行为时股份价值计算"。因此,参考司法解释计算股份价值的时间点为"转让行为时",非法转移数字货币的犯罪数额认定,宜以行为人转移行为发生时的价值(行为时)来计算。

2. 即时交易价法(即时交易价格)。在无法查明购买价格或购买价格与即时交易价格相差较大的情况下,应考虑使用即时交易价法。数字货币价格波动类似于股票。因此,如果购买价格与侵害时的即时交易价格存在价差,应以非法转移时交易平台公布的交易价格为犯罪数额的认定标准。这并非对首要标准的背弃,而是对其进一步补充。即时交易价法根据平台、时间不同,存在多种交易价格,依有利于行为人的原则,应当选取即时交易最低价格。(1) 平台不同有即时交易价差。个案中,有随机选定某平台(即时交易价)、多平台即时交易中间价、多平台即时交易最低价等的运用。那么,随机选定某平台存在依赖法官自由裁量的缺点,多平台即时交易中间价存在易在中间价认定上产生分歧的缺点。多平台即时交易最低价的优点在于:一是同一时间多平台的即时交易价明确;二是即时交易价中的最低价也是客观的,从确定性、可操作性和公平性考虑,即时交易最低价法有较高可取性,更优。(2) 多个犯罪侵害行为在不同时间点会有即时交易价差。从个案探索看,多个数字货币被犯罪侵害的时间点不同时,有时间区间内选取最低价和取中间价法。还有一种考虑是即时交易价简单相加法,即多个数字货币被犯罪侵害的时间点不同,就按各时间点的即时交易价来计算单个数字货币价值再汇总。个案探索是以区间最低价或者中间价为基准价来计算多个数字货币的总价值,虽较便捷但不是客观真实价值;即时交易价简单相加法在计算和汇总时较繁复,但是客观真实价值。从确定性、可操作性和公平性考虑,即时交易价简单相加法更优。

3. 销赃价格法(销赃价格)。销赃价格一般代表行为人的得利,被害人实际损失和行为人得利并不等同,在无法查实被害人购买价格或销赃价格与即时交易价格存在较大差距的情况下,如何认定实际损失?(1) 销赃价格也就是行为人预期获利的即时交易价格,在被害人销赃价格与即时交易价格区别不大时,依据销赃价格来认定被害人实际损失,具有合理性。(2) 销赃价格与侵害时市场即时交易价格价格差距较大时,应区分不同的交易方式:其一,若是线上平台交易,存在多个平台多个价格竞价,虽然有价格上的差异,但均是市场认可的交易价格,不会偏离当日均价,以销赃价格认定实际损失没有超出行为人的预期。其二,若是线下交易,则行为人销赃价格与侵害时的市场交易价格偏差巨大时,应当考虑行为人主观上对数字货币的市场价格是否有明知:若有明知,则应当以侵害时的即时交易价格认定犯罪数额，实际销赃数额作为量刑情节予以考量；若无明知，或无证据证实其明知，则应当依据其销赃价格，认定犯罪数额，以保障行为人的合法权益。

在行为人取得数字货币后没有销赃，且无法查清被害人购买价格时，可依照侵害时即时交易最低交易价认定价值。以上的价值认定标准模型构建，要求在办案过程中，注重对证据的审查，特别是原始的购买凭证、销赃获利的存证及境外交易平台即时交易价格的不同对比。对于涉众型案件，操作层面可能会存在司法效能不足，因此，可引入第三方鉴定法为补正标准。

（四）补正标准：第三方鉴定法

第三方鉴定法为价值认定标准的补充和修正。本文所述的第三方鉴定法与个案探索中的第三方鉴定法有本质不同。个案探索中的第三方鉴定法是将鉴定方法选择权完全交给第三方鉴定机构，存在鉴定主体混乱、鉴定标准不统一、鉴定结论不权威等诸多问题。本文所述第三方鉴定法，本质上是一种方法论上的修正和补充，第三方鉴定机构仍执行前述以实际损失和交易价格为基石构建的数字货币价值认定标准。也就是说，在涉众犯罪、组织犯罪、跨境犯罪等涉及多币种、多平台、多次犯罪侵害时的数字货币价值认定方面，司法机关自行适用前述生产成本价值认定法、即时交易价法（含即时交易最低价法、即时交易价简单相加法）存在司法效能难题时，由第三方鉴定机构遵循前述标准作出价值认定以解决这一难题。

结　语

《中华人民共和国国民经济和社会发展第十四个五年规划和2035年远景目标纲要》明确，要"稳妥推进数字货币研发"。可以预见的是，随着数字经济的快速发展以及区块链等新技术的加速运用，数字货币运用将更加广泛。在现有监管政策和技术条件下认定数字货币为财产，以有位序的梯次价值认定标准模型来解决刑事司法实践中数字货币价值认定标准选择难题，体现了对客观经济现象的尊重，是以包容心态和展望视角对新生事物予以规制，有助于解决新技术带来的司法裁判标准不确定性问题，实现类案类判。

二等奖

法秩序统一视角下侵犯公民个人信息罪入罪边界的调适

——基于"情节严重"认定标准完善的考量

江西省南昌市中级人民法院　曾　琴
江西省南昌市中级人民法院　潘　建

大数据时代，公民个人信息的个体属性越来越弱、社会属性越来越强，侵犯公民个人信息罪在《刑法》中的确立迎合了法益保护紧迫性的需求，但"情节严重"作为本罪入罪与出罪的边界要件，其解释的统一性与滞后性的矛盾导致本罪司法认定的难度倍增。"情节严重"本身具有"空筐结构"的特征，可以作不同的理解，立法者将"情节严重"作为本罪犯罪构成要件，期许司法者将社会发展产生的新要求以解释的形式充实于这一抽象的"空筐结构"中，完成使法律追随时代发展的使命。① 《个人信息保护法》丰富了本罪"违反国家有关规定"构成要件的内涵，改变了除《刑法》之外的其他部门法对违法行为的抑制效能，为本罪"情节严重"司法解释的完善提供了契机，而对司法实践规律的总结和提炼是相对可靠的切入点。

一、现状：本罪② "情节严重"解释统一性与滞后性的矛盾

2017年5月8日至2022年6月1日，N市辖区法院审判信息系统中以"侵犯公民个人信息罪"为案由进行检索，共得到115条立案信息，剔除经两级审理重复的案件信息后余下98件案件信息。③ 笔者以该98件案件生效裁判文书为分析样本，检视司法实践中本罪"情节严重"认定的现状。

（一）考察重"量化"：形式危害性与实质危害性的偏离

我国传统刑法视野下，对于大量犯罪设置了定罪要素，数额、数量中心主义较

---

① 参见张明楷：《论刑法分则中作为构成要件的"情节严重"》，载《法商研究》1995年第3期。
② 为方便行文，减少累赘，本文所述"本罪"均指侵犯公民个人信息罪。
③ 因以"侵犯公民个人信息罪"为案由在裁判文书网进行检索，无法查询到案件文书信息，故笔者调取了N市两级法院的生效裁判文书作为样本对象进行分析统计。另N市两级法院样本案件数占所在省份同期此案由案件数总量的60%以上，样本案件具有一定的代表性。

为突出。样本文书显示，实践中本罪情节严重的考察亦存在以所涉信息的数量和犯罪所得作为主要认定情节的现象，对其他情节的评价较少。

表1 样本案件情节认定情况汇总

项目	案件总数	侵犯信息数量认定	侵犯信息数量认定占比	犯罪所得认定	犯罪所得认定占比	其他情节	其他情节认定占比
合计	98件	75件	76.53%	46件	46.94%	12件	12.24%
灰色营销类	26件	26件	100%	11件	42.31%	3件	11.54%
合法经营目的类	23件	22件	95.65%	2件	8.70%	0件	0
职务窃取类	17件	2件	11.76%	15件	88.24%	0件	0
以信息买卖为业类	16件	14件	87.50%	11件	68.75%	1件	6.25%
查明用于下游犯罪类	9件	4件	44.44%	5件	55.56%	9件	100%
其他类	7件	7件	100%	2件	28.57%	0件	0

注：灰色营业类系指未明确查明经营目的是否合法的网络引流、电话营销、股票及金融等业务推销等信息使用行为；职务窃取类包含电信营业厅职员职务窃取的15件、网络科技公司职员窃取类1件、辅警窃取类1件。

如表1所示，样本案件中法院在认定情节严重时，侵犯信息数量的认定次数达75次，占比76.53%，犯罪所得数额的认定次数达46次，占比46.94%；而诸如信息类型与法益的关联程度、侵犯行为的主观恶性、本罪行为与下游犯罪的关联性等情节的认定次数仅12次，占比12.24%。本罪虽在罪名描述和分则分类中显示了对个体法益的保护倾向，但"情节严重"考察的重"量化"趋势，潜在地将本罪所保护的法益由个体转向了公共，致"数量不足"但具有严重社会危害性的行为排除在刑事否定评价之外的概率增加。

司法实践出现考察重"量化"的原因如下：（1）认定标准的量化规定比重大。如表2所示，《最高人民法院、最高人民检察院关于办理侵犯公民个人信息刑事案件适用法律若干问题的解释》（以下简称《解释》）所列明的10项认定条款中有5条与侵犯信息数量和犯罪所得数额相关。（2）量化标准在个案适用中更便利。《解释》对量化标准尤其是侵犯信息数量的描述相对清晰，较之诸如"知道或应当知道用于犯罪"等情节，量化标准在实践中取证和论证都相对便利。（3）部分情节条款在个案适用中或难以实现逻辑自洽。如《解释》规定"出售或者提供行踪轨迹信息，被他人用于犯罪的"系属情节严重，但个案中极难判断出售或者提供行踪轨迹信息的行为与他人犯罪之间是否存在直接的因果关系；而若将该侵犯行为与他人犯罪结果的因果关系扩大至间接因果关系，又极易过分扩大本罪的评价范围，因为我们"从哪里来到哪里去"的口头描述都可能会被他人利用于犯罪。

表2 《解释》有关"情节严重"评价标准

序号	情节严重	评价类型
1	出售或者提供行踪轨迹信息，被他人用于犯罪的	结果因素
2	知道或者应当知道他人利用公民个人信息实施犯罪，向其出售或者提供的	主观因素
3	非法获取、出售或者提供行踪轨迹信息、通信内容、征信信息、财产信息50条以上的	定量因素
4	非法获取、出售或者提供住宿信息、通信记录、健康生理信息、交易信息等其他可能影响人身、财产安全的公民个人信息500条以上的	
5	非法获取、出售或者提供第3项、第4项规定以外的公民个人信息5000条以上的	
6	数量未达到第3项至第9项规定标准，但是按相应比例合计达到有关数量标准的	
7	违法所得5000元以上的	
8	将在履行职责或者提供服务过程中获得的公民个人信息出售或者提供给他人，数量或者数额达到第3项至第7项规定标准一半以上的	
9	曾犯侵犯公民个人信息受过刑事处罚或者2年内受过行政处罚，又非法获取、出售或者提供公民个人信息的	预防性因素
10	其他情节严重的情形	兜底评价

（二）涉案信息类型的提示性：社会危害性识别的滞后

样本文书显示，司法实践中被追诉的犯罪行为指向的信息类型主要集中于传统的手机号、账号、身份证号等信息。如图1所示，样本案件中涉及手机号码的案件达98件，占比100%；涉及房产信息的案件达28件，占比28.57%，而与电信诈骗密切关联的金融账号、购物信息、网络平台注册账号等信息在样本案件中占比较低，且无涉及生物识别信息、未成年人信息认定的案件。

样本案件中被侵害信息的类型揭示：（1）与非提示性信息相关的侵害行为不易被追诉，侵害行为被追诉与否与被侵害信息所指向的法益危险性脱钩。样本案件中有23件案件涉及装饰公司、房产中介公司购买楼盘业主的手机号码、家庭住址、房产户型等信息，占样本案件总量的23.47%，装饰公司和房产中介公司购买相关信息的目的在于推销主营业务，行为目的本身决定了此类侵害行为具有高提示性，信息被侵害主体容易发现自己的信息被何人用于商业推销而主动投诉或报案。（2）本罪追诉呈现"不告不理"的客观现象。样本案件中除公安机关通过网侦主动查找的

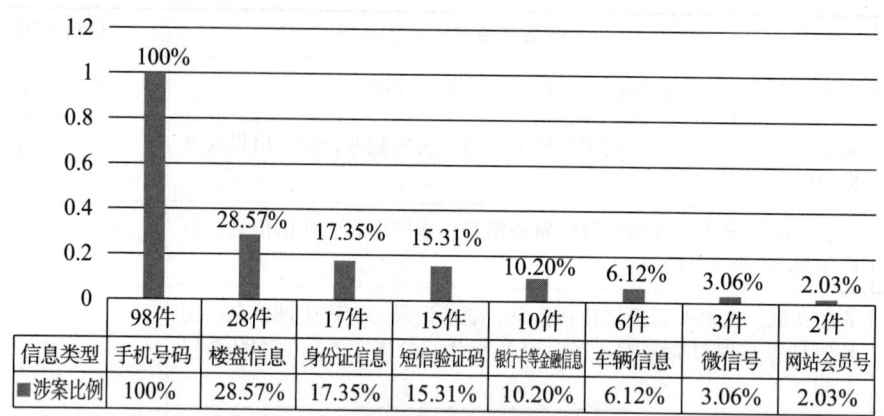

图1 样本案件涉个人信息类型统计图

个别案件外,大部分案件中犯罪行为被追诉与否取决于被侵害人的利益敏感性,甚至取决于商业竞争的激烈程度,被追诉与否与本罪的实质社会危害性脱钩。诚如,样本案件中有 75 件案件对侵犯信息数量进行了认定,侵犯信息的数量达万条以上的案件共 55 件,实际被侵害人的数量远远超过了被追诉案件的数量,即大多数信息被侵害人对个人信息的侵害处于"沉默"或"不知情"状态。

(三)量刑规范化失调:社会危害性程度的评估偏差

样本案件显示,法院在对个案共犯之间的量刑处理时,均对共犯的不同身份主体作了量刑区分,但即便是同一辖区的两级法院,因"情节严重"考察的重"量化"倾向,致横向比较时,仍存在明显的罪责刑不相适的情形,表现为:

1. 侵犯同类型、相似数量信息的量刑幅度偏离过度。如表 3 所示,同样是装饰公司等主体为合法经营目的从他人处购买个人信息,涉案信息的数量在 1 万条以下的案件中判处刑期从六个月以下到三年不等,除个别案件在量刑时存在信息类型和下游犯罪关联程度的描述外,大部分案件并无其他"情节"的特别描述。对涉案信息的数量和类型相似的侵害行为,量刑幅度从几个月到三年不等,横向比较时合理性易遭质疑。

表3 样本中装饰公司等主体为合法经营目的购买个人信息行为的量刑情况

为合法经营目的购买个人信息				
刑罚类型	案件数量/件	自由刑刑期	案件数量/件	案件占比	涉案个人信息数量
判决自由刑类型＋金钱刑	23	六个月以下（含六个月）	3	13.04%	1400~5000余条
		六个月以上一年以下（含一年）	2	8.70%	1000~4700余条
		一年以上不足二年	1	4.35%	2200余条
		二年	2	8.70%	4500~49500余条
		三年	15	65.22%	4000~69000余条
		缓刑	20	86.96%	1400~69000余条
仅判决金钱刑	0	—	—	—	—

2. 量刑幅度与主观恶性不匹配。如前所述,"情节严重"考察的重"量化"倾向易导致与社会危害性密切相关的主观恶性情节认定的必要性被淡化。

表4 样本中将提供服务时获取的信息出售行为的量刑情况

电信营业厅职员将提供服务时获取的信息出售					
刑罚类型	案件数量/件	自由刑刑期	案件数量/件	案件占比	犯罪所得金额
判决自由刑类型＋金钱刑	10	六个月以下（含六个月）	3	30.00%	5000~9000余元
		六个月以上一年以下（含一年）	1	10.00%	10200余元
		一年以上不足二年（含二年）	3	30.00%	16000~20000余元
		二年以上至不足三年	2	20.00%	36000~42000余元
		三年	1	10.00%	66000余元
		缓刑	9	9.00%	5700余元至9900余元不等
仅判决金钱刑	5	—	—	—	5700余元至9900余元不等

如表3、表4统计所示,样本案件中有5件案件对将提供服务过程中获得的公民个人信息出售给他人行为单独适用罚金刑,但没有对为合法经营目的购买信息行

为单独适用罚金刑的案件。横向归纳量刑规律在于，按每条信息10元到80元不等的价格核算，单独适用罚金刑的案件所涉信息数量仅有数百条。仅以数量评价，此类案件单独适用罚金刑并无不妥。但样本案件显示，此类信息的买受方为虚拟身份的案件高达82.35%，买受方的虚拟身份加重了司法挽损止害难度，即本罪的追诉不具有社会危害性的终结效果。但为合法经营目的购买信息的侵犯行为，若本罪追诉后侵犯信息被删除，较易实现社会危害性的终结效果。因此，从放任社会危害性蔓延的角度，将提供服务过程中获得的信息出售给他人行为的主观恶性要略高于为合法经营目的而购买或收受个人信息的行为，但其在司法实践中获得的量刑幅度与行为的主观恶性是不匹配的。

3. "获利"金额认定标准的实质不公。《解释》对"为合法经营活动而非法购买、收受公民个人信息"行为以"获利"金额认定"情节严重"程度，因行业利润率及单笔利润金额的客观差距，或存在实质评价不公。例如，样本案例中，大量房产中介公司、装饰公司利用购买的个人信息进行业务推广，因销售房产、装饰装修等业务关涉的单笔交易金额就很大，而购买同样相同数量信息用于推销书籍、玩具等单笔小额交易业务或可能因为"获利"不足而不被追诉，显失公平。

（四）追诉的孤立性："形式情节"与"实质情节"的时空割裂

本罪系帮助犯正犯化的立法实践，本罪立法的初衷在于通过刑事立法提高网络犯罪重要物料基础的公民个人信息的保护力度，降低诸如电信网络诈骗等新型网络犯罪的发生率及侦查难度。但从样本案件分析发现，侵犯公民信息犯罪仍多为单一追诉，即司法实践中仍较少通过上下游犯罪确定本罪或由本罪追诉上下游犯罪的情形。样本查明的事实表明各案均存在上游或下游犯罪行为，但上下游犯罪实际追诉仅13例，占样本案件总量的13.27%。

无法被追诉的原因主要是上下游交易主体的多元性、虚拟化和信息流动痕迹的数字化。如图2所示，样本案件中有45件案件查明关联犯罪行为人使用了虚拟身份进行交易，占样本案件总量的45.92%，且关联行为人使用信息的社会危害性越强，行为人使用虚拟身份交易的概率越高。诸如相貌、声音等生物识别信息被非法收集、加工后往往被用作侵害其他人的人身和财产安全，此时，信息的被侵害人与下游犯罪受害人之间发生分离，期望信息的被侵害人主动、预先阻止该类信息的侵害是无效和苛责的。这一追诉现象进一步显示，在利用网络犯罪越来越猖獗的环境下，网络犯罪的帮助行为被分解得更为精细，犯罪协作主体之间的意思联络"数码化"，帮助型犯罪行为与结果型犯罪行为之间的"时空分离"加大了刑事司法实践的追诉困难，抑或引发"形式情节"与"实质情节"严重程度的割裂。

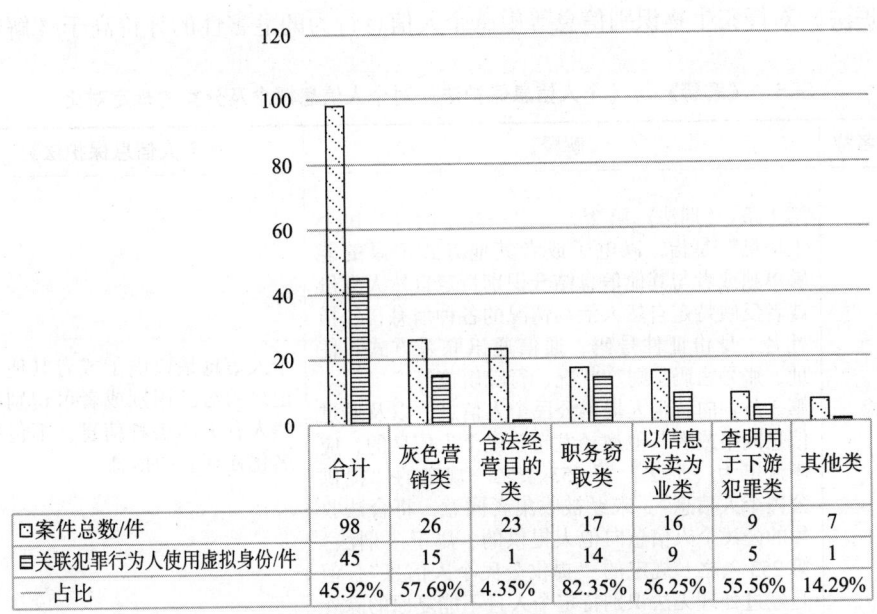

图 2　关联犯罪行为人使用虚拟身份的样本统计

二、新境：前置法优化加剧本罪"情节严重"司法认定的困难

"违反国家有关规定"系本罪的构成要件之一，"国家有关规定"即本罪认定的前置法。《个人信息保护法》作为本罪的前置法，为本罪的评价对象划定了评价半径，[①] 其一方面丰富了本罪"违反国家有关规定"的内容，另一方面也对原有的法秩序状态产生了冲击。

（一）关于信息分类：信息敏感性评价的位阶冲突

《个人信息保护法》将个人信息区分为敏感个人信息和一般个人信息，并对敏感个人信息的处理进行了特别规定的做法，引发了理论界和实务界对《解释》分类的反思。如表5所示，《个人信息保护法》将生物识别、不满14周岁未成年人的个人信息明确列举为敏感个人信息，并对此类信息使用予以更严格的规制。但《解释》并未对侵害上述两类信息的行为作出高于其他信息类型的社会危害性评价。有学者认为："《解释》对生物识别信息等与公民人格尊严、人身财产安全密切相关的敏感性信息设置的保护层级过低。"[②] 而究其本质，即从文义解释的角度，《个人信

[①] 刘宪权、何阳阳：《〈个人信息保护法〉视角下侵犯公民个人信息罪要件的调整》，载《华南师范大学学报（社会科学版）》2022年第1期。

[②] 刘宪权、何阳阳：《〈个人信息保护法〉视角下侵犯公民个人信息罪要件的调整》，载《华南师范大学学报（社会科学版）》2022年第1期。

息保护法》对侵犯生物识别信息等敏感个人信息行为的危害性的评价高于《解释》。

表5 《解释》与《个人信息保护法》对个人信息概念及分类的规定对比

文件名称	《解释》	《个人信息保护法》
概念	第1条：《刑法》第253条之一规定的"公民个人信息"是指，以电子或者其他方式记录的能够单独或者与其他信息结合识别特定自然人身份或者反映特定自然人活动情况的各种信息，包括姓名、身份证件号码、通信通讯联系方式、住址、账号密码、财产状况、行踪轨迹等 第3条：向特定人提供公民个人信息，以及通过信息网络或者其他途径发布公民个人信息的，应当认定为《刑法》第253条之一规定的"提供公民个人信息"。未经被收集者同意，将合法收集的公民个人信息向他人提供的，属于《刑法》第253条之一规定的"提供公民个人信息"，但是经过处理无法识别特定个人且不能复原的除外	个人信息是以电子或者其他方式记录的与已识别或者可识别的自然人有关的各种信息，不包括匿名化处理后的信息
分类	第一类信息：行踪轨迹信息、通信内容、征信信息、财产信息	敏感个人信息
	第二类信息：住宿信息、通信记录、健康生理信息、交易信息等其他可能影响人身、财产安全的个人信息	
	第三类信息：上述两类信息之外的个人信息	一般个人信息

（二）关于合理使用："情节严重"计量基础的司法证明困难

《个人信息保护法》为信息合理使用提供了行为指引，其全文74条中有13条涉及信息处理中的"个人同意"，而第27条①系有关"公开信息"使用规则的规定。前置法有关"个人同意"及"已公开信息"的规定源于个人信息自决权的权利尊重。《解释》有关"情节严重"的量化条款强化了个人信息数量对本罪定罪量刑产生的重大影响，故被追诉行为所涉信息的处理是否经"个人同意"、是否属于"已公开信息"应当作为追诉的证明内容之一。样本案件中已存在关于案涉信息系"已公开的个人信息"的抗辩，如"原审判决认定其侵犯公民个人信息数量为127505条证据不足，其中"di××"文件夹中10A文件里的10万条手机号码……另一部分是从婚恋交友网、汽车网、赶集网、58同城等网站上注册会员获取，属于公开信

---

① 《个人信息保护法》第27条规定，个人信息处理者可以在合理的范围内处理个人自行公开或者其他已经合法公开的个人信息；个人明确拒绝的除外。个人信息处理者处理已公开的个人信息，对个人权益有重大影响的，应当依照该法规定取得个人同意。

息，不构成侵犯公民个人信息罪"。① 在现有《解释》规范下，未经证明"个人同意"与否、"公开"与否的信息作为"情节严重"计量基础的信息数据，显然欠缺论证逻辑上的周延，但"个人同意与否""信息公开与否"的认定相较于"信息真实性的比对"更为困难。在现有证明规则下，面对海量数据，司法实践中难以实现对信息主体意愿、信息公开渠道、是否合理使用等作出精准求证和区分。

（三）关于"高额罚款"："情节严重"评价的"行刑"不适

《个人信息保护法》第 66 条第 2 款②关于违法处理个人信息高额罚款的规定，将会是我国个人信息保护行政执法领域的重要法律依据，③ 但该条款亦使用了"情节严重"的概念，行政"高额罚款"所指针的"情节严重"与本罪"情节严重"之间的关系的尚未明确。2022 年 7 月 21 日，国家互联网信息办公室官方网站发布对滴滴全球股份有限公司（以下简称滴滴公司）处人民币 80.26 亿元罚款并对相关责任人员罚款的处罚决定，④ "高额罚款"制度高调落地。如表 6 所示，滴滴公司被高额罚款所指向的侵犯公民个人信息数量异常惊人。对照《解释》有关"情节严重"的描述，滴滴公司所涉违法行为已符合《刑法》关于"情节特别严重"的条件。《解释》若不对"高额罚款"制度作出回应，司法实践不可回避地要对已经给予行政"高额处罚"的行为作出刑事评价。行政与刑事高度重叠的规范规则，或与行政"高额罚款"制度的立法初衷不符。

表 6 滴滴公司被高额罚款所涉违法事实⑤

序号	违法事实
1	违法收集用户手机相册中的截图信息 1196.39 万条
2	过度收集用户剪切板信息、应用列表信息 83.23 亿条
3	过度收集乘客人脸识别信息 1.07 亿条、年龄段信息 5350.92 万条、职业信息 1633.56 万条、亲情关系信息 138.29 万条、"家"和"公司"打车地址信息 1.53 亿条

---

① 转引自 (2021) ×××刑终 116 号刑事判决书（本文将文书案号地域性内容作屏蔽处理）。
② 《个人信息保护法》第 66 条第 2 款规定："有前款规定的违法行为，情节严重的，由省级以上履行个人信息保护职责的部门责令改正，没收违法所得，并处五千万元以下或者上一年度营业额百分之五以下罚款，并可以责令暂停相关业务或者停业整顿、通报有关主管部门吊销相关业务许可或者吊销营业执照；对直接负责的主管人员和其他直接责任人员处十万元以上一百万元以下罚款，并可以决定禁止其在一定期限内担任相关企业的董事、监事、高级管理人员和个人信息保护负责人。"
③ 孙莹：《违法处理个人信息高额罚款制度的理解与适用》，载《东华政法大学学报》2022 年第 3 期。
④ 2022 年 7 月 21 日国家互联网信息办公室发布《国家互联网信息办公室对滴滴全球股份有限公司依法作出网络安全审查相关行政处罚的决定》，载 http：//www.cac.gov.cn2022-0721/（c1660021534306352.htm）。
⑤ 2022 年 7 月 21 日国家互联网信息办公室发布《国家互联网信息办公室有关负责人就对滴滴全球股份有限公司依法作出网络安全审查相关行政处罚的决定答记者问》，载 http：//www.cac.gov.cn2022-0721/（c1660021534364976.htm）。

(续表)

序号	违法事实
4	过度收集乘客评价代驾服务时、App 后台运行时、手机连接桔视记录仪设备时的精准位置（经纬度）信息 1.67 亿条
5	过度收集司机学历信息 14.29 万条，以明文形式存储司机身份证号信息 5780.26 万条
6	在未明确告知乘客情况下分析乘客出行意图信息 539.76 亿条、常驻城市信息 15.38 亿条、异地商务/异地旅游信息 3.04 亿条
7	在乘客使用顺风车服务时频繁索取无关的"电话权限"
8	未准确、清晰说明用户设备信息等 19 项个人信息处理目的

三、厘清：法规范集合的新秩序证成"情节严重"解释调整的必要性

本罪"情节严重"的描述与《个人信息保护法》的上述优化规定虽存在表象上的冲突，但在法秩序的整体语境下，两者存在评价逻辑上的统一性，这种统一性集中体现为两者均是基于侵犯行为的法益危害性的评价。《个人信息保护法》一方面体现了对侵犯行为的法益危害性时代变迁的立法回应，另一方面也改变了与个人信息保护相关法规范集合的秩序，促使侵犯公民个人信息行为的客观社会危害性发生变迁，进而派生刑法有关"情节严重"解释调整的需求。

（一）回应：前置法优化规定系法益危害性时代变迁的立法描述

《个人信息保护法》有关信息分类、合理使用和"高额罚款"的相关规定并非立法者的臆造，而是对时代诉求予以及时回应的立法智慧。

1. 回应法益复合程度的时代变迁。《个人信息保护法》对信息敏感性的分类，系以个体权益为切入口保障与信息相关的复合法益整体的立法智慧。大数据时代，与公民活动、行为方式、兴趣爱好、与他人的关系等公民个体社会属性密切相关的个人信息总量每 18 个月就会翻 1 倍。① 信息技术在改变人们生活方式和行为方式的同时，也极大提高了公民个人信息与公民的财产利益、人身利益的关联性，侵犯信息行为借助技术的发展以现实环境中对经济利益或其他利益的实现可能性为宗旨不断进行演进。诚然，电子支付在给民众带来便利的同时，也为电信网络诈骗创造了条件。公民个人信息所辐射的法益范围由个体安全向公共、国家安全扩散，这种辐射不仅体现在公民个人信息已经成为公共管理安全、国家信息安全的重要组成部分，也体现在公民个人信息的保护程度会直接影响公共管理秩序的效率和国家信息安全

---

① 转引自敬力嘉：《大数据环境下侵犯公民个人信息罪法益的应然转向》，载《法学评论》2018 年第 2 期。

及其他安全的状态。对个人信息过于细化的分类实质无法涵盖具体信息所承载的法益内容的快速变动性,"敏感性个人信息"的模糊性和"空框特征"恰好回应了立法稳定性与法益变动性之间的平衡需求。

2. 回应违法成本系统平衡的需求。法秩序统一视域下,法的安定性要求法律向国民发出统一的行为指引。犯罪构成是将一定的行为形象予以固定并规定相应的刑罚后果,构成要件的呼吁功能,即刻画不法行为的观念类型警示人们远离它,不听从这种呼吁的行为人就会受到刑罚惩罚。[①] 如前所述,本罪在设立之初前置法体系尚不完善,通过刑法的先行干预震慑日益猖獗的侵犯公民个人信息行为,以期降低与公民个人信息相关的下游犯罪的犯罪率和损害程度,因此,本罪自设立之初即被赋予了鲜明的教义功能。但大数据时代,"数据就是黄金,也是权力",[②] "高额罚款"制度实施前,民事、行政等前置法体系所呈现的违法成本过低,加之刑事司法对侵犯信息行为的打击偶然性,使得与公民个人信息相关的违法成本显著低于违法收益,易刺激以成本收益评价作为决策底层逻辑的商主体铤而走险。《个人信息保护法》"高额罚款"制度显著提高了法秩序整体层面信息不当使用的违法成本,从底层逻辑上引导商主体对合理使用信息的"自觉取证"。

3. 回应信息"安全与效益并举"的时代诉求。《个人信息保护法》制定时,公民个人信息已非单纯以姓名、手机号码等传统信息模式单独存在,企业的商业模式和社会治理模式均快速以海量社会数据为核心转变。[③] 个体、企业及政府均期许通过技术、立法等手段最大限度地实现"信息安全"与"信息使用效益"的双重利益最大化,促使立法理念从单一的数据安全转变为在数据安全前提下充分利用数据,[④]《个人信息保护法》对"合理使用""个人同意"的大篇幅规定,均体现了对这一立法理念的贯彻。

(二) 改变:前置法优化催化规范秩序的调整和刑法回应

谦抑是刑法的品格。刑法的谦抑性是指刑法应依据一定的规则控制处罚范围与处罚程度,即凡是适用其他法律足以抑制某种违法行为、足以保护合法权益时,就不要将其规定为犯罪;凡是适用较轻的制裁方法足以抑制某种犯罪行为、足以保护合法权益时,就不要规定较重的制裁方法。[⑤]《个人信息保护法》作为时代诉求的产物,其对与个人信息相关的法益救济权利、救济能力和救济成本格局的改变,成为本罪"情节严重"解释重塑的必要性基础。

1. 法益救济权利的改变。《个人信息保护法》实施前,与公民个人信息保护相

---

① 王莹:《情节犯之情节的犯罪论体系性定位》,载《法学研究》2012年第3期。
② 转引自敬力嘉:《大数据环境下侵犯公民个人信息罪法益的应然转向》,载《法学评论》2018年第2期。
③ 转引自敬力嘉:《大数据环境下侵犯公民个人信息罪法益的应然转向》,载《法学评论》2018年第2期。
④ 赵精武:《破除隐私计算的迷思:治理科技的安全风险与规制逻辑》,载《华东政法大学学报》2022年第3期。
⑤ 张明楷:《论刑法的谦抑性》,载《法商研究》1995年第4期。

关的前置法规范缺位，刑法"单刀直入"的格局建立在快速遏制信息网络犯罪的紧迫需求之上，此时，公民个人对信息安全的危害性识别能力普遍较弱、侵犯公民个人信息行为的民事定义不清、举证困难；行政干预信息违法行为的执法手段缺位，违法成本低位徘徊；此时刑法"最后一道防线"变成"第一道防线"显然与刑法的谦抑品格相适应。《个人信息保护法》实施后，不同类型信息"合理使用"的规则更为明确，一方面引导信息使用者使用行为的合法化，另一方面也引导公民个体对与自身信息安全的必要关注，赋予公民个体"撤回同意""请求删除"的私力救济权利，完善了公民个体信息侵权民事诉讼的权利基础；"高额罚款"赋予明确的处罚权利，使得行业监管、行政处罚的手段更有章可循，极大提高了行政手段的震慑力。而法秩序统一视角下，民事、行政救济权利的边界扩大，刑事救济权利的边界应当适时"回退"，最终回归"最后一道防线"的刑法应处之地位。

2. 法益救济能力的改变。法益救济权利的边界，为民事、行政救济划定了法益保护的救济上限，但因社会发展不同阶段，民事、行政手段对法益救济的能力与法益救济的权利或不匹配，导致民事、行政手段救济的无效。如前所述，在本罪设立之初，侵犯公民个人信息的行为日益猖獗，甚至个人信息被利用为下游犯罪的主要物料。因信息技术对于普通网络用户存在技术壁垒，被侵害者往往无法知晓信息被侵犯的时间、侵权人，甚至侵犯行为发生后被侵害者完全不知情，此时欲求被侵害者通过平等主体之间的请求权主张损害赔偿或其他民事权利，与被侵害人的救济能力不匹，显然是不公平的。《个人信息保护法》实施后，其以法规范的形式对公民个人信息的"合理使用"提供了行为指引。至此，诸如微信等 App 平台公司为保障其从"合理使用"个人信息中获取最大的经济利益，需要从技术上保障和公开相关软件和平台对个人信息的使用"合规性"。因此，平台公司在 App 功能中增加"个人信息收集清单""第三方信息共享清单"等有助于信息主体查询和了解个人信息在虚拟流通链条中的"痕迹"，一方面为其"合理使用"个人信息提供证据基础，另一方面也为信息主体个人信息进行民事救济提供了查找侵权人的可能。因此，《个人信息保护法》对"合理使用"行为的指引，实质改变了法秩序中民事主体和行政主体法益救济的能力格局。故，在法秩序统一视角下，随着民事和行政等救济能力的提高，刑法有必要通过"情节严重"的适度限缩解释，将原本应由民法、行政法规范和保障的法益稳妥让渡，以降低法规范集合内部门法之间的冲突。

3. 法益救济成本的改变。任何部门法在落实到具体法益的救济时，均需消耗或多或少的法成本。这种法成本或表现为民事主体的诉讼成本、自力救济的追诉成本；或表现为行政机关对特定领域管理秩序进行规范、监管和处罚所耗费的行政管理成本；抑或表现为刑事侦查、公诉等刑事司法成本等。而从法经济效益的角度分析，任何领域的部门法，在可预见的成本大于所保护的法益价值时，基于成本与收益不匹的价值失衡，即便部门法作出了法益保障的明确规定，亦容易被诟病或搁置。故而，实践中确实存在公民在个人信息被侵害后，因为维权成本高、回报率较低而放弃借助司法程序维护个人信息安全的情况。① 如前所述,《个人信息保护法》通过信息分类、合理使用和"高额罚款"等制度优化,引导信息使用主体尤其是以个人信息作为核心商业资源的大型商事企业对个人信息的"留痕"使用,它一方面提供了一种合理使用的模式,另一方面也开启了与信息"留痕"使用的"治理科技"的研发冲动。正如"生物信息验证技术"被广泛用于缩短企业的客户身份的核验流程以优化用户体验的同时,也实质降低了行政信息监管的治理成本和公民个人民事救济取证和论证的民事追诉成本。在法秩序统一视角下,随着网络空间民事追诉、行政管理手段和归责的周延,在宏观角度,民事、行政救济途径的整体成本较之刑事救济途径的整体成本相对更低,刑法有必要通过"情节严重"进行适度的限缩解释,以释放有限的刑事司法成本。

综上所述,本罪"情节严重"司法认定的现实困难,加之前置法对法秩序格局的改变,均要求司法者通过对"情节严重"的内涵进行重新解释,以有限限缩刑法对侵犯公民个人信息行为的评价范围,最终提高法秩序集合内各部门法之间的协同效益。

四、路径:法秩序统一视角下本罪"情节严重"的限缩解释

《个人信息保护法》对时代诉求的回应和法秩序格局的改变,虽可以证明本罪"情节严重"限缩解释的必要性,但在法秩序统一视角下,本罪"情节严重"解释的重塑并不应仅仅以《个人信息保护法》的规定为重塑的根据,而是应以法规范的集合内无内在矛盾②为宗旨、以"违法性"程度的评价为限度,通过法益保护顺位的识别探求解释优化的路径。

(一)解释的规则:法规范的集合无内在矛盾

法秩序统一要求刑法与相关"周边"法律即"法规范的集合"及其背后的法律目的的协调一致。③《个人信息保护法》系本罪的前置法,有其特殊的立法目的,其与本罪对个人信息相关法益的保护和功能定位存在明显的不同。本罪"情节严重"的刑法解释应当考察《个人信息保护法》这一特别法的规定,但本罪的前置法并非仅有此法,与个人信息保护相关的《民法典》《网络安全法》等均应属于本罪的前置法范畴。从法秩序统一视角观之,本罪"情节严重"的司法解释应与全部前置法及其他周边法律即"法规范的集合"及其背后的法律目的的协调一致。因此,完全比照《个人信息保护法》对个人信息的分类及分级方式对本罪"情节严重"的解释

---

① 刘宪权、何阳阳:《〈个人信息保护法〉视角下侵犯公民个人信息罪要件的调整》,载《华南师范大学学报(社会科学版)》2022年第1期。
② 周光权:《法秩序统一性的含义与刑法体系解释——以侵害英雄烈士名誉、荣誉罪为例》,载《华东政法大学学报》2022年第2期。
③ 周光权:《法秩序统一性的含义与刑法体系解释——以侵害英雄烈士名誉、荣誉罪为例》,载《华东政法大学学报》2022年第2期。

进行修正的思路，不符合法秩序统一性的基本要求。

（二）解释的内容："违法性"程度

法秩序统一视角下，关于"法规范集合"内的不同规范之间就同一行为的违法性的评价应达致何种状态，存在不同的观点：严格的违法一元论认为，在一个法域中被认定为违法的行为，绝不可能在其他法域被认定为合法；缓和的违法一元论认为，违法性虽然在整体法秩序中是统一的，但违法存在不同的类型与程度；违法相对论则认为，不同法域的目的、法律效果各不相同，作为推导出效果的要件，违法性中存在差异也是理所当然的。① 本罪以"情节严重"作为"违反国家有关规定"的行为出罪与入罪的边界，实则是对缓和的违法一元论的立法承认。即本罪"情节严重"要件并非用于判断侵犯行为"违法性"的有无，而是用以判断"违法性"程度，进而确定"违法性"的类型。因此，本罪"情节严重"的解释重塑应当考虑包括《个人信息保护法》在内的前置法集合关于"违法"与否的定性认定情节，本罪"情节严重"的认定标准不宜低于前置法"违法性"认定标准，过低的定量标准值得商榷。

（三）"违法性"程度的评价基础：法益保护顺位的识别

《个人信息保护法》将公民个人信息区分为敏感个人信息和一般个人信息，似乎创新了按照"敏感性"进行分级的新方法，但《解释》虽未使用"敏感个人信息"这一概念，其对"情节严重"的描述亦体现了刑法视域下对公民个人信息敏感性的评价。而究其实际，《个人信息保护法》和刑法对公民个人信息进行的分类方式系对各自法域所保护法益敏感性的排序。《个人信息保护法》和刑法在各自立法目的下，对个人信息相关法益作出了优先级别的排序，而这种排序，在法秩序整体视域下，能够给予个人信息保护不同立场和角度的保护，实现法秩序整体意义上的周延。《个人信息保护法》以个人信息自决权为基础法益，以个人本体为中心，其法益顺位是"个人法益—公共法益"，旨在通过个人法益的集中保护实现信息公共安全和秩序稳定。故而，《个人信息保护法》有关"个人同意"免责、"删除权""同意撤回权"等规定，均围绕私主体信息自决法益。而经由本罪"情节严重"认定标准的分析可知，现行刑事立法系按照"公共法益—个人法益"的顺位，旨在通过规范个人信息使用的整体秩序优化不特定信息主体的信息安全。法益救济成本控制和"违法性"程度的评价范围均证明本罪"情节严重"的司法解释不可避免地需要定量评价。通过对定量标准的调适，逐步将民事、行政干预足以抑制的违法行为从刑法的否定性评价射程中排除，是实现法秩序统一和平衡的可能路径。

---

① 转引自陈文涛：《犯罪认定中的法秩序统一性原理：内涵澄清与规则构建》，载《华东政法大学学报》2022年第2期。

五、维度：本罪"情节严重"有限限缩解释的规范建议

"情节严重"不是属于犯罪构成某一方面的要件，而是一个综合性的构成要件，它涉及客观方面、主体、主观方面的内容，[①] 而对作为行为客体的信息类型的划分是情节认定的基础，刑事司法证明规则的有限突破亦是探索"情节严重"认定妥适性的可能路径。

（一）有关客体：个人信息按法益敏感性分级

如前所述，对个人信息敏感性分级，实质是对信息法益敏感性的评价，应当考虑：（1）被侵犯信息的可修复性。信息在被侵犯后越难以修复则对相关个体和社会管理的危害性越大。例如，指纹等信息系生物识别信息因其不可变更或变更成本过高，此类信息一旦进入非法信息流通领域，往往难以完全消除侵犯行为的潜在风险。因此，侵犯生物识别信息应当纳入最严厉法律保障体系即刑法的规制范围，且应适度降低其入罪的标准。（2）被侵犯信息的社会管理功能与公民人身、财产安全的关联程度。除生物识别信息外，其他信息与公民人身、财产安全的关联程度随着信息技术的发展可能存在快速的变动性，《个人信息保护法》"敏感个人信息"概念内涵因其模糊性而具有张力，刑法对前置法"敏感个人信息"内涵的再确认，有益于法秩序的统一。（3）被侵犯信息能否通过市场、行业监管的强化而得以保障。例如，《解释》认为需要特别保护的住宿信息、征信信息、交易信息等，均形成于特定行业的合法商业行为，其信息源头可控，被侵犯实则属于行业监管缺失或存在薄弱环节，此类信息的保障应当优先通过强化信息源头监管得以实现，不宜作为刑法特别保护的范畴。

综上，建议将公民个人信息分类为：（1）生物识别信息，即人体固有的生理特性如指纹、脸相、虹膜等可以识别个人身份的信息；（2）生物识别信息之外的敏感个人信息；（3）一般信息。

（二）有关主体：完善履行职责或者提供服务主体违法行为的加重处罚情节

如表5所示，样本案件中有17件履行职务或提供服务过程中违法窃取个人信息的案件，其中15件系电信营业厅职员将提供服务过程中获取的手机信息和实时验证信息出售给他人。《刑法修正案（九）》明确规定此类情形应当从重处罚，《解释》亦将此类侵害行为的数量认定标准降至普通主体的一半。电信营业厅职员、银行职员等特殊身份主体在履行职责或提供服务过程中获得的信息与公民人身、财产安全的关联度极高，其提供或出售的个人信息能够更精准高效地帮助下游犯罪。但如前所述，鉴于无其他情节判断依据，司法实践基于定量认定的社会危害性程度必然与

[①] 参见张明楷：《论刑法分则中作为构成要件的"情节严重"》，载《法商研究》1995年第3期。

实质危害性脱节，单独金钱刑的刑罚进一步降低了本罪对此类侵犯信息行为的司法教义效果。

基于此，建议将此类违法行为"情节严重"认定标准修改为："将在履行职责或者提供服务过程中获得的公民个人信息出售或者提供给他人，符合下列条件之一的构成情节严重：（1）出售或者提供的信息系生物识别信息；（2）无法提供信息买受人或接收方的真实身份信息的；（3）出售或者提供敏感个人信息数量或者违法犯罪所得数额达一般规定标准三分之一以上的；（4）出售或者提供一般个人信息数量或者违法犯罪所得数额达一般规定标准二分之一以上的。"

（三）有关主观方面：合法经营类违法行为的行政处罚前置

对合法经营企业，"行政高额处罚"制度较之刑法规范实现教义功能预期成效更显著。收益风险评价是合法经营企业作出经营决策的底层依据。"行政高额处罚"确立，将非法使用信息行为的风险以"高额罚款"标准的形式予以量化，当"高额罚款"超过非法使用信息能够获取的预期利益时，合法经营企业大多会倾向于尽可能通过技术手段提高信息使用的合规性。合法经营企业大多有对口的行政职能主管单位，且不同行业对特定信息的使用存在"合理使用"认定标准意义上的差异。例如，酒店获取入住客户身份信息及手机号码属于"合理使用"，但旅游景点要求客户提供手机号码未必符合必要性要求。行政评价前置能够避免以刑法有关"违法性"程度的评价取代"违法性"与否的前置评价。

综上，建议删除"利用非法购买、收受的公民个人信息获利五万元以上的"认定标准，即确立此类违法行为的行政处罚前置，并在《个人信息保护法》司法解释或配套规范性文件将合法经营企业信息使用备案制度纳入其中。

（四）有关客观方面：计量标准的优化与"犯罪工具"标准的剔除

《解释》对入罪定量标准的设置结构存在如下特点：（1）特殊信息入罪的定量数低。《解释》第5条第3项、第4项、第5项分别规定了50条、500条、5000条的下限量，但实践中侵犯公民个人信息在500条以下的案件极少，如表7所示，样本案件中仅有4件案件认定的侵犯信息的数量在500条以下，占查明侵犯信息数量案件总数的5.33%；且以信息数量为认定依据的75件案件中高达60.59%的案件量刑在三年以上（含三年）。入罪下限定量与实际侵犯信息数量之间过于悬殊的差距，容易引发"情节严重"认定的"重刑"趋势。即便司法实践中不少案件通过适用缓刑的方式实现与实际社会危害性评价之间的平衡，但极易产生罪责刑不相适的司法效果。（2）量化与量刑区间没有适度匹配。承上述问题，《解释》并未就本罪基本型即"三年以下"作出更为细化的量刑规范，没有划定不同区间的量刑幅度，进一步强化了"顶格"量刑的司法趋势。（3）对生物识别信息未作特别规定，对前置法的强化保障倾向未予体现。（4）《解释》对信息用于犯罪的情形，规定了不计量标准。即无论信息数量如何，只要涉案信息被用于犯罪均构成"情节严重"。但如前所述，大数据时代，信息是否被用于犯罪，可能超出信息最初处理者的主观预见，仅以信息被利用于犯罪即认定构成"情节严重"或过分扩大刑事评价的范围。

表7 个案侵犯公民信息数量的样本统计

项目	5000条以下(含本数)	1万条以下至1万条(含本数)	1万条以上至2万条(含本数)	2万条以上至3万条(含本数)	3万条以上至4万条(含本数)	4万条以上至5万条(含本数)	5万条以上至10万条(含本数)	10万条以上至20万条(含本数)	20万条以上至100万条(含本数)	100万条以上	合计	比例
案件数量	13件	7件	8件	11件	5件	6件	7件	7件	5件	6件	75件	100%
情节严重	13件	5件	2件	6件	2件	4件	—	—	—	—	32件	42.67%
情节特别严重	—	2件	6件	5件	3件	2件	7件	7件	5件	6件	43件	57.33%
六个月以下(含本数)	4件	1件	—	1件	—	—	—	—	—	—	6件	8%
六个月以上一年以下(含本数)	4件	1件	2件	3件	1件	—	—	—	—	—	11件	14.67%
一年以上不足二年	3件	2件	—	2件	—	1件	—	—	—	—	9件	12%
二年	1件	—	—	—	—	1件	—	—	—	—	2件	2.67%
二年以上至不足三年	—	—	1件	—	—	—	1件	—	—	—	2件	2.67%
三年	1件	2件	5件	3件	3件	4件	6件	2件	4件	1件	31件	41.33%
三年以上	—	1件	—	1件	1件	—	—	4件	1件	5件	14件	18.67%
缓刑	10件	2件	5件	7件	3件	—	3件	—	3件	—	34件	45.33%

综上，建议：（1）对侵犯生物识别信息行为的入罪数量设定低于50条的数量起点。（2）对除生物识别信息之外的其他敏感个人信息的数量认定在行政"高额罚款"制度相关适用规则规定的数额标准之上取值。（3）设定不同的区间。即在确定入罪定量下限的基础上，对量刑作出区间指引，例如以自由刑一年以下、一年至二年、二年至三年为区间，分别规定不同类型信息侵害数量及犯罪所得的定量数额。（4）删除"出售或者提供行踪轨迹信息，被他人用于犯罪的"的认定情节。

（五）程序探索："合理使用"举证责任倒置的尝试

《个人信息保护法》对"合理使用"作出了行为指引，而信息技术和网络平台对公众生活的不断渗透，立法应当需要保障公众的信息共享，而信息共享又不可避免地包含对"合理使用"公民个人信息的保障。《个人信息保护法》规定了"处理个人信息达到国家网信部门规定数量的个人信息处理者"的特别监管义务，此处的个人信息处理者大多为企业、机构等单位主体，较之侦查机关，此类个人信息处理者无论从技术水平还是与证据的距离上，或许都优于侦查机关，前置法规范要求此类个人信息处理者举证证明其"合理使用"信息、妥善监管信息，那么在刑事定罪认定时,或可探索由被追诉者举证其"合理使用"。

结　语

协调数字经济活动、数据开放与共享和公民个人信息之间的关系是《个人信息保护法》的一个立法导向。过度宽泛的"情节严重"的刑法解释不利于市场主体对"合理使用"信息的信心和动力的培养,反而损害了与个人信息"留痕"使用相关技术的进步。因此,借《个人信息保护法》实施之际,在法秩序统一的视角下,对"情节严重"限缩解释进行探讨符合时代诉求。本文所设想的具化规则的周延性、合理性、程序突破的法理正当性仍需实践检验,期望本文为本罪构成要件的完善提供有益的思路。

积量构罪：信息网络空间中法益受侵害风险的量增质变

——以社会危害性评判为中心对非法利用信息网络罪适用的修正与完善

南昌铁路运输中级法院　杨　皓
南昌铁路运输中级法院　刘文娟

引　言

社会危害性在我国刑法学体系中居于中心地位，在我国刑事立法与司法领域中，社会危害性是评价和认定犯罪的首要标准。① 本罪②因《最高人民法院、最高人民检察院关于办理非法利用信息网络、帮助信息网络犯罪活动等刑事案件适用法律若干问题的解释》（以下简称《办理非法利用信息网络罪司法解释》）中规定的"设立用于实施违法犯罪活动的通讯群组，数量达到五个以上"等罪量标准，在对行为社会危害性表征上存在着科学合理性欠缺的瑕疵，导致适用这些罪量标准对行为予以定罪不仅有违反刑法谦抑性原则之嫌，还使得非法利用信息网络行政违法与刑事犯罪界限模糊化，因此，以行为社会危害性评判为中心对本罪相关罪量标准予以修正纠偏已迫在眉睫。本文在对427份案例的实证分析基础上，通过借助二项分布③公式，尝试构建出一套科学合理且具备实践可操作性的行为社会危害性评判标准，以期为本罪未来的规范适用提供些许有益参考。

一、非法利用信息网络罪"积量构罪"罪行构造正当性思辨

本罪所规定的设立网站、通讯群组及发布信息三种行为，因带有明显的预备行为特征，使本罪被部分学者视为预备行为实行化罪名，④ 即实质预备犯。然本罪被定义为实质预备犯难以实现理论自洽，且基于本罪在我国刑法分则体系中与实质预备犯形似实非的特征，于刑法体系层面提出了行为对非重大法益制造的抽象侵害危

---

① 孙燕山：《无法逐出注释刑法领域的社会危害性——社会危害性研究40年（1978—2018）的共识与再聚焦》，载《学术论坛》2018年第5期。
② 全文中的本罪与非信罪均指"非法利用信息网络罪"。
③ 二项分布是多次伯努利颁布实验的概率分布。
④ 参见陈洪兵：《非法利用信息网络罪"活"而不"泛"的解释论思考》，载《青海社会科学》2021年第1期。

险能否凭借着数量上的"积量"优势，使行为社会危害性达到值得科处刑罚的程度，即"积量"能否"构罪"之疑问。

在中国裁判文书网中，以 2019 年 11 月 1 日至 2022 年 8 月 15 日为时间段，并以"非法利用信息网络罪"为关键词精确检索得到刑事判决书 427 份。

（一）非信罪行为与传统预备行为之区别

本罪行为与传统预备行为相比，主要存在如下三方面区别：

1. 犯罪目的割裂性。在犯罪预备实然层面的概念解释上，"为了犯罪"这一行为目的本身就包括了"为了进入犯罪""为了实行犯罪""为了获得犯罪结果"之意。[①] 然在检索出的 427 份案例中，绝大部分案例中的本罪行为人与后续违法犯罪行为人的行为目的具有明显割裂性，如不考虑其行为不法性实质，本罪与后续违法犯罪行为人间存在着劳务关系外观特征，本罪行为人将设立网站、通讯群组、发布信息等行为，作为从"上家"处换取"报酬"的"劳动"。从本罪行为人角度可理解为"我"已完成"上家"指派的"劳动任务"且"报酬"已结清，后续违法犯罪行为成功与否与"我"无关，即对后续违法犯罪能否实现持一种无所谓态度，有些情形下甚至连"上家"是谁都不知晓，在行为目的上不同于传统预备行为与后续实行行为的同一或从属性关系，而是呈现出一种明显的割裂性特征。

2. 服务"对象"的"一对多"性。传统犯罪构造以实行行为为中心，传统预备行为如地球般围绕着实行行为这一"太阳"而"运转"，呈现出典型的单一从属性特征，然本罪的设立通讯群组等预备性质行为与后续违法犯罪实行行为呈"一对多"之特征，使实行行为的中心地位不复存在。[②] 以本罪典型的发布介绍卖淫信息行为为例，通过网络发布的介绍卖淫信息往往不只包含一名卖淫女联系方式，且发布人与卖淫女之间并不存在组织或强迫之情形，大多数情况下是一种形式上的劳务关系即你替我发布介绍卖淫信息，我给你"劳务费"，在这种关系情况下本罪行为人本着"拿人钱财、给人干活"的所谓"契约精神"，拿了多少卖淫女"劳务费"就替多少人发布介绍卖淫信息，一个发布行为为多个卖淫行为提供了便利、创造了条件。这种"一对多"之特点是本罪行为区别于传统预备行为的又一重要特征。

3. 侵害的后续法益涵盖面广。虽《办理非法利用信息网络罪司法解释》对本罪后续违法行为类型范围予以了有力限缩，但限缩后的涵盖面依然几乎覆盖了整个刑法分则所规定的行为类型，换言之，本罪行所针对的间接法益，亦几乎涵盖了整个刑法分则所涉及的法益，既包括如国家安全、公共安全这类重大法益，也包括经营管理秩序等一般法益。因此，有学者指出，本罪在侵害法益上具有"广谱性"特征。这种"广谱性"特征，是本罪与传统预备行为最大区别之所在，意味着本罪行

[①] 熊波：《犯罪预备"实行性"规则的释义与适用》，载《地方立法研究》2022 年第 1 期。

[②] 参见喻海松：《网络犯罪形态的碎片化与刑事治理的体系化》，载《法律科学（西北政法大学学报）》2022 年第 3 期。

为不满足预备犯实质性内涵"限于对重大法益造成至少抽象危险"之要求,① 如审判实践中后续违法犯罪为介绍卖淫、销售烟草制品②时,所针对的法益便不属于重大法益范畴。

本罪虽部分情形下所针对法益仅为一般法益,且只能对法益侵害造成抽象危险,从这一角度进行分析,本罪的设立于立法论层面而言似乎有违刑法谦抑性原则要求,基于该原则,仅当其他法领域之不法制裁手段无法有效规制不法行为发生之时,刑罚才能作为最后手段予以制裁,因此,本罪于立法论层面对其正当性难免存疑。然本罪在法益侵害抽象危险制造方面有着不同于传统预备行为的"积量"特点,这种"积量"特征与后续违法犯罪成功概率之间所存在的量增质变之关系,使本罪于立法论层面的实质正当性不能完全按照实质预备犯相关理论进行理解。

(二) 非信罪"积量"特征使后续违法犯罪成功概率趋于必然

本罪作为信息散布型网络犯罪,本罪发布信息行为在性质上可定性为"非法引流",在这样一个流量为王的网络时代,对于利用网络开展的如诈骗、赌博、卖淫等诸多犯罪而言,流量关注度是这些犯罪能在网上顺利开展,取得"斐然成效"的前提。

所谓非法引流,是指通过目标人群对不法信息的关注,将他们引向后续违法犯罪行为人,如诱导他人添加违法犯罪行为人的微信、QQ好友,或关注微博、抖音号及浏览、注册被用于实施违法犯罪活动的网站等。虽发布信息这一非法引流行为未对相关法益造成现实且紧迫的危险,但却能通过这种被引流人员数量上的"积量"优势使后续违法犯罪至少成功一次的概率趋于必然。

如在一起案件中,犯罪行为人蒋某以发布虚假招聘广告方式成功诱骗6747人添加诈骗者微信号,导致经公安机关查明的被骗者就有16人,共计被骗24万余元。在另一起案件中,犯罪行为人陈某在至少2500个微信群(群组成员累计至少25万人)中同样也是通过发布虚假招聘广告方式,诱骗群中成员添加诈骗者微信号,导致造成至少一名受害者被骗33万余元。③ 从上述案例可以看出,本罪发布信息这一为后续诈骗犯罪进行引流的行为,在制造法益侵害风险数量上具有明显的量化特征,虽从实际受害者人数与不法信息受众(被引流对象)数比例来看,就单个不法信息受众角度而言,被骗概率较小,但这种单次低成功率与海量基数的组合,从整体上看,只要基数足够大,诈骗犯罪既遂甚至达到数额巨大、数额特别巨大程度,概率都将趋于必然,即从概率论角度而言,再小的概率乘以一个极大的基数,都会成为

---

① 参见闫二鹏:《预备行为实行化的教义学审视与重构——基于〈中华人民共和国刑法修正案(九)〉的思考》,载《法商研究》2016年第5期。
② 详见(2020)鲁1327刑初72号。
③ 详见(2020)川0792刑初73号、(2022)湘0726刑初16号。

必然事件。可以说，本罪"积量构罪"①的罪行构造深刻体现了"量变引起质变"这一唯物主义辩证法哲学原理内涵。

本罪行为社会危害性的"量增质变"主要体现在基于庞大的引流目标人群基数，使被成功引流人数亦能多到几乎确保后续违法犯罪实施后成功率趋于必然，并显著提高实害结果上限。假设在一个本罪行为人为后续诈骗犯罪人通过发布信息进行非法引流的案例中，单个人被引流成功率为百分之一，引流后被诈骗概率为两百分之一，那么单个人最终被成功诈骗概率虽仅为两万分之一，但若被引流对象达10万人时，那么根据二项分布公式进行计算，被成功引流人数相应概率如图1所示。

二项分布公式：

$$P(X=k) = \binom{n}{k} p^k (1-p)^{n-k}, \quad k = 0, 1, 2, \cdots n$$

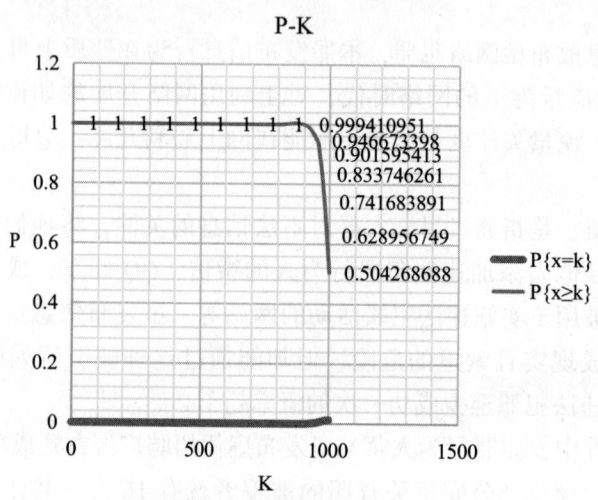

图1 被成功引流人数相应概率趋势

从图1中可以看出，当单个概率p取1%，基数n为100000时，至少900人被引流成功的概率依然趋近于百分之百。将引流成功的900人作为基数，单个概率p取0.5%继续计算被诈骗受害人数所对应概率，具体结果如图2所示。

从图2中可以看出，成功诈骗至少1人的概率趋于百分之百，成功诈骗3人以上的概率在80%以上。因此，可以说，只要本罪行为人为后续诈骗者成功引流了足够多的潜在受害人，即使针对单个人的诈骗成功率较低，但若对潜在受害人均实施了诈骗行为，那么有人被诈骗成功的概率便趋于必然。

本罪行为虽属预备性质行为，但却能通过发布信息等方式将潜在受害人引入后续违法犯罪行为人的"支配领域"中，这些看似只是诱骗加好友、诱导进群等仅对

---

① 非法利用信息网络罪的罪行构造具有"积量构罪"特征的观点由皮勇教授所提出。详见皮勇：《论新型网络犯罪立法及其适用》，载《中国社会科学》2018年第10期。

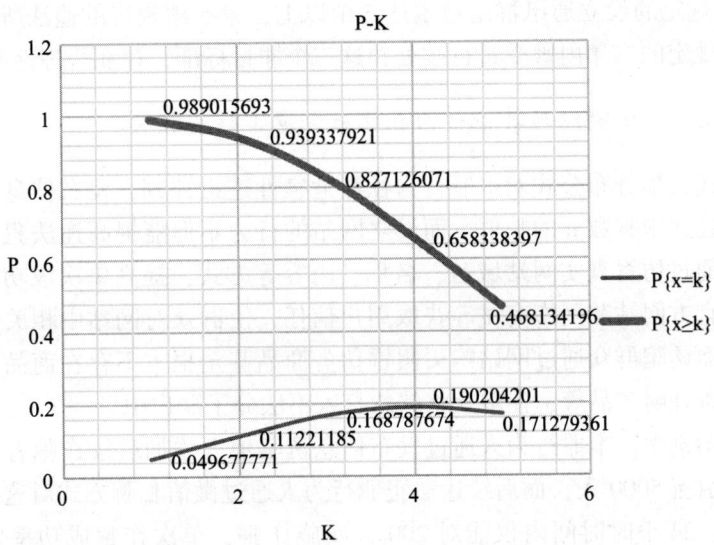

图 2　被诈骗成功人数相应概率趋势

法益侵害产生抽象危险性的行为，却能通过对潜在受害人集聚的数量优势，使后续违法犯罪成功率趋于必然甚至决定着危害后果的下限。在此过程中，本罪行为人与后续违法犯罪行为人往往不需要太多的犯意联络，被引流人数只是他们向后续违法犯罪行为人获取"劳务报酬"的筹码，只要所给的"劳务报酬"合适，那么被引流人数决定权便在本罪行为人手中，除非诸如发布信息过程中被公安机关抓获等因素介入，而被引流人数这一基数，通过上述二项分布公式计算结果便可看出，只要基数足够大，不但能使实害结果发生概率趋于必然，而且还决定着实害结果程度的下限。

正如有学者所指出的，"切换到网络犯罪的语境下人们也可以发现，弱化的犯意联络完全不会影响各个参与者作为一个功能性整体完成对法益的侵害；相反，在这种模式下，法益侵害的规模往往较之于现实空间更加庞大"。[①] 相较于传统预备行为，本罪能够使后续违法犯罪成功率趋于必然，并可直接掌控实害结果程度的下限，因此，本罪"积量构罪"的罪行构造于立法论层面具有实质正当性。

二、《办理非法利用信息网络罪司法解释》罪量标准瑕疵分析

行为的刑罚可罚性判断是一个主客观相关统一的判断过程，既要考量行为客观社会危害性，也要考量行为人人身危险性，但根据我国《刑法》第 13 条关于犯罪概念之规定，及犯罪论体系中犯罪实质侧面之内涵可知，行为刑罚可罚性判断应以行为的社会危害性评判为中心，基于此，《办理非法利用信息网络罪司法解释》第

[①] 王华伟：《网络空间正犯与共犯的界分——基于特殊技术形态的考察》，载《清华法学》2022 年第 3 期。

10条第3项规定的设立通讯群组数量达5个以上，第5项规定的违法所得1万元以上、第6项规定的二年内曾受过行政处罚这三个罪量标准，存在合理性上的瑕疵。

（一）设立通讯群组与其他行为相比社会危害性不相称

借助前述二项分布公式对本罪行为社会危害性进行评判，发布信息进行引流的行为提高了公式中基数n的数值，而设立网站的行为不但能提高违法犯罪行为实施效率，还能通过仿冒真实网站域名、名称、内容等方式，提高单次成功概率，如假冒国家机关官方网站和网络商城等获取用户信任，使群众对网站中相关内容信息真假难辨，进而诱骗群众通过网站购买假冒伪劣商品甚至根本不存在商品、假冒资格证、虚假投资理财产品等，使群众将钱款打入不法分子账户中。

假设一案例中，本罪行为人通过发布信息诱骗他人添加后续诈骗者微信好友的方式，成功引流5000人，而后续违法犯罪行为人通过微信私聊方式对这些潜在受害人进行诈骗，24小时时间内仅能对200人实施诈骗，单次诈骗成功率假设0.5%，那么在24小时内，诈骗至少一人成功的概率为63.3%。而如通过设立网站方式，使单次成功率提升至0.7%，并基于网站运行自动化、程序化等特点，提高诈骗效率，从而能够在24小时内完成对5000人的诈骗"全覆盖"，这一情形下，通过公式进行计算，24小时内成功诈骗28人概率高达90.2%，且该人数为22人与6人时，概率分别为99.2%与近乎100%。因此，设立网站这一行为，通过提高后续违法犯罪行为的实施效率与单个成功率，使得行为的社会危害性得以进一步提升。

相较于网站的开放性特点，群组具有明显的封闭性。相比于网站只要设立便可被动等待他人浏览的优势，设立的通讯群组如无人入群，那么群中信息便无被接收的可能性，对相关法益造成的侵害危险连抽象程度也达不到，设立群组行为的社会危险性不在于群组的个数而在于群成员总数，通过二项分布公式进行分析，即使设立再多的群组，如群成员数总数为0，最终违法犯罪至少成功一次，即法益受到侵害的概率毫无疑问也是0。因此，仅仅只是设立群组的行为除可表征行为人人身危险性之外，难言其客观上具有社会危害性。

综上，单纯设立通讯群组的行为，与设立网站及发布信息行为的社会危害性不相称，司法解释将设立通讯群组5个以上作为独立入罪罪量标准予以规定，在合理性上存在瑕疵。

（二）犯罪本质在于行为的社会危害性或法益侵害性

在我国《刑法》体系中，"情节严重"是一个主客观相统一的概念。但根据我国《刑法》第13条关于犯罪概念的表述可知，犯罪本质在于行为的社会危害性，且根据该条但书之规定，社会危害性只有达到一定程度才能够被认定为犯罪。犯罪本质在于行为客观社会危害性或法益侵害性这一观点在现今德国、日本这些大陆法系国家亦是共识性观点，法益简而言之是法律所保护的利益，① 因将《刑法》保护对象定义为"法益"还是"社会关系"之区别，出现了"法益侵害性"与"社会危害性"两个概念，这两个概念在含义上极为相似，以至于国内外部分刑法学家将它们视为含义等同之概念，② 日本近代著名刑法学家小野清一郎教授亦将行为的社会危险性③定义为犯罪的本质。

"法益侵害性"概念与"社会危害性"概念区别在于，"法益"概念侧重于对个人利益的强调而社会关系背后承载的则是作为整体的人民之利益，如苏联刑法总则部分所强调的，苏维埃刑法保护着全体劳动人民的利益，④ 因此，从这一层面而言，社会危害性与法益侵害性区别在于视角的宏观性与微观性，可以肯定的是，具有社会危害性的行为必然是至少具有法益侵害危险的行为，而具有法益侵害危险的行为亦属于危害社会的行为。故行为的社会危害性与法益侵害性互为充分必要条件。

（三）将受过行政处罚作为独立罪量标准违反刑法谦抑性原则

将人身危险性导入罪量要素在我国刑法学界存在较大争议，主流观点认为刑罚可罚性依据只能是行为客观社会危害性，人身危险性只能在量刑阶段发挥其功能。⑤ 关于司法解释将受过行政处罚作为本罪独立罪量标准之情形，即使不去考虑人身危险性导入罪量要素的正当性与否，立足本罪构成要件的构造特点，这一规定亦与刑法谦抑性原则相违背。

谦抑性原则下的刑法补充性功能要求，仅当其他不法制裁手段无法有效规制不法行为发生之时，刑罚才能作为最后手段予以制裁，换言之，《刑法》将某些类型化行为纳入构成要件之中，原因在于这些类型化行为所针对的法益需通过《刑法》予以保护。本罪行为所涉及的法益（如图3所示）是由直接法益与间接法益所组成的完整法益，直接法益为信息网络安全管理秩序法益，间接法益为后续违法犯罪所针对的法益，《办理非法利用信息网络罪司法解释》第7条之所以将"违法"范围限定为"属于刑法分则规定的行为类型但尚未构成犯罪的违法行为"这一范畴之内，目的在于通过将本罪间接法益范围限缩于刑法分则所框定的法益范畴之内，进而限缩本罪"打击半径"以使入罪认定上符合刑法谦抑性原则要求。

《刑法》所保护的是本罪直接法益与间接法益所组成的完成法益，只要行为所针对的直接法益与间接法益中有一项不符图3之要求，那么该行为认定为本罪犯罪

---

① 参见［德］弗兰茨·李斯特：《李斯特德国刑法教科书》，徐久生译，北京大学出版社2021年版，第5页。
② 例如，我国著名刑法学家张明楷教授在文中所表述的"不具有社会危害性（法益侵害性）"——详见张明楷：《共同犯罪是违法形态》，载《人民检察》2010年第13期；德国近代著名刑法学家弗兰茨·李斯特教授指出"在法益侵害中存在着对共同关系的损害，此等损害表明将犯罪行为表述为'危害社会的行为'是正确的"——详见［德］汉斯·海因里希·耶塞克、托马斯·魏根特：《德国刑法教科书》，徐久生译，法律出版社2000年版，第288页。
③ 参见［日］小野清一郎：《新订刑法讲义总集结》，日本有斐阁1955年版，第78~81页。
④ 参见［苏］契希克瓦节主编：《苏维埃刑法总则》，中央人民政府法制委员会编译室、中国人民大学刑法教研室译，中国人民大学出版社1956年版，第197~198页。
⑤ 李永升、胡冬阳：《人身危险性导入罪量要素之检讨》，载《国家检察官学院学报》2017年第2期。

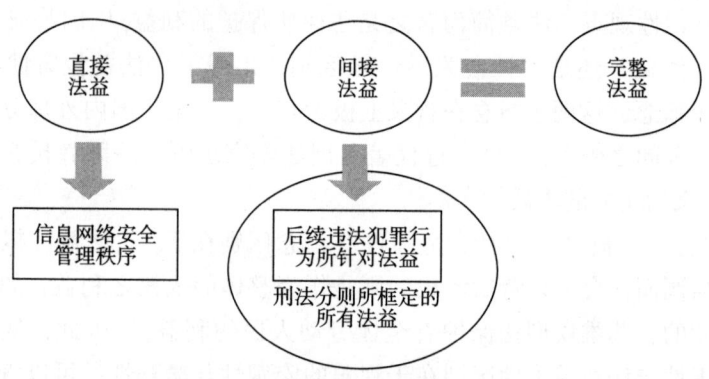

图 3 非法利用信息网络罪法益构造

行为便不符合罪刑法定原则实质正当性要求，对行为科处刑罚亦违背刑法谦抑性原则要求。本罪所针对的直接法益信息网络安全管理秩序法益通过《网络安全法》进行保护足矣，然《办理非法利用信息网络罪司法解释》第 10 条第 6 项将受过行政处罚作为本罪独立罪量要素的规定与第 7 条限缩"打击半径"目的相违背，破坏了司法解释内部的协调统一性。本罪部分行政违法行为，如发布代办驾照消分业务广告①、收购驾照分数②、销售管制刀具③等信息的行为，侵害的间接法益并不在刑法分则所涉及法益范畴之内。本罪设立与发布行为方式，对应的网站、通讯群组、信息这三类行为对象必须在用途或内容上符合"违法犯罪"范围之要求，否则该设立或发布行为在形式上便不符合入罪之要求，因此，《办理非法利用信息网络罪司法解释》第 10 条第 6 项之规定，从逻辑上而言，相当于规定行为人二年内因违规制造或销售管制刀具受过行政处罚后，又违规制造或销售枪支的入罪认定可不受 5 支或 2 支的罪量限制，这明显违反了刑法谦抑性原则。因司法解释对条文中"违法犯罪"范围的限制，使本罪不同于其他犯罪与所对应的行政违法行为具有的"质的统一性"关系，如上所述部分情形下，本罪刑事犯罪行为与行政违法行为之间具有性质上的根本差异，如发布代办驾照消分业务广告的行为无论如何也不可能上升为犯罪行为，在这种情形下将受过行政处罚作为独立罪量标准自然不具有合理性。④

（四）将违法所得作为独立罪量标准因果性欠缺

违法所得作为司法解释中常见的罪量标准，因其在司法实践中的易查明特征，从而成为对许多犯罪定罪量刑的"万金油"事实。然作为司法解释规定的本罪"情节严重"具体罪量标准，相较于诈骗、盗窃、抢劫、非法经营、销售枪支罪等，本

---

① 详见新区公（阳）行罚决字〔2021〕458 号行政处罚决定书。
② 详见新公（流）行罚决字〔2020〕1781 号行政处罚决定书。
③ 详见梁公（亭）行罚决字〔2021〕1708 号行政处罚决定书。
④ 参见段阳伟：《"受过行政处罚入罪"规定之证成》，载《河北法学》2021 年第 1 期。

罪违法所得与行为社会危害性上存在明显的因果性欠缺。

虽本罪大部分情形下,主观目的与上述犯罪一样都以牟取非法利益为目的,但本罪牟取的非法之利往往来自后续违法犯罪人,且该非法之利如前所述具有劳务报酬外观特征,与后续违法犯罪行为人呈现出一种"各取所需"之关系,与相关法益被侵害结果事实间并不像诈骗、盗窃、非法经营等罪一样存在着必然因果关系,如诈骗罪中犯罪人违法所得必然源于被害人的受骗损失或被盗损失。本罪社会危害性如前所述需由对直接法益即信息网络安全管理秩序法益,及后续相关间接法益的侵害共同体现,在设立的通讯群组累计成员数为 0,后续违法犯罪人仅就设立群组行为给予本罪行为人"劳务费"时,难言此种情形下,设立群组行为对相关间接法益制造了抽象危险。因此,违法犯罪作为独立罪量标准在司法解释中予以规定,与相关法益被侵害事实或危险存在因果性上的欠缺。

三、对非法利用信息网络罪认定标准的修正与完善

检索出的本罪 427 份判决书中,所查明的行为类型或类型组合,如表 1 所示。

表 1　本罪案例中行为类型统计

行为方式	案例数	代表案例
只设立网站	21 件	(2020) 苏 0831 刑初 231 号
设立通讯群组+通过电脑程序将大量手机号强行拉入群组	1 件	(2020) 苏 0602 刑初 424 号
设立通讯群组+发布信息进行引流（AI 拨打电话）	122 件	(2020) 皖 0103 刑初 185 号
设立网站+发布信息进行引流	21 件	(2021) 粤 0605 刑初 930 号
只发布信息进行引流	262 件	(2021) 沪 0118 刑初 44 号

从表 2 对案例中的行为类型或类型组合的统计情况可以看出,法官对只设立通讯群组行为的入罪认定较为谨慎,未出现仅因设立通讯群组行为而被定罪的案例。从这一现象可以推断,审判实践中法官群体内部已在本罪行为社会危害性评判方面,基于审判实践经验、罪刑法定及刑法谦抑性原则等,形成了一定程度的默契共识,即对于某些社会危害性明显存疑的情形,在入罪认定方面持较为谨慎的态度。

（一）对《办理非法利用信息网络罪司法解释》罪量标准的修正构思

1. 设立通讯群组罪量标准应回应审判实践需求。根据表 2 所列本罪案例中行为类型或类型组合情况可知,单纯的通讯群组设立数量这一罪量标准在审判实践中几乎已无适用空间,法官更偏向于采用设立通讯群组数+发布信息数这一组合罪量标准作为行为"情节严重"与否的评价依据。法官对设立通讯群组数量这一罪量标准

采用的谨慎态度,积极的一面在于体现了审判实践中法官对刑法谦抑性原则的恪守,而消极的一面则在于反映出该罪量标准与实践需求的脱节。因此,对于设立通讯群组罪量标准的修正应充分回应审判实践之需求。

在部分案例中,本罪行为人通过"打群"方式从后续违法犯罪行为人处获取违法所得。所谓"打群",是指行为人通过设立群组并拨打电话或发布不法信息等方式进行引流,待群组成员数达到一定数量再转手卖给"上家"获利。① 对于后续违法犯罪行为人而言,一个空群价值显然较低,只有群组成员数达到一定数量时,才具有"购买使用"价值。设立微信、QQ群等通讯群组的技术含量与烦琐程度远不能与设立网站相比,甚至在案例中已出现犯罪人使用AI机器人批量建群之情形,如在表2的(2020)苏0602刑初424号案例中,犯罪人利用AI语音机器人拨号并进行人工添加的方式精准组建微信群,设立的微信群数量高达15264个。这种利用AI机器人自动建群的方式兼具"量大+精准"之"优点",使得设立通讯群组5个以上的罪量标准愈发呈现与实践相脱节之趋势。

以恪守刑法谦抑性原则为前提,对于设立通讯群组数这一罪量标准予以修正的可选方法,主要有三种:一是将条文中"或者"改为"且",即采用通讯群组数量5个以上+群成员账号数累计1000以上的双重罪量标准;二是删除通讯群组数量这一罪量标准,直接将群组成员账号数作为唯一罪量标准;三是提高作为独立罪量标准的通讯群组数量标准,如将5个提升至500个。上述三种修正方法中,第一种方法既有效体现了行为社会危害性,还对行为入罪进行了限缩,在解释方法上呈限缩解释之特征,因此,将解释条文中"或者"改"且"更符合刑法谦抑性原则要求,且与审判实践具有较高契合度。

2. 受过行政处罚的罪量标准宜修不宜删。如前所述,因本罪刑事犯罪与行政违法行为在部分情形下,性质上所具有的根本差异,如罪前行政处罚行为为发布代办驾照消分业务广告,本罪行为为发布诈骗网站推广广告之情形。因此,不加限制条件地将受过行政处罚作为本罪独立罪量标准不具有合理性。

虽在检索出的案例中,未见将受过行政处罚这一罪量标准予以实际适用的情形,但作为司法解释明文规定的独立罪量标准如不加以及时修正,因行为人受过行政处罚事实的便于查明性特征,在未来难免不会有兜底适用之情形发生。若直接删除该罪量规定,虽该司法解释第16条规定了二年内未经处理数量或者数额累计计算之规则,但面对诸如行为人二年被给予过行政处罚后,依然多次实施向群组成员数不超过200人的通讯群组发布赌博、诈骗网站链接,累计成员数未达3000人入罪标准这类情形时,法律制裁体系将面对行政处罚矫治效果不佳而《刑法》又不能发挥补充性功能的"无力"的困境。因此,对于受过行政处罚这一罪量标准,宜修不宜删。

该罪量标准的修正方法,主要有两种:第一种方法是继续作为独立罪量标准予

---

① 详见(2020)川1325刑初68号。

以规定，但在表述上应将受过行政处罚的非法利用信息网络行为设立网站、通讯群组，或发布涉及的"违法犯罪"范围限定在该司法解释第 7 条所规定范围之内，从而与条文中的"帮助信息网络犯罪活动""危害计算机信息系统安全"一样，与相应的犯罪行为在性质上保持统一，即行政违法行为与犯罪行为在行为类型上均属于构成要件该当性行为，只是在我国"定性+定量"的立法模式下，行政违法行为因不符相关罪量标准之规定，而未达值得科处刑罚之程度。第二种方法则是作为罪量折抵情节予以规定，将受过行政处罚作为罪量折抵情节在我国司法解释体系中并不罕见，如非法经营罪相关司法解释将"三年内受过二次以上行政处罚"作为将非法经营烟草专卖品行为的"经营数额"这一罪量标准由 5 万元折抵至 3 万元的情节。

被选择的折抵罪量需以能充分体现行为社会危害性为前提，基于此，可将该司法解释第 10 条第 2 项、第 3 项中的注册账号、群组成员账号累计数，及第 4 项中的发布有关信息数、用户账号数、群组成员累计数、关注人员账号累计数这 6 项罪量标准作为本罪"受过行政处罚"的折抵对象。

（二）对非法利用信息网络罪实践认定标准的规范与完善

基于刑法谦抑性原则构建的以行为社会危害性评判为中心的本罪实践认定标准，可将前述二项分布公式作为对行为社会危害性进行评判的辅助工具，如在后续违法犯罪为诈骗、介绍卖淫、销售枪支、毒品等情形下，在已查明相关犯罪事实的基础上，结合大数据分析及经验法则等对公式中的基数 n 值进行确定，并对单次概率 p 值与实际 n 值进行赋值，对后续违法犯罪行为实施后的不同 k 值（k 值是指诈骗成功次数、介绍卖淫成功次数等）实现的概率 P 进行科学推算，最终通过推算得出后续违法犯罪行为至少成功 1 次、2 次、n 次等所对应的相应概率 P 值的具体数值，该数值便是对行为社会危害性的量化表征。（见图 4）

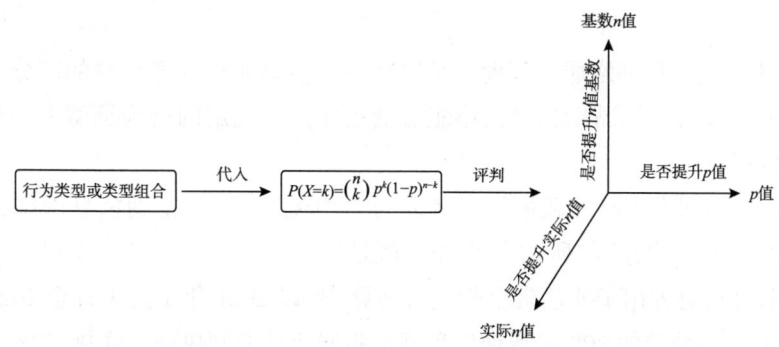

图 4　通过二项分布公式辅助评判行为社会危害性

审判实践中的行为类型或类型组合应以能产生基数 n 值即引流目标人数为前提，单纯的设立通讯群组或在空无一人的通讯群组中发布不法信息的行为，因基数 n 值为 0，即使满足违法所得 1 万元的罪量标准，在以社会危害性评判为中心的认定标准中，应在"情节严重"评价上持否定态度。这种情形下的行为社会危害性，明显未达值得科处刑罚之程度，应依据但书之规定予以出罪认定。

1. 审判实践中违法所得应兜底有度。违法所得这一司法解释所规定的罪量标准，因其易于查明性特征，审判实践中，在通讯群组成员数、发布信息条数、关注人员账号数等关键罪量事实未查明时，① 常作为"情节严重"评价的兜底罪量标准发挥定罪之功能。然如前所述，在部分情形下本罪行为人违法所得与后续违法犯罪实害结果在因果关系上的欠缺性，使得违法所得这一罪量标准在这些情形下并不能准确体现行为客观上的社会危害性，因此，违法所得这一罪量标准如在审判实践中作为兜底性罪量标准进行滥用，将使得本罪在认定上出现泛化趋势，且会导致部分有罪认定结果在实质正当性上存疑。

违法所得作为司法解释规定的独立的罪量标准，在其他罪量事实未予查明情形下，作为入罪的罪量标准予以适用，于形式正当性层面而言无可厚非，但给本罪的实践适用于刑法谦抑性层面带来的负面影响在于：一方面仅凭违法所得事实进行定罪不符《刑法》补充性功能之要求，造成非法利用信息网络行政违法与刑事犯罪界限模糊化；另一方面，将无序扩大本罪打击半径，使得一些实质上社会危害性不大的行为亦被入罪，有违罪刑法定原则实质正当性要求。因此，在以行为社会危害性评判为中心的认定标准中，违法所得这一罪量标准，必须在其他已查明罪量事实足以体现行为一定程度的社会危害性前提下，方可作为兜底性定罪标准予以适用，审判实践中具体做法可参照前述"受过行政处罚"对其他罪量的折抵功能，当行为人实施设立通讯群组或向群组中发布不法信息行为时，如群组成员数量不满足 1000 人或 3000 人的罪量标准，可对该罪量标准以 50% 为下限进行折抵，使违法所得+其他相关罪量标准作为"情节严重"评价的综合罪量标准，这样能更合理地发挥入罪认定之功能。

2. 非法利用信息网络罪与帮助信息网络犯罪活动罪行为竞合时的区分认定。作为本罪"孪生兄弟"的帮助信息网络犯罪活动罪，所规定的行为类型大部分具有明显线下性特征。

如果说，本罪在审判实践中的代名词为"引流"，那么帮助信息网络犯罪活动罪的代名词则为"跑分"，所谓"跑分"就是行为人提供银行卡、支付宝等具有支付功能的账号给对方用于非法资金的支付结算。② 以 2021 年 1 月 1 日至 2022 年 7 月 30 日为时间段，抽选的 200 份帮助信息网络犯罪活动罪判决中，实施"跑分"行为的判决多达 196 份，其余 4 份则是易与本罪发布信息等引流行为产生竞合的提供广告推广帮助的行为。

---

① 详见（2021）苏 0412 刑初 595 号、（2021）苏 1281 刑初 645 号。
② 详见（2021）湘 0581 刑初 257 号、（2021）湘 0725 刑初 601 号。

非法利用信息网络罪与帮助信息网络犯罪活动罪根据法条、司法解释规定并结合审判实践来看，除行为类型的"线上性"与"线下性"区别外，还在于入罪认定时对后续违法犯罪的依附性。非法利用信息网络罪相比于帮助信息网络犯罪活动罪而言，社会危害性评判更具有独立性，其社会危害性主要在于通过引流等行为使潜在被害人基数足够大，进而使得只要能够对所有潜在被害人完成后续违法犯罪行为的实施，那么至少成功一次的概率将趋于必然，至于后续违法犯罪行为是否实际着手实施不影响本罪之认定，而帮助信息网络犯罪活动罪对后续违法犯罪依附性较高，成立帮助信息网络犯罪活动罪必须以后续行为人已着手实施相关违法犯罪行为为前提。因此，立足非法利用信息网络罪社会危害性评价的独立性及罪行构造的"积量"特征，当与帮助信息网络犯罪活动罪在实践中产生行为竞合时，查明的群组成员数、用户账号数等明显低于（如未超过 50%）非法利用信息网络罪所要求的罪量标准时，认定为帮助信息网络犯罪活动罪更为合理，反之，则应认定为非法利用信息网络罪。(见图 5)

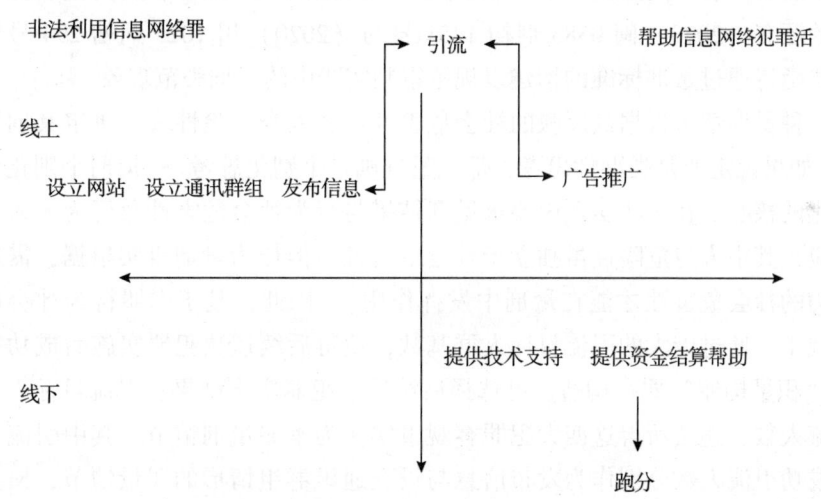

图 5 非法利用信息网络罪与帮助信息网络犯罪活动罪行为方式对比

四、对非法利用信息网络罪量刑标准的初步构建

根据《最高人民法院、最高人民检察院关于常见犯罪的量刑指导意见（试行）》（以下简称《量刑指导意见》）规定，本罪起刑点仅能根据"情节严重"这一基本犯罪构成事实确定于三年以下有期徒刑或者拘役这一法定刑幅度范围内，因起刑点较大外加本罪量刑增加、调节标准的缺失导致审判实践中出现量刑不均失范的现象。

表2 量刑不均代表案例

序号	案号	行为具体情况	引流目标人数（人）	违法所得（万元）	后续违法犯罪实害结果	量刑结果	是否有法定或酌定从轻情节
案例一	（2021）辽1202刑初24号	发送赌博推广短信36774174条	36774174	657	判决书中未载明	判处有期徒刑七个月	否
案例二	（2020）鄂1023刑初189号	群发赌博网站链接短信200余万条	200万	3	判决书中未载明	最高判处有期徒刑八个月	否

从表2可明显看出，案例一与案例二相比，在行为类型相似情况下，犯罪客观事实中反映行为社会危害性的被引流目标人数、违法所得前者明显远高于后者，刑期却低于后者。表中两案例只是本罪量刑不均现象的一个缩影，其他呈明显量刑不均情形的还有（2020）闽0583刑初1451号与（2020）川1025刑初294号等。因此，本罪亟待通过量刑标准的构建以规范审判实践中的量刑失范现象。

每一种量刑情节根据其反映的社会危害性或者人身危险性大小决定其刑罚量的多少，① 如果说定罪是类型性思考，那么量刑则是个别化思考。② 量刑个别化作为量刑规范化的核心，在司法实践中要求量刑结果与行为社会危害性及行为人人身危险性相适应，其中人身危险性虽独立于社会危害性，但作为量刑事实根据，需依附于犯罪行为的社会危害性才能在量刑中发挥作用。③ 因此，基于本罪行为社会危害性主要体现于，通过庞大的引流目标人群基数，使得后续违法犯罪实施后成功率趋于必然的"积量构罪"罪行构造，可选择后续违法犯罪实害结果、引流目标人数、被成功引流人数、违法所得这四大犯罪客观事实作为本罪量刑情节，其中引流目标人数与被成功引流人数分别作为发布信息与设立通讯群组情形的罪量情节，换算方法如表3所示。

表3 引流目标与被成功引流人数换算方法

行为类型	引流目标人数换算方式	被成功引流人数换算方式
向用户账户发送有关信息	用户账号数×1	……
在通讯群组发送有关信息	群组成员累计数×1	
利用社交网络传播有关信息	关注人员账号累计数×1	
设立通讯群组	……	群组成员账号累计数×1

---

① 王联合：《量刑模型与量刑规范化研究》，中国政法大学出版社2015年版，第65~66页。
② 陈兴良：《教义刑法学》，中国人民大学出版社2022年版，第27页。
③ 石经海：《量刑的个别化原理》，法律出版社2021年版，第49~153页。

首先，在本罪法定量刑起点根据"情节严重"这一犯罪基本构成事实已框定在处三年以下有期徒刑或者拘役范围的前提下，将后续违法犯罪是否造成实害结果这一社会危害性最重要的表征事实，作为在本罪法定起刑点范围内，对起刑点进行二次确定的量刑情节，通过二次确定达到限制法官自由裁量权之目的，标准设置如表4所示。

表4 后续违法犯罪是否造成实害结果对起刑点范围的二次确定标准

后续违法犯罪是否造成实害结果	起刑点范围
未造成实害结果	拘役或单处罚金
造成实害结果但未达既遂标准	有期徒刑六个月到一年
实害结果达既遂标准	有期徒刑一年到一年半
实害结果达法定刑加重标准（指后续犯罪法定刑）	有期徒刑一年半到二年

其次，将违法所得作为确定本罪增加刑的量刑情节，违法所得在本罪审判实践的大部分情形中，除间接表征了行为社会危害性外，还直接表征了行为人人身危险性，即行为人为了最大限度从"上家"处获取所谓"劳务报酬"，罔顾漠视所实施行为的违法性及社会危害性而积极为之。对违法所得与刑罚增量比例系数标准设置如表5所示。

表5 违法所得与刑罚增量比例系数（万元/月）

拘役（经增量计算超过六个月后开始作为有期徒刑进行计算）	1
有期徒刑六个月到一年	5
有期徒刑一年到一年半	20
有期徒刑一年半到二年	50
有期徒刑超过二年	100

最后，将引流目标人数与被成功引流人数分别作为发布信息与设立通讯群组情形下，《量刑指导意见》规定的常见18种调节刑情节之外的本罪专门调节刑情节。基于所检索出案例中，设立通讯群组情形中群成员账号累计数最高为400余万个，[1]向用户账号发送有关信息情形中用户账号数最高为9000余万个[2]之现状，对基准刑的调节比例计算公式的设置，分别如表6与表7所示。

---

[1] 详见（2020）苏0602刑初424号。
[2] 详见（2020）渝0112刑初252号。

表6 被成功引流人数调节基准刑比例计算公式

被成功引流人数X（人）	基数Y（人）	系数N	调节比例计算公示
1000<X≤10000	10000	0.1	X/Y×N
10000<X≤100000	100000	0.1	X/Y×N+0.1
100000<X≤1000000	1000000	0.1	X/Y×N+0.2
1000000<X≤5000000	5000000	0.1	X/Y×N+0.3
5000000<X≤10000000	10000000	0.1	X/Y×N+0.4
10000000<X	——	0.5	0.5

表7 引流目标人数调节基准刑比例计算公式

引流目标人数X（人）	基数Y（人）	系数N	调节比例计算公示
X≤10000	10000	0.1	X/Y×N
10000<X≤100000	100000	0.1	X/Y×N+0.1
100000<X≤1000000	1000000	0.1	X/Y×N+0.2
1000000<X≤10000000	10000000	0.1	X/Y×N+0.3
10000000<X≤100000000	100000000	0.1	X/Y×N+0.4
100000000<X	——	0.5	0.5

如仅存在被成功引流人数或引流目标人数等单个调节刑情节，则直接依据计算出的调节比例调整基准刑。如还存在《量刑指导意见》规定的常用调节刑情节，则采用《量刑指导意见》规定的"同向相加、逆向相减"方法，确定全部量刑情节的调节比例，再对基准刑进行调节。用公式表示为：基准刑×（1+N）×（1+N1）×（1+N2）…（1+Nn）（其中，N1、N2、N3…Nn分别代表每个量刑情节调节比例，增加刑罚的情节为正数，减少刑罚的情节为负数），①基准刑确定与调节流程如图6所示（以发布信息情形为例）。

将上述量刑标准于表2案例中进行检验，案例一与案例二均无实害结果，起刑点均选取拘役刑一个月，前者违法所得657万元经对应刑罚增量计算确定基准刑为26.32个月，再根据不法信息受众数确定调节比例为0.437，代入基准刑调节公式，经计算调节后的基准刑为有期徒刑37.82个月，超出法定刑有期徒刑三年上限的计算结果一律确定为有期徒刑三年，故案例一调节后的基准刑刑期为三年，案例二经计算调节后的基准刑刑期为拘役5.28个月，以天为单位向下取整为拘役五个月零八天，基本符合罪刑均衡原则的要求。

---

① 参见王洪伟、艾景厚：《"连乘式"基准刑调节方法更科学合理》，载《检察日报》2010年11月15日。

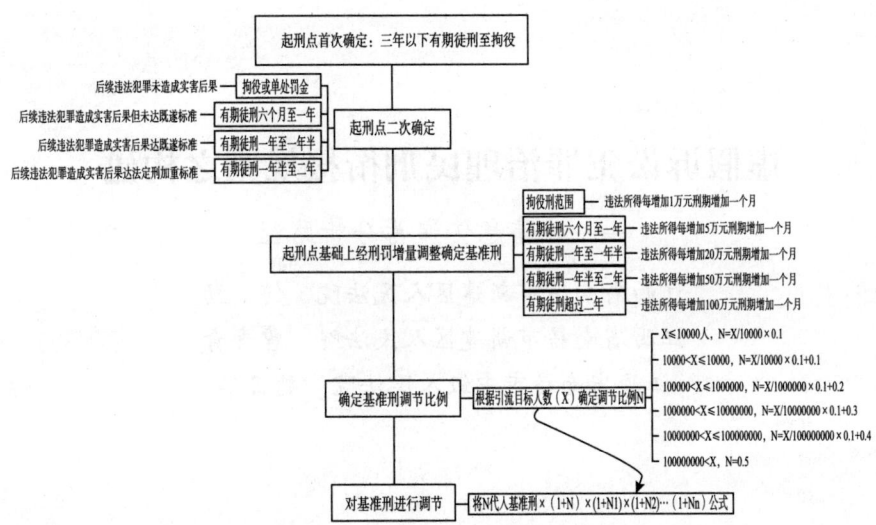

图6 发布信息情形中基准刑确定与调节流程

结　语

本罪行为社会危害性实质在于行为制造的法益侵害风险数量与后续违法犯罪实害结果发生之间存在的"量增质变"关系，通过引入二项分布公式，不仅能对这种"量增质变"关系在逻辑上予以科学论证，还能在数值上得以客观呈现。本文通过引入二项分布公式对非法利用信息网络罪社会危害性评判标准进行构建的尝试，尚存在诸多不足待改进之处，希望该尝试能为未来非法利用信息网络罪更加科学精确的社会危害性评价标准的构建提供些许参考。

虚假诉讼犯罪治理民刑衔接规则之构建

——以信息传递为分析路径

江西省南昌市新建区人民法院 何 勍
江西省南昌市新建区人民法院 曹青青
江西省南昌市中级人民法院 魏日华

引 言

虚假诉讼是民事诉讼制度症候群与转型期社会诚信机制不健全的现实状况相互作用的产物,其处在民刑交叉的领域,在治理中极其容易产生各种相互冲突的利益诉求。自2015年11月1日虚假诉讼罪入刑以来,对于虚假诉讼的犯罪治理问题便成为理论和司法实践中关注的焦点,最高人民法院和部分高级人民法院更是接连发布规范性文件对虚假诉讼进行专项治理。但是,虚假诉讼犯罪治理于目前司法实务中,并没有形成一套衔接有效的司法规程,而且民刑衔接涉及不同司法主体之间的协调、程序对接、规范冲突的适用及不同司法机关之间的内部组织衔接等,具有多重性、动态性以及双向性。因此,司法机关的各治理主体之间形成兼具灵活性、互动性的有效信息传递机制才能有效治理虚假诉讼犯罪。

一、博弈论视角下虚假诉讼犯罪治理实务样态

古典犯罪学说认为,犯罪是行为人理性计算的结果,[①] 至于是否所有的犯罪都是行为人自由选择的结果至今尚无定论。[②] 但是对于虚假诉讼犯罪而言,其应当是行为人与司法机关之间的双向互动博弈后的理性决策结果。虚假诉讼行为人和司法机关将分别依据所掌握的信息进行评估研判后,作出符合自己收益最大化的决策并付诸实施,最终各自承担结果带来的效用。

[①] 吴宗宪:《西方犯罪学史》(第二版),中国人民公安大学出版社2010年版,第175页。
[②] 黎宏:《情境犯罪学与预防刑法观》,载《法学评论》2018年第6期。

(一) 行为人犯罪的成本收益信息博弈

1. 惩罚成本信息：虚假诉讼犯罪治理呈轻刑化。通过对虚假诉讼罪入刑以来中国裁判文书网上公布的1487份有罪判决量刑情况进行归纳整理，①勾勒出该罪在司法实践的治理现状。由图1可知，虚假诉讼罪的判决结果是轻刑判决为主、重刑判决为辅，且缓刑适用率高达45%。在轻罪时代背景下，结合我国《刑法》规定，以三年为一个档次，②全国法院对虚假诉讼罪判决在三年以上有期徒刑不足2%，即使按照美国以"一年以下的刑期"作为决定刑罚轻重、诉讼程序和附随性结果的依据，将案件分为轻罪与重罪，③重罪案件判决一年以上有期徒刑也仅占12%。司法处置的宽缓性让虚假诉讼犯罪治理呈轻刑化，而轻刑化的裁判结果会释放出一种"妥协信息"，引导更多当事人进行该行为，继而诱发更多的虚假诉讼案件产生。

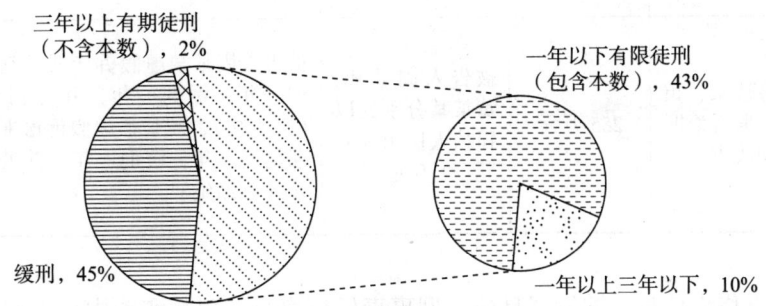

图1 虚假诉讼罪刑事判决量刑情况

2. 犯罪收益信息：预期收益大。预期收益大会导致行为人得到"期待信息"，使其在受利益驱动下，增加实施虚假诉讼犯罪的概率。根据《民事诉讼法》第115条、第116条等条款的规定，当事人虚假诉讼的，法院应当驳回其诉讼请求，并根据情节轻重予以罚款、拘留；构成犯罪还将追究刑事责任。而在司法实践中，当审理法官发现当事人有虚假诉讼嫌疑时，则是先做工作劝其撤诉，如果不同意再驳回其诉讼请求，适用罚款的案例不多，拘留更为少见。如表1所示，④即便是罚款，金额多在诉讼标的额5%以内，制裁力度小且适用程序复杂，刑事规制中的罚金刑亦是如此。

---

① 笔者通过在中国裁判文书网上搜索"刑事案件""虚假诉讼罪"字样，剔除无关判决，人工整理后得到1497份刑事判决书，其中10份为无罪判决，最后访问日期为2022年8月3日。
② 2020年10月15日，时任最高人民检察院检察长张军在向全国人大常委会报告人民检察院适用认罪认罚从宽制度的情况时，使用了三年以下有期徒刑作为确定轻罪案件的标准。
③ 冀莹：《美国轻罪治理体系的现状、困境及反思》，载《政治与法律》2022年第1期。
④ 案例1详见（2021）鲁1623刑初337号、案例2详见（2021）皖0822刑初263号、案例3详见（2021）川0322刑初3号、案例4详见（2021）鄂0281刑初316号。

表 1　虚假诉讼相关案例民事罚款或刑事罚金情况

典型案例	涉案标的	民事制裁	刑事制裁
案例1：张某某犯虚假诉讼罪、妨害司法罪刑事一审判决书	151380元	裁定驳回起诉	被告人张某某犯虚假诉讼罪，判处有期徒刑九个月，并处罚金1万元
案例2：程某某、陈某某等犯虚假诉讼罪、妨害司法罪刑事一审判决书	212795元	对陈某某罚款1万元、对江某某罚款5000元。	陈某某处有期徒刑九个月，缓刑一年，并处罚金1万元（已缴纳）；江某某处有期徒刑六个月，缓刑一年，并处罚金5000元（已缴纳）
案例3：刘某、某公司、王某某犯虚假诉讼罪刑事一审判决书	1970万元	判决驳回民事诉讼请求，罚款1万元	刘某虚假诉讼罪，判处有期徒刑二年，缓刑二年六个月，并处罚金1万元（已缴纳）
案例4：周某某、黄某某等犯虚假诉讼罪刑事一审判决书	255万元	被告人周某某、黄某某分别处以罚款人民币3万元、2万元	被告人周某某虚假诉讼罪，判处有期徒刑一年，缓刑一年，并处罚金3万元（已缴纳）；黄某某虚假诉讼罪，判处有期徒刑一年，缓刑一年，并处罚金2万元（已缴纳）

3. 追责侥幸信息：被发现且追究刑事责任概率小。司法实践中，虚假诉讼被司法机关发现的可能性及追究刑事责任的概率，为行为人对于虚假诉讼的可行性分析提供了决策，是推动其是否实施犯罪的主要因素。以2020年至2021年为例，最高人民法院裁判文书网上涉及虚假诉讼民事案件98796件，[①] 虚假诉讼刑事案件733件，[②] 全国检察机关提出的民事诉讼监督意见中涉及虚假诉讼案件19031件，虚假诉讼追究刑事责任的案件与民事虚假诉讼监督案件或者是民事案件相比，即使考虑到部分刑事案件存在"案件黑数"，[③] 但是其追诉数量还是相差甚远。与此同时，鉴于虚假诉讼属于公诉转自诉案件，笔者用"虚假诉讼罪"和"自诉"两个关键词在中国裁判文书网上进行检索，未检索到刑事自诉被成功受理的案例。综上，虚假诉讼被发现且追究刑事责任概率小，给行为人传递了追责侥幸信息，继而增加了犯罪的"机会成本"。

[①] 在中国裁判文书网上，以"虚假诉讼"为关键词在"全文"中检索2020年至2021年获得的民事判决书数量，最后访问日期为2022年8月7日。

[②] 在中国裁判文书网上，以"虚假诉讼罪"为关键词在"本院认为部分"中检索2020年至2021年获得的刑事判决书数量，最后访问日期为2022年8月7日。

[③] 本文借用"犯罪黑数"概念进行类比，犯罪黑数，就是刑事统计犯罪个数与实际发生的犯罪数之差。参见解晓东：《犯罪黑数及其控制》，载《法律科学（西北政法大学学报）》2001年第2期。

(二) 司法机关犯罪治理的理性考量

司法治理成本既是行为人考虑犯罪行为能否实现的重要考量因素，也是司法机关面对高饱和工作态势不得不面对的问题。虚假诉讼信息辨识阻碍是司法机关治理虚假诉讼的高成本阻碍，于司法实务中主要表现为案件证据甄别"信息冗余"、法官案件审理"信息孤岛"以及司法机关之间"信息藩篱"。

1. 信息冗余：案件证据信息难以辨识。虚假诉讼是对权利的逾越，违背了权利正常存在的目的。但是虚假诉讼犯罪信息来源于民事诉讼，受民事自认制度的影响，法官在案件审理过程中对于原被告串通的证据难以辨识，加之目前基层法院青睐对案件进行调解，为此导致案件事实信息被人为模糊化。除此之外，案件证据信息冗余使得民事法官在疲于应对结案压力的情况下难以甄别出虚假诉讼信息，尤其是对于信息化时代所带来的客观证据，如微信聊天记录、支付宝转账、电子邮件、手机短信以及博客、微博、网页等。

2. 信息孤岛：法院信息获取的"地方性"。信息孤岛是指一种不能与其他相关联的信息进行互相操作或者协调配合的"烟囱式"信息。法院在案件审理中形成的"信息孤岛"是因为人民法院独立行使审判权，导致不仅在不同法院甚至在同一法院的不同业务庭室之间，司法审判信息因未及时得到沟通而导致信息传递不通畅。另外，我国司法审判信息系统尚未实现互联互通，当事人"恶意串通"或隐瞒事实，利用法院的"地方性"获取信息受限的特征，致使承办法官对案件事实无法准确认定，从而形成案件审理"信息孤岛"。①

3. 信息藩篱：司法机关之间信息难以传递。司法机关之间获取到的虚假诉讼信息，存在彼此割裂和封闭的"信息藩篱"，是司法机关之间因未能建立有效的信息传递机制，在信息垄断下而产生的"信息鸿沟"。如图 2 所示，在上述 1487 份有罪判决案件中，文书未提及到案方式 509 件；在 978 份已提及到案方式中，法院、检察院移送公安机关仅占 18%。其中，法院发现虚假诉讼并移送公安机关的案件比重远远小于公安机关抓获或被害人举报的案件。在"证据链条"闭环愈加严谨周密的情况下，公检法之间关于虚假诉讼案件信息未能得以有效传递，是虚假诉讼未得到全面有效治理的重要因素。

(三) 虚假诉讼是行为人的个体最优决策结果

行为人实施虚假诉讼行为前将通过定量的"可行性分析"或整体"收益评估"，其中犯罪惩罚的强度及被司法机关识别和惩罚的可能性，作为行为人的犯罪惩罚成本和司法机关的犯罪治理成本，是虚假诉讼可行性分析中行为人最终决策的重要影响因素，决定着虚假诉讼行为的选择。由前文分析可知，虚假诉讼犯罪呈"低成

---

① 刘君博：《论虚假诉讼的规范性质与程序架构》，载《当代法学》2019 年第 4 期。

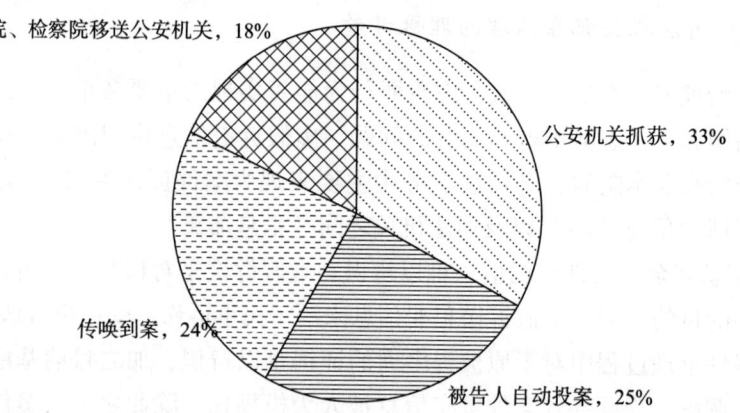

图 2　虚假诉讼案件被告人到案方式

本、高收益"特征,对行为人有着极大的吸引力,行为人不需要投入过多成本便能在虚假诉讼中取得较高的收益。于是,行为人通过"收益评估",最终得到可行性决策而实施犯罪。当然,对于司法机关而言,其因治理成本过高,导致无法将有限的司法资源投入到治理该类纠纷中,由此而产生的移送不作为及虚假诉讼治理懈怠的现象,为滋生虚假诉讼提供了"温床"。

二、虚假诉讼犯罪治理在民刑衔接中的突出问题

近几年我国出台了大量关于治理虚假诉讼犯罪的司法解释及规范性文件(如表2所示),这表明了最高人民法院对于治理虚假诉讼犯罪的高度重视与决心。但是司法实践中法院对虚假诉讼的认定与法律规定的差别,体现出目前虚假诉讼范围的不确定性以及立法的非科学性。①

表2　我国关于治理虚假诉讼的相关规定

施行日期	相关司法解释及文号	具体治理内容
2016年6月20日	《最高人民法院关于防范和制裁虚假诉讼的指导意见》(法发〔2016〕13号)	对虚假诉讼参与人,要适度加大民事诉讼强制措施的法律适用力度;侵害他人民事权益的,应当承担赔偿责任;涉嫌犯罪竞合的,相关线索和材料移送侦查机关
2018年10月1日	《最高人民法院、最高人民检察院关于办理虚假诉讼刑事案件适用法律若干问题的解释》(法释〔2018〕17号)	规定了从重处罚的具体情形、特殊主体犯虚假诉讼罪追究责任的方式以及不起诉、免予刑事处罚、从宽处罚的情形

---

① 靳建丽:《虚假诉讼范围之界定——从立法与现实、民事与刑事的冲突谈起》,载《法律适用》2020年第8期。

(续表)

施行日期	相关司法解释及文号	具体治理内容
2021年3月10日	《最高人民法院、最高人民检察院、公安部、司法部关于进一步加强虚假诉讼犯罪惩治工作的意见》（法发〔2021〕10号）	详细规定了甄别发现、线索移送案件查处、程序衔接、责任追究、协作机制等
2021年11月10日	《最高人民法院关于深入开展虚假诉讼整治工作的意见》（法〔2021〕281号）	加强虚假诉讼整治工作，维护司法秩序、实现司法公正、树立司法权威，保护当事人合法权益，营造公平竞争市场环境，促进社会诚信建设
2021年11月11日	《最高人民法院关于在民事诉讼中防范与惩治虚假诉讼工作指引（一）》（法〔2021〕287号）	在民事诉讼中防范与惩治虚假诉讼，维护司法公正和司法权威，保护自然人、法人和非法人组织的合法权益，促进社会诚信建设

（一）虚假诉讼罪认定标准混乱——民刑法律规范的冲突

虚假诉讼在《民事诉讼法》中，被限定为当事人恶意串通，但事实上非合谋型虚假诉讼，也会存在损害第三人权益和司法秩序的可能。虽然《刑法》中关于虚假诉讼罪的规定并未作此限定，但是虚假诉讼罪来源于民事诉讼中的虚假诉讼行为，这就导致司法实践中各地法院对于虚假诉讼罪的认定标准存在差异，很多法官甚至直接将"恶意串通"作为认定虚假诉讼罪的成立标准。如在雷某欢虚假诉讼一案[①]中，广东省阳江市江城区人民法院认为，被告人雷某欢与何某兰恶意串通以捏造的事实提起民事诉讼，妨害司法秩序，其行为已构成虚假诉讼罪，后雷某欢向广东省阳江市中级人民法院申诉。广东省阳江市中级人民法院认为，原审判决认定雷某欢与同案人何某兰串通提起虚假诉讼，但原审法院没有查清同案人何某兰与雷某欢是否串通的犯罪事实，并裁定撤销原判发回重审。该案中，无论是对于阳江市江城区人民法院基于恶意串通将雷某欢行为认定为虚假诉讼罪的做法，还是广东省阳江市中级人民法院认为原审法院未查清恶意串通犯罪事实而撤销原判发回重审的做法，都将虚假诉讼罪限定为恶意串通。

（二）刑事追诉启动困难——刑事追诉权与民事裁判权的交锋

由于虚假诉讼案件的发现具有滞后性，对于部分串通型虚假诉讼，原被告双方当事人联手将案件事实模糊化，只有当案件进入执行阶段，被利益受损的第三人向

---

① 雷某欢虚假诉讼一案相关判决详见（2018）粤1702刑初414号、（2019）粤17刑再3号。

司法机关披露后,虚假诉讼才被撕下伪装的"面具"。但问题是,此时对虚假诉讼进行刑事追诉,就要面临已经生效的民事裁判,即刑事追诉权直面民事裁判权。① 于是刑事追诉启动的困难体现在:一方面,对于已经生效的民事裁判,因其具有生效判决的遮断效力,导致刑事追诉不得不谨慎以保障法律秩序的稳定;② 另一方面,司法实务中对于虚假诉讼行为的刑事追诉在介入方式和介入时机方面很难把握,③ 一旦处理不好,不仅无法有效治理虚假诉讼犯罪,还会损害司法公信力和司法权威。④

(三)"先刑后民"审理顺位固化——刑事判决预决力的影响

刑事判决预决力,就是刑事诉讼中的事实认定对后续民事诉讼的影响。如表3所示,目前对于刑事判决预决力,既有既判力理论从法律层面予以解释,又有司法认知理论从证据法层面进行分析界定,⑤ 受"先刑后民"观念影响,我国各地法院在司法实践中肯定了司法认知理论。

表3　刑事判决预决力相关理论比较

相关理论	有效部分	核心要素	判决效力
既判力理论	判决主文	诉讼标的	绝对不可争议
争点排除规则	判决理由	争点事实	不得争议;对主体扩张效力,采非交互性理论,但重程序正义
争点效理论	理由部分对争点结论性评价	争点事实的确定性、结论的通用力	实现对既判力客观范围的扩张,不可争议
司法认知理论	判决事实	免证效力	推定为真;可以争议,但需足以推翻

关于虚假诉讼案件审理顺位问题,理论上存在"先刑后民""先民后刑""刑民并行"三种做法,但是受刑事判决预决力的影响,认为刑事生效判决中认定的事实"推定为真",导致法院在处理民刑交叉案件时,审理顺位被固化为"先刑后民"。如案例5所示,⑥ 有些法院在审理民事案件时,一旦发现刑事犯罪线索,初步核实后便中止审理,等待刑事处理结果。事实上,法院在处理民刑虚假诉讼案件时,审

---

① 洪冬英:《论虚假诉讼的厘定与规制——兼谈规制虚假诉讼的刑民事程序协调》,载《法学》2016年第11期。
② 王福华:《论民事判决的遮断效力》,载《中国法学》2021年第1期。
③ 李翔:《虚假诉讼罪的法教义学分析》,载《法学》2016年第6期。
④ 曹文智:《论虚假诉讼的刑事追诉程序之启动》,载《法学杂志》2015年第6期。
⑤ 贾云静、苏和生:《刑民交叉中刑事裁判事实认定预决效力研究——兼论〈民事诉讼法〉解释第93条》,载《上海法学研究》集刊2020年第16卷。
⑥ 案例5详见(2021)闽0821民初1451号。

理顺位固化为"先刑后民"的思想，不仅会导致诉讼经济效率低下，还会增加被害人权利救济的难度。

案例5：刘某军与被告肖某秀、第三人张某保民间借贷纠纷一案，在该案审理过程中，原告刘某军控告被告肖某秀涉嫌诈骗，被告肖某秀控告原告刘某军及第三人张某保存在恶意串通、伪造证据，涉嫌虚假诉讼。福建省长汀县人民法院将涉嫌犯罪的线索移送给公安机关查处并对本案中止诉讼，等待该刑事犯罪处理结果。

（四）受害人权益保障不足——民刑制度衔接脱节

虚假诉讼中民刑制度衔接脱节，大大增加了被害人利益损失救济的难度。这主要体现在：一是目前被害人救济损失的途径为再审申请、第三人撤销权之诉和案外人执行异议之诉，对于虚假诉讼行为人侵权之诉、损害赔偿之诉的相关制度还存在缺陷；二是被害人参与案件的知情权难以保障，办案机关受办案压力影响，不愿虚假诉讼被害人参与诉讼，使得虚假诉讼案件事实难以查明，不利于被害人利益损失的救济；三是受损财产难以追回，包括行为人对涉案财物转移隐匿、投资捐赠等行为增加了办案机关追缴财物的难度，并且还有涉案财物产生的孳息如何确定与追缴的问题。

三、信息传递视角下虚假诉讼民刑衔接受阻的原因

信息需要通过传递和使用才能体现，有效的信息传递机制能使得信息发出者在传递信息时，及时获得接收方的再传递及反馈，使得信息使用达到帕累托最优。为此，本文以信息传递为视角，从信息生产缘起、信息阻却因由、信息递减效应、信息反馈失灵四个方面深层分析虚假诉讼犯罪治理在民刑衔接中受阻碍的原因。

（一）信息生产缘起：社会诚信的缺失

信息应当是以生产的方式呈现。虚假诉讼产生的"土壤"来源于社会诚信的缺失。为此，若从信息生产者分析，则主要体现为行为人的利己本性和司法人员的诚信异化。

1. 行为人利己本性——审理对抗结构的消解。人的利己本性，在社会诚信缺失的环境中将会显现得尤为明显。司法实践中，双方当事人通过恶意串通后进行虚假诉讼，因为本身并不存在民事纠纷，双方在法庭上所展现出来的主张与抗辩，不过是事先准备好的"剧本"。因此，虚假诉讼存在于大量调解案件中，行为人在案件调解过程中通过消解民事诉讼的对抗结构，模糊案件事实，达到自己的目的。例如，在李某飞虚假诉讼罪案①中，张某为逃避债务，伪造58000元的劳动报酬款，安排

---

① 详见（2017）湘0921民初1592号、（2022）湘0921刑初44号。

员工李某飞向法院提起诉讼,诉讼中张某主张已经结清工资,但未提供任何证据,后双方顺利达成协议,在骗得法院调解书后,便申请强制执行,张某在第一时间将执行款转至李某飞个人银行账户。

2. 司法人员诚信异化——民事法官行为偏差。民事法官在收集到虚假诉讼信息时,应当成为治理虚假诉讼的第一道防线,并把虚假诉讼信息传递给刑事法官或其他信息接收者。如案例6①所示,因司法人员诚信异化,有的法官利用职权参与虚假诉讼,在收受当事人贿赂后,为虚假诉讼行为人充当"保护伞"。民事法官作为治理虚假诉讼犯罪的"排头兵",一旦利用职权参与虚假诉讼违法犯罪,不仅会导致虚假诉讼难以发现,更是对司法公正和司法权威的重大挑战。

案例6:在赵某1与钦成公司、高某买卖合同一案审理期间,一审法官臧某杰与二审法官许某灵收受赵某1及其委托人赵某2所送财物,在钦成公司明确提出该案涉嫌虚假诉讼的情况下,对应当采信的证据不予采信,在案件事实不清、双方争议极大的情况下作出判决,后赵某1和高某被安徽省太和县人民法院以虚假诉讼罪定罪处罚,臧某杰与许某灵被安徽省舒城县人民法院处以民事枉法裁判罪,分别被判处有期徒刑二年和一年。

(二)信息阻却因由:虚假诉讼民刑治理思路差异

虚假诉讼受到《民事诉讼法》与刑事实体法的双重规制,因为民刑在范围界定和法益保护各有差异,导致无法形成统一的民刑治理思路。

1. 《民事诉讼法》侧重保护案外人法益。② 在《民事诉讼法》中,出现双方恶意串通损害第三人合法权益时,对行为人采取的民事措施为罚款和拘留,正在审理中的民事诉讼也一般会被法院驳回诉讼请求。除此以外,还规定了相关制度如第三人撤销权之诉、案外人执行异议之诉、案外人申请再审等,来维护案外人的合法权益。

2. 《刑法》以维护司法秩序为核心。因《刑法》中虚假诉讼罪保护客体具有"选择性",③ 因此,讨论该罪的治理思路时,需先对虚假诉讼罪侵犯的客体进行界定,如表4所示,刑法学术界对虚假诉讼侵犯法益有"复杂客体说""选择客体说""司法秩序说",但均认为司法秩序为主要保护客体。因为虚假诉讼一旦损害他人实体权益,必然司法秩序也将遭受破坏,因此,在司法实践中刑事法官的治理思路侧重于保护司法秩序。

---

① 案例6详见(2020)皖1523刑初93号。
② 纪格非:《民事诉讼虚假诉讼治理思路的再思考——基于实证视角的分析与研究》,载《交大法学》2017年第2期。
③ 王约然、纪格非:《虚假诉讼程序阻却论》,载《甘肃政法学院学报》2018年第2期。

表 4　虚假诉讼罪犯罪客体侵犯法益各学者观点

主流观点	学者	代表作	观点概述
选择客体说	张明楷	《虚假诉讼罪的基本问题》	虚假诉讼罪的保护客体具有选择性，司法秩序是虚假诉讼罪的主要保护客体①
	高铭暄、马克昌	《刑法学》第九版	本罪侵犯的客体是司法机关的正常活动，同时也侵犯他人的财产权等合法权益②
	王作富	《刑法》第六版	本罪侵犯的客体为司法秩序或他人合法权益③
司法秩序说	周光权	《刑法各论》第三版	本罪的保护法益是司法秩序④
复杂客体说	王志亮	《虚假诉讼行为入罪初探》	本罪侵犯的客体是复杂客体，包括正常的司法秩序以及不限于财产性利益的他人的所有合法权益，其中正常的司法秩序是主要客体⑤

3.《刑法》中虚假诉讼罪治理范围大于《民事诉讼法》。在《民事诉讼法》和《刑法》中，因为虚假诉讼的范围界定有差异，因此法益保护也各有侧重，导致民刑治理思路的不同，《刑法》中虚假诉讼罪的治理范围大于《民事诉讼法》，这也成为民刑在治理虚假诉讼犯罪的阻却因由。

（三）信息递减效应：检察院监督职能的缺位

维纳认为，信息是一种负熵，⑥ 因此，可以认为虚假诉讼信息在传递过程中也应当是逐渐递减的过程。检察院对虚假诉讼行为具有监督的权利，但是，目前检察机关对于虚假诉讼的监督属于立足于虚假诉讼罪的末端监督结构，无法实施对虚假诉讼过程的规制。司法实践中，检察机关常是在虚假诉讼已经妨害司法秩序或者造成明显的第三人权益受损以后，才启动法律监督程序。因此，受检察机关治理体系限制，目前我国检察机关无法对虚假诉讼进行全过程规制，法律监督体系权能不匹配，⑦ 加速了虚假诉讼信息在传递过程中的递减效应。

（四）信息反馈失灵：司法人员职责不明晰

虚假诉讼信息传递准确、及时，才能使得各司法机关之间及时作出反应，从而

---

① 张明楷：《虚假诉讼罪的基本问题》，载《法学》2017 年第 1 期。
② 高铭暄、马克昌：《刑法学》（第九版），北京大学出版社、高等教育出版社 2019 年版，第 553 页。
③ 王作富：《刑法》（第六版），中国人民大学出版社 2016 年版。
④ 周光权：《刑法各论》（第三版），中国人民大学出版社 2016 年版，第 385 页。
⑤ 王志亮：《虚假诉讼行为入罪初探》，载《东方法学》2016 年第 4 期。
⑥ [美] 诺伯特·维纳：《控制论——关于动物和机器的控制与传播科学》（第二版），陈娟译，中国传媒大学出版社 2018 年版，第 78 页。
⑦ 梁鸿飞：《国家治理体系中的检察机关：组织环境与法理构造》，载《法学家》2020 年第 4 期。

进行决策。尽管 2021 年出台的《最高人民法院、最高人民检察院、公安部、司法部关于进一步加强虚假诉讼犯罪惩治工作的意见》及《最高人民法院关于在民事诉讼中防范与惩治虚假诉讼工作指引（一）》，都对公检法三机关之间协助治理虚假诉讼作了相关规定，但是对于各司法主体之间未及时作出反馈，又或者是接到反馈未及时采取措施等司法不作为及治理懈怠情形并未给予明确的职责划分。

首先，在虚假诉讼信息的反馈上，法官由于调查权有限以及结案压力，缺乏司法能动性。如表 5 所示，① 大部分民事法官在审判中接收到当事人主张的虚假诉讼信息时，不能及时给予反馈。其次，在虚假诉讼线索处理的反馈上，法院移送线索至公安，归口不统一。② 例如，对于法院在案件审理中发现虚假诉讼线索，有些法院是移送给当地派出所，有些法院则是直接移送给公安机关的法制部门。最后，在虚假诉讼案件办理结果的反馈上，对于同一事实的虚假诉讼，公检法对于虚假诉讼办理程度信息反馈不及时，未成立责任共担体系，难以形成公检法常态化反馈模式。

表 5　法官对民事诉讼中虚假诉讼证据信息的判断

类型	典型案例	主张	理由阐述
证据不能型	案例 7：张某某、李某某、董某某买卖合同纠纷案	李某某主张构成虚假诉讼	提交的证据均不能证实其主张，承担举证不能的不利后果
	案例 8：赵某与李某合同纠纷案	王某辩称原被告串通恶意制造虚假诉讼，以逃避执行	本案中并无证据能够证明存在虚假诉讼的情形
证据不足型	案例 9：高某某、潘某某合同纠纷案	主张构成虚假诉讼	提交的证据均不能证实其主张，应承担举证不能的不利后果
	案例 10：瞿某某与董某某等民间借贷纠纷案	主张法院主观枉法裁判，客观掩盖虚假诉讼的严重违法行为	上诉人瞿某某主张向法院提交的证据不足以反驳借款协议及还款协议
回避不提型	案例 11：徐某浩、徐某新劳务合同纠纷案	对徐某新的不诚信行为，理应加强审查，防止虚假诉讼	在法院认为及判决中均未提及
	案例 12：李某君、周某松民间借贷纠纷案	被上诉人存在虚假诉讼的行为，请求中止审理并移交公安机关侦查	

---

① 案例 7 详见（2021）冀 05 民终 329 号、案例 8 详见（2017）京 0114 民初 7150 号、案例 9 详见（2017）京 0114 民初 7150 号、案例 10 详见（2020）浙 06 民终 3253 号、案例 11 详见（2015）抚中民终字第 01232 号、案例 12 详见（2020）浙 08 民终 929 号、案例 13 详见（2020）浙 07 民终 189 号、案例 14 详见（2018）黑 0206 民初 1057 号。

② 汪培伟、刘海璇：《刑民一体协同打击虚假诉讼问题探究——以浙江省宁波地区办案情况为样本》，载《中国检察官》2022 年第 5 期。

(续表)

类型	典型案例	主张	理由阐述
证据未提型	案例 13：靳某某与韩某某损害赔偿纠纷案	韩某某请法院对于靳某某等人虚假诉讼行为予以处罚	未发现有虚假诉讼等行为，也未提供证据证明
	案例 14：珠海某公司与吴某、东阳某公司执行异议之诉案	珠海某公司称吴某与东阳某公司恶意串通，涉嫌虚假诉讼	未提供证据，缺乏事实依据，难以支持

综上所述，结合"发出——接受——反馈"的信息传递路径，分析虚假诉讼民刑衔接在信息传递中受阻是因为社会诚信缺失影响有效信息传递、民刑治理差异使得信息传递受阻碍、检察院中枢功能缺位加速信息递减效应、司法机关之间责任不明晰导致信息反馈失灵。（见图 3）

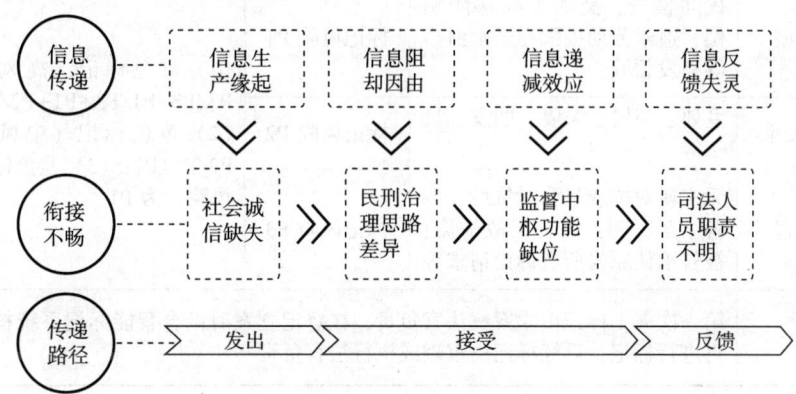

图 3　虚假诉讼民刑衔接信息传递路径分析图

四、信息传递视角下虚假诉讼犯罪治理民刑衔接规则完善路径

行为人发出的虚假信息是连接整个虚假诉讼案件的基础，只有将虚假诉讼信息传递链建好，才能使得各司法机关之间作出更为准确的决策。构建虚假诉讼民刑衔接机制就是通过确定评价各种利益的重要性和调整利益冲突标准来实现利益诉求之间的调和。① 为此，本文采取赋能——交流——矫正——激励助力信息传递，即提升信息传递能力、实现信息全交互，调控成本收益结构、实施激励合约来构建虚假诉讼民刑衔接规则。

---

① See Harold J. Berman & Samir N. Saliba, The Nature and Functions of Law, 7th ed., Foundation Press, 2009, p.29-35.

(一) 赋能：建立风险信息动态标记框架，提升信息传递质量

通过建立虚假诉讼风险信息动态标记系统，对冗余信息进行过滤，提高虚假诉讼信息传递的有效性和针对性。该系统在立案、审判、执行阶段均对虚假诉讼风险程度进行标识，使得对虚假诉讼信息进行早期检测，突破法官在执法办案中的虚假诉讼信息辨识阻碍，为虚假诉讼重塑精密化的"专业屏障"。

1. 风险要素提取及标记。运用收集中国裁判文书网上的现有虚假诉讼案例，对其判决书中的风险要素进行提取并归入人工标记库，同时设定风险要素标记及判定规则，如表6所示。

表6 风险要素标记及判定规则

要素提取	标签	风险标记	智能标记规则
案件类型	民间借贷、交通事故保险赔偿、追索劳动报酬和婚姻财产等高发领域	标记风险P1	(1) 红色标记（高风险）为P3/P3+P1/P3+P1+P2/P3+P2；(2) 黄色标记（中风险）为P2/P1+P2；(3) 蓝色标记（低风险）为P1
当事人关系	乡邻、亲属、夫妻、朋友、员工等	标记风险P2	
审判过程	无实质对抗或呈弱对抗性，调解结案顺利；被告无故缺席；被告承认原告所有诉讼请求等	标记风险P3	
说明	第一次人工标记由立案庭法官负责，在登记立案时结合智能标记系统核对之后再进行标记，后续标记由审理或执行法官负责		

通过上述风险要素标记及判定规则，对案例15[①]进行验证：（1）案件类型为民间借贷，标记风险为P1；（2）当事人关系为姑婿亲属关系，标记风险为P2；（3）审判过程无对抗便达成还款协议，标记风险为P3。为此，我们可以认定该案为虚假诉讼高风险案件，并对其标记为P1+P2+P3。

案例15 被告人孙某为逃避债务履行，与其岳母被告人周某梅串通后捏造民事债权债务关系。周某基于伪造的借款凭证向开原市人民法院申请诉前财产保全，保全的财物与孙某债权人张某保全的财物部分一致。后周某梅根据该借款凭证向开原市人民法院起诉，要求孙某还本息。该案一经开庭审理，原被告双方无对抗便达成还款协议，法院据此作出民事调解书，后被告人周某梅根据该调解书执行被告人孙某财产，妨害了被告人孙某债权人张某实现其债权。

2. 标记流程及运用。第一阶段是立案阶段，进行一级标记。标记方式主要以系

[①] 详见（2021）辽1282刑初171号。

统自动标记为主、立案法官人工标记为辅。标记为 A1 红（高风险）、B1 黄（中风险）、C1 蓝（低风险），标记推送给承办法官。第二阶段是审判或者执行阶段，由承办法官进行二级标记，标记方式主要以系统自动标记与承办法官标记同时进行，标记为 A2 红（高风险）、B2 黄（中风险）、C2 蓝（低风险），标记推送给立案部门、审判业务部门、监察部门。同时，由该三部门共同进行三级标注 A3 红（高风险）、B3 黄（中风险）、C3 蓝（低风险），标记推送给院领导班子。第三阶段反馈阶段，对已经识别出的虚假诉讼案件进行标记，便于下一次案件的识别，同时工作人员将调整动态甄别图，对于上述三级标记归入动态甄别库同时调整识别要素（见图4）。

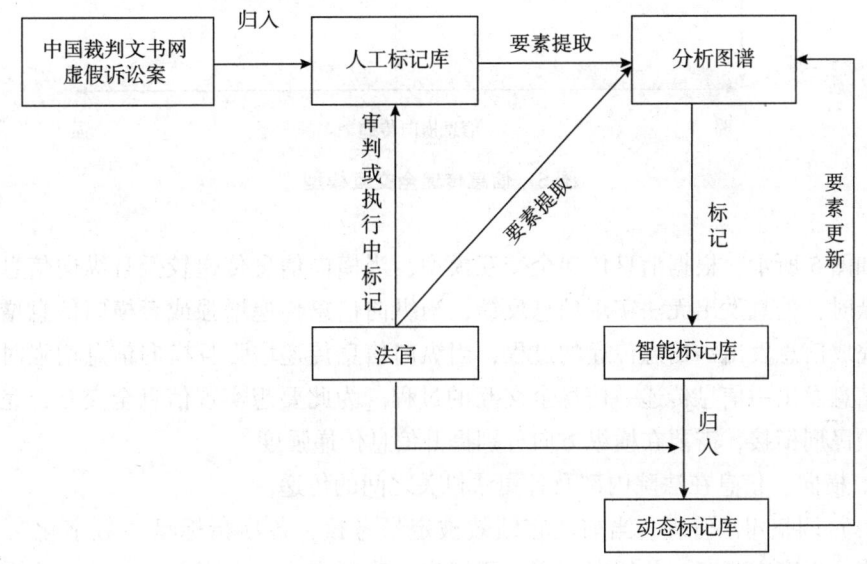

图 4　虚假诉讼风险信息动态标记框架

综上，对风险信息进行标记就是起到预警性信息传递的作用。一方面，通过智能识别，为虚假诉讼的识别量身定制"客观"信息流，防止法院工作人员在信息投喂时代利用经验主义或者是基于功利主义对虚假诉讼案件错误甄别。另一方面，就是对虚假诉讼"信息洪流"进行"信息分流"，尽可能减少司法机关信息辨识的阻碍。这种大数据风险防控治理虚假诉讼模式已在部分地区检察监督中得以运用且取得了不错的效果。比如，广东省深圳市人民检察院依托深圳智慧未检系统，运用大数据开展虚假诉讼治理工作；又如，湖南省检察机关依托"智慧民事检察监督平台"，让虚假诉讼民事检察监督实现了由个案办理式监督向类案治理式监督方式的转变。

（二）交流：提升信息传递能见度，实现信息全交互

信息交流就是在法院内部、检察院、司法机关及社会之间流通，提升虚假诉讼

信息传递能见度，继而提高民事诉讼中虚假诉讼信息有效传递能力。信息全交互便是实现司法机关之间的信息充分交流和共享的状态。

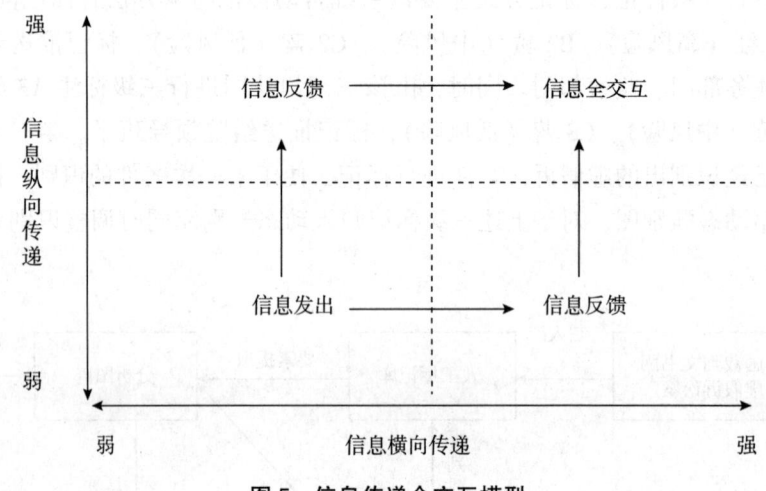

图5 信息传递全交互模型

如图5所示，根据信息传递全交互模型，当横向信息传递较低且纵向信息传递也较低时，信息发出无法实现信息反馈；当纵向信息传递增强或者横向信息增强时只能完成信息发出→信息传递的过程；当纵向信息传递增强且横向信息增强时才能完成信息发出→信息传递→信息全交互的过程。为此要想实现信息全交互，完成虚假诉讼民刑衔接，需要在横纵方向分别提升信息传递强度。

1. 横向：信息在法院内部及各司法机关之间的传递。

（1）调整司法管理。当前法官绩效被定量考核，各项指标呈"数字化"，[①] 如结案率、当庭宣判率、独任审判率、调解率、改判率、上诉率等。为此，法官不得不快速结案，并积极组织当事人通过调解结案。过分依赖调解不仅消解了民事诉讼的对抗结构，还弱化了虚假诉讼的可识别性，使得行为人恶意串通、伪造证据等虚假行为不易暴露。[②] 对司法管理进行适当调整，就是要取消目前这种量化考核机制，增强法官对案件事实与证据真实性的探索。

（2）构建虚假诉讼民刑衔接机制。一方面，关于虚假诉讼的民刑交叉问题，应当注重民事审判认定事实的独立性，并根据案件情况，进一步细化刑事生效判决的预决力及民事裁判的遮断效力，避免发生民刑裁判的交互影响法律的稳定性。[③] 另一方面，关于刑事追诉与民事救济程序衔接的问题。本文认为应当刑民分开处理，既能最大化保障被害人权益救济，又能及时追究行为人的刑事责任。

（3）修正民事法律中虚假诉讼的条款。一是扩展当事人范围，因为在司法实践

[①] 杨铜铜：《法官绩效考核制度的非司法化困境及其调试》，载《法制与社会发展》2022年第3期。
[②] 陆海玉：《民事虚假诉讼的法律规制》，黑龙江大学2021年博士学位论文。
[③] 王约然：《虚假诉讼程序救济论》，载《中国政法大学学报》2019年第3期。

中存在除当事人以外,如诉讼代理人参与虚假诉讼的情形;二是调整虚假诉讼标准,因为刑事法律对于虚假诉讼并未限定为双方恶意串通,故对于非合谋型虚假诉讼应当成为民事法律调整的范围;三是降低举证难度,因为侵害他人合法权益在诉讼中隐蔽性强且难以证明,在认定虚假诉讼的损害事实要件时,可参照《刑法》中对于虚假诉讼罪的规定,将妨害司法秩序或者造成损害后果作为选择客体。

2. 纵向:信息在犯罪人与被害人之间的传递。

(1) 连带性失信联合惩戒。虚假诉讼的本质为诚信缺失。治理虚假诉讼最为重要的就是社会信用体系的建设。针对虚假诉讼行为,将连带于其所从事的其他社会事务及家庭成员之间给予失信惩戒,也就是说虚假诉讼行为人及其家庭成员与所承担的不利后果之间,并不存在因果关系。① 因此,如图 6 所示,本文将失信惩戒措施分为以下 6 类,以家庭"户"作为失信惩戒的基本单位,对其进行连带性失信联合惩戒,从而增强失信惩戒的力度。

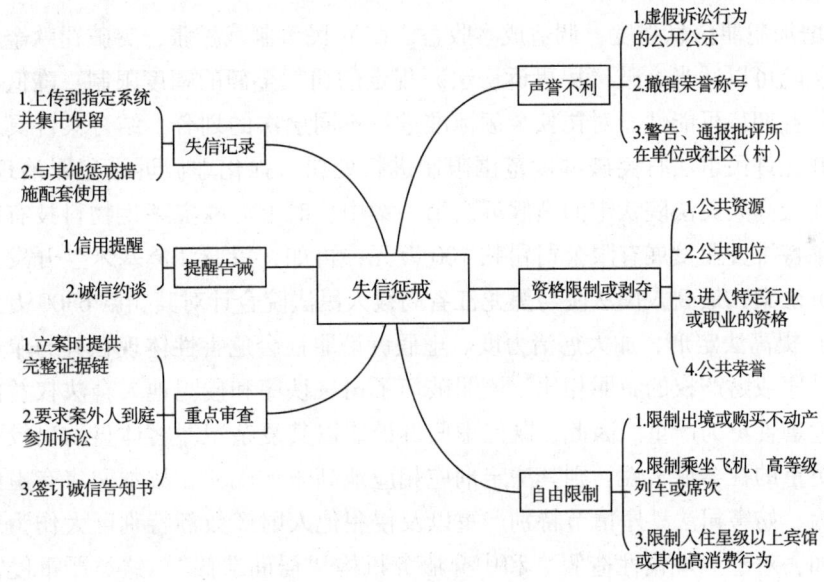

图 6　虚假诉讼失信惩戒分类

(2) 保护受害人权益。一方面对受害人权益优先保护,② 让司法实践中法官防范化解虚假诉讼民刑权益冲突时,具有准确的利益衡量标准。③ 另一方面建立虚假诉讼侵权损害赔偿之诉,弥补现有民事法律规范在实体权利方面的欠缺,当虚假诉讼的社会危害性恶劣时可要求惩罚性赔偿,提高违法成本。

---

① 陈柏峰:《社会诚信机制基层运用的实践逻辑》,载《中国法学》2022 年第 3 期。
② [德] 卡尔·拉伦茨:《法学方法论》(第六版),黄家镇译,商务印书馆 2020 年版,第 421 页。
③ 王利明:《论民事权益位阶:以〈民法典〉为中心》,载《中国法学》2022 年第 1 期。

（三）矫正：规制信息偏在，调整成本收益结构

信息偏在，也就是信息不对称。虚假诉讼犯罪治理中的信息不对称问题的实质就是被欺骗对象（受害人及法院工作人员）所占有的信息远远少于虚假诉讼行为人所占有的信息。笔者通过对提高信息劣势者自身信息收集能力以及增加虚假诉讼行为人惩罚成本来规制信息不对称，并达到调适犯罪行为人的成本收益失衡化的目的。

1. 缩小信息劣势：提高信息收集能力。虚假诉讼行为人作为信息生产者，在发射信息源时就掌握着足量信息，而虚假诉讼中的被害人及司法机关，处于信息劣势地位，从而导致信息不对称。提高被害人及司法机关作为信息劣势者自身收集虚假诉讼信息的能力，以保证被害人及司法机关均能及时地、准确地、全面地获得并利用所掌握的行为人所传递的虚假诉讼信息，从而缩小信息劣势。通过允许民事虚假诉讼受害人提起侵权之诉即损害赔偿之诉并拓宽受害人救济渠道，赋予案外人提起第三人撤销之诉的原告资格。[①]

2. 增加犯罪信息强度：调适成本收益。（1）民事制裁扩张，突破罚款金额幅度限制。法院可以适当突破《民事诉讼法》规定的罚款金额的幅度限制，降低行为人财产性收益期待可能性。对罚款金额标准进行不同层次的划分，结合案件具体审理情形，并允许民事法官突破幅度范围限制进行处罚，强化虚假诉讼犯罪治理强度。比如，在最高人民法院认定的虚假诉讼第一案中，对上海欧宝莱生物科技有限公司和辽宁莱特维置业发展有限公司罚款100万元，再如，黑龙江鸿基米兰开发公司系列虚假诉讼案，最高人民法院与黑龙江省高级人民法院合计对其罚款6300万元。

（2）提高法定刑，加大惩治力度。虚假诉讼罪社会危害性体现在其与单纯的侵犯司法秩序或财产权的犯罪相比，该罪破坏了司法秩序和侵犯他人合法权益两个法益，其危害性更为严重。因此，既然虚假诉讼罪以其复杂犯罪客体显示出较诈骗罪整体上更重的社会危害性，则其法定刑应相应地高于诈骗罪，故本文将有虚假诉讼失信行为、妨害司法秩序情节特别严重以及侵犯他人财产数额特别巨大作为加重情节。例如，对于"规模性造假"和中介服务机构"居间造假"，这类严重侵害他人合法权益的案件，量刑标准应当适当提高。

（3）细化量刑标准，统一量刑尺度。《最高人民法院、最高人民检察院关于办理虚假诉讼刑事案件适用法律若干问题的解释》第2条规定已明确，致使得人民法院基于捏造事实采取财产保全或者行为保全措施的，可认定为虚假诉讼中"妨害司法秩序或者严重侵害他人合法权益"。实际上，自行为人第一次递交民事诉讼材料时，便存在主观故意，此阶段若被识别，又当如何处罚？张明楷教授认为，对于犯罪情节轻微的犯罪，只需要认定犯罪的成立，无需进行刑事处罚，故承认犯罪的成

[①] 熊跃敏、梁喆旎：《虚假诉讼的识别与规制——以裁判文书为中心的考察》，载《国家检察官学院学报》2018年第3期。

立与处罚的分离。① 为此对于在立案阶段已被识别出的"无害型"虚假诉讼，也应当以虚假诉讼罪论罪定处，并在给予相关民事制裁后免予刑事处罚。（见表 7）

表 7 虚假诉讼罪不同侵害结果的量刑标准

虚假诉讼罪的侵害结果	量刑标准
"无害型"虚假诉讼	认定虚假诉讼罪，免予刑事处罚
仅妨害司法秩序	处一年以下有期徒刑、拘役或者管制，并处或者单处罚金
妨害司法秩序+情节严重	处一年至三年有期徒刑，并处罚金
妨害司法秩序+严重侵害他人合法权益	处三年以上七年以下有期徒刑，并处罚金
曾虚假诉讼犯罪被刑事处罚的+妨害司法秩序情节特别严重+侵害他人财产性权益数额特别巨大	处七年以上有期徒刑，并处罚金

（四）激励合约

激励合约是规制信息偏在和发挥信息传递积极作用的出发点，笔者通过构建司法机关连带责任制度，形成司法机关之间的责任共担，在规制司法机关工作人员的行为偏好预期的基础上，形成虚假诉讼信息传递的最佳约束和激励条件，并通过法益恢复强化行为人利益感知，为实现犯罪治理转型。

1. 责任共担：构建司法机关连带责任制度。法律责任界定和选择与信息结构密不可分，故其也是一种激励机制。② 对于前文中的提升信息传递能力、信息交流的全交互、信息偏在的法律矫正，只解决了司法机关内外部之间的信息不通畅问题，而无法解决司法机关工作人员的合谋或怠惰。《最高人民法院、最高人民检察院、公安部、司法部关于进一步加强虚假诉讼犯罪惩治工作的意见》中已明确了材料移送规则、案件类型的认定等，但是具体在司法实践中如何规制司法机关之间的移送与衔接，并未作说明。构建司法机关之间责任共担的连带责任制度，就是对司法机关工作人员进行约束，继而改变司法机关之间的动力和压力模式，提高虚假线索不移交的机会成本，促使司法机关对于虚假诉讼犯罪治理的主动作为。

连带责任的激励作用就是改变信息不对称程度。司法机关因为在衔接过程中职权划分明晰，彼此之间有协助义务，通过虚假诉讼外在可观察的信息联系起来，出现治理不到位现象，则相关联的司法机关均应承担连带责任，从诉讼中和诉讼前确

---

① 张明楷：《犯罪的成立范围与处罚范围的分离》，载《东方法学》2022 年第 4 期。
② 叶正国：《"两法"衔接的合作治理——以信息机制为中心的分析》，载《理论月刊》2014 年第 2 期。

保虚假诉讼民刑衔接的完善,并实行"责任倒查",追溯整个衔接过程,倒逼虚假诉讼犯罪治理的民刑衔接。

2. 出罪激励:法益恢复强化行为人利益感知。虚假诉讼处于民刑交叉领域,故本文借鉴庄绪龙博士的"法益恢复说",来强化虚假诉讼行为人利益感知。① 具体就虚假诉讼犯罪行为人而言,就是基于法益恢复现象,如果虚假诉讼行为侵害第三人权益已在民事程序中恢复,则可以实施法益恢复,以此激励行为人对于因虚假诉讼所致的扰乱司法秩序行为的及时中止和第三人合法权益的积极赔偿,继而推动虚假诉讼犯罪治理的良性互动,在实施法益恢复行为后,此时原本预设需要承担的基准刑的刑事责任,失去了再行处罚的实质根据,刑事责任得以熔断。② 据此,法益恢复行为虽然不能导致犯罪既遂的逆转,但导致了刑事责任的熔断,继而导致不能适用刑罚,为虚假诉讼出罪找到出路。

五、结语

随着我国民事诉讼模式向当事人主义逐步转型,当事人诉权占主导性地位,但是个人的权利主张应当以不损害他人的权利为边界,③ 虚假诉讼是行为人对权利的滥用,是寄居于民事诉讼生态的"恶性肿瘤"。④ 治理虚假诉讼,是维护司法公信力,建设诚信社会的重要内容,也是构建法治社会、保障人民群众合法权益的必然要求。近年来,各地法院非常重视虚假诉讼治理问题,但是目前的民刑二元立法格局为治理虚假诉讼增加了困难。因此,规范虚假诉讼民刑衔接是治理虚假诉讼重中之重,民刑衔接核心在于信息提供,于是本文以信息传递为路径分析,构建虚假诉讼民刑衔接规则,同时为我国民刑交叉案件的处理提供治理思路。

---

① 庄绪龙:《"法益可恢复性犯罪"概念之提倡》,载《中外法学》2017年第4期。
② 庄绪龙:《法益恢复研究》,华东政法大学2019年博士学位论文。
③ See John Stuart Mill, On Liberty, Currin V. Shields ed., Liberal Arts Press, 1956, cited in JosephElford, Trafficking in Stolen Information: A "Hierarchy of Rights" Approach to the Private Facts Tort, Yale Law Journal, Vol. 105: 727, p. 728 (1995).
④ 李晓倩:《虚假诉讼的本质与边界》,载《中外法学》2022年第4期。

罪量要素分割下网络暴力犯罪主体的认定规则探究

江西省萍乡市安源区人民法院　严　琴
江西省萍乡市安源区人民法院　樊雨兰

在传统犯罪的网络异化下，网络成为很多犯罪的滋生地，甚至直接成为犯罪工具，传统犯罪和网络犯罪逐步融合，犯罪的产业化、链条化、集群化不断出现，使得侮辱、诽谤犯罪在构成特征与非法控制性以及罪量要素上被网络所"分割"，侮辱、诽谤犯罪异化为"违法"，侮辱、诽谤犯罪的"去主体化""违法化""累积化"同步显现。而随着网络暴力热点事件的不断涌现，现有的犯罪评价体系已经不能涵括网络侮辱、诽谤犯罪的全部形式和内涵，亟须理论界和实务界予以系统化的回应和相关防治思路的转换。此种情形下，而主体判定成为认定网络暴力犯罪的基础条件。

一、典型事件引发的"群体病"

为了更好地掌握网络暴力事件所反映的特点以及表现形式，笔者通过对近期网络暴力事件的检索，列举了三个典型案例。

（一）杭州取快递女子被造谣事件①

2020年7月7日，被告人郎某某在快递驿站内用手机偷拍被害人谷某某并发布在微信群内。另一被告人何某某则使用微信号与郎某某捏造谷某某结识快递员且两人还多次发生不正当性关系的微信聊天记录，伪造"赴约途中""约会现场"等视频与图片陆续发布在微信群，引发网友发出大量低俗、淫秽评论，并转发扩散，影响了谷某某的日常工作与生活。

在该案中，两被告人被判诽谤罪，判处有期徒刑一年，缓刑二年。

---

① 《"女子取快递被造谣出轨"案被告人获刑》，载中国新闻网，https://www.chinanews.com/sh/2021/04-30/9467923.shtml，最后访问时间：2022年5月20日。

(二) 未成年人刘某州被网暴自杀事件①

2021年12月6日，刘某州在社交平台上发布寻亲视频，警方通过DNA比对，很快帮其找到亲生父母并与生母见面。但仅隔一周，刘某州便在网上发文称其亲生父母将他微信拉黑。同时也有媒体报道，刘某州从亲生父母处讨要房子。之后，网友纷纷质疑其借寻亲炒作自己、立人设。刘某州对此也进行了回应和声明，但是之后在微博上留下一份遗书选择了轻生。

在该事件中，刘某州在其名为"生来即轻，还时亦净"的文章中，表示希望网暴他的加害者能够得到相应惩罚。2022年2月14日，刘某州的代理律师就此案向最高人民检察院提起了公益诉讼建议书，现已签收转办中。

(三) 上海女子求助外卖员给父亲送菜被网暴跳楼自杀事件②

2022年4月3日，上海市的王女士因受疫情影响，求助外卖员于先生给听障父亲送菜，但由于交通管制，于先生走了4个小时20多公里的路程才将菜送到，王女士给于先生发了200元的感谢红包，于先生拒收。随后，该事件被传至网上，很多网友指责王女士给的不够多，并开始对王女士进行人身攻击，最终导致王女士因为受不了网络暴力而跳楼。

该事件发生以后，警方第一时间介入调查，王女士的丈夫也表示会通过法律渠道严惩网络施暴者。

这三个事例代表着现行网络暴力的三种典型表现形式，杭州取快递女子事件对应的是"捏造传播网络谣言"，上海女子请快递员送菜事件对应的是"网络语言暴力"，而刘某州事件对应的则是"网络语言暴力"以及"暴露个人信息"的融合，③也可以说"暴露个人信息"贯穿于该类事件始终。对于参与这些事件的网暴者，除了与传统暴力相对应的杭州取快递事件中的被告人郎某某、何某某被追究刑事责任，并无其他进展。

这一系列不断涌现的网络暴力事件体现出了一个共同特点，即除了直接加害者，还存在无数个被分割、异化后的加害者，如刘某州自杀事件、上海女子跳楼自杀事件中的所有参与网暴者。在这些事件中，每一条谩骂和指责，都是"言论刽子手"，产生了当事人被辞退或者自杀等严重后果，而网络暴力实际参与者却很难被确定，更不要说受到刑事责罚。在这种违法分割状态下，现有的刑法评价体系无法对其违法行为进行追责。

---

① 《刘某州死亡涉及多人涉嫌刑事犯罪案，已被受案!》，载腾讯网，https://new.qq.com/rain/a/20220301A01IUL00，最后访问时间：2022年10月10日。

② 《上海女子因为让外卖员给父亲送菜，遭受到网络暴力，最终选择轻生》，载网易网，https://www.163.com/dy/article/H4HM4P7J05532MRJ.html，最后访问时间：2022年11月19日。

③ 参见曲伶俐：《刑法修正案（七）及网络犯罪实务问题研究》，中国人民公安大学出版社2010年版，第145页；徐才淇：《论网络暴力行为的刑法规制》，载《法律适用》2016年第3期。

二、侮辱、诽谤犯罪的网络"分割化"

传统侮辱、诽谤犯罪因其位于"线下"的特点，危害性一般体现在具体的、特定的、识别性高的区域和人身上。然而网络空间是数字虚拟空间，不仅信息传播速度快，而且具有网络信息隐蔽的特点，① 使得侮辱、诽谤犯罪逐渐呈现为犯罪的"信息化""网络化"和"集群化"。② 这反映出随着网络的不断发展，侮辱、诽谤犯罪与网络深度融合，侮辱、诽谤犯罪网络异化后的危害性在范围和深度上均不断上升。基于犯罪特征异化的趋势，侮辱、诽谤言论在被异化为"违法"，特别是在"多对一"甚至"多对多"的参与方式中，它进一步造成了对"拆解分割"犯罪行为在认定上的疑问，诸如犯罪客观特征即客体的认定、行为违法性认定及犯罪主体认定等均需相应的刑法理论支撑。具体来讲，在网络"分割化"下，侮辱、诽谤犯罪的特征被网络异化，表现为参与行为主体上的网络"分割化"、暴力言论行为的网络"分割化"，以及罪量要素的网络"分割化"。

（一）侮辱、诽谤犯罪构成特征的网络"分割化"

在网络空间的侮辱、诽谤犯罪不同于现实社会呈线条式的逐步递进模式，而是在网络对相关犯罪行为的细化和分割下，犯罪模式转变为分散型或集聚性，即一个发散为多个、多个集聚为一个，甚至是多个发散为多个的关系。③ 在此情形下，侮辱、诽谤犯罪中的构成要件行为被分散化、分割化，使得评价网络侮辱、诽谤行为是否构成刑事犯罪、是否应承担刑事责任变得很难。

首先，实施网络暴力言论的犯罪主体的网络分割化，表现为"去主体化"的特征，即主体难以确定。不同于一般情形下专门进行公关的网络公司的精心策划组织，即由公关公司的组织者负责组织和管理网络水军，利诱网络水军发布"莫须有"和煽动性言论的具有明确分工的网络水军运行模式，④ 现在的网络暴力大多呈现出"去主体化"特征，即可能源于一次新闻报道、视频或者是个人文章的发布，网民自发地进行评论，对相关内容涉及人员进行言语辱骂、霸凌，并有多人跟风，多个"违法"行为导致产生犯罪行为才会出现的严重后果，如涉及人员自杀等。此时，该严重后果对应的违法犯罪行为却很难找到相应的"主体"，并且构成要件中的行为主体很难确定。

其次，网络侮辱、诽谤犯罪的暴力言论行为网络"分割化"，具体体现为言论的累积化。实际上，网络空间的暴力行为，多体现为网络舆论霸凌行为。这里的表

---

① 参见冯卫国、张立宇：《网络空间的犯罪与刑法面临的挑战》，载张平主编：《网络法律评论》（第2卷），北京大学出版社2002年版。
② 参见栗向霞：《论有组织犯罪的信息化和网络犯罪的有组织化》，载《河南社会科学》2016年第11期。
③ 参见张明楷：《网络犯罪的刑事立法》，载《法律科学》2017年第3期。
④ 参见姜瀛：《"网络黑社会"的样态重述与刑法治理的进路整合》，载《法治社会》2017年第4期。

现形式一般有"多对一""一对多"以及"多对多",一个人参与多次,多个人参与一次或者多次,集合下来形成的累积效应。"分割化"的虚假、捏造言论,逐渐集聚累积形成"三人成虎"效应,也就是说,可能每一个人的言论单独都不构成侮辱或者诽谤,但是在一点一点的累积下,就变成了吃人的"老虎"。例如,这样的言论发展过程:每天有个男人接她下班—每天有个看起来可以当她父亲的老男人接她下班—年纪轻轻做什么不可以非得干出这样的事,得出结论:她被包养了。而在这个过程,可能只存在"接她""老男人""干出这样的事"这样的"分割化"网络语言,从网络谣言"嫁接",扭曲、捏造成为网络暴力,① 最终结论的形成过程完全可能是只存在于评论者的心中,但是在别人问及时采取不正面回应的方式,或者人本身想象力的加持,使得言语的想象空间被无限放大,最终大家得出一致结论:这个女的被包养了。并由此产生一系列的连锁的批评、指责、谩骂,不断被累积,滚雪球一样直至将人压塌,而此时对于该累积过程的实际危害行为,以及导致的严重后果却找不到应该承担责任的主体。

(二) 罪量要素的网络"分割化"

相较于传统侮辱、诽谤犯罪,网络侮辱、诽谤犯罪中的构罪行为一般都有多个违法行为并且进行了分割,被分割的单独实行行为并不构成犯罪,由于正犯行为难以认定,导致无法用现行刑法评价体系对各单独行为是否构成犯罪进行有效评价。比如,在"多对一"的网络暴力事件中参与者的单个违法行为的责任认定,文章或者视频发布者仅是对于个人情绪的发泄,或者仅是对于某一事情的客观描述分享,但是网络参与者却通过过激言论的煽动、虚假言论的捏造等违法行为将事情推向舆论风暴中心,导致产生严重后果。发布者的发布言论的独自行为一般无法达到构成犯罪的具体立案标准,从而使得网民自发参与转发的行为同样也不能以犯罪进行处罚,即便发布信息者的行为被认定为构成犯罪,处罚也普遍存在偏轻情况。② 作为网络侮辱、诽谤犯罪构成要件的各实行行为被分散化、分割化后,难以认定构成刑法意义上的犯罪。比如,上述提到的网络侮辱、诽谤犯罪中的"实行行为"被拆分后,任何一个单独的行为在刑法上很难被评价为犯罪的实行行为,即使采取"最小从属性说"观点,③ 任何从犯成立要以正犯行为构成犯罪为前提,这种情况下,犯罪行为的难以认定进而影响对网络暴力犯罪的刑法评价。

---

① 参见刘绩宏、柯惠新:《道德心理的舆论张力:网络谣言向网络暴力的演化模式及其影响因素研究》,载《国际新闻界》2018 年第 7 期。
② 参见黎宏:《情境犯罪学与预防刑法观》,载《法学评论》2018 年第 6 期。
③ 参见钱六叶:《共犯与正犯关系论》,载《中外法学》2013 年第 4 期。"共犯最小从属性说"认为,共同犯罪的成立只需正犯行为具备构成要件符合性即可,而无需满足违法性和有责性。

三、网络暴力犯罪应从"形式化"向注重"功能化"认定转变

（一）网络暴力中"犯罪"概念的异化

犯罪构成要件和罪量要素被网络进行分割后，使得暴力言论参与模式从"一对一"转变为"多对一"和"多对多"，从而导致单个实行方式由于没有达到犯罪的立案标准而不能被认定为犯罪，从而使得整体行为也无法被认定构成犯罪；或者单个行为虽达到犯罪立案标准，但是由于各参与者之间无共同犯罪意思联络，导致难以构成共同犯罪。

1. 网络暴力犯罪中"犯罪"的网络"分解"。被网络分割化的犯罪构成要件行为以及罪量要素，导致行为人的相关行为达到刑事处罚构罪标准，但最终如何认定和处罚仍成为理论上和实践中的共同难题。比如，上文所述的新闻报道、视频或者是个人文章的发布，网民自发地进行评论，并由此将事件推向风暴中心产生严重后果，此时的新闻报道、视频、文章发布者很难认定为达到犯罪所要求的罪量标准而构成犯罪。对于最终将事件推向严重后果的某个或者某几个参与网民来说，因为要以正犯行为为犯罪前提，但因为正犯行为都不存在，那么作为单独的帮助行为更不能被认定为犯罪。而这种片面的帮助行为又在整体构成犯罪中处于核心地位，如果缺少这种帮助，这种结果根本无法达成。由此可以看出，这种片面帮助行为的社会危害性，远远大于正犯行为对社会造成的危害性。又如，网络评论中最常出现的诸如"看到有人骂她我就放心了""一分钟过去了，我还没看到这个人的信息，这届网友效率不高啊""这种人为什么要给他打马赛克"等言论，如果真的从用语上去评判，其实连"违法"都算不上，更别称之为犯罪了，但是里面内涵的煽动性、诱导性也不可忽视。总会有人因为这样的言论在下面接话，逐渐升级、扩大，但是因为人与人之间缺乏一定的意思联络，所以很难从刑法评价的角度认为其构成了共同故意犯罪。

2. 网络暴力"犯罪行为"转向"违法行为"。传统的侮辱、诽谤犯罪结合各犯罪人在犯罪中所起到的所用，能够准确评价其刑事责任。但是在网络分割下，网络空间中更多存在的是片面帮助行为和"多对一"特性，实行行为的正犯行为的社会危害性可能还达不到片面帮助行为在网络暴力犯罪中所造成的后果，片面帮助行为的地位与作用不断上升。[①] 基于网络上的各类信息呈"数字化""数量化"和"可复制性强"的特点，网络言论的传播等帮助行为所对应的对象越发不确定，进而帮助行为人所实施的行为是违法行为还是犯罪行为更具有不确定性。但是能够明确的是，在网络分割下的违法行为的数量绝对是多于可以被认定为犯罪行为的数量，根据共犯从属性理论，共犯行为是否构成犯罪要以正犯行为构成犯罪为前提，在正犯

---

① 参见王华伟：《网络空间正犯与共犯的界分——基于特殊技术形态的考察》，载《清华法学》2022年第3期。

行为不构成犯罪的情况下，帮助行为可能构成违法，但是难以被评价为犯罪，更别提评价其刑事责任。比如，网络营销号、网络"黑粉"发布的言论或者视频，虽然存在虚假性甚至是攻击性，但是该类行为被认定为一般民事侵权行为的可能性更大，被认定为犯罪行为的可能性很小，这样所有参与评论或者转发人员自发的、一些更为严重的不法行为也只能被认定为违法，很难从刑法意义上去对这些人员进行全面评价，甚至说追究其刑事责任。随着网络的分割化，网络暴力犯罪的构成要件形式化认定可能更应向违法性、有责性等功能化的认定上偏移。

（二）网络暴力的认定

网络分割下侮辱、诽谤不断显现出"平庸之恶"，网络表达的道德义务引发内涵上的反思。

其一，网络暴力具有群体性。网络暴力在参与者人数、波及范围以及时间跨度等方面，均处于不可控状态，这使得网络暴力呈现出"群体性"的显著特征。一场网络暴力也许会"全民"卷入其中，持续时间也无法掌控，甚至存在反复性。刘某州事件、上海女子请快递员送菜事件、杭州取快递女子事件等网络暴力事件，都曾是全网关注众人参与的典型事件。事件中的主角均受到了网络上网民的人身攻击和辱骂，从而导致受人身攻击的主人公自杀、自残和被迫离职、背井离乡。不难看出，传统意义上的暴力行为不会具有如此大规模的群体性参与，也不会产生如此不受控制的人身、财产利益损害后果。同样，基于群体性的特征，自然人作为数据的最初主体不断被"奴役化""去身份化"及"去主体化"，网络暴力犯罪主体的不确定性变成了"常态化"，大数据时代逐渐将自然人的主体性不断淹没。①

其二，网络暴力具有欺凌性。网络暴力主要是通过言论对受害人进行"精神折磨"，进而导致发生上述自杀或者被辞退等损害他人权利的后果，故具有"欺凌性"的突出特点。网络暴力具体表现为通过群体性的讨伐将受害者个人树立成大部分社会群体的敌对方，"以多数压制少数"，呈现出集体的负面评价和欺凌性侵扰，从而使得受害者个人产生心理压力。②被网暴者因此容易出现被整个社会针锋相对的错觉，内心所产生的恐惧感在网络空间里面被扩大且不受控制，进而引发被网暴者巨大心理精神折磨和自杀。如在刘某州事件中，刘某州个人遭受无端的谩骂，且不相干的生活也被无故曝光，不断被贴上各种标签，使得其心理防线崩溃，最终选择自杀。网络暴力的行为人（特别诱导者）正是故意或不经意地利用其想要获得强烈的社会认同感这一点，以披露被网暴者工作单位、个人家庭关系等情况为手段，再以道德制高点为站位，诱骗和引导社会公众批判、攻击被网暴者，使得被网暴者遭受精神折磨，并达到欺凌被网暴者的目的。

---

① 参见孙道萃：《犯罪主体的网络化演变动向与立法修正脉络》，载《中国应用法学》2019 年第 5 期。
② 参见石经海、黄亚瑞：《网络暴力刑法规制的困境分析与出路探究》，载《安徽大学学报（哲学社会科学版）》2020 年第 4 期。

其三，网络暴力具有煽动性。网络暴力通常是以某一事件为依托，通过网络媒体的煽动引发群体性讨论，产生整体性偏向的舆论，故具有"煽动性"的突出特点。也就是说，在发布者或者网络媒体平台的"带节奏"下，很容易吸引群体网民参与讨论、攻击，并引发严重后果。不仅如此，这个能够产生如此大规模攻击性的"煽动"，往往是抓住了某一事件中涉及的容易引发社会不同阶层人员共同触发的敏感点。传播网络暴力信息的传播者利用网络传播速度快的特点，持续放大、夸大、混淆网络不当言论，吸引社会大众的眼球，得到网民的关注，把整体矛盾归咎于被网暴者，煽动网络群体攻击被网暴者和对网暴者进行道德审判，达到从心理上和精神上折磨网暴者的目的，引发自杀、自残的严重后果。

网络暴力不受限制地出现，使得公共秩序不断被破坏，社会道德底线不断下降，传统的社会伦理道德意识不断歪曲，法律意识和法治思维变得淡薄。随着网民的不断更新换代、网络记忆的不断消失，网民们并不会从网暴事件中吸取教训而遵纪守法，而是不断地按照自己的"喜恶"，甚至是纯粹的"无聊"，而肆无忌惮地在网络上以辱骂、发布虚假言论、暴露个人信息等方式，在法律之外充当"道德判官"，肆意地"伸张正义"，最终导致被网暴个体承担与其被网暴行为性质不对等的严重后果，其本质上还是脱离不了错误和"恶"，难免会走上另外一个更大的错误和另一个更大的"恶"。整个社会也将陷入网络社会言论无序、随时可能被网暴到自己头上的不安因素和恐惧感，完全背离我国全面依法治国和社会稳定和谐等社会治理的要求。

四、拓宽网络暴力犯罪的内涵与外延进行全面评价

随着网络暴力的定义网络异化，其表现形式和造成的严重后果与现行的民事、行政法律规制存在不匹配现象，也就是说，很多情形用民事侵权或者行政"违法"来评判，已经超过了该两部法律所要限定的法律界限，并不能达到法、责相适应，必须要刑事责任予以规制。

（一）《刑法》规制的失位

网络侮辱、诽谤等言论暴力犯罪行为被分割，导致行为特征、表现方式、罪量标准上都变为异常形态，刑法学上对行为是否能定性为犯罪也产生较大争议，具体体现为"犯罪"概念的异化，使网络平台上的网民不符合实际地编造、评论、诽谤等行为是否符合网络诽谤、侮辱的特征，存在诸多争议，并由此引发对此种犯罪主体的认定困难。这使得一些犯罪行为只能被认定为违法行为，产生罪责刑不适应的后果。同时，从目前国家对于网络暴力的处理来看，还只会用传统暴力来进行刑法规制网络暴力，使得现有网络暴力不能达到治理目的。

司法实践中，能对网络侮辱、诽谤等网络暴力行为追究刑事责任的案件较少，笔者运用中国裁判文书网检索，可能是涉及隐私不公开等原因，并未找到相关的文书，且通过网络检索得到的案例也不多。① 网络暴力行为之所以如此少地被刑事追究，是因为经过网络的"分割"下，很难在现行的罪刑规范中找到可以完全评价网络暴力行为特征的相关规范，从而直接适用于对相关网络暴力行为的刑法防治。

首先，现行网络暴力的攻击性、批判性等言语表现形式与传统的侮辱、诽谤罪行为的表现形式不同。我国《刑法》第246条关于侮辱、诽谤罪规定的行为表现方式为"以暴力或其他方法公然侮辱他人或者捏造事实诽谤他人，且情节严重"。其中除了实际使用暴力以外的其他方式，一般是指具有侮辱性的语言、文字、图画、符号等，与"暴力"所导致的后果相当。此外，该规定中的"诽谤"行为主要为捏造虚假事实并进行散布，且该事实要能够达到损害他人名誉的程度，也就是说，行为人发布的内容是除了真实信息以外的虚假内容，而网络暴力是很可能包含真实信息的，如前所述的"暴露个人信息"形式。

其次，从前述以及其他网络暴力典型事件来看，网络言语暴力程度与《刑法》规定的暴力程度不相符。比如，网络群众发表的言语或文字，可能只停留在批评、攻击等简单层面，其暴力程度并未达到传统侮辱罪所要求的程度，从而达不到刑法意义上的侮辱行为；通过带节奏引发的群体性的言论，主要是对某一事件进行截取式的讨论、站队，然后批评、指责，不完全是捏造事实败坏他人名誉，可能会出现当事人自杀等严重后果，但也不构成刑法意义上的诽谤行为。也就是说，现行的网络暴力无需达到《刑法》第246条所规定的程度即可达到相同甚至更严重的后果，即自发的一边倒的言论，网暴者站在道德制高点对被网暴者进行批判，加上其他网民不分青红皂白地起哄指责，具有涉众性和霸凌性特点，但不具有侮辱性和虚假性，导致不能适用上述相关规定。

最后，虽然《刑法》第246条第3款增设了公安机关的协助职能，但是通过前述论述可知，网络暴力的攻击性、批判性等言语表现方式并不是《刑法》关于侮辱、诽谤罪的行为方式，与第1款的规定不兼容，无法使用该规定来追诉网络暴力行为；我国《刑法》关于侮辱罪、诽谤罪的追诉方式属于"告诉才处理"，对于网络分割下的暴力行为很难适用。此外，网络分割化后的暴力犯罪的侵害人通常是"虚拟的"，与传统意义上的能确定具体侵害人的侮辱、诽谤罪不同，其涉及范围也是不可控的。因此，虽然《刑法》第246条第3款增设了规定，但由于网络"分割化""累积化"的特点，对于绝大多数网络暴力事件受害人来说，其可以提告的加害人都无法确定，根本就无法进入诉讼阶段，更不用说要求公安机关协助举证。这也表明，关于网络暴力的追诉也无法直接适用侮辱、诽谤犯罪的规定，存在失位。

---

① 根据我国《刑法》中网络暴力的相关规定，主要有侮辱诽谤罪、侵犯公民个人信息罪和寻衅滋事罪等规定。侵犯公民个人信息罪和寻衅滋事罪两种情形因为主要行为主体相对明确，而本文的重点是对于主体的认定问题，故本文的论述主要以侮辱、诽谤罪为重点。

(二) 网络暴力行为犯罪化：暴力言论的法益定位

关于网络暴力事件的不断发生，目前对于结果的产生也好，以及前文所述杭州取快递女子事件主要当事人被处罚也好，产生也将持续存在的声音就是"评论区到底存在多少杀人犯"，而对于这一怀疑，转换成法律语言也就是"法能否责众"。法当然无法责众，但这并不是广大网民用于其在网络上随意捏造、肆意评论、暴露别人信息的出罪依据，而是在其实施了前面的违法行为时，将其在"众"的定位上的重新评判，并且在刑法范围内予以定罪处罚。

近十年来，因网络暴力引发的自杀、自残等恶性事件时有发生，足以凸显网络暴力的社会危害性，但推动这些事件不断产生和发展的网络暴力发布者、网络水军营销号、跟风恶意评论者和相关的网络平台等并没有意识到网暴后果的严重性或者说选择性地进行了忽视。这些发布者在网络平台上发布具有特殊内容要素的、具有营销性质的内容，仅仅是为了增加流量从而获取金钱等物质利益。这些发布者主要是想依靠醒目的、有吸引力的标题吸引大众眼睛，引起不特定群众的关注，对于信息的内容质量却不加以任何形式的把关，这种类型的网络账号是引起网络暴力的主要力量，对网络暴力的推动起到极大的作用，对于一般的网民而言，可能仅仅认为自己属于跟风行为与网络暴力搭不上边，或者说即使意识到了，却认为"法不责众"，无法对他进行追究。然而，在关于言论自由与公民隐私权、名誉权之间的作用关系讨论时，作为平台的网络管理者认为其处于中立地位，却不采取任何有效措施，也是网络暴力无相应的法律规定带来的严重后果。只有引起全民对"众"的思考，将"众"的定位进行一定的拓宽，也就是说将以正犯行为为中心转向兼顾对过激言论、煽动犯罪的个体的重点评价，并将其入罪，才能使得其成为网络言论自由的一道底线，促进网络暴力失范行为的规范。

新型网络暴力行为涉及的"众"跟传统聚众型犯罪存在区分，但是因为网络时代的发展，网络成为信息与数据的"集散地"，具有不同主体的"聚集地"的特征，与被网络"分割化"后的聚众犯罪存在一定的相似性。从前面的论述中，我们可以看出，在网络的分割下，从原有的法律框架和原有的法律条文寻求解释去规制网络暴力行为是存在欠缺的。根据我国法律现有关于对传统侮辱、诽谤等罪的相关规定，对一般的攻击性言论都无法认定为"侮辱"，具有"造谣"性质的言语也无法认定为"诽谤"。故应当在现有刑法评价体系下拓宽其内涵与外延，来解决对违法分割下网络暴力行为的刑事责任追究问题。

当然，随着对网络言论的规制，随之而来的是对言论自由的怀疑。对于网络暴力犯罪来说，因其涉及的相关主体范围广，假如入罪的条件低，则会导致不敢说、不愿说，言论自由受到冲击。但是，网络上的言论自由也有边界，发布带有攻击性言语的行为都应该视为超越了言论自由。例如，针对某些个体事件、社会事件，肆意引导、攻击、讨伐他人的行为，这种恶意行为已经越界，《刑法》应当予以规制。

关于网络暴力言论的转发量、浏览量已经有法律予以规定，可以作为评判依据，同时还要结合受害人的职业、话语的影响范围大小、言论行为的目的等对言语暴力程度进行综合判断。

五、网络暴力行为刑事主体认定的基本思路

一般网络言论行为到网络侮辱、诽谤犯罪行为的递进，对立法和司法都是一种挑战。在网络时代，尤其是近几年网络语言暴力引发多起"自杀"事件的情况下，我们应采取应对措施对网络语言暴力行为进行法律规制，对网络侮辱、诽谤犯罪问题进行研究，对"网民"实施"网络暴力"行为进行定性，即在网络分割下，如何进行法律规制和刑事归责。

（一）在法秩序统一性原理下坚持法益保护前置理论

进入实行阶段的网络侮辱、诽谤犯罪不仅会对个人法益造成巨大侵害，还会对社会法益、国家法益造成巨大的侵害，因此，刑法理论界对刑法保护前置化非常重视。法学界通常所称的法益保护前置，是指法律关系可能超出民法、行政法的评价范围，但尚未达到刑法上的犯罪行为，采取由刑法提前介入，刑罚早期化，将那些还未出现实际的法益侵害结果的行为或还未达到具有现实的、紧迫的法益侵害危险的行为规定为犯罪，给予刑事处罚。例如，未进入实行阶段的预备犯、尚未造成实际法益侵害的非法持有枪支、非法持有毒品等持有型犯罪。有学者提出，如将"为实施诈骗等违法犯罪活动发布不当网络信息的"行为单独入罪，属于将其他犯罪的预备犯作为正犯进行评价，是对"把网络作为工具实施相关行为"社会危害性在立法上的高度重视。[①] 有学者主张，"设立网站或者通讯群组、发布信息"应认定为该罪客观行为的核心要素，将该预备行为进行实质化处理，从形式上看也符合实质预备犯对行为的"类型性、定型性"之要求。[②] 还有学者认为，非法利用信息网络罪是积极型"积量构罪"构造，在危害程度上各项行为有一定差别，离下游违法犯罪活动所侵害的法益越近，则对法益侵害程度越高。[③] 网络中的一般可能造成危害性的言论属于违反民法或行政法的一般违法行为，达不到刑事犯罪的立案标准，从而构不成刑事犯罪，如我国《刑法》第 246 条规定以情节严重作为侮辱罪、诽谤罪的入罪条件，一般情节只属于一般违法行为，其违法性较低，成立要求也更低，不能用《刑法》来进行归责。也就是说，构成民法、行政法上的违法行为是评价一个行为是否构成犯罪的前提条件，只有构成民事、行政法上的一般违法行为，情节严重达到构成刑事犯罪的标准才能作为犯罪进行处理。

---

① 参见于冲：《网络刑法的体系构建》，中国法制出版社 2016 年版，第 126 页。
② 参见阎二鹏：《预备行为实行化的教义学审视与重构——基于〈中华人民共和国刑法修正案（九）的思考〉》，载《法商研究》2016 年第 5 期。
③ 参见皮勇：《论新型网络犯罪立法及其适用》，载《中国社会科学》2018 年第 10 期。

随着网络技术突飞猛进的发展和人们利用网络方式进行交流的普及，网络对公民个人生活覆盖面越来越广，几乎达到全面覆盖的程度，社会秩序从线下"面对面"扩大到线上、网络上。通过网络，传播范围、传播途径被无限放大，随之而来的负面影响也极不可控，不仅会对被害人本身带来极大的伤害，还会对网络生态和网络社会公众秩序造成极大的不利影响。通常一个谣言通过抖音、微博等网络平台快速成倍数传播的话，极易引发严重扰乱公共秩序和严重危害国家利益的群体性事件，一旦受到侵害将造成无法估量和不可挽回的后果，甚至侵害国家法益和社会法益，因此，对于利用网络方式进行侮辱、诽谤行为的，可以在不违反刑法基本原则情况下，坚持法益前置保护理论，以是否侵害国家法益和社会法益为界限进行区分。只要侵犯了国家法益和社会法益，那么对于网络服务提供者以及网络侮辱、诽谤行为的策划者、教唆者等均以侮辱罪、诽谤罪进行定罪处罚。

（二）"谣言传播者"适用以正犯行为为中心转向兼顾"虚拟共犯"正犯化进行处置

"谣言传播者"应为某个网络事实的信息发布者、信息传播者与信息评论者等。根据传统刑法理论，对于网络侮辱、诽谤行为采取以正犯实行行为为中心进行处罚，只对"捏造事实"的散布者或者组织、指使者进行处罚，刑事处罚还要以诽谤信息被他人点击加上浏览次数达到一定数量，或者转发次数达到一定数量，或造成被害人或者被害人的近亲属自残达到轻伤二级以上、自杀身亡等严重后果或短期内二次以上诽谤他人的，才符合刑事犯罪的构成要件，才能被处以刑罚。由此不难看出，网络时代网络传播的速度快、范围广、影响大，若还坚持仅以正犯行为中心评价网络侮辱、诽谤行为，将达不到对相应法益侵害承担相应法律责任的目的。

我国传统的刑法理论虽然认为分工分类标准和作用分类标准已经纳入我国《刑法》考量范围，但是"以作用为主兼顾分工"仍然是总体坚持的基本立场。① 我国共犯立法是以正犯行为构成犯罪来评价共犯是否构成犯罪，对于何为正犯，何为共犯，以什么标准进行划分，并没有达成统一的认识，还存在一些分歧。在当下网络社会环境对于涉嫌侮辱罪、诽谤罪的适用中，提供和传播行为的基本对象都是数据和信息，通过传播煽动性、诱导性言论，达到"网络暴力"程度后，造成危害后果。由于"网络暴力"具备虚拟性特征，若在评价相关行为时仅以正犯行为为中心，那么将对很多行为无法进行客观、全面的评价，与《刑法》保护的公共秩序等法益相悖，不利于网络社会的稳定、健康发展。因此，应以正犯行为为中心转向兼顾对"虚拟共犯"进行重点的评价，在网络侮辱、诽谤犯罪中，网络上过激言论的发布者和对言论跟帖评论者等，都是素未谋面、随意组合，无法认定二者之间有"犯意勾结"，实际上二者也无"犯意勾结"，跟帖评论者仅是网络犯罪的帮助行为

---

① 参见高铭暄、马克昌主编：《刑法学》，北京大学出版社、高等教育出版社 2017 年版，第 170 页。

之一,也只涉及犯罪链条的某个环节,或者只是促成构成犯罪的一个碎片,在无法查清整个犯罪的情况下,很难按照共同犯罪进行处理,一般情况下也难以认定为犯罪。按照我国传统刑法理论,只有正犯构成犯罪才能使帮助犯构成犯罪,因此,应该突破我国现行理论和实践对网络暴力犯罪的归责困境,以解决问题思路为首要,而不是只寄希望于体系的改革,因为体系改革工程是系统而庞大的,应以现有立法体系为基础,转变为对"虚拟共犯"进行重点评价。网络共犯异化为"虚拟共犯",肯定了我国共犯理论框架内成立片面共犯,从理论上对传统共犯在网络共犯异化问题上进行了弥补,符合我国在应对网络共犯问题上的客观需求。若能以片面共犯对此类犯罪进行认定和规制,那么便可以解决没有双方"意思勾连",仅是单方面故意帮助他人的共犯问题。以网络侮辱、诽谤行为为例,网络暴力、网络霸凌中的言论或文字"暴力"行为,信息发布者、信息传播者与信息评论者等人之间事先没有任何的意思联络,只是各自以自己的方式对言论、文字发挥自己的作用,而在整个事件中,各个网民的不同言论,凑合到一起便会引发群体性指责、批评,从而击垮被害人的心理防线,致使被害人及其近亲属产生自杀等严重后果,发布者、传播者、评论者等人之间的共同致害行为与传统刑法意义的主观上"明知型"共犯不同。

网络侮辱、诽谤行为之所以能造成严重后果,仅依靠发布者、组织者或者指使者的力量是远远不够的,还依赖于其他评论者过激、煽动性的评语及其他网民对过激评语的转发,一系列因素最终才能造成严重后果。在此种情况下,对评论者来说,其仅仅发表了过激、煽动性的评论,并未散布谣言,与发布者、传播者都没有"犯意勾连",但其作用甚至可能高于实行者,若由于网络共犯异化导致评论者的行为无法归罪,那么就无法根据传统共犯理论对其给予罚当其罪的制裁。因此,笔者认为,如果该评论者的过激、煽动性评语被转发或点赞达到500次以上,则应从"虚拟共犯"正犯化角度,从刑法上规制评论者的行为,从共犯从属性的基本原理中进行突破,使得共犯行为不仅仅是从属于正犯,而使其自身单独构成违法性行为,从理论上破除障碍对网络帮助行为进行了归责,用来实现扩大个人法益和社会法益保护的立法目的。①

(三)网络平台服务提供者以"最小从属性说"入罪具有合理性

网络平台服务提供者的作用是提供互联网接入、网络存储空间、服务器托管、通讯传输通道等服务,提供的一系列服务均应扩大解释而理解为"传播行为",网络犯罪中的共犯行为较一般犯罪产生了异化,具有了最明显的特征,即共犯越来越不依附正犯,从"一对一"的传统关系进化为"多对一"的新型关系,网络犯罪中正犯实施了犯罪构成要件但不具备刑事违法性的情形已不是少数。正如网络侮辱罪、

---

① 参见李明见:《网络共犯体系下帮助行为的类型化及其归责路径》,载《河南财经政法大学学报》2022年第2期。

诽谤罪的实行犯正犯在网络平台上传一篇煽动性谣言文章的行为的危害性是相对限定在一定范围内的，但是评论区的跟风者通过网络途径聚合在一起，成为单独正犯，其"累积性"将该限定范围的危害性不断放大，已然达到甚至超越正犯行为的不法。这种情形下，即使单独正犯的行为不能从刑法上对其进行评价，网络平台服务者的帮助行为还是要予以处罚，理由为：一是网络平台服务者的帮助行为不可能构成某一行为的间接正犯；二是否认网络犯罪帮助者的违法性则与我国刑法惩治网络犯罪的立法目的相悖。

在共同犯罪中除了要求各犯罪参与人间"行为"的共同，还要求以正犯具备违法性作为共犯的成立前提，这就使得行为共同说与共犯从属性之间的逻辑关系产生了矛盾。"成立共同犯罪的共犯只要正犯存在符合构成犯罪要件的行为"是"最小从属性说"理论的内容，这使得共犯与正犯之间行为的从属性与共犯之间的行为共同说理论是相互吻合的。网络时代下的网络侮辱、诽谤等犯罪行为，不同种类的帮助犯有不同的表现形式但是都具有明显独立性，大多数情况下帮助行为决定了是否达到侵害法益的严重后果。一些帮助行为的违法程度已与正犯行为的违法程度相当，有的甚至危害性及违法程度均超过正犯行为，因此，对帮助行为的评价不能仅仅依赖正犯行为，而应该独立于正犯行为，对帮助行为作为正犯的一种类型进行单独评价。我国共同犯罪立法上采取的"极端从属性说""共犯独立性说"、折中说和我国理论界主要提倡的"限制从属性说"已经无法适应网络时代下网络犯罪中帮助行为是否构成犯罪的情形。如果还是坚持要以帮助行为和实行正犯行为之间符合该当性、违法性两个要素为构成要件来认定是否构成共同犯罪，那么还是存在不合理性。我们应该采取"最小从属性说"理论，主张以符合共同犯罪的构成要件该当性即可以共同犯罪来评价网络帮助行为，从该当性和违法性两个要素降为该当性一个要素，实现对网络帮助犯罪行为作为共同犯罪的一个途径来入罪。

"最小从属性说"是从共同犯罪的成立标准进行改造，承认片面共犯和间接正犯，由于网络犯罪要素构成的特殊性，以"最小从属性说"进行认定并不必然会扩张共犯成立的范围，因为仍应该从构成要件该当性层面认定是否从属于正犯，且相关的犯罪行为应与法益侵害后果之间有刑法意义上的因果关系。当教唆行为存在于网络语言暴力行为中时，如何认定教唆行为是否构成犯罪呢？例如，他人通过利用限制行为能力人的智力缺陷等，教唆该限制行为能力人在抖音上转发诽谤信息，由于具有煽动性被转发次数达到入罪标准，那么对于教唆犯如何处罚呢？应该对被教唆人的实行行为与客观后果进行实质违法性判断，才能以共犯进行恰当处罚。[①] 对于网络平台服务提供者以"最小从属说"路径入罪，契合我国《刑法》关于共同犯罪双层分类标准立法模式，使得罪刑法定和罪责相适应原则相结合。基于网络犯罪

---

① 参见王霖：《网络犯罪参与行为刑事责任模式的教义学塑造——共犯归责模式的回归》，载《政治与法律》2016年第9期。

帮助行为人之间几乎无共同犯罪故意的情况，共犯认定采用"最小从属性说"能够使当下网络侮辱罪、诽谤罪的入罪标准明确，维护法律的稳定。

结　语

根据前述分析，互联网时代"网络暴力"的危害性日益凸显，法律上如何对网络暴力进行审视，对于群体庞大的网民，如何界定"网络暴力"的主体范围，如何界定"网络暴力"的构罪要件，应以刑事犯罪追究刑事责任的个体和行为规范入刑，应将法益保护和罪责刑相适应性两大原则相结合，达到惩罚犯罪和保障人权的双重目的，净化网络环境和网络生态。

刑事相似事实证据规则的探索与构建

——立足证据裁判与自由心证的衡平分析

江西省都昌县人民法院 王丽娟
江西省九江市中级人民法院 于振宇

实务中，对于案件事实的认定更多是以证据标准、事实要件等客观因素作为判断标准，即依靠证据判断客观事实存在的形式主义倾向，历来明显，体现了自由心证和证据裁判主义之间的矛盾，其就"是否采信相似事实"的争议，尤为凸显。表面上，这是由于实体法与程序法相互分离，缺乏系统性规范，导致多种属性证据与适用规则相互交融；本质上，这凸显了证据裁判主义与自由心证之间的冲突，证据裁判主义的"硬性"规定导致法官心证不再自由。相似事实的存在具有客观性且各行为事实间具有无关品格的逻辑性，在此基础上，如何认定相似事实的法律属性与证据规则，成为当前司法实践中的一大难点。例如，相似事实通过自由心证可以为待证事实所直接认定，效率得以表现，但证据裁判主义为保障个案的证据强大，要求具体案件证据规则的证成，效率相对较低，即严格适用当前证据规则，认定犯罪事实将陷入证据裁判的泥潭；但若不制定好证据规则，反之则落入自由心证的巢穴。故立足裁判主义与自由心证的平衡，探寻相似事实证据规则，对缓解刑事案件相似事实的认定具有重要意义。

一、刑事相似事实的实践检视

相似事实证据（similar fact evidence）作为英美法系证据制度中的一部分，其系指"本案待证事实因与案外事实具有相似性，而被诉讼参与人提起，用以证实某种特殊内容的材料"。[①] 其相似性主要体现：在与本案有关联性的他案中，犯罪主体、犯罪行为、犯罪情节、犯罪结果等方面具有性质、频率等高度倾向性且无关品格逻辑特点。

---

① 胡佳：《相似事实证据规则研究》，载《青少年犯罪问题研究》2021 年第 6 期。

(一) 个案缩影：相似事实成认定待证事实的关键

案例1：2012年，北京市第二中级人民法院审理了胡某家、段某超、陈某、程某阳盗窃案。① 在该案中，公诉机关指控四被告人十起犯罪事实。其中，除第二起犯罪事实仅在被告人陈某暂住地起获了赃物相机并在相机内提取了被害人的结婚证照片外，其他犯罪事实有行为人供述、足迹鉴定、起获的赃物、被害人陈述、证人证言、物证照片等证据予以证明。

合议庭针对第二起犯罪事实能否认定有两种意见：第一种意见认为第二起事实不能认定，系源于第二起虽有被害人陈述证明其相机被盗的时间、型号等信息，有搜查笔录，证明在陈某暂住地起获被盗物品、物证照片、价格鉴定结论书等，但以上证据并不足以证明陈某去过案发现场，故即使在陈某家起获了赃物，也无法排除其他可能性，不宜认定。第二种意见认为，该案十起事实皆可认定。这是因为将第二起事实置入全案来看，其犯罪事实的证据可从其他多起事实的证据中得到补强，形成内心确信。

两种观点的争议在于相似行为能否作为认定事实的证据，前者严格遵循证据裁判，认为不能排除陈某捡到或从二手市场购买等合理怀疑，不能认定；后者则主张应将四人共同犯罪作为整体，全面掌握该类盗窃行为特征，在证据裁判的同时兼顾自由心证，认为第二起虽然无陈某供述这一直接证据，但因该四人共同犯罪，前后案件均属盗窃，性质相同，盗窃地点都是在村委会这一特定的场所，存在区别于一般盗窃行为的显著特征且已多次犯罪，前后行为有惊人的相似，故放眼全案，应当适用相似行为证据，认定第二起犯罪事实成立。合议庭最终赞同第二种意见，认定十起犯罪事实均成立。

该案引发的思考是，当犯罪事实数量众多，证据庞杂，因缺乏行为人供述，导致在对多起犯罪事实进行认定时，如果单独分析某一起事实，可能由于很难形成完整的证据链条而难以认定。此时，可否在前后案件事实存在性质相同、行为频率高等可区别于一般该类案件的显著特征的基础上运用相似事实证据，以此更好地认定全案事实。

(二) 整体透视：多种属性证据相互杂糅

为深入研究相似事实证据的现实情况，在"北大法宝""中国裁判文书网"中，以"相似事实""类似事实""同样事实"等为关键词，检索出具有典型意义的涉及控方主张相似事实证据的案件共43例，对相似事实证据的适用，主要体现为直接证据（10例）、补强证据（12例）和无关事实（21例）等三种范式。

范式一：作为直接证据证明犯罪要件事实。对于相似事实作为直接证据，一般

---

① 详见北京市第二中级人民法院 (2012) 二中刑终字第1910号刑事裁定书。

存在证明犯罪主观要件或犯罪主体具有同一性等情形中。

案例2：欧阳某、钟某等集资诈骗罪案①，辩护人对于与钟某等涉嫌集资诈骗的相同或类似事实，主张"集资诈骗罪作为目的犯，判断被告人是否存在违规占用目的，应依据集资后资金的总体使用情况来判断，不可仅凭存在较大数量的集资款无法归还就推定犯罪行为人存在不法占用目的"。但判决认为，此二人在借款后将大部分款项用于赌博等违法活动中，在无力偿还债务之际携部分款物出境藏匿，可认为其主观上有非法占有目的，具备了集资诈骗罪的构成条件。

范式二：作为补强证据发挥辅助证明作用。该模式下主要包括补强口供与弹劾反驳，前者是指相似事实证据并不直接针对本案事实，只作补充证明材料，用于强化或削弱另一证据；后者大多是为了反驳被告人的辩论，其以对方辩护意见为前提，具有被动性与附属性。②

案例3：以许某强制猥亵、抢劫案③为例，许某认为其是出于防范被害人报警，才将其强行猥亵后拿走被害人手机，其主观上并无非法占有的目的。但法院认为被告人曾因同样犯罪行为被判处，且提供类似的辩论意见，比常人更了解抢劫罪的真相，故对其辩护不予采用。

范式三：作为与本案无关的事实。相对英美法系的判例法而言，其法官享有充分的自由裁量权，先前生效案例对待审案件有影响力，甚至是决定性的考量标准。但是，由于我国是成文法国家，仅在法无明文规定的情形下，法官才享有一定的裁量空间，但仅是该裁量空间融扩他案适用的情形在实践中亦少之又少，即便是当下典型案例的参照一般也是采用"间接引用"的方式进行移植。为此，不在乎各案件间的关系，他案相似事实被认定为与本案无关的事实，司空见惯。

案例4：周某等人走私普通货物案④。在该案中，公安机关反映被告人周某曾向其建议在某位置能更好地发现他人走私活动的情况，即便该事实属于本案量刑相关的事实，且经第三方机关认定，但并未予以采信，认定不存在减轻刑罚的事实。

（三）规范检索：缺乏系统性的专门规则

相似事实含义与证据规则虽未在我国《刑事诉讼法》中规定，但对有关规定进行梳理后，均体现出对其不同限度的适用。《刑法》中存在将被告人先前的同类行为作为定罪量刑标准的相关规定。以盗窃罪为例，《刑法》第264条规定，将"多次偷盗"作为定罪的主要考虑因素，抢夺罪、勒索罪、聚众淫乱罪等也有同样的规定。但依照上述《刑法》规定，被告人多次相同的犯罪行为直接导致其当罚性的确定，即若无先前犯罪行为，则不能作相同罪行论处。这说明了立法主体强调行为人

---

① 详见江西省龙南市人民法院（2018）赣0727刑初205号刑事判决书。
② 赵飞龙：《刑事补强证据规则有效适用的待证事实范围——以证明责任为视角》，载《时代法学》2021年第1期。
③ 详见江苏省江阴市人民法院（2020）苏0281刑初43号刑事判决书。
④ 详见浙江省温州市中级人民法院（2022）浙03刑初89号刑事判决书。

的先前行为对确定罪与无罪、罪轻罪重的重要作用。作为实体法规范，其指导了控、辩、审三方的诉讼行为，直接涉及案件事实的认定。

司法解释中亦有相关规范，如相似事实用来确认当事人主观认知。比如，《最高人民法院、最高人民检察院、海关总署关于办理走私刑事案件适用法律若干问题的意见》第5条第6项明确规定，对"曾因同一种走私行为受过刑事处罚或者行政处罚的"当事人，只能确认为"明知"，但有证据说明确属被蒙骗的除外。再如，《人民法院统一证据规定（司法解释建议稿）》第34条明确规定："有关犯罪前科或者类似行为的倾向证据，不得用以证明品性及其行为的一贯性；但在刑事诉讼中，下列为证明犯罪预备的倾向证据，可以采纳作为定案的证据：（一）证明被告人所从事的其他犯罪手法，与被告人的行为方式在特征上相同或者高度相似；（二）以类似行为证明争议中的行为系明知或者并非偶然。"

可见，相似事实在刑事诉讼中广泛存在，但系统性规范的缺失及实践中的司法乱象，无一不突出相似事实性质的模糊，彰显刑事诉讼证据裁判与自由心证的矛盾。故为统一司法适用，进而更好地全面掌握刑事案件犯罪事实，使法律事实符合客观事实，有必要从相似事实的基本属性出发，研究其适用规则。

（四）刑事相似事实证据的属性厘清

司法乱象与规范空白，突出了证据裁判与自由心证的绞合，彰显了刑事相似事实认定的窘迫性。正确界定刑事相似事实需立足其性质，把握其刑法本体属性的同时，结合刑事诉讼结构特征分析其内在规律。

二、刑事相似事实的性质界定

相似事实证据通常因被认为与本案待证的事实无关而被审判者排除适用。但是，是否所有相似事实均与本案待证事实无关？如何对待其与本案在其他方面存在的逻辑性？这些问题值得深思。相似事实证据采信与否，与其相似性、倾向性和相关性等特征紧密相关。

1. 相似性（similarity）。放眼域外，相似分为广义与狭义两层意思，前者只要求两事物拥有共同的特征即可；后者则仅当一事物与另一事物的共同特征是重要特征时，该两事物才能被称作具有相似性。相比广义理解，狭义的相似性对衡量证据可采与否的标准更高，证明前后事物相似性的"盖然性"也更高。

对于某个已知事实，基于相似性的广泛认识若能得到与待证事实不相关的结果，则已知事实的依据将不被接受，这已形成了各界共识。然而，审判者采用何种相似标准来面对已知事实，各地做法不一。

一般而言，为了证明已有事实对该案待证事实的确认意义，所以法官们在审判此类刑事案件中，往往为了凸显"充分"的相似性，选择狭义"相似性"概念去断定二个案件间事实相似的情况占得比较多，以此来符合最低证明标准。

2. 倾向性（propensity）。倾向性是指对某一事件的态度所显示出的爱与憎、褒与贬的趋向。在刑事案件中，控方为了证明被告人存在本案不法行为或者存在某种特定的偏好，通常会提出他案中的相似事实，用以说明其存在本案犯罪事实，从而起到引导法官认定被告有罪倾向的目的。英国有学者将倾向性归纳为推理性偏见和道德性偏见的两种形式，前者是指法官审理中存在下意识依据经验在刑事案件中的类似犯罪事实以及本案的待证犯罪事实间进行或然性推理，从而自发提高了其他刑事案件中的类似犯罪事实之证据价值；后者是指即便类似犯罪事实后来被证实与本案犯罪事实不符，法官依然会偏向于给被告人一种有罪判决。① 正如麦考密克所言："法律偏见可能产生于那些引起法官不顾证据的证明价值而对一方产生敌意或者同情的事实，可能就会满足于对一定程度上低于法律所要求的强制性有罪证明的标准。"②

倾向性的相似事实具有证据属性，系源于人作为社会构成要素，长期的生活与环境使得其行为具有习惯性，并长期保持稳定性，凸显了个人的行事风格。该行为的稳定性与习惯性充分证明了"前后相似现象与案件事实之间建立一种内在的逻辑性"，以至于基于类似事实，至少能合理推断本案某一方面的事实。另外，因人的意识系统在产生以前会受到自己先前行动经验和生活经历的干扰，故行为人在特殊环境下反映出来的行动通常是毫无意义、自动模式化的反复行动，并且在相关案例中相似事实和本案待证事实出现了高度的盖然性，也为推定本案待证事实的成立提供了准确性依据。

3. 相关性（relevance）。是否采信相似事实证据取决于其与该案争执事实是否存在充分的相关性，以至于充分地合理合法地推出关于该案的争执事实。美国学者华尔兹认为："刑事是实体和证明性的综合。如果说所提供的材料对本案中某个真实性的争议问题具备证明性（有利于确定该提问），那它就具备相关性。"③ 可知，相关性在实质上就是指出了证人与待证事实间所存在的一种必然的内在联系，即根据一般的逻辑和经验，能帮助证明待证事实与证人之间存在相关性。

法律主要基于两方面的考虑，将证据相关性作为价值选择的基础性地位。一方面，有利于保持法官审理案件的中立地位。为避免部分经验不足的法官认定案件事实不当，需要设立相关性规则，以避免其受恶意诉讼人不当诉讼的误导。另一方面，充分保证调查证据的合理范围。任何一方当事人在负有举证责任义务时，无论诉讼目的是否正当，其完全可以自主决定向法庭提供哪种证据，如若对其证据范围不加以限制，将会不断延长审理期限，影响案件审理进度。④

---

① 蔡杰、汪健：《英国相似事实证据规则简介》，载《中国刑事法杂志》2005年第1期。
② [美]约翰·W. 斯特龙：《麦考密克论证据》，汤维建等译，中国政法大学出版社2004年版，第363页。
③ [美]乔恩·R. 华尔兹：《刑事诉讼大全》（第二版），何家弘译，中国人民公安大学出版社2004年版，第81页。
④ 陈朴生：《刑事证据法》，我国台湾地区三民书局1979年版，第276~277页。

三、刑事相似事实层次性证明标准的内在规律

层次性理论将刑事证明标准划分为严格的逻辑证明、最大限度的盖然性和相当高的盖然性三类,① 对刑事相似事实的认定与否,取决于证明主体和证明对象的证明标准的分层。

1. 证明责任的不同需要区分不同的证明标准。证据责任的不同则需要适用不同的证据规定。按照无罪推定原则,控方与被害人在案中都要承担证据责任,但二者所担负的证据责任却具有一定区别。庭审中,控方除了提供证据证明观点以外,还必须说服承办人,使其产生对该案经开庭审理,到了可以消除合理怀疑的内心确信。此外,其亦应当担负对被告人具有犯罪事实的充分证明责任。相比较,被告人所担负的责任在性质上与其不同,其根据法律赋予的辩护权、举证权提供己方观点,从而证实了其不具有罪行,本案存在合理怀疑。就举证结果影响而言,若控方举证不利,未达到排除合理怀疑程度时,将面临控诉失败的风险;但若被告人不履行其基于举证权与辩护权的责任,法官并不会必然判决其有罪,即其无需举证证明该案已达到排除合理怀疑的程度,仅需使裁判者产生合理怀疑即可。

2. 待证事实的不同适用不同的证明标准。刑事案件的各事实之间既具有内在关系,也存在相对独立性,因此,必须把具体讼争事实的证据程度和整个刑事案件的可证实程度分别看待,而不是必然规定各个具体犯罪事实必须得到相同程度的证实。根据认定犯罪的要件,加以内容层次性划分,② 如必要构成要件事实,适用排除合理怀疑的证明标准;必要构成情势要件事实之外的非必要犯罪事实,则适用较低级的"优势证据"标准。针对量刑相关的事实也可适当调整,增加内容应适用于"消除合理怀疑"的较高标准,从轻或减轻内容则应适用"优势证据"标准。此外,对犯罪行为和量刑均不会有影响但控辩各方有争执的犯罪行为事实,才能适用民事证据规定。仍以盗窃罪为例,检方主张被告人盗窃数额为1万元,但被告人认为只有6000元。根据《刑法》规定,个人盗窃公私财物价值人民币5000元至2万元以上的,为"数额巨大",应处三年以上十年以下有期徒刑。此类案件尽管不会对定罪量刑造成直接影响,但与赃款的退回或与财物有关的问题相关,故仍可适用于民事标准,采取"谁主张,谁举证"的事实证明责任。

3. 诉讼程序适用较弱的证明标准。立足程序正义的角度,程序正义对保障公正审理案件具有不可替代的价值。需要注意的是,对于诉讼程序中事实本身所包含的各种利益也需要运用不同的证据标准。因此,根据管辖权、起诉时限以及有关起诉要求的具体事实,存在有关事实即可,这也是实务上将此类是否满足起诉条件的刑事案件界定为简易刑事案件、适用简易程序审查的主要原因所在。比如,对于刑事

---

① 郑飞:《证据属性层次论——基于证据规则结构体系的理论反思》,载《法学研究》2021年第2期。
② 陈春芳:《论刑事证明标准的层次性建构》,载《中国检察官期刊》2009年第5期。

案件的各个阶段也有不同的证明标准,多数刑事案件都必须经过公安部门侦查、检察院指控和法院审判三个阶段,这三个阶段的证明标准随着案件的推进逐步严格。但是,审判作为最后一道关卡,适用最严格的"罪刑法定""排除合理怀疑"与"疑罪从无"的标准。

四、刑事相似事实自由心证与证据裁判的结构性分析

自由心证的根本作用在于通过自我判断直至形成完全确信(包括确信有或确信无),而不是硬性要求以证据为基础。证据裁判主义实质是在诉讼结构对自由心证进行基本限制的基础上进一步进行限制,其价值来源于单个法官恣意的不可避免性。

证据裁判起初是一种法律判断案情的模糊性要求,它要求法官不可凭空作出判断,而必须根据事实审理案件,从而就产生了所谓的基础原则,即缺乏依据不能作出自由心证并作出判断。基于此,证据裁判针对自由心证提出了一系列规则,其实质便是证据规则。正如学者所言:"证据裁判与其说是根据证据作出裁判,不如说是根据证据规则作出裁判。"① 换言之,约束法官审理案件的自由心证是制定证据规则的核心功能之一,也正因该约束才形成了二者间的本质冲突。不难看出二者之间冲突的主要性质,过于重视证据裁判主义势必会产生太多的硬性限制性规则。若这样,规范证据证明力也就倾向于形式证明制度;但是,完全依托法官自由心证,又会导致无限放大法官自由裁量权,使审判权面临脱离规范边界的风险。

以间接证明为例,如果按照当下证据规则,仅通过检验证据的真实性、合法性和关联性,而无关乎各证据间的印证关系,将会导致部分具备相关性且能够形成印证关系的间接证据被武断地排除适用,这种形式和实质上的冲突,直接影响到寻求真理的实际思维过程。"自由心证在形成确信的过程中,允许法官运用逻辑的、经验的、抽象的、理性的、感性的思维方法探寻证据之间的相关性,并不一定以逻辑的、理性的思维方式为主,只要能形成确信就行。"② 不过,"证据裁判主义则更强调用逻辑的、理性的方法进行推理,在一定程度上排斥经验的、形象的、感性的思维方式,其在重罪案件中更为凸显。"③

需要明确的是,"一切事实都是人们在直接感知的基础上、对事物实际情况(某事物具有某种性质或某些事物具有某种关系)所作的一种陈述"。④ 故面对如此相似的条件,证据裁判限制了自由心证的同时,也暴露出自身的缺陷,而平衡自由心证与证据裁判正是解决此问题的关键。

五、刑事相似事实证据的适用场域

虽然现行法律未明确规定刑事相似事实证据的适用规则,但从理论或实践中,

---

① 马贵翔:《论证据裁判主义与自由心证的衡平》,载《北方法学》2017年第6期。
② 施鹏鹏:《刑事裁判中的自由心证——论中国刑事证明体系的变革》,载《政法论坛》2018年第4期。
③ 左卫民:《反思过度客观化的重罪案件证据裁判》,载《法律科学》2019年第1期。
④ 彭漪涟:《事实论》,广西师范大学出版社2015年版,第74~75页。

均可捕捉到其适用的司法情境。经实践的检验，结合刑事实体法的各项规定，可细化相似事实证据适用的司法场域。

(一) 作为法定构成要件的个案

正如前文所述，即便我国法律尚未规范相似事实证据的资格、条件等内容，但其采用"多次行为"的方式传递了被告人在他案中的其他数次行为将会成为本案的定罪量刑的要件之一。以敲诈勒索罪为例，《最高人民法院、最高人民检察院关于办理敲诈勒索刑事案件适用法律若干问题的解释》的第1条规定了"数额较大""数额巨大""数额特别巨大"三种情形；第2条再次对该三大情形作出了详细规范，如"曾因敲诈勒索受过刑事处罚的""一年内曾因敲诈勒索受过行政处罚的"均属于"数额较大"的标准；第3条也明确了"二年内敲诈勒索三次以上的"，应当认定为《刑法》第274条规定的"多次敲诈勒索"。

可见，我国《刑法》不仅从犯罪本体论的角度规定了"多次敲诈勒索"的认定，还从量刑方面规定了个人在犯敲诈勒索罪的各种情节的区分。"多次敲诈勒索""曾受过刑事处罚""二年三次敲诈勒索"等含有相似事实内涵的措辞充斥在敲诈勒索罪的各定罪量刑的规定中。上文所述的周某敲诈勒索案[1]，充分体现了上述法律规范，双方就周某曾受行政处罚是否可以构成多次进行了多轮辩论，最后法院认为周某虽曾受行政处罚，但其行为仍是敲诈勒索，故认定其存在"多次敲诈勒索"的事实。

(二) 存在累犯情形的案件

通说一般主张累犯系指犯罪人在法律追诉期内存在两次以上的同类或者性质一致的犯罪行为，[2] 其核心功能系对量刑进行从严调节，这在我国《刑法》与《最高人民法院、最高人民检察院关于常见犯罪的量刑指导意见（试行）》中均有迹可循。例如，《最高人民法院、最高人民检察院关于常见犯罪的量刑指导意见（试行）》详细规定了前后犯罪的性质、刑罚的轻重以及各犯罪行为间隔的时间，充分体现了我国立法逐渐精细化地对待被告人累犯情形，以保障其人权利益。除经过生效文书认定的犯罪行为构成累犯外，还存在虽未经确认，但在本案中查证属实的犯罪事实，仍可构成犯罪行为的累次标准。

案例6：马某贪污案[3]。该案生效文书认定马某贪污事实：在1997年至2014年期间，在先后担任G区房管局房政管理科干部期间，利用其在拆迁、房改等管理方面的职务便利，虚构拆迁事实，采用各种方式为自己和家人谋取多套公房，并参加房改，以房改或拆迁政策中的优惠价格取得房屋所有权后再以市场价卖出，获取中

---

[1] 详见湖南省株洲市中级人民法院（2021）湘02刑终61号刑事判决书。
[2] 劳佳琦：《累犯从严量刑适用实证研究》，载《中国法学》2016年第1期。
[3] 详见浙江省杭州市中级人民法院（2016）浙01刑终1114号刑事判决书。

间差价；或者直接出售房某2，侵吞房某2购房的款项。

该案被告人贪污事实前后长达17年，马某本案之前的贪污事实虽无犯罪记录，未被认定为违法。但是，法院审理本案时，查明了其早期的贪污事实，对该事实，如若存在犯罪记录，将其认定为刑事案件，毋庸置疑，在本案中仍可对其作刑事中相似事实的解读。此次法院在本案中对其所有贪污事实一并采信，认定本案贪污事实，其实质上反映了相似事实证据在刑事案件（形式上的同一案件）中予以适用的特殊情形。

（三）多人形成的共同犯罪案件

多人共同犯罪通常表现为一般共犯与集团犯罪的两个形态，一般情形下，前者是指二人以上共同故意犯罪的情形，其仅规定当事人的数量与责任主体方面，将其限定为"二人以上"和"故意"；后者是指因故意或共同进行犯罪而由三人以上所构成的相对稳定的犯罪团体，它不仅对数量和主观意识方面加以严格限定，还规定了"较为固定的组织"。在共同犯罪案件中，各被告人间相互分工、合作，一次或多次实施犯罪行为，作为犯罪实施主体中的一员，其充分了解其他被告人的行为或共同犯罪人的同一行为。其在个案中的陈述或其案件中认定的事实，虽然不符合证据资格、证据能力、证明力等各项规定，但其他被告人与本案被告人系共同犯罪当事人，其与本案具有相关性，存在无关乎本案被告人品格的逻辑性，认定其案中相似事实的基础并非证据的各项规定，而是基于各案本身的相关性。例如，某犯罪集团组织团伙成员甲、乙、丙、丁，参与集中分户盗窃，事后采取纵火的方式毁灭现场。乙、丙、丁抓获归案后对犯罪事实（盗窃、放火）供认不讳，而犯罪嫌疑人甲仅认可其盗窃的事实，否认事后放火。经查，甲方盗窃的住户家确被烧毁，目前无直接证据证明该房屋系第三人所为。在此情形下，依照犯罪集团成员事前的共同犯意（先行盗窃，事后纵火毁灭现场）结合犯罪结果的一致性，且无法达到排除合理怀疑的程度，故基于共同犯罪的合意及结果，甲有相应的犯罪事实。该案各被告人间相互知晓彼此的行为，毋庸置疑。假使该案实施分案审理，则各被告人在案中的陈述，基于共同犯罪案件的相关性，将其作为本案证据，具有合理性。

六、刑事相似事实证据的规则构建

"刚性"罪行法定是证据裁判主义的产物，但司法案件事实的认定仍然是法官在"柔性"主观认知下的结果。结合刑事诉讼结构，在遵循刑事相似事实证据无关品格逻辑性的基础上，合理设计刑事相关事实的证据规则，根据其相似性、相关性与倾向性等特殊性来认定案件事实，成为审理上述三大特殊类案件的选择。

（一）证据资格：相似事实证据资格限制

为充分保障法官审理案件时采纳刑事相似事实证据的适当性，降低其错误适用而导致认定案件事实错误的风险，有必要对刑事相似事实证据的资格作出合理限制。

1. 应是多次查证属实的相似事实。顾名思义，刑事相似事实如果在本案中具有证明力，其前提是刑事相似事实已经查证属实，但除此之外，一旦考虑到其适用于本案中，则不得不对其作进一步的细致规范。借鉴美国法律对类似事实证据的标准，也可以对相关案例中类似事实出现的时间加以规定，尝试规定在刑事案例中，该相似事实最少出现三次；另外，明确界定了相关案例中类似事实出现的时间间隔。比如，在最后一个相关案例中的案件存在类似事实，是在距案件3年后。之所以把相关案例中类似事实出现的频率和时间间隔作为考虑对象，主要是为了避免在采用该案件事实时，对本案作出推断时出现偶然因素，从而降低推断该案真实错误的概率。如若在3年以内不断出现刑事案件，且发生相似事实，则初步证明被告人习惯性作出该类行为，具有相对稳定性，达到可予采纳的标准。

2. 应具有突出的相似性。法官在审理案件时，对刑事案件中的事实与本案待证事实间的关系进行审慎审查，识别二者间是否具备突出的相似性。尤其是在涉众型或人数众多的系列案中，细致审查每一个单独案件事实，辨明其能否凸显该系列案特征。这有助于法官基于该突出的特征，发现新事实，框定案件可能存在的犯罪嫌疑人范围。与此同时，为了防止法官仅凭基础事实，形成内心偏见，断然作出被告人有罪的错误判决。刑事的相似事实亦应限定为具有突出相似的特征。如此，充分保障法官在审理案件的过程中，在证据裁判与自由心证的影响下理性判定，准确适用法律，作出符合犯罪认定标准的判决。

3. 限定适用对象为特定刑事案件。根据当下正在执行的定罪量刑信息合一的制度构成，指控方可以不加区分地混同定罪事实和量刑信息，把相关量刑信息大量地向法院提供，导致了法官对被告人的错误理解，进而干扰法官对案情真相的正确判断。为了防止该事实的再次出现，可以明确法官在产生内心确信前，不得依职权自主认定犯罪嫌疑人是否构成累犯或是否具有与该案相关的不法相似犯罪事实，更不应在缺乏印证的情形下，仅凭单一相似事实证据认定犯罪嫌疑人确有本案犯罪事实。但是，假使刑事实体法明确规定必须提供相似事实证据作为必要条件，法官则可以要求控方提供该证据或依职权查明相关事实。以共同犯罪案件为典型，若在近3年内各被告人与三次以上的合伙人之间所进行的分工合作的方法都被证明具有同质性，且在案件中又有部分被告人对犯罪事实进行明确的交代，即可推断这种共同犯罪的分工以及分赃方式与前几次一致。①

(二) 具体规则：程序正义的"软化"

实体和程序双重公正一直都是审判活动正义的翅膀，实体公正是客观正义下的

---

① 李富成：《刑事推定研究》，中国人民公安大学出版社2008年版，第191页。

追求，而程序公正则可以为实体公正铺路，以证据规则从刚性到柔性的转变，来软化自由心证与证据裁判的实质冲突。

1. 启动机制——控辩双方均可提出申请。开庭时，控辩的重点是由一方弹劾另一方的原因，反驳另一方的主张，充分为己方辩解。控辩双方的交锋还可成为法官所采信材料的说理。在英美法系国家，以弹劾证人为己方辩解也是其实践中的重要方式，但一般要求法官必须在当事人已经提出相反主张或提出异议时，法官方可直接就有关材料作出采信与否的判断。因此，若当事人所提出的材料具有异议，而对其他方面不提出异议，法官并不会径直作出采信与否的判断，仍在尊重事实裁判结果的基础上，进行合理的自由心证，才能对涉案证据作出裁决，毕竟一方无异议并非另一方主张成立的理由。如学者所言："唯有当主张对方律师所提出的问题，得不到批准或对某种证明规定不应当采纳的，当事人立即将其反驳意见或理由告诸诉讼的裁判者，该证据规定才有效地发挥其功效，对采用证人制度提出异议的主动权在当事人身上，而不在审判法官的手中。"① 有鉴于此，法律证明制度失灵的主要根源之一就是局限于从静态程度上限定了法官根据事实作出判决的心证活动，而试图以规定控、辩双方诉讼的方式，以确定刑事或相似案件适用的法律程序，以便考虑把静止的证据规定转化为动态的证明规定，以实现多种诉讼方式的有效交互，充分彰显法律证据制度实质上极富价值的重大改革。

2. 结果折射——体现法官自由裁量的空间。将证据裁判推向神坛将严重妨碍探求案件事实。为缓解此冲击，在普通法国家逐渐产生了新的发展趋势：就如何采信证据，法官自由裁量权不断增强，其不断依据自身的认知来认定庭审中各方证据的可采性，不再仅根据证据排除规则进行预先决定。不仅如此，法官自由裁量权还体现在举证责任的分配上。如根据"谁主张，谁举证"的原则，法官全程围绕各方证据形成自由心证。之所以说法官认定事实最终仍是自由心证的结果，是因为证据裁判主义虽然规定了各种证据规则，但却未详细划分各规则的标准。比如，证据证明力尚未存在确定性、可操作的标准，对此证据证明力是否存在或者其大小，将呈现"哈姆雷特局面"。虽然"谁主张，谁举证"原则简明扼要，但审判个案仍系法官在当事人争论不休时作出采信与否的判断。又如，在严格与自由的证明规则适用方面，实体法是刚性规定，不可更改，但个案中却不完全如实体法规定的理想状态般呈现，需法官进行自由裁量，保障对复杂犯罪行为的处理，恰如其分。

概言之，在法定证据的背景下，证据裁判主义在个案中产生的争议并不能表明其本身存在问题，而在于法官未对有关证据规则进行详细解读，导致合理自由心证的游离。

(三) 证明模式：自由心证主导型与证据裁判补充性

将自由心证置于主导性地位主要系基于有效化解社会矛盾得益于法官认定事

---

① [美] 乔恩·R. 华尔兹：《刑事证据大全》，何家弘等译，中国人民公安大学出版社1993年版，第50页。

实准确、适用法律得当，这需以法官对相似事实进行正确解读、精准分析为前提。法官对刑事案件中相似事实形成的自由心证，首先是尊重其根据证据裁判主义享有证据资格的前提。此外，规范的证据规则发挥其技术性作用为法官形成自由心证提供了信息空间，在此空间内充分激励控辩双方平等提出主张与辩解，在双方举证与质证的过程中，彰显案件事实及适用法律的真谛。可以说，刑事相似事实自产生起便无法脱离自由心证，法官采信与否仍是基于其对相似事实证据形成的确认。

为避免法官对刑事相似事实进行恣意裁判，故将证据裁判置于补充性位置，其实质是限制法官自由心证的范围与程度。如此，一方面，保证法官客观审理当事人主张或异议，使司法程序结构中系统对相似事实的处理更贴合客观事实，进而认定案件的事实和适用法律，恰如其分；另一方面，可以合理协调刑事诉讼主体间的相互关系。在刑事诉讼中，各诉讼主体职能清晰，之所以在认定相似事实时应明确以自由心证为主、证据裁判为辅的证明模式，系为避免法官面临的社会人情对案件审理的干扰，影响案件裁判结果的司法权威性。

（四）效果判定：有限推定规则

针对推定本质，各界众说纷纭，主要有以下四种学说：第一，思维活动说，认为"推定是指司法人员运用逻辑推理、分析认定方法，从已有证据或已知事实中推论有意义的未知事实的思维活动"。[①] 第二，证据方式说，主张"法律推定为立法者写入法条的推定，构成一种证据方式"，[②] 并被《法国民法典》第1316条规定为一种法定证据方式。第三，认定事实方法说，指出"推定是在基础事实得到证实的前提下，根据法律规定或经验法则，在没有相反证据的情形下，得出推定事实的一种方法"。[③] 第四，证据规则说，认为"推定是一种证据规则，其依照法律规定或者由法院按照经验法则，从已知事实推断未知事实的存在，并允许当事人提出反证以推翻的法则"。[④] 立足刑法本体论，即便以上四种学说都从各种视角阐述了推定的合法性，但仍未阐明推理的本质特征。

本文赞成把推理定义为证据规则的主张。思维活动说与判断事实方式本身并不存在法律含义，而只有规定他们的证据规则才真正归属于法律范围。众所周知，实践中的个案并非完全符合证据裁判主义，对于不得不确定但同时又难以证明的事实，需要以客观事实来推定其主观方面，如前文所述的范式一中的适用情形。但也必须指出，不论是法律推理还是实际推断，其本质都是在法律规制下的推定活动，法官内心确信便是核心价值，对内心活动进行相应规制，实现程序正义。

---

① 曾庆敏主编：《精编法学辞海》，上海辞书出版社2000年版，第1018页。
② 肖建华主编：《民事证据法理论与实践》，法律出版社2005年版，第90页。
③ 李富成：《刑事推定研究》，中国人民公安大学出版社2008年版，第8页。
④ 李学灯：《证据法比较研究》，我国台湾地区五南图书出版公司1992年版，第251页。

1. 基本原则为"有利普遍+不利有限"。区别于民事诉讼"权利+权利"的诉讼结构，刑事诉讼体现"权力+权利"的对抗，鉴于控方是享有国家强制力保护的机关，被告人作为一般主体，法官应区别两方主体适用不同的推定标准，尤其应合理限制不利于被告人的推理：（1）优先适用的司法推理，是指被告人尽可能地以立法、司法解释的规范性文件为基础适用的司法推理，在没有司法推理的情形下才运用的推理；（2）采取适当的程序限制，在发生不利于被告人推定前，适当公开心证，让被告人行使预防推定不良结果的权利，赋予其辩解权；（3）严格限制不利推定的范围。通常，不利推理是适用刑事主体方面的事实判断，关键是根据犯罪心态的推断。① 比如，道路交通肇事罪中规定在事故后逃跑的，推定被告人存在过失。

2. 推定结构为"基础事实+常态联系→推定事实"。对照传统三段论的推理逻辑，以基本事实为小前提，常态联系为大前提，推断事实为小结果。认定刑事案件中的相似事实证据，仍必须以本体论技术的视角掌握作为基本事实的相似事实性质，且须为绝对真实之事情；常态联系的本质是各案件中相似事实案件的因果关系，被作为推定的核心，其在实践中一般体现为经验法则和法律规定两种形式。判断该案的结论是指被告人在掌握主要犯罪事实的前提下，通过经验法则或者法律规则，从该案中推断的某一犯罪事实。但必须考虑到推论的或然性，最后推断现实的准确性及可信度相对证据真实性而言较弱，具有可反驳力，这也是上述推论的事实证据可允许不利推论的当事人提供相反证据进行反驳的原因所在。

3. 成立条件为"前提属实+联系可靠+结论确定"。首先，证明犯罪事实的基础要件，应当查明属实，而且应当是已经确认的或经司法机关认可的犯罪事实，至于自认的不应当再以他人犯罪事实加以佐证，应剔除推理实际，因推理根本就存在着或然性，故二次推理将叠加或然性的意义；论证标准必须满足对犯罪事实合理怀疑的高度盖然性条件，仅满足证明盖然性优势条件的犯罪事实不得成为基本事实；各个认定为基本事实的法律依据间不得互相冲突。

其次，法律依据的常态必须有效。一般情况下，常态刑事规定必须适用于当前有效的法律法规，而如果根据溯及既往或"从旧兼从新"的原则适用旧规时，旧法则可能形成推定的常态刑事；当常态联系为经验法则之后，法官应运用自由裁量权，根据自由心证将具有普遍公认、广泛认识的，并有一定盖然性的部分作为联系，建立内心确信。

最后，应当赋予被告人反驳推理结果的权利。根据《刑事诉讼法》权利保障的原则，鼓励当事人就所推理犯罪事实作出反驳，以防止法官径直推理。诚然，反驳既可以针对前提事实，也可以指向常态联系，当反驳成立时，则推定事实不成立。

---

① 琚明亮：《证明困难视阈下的事实认定与刑事推定》，载《政治与法律》2020年第2期。

结　语

　　一直以来，刑事诉讼将证据裁判奉为圭臬，但事实认定不仅需要证据裁判，更需要法官对证据规则的正确解读。特别是疑难案件的裁判过程，实际是用司法理性对司法直觉的添加或者修正，是将差异事实向相似事实转化，再将相似事实归入同一法律，最终实现法律同一性与差异性的转换。故立足《刑事诉讼法》人权保障基本立场，为走出待证事实难以证明的雾里，通过对刑事相似事实的性质界定，在遵循罪刑法定原则与无罪推定原则的基础上，突出其可证明性，同时强调法官在适用证据裁判的基础上，用好自由心证，充分运用刑事有限推定适用于刑事相似事实的末位选择规则，充分提高刑事法律事实与客观事实的一致性，稳固案件事实根基。

案外人异议主张截止期限的检视与优化

——以《强制执行法（草案）》第89条为切入视角

江西省新余市中级人民法院 丁 锐
江西省新余市中级人民法院 黄敏芳

《最高人民法院关于适用〈中华人民共和国民事诉讼法〉的解释》（以下简称《民事诉讼法司法解释》）和《最高人民法院关于人民法院办理执行异议和复议案件若干问题的规定》（以下简称《执行异议和复议规定》）[1]对案外人异议主张截止期限规定不同，反映了司法实务界对案外人异议主张截止期限的观点存在分歧，由此给执行实践带来诸多困惑。而《中华人民共和国民事强制执行法（草案）》[以下简称《强制执行法（草案）》]征求意见稿[2]第89条规定，案外人认为其对执行标的享有足以排除执行的民事权益的，可以在执行标的的执行程序终结前向执行法院提出书面异议。该规定与《民事诉讼法司法解释》第462条规定的期限相同，前述分歧仍未消除，由此导致案外人异议主张截止期限在适用中存在的问题依然突出。

一、检视：案外人异议主张截止期限司法实践样态分析

（一）同一事实中裁定结论的冲突表现

基本案情： 执行法院在查封被执行人房屋时张贴腾房公告，告知相关权利人可在15天内向法院主张权利或提出异议。公告期满后房屋进入拍卖程序，申请执行人参与拍卖并拍得房屋，拍卖成交后，执行法院作出拍卖成交确认书及裁定书，裁定房屋所有权转移至申请执行人，并送达同为受让人的申请执行人，但协助过户通知书还未送达相关部门进行所有权转移登记。此时，案外人以自己为房屋所有权人为

---

[1] 《民事诉讼法司法解释》第462条规定，案外人对执行标的提出异议的，应当在执行标的的执行程序终结前提出。《执行异议和复议规定》第6条第2款规定，案外人异议主张截止期限为执行标的的执行终结之前，执行标的的由当事人受让的，案外人异议主张截止期限为执行程序终结前。本文中若无特别说明，均为最新法律规定。

[2] 2022年6月，第十三届全国人大常委会第三十五次会议上公布的《中华人民共和国民事强制执行法（草案）》征求意见稿。

由,向法院提出异议,主张排除执行。关于案外人是否属于在期限内主张异议,现行规定的理解和适用存在以下冲突:(见表1)

表1 同一案件中可能出现的不同裁定结论

模式	依据	理由	裁定结论
模式一	《执行异议和复议规定》第2条	案外人异议属于对腾房公告的异议,属于执行行为异议,不符合案外人异议受案条件	不予受理
模式二	《执行异议和复议规定》第6条第2款	在拍卖成交裁定书作出并送达受让人之后提出,执行标的所有权已发生转移,执行标的已执行终结	不予受理
模式三	《执行异议和复议规定》第6条第2款	协助过户通知书还未送达相关部门,未完成所有权转移登记,处分执行标的所需履行的法定手续还未全部完成	应当受理
模式四	《执行异议和复议规定》第6条第2款	执行标的受让人实为申请执行人,属于《执行异议和复议规定》第6条第2款规定的执行标的由当事人受让的情形,执行程序还未终结	应当受理
模式五	《民事诉讼法司法解释》第462条/《强制执行法(草案)》第89条	执行标的权属发生转移,执行标的执行程序已终结	不予受理
模式六	《民事诉讼法司法解释》第462条/《强制执行法(草案)》第89条	未完成权属变更登记,执行标的执行程序未终结	应当受理
模式七	《民事诉讼法司法解释》第462条/《强制执行法(草案)》第89条	未见相关价款的发放与分配,执行标的执行程序未终结	应当受理

(二) 现行规定在司法实践中的运用情况

为验证前文所述冲突命题真假,有必要回到执行实务,检视案外人异议主张截止期限相关规定在执行实践中的运用情况。本文以在中国裁判文书网上检索到的

2019 年至 2021 年 954 份执行裁定书为分析样本,[①] 发现不同法院对现行案外人异议主张截止期限规定的理解和适用存在以下三个特点:

1. 认定标准样态不一。以基层法院为条件从样本中筛选出 604 份裁定书作分析,发现案外人异议主张截止期限认定标准实践样态混乱,错位明显。其中,对"执行标的执行终结之前"的理解存在 10 类样态,对"执行程序终结前"的认定存在 9 类样态。(见表 2)部分样态如执行完毕、标的交付、执行终结,既被当作"执行标的执行终结"的标准,又被广泛认定为"执行程序终结"的样态。

表2 604 份裁定书样本中截止期限认定标准实践样态

序号	"执行标的执行终结之前"		"执行程序终结之前"	
	认定的事实依据	件数	认定的事实依据	件数
1	过户完毕	67 件	终结执行	65 件
2	协执送达有关部门	61 件	协执送达有关部门	13 件
3	拍卖裁定送达买受人	43 件	以物抵债裁定送达双方当事人	43 件
4	已支付给申请执行人	58 件	已支付给申请执行人	8 件
5	标的交付	18 件	标的交付	18 件
6	执行完毕	33 件	执行完毕	55 件
7	作出拍卖裁定	24 件	作出以物抵债裁定	10 件
8	执行终结	13 件	执行终结	29 件
9	破产	3 件	破产	2 件
10	拍卖成交	41 件	—	—

2. 审查内容不同阶段混淆。作为一项权利行使期限,属于立案审查阶段审查的内容。但司法实践中存在混淆做法:一方面,认为案外人未在截止期限内提出异议,不符合异议受理条件;另一方面,认为案外人异议主张不满足排除执行的条件,据此裁定不予受理或驳回申请。[②] 此类案件复议到上级法院,上级法院通常会在纠正执行法院对异议主张进行实体审查的做法后,对案外人是否在期限内主张异议进行判断。

3. 结果上裁撤率偏高。在 954 份裁定书样本中,有 134 件异议案件被复议裁定撤销并指令审查,占样本的 14%。因对截止期限理解不一致,导致上级法院通过复

---

① 检索时间:2022 年 6 月 23 日;检索网站:中国裁判文书网;检索条件:《最高人民法院关于人民法院办理执行异议和复议案件若干问题的规定》第 2 条、《最高人民法院关于人民法院办理执行异议和复议案件若干问题的规定》第 6 条第 2 款、执行案件。

② 详见(2019)冀 06 执复 180 号。类似案件还有(2019)晋 08 执复 99 号、(2019)辽 02 执复 390 号、(2019)浙执复 29 号、(2020)桂 114 执复 35 号、(2019)津 0113 执异 79 号。

议裁定撤销原异议裁定的情况在各地区较为普遍,其中,内蒙古、吉林、安徽、湖北、海南、甘肃地区此类案件占比均超过50%。(见表3)

表3 样本中各地法院相关案件复议驳回情况分析

地区	案件数	异议案件数	复议案件数	复议驳回案件数量	所占比例	地区	案件数	异议案件数	复议案件数	复议驳回案件数量	所占比例
北京	15	7	8	0	0	河南	64	37	27	11	40.74%
天津	14	7	7	1	14.29%	湖北	48	34	14	7	50.00%
河北	32	13	19	3	15.79%	湖南	31	18	13	6	46.15%
山西	6	2	4	1	25.00%	广东	113	59	54	11	20.37%
内蒙古	7	5	2	2	100.00%	广西	25	12	13	4	30.77%
辽宁	49	31	18	8	44.44%	海南	3	2	1	1	100.00%
吉林	32	14	18	11	61.11%	重庆	13	9	4	0	0
黑龙江	14	4	10	1	10.00%	四川	92	60	32	12	37.50%
上海	6	3	3	1	33.33%	贵州	23	13	10	2	20.00%
江苏	98	31	67	7	10.45%	云南	14	11	3	1	33.33%
浙江	14	9	5	2	40.00%	陕西	28	20	8	1	12.50%
安徽	37	24	13	7	53.85%	甘肃	3	0	3	2	66.67%
福建	27	18	9	3	33.33%	青海	4	2	2	0	0
江西	9	3	6	1	16.67%	宁夏	6	1	5	2	40.00%
山东	108	51	57	24	42.11%	新疆	14	4	10	2	20.00%

(三)综合评析

1. 关于适用模式。本文以表1、表2呈现出的样态为基础,结合实践中部分地方法院探索改良做法,对截止期限的适用模式进行归纳,发现主要包括以下六种模式:

(1)所有权法定转移模式。此种模式以执行标的所有权发生转移,执行部门已不适合审理案外人异议主张为依据,将拍卖成交裁定书或以物抵债裁定书送达申请执行人确定为截止期限。[①]

(2)所有权转移登记模式。此种模式与实践中对《执行异议和复议规定》第6条第2款释义中"所需法定手续全部完成之前"的理解最为贴近。实践中通常表现

[①] 参见欧宏伟:《案外人主张异议期限的截止时点》,载《人民司法》2016年第11期。

为协助办理过户通知书送达相关部门或过户完成。此种模式之下，又有地方法院根据过户手续办理主体不同，将所有权转移登记模式细分为法院协助办理过户模式和当事人自行过户模式。例如，《江苏省高级人民法院执行异议及执行异议之诉案件办理工作指引（一）》规定，对于不动产和需要办理过户登记手续的动产或者其他财产权，"法定手续全部完成"是指协助办理过户登记的通知书送达之前，如当事人自行办理过户登记手续的，是指实际变更登记之前。①

（3）执行标的交付模式。此种模式根据执行标的的类型不同有所差异。执行标的为银行存款、保证金等金钱类财产时，截止期限表现为款项发放给申请执行人；执行标的为动产的，截止期限表现为标的实际交付给买受人或申请执行人；执行标的为不动产的，则以买受人或申请执行人实际控制该标的为截止期限。例如，山东省高级人民法院执行局编发的《执行疑难法律问题审查参考（一）——案外人执行异议专题》第4条规定，对于需要登记的相关财产或权利，"执行标的执行终结"是指协助办理过户登记的通知书送达之前，如后续需要腾退房屋的，可以放宽至房屋腾退交付之前。对于其他动产类财产，是指交付或者拨付给申请人之前。

（4）执行程序终结模式。根据执行标的的受让主体的不同，《执行异议和复议规定》规定了两个不同的截止期限，但实践中对"执行程序终结"理解包括"执行终结"和"程序终结"两种形式，且适用界限并不明显。以"执行标的的执行终结"为由，认定"执行程序终结"，②或以"执行程序终结"为由，认定"执行标的执行终结"的情形十分常见。此外，当案外人异议指向标的是银行存款、工程款、拆迁款、租金等财产时，应当适用何种认定标准，实践中也存在不同理解和做法，亦有法院采用折中办法，既认为款项已发放给申请执行人，又以执行程序执行终结为由，综合判断后驳回异议申请。③

（5）"一揽子驳回"模式。在此种模式中，执行法官并不亮明自己对截止期限规定的理解，而是将执行标的的处置情况逐项列举，据此认为案外人未在期限内提出异议而不予受理或驳回申请。④

（6）标的类型和处置方式组合模式。通过细化执行标的变现方式对"执行标的执行终结"进行释义，如广东省佛山市顺德区出台的《人民法院执行异议案件工作指导意见》第4条第18项规定，对需经拍卖、变卖、以物抵债程序变现的，裁定书送达第一个当事人之日为执行终结之日，执行标的为银行存款等不需经变现的财产的，以款项交付或拨付给申请执行人之前一日为执行终结之日；执行标的为股票等有价证券的，以拍卖等方式执行的，以裁定书送达第一个当事人之日为执行终结之

---

① 《江苏省高级人民法院执行异议及执行异议之诉案件办理工作指引（一）》于2022年6月8日生效实施。
② 详见（2019）豫0882执异7号、（2019）皖0103执异28号。
③ 以款项支付给申请人为由认定执行标的的执行终结的案件有（2019）皖0321执异37号、（2019）川1703执异56号、（2019）云0111执异194号等；以案件执行完毕或终结执行为由认定执行程序终结的案件有（2019）川1703执异38号、（2019）苏0826执异43号；以折中方式综合判断的案件有（2019）苏0117执异28号。
④ 详见（2021）豫0411执异209号。

日，以结算方式执行的，以结算资金进入法院指定银行账户之日为执行终结之日。其他方式变价的，以变价完成之日为执行终结之日。①

2. 适用模式评析。上述模式存在以下共性特点：这些模式都意识到《民事诉讼法司法解释》和《执行异议和复议规定》相关规定在适用中存在的分歧，但不约而同地以适用更广的《执行异议和复议规定》第 6 条第 2 款为适用基础或释义对象；都以财产类型为划分基础，以实用为释义价值导向，但都不同程度地引发出新的理解问题；对执行标的由当事人受让的，都以申请执行人权利全部得到实现为标准理解"执行程序终结"，并将终结本次执行程序排除在"执行程序终结"认定之外，但对其他类型的终结执行并无穷尽解释之意。②

上述共性特点反映了现行模式及改良对《民事诉讼法司法解释》第 462 条"执行标的执行程序终结前"释义的回避，且对《执行异议和复议规定》第 6 条第 2 款及其释义无实质改变，贯穿其中的始终是"执行标的所有权一旦发生变动→受让人信赖利益就应当得到保护→案外人异议丧失在执行程序审查的可能性和必要性→期限截止"的逻辑主线。而《强制执行法（草案）》第 89 条延续《民事诉讼法司法解释》第 462 条现有规定，此种模式可能导致其适用将面临以下两种情形：一是若《执行异议和复议规定》据此修正或失效，《强制执行法（草案）》第 89 条规定面临需要被进一步释义的窘境；二是若《执行异议和复议规定》未作修订并仍适用，该规定将面临被"虚置"的困境，无法实现截止期限统一理解和适用的目的。

二、思辨：基于截止期限功能目标对现行规定的剖视

理论上将诉讼时效的法律依据分为督促权利人、维护秩序、保护义务人三个平行方面。③ 而案外人异议权也被称为民事诉权中的"准诉权"，④ 故案外人异议主张截止期限属性及功能目标与诉讼时效相似，在执行程序中则表现为督促案外人及时行使权利，以便在维护执行程序稳定的基础上提高执行效率，为相关主体提供权利救济等三个方面。但现行理论就截止期限对执行效率产生的影响少有分析，相关主体权利救济需求考虑不够全面。故此，本文以截止期限功能目标为视角，论证截止期限明确过程中应当考量的因素，并据此讨论现行规定和《强制执行法（草案）》第 89 条规定是否周全。

---

① 《广东省佛山市顺德区人民法院执行异议案件工作指导意见》于 2019 年 8 月 7 日生效实施。
② 《江苏省高级人民法院执行异议及执行异议之诉案件办理工作指引（一）》将原案结论已通过执行异议、复议或者执行监督程序撤销的排除在执行程序终结之外。山东省高级人民法院执行局编发的《执行疑难法律问题审查参考（一）——案外人执行异议专题》将当事人因长期履行达成的执行和解协议而终结执行的排除在执行程序终结之外。
③ 参见霍海红：《诉讼时效根据的逻辑体系》，载《法学》2020 年第 6 期。
④ 参见田平安、柯阳友：《民事诉权新论》，载《甘肃政法学院学报》2011 年第 5 期。

(一) 未臻精确的规定方式应予重新认识

1. 期限规定适用不畅影响执行效率。案外人异议主张截止期限直接影响进入案外人异议程序的案件数量。期限越靠前，意味着越少的异议案件能够进入审查程序。假设执行法官是定量，执行案件是变量，在不考虑其他因素的情况下，案件越少，执行效率应当越高，截止期限发挥着"开关阀"功能。但在实然图景下，截止期限"开关阀"的作用并未真正得到发挥。如前文实证分析所发现的大量异议案件被复议撤销并指令原执行法院对案外人异议进行审查，客观上增加了异议和复议案件数量。此外，根据法律规定，案外人从提出异议到异议进入审查阶段短则需要十来天，长则数月，① 虽然复议期间不停止执行，但多数执行法院为稳妥起见，在案外人提出复议之后会暂缓财产处置行为，待复议裁定后再恢复处置，从而影响执行效率。因此，案外人异议主张截止期限规定运行是否顺畅，成为"开关阀"作用发挥的关键。

2. 适用模式在案外人权利有效救济方面存疑。案外人异议权是案外人为维护自己的实体权益，请求法院确立司法上法律关系而产生的，实质上属于一种程序请求权，但为避免案外人程序权利的滥用，该类申请权需要受到制约。此种制约在案外人异议程序中体现为案外人应当在法律规定的期限内提出异议，以最大限度排除不当救济申请对执行程序运行的干扰和阻碍。尽管在比较法上对案外人排除强制执行请求的司法审查程序存在不同模式，但主流趋势是"向案外人及时提供有效救济"，② 因此，截止期限越靠后，意味着更多的案外人有机会通过此种"低成本"的执行程序实现权利事中救济，但现行适用模式在案外人权利救济的有效性上受到质疑。

所有权法定转移模式在特定场合失灵。例如，预售房屋买受人作为案外人，对登记在被执行人房地产开发企业名下的商品房提出异议，该商品房拍卖成功后，成交裁定书已送达买受人。按照所有权法定转移模式的理解，案外人应当在拍卖成交裁定书送达前向法院提出异议。但房屋买受人仅持有房屋预售买卖合同，其通常不能及时知悉房屋涉诉或执行情况，要求房屋买受人及时关注法院的拍卖公告信息并在异议期限内及时主张异议确有"强赋义务"嫌疑。

所有权转移登记模式在部分场域失衡。所有权转移登记模式优点在于取得对外公示效力，但此种模式在如下场域中会出现利益失衡：一是标的拍卖成功，成交裁定送达后，因买受人的原因未进行交付或转移登记，允许案外人异议会使执行效率与案外人利益失衡；二是申请执行人通过以物抵债方式受让标的后，在所有权转移

---

① 按照《执行异议和复议规定》第2条规定，执行法院应当在3日内对案外人异议进行立案审查，立案后发现不符合受理条件的，应当在3日内通知异议人和相关当事人，案外人对不予受理或者驳回申请裁定不服的，可以在裁定送达之日起10日内向上一级法院申请复议。但对上一级法院应当在多长时间内审查完毕，现有法律并无规定。

② 参见黄忠顺：《案外人排除强制执行请求的司法审查模式选择》，载《法学》2020年第10期。

登记前，将执行标的再次转让，允许案外人异议会导致案外人与二次善意受让人利益失衡。

3. 无法满足受让人不同程度利益保护需求。执行程序中善意受让人的最大利益在于通过法定程序顺利受让财产。① 因此，其利益的实现和保护应包括两个方面：一方面是顺利受让财产，即对拍卖行为具有可预期和信赖的法律后果；另一方面是受让财产应是"无权属负担"的财产。就此而言，截止期限现行规定仅满足第一层利益需求，而受让人第二层内在利益保护需求也不应忽略，这主要是因为以下两点：

第一，案外人异议≠损害受让人信赖利益。从信赖利益保护最终目的看，案外人提出异议并不必然会产生阻止执行标的所有权转移的效果，且受让人通过信赖利益的两种实现方式可保护自身信赖利益，② 案外人何时异议并不会对受让人信赖利益产生真正的实质损害。

第二，程序启动收益与潜在风险成本的考量。正如波斯纳所言，"行为人是根据特定法律条件下所展开的成本——收益分析来进一步进行其行为决策，各个当事主体对某些权利的不同估值是促成交易背后的驱动力"。③ 对受让人而言，在拍卖过程中受让到"有权属负担"财产，极有可能会卷入下一个诉讼程序，或在行使权利时遇到其他阻碍，④ 是其受让财产可能需要支付的潜在风险成本，较之顺利受让财产这一收益，显然潜在风险成本可能大于收益。因此，从理性法律经济人角度看，允许案外人在合理期间内提出异议，让执行法官在案外人异议程序中对执行标的权属进行初次判断，若执行法官支持案外人异议主张，则可及时止损；若执行法官不支持案外人异议，风险成本得到控制，信赖程度亦能提高。

（二）迥然有异的截止期限呈类似表述应予反思

《民事诉讼法司法解释》第 507 条第 2 款规定，其他债权人可以在"被执行人的财产执行终结前"提出参与分配申请。因该规定的表述与《执行异议和复议规定》中案外人异议主张截止期限高度相似，以致司法实践中经常参照《执行异议和复议规定》对案外人异议主张截止期限的释义理解申请参与分配截止期限。

1. 二者交错分离陷入逻辑矛盾。此种做法使迥然有异的两个截止期限在理解上陷入逻辑矛盾：若二者权利属性一致，根据法律整体性要求，同作为《民事诉讼法司法解释》的内容，二者规定和表述就应保持一致；若二者权利属性不同，参与分配申请截止期限却又参照《执行异议和复议规定》中案外人异议主张截止期限规定

---

① 参见杨秀清：《以利益衡量为基础构建民事执行拍卖效力制度》，载《法学杂志》2014 年第 8 期。
② 信赖利益保护包括积极保护与消极保护两个方面，积极保护是指赋予善意信赖人与其所信赖法律状态一致的法律后果，从而保护第三人积极利益；消极保护是指对信赖人因信赖该法律状态而遭受的信赖利益损失，赋予信赖人相应的赔偿请求权。参见于德江：《信赖利益保护研究》，大连海事大学 2015 年博士学位论文。
③ 于艾思：《人工智能侵权责任制度的法经济学研究》，吉林大学 2022 年博士学位论文。
④ "带租拍卖"情形可能会导致拍卖成交后因无法交付或收益减损产生新的纠纷。参见饶群：《司法网拍中买受人的权利保护问题探析》，载《人民司法·应用》2012 年第 22 期。

相关释义适用，该做法又师出无名且略显局促。此种做法一定程度上混淆了案外人异议权与参与分配申请权，也影响案外人异议主张截止期限的规范方向。事实上，二者在权利属性及利益平衡上存在明显差异。

2. 二者价值属性差异决定核心进路不同。债权人申请参与分配意在参与到其他执行程序中去，以尽可能地实现自己的债权，无所谓被执行人财产形态如何，实际上是申请执行权的一种特殊表现形式。是否允许债权人参与分配，主要影响其他债权人的利益。因此，理论上对申请参与分配期限截止期限的规定，一直存在案款实际发放、分配方案制定、分配方案送达第一个债权人等争议，[①] 核心都在于尽可能维持不同债权人之间利益的平衡。而案外人异议意在排除执行标的执行，该截止期限的确定需要平衡的主要是案外人与善意受让人、案外人与其他当事人之间的利益。事实上，申请参与分配的截止期限，犹如在不同债权人对立关系中寻找一个点，从而实现不同债权人之间利益的平衡。而案外人异议主张截止期限则不同，案外人权利救济与受让人"信赖利益保护"并非对立关系，案外人异议主张截止期限确定的核心在于如何实现利益平衡、实现双方共赢。

3. 《强制执行法（草案）》对此规定问题解决不彻底。《强制执行法（草案）》第176条[②]对申请参与分配的截止期限进行了优化，改变了现行易引起理解分歧的规定方式。但《强制执行法（草案）》第89条对案外人异议主张截止期限却延续《民事诉讼法司法解释》原有规定方式，在现行做法的惯性影响下，二者仍可能会继续互相参照理解适用，即参照"分配方案送达第一个当事人"理解"执行标的执行程序终结"，以拍卖成交裁定书或协助执行过户通知书送达第一个当事人时，认定执行标的执行程序终结，案外人不得再就此标的提出异议。

（三）阻断案外人就变价款主张异议无法满足实践需要

关于能否以变价款发放作为案外人异议主张截止期限，立法上存在不同观点，[③]实然图景下亦存在着不同做法，有的裁判文书认为案外人只能针对执行标的物本身请求排除执行，[④] 因此，"执行标的执行程序终结"多以拍卖程序终结或所有权转移为判定标准。有的裁判文书则认为只要相应拍卖价款尚未发放，执行标的就未执行终结，案外人就有权提出异议。[⑤]《强制执行法（草案）》第89条规定仍以"执行标的执行程序终结之前"为截止期限，没有正面回应该争议。

本文更赞同将变价款发放作为案外人异议主张截止期限的观点和做法。一方面，

---

① 参见尚彦卿：《民事执行中参与分配制度研究》，西南政法大学2019年博士学位论文。
② 《强制执行法（草案）》第176条规定，申请分配的，应当在分配方案送达第一个当事人之日前提出。
③ 《民事诉讼法司法解释》起草者认可案外人可以就标的物拍卖或变价款请求排除执行。《执行异议和复议规定》的起草者明确反对案外人仅就标的物拍卖或变价款请求排除执行，将案外人请求排除执行的对象限定为"标的物"本身，而不包括其可能的"代位物"。参见黄忠顺：《案外人排除执行利益研究》，载《法学杂志》2021年第9期。
④ 详见（2020）陕04民终1459号、（2019）豫民申3970号。
⑤ 详见（2020）苏01民终7284号、（2017）渝民初162号。

根据物权客体代位主义观点，权属关系不因物的形态变化而发生变化，案外人基于实体权利向执行法院提出异议，所有权的物上代位效力应得到认可。① 另一方面，就案外人异议主张目的而言，其虽意在阻止执行或阻止交付，② 但执行标的形态一旦发生变化，无法定理由执行标的通常不可回转，无论案外人通过何种途径进行权利救济，案外人均只能对变价款或等额价值主张赔偿。再者，案外人针对以款项形式存在的执行标的异议时，现行规定和做法都以款项支付为截止期限。因此，以执行标的形态发生转移为由，认为案外人异议制度目的无法实现，故将执行标的权属发生转移作为"执行标的执行程序终结"或"执行标的执行终结"的逻辑并不成立。

三、优化：案外人异议主张截止期限确定标准及具体路径

古人治水有"宜疏不宜堵"的智慧。在执行案件日趋增长的背景下，如何从源头减少因截止期限未臻明确而提起复议的案件，给案外人权利提供及时有效救济，仍有其独特的实践价值。

（一）前提：坚持形式审查原则

1. 确立形式审查原则。虽有观点认为案外人异议立案审查阶段中适用形式审查和有限实质审查原则，但一个有活力的制度应该具备节俭使用诉讼资源的机制，以保证所利用的诉讼程序与特定案件需要相符合。③ 纵观截止期限审查所属阶段，作为立案阶段主要审查内容之一，其规定应当要符合案外人异议程序效率的价值追求，而不该给执行法官造成额外的"理解负担"。因此，本文认为，可以参照诉讼时效的法律效果，④ 法院在保护此类"准诉权"过程中应当坚持中立地位，此种中立地位通过确立形式审查原则得以体现。

2. 限定截止期限应具备的特性。通过确立形式审查原则，从而框定截止期限应具有的特点，即：一是不同法律之间规定要统一。《民事诉讼法司法解释》《执行异议和复议规定》或是《强制执行法（草案）》之间对此规定应当统一，避免产生不同理解的可能。二是具体规定表述要明确。避免使用需要进一步理解或释义的用词，包括"执行标的执行程序终结"或"执行标的执行终结"等类似表述，以便执行法官通过形式审查原则即可判断案外人是否在期限内主张异议，加快审查进程，降低复议案件数量和被撤销并指令审查的案件数量，提高执行效率。

---

① 参见刘正峰：《物权客体代位主义研究》，载《法商研究》2010年第4期。
② 根据请求给付内容的不同，民事执行可以分为金钱债权执行、物之交付执行、完成行为执行三类。参见江伟、肖建国：《民事诉讼法》，中国人民大学出版社2018年版，第518页。
③ 转引自王旺、卞京：《民商事案件简易程序重复开庭现象的解构与规制》，载《人民司法》2020年第28期。
④ 无论是胜诉权消灭说还是抗辩权发生说，均认为法院不能以超过诉讼时效期限为由，对权利人提起的诉讼不予受理。参见朱晓喆：《〈民法典〉第192条（诉讼时效的法律效果）评注》，载《中国应用法学》2022年第2期。

(二) 核心：重构期限规定内在要求

《民事诉讼法司法解释》第462条和《执行异议和复议规定》第6条第2款规定的释义及地方法院探索的改良方式，采用的都是以标的类型、受让主体为基础，以所有权转移为核心的期限规定模式。而《强制执行法（草案）》第89条延续《民事诉讼法司法解释》第462条规定，从适用逻辑上看，实务中将参照该规定释义理解适用，即"执行标的执行程序终结"不仅意味着权属转移，还要求完成权属变更登记，且相关价款已经分配完毕。此种模式要求三个条件同时成就，执行标的执行程序才算终结，但此种理解无法解决未完成权属登记但相关价款已经分配完毕等例外情形如何适用的问题。因此，截止期限优化的核心在于重构其内在要求。

1. 无需区分标的受让主体。以标的受让主体为划分标准，确定案外人异议主张截止期限，一方面，无法解决申请执行人以买受人身份参与拍卖受让标的权益保护和平衡的问题。另一方面，在申请执行人通过以物抵债方式受让执行标的，并将执行标的转让第三人时，即使执行程序尚未终结，此时，案外人亦无法通过异议程序实现排除执行目的，在无法执行回转的情形下，案外人异议程序则丧失启动必要。

2. 避免过于细化标的类型。围绕所有权转移方式确定截止期限，无可避免地需要细分执行标的类型，在此过程中，截止期限的规定无形中变得复杂。例如，F市法院将执行标的划分为需经拍卖、变卖、以物抵债的，不需变现的及股票等有价证券三种类型，有价证券又分需要变现和不需变现两种类型。此种规定方式，一方面，相关规定容易产生新的理解问题。另一方面，一旦产生新的标的类型，则容易产生现有规定无法适用的问题。

3. 防止囿于实践个例情形。截止期限的规定应当具有确定性，并具有广泛可适用性。若截止期限的规定囿于实践个例情形，势必会限制其实际效力的周延性。比如，J省高级人民法院对当事人自行办理过户登记手续的情形新增规定，此种情形在执行实践中确实常见，但该规定容易产生如下质疑：一是根据过户主体的不同确定不同的截止期限，其法理依据和实际意义不明显；二是文书送达与实际变更一旦产生时间差，对该风险的承担主体势必产生新的争议。再如，S省高级人民法院对后续需要腾退房屋的，新增规定截止期限可以放宽至房屋腾退交付之前，该规定看似结合实际，实则不能满足案外人异议主张截止期限明确性和统一性要求，且对不动产权属变动和受让人权益保护的法定性产生一定冲击。此外，从案外人角度看，当截止期限的确定有赖于其他主观条件成就时，实际上增加了案外人权利行使负担，还有可能引发其他司法廉政风险。

(三) 关键：确立以标的处置方式为分类的截止期限规定方式

案外人异议主张截止期限的确定，在于以最符合实际需求的规定维护相关主体权益。跳出原有适用模式共性影响，本文以执行标的处置方式为视角，将执行标的划分为需要处置变现和不需要处置变现两种类型，对需要处置变现的，细分为以拍卖、变卖等公开方式处置和以物抵债等不公开方式处置两种方式，据此重新构建截止期限规定模式。具体而言：

1. 对不需要处置变现的。对银行存款、到期债权、保证金等金钱财产，虽然此类标的一经扣划，所有权就发生转移，但在未发放给申请执行人前，执行法院对该类财产拥有绝对的控制权和处分权，且现行法律对案款发放时限有明确规定，因此，对不需要处置变现的财产，在标的发放前案外人均可以提出异议。

2. 对以拍卖、变卖等公开方式处置的。对以拍卖、变卖等公开方式处置的，案外人应当在变价款发放前提出异议。如前文所述，将变价款发放确定为截止期限，通常不会对受让人利益产生直接的实质伤害。相反，在变价款发放前允许案外人提出异议，赋予受让人对拍卖后果再次确认的机会，若受让人不愿意接受标的暂缓交付或无法实际控制的后果，可通过撤销拍卖并将变价款退回受让人的方式，有效保护受让人权益。对主张排除执行的其他案外人而言，有利于权属关系明确的案外人通过异议程序得到最有效的权利救济，即使该权利以变价款形式实现，亦符合诉讼纠纷一次性解决的内在追求。

3. 对以物抵债等不公开方式处置的。通过以物抵债等不公开方式处置的，案外人应当在权属转移前提出。正常状态下执行程序具有封闭性，申请执行人与被执行人之间通过以物抵债方式对执行标的进行处置，案外人对处置进展难以知晓。因此，执行标的通过以物抵债方式进行处置的，应以执行标的的权属法定转移为截止期限。选择权属转移而非案件执行终结为案外人异议主张的截止期限，看似缩短了案外人异议主张期限，实则有利于执行法官通过形式审查原则即可作出判断，案外人及时通过其他途径进行权利救济。具体而言，执行标的为动产的，以执行标的的完成交付为截止期限；执行标的为不动产或需要进行登记的其他财产，案外人应当在以物抵债裁定书送达申请执行人前提出。

（四）形式：以《强制执行法（草案）》第89条为规定载体

《民事诉讼法司法解释》和《执行异议和复议规定》对于案外人异议主张截止期限的规定都较为简明，并通过条文释义的方式指导实践。关于截止期限规定的优化，本文在行文过程中一直思考，是直接在《强制执行法（草案）》中予以明确规定，还是后续通过出台相关司法解释的方式进行明确，抑或通过出台相关释义指导适用。本文认为，通过释义的方式进行指导，无法解决理论和实践对释义法律效力的争议，而相关司法解释的出台还需时日。故此，本文更赞同第一种做法，即直接在《强制执行法（草案）》第89条中予以明确规定。（见表4）

表 4 《强制执行法（草案）》第 89 条修改建议

条文	现有规定	修改建议
《强制执行法（草案）》第 89 条	案外人认为其对执行标的享有足以排除强制执行的民事权益的，可以在该执行标的的执行程序终结前，向执行法院提出书面异议	执行过程中，案外人认为其对执行标的享有足以排除强制执行的民事权益的，可以在执行标的发放或变价款发放前提出，执行标的通过以物抵债方式处置的，可以在标的权属转移前向执行法院提出书面异议

结　语

平衡相关主体利益，保障执行效率价值，是明确案外人异议主张截止期限过程中无法回避的问题。因此，如何跳出截止期限现行规定和适用模式的桎梏，正确认识截止期限的功能目标，成为赓续截止期限生命力，发挥其价值的关键。本文从审查原则的确定，到内在要求的重构，再到具体修订意见方面，均提出可行性建议。就此而言，无论《强制执行法（草案）》第 89 条未来采取何种模式，本文的分析亦同样能为该问题的解决提供具有理论基础及可操作性的方案。

辩审对话：刑事"开放性"辩护与裁判文书"回应性"说理互动分析

——以刑事辩护热点案件裁判文书为视角

江西省铜鼓县人民法院 晏乃曦

裁判文书是法院对其法律决定进行宣示，同时对其合法公正性进行证成的法律文件。刑事裁判文书针对律师辩护意见进行回应说理，可以充分发挥司法裁判在国家治理、社会治理中规范、评价、教育、引导等作用，对"罪与非罪，罪轻罪重"问题亮明立场、辨明方向。目前实践中，具有影响力的刑事辩护热点案件涉及开放性辩护观点，受到社会公众及法律界广泛关注，一些案件裁判结果虽然正确，但服判息讼效果不明显，其根本原因在于裁判文书对辩护意见回应说理的内容及方式仍有待加强。

一、初步考察：许霆案与于德水案裁判文书回应说理对比

2006年4月，许霆发现银行自动柜员机出现故障，每取款1000元仅扣除余额1元，遂趁机多次提取共计人民币17.5万元后携款潜逃。一审法院以盗窃罪对其判处无期徒刑；许霆提起上诉，该案被发回重审，改判有期徒刑五年；许霆再次上诉，二审判决驳回上诉，维持原判。本案的争议点主要在于：许霆行为是否具有秘密性，银行自动柜员机故障对案件的定性影响，定罪是否违背人性常理。许霆案在定罪与量刑方面均引起较大争议，根本原因是许霆的盗窃行为与人们通常认知的盗窃行为有所不同。（见表1）

表1 许霆案发回重审裁判文书辩审互动对比

文书名	辩护意见	回应说理
一审重审裁判文书	一、事实不清，证据不足 1. 账户余额只有银行出具的清单，无其他证据 2. 账户流水清单、次序有误 3. 自动柜员机为何出错不明确 二、被告人许霆的行为不构成盗窃罪 1. 没有改密码，没有破坏机器，不符合盗窃罪的客观特征 2. 正常取款，没有进入金融机构内部，不属于盗窃金融机构 3. 占有故意是程序错误引起，有偶然性，且不可复制模仿，社会危害性显著轻微，现有《刑法》未对这种行为作出规定 4. 该行为为民法上的不当得利	一、针对辩护意见第一点： 1. 有完整流水数据及清单 2. 有银行情况说明证实部分时间和次序有误 3. 自动柜员机系统异常是因为系统升级造成 二、针对辩护意见第二点： 许霆系利用自动柜员机系统异常之机，自以为银行工作人员不会发现，非法获取资金，与储户正常、合法取款行为有区别，至今未退赃，主观上有占有故意，客观上实施秘密窃取行为 三、关于自动柜员机不属于盗窃金融机构 自动柜员机是银行对外提供客户自助金融服务的专有设备，机内储存的资金是金融机构的经营性资金（符合关于盗窃金融机构包括经营资金的司法解释规定）

许霆案发回重审的裁判文书①针对辩护律师提出证据和事实部分的意见进行了逐一回应，接受度虽相比原审有较大提高，但对定罪的辩护意见回应仍存在不足，如对行为是否具有秘密性、对机器错误引起犯罪人主观故意的因素考虑等未予以充分回应说理，对"现有《刑法》未对这种行为作出规定、该行为属民法上的不当得利"的开放性辩护意见遗漏回应。

在许霆案二审裁判文书②中，裁判文书回应说理不是针对法律未规定犯罪行为具体情形时如何界定罪与非罪，而是在认可定罪的前提下，对量刑情节存在法律无规定的情形时如何处理作出回应，该回应说理属于"逻辑混乱"。同时对于取款行为不符合盗窃行为秘密性特征的辩护意见没有进行针对性的回应，仅从犯罪构成要件理论对许霆的行为进行全盘分析，说理属于"自说自话型"，不具有针对性。（见表2）

---

① 详见广东省广州市中级人民法院（2018）穗中法刑二重字第2号刑事判决书。
② 详见广东省高级人民法院（2018）粤高法刑一终字第170号刑事判决书。

表2　许霆案二审裁判文书辩审互动对比

文书名	辩护意见	回应说理
发回重审二审裁判文书	一、原审依然存在事实不清、证据不足的情形，没有作鉴定证明是什么故障导致取1000元只扣1元的事实 二、取款行为不符合盗窃罪构成要件，取款行为是公开的，不符合"秘密性"，且没有违背银行意志 三、许霆虽是恶意取款，系柜员机故障造成，许霆的取款行为是与柜员机的双向交易行为，法无规定不为罪 四、本案属于电子支付差错，属于民事纠纷。由于许霆取款时用的是正确的密码，故其取款行为不具有违法性	一、本案事实清楚、证据确实充分 二、许霆恶意取款的行为构成了犯罪 1. 行为具有严重社会危害性 2. 行为具有刑事违法性 3. 行为具有应受刑法处罚性 关于量刑（针对"法律无规定"回应），我国是适用成文法的国家，成文法始终存在一定滞后性，无法包罗所有的犯罪现象和犯罪特征，很多酌定从严、从宽量刑情节无法在已存的法律中规定，所以既要考虑法定情节，又要考虑酌定情况和个案的特殊情况，最大限度发挥条文法的优越性，弥补滞后性，充分体现法律效果和社会效果的统一

此外，许霆案之所以引起众多关注，是因为其盗窃行为映射出人性本身的弱点。人性中有善有恶，有自利也有利他，当面对"自动柜员机出现故障"这一外在重要诱惑时，人性中的恶或者自私的一面被诱发出来，许霆的做法是多数普通人在面临同样场景时可能会作出的选择。裁判文书说理需要兼顾法理与人之常情，在司法裁判和公众接受之间寻求平衡，对于许霆面对诱惑时选择人性自私面应予评价，一方面可以提高受众对裁判结果的接受度，另一方面也可以起到发挥裁判文书引领价值观的作用，但许霆案裁判文书均未提及。相反，对于这种法律之外的开放性观点，被称为"惠阳许霆案"的于德水案就对人性常理作出较好的回应。（见表3）

表3　于德水案裁判文书辩审互动对比

文书名	辩护意见	回应说理
于德水案裁判文书	关于非罪的开放性观点：盗窃罪作为一种最原始古老的犯罪，被赋予了约定俗成的含义，国民在日常生活中对什么是盗窃有明确的认识和界定，被告以合法形式取得钱财，认定其构成盗窃罪很难让公众信服和认可	一、罪与非罪： 1. ATM机与银行关系 2. 控辩双方的意见 二、此罪与彼罪： 1. 构成盗窃罪 2. 不构成侵占罪 三、刑罚的衡量： 人有感知就会有欲望，所以欲望是人的本性，它来自基因和遗传，改变不了，因而是正常的。欲望本身也是有益于人类的，没有欲望人类可能早已灭绝。与此同时，人作为社会中的存在，欲望必须得到控制 四、最后的说明

于德水案既从定罪和量刑两方面回应说理，又从法外因素中人性的角度阐述被告人"情有可原"的一面，由此而作出的轻判合乎情理，兼顾事理、法理及文理，得到公众的广泛认可。在于德水案裁判文书①中，对于德水案及许霆案的共同争议点都予以了逐一回复。比如，在"罪与非罪"处对自动柜员机代表银行行为的观点予以驳斥，"人有意识而机器无意识，机器故障是操作人产生犯意的原因，把机器自身故障视为银行对操作人的配合和互动有失偏颇"；同时对"不当得利"观点予以驳斥，"不当得利属于事件，应与获利人意志无关，而本案被告人行为属于故意为之"。又如，在"此罪与彼罪"处对"取款行为是否符合秘密性特征"回应："秘密窃取是指行为人采取自认为不使他人发觉的方法占有他人财物，身份的公开性并不能否定其行为的秘密性，因此只要被告人认为银行不知晓，就属于秘密窃取行为。"

律师开放性辩护意见中提到"超出国民在日常对盗窃认识和界定"，该案裁判文书作出回应"概率小和特殊性都不影响对被告人犯罪构成的分析"。许多犯罪尤其是财产犯罪最初的动因就是贪欲，因此，需要对财产犯罪科以刑罚。正如于德水案裁判文书最精彩的部分在刑罚的衡量处，对人的欲望进行评价——"欲望是人的本性，虽是人之常情，但应将其控制在一个范围"，既引起受众产生共情心理，又疏导社会公众超出公众认知的不良情绪，通过警示和处罚获得公众的认同感。

二、深度观察：刑事辩护热点案件裁判文书的辩审互动分析

裁判文书是司法机关进行法治宣传最有力度的载体，不仅要通过个案彰显正义，还需要对社会价值观、行为规范、法治观念进行宣传、引导和培育。特别是刑事辩护热点案件所起的直观作用往往比长时间的法条宣传、教导有效得多。本文以近年来中国十大影响性诉讼②中刑事辩护热点案件为样本进行深度观察，这些案件之所以成为社会舆论关注的焦点，不仅在于与老百姓的生活息息相关，更在于刑事判决书中对开放性辩护意见的说理态度和立场。

（一）辩护意见与开放性观点的相容性分析

刑事辩护是根据事实和法律，提出犯罪嫌疑人、被告人无罪、罪轻或者减轻、免除其刑事责任的意见，达到维护犯罪嫌疑人、被告人诉讼权利和其他合法权益的目的。刑事辩护不仅围绕证据及事实认定规则、犯罪构成要素与量刑情节提出辩护意见，还会涉及伦理道德、人性常理等开放性观点，代表了社会公众的法外观点，因此刑事裁判文书对辩护意见的回应，实质是对各类受众观点的回应。（见图1）

---

① 详见广东省惠州市惠阳区人民法院（2014）惠阳法刑二初字第83号刑事判决书。
② 该案件评选活动由中国法学会案例法学研究会、最高人民法院司法案例研究院、《法律适用》等单位联合主办。

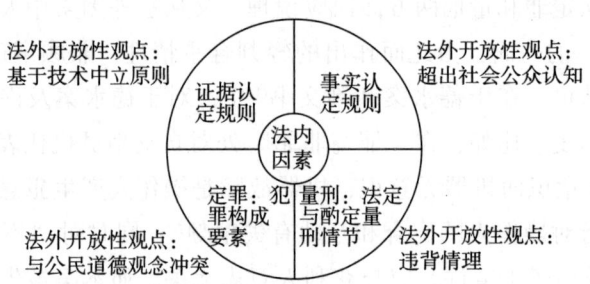

图 1　辩护意见的法内因素与法外开放性观点

刑事辩护意见因其本身约束性规则较少，且不需拘泥于具体范式或推理规则，只要不违背法律规范或律师职业道德，刑事辩护意见的自由度和开放性较高。在案件证据、事实认定与法律适用存在较大争议的情况下，刑事辩护策略更倾向于选择开放性的观点，甚至会利用舆论策略去引导社会公众的关注，给裁判文书说理带来挑战。因而对律师的辩护意见，特别是开放性观点，裁判文书应予列明并重点回应。

以刑事辩护热点案件为例，有的案件涉及社会公众认知问题，有的案件涉及公民朴素的道德感，律师在提供刑事辩护的过程中将以上因素通过开放性的辩护观点予以加工表达，给裁判文书的回应以及说理带来较大挑战。刑事裁判文书中对律师辩护"开放性"意见的列举，是否回应以及如何有效回应是检验裁判文书有效说理的试金石。因此，律师的辩护意见"开放性"越强，案件研判的维度就越延伸，针对律师的辩护意见进行"回应性"说理的裁判文书结论的接受度越高。（见表4）

表 4　刑事热点案件辩护意见之开放性观点

案例	基本案情	开放性辩护意见
王力军玉米案 （2017年度影响力诉讼）	王力军无证收购玉米，犯非法经营罪	保障公民人权：在农民与粮库之间起到了桥梁作用
太原警察打死农妇案 （2016年度影响力诉讼）	民警王文军出警时超出合理限度致农妇周秀云死亡，犯故意伤害罪、滥用职权罪	情理因素：用警不恤警执法恐人人自危
范木根反抗强拆案 （2015年度影响力诉讼）	范木根反抗强拆刺死两名拆迁人员属防卫过当，犯故意伤害罪	公民道德因素：草菅人命和轻视公民财产权
河南大学生"掏鸟窝"案 （2015年度影响力诉讼）	河南大学生和朋友"掏鸟窝"并销售，犯非法猎捕、非法收购珍贵、濒危野生动物罪	公众认知：仅有生活经验的不知法者
快播案 （2014年度影响力诉讼）	快播公司以牟利为目的放任大量淫秽视频在互联网上传播，犯传播淫秽物品牟利罪	基于技术中立原则：快播公司提供技术服务

（二）回应说理不足的类型化分析

刑事裁判文书的回应说理是法院以审查确认的案件事实为基础，依据法律规定和相关法理，分析认定案件性质，阐述处理案件的具体意见和理由，并针对控辩双方提出的相关意见进行评判的过程。① 刑事裁判文书回应说理的难度取决于案情复杂程度以及辩护意见开放性程度。刑事辩护热点案件大多历经一审、二审甚至再审，由于案件本身争议大，且辩护观点具有开放性，回应说理难度较大。经分析发现，此类案件回应说理不足，主要有以下问题类型：(见表5)

表5 裁判文书说理不足问题类型

类型	弊端	表现一	表现二
回应说理缺乏全面性	剥夺当事人辩护权	不予回应辩护意见如"辩护人意见缺乏事实与法律依据，不予采纳"	遗漏辩护意见，表现为在说理过程中未对辩护意见予以全部回应
回应说理缺乏充分性	说理不透彻、言不达意	仅罗列证据名称，对采信理由未充分说明	对辩护律师提交的证据不回应不予采信的理由，如"辩护人提交的证据不能证明其主张的事实"
回应说理缺乏针对性	体现职权主义色彩，难以获得当事人信服	法律适用说理格式化，针对辩护意见说理不具有针对性，如"罪行+法条+裁判结论"	模糊争议焦点，对控辩双方的争议焦点未归纳，仅以犯罪构成要件进行说理自说自话
回应说理缺乏逻辑性	证据与论证脱节，论证与法律适用脱节	针对证据证成事实未予说理，如"以上证据可以相互印证，事实足以认定"	案件事实和法律适用缺乏证成过程，如"辩护人的意见与本院查明事实不符，本院不予采纳"

1. 遗漏辩护意见导致回应说理缺乏全面性。辩护律师通常会围绕事实认定与法律适用提交辩护词或在庭审时提出辩论意见。实践中有些法官出于不愿说理、不敢说理的考虑，对律师辩护意见的处理遗漏记录，或在裁判文书中不予列明，或列明但不予回应等，导致裁判文书说理不全面。

以深圳王鹏案②为例，一审、二审裁判文书由于对司法解释的适用和理解问题不予回应或回应不足，导致人民群众的朴素感情与司法裁判产生激烈碰撞。法官作出的裁判文书看似适用法律正确，但社会效果却不甚理想。据此可见，裁判文书的

---

① 沈志先：《裁判文书制作》，法律出版社2010年版，第133页。
② 深圳王鹏将其人工养殖的鹦鹉进行出售，一审法院判决认为其构成非法出售珍贵、濒危野生动物罪，王鹏提起上诉。本案争议焦点主要是据以定案的《最高人民法院关于审理破坏野生动物资源刑事案件具体应用法律若干问题的解释》（已失效）将《刑法》第341条规定的"珍贵、濒危野生动物"解释为"包括驯养繁殖的物种"是否合法合理。

说理不仅需要对犯罪行为的定罪与量刑作出论证，还需要对辩护律师提出的司法解释适用问题予以回应说理，而不能简单地忽略遗漏，或者认为辩护律师的意见超出法定辩护范畴予以回避。（见表6）

表6　深圳王鹏案裁判文书辩审互动对比

文书名	辩护意见	回应说理
一审裁判文书	对《最高人民法院关于审理破坏野生动物资源刑事案件具体应用法律若干问题的解释》（已失效）第1条"驯养繁殖的上述物种"应解释为直接基于野生动物进行驯养繁殖的物种，而非对被驯养繁殖的物种再进行繁殖的物种	未回应
二审裁判文书	质疑《最高人民法院关于审理破坏野生动物资源刑事案件具体应用法律若干问题的解释》（已失效）第1条的合法性，该条违反罪刑法定原则，不仅与《刑法》相抵触，也与《立法法》相抵触，且这一解释的内容已经超出社会公众的认知，同时多数人认为人工驯养的鹦鹉不会损害野生动物资源	司法解释具有无可争辩的法律效力，辩护人质疑该司法解释，并要求法院"不能机械地适用"该司法解释，已明显超越其法定辩护范畴，且违背基本的法治原则

2. 事实查明不全面导致回应说理缺乏充分性。裁判文书说理不单是适用法律问题，还要对事实查明过程、证据采信过程予以说理。法官对证据认定与否以及事实叙事的取舍是作出正确法律决定的基础。作为审判依据的案件事实并非纯然通过证据获得，司法裁判中的事实认定是一种修辞过程中的叙事，他们的核心观点是人类通过叙事作出裁判。[①] 裁判文书事实查明不全面，叙事剪辑有偏差，容易导致裁判文书回应说理不充分，裁判结果难以彰显公平正义。

以于欢案[②]为例，一审法院作出的裁判与社会公众的心理预期产生较大分歧，根本原因是对被害人辱母情节查明得不够充分，以至于被害人过错这一因素没有在定罪量刑时被予以充分考虑，而社会公众对于欢基于孝道而保护母亲作出的防卫行为却普遍感到同情与理解。二审法院裁判文书对律师辩护意见提到的被害人严重过错行为予以查明，并认定于欢为防卫过当行为，因此接受度有所提高。司法有自身的运行逻辑，辱母情节在该案中的性质、定位需要依据法律规则来衡量，对被害人过错的事实认定不容忽视，且这与法官在裁判说理时对辩护意见提出孝道的观点予以重视与回应并不相悖。只有充分回应开放性辩护意见，才是充分回应社会大众对

---

① 王彬：《裁判事实的叙事构建》，载《海南大学学报（人文社会科学版）》2013年第3期。
② 2016年4月14日，由10多人组成的社会人员队伍通过侮辱、殴打等方式对于欢母亲苏某霞进行催债，于欢目睹其母受辱，用水果刀乱捅，致四名催债人员被桶伤，其中一人死亡。一审法院以故意伤害罪判处于欢无期徒刑，二审法院认定被害方有过错，于欢属防卫过当，构成故意伤害罪，判处于欢有期徒刑五年。

于孝行、孝道的关注，才能增强裁判的可接受性。（见表7）

表7　于欢案裁判文书辩审互动对比

文书名	辩护意见	回应说理
二审裁判文书	关于刑罚裁量：于欢具有自首情节，平时表现良好，且被害方有严重过错等从宽处罚情节，原判量刑畸重	对于于欢及其辩护人所提本案被害方存在严重过错等辩护意见，法院予以采纳……杜某浩的辱母行为严重违法、亵渎人伦，应当受到惩罚和谴责，但于欢实施防卫行为明显过当

3. 法律论证方法单一导致回应说理缺乏逻辑性。裁判文书的法律论证方法主要以三段论推理为基础，但三段论推理要满足特定条件才能得出正确结论，否则事实与结论之间的说理逻辑不够缜密，难以达到服判息诉的效果。特定的条件是指内部证成和外部证成的共同作用，内部证成解决逻辑结构的正确性问题，外部证成解决逻辑适用前提的正确性问题。如果作为三段论推理的前提不正确则其结果必然不正确，一味按照形式逻辑将事实填入相关规范的模具之中，就会难以避免地使两者不相匹配，进而导致案件最终裁判结果的扭曲。①

以天津赵春华案②为例，赵春华对枪支的认识问题引起社会关注。该案裁判文书从形式上依据对现行法律的解释，按照三段论的推理方式认定其已经构成了犯罪。然而，赵春华的行为主观恶性和社会危害性与其他犯罪相比有所不同，赵春华不能认识其所持有的是枪支被社会公众所理解甚至同情。因裁判文书并未对超出公众认知的法律决定进行外部证成，裁判文书法律论证方法相对单一，使得公众无法理解该案定罪量刑的法律逻辑。（见表8）

表8　赵春华案裁判文书辩审互动对比

文书名	辩护意见	回应说理
二审裁判文书	赵春华始终认为自己持有的是玩具枪而非真枪，其对行为对象存在认识错误，不具非法持有枪支的主观故意（无罪辩护）	涉案枪支外形与制式枪支高度相似，且不能通过正常途径购买获得，其在此情况下擅自持有，具备犯罪故意，至于枪形物致伤力的具体程度，不影响主观故意的成立（分析：对认识问题仅通过相似来推断认识，未展开）

4. 情理维度延伸不足导致回应说理缺乏针对性。情理是实现法官与受众之间对话的重要沟通桥梁，特别是案件的特殊性和复杂性决定了必须要通过情理法则来保

---

① 张天择：《指导性案例参照中的类案判断尺度：内部证成与外部证成》，载《南大法学》2022年第1期。
② 赵春华在天津开设气球射击摊进行营利的活动，被公安机关当场查获，收缴9支枪支，其中6支为能正常发射、以压缩气体为动力的枪支。

障法官与受众在观点输送与接受上的畅通。律师辩护通过在法外对事实部分进行叙事，强调被告人的犯罪事出有因，这些观点容易与民意交织，裁判文书可从情理维度对法外叙事因素予以回应，从而提升裁判文书接受度。

以张扣扣杀人案①为例，辩护律师在庭审辩论的过程中引用《哈姆雷特》《基督山伯爵》等复仇题材经典著作及法律实践中的复仇案例为张扣扣作舆论铺垫，并着重围绕张扣扣杀人原因这一主题进行叙事，因此，有不少人通过观看微博庭审直播时呼吁对张扣扣"刀下留人"。案件的起因有令人同情张家之处，一方面张扣扣之母因邻里纠纷不幸被害，另一方面张扣扣少年丧母是人生悲剧。儿子怀念母亲心中存留怨恨是人之常情，但现代法治不允许擅自复仇，对张扣扣判处死刑，是对事出有因的重大凶杀案件的良好示范。裁判文书说理可以此情理维度展开，引导公民正确处理民间矛盾纠纷和个人恩怨，弘扬法治精神和化解社会戾气，从而提高裁判文书的对话感以及接受度。（见表9）

表9 张扣扣杀人案裁判文书辩审互动对比

文书名	辩护意见	回应说理
一审裁判文书	张扣扣杀人的原因是为母报仇，张扣扣母亲之死对张扣扣造成的巨大创伤与精神障碍是其童年不幸的根源。并引用复仇题材经典著作及法律实践中的复仇案例，为张扣扣做舆论铺垫	张扣扣不能理智对待内心仇恨，在工作和生活又长期不如意的巨大压力下，心理逐渐失衡，迁怒于王某1及其家人，蓄谋报复杀人。

三、路径选择：辩审互动裁判文书的说理模式构建

裁判文书说理是一种有对象性、针对性、互动性的活动，说理是双向的，既与"说者"有关，也与"听者"有关。裁判文书说理不能仅仅考虑"谁在说理"，还必须考虑"向谁说理"。② 在很大程度上，"向谁说理"决定了"怎样说理"，说理受众范围及排序直接影响着裁判文书说理。③ 因此，提高裁判文书中的接受度，关键在于将说理的独白体转变为对话体，注重说理者与听众之间的互动，从三个层面解决"向谁说"的主体问题、"说什么"的内容问题、"怎么说"的方法问题。

（一）说理对象：选择"语用—论辩"进路

司法作为一种话语权，应当针对不同的听众，视具体情况采用有效的说理方式。

---

① 张扣扣因其母于1996年被当时17岁的王某1伤害致死而心怀怨愤。2018年2月15日，张扣扣为复仇将王某1及其兄弟王某2、其父亲王某新刺死，一审法院以故意杀人罪判处张扣扣死刑。
② 万毅、林喜芬：《从"无理"判决到判决书"说理"——判决书说理制度的正当性分析》，载《法学论坛》2004年第5期。
③ 杨贝：《裁判文书说理写作四步法》，载《中国应用法学》2022年第1期。

裁判文书应立足于个案纠纷的特定语境,针对不同身份的主体进行说理,消除不同主体之间的意见分歧,从而达到论辩主体之间的共识。这正是论证与论辩的实质,这种论辩在语言学上的语用性质便是"语用—论辩"。① 语用论辩学主张,论辩者在每个批判性讨论阶段作出每个话步实际上都是策略操控的结果,都体现了论辩者在"话题选择""受众迎合""表达形式"三方面运筹帷幄。② 裁判文书说理过程中,证明己方立场或反驳对方立场,要注重对针对听众类型的分析与研判,从而达到观点传播与表达的目的。

比利时法哲学家佩雷尔曼的听众理论将听众的可接受性和理性论证结合起来,实现了论证由劝服到信服的转化,从而使得论证效果获得法律上的效力而不仅是事实上的实效。③ 按照佩雷尔曼的说法,论证面向的听众一般分为自我听众、特殊听众和普泛听众。裁判文书说理听众可分成三个层次:一是法官,裁判角色站在自我角度审视裁判文书说理是否符合事实认定与法律适用等规则;二是当事人及法律职业共同体,裁判文书所作的决定与这类特殊主体密切相关;三是社会公众,裁判文书公开制度建立使得社会公众更多关注到裁判文书。

在司法场域下,由于辩、审诉讼地位、目标、立场不同,各自会在不同的意识凸显下作出不同的"语用—论辩"进路选择。法官在制作裁判文书时,可从"时间—空间—价值"维度对辩护律师的认知话语进行分析与回应。(见图2)

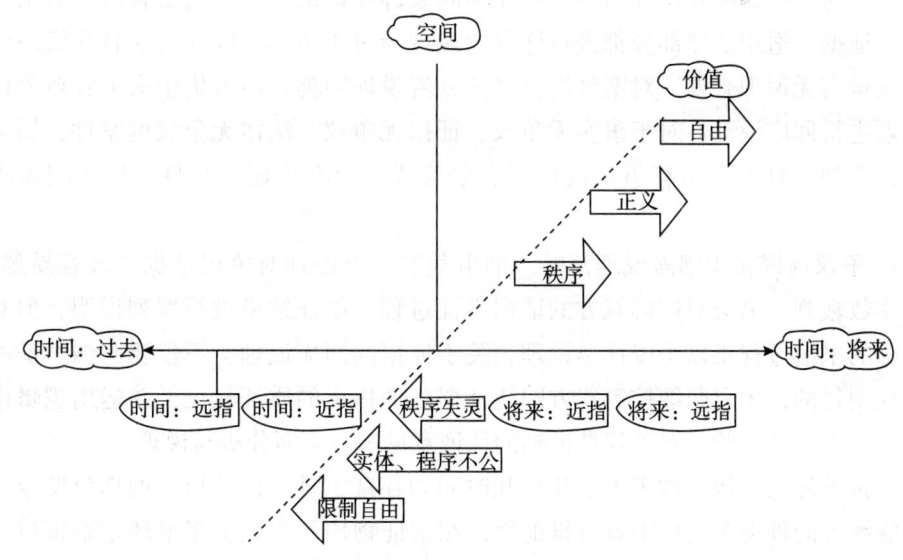

图2 "时间—空间—价值"维度话语分析

---

① 熊明辉:《语用论辩术——一种批判性思维视角》,载《湖南科技大学学报》2006年第1期。
② 吴鹏、熊明辉:《策略操控:语用论辩学之修辞拓展》,载《福建师范大学学报(人文社科版)》2015年第3期。
③ 谢小瑶、赵冬:《裁判可接受性的"理想"与"现实"》,载《南京大学法律评论》2013年第1期。

以张扣扣杀人案为例,律师开放性辩护意见首先从时空上远指到1996年张扣扣母亲被害的案发现场,价值上选择张扣扣母亲的尸体在马路上当众被解剖的负面评价,渲染这个事件悲愤的气氛。其次,从时空上近指张扣扣的成长经历,价值上选择13岁少年失去母亲的悲惨遭遇,塑造有童年创伤、无法融入社会的受害者形象。最后,从时空体上叙述张扣扣杀人属于童年阴影导致的复仇行为,从价值上强调其犯罪行为属于人性的无奈之举。整个话语体系劝说司法应对张扣扣的成长经历和犯罪行为予以同情之心。

二审法院针对辩护律师这一特殊听众的话语进行逐一分析语境,并以论辩的方式进行回应。首先,二审法院对辩护意见提到的一审量刑没有考虑1996年张扣扣母亲被害的因素作出回应,被害人于1996年确实给被告人造成了心理伤害,但从价值上评价被害人已被依法判处过刑罚;其次,过去的22年间被害人父子均未与被告人及其家人发生新的冲突,评价张扣扣系心怀怨恨,且工作生活不如意导致心理失衡;最后,叙述2018年春节前夕张扣扣在被害人家中的犯罪行为,从价值上评价张扣扣不属于邻里矛盾引发,而是报复杀人,犯意坚决且手段"严重""残忍""恶劣",故终审裁判为驳回上诉,维持原判。

(二)说理内容:结合争议焦点区分"刚需—弱需"说理结构

法官与辩护律师在说理内容上存在不同聚诉与论辩,若要求法官对所有案件的事实、证据、适用法律部分都进行详尽的说理会过于苛刻。因此,法官在说理结构上要衡量有无说理必要,对案件进行繁简分流说理归类,便可集中火力针对争议焦点问题进行回应说理:对于事实无争议、证据无争议、法律无争议的案件,属于弱需求说理型;对于事实有争议或证据有争议或法律有争议的案件,属于刚需求说理型。

1. 争议证据属于刚需说理范畴。刑事裁判文书说理对争议证据说理容易忽略,虽大多数裁判文书会对控辩双方的证据举证过程、质证结果进行罗列说明,但对争议证据的采信过程难以予以详尽说理。关于证据的回应说理,不仅要归纳举证的内容及证明目的,还要归纳控辩双方围绕证据三性提出的质证意见,并运用逻辑推理规则和日常生活经验,对争议性证据的认证意见进行全面分析与说理。

以张玉环案为例,被害人的死亡和时间均存疑,且手抓可形成的伤痕鉴定、同属黄麻纤维的种类鉴定均不具有排他性,在案证物均无法证实张玉环是杀害被害人的唯一真凶,从张玉环家中提取的麻绳也没有DNA鉴定证实证据存在关联性,但却被当作定案的证据,由于对争议证据的认定说理不充分,导致冤假错案的产生。

2. 争议事实属于刚需说理范畴。目前的裁判文书多按照被告人犯罪的时间顺序,通过独白文本方式表述案情事实,对律师提出的对争议事实认定的观点不予回应或者遗漏回应,减损了裁判文书的接受度。因此,法官应通过阅卷、书词交换、庭前会议、庭审辩论等程序归纳事实争点,并在裁判文书中针对事实争点予以叙事剪辑，对辩护意见予以回应。

以于德水案为例，控辩双方观点针对于德水的存款事实认定存在较大的争议，辩方认为自动柜员机因故障造成存款入账成功但吐出现金，等同于柜员发生差错；而控方强调于德水的后续行为是非法的，其存钱的开始是为了存300元，但后面回到故障自动柜员机反复存款，属于恶意非法占有行为。法官在裁判文书中对认同控方对事实认定的观点予以充分回应说理，认为于德水反复取款的目的是验证故障，且内心十分清楚，具有非法占有的目的。

3. 法律适用争点属于刚需说理范畴。法律适用应兼顾形式推理和实质推理，形式推理是根据形式逻辑的规则对事实进行规范化的演绎推理，实质推理则是对法律规则的实质解释，当规则的字面意思不能涵盖案件事实存在的情况，或者边界模糊不清时，就需要法官进行解释与价值判断。

以天津赵春华案为例，关于形式推理和实质推理无法达到平衡，故有学者质疑：为何裁判文书在量刑部分对赵春华的刑罚予以实质推理，而在定罪部分予以形式推理？该案通过处以缓刑的方式能否解决形式的法律标准与实质的价值判断之间的紧张关系？[1]

（三）说理方法：融合内外部证成与逻辑论证

1. "内部正当"与"外部正当"的二阶证成。裁判文书中的法律决定是通过一定推理规则推导出来的结果，法律论证多以三段论的推理方式，依照"大前提—小前提—结论"的方法进行推导，但这依赖于其推理的前提必须正确，需要对前提加以证成，并对证成的过程予以说理。因此，裁判文书说理要把对前提进行内部与外部二阶证成的过程融合予以展示，既要有按照一定的推理规则从相关前提中逻辑推导法律决定的内部证成，又要有对法律决定所依赖的前提的外部证成。

关于内部证成的正当性说理，以三段论作为逻辑工具，从法律规范确定的事实这一大前提出发，寻找具体的法律事实这一小前提，并最终得出判决结果的论证过程被称为"涵摄"，这种论证模式主要在内部证成发挥作用。[2] 该模式转化为自然语言则为：第一，所有A，如果满足构成要件P，则P的法律后果Q适用于A；第二，a满足构成要件P；第三，法律后果Q适用于a。

以深圳王鹏案内部证成为例，我们可以明显得出，仅有大小前提是不能够完全推导出该结论的，裁判文书受众可以质疑：驯养繁殖的珍贵濒危野生物种是否被涵盖在此范围内，因此，需要在推论过程中进行内部证成并予以说理。当法律规范存在多个要件，或者多个法律后果时，裁判文书说理应在上述论证的过程中予以延伸和扩展。（见图3）

---

[1] 劳东燕：《法条主义与刑法解释中的实质判断——以赵春华持枪案为例的分析》，载《华东政法大学报》2017年第6期。

[2] 张天择：《指导性案例参照中的类案判断尺度：内部证成与外部证成》，载《南大法学》2022年第1期。

> 大前提：非法出售国家重点保护的珍贵、濒危野生动物的，处五年以下有期徒刑
> （内部证成："珍贵濒危野生动物"包括"驯养繁殖的物种"）
> 小前提：行为人将其人工养殖的鹦鹉进行出售
> 结论：行为人构成非法出售珍贵、濒危野生动物罪

图3 深圳王鹏案内部证成

关于外部证成的正当性说理，法律规范无法穷尽所有法律事实，在个案中的法律事实也无法与法律规范中的构成要素达到完全一致，所以不同的主体对法律事实运用法律规范予以不同的评价。因此，裁判文书说理需要通过对话的形式将个案法律事实推演过程予以说理，从而消除与受众之间的分歧，外部证成就是用以解决作为内部证成前提的法律事实，即前文中作为 a 的个案事实如何满足作为 P 的法律事实。外部证成需要运用各类法律解释方法、价值判断、经验判断、参照案例等多种论证方式。① 热点案件中作为前提条件的个案法律事实往往具有较大争议性，辩护意见也多以此延伸开放性观点。这给裁判文书说理的外部证成带来困难，需要从多种矛盾中选择合理的结论。

以深圳王鹏案外部证成为例，虽然该案三段论推理及内部证成过程都是符合推理规则的，但受众接受度仍不高，因此，应对内部证成所涉及的前提"珍贵濒危野生动物"应包括"驯养繁殖的物种"再进行外部证成。同理，在天津赵春华持枪案中，赵春华持枪的内部证成也符合形式推理逻辑，但其裁判文书也因未对外部证明进行说理而导致公众接受度不高，即刑法意义上的气枪为什么包括赵春华所持有的气枪。（见图4）

> 大前提：所有濒危野生动物都值得被保护
> 小前提：该案驯养野生物种鹦鹉保护价值与野生动物等同
> 结论：濒危野生动物应包括驯养的野生物种

图4 深圳王鹏案外部证成

2. 对辩护意见采纳或驳斥的逻辑论证。裁判文书对辩护意见的回应不仅要注重态度及立场，还要遵循逻辑论证规则，对意见的采纳或反驳予以论证。裁判文书对辩护意见关于罪与非罪、罪轻与罪重的论点与论据均可以用逻辑论证的方式予以分析。

---

① [德] 罗伯特·阿列克西：《法律论证理论》，舒国滢译，中国法制出版社2002年版，第285页。

针对论点，可以用归谬法直接反驳，即通过反向证明来判断论点的真伪。一方面，从矛盾关系的命题另一面回证论点，若论点对立面为真，则论点为假；另一方面，若假设论点为真，由此得出荒谬的结论，则论点则必为假。如念斌投毒案中，卖鼠药人与被告人相互不能辨认，则被告人从卖鼠药处购买鼠药的结论就是假的。

针对论据，可用逻辑判断中的性质判断来辩驳真伪。性质判断主要有四个类型：全称肯定（A）（所有S都是P）、全称否定（E）（所有S都不是P）、特称肯定（I）（有的S是P）、特称否定（O）（有的S不是P），对律师辩护意见的驳斥，可以通过性质判断的组合关系来论证。（见表10）

表 10 性质判断的关系特点

性质判断	全同	种属	属种	交叉	全异	关系名称	判断组合	关系的特点
	(S|P)	(P(S))	(S(P))	(S|P)	(S)(P)			
所有S是P（A）	+	+	−	−	−	矛盾关系	A——O E——I	不能同真 不能同假
所有S不是P（E）	−	−	−	−	+	上反对关系	A——E	可同假 不能同真
有的S是P（I）	+	+	+	+	−	下反对关系	I——O	可同真 不能同假
有的S不是P（O）	−	−	+	+	+	差等关系	A——I E——O	全称真，特称真 特称假，全称假

在矛盾关系中若全称肯定为真，则特称否定必为假。例如，深圳王鹏案中，辩方认为王鹏养殖的鹦鹉，不是《最高人民法院关于审理破坏野生动物资源刑事案件具体应用法律若干问题的解释》（已失效）第1条"驯养繁殖的上述物种"，法官应将该条解释为所有对上述野生动物物种进行驯养繁殖的都属于该条规定的情形，同时通过论证"所有是"为真则"有的不是"是假，以此回应辩方观点。

在反对关系中，特称肯定为真，则特称肯定可能为真，也可能为假。例如，律师在辩护中会提到类案的适用，但提供的类案并不是最高人民法院的指导案例，有的法院对辩护意见持肯定态度，有的法院对辩护意见持否定态度，因此，可以予以回应并不必然适用有的类案。

在差等关系中，若全称肯定为真，则特称肯定为真，但是若特称肯定为真，不能推出全称肯定为真。例如，对律师提出的应当从轻处罚的酌定情节予以驳斥，酌定情节只能以部分情形影响量刑，不具有普遍适用性。

此外，还可以通过关系判断来回应辩护律师的论据。对于关系判断是否具有对称性和传递性要进行区别，避免混同。例如，在一些买卖型犯罪的对向犯中，辩护律师对双向的对称关系辩解为单向的反对称关系，以此达到为被告人脱罪的辩护目标。在黑社会犯罪案件中，律师为黑社会组织的主要成员进行辩护时，割裂对该组织犯罪责任的传递性。

四、路径演练：辩审互动裁判文书回应说理范式

裁判文书的"回应性"说理需要通过与辩护律师提出的"开放性"观点进行深度对话，并在司法与民意之间进行多个回合"反复沟通"，才能使裁判结果与受众认可趋于接近。裁判文书对话性包含三个维度：听众维度、信息维度、修辞维度。裁判文书说理要在听众维度的基础上注重对律师辩护意见的处理，在信息维度进行回应说理的全流程管理，在修辞维度选择适合的话语方式及情绪管理策略。

（一）听众维度：对辩护律师意见处理步骤设计

律师提出辩护意见的场景多集中在法庭辩论阶段，例如，向法庭提交书面辩护词或发表辩论意见，辩护意见的接收场景较为单一，对意见的处理也较为简单。因此，通过对辩护意见进行"接收—分类—归纳"三步骤处理，可以拓宽辩护意见接收渠道，有利于对辩护意见的精细化处理。

步骤一，接收。首先，充分利用庭前会议了解辩护意见，听取关于申请回避、证人出庭、非法证据排除等意见。其次，在庭审时释明双方争议焦点，确保辩论围绕争议焦点展开。如果刑事辩护的意见在法庭上不能被充分听取，律师有可能会利用媒体或者向人大常委会、政法委以新闻或者信访的方式给审判人员施加额外的压力。[①] 司法实践中，审判长在面对控辩双方就辩护意见进行辩论时，有的审判长要么在双方还未充分表达意见时，直接终结辩论，要么放任无焦点式辩论，因此，要保障律师发表补充辩论意见的机会，法庭辩论可以通过补充辩论，进行几轮辩论，辩护意见就能够充分表达。[②] 下文以于欢案二审庭审直播过程第二轮辩论作为正面示范。

审判长：辩论各方均发表了意见，辩护人论证于欢行为是正当防卫，没有超出必要限度……检察员认为于欢行为属于防卫过当……被害人代理人认为于欢构成故意杀人……现在各方就争议的焦点进行辩论。上诉人于欢，你是否还有新的意见？

于欢：没有

审判长：辩护人是否还有新的意见？

辩护人：……

审判长：检察员是否还有新的意见？

检察员：……

审判长：诉讼代理人还有没有新的意见？

诉讼代理人：……

[①] 孙笑侠：《司法的政治力学——民众、媒体、为政者、当事人与司法官的关系分析》，载《中国法学》2011年第2期。

[②] 叶琦、孙红日：《刑事判决书针对辩护意见的"回应性"说理之提倡——以S市基础法院无罪辩护的刑事判决书为样本》，载《法律适用》2017年第13期。

步骤二：分类。首先，对辩护律师的意见进行类型化的梳理，如对证据认定、事实认定、犯罪定性、量刑意见等进行分门别类的处理。其次，对涉及民意、情理、道德等法外因素又可能引起公众关注的开放性观点应予以重点记录。最后，甄别有效辩护意见，剔除无效辩护意见。

司法实践中，辩护意见的质量参差不齐，如辩护意见未能把握影响被告人定罪量刑的焦点，律师会见及庭前阅卷不充分导致对案情把握不准，辩护意见含糊笼统导致缺乏结论性的辩护意见等，因此，对辩护意见的回应应集中在有效意见上。同时针对辩护律师在庭审过程中提出"不满"或"抱怨"的话语含义，法官可以通过庭审程序予以解决，没必要在裁判文书中进行回应。

步骤三，讨论。在我国司法背景下，对于简单的独任制案件，裁判文书说理主要来自承办法官对案件的观点；对于复杂案件，裁判理由需要经过合议庭对事实的认定和法律的适用的合议；对于较为争议的案件，承办法官会提交至法官联席会议进行讨论得出职业法官共同体的多数观点；对于社会关注或者涉及维护社会稳定、道德、经济、政策等案件，承办法官会提交至审判委员会进行讨论。

由承办法官独任及合议庭合议的案件，参与裁判文书制作的主体同时参加了庭审的过程，对律师意见的听取不仅要通过书面卷宗，更要经过庭审的心证，因此，对辩护意见的处理过程相对完整。但通过法官联席会议、审判委员会讨论的案件，其会议成员并没有参加庭审，对辩护意见的听取多来自承办法官的加工，甚至可能忽略辩护意见。故通过法官联席会议、审判委员会讨论的案件不仅要提交审理报告等文件，也应将辩护词以及庭审笔录附上，供成员参阅并进行有效的讨论。（见图5）

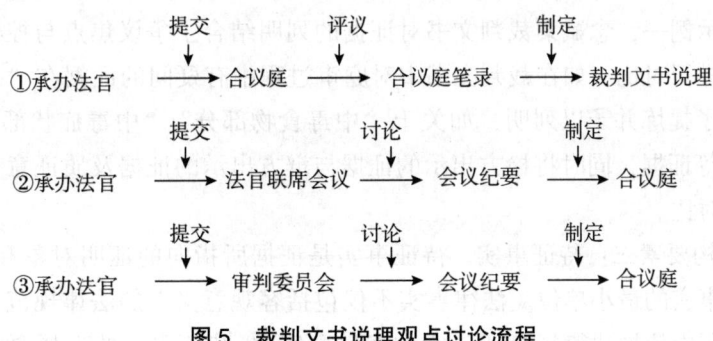

图5　裁判文书说理观点讨论流程

（二）信息维度："争点式"全流程回应说理范式

争议焦点是维系法官与各方受众达成共识的最直接途径。法官可按照证据争点、事实争点、法律争点等进行类型化的梳理，以便在裁判文书回应说理过程中对争议观点进行全面说理。通过确定争议焦点，裁判文书回应说理可以在审理查明部分运用论证模型对证据进行解构，运用叙事镜头对争议事实进行剪辑，运用情理法则对法律适用进行补充，并发挥证据理据、叙事镜头、情理法则的桥梁作用。（见表11）

表 11　争议类型与争议焦点摘录

争议类型	证据争议		事实争议		定罪争议			量刑争议		开放性观点
争议焦点	公诉证据	辩方证据	控辩部分事实争议	无罪辩护	犯罪构成要素及阻却事由争议	犯罪形态	共犯形态	法定量刑情节	酌定量刑情节	情理、道德因素

1. 运用论证模型对争议证据进行解构。裁判文书说理不仅要对事实认定与法律适用进行说理，更要重视证据说理的作用与地位。证据说理是裁判文书说理中不可忽视的部分，也是对事实认定和法律适用说理的重要基础。为了优化裁判文书的表达形式，更多地汲取"对话—论证"模式的有益元素，更多地照顾受众的"用户体验"，应该鼓励刑事裁判文书解构体例的创新和尝试。① 运用论证模型对争议证据进行解构，可以避免简单堆砌证据、认证分析模糊、证据说理与事实说理脱节的情形，从而确保证据说理、事实说理、法律适用说理做到有机缝合。下文以念斌投毒案二审裁判文书②为例：

（1）解构要素一：争议证据。证据说理不是对庭审的全面记录和简单再现，对于庭审过程中没有争议的证据，可以进行列明和简单说理，对于庭审过程中争议较大的证据，应成为证据说理的重点。证据说理应包括举证情况、质证情况、法庭调查核实情况、对三性的认定情况等。对于证据的列明，有按主体分别列明、按证据种类列明、按争议与否列明、按证明对象列明等，或者在列出一方证据后，列明另一方相反的证据及意见。因此，证据说理可以选择适合的列明方法对有争议的证据进行说理。示例一，念斌案裁判文书对证据的列明结合了争议焦点与控辩双方的意见，将两者进行对比，如在裁判文书中对庭审过程中有疑问的证据在"二审审判情况"中进行了提炼并予以列明，如关于"中毒食物部分""中毒症状部分""毒物来源部分"等证据，同时将检方出示的证据与辩方出示的证据及质证意见在每部分列明并进行对比。

（2）解构要素二：待证事实。待证事实是证据所指向的证明对象和证明内容，是构成法律事实的最小单位。法律事实不仅包括客观意义上的法律规范，还包括在司法审判过程中依据法律规范所认定的案件事实。③ 待证事实的选择要结合犯罪构成的叙事要素，如犯罪行为、犯罪结果、因果关系所指向的事实。示例二，念斌案裁判文书"二审查明部分"对待证事实进行分节列举，并对事实查明是否采纳证据及理由进行逐一的回应说理，如在"中毒原因一节"认为检材与标样的质谱图应该不同，对理化检验报告不采信；在"投放方式一节"认为检材来源存在疑点，认定

---

① 罗灿：《刑事裁判文书证据说理的现实图景和完善路径》，载《中国应用法学》2022年第4期。
② 详见福建省高级人民法院（2014）闽刑终字第10号刑事判决书。
③ 赵承寿：《司法裁判中的事实问题》，中国政法大学出版社2015年版，第37页。

关键证据链条中断；在"毒物来源一节"，卖鼠药人与被告人相互不能辨认，对毒物来源的证据不予采信。

（3）解构要素三：证据推理的理据。当控辩双方根据己方立场运用证据证明己方的待证事实时，必然依赖于一定的规则即"理据"，① 理据是建立在证据与待证事实之间的桥梁，可用普遍性、可靠性和来源来进行评价，其本质就是证据规则和司法证明方法，如逻辑推理、科学定律、经验法则、司法认知等。示例三，念斌案裁判文书证据认证部分"证人供述的卖鼠药人的特征及年龄，与侦查机关找到的卖鼠药人差异明显，且卖鼠药人与被告人相互不能辨认"，就是对控方理据"被告人从侦查机关找到的买鼠药人处购买鼠药"所进行的驳斥。

2. 运用叙事镜头对争点事实进行剪辑。针对法律事实问题，由于不同的叙述主体因职业、思维方式以及诉求的不同，会选择不同的叙事方式，从而建构出不同的案件事实，形成不同的案件结论，因此，裁判文书的回应说理往往在事实部分就已经展开。例如，在许霆案中，对"秘密性"这一概念控辩双方存在不同的解读。同一证据经过不同言说者的叙述可能会产生不同的结果，因为言说者对事件的发生存在不同的诠释。② 因而叙事是法律与事实、证据之间的桥梁，也是释法说理的工具。对案件事实进行叙事剪辑的过程就是对案件事实进行价值判断，将案件事实问题转化为法律问题的过程。③

法官在制作裁判文书的过程中，不能仅挖掘某一规范的事实构成要件，更要运用叙事逻辑结合控辩双方的争议焦点将客观事实分层次和角度展现，尤其是要结合代表了社会公众观点的开放性辩护意见所指向的争议焦点，为故事构造寻找最合适的裁判类别并作出裁判。④ 只有经过结合争点的层次重构事实，用叙事逻辑的形式展开事实诠释，形成蕴含争议焦点的故事描绘，才能对辩护意见予以更好的回应，从而引发多层次听众的普遍认同。

以许霆案为例，关于许霆主观要素上是否具有直接故意，用叙事镜头进行剪辑来说明其具有非法占有故意：银行人员曾多次联系许霆，而许霆以各种理由推辞；证人证言证实许霆于24日突然请假回家。同时对许霆前后取钱的行为分段进行剪辑，许霆前后几次取款行为是试错行为，但之后多次不同时间段取款并潜逃可以认定许霆具有占有故意，其能够认知这种行为并希望这种结果发生。（见图6）

以于欢案为例，如果单纯讨论事件发展中于欢的犯罪事实，那么事实剪辑仅指向两部分，即于欢持刀捅人的事实以及被害人不治身亡事实。然而结合本案关于正当防卫的争点，事实剪辑应同时结合案件发生的前后起因事件，一是苏某借款事实，

---

① Stephen E. Toulmin, The Use of Argument, Cambridge University Press, 2003, p.99.
② 王彬：《裁判事实的叙事构建》，载《海南大学学报（人文社会科学版）》2013年第3期。
③ 余素青：《法庭审判中事实构建的叙事理论研究》，北京大学出版社2013年版，第190页。
④ Nancy Pennington, Ried Hastie, A Cognitive Theory of Juror Decision Making: The Story Model, 13 Cardozo L Rew. p.521, (1991).

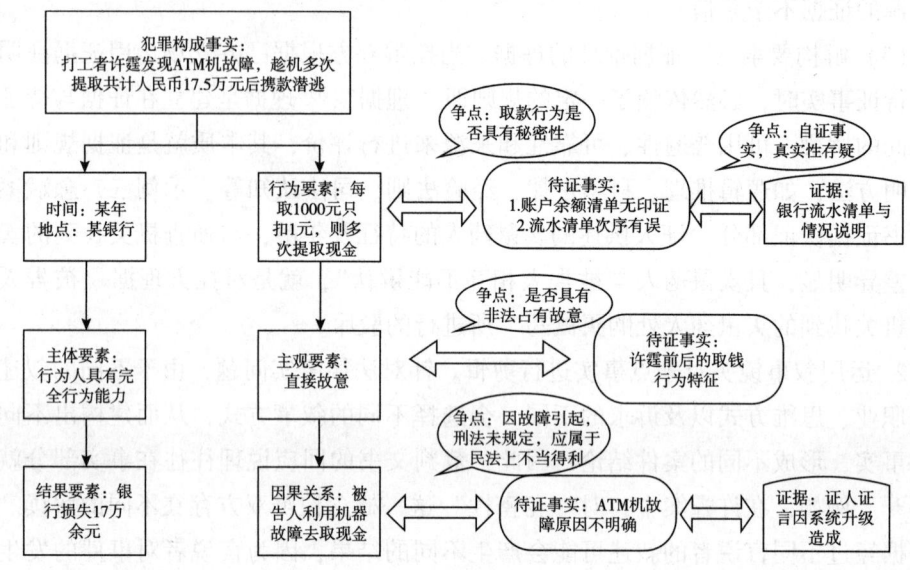

图 6 争点的层次

二是被害人催债事实,三是于欢持刀捅人事实,四是被害人不治身亡的事实,以此全面综合认定于欢行为的性质。

3. 运用情理法则对法律适用进行补充。司法裁判仅强调形式上的法律标准容易导致简单机械的法律适用、忽视常理的逻辑论证、直接粗暴的法理阐明。实质理性或者现实主义法学司法理念的基本要求是司法过程要充分考虑法律规则外因素,包括利益衡量、社会共识、伦理道德、社会政策、人情常理等。① 因此,情理法则可以填补法律适用过程中产生的说理不足漏洞,成为与裁判文书受众沟通的桥梁。

情理法则主要在法律漏洞型、法律模糊型、热点伦理型等疑难案件发挥作用。因为在疑难案件中,法官无法仅仅通过法律条文来实现对"听众"说服,必须求助法律之外的规范性资源,情理作为一种具有说服力的非正式法律渊源就在此中发挥着不可替代的作用。② 情理法则与律师提出的法律因素之外的开放性辩护意见密切关联,情理法则的应用有利于保障裁判者与"听众"在法律之外的观点的输送与接受的畅通。

在"于欢案"与"张扣扣杀人案"中,一方面是社会大众对于涉及母亲角色的共情,既同情于欢保护母亲的行为,又同情张扣扣失去母亲的不幸;另一方面则是

---

① 胡田野:《论"三个效果"有机统一的司法理念与裁判方法》,载《中国应用法学》2022 年第 3 期。
② 李拥军、郭晓燕:《情理法则在裁判说理中的功能与应用》,载《河南大学学报(社会科学版)》2022 年第 3 期。

法官对"孝顺"这一重要情理的忽视,于欢案在裁判文书说理部分仅用"侮辱谩骂的不当方式讨债"等表述对被害人的过错行为予以简略带过,张扣扣对于"为母报仇、童年阴影"的个人恩怨缺乏疏导。反之,只有充分运用情理法则回应各类受众对于孝道的关注,才能提高裁判文书的接受度。

(三)修辞维度:回应说理话语选择与情绪管理策略

1. "积极话语"与"消极话语"的正反话语选择。"消极话语"强调问题导向并将意识形态灌输给听众,"积极话语"强调对话者之间进行价值协商与亲和关系的建立,二者之间具有互补性。刑事裁判文书是针对被告人的犯罪行为进行评价的法律文件,以采用"消极话语"的方式为主,注重语言平实简洁、表意明确,如对"非法营利""情节严重"等语料的运用,体现对被告人行为的否定。但仅靠"消极话语"不能满足当下日益增长的司法裁判的情理说理需求,且否定性评价容易导致冲突性话语。因此,裁判文书说理可以选择"积极话语"进行补充,对偏离案件事实的意见予以澄清,对价值取向予以引导,对被告人的犯罪行为予以劝慰,或对不构成犯罪的行为予以肯定评价。法官在裁判文书中使用积极修辞的目的,在于根据听众的价值意识调动听众的情感,利用与听众的情感共鸣进行说服和劝导,以此提高裁判可接受性。①(见图7)

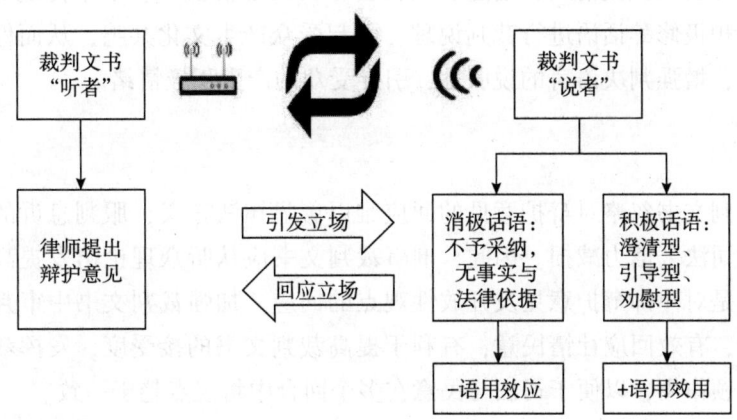

图7 "积极话语"与"消极话语"的传递

以王力军非法收购玉米案②为例,王力军的行为是否属于"其他扰乱市场秩序的非法经营行为",律师辩护意见认为,王力军的行为不仅不构成犯罪,还减轻了农民的负担。因而裁判文书回应说理可以采用积极话语,围绕王立军在农民和粮库

---

① 钟林燕:《论裁判文书说理的积极修辞及其限度》,载《法学》2022年第3期。
② 2014年至2015年,王力军未办理粮食收购许可证及营业执照,擅自无证照经营,违法收购玉米,再将其所收购的玉米卖给粮油公司,非法获利6000元,王力军主动投案自首,一审法院以非法经营罪判处王力军有期徒刑一年,后经再审改判无罪。

之间架起了桥梁的作用进行正面评价。这些"积极话语"不仅对事实的描述带有强烈的认同感，还能够引起听众的共鸣，从而达到更好的说理效果。

2. 回应说理的情绪管理策略。辩审对话场景下，裁判文书对辩护律师意见的回应说理通过话语表达及回应立场的方式进行，以期从立场趋异转变为立场趋同。情绪管理的策略主要为有意减弱己方情绪、避免挑起对方情绪、避免增加对方情绪、有意增强对方情绪。[①] 因此，裁判文书在回应说理的过程中，情绪管理的司法策略主要体现在要注意减弱情绪化说理修辞、对受众不良情绪进行疏导，并有效引导受众产生积极情绪。

关于减弱情绪化说理修辞，在裁判文书消极话语中，要注意修辞限度，尽量避免采取冲突性话语进行回应说理。如在说理的过程中，避免基于不愿说理、不敢说理、不会说理的心理针对辩护意见直接进行"不予采纳""无事实与法律依据"的一刀切式的否定性评价。

关于疏导受众不良情绪，应对超出公众认知、受害人存在过错等造成受众产生不良情绪的因素予以评价或回应，并对社会公众朴素的司法情感予以共情。针对属于社会共识的结论，裁判文书应该做的是肯定回答，表达对他人意见的尊重，并且肯定回答应直接接近字面意思，语义强度、情感功能应与否定回答有所区别，从而达到消除受众不良情绪的目的。

关于引导受众积极情绪，通过引用社会主义核心价值观、中华传统美德、国学经典论著等积极修辞话语进行裁判说理，引起受众产生文化共鸣，从而保证法律论证的合理性，增强判决语言的说服性，引导受众的产生积极情绪。

结　语

刑事裁判文书忽略对辩护意见的回应难以彰显司法正义，服判息诉的效果不明显，易造成司法公信力减损。因此，刑事裁判文书应从听众理论出发提高对受众的关注，特别是对律师辩护意见及开放性观点的回应。加强裁判文书中审判者与辩方的深度对话，有效回应社情民意，有利于提高裁判文书的接受度，发挥裁判文书的社会价值引领作用，以便于司法与民意在多个回合中将观点趋于一致。

---

① 蒋庆胜：《急收话语的情绪管理研究：关系管理视角》，载《外语学刊》2021年第2期。

刑法谦抑性视野下工具型财物没收规则的厘定
——以需罚性的融合判断为切入点

江西省南昌市新建区人民法院　何　勍
江西省南昌市新建区人民法院　卢　芬
江西省南昌市中级人民法院　熊祖贡

犯罪工具没收的特殊预防目标与公民合法财产权的衡平保护，需要对工具型财物没收予以规范化。当前理论界和实务界忽视对工具型财物没收的需罚性判断，由此引发工具型财物没收扩大化，具体呈现出工具型财物认定为犯罪工具的标准不一、没收尺度与财物危险系数不匹配、没收程序不规范等问题。故而，实现工具型财物没收精准化，对其形成统一裁判规则，找到一个既维护法治原则，又能最大限度实现公平正义目标的治理方案已刻不容缓。鉴于此，本文拟就如何发挥刑法谦抑性理念的价值指引，以需罚性的融合判断为切入点，廓清犯罪工具识别标准和工具型财物没收限度，进而建构没收融合需罚性判断的具体规则，以期裨益于公民合法财产权保护。

一、在应然与实然之间：工具型财物没收的对比分析

犯罪工具是供犯罪分子实施犯罪行为所用财物的理论称谓。置于法经济学的视域，工具型财物没收规范化实质是保持谦抑还是扩张的问题，这亟待在应然和实然两个层面进行对比分析。[①]

（一）矩阵分析框架下工具型财物没收的应然样态

法学学科矩阵分析法是通过确定坐标变量，以横轴和纵轴要素构成交点特性区分不同象限，用以分析法学问题的有效方法。[②] 如何甄别犯罪工具并精准把握工具型财物没收尺度，是研究工具型财物没收问题的关键。这既涉及应罚性评判，又涉及需罚性判断。需罚性是在应罚性基础上判断行为人不法及有责评价同刑事政策上

[①] 胡云腾、徐文文：《〈刑法修正案（十一）〉若干问题解读》，载《法治研究》2021年第2期。
[②] 郑永流：《重识法学：学科矩阵的构建》，载《清华法学》2014年第6期。

预防之必要性,主要涉及刑事政策的贯彻落实。① 宽严相济刑事政策是犯罪圈扩大背景下刑法谦抑性的必然要求。因此,可将工具型财物没收应然性归纳为两方面,一方面是对犯罪作用力的强弱,另一方面是刑事政策的宽严。以对犯罪作用力的强弱为纵轴、刑事政策的宽严为横轴,构建应然性矩阵,两方面因素综合考虑可构成四个象限,从而明确没收应然性。(见图1)

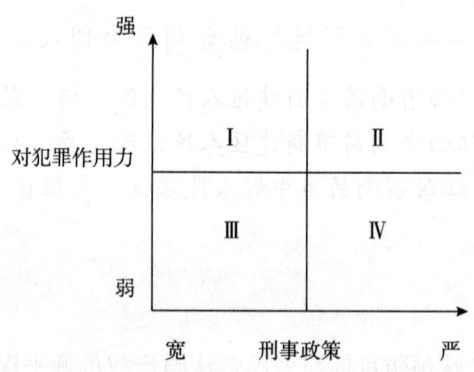

图1 工具型财物没收应然性矩阵

1. 第Ⅰ象限：对犯罪作用力强,刑事政策宽——不予没收。处于该象限的工具型财物对犯罪结果起决定作用,系直接决定型工具,具有直接性、专门性,触犯轻罪。依据罪责刑相适应原则,刑罚轻重应与行为人的人身危险系数和承担的刑事责任相适应。故轻罪包括过失犯罪,工具型财物没收范围与尺度也应秉持刑法谦抑性,与行为侵犯法益及行为人所获利益大小相当。无疑,工具型财物是否没收的判定因素与刑事政策紧密相关,虽然此类工具对犯罪作用力强,具备应罚性,但基于宽严有度的刑事政策和刑法谦抑性考虑,不宜认定为犯罪工具。② 在过失犯罪中,犯罪后果并非行为人的主观故意,故对工具型财物一般不宜认定为犯罪工具。例如,危险驾驶罪、危险作业罪是典型的轻罪,若将涉案车辆视为犯罪工具予以没收,显然有违刑法谦抑性。

2. 第Ⅱ象限：对犯罪作用力强,刑事政策严——予以没收。处于该象限的工具型财物系核心层犯罪财物,对犯罪结果起关键作用,工具使用系犯罪人主观故意,直接对法益造成侵害,对被害人造成心理强制力,主要涉及黑恶势力犯罪、涉众型网络诈骗犯罪等。此类犯罪社会危害性大,我国对其秉持从严打击的刑事政策,实施严打严治、源头管控、打财断血,以免财物再次"滋养"犯罪,故而认定财物是否为犯罪工具的标准更低,即便是为犯罪预备阶段准备的财物也予以没收。如黑恶势力犯罪集团为炫耀其经济实力,向成员配备豪车参与寻衅滋事、聚众斗殴等犯罪行为,基于行为严重的社会危害性及人身危险性、潜在心理强制力,为预防犯罪,

---

① 姜涛：《需罚性在犯罪论体系中的功能与定位》,载《政治与法律》2021年第5期。
② 段陆平：《健全我国轻罪诉讼制度体系：实践背景与理论路径》,载《中国刑事法杂志》2021年第2期。

对豪车即便仅仅是作为交通工具也应予以没收，但对作为实施轻微犯罪的交通工具型车辆没收应严格限制。①

3. 第Ⅲ象限：对犯罪作用力弱，刑事政策严——予以没收。处于该象限的工具型财物系边缘层犯罪财物，对犯罪完成具有助推力，对法益受损起一定作用，但并非对犯罪起决定性作用，基于维护社会稳定、预防再犯罪、消除犯罪诱因等社会综合治理因素考虑，应秉持从严刑事政策予以没收。如我国法律规定，对专门用于赌博的资金、通讯工具及交通工具等本人财物应予以没收。

4. 第Ⅳ象限：对犯罪作用力弱，刑事政策宽——不予没收。处于该象限的工具型财物对犯罪的完成具有一定促进力，但法益侵害力较弱，并非导致法益受损的决定性因素，其作用力无法直接促成犯罪目的，具有较强偶然性且具备可替代性，若予以没收显然处分过度，或再次被用于犯罪的可能性极低，不具有预防犯罪价值和没收必要，故不应认定为犯罪工具。如行为人骑废旧摩托车实施盗窃行为，倘若车辆仅系临时使用或者因犯罪人抛弃等原因而无法扣押或无法查清权属，基于刑法谦抑性和法经济学考量，对其不认定为犯罪工具予以没收。

（二）犯罪圈扩大背景下工具型财物没收的实然样态

由应然转向实然，应罚性与需罚性在工具型财物没收的实践中如何互动的问题，是实现精准没收不可回避且亟待关注的问题。透过审判实务归纳工具型财物没收之实然样态并予以放大镜式的剖析具有聚焦性又具有深入性。②

1. 样本概述。自刑法规定"供犯罪所用的本人财物，予以没收"以来，犯罪工具没收制度被正式纳入我国刑事法律规范中，并随之广泛存在于刑事案件中。为从宏观层面揭示工具型财物没收存在的问题，确保样本数据的全面性、准确性，本文以"供犯罪所用的本人财物+犯罪工具+近五年"为关键词，通过定量抽取的方式，获得有效样本162件。③（见表1）

表1 工具型财物没收类型

工具型财物作用类型	适用场域	种类	典型案例
交通工具型	为到达犯罪现场使用交通工具	汽车、摩托车、自行车、船舶等	（2020）赣07刑终602号
	犯罪完成后，使用交通工具逃离犯罪现场		（2022）粤12刑终60号
	连续犯罪过程中使用交通工具		（2021）川14刑终75号

---

① 何显兵：《论"扫黑除恶"中的没收犯罪工具》，载《东方法学》2019年第5期。
② 刘艳红：《公私法一体化视野下公序良俗原则的刑法适用》，载《现代法学》2020年第4期。
③ 为保证样本数据对工具型财物没收情况的覆盖性，本文案例数据主要来源于中国裁判文书网。

(续表)

工具型财物作用类型	适用场域	种类	典型案例
联络工具型	用于联络共犯或被害人	手机	（2021）川01刑终896号
实行工具型	用于伤害被害人或排除被害人反抗的凶器	枪弹、刀棒、毒药、绳索等	（2020）桂12刑终49号
	用于破坏、分离犯罪对象物品或者用于破坏、排除犯罪障碍物的器械物品或者用于排除障碍、接近犯罪对象的物品	钳剪、刀斧、锯锉、爆炸物、梯子、绳索等	（2019）琼02刑终200号
	用于实施犯罪的钱财	资金、股票、古画等	（2019）浙07刑终1019号
运输工具型	使用交通工具运输违禁品	汽车、船舶等	（2020）豫05刑终527号
	使用交通工具运输犯罪所得		（2021）闽01刑终1074号

通过概览分析，可探知：工具型财物没收类型包括交通工具、联络工具、运输工具和实行工具四类，其中前三类工具型财物（统称为非实行行为工具）没收引发争议最大。① 所谓实行工具是指用于实施犯罪且因其使用导致法益受到侵害后果的财物。该类财物若已被扣押，一般均被认定为犯罪工具，且没收引发的分歧较小。而非实行行为工具是指其使用虽不直接构成法益受侵害的后果，但与犯罪密切关联的财物。如行为人以没收车辆非个人所有、非专用于实施犯罪行为、没收不符合比例原则等为由提起上诉；公诉机关以法院未判决车辆为犯罪工具予以没收而提起抗诉。据统计，样本案件中因对车辆、手机没收不服，被告人提起上诉案件27件，检察院提起抗诉案件3件；其中，二审改判13件，罪名涉及盗窃罪、贩卖毒品罪、诈骗罪等各种罪名。

2. 工具型财物没收的具体样态。为考察工具型财物没收的实然样态，应对打击过度乱象展开分类评析。具体呈现如下面向：

（1）认定标准不一。犯罪工具认定标准问题，是司法实务界关于工具型财物没收首先面对的疑难复杂问题。我国法律对犯罪工具认定标准未予明确。学界观点不一，存有直接关联说、实质关联说、相当性说、经常性说和专门直接说等标准。根据不同标准的实践运用，产生类案相同类型财物被不同处置的差异化后果。（见图2）

类型Ⅰ：犯罪事实类似，作用力认定不同。该类型犯罪触犯同一罪名，犯罪事实类似、量刑相当，但工具型财物作用力认定不同，有的认定为犯罪工具予以没收，有的未认定为犯罪工具。如案例1、案例2所涉罪名均为盗窃罪，被告人吴某和李某均驾驶车辆到达并逃离作案现场，二被告人均因对车辆认定为作案工具没收不满

---

① 通过样本文书分析发现，工具型财物作用类型常出现作用力重叠现象，如行为人驾驶摩托车实施抢夺行为，犯罪完成后以摩托车为交通工具，逃离犯罪现场。本文主要围绕工具型财物作用产生分歧部分进行讨论。

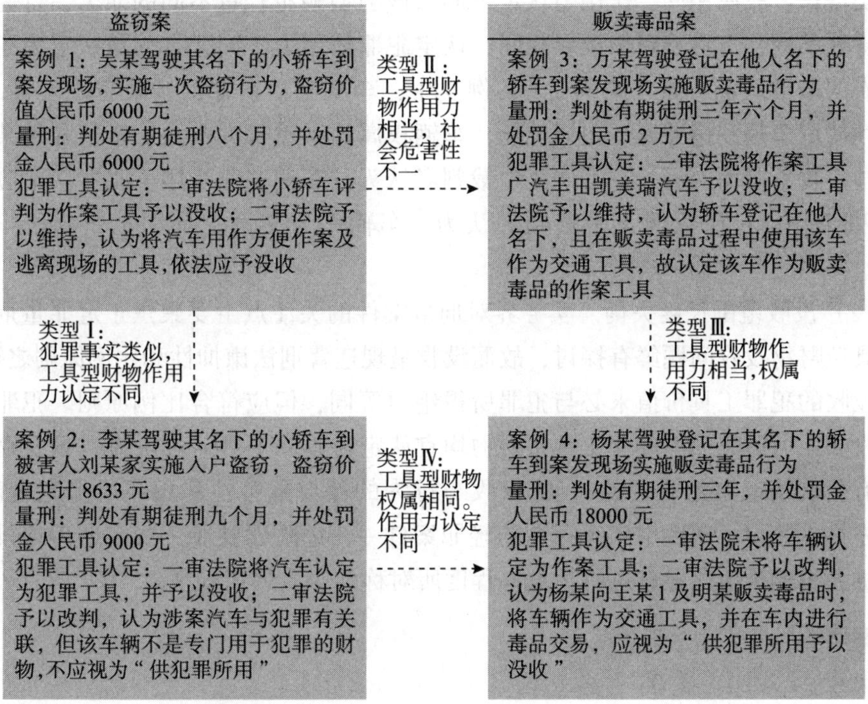

盗窃案		贩卖毒品案
案例 1：吴某驾驶其名下的小轿车到案发现场，实施一次盗窃行为，盗窃价值人民币 6000 元 量刑：判处有期徒刑八个月，并处罚金人民币 6000 元 犯罪工具认定：一审法院将小轿车评判为作案工具予以没收；二审法院予以维持，认为将汽车用作方便作案及逃离现场的工具，依法应予没收	类型Ⅱ：工具型财物作用力相当，社会危害性不一	案例 3：万某驾驶登记在他人名下的轿车到案发现场实施贩卖毒品行为 量刑：判处有期徒刑三年六个月，并处罚金人民币 2 万元 犯罪工具认定：一审法院将作案工具广汽丰田凯美瑞汽车予以没收；二审法院予以维持，认为轿车登记在他人名下，且在贩卖毒品过程中使用该车作为交通工具，故认定该车作为贩卖毒品的作案工具
类型Ⅰ：犯罪事实类似，工具型财物作用力认定不同		类型Ⅲ：工具型财物作用力相当，权属不同
案例 2：李某驾驶其名下的小轿车到被害人刘某家实施入户盗窃，盗窃价值共计 8633 元 量刑：判处有期徒刑九个月，并处罚金人民币 9000 元 犯罪工具认定：一审法院将汽车认定为犯罪工具，并予以没收；二审法院予以改判，认为涉案汽车与犯罪有关联，但该车辆不是专门用于犯罪的财物，不应视为"供犯罪所用"	类型Ⅳ：工具型财物权属相同，作用力认定不同	案例 4：杨某驾驶登记在其名下的轿车到案发现场实施贩卖毒品行为 量刑：判处有期徒刑三年，并处罚金人民币 18000 元 犯罪工具认定：一审法院未将车辆认定为作案工具；二审法院予以改判，认为杨某向王某1及明某贩卖毒品时，将车辆作为交通工具，并在车内进行毒品交易，应视为"供犯罪所用予以没收"

图 2　工具型财物没收差异对比观察

而上诉，但二审法院对车辆作用力认定截然不同。案例 1 认为，车辆用作方便作案及逃离现场的工具，依法应予没收；案例 2 认为，涉案汽车与犯罪有关联，但不是专用于犯罪的财物，未将其判定为犯罪工具。且李某系入户盗窃，犯罪金额更高，社会危害性高于吴某，但车辆未被认定为犯罪工具，案例 1 却将车辆认定为犯罪工具。

类型Ⅱ：作用力相当，社会危害性不同。该类型触犯轻重不同的罪名，行为社会危害性不同，但法院认定作用力相当，均认定为犯罪工具。在案例 1、案例 3 中，吴某犯盗窃罪，万某犯贩卖毒品罪，二人均驾驶车辆到达并离开犯罪现场，吴某被判处有期徒刑八个月，万某被判处有期徒刑三年六个月，显然万某行为的社会危害性更大，二审法院均将车辆认定为犯罪工具。

类型Ⅲ：作用力相当，权属不同。该类型触犯同一罪名，工具型财物作用力相当，但财物权属可区分为行为人所有、他人所有或与他人共有等，依据法律规定，应当没收的财物权属仅限于"本人财物"。但存有裁判者不考虑财物权属，均认定作用力相当予以没收的情形。在案例 3、案例 4 中，万某驾驶的车辆登记在他人名下，杨某驾驶车辆系其本人所有，均系贩卖毒品，虽车辆权属不同，量刑相当，但二审法院均将车辆认定为犯罪工具。

类型Ⅳ：权属相同，作用力认定不同。该类型触犯轻重不同的罪名，行为的社会危害性不同，工具型财物权属相同，认定犯罪作用力不同，有的被认定为犯罪工具，有的未被认定。如在案例2、案例4中，李某犯盗窃罪，杨某犯贩卖毒品罪，二人均使用车辆到达并离开犯罪现场，车辆权属均系被告人本人，李某和杨某均对车辆被没收不服而上诉，在案例2中裁判者认为，车辆并非专用于犯罪，不应视为"供犯罪所用"；在案例4中裁判者认为，车辆作为交通工具和犯罪场所，应予没收。

（2）没收范围尺度失衡。实务界对刑事案件的关注点主要聚焦于定罪量刑，但对工具型财物没收问题鲜有探讨，故而没收呈现违背刑法谦抑性和比例原则之痼疾。虽然没收的犯罪工具价值未必与犯罪所得绝对等同，但应符合比例原则。犯罪工具予以没收无可厚非，但并非工具型财物均宜认定为犯罪工具。若认为"只要财物与案件有关就认定为犯罪工具"，将没收与行为的社会危害性和犯罪所得完全割裂，将引发重大争议。实践中广泛存在的轻罪案件——危险驾驶罪，法定刑为拘役六个月以下，车辆价值明显超过行为危害程度所对称的应受惩罚程度。

案例5：符某危险驾驶案

案号：（2020）粤08刑终19号

基本案情：符某饮酒后驾驶粤G×××××号二轮摩托车途经雷州市××××名都红绿灯路口路段处等待红绿灯时，被民警查获。检测结果为酒精含量99mg/100mL。

认定结果：一审法院将扣押随案的粤G×××××牌二轮摩托车1辆予以没收；二审法院认为二轮摩托车是符某日常生活所用，没有证据证明该摩托车是专门或主要用于犯罪的工具，应发还给符某。

上述案例5，在无证据证明车辆系专门或主要用于犯罪的情形下，认为车辆与犯罪紧密相关，对"醉驾"起关键性作用而予以没收，显然属于司法对公民财产权的过度干预，不符合比例原则，故二审法院对此予以纠正是合情合理合法之举。醉驾行为的确应予以惩处，对其运用《刑法》治理无可厚非，但司法更应本着谦抑性理念。将车辆认定为犯罪工具没收，应在具备应罚性的前提下，进一步追问是否具备需罚性，摒弃将车辆一律视为犯罪工具没收的危险思维。

二、在需罚性与应罚性之间：判断工具型财物没收的功能证立

解答犯罪工具没收应然与实然的衔接不力问题，必须回答为何要在应罚性基础上重视需罚性。换言之，应在反思犯罪工具没收理论的基础上，立足于我国审判实践及轻罪化发展新动向，证立将需罚性判断纳入工具型财物没收的功能。

（一）限缩工具型财物没收尺度的现实需要

轻罪化是当前社会治理的刚性需求。轻罪治理问题承载着裁判者的使命担当。

裁判者需与时俱进更新司法理念,恰如其分地将刑法手段融入国家治理的整体格局。① 而刑法是最严厉的社会治理手段,在轻微罪比例日益扩张的背景下,要实现良法善治,推进刑法治理精准化,对其适用理应更为审慎、谦抑,禁止"过度""预支""透支"。无疑,犯罪工具没收是犯罪治理的重要举措。当前轻微犯罪呈大幅度上升、恶性犯罪呈下降的双重态势,醉驾罪、帮助信息网络犯罪活动罪案件持续高发。② 在此时代背景下,刑法规制社会生活的广度、深度和强度均有大幅度提升。而在犯罪工具没收价值取向和内容设置尚有不足的时代,犯罪附随后果过度干预公民合法财产权,定会制约刑法参与社会治理的功能实现。

若裁判者对工具型财物没收适用最宽泛的"直接关联标准",对行为人为实施或准备实施犯罪行为所用的财物是否属于"供犯罪所用财物"进行广义解释,则难免会有侵犯公民合法财产权之嫌。③ 该标准认为,在使用功能上具有对犯罪实行行为构成侵害能力的财物是犯罪工具。对其没收与否应结合财物是否为实行行为所使用且与犯罪具有密切关联,使用频率及持续时间等因素综合判断。例如,行为人驾驶自己所有的汽车接送被纠集人员去犯罪现场斗殴,但在未使用汽车实施撞击被害人的场域下,汽车的使用不会对实行行为具备侵害能力;但在故意驾驶汽车撞击被害人的场域,该汽车的使用直接对实行行为具备侵害能力。此理论判断因素模糊,将犯罪工具没收作为刑罚措施,既可能造成没收不当扩大的危险,又可能造成没收不当限缩的后果。如在"醉驾"案中,车辆与犯罪直接关联,按此理论应予以没收,显然不恰当。

实质上,犯罪工具没收的目的是预防涉案财物被再度用于犯罪,为维护公共利益而牺牲个人财产权。这涉及公共利益与个人利益的衡平问题,如若把握不当,必将致使犯罪圈扩张的负面效应被无限放大。在轻罪时代,大量罪犯并非十恶不赦,不分轻重程度而等同适用没收限度,将不利于罪犯再社会化,易造成次生伤害。唯有精准限缩轻罪适用犯罪工具没收的限度,方能实现科学治理之目标。实践中,忽视需罚性判断是犯罪工具没收引起重大分歧的关键。唯有融入需罚性判断,将行为人偶然一次使用或报废的工具型财物不认定为犯罪工具,方可避免过度刑法化。故而,对犯罪工具没收问题引入需罚性判断是限缩工具型财物没收尺度的时代需求。

(二) 治理犯罪工具认定标准不一的必然需要

工具型财物没收正面临不规范之僵局,亟待形成一个合理的没收标准,以最大限度实现犯罪预防与公民合法财产权的衡平保护。而当前我国司法适用的没收标准

---

① 齐文远:《"少捕慎诉慎押"背景下打早打小刑事政策之适用与反思——以网络犯罪治理为视角》,载《政法论坛》2022年第2期。
② 卢建平:《轻罪时代的犯罪治理方略》,载《政治与法律》2022年第1期。
③ 冯文杰:《比例原则视野下犯罪工具没收的实质解释》,载《法学家》2022年第2期。

并不统一,除了直接关联标准,还有实质关联、相当性、经常性和专门直接标准。(见表2)

表2 犯罪工具认定标准对比观察

适用标准	观点	举例	侧重点
实质关联标准	犯罪工具应考察财物与犯罪的实质性关联,将纯粹的偶然性使用和事实牵连排除认定	行为人利用机动车将被害人绑走而实施绑架,机动车仅系交通工具,而实施的犯罪行为目的是绑架他人,机动车与绑架缺乏犯罪工具与犯罪之间的实质关联性	经常性系犯罪工具没收认定的关键要素
经常性标准	犯罪工具的认定应考察其使用的频率	行为人多次驾驶机动车实施飞车抢夺	
相当性标准	犯罪工具没收应与犯罪可责性相当,考察利用方式、使用频率、与犯罪行为的关联度、涉案财物价值与违法利益是否悬殊、没收结果与犯罪后果的对比度、犯罪严重程度及财物没收后可能造成的影响程度	行为人偶尔利用其所有的价值昂贵的汽车容留他人吸毒,虽然形式上系供犯罪所用财物,但若对其实施没收,则有违相当性原则,故不应没收	限缩了犯罪工具没收范围,但存在以刑罚裁量思维判断应否没收的问题
专门直接标准	犯罪工具没收应以直接专门用于犯罪为标准,结合财物与行为人的社会角色是否对应,财物是否具备生活用途来认定	行为人偶尔一次用于联系贩卖毒品的手机,因手机具有联系交易、促进犯罪形成之用途,与犯罪联系密切,故应认定为犯罪工具并予以没收	以专门且直接为必要条件

值得肯定的是,上述标准均在不同程度上对犯罪工具没收进行了一定的合理限缩。"专门直接标准"将犯罪工具没收与行为人的社会角色、财物是否具备生活用途等因素相联系,兼顾财物对犯罪实施的促进力和关联度的评判,既不过于严苛,又不会出现没收泛化,故具有合理性。但除此标准外,其他标准均存在各自弊端。其一,"直接关联标准"的局限前文已述。如按此标准,危险驾驶罪的涉案车辆均应予以没收。其二,"实质关联标准"与"经常性标准",简单以"经常性"作为犯罪工具没收认定标准的关键要素,存在规范不足的问题。[1] 如行为人用于窝藏罪犯的房屋等工具仅具有单纯的事实牵连,按此标准房屋应没收,结论明显不当。其三,"相当性标准"存在以刑罚裁判思维判断涉案财物应否没收问题。[2] 如行为人多次利用价值巨大的财物实施犯罪,该财物应否没收按此标准仍难以合理判断。

上述不同标准的实践运用,将会导致类案相同或相似财物被不同处置,造成

---

[1] 向燕:《论刑事没收及其保全的对象范围》,载《中国刑事法杂志》2013年第3期。
[2] 蒋为杰:《刑事涉案财物没收的规制》,载《法律适用》2020年第11期。

"此处认定没收，彼处不认定没收"的混乱样态，不利于法律适用的统一。若规则不被有序规范统一遵守，那么法律将可能成为一种随意决断的错误印象。模糊的标准必将出现模糊的审判，如受贿的财物，同时兼具供犯罪本人所用财物和犯罪分子违法所得两种属性，裁判者对其认定呈现模糊状态。① 有鉴于此，要实现犯罪工具没收精准化、理性化，应先治理工具型财物没收标准不一问题，通过合理的路径及统一化的标准，终结犯罪工具没收在实践中呈现的混沌样态。需罚性作为刑法外的谦抑性考量，强调刑事政策上的预防必要性，将其与必要性并重考量没收标准问题，无疑在相当程度上可以有效治理没收扩大化的乱象。

（三）契合犯罪工具没收法律性质的客观需要

明确犯罪工具没收法律性质是精准没收的前提。但我国学界对犯罪工具没收之法律性质的理解存有较大分歧，主要有"刑罚说""独立处分说"和"保安处分说"三种观点。

其一，"刑罚说"认为犯罪工具没收具有刑罚的剥夺特性、刑罚正当依据和促进公平正义的价值。② 该观点与罪刑法定原则相抵触，我国未将犯罪工具没收规定为附加刑；且无法对具有违法性但因存在事实或法律上等责任阻却事由的财物予以处置，如未达到刑事责任年龄等因素，未能追诉行为人之刑事责任的情形。其二，"独立处分说"认为犯罪工具没收既不属于刑罚，也不属于保安处分，而是一种独立处分措施——兼具惩罚性、预防性和平衡性的法律效果，应遵守比例原则。③ 该观点不能推导出其与刑罚或保安处分没有关联的结论，无法跳出刑罚与保安处分的双轨思维。其三，"保安处分说"认为犯罪工具没收属于对物保安处分，是预防行为人利用犯罪工具再实施犯罪的需要。④ 该观点最值得提倡，其立足社会防卫需要，使供犯罪所用之物移除行为人的可控范围，由裁判者依法对具有人身危险性的行为人采取不定期制裁和矫治的刑罚替代措施，防止财物再度沦为犯罪工具。作为一种对物的保安处分措施，不能以随意剥夺行为人的合法财产作为手段。

工具型财物没收需罚性作为刑事政策上的判断，是以预防必要性作为理论依据，架设起刑事政策与刑法体系之间的桥梁，具有兼顾个案正义和整体正义的合目的性。因此，将工具型财物没收融入需罚性判断，是契合犯罪工具没收法律性质的客观需要。

---

① 何帆：《国际法视野下的中国刑事没收制度检讨——以〈联合国反腐败公约〉为视角》，载《刑事法评论》2005年第1期。
② 刘德法：《论刑法中的没收犯罪财物》，载《郑州大学学报》2009年第2期。
③ 刘鹏玮：《特别没收的司法失衡与规范重塑——以供犯罪所用的本人财物之没收为视角》，载《苏州大学学报》2017年第3期。
④ 张明楷：《刑法中的没收》，载《法学家》2012年第3期。

三、在进与退之间：需罚性融合判断工具型财物没收的立场要素

实践证明，需罚性判断是优化治理工具型财物没收的重要切入点。以此切诊问疾，有必要坚持贯彻宽严相济刑事政策、秉持刑法谦抑性理念，并遵循比例原则的立场要素。

（一）贯彻宽严相济刑事政策

刑事政策影响司法裁判者的价值判断，这从宽严相济刑事政策的司法化中可窥见一斑。宽严相济刑事政策体现的是治国智慧，强调当严则严、宽中有严、严中有宽、裁判轻重适宜恰当。① 其要求从宽缓和，在严厉价值维度上理性适用《刑法》。犯罪工具没收制度是刑事犯罪的附随后果之一，裁判者对工具型财物的需罚性判断，应充分发挥宽严相济刑事政策的价值指引作用，区分轻重罪分层理性分析。

刑事政策从"严打"转向"宽严相济"，为主张并践行需罚性提供了刑事政策空间。宽严相济刑事政策与严打刑事政策相较而言，前者使应罚性与需罚性得以区分，并使需罚性在工具型财物没收中的限缩作用得以凸显。"宽严相济"刑事政策对有组织犯罪、恐怖犯罪、电信网络诈骗、涉众型犯罪等严重社会危害性案件的行为人，刑事政策是"严"，量刑从重，包括对工具型财物没收的需罚性判断要降低审查标准。但对轻微罪，其策略是去犯罪化，以节约有限的司法资源，注重罪犯和社会之间的合作在责任阻却中的价值。如行为人诈骗后在案发前及时对被害人进行退赔，可以不予追究刑事责任。对犯罪工具的认定及没收范围尺度也应从严把握，若财物系共同共有则慎重处理，以免无辜者被贴上罪犯"标签"，以集中有限司法资源去治理重大犯罪。

概言之，根据行为人的人身危险性和罪刑轻重，区别适用刑事政策的宽或严，考量没收的法经济性，包括现实可能性，实现轻重罪的工具型财物没收适用个别化、分层化。这既有利于预防犯罪又有利于人权保障，又是宽严相济刑事政策现实维度的应有之义。

（二）秉持刑法谦抑性理念

司法是化纠解纷的第一道防线，但不是唯一更不是最佳方式，刑法参与社会治理应秉持积极谨慎的刑法发展观。② 刑法谦抑理念是指法治国家依照相应规则，限制刑法射程范围、程度，禁止刑法恣意适用的一种基本理念。社会治理刑罚化不是法治国家应然的样态。站在整个社会管理系统层面，刑法是当前社会治理中的重要

---

① 耿亮：《宽严相济刑事政策视域下刑事司法研究》，载《重庆广播电视大学学报》2016年第1期。
② 孙国祥：《积极谨慎刑法发展观的再提倡——以〈刑法修正案（十一）为视角〉》，载《西南民族大学学报》2021年第9期。

一环。① 但法治国家需强调刑法参与社会治理的谦抑立场，秉持刑法补充性和最后性的理念，在轻缓手段治理可实现预防犯罪目的的情况下，则尽量避免使用刑法手段。刑法对犯罪行为的回应应敏锐但不能应激，应经过反复权衡利弊并适度容忍。② 谦抑理念隐含于刑罚规范形成和适用的始终，引领刑事立法和刑事司法的内在操作。该理念是任何犯罪处置过程均应秉持的基本立场，工具型财物没收的需罚性判断也不例外。谦抑理念只有通过刑事司法合理的论证与可操作化的路径方可被刑罚规范充分吸收，并转化为裁判依据。

犯罪工具没收失范问题，实质上是违背刑法谦抑性理念的必然结果。评判一个国家是否民主法治，主要依据是罪责刑认定是否恣意和擅断。在权利本位时代，对私权利的限制和剥夺应具备合法合理的正当依据，禁止违背权利不可侵犯原则。民主法治用于保障人权，否定民主即否认人权。而人权保障包括财产权。一定程度上，财产权的法治化保障水平直接决定民主法治化水平。物权作为人赖以生存和发展的基础，也是人权的重要组成部分。虽然学界和实务界对犯罪工具没收的法律性质存有分歧，但无论何种性质，均是对刑事犯罪的一种法律处分。因此，在轻罪化时代，对工具型财物是否认定为犯罪工具，应秉持刑法谦抑性理念，以实现以人为本的社会治理价值追求为目标，审慎认定没收的范围尺度，在预防再犯罪与人权保障间寻求最佳平衡点。

（三）遵循比例原则

比例原则是公法上的黄金原则。刑罚裁量尚需考量罪刑相当原则，犯罪工具没收虽非刑罚，但应以比例原则作为适用规制，要求其适用与刑罚轻重相匹配，禁止超过必要限度。③ 具体包含适当性、必要性和均衡性三个子原则。

1. 适当性原则。适当性是指犯罪工具没收作为一种防御危险的保安处分，其适用应有助于依法治国目标的达成，应充分考量当罚性，即目的和手段应恰当。刑罚目的在于惩治和感化罪犯的反社会意识，震慑其他具有反社会潜意识人员，防止其走向犯罪，最终实现保障人权目标。若仅强调没收适用对犯罪分子的威慑，忽视滥用物权制裁的危害，实质上无法阻却再犯罪，此为特殊预防的缺失；且对潜在犯罪分子将自己财物投入犯罪行为的威慑力毫无价值，此乃一般预防的缺失。唯有适用适当，方可发挥其应有效能。

2. 必要性原则。必要性是指在数种同样能实现目的手段中，在有效实现价值目的前提下，应采取对公民权利侵害最小、最温和的手段。唯有低严厉性举措无法满足预防犯罪目的时，方考虑更高强度的手段，以减少对行为人其他合法权益的干预

---

① 马寅翔：《刑罚社会功能化视角下刑法立法观的反思与重塑》，载《苏州大学学报》2022 年第 1 期。
② 马春晓：《轻罪立法时代无证经营成品油行为的刑法定刑——基于建构性刑法解释的展开》，载《法学》2022 年第 3 期。
③ 徐久生、师晓东：《犯罪化背景下犯罪附随后果的重构》，载《中南大学学报》2019 年第 6 期。

和影响。工具型财物没收的需罚性展现刑罚之预防必要性。供犯罪所用之物因违背财物本身的社会义务，将其没收反映了对所有人不能利用财物实施犯罪的刑事政策宣告，以消除再犯可能之效果。① 但预防必要性立足于刑事政策判断，排除不具有处罚必要性的情况，达到目的手段必要且损害最小，而不是为了实现一般预防需要而将刑事政策凌驾于刑法之上，通过牺牲罪刑法定而滥用刑法。因为犯罪化不是回应民众情绪和舆情的冲动立法，而是顺应社会发展客观需求的科学审慎立法。

3. 均衡性原则。均衡性是指适用犯罪工具没收时应综合评判各方面的利益，考量没收价值目标与手段所侵害公民权利的负担形成均衡。② 均衡性原则关注手段的力度，即无论选择任何手段，对公民权利所造成的损害与所保护的社会利益应形成均衡关系。从法经济学视角考量，只有利益产出大于投入的成本，方符合均衡性判断要求。犯罪行为发生后，作为裁判者首先需考虑的问题并非仅仅是如何定罪和处罚行为人，而更应重视如何使被害人的损失降到最小。这符合国家治理犯罪成本最小化原则。

综上，犯罪工具没收是一项犯罪附随后果，是重要的刑事治理举措。对符合比例原则的工具型财物予以没收，强制剥夺不法行为人对供犯罪所用个人财产的占有、使用和处分，迫使其感知"犯罪不值得"，从而清除"犯罪污染"，降低犯罪率。但若违背比例原则，没收缺乏必要限度，盲目地将轻重罪等同处理，必将破坏其应然预防价值与实际成效间的比例关系。

四、在宏观与微观之间：需罚性判断工具型财物没收的具体规则

司法权是一种判断权。在裁判者对工具型财物没收达成统一认知的前提下，如何将认知形成具有纲领性的规则共识，供裁判者直接适用，是司法实务的迫切需求，亦是刑法发展之必然。

（一）正向推导和反向论证一体审查逻辑

1. 正向推导。需罚性判断的正向推导，是指裁判者以工具型财物对犯罪成立具有直接性或实质性作用，且主要或通常用于犯罪为判断依据，分析行为人实施犯罪行为所用财物是否与行为具有足够且密切联系。简言之，正向推导兼考虑财物对犯罪实施的促进力和关联度。（见图3）

促进力即促进或加速犯罪进程，对其判断可从主客观两方面进行：一是主观方面，行为人有利用财物的主观故意，若缺失主观故意，不应认定为犯罪工具。如交通肇事罪中行为人并无肇事的故意，其所驾驶的机动车虽客观上促进犯罪，但因主观上没有利用其实施犯罪的故意，不予没收。二是客观方面，客观上财物对犯罪实

---

① 屈舒阳：《"三轨制"刑事制裁体系的可行性研究——基于特别没收的独立法律效果》，载《法学杂志》2021年第9期。
② 蒋红珍：《比例原则适用的范式转型》，载《中国社会科学》2021年第4期。

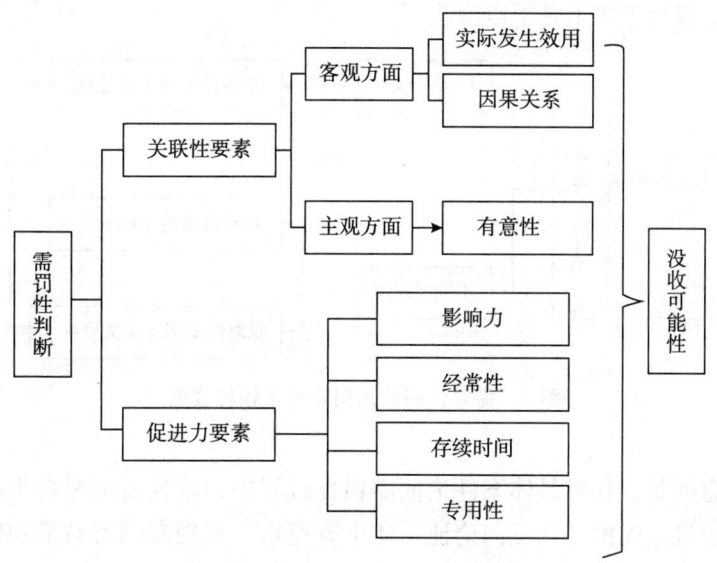

图 3　需罚性判断正向审查要素

施发挥了实际效用或具有发挥效用的高度可能性。财物对促进或加剧犯罪进程力越大，被没收的可能性就越大。质言之，对犯罪工具的界定和工具型财物的没收，应坚持主客观相统一原则，评判其对整个犯罪进程有无促进力。

关联度可从三方面综合考量：一是财物对犯罪活动顺利完成的影响力。如用于运送盗采砂石的船与帮助行为人逃离犯罪现场的船，前者影响力明显大于后者。二是财物与犯罪活动的结合频率与存续时间。如单次驾驶车辆到作案现场，则与犯罪行为关联度较低；但若车辆专门且多次被用于转运赃物，则与犯罪行为关联度高，应予以没收。三是财物专门用于犯罪的程度，程度越高被没收的可能性越大，即"犯罪专用性"。如行为人非法拘禁他人，将被害人绑至荒山，突遇雷雨天气，被害人雷击身亡，因雷电并非行为人所控制，不能将雷电认定为犯罪工具；但若行为人利用电器电击被害人致其死亡，电线应视为犯罪工具。换言之，犯罪工具应具有迫使法益受到严重侵害可能性，与犯罪进展具有紧密关联性。

2. 反向论证。需罚性判断的反向论证，是指以危害结果作为逻辑裁判的起点，在无此财物的情形下，犯罪行为正常实施的可能性大小，即判断犯罪行为对财物的依赖程度。经过反向论证，危害结果与财物有三种不同表现形式：一是危害结果与财物毫无关联，危害结果在没有财物催化的情况下均可能产生，即脱离性依赖关系；二是危害结果与财物有一定关联度，但在其他财物辅助的情境下可能产生同样或类似的法益侵害结果，即盖然性依赖关系；三是危害后果仅能在财物的协助下产生，即依附性依赖关系。上述三种依赖程度逐次递增，是犯罪工具作用力从无到有的依赖顺序排列。依赖程度越高，需罚性越高，即被认定为犯罪工具并予以没收的可能性更高。反之，依赖程度越低，需罚性越低。（见图4）如行为人利用自家动物实施犯罪，动物应视为犯罪工具予以没收。①

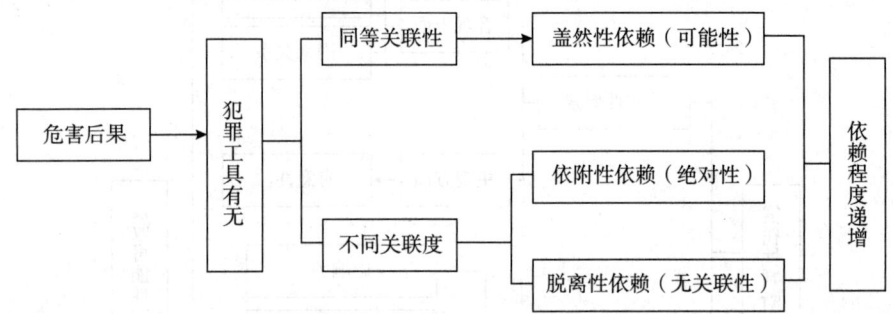

图4 需要性判断反向论证依赖程度图

值得注意的是，在对具体案件论证需罚性过程中，裁判者应坚持事前和事后整体性考量。通过正向推导和反向论证一体审查逻辑，实现裁判者对需罚性条件的全面无疏漏判断。

（二）建立重罪和轻罪分层审查机制

鉴于当前犯罪分层治理趋势，对轻重罪结合行为人的人身危险系数，适用不同程度和方式的治理策略，分层评判工具型财物没收的需罚性问题，是实现刑法对犯罪精准治理的必由之路。②

1. 区分界定"本人财物"权属范围。

（1）重罪权属范围适度扩大。第一，对有组织犯罪以外的其他重罪，如涉众型经济犯罪、电信网络诈骗犯罪等，因该类犯罪具备严重的法益侵害危险，"本人财物"权属范围应广于轻罪，对其需罚性判断应适度降低标准。共有是财物存在的主要形式，若将其排除在没收范围之外，则会极大限缩没收的范围，让具有较大人身危险性的犯罪分子以此"漏洞"为由逃避法律制裁。故而，此类重罪中的"个人财物"应包含第三人共同所有和享有担保物权的财物，但不包含无关联第三人所有的财物范围。如行为人出资30万元、第三人出资20万元共同购买一辆汽车，车辆被专门用于运输毒品，不论第三人是否知情，对该车辆均应予以没收，第三人的损失可另行向行为人主张。但若涉案车辆系偶尔或临时被用于实施重罪，评定为作案工具需慎重。第二，对有组织犯罪，《反有组织犯罪法》已明确将刑事特别没收的范围拓展至"恶意"第三人。具言之，第三人即使未参与有组织犯罪，但其故意提供财物用于支持或资助有组织犯罪，其所提供的财物也具备需罚性，应当予以没收，以免财产权被滥用。实质上，随着该法律的出台，工具型财产的权属范围已突破

---

① 详见（2017）冀0521刑初14号。
② 刘传稿：《犯罪化语境下的轻罪治理——基于〈刑法修正案（十一）〉的分析》，载《北京联合大学学报》2021年第2期。

"本人财物"范畴。值得强调的是,对有组织犯罪中没收的财物权属仅限于恶意第三人,不得针对善意第三人,不得将第三人过失或无过错提供给行为人实施有组织犯罪的财物认定为犯罪工具予以没收。这符合人民群众对有组织犯罪严厉打击的安全诉求、符合人民群众公平正义价值观和捍卫国家安定有序的要求。①

(2) 轻罪权属范围适度限缩。面对轻罪犯罪圈扩张的司法强势,刑法治理策略理应随之调整,以实现良法善治。对"本人财物"权属范围的判断也应落实轻罪治理的向度,对"本人财物"作限缩解释,将第三人共有或设有担保物权的财物认定为"本人财物"要慎重,禁止将无关联第三人财物认定为犯罪工具予以没收。对实施微罪的行为人,犯罪记录尚可封存,且可消除前科报告义务。②对该类犯罪的犯罪工具没收可参照缓刑制度设置一定的考验期,也可以采取没收替代性举措,禁止过度情绪化而没收,以免附随后果过度压制行为人。

申言之,犯罪工具没收是干预公民财产权的强制措施,对涉及第三人权属的财物适用没收,都应严格遵循正当程序,并评判第三人对财物被用于侵害法益可能性的认知程度。唯有第三人主观上对其具有充分认知度才能适用没收。若没收不当,应及时采取有效补救措施将财物恢复原始状态,以最大限度保护善意第三人的合法财产权。③

2. 区分犯罪形态界定需罚性。

(1) 犯罪预备阶段。犯罪预备阶段之物是指用于或拟用于犯罪的工具型财物。若财物对犯罪活动完成起决定作用,触犯重罪,为预防重大法益侵害可能性,应判定具有没收需罚性,如为实施爆炸准备的汽油;但若触犯轻罪,仅具有促进力,因没收易造成危险防御过度提前,且此阶段的财物未对法益造成紧迫威胁,又具备一定生活用途,则不宜认定具有需罚性,如行为人遮掩身份的财物。

(2) 犯罪实行阶段。犯罪实行阶段之物是指对法益造成重大侵害有直接决定作用和对犯罪完成具有推进力之财物。此阶段工具型财物没收的需罚性评判标准应低于犯罪预备阶段的认定要求。简言之,重罪所涉用于实行阶段之财物,应收尽收;轻罪所涉用于实行阶段之财物,审慎没收。

(3) 犯罪完成阶段。犯罪完成阶段之物是指行为人为保有犯罪效果、逃避罪责而使用之物。若行为触犯重罪,因行为与法益侵害密切关联,为规避法律责任提供了便利,易造成司法资源浪费,故财物一定程度上具备没收需罚性。但若行为触犯轻罪,为避免没收不当扩张,需罚性判断标准应从严把握,如窝藏罪犯的房屋等,不宜没收。

国家权利不得随意侵犯保障人格自由的公民合法财产权。④ 故而,工具型财物

---

① 何荣功:《准确认定黑恶犯罪的方法论思考》,载《武汉大学学报》2020年第2期。
② 代桂霞、冯君:《轻罪治理的实证分析和司法路径选择》,载《西南政法大学学报》2021年第5期。
③ 林钰雄:《第三人没收之漏未判决及其救济途径》,载我国台湾地区《月旦裁判时报》2020年第100期。
④ 刘艳红:《刑法的根基与信仰》,载《法制与社会发展》2021年第2期。

没收的需罚性判断应参照犯罪分层制度，重轻罪分层审查，将之与人身危险系数相匹配，形成重罪未必重罚、轻罪必须轻罚、微罪可出刑机制。① 鉴于犯罪圈逐步扩大，刑罚逐步轻缓，工具型财物没收也应由"严厉"转向"宽容"，消除价值偏向，设置合理限度，对轻罪适度削减没收的附随法律后果，秉持谦抑立场，以免轻罪附随后果过度化。

（三）区分"没收可能"和"没收不能"

精准评判工具型财物是否具备没收"需罚性"，有必要对没收可能性进行定位。具言之，要打破工具型财物没收的认知禁锢，应建构"没收可能"与"没收不能"区分审查机制。

1. 没收可能。"没收可能"是指行为人使用具有直接性、专门性且用于或准备用于实施犯罪，已被公安机关扣押或能够被扣押之财物，评判其具备没收可能性。"直接性"是指财物对犯罪实施具有决定或促进性作用。对与犯罪虽有关联但并未用于犯罪之物，一般不认定为犯罪工具。如行为人实施犯罪时所穿衣物，因其对犯罪没有规范意义上的促进或决定性作用，故不宜认定为犯罪工具。"专门性"是指专门为实施犯罪所准备的对侵害法益具有促进效用之物，对其界定可结合财物与行为人的社会角色是否对应、获得难易度、是否具有生活用途、使用频率、有无侵犯法益可能性等方面进行综合评判。（见图5）

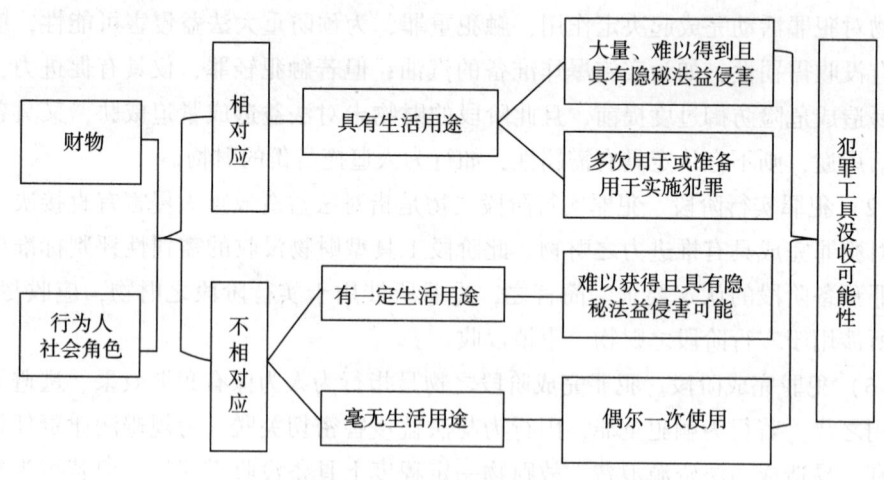

图5 需罚性之"专门性"判断审查逻辑

具备没收可能性的财物也并非一律没收，存在"不宜没收"的情形。"不宜没收"是指因国家管理费用高、不便统一管理、财物性质或所有权属不明、财物系被告人或其家庭唯一或主要谋生工具等情形，适用没收在运作上是徒增国家成本，毫

---

① 刘仁文、钱蕙：《刑法扩张视角下犯罪分层的路径选择》，载《贵州民族大学学报》2021年第4期。

无必要。没收可细分为"有价值没收"和"无价值没收"。"无价值没收"是指公安机关已扣押无价值的废旧财物，没收成本高于财物本身价值，没收没有价值。如对报废的作案工具大货车予以没收，没收后处置浪费司法资源，可谓"无价值无意义的没收"，对此类财物可遵循比例原则，追缴同等价值财物或采取其他处置措施，以利于财产秩序恢复。而"有价值没收"是指没收财物虽具一定价值，但对有价值的财物须综合犯罪金额，国家管理费高低，对行为人及其家属、第三人生存基础是否构成次生伤害的危险系数来判断是否具有需罚性。

2. 没收不能。没收不能是针对已损毁、灭失或因公安机关未掌握固定证据的工具型财物，不宜判定具有需罚性。实践中，有部分行为人为防止犯罪线索暴露，将工具型财物及时销毁，公安机关无从查获，仅根据言词证据认定犯罪工具没收有损司法权威。另外，对容留他人吸毒、组织他人卖淫之房屋和制造毒品之生产车间等不动产，尽管上述财物在一定程度上促进了犯罪实施，与犯罪具有实质关联性，但不宜认定为犯罪工具，只能认定为犯罪场所。无疑，没收不能的财物不予认定为犯罪工具，自然不具备需罚性。

结　语

工具型财物没收精准化是现阶段司法改革的重大疑难课题。在轻罪犯罪圈扩张时代，为保护公民合法财产权，对工具型财物没收予以合理限缩已迫在眉睫。笔者作为一线裁判者，深知工具型财物没收扩大化之风险，故以需罚性的融合判断为切入点，探索如何厘定工具型财物没收的规则，但本文思考尚浅，唯愿抛砖引玉，引诸方家更多深入思考。

疫情下解除小微企业财产保全规则的检视与完善
——以回应型司法为路径

江西省九江市濂溪区人民法院　桂利娇
江西省九江市中级人民法院　毛江东

据统计，小微企业俨然已经成为我国最主要的一类市场主体。[①] 然而，受历时近3年的新冠肺炎疫情[②]反复影响，封控管理下市场流动受阻带来消费"空窗"，原材料成本上升、应收账款回款困难、产销两头挤兑等多重因素叠加，小微企业面临严重的现金流危机。[③] 在小微企业涉诉增多背景下，财产保全作为诉讼中关乎小微企业现金流的第一环，解除财产保全规则如何在申请人债权与被保全人财产处分权利保护的博弈中寻求平衡，不给小微企业本就困难的经营"雪上加霜"，正是司法发挥职能作用、助力小微企业发展、优化营商环境的应有之义。为此，本文从不同层面检视司法实践，借由回应型司法的双向视角，希冀通过实现规则本身回应社会实践、社会实践助推规则发展的良性互动，以提出能够夯实解除小微企业财产保全规则的优化路径。

一、积极或消极：司法对解除小微企业财产保全的两极回应

就司法如何回应小微企业解除财产保全申请的社会诉求这一主题，本文通过分析各级法院司法政策文件，设置不同条件检索中国裁判文书网，对照公开裁判文书、J市法官访谈、部分法院宣传报道案例进行交叉验证，从司法政策与司法裁判两个维度进行实践检视。

（一）司法政策：鼓励衡平保护被保全人财产处分权利

通过分析疫情以来全国四级法院中19家法院共计31份涉疫情防控、中小微企

---

① 根据普查数据显示，2018年年末，我国中小微企业合计1807万家，占比99.8%。我国小微企业法人数量达到2000万，个体工商户数量达到6000万，这些小微企业的数量占整个市场主体的90%。
② 国家卫健委于2023年1月26日发布公告，将新型冠状病毒肺炎更名为新型冠状病毒感染。
③ 中国企业创新创业调查（ESIEC）于2020年2月和5月分别开展了"新冠疫情下中小微企业生存状态专题调查"以及追访调查，调查显示65%的中小微企业主认为存在很严重的现金流短缺，其中51.2%的企业现金流仅能维持约180天。

业财产保全、优化营商环境的司法政策文件发现，疫情下司法政策更倾向于鼓励衡平保护被保全小微企业的财产处分权利，具体表现为：

1. 强调审慎审查。样本文件中，明确提出要严格、审慎审查对小微企业的财产保全申请11份，占比近4成。如《淄博市中级人民法院关于助力中小微企业和个体工商户发展的实施意见》规定，要严格依法审查以中小微企业和个体工商户为对象的保全申请。

2. 细化审查因子。不同层级法院对于财产保全申请的审查因子，虽未进行系统、细致规定，也未匹配相应的审查流程，但通过司法政策在宏观上作了不同探索。如表1所示：一是以最高人民法院为代表，将申请人的胜诉可能性纳入是否采取财产保全的判断范围；二是以河南省高级人民法院、长垣市人民法院为代表，将"判决是否存在不能执行或难以执行的可能"这一必要性纳入判断范围；三是以南京市中级人民法院、南京市高淳区人民法院为代表，提出要强化对企业采取财产保全的合理性审查。

表1 涉企司法政策对财产保全申请审查因子的探索

审查因子	代表法院	涉企司法政策文件名称	具体表述
申请人胜诉可能性	最高人民法院	《关于充分发挥司法职能作用助力中小微企业发展的指导意见》第18条	经初步审查认为当事人的诉讼请求明显不能成立的，对其提出的保全申请，依法予以驳回
采取财产保全的必要性	河南省高级人民法院	《关于依法妥善办理中小微企业受疫情影响案件的工作指引》第27条	当事人申请对中小微企业进行财产保全的，要依法充分审查保全的必要性
采取财产保全的必要性	长垣市人民法院	《关于审慎适用保全措施优化营商环境的意见》第5条	当事人申请诉讼财产保全的，人民法院应当按照《民事诉讼法》第100条的规定，对判决是否存在不能执行或难以执行的可能作必要的审查判断
采取财产保全的合理性	南京市中级人民法院	《关于妥善审理商事合同纠纷案件促进中小微企业稳定发展的实施意见》第8条	加大财产保全申请审查力度，充分考虑保全的……合理性
采取财产保全的合理性	南京市高淳区人民法院	《关于充分发挥审判职能支持企业应对疫情的八条举措》第6条	加强对涉企业财产保全申请的审查力度，强化对企业采取保全的……合理性的审查

3. 区别采取措施。对被保全企业的不同资产，虽未作出全面性设计，但区别采取保全措施导向明确，如表2所示，对部分资产设置不一样的查封标准散见于各级法院涉企财产保全司法政策文件当中：一是不得采取财产保全措施的资产，如明确专用于疫情防控的资金和物资，虽然各级法院司法政策文件表述略有不同，有的为

"一律不得采取",有的为"原则上不得采取",有的为"不宜采取",有的为"严禁采取",但本质应归为一类。二是审慎采取财产保全措施的资产,如基本账户,商品房预售资金监管账户,农民工工资专用账户和工资保证金账户,经营性账户,生产经营所需的设备、原材料、半成品等生产资料。三是可以变通采取财产保全措施的资产,通过一些活封活扣的方式,允许被保全人继续使用被查封资产,允许利用被查封资产进行融资。(见表2)

表2 涉企司法政策文件对不同资产区别采取财产保全措施的探索

具体态度	针对资产	代表法院	涉企司法政策文件名称
不得采取	明确专用于疫情防控的资金和物资	最高人民法院	《关于认真贯彻落实中央全面依法治国委员会第三次会议精神切实做好防控新型冠状病毒感染肺炎疫情期间审判执行工作的通知》
		江西省高级人民法院	《关于充分发挥审判职能作用为疫情防控提供司法服务和保障的意见》
		南京市中级人民法院	《关于妥善审理商事合同纠纷案件促进中小微企业稳定发展的实施意见》
		绍兴市中级人民法院	《关于发挥民商事审判职能支持中小微企业应对新型冠状病毒感染的肺炎疫情的意见》
审慎采取	基本账户、商品房预售资金监管账户、农户工工资专用账户和工资保证金账户、经营性账户	最高人民法院	《关于充分发挥司法职能作用助力中小微企业发展的指导意见》
		河南省高级人民法院	《关于依法妥善办理中小微企业受疫情影响案件的工作指引》
		徐州市中级人民法院	《疫情防控形势下服务保障中小微企业发展的15项举措》
		长垣市人民法院	《关于审慎适用保全措施优化营商环境的意见》
变通采取	生产经营所需的设备、原材料、半成品等生产资料	最高人民法院	《关于充分发挥司法职能作用助力中小微企业发展的指导意见》
		黑龙江省高级人民法院	《关于充分发挥司法职能支持企业应对疫情 服务保障企业健康发展的意见》
		南京市中级人民法院	《关于司法助企纾困的十二条措施》
		徐州市中级人民法院	《疫情防控形势下服务保障中小微企业发展的15项举措》

（二）司法裁判：债权与财产处分权利保护失衡

通过检索中国裁判文书网①得出表3，在统计区间内，被保全人涉企财产保全案件总量大，共计999829件，基层617025件，占比近六成，此数量仅为公开文书检索所得，实际数量只会在此基础上增多。在进行四级法院审级职能改革试点之前，一般而言小微企业纠纷因诉讼标的额限制大概率会在基层人民法院受理，试点之后绝大多数纠纷一审都下沉到基层人民法院，该数据能较好地反映被保全人涉小微企业的财产保全案件数量。

表3 2018~2022年被保全人涉小微企业财产保全案件分布

单位：件

案号分类		2018年	2019年	2020年	2021年	2022年（截至5月13日）	单项合计
民初审查	申请	66491	89590	102872	81368	9284	349605
	解除	3000	6574	10089	5288	593	25544
财保审查	申请	75027	106756	136620	97129	19640	435172
	解除	2059	3017	4053	2900	403	12432
执保执行	申请	24534	37651	45875	39882	8309	156251
	解除	366	565	740	426	55	2152
执行复议		518	597	809	618	87	2629
执行异议		3059	4229	4661	3559	536	16044
当年合计		175054	248979	305719	231170	38907	999829

1. 整体面宽进严出。由表3可知，疫情发生后被保全人涉企财产保全案件数量处于高位运行，以每年近6万件的增量呈上涨趋势。同时对比不难发现，被保全人涉企的解除财产保全总量不可与申请财产保全总量同日而语，仅财产保全审查和执行两类案件，申请财保数量是解除财保数量的23.45倍。

（1）申请财产保全呈"零门槛"形势。虽然根据《民事诉讼法》第103条的立法意旨，采取财产保全的先决条件是"行为或其他原因使判决难以执行"，也就是学理中归纳出的"财产保全必要性"审查，但在司法实践中普遍存在财产保全的单

---

① 关于民事财产保全，按流程分不同案号进行检索，包括审查、执行、复议、异议四个步骤，其中审查基于基层司法实践分为民初和财保两类。所有案号检索限定文书类型均为裁定书，当事人和裁判结果包含"公司"，全文包含"财产保全"，为反映出疫情前后变化，裁判时间从2018年开始以年为单位（1月1日至12月31日，2022年为1月1日至5月13日，最后检索日为2022年5月13日）。为区分出解除财产保全申请的案件，检索条件设定理由包含"解除"字段，申请财产保全的案件数量以财产保全案件总数减去解除财产保全申请案件数。财保、执保案号与财产保全对应关系基本唯一，民初案号需要筛除财产保全损害赔偿的相关普通民事纠纷。执行复议和执行异议根据查阅分诉讼和执行两阶段进行，本文重点考察的是诉讼阶段的执行复议和执行异议。

纯形式审查，以担保审查替代必要性审查，在案例1①中，法院即以申请人提供了保险保函做担保，法院裁定采取财产保全措施并无不当为由，驳回了被保全企业关于"不存在使判决执行不能"的复议申请。在普遍引入财产保全责任险的情况下，以往"保全不难担保难"的局面早已得到根本扭转，财产保全门槛几近于虚设，裁判文书说理大多只列明申请事项、担保情况，简单以"申请人的申请符合法律规定"一言以蔽之。

案例1

复议申请人（被保全企业）复议称，复议申请人不具有《民事诉讼法》第100条规定的保全适用情形，即"人民法院对于可能因当事人一方的行为或者其他原因，使判决难以执行或者造成当事人其他损害的案件"，法院认为，申请人出于对可能因被申请人的行为或者其他原因，使判决难以执行的考虑，向法院申请财产保全，并以中国人民财产保险股份有限公司出具的诉讼财产保全责任保险保单保函提供担保，请求对被申请人名下银行存款125万元予以冻结的申请符合法律规定，对其请求法院予以支持并无不当。

（2）解除财产保全呈"高门槛"形势。应该说被保全企业对于解除财产保全的动力是最足的，但在解除财产保全审查中，法官往往趋于保守，实践中被保全企业提出原告胜诉可能性、保全必要性抗辩，法院更倾向于采取案例2②的观点，以其抗辩系实体争议问题无法在本诉审理前予以认定而不予支持。

案例2

复议申请人（被保全企业）复议称，第一，经申请人核实，被申请人起诉要求支付3244083元，无事实及法律依据，该诉讼及查封行为明显错误。第二，申请人作为青州知名房产开发企业，为青州地区经济发展作出很大贡献，房产行业关乎民生，且申请人名下拥有大量动产及不动产财产足以应对被申请人不合理之诉讼，但现金流对于申请人尤为重要，被申请人查封银行账户确无必要。法院认为，根据原告的申请对财产依法作出保全民事裁定，符合法律规定。至于被告是否承担民事义务，须经实体审理方能确定。

整体上，被保全人涉小微企业的财产保全案件呈现出"宽进严出"特点。虽然财产保全制度本身属于一项临时性救济制度，但司法实践暴露出大家常见"救济"少见"临时"，表现出对"债权人"申请财产保全的全应答，对"债务人"申请解除财产保全的低应答。

2. 当事人启动顺位倒挂。当事人申请解除财产保全包括申请人申请解除和被保全人申请解除。经检索被保全人涉小微企业的解除财产保全案件发现，整体上当事人主义占据上风，但在当事人内部存在着启动的顺位选择。

---

① 详见青海省海东市乐都区人民法院（2020）青0202执复1号执行裁定书。
② 详见山东省青州市人民法院（2021）鲁0781财保1474号之一民事裁定书。

（1）申请人申请解除为第一顺位选择。根据统计，申请人申请解除财产保全的数量远多于被保全人申请解除财产保全的数量，在表4中，仅申请人因被保全人履行义务、达成调解、达成和解、撤回起诉等申请解除，以及部分虽未说明原因但显示为申请人申请解除的案件占比就近七成，这说明解除财产保全启动动机与结果之间存在明显倒挂。乍看之下，似乎不合常理，因为对于解除财产保全，作为被保全人的企业更具有启动的主观动机。但仔细分析就会发现，申请人启动的原因如履行完毕、达成调解或和解，基本上都属于情势变更中财产保全请求权不复存在的情形，因此，显现出申请人申请解除的第一顺位选择。

表4　2018~2022年被保全人涉企解除财产保全（申请人申请）范式

序号	文书范式		检索篇数
1	申请事实+法律规范		2459
2	申请原因+申请事实+法律规范	已履行完毕	5813
		达成调解	11098
		达成和解	10962
		撤回起诉	648

（2）被保全人提供反担保申请解除为第二顺位选择。被保全人申请解除最容易被法院支持的情形为提供有效、足额的反担保，通常表现为反担保财产与保全财产属于同类物。但怎样的反担保才构成解除财产保全的充分条件，在解释论上仍存在一定争议。按照《民事诉讼法》第107条规定，被保全人提供足额反担保就应解除，但依据《最高人民法院关于适用〈中华人民共和国民事诉讼法〉的解释》第167条规定，被保全人的反担保应当同时有利于执行，这也成为实践中申请人对被保全人提供反担保申请解除财产保全的主要抗辩，尤其是用不动产置换银行账户的保全时矛盾较突出，在案例3中，申请人即以不动产不易快速变现不利于执行、存在贬值可能有损其合法利益为由，不同意被保全企业的解除申请。①

案例3

复议申请人（保全申请人）认为，本案核心为复议申请人讨回被申请人拖欠的中央空调货款等合同对价，如果保全财产由冻结的银行存款变为查封的店铺等不动产，那么容易出现日后执行困难（如执行时间长、费用高）。不动产难以快速变现，店铺价值可能随着时间推移出现贬值等风险，有损复议申请人的合法利益，相比之下先前冻结被申请人的存款方式更能高效地方便日后案件的执行。

虽然在当前疫情下司法政策强调善意文明执行理念，要求司法助力营商环境优化尤其是中小微企业的生存发展，部分法院逐步改变以往"一刀切"做法，出现从

---

① 详见江西省贵溪市人民法院（2019）赣0681执保263号之一民事裁定书。

平衡被保全企业经营需要的角度支持变更或解除财产保全,但在看不见的"冰山"之下,仍然是反担保解除财产保全受到掣肘的现实。如在案例4①中,法院虽然对申请人要求继续冻结被保全企业银行存款的请求未予支持,但最后归因落在申请人申请保全的内容为概括性请求冻结银行存款或查封、扣押其他等值财产,则法院裁定变更冻结存款为查封房产并无不当。由此可见,为补强变更或解除财产保全的正确性,法院最终还是回到了申请人表述上来。而且和财产保全几乎逢保必进行保险担保的情况相反,在解除财产保全案件中,被保全企业以保险公司的保证保险作为反担保的情况少之又少,截至本文最后检索日,仅检索到2篇涉及以保险保证反担保解除财产保全的文书。

案例4

异议人(保全申请人)称,被保全人提出以房产作为担保财产,不利于执行,请求继续冻结被保全人存款。法院认为,第一被告已提供置换财产,能够满足人民法院对被保全财产的查封要求,且辽宁省抚顺市中级人民法院(2020)辽04民初10号民事裁定书已明确保全内容为银行存款或查封、扣押、冻结其他等值财产。故对于异议人的该项请求,法院不予支持。

(3)被保全人申请解除的其他情形。一是出现申请人应申请解除(如撤诉、被驳回等财产保全请求权不复存在的情形)而未予解除的;二是存在超标的查封等违法行为要求部分解除的;三是以保全必要性不足、不存在和缺乏胜诉基础请求权为由要求解除的,此类情况如前所述,一般很难获得支持。

3. 依职权启动向申请人启动转化。法院依职权解除财产保全构成对当事人申请解除财产保全的补充。理论上来讲,《最高人民法院关于适用〈中华人民共和国民事诉讼法〉的解释》第166条第1款第4项规定的"人民法院认为应当解除保全的其他情形",为法院依职权解除财产保全赋予了弹性。事实上,法院依职权解除财产保全的情形仍然主要集中于情势变更中财产保全请求权不复存在(如原告撤诉、履行完毕、被驳回等)与申请人应当解除未解除或者保全本身存在问题(诉请减少导致的超标的保全、多种财产保全措施同时采用导致超标的查封)这两类情况,法官并不会轻易适用依职权解除的"其他"兜底条款。实践中,法院的依职权解除走向一种"折中"或者"妥协"主义,即向当事人申请解除财产保全转化。根据J市法官访谈可知,部分法官认为为避免依职权启动可能存在的职业风险,其更倾向于做通申请人的思想工作、动员其提出申请进行解除,这似乎成为一种行之有效的诉讼处理技巧。尤其是在疫情期间,法院能动适用依职权解除的"其他"条款,为防疫物资生产企业扩大防疫物资生产规模需要解除财产保全措施,本无可非议,但法院仍倾向于在申请人未提出解除保全申请的情况下,通过积极动员申请人同意提出

---

① 详见辽宁省抚顺市中级人民法院(2020)辽04执异59号执行裁定书。

解封。①

通过前文梳理、分析不难发现，对于解除小微企业财产保全问题，司法政策与司法裁判持不同态度：疫情下的司法政策"积极"鼓励法官衡平保护，司法裁判在因循中表现出相对的"消极"态度。

二、表相到本相：基于回应型司法对实然状态的逻辑解读

回应型司法是司法机关结合当事人各种社会诉求，以解决实践问题、社会问题为责任，以公共目的为导向，以实现法治秩序为目标所作出的一系列回答或响应，②表现形式包括回应社会诉求的各类司法政策、司法解释、司法裁判等。疫情之下，面对小微企业解除财产保全的急迫诉求，司法裁判消极回应的表象背后，其逻辑在于：即使司法政策的回应是积极的，但其本身并非法律规范，无法作为个案裁判的大前提直接适用，③而法官作出司法裁判，因循的法律规范尚停留在社会诉求变化之前，也就是司法政策、法律规范与司法裁判之间，就该社会诉求尚未形成有效的良性互动循环，④司法政策回应的积极性尚未能通过内化为法律规范，进而传导到司法裁判。

（一）规范回应：依赖法官的自由裁量

当前，民事诉讼中解除财产保全的法律规范，主要为《民事诉讼法》第一编总则下第九章保全和先予执行，主要司法解释包括《最高人民法院关于适用〈中华人民共和国民事诉讼法〉的解释》和《最高人民法院关于人民法院办理财产保全案件若干问题的规定》。梳理相关法律规范条文发现，其存在较多留白与部分不同理解，以通过法律文本中模糊语词的运用弥补立法的滞后性缺陷：⑤

一是财产保全申请审查标准留白。根据《民事诉讼法》第103条规定，采取财产保全的先决条件是被申请人的"行为或其他原因使判决难以执行"，但在以上两个司法解释中并没有对该审查条件进行细致展开。《最高人民法院关于人民法院办理财产保全案件若干问题的规定》第1条只对申请的基本形式要件提出要求，具备符合条件的申请书及担保似乎就能满足采取财产保全措施的准入门槛。

二是申请解除财产保全的反担保形式留白。《最高人民法院关于人民法院办理财产保全案件若干问题的规定》第7条、第8条分别规定了保险人提供财产保全责

---

① 参见四川省高级人民法院网，http://scfy.chinacourt.gov.cn/article/detail/2020/03/id/4864058.shtml，最后访问时间：2022年5月12日。
② 参见高志刚：《回应型司法制度的现实演进与理性构建——一个实践合理性的分析》，载《法律科学（西北政法大学学报）》2013年第4期。
③ 参见孟融：《中国法院如何通过司法裁判执行公共政策——以法院贯彻"社会主义核心价值观"的案例为分析对象》，载《法学评论》2018年第3期。
④ 参见袁冰喜：《效力与效果：司法政策的中国语境》，载《江西社会科学》2014年第8期。
⑤ 参见张玉洁：《哈特"开放结构说"的立法反思与现实回应——以法律文本中模糊语词为例的分析》，载《北方法学》2017年第4期。

任险担保、金融机构提供独立保函担保在财产保全申请中的合法性、有效性,但并没有明确将这两种形式的担保纳入被保全人申请解除财产保全的反担保当中。

三是依职权解除财产保全"其他"情形留白。根据《民事诉讼法》第 104 条、第 107 条,《最高人民法院关于适用〈中华人民共和国民事诉讼法〉的解释》第 163 条、第 166 条及《最高人民法院关于人民法院办理财产保全案件若干问题的规定》第 5 条、第 22 条、第 23 条的规定,解除财产保全按启动形式不同分为当事人申请解除和法院依职权解除,其中《最高人民法院关于适用〈中华人民共和国民事诉讼法〉的解释》第 166 条第 1 款第 4 项规定的"人民法院认为应当解除保全的其他情形"赋予法官自由裁量权。

四是财产保全措施选择原则的多样理解。根据《最高人民法院关于人民法院办理财产保全案件若干问题的规定》第 13 条第 1 款规定,法院在选择对被保全人采取何种财产保全措施时,应当遵循对其生产经营活动影响较小的原则。但根据《最高人民法院关于适用〈中华人民共和国民事诉讼法〉的解释》第 167 条规定,被保全人提供反担保申请置换被保全财产时,要符合有利于执行原则。两个原则从不同的当事人角度均提供了法律因循。

事实上,《最高人民法院关于适用〈中华人民共和国民事诉讼法〉的解释》关于被保全人反担保解除要求有利于执行的规定,以及《最高人民法院关于人民法院办理财产保全案件若干问题的规定》出台的背景在于将采取财产保全措施作为解决执行难问题的重要抓手,且当时的司法实践存在着较为严重的"保全不难担保难"问题,为此:其一,天然包含了当时偏重保护申请人债权利益的导向;其二,重点要切实解决财产保全担保难问题,故在当时既有实践探索的基础上,引入了保险人财产保全责任险担保及金融机构独立保函担保。虽然法条在无法具体、穷尽预见未来可能出现的情况时,通过留白赋予法官自由裁量权进行判断,这不失为一种维护法条稳定性、弥补回应社会诉求滞后的合理选择,但当社会诉求在动态发展过程中发生变化时,法律规范也应当在运行中通过修正获得实质合理性,并通过实质合理性的积累更好地适应社会生活需要。

(二) 运用回应:法官裁量的利益考量

传统上认为,通过法官的经验智慧能够弥补法律文本在语言运用上的弊端。然而法官作为理性的"经济人",必然也会计算自我行为的成本与收益,承认这个前提并非要否定法官的操守,而是为了正视诉讼制度与法官利益的关系。[①] 在司法政策积极回应社会诉求、倡导衡平保护被保全人财产处分权利,司法解释预设法官自由裁量情况下,出现"申请容易解除难""解除依赖申请人启动"的裁判实践,这

---

① 参见王永杰:《程序异化的法社会学考察论纲——以刑事冤案和刑事司法程序为视角(上)》,载《政治与法律》2007 年第 11 期。

与法官的利益考量息息相关。

一是审判质效考量。有学者指出,慑于法院裁判的影响力,保全制度往往会产生促使诉讼尽早结束的功能。① 保全措施的采取可能促使当事人达成调解、撤诉,进而提高"调撤率",在调撤率、结案率等定量指标现实考评下,这必然是法官减轻结案压力所乐见其成的。因此,法院在实务中并不一概排斥申请人基于保障生效裁判执行或防止产生难以弥补损害以外的目的申请保全。②

二是错误后果预判考量。在财产保全申请中,申请人的担保为法院裁定财产保全做了"托底",因保全错误被保全人可以向申请人主张财产保全错误损害赔偿,但过错责任原则下保全错误认定较难,且实践中运用率并不高,在统计期间内,被保全人涉企财产保全错误民事一审案件2988件,在近百万件财产保全申请案件中犹如九牛一毛,而全部或部分支持被保全人损害赔偿请求的仅355件,几乎可以忽略不计。③ 相比之下,解除财产保全则可能引发负面评价诸如信访、投诉、国家赔偿甚至玩忽职守或滥用职权的指控,其成本和风险要高得多,司法责任风险像是高悬在法官头上的达摩克利斯之剑,使其在解除财产保全上不得不小心翼翼,这实质是一种"理性人"趋利避害的自然选择。

三是审查难度考量。司法解释将财产保全的必要性审查交由法官自由裁量,未进行具体细化,在预留发展空间的同时,也增加了法官审查必要性的难度,法官间可能存在审查标准的不统一。相反,财产保全申请的形式审查简单易行,只需交纳财产保全措施费、符合要求的财产保全申请书、有相应的担保,在当前普遍引入财产保全责任险的情况下,担保通常明确、具体,更容易判断符合性。

(三) 本质回应:衡平保护的现实需求

虽然基于当前法律规范设计以及法官裁量的利益考量,司法裁判对小微企业的解除财产保全诉求回应相对消极,但在当代以及任何其他的时代,法的发展重心既不在于立法,也不在于法学或司法判决,而在于社会本身,④ 良好的法律制度应当对社会呼声具有敏感性。⑤ 司法政策倡导的"衡平保护被保全人财产处分权利"的精神,是对现实需求的回应,应当在实践检验的基础上逐步转化为详细而稳定的法律规范和裁判。

一是回应企业生存空间的需要。如图1所示,疫情对小微企业的影响是全链条

---

① 冀宗儒、徐辉:《论民事诉讼保全制度功能最大化》,载《当代法学》2013年第1期。
② 参见刘君博:《保全程序中担保的提供与担保数额的确定——〈民事诉讼法〉司法解释第152条的意义及其解释适用》,载《法律适用》2015年第8期。
③ 如2019年,上海市各级人民法院共计审理侵权责任纠纷类案件40572起,其中涉诉中财产保全损害责任纠纷的案件仅80起,不到侵权责任纠纷类案件总数的2‰。在这80起案件中,近60%的案件争议标的为50万元以下,在一审中,仅有9起案件得到了法院全部或部分的支持,仅占侵权责任类案件总数的万分之二。参见陈禹彦、孙国栋:《解除财产保全保证保险是保险人的机遇还是风险?》,载《上海保险》2021年第1期。
④ [奥] 欧根·埃利希:《法社会学原理》,舒国滢译,中国大百科全书出版社2009年版,作者序。
⑤ 参见祈春轶:《国家治理中法律对期望结构的分辨和选择》,载《法学》2015年第12期。

式的,其医学特征、防控措施特征影响着消费者的消费链、投资者的投资链,也影响着配套的物流链、资金链和供应链,进而影响小微企业的工资链、生产链和销售链,疫情背景下小微企业损失增加、成本增加、收入减少,在外部生存环境恶化挤占小微企业生存发展空间的情况下,涉企采购、租金、借贷、供货、劳资等一系列诉讼纠纷增多,随之涉企财产保全增多,进一步加剧小微企业的现金流危机。无独有偶,2008年金融危机爆发后也出现过财产保全申请浪潮。① 这在一定程度上反映出突发事件下遭遇困难的企业增多,但同时也暴露出疫情下债权人"人心惶惶"中的"挤兑心理",或存在着大量恐慌性保全,若不加强审查,容易导致暂时经营困难的企业,尤其是资本规模小、抗风险能力弱的小微企业因财产保全措施的采取而"猝死"。

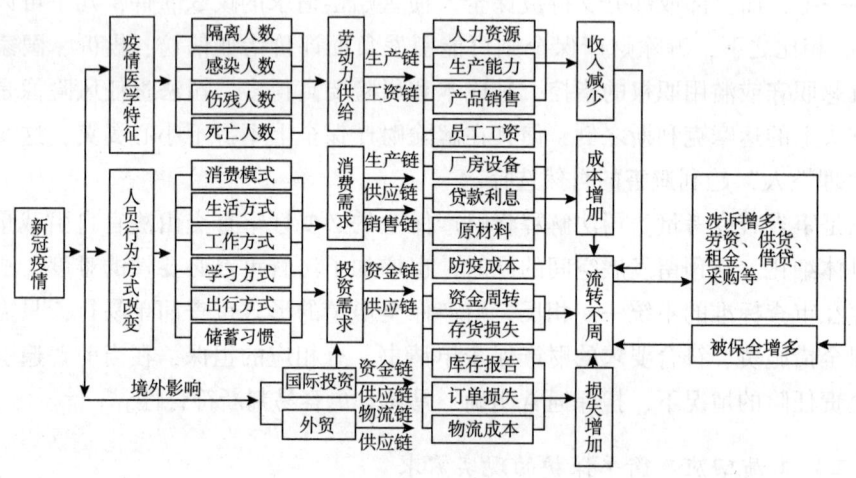

图 1　疫情、财产保全与小微企业影响关系

二是回应财产保全制度本质的需要。财产保全制度本质为一项临时救济制度,其以保全本案程序为己任,间接地以实现实体权利为终极目标。但本诉毕竟未经实体审理,权利义务未经终局裁判确认,民事诉讼谁胜谁败尚未可知,不能把被保全人和被执行人等同起来,适用执行程序中的所有规定,以牺牲一方当事人的程序利益为代价。因此,有必要对财产保全申请作必要限制,以衡平被保全人的合法权益,防止申请人借财产保全滥用诉讼。②

三是回应整体利益最大化的需要。当事人惯于把申请人利益与被保全人利益定位在此消彼长的静态"零和博弈"当中,而忽略了在小微企业本身还存在营运价值

---

① 2008年金融危机爆发后,仅浙江一省财产保全案件由2007年的23626件骤增至37906件;2009年与2008年数量基本持平,为37784件;2010年增至42104件。参见浙江省高级人民法院课题组:《从合法性关注到合理性考量——能动司法视角下财产保全司法对策之优化》,载《法律适用》2011年第12期。

② 参见郭小冬:《从perfect 10 v. Google案看临时禁令申请中的利益衡量——兼评我国〈民事诉讼法修正案〉第21条之规定》,载《河北法学》2013年第8期。

的基础上，合理恰当地解除财产保全，衡平双方利益，申请人与被申请人就能在营运价值创造的增量中重新博弈，给个人和社会创造更大的收益。①

四是回应政治正确的需要。所有的制度都存在构成语言的语法逻辑，② 政策文本某种程度上也体现了政府推动问题解决的思路与方法，③ 有其政治正确性。财产保全制度不仅是制定法的关注范畴，也是国家政策的干预对象，在追求财产保全的正确适用上，不仅仅需要追求法律正确，还需要追求政治正确，④ 涉企财产保全不应违背优化营商环境助力小微企业发展的特定政治诉求。

三、法技术完善：解除小微企业财产保全规则的优化路径

司法制度回应的根本动力在于新的社会诉求，由前文可知，疫情之下司法衡平保护被保全小微企业财产处分权利，是对企业生存空间、财产保全制度本质、整体利益最大化原则、政治正确的回应，有其实质合理性。而这种实质合理性应尽可能转化为可计量的形式合理性体系，通过这种形式合理性又反过来实现实质合理性。在解除小微企业财产保全的具体情境中，本文以司法技术完善为路径来定义其形式合理性体系，希冀为解除小微企业财产保全规则确立适合的裁判运用与法律适用方法。

（一）厘清审查标准：从一元化向分层式转变

法国的债权理由正当存在⑤及德国的假扣押请求权审查，实质都要求审查本诉具备正当理由，同《最高人民法院关于充分发挥司法职能作用助力中小微企业发展的指导意见》第18条规定的"申请人胜诉可能性"不谋而合。而不论是法国的"存在进一步威胁债权实现的情形"，还是德国的要求审查假扣押理由，对应我国《民事诉讼法》第103条规定则为"存在被保全人行为使判决难以执行的情形"。故而，疫情下对被保全人涉小微企业的财产保全申请或者小微企业的解除财产保全申请应当依次审查诉讼要件、本诉胜诉可能性、财产保全措施采取必要性，具体审查路径如下：（见表5）

第一层：诉讼要件审查与保全财产特定化突破。诉讼要件审查即为当前司法实践中普遍在运行的形式审查，包括要有相应的财产保全申请、交纳诉讼财产保全措施费、视情况提供符合条件的担保。此外需要注意的是，对于保全财产是否应该特

---

① 参见王佐发：《中小微企业危机救助的制度逻辑与法律建构》，载《中国政法大学学报》2020年第6期。
② 参见黄萃、任弢、张剑：《政策文献量化研究：公共政策研究的新方向》，载《公共管理学报》2015年第2期。
③ 参见范梓腾、谭海波：《地方政府大数据发展政策的文献量化研究——基于政策"目标—工具"匹配的视角》，载《中国行政管理》2017年第12期。
④ 参见刘哲玮：《论财产保全制度的结构矛盾与消解途径》，载《法学论坛》2015年第5期。
⑤ 《法国民事执行法典》有关于保全措施的第L511-1条第1款规定，如果能够证明债权理由正当存在并且存在进一步威胁其债权实现的情形，任何人均可请求法官不预先通知对方当事人就批准对被告的财产采取保全措施。详见周翠：《中外临时救济制度比较研究》，清华大学出版社2014年版，第261页。

定化，有学者认为应当以特定性为原则，[①] 即申请人向法院申请保全时应当提供债务人有关财产的种类、具体名称、所在的位置以及价值金额等信息，否则法院就应当驳回申请人的财产保全申请。然而疫情之下，对保全财产作概括性要求或更切合实际需要。如前所述，申请人惯于提出置换保全应当"有利于执行"的抗辩，假如在申请保全时并不要求保全财产特定化，则势必作出的裁定同样为概括性裁定，通常表述为"冻结被申请人××银行存款×××××或查封、扣押其同等价值财产"，则疫情下法院基于被申请保全的小微企业经营生产需要进行保全财产置换将更具有适法性。当然，并不是为此限定申请人不允许提出特定性财产保全，而是给此项形式条件以自由，既减少申请人查找详细财产信息的麻烦，为后续被申请财产保全的小微企业置换或解除财产保全也留有更多余地。

第二层：申请人胜诉可能性审查。按照权威解读，我国财产保全制度的外延大概相当于大陆法系的"假扣押"，[②] 基于确保执行和平衡被申请人的损害赔偿请求权考虑，即使假扣押的请求权和理由未得到疏明，也可以通过提供担保补足疏明的瑕疵。需要指出的是，此处担保对于财产保全的请求权和理由的疏明，只是一种补充而绝非替代。请求权基础实质相当于申请人胜诉的优势盖然性。实践中，对于申请人胜诉的概率问题几乎不予考量，在解除财产保全申请或者复议中，以被申请人或被保全人并非适格被告、申请人对被申请人缺乏债权请求权基础提出异议的，法院基本会以申请理由或抗辩理由属于实体待查问题，一概不予支持。然而，财产保全有意义的前提正是原告胜诉，故虽然因其事前性讲究效率，无法苛求100%的概率，但同样属于平等的财产权利，申请人何以对被申请人的财产处分权利进行限制？其正当性基础要求申请人拥有优势于被申请人财产处分权的债权，也就是50%以上的优势盖然性。

第三层：财产保全措施采取的必要性审查。财产保全申请的理由、被保全人能够据以申请解除财产保全或提起复议的理由即为保全必要性，疫情以来，各级法院在助力小微企业发展的司法政策文件中也多有要求加大保全必要性的审查要求。按照《民事诉讼法》第103条规定，申请人应当要有基本证据，能够证明因被保全人的行为或者其他原因使判决难以执行，典型的如转移资产、销毁财产、欺诈交易、虚假交易等，以避免基于其他目的不具备保全必要性的大批量财产保全的产生，如追求"首封地位"，或者故意虚增诉讼标的额先保全后变更诉讼请求、降低诉讼标的额。[③]

[①] 参见肖建国、张宝成：《财产标的物特定化之反思》，载《国家检察官学院学报》2017年第3期。
[②] 参见全国人大常委会法制工作委员会民法室：《〈中华人民共和国民事诉讼法〉条文说明、立法理由及相关规定（2012修订版）》，北京大学出版社2012年版，第1009页。
[③] 参见刘君博：《财产保全责任险保险费承担机制研究》，载《法学杂志》2020年第6期。

表 5　分层式审查基本流程设计

步骤	审查内容	审查方式	处理结果
第一层	诉讼要件审查	形式审查	符合条件进入下一层；不符合条件，释明补齐，仍不符合条件，裁定驳回申请
第二层	申请人胜诉可能性	疏明责任	申请人胜诉可能性通过疏明责任使法官内心确信在50%以上，进入下一层；申请人胜诉可能性通过疏明责任使法官内心确信在50%以下，裁定驳回申请
第三层	财产保全措施采取必要性	疏明责任	被保全人有行为可能致使判决难以执行使法官内心确信在50%以上，裁定采取保全措施；被保全人无行为可能致使判决难以执行使法官内心确信在50%以下，裁定驳回申请

（二）合理选择措施：不同资产的差异化处理

有学者认为财产保全的目的是保障申请人胜诉的判决得以执行，换句话说，只要有一定价值的财产能够置于法院的掌控之中，就不必担心判决生效后的执行问题。这在一定程度上已经回应了所谓"有利于执行"与"最小化影响被保全人经营"之间的矛盾冲突，也正契合疫情背景下我国司法政策对于被保全人涉小微企业的财产保全申请作出的合理性探索。

1. 以营运价值判断为前提。在胜诉可能性和必要性审查都具备优势盖然的情况下，财产保全措施种类的选择、变更、置换前提是小微企业本身的营运价值判断，唯其如此，才能让被保全小微企业在申请人的短时"妥协"中实现营运价值的增长，最终保障申请人的债权执行，实现长期双赢。毕竟正如有的学者认为的疫情对于小微企业有危也有机，有些本身并没有营运价值的小微企业被各种冲击淘汰也是正常市场行为。① 小微企业的生命周期相对较短，要根据其经营发展状况判断其处于成长期还是衰退期，通过建立小微企业效益的长效评估机制，利用税务税收评价、银行信用评价、法院涉诉涉执评价、不动产价值评价等联动协调，形成小微企业效益的分级名单，在此基础上灵活适用措施。

2. 设定优先不予保全的资产范畴。主要包括：一是被保全小微企业涉及社会公共利益的资产，如明确专用于疫情防控的资金和物资；涉及广大群体利益的，如商品房预售资金监管账户、农民工工资专用账户和工资保证金账户。二是与被保全小微企业生产经营密切相关的基本账户、经营账户。疫情下小微企业现金流本就紧张，

---

① 参见刘志彪、陈柳：《疫情冲击对全球产业链的影响、重组与中国的应对策略》，载《南京社会科学》2020年第5期。

要尽可能不对其基本经营发展所需的账户进行冻结。为防止被保全人钻此类账户的"空子",需要严格审查涉案账户的性质、涉及资金数额、资金占有比例,对于超比例资金,应当通过其他账户进行提存冻结,以同时兼顾申请人的债权保护。

3. 允许同等置换的资产范畴。就财产保全而言,法院看中的并非哪些特定的财产必须要成为保全的对象,而是法院手中掌握着一些可以通过拍卖或者变卖方式变现的具有价值的财产。① 因此,应当允许被保全小微企业以厂房、商铺、设备等不动产或动产置换银行账户的保全。

4. 能动变通措施的资产范畴。疫情下,为衡平保护被保全小微企业的正常经营发展,可以通过强化法院的监管义务,充分利用智能科技手段赋能,创新传统财产保全措施的变通实施。一是对生产设备查封采用安装视频监控设备、物联网电子封条、称重系统及财产监管系统等"活封活扣"方式取代传统封条查封,允许小微企业在法院便利监管下正常使用生产设备;二是为经营良好或者经营前景良好出现短时资金困难的小微企业临时解封办理转贷、融资手续,在通过监管确保解封转贷零风险的情况下变通调整;三是运用保全协商机制"以保促调",在协商申请人同意不对小微企业采取保全措施的情况下,推动形成分期还款方案,出现涉案金额较大,双方存在先付款再解封还是先解封再付款争议时,创新"滚动解封"手段,一段一段解封,一段一段还款。

(三)反担保补强:保险人/金融机构的适度参与

国家治理体系和治理能力现代化需要社会协同,将保险担保、金融机构担保引入财产保全制度,实现公私合作治理(Public-Private Partnership),② 是社会化参与司法③的典型表现,但当前司法实践却呈现出"参与担保热""参与反担保冷"的单边运用格局。④ 若能将保险/金融适度扩张,延伸到被保全人反担保解除财产保全当中,实现适度的双边运用格局,无疑既能够打消申请人的疑虑,又能够帮助小微企业避免因财产保全措施影响经营发展。

1. 保险/金融反担保存在的困境。必须看到的是,申请财产保全的保险/金融担

---

① 张卫平等主编:《新民事诉讼法条文精释》,人民法院出版社2012年版,第205页。
② 参见张康之:《合作治理是社会治理变革的归宿》,载《社会科学研究》2012年第3期;Derick W. Brinkerhoff & Jennifer M. Brinkerhoff, Public-Private Partnerships: Perspectives on Purposes, Publicness, and Good Governance, 31 Public Administration and Development 2-14(2011).
③ 参见范愉:《诉前调解与法院的社会责任——从司法社会化到司法能动主义》,载《法律适用》2007年第11期。
④ 以2022年5月9日检索中国裁判文书网结果为例,以财产保全责任保险为关键词进行搜索,结果显示2018年3917篇、2019年5679篇、2020年6761篇、2021年5595篇、2022年截至检索日642篇。保险引入解除财产保全反担保的实践虽然鲜有案例,但也有法院作出了尝试,如江苏省南京市江宁经济技术开发区人民法院作出裁定,准许被保全的某电子商务公司以解除财产保全保证保险作为反担保,解除对其名下银行存款的保全措施。参见祖兆林:《活用保证保险 解除财产保全》,载《中国银行保险报》2020年12月3日。

保和解除财产保全的保险/金融担保有很大差异：① 前者保险人替代申请人承担的是本诉财产保全错误的损害赔偿责任，发生概率小、过错责任原则认定难、赔付金额小；后者保险人替代被保全人承担的是本诉赔偿责任，赔付金额通常较大，且无法排除被保全人故意不赔的道德风险。因此，保险人/金融机构对解除财产保全的担保业务存在着供给上的天然警惕。但存在障碍不代表没有适用的余地，"社会效用迟早会吹起胜利的号角"②。

2. 保险/金融反担保的机制构建。一是建立保险/金融公司据以担保索引的小微企业名单，区分"可保"与"不可保"。担保的本质是信用，保险/金融公司参与反担保最担心的还是来自被保全人的信用风险。因此，要从小微企业的基础属性信息、动态信息、监管信息、关联关系信息、社会评价信息（包括税务税收、银行信用、法院涉诉涉执、不动产价值等），构建小微企业信用风险分级管理机制，根据信用风险状况由低到高分为信用风险低（A级）、信用风险一般（B级）、信用风险较高（C级）、信用风险高（D级），按月动态更新，通过先行试点，以B级、C级为"可保"与"不可保"的分界线，A级、B级两类企业均属于"可保"范围。二是设置差别费率，区分"保高"与"保低"。基于保险/金融参与担保和保险/金融参与反担保的兑付风险不一样，反担保风险高于担保风险，因此保险/金融参与反担保的费率可在担保费率之上。又根据"可保"分类分级范围不同，A级小微企业信用高于B级小微企业，保险人/金融机构承担的责任风险A级小于B级，故可以确定A级小微企业的费率低于B级，且在本诉中小微企业的诚信表现纳入分级名单的下一次评价更新，构成循环，使得小微企业解除财产保全的保险/金融担保真正"救急不救穷，救急不救赖"。三是完善追偿机制。根据保险/金融担保与保险/金融反担保两者间的差别可知，反担保情况下，在申请人胜诉前提下，担保人替代被保全人承担的是替代偿还责任，和担保中承担保全错误损害赔偿责任并不相同。因此，在反担保中应当区别担保，赋予保险人/金融机构对被保全小微企业的追偿权，该追偿权实体基础因在最终生效的裁判当中已经明确，其行使应当遵循相对简便原则，以保障保险人/金融机构利益，解放其思想顾虑。

---

① 笔者查阅福建、湖南、辽宁、广东、北京、山西、广西、甘肃、天津、内蒙古、四川、江苏、安徽、贵州、浙江、海南、河南、江西、吉林、黑龙江、陕西21个省、自治区、直辖市适用"诉讼保全责任险"的相关文件发现，仅福建省高级人民法院一家文件涉及被保全人的保险担保问题。《福建省高级人民法院关于财产保全若干问题的意见》第14条规定，财产保全申请人为银行、保险公司等金融监管部门批准设立的金融机构或者其分支机构的，可以在其注册资本或者营运资金额范围以内以自己的信用提供担保。上述金融机构为其他申请人提供信用担保的，应当符合法律法规的规定，并提交载明担保事项、担保范围和数额的担保书。保险公司还应当提交经监管部门备案的相关责任险材料。

② [美]本杰明·N.卡多佐：《法律的成长》，董炯、彭冰译，中国法制出版社2002年版，第66页。

结　语

现有理论和实践都更为关注规则对案件的作用力,却忽略了规则本身与社会实践的双向互动。事实上,当社会实践发生重大变化时,规则也会发生动摇。本文即以回应型司法为分析路径,在疫情影响重大背景下,对解除小微企业财产保全规则予以完善,以期为社会问题的化解提供司法助力。

类案参照在刑事审判中的功能变异和纠偏

——以"法官预断"习惯为视角

江西省宜春市中级人民法院 李雅芳

2020年，最高人民法院发布的《关于统一法律适用加强类案检索的指导意见（试行）》（以下简称《类案意见》），明确了何为类案、何时进行类案检索、类案检索的顺序等规定；并通过不断颁布新的指导性案例、全国典型案例等方式，逐渐明确类案检索机制的地位和作用，以期尽最大可能地统一法律适用，规范法官的自由裁量权。然而在刑事审判领域，类案检索制度的推行初期，却出现了一些迎合类案检索机制的表面现象。这些现象或无意或有意导致类案参照在刑事审判中出现功能变异，甚至在实践中沦为形式。

一、类案参照在刑事审判中的功能变异

"一致的价值经验是认识正义的基础。"[①] 基于先例产生的经验和价值判断有助于类似案件类似处理，亦能满足民众心理预判，是类案检索制度的重要价值。作为一种审判辅助工具，类案既有助于打开法官裁判思路，[②] 又能限制法官自由裁量权。作为一种证明方法，类案与刑事印证规则相契合，在刑事司法实践中起着补强、论证和弥补法律漏洞之作用。[③]（见表1）

[①] 参见［德］卡尔·拉伦茨：《法学方法论》，陈爱娥译，商务印书馆2004年版，第7页。
[②] 参见孙海波：《疑难案件裁判的中国特点：经验与实证》，载《东方法学》2017年第4期。
[③] 参见（2021）辽03刑终458号、（2019）赣07刑初3号、（2020）赣0102刑初249号、指导案例61号：马乐利用未公开信息交易案。

表 1　类案参照在刑事审判中的作用

作用	具体表现	案例
补强作用	类案能够为法官裁判提供确认证据、认定量刑事实的审判经验和裁判思路，辅助法官决策	如孙某某生产、销售有毒、有害食品案，辩护人提交该法院判处缓刑的一个案例，二审法院经认真核实发现辩护人所提交先前判决的销售数量更少且有新证据，而本案数量更多，社会危害性更大，又无新证据，故而不适用类案
矫正作用	类案能够将法官自由裁量权限制在合理范围内，矫正量刑偏离，提高判决的一致性	如钟某某故意伤害案，因受害人特异体质是介入因素，被告人的行为仅是造成被害人死亡的诱因，而非决定性因素，按照一般的故意伤害致人死亡可能在十年以上量刑，但是参照指导性案例，应在十年以下量刑。法院最后决定对被告人钟某某在十年以下量刑，是类案对量刑偏离的一种矫正
论证作用	以指导性案例或类案背后的精神为参照，细化文书说理，助力法官提高裁判文书说理的质效	如褚某某抢劫案，法官对被告人褚某某抢劫罪的既遂部分、未遂部分分别量刑说理，参照62号指导性案例的精神以抢劫3万元既遂的基本犯罪事实确定被告人褚某某适用的法定刑幅度为有期徒刑三年以上十年以下，将未遂部分7万元的犯罪事实酌情从重处罚，被告人褚某某又有坦白、退还部分赃款、被害人对本案引发有过错的量刑情节，对其从轻处罚
补漏作用	对于新型疑难案件，法律、司法解释规定不明或存在问题，类案达到填补法律漏洞的作用	如指导案例61号（马乐利用未公开信息交易案），对于利用未公开信息交易罪的"情节严重"标准，因当时现行有效的法律和司法解释均未作出明确规定，而其刑罚区间系参照内幕交易、泄露内幕信息罪，最高人民法院再审认为可以参照内幕交易罪的司法解释标准，认定被告人马乐的犯罪情节属于"情节特别严重"，从而将缓刑改为实刑，符合罪责刑相适应之原则

为了解类案检索制度在刑事审判中的应用现状，笔者拟通过微观视角，对J省Y市45名刑事审判庭的法官和法官助理发放问卷调查，并对其中15名法官（含助理）进行访谈。透视刑事法官的类案应用情况，借以纠偏类案检索机制落地过程中出现的问题。

（一）微观透视类案参照在刑事审判中的应用现状

1. 何时用？类案应用于刑事案件，必然有其积极的作用和价值。因笔者所在地区的法院对于上审委会讨论的案件，均需附类案检索报告，通过问卷调查发现，45名受访者均会亲自或交由助理进行类案检索制作检索报告，其中有10人是在合议庭合议之前进行检索，有4人是在合议之后专委会之前进行检索，有31人是在专委会得出定罪量刑结论之后进行检索。

2. 为何用？认为可以将类案判决结果作为裁判理由的有3人；认为可以参照类案的裁判说理论证待决案件的有15人；认为类案能够提供观点上的参照，但不能作为说理依据的有22人；认为类案无用武之地的有5人。

3. 谁来用？针对专委会得出结论之后才进行检索的情况，笔者找其中15位法官进行非正式访谈。（见表2）

表2　15名刑事法官对类案检索机制主要观点一览表

人数	所占比例	主要观点
6人	40%	检索是因为审管办强制要求，真正是依据类案分析待决案件的很少，定罪量刑主要是依据案件事实和在案证据情况作出，类案检索只是为了印证自己的观点
5人	33.33%	一般情况下是心中有了定罪量刑结论之后，检索与自身观点相同和高度相似的类案，为了节省时间，很少检索相反意见的类案
3人	20%	对于定罪量刑有争议的案件，还是会认真进行类案检索，再提交合议庭或专委会复议
1人	6.66%	如果检索出与合议庭讨论结果不一致的案件，会多检索一些与合议庭结果一致的案件
12人	80%	不上审委会的案件不会进行类案检索，除非院庭长要求

通过表2可以看出，虽然刑事法官在类案检索机制刚刚运行之初均表示不会检索，但是随着审判管理部门对四种类型的案件强制要求进行类案检索，刑事法官已经适应，并亲自或交由助理进行检索、制作类案检索报告；当然，非强制检索的案件多数法官仍不会主动进行检索。

（二）具象分析类案参照在刑事审判中的功能变异

通过进一步分析上述问卷调查和访谈可以看出刑事法官对于强制检索案件的态度，类案虽对裁判观点或裁判理由具有印证作用，但是类案参照在刑事审判中也出现了功能变异。

1. 颠倒的裁判逻辑。类案参照的表面应用逻辑顺序是法官在审理案件的过程中，对于案件的定罪量刑存在疑问，通过检索相似类案找到裁判思路或先例支撑。（见图1）

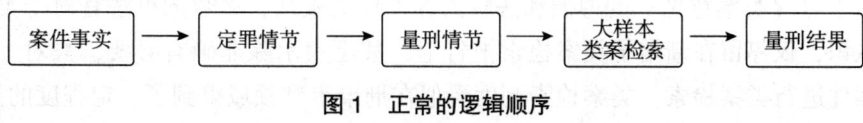

图1　正常的逻辑顺序

在刑事案件尤其是疑难案件类案检索机制的推进过程中，出现了一个耐人寻味的现象：案件承办人在翻阅全部案卷材料、合议庭开庭之后，对于案件的定罪量刑，倾向于在听取合议庭定罪量刑意见之后才进行类案检索，以此来印证或补强判决结论的合理性。换言之,在类案的应用中,结果是先于过程产生的,类案不是法官定罪量刑的参考依据,而是以已决结论为固定值,倒过来寻找类案,制作类案检索报告,导致类案检索报告与案件审理流程出现断层而流于表象。(见图2)

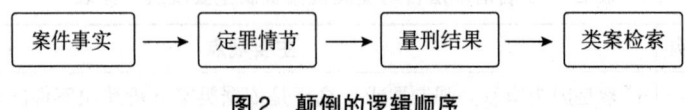

图2 颠倒的逻辑顺序

上述现象表明,在审判实务过程中,部分法官仍然是以经验或者传统的司法裁逻辑判规则为主,类案检索机制成为法官结果裁判思维的佐证材料,化为其说服专业法官会议和审委会的工具。

2. 检索的选择性。由于上审判委员会讨论的案子必须附类案检索报告,出于完成任务或者僵化性检索,法官对于类案检索机制的盲从,致使其忽视正反两面的案例均应检索,而倾向于选择支持自己观点的案例,摒弃与自己观点相反的案例,导致"判决偏离"现象的出现。通过反复替换关键词进行类案检索时发现,有时也会出现裁判结果和裁判规则完全相反的案例。例如,通过检索"被告人零口供"与"仅有DNA鉴定"搜索出来的案件,有的认定被告人有罪,有的宣告无罪;对于"酒中毒性幻觉症"(属限制刑事责任能力人)的被告人能否适用死刑,笔者在法信平台检索"酒中毒性幻觉症"出现刑事案例11件,加上"死刑",则检索结果为0,但将关键词变更为"限制刑事责任能力人+死刑"则相对较多。假如合议庭认为该患有"酒中毒性幻觉症"的被告人社会危害性较大,决定对其判处死缓,承办法官或助理往往会检索"酒中毒性幻觉症"或"限制刑事责任能力人"判处死缓的类似案件,以印证判决的合理性。

3. 检索的形式化。正如前文所述,有的法官对类案参照在刑事审判的应用给予了积极评价,也有的法官不甚满意,尤其认为简单刑事案件不具有实用性。① 但是,《类案意见》强制要求疑难复杂案件或者需要上审委会的案件附类案检索报告,同时规定对于指导性案例,法官在审理类似案件时应当予以参照。诚然,法官主动自发检索类案往往有助于挖掘先例的价值,但在强制检索要求下,自发检索变为被动检索,检索的积极性和效率均有所折扣。

出于对《类案意见》的遵循和法院内部考核的服从,多数刑事法官对于类案检索的认识,仅停留在新增了类案检索报告上,甚至表示除非确有必要,只对上审委会的案件进行类案检索。类案检索制度看似在刑事审判领域得到了一定程度的执行,但与制度设计初衷②仍有差距。检索样本的范围和全面性均使得类案发现和运用浮

---

① 参见左卫民:《如何通过人工智能实现类案类判》,载《中国法律评论》2018年第2期。
② 参见《最高人民法院关于统一法律适用加强类案检索的指导意见(试行)》第7条规定:"对本意见规定的应当进行类案检索的案件,承办法官应当在合议庭评议、专业(主审)法官会议讨论及审理报告中对类案检索情况予以说明,或者制作专门的类案检索报告,并随案归档备查。"

于形式，失去其真实的司法价值。

4. 错误的正当化。对于简单、常见、争议不大的案件，法官没有必要通过检索类案检视定罪量刑方式和过程，完全可以遵循经验判断；对于控辩双方、法官内部存在巨大分歧的，或者新型、疑难复杂的案件，虽然类案检索的设计初衷并非作为证明规则规范法官的证据采信，但基于强制检索之规定，法官根据结论倒寻类案的应用现状，容易使其带着"认知偏见"和"预断"检索类案，进而可能导致其客观中立地位的丧失，甚至出现"错判一件、影响一片"的严重后果。

对于定罪过程，法官往往是对是与非的违法性判断，而量刑的过程，则主要是对危害程度的判断，[①] 这就决定了定罪与量刑是分开的过程，定罪事实不完全等同于量刑事实。定罪可以个案参照，而量刑往往是需要大样本类案的积累。现实情况却与之相反，有时法官为了印证自己的量刑结论，只会检索一两个量刑结论相当的案例进行个案参照。"同案同判"要求类似案件类似处理，可是基于各种因素的影响，不同关键词检索出来的案件裁判结果却差异甚远，甚至相冲突。当冲突案例同时存在时，类案的比对与识别才是关键。然而，当刑事法官在进行类案检索时，从结论倒寻类案，并以类案为依据强化内心确信，一旦先例为错案，则类案检索沦为了"错上加错"的借口。毕竟，这是参照类案所导致的。"法条主义者"可以躲在规范和制度之后，"理直气壮"地说"法律上这样判决并没有错"；"经验主义者"也是从经验倒寻中找到作出错误裁判的完美托辞。[②]

二、类案参照在刑事审判中功能变异的原因探析

类案在刑事审判中颠倒的逻辑运用和功能变异，一方面归咎于法官个人认知偏见所造成的预断对类案检索机制的一种回应，另一方面归咎于类案材料缺乏对抗性辩论程序而导致制度不能平稳落地。

（一）难以回避的"法官预断"

"法官预断"主要是指法官在案件正式审理之前或者审理过程中对被告人形成的先入为主的判断，既包括先入为主的内心确信，又包括个人偏见。[③] 正如美国哈奇森法官所言，法官实际上是通过预感而非推理进行判决，推理仅存在于判决理由之中。[④] 在刑事案件的审理中，经验丰富的老法官凭借长期的生活积累、丰富的知识积累和庭审现场的直观把握，用长期审判实践所累积的经验法则融会贯通，省去

[①] 参见江珞伊、刘树德：《量刑说理中类案运用的审思与规制》，载《法律适用》2022 年第 1 期。
[②] 参见周力娜：《透视量刑规范化进程中的微观成像——反思形式主义遮掩下的改革进路》，载《法律适用》2013 年第 2 期。
[③] 参见陈瑞华：《刑事审判原理论》，北京大学出版社 2003 年版，第 128 页。转引自李拥军、董辰：《刑事庭审实质化视角下的法官预断排除研究》，载《河北法学》2022 年第 9 期。
[④] 参见张保生：《法律推理的理论和方法》，中国政法大学出版社 2000 年版，第 291 页。转引自吴平、池元超：《刑事审判预断排除问题研究》，载《西部法学评论》2013 年第 6 期。

书本所展示的逻辑推理和法律分析，从而直接从定罪得出量刑结论。然而，只要是自然人，就会因为自己的生活经历、学识经历、成长经历或有意或无意地出现认知偏差。① 在刑事审判中，先有定罪结论进行类案检索的应用模式，亦存在法官个体差异的不同导致定罪量刑结论存在差异情形的存在。有的在审理案件的过程中，选择和获取入罪的证据，忽视甚至隐瞒可能无罪的证据；有的为证实自己的判断和预断，进而寻找和解释相关证据避开相反证据。

从理想层面来看，完全意义上的理性司法需要在完美无缺的法律体系下，裁判者排除价值判断而依据概念主义准确适用法律。② 但是，司法裁判的过程依然是需要依靠人的理性价值判断进行推理的过程，判决书更是"价值判断取舍＋法律＋事实"结合的产物。识别、判定案件的相似性，不可避免地会涉及法官个人的主观价值判断。价值判断不是将案件事实、证据情况与自首、立功、累犯等量刑情节进行简单的机械相加，而是需要综合全案证据情况，在考虑"法理"的同时，兼顾"天理""人情"，③ 此过程不可避免地带有法官的个人认知偏差。在案多人少的背景下，有的法官甚至认为强制性类案检索只是增加了其工作量，滋生了先有结论后有类案检索报告的现象。基于法官预断得出的定罪量刑结论倘若正确，可能会节约审理时间；倘若错误，则可能会或直接或间接地造成冤假错案。在此意义上，难以回避的法官认知偏差所带来的司法预断，颠倒的类案检索顺序，或多或少会对司法的公正造成一定的影响。

（二）类案辩论程序的缺失

认知偏差可能存在于所有刑事诉讼主体，但首先是确保办案人员决策的独立性和认知偏差的及时消除，因此，立法者通过构建复杂严谨的刑事诉讼程序来尽可能避免认知偏差所带来的法官预断，阻断法官认知偏差对案件裁判的实质影响。虽然《类案意见》并未将类案材料定性为"证据"，进而导致对类案材料进行庭审举证质证缺乏程序规范依据。但是，为统一裁判尺度，类案材料作为先前生效判决，有助于法官检验待决案件裁判结果的公正性，作为一种证明方法，或者统一裁判尺度的辅助性工具，④ 类案材料事实上对于被告人的定罪量刑可能产生重大影响，尤其是辩护方提供的之前被判处无罪或罪轻的先前判决，被告人寄希望于法院能够依照先前判决对其裁决，法官亦希望控辩双方能够就其提供的类案材料进行对抗性辩论，从此意义上来说，类案材料可以纳入辩护权的范围中，对其进行程序规范。

然而，《类案意见》并未对类案的启动、提交、评析程序作出具体规定，如何

---

① 参见谢澍：《"显性偏见"抑或"隐性偏差"——刑事审前程序中的认知偏差及其程序控制》，载《法学家》2022年第4期。
② 参见［美］斯科特·夏皮罗：《合法性》，郑玉双、刘叶深译，中国法制出版社2016年版，第311~314页。
③ 参见张洁：《关于群体性劳动争议案件处理情况的调查报告》，载《法律适用》2005年第7期。
④ 参见汪海燕、陶文婷：《刑事案件类案检索机制研究——由解释学检视展开》，载《山西大学学报（哲学社会科学版）》2021年第5期。

正确识别、参照类案材料亦缺乏相应的辩论程序。这就导致控辩双方在审判阶段提供的类案材料,仅有法官个人的审查,缺乏辩论程序和判决说理回应;而法官基于强制检索需要依职权主动检索的类案材料并未经过庭审交换意见,却能径直作为法官说服专业法官会议或审委会的工具,对于有些争议较大的案件更是成为印证自己裁判结论合理性的利器。

三、类案参照制度与刑事司法理念的契合

类案检索机制作为全面落实司法责任制改革的其中一环,顶层设计者设计制度的最终目的是统一裁判尺度,限制法官自由裁量权。只有从观念层面真正让刑事法官明白为何要用、如何正确运用类案,才能化被动为主动,去除类案检索机制在刑事案件中运用的形式化和错误化,正本溯源,回归正轨。

(一)与刑事印证规则相契合

虽然"印证"一词在 2010 年《最高人民法院、最高人民检察院、公安部、国家安全部、司法部关于办理死刑案件审查判断证据若干问题的规定》中才首次以规范的形式出现,① 但是"印证"在我国刑事司法实践中早已存在且普遍适用,在刑事裁判文书中的常见表述为"被告人王某某的供述及辨认现场情况与在案证据相印证"②"被告人但某收受曾某人民币 72 万元的事实清楚,不但有李某、曾某的证言、相关书证等证据证实,但某的供述与上述证据亦可以相互印证,足以认定"。③

从纯粹的自由心证到规范化的自由心证,通过回避、非法证据排除、裁判文书说理、合议等制度确保法官心证的中立性和合理性,印证规则其实是帮助法官形成内心确信的一种证明方法。有别于证据规则,印证的作用仅仅是为了提高法官对证明结论的内心确信程度,而非个案证据的证明能力。④ 作为先前判决,一方面,类案背后蕴含的裁判规则和裁判理由是一种司法智慧,有的新型案件甚至能够填补法律规则和指导性案例的空白,基于大样本的全方位类案检索和分析,有助于法官印证裁判结果的合理性,从而尽可能地助推同案同判的实现,统一法律适用;另一方面,类案是避免法官个人经验法则滥用的有效手段之一,通过先前判决所形成的"一般"经验,提高裁判结论合理性的概率。

(二)与司法公正理念相契合

一般而言,法律规范的表述越是具体清晰,法官援引时就越精准,不仅能减少

---

① 参见孔令勇:《刑事印证规范解读:从证明方法到证明规则》,载《环球法律评论》2020 年第 6 期。
② 参见(2020)冀 04 刑初 72 号。
③ 参见(2021)藏刑终 23 号。
④ 参见周俊彦:《印证何以证明?——对印证原理和印证规则的概率论反思》,载《中山大学法律评论》2021 年第 1 期。

错案追责,还能形成自我保护。① 正如在量刑规范化改革的实践运行中,因常见案件的量刑指导过于细化,法官直接援引计算刑期,又可能走上机械司法的岔路。机械地运用法律将导致法律效果与社会效果之间碰撞不断,注重形式而忽略实质。更有甚者直言,此行为会使法官沦为生产判决书的自动售货机。②

类案检索机制的设置目的不是为法官机械司法寻找支撑,其推行犹如庭审直播、裁判文书上网等举措一样,是最高人民法院提高司法公开度、推行"阳光司法"理念、增强司法公信力的有力举措。以公开促公正,通过裁判文书上网使人民群众掌握案件情况;通过检索类似案件,了解自身关切案件的可能判决结果,让法官裁判暴露在阳光之下,接受类案的监督与检验,规避人为遮掩与干预。

四、刑事类案的识别方法与冲突选择

因需要进行事实认定、证据采信,刑事案件对类案的检索需求较高,然而现有的刑事指导性案例数量有限,虽然类案检索平台的刑事案件体量大,质量却参差不齐,裁判结果相冲突的案例时有存在。如何准确识别和选择刑事类案至关重要。

(一)以"相似性判断"作为类案识别的关键

因类案的识别与选择重在准确识别出已决案例和待决案例之间异同点,其关键环节便是如何运用类比推理③进行"相似性判断",识别案件中的"相同点"和"不同点",当相同点多于不同点时,则可判定属于类案。④

1. 定罪阶段的"相似性判断"。刑事案件之间的相似性判断、犯罪构成要件类似说侧重于案件事实的比较,而"实质一致说"与"同一思想基础说"则偏向于价值判断的类比。⑤ 然而,类案的类比不是单一的事实判断或者价值判断,它是多元、多层次的综合性判断,既包含事实因素,又包含价值因素。笔者认为,定罪阶段的相似性判断方法,解决入罪与否的问题,应当以构成要件为基础,可采用"两步法"进行判断。

第一步,从规范的保护目的着手。比如,在组织卖淫案中,男性能否成为被告人,进而构成组织卖淫罪?在进行类案判断时,案件的相似点是男性与女性一样,都提供了性服务,且都收取了钱款,不同点在于,普通组织卖淫案件一般都是组织女性卖淫,而待决案件中男性成为性服务提供者,尽管两案的行为主体有差异,从

---

① 参见李建东:《刑事案件机械司法问题及其解决路径——以6起典型案件的不当判罚为例》,载《山东警察学院学报》2018年第5期。
② 参见王彬:《司法裁决中的"顺推法"与"逆推法"》,载《法制与社会发展》2014年第1期。
③ 类比推理是为了将待决事项与现有法律规定所可能包含的典型事项进行类比,从而推理出待决事项属于现有法律的规制范围的一种法律的推理方法。
④ 参见孙海波:《"同案同判":并非虚构的法治神话》,载《法学家》2019年第5期。
⑤ 中华人民共和国最高人民法院刑事审判第一庭、第二庭编:《刑事审判参考》(总第38辑),法律出版社2004年版,第137页。

规范的保护目的角度看，无论是男性还是女性，二者侵犯的法益都是社会治安管理秩序，都属于有伤风化的行为。① 因此，组织男性卖淫同样属于组织卖淫罪所要惩罚的范围。再如，行为人泼硫酸抢走钱包，能否认定为携带凶器抢劫？一般而言，硫酸是一种化工材料，有别于常见的匕首、枪支等典型"凶器"，但是将硫酸用作伤人的工具时，便赋予了硫酸"凶器"的属性，可以认定为"凶器"。

第二步，检验是否超过《刑法》文义的可能范围。基于罪刑法定原则，男性卖淫案中的"男性"并未超出《刑法》条文规定的"组织他人卖淫"中"他人"的可能范围；"硫酸"也没有超过"武器"的可能文义范围，因此上述推理并不属于类推解释。倘若仅从规范保护目的出发，而摒弃文义的可能范围，那么，"毒驾"与"醉驾"的规范保护目的都相同，但是"毒驾"不可解释为"醉酒驾驶"。

2. 量刑阶段的"相似性判断"。在量刑阶段，类案的判定标准则是量刑情节的比较与考察。在法定和酌定的量刑情节之间会穿插着具体犯罪事实的情节和犯罪事实以外的量刑情节，种类繁多。法官根据基本犯罪构成事实在相应的法定刑幅度内确定量刑起点，再以法定和酌定量刑情节为基础，依据量刑规范化所规定的调节比例增减刑期，最后得出拟宣告刑。此时，类案的识别应当需要相当数量的样本案例为依据，在犯罪构成要件事实相同的前提下，量刑情节和刑罚存在差别。法官在进行类案检索时，如果仅检索到一两个类似案件就可能遗漏其他相反案例，因此，类案检索应当是在大样本范围内进行，识别出要素大致相同的类案。

以酌定量刑情节中的退赃退赔为例。在 5 个类似案件中，行为人退赔的多少对其量刑会有不同。在判断案件的相似性时，对于选定的退赃退赔案件，能够在刑罚 1 至刑罚 5 的范围内确定量刑波动幅度，再根据退赃退赔的多少以及待决案件的其他具体情况、社会效果等最终确定量刑。（见表 3）

表 3 酌定情节与刑罚对应中的类案说明

案件	犯罪行为		刑罚
	构成要件事实行为	量刑情节行为	
案件 1	（1）构成要件行为类型相同； （2）主观过错程度相当； （3）犯罪的数额、后果、次数相当	全部退赔	刑罚 1
案件 2		大部分退赔	刑罚 2
案件 3		退赔一半	刑罚 3
案件 4		退赔一小部分	刑罚 4
案件 5		没有退赔	刑罚 5

倘若没有固定住构成要件事实行为的要素，即便是在量刑情节行为相同的情况

---

① 中华人民共和国最高人民法院刑事审判第一庭、第二庭编：《刑事审判参考》（总第 38 辑），法律出版社 2004 年版，第 137 页。

下,也不能识别为类案。例如,比对肖某秀故意杀人案①和夏某兰故意杀人案②,两起案件均发生在同一省份,并经高级人民法院二审,均系因不堪忍受丈夫家庭暴力而当场将丈夫杀死的案件,其法定量刑情节与酌定量刑情节均相同,判决结果却相差七年。(见表4)

在肖某秀案中,虽然被害人具有过错,被告人有自首情节,且取得被害人家属谅解,系初犯偶犯,但其先后持茶锤击打、用腰带勒、持剪刀捅刺被害人的要害部位致其死亡,作案手段残忍,作案两天后焚烧尸体。而在夏某兰案中,夏某兰在当场"抓奸"反被打骂,回到家中之后其丈夫继续拖拽打骂,并扬言要将其打死,夏某兰出于绝望将黄某杀死,且在杀死黄某之后便离开现场,请他人报警。两案相比,肖某秀的犯罪手段更为残忍,且犯罪后焚烧尸体,企图掩盖犯罪事实,在被亲友识破之后才承认罪行,前往公安机关自首,主观恶性相对更深。基于此,两个案件看似具有相似性,却在犯罪的基本事实上存在差异,二者的量刑基准不同。因此,肖某秀故意杀人案作为前案并非夏某兰故意杀人案真正意义上的类案。

表4 两起因家暴引发的杀人案件

被告人	案发时间	基本案情	法定量刑情节	酌定量刑情节	法院判决
肖某秀	2019年1月	丈夫胡某酗酒豪赌,经常殴打肖某秀。肖某秀得知胡某又因赌博将家里钱输光而发生争吵,胡某殴打并辱骂肖某秀,肖某秀乘胡某不注意持擂茶棍用力多次击打胡某头面部,后用腰带、绳子勒胡某脖子,见胡某手脚突然抽动,又持剪刀刺入胡某喉咙直至不得动弹。案发后,肖某秀清洗现场,丢弃作案的腰带和绳子,两天之后伪造火灾现场焚烧尸体。后在亲友陪同下自首	(1)被害人过错;(2)自首	(1)初犯偶犯;(2)取得被害人三个未成年子女的谅解	一审以故意杀人罪判处无期徒刑;二审改判有期徒刑十五年

---

① 参见(2020)赣刑终46号。
② 参见(2021)赣09刑初32号。

(续表)

被告人	案发时间	基本案情	法定量刑情节	酌定量刑情节	法院判决
夏某兰	2021年2月	夏某兰婚后长期遭受丈夫黄某家暴，案发当天，夏某兰发现黄某与情人行为暧昧，气愤之余用石头砸碎情人的餐馆玻璃，被黄某当众殴打、辱骂，夏某兰被子女接回家卧床休养时，黄某数次拖拽夏某兰，并对其言语辱骂、威胁，夏某兰心生绝望，乘黄某熟睡之际持刀将黄某刺死。后夏某兰到黄某兄长家中，等待民警带走，并如实供述自己的罪行	（1）被害人过错；（2）自首	（1）初犯偶犯；（2）被害人亲属出具的联名调解书	以故意杀人罪判处有期徒刑八年

（二）以"利益衡量"作为类案冲突时的选择方法

类案的冲突包括新旧指导性案例的冲突，本院判决的案例与上级法院颁布的典型案例或生效裁判的冲突，本院判决的案例之间的冲突。① 在案例发生冲突时，应当如何选择类案便成为争议的焦点。

1. 指导性案例优先。对于检索的类案与指导性案例发生冲突时，根据《类案意见》第9条规定，指导性案例优先于一般案例，一般情况下应当遵循。② 因此，相较于高级人民法院颁布的典型案例、中级人民法院的生效裁判及本院的生效类案，一般情况下，应参照指导性案例，除非指导性案例与新的法律、司法解释相冲突。当新旧指导性案例相冲突时，参照"刑法优于旧法"原则，应当参照新的指导性案例。

2. 普通类案冲突：引入"利益衡量"理论。以刘某映盗窃案，张某逢掩饰、隐瞒犯罪所得案等6个案件③中被告人的初次投案方式、潜逃后再次归案、法院是否认定自首、是否对其从轻处罚为例。（见表5）

---

① 参见江奥立：《刑事案例指导制度的理论和实践》，华东政法大学2021年博士学位论文。
② 《最高人民法院关于统一法律适用加强类案检索的指导意见（试行）》第9条规定："检索到的类案为指导性案例的，人民法院应当参照作出裁判，但与新的法律、行政法规、司法解释相冲突或者为新的指导性案例所取代的除外。检索到其他类案的，人民法院可以作为作出裁判的参考。"
③ 此6个案件的案号依次为（2017）湘0103刑初10号、（2009）新刑二终字第135号、（2015）惠刑初字第1010号、（2014）泉刑终字第21号、（2018）皖03刑终281号、（2017）湘13刑终73号、（2014）泉刑终字第489号。

表 5 取保候审后逃逸是否被认定自首的类案样表

案例	初次投案方式	取保候审期间是否潜逃	是否潜逃后主动归案	法院是否认定自首	是否从轻或减轻处罚
刘某映盗窃案	自动投案	是	是	是	是,从轻
张某逢掩饰、隐瞒犯罪所得案	自动投案	是	是	否	否
孟某星危险驾驶案	自动投案	是	批捕在逃后主动归案	是	是,从轻
王某甲、林某某开设赌场案	抓获归案	是	是	是	是,从轻
许某甲盗窃、销赃案	抓获归案	是	批捕在逃后主动归案	否	否
贺某红诈骗案	抓获归案	是	是	是	是,减轻
余某甲重大责任事故案	抓获归案	是	是	否	否

在表 5 中,前三个案例中的被告人均是自动投案后被取保候审,取保候审期间经传唤不到案,在逃期间经传唤又主动投案,有的法院认定为自首,有的没有认定。后四个案例中的被告人则是在被动投案取保候审期间逃匿,之后又主动到案,有的法院认定自首,有的没有认定;其中,认定自首的法院,有的对被告人从轻处罚,有的则减轻处罚。

利益衡量理论主张在罪刑法定、依法裁判的前提下,从立法目的出发,取舍、均衡各种利益之后作出裁决。① 此前,很多学者认为利益衡量只在民事、行政、经济案件中可用,基于罪刑法定原则,利益衡量在刑事法律中不可适用。实际上,无论是定罪还是量刑,法官都有利益衡量的空间,它是在刑法规范存在多种解释或者案件可适用多种罪名时的一个选择标准。当然,其适用的前提是接受罪刑法定原则的制约。这并非要求法官脱离现有的法律体系、超越演绎推理等逻辑推理方法,以利益衡量进行后果裁判,而是借后果考量之手,印证裁判规则或裁判结果的科学性与正当性。② 笔者认为,以表 4 所反映的现象为例,当普通效力等级的类案存在冲突时,应当结合自首制度的设计初衷、司法解释背后的法理以及案件裁判的法律效果、社会效果,引入利益衡量理论予以妥善解决,以实现个案正义。

---

① 参见任彦君:《论利益衡量方法在我国刑事裁判中的运用》,载《法学评论》2013 年第 5 期。
② 参见钱大军、郭建果:《司法裁判中后果考量的实证研究》,载《法律方法》2018 年第 1 期。

五、类案参照在刑事审判功能变异的程序纠偏

不同的认知主体存在不同的认知能力和认知偏差,无论是显性偏差抑或是隐性偏差均是无法完全规避的。海量的类案材料相当于情报分析,法官相当于情报分析专员。为防止法官个人思维模式和认知偏见对类案材料产生误差,即需要对类案检索的启动、提交、评析程序进行符合认知科学原理的改革,构建法官的预断排除机制,从制度设计上有针对性地对认知偏差进行程序纠偏。①

需要强调的是,承认"法官预断"习惯的客观存在并不意味着所有的"预断"均应当予以排除,而应一分为二地予以看待。一方面,"法官预断"系司法经验积累的体现,是一种客观存在的经验主义,有其存在之价值,应当加以利用;另一方面,错误的"法官预断"造成的冤假错案,不仅严重侵害被告人的人身财产权利,还有损司法公正、降低司法公信力,应当予以排除。

(一) 以尊重"法官预断"习惯为起点

不可置否的是,相较于演绎推理等理性主义,经验主义是刑事案件定罪量刑的常见裁判思维模式,对于简单、无争议的刑事案件可以尊重司法经验而予以适用。

印证方法系将分散的证据串联起来,通过归纳、溯因和演绎推理进行事实判断,从而规范法官自由心证,提高证据的可采性程度和心证结果的科学性。② 类案检索在刑事案件的应用可以加深法官对法律规范的理解,丰富法官对案件审判的信心来源。虽然以结果倒寻类案这一逆向类案检索逻辑存在危险性,但是在刑事案件的定罪量刑问题上,法官在个案中的直觉反应和经验预断是不容忽视和否认的客观存在,先有预断,后通过类案检索印证或矫正判决结果,其实也是类案作为一种证明方法正确发挥其裁判辅助工具作用之方法,与"同案同判"目标非但不曾背道而驰,反而体现了法官思维习惯与类案参照的融合,实现了二者的良性互动。(见图3)

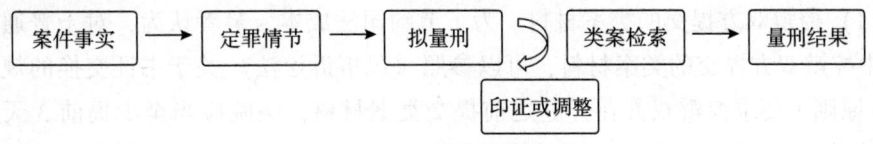

图3 纠正的裁判逻辑

因此,笔者并不全盘否认经验在刑事审判中的作用,相反,我们应当在尊重法官定罪量刑"预断"的前提下,以"法官预断"习惯为起点,采用类比推理的方法,在待决案件和类案材料之间往返穿梭,印证或调整自己的定罪量刑结果,增强

---

① 谢澍:《"显性偏见"抑或"隐性偏差"——刑事审前程序中的认知偏差及其程序控制》,载《法学家》2022年第4期。
② 参见孔令勇:《刑事印证规范解读:从证明方法到证明规则》,载《环球法律评论》2020年第6期。

内心确信，①从而实现经验与类案的融合。

（二）构建相对独立的刑事类案辩论程序

对于争议较大、疑难复杂案件，为防止法官"先入为主"地选择参照适用仅证明"预断"为"对"之类案而排除"预断"为"否"之类案，最大程度地消除居中裁判者认知偏差对案件可能发挥的主导作用，需要构建更为严格的程序规则，使其在规定程序中依法裁判，以程序公正保障实体公正，矫正类案参照在刑事案件中的功能异化与偏离现象，减少、避免或排除错误"预断"对法官的审判活动所带来影响，②保障裁判中立。

一般而言，公诉人为指控犯罪，履行其国家公诉义务，所提交的类案材料则是为了证明被告人有罪或罪重，而被告人或辩护人提交的类案材料则是为了证明被告人无罪或罪轻，以达到有效辩护的目的，二者实际上产生了竞争和对抗性。此时，赋予作为一种证明方法的类案材料相当于书证的属性，构建相对独立的刑事类案材料辩论程序，加强庭审的对抗性和竞争性，控辩双方就类案材料的识别、相似性、能否参照适用进行的观点碰撞有利于法官充分听取控辩双方对于类案材料的说明与辩论，提高识别、适用类案的效率和准确性，维持控—辩—审三角结构之平衡，从而更好地避免错误的"法官偏见"。

对于刑事案件，分为被告人不认罪案件和认罪不认罚案件，其中不认罪案件又包括对罪名有争议案件和对犯罪成立有争议案件，认罪不认罚案件又包括主张罪轻案件和主张无罪案件。对于上述案件的类案检索程序设置，应当作出区分。鉴于类案材料的提交主体、提交时间不同，类案材料辩论程序的启动时间和启动方式亦会有所不同。因《类案意见》对类案提交时间并未作出明确限定，可以庭前、当庭或者庭后提交。

1. 普通程序审理的刑事案件类案辩论程序的设置。

（1）控辩双方提交的类案材料。为了节约司法成本，笔者认为，对于普通刑事案件中控辩双方提交的类案材料，可以参照《民事诉讼法》关于书证交换的规定精神，③原则上要求控辩双方在开庭之前提交类案材料，法院应当至少提前3天将类案材料副本送达对方，预留一定的答辩期限，并组织双方在法庭辩论环节，就类案材料进行辩论。对于当庭提交的类案材料，在征求控辩双方的意见之后，可以当庭组织辩论，也可以在遵循双方意见的基础上庭后提交书面意见。对于庭后提交的类案材料，法院经初步审查后，认为符合《类案意见》规定的检索范围内的类案材

---

① 参见龙宗智：《印证与自由心证——我国刑事诉讼证明模式》，载《法学研究》2004年第2期。
② 参见吴平、池元超：《刑事审判预断排除问题研究——以"锚定效应"为切入点》，载《西部法学评论》2013年第6期。
③ 参见《最高人民法院关于民事诉讼证据的若干规定》第46条第1款规定："人民法院对当事人提交书证的申请进行审查时，应当听取对方当事人的意见，必要时可以要求双方当事人提供证据、进行辩论。"

料，对被告人定罪量刑具有重要影响的，可以在庭后组织控辩双方交换意见或者提交书面意见。

（2）法官依职权主动检索的类案材料。根据庭审实质化改革和裁判者中立的需要，法官在开庭之前可以主动依职权检索相关类案，但不应当在开庭时组织双方就自己检索的类案进行辩论，以保证法官的中立地位。在开庭之后，法官自己依职权主动检索的类案材料，倘若与控辩双方提交的大体相同，可以不再组织双方交换意见；若法官检索的类案材料不利于被告人，法官需要向被告人和辩护人进行说明，并征求辩方意见。若法官经审理认为指控的罪名有误，而检索到的类案材料亦能印证罪名有误的，法官可组织控辩双方就变更的罪名和类案材料进行意见交换。

2. 认罪认罚案件类案辩论程序的设置。

（1）控辩双方的类案检索前移至审前程序。在认罪认罚案件中，辩方提供的类案材料多针对量刑，倘若是在认罪认罚具结书签署之后再提交比具结书更轻的类案材料，则可能导致被告人基于类案材料而撤回"认罚"结果；倘若法院采纳类案材料的量刑幅度，则进入量刑建议调整程序，出现检察院调整量刑建议或者检察院不统一调整法院径行裁判的两种结果；倘若法院不采纳辩方提供的类案材料，被告人又不认罚的，出现法院作出与原量刑建议相同或者更高刑罚的两种结果，进而导致被告人以类案为由提出上诉，影响司法效率。因此，类案材料的介入，给量刑建议的最终采纳增加了不确定性，认罪认罚案件中类案材料的提交和辩论程序应当有别于普通刑事案件。为节约司法成本，提高司法效率，契合认罪认罚从宽制度的设计初衷，可将类案材料的提交和辩论程序前置到签署认罪认罚具结书之前。

（2）法官依职权检索的类案材料组织意见交换。一般情况下，认罪认罚案件中法院对检察院的量刑建议均会予以采纳。倘若法院认为量刑建议与大样本检索的类案材料不相适应，即出现罪责刑不相适应之情况时，为保障被告人的辩护权，依法公正裁判，法院应当组织控辩双方对类案检索情况进行沟通和交换意见。正如有学者所言，"类案裁判规则的运用须为被追诉人利益"，① 换言之，只有当法官依职权主动检索的类案材料量刑较量刑建议更轻时，方可启动沟通和意见交换程序；法官检索的类案材料量刑更重时，因被告人放弃重要诉讼权利换取的量刑优惠，则不得因先前类案而被处以不利结果之判决。

（三）建立类案回应的司法互动模式

法官对类案的回应是类案运用实质化的重要内容，是发挥类案印证作用的直观体现。在刑事案件中，当控辩双方就类案材料进行辩论之后，法官参照与否、为何

---

① 参见陈瑞华：《刑事诉讼的公力合作模式——量刑协商制度在中国的兴起》，载《法学论坛》2019年第4期。

参照、排除理由等均需以裁判文书或释明方式进行回应，既是《类案意见》第 10 条①的题中之义，也是印证正确的"法官预断"，排除错误"预断"，增强内心确信的重要方法。换言之，建立类案回应的互动司法模式对于处理控辩双方争议较大的新型或疑难案件具有重要意义，一方面，它能够为法官说理提供先例参考，印证法官自由心证之结论，增强法官内心确信；另一方面，法官回应类案参照情况有利于实现法官与控辩双方的良性互动，避免出现法官对于当事人提交的类案材料"视而不见"或"选择性适用"之现象。

1. 文书说理回应。根据《类案意见》第 10 条之规定，对于控辩双方提供指导性案例作为控辩理由的，法官应当在裁判文书中予以回应。对于其他类案材料，《类案意见》虽未作出强制性规定，笔者认为，法官也应当在裁判文书中作出说理回应，以回应控辩双方之诉求。

（1）概述控辩双方的类案参照诉求。对于控辩双方提交的类案为指导性案例的，法官应当在刑事裁判文书中概述所提交类案的大致情况、裁判规则等。在刑事一审程序中，公诉人提交指导性案例的，可在公诉人提交的证据之后，概述其提交的类案材料；被告人、辩护人提交的，可在被告人辩解或辩护人辩护意见部分予以概述。在二审程序中，案件经由同级人民检察院阅卷或开庭的，可在列举检察院意见的同时概述其提供的类案参照诉求；对于上诉人或辩护人提交的，可在上诉意见或辩护意见部分予以概述。

（2）在"综合评析"或"本院认为"中进行类案回应。裁判文书的精髓在于说理，充分的说理更能令当事人信服。对于控辩双方提交的类案材料是否与待决案件具有相似性，如果构成类案，法院如何参照；如果不具有相似性，排除参照的论证过程和论证理由，均可在法院"综合评析"或者"本院认为"部分进行说理回应。

2. 释明程序回应。为了让控辩双方尤其是辩方明白刑事审判过程中是如何识别、取舍类案，提高刑事判决的可接受性，除了在裁判文书中书面回应控辩双方提供的类案，笔者认为，还可拓展类案材料回应场域，②在开庭前、开庭时或者庭后的类案辩论程序结束之后，法官均可针对控辩双方提交的类案材料能否参照进行口头或书面的释明说理或者判后答疑，并做好记录入档备存。

结　语

随着《类案意见》等规范性文件的颁布实施，类案在刑事案件中的全面应用推广已有两年。本文从微观视角进行调研和访谈发现，刑事案件类案应用中颠倒的逻

---

① 《类案意见》第 10 条规定："公诉机关、案件当事人及其辩护人、诉讼代理人等提交指导性案例作为控（诉）辩理由的，人民法院应当在裁判文书说理中回应是否参照并说明理由；提交其他类案作为控（诉）辩理由的，人民法院可以通过释明等方式予以回应。"

② 参见王雨田、何伦波：《司法裁判回应类案参照诉求的审视与完善》，载《山东审判》2022 年第 2 期。

辑顺序和选择性检索系源于法官的认知偏差和辩论程序缺失,为充分发挥类案在刑事案件中的印证作用,准确识别、选择和参照类案,试图从程序方面构建类案的庭审辩论程序和类案回应途径,以期通过规范化的程序增强类案材料的竞争性和对抗性,排除法官的错误预断,引领刑事审判领域功能变异的类案参照现状走向正轨,确保刑事案件的类案应用愿景不会落空,功能不被虚置,真正朝着统一法律适用、提升司法公信力的道路稳步前行。

民事执行程序中虚假诉讼识别与规制路径建构

——以冲突视阈下"有限"职权主义实体审查为视角

江西省宜春市中级人民法院 陈明灿

当前,执行程序虚假诉讼现象呈现频发态势。最高人民法院高度重视对虚假诉讼行为的惩治,先后制定出台《关于办理虚假诉讼刑事案件适用法律若干问题的解释》《关于在民事诉讼中防范与惩治虚假诉讼工作指引》《关于深入开展虚假诉讼整治工作的意见》等多个规范性法律文件来防范惩戒虚假诉讼。然而,在执行程序中仍然存在对虚假诉讼行为甄别失灵、惩戒失范等问题,影响对虚假诉讼行为的规制效果。① 在司法实践中,以规避执行为目的进行虚假诉讼并侵害他人合法权益的案件屡见不鲜。在执行程序中查处的虚假诉讼年均增速高达61.11%,而实际被追究刑事责任的案件比例少之又少。② 不少被执行人与案外人恶意串通,通过倒签买卖、租赁合同、以物抵债、虚假仲裁、申请参与分配等方式提起虚假诉讼,以达到规避法院执行之目的。当前,执行程序中认定虚假诉讼问题上存在识别不清、审查标准混乱、规制效果差强人意等系列难题。③ 本文通过对规避执行型虚假诉讼案件的行为特征作类型化区分,深入剖析该类案件"认定难""规制难"问题背后深层次的原因,从实体及程序方面提出如何在执行程序中对虚假诉讼行为予以有效地识别与规制,形成一套"环闭式"处置流程,从而对规避执行型虚假诉讼行为规制路径予以优化。

一、现状检视:规避执行型虚假诉讼案件的识别及规制

从2012年《民事诉讼法》首次对虚假诉讼进行明确规定,到2021年11月出台的《最高人民法院关于深入开展虚假诉讼整治工作的意见》,法院对虚假诉讼的打击力度日益加大,但是打击效果不太理想。笔者通过中国裁判文书网检索"虚假诉讼",检索结果显示,截至2021年12月31日,全国范围内共有11218件相关案件,

---

① 滕伟、叶邵生、丁成飞、李加玺:《〈关于进一步加强虚假诉讼犯罪惩治工作的意见〉的理解与适用》,载《人民司法》2021年第22期。
② 张永红、徐晓枫、邵毅:《执行异议虚假诉讼中的犯罪证据收集》,载《人民司法》2020年第14期。
③ 田宏杰:《立法扩张与司法限缩:刑法谦抑性的展开》,载《中国法学》2020年第1期。

在全文搜索"虚假诉讼""规避执行""案外人""串通"关键字,显示关联案件有893件,随机抽取上述案件中的191份法律文书展开实证分析,以期发现该类案件识别审查机制中存在的疑难问题及掣肘。

(一)规避执行型虚假诉讼案件数目种类繁多且识别困难

分析2017年至2021年处理的规避执行类虚假诉讼案件,其中2017年107件、2018年159件、2019年178件、2020年193件、2021年256件,年均增长率高达16.3%,年均占比率高达23.8%。(见图1)观察上述数据可知,通过虚假诉讼实现规避执行的现象已呈现常态化增长趋势。而通过统计分析,通过执行审查程序识别、排除虚假诉讼的比例较低,大量虚假诉讼需要通过执行异议之诉或审判监督程序予以解决,严重影响司法公信力与效率。

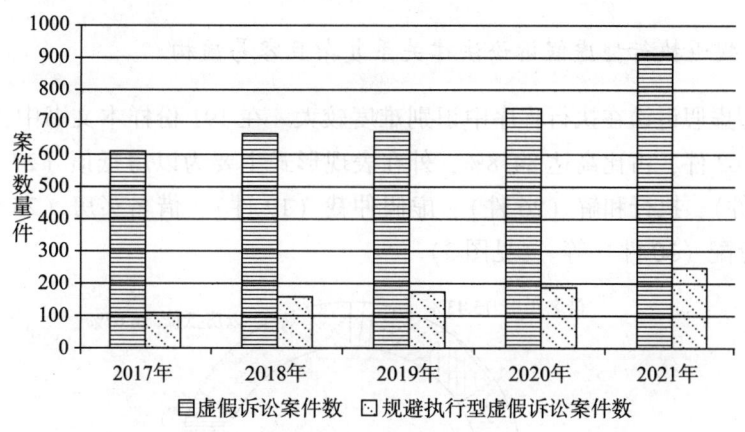

图1 案件增长趋势及比例

同时,通过对191份样本文书进行分析归纳后可知,虚假诉讼主要发现途径为以下几种类型:(1)当事人报案、举报。通过分析报案方式,发现虚假诉讼行为占比65.4%;在他人报案后主动投案的情况占比22%。(2)检察机关主动介入对虚假诉讼的刑事追诉程序。在样本文书中,通过检察院追诉占比18.3%;通过法院在执行程序中发现占比约15.6%。(见图2)综上可知,执行程序中众多虚假诉讼案件无法被查实,使得被执行人成功转移财产实现规避执行之目的。一方面,执行程序中虚假诉讼泛滥成灾;另一方面,执行程序在审查规制这一问题时显得"力不从心",严重影响司法公信力。

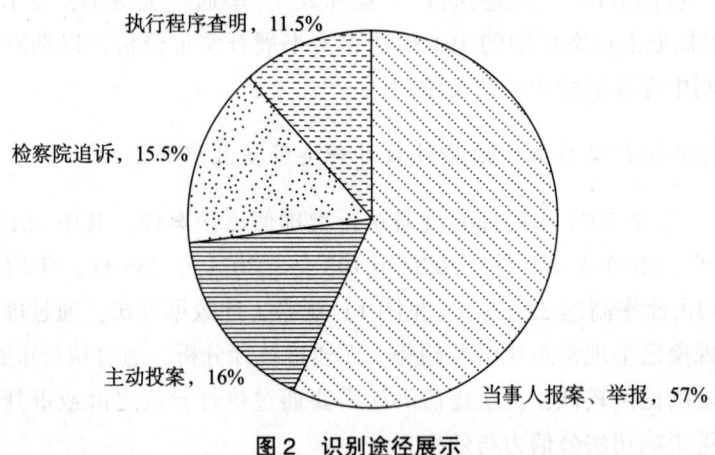

图 2 识别途径展示

(二) 规避执行型虚假诉讼法律关系复杂且容易虚构

合谋型虚假诉讼在执行程序中识别难度较大。在 191 份样本文书中,合谋型虚假诉讼达 162 件,占比高达 84.8%,外在表现形式主要为以房抵债(27 件)、虚假租赁(35 件)、执行和解(26 件)、虚假仲裁(19 件)、借名买房(25 件)、虚构债权参与分配(30 件)等。(见图 3)

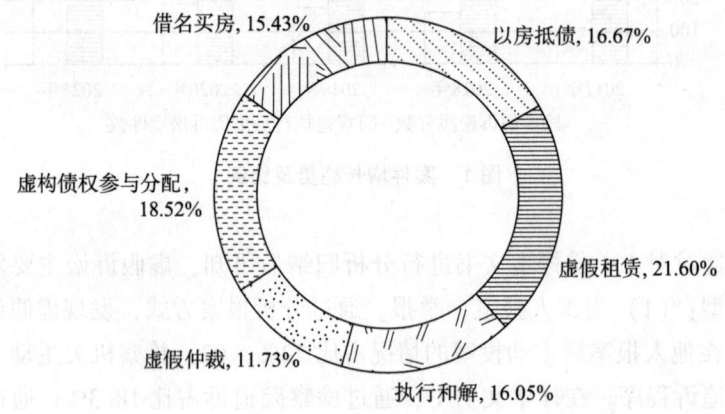

图 3 规避执行型虚假诉讼表现形式

综上分析可知,这类案件当事人编造案件事实、伪造证据、虚构法律关系的行为较为隐蔽。近一半的当事人之间存在互为亲属、朋友、关联单位的情形,主要呈现以下特征:虚假诉讼主体不单一、双方串通为固态模式。以单方主体型及恶意串通型对执行中的虚假诉讼行为作类型化区分,经统计发现,规避执行型虚假诉讼案件行为主体即虚假诉讼中的原告(异议人)一般为执行案件的案外人或利害关系人、第三人,诉讼形式上基本表现为被执行人与案外人等人相互串通,而法官在执行审查过程中，拘囿于审执分离原则的束缚，即使内心已经高度怀疑存在虚假诉讼事实，仍难以明确予以认定。当前，执行审查案件中的虚假诉讼问题已经呈蔓延溃决之势，如何从制度上对该类问题进行精准认定并规制，成为司法实务中亟须解决的难题。

(三) 执行程序中对虚假诉讼行为惩戒力度欠缺且方式标准不一

在191个样本案件中，103件未采取惩戒措施，仅仅驳回诉讼请求，占比53.93%；88件被予以惩戒，占比46.07%。在予以惩戒案件中包含如下类型：44件被予以口头警告，占比50%；12件被予以训诫，占比13.64%；罚款10件，占比11.36%；拘留12件，占比13.64%；而最终以虚假诉讼罪追究刑事责任的案件数只有10件，占比11.36%。分析样本文书可知，承办法官在识别出与案件有重大关联的证据确属伪造或者存在恶意串通的情形，往往仅对当事人予以警告或训诫处置，并且对该虚假证据不予采信，而少有对当事人处以罚款或拘留以上的刑罚。(见图4)

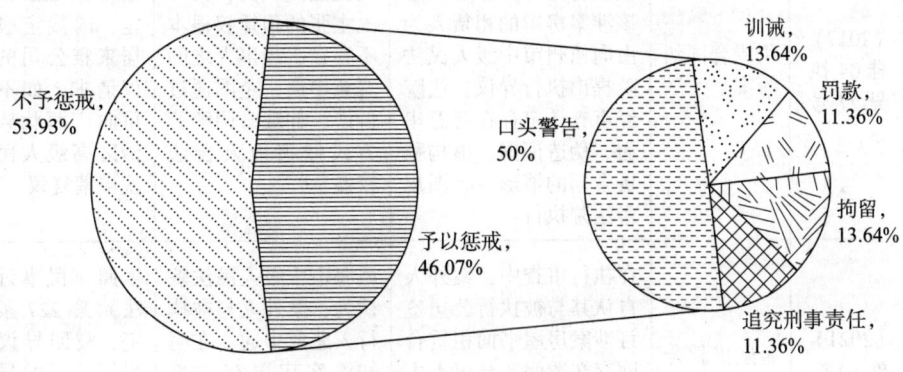

图4　惩戒措施适用情况

通过上述数据可知，巨额利益的诱惑和相对低廉的违法成本，让不法分子愿意冒险尝试虚假诉讼。由于民刑理念差异以及程序衔接问题，导致规避执行型虚假诉讼的惩戒力度与标准层面存在紊乱，执行程序甄别和惩戒虚假诉讼的功能未充分发挥。

(四) 执行程序中涉嫌虚假诉讼的审查认定存在较大争议

如何在执行程序中准确识别认定虚假诉讼是司法实践中争议颇多的疑难问题。(见表1)

表 1 争议案例类型

序号	案号	案件名称	案件事实	裁判理由	处置结果
1	（2016）鲁执复242号	建筑工程承包合同欠款纠纷执行案	执行异议人北胡住合作社主张双方私下签订《执行和解协议》，且被执行人已依约定履行付款义务，潍坊市中级人民法院支持异议诉求，认定本案执行完毕。复议申请人王高建筑公司表示该和解协议是伪造，属于虚假诉讼规避执行	山东省高级人民法院认为，潍坊市中级人民法院审查中没有查清有关事实，是否存在虚假诉讼规避执行有待明确，因此，不应在一方当事人不认可该《执行和解协议》的情况下，认定双方当事人达成执行和解并已履行完毕	依照《民事诉讼法》第225条等规定撤销潍坊市中级人民法院（2016）鲁07执异74号执行裁定书，发回重新审查
2	（2017）桂04执异27号	租赁合同纠纷案	案外人居来雅公司在梧州市中级人民法院处置被执行人房产中以其是该涉案房屋的租赁人为由向梧州市中级人民法院提出执行异议。法院经审查认定存在恶意串通、伪造证据、虚构租赁合同的情形，企图规避法院执行	广西壮族自治区高级人民法院认为，案外人主张的租赁权根本不存在，当事人之间恶意串通，企图通过诉讼、仲裁、调解等方式侵害他人合法权益	根据《民事诉讼法》第225条规定，遂裁定驳回居来雅公司的异议请求，如不服可向广西壮族自治区高级人民法院申请复议
3	（2021）鲁10执异91号	金融借款合同纠纷案	在执行审查中，案外人自认其与被执行公司签订涉案房屋面租赁合同存在造假，异议人主张执行标的查封之前其已与被执行人签订租赁合同，与事实不符	威海市中级人民法院认为，案外人与被执行人恶意串通，在明知涉案房屋存在抵押、查封的情况，采取倒签房屋租赁合同的方式阻碍法院执行	依照《民事诉讼法》第227条规定，驳回异议人强德公司的异议请求，异议人如不服可以向本院提起诉讼
4	（2018）湘执复59号	借款合同纠纷案	双方当事人经仲裁达成调解协议，长沙仲裁委员会出具（2015）长仲调字第258号调解书对上述调解协议予以确认。案外人仲裁调解书所确认的是虚假债务，请求对其裁定不予执行。长沙市中级人民法院裁定不予执行，另一方当事人不服向湖南省高级人民法院申请复议	湖南省高级人民法院认为，在执行公证债权文书和仲裁裁决书、调解书等法律文书过程中，对可能存在双方恶意串通、虚构事实的，要加大实质审查力度，万博公司与盛世公司涉嫌虚构债权并申请仲裁作出仲裁调解书，损害了众森公司的合法权益	驳回万博公司的复议申请，维持长沙市中级人民法院（2017）湘01执监3号民事裁定

纵观表中4个案例可知，法院对于执行程序中虚假诉讼的识别机制、审查方式以及救济程序存在较大差异且争议点颇多。在案例1中，山东省高级人民法院认为执行法院要对和解协议进行初步审查，在救济途径上适用《民事诉讼法》第225条。在案例2和案例3中，存在明显法律适用的冲突，针对虚假租赁合同，梧州市中级人民法院适用《民事诉讼法》第225条予以形式审查，而威海市中级人民法院则适用《民事诉讼法》第227条予以实体审查。在案例4中，湖南省高级人民法院则认为执行涉及虚假诉讼的非诉法律文书要进行全面深入的实体审查，这与案例1的审查模式存在冲突。

笔者结合提取的案例样本，把涉及规避执行类虚假诉讼案例争议焦点予以类型化区分可知，存在以下几方面问题：（1）针对执行程序中虚假诉讼的识别问题。有的法院认为该问题应当归属审判监督程序解决，在执行审查程序或监督程序不予以认定；① 有的认为应当通过引导当事人提起异议之诉的方式来予以审查；② 有的认为如果有初步证据证明执行程序存在虚假诉讼嫌疑，可以予以审查认定；③ 有的认为针对执行依据是否涉嫌虚假诉讼对案件执行有重大影响，执行法院需依法查清相关事实；④ 有的认为在执行公证债权文书和仲裁裁决书、调解书中可以对涉嫌虚假诉讼规避执行问题进行全面严格实体审查。⑤（2）针对虚假诉讼的审查方式与限度问题。有的法院认为，对涉嫌虚假诉讼案件进行执行审查时需要对是否为各方当事人的真实意思表示、有无侵害国家或第三人合法利益、是否恶意串通等事项予以严格审查；⑥ 有的法院认为仅限于形式审查，价值上更侧重于效率，在虚假诉讼审查中对于案外人提供的合同、收款收据等证据在执行审查程序中不作认定；⑦ 有的法院认为，对于涉嫌虚假、恶意串通的仲裁裁决申请执行案件，需要进行一定限度的实体审查和质证，查清案件基本事实；⑧ 有的法院认为如有检察院的检察建议或公安机关立案文书可认定虚假诉讼事实。⑨（3）针对举证责任和证据审查认定问题。有的认为要合理分配举证责任，可依职权调查相关证据；⑩ 有的认为向法院主张有虚假诉讼规避执行的一方当事人需要提交证据证明，否则不予支持；⑪ 有的认为只要有初步证据，而法官经过自由心证认定存在虚假诉讼可能。⑫（4）针对惩戒力度不一与民刑程序衔接问题。有的法院认为，发现规避执行型虚假诉讼行为，要给予严

---

① 参见湖北省高级人民法院（2022）鄂执复55号执行裁定书。
② 参见甘肃省定西市中级人民法院（2020）甘11执复34号执行裁定书。
③ 参见山东省威海市中级人民法院（2021）鲁10执异91号执行裁定书。
④ 参见湖南省高级人民法院（2022）湘执复3号执行裁定书。
⑤ 参见福建省泉州市中级人民法院（2020）闽05执异22号执行裁定书。
⑥ 参见广东省高级人民法院（2020）粤执监135号执行裁定书。
⑦ 参见陕西省咸阳市中级人民法院（2020）陕04执异119号执行裁定书。
⑧ 参见山东省高级人民法院（2020）鲁执复226号执行裁定书。
⑨ 参见江苏省高级人民法院（2018）苏执监310号执行裁定书。
⑩ 参见广西壮族自治区高级人民法院（2021）桂执复263号执行裁定书。
⑪ 参见湖北省高级人民法院（2022）鄂执复38号执行裁定书。
⑫ 参见河北省邯郸市中级人民法院（2020）冀04执复217号执行裁定书。

厉惩戒,驳回诉求后,直接移送有关部门追究刑事责任;① 有的认为应当直接予以驳回即可;② 有的认为应视情况决定,对于情节恶劣的予以罚款或拘留处理,但应遵循刑法谦抑性慎用刑罚。③

同时,笔者通过向一线办案法官与检察官(合计89人)发放调查问卷,针对执行程序中虚假诉讼行为的审查与识别困难问题展开调研。据统计,有37%的人认为案件承办人怠于审查,在繁重的办案压力下,案件承办人往往优先考虑如何平衡利益,缓解矛盾,以达到快速结案的目的,而对于虚假诉讼问题,主观上缺少深究的意愿;有19%的人认为在执行程序中,法官不具有实体审查权,执行审查过程中提倡以形式审查为主基调的办案理念,在很大程度上限制了法官发现虚假诉讼行为;有10%的人认为当事人易于达成和解,申请执行人尽管有时会产生怀疑或者抵抗的态度,但出于对审查程序复杂性和困难性的担忧,更愿意和解结案,给虚假诉讼留下生存空间;有34%的人认为审查权限不明晰,执行法官面对此类案件,即便想启动审查程序,在选择审查方式时,也容易产生是移交审判部门进行处理,还是进行执行异议审查,抑或是建议当事人去公安部门或检察机关报案的疑问。(见图5)

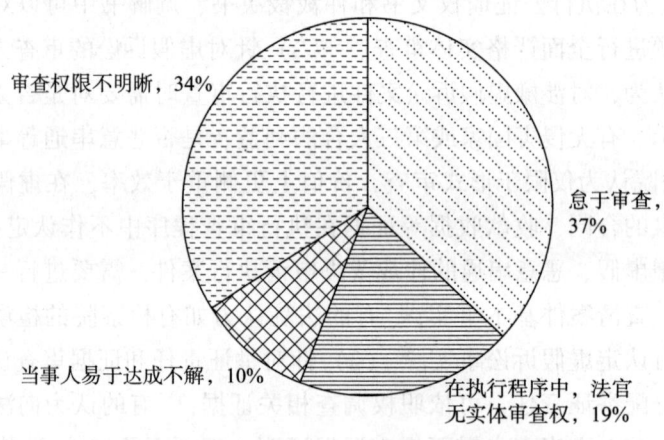

图5 执行程序虚假诉讼虚假规制困难展示

二、理性思辨:执行程序虚假诉讼规制困境之解构剖析

(一)民刑规范在法益保护范畴的差异性导致对虚假诉讼行为定性多元化

司法实务中民刑两法在处置虚假诉讼过程中存在程序衔接、事实认定、证据使用等方面如何转化问题。民刑规范在法益保护上的冲突是争议根源。在刑法学界部

---

① 参见江苏省高级人民法院(2018)苏执复97号执行裁定书。
② 参见湖北省高级人民法院(2021)冀执复598号执行裁定书。
③ 参见广西壮族自治区高级人民法院(2019)桂执复79号执行裁定书。

分专家对虚假诉讼的定位存在显著差异。有人认为,虚假诉讼罪的保护客体具有选择性,司法秩序是虚假诉讼罪的主要保护客体。[①] 有人认为,虚假诉讼侵犯的客体是司法机关的正常活动,同时也侵犯他人的财产权等合法利益。[②] 有人认为,本罪的保护法益是司法秩序。[③] 有人认为,虚假诉讼侵犯的客体是复杂客体,包括国家的正常司法秩序及个人、单位的合法权益。[④] 但在民事诉讼领域内针对虚假诉讼有关法律规范更加偏重对当事人权益的保护。由此看来,在法益保护范畴上民刑两法还是存在差异。(见表2)

表2 关于虚假诉讼治理的相关法律规定

法条	相关规定
《民事诉讼法》第115条	当事人之间恶意串通,企图通过诉讼、调解等方式侵害他人合法权益的,人民法院应当驳回其请求,并根据情节轻重予以罚款、拘留;构成犯罪的,依法追究刑事责任
《民事诉讼法》第116条	被执行人与他人恶意串通,通过诉讼、仲裁、调解等方式逃避履行法律文书确定的义务的,人民法院应当根据情节轻重予以罚款、拘留;构成犯罪的,依法追究刑事责任
《最高人民法院关于适用〈中华人民共和国民事诉讼法〉的解释》第190条第2款	经审查,原案当事人之间恶意串通进行虚假诉讼的,适用《民事诉讼法》第115条规定处理
《刑法》第307条之一第1款	以捏造的事实提起民事诉讼,妨害司法秩序或者严重侵害他人合法权益的,处三年以下有期徒刑、拘役或者管制,并处或者单处罚金;情节严重的,处三年以上七年以下有期徒刑,并处罚金

从上表可知,由于内涵与外延的差异,虚假诉讼在刑民法律规范与审理程序上存在区别,从《民事诉讼法》第116条的规定来看,双方当事人合谋串通以侵害他人合法权益是适用司法惩戒措施的先决条件。由此推断,《民事诉讼法》惩治虚假诉讼的价值初衷是防止案外人利益受损。《民事诉讼法》中对虚假诉讼行为惩戒则更倾向于保护案外人法益。[⑤] 虚假诉讼罪保护的主要法益是司法秩序,次要法益是他人的合法权益。民刑规范法益保护侧重点的不同决定了虚假诉讼罪与非罪的不同界限。此外,是否属于规避执行的虚假诉讼认定较难。因为被执行人和案外人是否存在通谋,恶意捏造事实提起虚假诉讼,在执行程序中很难对此作出精准认定。执行法官在"严重妨害司法秩序"与"严重侵害他人合法权益"的判断认定上时常出

---

① 张明楷:《虚假诉讼罪的基本问题》,载《法学》2017年第1期。
② 高铭暄、马克昌:《刑法学》,北京大学出版社2019年版,第553页。
③ 周光权:《刑法各论》,中国人民大学出版社2016年版,第385页。
④ 李希慧等:《刑法各论》(第三版),中国人民大学出版社2016年版,第124页。
⑤ 项婷婷:《规范冲突视阈下虚假诉讼的民刑衔接》,载《人民法院报》2021年9月9日。

现争议,因为在审查过程中涉及的实体利益纷争错综复杂且种类繁多,不同法官对于妨害司法秩序以及严重侵害他人合法权益往往有着不同的利益衡量标准与价值判断方式,习惯于以个人审判工作经验对虚假诉讼构成要件进行主观臆断,有较大的随意性。此外,执行中刑民程序交叉的选择问题以及设计民法规则和刑法规则两方面的关系,要结合案件证据与事实进行综合认定考量。虽然裁量权归属于执行法官,但若不对此加以限定,将大概率造成权力的滥用。若法官进行利益衡量时出现主观臆断偏颇,将有悖于同案同判的原则,影响司法公信力与权威。①

(二) 形式化原则与执行力扩张理念的冲突导致执行实体审查权效用发挥受限

执行形式化原则是审执分离模式下的必然衍生产物。它是审判与执行程序在思维理念、制度架构和机制运行上的差异性之体现,是审判部门和执行机关之间特殊分工之表现,彰显了强制执行的本质内涵。执行形式化原则对执行权运行范畴进行划定,执行机关不但受审判程序的最终产品(法院裁判)既判力、执行力的约束,而且也受强制执行处分原则中债权人处分权的制约及强制执行法定原则的制约。这表明执行部门几乎完全丧失执行审查权,无需对执行过程中争议事项作出裁量,从而全面推进执行进程。在采分散式执行体制、审执分离较为彻底的德国、日本、韩国等大陆法系国家,执行形式化原则得到广泛认可及贯彻。② 执行力扩张学说依据来源于公平理念与效率价值的融合与平衡。强制执行作为实现生效判决的法律程序,其存在价值在于保障债权人合法利益。在保障司法公正的前提下,如何以最快捷的方式兑现生效判决是执行程序所追求的终极目标。执行力扩张的思维理念灵感与既判力的扩张密切相关。既判力扩张之内因在于伴随社会经济发展,判决涉及他人实体权益的现象越发普遍。假若完全站在第三人视角审视,不遗余力机械化地适用既判力相对性原则,那么判决的效力将会受到明显不利影响,以至于使人质疑司法权化解纠纷机制的功能与效果。③

虚假诉讼怎样在执行程序中予以精准识别、有效规制的最大问题是如何平衡协调执行力扩张所衍生的实体审查权限与权利外观主义之间的矛盾。因为执行审查程序不可避免地要对当事人之间乃至当事人与第三人之间的实体争议进行判断,例如,审查执行和解协议是否成立并生效;当事人放弃债权的意思表示是否真实;据以抵销的债权是否真实存在;是否侵害国家或者第三人利益等问题。在执行程序中,面临着实体审查权限边界不明的困境,究竟是应该完全让法官遵循执行形式化原则还是适度放权让法官对实体问题进行审查认定?假如适用绝对的执行形式化理念,彻

---

① 张素敏:《虚假诉讼罪客观要件的检视与规制——以中国裁判文书网186份一审判决为样本》,载《上海法学研究》集刊2020年第2卷(总第26卷)。
② 肖建国:《强制执行形式化原则的制度效应》,载《华东政法大学学报》2021年第2期。
③ 范向阳:《执行异议之诉的规则与裁判》,人民法院出版社2019年版,第21页。

底限缩执行部门审查权限，那执行程序对虚假诉讼审查时碰到的复杂实体权益冲突与平衡问题将全部归属审判程序解决范畴。在案多人少的现实困境中，此种模式能否妥善处置执行中衍生的实体问题？能否有机融合强制执行程序所追求的公正与效率价值之需求？

（三）法律规范间的冲突导致执行程序对虚假诉讼识别与审查的驱动性与标准化缺失

为有效打击执行程序中存在的虚假诉讼问题，最高人民法院相继出台了多个司法解释以及指导意见。上述文件确实能够在很大程度上有效指引法官审查识别虚假诉讼问题。可是由于审查规则与保护理念间的差异性，也在一定程度造成了法律适用紊乱与处置程序冲突。从表3可知，《民事诉讼法》《最高人民法院关于人民法院办理执行异议和复议案件若干问题的规定》的审查识别机制、价值理念与《最高人民法院关于深入开展虚假诉讼整治工作的意见》等文件有着显著差异：前者追求实体正义，推崇形式审查模式；后者更加强调法官职权主义，要求在执行审查中对虚假诉讼进行全面深入的实体审查。虚假诉讼审查关键在于触发机制。① 我国《民事诉讼法》奉行当事人主义理念，尊重当事人的意思自治，自认规则在证据规则中的运用几乎没有限制，诉讼中法院只是作为中立的裁判者存在，进而弱化了法官在民事诉讼中的职权，为虚假诉讼的滋生提供了沃土。只要虚假诉讼双方当事人互相串通、虚构事实与证据，从表面上达到事实清楚、证据充分，在执行案件当事人均认同事实和证据的情形下，法院则难以对双方提交的证据和民事法律关系真实性予以审查。②

表3 法律条文价值理念展示

条文	核心要旨	理念内涵	实体认定要义	法律效果
《民事诉讼法》第232条、第234条	针对当事人、利害关系人、案外人认为执行行为违法或对执行标的有异议提供了救济途径	明确了当事人在执行程序中的救济途径，针对执行行为和标的异议作了分流处理	针对涉及当事人（案外人）实体权益的异议诉求应当通过异议之诉解决。执行行为违法的异议通过执行审查程序处置	凸显效率优先的价值理念，更加偏重保护债权人利益

---

① 牛颖秀：《民事虚假诉讼识别的二元控制模式研究》，载《北京社会科学》2019年第1期。
② 刘烁玲：《论虚假诉讼及其治理》，载《江西社会科学》2010年第2期。

(续表)

条文	核心要旨	理念内涵	实体认定要义	法律效果
《最高人民法院关于人民法院办理执行异议和复议案件若干问题的规定》第5条、第6条、第7条、第12条	执行审查过程中，案情复杂情况下应当进行听证。其余情况一般进行形式审查与书面审查，对实体权益一般不作认定	在审执分离的模式下对《民事诉讼法》第232条、第234条实际操作程序进行了细化	执行审查程序原则上应当遵照"审执分离"的理念，以效率优先为宗旨，不对执行标的的实际权益归属作判断	凸显效率优先的价值理念，更加偏重保护债权人利益
《最高人民法院关于深入开展虚假诉讼整治工作的意见》第7条、第9条、第10条	强化依职权调取证据，在执行异议、执行复议、参与分配等程序中，从诉讼主体、证据与案件事实的关联程度、各证据之间的联系等方面，全面审查案件事实及法律关系的真实性，综合判断是否存在以捏造事实对执行标的提出异议、申请与分配或者其他导致人民法院错误执行的行为	突出强调针对执行程序中虚假诉讼行为给予全方位的实质性审核，赋予执行法官实体审查权限	突破了"审执分离"理念的束缚，对以规避执行为目的的虚假诉讼行为进行全方位实质性审查	突出职权主义，偏重保护实体正义，保障国家、社会与第三人合法权益不受侵犯
《最高人民法院关于防范和制裁虚假诉讼的指导意见》第4条、第8条	对可能存在虚假诉讼的，要适当加大依职权调查取证力度。在执行公正债权文书和仲裁裁决书、调解书等法律文书过程中，对可能存在双方恶意串通、虚构事实的，要加大实质审查力度	进一步强化针对虚假诉讼行为的主动性审查，要求针对此行为进行依职权调查取证	很大程度改变了执行审查程序中"谁主张，谁举证"的常规做法，强化法官主动介入防范打击虚假诉讼的思维理念	突出职权主义，偏重保护实体正义，保障国家、社会与第三人合法权益不受侵犯
《浙江省高级人民法院关于进一步防范和打击虚假诉讼有关问题的解答》第6部分	案外人因裁判文书涉及虚假诉讼对执行标的提出书面异议的，按照《民事诉讼法》第227条处理	在执行程序中发现涉及使用虚假诉讼的方式规避执行的，应当通过异议之诉程序予以确认	虚假诉讼审查需要对实体权益作出认定，不应通过执行审查程序来处理	追求程序正义，主张通过异议之诉审查认定虚假诉讼

(续表)

条文	核心要旨	理念内涵	实体认定要义	法律效果
《河南省高级人民法院、河南省人民检察院、河南省公安厅、河南省司法厅关于防范和打击虚假诉讼的若干意见》第4条、第17条	认为可能存在虚假诉讼规避执行的现象的,要加大依职权调查取证力度,执行过程中发现虚假诉讼行为的,应当中止执行	在执行程序中强化依职权审查规避执行虚假诉讼行为,如发现,可以中止执行程序	发现执行程序中存在虚假诉讼的现象,可以依职权加大审查力度,并依职权采取中止执行措施	突出职权主义、偏重保护实体正义,保障国家、社会与第三人合法权益不受侵犯

（四）执行审查程序中对虚假诉讼证据认定标准不明晰导致审查机制运行不畅

规制惩戒虚假诉讼的核心要义在于识别,即怎样刺破其虚假的外衣。虚假诉讼的表现形式多样且隐蔽性强,执行程序中的虚假诉讼案件识别以及证据审查认定困难是司法实务中的主要障碍。①

虚假诉讼当事人之间通常有着隐秘的串通关系,这对于第三人来说一般很难察觉,这就需借助公权力机关之外力,但法院在执行程序中的虚假诉讼审查权范围受限,导致依职权取证难度较大；由于民事诉讼的证据认定规则采用优势证据原则,而虚假诉讼当事人之间互为通谋,捏造事实、伪造证据,在表象特征上符合"事实清楚、证据充分"的条件,这就导致法官在审查案件事实和法律关系真实性方面存在阻碍。即便法官通过自由心证认为存在虚假诉讼的可能,也时常受限于证据不足而无法精准识别虚假诉讼。

执行程序针对虚假诉讼的审查认定标准界限模糊,部分法官认为,应当适用民事诉讼中的高度盖然性的证明标准,经审查后通过自由心证认定虚假诉讼存在高度可能性即可对行为予以定性。但也有人持反对意见,认为应与刑事诉讼排除合理怀疑的证明标准相同。考虑到一旦被贴上虚假诉讼标签将对案件当事人造成较为严重的法律后果,需接受司法惩戒乃至承担刑事责任。因此,在虚假诉讼证据审查认定环节上需采取相对严格的证明标准,只有在确信该待证事实均可排除合理怀疑的前提下,方可对虚假诉讼行为作出最终认定。

三、机制重塑：识别防范规避执行型虚假诉讼之进路的探索与修正

针对规避执行型虚假诉讼,需在审执分离模式下,适度突破执行程序实体审查

---

① 张永红、徐晓枫、邵毅：《执行异议虚假诉讼中的犯罪证据收集》,载《人民司法》2020年第14期。

权限之范围与限度，深度融合当事人主义与职权主义，全面查清相关事实与证据，在充分衡量虚假诉讼行为危害程度之基础上，精准鉴别是否属于虚假诉讼犯罪行为，并对执行程序中的虚假诉讼行为进行科学识别、分流处理，构建科学合理的规制惩戒机制。

（一）在宏观架构层面适用灵活且多元化的执行审查方式

1. 在谦抑理念下有限扩张的执行实体审查权的限度及范围。坚持"谦抑执行"，就其字面意思是指谦虚、谦和、内敛、节制，在采取措施过程中要适度，凸显合理性，在目的和手段间维持好比例关系。① 执行程序在处置虚假诉讼问题时同样需受到法律规定与权力的约束，注重体现司法权的自制与恭谦，非必要情形不得逾越公民权利自治的领域。首先，执行法官要深刻领会把握谦抑理念，理性适用执行力扩张原则。其次，较之于审判环节而言，执行审查倡导"以形式审查为主，实质审查为辅"的审查理念，缺少严谨的举证与答辩环节，故在甄别虚假诉讼的精准性与全面性上存在局限性。② 因此，执行审查中一般不主动介入虚假诉讼的调查，除非有充分证据或者经内心推断极可能存在虚假诉讼，方可对案件进行全面实质审查。

2. 在审查模式上实现当事人主义与职权主义的融合共生。执行审查权有着浓厚的司法权色彩，中立性、被动性是执行审查权的特征。但也有部分观点认为，执行审查权是执行权的下位衍生产物，应更偏重职权主义，从而有效解决部分争议性实体问题。尽管执行审查程序有救济和保障功能，但其程序启动主导权应归属于当事人，严格坚持当事人主义，充分尊重当事人和利害关系人的处分权，不随意主动介入调查。在执行程序识别虚假诉讼过程中，除非基于法定因素或经初步审查发现有明确证据表明存在合谋虚构事实规避执行，才可依法启动审查程序。但特别需要注意的是，与审判程序应坚守当事人主义，要求法官居中裁判，审理范围受当事人诉请限制，除特定情形外不能主动调查搜集证据不同，执行程序并不需完全遵守此原则。③ 职权主义模式是我国强制执行财产调查的主要方式。④ 参照执行财产调查程序，对于虚假诉讼的审查机制选择，应以职权主义为主导，同时兼容当事人主义。因为在虚假诉讼审查中，如果同样适用绝对的当事人主义，则必然降低打击力度。当事人囿于专业知识、处理经验的缺乏，首先在识别上处于明显劣势，多数对虚假诉讼的反应也只是基于利益矛盾产生的纯粹猜忌，职权主义则能很好地弥补上述缺陷与漏洞。如果说当事人主义是触发审查的有力起点，那么职权主义则是审查机制

---

① 最高人民法院执行局：《法院执行理论与实务讲座》，国家行政学院出版社 2010 年版，第 4 页。
② 陈朝毅：《谦抑理念视野下执行程序中追加未届出资期限股东问题检视与完善——基于"追加"与"驳回"裁定思路的对比分析》，载《山东法官培训学院学报》2020 年第 1 期。
③ 高明：《错位与归位：审执分离改革中执行审查权的重构初探》，载《执行开拓者的理论探索——第八届"中国执行论坛"优秀论文集》，人民法院出版社 2019 年版，第 113 页。
④ 史明洲：《执行财产调查程序的模式选择：为职权主义辩护》，载《华东政法大学学报》2021 年第 2 期。

启动以后取得实效的动力保障，两者并不相悖，完全可以做到相辅相成。① 在打击规避型虚假诉讼中，法官应实现对案件事实的探明权和审查控制权有机把握，灵活适用当事人主义和职权主义，实现两者间有机融合共生。

3. 在办案理念上兼顾执行审查程序的规范性和效率性。审查虚假诉讼时，执行程序可通过听证的方式对案件事实进行多维度实体审查，借助辩论对抗的形式，进一步强化对证据与案件事实的审查。但也需要注意防止审查流程过于漫长，毕竟执行程序以效率优先为价值追求。在执行审查中，应根据涉嫌虚假诉讼案件具体情况予以分流处置。针对案情简单、证据充分、事实清楚、法律适用争议不大的虚假诉讼案件，可适用书面审查；而涉及实体争议较大的问题，则应当适用听证程序，并应依法引导当事人通过执行异议之诉来对争议事项予以全面实质审查，从而有效规制虚假诉讼现象。

（二）在微观设计范畴确立"有限"依职权审查模式，甄别虚假诉讼

要注重在审查模式与核心要素上予以规范化、明晰化，只有将机制固化，形成系统化、多维度审查模式，才能最大程度上解决办案人员的主观懈怠的问题。首先在于机制的确定性。一是启动机制的确定性，即在执行程序中明确规定，当事人向法院提出虚假诉讼审查申请或者执行人员发现具有明显虚假诉讼嫌疑的，应当依职权启动对诉权真实性的审查。二是执行调查职权的确定性，即明确执行法官在对虚假诉讼的调查权限、措施及流程。三是审查要件的确定性，这里面涵盖三个考量因素：（1）严格设定案件审查的证明标准。对虚假诉讼频发的案件类型，在执行审查中需严格审慎处理，对于审查中发现的模糊不清甚至自相矛盾的证据要全面深入地进行实质性审查，以达到"高度盖然性"的标准。（2）强化对违背常理的法律行为审查。出于风险防范的考虑以及当事人主义思潮之影响，法官对执行过程中存在的捏造事实或恶意串通提起异议复议等行为很少依职权展开调查，由此容易为滋生虚假诉讼创造外部环境。（3）明确虚假诉讼当事人的主观意图。一般此种故意系建立在"事实认识"的基础上，对于"事实认识"的"心理状态"乃是构成故意的第一要件。② 于此而言，行为人对虚假诉讼的主观认识程度是判定其应否认定为虚假诉讼的先决要素。这种事实认识需至少包含四个方面的内容：第一，在行为性质上，认识到虚假诉讼行为性质的违法性；第二，在行为客体上，认识到虚假诉讼行为对司法秩序或他人的权益造成侵害；第三，在行为结果上，认识到虚假诉讼行为将导致被执行人得以规避执行的后果；第四，在因果关系上，认识到自身行为与规避执行事实存在关联。对于上述内容的认识，在不同事实中，当事人认知程度存在差异，这种差异即为判断违法抑或是犯罪意图的重要标准。

---

① 邓永民、张冀闽、周顺、晏小琴：《虚假诉讼在执行程分配程序中的审查路径探索》，载《人民法院报》2022年5月25日。

② 陈佑治：《证明犯罪主观要件的难题——兼谈"自白与情况证据"》，载《证据学论坛》2013年第18卷。

(三) 在诉证据审查标准与举证责任分配规则上予以进一步规范

对虚假诉讼证据的识别、收集及审查规制是防范规制该类问题的核心所在。对于存在虚假诉讼嫌疑的案件，需对相关证据要进行全面实体审查，包括形式上合法性与内容上的真实性。① 这就涉及如何依职权收集证据和运用自由心证认定证据。依照《民事诉讼法》相关理论，职权主义不具备常态化的适用基础，虚假诉讼不能成为职权主义无限扩充的现实路径。因此，如何在执行程序中设定依职权调查虚假诉讼证据的范畴与限度尤为重要。由于合谋型虚假诉讼识别阻碍较大，需有针对性地设置专门的调查机制，以防范执行程序中出现虚假诉讼，并保障程序的合法公正。在执行办案中，如发现虚假诉讼现象，应当中止执行并启动依职权专门审查程序，在方式上可采用隔离质证的形式，全面主动搜集有关线索和证据。对存在瑕疵的证据，应当加强对其形式与内容上的矛盾点与逻辑冲突之处的调查，从而有利于对规避执行型虚假诉讼起到防范作用。② 此外，还需加强执行审查程序与异议之诉间的联动与衔接，拓宽证据收集的手段方式，协同化开展虚假诉讼行为识别与证据收集工作。最后就是举证责任分配问题，需杜绝机械化适用"谁主张，谁举证"规则，法官应秉持公正理念，依照案件特殊情况灵活理性分配举证责任。③ 对于认为存在串通伪造的可疑证据需谨慎采纳，加大排查力度，从而达到高度盖然性标准。（见图6）

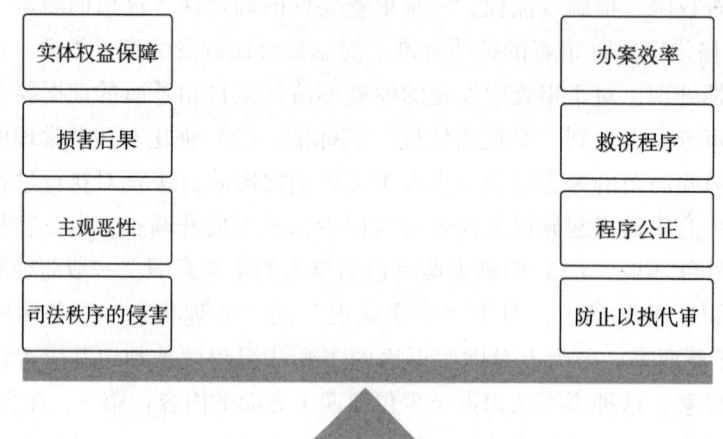

图6 利益衡量维度图

---

① 郑博涵：《虚假诉讼的鉴别及防治实证研究——以中国裁判文书网上110份民事裁判文书为分析样本》，载《尊重司法规律与刑事法律适用研究（上）——全国法院第27届学术讨论会获奖论文集》，人民法院出版社2016年版，第119页。

② 周惠：《虚假诉讼惩戒机制的要点分析：甄别、处置和防范》，载《上海法学研究》集刊2019年第5卷（总第5卷）。

③ 熊跃敏、梁喆旎：《虚假诉讼：识别、查证与规制》，载《京师法律评论第十一卷》，中国法制出版社2018年版，第229页。

（四）在虚假诉讼构成要件的审查范畴与裁判认定流程上予以进一步优化

根据规避执行型虚假诉讼特点及司法实务中存在的"争议区""认知差"问题引发的裁判标准不规范窘境，有必要对该类案件审查要件进行规范化界定，从而统一此类型虚假诉讼案件的裁判路径，实行同案同判。

1. 针对构成要件进行深入实质审查。

（1）明晰规避执行型虚假诉讼之主观要素。以规避执行为目的的虚假诉讼行为应符合以虚构的事实提起民事诉讼、妨害司法秩序或严重侵害他人合法权益的构成要件。主观方面以规避执行为目的，意图通过虚假诉讼达到转移财产目的。"内心意志"决定"意识行为"，是驱动行为人为作出某种行为的潜在动力，此种潜在动力可称为内心的违法犯罪意图。（2）科学认定规避执行型虚假诉讼客观结果要件。在执行程序中，并非所有的虚假诉讼行为都定性为犯罪，罪与非罪界限的判断标准在于违法行为对"司法秩序"或者"他人合法权益"是否产生严重的侵害后果。对"妨害司法秩序"的判定，可参照适用形式受理标准。基于执行立案采取形式审查标准，对司法秩序与成本的损害程度相对较轻，故而惩戒手段上可参照适用《民事诉讼法》有关要求即足以实现惩戒虚假诉讼之目的。在执行立案后的执行审查环节中发现的虚假诉讼行为，如未造成不可逆转的严重后果，可参照适用《民事诉讼法》有关司法惩戒措施。倘若确认虚假诉讼时已进入异议之诉等审判程序或导致法院错误中止执行甚至解封财产，造成无法执行回转等严重后果的，则表明已消耗巨大司法资源与诉讼成本，在此情形下应追究其刑事责任。（3）客观方面表现为以捏造的事实进行虚假诉讼。判定虚假诉讼要以当事人捏造基础性法律关系的事实为行为要件。虚构事实或伪造证据构成虚假诉讼的，该事实或证据需针对争议的基础法律事实。[1] 尤其在争议的基础法律关系真实的情况下，假如当事人或案外人出于自身利益考量，在执行调查程序中作出的少许夸张性的描述或隐瞒事实的情形，则不应将其归为虚假诉讼范畴。

2. 在执行程序中构建环闭式审查认定机制。

（1）初步怀疑。在识别虚假诉讼案件时，从易发案件类型、执行中异常行为表现、民事涉执行案件的法律事实不合理因素三方面加以全面审查，提出可能涉嫌虚假诉讼的初步怀疑。譬如，在甄别某一个案件是否涉及虚假诉讼时，应将案件类型予以归类，审查是否属于虚假诉讼案件易发类型。此外，应严格审查执行过程中出现的异常情况和违背民事法律事实逻辑等不合理因素，准确识别虚假诉讼。

（2）甄别查证。虚假诉讼案件的识别是一个认识逐渐明确、事实逐渐展现的过程，裁判者的视角需环绕徘徊于证据审查与外围调查核实之间，有效甄别不合理的

---

[1] 周惠：《虚假诉讼惩戒机制的要点分析：甄别、处置和预防》，载《上海法学研究》集刊2019年第5卷（总第5卷）。

细节和疑点,将有关核心证据线索分级分类罗列,秉持合理怀疑的态度,发挥穿透式审查理念,不拘泥于证据外在表象,注重发挥主观能动性思维,通过抽丝剥茧的审查,层层拨开虚假迷雾,进一步夯实判断虚假诉讼的内心确信。

（3）综合评判。在初步怀疑、甄别查证的基础之上,还需多维度对涉虚假诉讼案件加以审视,既要分析已有的可确认虚假诉讼的有利因素和证据,也要分析可能的不利因素和相反的证据。建议遵循裁判路径层层递进的方式来查明案件事实并进行定罪量刑,具体如下：首先,要查明虚假诉讼是否符合虚假诉讼罪的行为特征与构成要件,即有无虚构事实并向法院起诉的行为或进行仲裁、公证后申请强制执行或提起执行异议;该虚假诉讼行为处于执行何阶段,是否已严重妨害了司法管理秩序或侵犯了他人的合法权益。[①] 其次,检视虚假诉讼行为的严重后果,主要包括：负有执行义务的当事人是否通过虚假诉讼已转移、隐匿了财产,是否通过他人以虚假诉讼获取的裁判文书参与了执行款的分配,是否造成真实债权人实际损失并致判决、裁定无法执行。注意此中的"判决、裁定"应为法院作出的具有执行内容并已生效的判决、裁定。[②]

结　语

针对规避执行型虚假诉讼认定标准模糊、裁判尺度紊乱、惩戒措施失衡、程序衔接不畅等问题,需强化执行审查力度,"有限"突破"审执分离"限界,适当强化职权主义色彩,形成环闭式的审查与分流处置机制,进而突破规避执行型虚假诉讼案件在司法规制方面存在的识别标准模糊与法律适用争议困境,在最大限度上防范识别规避执行型虚假诉讼行为的发生。相信伴随有关制度的逐步完善,执行程序中虚假诉讼现象将会得到有效的规制。

[①] 张明楷：《虚假诉讼罪的基本问题》,载《法学》2017年第1期。
[②] 刘贵祥、刘慧卓：《〈关于审理拒不执行判决、裁定刑事案件适用法律若干问题的解释〉的理解与适用》,载《人民司法·应用》2015年第3期。

何以辨明：刑事和解隐藏事实的查明方法
——以合意式诉讼模式为视角

江西省宜春市中级人民法院　管俊兵
江西省宜春市袁州区人民法院　陈国平

引　言

刑事和解是我国司法实践中典型的合意式刑事诉讼形式之一。[①] 近年来，在刑事诉讼法学研究中已有不少学者从协商型刑事诉讼视角对刑事和解展开研究并取得了一定的成果，由传统的刑事证明模式向证据契约模式转变。然而，我国证据法学理论研究远远落后于司法实践以及刑事诉讼理论研究的步伐，合意式刑事诉讼的证明理论、证明原则以及证明模式等问题更无可循的规则，由此也造成对刑事和解事实查明困境，事实不清、事实不明、被隐藏现象频发。为此，本文在观察分析刑事和解隐藏事实特点的基础上，以破解合意式刑事诉讼对证据审查不严、对事实认定不规范等为目标，构建一套刑事和解事实查明的规范进路。

一、检视：刑事和解隐藏事实查明之困境

按照制度设计，刑事和解迎合了加害人、受害人、司法机关三方各自的需求，对化解矛盾纠纷、恢复加害人与受害人之间的关系具有较一般纠纷解决方式不具有的优势。但实践中不少当事人因刑事和解程序中的和解协议再次发生诉讼，碎片化事实经由刑民关联程序拼接成完整的刑事和解事实：刑事案件认定事实+民事案件诉称事实+查明的隐藏事实，具体如表1所示：

[①] 合意式刑事诉讼是指控辩双方在被追诉人承认控诉方提出的诉讼主张或者作出的诉讼行为的基础上形成合意，司法机关依法根据合意对刑事案件进行处理的方式、方法和步骤。合意式刑事诉讼典型包括刑事和解、认罪认罚、速裁程序适用等，参见王新清：《合意式刑事诉讼论》，载《法学研究》2020年第6期。

表 1　关联刑民程序有关刑事和解事实概况

刑事	刑事案件认定事实	民事	民事案件诉称事实	查明的隐藏事实
刑事案件一	黄某虚构合同诈骗钟某20万元后，钟某出具了收到黄某20万元诈骗款的收条及对黄某的谅解书。法院据此对黄某从轻处罚①	关联民事案件	钟某以借条为据起诉黄某某（黄某妻子）及两个担保人，要求其偿还借款本金20万元及利息8.8万元②	钟某并未实际收到黄某退赔的20万元，黄某某代为退赔2万元后，另行向钟某出具了20万元的借条
刑事案件二	被告人张某球采用欺诈方式骗取被害人梁某27万元，现已退还且已取得梁某的书面谅解③	关联民事案件	李某年（张某球妻子）因资金周转需要向原告梁某借现金25万元并出具了借条④	张某球并未退还27万元，在退还2万元后，梁某要求李某年出具25万元的借条作为其出具谅解书的附加条件

在民事程序中查明和解事实真相并非难事，因为在此程序中，双方当事人在刑事程序中共同隐藏事实真相的默契已被打破，常表现出一方继续维持隐藏事实的表象并据此主张民事权利，而另一方则对和解事实和盘托出并以受胁迫、欺诈、意思表示不真实等为由进行抗辩。然而，这些事实在双方维持隐藏真相合意的刑事诉讼阶段乃至此后的长时间内，仍处于无法辨明的状态。

（一）分类：刑事和解隐藏事实样态

上述案件仅是我国刑事和解程序中存在隐藏事实的冰山一角，笔者以"刑事和解协议、民事案件"为关键字进行检索，在中国裁判文书网上得到942个结果，⑤表明存在大量因刑事和解协议争议导致的民事纠纷进入诉讼。通过对样本的观察和分析可以发现，刑事和解隐藏事实存在以下类型：

1. 隐藏担保事实。当加害人履行能力不足或者无履行能力时，受害人一方为了能够让自己受损的权益得到更有效的保障，会在和解协议的基础上，要求他人提供抵押、质押等担保。如在上述黄某诈骗案中受害人实际上未收到加害人及家属支付的20万元，但是却与加害人通谋，故意隐藏了双方具有利息的借款协议和担保协议，而向法院提交虚假的收条和谅解书。

2. 隐藏交易事实。加害人具有充分的赔偿能力，但对自身的犯罪行为缺乏清醒

---

① 参见（2015）袁刑初字第49号。
② 参见（2015）袁民一初字第1429号。
③ 参见（2015）云刑初字第105号。
④ 参见（2021）湘0603民初684号。
⑤ 检索日期为2022年6月28日，剔除无效样本（关键词与案情无关）、重复样本（同一案件不同程序、重复上传等）。

的认识，过高估计了应当对受害人承担的赔偿责任，受害人对加害人的经济能力具有充分的认识。如赵某与王某股权纠纷案①，该案和解协议的赔偿数额巨大，且隐藏了股权转让的事实，因流产这一损害后果属于轻伤范畴，量刑在三年有期徒刑以下，附带民事赔偿的金额十分有限。当事人签订巨额赔偿协议具有"以钱讹刑"的意图，严重妨害刑事诉讼程序正义。

3. 隐藏赠与、额外补偿事实。加害方为了获取受害方的谅解，通常会同意向受害方支付高于民事赔偿数额的补偿，但受制于司法机关的审查，受害方要求此类补偿协议另行签订，未提交给司法机关进行审查。如卜某与彭某交通事故案②，该案双方签订的和解协议系真实意思的表示，却向司法机关隐藏了车辆转让协议，虽然购车协议是双方为办理车辆过户手续而作出的民事法律行为，但是卜某并没有支付对价，不符合买卖合同的实际要件，属于双方通谋作出的虚假意思表示。

（二）具象：事实查明程序失范观点不清

本文抽取 75 个样本对其关联的刑事程序和民事程序事实的认定进行观察，发现司法机关对双方和解事实的审查与认定存在各自突出的问题：

1. 刑事程序忽视和解事实真实性审查。裁判者们似乎只关心刑事和解为提高案件审理效率带来的效益，而几乎不关注和解协议的真实性、合理性，也无意进一步查明和解协议背后是否存在因刑事犯罪而隐藏的其他事实。

对和解事实的认定整体呈现两个特点：一是审查程序上的不规范甚至缺失，对提交的和解协议、收条、谅解书等进行质询的比例仅占 30% 左右，审查重点在于查明被害人一方签署谅解书的自愿性，样本中无一例对当事人之间是否存在隐藏行为进行询问或者审查，未对和解事实真实性进行审查。二是事实认定停留在表层：事实认定的逻辑遵循简单的"协议——和解事实"或者"收条——和解事实"这一基础推理结构，未以经验法则对协议的合理性、真实性进行判断；对和解事实的认定结果通常采取"另查明，被告人已经履行某行为+取得了被害人书面谅解""另查明，被告人的家属代履行某行为+取得了被害人书面谅解"类表述，无法呈现事实全貌，因此也不足以引导侦查机关、公诉机关在相应阶段对和解事实进行深入、准确的查明。（见表 2）

---

① 参见（2018）豫 15 民终 254 号。黄某静与怀孕的王某发生冲突后王某流产，王某对黄某静提起刑事控告。黄某静的丈夫赵某与王某母亲程某签订《股权转让协议》，约定将赵某持有某公司 15% 的股权以 0 万元转让给程某。随后，赵某及黄某静与王某达成《刑事和解协议书》，约定由赵某及黄某静赔偿王某人民币 100 万元，王某不再追究黄某静的刑事和民事责任。赵某向王某支付了赔偿款后，以股权转让协议系受欺诈、胁迫为由起诉主张撤销股权转让协议。

② 参见（2015）宿中民终字第 1906 号。卜某酒后驾车与彭某的小车相撞，卜某负事故的全部责任。在交警部门的主持下双方签订了《刑事和解协议书》，由卜某赔偿彭某人民币 135000 元作为车辆修理费并当面付清，彭某表示谅解。同日，双方又签订了一份《二手车购车协议书》，约定彭某将其受损车辆以 135000 元转让给卜某。该转让价款及车辆均未实际交付。后卜某发现该车价值仅 10 万元，便起诉撤销该购车协议。二审法院以受损车辆属于彭某给卜某的赠与、超过车辆的价值部分属于卜某对彭某的补偿为由驳回了卜某的诉讼请求。

表2 刑事程序对和解事实的审查情况

对和解事实的查明情况	数量（件）	认定事实的证据	是否查明具有隐藏协议
查明和解协议的来源、内容、履行情况	8	和解协议、谅解书、收条	否
查明存在和解协议及履行情况	15	和解协议、收条	否
被告人取得谅解	52	收条或无	否

2. 民事程序排斥对和解事实真实性进行审查。民事程序中对和解事实的查明主要体现为对和解协议的审查，然而，对和解协议是否属于民事诉讼审查范围，实践中却存在截然相反的观点：一种观点认为，和解协议不属于民事诉讼受案范围，理由是和解协议约定的内容已经在刑事程序中作出安排，① 和解协议系以解决定罪量刑为目的而非对民事权利义务的约定；② 另一种观点认为，和解协议属于民事诉讼的受案范围，如在王某军案中，二审法院认为，和解协议并不等同于刑事和解，协议有关刑事控告、量刑建议等方面的约定因违反强制性规定而无效，但并不影响其他约定的效力，应对有关约定进行审查。③ 此外，在对协议进行审查的过程中，不少裁判认为两者之间无关联性，将当事人的真实意思表示与隐藏事实割裂，在民事程序中单独就当事人的隐藏事实进行审查。（见表3）

表3 民事程序对和解事实的审查情况

主要诉请	理由	审查范围	审查结果
撤销和解协议或认定隐藏协议无效	反悔、刑事案件被撤销	仅审查和解协议	和解协议有效，未涉及对其他协议的审查
撤销隐藏协议或者认定无效	反悔、未按期履行	仅审查隐藏协议	依据隐藏协议的性质确定效力，不可撤销
	显失公平、受欺诈、胁迫，损害国家或集体利益，属于和解协议的附属协议	同时审查和解协议和隐藏协议	无关联性，告知对和解协议另行处理；构成主从关系；构成部分履行或相互补充

二、反思：刑事和解事实不明的原因

刑事和解事实不清、被隐藏看似是加害人与被害人通谋虚伪的结果，实则是合

---

① 参见（2018）湘10民终578号。
② 参见（2014）盐民初字第0118号。
③ 参见（2015）苏民终字第00127号。

意式刑事诉讼情形下，对案件事实观念的异化、程序对抗性下降和传统证明模式与合意式刑事诉讼之间的张力等因素叠加的后果。

（一）事实观念异化：客观真实向主观真实转变

绝对客观真实论者对事实定义为"事实是不论我们对之持什么样的看法而该是怎么样就是怎么样的东西"①，即事实作为认识论的客体，是不可描述的客观存在，不因认识者的观察角度或者自身感受的变化而改变。在承认事实客观性的前提下，其"真实"特指与某命题相对应的一类事实，即"A命题"与"A事实"的组合方为"A真实"，并由此引申出诸如实质真实与法律真实、客观真实与主观真实的对向性概念。②

就传统刑事诉讼而言，在承认事实绝对客观真实这一前提下，我国刑事诉讼采取以实体公正为主兼顾程序的价值取向。在此理念下，案件事实被视为与诉讼程序相关且为诉讼证明所必需的部分客观存在，其实际上是可以被认识甚至是被完全认识的，刑事程序只不过是事实被认知的可能手段之一，对事实绝对客观真实的追求造成我国及部分传统大陆法系国家"重实体、轻程序"之弊端，不仅严重降低诉讼效率，而且容易滋生冤假错案。正因如此，法律真实论者将案件事实置于诉讼程序语境下，其在承认事实客观性的同时又强调诉讼程序这一特殊运行机制对事实概念所起到的限缩作用，即法律真实。③ 事实上，我国刑事诉讼对案件事实的查明标准也已从绝对客观真实向法律真实或相对客观真实转化，这是刑事诉讼发展的必然结果。

然而，在合意式刑事诉讼形势下，刑事和解程序对传统的事实观念带来了严重冲击，司法实践者难以恪守相对客观真实这一标准，转而异化为主观真实，一方面是因为当事人和解不仅能缩短程序提高效率，而且能够简化部分事实证明步骤，给事实判定带来极大的便利性；另一方面则是因为和解事实本身就建立在加害人与被害人的合意之上，其必然是具有主观真实性。

（二）审查程序弱化：对抗式向合意式转变

事实不辩不明，只有通过具有一定对抗性的质询、论辩程序，真相才能被发现，经此程序得到的案件事实才经得起检验。在刑事追诉的各阶段，被追诉人可以在证据提出、案件事实认定乃至犯罪指控、量刑建议、损害赔偿等各阶段与被害人、侦查机关、公诉机关、审判机关达成合意，这不仅使对抗的程度大大降低，甚至可能会消灭对抗。④ 对抗性不足有可能导致程序失灵，并直接造成和解事实查明程序形

---

① ［英］伯特兰·罗素：《逻辑与知识》，苑莉均译，商务印书馆1996年版，第219页。
② 琚明亮：《论刑事诉讼证明观的转向与回归——以诉讼合意为视角》，载《西部法学评论》2019年第4期。
③ 刘田玉：《论"法律真实"的合理性及其意义》，载《法学家》2003年第5期。
④ 参见谭世贵：《论刑事诉讼模式及其中国转型》，载《法制与社会发展》2016年第3期。

式化的后果。这主要表现在两个方面：

1. 削弱公诉机关指控力度。刑事和解、认罪认罚等合意在审查起诉阶段可能会给诉讼进程带来三类后果：一是影响其是否被提起公诉，如果犯罪嫌疑人认罪，在犯罪情节轻微或者即使在犯罪情节较重但其还存在重大立功表现时，检察机关也可以不起诉；二是影响检察机关在审判程序中的建议权，当控辩双方达成合意，检察院在提起公诉时可以建议法院适用简易程序、速裁程序审理；三是影响强制措施的适用或变更，当犯罪嫌疑人认罪，其社会危险性会大大降低，检察院变更强制措施。同时，诉讼程序的简化、强制措施的变更本身即是检察机关指控动力下降的表现，而一个认罪认罚、积极配合追诉且得到受害人谅解的嫌疑人形象，进一步促使公诉机关卸下防备，不再深究和解事实真实与否。

2. 弱化审判机关事实查明力度。在审判阶段，如果辩方就控诉方证据予以承认，则法院无需再组织控辩双方展开询问、质证的法庭调查程序，而如果控辩双方就案件事实达成合意，就可免除法院查明案件事实的证明责任，这一方面能够简化审判程序、合理配置审判资源、提高审判效率；另一方面也弱化了裁判者对事实查明的力度，在案件数量剧增、审限压力巨大的现实前提下，形式上合法的和解协议几乎都能够被采信。

司法机关宽松的审查环境，降低了刑事和解隐藏事实被查明的概率，进一步提高了当事人同谋虚伪的可能。

（三）证明模式异化：相互印证向孤证自立转变

事实的查明与事实的证明就像硬币的两面，刑事和解隐藏事实不明，一方面是因裁判者审查不严、调查不深入所致，另一方面也是因证明标准二元化、"孤证自立"。

1. 证明标准二元化。我国《刑事诉讼法》在事实认定与审查方面历来具有"重定性轻量刑"的传统，法官关注的核心是决定犯罪性质的事实，而很少关注量刑事实。传统的刑事诉讼以限制法院不当定罪为目标，有关证据理念和证据规则也以此为核心而展开，并要求严格坚持无罪推定原则。同时，就公诉机关而言，要求其必须承担证明被告人有罪的责任，且必须适用最高证明标准。（见图1）

具体个案的量刑事实是以该被告人已经构成犯罪为前提，且以有利于被告人为原则，允许被告人自由证明其量刑轻重的事实，并无严格证明标准的要求。一方面没有严格限制证据的种类，如证据种类既可以是法定证据种类，又可以是类似情况说明、谅解意见、和解协议、量刑建议等；另一方面也没有严格限制证据的来源，如可以是通过查阅、调取卷宗档案的方式获得，也可以是通过询问获取的笔录材料。

和解事实作为量刑参考因素，属于非要件事实，在采用自由证明模式下，并不要求适用排除合理怀疑的证明标准，而是适用优势证明标准。被告人或者受害人基于其特殊的考量，可能单独或者合意向法庭提供片面甚至虚假的量刑证据，从而使法庭以此作出偏重或者偏轻的量刑裁判，导致量刑不公正。

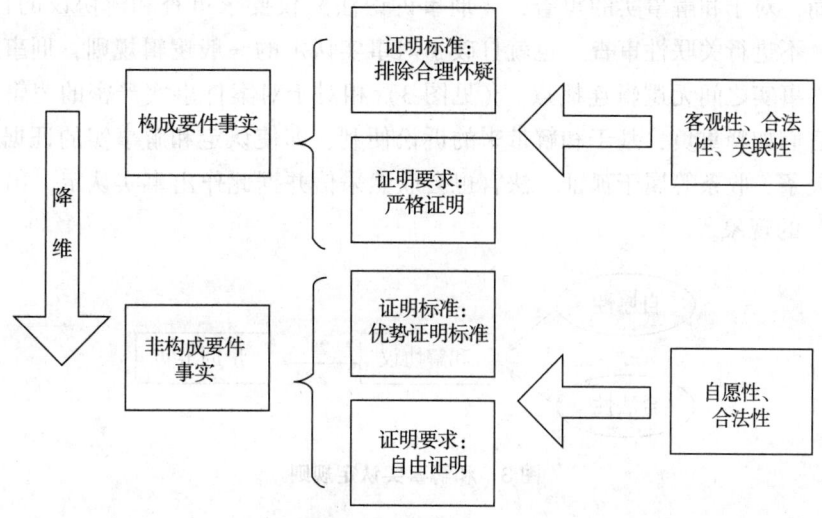

图 1　要件事实与非要件事实证明标准比较

2. 证明逻辑孤立化。司法实践及理论界一般认为我国刑事诉讼采取的是自由心证的印证模式：法官需要根据法律规定对证据进行证据能力的判断，然后对哪些证据能够证明什么样的事实及证明程度如何进行判断，在相互矛盾的证据中如何取舍，最后综合全案证据对是否能够证明案件事实、是否达到证明标准、是否形成内心确信进行判断。① 对于自由心证的印证过程，法官需要先对证据的真实性、合法性作出认定，再考察证据与待证事实之间的关联性，即该证据是否能够推导出待证事实或者是与待证事实有关的间接事实。法官的目光需要在规范和案件事实之间不断地往返流转，案件事实的确定也直接影响着规范的准确适用。② （见图 2）

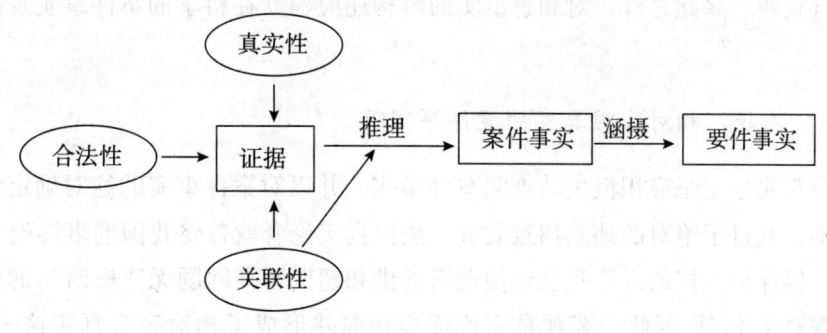

图 2　事实认定的一般逻辑规则

---

① 龙宗智：《印证与自由心证——我国刑事诉讼证明模式》，载《法学研究》2004 年第 2 期。
② 刘星海、魏冬林、杨潍陌：《逻辑之旅：司法证明的理性构建——刑事诉讼中事实认定的思维路径》，载《法院改革与民商事审判问题研究——全国法院学术论文第 29 届学术讨论会获奖论文集》（上），人民法院出版社 2018 年版，第 333 页。

然而，对于和解事实的审查，《刑事诉讼法》仅要求审查和解协议的自愿性、合法性，不进行关联性审查，也就打破了对事实认定的一般逻辑规则，刑事和解协议与案件事实之间无逻辑连接点。（见图3）相对于对案件事实严密的逻辑推理而言，法官们如释重负，基于和解带来的诉讼便利，即使认定和解事实的证据如和解协议、欠条、收条等属于孤证，法官也会欣然采信并据此作出事实认定，出现"孤证自立"的现象。

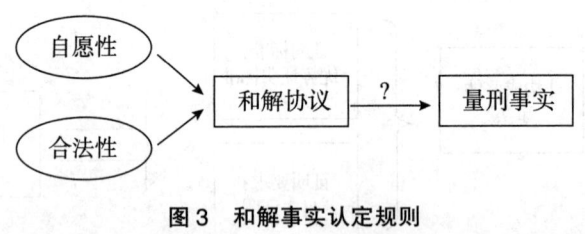

图3 和解事实认定规则

三、厘定：刑事和解事实的查明标准及审查限度

刑事程序是以某种构成要件为指导形象去辨明案件，并且就其实体逐步形成心证的过程，即刑事诉讼中的主要证明事项就是构成要件事实。① 因此，我国《刑事诉讼法》仅对定罪事实证明标准进行了明确的规定，而未系统性规定程序性事实证明标准。为克服此种弊端，有学者将刑事案件事实进行解构并提出分层证明主张，认为刑事案件事实可划分为本体事实（或称要件事实）与程序事实，且可对该事实分层进行细化，并由此提出四级证明标准。② 该理论为刑事和解事实的查明提供了可行的路径，即对刑事和解事实再进一步细分后，以相应层次化的证明标准对和解事实进行查明。除此之外，对和解事实的解构还应建立在科学的案件事实观的基础之上。

（一）立场：相对客观真实的案件事实观

客观真实论主张应积极主动查明案件事实，并以对案件事实的绝对确定性作为指导原则，其过于绝对的缺陷招致质疑。法律真实论者就曾将我国刑事诉讼"重打击犯罪、轻保护人权的诉讼观念致使刑讯逼供和超期羁押问题无法根治"的原因归结于客观真实论。③ 因此，客观真实论逐步转向并形成了相对客观真实这一结论，其不再强调对绝对真实的一味坚持，即在部分问题上向法律真实论作出一定妥协，并以刑事司法的某些环节作为这一理论突破的尝试点。④

---

① ［日］小野清一郎：《犯罪构成要件理论》，王泰译，中国人民公安大学出版社1991年版，第244页。
② 参见马贵翔、赵容：《刑事案件事实结构及分层证明探析》，载《犯罪研究》2021年第5期。
③ 刘田玉：《论"法律真实"的合理性及其意义》，载《法学家》2003年第5期。
④ 琚明亮：《论刑事诉讼证明观的转向与回归——以诉讼合意为视角》，载《西部法学评论》2019年第4期。

合意式诉讼在制度萌生之时就以默示的方式接受了这一修正后的客观真实论，具体体现在其本身内涵及刑事诉讼对由合意产生的证据、程序、事实的可采性态度。

具体到刑事和解这一合意式刑事诉讼形式而言，侦控机关无疑将因被追诉人的有罪供述及其与被害人的和解协议而在侦查阶段大获便利，该便利既可以是有利于作案工具、赃款赃物的查寻，也可以是其他事实的发现，即在侦查阶段和解便起到了简化案件证明的作用；而在审理阶段，辩审对抗同样呈现弱化趋势：一是由于诉辩对抗已经由于双方合意而弱化，二是被追诉人良好的认罪态度再次降低了辩审之间的对抗性，可以说这些制度效应均是与诉讼合意所内含的自身属性相伴而生的，因而合意式刑事诉讼天然的立身之处便是相对客观真实的事实观。

（二）层次：刑事诉讼普遍性证明标准划分

证明标准是指在某一类案件或某一特定案件中要求负有证明责任的一方提供证据进行证明应达到的程度，即证明活动中应当达到的最低标准。① 因此，证明标准在刑事诉讼活动中具有层次性特征，《德国刑事诉讼法典》将刑事诉讼活动中证据材料的证明力层次归纳为三个层次，而《美国联邦刑事诉讼规则和证据规则》则将证明标准的层次划分为九个等级。②（见表4）

表4　域外证明标准层次划分

国别	第一层	第二层	第三层	第四层	第五层	第六层
德国	实体事实证明——排除合理怀疑的盖然性	程序事实——"令人相信"	最低标准表述的"显而易见"	无	无	无
美国	绝对确定	排除合理怀疑	清楚和有说服力的证据	优势证据标准	合理的根据	有理由的相信和有理由的怀疑

英美法系和大陆法系的证明标准虽然存在一定的差异，但构建具有层次性、立体化的刑事诉讼事实证明标准是两大法系的共同特征。我国学界对此也有类似的研究，并提出高度证明标准、中度证明标准和低度证明标准"三层次说"。③ 与英美法系九层次证明标准相比，我国学界提出的"三层次说"具有相对简单且兼顾事实查明需求的优势，本文持此相同观点。

1. 高度证明标准。高度证明标准是一种高度确信程度，要求裁判者和控辩双方在诉讼中通过正当程序，使待证事实达到一般人普遍相信在正常情况下应当真实存

---

① 薛波：《元照英美法词典》，北京大学出版社2014年版，第1283页。
② 参见《美国联邦刑事诉讼规则和证据规则》，卞建林译，中国政法大学出版社1996年版，第22页。
③ 马贵祥、王琦婷：《刑事诉讼非要件事实证明标准探析》，载《贵州民族大学学报（哲学社会科学版）》2021年第2期。

在的程度,其中包括两个层级,第一层级为最高的"排除合理怀疑",第二层级为略低的"高度盖然性"。前者为所有国家和地区在司法实践中的最高证明标准,适用于刑事诉讼活动中的实体性事实;后者通常适用于民事诉讼中。"排除合理怀疑"是一种心证程度,是裁判者依照法定程序对证明活动进行审查后才形成的内心确信,而"高度盖然性"是指"从事物发展的高度概率中推定案情、评定证据,是我们在对证据和案件事实的认识达不到逻辑必然性条件下不得不使用的手段"。①

2. 中度证明标准。中度证明标准的确信程度低于高度证明标准,一般表述有"优势证据""较大可能性""盖然性占优""权衡性优势"等。这一标准要求作为提出事实证据的主体必须证明该事实的真实存在的可能性是大于不存在的,如两种可能性大致相等,则证明主体的证明任务就不能算作完成,审判者也不能据此作出裁判。② 因此,中度证明标准以一种"比较"的形式加以定义,"优势证据"标准常见于民事诉讼活动中要件事实的证明活动中,在刑事诉讼中应当如何运用,正是本文探讨的。

3. 低度证明标准。低度证明标准通常以"合理怀疑"作为立法中的表达方式,"合理怀疑"指的是有合理的根据使事实的存在具有可能性,是存在合理怀疑的正面表述,确信程度低于中度证明标准,是证明标准中最低的一种,一般表述为"有理由的怀疑""合理的疑点""单纯的怀疑"等。适用低度证明标准的待证事实主要限于与实体权利义务无关的程序性事项,与定罪事实无关。③

如果将证明标准的强度以数字进行表示,0~100表示由弱到强,那么从低度证明标准到高度证明标准之间,三个层次依次可划分并对应三个区间,如此能较为直观地反映证明标准的层次性。就此而言,证明标准的每个区间内仍存在较大的浮动性,但这恰好能够为个案不同事实所依赖的证据强度不同提供合理的解释。(见表5)

表5 各类事实证明标准及区间

证明标准	高度证明标准	中度证明标准	低度证明标准
数值区间	90~100	30~89	0~29
事实类别	构成要件事实	非构成要件事实	程序性事实

事实上,不论是适用何种证明标准的事实类型,在证明标准的具体要求上也会存在细微的差异。例如,侦查活动既包括扣押、询问等对当事人影响轻微的行为,也包括秘密侦查等可能对当事人诉讼权利造成较大影响的行为。因此,该程度的证明标准需要进一步区分为两个层级:第一层级针对当事人诉讼权利造成较大影响的

---

① 杨宇冠、孙军:《"排除合理怀疑"与我国刑事诉讼证明标准的完善》,载《证据科学》2011年第6期。
② 齐树洁:《英国证据法》,厦门大学出版社2002年版,第201~203页。
③ 陈光中:《证据法学》(第三版),法律出版社2015年版,第370页。

事实，应当具有较强的说服力，两者证明力的差距体现在数值上为 6 至 9；第二层级针对当事人诉讼权利影响较轻微的事实，需要具有一定的说服力，这时的差距仅达到 1 至 5 即可。

（三）框定：刑事和解事实特殊性证明标准定位

刑事和解事实是经刑事程序确认的合意事实，是建立在主观协商基础之上形成的复合性事实，因此，应当将刑事和解事实进行拆分并赋予不同的事实以相应的证明标准。具体而言，刑事和解事实可以拆分为认罪事实、协商事实、谅解事实、履行事实，相应证明标准框定如下：

1. 认罪事实采用最高证明标准。在刑事和解过程中，被告人在与侦查机关、受害人达成合意的过程中，通常一并附带对犯罪事实的承认。如双方在和解协议中有关"某人因犯某罪，经双方协商……"的表述，即是双方对犯罪事实达成的合意，被告人的承认相当于有罪供述，只是供认的对象前者为被害人，后者为侦查机关。因此，对认罪事实的承认，应当与有罪供述的证明标准相同，采用高度证明标准。

2. 协商事实采用高度证明标准。协商事实是刑事和解程序中的重要程序性事实，应当查明协商的主体、经过、结果。协商的主体是被告人与受害人、被告人与受害人家属还是被告人家属与受害人或者受害人家属，协商的经过应当查明是否自愿、有无见证人，协商的结果是否唯一、是否真实、是否合法且合理。因在和解过程中，双方隐藏事实的可能性较大，若未对协商事实全面查明，则司法机关所掌握的协商结果很可能不唯一、不完整，造成事实遗漏，因此，应当适用严格的高度证明标准。

3. 谅解事实采用中度证明标准。谅解意思表示作为被害人或者被害人的家属的主观心理状态，本身存在不稳定性的特征，一旦作出，也存在反悔的可能。因此，谅解事实存在较强的时空特性，但为维持刑事和解程序的稳定性，应当认为谅解意思表示一旦作出即发生效力且不容反悔。有鉴于此，对谅解意思表示的证明不能过于严苛，有证据证明或者有关当事人认可其在特定的时空下作出的谅解的意思表示即可，该意思表示出于自愿即可，应适用中度证明标准。

4. 履行事实采用中度证明标准。实践中，不少和解协议均约定了分期履行或一次性履行方式以及是否已经履行的状态，且多数刑事和解因隐藏事实发生的民事纠纷均因履行发生争议而起，故在刑事诉讼阶段就应当查明是否真实、全面履行，但履行事实本不是刑事和解程序的必要因素，过高的证明标准会耗费较多的司法资源，故采用中度证明标准较为适合。

四、明辨：刑事和解隐藏事实查明的具体规则

基于前文对刑事和解隐藏事实的产生的原因分析，本文提出对刑事和解隐藏事实的查明，应当立足于相对客观真实语境，建立相对独立的审查程序并在分解事实

的基础上以逐层对应的证明标准对和解事实进行查明。

（一）程序选择：单独模式和混合模式比较

根据刑事和解程序本身及样本案例有关隐藏事实被发现的时间，可以存在三种可能的模式对和解事实进行审查。

1. 刑事程序单独审查模式。在刑事和解程序中，应当全面审查当事人和解的真实性、合法性、自愿性，对有关和解主体、协议、履行凭证等进行审查，在刑事和解程序中确定了的和解事实对后续与和解协议相关的民事纠纷产生既判力，遮蔽和解双方在刑事和解程序之外就有关和解纠纷的诉权。此种模式旨在强化刑事和解的效力，引导当事人客观、全面陈述和解事实，达到预防纠纷、节约司法资源的效果。

2. 刑事程序合并民事程序模式。刑事一审判决作出前，当事人就隐藏协议诉至法院，则应当合并审理。法院在对和解协议进行自愿性、真实性、合法性审查时，应对刑事程序中的和解协议与双方隐藏的真实意思表示行为进行审查：如果两份协议内容互斥，则应当征求当事人的意见，征询是否继续和解程序，有一方表示拒绝，则终结和解程序，对一方提出的民事诉讼应当裁定驳回起诉；如果两份协议存在包含关系、并列关系且不存在冲突，则应合并全部意思表示后重新制作和解协议并加以确认。相应的民事程序并入刑事附带民事程序处理，和解协议作为刑事附带民事诉讼处理的依据。如果双方同意继续和解，则应当在法院规定的时间内重新作出和解协议，并按照包含关系进行处理。

3. 民事程序单独审理模式。刑事判决作出后，一方当事人就有关协议诉至法院，一方以该协议系刑事和解隐藏事实进行抗辩，则应单独进行民事程序审理。法院应当通过合理的举证责任分配以查明该事实与刑事和解的关联性：提起诉讼的一方除了承担一般民事诉讼的举证责任之外，还应当举证证明该行为的独立性，即与刑事和解不存在关联、不被刑事和解事实认定效力遮蔽；而主张系和解隐藏事实的一方应当举证证明该事实与刑事和解的关联性，证明其是否被和解协议包含、吸收或者存在可撤销、无效等情形。上述程序必然加重了当事人的举证责任，此种考量原因有二：一是确属因刑事和解隐藏事实引起民事纠纷，则该诉讼系当事人对司法资源的不当占用，通过加重当事人的举证责任来阻却当事人诉讼的意愿；二是能够逆向推动当事人在刑事和解阶段即全面、客观、真实供述和解事实。

对于刑事和解隐藏事实的查明，理想的模式当然是刑事单独模式，即在刑事和解程序便全面、客观、清楚地固定和解事实。但通过单独的和解程序便想完全阻却当事人之间的隐藏行为并不现实。因此，应当建立以刑事程序单独审查为主、刑事合并民事审查模式为辅、民事单独程序为补充的混合审查模式。

篇幅所限，本文后续有关事实查明具体规则的设计主要围绕刑事程序单独审查展开。

（二）辩审对抗：主动查明与事实申明相结合

合意式刑事诉讼弱化了诉辩对抗，当事人之间就隐藏事实又存在较为牢固的合意，依赖侦控机关与当事人的途径查明事实全面并不妥当。在此形势下，审判机关应当合理借鉴职权主义模式下审判权主动纠问的司法经验，并通过当事人事实申明与民事责任承诺制度，在刑事和解阶段便固定和解事实，从而有效预防因刑事和解再起民事诉讼。

1. 法官主动纠问与释明。除对和解事实进行自愿性、合法性进行审查外，应当重点查明认罪事实、协商事实、谅解事实、履行事实的真实性，如果能够对和解协议的真实性作出准确的判断，那么应当在刑事判决书中予以确认，并将其作为量刑的依据；如果发现和解协议存在明显的瑕疵、具有多重协议、明显不合理，但经释明后双方当事人均无异议，可以判断为双方协议存在重大虚假嫌疑。此时，法官应当运用经验法则，从合理性、关联性方面，对和解双方进行深入审查，并严格按照前文设定的证明标准和举证责任，逐一审查，排除与刑事和解不相关的协议，揭示双方隐藏协议。如查明确认的事实与此前双方认可事实不一致，应当进行释明，且询问和解程序是否继续。当事人如果认可法院确认的事实则以此重新制定和解协议，当事人不认可则终止刑事和解程序。

2. 当事人事实申明与民事责任承诺。对于当事人在法院主持并见证下达成的和解协议，法院仅需依据上述纠问与释明程序进行审查即可。对当事人庭外达成的和解协议，应当以公证或者自愿排除隐藏协议的申明进行补强。申明的主体应当是和解协议的双方以及加害人与被害人，申明的内容包括达成和解协议内容的真实性、自愿性、合法性、全面性、唯一性，双方均承诺除提交给法院的和解协议外，不存在与此相关联的其他协议或者权利义务关系。（见图4）

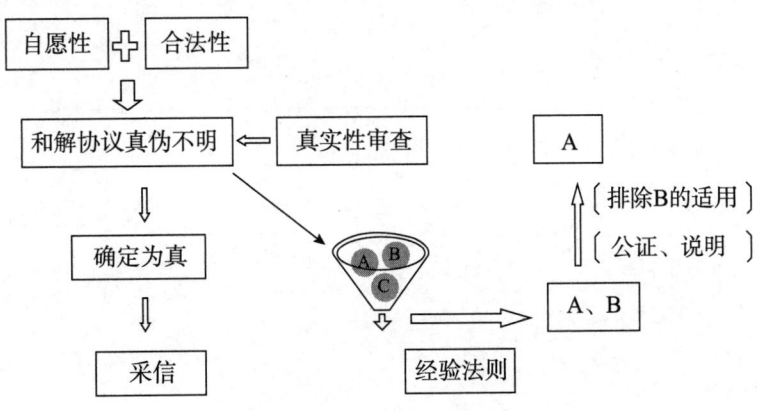

图4 刑事和解事实的查明步骤

（三）合理性审查：寻求和解事实最佳解释

经验法则是人们从生活经验中归纳抽象后所获得的关于事物因果关系或属性状态的法则或一般性知识，① 在司法实践中，经验法则通常可以作为证据裁判的依据，用来衡量已查明的事实、判断未知的事实。②

刑事诉讼法并不要求对和解协议进行关联性审查，因此，和解协议作为量刑证据，其在逻辑规则上缺乏证据内在的证明力。和解协议的真实性有赖于对其进行合理性、关联性的考量。例如，甲与乙因为借贷关系发生冲突，甲将乙殴打致轻伤。后双方和解，由甲赔偿乙损失1万元，乙表示谅解，检察机关建议从轻处罚。而根据一般生活经验，甲应当受到刑事处罚且依法应当赔偿乙的损失数额为10万元。乙在受损数额为10万元的前提下，接受甲的1万元赔偿，假如双方素来积怨已深，且乙本身存在较强的报复心理，则上述协议合理性不足，从而推断真实性存疑，此时需进一步查明甲、乙双方是否存在隐藏事实，同时加重双方就和解事实的举证责任。如果当事人能够作出合理解释，例如双方素来和睦，乙认可并同情甲的贫困处境，且愿意作出事实申明和责任承诺，则可以对该协议事实进行确认；否则，应当依据前文程序重新主持和解程序或终止和解程序。

结　语

刑事和解事实不仅是加害人与被害人之间就有关罪行、赔偿等事实的妥协与确认，也是国家对加害人施以何种程度刑罚的重要依据。和解事实的真实性、全面性是刑事程序正义的最基本前提，但目前对和解事实查明程序和方法的疏漏，致使刑事和解程序中存在当事人通谋虚伪甚至存在"以钱买刑"的风险。科学、合理的事实查明规则是风险防范的最佳方法，本文正是基于此种立意而展开，期待为刑事和解事实的辨明提供具体、可行的方法。

---

① 刘春梅：《自由心证制度研究：以民事诉讼为中心》，厦门大学出版社2005年版，第141~142页。
② 张卫平：《推开程序理性之门》，法律出版社2008年版，第204页。

思患预防：拒执罪帮助行为的入罪规则构建
——以对"逃废债"的治理为切入

江西省宜春市袁州区人民法院　周　顺
江西省宜春市中级人民法院　贾　莉

引　言

为应对社会债务高发的系统性风险，国家将惩治"逃废债"提升到了前所未有的高度。① 当前"逃废债"现象已不限于个体化、单一行为，而是围绕该行为存在多重帮助主体，甚至出现了以"反催收联盟"为代表的新型职业帮助逃债组织。② 由此及于司法活动，在拒不履行法院生效裁判确定义务的情形中，帮助行为所发挥的作用也日渐凸显。现行法律仅对协助执行义务人不履行协助义务以拒不执行判决、裁定罪进行规制，③ 而对拒执罪中的其他帮助行为能否入罪、如何入罪并没有明确，导致实践中通过刑事手段惩治拒执罪帮助行为的案件数量极少。本文拟从拒执罪帮助行为的形态解构入手，结合刑法理论对其入罪原理和入罪标准进行探究和厘定，以试图构建出拒执罪帮助行为入罪的可适用性规则。

一、刑事规制拒执罪帮助行为的现实必要

（一）拒执罪帮助行为多发的现状

近年来，随着执行力度的加大，对被执行人追究拒不执行法院判决、裁定罪案件的数量逐渐增长，经统计中国裁判文书网数据，三年来全国法院共判决拒执罪一审案件3594件。④ 通过初步梳理发现，在这些拒执罪案件中除去单一正犯型拒执犯

---

① 2022年3月，中共中央印发了《关于推进社会信用体系建设高质量发展促进形成新发展格局的意见》，其中重点提及要依法严惩"逃废债"行为，最高人民法院在2022年的工作报告中也重点提到了打击恶意"逃废债"行为。
② "反催收联盟"是指为债务人提供逃债服务的专业化组织，以帮助债务人恶意投诉、伪造资料、转移财产、规避失信等为主要活动内容，目前集中表现在金融债务领域，尤以信用卡、网络贷款中的规避债务现象为甚。
③ 《最高人民法院关于审理拒不执行判决、裁定刑事案件适用法律若干问题的解释》第1条规定：被执行人、协助执行义务人、担保人等负有执行义务的人对人民法院的判决、裁定有能力执行而拒不执行，情节严重的，应当依照《刑法》第313条的规定，以拒不执行判决、裁定罪处罚。另外，为便于表述，本文均将拒不执行判决、裁定罪简称为"拒执罪"。
④ 统计期间为2020年至今，截至2022年8月1日，不包括撤诉案件。

罪情形，如拒不报告财产、拒不交付名下车辆、拒不腾空名下房产等行为外，在其他类型的犯罪情形中，尤其是财产转移型拒执罪案件中，被告人或多或少都通过他人的帮助来实现其拒执目的。换言之，帮助行为是被执行人实现转移财产规避执行目的的重要组成部分。以中国裁判文书网检索的近三年来的拒执罪案件为样本，对拒执罪打击的总体形态进行分析，发现拒执罪帮助行为广泛存在。其中在判决书中明确可以找到有关于他人帮助行为的表述，但未追究帮助人刑事责任的案件有554件；未明确表述有帮助行为，但可推断在无帮助行为情况下被执行人无法独立完成财产转移行为的案件有492件。① 据此可知，在现有拒执罪案件中，存在帮助行为的案件占比近30%，足以说明拒执罪帮助行为多发的现实状况。

（二）拒执罪帮助行为危害性不断增强的趋势

首先，通过大量的新闻报道发现，"逃废债"帮助主体已经有向组织化、职业化转变的趋势。这种转变，以"反催收联盟"为代表，帮助手段逐渐向专业化升级。当前这类帮助组织在社会层面已有蔓延的趋势，尤其是对金融秩序造成了较大冲击，其危害结果已经引起了社会高度关注。② 其次，从个案角度来看，帮助行为在拒执罪案件中所发挥的作用越来越大。此前在没有帮助行为的情况下，传统的单一型拒执行为方式较为简单，多表现为暴力抗拒执行、拒不交付财产等，在查证和追究上面临的阻碍相对较小。帮助行为加入后，拒执行为日趋多样化和复杂化。并且，帮助行为本身也在不断"进化"，由单纯提供财产隐匿帮助活动，到签订虚假契约关系转移财产，再到代理、指导甚至教唆被执行人逃避法院执行，手段类型和作用力量不断升级，某些帮助行为甚至成为拒执行为的直接诱因，其危害后果几乎与具体拒执实行行为相当。通过社会新闻报道与司法实践经验可以预判，放纵拒执罪帮助行为将产生更大的社会危害，因此对其进行刑事规制具有紧迫性。

（三）现行模式规制拒执罪帮助行为的困境

目前实践中对拒执罪帮助行为的治理多局限于民事手段，即在案发后，多数帮助行为仅需承担不当得利返还、合同被撤销等民事责任，有部分严重行为可能受到行政处罚或司法惩戒，但总体后果过于轻缓。对于部分情节严重的拒执罪帮助行为，通过上述手段已经难以达到治理目的，而是须站在打击拒执罪的角度对拒执罪帮助行为一并进行刑事规制。实践中拒执罪的打击主体多限于债务人本人，对于拒执罪帮助行为的刑事打击十分薄弱。通过中国裁判文书网检索发现，在拒执罪判决中对

---

① 此类案件指在判决书中对被执行人拒执罪行为情节的描述有虚假转移财产的内容，但未详细说明转移的情况，从常理分析，虚假转移财产行为必定是双向行为，因此推断存在帮助主体。

② 截至2022年9月4日，以"反催收""逃废债"等关键词在百度上进行搜索，共查找到有关新闻报道200余篇。

帮助行为一并入罪的案件不足 10 件,① 占比不足 1%。拒执罪帮助行为入罪案件畸少的原因有多方面,但最主要原因在于现有法律规定中没有对拒执罪帮助行为入罪标准进行明确,导致办案人员在追责过程中容易陷入进退两难的困境,最终不了了之。因此,厘定拒执罪帮助行为的入罪规则,是刑事治理的关键所在。

二、拒执罪帮助行为的类型化解构

(一) 拒执罪帮助行为主体类型梳理

行为主体的角色属性在一定程度上影响对犯罪意图的判定,因此在考量拒执罪帮助行为能否入罪时,首先应当对其行为主体进行分析。以近三年来包含帮助行为内容表述的拒执罪生效判决为样本,结合执行实践经验的考察,可归纳出被执行人所依靠的帮助主体主要有四类,具体构成情况见图 1。

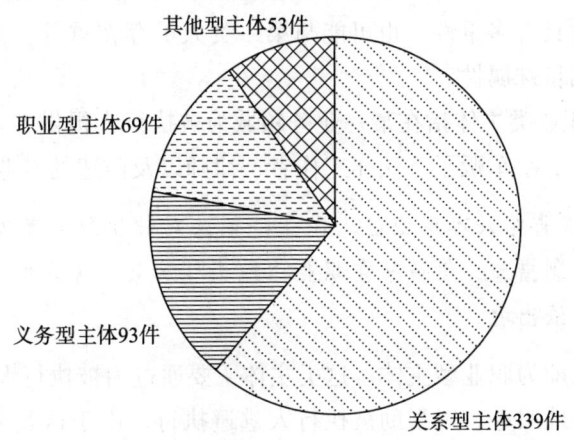

图 1 近三年来拒执罪案件中帮助主体类型的构成情况

1. 关系类。这是实践中最为常见的拒执罪帮助行为主体类型,即与被执行人存在密切身份关系的主体,如被执行人的亲属、同事、朋友等。

案例 1②:被告人刘某、彭某被法院判决须偿还李某借款 55 万元及利息,在法院判决后,被告人为防止自己名下房产被查封,遂将该房产假过户给朋友周某,后又通过周某过户给其被告人儿媳吴某,最后又将该房产卖给郭某、邵某,最终致使法院无法执行。

该案中的周某、吴某即为关系型主体。这类主体在身份关系上与被执行人具有

---

① 检索时间截至 2022 年 9 月 3 日。排除检索方式不完善以及部分裁判文书可能未公开等因素外,真实数据也不会太高。

② 详见四川省仁寿县人民法院 (2021) 川 1421 刑初 415 号刑事判决书。

较强的紧附性，深受被执行人信赖，因此被执行人一般会通过其代持隐性收入、转移财产等。这类主体与被执行人存在较深的共谋，实践中查证阻碍和难度较大。

2. 义务类。义务类主体指的是负有某种协助执行义务的人员，如需协助法院冻结、查封、扣留、提取被执行人名下财产或收入的人员，他们一般通过拖延、规避履行协助义务的方式来帮助被执行人逃避执行。

案例2[①]：某法院依法查封了浙江诚一阀门有限公司的生产设备，该设备由李某、陈某租赁使用，法院依法向李某、陈某送达了协助执行通知书，要求其协助不得对查封的设备进行转移，后李某、陈某与被执行人负责人谷某合伙将该设备转让给了第三人。

该案中的李某和陈某即为义务类主体，他们虽然与执行案件无关，但是在法院下达协助执行通知后即成为负有协助查封被执行人设备的义务主体。除此之外，此类主体还多见于银行、不动产登记机关、车管所以及部分企业财务工作人员等，这类人员的身份属性具有多重性，也可能与第一类人员存在重叠，但其主要区别在于其负有协助义务的特殊属性。

3. 职业类。职业类主体指在某一业务领域为被执行人提供专业服务的个人或组织，如非法中介、二手车贩子、法律工作者、律师以及前述的专业逃债公司人员等。

案例3[②]：浙江省绍兴市越城区人民法院依法对被执行人黄某实施了限制高消费、限制出境等强制措施，但黄某在职业"蛇头"廖某乙等人的帮助下，规避法院限高措施，多次非法出境。

该案中廖某乙即为职业型主体。这类主体主要通过为被执行人提供咨询、指导、代理、中介等专业性服务，以帮助被执行人逃避执行。由于这类人员具有一定中性业务活动的属性，因此在责任后果的定性上最为复杂和困难。

4. 其他类。除了上述三种主要类型外，在实践中还存在另外一种主体，即陌生主体或者是善意第三人主体，这类主体不存在帮助被执行人逃避执行的主观故意，仅是在与被执行人交易或实施其他活动中客观上造成了被执行人财产转移、逃避执行的后果，如不知道被执行人被法院判决须偿还他人债务，而购买了其房产的善意第三人，由于其并不存在犯罪属性，因此在此不作过多探讨。

（二）拒执罪帮助行为内容形态分析

客观行为是判定犯罪构成的核心要件，因此欲厘清拒执罪帮助行为的入罪标准，首先应当对其行为样态尽可能进行详细的梳理。帮助行为的归纳方法一般而言有两种，一种是与正犯行为类型进行对应，即依照最高人民法院相关司法解释中对于拒

---

① 详见浙江省永嘉县人民法院（2019）浙0324刑初834号刑事判决书。
② 详见浙江省绍兴市越城区人民法院（2015）绍越刑初字第1792号刑事判决书。

执罪正犯情节的列举，一一对应归纳相应的帮助行为。第二种是脱离正犯行为类型单纯从帮助行为本身的样态进行归纳。虽然拒执罪帮助行为附随于拒执行为中，但其行为内容并不完全与正犯行为一致，因此单独进行梳理更具有全面性。据此，可归纳实践中拒执罪帮助行为主要有以下4种类型，具体构成情况见图2。

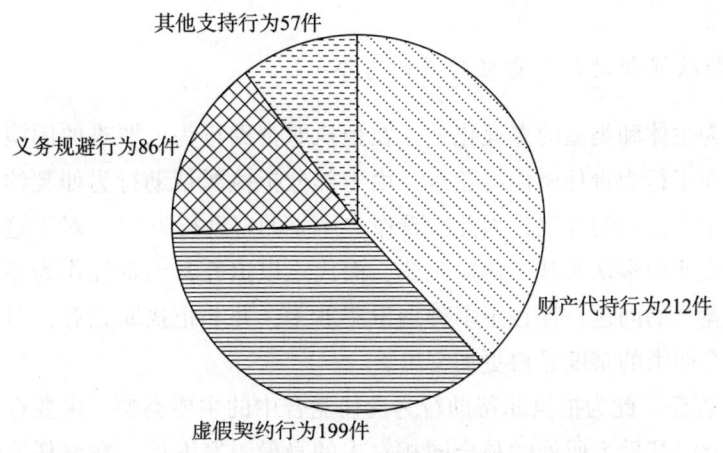

图2　近三年来拒执罪案件中帮助行为类型的构成情况

1. 财产代持行为。此类型以行为人帮助被执行人隐匿财产为主要目的，常见的情节表现为以个人银行账户帮助被执行人存储收入或代被执行人名义领取工资、奖金、货款、租金、工程款等收入。财产代持行为多发生在关系主体中，由于代持人为案外人，因此在未得到相对确切线索的情况下，法院难以对其名下财产进行查证，在查证后案外人也有出现再次转移的可能。

2. 虚假契约行为。对于以登记为权属要件的财产，如不动产、车辆、股权等，被执行人欲转移时需与他人建立虚假的契约关系，才能在登记机构完成权属的变更，包括订立买卖合同、股权转让合同、赠与合同等。对于部分不需要进行权属登记的动产，被执行人也会通过虚假契约关系进行转移，如货物、贵重物品等。对于虚假契约行为的认定，关键在于契约关系真实性的查证，同时此类行为与民事关系存在高度交叉，因此对行为后果责任的判定显得尤为困难。虚假契约行为的运用主要表现在对法院执行行为的异议，即利用虚假契约关系向法院提起案外人执行异议，甚至提起虚假诉讼，对司法秩序造成严重干扰。

3. 义务规避行为。此类行为对应义务类主体，即负有执行义务的主体在收到法院协助执行相关手续后，故意不协助执行或拖延执行，放任被执行人转移财产的行为，如案例2所示。此类行为在最高人民法院关于拒执罪的相关司法解释中有明确的规定，可作为追究拒执罪的行为情节之一，这也是目前拒执罪帮助行为中唯一有明确入罪依据的行为类型。

4. 其他支持行为。上述三种帮助行为类型主要存在于财产转移型拒执犯罪当中,这类拒执犯罪缺乏帮助行为的参与几乎很难单方面实现其犯罪目的。除此之外,在拒执犯罪中也还存在以其他形式为犯罪分子提供物质、精神支持的帮助行为,如案例3中的非法帮助逃避限制出境措施的中介行为,以及律师或其他人员为拒执罪犯罪分子提供咨询、指导和代理服务,还有帮助被执行人暴力抗法、聚众阻扰法院执行等行为。

(三) 拒执罪帮助行为责任后果的考察

除去行为主体和类型的多元化外,在拒执罪帮助行为入罪难的困境中,还有一个焦点问题在于行为责任属性的竞合。由于部分拒执罪帮助行为如契约行为、代理行为等具有中立活动的外观,因此被看作"中立的帮助行为"①。对于这种外观中立的活动,在实践中多认为其不构成犯罪,而代之以追究其他责任作为惩治手段。这种类似责任竞合的问题,存在于多种刑事犯罪中,并非拒执罪独有,但是在拒执罪中,责任竞合明晰的难度显得更加突出。

1. 民事责任。此为拒执罪帮助行为责任竞合中的主要类型,主要存在于虚假契约行为中。此时帮助人所处的是合同相对人的身份,案发后,在责任追究上,其多数承担的是合同被撤销的民事责任。如行为人张三为二手车贩子,在明知被执行人名下车辆为法院查封车辆的情况下,仍收购其车辆,再以黑车进行转卖,导致法院无法对被执行人车辆进行执行。此种情况下,被执行人的债权人一般会采取民事救济途径,即起诉撤销张三与被执行人的买卖合同,并要求张三返还车辆。此时张三似乎只需承担债权责任。但将张三的行为放在整个执行程序中来看待,被执行人转移法院查封的财产,明显属于拒执罪的犯罪情节,而张三在此过程中实施了帮助行为,假设被执行人被追究拒执罪,张三是否应当被认定为帮助犯。与此类似的问题,还存在于债务人与他人成立的赠与合同、借贷合同等情况中。面对这一问题,实践中几乎都以"追民不追刑"的结果不了了之。

2. 行政责任。在职业逃废债组织介入的拒执行为中,帮助人承担的责任则显得更加的晦暗。帮助人作为代理人,为被执行人提供逃债咨询服务,或代为恶意投诉、恶意诉讼、恶意申请执行异议等,若事后被查处,此类活动代理人多会因其职业行为失范而被予以行政处罚。如行为人李四为被执行人的代理律师,明知被执行人赵五有履行能力,而为其提供法律咨询和代理活动,教授其伪造债务关系转移资产。若被执行人被以拒执罪追究刑事责任,则李四似乎应然被认定为共犯,但实然并非如此,在实践中的结果多为因其执业不规范被当地司法局给予行政处罚,如吊销律师执业证等。

3. 其他责任。协助执行义务人与被执行人串通,拒不履行法院送达的协助执行

---

① 参见邓光扬:《外观行为日常化的帮助犯之司法认定——以杨某购买、提供喷漆、胶水成立寻衅滋事罪为例》,载《法律适用》2020年第14期。

通知书确定的协助执行义务,故意推诿或拖延协助冻结、扣留、提取、划拨被执行人名下财产或其他收入,导致被执行人财产被转移,此时协助执行义务人成为被执行人逃避执行的帮助主体。此类行为的责任后果一般有两类,一类是负担拒不协助法院执行的妨碍司法责任,被处以罚款、拘留等司法惩戒措施,第二类是构成拒执罪的帮助犯。但实践中,受追究意愿不足、追究难度较大等主客观因素的影响,上述行为多以第一种责任为常见结果。

三、拒执罪帮助行为入罪的法理基础

(一) 拒执罪帮助行为与帮助犯基本犯罪构成的适配

帮助犯,一般是指为他人犯罪提供物质或心理支撑,对正犯起促进、强化、推动作用,以使他人的犯罪更容易。① 虽然国内外法学家对于帮助犯的定义有着不同的阐述,但无论何种定义,其总体脉络是一致的,简言之,即行为人为正犯提供帮助,并且其帮助行为与法益侵害结果存在因果关系。单纯从帮助犯的概念来看,似乎帮助犯的成立并不困难和复杂,只要帮助行为对正犯行为有一定的影响力,使正犯在犯罪时的障碍更少,帮助行为和法益侵害之间的因果关系(条件关系、相当因果关系)也就存在,帮助犯的成立就是顺理成章的。② 然而实践中,在罪刑法定原则的统领下,任何一种犯罪都不能简单认定。

在我国的刑法理论中,对犯罪构成的阐释一直有"三阶层"与"四要件"之分,笔者认为,对于拒执罪帮助行为的入罪要件,无论是适用三阶层还是四要件理论,关键在于厘清以下三个方面的问题:

1. 拒执罪帮助行为的法益侵害性。帮助犯的法益侵害性在于帮助者通过正犯间接侵害或威胁法益。③ 由此可知,帮助犯所侵害的法益应当与正犯侵犯的法益是统一的,否则将构成其他犯罪。拒执行为的目的多为逃避债务,似乎其侵犯的法益是当事人的债权权益,如果以此理解,侵犯债权权益应当属于民事责任的范畴,而不应认定为刑事责任。因此,这种以犯罪目的来推定侵犯法益的方式在拒执罪的认定逻辑中并不可行。拒执罪隶属于妨害司法秩序罪,作为犯罪而言,其侵犯的法益应当为司法秩序,所损害的是司法生效裁判的强制力和权威性。依此而论,拒执罪帮助行为是否具有法益侵害性,应当从帮助行为是否妨害了司法秩序来分析。帮助行为,以为被执行人转移财产提供便利的行为种类为例,行为人与被执行人签订虚假的转让合同将被执行人名下的财产进行外观上的转移,客观上增加了法院在执行活动中查控被执行人财产的难度,严重的将导致被执行人财产难以得到执行,对司

---

① 参见[日]山口厚:《刑法总论》(第三版),付立庆译,中国人民大学出版社2018年版,第334页。
② 参见周光权:《中立业务活动与帮助犯的限定——以林小青被控诈骗、敲诈勒索案为切入点》,载《比较法研究》2019年第5期。
③ 参见张伟:《帮助犯概念与范畴的现代展开》,载《现代法学》2012年第4期。

秩序无疑是一种较为明显的妨害。再以职业代理行为类型为例，行为人代理被执行人进行恶意信访、恶意诉讼和恶意申请执行异议，此类行为同样干扰了正常的司法活动秩序。以此可证，拒执罪帮助行为存在明显的法益侵害性，并且与拒执罪正犯的法益侵害性是一体的。

2. 拒执罪帮助行为主体的主观恶性。"内心意志"决定"意识行为"，是驱使行为人为某种行为的内在动力，这种内心动力在刑法领域即为犯罪意图。犯罪意图是行为入罪的主观要件，传统的刑法基本理论认为犯罪人的主观恶性是追究其刑事责任的道德起点。从犯罪的伦理性角度来看，主观善与主观恶的区分是评判行为是否应当受到惩处的重要标准。有学者认为，确立犯罪意图应当建立在"事实认识"和"违法性意志"的基础上。① 在拒执罪帮助行为中，除事前合谋型帮助行为，可以毫无障碍地认定帮助人具有犯罪意图外，其他类型的帮助行为的犯罪意图并不容易判定。当然，主观要件中的恶性并非单纯指积极追究犯罪结果的故意恶性，也包含放任结果发生的消极恶意。拒执罪帮助行为虽然可能没有积极侵害某种法益的主观恶性，但是如果对被执行人逃避债务的目的有所认识的情况下，仍对其为一定的帮助行为，并对正犯行为产生的后果持消极放任的态度，则可以认定存在消极的主观恶性。如明知被执行人借用自己的身份信息开设银行账户用以隐藏个人收入逃避法院执行，仍将身份信息借给被执行人，并且在法院调查时不如实说明等。

3. 拒执罪帮助行为的不法性。在帮助犯的有关理论探讨中，有观点认为，存在于普通生活中的帮助行为，如契约行为、服务行为等中立帮助行为，不具有不法性，不应被过度犯罪化。② 从慎刑原则来看，此观点似乎没有问题。但中立性、社会相当性等都是带有一定模糊性的抽象价值判断，因此在具体案件中，援引这些价值判断不一定能带来出罪的效果，并且"中立的"帮助行为也并非一贯是中立的。③ 对中立活动行为的可罚性进行判断，要考虑规范的、客观的基准。④ 在拒执罪帮助行为中，即使行为人以正常的市场价格购买了被执行人被查封的车辆，而后又进行了转卖，其不仅在客观上帮助了被执行人转移财产的行为，主观上也知晓被执行人转移法院查封财产的事实，那么这时候其外观上显示的"中立"行为并不具有实质无害的"中立"属性。同样，被执行人的代理人以维护委托人权益为职责，向被执行人传授规避法院执行的技巧，并为其逃避执行行为提供代理活动，也不能因其职业属性而认定为纯粹的中立业务活动。因此，外观的中立帮助行为是否具有不法性，不在于行为本身的属性，即帮助行为本身是不是"中立"或"社会相当"，并不是判断帮助行为是否成立的理由，而只是我们在否定了刑法上的帮助行为之后所得出

---

① 参见陈佑治：《证明犯罪主观要件的难题——兼谈"自白与情况证据"》，载《证据学论坛（第18卷）》，法律出版社2014年版。
② 参见[日]松宫孝明：《刑法总论讲义》，中国人民大学出版社2013年版，第220页。
③ 参见蔡桂生：《论帮助犯的要件及归属》，载《北大法律评论》2015年第2期。
④ 参见周光权：《中立业务活动与帮助犯的限定——以林小青被控诈骗、敲诈勒索案为切入点》，载《比较法研究》2019年第5期。

的结论。① 帮助行为的方式原则上并无任何限制，只要出于帮助故意，足以帮助他人达到犯罪目的之行为就均属刑法范畴内的帮助行为。②

(二) 拒执罪帮助行为与其他同类帮助犯罪的类比

在财产型犯罪体系当中，与拒执罪帮助犯存在类似帮助犯现象的有多种犯罪类型，其中对于部分犯罪类型，国家已制定了相关的法律规定或实施意见，对帮助行为明确予以共犯论处。③ 如帮助非法吸收公众存款犯罪，帮助"套路贷"犯罪等，此类帮助犯罪中的帮助行为，与拒执罪中的帮助行为存在高度雷同，因此在法理适用标准上具有较强的参照性，具体见表1。

以"套路贷"犯罪为例。最高人民法院、最高人民检察院、公安部、司法部于2019年联合发布的《关于办理"套路贷"刑事案件若干问题的意见》第5条规定，明知他人实施"套路贷"犯罪，具有八项情形之一的，以相关犯罪的共犯论处。在这八项情形中的七项具体情形均有可能存在于拒执罪帮助行为中，而且所起到的帮助作用、存在的因果关联都近似，如制造虚假给付事实，协助套现、取现、办理动产或不动产过户等，与拒执罪帮助行为中的虚假契约行为相似。再以目前关注度较高的帮助网络信息活动犯罪为例，其最为常见的犯罪情形即明知他人开办的银行卡可能用于实施电信网络诈骗等犯罪行为，仍帮助其开办或提供银行卡的行为，亦与拒执罪帮助行为中的财产代持行为类似。

通过上述类比可证，拒执罪帮助行为入罪在法理上并不存在实质上无法逾越的困境，同类帮助犯罪的有关司法解释已为其提供了很好的参照。

表1 "套路贷"帮助行为与拒执罪帮助行为的类比

"套路贷"帮助行为	拒执罪帮助行为
组织发送"贷款"信息、广告，吸引介绍被害人"借款"的	发送信息恶意投诉、恐吓债权人
提供资金、场所、银行卡账号、交通工具等帮助的	提供银行卡、资金账户为被执行人隐藏收入
出售、提供、帮助获取公民个人信息的	帮助被执行人获取、冒用他人身份信息开展经营和交易活动规避执行
协助制造走账记录等虚假给付事实的	帮助被执行人制造虚假的转账信息

---

① 参见蔡桂生:《论帮助犯的要件及归属》，载《北大法律评论》2015年第2期。
② 参见林山田:《刑法通论》，北京大学出版社2012年版。
③ 最高人民法院、最高人民检察院联合制定的《关于办理生产、销售伪劣商品刑事案件具体运用法律若干问题的解释》《关于办理侵犯知识产权刑事案件具体运用法律若干问题的解释》《关于办理赌博刑事案件具体运用法律若干问题的解释》等十多个司法解释中，都有对中立活动帮助行为进行定罪的明确规定。

(续表)

"套路贷"帮助行为	拒执罪帮助行为
协助办理公证的	帮助被执行人通过虚假公证赠与转移财产
协助以虚假事实提起诉讼或仲裁的	虚构债务关系提起诉讼转移财产或参与分配、稀释债务
协助套现、取现、办理动产或不动产过户等，转移犯罪所得及其产生的收益的	与被执行人串通虚假过户房产、车辆或转卖被查封财产等

(三) 拒执罪帮助行为责任竞合的界分

如前文分析，存在与其他责任的竞合是拒执罪入罪难的最大阻碍。在基层执法观念里，受避重就轻、避繁就简的工作思维影响，对于民刑交叉、行刑交叉问题往往存在较为模糊的定位。但是在法理上，虽然责任存在竞合，但是并不意味着可以简单地取其一而用之，而是应当明晰其责任界限。总体而言，刑事责任与其他责任至少存在五个方面的区分标准：(1) 法律关系的差异；(2) 责任属性的差异；(3) 规范渊源的差异；(4) 情节程度的差异；(5) 后果强制性的差异。

本质上来看，责任交叉其实是一种法律的竞合现象，对责任的认定应当进行严格区分，不应混淆了事。以拒执罪帮助行为中存在的刑民责任交叉情形为例，行为人通过建立买卖合同关系，以非善意的方式取得被执行人的财产，间接放任被执行人转移财产的后果，此时行为人的帮助行为并不必然构成拒执罪的帮助犯。单纯从法律关系来讲，行为人与被执行人构成合同关系，通过非善意取得被执行人的财产，其法律后果无非是合同被撤销，将取得的财产进行返还，此时仍属于民事责任的范畴。但是若行为人明知被执行人欲转移财产，依然通过与其制造虚假买卖关系，将被执行人财产过户到自己名下，而实际控制和使用的主体依然是被执行人，且在被发现后仍不返还，此时行为的责任属性则发生了变化，产生了由民事责任向刑事责任转化的可能。以此例类推，在其他帮助行为中，如果存在责任竞合，也必然存在责任属性和程度的差异，通过属性和程度的鉴别，是完全可以将交叉的责任划分出来的，而这种属性和程度的鉴别所依据的标准便是拒执罪帮助行为由其他责任"晋升"为刑事责任的入罪标准。

四、拒执罪帮助行为入罪的标准厘定

(一) 主观标准：拒执罪帮助主体犯罪意图应达到一定的层级

一般犯罪故意系建立在"事实认识"的基础上，对于事实认识的"心理状态"

成为构成犯罪故意的第一要件。① 于此而言，帮助人对于拒执犯罪事实认识的程度是判定其是否应认定为共犯的先决要素。这种事实认识需至少包含四个方面的内容：（1）对行为性质的认识，如能够认识到为被执行人代持财产的行为属于帮助被执行人隐藏财产恶意逃避债务的行为；（2）对行为客体的认识，如能够认识到帮助隐藏或转移的是被执行人名下的财产；（3）对行为结果的认识，如能够认识到帮助行为将导致被执行人逃避法院执行的后果；（4）对因果关系的认识，如能够认识到自己的帮助行为与被执行人逃避法院执行存在关联。对于上述内容的认识，在不同事实中，帮助行为人的认识程度存在阶梯性差异，这种差异即为衡量犯罪意图的重要标准。

层级一：意识型认识。意识与认识虽然同为内心意志活动，但是对于外界事实的感知强度存在不同。以对被执行人转移、隐匿财产的事实认识为例，被执行人意图转移财产，为了寻求帮助找到潜在的帮助人，但并没有明确告知帮助人其意图转移财产的目的，但是帮助行为人经与被执行人的长期交往，了解到被执行人有欠债并被法院执行的事实，此时被执行人找到帮助行为人借用其银行账户等，虽然没有向帮助行为人明示其欲转移财产的目的，但是帮助行为人意识到了被执行人的目的，且仍然向其提供帮助。

意识型认识主要停留在"心理状态"，帮助人并没有直接接收到外界感官上的犯罪意图信息，对于被执行人意图转移财产的目的只是自我臆测的结果，虽然此种臆测有较大的准确度，但是单纯的预测和凭自身拥有的知识进行的估计、判断，不是现实认识。② 因此在意识型认识中，不能判定帮助行为人有犯罪的故意。另外，受个体思维和感知能力高低的影响，每个人对于同一外在表现事实，所形成的判断和臆测结果也不尽相同，以前述案例为例，有的人能意识到被执行人转移财产的意图，有些人则不能意识到，因此也不能将此种意识作为义务标准来认定帮助行为人存在过失或间接故意。

层级二：明示型认识。与意识型认识不同，明示型认识案件中，被执行人已明确告知帮助行为人，其欲规避法院执行的意图，或者从与被执行人的日常生活中，早已了解到被执行人在为转移财产作准备，此时被执行人向帮助行为人寻求帮助，存在一定的合谋性，帮助人若积极提供帮助行为，则存在明显的故意。当然这种故意也同样包含着两个层次：一是积极追究结果发生的故意，二是放任结果发生的心理。对于这两种心理是否全部纳入帮助故意的认定标准中，尚存在一定的争议。有观点认为，成立犯罪意图中的故意，需要知和欲，亦即既需要认识因素，也需要意志因素，而"放任"的心理状态并不代表其有"想促成结果"这种追求意义上的意

---

① 参见陈佑治：《证明犯罪主观要件的难题——兼谈"自白与情况证据"》，载《证据学论坛（第18卷）》，法律出版社2014年版。

② 参加张明楷：《刑法学》（第4版），法律出版社2011年版，第385页。

志。① 基于刑事谦抑理念，为了避免将多数日常情谊帮助行为纳入犯罪范畴，对于帮助犯的认定标准，似乎采取严格的直接故意标准为宜。对此观点，笔者予以赞同。在拒执犯罪中，基于家庭关系和朋友关系向被执行人提供的中立活动帮助，如果没有积极促成被执行人实现财产转移的结果，并且在案发后能积极配合法院的执行程序，应可不认定存在拒执罪帮助犯范畴中的主观故意。

层级三：教唆型认识。教唆型认识将认识程度由被动晋升为主动，不再是认识上的接受者，而是认识的生产者，这种认识不仅体现其自身的犯罪故意，而且引发了被执行人的犯罪故意。这类认识多存在于职业帮助行为中，诸如前述所列举的职业反催债组织和部分律师。教唆型认识存在明显的主观故意，但是这类故意能否直接认定为犯罪意图还需考虑教唆的程度。教唆行为同样存在强和弱两个方面，强势的教唆行为积极主动促成被执行人产生犯罪意图，如被执行人因其在法院有被执行案件不知道该如何处理，找到行为人寻求咨询，行为人在被执行人并未表露有逃避执行的意图情况下，明示其有办法可以帮助被执行人逃避债务，并告知其不要按法院判决履行。在这种情况下，行为人使被执行人产生了拒执的意图和信心，其教唆行为的性质自然没有争议。存在争议的是较为弱势的教唆行为，也可称为暗示型教唆行为，即帮助行为人并不明示被执行人逃避法院执行，而是以含蓄的表述提示诱导被执行人逃避执行。

例如，被执行人找到某律师咨询其在法院作为被执行人的案件应当怎么处理，律师在明知被执行人名下有财产的情况下，向被执行人指出："如果你名下没有财产，法院拿你也没有办法，或者说你名下的财产实际上已抵债给了别人，法院也不能执行。"对于此类暗示型教唆行为如何确定其是否存在帮助犯罪的意图，应结合后续的行为，如果单纯只是提供暗示性咨询，并没有在后续实施帮助逃避执行的具体行为，那么此种暗示恐怕难以纳入犯罪主观意图的范畴。

基于上述分析，遵循慎刑理念，笔者认为，对于拒执罪帮助行为中可能存在的多种主观故意，对于明示型认识中的合谋类故意和教唆型认识参与类故意应当认定为犯罪故意，对于其他故意则不宜认定为犯罪故意。

（二）客观标准：拒执罪帮助行为与拒执后果关联应达到一定程度

刑法理论通说认为，犯罪的客观要件主要包括行为、后果以及行为与后果的因果关系。② 适用于拒执罪帮助犯中，对被执行人拒不执行法院判决、裁定提供帮助的行为，根据前述列举所示，可以是帮助提供身份信息、银行卡，帮助制造虚假契约关系，帮助提起虚假诉讼、恶意信访、恶意异议等，行为范围并无明确的限定。对于拒执罪帮助行为后果则存在一定的争议，一种观点认为行为后果应当是导致债

---

① 参见蔡桂生：《论帮助犯的要件及归属》，载《北大法律评论》2015年第2期。
② 参见郑锦墨：《试论帮助犯的构成要件——从台湾刑法理论入手》，载《南京理工大学学报》2015年第3期。

权人生效裁判权益受损的结果,另一种观点则认为行为后果是导致法院对被执行人的执行程序受到阻碍。关于此争议,回归到拒执罪的侵害法益上来看,应当以对司法秩序的妨碍作为其行为后果。

除却行为与后果外,拒执罪帮助行为与后果之间是否存在刑法上的因果关系,并且关联达到何种程度,才能与罪刑相当,是厘清客观要件的重要问题。关于此问题,结合法理与实践,笔者认为应当从三个方面来进行判定。

1. 介入力量的大小。有观点认为,法院依靠强制力执行,有着天然的职权优势,一般人所实施的普通帮助行为与法院的强制执行手段相比微不足道,并不足以导致阻碍法院执行的后果,不应认定其存在刑法意义上的因果关系。不论是理论上还是实践中,在犯罪情形中帮助行为力量的大小,是难以进行量化的。虽然难以进行数值判断,但是存在力量层级的对比,而这种层级的对比,可以从意识动力的难度、行为操作的复杂性和行为阻力等多方面来判断。以财产转移型拒执罪帮助行为为例,提供银行卡给被执行人使用,只需要克服心理阻却因素,即可简单完成,而与被执行人签订虚假契约关系转移资产,需要完成的动作、程序等则更为复杂。通过力量大小的判断,可以从行为形式上判断帮助行为对后果的影响程度。

2. 介入程度的深浅。通说认为,从犯罪形态来说,拒执罪属于情节犯,拒执行为情节严重,即可构成犯罪。① 既然作为情节犯,那么拒执罪的犯罪行为可能存在多个,犯罪后果的形成也是过程化累积的结果。在整个拒执罪的犯罪过程中,帮助行为人所介入的深度也是判断其与犯罪结果关联程度的重要标准。如果帮助人仅仅只是在被执行人逃避执行过程中,在初始或进行阶段实施了某一个单一的帮助动作,其余过程均未参与,即可认定其参与程度较浅。反之,如果帮助人在被执行人拒执过程中的多个阶段实施了多个帮助行为,则应认定其参与程度较深。同以转移隐匿财产型拒执犯罪为例,如果帮助行为人只是为被执行人提供了自己的银行卡,其余过程均未参与,则很难将其作为帮助犯来认定。如果帮助行为人是与被执行人制造虚假的契约关系,除了签订合同这一单一行为外,后续还必定存在对于这一虚假关系的隐瞒等行为,其参与深度明显要比前述提供银行卡的行为更深。而职业帮助行为,可能存在初始阶段的谋划、实施阶段的代理帮助等,其帮助行为几乎贯穿整个拒执过程。

3. 介入后果的轻重。虽然拒执罪为情节犯,但是情节严重与否的衡量标准关键仍在于犯罪行为结果,在判定拒执罪帮助行为性质时,这一标准同样适用。判定方法可以按照因果性危险增加理论,② 采取反向推理的思维,即假设移除该帮助行为,拒执犯罪结果发生的危险性是小幅降低还是大幅降低,以此来判断帮助行为介入后所起到的作用。仍以前述两种帮助行为为例,如果仅仅是为拒执行为人提供银行卡

---

① 参见张国凯、谭韫争:《浅议"假义务人"拒不执行判决、裁定罪之构罪问题》,载《人民法院报》2021年12月23日。

② 参见袁汉兴:《帮助犯因果关系的判断:因果性危险增加理论》,载《刑法论丛》2020年第4期。

等犯罪工具，那么移除该行为人的行为后，被执行人继续逃避执行的可能性并不会降低多少，因为对于银行卡提供人的选择是多样的，该行为人不提供帮助，被执行人仍可以较为简单地找到其他行为人。而在串通制造虚假契约关系中，移除该帮助行为，逃避债务发生的后果将大幅降低，且被执行人所能寻找到的可替代性帮助人的范围也不如第一种行为广泛。从介入行为移除后，后果发生的成功率变化，可以测算介入后果的轻重，而通过介入后果的轻重，又可以判定帮助行为与犯罪结果产生的因果关联程度。

（三）情节标准：拒执罪帮助行为情节严重程度应达到一定量级

在解决主观犯罪意图与客观因果关系的问题后，对于某一拒执罪帮助行为能否判定入罪，还应考虑该行为的犯罪情节是否达到入罪的量级，即所谓的情节严重。一般而言，帮助犯入罪的情节标准可在正犯入罪的情节标准上提高一定的幅度来进行确定，但是现有的《刑法》和相关司法解释对于拒执罪正犯的定罪情节并无明晰的标准，因此难以为拒执罪帮助行为提供借鉴。我国司法解释中的定罪情节主要存在4种类型：（1）手段恶劣；（2）造成了某种后果；（3）达到一定的数额；（4）多次行为。① 以此为参照，从拒执罪帮助行为的主客观形态来分析，并结合其他帮助犯罪的入罪标准，可初步确定拒执罪帮助行为情节严重的三个标准：金额较大、后果严重、性质恶劣。

1. 金额较大。在代持行为、契约行为和义务行为中，帮助行为所体现的"成果"在于帮助被执行人隐匿、转移的财产价值，因此对其行为的情节严重亦可量化到帮助转移财产的价值上。由于不同执行案件中，被执行人所负的履行义务金额不尽相同，且拒执罪所侵犯的法益并非只有申请执行人的债权权益，因此不宜以固定数额作为情节严重的认定标准，而应以比例金额作为认定标准，综合判定可以帮助转移财产价值达执行标的50%以上为数额较大。

2. 后果严重。这里后果不再包含财产金额的大小，而主要指的是财产转移后可挽回的程度，即帮助人帮助被执行人隐匿、转移财产后，被隐匿、转移的财产是否能够被追回，是否造成法院最终无法执行的后果。部分财产经转移后，帮助人能够及时追回，而部分财产经转移后可能灭失，或经多次转移导致物质属性或法律属性发生变化，导致无法再被执行，或虽然可以继续执行，但产生了更多的司法成本，此时应认定为后果严重。

3. 性质恶劣。与主观犯罪意图不同的是，性质恶劣主要体现在帮助行为完成之后的阶段。帮助行为被当事人或法院发觉以后，在查证过程中，帮助行为人仍然恶意隐瞒、拒不承认从事帮助行为或拒不配合交出或追回隐藏、转移的财产，甚至继续通过虚假诉讼、虚假异议等方式进行对抗，此时应当认定帮助行为的性质较为

---

① 参见陈晓东：《定罪情节的体系定位与司法适用》，载《南大法学》2022年第3期。

恶劣。

综上，可以得出拒执罪帮助行为的入罪路径如下图 3 所示：

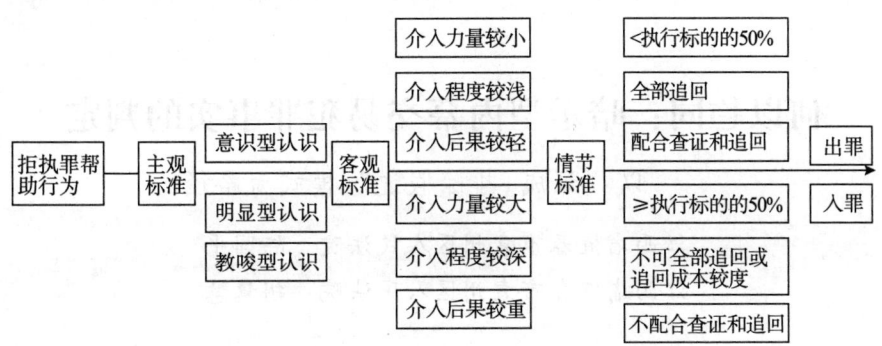

图 3　慎刑理念下拒执罪帮助行为的入罪路径

结　语

在刑事立法和司法实践中，一切犯罪行为的帮助行为都有可能成立帮助犯，这是犯罪构成要件化所决定的。具体到拒执罪帮助行为能否入罪的问题，不能一概而论，既不能对此类行为的社会危害性置之不理，也不能随意将其判定入罪。在无具体司法解释予以明晰的情况下，应当根据帮助行为人的犯罪意图、帮助行为与拒执后果的关联程度以及情节严重的程度，结合刑事法理来进行综合判定。

何以趋同：暗示型内幕交易犯罪事实的判定
——以"证成+排除假说"模式为路径

江西省宜春市袁州区人民法院 陈国平
江西省宜春市袁州区人民法院 胡慧慧

引 言

当核心证据欠缺时，案件事实运用传统刑事证明方法可能因为印证不足而陷入定罪量刑的困境，这在近年来备受社会关注的证券内幕交易类犯罪[①]中尤为突出。为了进一步规范证券从业人员的建议行为（俗称荐股），《刑法》第 180 条将"明示、暗示他人从事交易活动"这一行为纳入刑法评价范围，但这一事实的判断除需证明犯意联络这一更加隐秘的事实之外，还高度依赖对趋同交易行为的判定，[②]这给案件事实证明带来了更大的挑战，由此造成此类案件不能定、不敢判的现象突出。如何构建完整的证明体系、准确运用证据标准并通过证据推理发现案件事实，是当前司法实践亟待解决的问题。因此，有必要深入剖析暗示型内幕交易事实证明的逻辑结构，构建一套实用、契合的证明模式，为司法实践高效、准确揭露内幕交易犯罪提供些许智力。

一、检视：暗示型内幕交易犯罪案件事实认定困难

事实好比事先绘制好一幅图，随后将其剪成 100 张碎片，事实认定者的任务就是根据这些碎片拼出这幅图。[③] 裁判者如何通过碎片化的证据推理出案件事实，自然成为司法实践最核心的问题。内幕交易犯罪嫌疑人深谙证券行业规则和法律法规，逃避侦查的能力比一般犯罪分子强，其不仅是简单地通过控制他人账户交易，还在

[①] 因本文主要探讨"暗示他人从事上述交易活动"行为的判定，且内幕交易罪、泄露内幕消息罪、利用未公开信息交易罪中均包含此种罪状，故为简便起见，文中出现单独内幕交易罪表述时，代表《刑法》第 180 条规定下的内幕交易罪、泄露内幕消息罪、利用未公开信息交易罪。

[②] 参见韩振兴、薛玉梦：《趋同交易行为的司法认定——以利用未公开信息交易罪为视角的逻辑展开》，载《山东法官培训学院学报》2020 年第 4 期。趋同交易一般指的是犯罪主体使用私人账户进行与他管理的基金相同方向的买入卖出行为，是利用未公开信息交易罪的重要特征。

[③] 参见张保生主编：《证据法学》（第三版），中国政法大学出版社 2018 年版，第 39 页。

复杂的金融活动之外设置了许多迷惑和伪装。一旦事情败露，犯罪嫌疑人、被告人常因控方证据不充分、证据瑕疵、直接证据欠缺而拒不认罪，给事实认定造成严重困扰。

（一）主观要件证明困难：犯意联络无直接意思表示

案例一：王某利用未公开信息交易案①。公诉机关指控王鹏作为某公司债券交易员能够知悉该公司所有股票类基金、年金和专户等未公开信息，其暗示宋某祥、王某强趋同交易有关股票，三人构成利用未公开信息交易的共同犯罪。然而，王某不但否认其利用职务便利获取未公开信息，也辩称其未提供信息让王某强、宋某祥二人买卖股票，更不知晓二人交易情况，控方证据不足以证实指控事实。

王某利用未公开信息是通过其亲属进行证券操作，与其亲属构成利用未公开信息交易罪的共犯，对其罪行的判定主要需要证明各行为主体之间存在犯意联络。但犯意联络属于犯罪主体的主观认识，是犯罪嫌疑人内心世界的状态，对此要件的证明高度依赖犯罪嫌疑人的供述，一旦嫌疑人否认犯罪，则陷入主观要件证明困境。这也是该案历时三年多（期间经历检察院建议延期审理、一次上级法院批准延长审理并终止审理一年多）才被审结的重要原因之一。

（二）客观要件证明困难：暗示行为面临"双向否定"

案例二：李某峰利用未公开信息交易案②。公诉机关指控李某峰多次向张某提供不同的未公开信息，暗示张某进行相关股票交易，但李某峰辩称其系与他人相互讨论过股票大势及相关受益股票，并未暗示他人购买相应股票，且该讨论信息不属于其掌握的未公开信息，指控证据不足。

案例三：广某某内幕交易案③。一审认定其从英唐智控公司刘某、董某处获知该公司与 IntechThai 公司终止合作的内幕信息。但广某某不服上诉，理由是有关内幕信息知情主体均未将涉案内幕信息告知广某某，广某某是预判 IntechThai 公司与英唐智控解约，以此来指导谭某减持其控制的李某平账户的股票。

司法解释仅规定了"明示、暗示他人去从事相关交易活动"，但并未具体解释该罪状的行为模式，有理论观点认为，明示的行为可以理解为通过将未公开信息告知他人的方式，并明确建议他人买卖与该信息相关的证券或期货的行为；而暗示可以理解为隐晦、含蓄地告知他人进行上述操作。④ 即使上述对明示、暗示的行为本身理解成立，那么，对隐晦、含蓄的行为证明也面临"双向否定"的困境：

---

① 重庆市第一中级人民法院（2015）渝一中法刑初字第 00162 号刑事判决书。
② 重庆市第一中级人民法院（2018）渝 01 刑初 74 号刑事判决书。
③ 参见广东省高级人民法院（2018）粤刑终 1315 号刑事裁定书。
④ 古家锦：《利用未公开信息交易罪司法适用疑难问题研究》，载《政治与法律》2015 年第 2 期。其认为暗示是不将未公开信息告知他人，含蓄地建议他人买卖与该信息相关的证券或期货的行为。

内幕信息、未公开信息知情主体通常都是上市公司高管、基金经理等专业人士，其不仅能够接触到特定的内幕信息或者未公开信息，客观而言，其也能够通过对市场习惯、政策等分析研判形成自身对市场的独特认识，在此指导下的证券操作可能与利用内幕信息的操作轨迹类似，形成与内幕交易犯罪相似的结果。一旦事发，事实揭露出现"双向否定"，一方面是信息知情主体以整体市场研判为由否定具体内幕信息传递行为，如李某峰作为基金公司经理，其否认向他人传递了其在任职期内掌握的公司有关持股交易的具体信息，而辩称与他人讨论市场行情；另一方面，是信息获取主体以其对市场行情的自身预判为由否定内幕信息获取行为，如广某某辩称两公司终止合作信息并非有关知情人员透漏，而是其对两公司合作的自身预判。如此，事实证明还需深入到具体的信息传递、获取层面。

（三）趋同性判断困难：反方向操作否定因果关系

案例四：戴某某内幕交易案①。公诉机关指控戴某某利用内幕信息进行交易，但其辩护人曾当庭提出，戴某某的操作逻辑与基于内幕信息进行的交易逻辑相反，即戴某某在股票快速上涨之前大量抛售了部分所持有的涉案股票，如果其利用内幕信息交易，正常逻辑是其不会在股价达到高点前抛售而导致获利减少，戴某某在股票价格未达高点时抛售则证明两者之间不存在因果关系，控方的指控不符合交易逻辑而不能成立。最终戴某某未被认定为利用未公开信息交易罪。

危害行为与危害后果之间的因果关系是判断刑事责任的前提，在内幕交易犯罪行为当中，知道内幕消息是因、趋同性交易操作是果，获利还是避损仅是行为动机，三者相生相伴，相辅相成，反向操作否定趋同性判断，从而使事实疑云笼罩。

二、反思：暗示型内幕交易事实缘何定放两难

通过纵向观察并反思涉内幕交易犯罪从侦办到审理的全过程，可以发现暗示型内幕交易犯罪事实认定特点与现有的证明方法之间存在张力，无法有效揭露日益隐秘的内幕交易犯罪行为。

（一）证据匮乏：事实认定基础薄弱

1. 核心证据匮乏，要件事实印证不充分。内幕交易犯罪隐蔽性强，客观证据少，犯罪嫌疑人往往通过控制权转移、账户转移等方式即可达成犯罪目的，行为主体与账户数据关联性小，指向要件事实（暗示交易）的直接证据缺乏，常常呈现出内幕信息知情人与利用内幕信息交易人的陈述"一对一"的证据构造。然而，犯罪嫌疑人拒不供认的情形占据了很大比例。此时，在犯罪嫌疑人拒不供认犯罪事实、事后翻供情形下，以印证证明模式证明暗示型内幕交易犯罪将出现定罪困难。

---

① 山东省青岛市中级人民法院（2012）鲁02刑初107号刑事判决书。

2. 参照不足，趋同率难以科学量化。趋同性判断高度依赖趋同率概率推理，需要使用数字化刻度来表达信念程度，但量化证据是困难的而且可操作性不强，即使能够获得个别证据的统计数据，也会遇到"参照组"问题；如同有学者所指出的，在司法证明领域普遍存在参照组问题，但并非"不存在正确的参照组"这一问题，而是于"人们是如何并且应当如何去选择参照组，从而旨在评估概率和作出推断"。① 例如，对于被告人李某峰和徐某、王某之间存在趋同交易的统计数据存在两组，即可视为两个参照组，两组数据显示的趋同率均存在差异，但是否存在交叉、包含还是各自独立，公诉机关并未提及。该案裁判并未关注和回应两个参照组如何取舍和认定，但其必定成为裁判者在进行事实判断过程中无法逾越的鸿沟。

(二) 技艺匮乏：证据推理非融贯性"叙事"

融贯性作为"真"之证成标准，是推理方法科学性的重要判断依据。② 然而，内幕交易犯罪证据的特性及司法实践中法官推理方法融贯性不足的弊病，即证据之间不能形成相互支撑的立体结构，证据与待证事实之间也只是点对点的线性证明，这就容易造成内幕交易犯罪证据证明力平面化的后果。

1. 证据展示"清单式"罗列，相互间印证不足。李某峰案对事实认定与证据之间的关系表述为，"上述事实，有经庭审质证并予以确认的下列证据证实：……"，然后以1、2、3……等数字逐一列举各证据。虽然这种证据"清单式"的罗列是司法实践证据展示的通常做法，也是必要阶段，但这种简单的罗列存在两种弊端，一是无法有效体现证据与证据相互间的组织关系，二是无法有效表达从证据到事实认定的逻辑历程。格式化的证据罗列无形地割裂了证据之间的逻辑链条，对事实的认定产生副作用。通常，事实认定是案件裁判的难点，也是当事人争议的焦点，而事实认定除了要求证据的全面性、完整性之外，更需要形成"完整的证据链"，展现证据之间串联关系的"链条"才是分析证据与事实的核心载体。

2. 推理方法孤立，相互间融合不足。证据单调的线性排列难以展示事实认定的内在逻辑，而裁判者推理方法相互孤立却使事实真伪不明。虽然对内幕交易犯罪事实的认定，裁判者通常会不自知地将故事方法和论证方法混合适用，正如前文所述，裁判者在认定李某峰内幕交易犯罪事实的过程中，首先基于证据，通过论证方法得出了李某峰掌握未公开信息、张某1所控制账户交易情况等结论，然后基于证人证言整体上判断两者之间存在信息传递，这一融合虽然快速地构建出该案中发生了何事的各种可能假设，并用论证方法支持这些故事假设，一定程度上提升推理、叙事的融贯性。然而，上述融合仍不能度量推理的不确定性程度，即无法区分证据的强

---

① Dale A. Nance, The Reference Class Problem and Mathematical Models of Inference, 11 E&P (2007) 259, p.272.
② 阿玛亚有关最佳融贯理论认为，法律决策者关于法律和事实问题的信念，是通过说明性推论形成的融贯来证成的，该融贯是指满足一些肯定的和否定的约束以及一个对语境因素具有高度敏感性的证成标准。参见薛爱昌：《叙事、融贯与真实——事实认定的整体主义模式研究》，吉林大学2016年博士学位论文。

弱程度，只能均等对待证据的证明力，仍不能解决证明平面化的问题。

（三）合理不足：事实认定难有最佳解释

事实判断有真亦有假，"当有很多假说都能解释某一证据时，推论者在得到一个合理假说时，必须拒绝其他假说。因此，如果一个已知的假说相比于其他假说能为某个证据提供'更好的'解释，那么该已知假说就是真的"。① 虽然裁判者的目光总是往返在事实与证据之间，但他们既无暇顾及推理方法的融贯性，也没有足够的精力关注何为"最佳"解释：

1. 证成思维定势，阻碍寻求最佳解释。裁判者对事实的构建存在两个阶段：一是构建阶段，二是检验和比较阶段。裁判者可以根据证据构建多个解释性事实或者故事，以解释案件中到底"发生了何事"，如李某峰与张某1之间就股票交易，两者之间的信息传递可以是非法的内幕交易，也可以是合法范围内的咨询，李某峰和张某1各执一词，两个不同的故事将事实结论引向不同方向。罪与非罪，关键在于裁判者如何检验、比较哪一结论最佳，但这一比较既需要打破证成思维定势，也需要裁判者深入逻辑推理的内部结构，在方法步骤、证据标准等方面具有娴熟的技艺，但长期以来，我国司法实践中存在以证成为逻辑的思维定势，即格外重视犯罪事实证成而忽视犯罪事实不成立的证明，② 证成思维实则是有罪推定思维，将妨碍司法裁判者寻求最佳解释。

2. 经验法则独特，缺乏对证券交易的充分了解。由于缺乏直接证据，内幕交易案件事实推论过程高度依赖证券行业独特的经验和知识，从而辅助裁判者运用间接证据对案件事实展开推理论证。但与一般经济犯罪行为人不同，证券行业从业人员的知识和经验具有高度的专业性，根据被告人的言行开展事实推论所依据的经验法则也有别于一般情理。由于裁判者通常缺乏对特别经验法则的了解，司法实践中普遍存在期待内幕交易行为人如实供述其犯罪行为的迷思。从证监部门对内幕交易行为的查处以及司法审查实践来看，二者之间由于对专门知识经验掌握的差异，表现出对内幕交易行为识别的明显不同，前者在监管过程中依靠其对证券行业的特殊认识和经验，建立起较为成熟的理论模型，③ 对证券交易行为进行回溯可以较为精准地识别内幕交易行为，而后者在司法过程中因经验不足明显证据推理乏力。

3. 行为耦合不可避免，合理解释并非必然存在。暗示型内幕交易犯罪事实认定

---

① Gilbert H. Harman, The Inference to the Best Explanation, in The Philosophical Reviews, 1965, Vol. 74, No. 6, p. 89.
② 肖秀敏、杨振华、展中华：《审判中心下"印证"刑事证明模式批判、反思与重塑——基于对当前刑事指控体系及证据裁判标准的实证分析》，载《南海法学》2017年第6期。
③ 监管部门基于Logistic分析构建了内幕交易行为的识别体系与识别模型，并以2007年1月1日至2016年10月31日证监会公开处罚的沪深A股发生内幕交易行为上市公司为样本，对内幕交易行为的识别进行了实证研究，研究结论表明：该识别模型能够较为准确地识别实际发生的内幕交易行为。参见张大勇、王卫峰：《证券市场内幕交易行为识别：理论模型与实证分析》，载《西南民族大学学报》2017年第3期。

高度依赖交易趋同性判断,但在庞大的证券市场,不论是具体股票的选取还是交易操作本身(次数、频率、规律及习惯)均可能存在一定的耦合,无意思联络的趋同并非绝对不存在,现行司法实践在趋同性事实确认之后,要求内幕信息持有人自证清白,对趋同性作出合理性的解释,但行为耦合本身便存在随机性、不确定性,这也是多数犯罪嫌疑人辩护的重要方式,趋同操作确属偶然还是属于内幕交易并非泾渭分明、轻易可辨,容易使裁判者陷入两难境地。

三、重构:暗示型内幕交易事实认定的规范进路

面对有罪指控,如被告人未作任何有罪供述,在没有任何直接证据证明被告人利用未公开信息交易的情况下,运用传统的印证模式处理暗示型内幕交易犯罪往往会导致追诉困难。① 因此,暗示型内幕交易事实的判定应建立在科学的事实认定内部结构基础之上,克服司法实践中暗示型内幕交易犯罪事实证明方法凌乱、逻辑断裂、融贯性不足的缺陷,以最佳解释论为中心,以提升论证方法、故事方法和概率方法三者融贯性为路径,形成一套科学的证据推理方法,从而构建一条规范的暗示型内幕交易犯罪事实认定路径。

(一)暗示型内幕交易犯罪事实认定的内部结构

暗示型内幕交易犯罪事实认定具有较高的复杂性,从证据到最终待证事实之间的层次符合四种事实命题的层次关系,② 据此,暗示型内幕交易犯罪事实认定层次划分如图1所示:

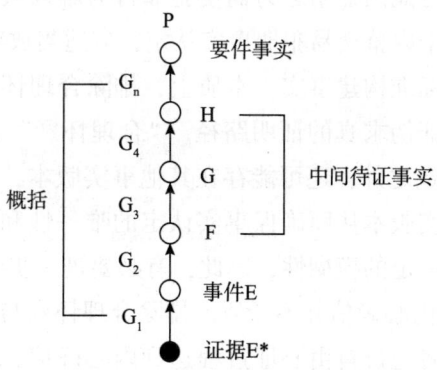

图1 事实的四个层次

---

① 《证监会通报2021年案件办理情况》显示,2021年证监部门共查办了609起证券领域违法犯罪案件,其中2021年涉及内幕交易违法犯罪,但从法院受理案件情况来看,真正进入审理程序的案件数量并不多,不少案件在侦查阶段即因事实难以查清而未进入审查程序,大量嫌疑人未受到追诉。

② 庭审中的"事实"是一般意义上的事实与法律、价值的"混合物",依次从基础到抽象可分为4种事实命题层级, See Ho Hock Lai, A Philosophy of Evidence Law: Justice in the Search for Truth, Oxford: Oxford University Press, 2008, p. 7.

1. 证据。一般而言，对内幕交易犯罪事实的指控，在案证据应当包括：一是身份资料证明、身份关系证明、被告人之间的通话记录、会见情况；二是被告人对内幕信息的接触即掌控情况证据，包括但不限于工作职责证明、入职和离职的时间证明、被告人所在职务的行业规范、被告人掌握的信息情况；三是证券、期货账户及交易证据，包括交易指令相关电子数据、同案犯证券账户开户全部资料、银行账户资料等证据。

2. 事件。事件就是证据直接指向的事实，不需要果断推理即可从证据中判断，如通话记录能够佐证两人之间的沟通，但是是否构成中间待证事实仍需进一步判断。

3. 中间待证事实（包含次终待证事实）。暗示型内幕交易犯罪的中间待证事实是通过初始事件表现可以进一步通过经验、价值判断而指向的事实，如电话联络指向信息传递这一初始事件，证人A听到被告人电话沟通股票交易的证言则可以推定被告人作出了股票交易造假的建议行为，该建议行为即中间待证事实。

4. 要件事实。暗示型内幕交易犯罪的要件事实即法律描述的事实，依次分解为被告人具有特定的身份且掌握特定的内幕信息及未公开的信息，暗示他人进行交易操作，上述事实均发生在信息敏感期内。要件事实通过逻辑推理，即可作出事实认定。

（二）暗示型内幕交易犯罪事实证明标准

我国刑事诉讼采用"证据确实、充分"这一客观性证明标准，但是，内幕交易犯罪案件的特点在于核心证据天然不全面、不充分，如果坚持通过严格的印证证明模式建构案件事实，很可能因证明乏力而使犯罪行为难以被追诉，从而不利于保护普通投资者。因而，对于内幕交易犯罪事实认定，应适当放弃上述严苛的证明标准，以排除合理怀疑的证明标准构建事实。本质上，排除合理怀疑标准与最佳解释推理理论相互契合，都遵循证伪求真的证明路径。"合理怀疑"意味着除"被告人实施犯罪行为"这一事实认定之外，还可能存在其他事实版本，于此而言，司法证明的任务就是要排除其他事实版本从而确保事实认定的唯一性和准确性。然而，排除合理怀疑的证明标准存在一定的模糊性，因此，有必要进一步明确其内涵。

1. 排除合理怀疑与内心确信并不矛盾。排除合理怀疑与内心确信均以主观方面为主线，一方面是裁判者通过自由心证过程达到内心确信，另一方面是依据证据对案件事实的证明已经排除了合理怀疑，裁判者的内心确信是依据证据呈现的客观状态确定，二者相互统一。[①] 以被告人的有罪供述或者趋同率为核心判断内幕交易犯罪事实，则其证据审查标准应当设定为被告人的供述或者能够计算出趋同率交易操作、频次、方向等证据具有可采性。一旦供述的真实性和趋同率的准确性通过质证、

---

① 参见秦宗文：《认罪案件证明标准层次化研究——基于证明标准结构理论的分析》，载《当代法学》2019年第4期。

认证程序检验并且有其他证据加以补强，综合全案证据能够排除合理怀疑，形成内心确信，就可以认定被告人有罪的事实。

2. 排除合理怀疑并未达到事实认定"完全确定"的程度。排除合理怀疑仅要求事实的潜在假说达到唯一的"最佳"状态，而非"完全确定"的状态，最佳解释推理的证明方法在性质上属于溯因推理，是为现象提供最佳原因的解释过程，并不能否定其他现象原因的存在，因此，依据溯因推理所得出的原因结论只是具有较大可能性。① 故以最佳解释推理方法获得的事实可能不是"完全确定"的，排除合理怀疑标准仅要求裁判者对依据在案证据推断的几种事实假说进行比较后，能够合理解释并确定其中一种事实假说是最佳事实假说，而其他假说的可能性极小。

(三) 暗示型内幕交易犯罪事实证明模式

对于犯意联络核心证据缺乏的暗示型内幕交易犯罪案件中，应运用最佳解释推理的证明方法，通过证伪的方法达成证明目的。最佳解释理论的推理过程可以被表述为：如果假说 H 为真，那么假说 H 对证据 E 所作出解释的充分程度，就是我们根据证据 E 推出假说 H 是否真实的依据。最佳解释推理具有两个基本的推理步骤。第一个步骤是根据证据确定潜在的假说。第二个步骤是从潜在的假说中选择最佳的假说，并认为这是最可能为真的假说，② 据此本文将其证明模式归纳为"证成+排除假说"证明模型。

1. 确立可能的潜在假说。在刑事诉讼过程中，须根据案件具体情境和相关经验常识确立潜在的假说。具体案件的潜在假说应当是有限且合乎逻辑和经验的，内幕交易案件中潜在的假说可能包括：

(1) 确实发生了内幕交易犯罪；

(2) 指控错误 (例如，犯罪嫌疑人的行为系正常的证券知识传授)；

(3) 证券交易系根据嫌疑人对市场资讯进行分析整合后作出的综合性判断结果；

(4) 证券交易人在撒谎。

2. 检验并选定最佳假说。最佳假说应当符合证据与事实之间互为解释的关系，即在案的所有证据能够指向特定的事实，而该特定事实能够解释所有相关证据形成的合理性。判断案件事实的最佳假说通常需符合以下标准：

(1) 涵盖性，即获得案件事实的证据应当涵盖绝大多数在案证据，已获取的证据都能够指向案件事实，而该案件事实不需要再多的证据来辅助推理。

(2) 完整性，即案件事实需要具备完整的故事要素，包括但不限于故事发生的时间和地点，故事主体的动机、目标，故事发生的经过、结果及演变过程等。

---

① 李滨：《情理推断及其在我国刑事诉讼中的运用检讨》，载《中国刑事法杂志》2015 年第 1 期。
② 参见向燕：《论司法证明中的最佳解释推理》，载《法制与社会发展》2019 年第 5 期。

（3）融贯性，即故事内部融贯并与社会的普遍知识相符合，要求通过证据推论出事实之间不存在矛盾和抵触且该事实推论符合逻辑与经验。

（4）唯一性，即仅有一个融贯的故事，不应当存在各自融贯但互不相容的多个故事。①

事实是，客观的事实永远只有一个，但如果所有在案证据能够支持"被告人实施了犯罪行为"这一唯一的事实，而其他可能潜在的假说证据不充分或者不能获得合理的解释，此时，有罪事实即可成立；倘若不能排除其他潜在的假说，有罪事实则不能成立。

四、推演：暗示型内幕交易事实证明逻辑的具体展开

裁判者应当充分利用"证成+排除假说"模式对事实作出判定，具体步骤可分为证据评价—事实构建—解释验证三个环节。

（一）整体判断在案证据是否形成闭环

在运用最佳解释推理方法时，对"证据"的理解是广义的，主要包括指向要件事实生成的证据和能够对证据和待证事实构成"解释"关系的证据，前者如犯罪嫌疑人供述、被害人陈述、证人证言、物证、书证等，后者如证券交易趋同金额、反向操作交易指令等，此类证据虽与要件事实无必然的因果联系，但仍然可能存在一定的或然性联系，仍能为推论事实提供证明力。

内幕交易一旦东窗事发，被告人一般拒不供述利用未公开信息交易的事实，并辩解据以指控的证据不足，并采用"原子模式"理论进行抗辩，即要求公诉机关举示具体证据证明指控的每一个事实，并要求所有证据在信息内容上要相互印证。因此，法官必须对证据进行"整体模式"评价，通过对间接证据和间接事实进行整体分析，但最佳解释推理是一种承认"情理推断"合法性的证明方法，不仅可以具备更加丰富的证据种类及数量，而且还能减少依赖核心证据建构事实的难度。因此，即使是指向内幕交易犯罪构成要件事实的证据未达到相互印证的程度，但在案证据能够为内幕交易犯罪这一最佳假说提供充分、合理的支持，裁判者也可以作出有罪的事实判定。

（二）分层构建案件事实

论证方法、故事方法和概率方法是目前法学理论界主流的三种证据推理方法，②对于简单案件事实的认定，一般仅采用其中之一即可，但暗示型内幕交易犯罪因其自身特点，上述三种证据推理方法通常需同时运用。

---

① 参见向燕：《论司法证明中的最佳解释推理》，载《法制与社会发展》2019年第5期。
② 杜文静：《司法实践中刑事证据推理的方法》，载《求是学刊》2020年第6期。

1. 论证方法：构建初始的证据性事实。论证方法起源于威格摩尔的图表法，他开启了一种从证据到假设的可视化研究路径，以图形的方式展现了论证方法。① 遵循威格摩尔的研究思路，我国有学者从论辩的视角来解释论证这一术语，将其视为通过运用一系列连续推论步骤，来构建和攻击从证据到结论的"推论树"。② 就此，案件事实的推理结构可以形成一个可视化的"树型结构"推理模型。

在"树型结构"推理模型中，证据材料或其他命题处于最底层，是推理的前提；最终待证事实处于最顶层，也是证据推理的最终结论，它依次可以为各项解释性事实和证据提供最终解释；其余部分是中间结论，即中间待证事实和次终待证事实；箭头代表推理的具体步骤，由概称陈述③提供保证。(如图2所示)

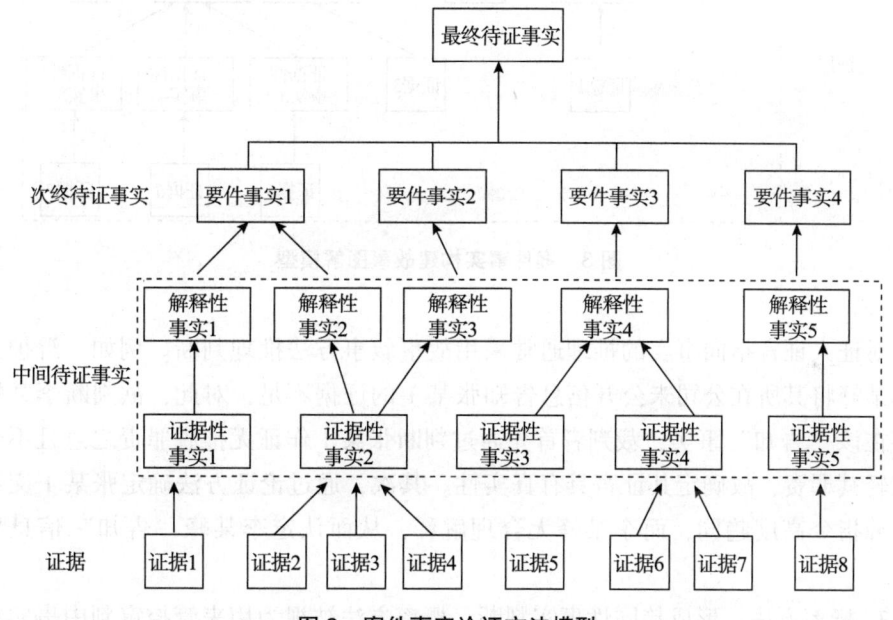

图2 案件事实论证方法模型

在推理构建李某峰内幕交易犯罪案件事实的过程中，系从有关职位职责、交易指令、亲属股票账户交易数据等证据材料出发，形成"如果从业规范是禁止李某峰泄露内幕信息的证据，那么李某峰不能泄露内幕信息成立"的概称陈述，从而逐步向上构建各种解释性事实，并形成完整的论证，从而得出李某峰构成利用未公开信息交易这一最终待证事实。

2. 故事方法：串联不同的中间待证事实。故事方法也称情节方法或叙事方法，

---

① Wigmore John H., The Problem of Proof, in Illinois Law Review, 1913, Vol. 8, No. 2, pp. 77-103.
② 杜文静、刘海：《法律证据事实的逻辑方法探析》，载《逻辑学研究》2022年第1期。
③ 基础推理的步骤是建立在概称陈述之上的，即"如果E是H的证据，那么H成立"。由于这类概称陈述反映证据与解释性事实之间的关系，因而可称为证据性概称陈述。See F. J. Bex, 2011, Arguments, Stories and Criminal Evidence, Dordrecht: Springer, p. 27.

即刑事案件的决策过程就是使用该案中的证据构建有关"发生了何事"的故事,然后比较这些故事,从中发现最佳故事。① 故事方法最接近一般推理思维,也是最自然的推理,因此在实践中运用广泛。但由于存在"好故事排除真故事"的高度风险,不少学者在此基础上嵌入了新的理论从而逐步形成了锚定叙事理论、混合理论,有学者就此提出了案件事实构建的故事图解模型。②(如图3所示)

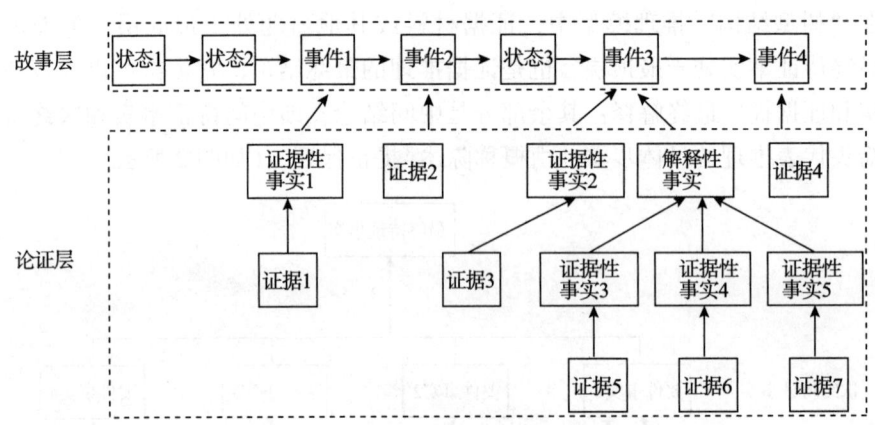

图3 案件事实构建故事图解模型

对证人证言指向事实的推理通常采用故事叙事方法推理判断。例如,辩护人提出李某峰将其所在公司未公开信息告知张某1的证据不足,对此,欲判断李某峰是否存在该"告知"事实,裁判者首先通过判断张某1作证无推脱罪责之意且不会因此减轻其罪责,故确定其证言具有真实性。其次,通过论证方法确定张某1交易与李某峰指令高度趋同,而李某峰无合理解释,从而认定李某峰"告知"信息事实成立。

3. 概率方法:形成趋同性事实判断。概率方法被视为用来管控审判中事实认定的不确定性问题的认识论,③ 当复杂的推论问题涉及以不确定性为典型特征而需要以一种连贯的方式来捕获与处理时,正是使用概率的标准框架,它们的清晰表述与彻底的计算架构能够提供非常有益的帮助。④ 概率方法在暗示型内幕交易犯罪事实的认定中的运用主要在于趋同性判断这一中间待证事实层面,继而由此推定交易主体之间存在意思联络的次终待证事实。

---

① 杜文静、刘海:《法律证据事实的逻辑方法探析》,载《逻辑学研究》2022年第1期。
② 以汉斯·克劳姆巴格为代表的法律心理学家提出了锚定叙事理论,主张故事应该锚定于关于周围世界的常识知识之中,锚定于不会受到合理怀疑的安全概称陈述中。在此基础上,贝克斯提出了一种混合理论,即将论证方法融入故事方法中。
③ 参见[新加坡]何福来:《证据法哲学:在探究真相的过程中实现正义》,樊传明、曹佳、张保生等译,中国人民大学出版社2020年版,第97页。
④ See Franco Taroni, Alex Biedermann, Silvia Bozza, Paolo Garbolino, Colin Aitken, Bayesian Networks for Probabilistic Inference and Decision Analysis in Forensic Science (Chichester: Join Wiley & Sons, Ltd. 2014), the second edition preface.

多数案例被告人均拒不认罪，犯意联络无直接证据予以证实，趋同性作为概率推理中的似然度成为认定犯意联络的重要途径，通过确认关联账户交易规律与保密义务人交易指令之间的趋同率，推断犯罪主体之间存在未公开信息传递这一中间待证事实。

综上，通过以上三个步骤逐层构建案件事实，李某峰利用未公开信息交易这一最终待证事实（构成要件事实）浮出水面，参见表1。

表1 李某峰案部分证据材料及相应事实认定

证据材料 E	待证事实 H	次终待证事实 H1
某公司投资管理制度、投资决策议事规则、内部问责规定、风险控制大纲、员工保密制度	投资管理人员禁止从事内幕交易、操纵证券交易价格及其他不正当的证券交易活动	李某峰不得向任何单位和个人泄露其掌握的公司投资中的未公开信息，本人及其利害关系人不得利用其掌握的内幕信息、未公开信息
李某峰从业证书、《劳动合同》、任职说明、任职时间表等	李某峰是某单位正式员工，从事投资管理工作	
李某峰管理产品情况表及交易指令	—	
王某证券账户开户资料、账户资金股份流水	王某在某证券股份有限公司开立账户，下挂深圳 A 股账户和上海 A 股账户	
徐某证券账户开户资料、账户资金股份流水	徐某分别在不同证券公司开立账户，下挂深圳 A 股账户和上海 A 股账户	趋同股票数 55.1%，趋同金额 48.16%
深圳证券交易所市场监察部提供的数据	李某峰管理期间，徐某、王某的账户交易股票 49 支，与李某峰相关交易指令趋同的股票 27 支	
	李某峰未管理期间，徐某、王某账户交易股票 56 支，与年金、广发新经济、广发小盘交易指令趋同股票 13 支	趋同股票占比 23.21%、趋同金额占比 9.62%

（三）正向验证与反向排除形成内心确信

在审理过程中，裁判者通过间接证据至少要通过正向验证与反向排除两个步骤才能形成内心确信：

1. 正向验证关联性。被暗示主体的股票交易不仅与暗示主体所掌握的股票、基金产品交易高度趋同，而且明显背离其以往的交易习惯，一般即可认定涉案账户是在利用未公开信息进行非法交易。然而，要判断交易行为主体是否有罪，还需进一步考察暗示主体与非法交易主体及交易行为之间是否存在关联关系，即账户交易资金进出与该内幕信息知情人员或者非法获取人员有无关联或者有无利害关系。如果在某一股票交易时间段内，某一特定的交易指令下达后，暗示主体即与被暗示人见面、联络，甚至直接发生相同交易指令，后者随后进行股票交易，那么就可以推定其存在关联，并据此判定犯罪事实成立。

2. 反向验证合理性。通过在案的股票账户交易过程，判断被暗示人在暗示主体掌握内幕信息、未公开信息前后的交易习惯是否一致。如果在暗示主体未掌握信息期间，被暗示人持股散乱无序，股票交易操作无明显规律甚至出现非理性特征，则其具备散户的基本特征；一旦处于暗示主体掌握信息期间，则被暗示主体一反散乱持股常态，而突然集中资金大量购进某一两只股票，交易操作且快进快出不犹豫，"短平快"的特征明显；而当暗示主体再次无法获取基金交易不公开信息后，被暗示人又重新表现出散户交易特征。以上过程说明涉案账户的交易行为与其以往的交易习惯严重背离，应当认定为交易行为明显异常。如果被告人及其辩护人没有提出证据证明其趋同交易另有正常信息来源，或者不能对其明显异常的交易行为作出合理解释，那么就不足以形成对裁判结论的合理怀疑。

当所有证据串联，形成一个完整而又融贯的叙事故事模型时，案件事实浮出水面，罪与非罪再无争辩。

结　语

内幕交易犯罪行为频发，各主体行为串通一致且极力掩盖犯意联络，趋同性判断是案件事实认定的桥梁，是连接证据事实与最终待证事实的关键环节。文章从改变传统证明方法的角度来解决当下内幕交易犯罪事实认定的困境，认为最佳解释推理是认定内幕交易犯罪事实的最佳证据推理方法，并在此基础上提出了运用论证方法、概率方法、故事方法的综合证明模式，对事实判定方法展开了详细论证，以期为内幕交易犯罪案件审理提供科学的证明思路。

危险作业罪裁判规则的规范与完善

——以 LEC 风险评价法量化"危险"为路径

江西省丰城市人民法院 范雪梅

引 言

《刑法修正案（十一）》新增危险作业罪，首次将尚未造成后果，但具有现实危险的行为纳入刑法打击范畴。现实危险是本罪的入罪门槛，故"危险"的认定便成为讨论本罪犯罪构成的前提和关键。鉴于此，本文以危险作业罪"危险"的认定和衡量为视角，以 LEC 风险评价法量化"危险"为路径，试图破解危险标准衡量之难题，完善危险作业罪之裁判规则，以期我国在风险刑法和预防刑法主导下取得积极的社会治理功效。

一、危险作业罪"危险"认定的现状

危险作业罪的犯罪构成要件由"实行违反安全管理规定的三种行为+具有发生重大伤亡事故或其他严重后果的现实危险"组成，其中三种行为方式经历了从"事故类犯罪的加重处罚情节—从重处罚情节—政策要求纳入刑法范围—纳入刑法范围—确定罪名"的演变，理论和实务中对其理解适用较多，分歧较少，故本文在分析实践中危险作业罪的裁判规则时仅从"危险"的认定着手，即在现有裁判文书中总结"危险"的认定差异，剖析差异的原因，从而掌握危险作业罪裁判规则的现状。

（一）危险作业罪的司法实践概况

笔者在中国裁判文书网以"危险作业罪"为关键词进行精确检索，自《刑法修正案（十一）》颁布后至 2022 年 8 月 14 日，共审理危险作业案 72 起，其中关闭、破坏关系生产安全的设备、设施等（简称故意掩盖事故隐患）3 起，存在事故隐患被要求整改而拒不执行等（简称拒不消除事故隐患）0 起，非法采矿、生产经营储存危险物品等（简称无证违规生产经营储存）69 起，具体行为方式见图 1。

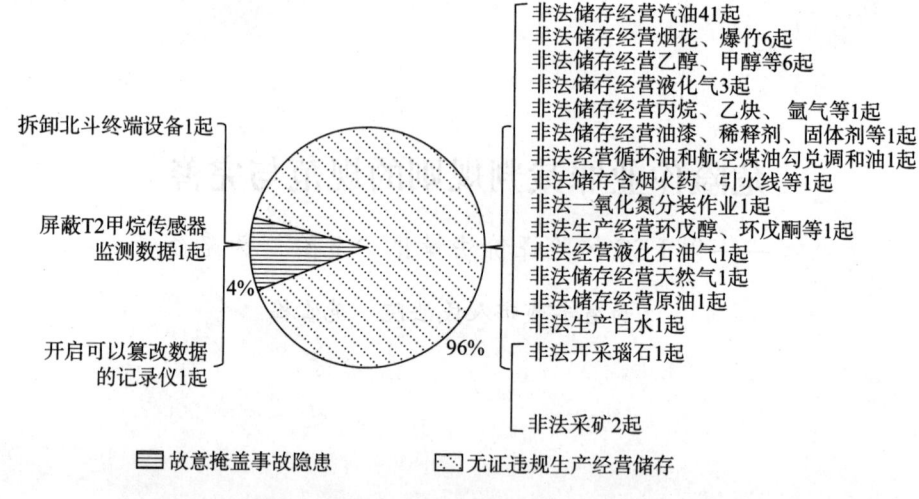

图 1　本罪 72 份裁判文书判决行为分布图

（二）危险作业罪"危险"认定的差异

司法实践中，危险作业罪裁判规则主要围绕现实危险的判断展开，但相关裁判文书在认定"危险"方面存在差异，具体表现为认定标准抽象化、考察因素数额化、鉴定评估多元化。

1. "危险"认定标准抽象化。与抽象危险犯以行为推定危险不同，具体危险犯中的危险是一种现实的危险，该种危险的判断需要根据案情进行司法认定，① 本罪需根据案情进行认定，系具体危险犯。通过对 72 份裁判文书进行分析，发现实践中"危险"的认定呈现抽象化的趋势，主要表现在将行为危险等同于现实危险，将具体危险犯认定为抽象危险犯，如表 1 所示。

表 1　危险作业中"危险"认定抽象化明细表

案号	查明事实部分	本院认为部分	推理过程
（2022）豫 1724 刑初 138 号、686 号	在《危险化学品经营许可证》逾期的情况下，在加油站擅自从事危险化学品汽油经营、储存等高度危险的生产作业活动	危险作业罪法律条文行为简述	无证经营汽油＝现实危险

---

① 李晓明：《"高空抛物"入罪的法教义学分析与方案选择》，载《天津法学》2020 年第 4 期。

(续表)

案号	查明事实部分	本院认为部分	推理过程
（2022）鲁0812刑初5号	未经有关部门批准和未取得危险化学品经营许可证，在其经营的修理店内，使用塑料桶、饮料瓶非法储存、买卖汽油。现场查获汽油93升。经检验，从现场查获的疑似汽油中检出汽油成分	危险作业罪法律条文行为简述	无证经营+查获汽油=现实危险
（2022）鲁0812刑初63号	从液化气站购买液化气后，驾驶三轮车，多次在济宁市兖州区等地进行销售	危险作业罪法律条文行为简述	无证经营液化气=现实危险
（2022）川0181刑初47号	为谋取非法利益，违反安全管理规定，未经许可在都江堰市聚源镇、石羊镇从事汽油储存、经营等高度危险的生产经营作业活动	危险作业罪法律条文行为简述	无证储存、经营汽油=现实危险
（2021）皖1324刑初440号	没有取得危险化学品经营许可，在泗县用报废汽车从事危险化学品散装汽油经营、储存作业活动。查获汽油3.55吨。经鉴定涉案汽油符合GB 17930—2016标准要求	危险作业罪法律条文行为简述	无证储存、经营汽油=现实危险
（2021）川0114刑初530号	无成品油存储、运输资质及转运、销售资质的情况下，多次非法储存、售卖汽油	危险作业罪法律条文行为简述	无证储存、经营汽油=现实危险
（2022）辽0111刑初15号	无危险品运输、经营许可，多次在沈阳市苏家屯区，利用没有危险品运输许可且没有危爆物品标识的车辆运输成品汽油，并销售散装汽油。经鉴定，该油品为95号乙醇汽油，研究法辛烷值、乙醇含量、其他有机含氧化合物含量不符合GB18351—2017标准要求，判定该油品不合格	危险作业罪法律条文行为简述	无证储存、经营汽油+汽油不合格=现实危险
（2022）鲁0812刑初196号	在十字路口东侧，欲出售非法购入并存放在"五金润滑油"店内的汽油时，被现场查获	危险作业罪法律条文行为简述	无证储存、经营汽油=现实危险

在表1的案件中，法官在查明事实和本院认为部分对非法储存物品是否属于危险物品，危险物品的数量，是否在人员密集区，现实危险的程度、范围、是否紧迫等均未作实质分析，而是直接引用本罪条文的规定，仅以被告人实施了"未经依法许可擅自存储、经营"的行为就推定具有现实危险。其实，法官裁判时仅需对实行

行为进行违法性分析,不能以此代替现实危险的认定,而忽略对具体场景的分析,将具体危险认定为抽象危险。

2. "危险"考察因素数额化。实践中,部分裁判文书在判断危险作业罪中"危险"时,除审查是否存在无证违规经营危险化学品行为外,重点审查销售数额、存储数量、销售收入、违法所得等事实因素,并在查明事实中进行陈述,以数量、收入的多寡认定"危险",如表2所示。

表2 危险作业中"危险"考察数额化明细表

案号	数额化表现	其他危险事实描述
(2022)辽02刑终119号	储存汽油价408542元、非法获利1800元	无
(2021)甘1124刑初166号	三被告人销售汽油收入分别为37600元、560899元、245527元,违法所得分别为40554元、10200元、14731元	无
(2021)鲁1502刑初928号	销售汽油96000余元	无
(2021)鲁1522刑初247号	销售天然气价值137045元,获利2万余元	无
(2021)鲁1625刑初285号	擅自售卖散装汽油约5吨,共计获利约4000元	无
(2021)浙0424刑初291号	生产310余吨环戊酮、销售金额达879万余元	无
(2022)辽0111刑初184号	销售金额共计人民币20万元,获利人民币45000元	无
(2022)辽0111刑初164号	非法出售成品汽油约6000升,共计人民币4万元,非法获利人民币7000余元	无
(2022)湘0981刑初176号	销售汽油204384元,非法获利21406元	在"六宝虾蟹店"附近一空地非法存储、销售汽油
(2022)甘1124刑初33号	销售汽油金额18171785元、柴油19626724元	在废弃羊场内非法存储、销售汽油
(2021)黑0604刑初167号	销售汽油的金额为56827.87元,其非法获利10800元	在某大院内非法存储、销售汽油

在表2的案件中,法官在认定事实时,除认定未依法取得许可证外,对生产数量、销售数量、销售收入、违法所得等进行了详细描述,在无其他事实认定的情况下,仅以销售数量、收入、违法所得等进行定罪量刑,但销售数量、收入等要素属于数额犯的范畴,常用于扰乱市场秩序罪中的事实认定,如非法经营犯罪的立案追

诉标准就明确规定了相应的数额，而不属于危害公共安全犯罪中危险作业罪的构成要件要素。实践中，只分析销售数量和收入等因素不能反映危险的程度，将其作为定罪量刑情节，偏离了危险作业罪的立法本意，超出了危险作业罪构成要件审查的范畴。

3. "危险"评估鉴定多元化。司法实践中，危险作业罪中"危险"的认定往往会借助鉴定意见或者评估报告，但评估鉴定的主体和内容呈现多元化趋势，如表3所示。

表3　本罪裁判文书中"危险"鉴定评估明细表

鉴定内容	鉴定对象	鉴定主体	案号
无证经营危险物品数量、销售金额	账簿	甘肃泰华会计师事务有限公司	（2022）甘1124刑初33号
储存经营物品是否属于危险化学品、是否易燃	甲醇、二氯甲烷、甲酯的混合物，甲醇燃料油、汽油等	不明、浙江省化工产品质量检验站有限公司	（2021）浙0381刑初879号 （2021）浙1021刑初639号 （2021）桂1221刑初238号 （2021）浙0481刑初520号
储存经营物品是否符合标准要求，是否合格，闪点（闭口）	汽油、液体石油	不明、上海市石油化工产品质量监督检验站、浙江省化工产品质量检验站有限公司	（2022）甘1124刑初166号 （2021）皖1324刑初440号 （2022）湘3101刑初63号 （2021）辽0111刑初416号 （2022）粤0605刑初221号 （2022）鲁0503刑初40号 （2021）浙1021刑初624号
是否存在重大事故隐患	非法采矿点	贵州省安全生产专家库专家	（2021）黔0181刑初394号
是否具有现实危险	危险化学品仓库	浙江省应急管理科学研究院	（2021）浙0112刑初454号
	高陡边坡	地质灾害危险性评估专业机构、安全生产专家	（2021）黔0108刑初462号
	一氧化二氮分装作业	专家	（2021）沪7101刑初329号
危害范围和程度	非法储存的烟火药	专家	（2022）湘0181刑初355号

从表3可以看出，评估鉴定主体多元化，主要表现在由专家、鉴定评估机构和行政部门作出评估鉴定意见，如浙江省应急管理科学研究院、上海市石油化工产品质量监督检验站、地质灾害危险性评估专业机构和安全生产专家等。此外，评估鉴定内容多元化，集中表现在：对账簿进行会计司法鉴定以确定销售数量和收入；对甲醇、二氯甲烷、甲酯的混合物，甲醇燃料油、汽油、气体等鉴定以确定是否属于危险物品和易燃易爆物品、是否符合标准要求；对仓库存放点、非法采矿点进行评

估以确定是否存在重大事故隐患；对伤害范围及伤害程度进行评估鉴定；对是否存在现实危险进行评估等。评估鉴定主体和内容的多元化暴露了司法实践中"危险"认定的裁判依据混乱的局面，这势必造成危险认定的泛化。

（三）"危险"认定差异的原因剖析

1. 法律空白。目前我国《刑法》对具体危险犯罪罪状的描述均比较宽泛，有的表述为"足以造成……"，如破坏交通工具罪；有的表述为"尚未造成严重后果"，如放火罪；有的表述为"有……危险的"，如妨害传染病防治罪和妨害国境卫生检疫罪。上述词语"足以""危险"等均无法律明确规定，本罪中现实危险的表述尚属首次，但司法解释尚未出台，现实危险的判断也无明确界定，这使得法官裁判危险作业犯罪时缺乏参照系。

2. 理念分歧。危险作业罪的"危险"理论上存在不同观点，有的观点认为，危险作业罪的"危险"是抽象危险，"抽象危险犯个罪的数量已由'一枝独秀'到成为'规模之势'："除达成共识的妨害安全驾驶罪、危险驾驶罪、危险作业罪、高空抛物罪以外，有学者认为，妨害信用卡管理罪、污染环境罪也属于抽象危险犯"①。另外一种观点认为，危险作业中的危险是具体危险，需具体案件具体分析。实践中，鉴于上述理念的分歧，造成法官对其认识不一，裁判时往往混淆两者的区别。

3. 专业较强。本罪生产、作业领域涉及矿山、分装作业，金属冶炼，建筑施工，危险化学品储存经营等多个行业，且安全生产领域法律法规包括消防、危险化学品、民用爆炸品等专项监管诸多行业法律法规规章，有些作业行为本身具有危险性，有些行为客体具有危险，有些作业行为和行为客体均有危险。基于此，安全生产领域危险作业中的"危险"判断具有复杂性和专业性。

二、危险作业罪"危险"内涵的解读

法谚有云："法无解释，不得适用。"法律解释为法律规范和法律适用架起桥梁，有利于我们准确把握法律条文要义、目的和价值，更好地理解适用法律规范。

（一）基于目的解释审查：危险对象兼具开放性和随机性特征

目的解释是回归所有解释的本来目的和价值的解释方法，对犯罪的构成要件的解释均应建立在法益保护的基础上。为此，对本罪犯罪构成要件"危险"的解释，必须建立在本罪保护法益明确的基础上。

从法条的位置分析，危险作业罪的设立，为的是保护公共安全。"刑事立法上系以不法构成要件所要保护的法益为准，而将保护相同或者相类似法益的不法构成

---

① 王飞跃：《论抽象危险犯个罪裁判规范的续造》，载《中国法学》2022年第2期。

要件,同列在一个罪章之中。"① 危险作业罪的法条设置于《刑法》分则第二章危害公共安全罪之中,规定于《刑法》第134条,故本罪的保护法益是公共安全。我国刑法通说认为,公共安全是指不特定多数人的生命、身体或重大公私财产安全。② 司法实务部门也对此予以肯定。③ 然而,不特定多数人是指"不特定且多数人"还是"不特定或多数人"?

因不特定或多数人侧重点在于多数人,且其包含的特定多数人属于保护个人法益,而非社会法益,不特定或多数人的理解不甚合理。同时,"危害公共安全之所以被作为危险性最大的普通刑事犯罪看待……其一是这类犯罪行为指向的不明确性……其二是所侵害对象的特殊性。"④ 因此,对"公共安全"进行理解的关键不在于数量的多与少,而应当从"不特定"上进行考虑,多数人仅是代表不特定发展的趋势。一般社会民众的安全感受到威胁也在于犯罪分子的侵害对象是不特定的,也即每个人都有受到犯罪侵害的可能性——随机性和开放性。⑤ 危险作业罪危害不特定多数人的安全,其危险侵害对象也应具备随机性和开放性的特征,随机性是指危险作业危害的对象具有不确定性和偶然性,处于危险环境的人均有受到危害的可能;开放性是指危险对象具有向人数多、危险范围具有向范围广的蔓延之势。

(二) 基于文义解释解读:危险兼具可能性和严重性特征

"危险"一词在日常生活中被人民广泛使用,想知晓刑法的危险,必须明确作为日常用语所具有的本来含义和特征。在《汉语大词典》中,"危险"的释义为:"危险,艰难险恶,不安全。谓有可能导致灾难或失败。"⑥《现代汉语词典》中将危险解释为:"危险,指有遭到损害或失败的可能。"⑦《辞源》中记载:危险,即危害。《韩非子·外储说右上》指出:"此危吾位者也。"⑧ 从以上释义可以看出,"危险"均与可能性密切相关,且往往与灾难或失败等不利后果相关,其最本质的特征就是可能性和严重性。《刑法》中"危险"的概念也应具有日常用语的上述含义本质特征。

---

① 参见刘艳红:《法秩序统一原理下侵害英雄烈士名誉、荣誉罪的保护对象研究》,载《法律科学(西北政法大学学报)》2021年第5期。
② 高铭暄、马克昌:《刑法学》,北京大学出版社、高等教育出版社2017年版,第333页。
③ 参见《黄世华以危险方法危害公共安全案》,载《刑事审判参考》(2013年第5集)第912号案例,法律出版社2013年版。
④ 周光权:《刑法各论讲义》,清华大学出版社2003年版,第153~154页。
⑤ 张超:《论刑法意义上的"不特定"与"多数"》,载《郑州师范教育》2012年第5期。
⑥ 参见罗竹凤:《汉语大词典》(第二卷),汉语大词典出版社1988年版,第526页。
⑦ 参见中国社科院语言研究所词典编辑室:《现代汉语词典》,商务印书馆1979年版,第1180页。
⑧ 参见《辞源》,上海辞书出版社1980年版,第434页。

(三) 基于体系解释界定：危险兼具行政违法和刑事违法性属性

体系解释是基于法律领域或者法秩序的内在体系，尽可能合乎体系地解释某个规定。①"它也意指规整脉络中许多条文间事理上的一致性，对法律的外部安排及其内在概念体系的考虑。"② 对危险作业罪作出合理解释，需以符合法秩序统一原理为标准。法秩序统一原理，不仅要求外部统一，即危险作业罪的"危险"应符合行政法意义上的危险，遵循行政法的前置性；同时，刑法的内部要求规范统一，危险应满足刑法的危险，应遵循刑法的独立性。

1. 外部追溯行政法。危险作业罪以违反行政法规为前置性条件，符合行政犯的属性，而行政犯又属于法定犯，"法定犯作为刑法中的犯罪行为，首先是行政法上被禁止的行为，其次才是因符合了刑法的特别构成要件如情节、后果等，因而具备了刑事违法性并成为刑法上被禁止的行为。"③ 因此，在判断危险作业罪中的危险时应遵循安全生产的行政法规和部门规章规定，考察危险程度的影响因素，比如安全防护距离、防火距离等。

2. 内部回归同类刑法。"刑法有自己的任务和目的，某种行为是否需要刑法调整，某种利益是否值得刑法保护，完全可以进行独立的判断，并不依赖于行政法的判断。"④ 因"危险作业行为极易导致重大生产安全事故，几乎是所有责任事故犯罪的主要原因或根本原因"，⑤ 所有责任事故犯罪均包含了危险作业行为，故危险作业罪是从事故类过失结果犯、实害犯中分离出来的，其几乎没有影响或改变行政法律的调整范围，只是在传统调整领域内对刑法规制方式进行了结构优化。⑥ 故本罪危险作业中危险程度也应与刑法的事故类犯罪实害结果相当。

"重大伤亡事故"和"其他严重后果"是本罪危险的限定性要素，"重大伤亡事故"和"其他严重后果"也以实害结果要素在重大责任事故罪、强令他人违章冒险作业罪等事故类罪名中出现，本罪作为从上述罪名中分离出来的预防型危险犯，其入罪的危险程度应符合上述罪名的要求，根据法律规定，造成一人死亡以上，或者重伤三人以上的应认定为"造成严重后果"或"发生重大伤亡事故或者造成其他严重后果"。因此，危险作业罪的"危险"仅具有可能导致不特定多数人中的一人以上死亡或者三人以上重伤的危险，才符合入罪标准。

---

① 刘艳红：《袭警罪中"暴力"的法教义学分析》，载《法商研究》2022年第1期。
② [德] 卡尔·拉伦茨：《法学方法论》，陈爱娥译，商务印书馆2003年版，第207页。
③ 刘艳红：《论法定犯的不成文构成要件要素》，载《中外法学》2019年第5期。
④ 孙国祥：《行政犯违法性判断的从属性和独立性研究》，载《法学家》2017年第1期。
⑤ 沈亮、汪斌、李加玺：《〈关于办理危害生产安全刑事案件适用法律若干问题的解释〉的理解与适用》，载《人民司法》2016年第4期。
⑥ 黄京平：《危险作业罪的规范目的及其实现——〈刑法修正案（十一）〉的标志性立法实践》，载《北京联合大学学报（人文社会科学版）》2021年第2期。

三、LEC 风险评价法量化"危险"的可行性分析

LEC 风险评价法是由美国的格雷厄姆（K. J. Graham）和金尼（G. F. Kinnly）提出的。① 其系对作业时潜在危险的危险程度进行半定量分析的方法，其函数关系式如下：

D（危险程度）= L（事故或危险事件的可能性）×E（暴露于危险环境的频率）× C（发生事故或危险事件可能的结果）。

LEC 风险评价法分别对不同情况下的预见可能性 L 值、人体暴露潜在危险环境的频率 E 值、可能导致的危险结果 C 值进行赋值，以此对危险程度进行定量分析，L、E、C、D 分值情况详见表 4。

表 4　LEC 风险评价法 L、E、C、D 分值汇总表

L 分值	预见可能性	E 分值	暴露潜在危险频率	C 分值	可能的结果	D 分值	危险程度
10	完全会被预见到	10	连续暴露	100	大灾难，许多人死亡	>320	极其危险
6	相当可能会预见到	6	逐日工作时间暴露	40	灾难，数人死亡	160~320	高度危险
3	不经常但可能预见到	3	每周一次或偶然暴露	15	非常严重，一人死亡	70~160	显著危险
1	极少可能预见到	2	每月一次暴露	7	严重，严重伤害	20~70	可能危险
0.5	可以设想但很不可能	1	每年几次暴露	3	重大、致残	<20	稍有危险
0.2	极不可能预见到	0.5	非常罕见暴露	1	引人注目、需要救助	—	—

（注：表中 L、E、C、D 分值系 LEC 风险评价法的固有数值）

LEC 风险评价法常用于安全生产领域，依据评价结果消除危险因素，完善和加强安全管理。LEC 风险评价法的 L、E、C 值不仅契合了前文所述的危险的内涵，更契合了具体危险的"行为危害对象是否存在+行为人是否认识到危险+行为是否创设了侵害的危险"判断要素，具体逻辑关系详见图 2。

---

① 程相党：《作业条件危险性分析（LEC）法在石油库安全管理中的应用》，载《科技视界》2016 年第 18 期。

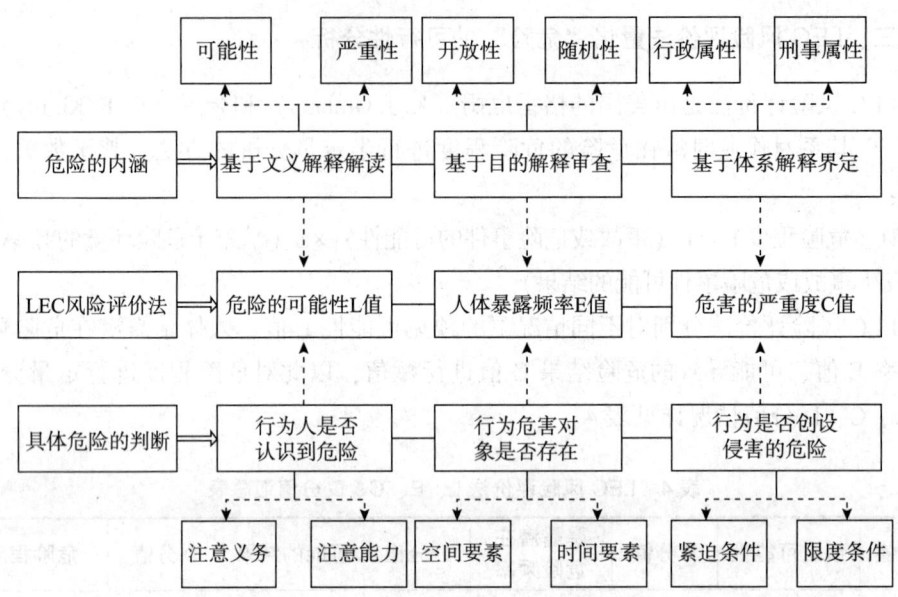

图 2　LEC 风险评价法与危险内涵及具体危险判断要素的逻辑契合关系图

（一）LEC 风险评价要素契合具体危险的判断因素

危险作业罪系具体危险犯，学界关于具体危险的判断方法存在多种学说观点，主要有客观危险说、具体危险说及偶然性说，上述学说均包含了对客观存在的事实和科学的因果法则的判断，但是客观危险说、具体危险说混淆了未遂犯之危险和具体犯之危险，"具体犯的具体危险，是对特定犯罪构成要件预定的保护法益造成的危险；与此相对，未遂犯的危险，意味着既遂犯构成要件实现的盖然性，不一定是对法益的直接危险。"[①] 德国主要采用偶然性说作为判断方法。通说采用的也是偶然性说。[②] 鉴于此，本文以偶然性说的两个条件对"危险"进行判断，并将行为人的主观罪过审查列入考察范围，归纳具体危险的判断因素主要有行为人是否认识到危险、行为危害对象是否存在、行为是否创设了侵害的危险三个方面。上述三个方面的内容分别对应 LEC 风险评价法的事故或危险事件的可能性 L、暴露于危险环境的频率 E、发生事故或危险事件可能的结果 C。

1. 行为危害对象是否存在。本罪的保护法益是不特定多数人的安全，如果时空情境下，危险作业侵害的对象不存在，保护的法益就不存在，故有必要在时空情境下分析危害对象是否存在。

（1）空间要素限定为公众出入的区域。危险作业行为发生在不同封闭性、偏僻性、空间密度、人口密度等条件下，对公共安全的影响则不同，如非法存储行为人

---

① ［日］西原春夫：《犯罪实行行为论》，戴波、江溯译，北京大学出版社 2008 年版，第 343 页。
② ［德］罗克辛：《德国刑法总论》，王世洲译，法律出版社 2005 年版，第 276 页。

将危险化学品储存在荒无人烟的郊区或者偏僻的废旧厂房等地方,由于储存地无公众出入,就不会导致不特定多数人的生命和健康受到威胁;再如,行为人在偏僻无人经过的地方非法采矿,形成高陡坡,具有塌陷的风险,但威胁不到公共安全,苛以刑罚的基础不存在。危险作业的行为只有发生在公众出入的区域,才具有法益保护必要,故危险作业罪的空间要素应限定在公众出入的区域,公众出入的区域不仅包括人口密集区域公共场所,也包括煤矿、工厂等,煤矿、工厂等虽不是不特定多数人可以随意进出的场合,但假定在煤矿爆炸时,煤矿的受伤人员具有随机性和开放性,煤矿工作人员及周边人员均有受到危害的可能,使不特定多数人的安全受到威胁。

(2)时间要素限定为公众出入的时段。应考察行为在不同时段、季节、气候条件下公众存在的可能性,如在煤矿工人休假期间或下班时间,为避免T2甲烷传感器超限报警,人为故意对T2甲烷传感器监控数据进行屏蔽,造成瓦斯超限后甲烷传感器监测数据失真,在此时间条件下,煤矿中未有公众出入,达到瓦斯爆炸浓度威胁不到公众的安全;再如,行为人在暑假期间的学校附近场地非法储存危险物品,因暑假期间,不是学生出入的时段,则行为人行为时并不会危害公众安全。危险作业罪的时间要素应限定在公众出入的时段。

2. 行为人是否认识到危险。是否要求行为人认识到危险关涉处罚范围宽窄,危险作业罪的罪过形式,有的学者认为应限定为故意,[①] 有的学者认为"危险作业罪是业务过失危险犯,是以重大责任事故罪为基础而订立的法益保护最前端立法",[②] 有的学者认为既可以是故意也可以是过失。重大责任事故罪因其罪名或犯罪构成有过失的相关表述,如"责任""事故"等,属于过失犯,故与重大责任事故罪同属一个法条的危险作业罪,其主观罪过形式应与重大责任事故罪保持一致,如将危险作业罪的主观罪过形式认定为故意,将忽略本罪的主观罪过审查,将违反前置法的故意等同于构成要件的故意,会导致对行为有认识而无需对行为的具体危险有认识,从而使得犯罪形态从具体危险犯转为抽象危险犯或行为犯。因此,本文赞同危险作业罪为过失危险犯,主观罪过构造为"违反前置的生产安全法的故意+发生现实危险的过失"。本罪虽为过失犯罪,但仍应审查其罪过责任条件,行为人是否能认识到现实危险,是否具有预见能力,因此预见可能性的判断成为主观罪过审查的重中之重,应根据一般人的标准进行判断。此外,行为人还应对危险状态的发生履行注意义务,危险作业时要履行采取安全措施、安全装置及与人口密集区保持安全距离等义务,如其未尽到注意义务,则其对危险状态的形成存在侥幸心理,主观上具有一定的过错。

[①] 钱小平:《积极预防型社会治理模式下危险作业罪的认定与检视》,载《法律科学(西北政法大学学报)》2021年第6期。

[②] 冀洋:《公共安全刑事治理的教义学评析——以〈刑法修正案(十一)〉为例》,载《法学论坛》2021年第5期。

3. 行为是否创设侵害的危险。这主要是对危险严重程度的判断，应以"客观事实+科学因果法则+救助因素是否偶然"为判断，如判断高空抛物的社会危害性需要结合所抛之物、抛掷场所、抛掷高度、抛掷时间、抛掷动机等多种因素综合考察。①危险作业罪的危险也需结合行为自身危险、行为对象的危险、因果关系等进行综合判断，不同形式下危险作业的危险程度不尽相同，须根据个案的具体情况遵循危险来源识别及危险程度衡量作出判断与甄别，首先应识别和确定危险源，是行为自身危险还是行为客体的危险，确定了危险源后，再对危险程度进行衡量。

（1）危险来源识别。危险作业罪的三种行为有些自带危险性，有些行为对象具有危险性，在判断本罪危险时，应识别其来源。首先，行为自身危险之判断，行为人违反《安全生产法》《石油化工企业设计防火规范》等前置法律法规规定，不同行为引起危险程度不一致，如非法开采形成高陡边坡，边坡地区由渣土堆砌而成，结构松散、稳定性差，非法开采的行为形成不同坡度，则蕴含着不同程度的安全隐患；再如，故意屏蔽甲烷传感器监控数据，造成瓦斯超限后甲烷传感器监测数据失真，屏蔽时间不同，失真数据不同造成浓度不同，如浓度接近爆炸浓度，则危险程度更高。其次，行为对象危险之判断，以非法储存、经营危险化学品危险作业的，其行为对象的性状，可以参照相关的国家标准，比如对易燃、易爆、剧毒、放射性等物品的认定，可以参照《危险化学品安全管理条例》《民用爆炸物品安全管理条例》《危险化学品名录》《危险货物分类和品名编号》等规定进行判断。

（2）危险程度衡量。本罪规定具有发生重大伤亡事故或其他严重后果的现实危险才构成犯罪，在危险的要求上需要有导致重大伤亡事故的现实危险的量的要求，它是积累到一定程度尚未转化为重大或特大事故的危险，但危险又具有紧迫性和"千钧一发"性。②紧迫性要求在危险现实化的过程中，实行行为已具备导致危害结果发生的充分条件，因为介入了其他因素阻止了后果的发生。这种情况下，行为导致的危险状态才是现实的、紧迫的，具备需要本罪进行规制的危险状态。此外，现实危险具有前置限定性要素，根据《刑法》相关司法解释的规定，具有可能造成不特定多数人中一人死亡或者三人重伤的危险，应认定为达到限度条件。

（二）LEC 风险评价法符合"危险"的内涵

LEC 风险评价法中人体暴露于潜在危险的频率 E 值契合了目的解释下危险作业罪的危害对象的随机性和开放性特征，危害对象暴露在危险环境中的频率越高，对危险程度的影响越大。发生事故的可能性 L 值和可能的结果 C 值契合了文义解释下"危险"兼具的可能性和严重性特征。发生事故可能的结果 C 值因需要结合相关行政法和刑法的规定去判断危险的程度，故其契合了体系解释下"危险"兼具的行政

---

① 应文舒：《高空抛物罪司法适用偏差与匡正——基于实证分析视角》，载《湖北职业技术学院学报》2021 年第 3 期。

② 邓红梅、徐洪斌：《从法理到规范：危险作业罪的法教义学分析》，载《长白学刊》2022 年第 4 期。

违法和刑事违法属性。

四、以 LEC 风险评价法量化"危险"完善裁判规则的探索

危险作业罪以 LEC 风险评价法对"危险"进行量化，综合考察了行为人主观罪过、危害对象的存在、可能导致的结果等因素，其评价结果可以作为本罪定罪量刑的参考依据，本文建议以此路径将本罪的"危险"限缩为"极其危险""高度危险"，明确行政违法与刑事违法的界限；同时，运用"危险"量化表及量刑建议表，将其独档法定刑进行区间划分，构建"迷你版"量刑阶梯，实现量刑均衡及类案类判。

（一）运用：以 LEC 风险评价法量化裁判案件的"危险"

结合危险作业罪的三种行为方式及典型裁判文书样本探索运用以 LEC 风险评价法对不同行为方式的危险作业罪的"危险"进行危险程度评价（见表 5）。LEC 风险评价法对个案 L、E、C 值的衡量，需综合运用具体危险的注意义务、预见能力、空间要素、时间要素、限度条件、紧迫条件等要素进行判断。

表 5　危险作业罪典型案例"危险"评价结果表

评价类型	案号	固有危险因素	风险值 D = LEC				危险程度
			L	E	C	D	
故意掩盖事故隐患	（2021）黔 0523 刑初 240 号	故意对 T2 甲烷传感器监控数据进行屏蔽，造成瓦斯超限后甲烷传感器监测数据失真，最大浓度 3.42%，超限时长 16 分钟，失真监测最大浓度却为 0.48%	10	3	40	1200	极其危险
无证违规生产经营储存	（2021）黔 0181 刑初 394 号	采点因非法开采形成高约 10~20 米、倾角 60°~80° 的高陡边坡，边坡部分区域为开采形成的渣土堆砌而成，结构松散、稳定性较差，在自然降雨及人类工程活动时，可能诱发滑坡、泥石流等安全隐患，威胁周边车辆、人员安全	6	3	3	54	可能危险
	（2022）湘 0181 刑初 355 号	非法储存在家中的引线，经检测内含药物均为烟火药，含药量为 172.453 千克。专家意见指出对于距离 10 米以内人体将造成极严重伤害（大部分死亡），距离 12 米范围内的建筑物造成 7 级破坏（完全破坏）	6	10	40	240	极其危险
	（2021）鲁 1502 刑初 928 号	在聊城市经济开发区和小湄河交叉口西北角等地流动贩卖，共计销售汽油 96000 余元	3	3	3	27	可能危险

1. 故意掩盖事故隐患危险作业。目前,以此行为方式犯危险作业罪的仅有拆卸北斗终端设备、屏蔽 T2 甲烷传感器监测数据、开启可以篡改数据的记录仪三种行为,现以典型的屏蔽 T2 甲烷传感器监测数据案例进行分析。

案例 1①:刘某、廖某在金沙县检测瓦斯过程中,用胶布封闭 T2 甲烷传感器的进气口,防止瓦斯超限报警。能源局检查发现综采工作面回风巷 T5 甲烷传感器超限报警,最大浓度 3.42%,超限时长 16 分钟,在此期间 T2 甲烷传感器监测数据最大浓度为 0.48%,属人为故意对 T2 甲烷传感器监控数据进行屏蔽,造成瓦斯超限后甲烷传感器监测数据失真。

上述案例 1 应结合前文所述具体危险的判断要素衡量 L、E、C 值,具体如下:首先,行为人是否认识到危险。陈某、廖某故意对传感器数据进行屏蔽,其作为煤矿工作人员,对甲烷易燃易爆的性状具有认识,完全能预见到瓦斯浓度高可能发生爆炸事故,其主观恶意较明显,预见可能性 L 值为 10。其次,行为危害对象是否存在,行为是否发生在公众出入的区域和时间。甲烷传感器一直显示数据,瓦斯浓度达到 3.42%,该案危险作业行为发生在工作时间,发生在公众出入的区域和公众出入的时间,符合逐日在工作时间内暴露在潜在危险环境中,E 值为 6。最后,行为是否创设了侵害的危险。该案行为和行为对象均具有危险性,根据《石油化工可燃气体和有毒气体检测报警设计标准》附录常见易燃气体、蒸气特性表,甲烷爆炸浓度上限为 15%,下限为 5%,且越趋向于 5% 和 15%,其爆炸可能性更大,该案中瓦斯最大浓度为 3.42%,趋近于 5%,超限时长为 16 分钟,具有现实紧迫性,其未发生实害后果,是因为能源局的检查阻止了现实危险现实化,如爆炸将引发灾难,裁判文书中对煤矿工作人员数量虽未作说明,但本案行为使煤矿工作人员的生命安全陷入高度危险之中,可能会导致数人死亡,发生事故可能的结果 C 值为 40,故危险程度 D 值为 2400,系极其危险。

2. 无证违规生产经营储存危险作业。此行为方式危险作业的案件有 69 起,其中非法采矿 3 起,非法分装作业 1 起,非法生产经营储存烟花、爆竹、成品油、汽油、天然气、引线、油漆、稀释剂、固化剂、香蕉水等危险物品 65 起。

(1) 非法采矿类危险作业。行为主要应考察非法采矿行为的危险,不需考虑物品的危险,另外需要考察因果关系,非法采矿造成陡坡,介入极端天气等因素造成危险状态。

案例 2②:在无采矿许可证的情况下,周某某、周某进行非法采矿,被执法人员现场查获。经贵州省安全生产专家库专家认定:青藤山 1 号采点已构成重大生产安全事故隐患。同时,经贵州省有色金属和核工业地质勘查局一总队认定:青藤山 1 号采点因非法开采形成高约 10~20 米、倾角 60°~80° 的高陡边坡,边坡部分区域为

---

① 详见贵州省金沙县人民法院(2021)黔 0523 刑初 240 号刑事判决书。
② 详见贵州省清镇市人民法院(2021)黔 0181 刑初 394 号刑事判决书。

开采形成的渣土堆砌而成，结构松散、稳定性较差，在自然降雨及人类工程活动时，可能诱发滑坡、泥石流等安全隐患，威胁周边车辆、人员安全。

上述案例 2 应结合前文所述具体危险的判断要素衡量 L、E、C 值，具体如下：首先，行为人是否认识到危险。行为人在采点时未履行注意义务，未设置警示牌、未选择距离车辆和行人较远的地方开采，按一般人的常识标准，行为人对非法开采可能会发生坍塌、滑坡事故威胁行人和车辆的安全具有一定的预见性，预见可能性 L 值为 6。其次，行为危害对象是否存在。裁判文书中显示：周边有车辆和人员经过，属于公众出入的区域，行为危害对象存在，只是人体暴露于危险环境属于偶然暴露，故 E 值为 3。最后，行为是否创设了侵害的危险。非法开采造成高约 10 米至 20 米、倾角 60°~80°的高陡边坡，属于行为自身具有危险性，且因介入自然降雨及其他人类工程活动时，可能威胁周边车辆和人员，自然降雨和人类工程活动属于必然发生的，介入因素不异常，因此，所造成的危险与行为人的行为具有因果关系，但该介入因素的发生具有一定的随机性，危险还未达到现实化的充分条件，不符合紧迫条件，且导致的结果可能为重大、致残，未达到限度条件，故可能的结果 C 值为 3，故其危险程度 D 值为 54，系可能危险。

（2）金属冶炼、建筑施工类危险作业。因司法实践中暂未涉及这两个领域，且因行为不涉及危险物品的问题，因此，在考察其危险时可参照非法采矿类危险作业案的评价方法进行判断。

（3）危险物品生产经营、储存类危险作业。因这类行为危险作业案较多，下面列举极其危险、可能危险的两个典型案例进行分析。

第一，极其危险，张某非法储存引线危险作业案。[①] 张某在家中非法储存引线，经检测内含药物均为烟火药，含药量为 172.453 千克。专家意见指出对于距离 10 米以内人体将造成极严重伤害（大部分死亡），对距离 12 米范围内的建筑物造成 7 级破坏（完全破坏）。

上述案件应结合前文所述具体危险的判断要素衡量 L、E、C 值，具体如下：首先，行为人是否认识到危险。张某将引线储存在家中未尽到危险回避义务，且其系引线制造公司的股东，其对引线的成分有一定的认识，其将引线储存于家中相当可能会预见到发生事故，具有预见可能性，其可能性 L 值为 6。其次，行为危害对象是否存在。张某将引线储存在家中，周边系人口密集的居民区，行为发生在公众出入的区域和时间，周边不特定居民连续暴露于潜在的危险中，其人体暴露于潜在危险的 E 值为 10。最后，行为是否创设了侵害的危险。根据本案的鉴定意见，引线所含烟火药将导致距离 10 米以内人体受到极严重伤害（大部分死亡），对距离 12 米范围内的建筑物造成 7 级破坏（完全破坏），未造成结果是因为未介入火源及介入了公安机关的执法办案，故发生事故可能的结果 C 值为 40，故其危险程度 D 值为

[①] 详见湖南省浏阳市人民法院（2022）湘 0181 刑初 355 号刑事判决书。

240，属于极其危险。

第二，可能危险，夏某非法经营危险物品危险作业案。① 夏某在聊城市经济开发区和小湄河交叉口西北角等地流动贩卖，共计销售汽油 96000 余元。

上述案件应结合前文所述具体危险的判断要素衡量 L、E、C 值，具体如下：首先，行为人是否认识到危险。对于行为人预见可能性的判断，夏某不经常预见但可能预见到会发生危险，其可能性 L 值为 3。其次，行为危害对象是否存在。对于人体暴露于危险环境的频率的判断，因流动贩卖，且裁判文书中未注明是人口密集区，人体暴露于潜在危险的频率 E 值为 3。最后，行为是否创设了侵害的危险。因销售地不在人口密集区，其发生事故可能的结果为重大、致残，其发生事故可能的结果 C 值为 3，故危险程度 D 值为 27，系可能危险。

3. 拒不消除事故隐患。实践中暂时未有拒不消除事故隐患的案件。其行为也涉及另外两种行为出现隐患被要求整改而拒不执行，故拒不消除事故隐患可以参照另外两种行为进行"危险"分析判断。

（二）拓展：完善裁判规则的辅助措施

1. 运用"危险"量化表和量刑建议表。法官裁判时建议将案件的固有危险要素适用"危险"量化表和量刑建议表（见表6）进行梳理，为本罪的定罪和量刑提供参照，以实现本罪入罪合理、量刑均衡。

表6 危险作业罪"危险"量化表及量刑建议表

案号	固有危险因素			风险值 D = LEC				危险程度		量刑建议
	行为人是否认识到危险	行为危害对象是否存在	是否创设了侵害的危险	L	E	C	D	极其危险（ ）	200<D	有期徒刑 ≥ 10 个月
	注意义务	注意能力	空间要素	时间要素	危险识别	危险衡量			1000≤D ≤2000	8 个月 ≤ 有期徒刑 < 10 个月
	是否履行危险状态回避义务及具有预见可能性		是否属于公众出入时间和区域		是否具备紧迫及严重条件				320<D ≤1000	6 个月 ≤ 有期徒刑 < 8 个月
……	……		……		……				高度危险（ ）	240<D ≤320	3 个月 < 拘役、管制、有期徒刑 < 6 个月
									160<D ≤240	拘役、管制、有期徒刑 ≤ 3 个月

在运用表6时，法官在审理过程中应梳理出本案涉及的认定"危险"的固有危险要素，如行为人是否认识到危险，是否尽到注意义务，是否具有预见能力；行为侵害对象是否存在，行为是否发生在公众出入的区域和时间；行为是否创设了侵害

---

① 详见山东省聊城市东昌府区人民法院（2021）鲁1502刑初928号刑事判决书。

的危险，是否达到了紧迫条件，是否达到了致人死亡和重伤的限度条件等，在开庭时尽量引导控辩双方对上述认定要素进行控辩，确保危险作业案件中固有的危险因素均已审查，裁判文书在查明事实及本院认为部分，也应对危险的固有危险因素进行充分说理。

（1）在定罪方面，危险作业案件的危险程度如经 LEC 风险评价法评价为极其危险和高度危险的，应将"危险"量化结果作为定罪的参考，因本罪规定只有紧迫的、严重的危险才具有违法性，本罪的"危险"应进行限缩，对危险程度 D 值在 160 以上的"极其危险""高度危险"科以刑罚，对于危险程度 D 值在 160 以下的"显著危险""可能危险""稍有危险"不予刑事处罚。如前文提及的（2021）黔 0181 刑初 394 号、（2021）鲁 1502 刑初 928 号案，因其危险程度小于 160，危险程度为可能危险，本文建议予以行政处罚，不纳入刑法打击范畴，毕竟刑事处罚并不是目的，预防才是根本，对"显著危险""可能危险""稍有危险"的处以行政处罚，仍可以规制其违法行为，可以达到预防犯罪的效果。

（2）在量刑方面，现有裁判文书有些判处拘役、管制，有些判处有期徒刑，存在类案不同判的情况，比如一行为人在居民区、工厂、交通路口等地非法销售汽油被判处拘役四个月，而另一行为人在居民区的加油点非法销售汽油则被判处有期徒刑六个月，缓刑一年。这主要是因为危险作业罪属于轻罪，其法定刑有限，量刑难以细化，法官有时候只能凭法感量刑。

为追求精准量刑，最大程度保证罪责刑相适应，无论是重罪还是轻罪，都应根据罪质罪量建立罪刑阶梯。① 本文建议将本罪的法定刑定量以三个月或二个月划分量刑区间，试图运用"危险"量化表及量刑建议表，构建"迷你版"量刑阶梯，以期实现量刑均衡、同案同判。首先，建议对危险程度为高度危险的适用管制、拘役及有期徒刑，而极其危险的应仅允许适用有期徒刑；其次，对于 LEC 风险评价法评价为高度危险和极其危险的案件，将所评危险程度 D 值划分为 160<D≤240、240<D≤320、320<D≤1000、1000<D≤2000、2000<D5 个区间，其量刑起点建议分别在管制、拘役或有期徒刑三个月以下、三个月以上六个月以下、有期徒刑六个月以上八个月以下、有期徒刑八个月以上十个月以下、有期徒刑十个月以上一年以下幅度内确定。在确定上述量刑起点的基础上，可以根据危险作业行为、作业次数等其他影响犯罪构成的犯罪事实适当增加刑罚量确定基准刑，再结合量刑情节依法确定宣告刑。

2. 定时发布典型案例。目前，最高人民法院和最高人民检察院关于危险作业罪的典型案例仅 2 件，其中 2022 年 6 月 22 日，最高人民检察院发布一起渔船主指使渔船趁恶劣天气出海非法捕捞被诉危险作业案，该案主要侧重对拆卸渔船"北斗"是否构成现实危险进行判断，属于对行为危险的判断，但对行为危害对象的情况及

---

① 刘晓虎：《涉企轻罪案件量刑要点论纲》，载《人民法院报》2021 年 8 月 19 日。

危险的紧迫条件和限度条件等情况未作认定，存在一定的局限性，有直接以行为危险认定现实危险之嫌。此外，最高人民法院在 2021 年发布平安中国建设第一批典型案例，其中包括一起潘某某危险作业案，该案以出现重大安全险情认定存在现实危险，有可取之处，但司法实践中仍存在大量未出现险情和小事故的危险作业案，仅仅以险情为判断标准，具有一定的局限性。建议今后对行为人是否认识到危险、行为侵害对象是否存在、行为是否创设了侵害的危险等考察要素充分说理，适用 LEC 风险评价法量化"危险"，将以此作参照裁判的案件作为本罪的典型案例予以发布，对入罪和出罪发挥示范效应。

3. 侧重危害程度、范围的评估鉴定。司法实践中存在多种主体作出是否存在重大事故隐患、是否属于危险物品等不同类型的评估鉴定意见，重大事故隐患和危险物品的认定属于行政领域的评估鉴定，是行政执法的依据。危险作业罪虽然是行政犯，兼具行政违法和刑事违法的双重属性，重大事故隐患和危险物品的评估。鉴定一定程度上对"危险"的认定具有借鉴意义，但不能简单地用行政执法依据代替刑事处罚依据，故危险作业案件中应侧重对危害程度和危害范围进行评估鉴定，如表 6 中（2022）湘 0181 刑初 355 号案件，非法储存在家中的引线，引线内药物均为烟火药，具有燃烧爆炸性，其含药量为 172.453 千克。专家意见指出对于距离 10 米以内的人体将造成极严重伤害（大部分死亡），对距离 12 米范围内的建筑物造成 7 级破坏（完全破坏），这种损害范围和程度的评估鉴定意见可以为危险程度的衡量提供科学参考，在判断危险的限度条件时将更准确客观，故应大力提倡对危害程度、范围作出评估鉴定意见。

结　语

危险作业罪作为新设罪名，在未出台明确司法解释的背景下，优化完善其裁判规则具有重要的现实意义。本文以危险作业罪核心构成要件"危险"的认定和衡量为视角，提出以 LEC 风险评价法量化"危险"为路径，适用"危险"量化表及量刑建议表为定罪量刑提供参照系，使危险作业罪裁判规则得以规范和完善，以此裨益风险预防及社会治理取得成效。

企业刑事合规量刑激励的检视与完善
——化解从宽与罪责刑相适应原则的张力

江西省靖安县人民法院　刘　鹏
江西省靖安县人民法院　徐　帆

企业刑事合规从宽制度，是指企业通过建立有效防范刑事犯罪的合规计划，预防企业及其员工犯罪，根据计划制订内容、义务履行情况等综合因素，结合案发后企业整改情况，使刑事实体和程序获得正向激励的制度。企业刑事合规（以下简称合规）对于预防单位犯罪风险、降低社会治理成本及构建新时代法治化营商环境具有重大现实意义。

合规给予企业的刑法和刑事诉讼法上的激励回报越有效，越有利于促进其开展合规建设，但由于我国采用的是相对有限的起诉便宜以及罪刑法定原则，程序激励机制的适用受到一定限制。[①] 如在全面推广试点后，涉企等单位犯罪不起诉率为38%，[②] 仍有大部分案件被提起公诉，单依据"合规不起诉"这一程序激励机制已无法满足实践需求。在审判阶段，将合规作为一种单独的量刑情节，对进行合规整改的涉案企业适用从宽量刑激励机制，将成为未来的主要趋势。司法实践和理论研究皆存在"合规不起诉热、从宽量刑冷"的失衡现状，合规刑罚功能并未予以清晰定位，导致合规从宽适用条件、适用范围、从宽根据、量刑幅度的混乱、错位、模糊，罪责刑失衡现象比较突出。有鉴于此，将有效合规作为单位犯罪独立的从宽量刑情节，制定阶梯式的量刑机制既必要又可行。

一、合规从宽制度适用的现状审视

据数据显示，全国检察机关自试点以来2年内已办理的2382件合规案件中，仅对606家企业、1159人依法作出不起诉决定，仍有较多案件进入审判阶段。[③] 根据

[①] 参见李本灿：《刑事合规制度改革试点的阶段性考察》，载《国家检察官学院学报》2022年第1期。
[②] 最高人民检察院：《最高人民检察院工作报告》，载https://www.spp.gov.cn/spp/gzbg/202203/t20220315_549267.shtml。
[③] 最高人民检察院：《最高检案管办负责人就2022年1至6月全国检察机关主要办案数据答记者问》，载https://www.spp.gov.cn/xwfbh/wsfbt/202207/t20220720_565763.shtml#3。

最高人民检察院等9个部门制定的《涉案企业合规建设、评估和审查办法（试行）》（以下简称《合规建设、评估和审查办法》）的规定，企业合规建设有效，检察机关可以提出从宽处罚的量刑建议。"合规有效，从宽量刑"作为新兴的量刑理念，应当配备相应的从宽量刑机制。然而，法官在实际适用合规从宽量刑时，找不到相应的从宽幅度标准，即使找到，也无法与合规情节相匹配。合规从宽处罚的适用状况如何？笔者以制度文件、典型案例及裁判文书为观察样本，进行实证分析，以期"管中窥豹"，有所启发。

（一）合规激励适用范围有限

我国单位犯罪罪名有164个，约占刑法罪名总数量的34%。然而，适用合规刑事激励的仅限于中小微企业涉嫌实施且责任人可能被判处三年有期徒刑以下的轻微刑事案件（详见表1）。甚至有的地方对合规整改范围进行限定，如辽宁省人民检察院等10个机关联合发布的《关于建立涉罪企业合规考察制度的意见》中规定适用于商业贿赂犯罪、扰乱市场秩序犯罪、税收犯罪等八大类案件。

表1 案例比较

侵犯法益	具体罪名	判处刑期
破坏社会主义市场经济秩序罪	虚开增值税专用发票罪①	有期徒刑三年
	合同诈骗罪②	有期徒刑三年
	提供虚假证明文件罪③	有期徒刑二年
妨害社会管理秩序罪	掩饰、隐瞒犯罪所得罪④	有期徒刑一年
	污染环境罪⑤	有期徒刑三年
贪污贿赂罪	单位行贿罪	有期徒刑一年六个月

究其原因，不同的刑事合规激励的适用没有实现轻重分离，加之受相对不起诉的影响，合规激励限缩在轻罪范围。实际上，单位犯罪案件能否适用合规整改，应与侵犯法益的利益类型、可预防性、可修复性有关，而与企业规模、刑罚轻重并无直接关系。只要符合罪责相当，利用合规整改实现"有罪不罚""重罪轻罚"并不

---

① 最高人民检察院：《最高检发布企业合规改革试点典型案例》，载 https://www.spp.gov.cn/spp/xwfbh/wsfbh/202106/t20210603_520232.shtml。
② 兰州市人民检察院：《兰州市检察机关发布〈企业合规典型案例（第一批）〉》，载 http://www.lanzhou.jcy.gov.cn/info/1016/2341.htm。
③ 最高人民检察院：《涉案企业合规典型案例（第三批）》，载 https://www.spp.gov.cn/xwfbh/wsfbt/202208/t20220810_570413.shtml#2。
④ 最高人民检察院：《企业合规典型案例（第二批）》，载 https://www.spp.gov.cn/xwfbh/wsfbt/202112/t20211215_538815.shtml#2。
⑤ 参见浙江省绍兴市上虞区人民法院（2021）浙0604刑初475号民事判决书。

与罪刑法定原则相对立。考虑到企业适用合规考察制度耗时费力，轻微非系统性单位犯罪①本就可以直接适用相对不起诉，一般没有必要启动强制合规，且重大案件的涉案企业的合规必要性更大，政策期待更为强烈。②

（二）合规激励对象适用错位

从企业合规改革试点工作来看，合规刑事激励不仅适用于企业，同时适用于企业家。具体情形有：（1）"合规有效，对公司和负责人都不起诉"类型：新泰市 J 公司等建筑企业串通投标系列案件③；（2）"合规有效，对公司不起诉，对负责人起诉但从宽处罚"类型：A 公司、B 公司与姜某虚开增值税专用发票案④，江苏 F 公司、严某、王某提供虚假证明文件案；（3）"合规有效，虽对公司、负责人都起诉，但从宽处罚"类型：A 公司、B 公司、关某虚开增值税专用发票案。第 2 种、第 3 种模式主要基于"分案处理的程序法模式"和"单位与实际负责人的刑事责任分离处理理论"。对制定有效合规计划、落实合规措施并考察有效的单位，可作"出罪"处理，追究实际负责人的刑事责任，并不违背我国单位犯罪制度。这与欧美国家司法机关在与企业签订暂缓协议时，提出解散董事会、改组管理层、惩戒直接责任人员的要求一致。⑤ 因我国合规整改案件大多系中小微企业，该类企业所有权和经营权多同为一人所有，企业利益与个人利益并未进行区分。合规整改效果大多依赖于实际负责人的行为决策，故根据合规情况对其进行从宽处罚比较符合现实需求。

但第 1 种模式中"合规有效，对负责人不起诉"并不符合企业合规制度引入刑事法的初衷，未做到企业与企业家刑事责任的二元区分。⑥ 除上述发生在"双罚制"单位犯罪中激励对象错位外，在"单罚制"罪名中，也发生将企业或关联企业的有效合规错误地作为自然人不起诉、从宽量刑甚至是"出罪"的依据，如王某某、林某某、刘某乙对非国家工作人员行贿案，洪某假冒注册商标案⑦。将"无罪企业"引入强制合规范围，有违刑法中罪责自负原则，增加了企业的负担，无形中扩大了刑事责任承担主体。实然，若企业责任人在执行行政处罚或完成检察合规建议时有

---

① 所谓系统性单位犯罪，是指单位内部经过集体决策或者经由企业负责人决定实施的危害社会行为。非系统性单位犯罪是指企业并没有作出实施犯罪的集体决策，而是由企业内部关联人员（包括企业内部的员工、各级管理人员、子公司、分公司以及上游的供应商、中游的代理商、下游的销售商等第三方商业伙伴或被并购的企业）以企业名义并为企业利益而实施的犯罪行为。参见陈瑞华：《合规视野下的企业刑事责任问题》，载《环球法律评论》2020 年第 1 期。

② 参见刘传稿：《轻重犯罪分离治理的体系化建构》，载《中国刑事法杂志》2022 年第 4 期。

③ 参见李勇：《涉案企业合规中单位与责任人的二元化模式》，载《中国检察官》2022 年第 12 期。

④ 参见陈瑞华：《涉案企业合规整改的分案处理模式》，载《法治时代》2022 年 7 月 4 日。

⑤ Antonio Fiorella, Alfonso Maria Stile, Corporate Criminal Liability and Compliance Programs, Jovene editore Napoli, 2012: p. 193-194.

⑥ 参见陈瑞华：《企业合规不起诉改革的八大争议问题》，载陈瑞华、李玉华主编：《企业合规改革理论与实践》，法律出版社 2022 年版，第 3 页。

⑦ 参见最高人民检察院：《涉案企业合规整改不是"走过场"》，载 https: //baijiahao.baidu.com/s? id = 1720908023633852938&wfr = spider&for = pc。

突出表现的,① 可类同于"立功"情节,根据其所提交的合规考察期间贡献度大小的证明材料,进行从宽处罚,如王某某泄露内幕信息、金某某内幕交易案。

(三) 合规从宽处罚定位错误

不同地区的法院对合规这一新概念的理解认识存在不同,适用上存在较大偏差。在文件制定上,有的将涉案企业合规改革与落实认罪认罚从宽制度有机结合,如广东省深圳市中级人民法院与深圳市人民检察院发布的《关于进一步共同推进认罪认罚从宽制度的实施意见》②;有的将涉企办案影响评估报告、合规监督考察报告等作为证据单独展示,在全面审查后作出从轻或适用缓刑的决定,如无锡市惠山区公安机关与司法机关等部门联合发布的《关于办理涉企业合规案件侦、诉、审全流程衔接办法(试行)》③。(详见表2)

表2 案例比较

案件信息	合规整改情况	判决年份	量刑情节
合同诈骗罪	1年内逐项完成合规整改措施,检察机关审查合规计划和整改报告,认定较好完成合规建设	2022年	适用认罪认罚从宽制度
污染环境罪	1年多一直开展合规整改,在审判阶段组织专家评审组评估,合规通过评审	2022年	根据合规整改情况、专家评审意见进行酌情从宽处罚

上述案例均为2022年审结的单位犯罪案件中开展合规建设的,合规考察期相同、结果一致,但在判决结果中适用合规从宽这一量刑情节上,一个将有效合规"嫁接"成认罪认罚从宽制度的一部分进行从宽处罚,一个将有效合规作为独立的量刑情节进行从宽处罚。不同的功能定位就会有不同的价值选择和从宽幅度,检察机关与审判机关在合规从宽量刑上的分歧则是例证。合规系"从宽"系谱中新类型,需要厘清其与其他量刑情节的关系,实现清晰化、体系化评价量刑情节的目的,可进一步增强企业开展合规建设的积极性。

(四) 合规从宽量刑幅度模糊

我国刑法对于单位犯罪只设立数额较低的罚金刑,没有设立资格刑、禁止令等

---

① 参见李奋飞:《论企业合规检察建议》,载《中国刑事法杂志》2021年第1期;刘译矾:《论企业合规检察建议激励机制的强化》,载《江淮论坛》2022年第1期。
② 最高人民检察院:《"合规互认"挽救涉案企业生命 广东深圳检察机关推出系列创新举措深化企业合规改革》,载 https://baijiahao.baidu.com/s?id=1725826286058411461&wfr=spider&for=pc。
③ 无锡市惠山区人民检察院:《侦、诉、审全流程衔接!企业合规助推法治化营商环境更优》,载 http://wxhs.jsjc.gov.cn/hd/202207/t20220728_1418515.shtml。

其他限制性措施。由于合规从宽无具体量刑指导意见，导致单独适用合规作为从宽处罚依据的案件较少，即使适用也会出现类案不同罚的现象，如上文提到的两起虚开增值税专用发票案。启动合规和不启动合规案件的从宽幅度差别如何？我们可以从表 3 中两个污染环境案件得出，同样的非法处置吨数，一样有认罪认罚，支付生态环境损害赔偿款的从宽情节，两者罚金竟相差 3 倍以上。开展合规整改是否减少罚金、减少幅度皆从裁判文书中无法看出来，且与环境污染损害大、未开展合规整改的企业相比，罚金并未有所减少。主要原因系司法实践中对于"合规从宽处罚"只停留在文字概念层面，并未将合规所产生的价值量高低与从宽幅度的大小进行对应性考量，无法实现罪责刑相适应的刑法目的。

表 3 案例比较

案件信息	违法事实	从宽情节	判决结果
H 公司与黄某污染环境案[①]	非法处置危险废物 454.4 吨，核定环境污染损害 504 余万元	认罪认罚，支付生态环境损害赔偿款，预缴罚金	判处 50 万元罚金
J 公司与沈某等人污染环境案	非法处置危险废物 500 余吨，违法所得 160 余万元，核定生态环境损害 220 余万元	认罪认罚，支付生态环境损害赔偿款，退缴违法所得，合规整改评审合格	判处 J 公司 160 万元罚金

事前的合规影响责任刑或预防刑，事后的合规影响预防刑。然而，现实中法院适用合规从宽制度时，并未区分其系属于"责任情节"还是"预防情节"，从宽幅度与合规的情节属性、法益修复程度不相一致。在世界范围内，减轻处罚是企业刑事合规制度的主要激励方式。例如，《美国组织量刑指南》中规定满足"七要素"的有效合规计划可以降低其罪责指数，减轻基准刑。[②] 因此，为了更好地发挥合规的激励效能，促进企业自主建构有效合规计划，可以依据合规价值量大小建立不同级别的从宽幅度，从而实现阶梯式的罚金体系，有效地惩治、预防企业实施犯罪行为。

二、合规从宽制度的刑罚功能定位

当前，我国企业合规改革试点已由合规 1.0 版（程序激励的合规不起诉）进入刑事实体中企业合规从宽制度（合规 2.0 版）的探索阶段。[③] 合规刑法激励机制包括不起诉的程序激励模式，还包括"合规出罪""有罪不罚""重罪轻罚"等实体

[①] 参见广东省连州市人民法院（2021）粤 1882 刑初 49 号民事判决书。
[②] U. S. Sentencing Guidelines Manual § 8C 2.5（b）（c）（d）（g）（f）（i）(2012)。
[③] 参见孔令勇：《刑事合规与认罪认罚从宽的融合》，载《中外法学》2022 年第 3 期。

激励模式,但皆不能适用于系统性单位犯罪。合规在非系统性单位犯罪刑罚体系中定位模糊,限缩了其刑事激励功能范围。基于罪前、罪中、罪后合规在不同责任主体中的不同价值、功能定位,从合规独立影响定罪量刑出发,建构一个立体、多元的合规刑罚激励体系,既有理论依据又有现实需要。

(一)合规作为特殊罪名出罪事由的理论根据

近年来,我国基于社会治理和社会控制的客观需要,[①] 通过不断修改《刑法》增设新罪,使得犯罪圈扩大化、合规义务罪名化,仅仅以单位成员的犯罪意图视为单位的主观过错无法满足实践需求,还应从企业是否开展合规建设上加以判断。罪前制定有效合规计划能否作为出罪事由或者作为责任刑的量刑情节,理论上有截然相反的两种观点:一种观点认为企业合规行为与单位犯罪意志无关,不能作为出罪事由;一种观点认为合规计划是单位意思表示,有效合规可以排除犯罪意志从而排除单位责任。笔者更认同第二种观点,但合规出罪的适用范围应受到一定限制。企业合规本质上是企业自身具有独立意思的体现,是否制定有效合规计划已然成为犯罪构成要件中的主观过错要素。在特定的罪名中,罪前合规影响责任刑的裁量。当企业在事前制定并执行预防犯罪的有效合规计划,则可证明其无犯罪意图,其行为可谴责性小甚至无,可起到排除责任刑的目的。国外广泛运用暂缓起诉和不起诉,原因在于其采取严格替代的单位归责模式,合规计划并不影响企业或员工的定罪,无法出罪。[②] 相反,我国采取的是组织体责任论,单位作为具有层级化、体系化的拟制人格体,拥有自己的独立意志,自行承担刑事责任。企业可以通过事前合规达到实体出罪,故合规出罪在我国具有适用的空间和必要。

具体而言,合规出罪激励只适用于非系统性单位犯罪中单位这一主体,不能适用于实际负责人或自然人犯罪。合规出罪有实体出罪和程序出罪两种。程序出罪即检察机关作出的合规不起诉,实体出罪是指审判机关基于企业有效合规的抗辩理由作出无罪处理,主要有主观无错型、构罪要件型两种类型。

1. 主观无错型也称主观过错免除型。该类型一般适用于事前已制定有效的合规计划的单位犯罪,在企业履行预防注意义务阻却违法或注意义务履行不具期待可能性的情形下,可以进行实体出罪。如雀巢公司员工侵犯公民个人信息案[③]中,该公司以提交员工手册、培训教材、行为规范、公司目标等证明已尽个人信息保护合规管理的义务,最后成功出罪。为避免"装潢"式的表面合规,法官在审查这一类犯罪主观意图时,应将领导集体决策内容与合规计划内容一一予以印证。

2. 构罪要件型也称法定管理义务履行型。该类型只适用于前置法已明确规定合

[①] 参见张明楷:《增设新罪的观念——对积极刑法观的支持》,载《现代法学》2020年第5期。
[②] 参见李本灿:《刑事合规立法的实体法方案》,载《政治与法律》2022年第7期。
[③] 参见甘肃省兰州市城关区人民法院(2016)甘0102刑初605号刑事判决书、甘肃省兰州市中级人民法院(2017)甘01刑终89号刑事判决书。

规义务的单位犯罪。通过公司经营管理义务上升为刑事合规义务，范围不应随意扩大，只能适用于特定罪名，如拒不履行信息网络安全管理义务罪、工程重大安全事故罪、危险作业罪。法官在适用合规义务构罪理论时，要注重该类罪名应以结果发生为前提。

（二）合规作为单位独立量刑情节的理论根据

在非合规义务罪名的单位犯罪中，罪中、罪后合规虽难以排除单位的不法性和有责性，但合规行为中认罪态度、退赔退赃、补缴相关费用、赔偿损失等皆可降低责难必要性。基于法益恢复理论[1]和犯罪预防理论，企业合规作为特殊预防的量刑情节，如在涉嫌逃税罪、拒不支付劳动报酬罪案件中，企业事后进行合规整改，对财产性法益和尚未造成实际危害结果的国家、集体、人格性法益进行修复整改，基于社会经济价值和公共利益上修复度和避免再次犯罪的预防度，可作为从宽处罚的考量因素，可实现免予处罚或减轻处罚。[2] 故而，合规除起诉激励、出罪激励外，还可作为独立的量刑情节，在单位犯罪中对单位罚金刑适用量刑激励。

（三）合规作为自然人酌定量刑情节的理论根据

企业员工的定罪与量刑原则上不受上述企业出罪、刑罚减免的影响。虽合规出罪的对象不可以无条件扩展至实际控制人或直接负责人，但可根据他们在罪中合规计划制定和罪后合规整改过程中的实际贡献，获得一定程度的刑罚减免。实践中，"有效合规，可放过企业和企业家"的认识系对合规从宽制度的误读。"放过企业家"的原因不单因为合规整改过程中的贡献值，其主要因为案件本身属于轻微刑事犯罪，本就可以适用相对不起诉和免予刑罚。[3] 在"单位责任和单位关联人员责任彻底分离理论"影响下，对单位和相关人员责任进行熔断，对法定代表人、实际控制人、直接负责的主管人员或其他直接责任人员进行责任分层，每个人不应承担超出自己管理义务、勤勉义务范围内的责任。在"双罚制"的单位犯罪中，作为管理者中领导层级的法定代表人、实际控制人和直接负责的主管人员，应承担督促和监管合规计划的建构或运行的"保证人"义务，其在事后参与合规建设，并不能因此获得从宽量刑。而其他直接责任人员在案发后积极履行合规义务或参与合规整改活动，类同于真诚的悔罪态度和赔偿损失、赔礼道歉的悔罪表现，可以作为自然人重要的酌定量刑情节。

在适用"单罚制"罪名的案件中，将非刑事责任主体的企业纳入合规整改对象，对其适用合规考察制度有违罪刑法定原则。但为了促进企业开展合规建设，可以向相关企业发出检察合规建议，并将犯罪嫌疑人在案发后积极履行合规义务和参

---

[1] 参见王颖：《刑事一体化视野下企业合规的制度逻辑与实现路径》，载《比较法研究》2022年第3期。
[2] 参见陈瑞华：《企业合规基本理论》，法律出版社2022年版，第44页。
[3] 参见孙国祥：《刑事合规激励对象的理论反思》，载《政法论坛》2022年第5期。

与合规整改活动的行为作为酌定量刑情节进行从宽处罚,可以避免企业开展合规建设的强制性,影响其自由经营权。

三、合规从宽与其他量刑情节关系的解构

合规作为新的从宽类型,与其他量刑情节一直存在交错杂糅的现象,导致实践中时而吸收评价,时而重复评价。合规从宽幅度并不统一,致使合规量刑激励功能流失和效果减损。在明确合规从宽制度功能定位的情况下,厘清合规从宽与其他量刑情节的关系,是绕不开的问题。

(一)合规从宽与认罪认罚从宽关系的厘清

现行实践做法和部分学者将合规作为认罪认罚从宽的一种情形,以满足合规激励的需要;[1] 还有的学者提出建立以合规为核心的企业认罪认罚从宽制度。[2] 两种观点有一定可取之处,但皆忽略了合规从宽与认罪认罚二者实质的不同,具体如下:一是从宽基础不同,认罪认罚是以认罪为前提,而对涉案企业进行合规考察并不一定以认罪为前提,如华为合规案中并未认罪。[3] 二是价值目标不同,合规建设的目的是改造现有经营方式和商业模式,从而有效实现犯罪预防效果,而认罪认罚制度的目的是实现诉讼高效率、低成本,从而实现"经济型"司法。三是适用条件不同,在自然人涉嫌犯罪后,通过量刑协商程序适用认罪认罚从宽制度,受法定期限限制;而单位涉嫌犯罪后通过合规考察制度适用合规从宽制度,合规考察期不受现有法定期限的限制。故而,将两者认定为种属关系的观点片面孤立,将两者进行融合构建的观点又会导致重点不明、评价失当。在认罪认罚从宽制度无法全面、准确地评价有效合规建设这一从宽量刑情节的情形下,合规从宽具有作为独立的量刑情节的正当性。综上,合规应不以认罪为前提,认罪认罚的构成要件亦并不包含合规,若案件中两者同时存在,则应分别进行评价。

(二)合规从宽与自首、坦白关系的厘清

首先,根据《合规建设、评估和审查办法》中关于合规建设的定义和合规有效的前行为,其中并未包含自首、坦白的情节,自首、坦白也不是适用合规考察的前提。其次,合规与自首、坦白的价值目标不一样,自首和坦白只针对已发生的犯罪事实进行主动披露,而合规是针对犯罪后的行为进行一种"纠偏",有效的合规整改具有"类立功"的功能,不仅可以实现法益的恢复,还可以达到对企业及其员工进行教育、改造的特殊预防价值,实现促进企业法治文化形成的一般预防价值。最后,三者的适用时间也不相同,自首发生在犯罪行为发生后被抓获前,坦白适用于

---

[1] 参见赵恒:《涉罪企业认罪认罚从宽制度研究》,载《法学》2020年第4期。
[2] 参见李玉华:《以合规为核心的企业认罪认罚从宽制度》,载《浙江工商大学学报》2021年第1期。
[3] 参见陈瑞华:《法国〈萨宾第二法案〉与刑事合规问题》,载《中国律师》2019年第5期。

刑事立案至侦查结束之前,而合规的启动可以发生在犯罪前、侦查、审查起诉和审判阶段全过程。故而,三者是相互独立的要素,不具有包含关系,都可以影响量刑。

(三)合规从宽与其他酌定量刑情节的厘清

除认罪认罚、自首、坦白等法定情节外,还需厘清合规与一贯表现、退赃退赔、赔偿谅解、刑事和解等酌定量刑情节的关系。首先,合规是企业起初设立并一直践行的依法经营理念和自我监管机制,如同自然人在案发前遵纪守法的良好表现一般。因此,企业合规就是"单位的一贯表现",在其作为独立量刑情节的情况下,不可再重复评价"一贯表现"。其次,根据《合规建设、评估和审查办法》第3条的规定,启动合规前需"退赔退赃""赔偿被害人",故三者不能重复评价,以确保合规整改的高效化和从宽量刑的适当性。最后,就刑事和解和刑事合规而言,刑事和解是加害人与被害人对损失进行协商而达成赔偿协议,适用于侵犯个人法益的案件,实现国家、加害人及被害人三者利益的平衡;刑事合规是涉案企业通过进行合规建设参与社会治理而获得不起诉或从宽量刑的决定,大多适用于侵犯集合法益的案件,实现预防公司犯罪和持续合规经营的目的。两者适用对象、场景不同,获得的结果、实现目的不同,属于两个并行概念,不能混同适用。

四、合规从宽量刑幅度影响因素的确定

合规从宽量刑的影响因素,是指合规情节所涵盖并影响单位刑事责任从宽幅度裁量的参照因素。在确定合规作为一个独立的量刑情节,单一依赖合规有效评估报告减轻刑罚,未形成一个独立的合规价值评价体系,将无法实现可行高效的量刑评估。基于企业刑事合规从宽制度是兼具报应性、协商性和恢复性的多元价值属性,除罪行轻重的因素外,将其他主要影响因素归入惩罚的经济价值、合规的司法实效二大类,具有理论依据和实践价值。

(一)惩罚的经济价值考量

一方面,对企业而言,开展合规建设是其进行自我监管、防止刑事犯罪、减轻刑事责任、保障持续经营的内部控制机制,可以通过合规计划构成要素进行考量。另一方面,对国家而言,刑事合规是保证企业参与社会治理、促进法益的恢复和保护、营造法治化营商环境的法制度工具,可以通过侵犯法益的修复程度、营商环境的法治价值进行考量。具体分析如下:

一是合规计划的预防价值。事前合规可以使其获得出罪而保护企业品牌形象,事后合规可以使其获得从宽处罚而减少罚金的经济价值。根据《合规管理体系——要求及使用指南》中"有效和及时响应的合规管理体系"国家标准,确定7个有效合规计划要素,进行机能整合,对应至事前、事后合规内容,作为影响责任刑和预防刑的量刑情节。具体如下:①建立有效合规筛查程序:企业建立预防及辨识犯罪行为的标准、程序及工具；②合规决策层的确立：由企业的主要负责人（如董事长、大股东）担任首席合规官，董事会下设合规委员会，直接对董事会负责，以确保计划的实施及有效性；③企业人员聘用的限制：企业应尽合理注意义务以避免可能实施违法行为者或阻碍计划实施者握有重要职权；④合规失效预案的准备：企业应采取合理措施应对所发生的违法行为，并对本企业、行业、领域常见的犯罪行为进行加强预防；⑤合规绩效评价的构建：企业应确保合规计划的适用性、充分性和有效性，定期进行监测、评估通报，持续完善；⑥企业合规文化的构建：企业应定期就合规计划的标准、程序等举行全体员工合规培训，或与职责相关的个别员工进行合规信息传递；⑦合规奖惩机制的构建：企业应设计遵守与不遵守合规计划的激励与惩戒机制。其中，具备①、②、⑥这3个要素可以起到事前预防犯罪的作用，具备③、④、⑤、⑦这4个要素只能发挥事后预防效果。不同的要素组合决定合规计划产生的预防价值量。故而，在适用合规从宽量刑从宽制度时，将案涉企业的合规整改内容与该7要素一一比对，根据包含要素的多少确定低中高三级价值量，可以更为全面地评估涉企合规整改案件办理效果。

二是受损法益的修复价值。与自然人犯罪相比，单位犯罪侵犯的大多是集合法益，如市场经济制度、社会管理制度和廉政管理制度等利益。① 企业开展合规建设，采取措施修复法益，建立企业法文化，增强法忠诚度，降低刑事需罚性、预防刑必要性，适用不同程度的从宽处罚，这样更有利于消除社会矛盾、调和社会关系，具有更佳的社会治理效果。由于集合法益具有非实害性、非人格性及可修复性的特殊属性，其受损程度、修复结果等判断较为抽象，修复时间较长。若采取结果标准对法益修复程度进行评价，难度较高、耗时较长。故应采取"以行为标准为主，结果标准为辅"的复合判断标准，即考虑采取的法益修复措施（如实施下架具有版权争议的产品、获得权利许可、追回侵权产品、认缴生态修复款、发布道歉或赔偿公告等修复行为）作为从宽考量的主要因素。② 具体来说，通过考量企业是否用尽法律规定的修复手段、修复行为的措施数量、修复原状的金额数额、修复原状的占比将法益修复程度分为低中高三级价值量。

三是营商环境法治价值。营商环境的法治化要求与企业开展合规建设具有一致的价值追求，企业是营商环境的主体，企业合规是优化法治化营商环境的重要抓手。将企业的市场经济价值与合规从宽幅度进行有机互动，可促进企业发展的可持续性和营商环境的优化升级。企业作为具有一定影响力的社会组织，其形成的守法文化相较于个人来说，在维护公平竞争市场秩序上法治价值更大。如美国安然和安达信公司因卷入刑事诉讼案件引发当地经济震荡。③ 具体来说，根据企业的经营规模、

---

① 参见李冠煜：《论合规计划激励机制中的量刑责任判断》，载《武汉科技大学学报》2022年第4期。
② 参见李传轩：《绿色治理视角下企业环境刑事合规制度的构建》，载《法学》2022年第3期。
③ 参见[美]布兰登·L.加勒特：《美国检察官办理涉企案件的启示》，刘俊杰、王亦泽等译，法律出版社2021年版，第23页。

营业额、税收等指标大小不同，可划分为大中小微企业，违法行为对营商环境的破坏程度、影响范围依次变小，相应法治价值依次递减。如大型企业影响涉及社会治安稳定秩序的大环境，中型企业影响行业或市场经济秩序的中环境，小微企业影响企业自身生存发展的小环境。相对应地，大中小微企业因其企业规模而获得合规从宽幅度也依次递减。

（二）合规的司法实效考量

合规作为协商性司法工具，应重视其提升司法效率的作用，否则，不仅会成为企业的制度负担，还会增加不必要的司法资源浪费。可以从合规建设、评估和审查过程中节约的办案价值量进行考量，给予相应从宽幅度：

一是合规启动的诉讼阶段。由于我国采取的是严格证明标准，证据成为启动追诉程序的前提，但由于案发时间久远或者办案时间紧张，证据难以搜集甚至已销毁灭失，应当起诉的犯罪案件却得不到追究的问题。特别是在重罪的定罪量刑上，需要付出更多的司法人力、时间、金钱成本，达到"事实清楚、证据确实、充分"的刑事证明标准。若在较早的诉讼阶段自主地选择适用合规考察机制，主动将"国家—企业"单向对立关系转变为协商对话关系，不仅可以节约司法的人力成本，还能够利用企业尽职调查程序，以收集更多关于交易性质与可能涉罪的地区及主体的信息，能够有效解决"高积案""审限长"的难题。基于企业的逐利性，"合规越早，从宽越多"使得其更愿意在更早的时候主动披露违法行为，积极配合司法机关工作。

二是合规启动的主动性。涉案企业主动要求适用合规考察机制，有利于降低非难可能性、减少预防必要性。"主动适用，从宽越多"有利于增强企业树立法秩序意识、建立法忠诚文化的内在驱动力，使得合规计划实现更高的犯罪预防价值。

三是合规建设的耗时长短。企业合规建设需要经历合规计划的制订执行、第三方监督评估机构的考察验收、司法机关的审查认定等三个流程环节、三个不同主体的审查认定，合规考察耗时必然因企业类型、犯罪类型的不同而长短不一。惩罚犯罪高效化是正义的必然追求，合规考察有效的时间应纳入考虑因素。在同等情况下，合规考察有效耗时越短，越有利于实现刑罚的及时性。

（三）合规三级价值量示意图

在确定合规从宽量刑幅度影响因素后，将上述几个考量因素价值由高到低分别对应为一级、二级、三级标准，建立三级合规价值体系，以表格方式进行归纳（见表4）。需要注意的是，由于刑罚的正当化根据是报应刑论与目的刑论的有机结合，[①]故在确定合规从宽幅度等级时，除了考虑责任刑和预防刑减轻因素，还需结合罪行

---

① 参见张明楷：《犯罪的成立范围与处罚范围的分离》，载《东方法学》2022年第4期。

的轻重确定适用等级。在同等条件下，罪行重涉企案件应适用下一级别的从宽幅度。

表 4 合规价值级别及其内容

合规价值级别	表现内容
一级价值	（1）案发前制定合规计划（包含①②③④⑤⑥）；（2）法益修复程度高；（3）大型企业，具有典型意义，因合规建设引导类似企业完善合规体系；（4）侦查阶段启动合规建设；（5）主动要求适用；（6）提前于规定时间内考察有效
二级价值	（1）案发前制定合规计划（包含①②③）；（2）法益修复程度中等；（3）中型企业，在当地带来一定税收和解决就业问题；（4）审查起诉阶段合规启动合规建设；（5）主动要求适用；（6）在规定时间内考察有效
三级价值	（1）案发前制定合规计划（包含④⑤⑥）；（2）法益修复程度低；（3）小微企业，具有继续经营的可能性；（4）审判阶段启动合规建设；（5）主动要求适用；（6）在规定时间内考察有效

五、合规从宽阶梯式量刑的初步设计

单位犯罪作为刑事政策的产物，刑事合规体现我国刑事政策目标已由从严向从宽进行转型。[①] 不同级别价值量的合规从宽幅度具体为何，目前暂无相应司法解释规定，其已成为现实亟待解决的问题。合规从宽应当坚持宽严相济的政策目标，不可无原则、无区别地从宽，从宽幅度必须符合罪责刑相适应的原则，才能真正发挥合规的激励效能。

（一）企业涉罪案件类型化界分

基于法益恢复与刑罚威慑的需要，依据涉案企业能否开展合规建设及适用刑事激励的不同，可将单位犯罪罪名分为三类：第一类是"行为型"犯罪，指的是根据违法行为持续时间、违法所得金额调整刑罚的犯罪，包括非法经营罪、污染环境罪、强迫交易罪等罪名；第二类是"资格型"犯罪，指的是根据企业特殊身份和经营权限实施的违法行为，包括虚开增值税专用发票、用于骗取出口退税、抵扣税款发票罪，串通投标罪，虚报注册资本罪，擅自发行股票、公司、企业债券罪等罪名；第三类是"危险型"犯罪，指的是根据违法行为本身的危险性科以刑罚的犯罪，包括帮助恐怖活动罪等 5 种危害公共安全罪、强迫劳动罪等 3 种侵犯公民人身权利罪、故意提供不合格武器装备罪等 4 种危害国防利益罪。

对于上述三种不同的犯罪类型进行层级化刑事处置措施，适用不同刑事合规激励机制。对于第一类"行为型"犯罪应尽早发现并遏制，对于违法行为持续时间较

---

① 参见孙国祥：《单位犯罪的刑事政策转型与企业合规改革》，载《上海政法学院学报》2021 年第 6 期。

短、违法所得较少的,可以发出检察合规建议或开展合规考察机制,合规有效的相应获得不起诉或免于处罚的刑事激励;对于持续时间较长、违法所得较大的案件,因可通过合规整改达到法益恢复的效果,故适用合规从宽机制具有正当性,可以对该类案件适用从宽量刑的实体激励。对于第二类"资格型"犯罪应注重采用行政手段处以高额的罚款,同时发出检察合规建议,加强后期的回访工作。若该类案件进入审判阶段,由于罚金刑整体数额较低,合规从宽量刑对其并无较大吸引力,甚至还会因抵扣行政罚款导致罚金倒挂现象。故对于该类案件,应适当引入累犯、资格刑(如取消上市资格、特许经营资格等)或其他辅助刑罚措施形成威慑,对违法行为予以规制,反向引导企业合规经营。对于第三类"危险型"犯罪应采取从严打击的刑事政策理念,因其严重侵害国家主权、国家安全、社会公共利益、国民生命健康等重大法益,不能因合规有效而获得从宽处罚。如三鹿集团"毒奶粉"事件,即使其属于乳业巨头,市场份额占比大、牵涉面广,但因其行为涉及国民生命健康,不可适用合规从宽制度。

(二)合规从宽率和量刑格的确定

在可以适用的犯罪类型中,通过对传统量刑情节进行厘清解构、机能整合,提出"自首型""坦白型""功利型"合规三种合规类型。自首型合规、坦白型合规指的是企业在行政处罚、公安侦查或审查起诉阶段具有自首或坦白情节,并在相应阶段主动要求适用合规考察机制且评估有效的情形。功利性合规是指涉案企业在审判阶段认罪并申请适用合规考察机制并评估有效的。

为避免重复评价,对"单合规""自首+合规""坦白+合规"的组合型量刑情节进行综合评价。基于这三种类型在构成要素中主动、自愿程度的加深,量刑从宽幅度相应呈现出阶梯式递增特征。在责任刑优于预防刑的原则下确定从宽幅度的上下限和幅度阶差,明确三级价值级别的从宽率和三种合规类型的量刑格,以期精准适用、最大化实现对企业合规建设的完整评价,从而解决目前量刑失衡、类案不同判的问题。

作为价值量最低的三级"自首型""坦白型"合规,从宽幅度应当较自首、坦白情节上浮10%,故建议三级自首型合规的从宽率为"可以减少基准刑的50%以下;犯罪较轻的,可以减少基准刑的50%以上或者免除处罚",三级坦白型合规为"可以减少基准刑的30%以下"。三个级别的"自首型""坦白型"合规从宽率应根据企业合规创造的法益恢复价值、法治建设价值、司法资源价值逐级递增而增加。笔者建议每级量刑格确定为10%比较合适,一是因为每级从宽率若相差较小,量刑格低于10%,不利于激励企业开展更高规格的合规建设,也无法全面评价合规产生的价值量;二是因为每级从宽率若相差较大,量刑格高于10%,将会导致一级"自首型"合规从宽率高达70%以上,不利于实现刑罚的威慑力,从而遏制犯罪。

对于功利型合规,因无自首和坦白情节,该类合规的启动是基于获得从宽处罚的功利性心理,如果给予较大幅度的从宽处罚,则与兼具自首、坦白的情节无法区分,故功利型合规的从宽幅度不宜过大,一级功利型合规从宽率为"减少基准刑的20%以下",可与最低级别的三级坦白型合规衔接对洽。考虑到功利型合规发生在审判阶段,其二级与三级价值量中缺少节约的司法资源价值量这一考量因素,故二级与三级功利型合规的量刑格应低于前文所述的10%,建议确定为5%比较合适,可以引导涉案企业在更早阶段实施更高价值量的合规建设。

(三)阶梯式从宽量刑机制示意图及模拟案例演示

综上所述,合规价值量的三个级别与自首型合规、坦白型合规和功利型合规三种形态进行组合所形成的阶梯式从宽量刑机制如表5所示。

表5 合规阶梯式从宽量刑机制示意图

价值级别	合规类型		
	自首型合规	坦白型合规	功利型合规
一级	可以减少基准刑的70%以下;犯罪较轻的,可以减少基准刑的70%以上或者免除处罚	可以减少基准刑的50%以下	可以减少基准刑的20%以下
二级	可以减少基准刑的60%以下;犯罪较轻的,可以减少基准刑的60%以上或者免除处罚	可以减少基准刑的40%以下	可以减少基准刑的10%以下
三级	可以减少基准刑的50%以下;犯罪较轻的,可以减少基准刑的50%以上或者免除处罚	可以减少基准刑的30%以下	可以减少基准刑的5%以下

结 语

企业合规不仅是企业内控体系的一部分,更是多元刑事司法模式的集中体现。如何化解合规从宽处罚与罪责刑相适应原则间的紧张、对立关系,是研究企业刑事合规量刑激励的关键。在保障刑罚报应功能和刑事政策预防功能的同时,充分考量罪前、罪中和罪后三种合规对定罪量刑的独立作用,应建立法定化、分层化、规范化的量刑情节评价体系。只有这样,才能引导企业开展更高级别的有效合规。然而就客观实际而言,由于收集样本数量有限,本文的结论仍需实践的检验,仅作抛砖引玉,提供点滴参考。

法院如何有效回应民事当事人"其他类案"参照请求

——基于协同主义视角下的"三阶十步法"阐释

江西省吉安市吉州区人民法院　郑　辉

类案检索作为统一法律适用,提升司法公信力的重要机制,已在民事司法实践中运行多年,且成效显著。2020年7月31日,最高人民法院颁行了《关于统一法律适用加强类案检索的指导意见(试行)》(以下简称《指导意见》),这代表着类案检索机制在国家层面得到了规范与统一。该意见更多是规范法院作为类案检索主体如何检索和适用类案,对当事人①提交的类案仅就指导性案例明确了强制回应义务,对提交的其他类案则可通过释明等方式回应。事实上,当事人自发检索并提交其他类案请求法院参照适用已成常态,然而,如何释明并无具体规范指引。本文以民事诉讼协同主义为视角,欲求构建法院有效回应当事人除指导性案例外的其他类案参照请求的诉讼规则,亦是前述释明义务的具体指引,以期对类案检索机制的完善提供些许参考。

一、调查分析:当事人其他类案参照请求与司法回应的实然面向与应然路径

(一)实然面向:当事人其他类案参照请求与司法回应割裂

以民事诉讼为例,一个完整的诉讼过程包含准备阶段、庭审阶段、裁判阶段,一个完整的庭审组织架构包含诉辩审三方参与并协作完成的三元结构。因此,本文拟从民事诉讼全流程观察当事人其他类案参照请求与司法回应的现状。

1. 准备阶段:类案提交随意,诉讼程序失范。在我国,指导性案例尚不具有正式的法源地位,更何谈其他类案。针对其他类案的性质,众说纷纭,有人把它当作一种法律适用的观点、意见或建议,有人把它当作辩论意见或代理词的一部分,也有人把它当作附件、证据或者参考资料。②由于并没有相关规范性文件对当事人提

---

① 本文中所指提交其他类案的当事人包含其诉讼代理人。
② 参见彭中礼:《司法判决中的指导性案例》,载《中国法学》2017年第6期。

交的其他类案进行诉讼程序上的规范，导致司法实践中当事人提交其他类案较为随意。有的随起诉状提交，有的随证据提交，有的随代理词提交；有的在庭审中提交甚至庭审后提交。笔者于 2022 年 4 月 10 日在中国裁判文书网将"全文检索"检索词设定为"类案检索"，将起始时间设置为《指导意见》实施首日，得到 5512 条检索结果。选取"事实"部分，显示 5106 条检索结果；选取"理由"部分，显示 580 条检索结果；选取"事实+理由"部分，显示 250 条检索结果。为与本文"请求—回应"相应，笔者选取"事实+理由"部分为样本进行分析。经仔细筛选，去除重复、无效、少数刑事、行政文书及法院主动类案检索的文书、3 篇请求参照指导性案例的文书，批量案件仅计算 1 篇，最终得到 70 篇文书分析样本。（指导性案例与其他类案参照占比如图 1）分析样本发现，以上仅有 7 篇双方均提交了其他类案，可见单方提交较多，双方均提交较少；大多数提交了书面的其他类案，仅有 1 篇一方提交了完整的类案检索报告，寥寥无几；样本中当事人请求法院参照的裁判文书类型如表 1 所示，可见当事人提交并明确请求参照的其他类案类型五花八门、数量不一，占大多数，也有少数模糊请求参照其他类案。总而言之，一方面，当事人提交其他类案随意源于诉讼程序的失范，反过来又影响法院主导诉讼程序的进程；另一方面，相较于指导性案例，当事人请求参照其他类案更具常态性。因此，从诉讼程序上对当事人的其他类案参照请求回应并进行约束规范具有必要正当性。

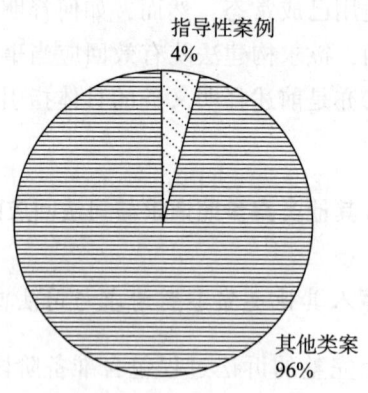

图 1　指导性案例与其他类案参照占比

表 1 当事人请求参照的其他类案类型

参照类型	参照数量	请求参照的裁判文书类型	文书数量/件
明确参照	单个	请求参照最高人民法院裁判文书	12
		请求参照本省高级人民法院裁判文书	1
		请求参照上一级人民法院裁判文书	5
		请求参照本院裁判文书	4
		请求参照下级人民法院裁判文书	2
		请求参照本市其他区县人民法院裁判文书	2
		请求参照其他省市人民法院裁判文书	7
	多个	同时请求参照最高人民法院及其他省市人民法院裁判文书	3
		同时请求参照最高人民法院及本院裁判文书	2
		同时请求参照下级、本院及本省高级人民法院裁判文书	2
		同时请求参照本院及上一级人民法院裁判文书	6
		同时请求参照本院及下级人民法院裁判文书	3
		同时请求参照本院及其他省市区县人民法院裁判文书	1
模糊参照	—	模糊请求参照其他类案	20

2. 庭审阶段：类案抗辩失焦，法官释明缺失。因我国并非判例法国家，其他类案既不是指导性案例，也不是法定证据种类，《指导意见》仅要求释明回应即可，也无相应法律后果。从司法实践看，绝大多数其他类案并未引起法官的足够重视，成了法官眼中可看可不看的资料。一般情况下，法院收到一方提交的其他类案后并未送达给对方当事人，庭审中对方当事人对此准备不足。而对那些收到法院送达其他类案的当事人来说，也并不予以重视，或选择忽略，或选择简单予以否定。在以上 70 篇文书样本中，至少是有一方提交了其他类案，从当事人的诉辩理由中可以发现，对方当事人仍集中于传统答辩及对传统法定证据的质证认证，仅有 15 篇文书对方当事人对其他类案予以了积极的否定式回应（详见表 2），其余 55 篇对方当事人未予回应。而在回应的文书样本中，对方当事人对其他类案的意见大多数比较简单且单一，没有从基本事实、争议焦点、法律适用等方面进行相似性比对，甚至根本没有对类案发表辩论意见。很明显，法官对此没有有效引导或释明。否则，即便回应简单，也不至于对大多数案件未予回应。

表2 对方当事人否定回应其他类案参照请求一览表

序号	回应内容（概述）	文书数量	案例举例
1	类案与本案不具有同类性	1件	（2021）鲁02民终1941号
2	类案与本案基本案情存在差异，不属于法定类案范围	3件	（2021）湘07民终1642号
3	类案与本案争议焦点不同，缺乏同案基础；我国非判例法国家，案例不具有强制约束力，为非正式法律渊源	1件	（2021）粤07民终1630号
4	应参照已经提交的最高人民法院的案例，对方提交的本院及上一级人民法院的案例无资格列入检索范围	1件	（2020）粤0113民初12266号
5	已生效裁判并非当然作为本案裁判依据	1件	（2021）皖0421民初7133号
6	类案与本案基本事实、争议焦点、适用法律方面没有相似性，不属于类案检索范围	1件	（2020）宁04民终892号
7	法院不回应不属于剥夺辩论权利	1件	（2020）沪民申1902号
8	××判决书也认定××事实，提交××类案供法院参考	2件	（2020）川07民终3082号
9	对方提交的非指导性案例，未予运用法律适用正确	1件	（2021）鲁民申115号
10	对方提交的非类案，非类案检索范围，我国非判例法国家，生效裁判文书不必然适用，所提类案与本案基础法律关系、案情、法律适用都不相同	1件	（2020）甘01民终4247号
11	类案与本案不具关联性，指导意见不能作为裁判依据，我国不是判例法国家，不能因为类似就作出相同判决	1件	（2021）赣04民终862号
12	类案非指导性案例，基本事实、争议焦点与本案存在较大差异；未进行类案检索不违反法定程序	1件	（2021）粤06民终1030号

3. 裁判阶段：类案参照强烈，文书说理不足。从以上检索结果可知，选取"事实"部分，显示5106条检索结果；选取"理由"部分，仅显示580条检索结果，相差近9倍，虽然不能完全一一对应，但可以反映实践中当事人提交类案请求类案类判诉请非常强烈，而法院在裁判文书中对此回应却严重不足。在上述选取的"事实+理由"部分所得70篇文书样本中，法院在裁判文书中对当事人其他类案参照请求的回应绝大多数较为简单、粗放，没有从基本事实、争议焦点、法律适用等方面进行相似性比对，对是否参照类案的运用情况并未予以详细分析说明，文书说理严重不足。（详见表3）细究之，一方面，固然在于《指导意见》并未规定强制回应

义务；另一方面，我国法官普遍对案例识别的技术与方法相对陌生，对案件事实分析的框架、法律推理的起点等问题缺乏具体认知。① 因为在裁判文书中对其他类案进行相似性比对需要承担更多的法律论证负担，付出更多的司法成本。换言之，法官保持某种谦抑，隐藏内心真实想法，回避某种论证步骤。由此，其法律后果在于影响了当事人了解其提交的其他类案在裁判过程中所发挥作用的知情权，② 当事人多以法院对其他类案未进行类案类判或未予回应为由提起上诉或申请再审。这从上述 70 篇文书样本中可以得到印证：仅有 8 篇为一审案件，但有 62 篇案件的当事人以一审未进行类案类判或未进行类案检索或未进行回应为由提起上诉或申请再审。由此说明，简单地以释明方式回应当事人其他类案参照请求或者裁判文书简单说理难以引起当事人心理学上的同理心或者共情，③ 不足以提升裁判文书的可接受性，司法公信力面临挑战。

表3 裁判文书回应当事人其他类案参照请求样态

回应类型	裁判理由回应样态（概述）	文书数量	案例举例
否定回应不参照	类案与本案案情不同/事实不同，无参考价值	14 件	（2021）京 02 民终 5948 号
	类案非指导性案例	8 件	（2020）赣民申 1567 号
	类案非指导性案例，与本案案情/争议焦点/法律适用/法律关系/关联性也不同	7 件	（2020）鲁 10 民终 3028 号
	类案与本案案情不同/事实不同/争议焦点不同，且不属于类案检索范围/不属于应当检索之情形	7 件	（2020）津民申 1900 号
	提交的为一审生效裁判/其他省市裁判/非最高人民法院发布的典型案例，不属于类案检索范围，案情也不同	6 件	（2021）京 04 民终 2 号
	类案不属于检索范围/不属于应当检索之情形	4 件	（2020）甘 01 民终 4247 号

---

① 刘树德、孙海波：《类案检索实用指南》，北京大学出版社 2021 年版，第 5 页。
② 参见毕玉谦：《论庭审过程中的法官心证公开》，载《法律适用》2017 年第 7 期。
③ 李俊晔：《裁判文书多元评价机制研究》，载《中国应用法学》2021 年第 6 期。

（续表）

回应类型	裁判理由回应样态（概述）	文书数量	案例举例
否定回应不参照	类案与本案不具相似性/不具同类性/不具关联性/与本案基本事实、争议焦点、法律适用不具相似性	4件	（2021）鲁02民终1941号
	本院已注意到该案例，该案中……/经查，类案中所涉内容为……但该案件查明的事实与本案事实并不相同，不存在类案类判的前提和基础	4件	（2021）辽民申7950号
	类案非指导性案例，二审在庭审中已经释明，不属于程序违法/未参考非指导性案例，属于可以通过释明回应之情形，未作表述不违反法定程序	3件	（2021）粤06民终1030号
	一、二审未提供任何检索案例，其关于结果与网上类案判决不同理由不成立	1件	（2021）赣08民终1824号
	未进行类案检索，不属再审事由	1件	（2021）京民申6557号
	类案检索是统一尺度的参考，非法律适用的强制性规范	1件	（2021）最高法民申1055号
	类案检索过程及分析由法院单独制作，而不在判决书中予以分析评论，且本案也不属于必须进行类案检索之情形，一审法院未作评述不属程序错误	1件	（2020）川07民终3082号
	类案检索反映的是成文法和判例法的综合思维，我国是成文法国家，成文法才是法源，类案只供参考，不必然适用	1件	（2021）黔27民终2876号
肯定回应参照	上一级法院/本院生效裁判可作为类案检索范围/可作为类案参考，本院予以援引	3件	（2020）粤0113民初12266号
肯定回应隐性参照	通过类案检索，可以认定……	2件	（2021）冀0623民初45号
	通过类案检索发现，有类案采取这种计算方法	1件	（2020）皖15民终1950号
	通过类案检索，已生效的××裁判文书可认定为本案的参考，为统一裁判尺度……	1件	（2020）津0114民初11484号
	类案虽非指导性案例，但一审与类案判决的法律适用和裁判规则并不矛盾	1件	（2021）豫01民终6672号

(二) 应然路径：民事诉讼协同主义视角下的"三阶十步法"

1. 理论之石：协同主义。如上调查分析，很明显，当事人其他类案参照请求与司法回应是割裂的而非协同的，在共同推进诉讼程序上步调不一致。因此，如何在诉讼程序上协同推进当事人的其他类案参照请求与司法的有效回应迫在眉睫。在诉讼规范的模式选择上，根据民事诉讼主导权划分，我国传统法学理论与实务界一般划分为当事人主义和职权主义两种对立的诉讼模式。相较于传统的职权主义模式下法官过多干预和限制当事人的诉讼行为，当事人处分权受限以及与此相反的当事人主义模式下法官的消极、被动，由当事人主导诉讼活动，协同主义诉讼模式在21世纪初开始受到我国民事诉讼法学界的关注。有学者认为，协同主义诉讼模式是一种独立于当事人主义和职权主义的新型诉讼模式。① 该模式下，法官不再消极中立，法官对当事人的事实主张不完全或不真实以及当事人的证据申请不完全，或当事人申请的证据方法与案件事实关系的解释没有任何意义时不能听任不管。② 即当事人的真实和完整的陈述义务、诉讼促进义务及法官的阐明权（义务）③ 构成了协同主义诉讼的核心。法官通过职权探知及诉讼指挥与当事人双方沟通交流，实现诉讼流程管理把控，同当事人双方在证据收集、案件事实查明等方面协同推动诉讼程序，实现诉讼均衡。由此可见，协同主义可以有效克服当事人主义和职权主义存在的弊端，为当事人其他类案参照请求与司法回应的弥合提供了可行的出路和方向。

2. 路径导航：三阶十步法协同主义视角下，法官的释明义务要求法官需遵守相应的诉讼规范程序，在诉讼的每个阶段合理地指挥、引导、回应当事人的诉讼行为。法官的诉讼协同是诉讼程序的内在要求，其程序、步骤不能省略，法官应受此程序的约束。因此，在当事人自发检索并提交其他类案请求法院参照适用远远多于法官主动检索并适用的当下，司法回应固然应在裁判理由部分对是否参照适用予以充分说理，但也不应止于裁判文书。司法回应应着眼于诉讼全流程，在准备阶段及庭审阶段亦应充分行使释明权，口头释明及裁判文书说理是诉讼不同阶段司法回应的不同方式，二者缺一不可。易言之，虽然协同主义在我国尚未完全确立，但在现有制度框架下其内涵实质在回应当事人其他类案参照请求中丝毫不具违和感。在具体路径构建上，法院可以从诉讼准备阶段的告知送达、类案交换，庭审阶段的类案诉答、类案质证、类案询问、类案辩论，裁判阶段的类案复查、类案自检、类案比对以及文书回应三阶段十个方面的步骤（见图2）对当事人的其他类案参照请求进行有效回应，详作如下阐释。

---

① 杨严炎：《论民事诉讼中的协同主义》，载《中国法学》2020年第5期。
② 唐力：《辩论主义的嬗变与协同主义的兴起》，载《现代法学》2005年第6期。
③ 王福华：《民事诉讼协同主义：在理想和现实之间》，载《现代法学》2006年第6期。

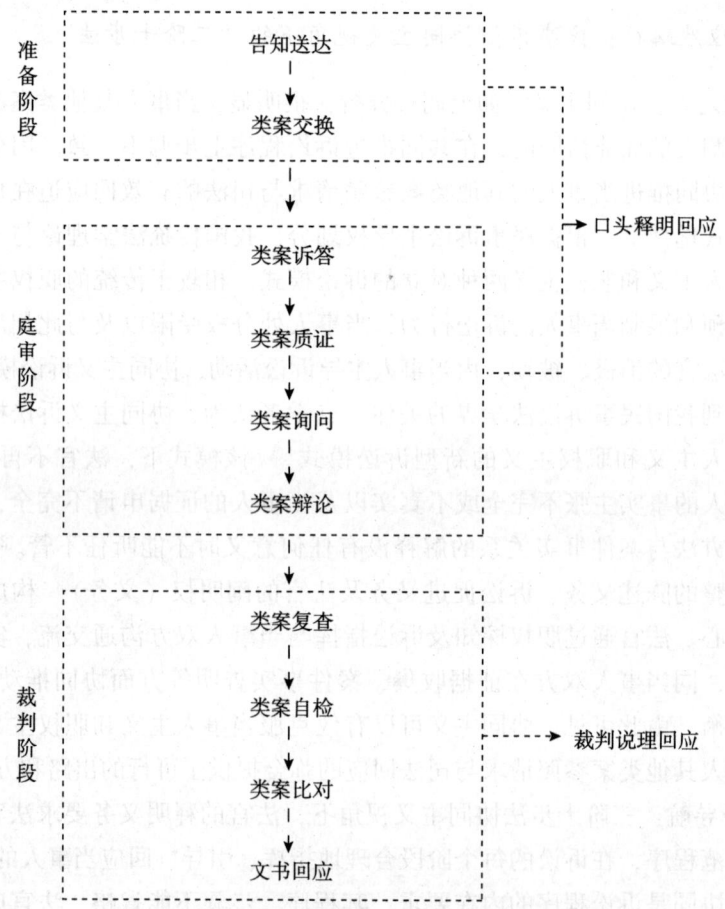

图 2　法院有效回应民事当事人其他类案参照请求"三阶十步"导图

二、规范引导：当事人其他类案参照请求在准备阶段的司法回应

证据是认定案件事实的依据，具有法定的身份，但其他类案似乎跟证据又若即若离。不论观点、意见、建议抑或代理词、参考资料、附件，均是非正式且非法定的，不会引起法官充分的注意。在协同主义的指引下，赋予其他类案准[①]证据的法律地位，有助于理顺当事人其他类案参照请求与司法回应的关系。

（一）告知送达：检索表格的平等输送

司法实践中，当事人基于利己偏向，一般只提交裁判结果对自己有利的其他类案，对自己不利的其他类案会选择性回避或隐藏。故而其提交的其他类案一般并不

---

① "准"字放在罗马法的一个名词之前，是用来作为标志概念的概念之间的差别，在比较上仅仅是作为一种强有力的表面类比或者相似的功用。但实际上，它否定了在它们之间存在着同一性的观念。参见 [英] 梅因：《古代法》，沈景一译，商务印书馆 1996 年版，第 193~194 页。

完全，也无类案检索报告作为支撑。因此，对于原告在诉状中模糊请求参照其他类案的，法院在立案审核时应告知其明确具体案号并修改诉状，口头或书面告知其提交书面的其他类案；对原告明确表达了其他类案参照请求的，或随诉状及初始证据提交了相关其他类案的，法院可通过网上诉讼服务中心、集中送达中心等平台在向双方当事人送达举证通知书时一并送达类案检索报告表格（见表4）或在举证通知书中明确告知类案提交权利及提交时限。已提交其他类案的可补充提交，并可就其他类案提供系统的类案检索报告供法院参考。协同主义下法官通过引导双方当事人各尽所能，最大限度地发挥主观能动性，各自寻找类案支持。就提交时限而言，可与举证期限一致。就类案检索报告表格而言，它是法院为协助不会制作类案检索报告的当事人提供的空白法律格式，让其了解证明对象、收集方式、检索方法，引导当事人规范化检索，避免无效检索，强化当事人在类案检索中的有效参与，改变当事人类案检索参与的缺位。同时，它也是法律武器的平等输送，是法院基于一方当事人其他类案参照请求而开启并主导的平等对话。再者，它可以让法官了解当事人类案检索的过程，为后面类案复查及类案参照与否提供初步心证。至于是否提交、提交的质量则属当事人的能力范畴，不作强制要求。当事人的类案检索报告不同于法院制作的类案检索报告，它的制作主体为当事人单方，其类案参照请求是本能的，故而可以允许其提交的其他类案具有利己偏向而不作全面性要求，且只需作相似性分析，无需作不予参照的表述。

表4 当事人类案检索报告样式

类案检索报告（当事人用）			
检索主体：□原告　　　　　□被告　　　　　□第三人			
检索时间：　　年　月　日			
检索方法：□关键词检索　□法条关联检索　□案例关联检索　□综合检索			
检索平台：□中国裁判文书网　□审判案例数据库　□法信　□威科先行 　　　　　□北大法宝　□聚法　□无讼　□元典智库　□公众号　□百度 　　　　　□其他			
类案1	案例名称：		（如××诉××买卖合同案）
	案号：	审理法院：	裁判日期：
	检索范围：□指导性案例　□公报案例　□典型案例　□参考案例　□其他		
	相关裁判要旨：		
	相似性分析：		

(续表)

类案 2	案例名称：			
	案号：	审理法院：		裁判日期：
	检索范围：□指导性案例 □公报案例 □典型案例 □参考案例 □其他			
	相关裁判要旨：			
	相似性分析：			
类案 X	……			
备注	类案检索应真实、准确，此报告于举证期限届满前提交给法院。附类案__例			

（二）类案交换：对称信息的互通有无

基于其他类案准证据的必要特质遵循，法院在引导当事人提交其他类案及类案检索报告后，应在开庭前像送达答辩状、证据一样及时将其他类案及类案检索报告送达给对方当事人，完成其他类案交换，也可在庭前会议阶段同证据交换一起进行。其他类案交换之意义在于保证当事人信息对称，让双方互为知晓，充分准备，平衡匹敌，防止庭中突袭提交。因其他类案数量庞杂、文字繁多，其他类案庭前交换不但有助于当事人明确其他类案检索结果具体适用争点所在，提高审理信息的透明度，也有助于法院提前预知审理重点，提高庭审效率，这正是协同主义的题中之义。相反，当事人虽有其他类案参照请求，但不及时提交，法院也不引导双方当事人提交和交换，不但对方当事人无法知晓，法院也无法知晓其他类案检索情况，必将增加庭审负担，无助于案件的快速解决。在庭前会议中进行的其他类案交换，应做好笔录，便于明确其他类案的争议焦点所在。当然，在庭前会议环节展示类案，不能变成举证、质证程序，防止庭前会议弱化乃至取代庭审。[①]

三、释明平衡：当事人其他类案参照请求在庭审阶段的司法回应

如前所述，其他类案作为准证据，则其应获得诉讼程序的保障性。在该诉讼程序中，法官通过实施诉讼指挥权、释明权，规范、引导当事人的类案提交以及抗辩、举证、质证、辩论行为，确保诉讼程序上不缺位。

（一）类案诉答：答辩遗漏的程序补位

庭审中的诉答阶段，是当事人就案件争议第一次面对面的交锋。在传统诉讼中，当事人一方对另一方提交的其他类案一般不予理会，法院也不会基于程序要求对当

---

① 戴长林：《庭前会议、非法证据排除、法庭调查等三项规程的基本思路》，载《证据科学》2018年第5期。

事人提交的其他类案予以释明引导。协同主义诉讼模式中，当原告在诉状中提出了其他类案参照请求或提供了书面的其他类案，被告因遗漏未予回应的，法院应引导被告在答辩阶段针对原告提交的其他类案能否参照适用发表答辩意见，具体可以释明就其他类案与待决案件在案件基本事实、争议焦点、法律适用等方面的相似性及其他类案的法律效力、审理层级、能否参照适用发表答辩意见。若原告未请求参照适用其他类案，而是被告在答辩中提出其他类案参照请求的，则法院可在下一阶段诉讼程序中引导原告进行回应。

（二）类案质证：相似关联的特质遵循

举证质证阶段，是当事人就案件争议第二次面对面的交锋。该阶段当事人双方就对方提交的证据充分发表质证意见，是言词主义的内在要求。赋予其他类案准证据的性质，则其他类案在举证质证阶段程序就不应有所缺位。在当事人已经提交其他类案而未作为证据举证的情形下，法院应及时予以释明，告知其可作为一组证据出示，并由其说明证明目的。然后引导对方在质证阶段对该其他类案发表质证意见，方不失程序遗漏。诚然，法院虽应尽可能引导当事人在庭前准备阶段做好其他类案的告知送达及其交换，但由于其他类案毕竟不是法定证据，基于庭审实质化要求，当事人在庭前准备阶段未予提交的，应准许当事人在庭审阶段补充提交，并组织双方充分发表意见。如前所述，被告在答辩阶段以及原告在举证阶段才提出其他类案参照请求的，法院仍应引导双方在质证阶段对对方提交的其他类案完成回应。基于其他类案的特质，对其他类案的质证应集中于相似关联性上，即其他类案与待决案件的比对，仍应注重引导当事人特别是未提供其他类案的弱势一方从案件基本事实、争议焦点、法律适用等方面的相似性及其他类案的法律效力、审理层级、能否参照适用上发表质证意见。于此，既提供实质性程序保障，又便于法官在当事人对类案的互相质证中逐渐形成内心确信，有助于减少因待决案件复杂性、新颖性所带来的审理困惑，缩短法官认知、理解和判断的过程，[①] 从而辅助裁决理由及决策观点的形成。

（三）类案询问：心证形成的初步铺垫

在法庭发问阶段，当事人当然可就对方提交的其他类案进行发问。在当事人遗忘时，法官亦可提醒当事人就对方提交的其他类案是否需要补充发问。当事人发问结束，对于未提交类案检索报告的当事人，法官可重点询问其提交的其他类案的来源及其形成过程，诸如检索时间、检索方法、检索平台，便于明晰该其他类案是否具有比较明显的瑕疵，为后面文书回应做好心证铺垫。还应询问该其他类案的性质是否属于指导性案例、公报案例、参考案例或其他案例，以便后期法官在类案复查

---

① 参见郑通斌：《类案检索运行现状及完善路径》，载《人民司法·应用》2018年第31期。

阶段快速对该其他类案进行定位。此外，由于当事人未提交其他类案的检索报告，单就书面的裁判文书明显信息量过大，且有效信息不明确，故法官可在此询问阶段要求其他类案提供方就其他类案与待决案件相关的裁判要旨进行口头陈述，并就相似关联性作出进一步的说明。对于已经提交其他类案检索报告的当事人，法官仍可就类案检索报告的不明之处或者明显错误之处予以询问，以便解释心中疑惑。

（四）类案辩论：积极否定的充分表达

法庭辩论阶段无疑是当事人就案件争议第三次面对面的交锋，也是火力最集中、最关键的一环节。该环节中，当然也不应遗漏对其他类案是否参照发表辩论意见。法官在归纳争议焦点时，对于有当事人其他类案参照请求的，应将当事人提交的其他类案能否参照适用归纳为一个争议焦点。随后，在当事人对其他争议焦点发表辩论意见后，法官亦应引导尚未就其他类案能否参照适用发表辩论意见的当事人补充发表辩论意见。对于回应方而言，当事人的积极否定式回应不应苛责，重点在于引导当事人积极发表意见而非遗漏该争议焦点。无论是提交方还是回应方，法官在引导时可向当事人重点释明就其他类案与待决案件的相似性及应否参照适用发表翔实的辩论意见，对于意见比较单一的，可再次询问其是否还有补充。实践中还存在当事人庭审后单独提交或随代理词提交其他类案的情形，此应尽量避免，法官应引导当事人尽可能在庭前及庭审中完成其他类案的提交、交换、诉答、质证及辩论。

四、类案类判：当事人其他类案参照请求在裁判阶段的司法回应

从调查分析中可知，当事人的其他类案参照请求十分强烈，但文书说理不足。由此，当事人多以法院在裁判文书中未予充分司法回应为由提起上诉或申请再审。可见，即便现有规范未强制要求对当事人的其他类案参照请求予以回应，但基于提升裁判的可接受性、服判息诉率以及司法公信力的考量，有必要在裁判文书中对其他类案能否参照予以回应并规范。

（一）类案复查：按图索骥的甄别排除

在当事人提交类案检索报告的场合，法官可根据当事人的类案检索方法对其所提交的其他类案进行复查，对号入座，确认案例是否真实、生效，是否为二审、再审案例。在当事人未提交类案检索报告但提交了其他类案的场合，法官可根据庭审阶段发问得知的信息对该案例的来源及其形成过程进行复查。通过谨慎甄别，初步排除已为二审、再审变更裁判结果的其他类案以及其他无效的案例。虽然下一步法官尚需进行类案自检，但类案复查是法官站在当事人的角度进行。就工作量而言，因当事人提出其他类案参照请求一般多出现在疑难、复杂、新类型以及前期为示范性诉讼等案件中，而在一般的简易案件中，由于法律规定较为明确且争议不大，无提交其他类案的必要性，即并非所有案件均会出现其他类案参照请求，故此项工作尚不会造成法官过多的负担。当然，在当事人双方均提交相同其他类案的情形下，可不进行此项工作。

（二）类案自检：中立视域的全面兼顾

当事人的其他类案参照请求是一种个案的外部监督，应纳入法官心证考量范围，并约束自由裁量权的行使。因此，其构成法官应当进行类案检索的情形，其法律依据可归属为《指导意见》第2条"其他需要进行类案检索的"。法官应发挥自身主观能动性及司法经验，通过各大类案检索平台进行类案检索。在检索方法上，综合运用关键词检索、法条关联检索、案例关联检索的方法。在关键词的选取上，需要凭借办案经验及该案案情智慧选择，可先选取一个关键词，再通过高级检索逐步缩小检索范围。对于检索到的案例，按照效力及法院层级优先选取指导性案例，最高人民法院发布的公报案例、典型案例、作出的生效裁判，所在地区高级人民法院发布的参阅案例、作出的生效裁判，所在地区中级人民法院作出的生效裁判，本院作出的生效裁判，本市其他区县法院作出的生效裁判，本省其他市及其区县法院作出的生效裁判，其他省市区县法院作出的生效裁判。案例的选取同时应当兼顾不同观点及各层级案例的数量，其中最高人民法院和高级人民法院作出的生效裁判数量占比应当较高。除指导性案例外，还应按时间先后优先选取近几年的生效裁判，但最高人民法院和高级人民法院作出的生效裁判时间容许稍微放宽。对于一些专业性较强的纠纷比如知识产权、金融、证券、期货、互联网等纠纷，在类案检索的数量上北上广地区法院作出的裁判应占较大比例。此外，该类纠纷在全国的地域性比较显著、常见，因法律适用相对成熟或者当地高级人民法院已有相关指引的，在类案检索的数量上也应当提高比重。对于检索出来的类案，可以制作类案检索报告随附案卷。

（三）类案比对：主流规则的识别选取

当事人提交其他类案请求参照之缘由在于其认为其他类案与待决案件具有相似关联性，或案件基本事实或争议焦点或法律适用抑或兼而有之。类案的比对和分析是司法审判中其他类案能否参照适用的核心和难点，也是法官需要掌握和运用的一项司法技术，故而法院审查之重点在于其他类案与待决案件的相似性比对、识别以及如何适用及排除适用。简言之，相似关联性是其他类案在实体法上的焦点所在。类案检索不能直接取代类案判断，[1] 如果将类案检索比作原材料的收集，则类案判断就如产品的深加工。类案的可参考性有赖于类案判断中的理性思维，即类比推理。类比推理需要明确类案与待决案件的比较点。对于比较点的选择，可谓百家争鸣，

---

[1] 孙海波：《类案检索在何种意义上有助于同案同判？》，载《清华法学》2021年第1期。

有的认为比对要素应包括诉讼主体、诉讼标的以及程序样态等;① 有的认为比对要素包括案件基本事实、案件法律关系、案件争议焦点、争议法律问题四个方面;② 有的则认为同案同判的最终标准是实质理由论证,③ 不一而足。《指导意见》认为基本事实、争议焦点与法律适用构成类案与待决案件的比较点,相对较为合理。具体操作如下:

1. 相同比对。将当事人提交的其他类案与法院自行检索的类案进行比对,确认是否有相同案例,不同的类案在裁判理由、裁判结果方面与当事人提交的其他类案是否相左。

2. 观点分类。将法院检索出的类案按照裁判观点进行分类。裁判理由与裁判结果大致相同的可归为一类。当然,其他类案的裁判要旨可能有多个,而且裁判文书的表述也可能简单模糊,实现类案同判的关键在于正确表达、妥当运用类案中的裁判规则。④ 因此,归纳前提就需要将裁判理由中与待决案件相似关联性部分的裁判要旨进行提炼。裁判要旨不仅仅是指法律如何适用,而且应是对案件的关键事实⑤、争议焦点、法律适用的高度概括。

3. 相似识别。运用类比推理方式,将待决案件的争议事实与其他类案提炼的裁判要旨的关键事实在案件事实与法律规范之间来回穿梭进行相似性比对。要运用价值判断对识别出相同点和不同点的重要性作出判断,这是非常关键的技术。⑥ 在二者基本一致时,可以确认小前提成立,故而得出可以参照适用的结论,在二者偏离时,得出否定结论。

4. 主流参照。由于裁判结论的多元化可能,可按照《指导意见》第 4 条规定的检索顺位结合类案检索的数量、地域、时间、法院层级、类案性质,在分类梳理后,综合甄别后选取占主流优势裁判规则的其他类案进行参照。主流参照不同于参照指导性案例,需要法官运用司法经验和智慧综合辨别、择取。

(四) 文书回应:参照与否的明确说理

裁判文书说理的表达是法官思想的外化。⑦ 裁判理由部分作为法官文书说理的场地是法官呈现心证过程的外化场域,它能让外界通过文书说理过程了解法官裁判

---

① 段文波:《民事程序视角下的同案不同判》,载《当代法学》2012 年第 5 期。
② 王利明:《我国案例指导制度若干问题研究》,载《法学》2012 年第 1 期。
③ 黄泽敏、张继成:《案例指导制度下的法律推理及其规则》,载《法学研究》2013 年第 2 期。
④ 参见张骐:《论案例裁判规则的表达与运用》,载《现代法学》2020 年第 5 期。
⑤ 对关键事实,有言"指形成判决理由所必需的那些事实",参见陈林林:《法律方法比较研究:以法律解释为基点的考察》,浙江大学出版社 2014 年版,第 43 页;有言"就是与案件争议点直接相关的案件事实",参见张骐:《再论类似案件的判断与指导性案例的使用——以当代中国法官对指导性案例的使用经验为契口》,载《法制与社会发展》2015 年第 5 期。
⑥ 参见邹碧华:《要件审判九步法》,法律出版社 2010 年版,第 17 页。
⑦ 杨贝:《裁判文书说理写作四步法》,载《中国应用法学》2022 年第 1 期。

形成原因。类案检索结果的运用是影响裁判结果形成的实质内容，是司法公开的核心。① 因此，在经过类案复查、自检、比对之后，最后一步则需要在裁判文书裁判理由部分对当事人其他类案参照请求予以书面回应。但简单机械回应、不回应或者隐性参照均是说理不充分的表现，反映的是法官裁判文书说理的不自信与不诚信。协同主义要求法官在裁判文书说理部分围绕个案特征对其他类案观点的选择作详细说明、合理论证及恰当表述，真实、详尽、充分地回应当事人其他类案参照请求，展现从隐性到显性清晰的司法理性过程，提高裁判文书的可接受性和说服力，以公开促公信。特别是在裁判规则不同时，应甄别选择确定一个类案进行参照，并实质否定另一个类案的参照意义。② 样本文书中，极少数案例（见表5）的文书说理仍值得学习和借鉴，在此启发上，可优化法院回应当事人其他类案参照请求的两种不同模型。

表5　其他类案参照与否裁判文书说理典型案例③

案例一
本案中，江某容提交的1515案属于第三层次，该案例的裁判要旨是："夫妻二人出资成立的公司，注册资本来源于夫妻共同财产，公司的全部股权属于双方共同共有。即公司的全部股权实质来源于同一财产权，并为一个所有权共同享有和支配，股权主体具有利益的一致性和实质的单一性。在此情况下，该公司与一人有限责任公司在主体构成和规范适用上具有高度相似性，系实质意义上的一人有限责任公司。基于此，应参照《公司法》第63条规定，将公司财产独立于股东自身财产的举证责任分配给作为股东的夫妻二人。"本案中，锦龙公司原为四川国防科技环境艺术工程公司，系集体所有制企业，2001年3月11日改制变更为锦龙公司，股东杨某、徐某惠分别出资1000万元、500万元。但二人当时并非夫妻，2013年6月5日方登记结婚，故本案在基本案情上与1515案不同，不具有类推适用的基础。
案例二
关于安吉公司提出根据类案检索结果，最高人民法院审理的（2015）民申字第1276号案件，在基本事实、争议焦点和法律适用上与本案均存在高度一致性。该案中，最高人民法院认定管委会应当对其出具的《承诺函》未能履行承担法律责任，请二审法院参考一节。经查，该案中所涉陶辛管委会出具的《承诺函》内容为："……若安徽天力公司的上述借款不能按期归还贵公司，我管委会承诺在上述借款逾期之日起30日内以不低于3000万元的价格回购该土地及房产，以回购价款直接支付贵公司，否则，愿意承担一切法律后果，特此承诺（此承诺长期有效）。"即在该《承诺函》中，陶辛管委会承诺，在安徽天力公司不按期履行还款义务时，由陶辛管委会自身作为主体，在借款逾期30日内以不低于3000万元的价格回购土地及房产，以回购款直接支付借款，并作出否则承担一切法律后果的意思表示，可见，本案与（2015）民申字第1276号案件所涉及的两份《承诺函》，承诺方的义务是不一致的。综上，本案中管委会并无以其自身财产承担工程款给付责任的意思表示，故安吉公司该节主张缺乏法律依据，本院不予支持。

---

① 杨涛、左一凡：《类案裁判如何说理——329份裁判文书说理为视角》，载《山东法官培训学院学报》2021年第5期。
② 北京市第三中级人民法院课题组：《类案检索报告制作和运用机制研究》，载《法律适用》2020年第12期。
③ 案例一、案例二分别详见（2020）川0192民初2424号、（2022）辽03民终877号。

1. 类案参照。其他类案特别是权威案例比如公报案例、最高人民法院裁判文书、各省发布的参阅案例虽然对其他案件不具有强制的法律约束力，但由于其法律权威性的存在，事实上仍会对法官裁判同类案件存在一定的约束性和参考性。① 案例的可参考性之于当事人及社会公众来说就是裁判结果的可预测性。因此，寻求权威案例支持便成为法官印证自己判断、作出决策时不约而同的选择。② 当法官检索出的类案其主流优势裁判规则与当事人其他类案参照请求一致并且选择参照适用时，应作出类案类判的处理结果。文书说理上应包括以下内容：

（1）首先，应将占据主流优势裁判规则的其他类案与待决案件相关的关键事实、争议焦点及法律适用结果予以详述，并且可以并行摘录多个其他类案，以便强化可参照的其他类案的价值优势。

（2）其次，将待决案件关键事实、争议焦点予以明确陈述，二者比对后并作与其他类案的关键事实、争议焦点相同或近似的表述结论。

（3）最后，参照其他类案的法律适用结论作出裁判，具体可以选取优质的其他类案样本进行模仿或在各个其他类案中摘取最精彩片段优化重组完成。同时，在文字表述上可附加总结性语句。具体如表6所示。

表6 裁判理由中其他类案参照适用表述模型

本院认为：本案争议焦点有 1.……，2.……，n. A 某提出的 a1/a2/a3 案例应否参照适用。……关于 A 某提交的 a1/a2/a3 案例应否参照适用问题。 1. 经本院检索，M1、M2 案例为最高人民法院发布的典型案例/公报案例/作出的生效裁判或所在地区高级人民法院发布的参阅案例/作出的生效裁判或所在地区中级人民法院作出的生效裁判或本院作出的生效裁判或本市其他区县法院作出的生效裁判或本省其他市及其区县法院作出的生效裁判或其他省市区县法院作出的生效裁判。M1 案例中，S1→P1，W1=S1，则 W1→P1；M2 案例中，S1→P1，W2=S1，则 W2→P1。A 某提交的 a1 案例中，S1→P1，Wa1=S1，则 Wa1→P1；A 某提交的 a2 案例中，S1→P1，Wa2=S1，则 Wa2→P1；A 某提交的 a3 案例中，S1→P1，Wa3=S1，则 Wa3→P1。W1、W2、Wa1、Wa2、Wa3 均相同或近似。 2. 本案中，X 与 W1、W2、Wa1、Wa2、Wa3 均相同或近似，故 X→P1。 3. 总之，a1/a2/a3 案例虽非指导性案例，但该案例与本案在基本事实、争议焦点、法律适用方面均具有相似性，可作为本案的参考，本院予以援引。或 a1/a2/a3 案例虽非指导性案例且属于本市其他区县作出的生效裁判/本省其他市及其区县作出的生效裁判/其他省市区县作出的生效裁判，但该案例与本案在基本事实、争议焦点、法律适用方面均具有相似性，该案例的处理与现有法律规则并不矛盾，具有合理性，本院予以参照等。

2. 异案背离。当法官检索出的类案其主流优势裁判规则与当事人其他类案参照

---

① 刘树德、胡继先：《关于类案检索制度相关问题的若干思考》，载《法律适用》2020年第18期。
② 曹磊、刘晓燕：《类案检索应用的困境与破解——以助力法官裁决及文书撰写为视角》，载《中国应用法学》2021年第5期。

请求不一致并且选择背离当事人的其他类案时,应作出不予参照的处理结果。此时,文书说理上应包括以下内容:

(1)首先,同样应将占据主流优势裁判规则的其他类案与待决案件相关的关键事实、争议焦点及法律适用结果予以详述,并且可以并行摘录多个其他类案。

(2)其次,将待决案件关键事实、争议焦点予以明确陈述,二者比对后并作与其他类案的关键事实或者争议焦点并不相同从而否定适用当事人其他类案的表述结论。

(3)最后,可参照模仿占据主流优势裁判规则的类案的裁判理由和法律适用结论作出裁判。当然,如果经过庭审调查发现当事人类案检索中存在明显错误,比如该其他类案非生效裁判,已为二审、再审改判或撤销案件,法律适用明显错误,法律已经失效等时,可直接在裁判理由部分予以明确指出,从而作出否定参照适用的结论。一言以蔽之,参照结果从幕后走到台前,应是目标所向。具体如表7所示。

表7 裁判理由中其他类案不予参照适用表述模型

模式一	本院认为:本案争议焦点有1.……,2.……,n. A某提出的a1/a2/a3案例应否参照适用。 ……关于A某提交的a1/a2/a3案例应否参照适用问题。 1. 经本院检索,M1、M2案例为最高人民法院发布的典型案例/公报案例/作出的生效裁判或所在地区高级人民法院发布的参阅案例/作出的生效裁判或所在地区中级人民法院作出的生效裁判或本院作出的生效裁判或本市其他区县法院作出的生效裁判或本省其他市及其区县法院作出的生效裁判或其他省市区县法院作出的生效裁判。M1案例中,S1→P1,W1=S1,则W1→P1;M2案例中,S1→P1,W2=S1,则W2→P1。A某提交的a1案例中,S2→P2,Wa1=S2,则Wa1→P2;A某提交的a2案例中,S3→P3,Wa2=S3,则Wa2→P3;A某提交的a3案例中,S4→P4,Wa3=S4,则,Wa3→P4。W1、W2、Wa1、Wa2、Wa3均不相同或不近似。 2. 本案中,X与Wa1、Wa2、Wa3不相同或不近似,而与W1、W2相同或近似,故X→P1,a1/a2/a3案例不予参照处理。
模式二	本院认为:本案争议焦点有1.……,2.……,n. A某提出的a1/a2/a3案例应否参照适用。 ……关于A某提交的a1/a2/a3案例应否参照适用问题。因a1/a2/a3案例非生效裁判或已为二审、再审改判或撤销案件或某法律适用明显错误或某法律已经失效或不符合当下司法政策导向等时,故不应参照处理。

结 语

每个诉讼主体对类案的理解和识别是不相同或不准确的。在当事人其他类案参照请求趋于常态化的当下,法院对此请求应全面正视而不应选择忽视,应当全程回应而不仅是口头释明。当事人其他类案参照请求与法院司法回应应建立在协同主义诉讼模式上,通过诉讼全流程程序规范,将口头释明规则具体化,将裁判文书理由明示化,力求做到类案类判,非类案排除参照适用,让当事人胜败皆服。本文三阶十步法是一个较为完整的流程,适用于当事人在立案开始就提出其他类案参照请求。实际运用中,可以视当事人提出其他类案参照请求的时间予以相应从前调减,① 之前的步骤因程序的经过可不再进行。法院回应当事人指导性案例外的其他类案请求尚无相关规范指引,为了在实践中更加具有操作性,笔者起草了《关于人民法院回应民事当事人其他类案参照请求的指导意见(建议稿)》,以期对类案检索机制的完善提供帮助。

附件:

关于人民法院回应民事当事人其他类案参照请求的指导意见(建议稿)

为提升裁判的可接受性、服判息诉率及司法公信力,根据《最高人民法院关于统一法律适用加强类案检索的指导意见(试行)》,结合审判工作实际,就人民法院有效回应民事当事人其他类案参照请求提出如下意见:

一、总则

第一条 本意见所称其他类案,是指当事人提交并请求参照的除指导性案例外的其他案件。具体包括:最高人民法院发布的公报案例、典型案例、作出的生效裁判;所在地区高级人民法院发布的参阅案例、作出的生效裁判;所在地区中级人民法院作出的生效裁判;本院作出的生效裁判;本市其他区县法院作出的生效裁判;本省其他市及其区县法院作出的生效裁判;其他省市区县法院作出的生效裁判等。

第二条 人民法院根据当事人提出其他类案参照请求的时间,可以分别在庭前准备阶段、庭审阶段通过口头释明方式予以回应,也可以在裁判文书说理中予以回应。

第三条 口头释明回应应遵循平等、公平原则,裁判文书说理回应应可能详尽、充分、公开。

第四条 当事人提出其他类案参照请求的,应在法庭辩论终结前提交书面的其他类案或者类案检索报告。当事人在法庭辩论终结后提交的,人民法院应在裁判文书说理中进行回应。

二、口头释明回应

第五条 原告在起诉状中模糊表达请求参照其他类案的,人民法院在立案审核

---

① 比如,当事人在庭前准备阶段未提出其他类案参照请求而在诉答过程中提出的,直接在该阶段引导对方当事人发表意见;在举证时出示其他类案的,直接在该阶段引导对方当事人发表质证意见;对于庭后提交其他类案的情形,法官应在裁判文书撰写前要求对方当事人在规定期限内提出书面意见。

时应告知其明确具体案号并修改诉状,口头或书面告知其提交书面的其他类案。

原告随起诉状及初始证据提交了其他类案的,人民法院可通过网上诉讼服务中心、集中送达中心等平台在向双方当事人送达举证通知书时一并送达类案检索报告表格或在举证通知书中明确告知类案提交权利及提交时限。提交时限一般限于举证期限届满前。

第六条 当事人在开庭前提交了其他类案或类案检索报告的,人民法院应当将该其他类案或类案检索报告送达给对方当事人,也可在庭前会议阶段同证据交换一起进行。

第七条 原告在起诉状中提出了其他类案参照请求而被告在答辩中未予回应的,人民法院应引导被告就其他类案发表答辩意见。

第八条 当事人均有其他类案参照请求的,人民法院应引导当事人在举证阶段出示其他类案及说明证明目的,并引导对方当事人在质证阶段中对该其他类案发表质证意见。

原告在举证阶段才提出其他类案参照请求的,按前款处理。

第九条 法庭发问阶段,人民法院可以引导当事人就对方提交的其他类案进行发问,也可以自行发问。

发问可从其他类案的检索时间、检索方法、检索平台,是否属于指导性案例、公报案例、参考案例或其他案例,其他类案与待决案件相关的裁判要旨、相似关联性等方面进行。

第十条 当事人提出其他类案参照请求的,人民法院应将该其他类案能否参照适用归纳为一个争议焦点,并引导双方当事人发表辩论意见。

第十一条 当事人就其他类案的答辩、质证、辩论,可以围绕其他类案与待决案件在基本事实、争议焦点、法律适用等方面的相似性及其他类案的法律效力、审理层级、能否参照适用发表意见。

三、裁判说理回应

第十二条 当事人提交类案检索报告的,人民法院可根据当事人的类案检索方法对其所提交的其他类案进行复查,确认案例是否真实、生效,是否为二审、再审案例;当事人未提交类案检索报告但提交了其他类案的,人民法院也可根据庭审阶段的信息对该案例的来源及其形成过程进行复查。

第十三条 当事人提出其他类案参照请求的,人民法院应当进行类案检索。类案检索依照《最高人民法院关于统一法律适用加强类案检索的指导意见(试行)》进行。

第十四条 人民法院应将待决案件与检索结果进行相似性识别和比对,可以按照下列顺序进行:

(一)将当事人提交的其他类案与人民法院自行检索的类案进行比对,确认是否有相同案例,不同的类案在裁判理由、裁判结果方面与当事人提交的其他类案是否相同；

（二）将人民法院检索出的类案按照裁判观点进行分类梳理；

（三）将待决案件的争议事实与其他类案提炼的裁判要旨的关键事实在案件事实与法律规范之间来回穿梭进行相似性比对，确认二者是否相似；

（四）根据检索顺位结合类案检索的数量、地域、时间、法院层级、类案性质，综合甄别后选取占据主流优势裁判规则的其他类案进行参照。

第十五条 当事人提出其他类案参照请求的，人民法院在裁判文书说理表述中可以按照下列顺序进行：

（一）将占据主流优势裁判规则的其他类案与待决案件相关的关键事实、争议焦点及法律适用结果予以详述，并且可以并行摘录多个其他类案。

（二）将待决案件关键事实、争议焦点予以明确陈述，二者比对后并作与其他类案的关键事实、争议焦点相同、近似或者不相同的表述结论。

（三）当占据主流优势裁判规则的其他类案与当事人其他类案参照请求一致时，参照其他类案的法律适用结论作出裁判；当占据主流优势裁判规则的其他类案与当事人其他类案参照请求不一致时，参照占据主流优势裁判规则的类案的裁判理由和法律适用结论作出裁判。

第十六条 当事人提交的其他类案非生效裁判，已为二审、再审改判或撤销案件，法律适用明显错误，法律已经失效等时，人民法院在裁判文书说理时可直接明确指出，并作出否定参照适用的结论。

四、附则

第十七条 本意见自公布之日起施行。

从法院主导到共同治理的转变：法院普法融入诉源治理的思考

——基于"制度—生活"分析视角

江西省大余县人民法院　刘向平

江西省大余县人民法院　付秋红

引　言

最高人民法院将诉源治理纳入《人民法院第五个五年改革纲要（2019—2023）》，着眼于源头预防为先、非诉机制挺前、法院裁判终局，以司法引领基层社会治理的社会化、法治化、智能化、专业化实践。① 从 2016 年《关于人民法院进一步深化多元化纠纷解决机制改革的意见》到 2019 年《关于建设一站式多元解纷机制一站式诉讼服务中心的意见》，均是诉源治理制度基础，但后者强调法院的角色定位从主导向参与过渡。诉源治理的终极目标是使"调解优先、诉讼断后"的社会治理理念得到合理解释。在国家第八个五年规划（2021—2025 年）强调推进普法与依法治理有机融合的背景下，就如何提高普法针对性、实效性而言，仅从规范层面解释社会变迁复杂机理，因对真实生活需求关照不够或有不足，正式制度与日常生活间自下而上的互动同样值得关注。在"制度—生活"视角下，"制度"是指以国家名义制定并支撑国家的各个层级和制度代理人行使普法、诉源治理职能的正式制度；"生活"是指社会人的日常活动，既包括实体的生活主体和空间，又包括非实体的日常生活知识、民情和习惯法，还包括生活主体进行权衡作出决定及行为的各种诉求和策略。② 文章将综合相关的社会学经验研究与认识，围绕"地方性知识"的识别、互动、切割，提出"制度的运行化、制度的生活化、生活的制度化"这三个相互交织的分析框架，分阶段认识从法院主导向共同治理转变背后的制度逻辑与生活逻辑，力图以具体而微的日常生活议题带出更具普遍性的思考与对话，探索形成法院普法融入生活秩序的诉源治理模式。

---

① 参见薛永毅:《"诉源治理"的三维解读》，载《人民法院报》2019 年 8 月 11 日。

② 参见肖瑛:《从"国家与社会"到"制度与生活"：中国社会变迁研究的视角转换》，载《中国社会科学》2014 年第 9 期。

一、检视：法院主导下普法与诉源治理的制度实践

在法院主导理念倡导下，作为整体的国家通过自上而下刚性制度或宏观政策引导、纠正生活主体甚至制度代理人的行为和偏好，对作为个体的生活主体产生影响，导致解纷资源横向过度集中。

（一）以名代实：理论理性下正式制度的刚性约束不断强化

伴随着国家基础性权力扩张，现代性促进制度下乡和送法下乡几乎建构并主导了社会治理的节奏和运转逻辑，努力践行对生活主体的强制性约束。

表1 "制度—生活"视角下普法规划的历史演变

历史阶段	制度安排的逻辑	日常生活的表现
"一五"至"三五"普法	设立全国普法办，通过列入教育计划、办好法制讲座、开设法制教育必修课等制度实行制度和理论普及，使国家管理从政治调控向依法治理转变。将法律视为辅助政治以维持社会秩序稳定的手段	随着政治、社会背景和法制环境的变化，普法重点对象也相应调整，法律成为辅助政治以维持社会秩序稳定的手段
"四五"至"六五"普法	通过法律六进、法律培训、法律知识任职资格、政府法律顾问、领导干部理论学习规划、持证上岗等制度促进受众从认知期望向规范期望转变。制度对生活进行强有力的组织与规训	由于市场经济高速发展，法律制度的更新落后于市场经济发展，逐步形成党委领导、政府实施、人大监督、全社会积极参与的普法机制
"七五"普法	开展"法律明白人"、学习宣传党内法规、学习宣传宪法、法治与德治结合等制度促进社会治理	工作人员认为普法影响了正常工作，采取"上有政策、下有对策"的应付式普法策略。个体掌握法律知识后，对法律抱有实用主义想法，但在乡土社会逻辑下现代法律和治理体系落实面临困境

其一，在话语体系构建上。一方面，法院裁判或者说法官的"案件制作术"是法律程序所要求的，或者说是依照法官所学来的逻辑建构出来的法律知识的产物或结果，这些法律逻辑、制度设计等作为一种硬规则直接规训个体的生活，试图将所有个体引导到法律和道德的正轨。比如通过构建举证、质证、最后陈述等一系列诉讼专业术语，将当事人纳入法庭规训空间，实现如"自动售货机"式投入法律制度产出公平正义。另一方面，关于普法教育的功能意义，有观点认为，普法教育实质上就是一场法治社会化运动，守法是个人在社会化过程中所习得的结果。[①] 也有观

---

① 参见范进学等：《法治社会化：概念及其功能》，载《学习与探索》2000年第3期。

点认为，普法教育是推进法治社会化的重要途径之一，并在法治建设中已有实践经验。① 相应的观点获得较多学者认同，甚至有学者就普法教育绩效测评探索出由法治认知、法治价值观、法治行为构成的指标体系。② 如表1所述，纵观普法教育变迁进程，从1986年"一五"普法规划开始至今，普法工作已经走过30余年，普法不再停留在宣传贯彻条文和发放传单等简单行为上，而是深深影响大众生活的方方面面。显而易见的是，在价值观层面，公民已逐渐形成在日常生活实践中办事依法、遇事找法、化解矛盾靠法的思维方式和行动准则。

其二，在资源政策分配上。作为衔接司法治理与社会治理的桥梁，诉源治理的本意是缓解法院案多人少的矛盾，守护司法最后一道防线的立场。而在目标管理责任制的要求下，各级制度代理人为创新求特，通过不断丰富诉源治理内涵，积极扩张法院社会治理职能，甚至一度出现司法万能主义的话语，迎合所谓全面或深入的治理。主要表现为法院以司法文件形成临时规则，通过逐级科层式管理推进，具体采用量化指标考核、竞赛、检查等方式。③

（二）名实不符：自然主义中正式制度的合法性受到削弱

正式制度规则不是井然有序对应不同的特定社会情况或者行为片段，制度无法完全限定生活主体的行动，在日常生活的运作过程中，实践通过各级制度代理人和生活主体等行动者，以或组织或个体的形式在频繁互动中得以维系。④

首先，如前所述，现代性并不只是一种促进进步的"善"，同时也是一种解构秩序的"恶"，硬性的法律规则在改造生活时，规则与行为、群体与个体、空间与时间、实然与应然有效结合的"权威空间"在实践中彼此难以完全无缝对接。根据笔者所在G市两级法院近年来涉诉情况分析发现，以进入诉讼程序时间为界限，可将矛盾纠纷区分为非诉纠纷和诉讼纠纷，2019年至2021年，非诉纠纷和诉讼案件的总量分别为122976件、218239件。如果说非诉渠道未化解的纠纷均流入诉讼，那么纠纷总数就包含非诉成功化解的纠纷数与诉讼案件受理数，而2019年至2021年通过非诉渠道分别成功化解纠纷37286件、41810件、43880件，加上同期诉讼案件数可知近三年纠纷总数依次为102022件、108823件、130370件。涉诉纠纷总量一直呈高位运行状态，且不断增长。由于过去一度对司法审判的纠偏式重视，法院大包大揽纠纷解决后，多元解纷平台建设不足，乡镇的解纷主体和解纷力量较为分散甚至沦为摆设，各部门及各组织之间的资源和信息互不相通，导致各类解纷机制相互林立而又松散低效，致使大量矛盾纠纷在产生之初缺乏强有力又统一的矛盾纠

---

① 参见徐邦友：《法治社会化：概念、内容与路径——基于"法治浙江"建设的经验》，载《观察与思考》2015年第1期。
② 参见莫桑梓：《普法教育绩效测评指标体系的构建》，载《法制与社会发展》2018年第6期。
③ 参见曹建军：《诉源治理的本体探究与法治策略》，载《深圳大学学报（人文社会科学版）》2021年第5期。
④ 参见吉登斯：《社会的构成》，李康等译，生活·读书·新知三联书店1998年版，第80页。

纷化解平台予以及时解决,当事人只能将提起诉讼作为化解纠纷的"唯一出口",从而造成许多本可以在基层平息的纠纷大量涌入法院。就此而言,乡村社会逻辑、非制度性的解纷资源受到冷落,现代法律和治理体系与错综复杂的农村事务及纠纷的张力被无限放大。体现在实践中,有研究发现,随着审判质量提升,司法公信力遭到"无权者"对抗等行为冲击反而呈现下降态势,司法权威并不如以往,甚至出现部分群众不信任法院的社会心理。①

> **情景一**:对当事人来说,法律的专业术语晦涩难懂,在庭审中有的当事人一脸茫然地问"法官,啥叫质证",有的当事人以为最后陈述就是把事情重头说一遍,有的当事人总是试图用自身经历来代替举证。这些情况都比较常见,法官虽然尽量去解释,但效果却不理想。

其次,语言表述本身的局限性与成文法表述抽象性、普适性考虑,致使法律规定或制度政策的专业术语难以完全规避表述模糊性。比如情景一②中,法律专业术语背后往往是价值考虑的结果,加上法律移植原因,与字面含义往往有差别,导致即使多次参与诉讼的当事人亦难以完全明白专业术语的含义。并且在语言体系中,模糊性与精确性之间还存在宽广的中间领域,作为连接对生活认知与具有约束力的法之间的桥梁和纽带,法律语言的明确性,除了取决于语言自身的表达准确性,还取决于谁来执法(主体)、如何用法(认识)、怎么守法(策略)。

> **情景二**:2012 年,C 因建房需要向母亲 H 借款 1 万元,但未出具任何书面凭证。后 H 多次向 C 催要欠款遭拒,于是找到村干部协调,C 承认借 H 1 万元,但 C 要求 H 合理分割家产,否则不还款。因协商未果,H 向法院起诉,同时提供了村委会出具的证明。法官向村干部调查了解,C 确实口头承认借了 H 1 万元,因协调未果,村里才出具的证明。

最后,生活主体的老百姓在适用法律规则时,一旦遭遇与内心理性无法自洽时,通常会下意识地去援引各种日常生活的行为准则,比如习俗、风土人情等。在情景二③中,C 以分割家产为前提对案件处理达成妥协,在 C 看来这是一回事,都是解决一件事,但对法院来说就面临两案一并处理的问题,但显然面对复杂的法律规定,当他无法找到令自己满意的答案时,根深蒂固的传统生活习惯就占据了 C 的脑海,最终也导致法官只能通过综合自由心证进行判决。这表明,国家制度在社会中支配加剧,虽然传统的社会关系退到幕后,但仍发挥着间接的影响和作用。尤其是这一阶段随着个人权利不断地增长,个人责任意识却不增反减,甚至一度出现权责不对称的个人主义(或称"无公德的个人")。④ 普法作为开展诉源治理的重要手段,

---

① 参见江西省高级人民法院课题组等:《人民法院司法公信现状的实证研究》,载《中国法学》2014 年第 2 期。
② D 县法院某法官访谈记录,IN20220624。应学术伦理要求,以下均隐去法院的真实名称,姓名用"某"来代替,IN 是访谈(interview)的缩写,20220624 代表受访时间是 2022 年 6 月 24 日。
③ 该案系笔者亲历案件,案件最终判决结案。
④ 参见阎云翔:《私人生活的变革》,载《陕西档案》2020 年第 1 期。

也面临运动式、概念式、灌输式普法教育形式无法直接架起从普法到守法桥梁的难题。假如不能解决具体性、琐碎性的日常生活与普法所需要规则、程序间的结构性矛盾，可能导致诉源治理"最后一公里"困境。

（三）名实分离：制度逻辑与日常生活逻辑分离激进化

刚性的制度约束与柔性的生活间的对立，代表了两种不同逻辑，分别是以理论理性为基础的制度逻辑和以自然经验为逻辑的生活秩序。两种逻辑背后，活跃着各级制度代理人（党委政府、司法机关、调解组织、村居社区等各类制度主体）和生活主体（当事人、法官、老百姓、社区干部等各类制度的具体执行者与参与者）。一项正式制度的制定和推行，必然会出现得利者与失利者，法院主导纠纷解决的本意是国家推进社会治理的有益探索，但过度强调法院的主导作用，可能导致其他纠纷解决主体的作用被压制。对法院的司法角色定位有明显损害：可能进一步加剧审判资源稀缺与诉讼爆炸的现实矛盾，造成司法审判工作违背长期坚守的法官中立角色、不告不理原则等客观规律与基本原则。[①] 需要注意的是，制度的反复实践在生产出新的秩序或民情、习惯同时，也可能替代甚至消灭某些旧的民情或习惯法，不能充分甄别与吸收则可能消解正式制度的实质内涵。

归纳言之，制度与生活之间既共生合作也相互冲突。正式制度来源于新生与传统的生活逻辑，并被不同行动者在行动、话语和意识中验证、重组、相互诠释甚至抵抗，这类来自"下有对策"的对话过程是诉源治理和司法宣传必须重视的力量。质言之，要实现诉源治理目标除了纵向自上而下的权力与制度安排，也离不开横向制度代理人的技术策略操作，更需关注自下而上的普通人面向生活处理日常事务所采取的具体实际方法，从社会内部、行动者自身去解释和重塑传统意义上外在的社会秩序问题，以生活愿景凝聚人、凝聚共识。

二、反思：共同治理下普法融入诉源治理的实现逻辑

相比于十年前，诉源治理工作已从"法院主导"上升到"党委主抓"，从整体主义观察，诉源治理的内涵仍需多元主体合作参与、多方力量博弈重组。

（一）走向制度竞争：从以法院为中心到以审判为中心

制度变迁是当制度不均衡时追求潜在获利机会的自发交替过程。[②] 通过制度竞争的方式，约定俗成的非正式制度可演化成正式制度。

在治理成效方面，通过制度竞争比单纯的"思想教育"更有效率。理论上，普

[①] 参见周苏湘：《法院诉源治理的异化风险与预防——基于功能主义的研究视域》，载《华中科技大学学报（社会科学版）》2020年第1期。

[②] 参见刘杰：《日常生活的社会互动与制度变迁——兼析公共制度变迁的一种模式》，载《辽宁师范大学学报（社会科学版）》2007年第5期。

法越深入、群众越知晓法律,在日常生活中个体的行为便越理性,那么纠纷就会减少,从而实现诉源治理减讼目标。但生活主体在承接普法公共资源后,采取或顺应或对抗手段应对,导致普法效果也因此产生分化,无法在纷繁复杂的日常生活中获得普适性。有观点认为,参与诉讼会使人们意识到制度"漏洞",从而对制度公正性产生不满,即出现具有法律经历反而会降低人们对司法体系信赖的现象;也有相反的观点认为,"知情去魅"逻辑下负面的诉讼经历仅在特定支持维度降低当事人对法官的评价与信任,但缘于司法公开的不断深入,当事人普遍对于法院及法律有正面的评价,其中当事人对申诉与上诉的依赖就是最好的例证。①

> **情景三**:在某高速路段征拆工作中,只有 11 户征拆对象因自然水流等原因导致土地界址不清久拖未决,影响征拆进度,存在矛盾激化可能。为将矛盾纠纷化解在一线、遏制在萌芽状态,法院积极响应党委政府号召,主动靠前,依托行政争议多元调处中心工作职责,指派行政庭法官现场参与指导。在党委政府、社会和司法力量多重配合下,最终全部签订了征拆协议。

本文认为,法律的工具理性与行动者的经济人理性某种程度上是类似的,都是追求采取手段与目的实现的最大化,因此,制定的正式制度比如法律,更需要让更多主体知晓,这一过程中,还需不断甄别、运用好生活主体的"理和法",如此才能真正探求实质解纷举措。与此同时,纠纷的解决,很大程度上取决于资源或成本的投入以及纠纷的性质和类型之间是否相"匹配",以及方法或者技巧的实践妥适性。比如情景三中,借助行政争议多元调处中心畅通府院联动纠纷预防渠道,通过纳入多元主体参与诉源治理,可以有效吸纳全社会的解纷资源,在基层社会解纷机制构架中从挺到一线到成为最后一道防线,建立起与其他纠纷化解机制之间清晰且衔接流畅的机制。

> **情景四**:C 镇 W 村被告黄某 80 多岁瘫痪在床,生活无法自理,依靠老二及老三媳妇服侍照料,老大与黄某因分家时财产分配产生矛盾不愿赡养,黄某也一直不过问其子女。老二及老三心存不满导致成讼。法官邀请村干部、村"五老"人员等,找到老大夫妻两人进行调解。村干部反映黄某做事比较倔强,处理事情不全面。法官确认黄某处理家务事的缺点后,随后询问老大:黄某是否将你抚养成年、母亲无生活能力后你是否有义务赡养,并将有关赡养责任的法律规定进行解读,列举了不赡养父母受到法律制裁的案例。"五老"人员也引用《弟子规》对老大进行思想教育,引导其遵从伦理道德。最终共同促成双方达成赡养协议。

从制度变迁的需求看,通过制度竞争可以重塑其他体制主体权威。熟人社会的内生型权威往往包含宗族权威、民间精英、信仰权威,呈现多元化结构。与此同时,各治理主体间缺乏协同机制、多元主体分散管理和各自为政,造成了解纷权力执行

---

① 参见冯晶:《支持理论下民事诉讼当事人法律意识的实证研究》,载《法学研究》2020 年第 1 期。

和运作过程的碎片化。① 从实践看，并非所有的纠纷都能通过法院得到很好的化解，事实上，有些纠纷并不适合法院解决。在实践中，不仅要强化法治化的、以司法为主导的纠纷化解方式，也要允许非制度方式在可控的范围内发挥纠纷化解作用，比如乡村精英的权威效应（如情景四）。② 另一方面，通过吸纳不同制度代理人参与诉源治理与普法，正是通过制度竞争促进相互信任的过程，保障其他主体解纷履职，是实现案结事了的重要一环。

（二）迈向生活治理：承认传统民情和习惯的合法性

立足于日常生活逻辑并面向日常生活秩序的生活治理，核心是引入国家制度变量（即变通）与非正式运作的日常形式抵抗，塑造国家权力调控日常生活的互通渠道，重塑生活主体与国家的关系。③

> **情景五**：遇上重要的节假日或者纪念日，法院通常都会通过发放宣传册、拉横幅、摆摊设点的做法深入村里、广场开展法律宣传，但是法律语言的专业性和现场单纯说教的枯燥，加上现在年轻人多外出打工，凑前瞧热闹、领取宣传礼品的大多数是老人家。

不可忽视差序格局。不但需强调法院的主体意愿、部门职责、专业特点，还需考虑社会的现实情境。当前，随着人口大量流出，乡村发展呈现"空心化"特征，留守的多为年龄偏大、文化程度较低且无专业技能的低素质劳动力，直接后果是乡村社会活力、组织活力普遍降低与村治权威主体的缺失。④ 体现在普法宣传上，如情景五，传统的普法形式日益无法满足当前多元信息化社会需求。⑤ 体现在诉讼类型上，纠纷爆发领域日益具有鲜明的城市化特征，传统性质的矛盾纠纷在表现形式与诉争焦点上呈现出新的变化，比如离婚纠纷当事人呈现年轻化及女性起诉居多等。在现代化背景下，村庄的功能从生产回归生活，熟人间的影响和约束减弱，村庄秩序转向生活本位。因此，正式制度如何契合日常生活演变，必须要触摸到生活实践中主体的情感与心态和普通人新的"活法"，方能在秩序转型同时发挥正式制度及其代理人功能。若送法下乡、资源下乡的方式不当，容易产生帮扶"钻营者"现象，反而加剧日常生活秩序失衡。

不可忽视弱者的武器。制度合法性所代表的价值观是抽象的，情理所具备的具

---

① 参见刘平、王汉生等：《变动的单位制与体制内的分化——以限制介入性大型国有企业为例》，载《社会学研究》2008年第3期。
② 参见方乐：《非制度化因素对法院就地化解纠纷的影响及其意涵——内在视角的考察》，载《法律科学（西北政法大学学报）》2019年第5期。
③ 参见杜鹏：《乡村治理的"生活治理"转向：制度与生活的统一》，载《中国特色社会主义研究》2021年第6期。
④ 参见陈兰馨等：《中国村治权威的历史演化及类型探析——以国家—社会关系为视角》，载《社会科学研究》2020年第3期。
⑤ 来源：D县法院某普法工作人员访谈记录，IN20220626。

体鲜活特征,往往更容易产生共鸣,可以说,对建构情理法等非正式运作不但影响制度运行,更会改变制度实践结果。① 并且,有了行动者这个因素,依然无法保证普通人运用各种形式的变通策略进行日常形式的反抗。进言之,行动者通过建构自身诉求与行动的合情合理合法性表象,从互动对象以及旁观者处获取"同情的力量",往往能够左右事件的进程。比如征拆事件中,"钉子户"通过日常生活中种种制度外"利益表达"式的"依法抗争"表达诉求并影响事件走向。②

(三)维持总体平衡:通过制度代理人与生活主体的日常形式抵抗螺旋前进

需要说明的是,一方面,在共同治理视域下,现代法律制度与传统无讼文化间仍有不相适应之处。强调法院主体意愿、部门职责、专业特点,必须建立在司法断后的理念下,否则,随着诉讼中心主义话语的不断构建,将无法发挥自力救济和社会救济的缓冲功能。另一方面,作为诉源治理的倡导者,法院在诉源治理中的主导角色与包揽行动并没有发生根本改变。例如"无讼社区"建设经历了法院首提到政法委试点再到党委主抓的过程,但在党委领导下,司法仍需全面参与机构、机制、平台的共建,发挥推动作用。③

走向多元主体共同治理,归根结底是由法院的价值、属性、使命、职能与目标的复杂性与多元性决定的,更是依托社会网络动员和推动的现实考量。其一,通过生活化的参与形式推动制度化的机制运转。法官是社会生活中的自然人,处于基层社会关系网络中,不可避免地会在查明案件事实同时充分考虑纠纷发生的社会背景,以此积极追求纠纷解决的社会效果。④ 尤其在基层场景中,法官除了准确适用法律,还要妥善照顾民俗习惯,兼顾两者平衡。其二,作为司法实践中联系正式制度与非正式秩序的纽带,在科层化的组织模式下,法官的行为受到组织内部相关制度的调控和约束,法院通过内部绩效考核等一套由不可动摇的规则组成的内部逻辑进行管理,法官解决复杂问题采取的措施,它不仅包含有正式制度政策所规定的行为方式,还包含灵活的解释与执行等。

归纳言之,制度与生活的互动是围绕同一个事件展开的多线索及复合效应的螺旋式上升过程。当政府权威与法律权威都对自己不利时,人们就有可能不服从两种权威而采取对自己有利的自力救济。比如,由于制度本身的内部冲突,以及不同行动者的不同目的,一个村的村民选举表现为多个不同程序的同时展开,它们彼此独立又相互影响,最后不经意地促成了村民选举走上正轨。⑤ 我们习以为常的普通生

---

① 参见陈颀等:《群体性事件的情感逻辑——以 DH 事件为核心案例及其延伸分析》,载《社会》2014 年第 1 期。
② 参见吕德文:《媒介动员、钉子户与抗争政治——宜黄事件再分析》,载《社会》2012 年第 3 期。
③ 参见中共大邑县委社治委:《党建引领还权赋能打造社区"诉源治理"的新机制》,载《国家治理》2019 年第 19 期。
④ 参见于龙刚:《制度与社会约束下的法官行为——以基层法院的离婚纠纷解决为经验》,载《法制与社会发展》2022 年第 3 期。
⑤ 参见周雪光:《一叶知秋:从一个乡镇的村庄选举看中国社会的制度变迁》,载《社会》2009 年第 3 期。

活就是我们倾力挖掘、不断探索的复杂的社会结构本身。从法院主导向共同治理转变，可以说，在追求重塑权威、减讼少诉目标下，制度安排的变化成为打破原有制度格局的"新生力量"，既能作出理性选择，又能控制行动成本下降。

三、分析：以"制度—生活"逻辑解读从法院主导到共同治理的变迁过程

整体主义和工具理性普法宣传在面对接踵而来的复杂、流变、离散日常生活时，制度刚性约束传导难以应对多元的价值取向。在"制度—生活"视角下，不仅要关注正式制度如何得到公众的认可，也要关注生活如何制度化。① 就此而言，从主导到共同作为一种内生性制度变化，可以理解为作为正式制度的普法、诉源治理在实践层面同各级制度代理人及生活主体间复杂互动产生的"非正式实践"与"非正式制度"再生产。基于此，在前文分析基础上，以一起离婚纠纷的审理情景再现切入，探析法院普法融入诉源治理的实现机制。

> **情景六**：2017年5月至2021年年底，谢某与王某因离婚产生纠纷，双方当事人意见较大，多次发生冲突，谢某也曾多次向县、市相关部门反映情况。D县X镇为产业新镇，系本县重要产业园，外来人口众多，经济活跃，近五年来发展较快。系争房屋由谢某、王某及王某婆系亲属凑资共建，且因办证、建筑超标问题涉及多个部门。案件进入诉讼后，在镇党委政府领导下D法院联合乡镇综治中心、人民调解中心、自然资源所、村委会、当地乡贤及双方当事人的亲属，经过背靠背、面对面的协商，促使双方就离婚及离婚后财产处理达成一致意见。

（一）制度的运行化

一方面，基层法院在地方治理体系中的位置，与其在政制结构中的定位有关，基层法院依赖党政体制以建构和运行，所以不存在责任多寡，更多的是政治性权衡，取决于对特定时期治理状况的判断。党中央集中统一领导下同级党委领导制与分级归口管理为要件的"一体双轨"司法调节机制，是保证基层法院有较高程度的独立审判空间的体制基础。②

另一方面，从社会控制体系转型看，社会法治化的两难困境在于，法治的本质要求法律权威高于政府权威，而法治建设却有赖于政府权威推进。就此而言，导致塑造法律、法院权威的同时，出现法院主导或参与的论断。当下法治进程尚处于转型阶段，社会同时存在各种规范及规范中间地带，无论面对政府权威或是法律权威，生活主体仅遵循一种"有利"原则。③ 在上述"社会失范"的背景下，面对国家政策倾斜，生活主体的村民受到社会的关注激增，其自身角色认知并未与时俱进。尤

---

① 参见易承志等：《城乡融合背景下新乡贤参与乡村公共治理的实现机制——基于制度与生活视角的个案考察》，载《行政论坛》2022年第3期。
② 参见侯猛：《当代中国政法体制的形成及意义》，载《法学研究》2016年第6期。
③ 参见郭星华：《从中国经验走向中国理论——法社会学理论本土化的探索》，载《江苏社会科学》2011年第1期。

其是当村民意识到公共政策或资源分配离不开自己的配合时，就可能借此机会运用各种所谓"弱者的武器"抗衡，通过"迎法下乡""弱者武器"谋取自身利益。① 在情景六中，由于之前城乡二元结构的区隔催生不平等的心理，随着城乡互动频繁和普法的深入，作为普通村民的谢某和王某日益成为社会关注的焦点，体现在行动上对于地方政府的调处既信任也抵触，又通过信访和起诉的方式以维护自身所谓权利。

（二）制度的生活化

理论上，法律权威只能由内及外自发生成，也就是在了解知晓法律后产生发自内心的认同感，法院普法正是履行普法责任、建立法治信仰的基础工作。实践中普通人理解和使用法律往往表现为三种理想类型，即敬畏法律、利用法律和对抗法律。但普通人大多只模糊知道一些与其生活经历相关的法律知识，且并不掌握具体内容和如何运用，大部分或道听途说或认识偏差对法律未形成正确的认识。如前所述，依靠正式权力主导和推动的法律普及，并未在乡村社会治理中达到预期的"祛魅"效果，因为在纠纷解决过程中，纠纷当事人往往还扮演着特定社会关系中的角色，会受到其他角色有形或无形的压力，这种力量也会影响纠纷化解的走向。有研究表明，国家治理逻辑与村民行动逻辑并非总是一致，如果引导不当，村民基于自身利益认知和行动逻辑形成的行为作用力反而会给当地政府带来"副作用"。② 因此，村民面对纠纷，实际是出于理性经济人考虑动用或不动用法律途径解决。在结构混乱和多元主体权威缺位的情况下，村民对法律及法院的需求自然急速增长，当法律正义与当事人理解的正义存有冲突时，村民便会根据自身的知识、经验和资源选择相应纠纷解决途径，如此便有矛盾纠纷升级激化的前提。

由此观之，正式制度的实践其实是个体差异融合、分裂的过程，具有明显的地方性特征。当法律以生活化的方式潜移默化地改变人们的生活习惯时，并非懂法越多，生活主体寻求诉讼救济就会越少。事实上，农村纠纷一般存在三种解决途径，即社会网络、政府部门和司法机构，这一选择过程，既受行为习惯主导，也是理性权衡利弊的结果。③ 因此，于调解人而言，对于关系距离较远的人或者陌生人，这种情况下按照乡土社会逻辑无法单独解决这一纠纷，需要树立法律权威，为纠纷双方树牢以事实为依据、以法律为准绳的观念，在普法引导中着重普及法律程序及举证规则、法律事实与案件真实的区别等。制度代理人在选择化解策略时，以法院为主导、当事人主动选择、各方调解力量积极参与的运行模式，可以有效实现诉讼与

---

① 参见辛允星：《"捆绑式发展"与"隐喻型政治"对汶川地震灾区平坝羌寨的案例研究》，载《社会》2013年第3期。
② 参见田雄等：《被裹挟的国家：基层治理的行动逻辑与乡村自主——以黄江县"秸秆禁烧"事件为例》，载《公共管理学报》2016年第2期。
③ 参见郭星华等：《中国农村的纠纷与解决途径——关于中国农村法律意识与法律行为的实证研究》，载《江苏社会科学》2004年第2期。

非诉讼顺畅联结和运行。

(三) 生活的制度化

制度和生活分别代表不同逻辑,如图 1 所示,工具理性的国家权力通过正式制度及制度代理人对生活主体进行塑造,自然主义的生活主体在无意识地运用日常生活的习惯、习俗及实践主义策略对抗正式制度运作。可以说,正式规则的制度实质上是生活化的制度,而生活作为非正式的民情则是一种制度化的实践。① 当正式制度的具体措施以生活化的方式呈现时,具备引导日常生活的作用,可对生活主体习惯养成形成指引和规制,所以当生活主体认可并引以为生活习惯时,制度就潜移默化地影响着日常生活,改造生活秩序。在制定具体制度时,必须考虑到生活主体的"无权"对抗,通过关注生活主体的情理法构建举动,获取制度主体权力的再生产,同时对制度代理人实践做法的提炼也是解决复杂问题的重要途径之一。因此,承认"无权者"具备一定程度上改变既定事态或事件进程的能力,是正式制度及其代理人应当考虑的重要因素,在具体的制度实践中注重谈判、对话、协商和动员,实践中类似"秋菊式困惑"就是最好的例证。

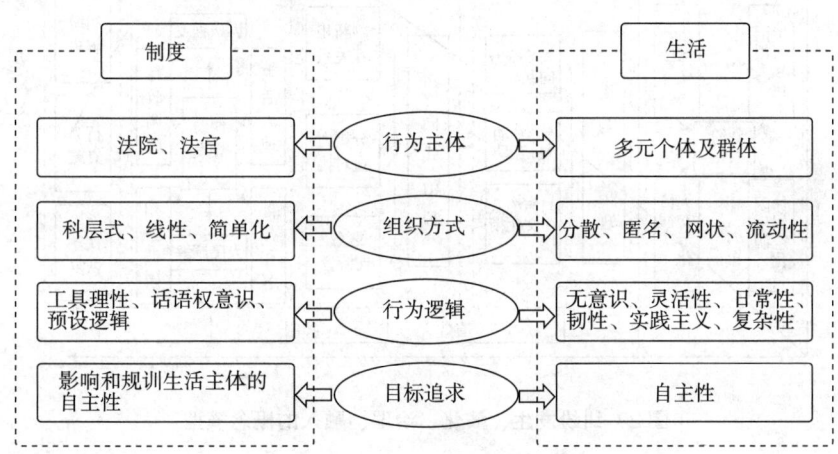

图 1 制度与生活的差异特征

具体到案件处理中,如情景六,当地政府履行属地责任,制定并实施了调解策略,既履行了维稳安保职责,也推动了纠纷案结事了。正式制度的代理人需要妥善化解制度与生活之间的疏离感,通过收集民意,建立起非正式制度及其实践策略的正式化渠道,促进正式制度关注日常生活力量,实现制度实践的接地气。具体在乡村振兴中,借助深入普法与搭建诉源治理机制,通过倡导无讼文化,创建无讼、少

---

① 参见侯立文:《国家与社会:缘起、纷争与整合——兼论肖瑛〈从"国家与社会"到"制度与生活"〉》,载《社会学评论》2018 年第 2 期。

讼村居，发挥法院在基层社会治理中重要作用。①

四、展望：建立制度与生活的理想互动关系

诉源治理是一项常态化与微观化的工作，前文探讨了在实践中基层法院、法官、当事人及社会主体所可能采取的策略，并有以下初步结论：需要在灵活复杂的群众与国家关系中定位普法及其策略，对纠纷不同发展阶段进行靶向控制，尊重群众日常生活不同形态，适时加以制度介入与干预以回应群众美好生活需要（如图 2 所示）；从宏观、中观和微观角度在实际工作中采用对应的行动策略，整体上契合"源头预防为先，非诉机制挺前，法院裁判终局"原则；基于此，从以下几方面对法院普法融入诉源治理提出建议。

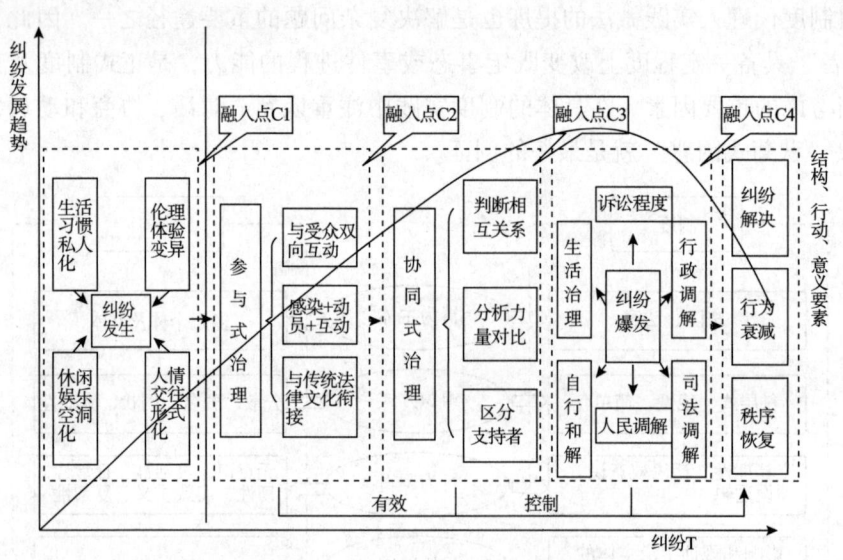

图 2　纠纷发生、演化、治理、融入的概念模型

（一）以需求和民情变动识别为切入点：为自我变革以至制度变革留下空间

正式制度必须对生活领域的需求和民情变动有充分恰当的甄别。一方面，通过不断与受众双向互动，感知辖区新情况、新需求，研判纠纷高发类型，对内对接业务部门，一改被动接受投稿为定制选题主动组稿，制作切合诉源治理实际的宣传产品。对于辖区民众关注的社会热点或区域性的政策规范，及时组织释法解惑，制作针对性的宣传产品。借助新媒体平台，直接与治理对象开展互动，面对面收集诉源

---

① 参见王昭华：《我国法院如何执行国家战略——以法院参与乡村振兴战略的实践为分析对象》，载《湖北社会科学》2019 年第 4 期。

治理需求，在做好风险提示、流程告知和诉讼成本评估的同时，引导已经形成纠纷的当事人优先选择其他非诉纠纷解决方式，实现低成本、高效率解决纠纷。另一方面，注重媒体普法与传统法律文化的衔接，将传统文化中的法理与情理、家文化融入宣传内容，做到法德结合。

充分发挥村规民约作用，重构熟人治理。村规民约集法律、道德、礼仪等于一身，既能体现法律法规的精神，又能与国家政策相呼应，并可凭借本土化的优势获得村民的认同，对于促进乡村自治、提升内部治理能力和水平具有重要意义。以诉前调解为例，通过引导当事人选择人民调解、司法调解等非诉调解手段，能够最大限度地发挥非制度性因素解纷效能，促进纠纷真正案结事了。在乡村治理的进程中，在制定前采取法律指导及实施过程中全程指导等方式，充分发挥村规民约集民意、解民忧、纾民困功能，通过广泛参与、互惠、诚实与社会信任可以提升村民的认同感，让更多纠纷不再产生或在产生之初即有效化解在村民内部，切实实现制度优势转化为治理效能。①

（二）以增强制度生活契合性为手段：引导民情的现代性转变

正式制度与生活领域之间具备一定程度的契合性，正式制度的制定必然是根据日常生活实践需求作出的回应，一方面，正式制度需更平等包容地审核日常生活诉求的变动，进而从需求回应和价值引导两个维度定位资源配置的方向和路径，提升公共服务的质效。②另一方面，生活治理并不排斥正式制度本身，当正式制度合乎普通人生活秩序的要求，能够引导民情的转变，普通人以实现权利各种行动能够不断催生新的"权力"，国家权力得以突破科层制的运作轨道，完成对村民日常生活秩序的塑造。

1. 细化分层传播机制。应当在保持司法被动性的同时适当延伸法院审判服务，厘清法院参与社会治理创新的边界，在宣传口径上，对于矛盾纠纷解决作用，应当将法院定位为有限期待，防止无限供给司法服务而引发不当越位的法治风险。在普法责任上，也应根据"谁执法谁普法"普法责任制，明确其他主体的普法责任，形成多元普法体系，让非正式资源也能有解纷的空间。总而言之，在乡土社会中，法律条文、政治权力、民间习俗甚至乡贤权威都是案结事了的重要力量和措施。在这一临界水平外，法院普法投入产出效率小于其他组织的投入产出的效率边界。

2. 完善嵌入式宣传。法院裁判本身就是最好的普法，而一次不公正的司法对社会公正具有致命的破坏作用，会导致法院一切普法效果付之东流，因此，普法融入

---

① 参见汪世荣：《"枫桥经验"视野下的基层社会治理制度供给研究》，载《中国法学》2018年第6期。
② 参见杜鹏：《生活治理：农民日常生活视域下的乡村治理逻辑》，载《学习与实践》2021年第5期。

诉源治理，首要做到的就是保证裁判的实体与程序公正，让社会公众在个案中可以感受到公平正义。为此，对进入司法程序的案件（司法主导型治理），需确保及时解疑释惑、妥善处理矛盾、充分引导当事人遵守法律法规；对尚未进入司法程序的矛盾纠纷，引领、推动、保障多元化解（司法参与型治理），引导和保障群众通过多种有效途径解决纠纷。只有不断促进司法公正，人民群众"在场"感成色更足，通过个案对公平正义的切身感受度不断增强，对法律及法院的信任感便能逐步建立。在普法方式上要力求从"推送型"普法到"搜索型"普法转变，将所普之法与民众利益点紧密结合，实现普法效果的事半功倍。①

（三）以提升正式制度运行质效为目的：实现法律效果与社会效果的统一

1. 明确层次解纷体系。基层法院身处基层，依赖于当地党政部门，受制于当地的经济社会发展水平，因此，必须嵌入到当地整体政治架构中，从过去的司法主导向共同治理转变，发挥司法引领、推动和保障作用，积极融入社区乡村、综治网络等基层社会治理格局，促进形成全域覆盖的解纷服务网络，努力实现基层社会多元共治。具体而言，就是要坚持把非诉讼纠纷解决机制挺在前面，强调解纷层级及协同治理，侧重非诉解纷的法治化和递进式，通过加强对调解组织的指导培训以及普法宣传，利用司法断后及专业优势助力共同治理。

2. 激活程序法引领推动作用。虽然实体公正作为一直以来民众形成的心理惯性，更容易满足民众的心理期待和需求，并且程序法强调的对程序正义的尊崇与实体法相比更侧重于润物无声，但法院除了提供解纷功能外，还具有通过规则之治和程序之治塑造良好风气的功能。也即学者所说的内省式法律信仰塑造与外源型法律信仰塑造。② 在法律知识得到普遍普及的基础之上，强化结果与过程并重的理念。在具体的普法过程中，既要求法院强化释法说理，又让诉讼参与人与民众对法院程序有切身感受，从中切实感受到公平正义和法律程序。在注重普及实体法的同时，还应对不同的纠纷解决程序、程序内容进行专题普及，以提升社会公众理解运用法律程序解纷的能力，形成实体及程序的法律尊崇。

3. 完善以案说法机制。结合纠纷发生的全过程，应当建立起以案释法分析研判、发布宣传等工作机制，对不同阶段的纠纷，根据特性不同，对不同解决方式和解决途径进行专项普法，强化村居、乡镇、司法、政府部门的普法责任和普法路径，对于平时工作中群众所遇到的问题，以公众需求为出发点和落脚点，推动以案释法工作制度化、规范化、常态化发展。在具体的融入路径上，可以传统宣传加新媒体

---

① 参见张志文：《改革开放以来我国普法教育的历程回顾与对策展望——一种知识社会学的分析视角》，载《学术论坛》2018年第5期。

② 参见齐伟：《司法裁判的"两张面孔"——以社会治理为分析背景》，载《理论导刊》2016年第9期。

宣传的手法，定期公布与群众日常生活密切相关的典型案例，比如交通事故责任纠纷、民间借贷纠纷等，同时对纠纷的起源、推进、高潮、解决、执行的全周期、全过程进行专题普法，形成案例普法系列。① 在宣传主体上，不限于法院一家，而是要通过多元主体共同参与，明确各方参与时机、责任和结果，方能实现最大的普法效果。

---

① 参见江必新：《将法治宣传嵌入执法司法活动之中》，载《中国司法》2018年第1期。

第三人有限协助调查取证义务的司法认定

——以互联网平台公共性展开

江西省大余县人民法院　黄中林
江西省大余县人民法院　刘向平
江西省大余县人民法院　廖文秀

引　言

《民事诉讼法》第 70 条有关单位和个人负有协助调查取证义务与第 67 条共同构成法院依职权调查取证的依据。① 由于第 70 条表述过于一般,其中"单位"更多指向公权力企事业单位,而此后《民事诉讼法》多次修正均未对该条作实质性改变。随着互联网数据日益成为数字经济时代的关键生产要素,司法实践现状与该条制定之时已有较大不同,互联网平台(以下简称平台)以规模为依托对数据进行收集与处理,集技术控制、规则制定与解释、解决纠纷等"权力"于一体,在履行规制网络市场职能中日益体现出公共性属性。② 尽管平台作为案外第三人被科以协助调查取证义务在司法实践中屡见不鲜,但学界对该义务边界仍未有实质性理解,而对第 70 条在此背景下的理解与适用亦存在较多冲突和不足。究其缘由,有成文法表述抽象性、普适性的考虑,亦有不同法官在适用该条时未注意到平台公共性属性(或已注意到但论证说理不足)并且由于缺乏该理论视角导致对协查义务的审查过重或过轻。鉴于此,文章用法教义学方法厘清平台公共性逻辑、协查义务构成要件,从外部治理和内部约束出发,为平台第三人协助调查取证义务柔性限定形成稳定可预期的权责配置规则与程序构建提出解决方案。

一、真实与现实：平台协助调查取证义务为何要限定

从历史逻辑、理论逻辑和实践逻辑不同视角审视,平台第三人协助调查取证义务之定位、规程设置、裁量因素均有不足。

---

① 参见江必新主编:《新民事诉讼法条文理解与适用(上)》,人民法院出版社 2022 年版,第 275 页、第 294 页。
② 参见白永秀等:《数据要素:特征、作用机理与高质量发展》,载《电子政务》2022 年第 6 期。

（一）渐进与后发：一般化义务不符合渐进式的立法规律

从法律的文义和结构分析，《民事诉讼法》第 70 条规定有关单位和个人有义务配合法院调查取证，这里的单位和个人包括案外第三人，系向法院所负诉讼法之公法义务。① 《民事诉讼法》第 70 条与第 67 条第 2 款（法院应当调查收集的情形），《最高人民法院关于适用〈中华人民共和国民事诉讼法〉的解释》（以下简称《民诉法解释》）第 94 条（客观原因不能收集而申请调取）、第 95 条（证据相关性要求）、第 96 条（法院审理认为需要调取证据），以及《民事诉讼法》第 114 条（伪造毁灭重要证据的法律后果）、第 117 条（违反协查义务后果）共同构成保障法院依职权调查取证的依据。具体到平台第三人，虽然《电子商务法》第 61 条和第 62 条明确了电商平台的证据协助义务，但仅局限于电商平台，能否扩大适用尚无定论。尤其是关于义务客体指向的数据之规定，尽管已初步形成数据报送的制度框架，但散见在诸多不同层级法律或规范性文件中。② 伴随着信息技术发展，从最初的门户网站平台到社交媒体平台再到内容推送平台，平台与生活的联系越发紧密，为促进公共利益，使存储有电子数据的平台有序接入诉讼平台是未来的发展趋势。

协助调查取证义务强调第三人应向法院提交数据，如数据报送不适当，可能侵害个人信息、损害商业秘密，因此将该义务划定为一般性义务，显然难以充分保障裁判实质正当性。仅从文义解释看，法条所用"有关单位和个人"似乎也对第三人作出了限制。广义上，协助调查取证义务还包括证人义务、鉴定义务、文书提出义务、勘验协力义务及当事人受讯问义务等五种形态。③ 以文书提出命令为例，根据诉讼理念的转变以及司法实务的实际需求，也只是逐渐扩大文书提出命令范围而不是径直定性为一般性义务，并最终在司法实践中形成了限定化文书提出义务。④ 平台证据协助义务的必要性和正当性虽已得到肯定，但在此领域所迈步伐与现实的迫切需求不成比例，虽可参考并绕开大陆法系限定提出义务的理论争议和扩张困境，但又有与当前法治发展阶段与渐进式立法规律不符之忧。⑤ 归纳言之，无论从实践或法律完善看，均应采取渐进式做法，将平台协助调查取证义务限定化，通过在审判实践过程中摸索出本土化限定条件，以平衡裁量权规范行使和对正当权益的保护。

---

① 参见占善刚：《第三人之文书提出义务初探》，载《华中科技大学学报（社会科学版）》2008 年第 3 期。
② 比如《数据安全法》第 21 条（分级分类保护）、《网络安全法》第 42 条（非经被收集者同意不提交）、《网络交易监督管理办法》第 22 条（提供"三特"数据信息）、《互联网信息服务管理办法》第 14 条（互联网信息服务提供者在国家有关机关依法查询时予以提供）、《互联网直播服务管理规定》第 16 条（配合有关部门依法进行的监督检查，并提供必要的文件、资料和数据）等。已有较多研究，典型如刘岳川等：《我国互联网企业数据报送法律制度的完善》，载《学术交流》2021 年第 7 期。
③ ［日］新堂幸司：《新民事诉讼法》（第 3 版补正版），日本弘文堂 2005 年版，第 565 页。
④ 参见曹建军：《论书证提出命令的制度扩张与要件重构》，载《当代法学》2021 年第 1 期。
⑤ 参见张卫平：《我国民事诉讼法理论的体系建构》，载《法商研究》2018 年第 5 期。

(二）现实与理想：一般化义务不适应证明责任分配规则

立足一般化观点运行逻辑，法官跳过法律要件审查环节，直接判断是否存在拒绝协助的正当事由，必须更多地进行利益衡量，如此不利于保障证据控制方及不确定方的利益。而限定化义务对构成要件规定得相对严格，比如《最高人民法院关于民事诉讼证据的若干规定》（以下简称《民事证据规定》）第47条列举了五种应当提交的书证，也就限制了法官自由裁量的必要和空间。从当然解释出发，如果书证提出义务一般化相比限定化义务更有可能损害书证控制人的秘密保护利益，那么当然也不能无限制地要求案外第三人配合调查取证。

从诉讼武器平等看，当事人是收集证据的主体，程序主体性要求其自我决定、自我负责，法院不再对诉讼"大包大揽"。① 于当事人而言，证明责任是诉讼权利平等原则或"武器平等"的体现，其证据提供能力将在相当程度上直接决定着诉讼后果，如认定第三人负有一般化协助调查取证的义务，将可能减轻当事人自我责任，使当事人依赖于法院公权力，将举证责任转移到第三人，打破当事人诉讼武器平等。因此，需在发现真实与隐私保护间维持平衡，目光在自由心证与诉讼法理中来回穿梭。就类型学意义而言，根据功能不同可将平台分为电商平台、金融科技平台、搜索引擎平台、即时通讯（社交）平台、服务交易平台、内容提供平台等类型；② 根据用户信息间流动和互动程度的不同，区分为单向式平台（如搜索引擎）、互动式平台（如网购平台）、自媒体平台（如各类通讯直播平台）和协作式平台（如各类问答社区平台）。③ 不同平台对不同数据运用不同而控制程度有较大差别，平台承担义务范畴亦差别明显。比如，作为自媒体平台的微信与百度搜索引擎之间，平台对用户信息的获取程度存在明显差异，一概要求单向式平台与微信平台承担同等协助义务，无疑会极大地增加其经营成本，同时也将造成当事人诉讼武器不平等。

（三）平衡与失衡：一般化义务会导致公共性合法性危机

对平台协助调查取证义务进行限定，是由平台的基本属性决定的。就该问题，理论界尚未达成共识。有学者主张"传统市场组织说"，认为平台与集贸市场、出租柜台的大商场等传统市场组织在功能上是类似的，即提供交易渠道供商家使用；④ 也有学者主张"网络中立说"，认为平台属于"纯粹的管道"，传输但不创造信息；还有学者否定中立属性主张"公共属性说"，认为平台并非普通市场经营者，其对平台内经营者的规制具有单方和强制性，事实上承担着维护市场秩序、保障用户权

---

① 参见陈杭平：《"职权主义"与"当事人主义"再考察：以"送达难"为中心》，载《中国法学》2014年第4期。
② 参见刘权：《网络平台的公共性及其实现——以电商平台的法律规制为视角》，载《法学研究》2020年第2期。
③ 参见李震：《互联网平台如何创造体验价值：基于互动视角的分析》，载《广东财经大学学报》2017年第2期。
④ 参见吴仙桂：《网络交易平台的法律定位》，载《重庆邮电大学学报（社会科学版）》2008年第6期。

益的公共职能。① 本文看来,前述观点均立足于平台单个属性,未认识到平台的"企业—市场"双重属性。平台属于数据型集市和商场,本质上虽系私人设立并运营,但平台与用户之间不再是通过简单契约即可良性运转,更多因为技术中立性、网络非排他性(开放)、适用非竞争性(不因某个人使用而减少其他人使用效益)以及网络外部性,日渐与公共利益密切相关。② 换句话说,在司法实践中,既要合法性分析也要合理性分析,而不是过重或过轻科以协助义务,否则易引发公共性合法性危机。这一争议在司法实践中也有体现。

表 1 典型案例整理

案例	简要案情	是否配合协查及理由	裁判结果
案例1	平安保险公司诉蓝蜘蛛服饰公司侵害商标权纠纷案。被告提交其网店员工的淘宝聊天记录截图,主张被告系按照原告员工的要求定制涉案产品,且图案系由原告员工提供,被告不应承担侵权责任。法院依原告申请向淘宝网络公司调取网店客服的聊天记录	否。淘宝网络公司回复针对聊天记录需得到双方用户授权后,方可进行数据收集,因双方前期未授权该司收集此类隐私信息,故无法调取上述聊天记录信息	被告提交的聊天记录系网页打印件,且无法显示定制人为原告公司员工,不足以证明其系接受原告委托代为定制涉案产品,对于被告该辩解,法院不予采信
案例2	厦门梦之春家居用品有限公司诉戴某彬、厦门雅昀电子商务有限公司合同纠纷案。原告提交刷单明细表,被告对该证据真实性有异议	是。向法院提交了淘宝账户的账户明细表及注册资料	原告提交的该证据虽无原件,然而根据法院依法向浙江天猫技术有限公司调取原告天猫专营店账户明细表明,原告提交的上述证据的数据与法院调取内容一致,真实性法院予以确认
案例3	海城市西柳镇紫媛服装批发商行诉被告胡某买卖合同纠纷案。原告为证明系被告本人欠款的事实,遂向法院申请,调查微信号×××01对应的实名信息	是。财付通支付科技有限公司出具协助查询复函,内容为:微信号×××01姓名为胡某,证件号为210105×××2843	根据法院调查的结果显示,原告经营者妹妹孙某艳在微信中与之对账,索要货款的微信号×××01就登记在被告胡某名下

---

① 参见刘权:《网络平台的公共性及其实现——以电商平台的法律规制为视角》,载《法学研究》2020年第2期。
② 参见喻国明、李彪:《互联网平台的特性、本质、价值与"越界"的社会治理》,载《全球传媒学刊》2021年第4期。

(续表)

案例	简要案情	是否配合协查及理由	裁判结果
案例4	刘某丽诉谢某民间借贷纠纷案。原告以手机丢失为由，申请法院依职权向深圳市腾讯计算机系统有限公司调取谢某向刘某丽借款所有相关的原始微信聊天记录	否。财付通公司回复称相关聊天记录仅能通过该用户接收聊天记录的终端设备查看，因不保存于服务器，故无法协助提供	支撑原告诉请的证据为原被告之间的微信聊天记录，但因原告无法提交原始记录或原始载体予以佐证，无法核实该证据的三性，原告应承担举证不能的不利后果

典型如表1中的4个案例，① 虽然聊天记录与交易记录均涉及众多个人信息，但案例2淘宝公司对调查账户交易明细予以配合，在案例1中却拒绝协助调取聊天记录。同样的情况在财付通公司亦有体现（如案例3和案例4）。应该说，拒绝配合或许存在技术障碍原因，但法院在裁判文书中仍需就此作出核实及回应说理。况且包含身份证号码的身份注册信息亦有被滥用的风险，因此规范的程序规制实为必要。值得注意的是，设立协助调查取证义务的本意在于促进裁判公正与真实发现。从利益保护角度出发，不同于证人义务，平台第三人一般化协助调查取证义务的隐忧体现在可能对个人利益和公共利益造成损害，如不具体明确用户信息使用规则、安全附随义务体系、安全监管模式，则有可能使案外第三人承受难以忍受的不利益。② 并且，该范围应考虑尊重人伦价值、保护秘密利益并区分当事人与第三人利益受保护程度不同而设定（如案例1）。法院依职权调取证据，不仅要考虑相对方是否具有相应义务，也要考虑是否会侵害他人合法利益。③ 当然，赋予个人对其生产信息过强控制力，也不利于信息资源利用价值最大化，典型如2018年发生的两起网约车女子遇害案。

二、保留或扬弃：诉讼模式转化论下公共性与私利性的要素互动

因公司本身公与私的二元属性，学者有关公司本质属性的研究尽管尚存争议，但均认为拟制人格（守门人）、多元（中立）、盈利（异化）、交易成本（分级保护）、控制（免责事由）等要素对公司的内部治理和外部关系具有重要影响。④ 在民事诉讼模式从"（超）职权主义"向"当事人主义"转型的背景下，公权力（法院）、私权力（平台）与私权利（平台、用户、不特定群体组织）的良性互动可从

---

① 案例1至案例4信息依次为：广东省深圳市福田区人民法院（2019）粤0304民初24771号民事判决书、福建省厦门市湖里区人民法院（2015）湖民初字第4674号民事判决书、辽宁省沈阳市皇姑区人民法院（2021）辽0105民初17243号民事判决书、广东省平远县人民法院（2019）粤1426民初791号民事判决书。
② 参见占善刚：《证据协力义务之比较法分析》，载《法学研究》2008年第5期。
③ 典型如陕西省西安市中级人民法院（2020）陕01民终10173号民事裁定书，法官对披露的具体内容是否涉及通信秘密进行实质审查。
④ 争议如传统三元说、市场理论、政治学视角、公共性理论等。详见邓峰：《普通公司法》，中国人民大学出版社2009年版，第54~69页。

以上要素分析，以明晰"三权"内在蕴含及构建限定化义务（如图1所示）。

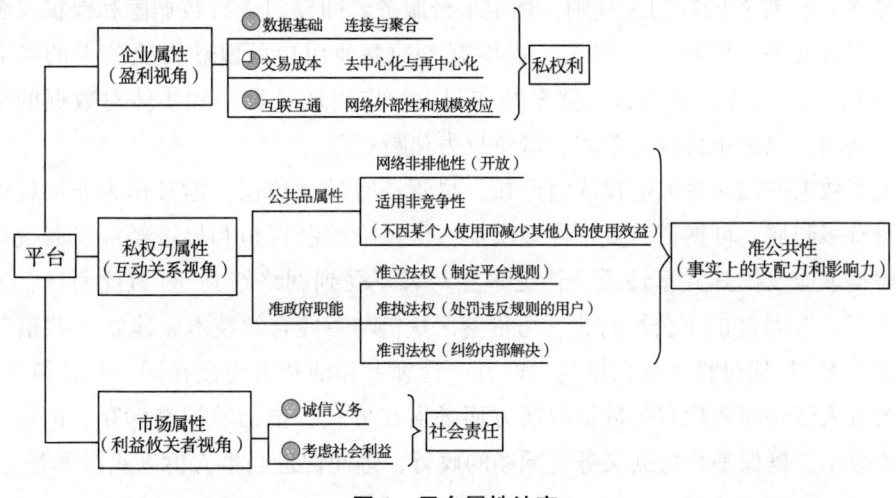

图1 平台属性认定

（一）关键词：守门人与共票赋能

案例5：上诉人沈某与被上诉人杭州网易雷火科技有限公司（以下简称网易公司）网络服务合同纠纷案。
简要案情：沈某利用bug提高获取精炼觉醒属性装备的概率，被网易公司封停游戏账号。
争议焦点：网易公司能否依据《服务协议》及《玩家守则》处罚沈某利用bug扰乱市场秩序的行为。
法院认为：网络服务合同采用格式条款的形式在网上签订系该行业惯例。游戏运营商既是服务者又是管理和维护者，有责任保持网络游戏正常运行。当玩家违反禁止利用bug的义务时，赋予网络游戏服务提供者相应的处罚权利，是维护安全、有序的网络游戏环境的应有之义。类似约定已经成为整个网络服务合同的通行惯例，因此案涉相关约定并不违反法律的相关规定，应属合法有效。

不同于传统公司企业，网络平台对其用户尤其是平台内经营者具有强大支配力和影响力，已经具备规则制定与执行的私权力，加诸平台本身公共品属性（其价值与规模成正比），导致影响范围可以无限大。比如案例5①中，虽然上诉人抗辩被上诉人未在作出处罚前事先沟通，但由于网络服务合同是双方开展活动的基本准则，法院最终认定平台作为管理者有权采取维护网络市场秩序的单方管理行为。由此可见，平台的管理已经超出传统契约自由与意思自治的法理框架，如对其仍以普通市

---

① 参见浙江省杭州市中级人民法院（2017）浙01民终6401号民事判决书。

场行为看待,将不利于保护弱势平台用户的利益。从比较法看,《欧盟数字市场法案(草案)》设置的守门人规则,规定平台服务者即守门人有数据隐私保护义务和非歧视开放义务,依靠"守门人"提供服务的商业用户可以获得更公平的商业环境。① 由此可见,平台作为核心数据的守门人,应当通过程序和实体对数据的全过程进行规制,以防止公权力滥用、避免权力独断专行。

关于数据的归属是人格权或财产权,尽管还有较大争议,但其作为非消耗性资源,具有多归属、可携带、复用性等属性,从风险控制视角和促进经济发展视角出发,数据理应发挥其共享性质,让更多参与者享受到网络红利。② 就此而言,为防止"守门人"可能的不公平行为,可借鉴区块链与智能合约技术,建立"共票"机制赋能数据。③ 通过将平台数据的生产者、管理者和消费者连接在同一利益链条上,在纠纷进入法院前消除有关数据权属方面的潜在分歧,推动数据链保存、记录、分享与再分享,确保平台协助义务更顺畅的履行,进而促进当事人诉讼武器平等。

(二) 关键词:中立与自我规制

从总体上看,类似政府经济管理权,平台具有数字经济时代"公共承运人"特征,控制着代码的平台运营者有能力控制平台上运营的一切,理应保障其行为的中立性并接受监督。④ 传统公司尚且承担诚信义务等社会责任,而网络平台在事实上履行着公共职能,更应积极承担与其私权力相匹配的公共责任。体现在全过程上,平台中立性需要在数据信息的创设与使用全过程有所体现,质言之,仅针对已经存在的证据负有协助义务。

不过,由于平台涉及业务庞杂,不能一概要求所有平台开放中立,司法规制不足和规制过度都意味着规制失灵,规制效果不彰。就现阶段而言,一方面要区分公共性服务与非公共性服务应分别采取保持开放中立与准许经营者自主选择,以实现差异管理。另一方面,在适度积极主义理念下,通过构建公权力主导、多方参与的问责体系制定,加强公权力部门程序引导和规则设定,实现平台自我规制优化和完善。⑤

(三) 关键词:异化与数据可携带权

连接和聚合是平台企业属性的最基本表现形式。"连接一切"是平台经济的基

---

① 转引自李世刚等:《大型数字平台规制的新方向:特别化、前置化、动态化——欧盟〈数字市场法(草案)〉解析》,载《法学杂志》2021年第9期。
② 参见陈兵等:《数字经济下数据共享理路的反思与再造——以数据类型化考察为视角》,载《上海财经大学学报》2020年第2期。在规范体系亦有体现,比如《电子商务法》第69条建立公共数据共享机制。
③ 参见杨东:《"共票":区块链治理新维度》,载《东方法学》2019年第3期。
④ 参见高薇:《互联网时代的公共承运人规制》,载《政法论坛》2016年第4期。
⑤ 参见郭泽强:《人工智能时代权利与责任归属的域外经验与启示》,载《国外社会科学》2020年第5期。

础和保障，同时也是技术中立和算法不受干预的根据。① 一方面，平台通过运用算法等信息技术对形成的大数据进行分析再生产，以此不断提升推送的精准性，逐渐呈现再中心化趋势。另一方面，由于平台对信息源和信息传播控制的日益强化，利用算法编制信息茧房，给个人投送信息，如果不加以干涉，平台将全方位垄断个人信息来源，形成"数据封建主义"，当公权力介入规制后，往往出现"一放就乱、一管又死"的尴尬境地。② 如微信等社交通讯平台在实践中通常以相关聊天记录涉及用户隐私为由拒绝协助调取。

作为讨论前提，连接不等于拥有，随着平台对社会渗透和控制再中心化，数据要素产生由公转私的异化风险，故承担的义务也需与时俱进。在民事诉讼构造改革中，证据收集由当事人自我决定及负责是其中核心要义之一。就此而言，可通过制度构建赋予和保障用户数据的可携带权，在前述共票赋能基础上，加强信息自治的能力，由用户保护各自数据，赋予节点与节点之间的私钥权限，用户之间可通过获取节点私钥进行信息交换和数据交流，提升用户当事人的程序选择权利，降低平台的控制成本和泄漏风险。③ 与此同时，由于用户不再被锁限在固定平台上，也更有利于平台企业竞争和创新。

（四）关键词：免责事由与脱敏

关于第三人负担的协助义务是否属于绝对义务，比较法对此问题存有分歧：比如奥地利采取第三人负担绝对提交书证或物证义务的做法。而法国和德国采取有例外的第三人协助义务，正当理由包括：《法国民事诉讼法典》第11条第2款第2句"在无其他法律障碍的情形下"；《德国民事诉讼法典》第142条、第144条和第390条第三人在不可期待其提交或者享有拒绝作证权的情形下方可拒绝，"不可期待"既可能因实际困难引发（例如查找书证耗时耗钱），也可能因特殊的个人原因造成（例如疾病、年老），更可能因书证内容引起（例如提交将会对商业造成巨大侵扰），同时，辅以涂黑部分文件内容的方式提交，对于无正当理由拒绝遵守的行为处以罚款、拘禁与承担拒绝遵守命令而产生的费用等方式，最大限度保障信息合法合理流通。④ 本文对此赞同，我国第三人协助调查取证应为限定化义务，考虑到数据关乎用户和企业利益，仍需在确保隐私权受保障和商业秘密受保护的前提下进行披露。

因此，本文认为，从解决证据结构性偏在看，应在提升当事人获取电子数据能力的同时保障当事人主张与举证的诉讼权利。具体来说，首先，为防止当事人滥用

---

① 参见胡凌：《连接一切：论互联网帝国意识形态与实践》，载《文化纵横》2016年第1期。
② 参见丁晓东：《数据到底属于谁——从网络爬虫看平台数据权属与数据保护》，载《华东政法大学学报》2019年第5期。
③ 《个人信息保护法》第45条规定个人数据携带权，学者就此亦有较多讨论，如卓力雄：《数据携带权：基本概念、问题与中国应对》，载《行政法学研究》2019年第6期。
④ 转引自周翠：《举证妨碍规范的解释与完善》，载《当代法学》2022年第1期。

摸索证明,应进行合理限定。① 在程序适用上,本证方对其申请负具体化义务,须明确证据的外在特征,至少形式上有可信度。其次,对于涉及国家秘密、商业秘密、个人隐私或法律规定应当保密的情形,应当认定为存在拒绝提供之正当理由。再次,如平台完全依赖其他第三方记录、提供、处理相关数据,且已经采取合理措施并施以谨慎注意仍无法获得真实数据,虽未履行法定义务但可免予处罚。② 最后,对数据和信息进行脱敏技术处理,采取对称加密、同态加密、访问控制、备份恢复等手段进行动态和静态脱敏,并通过K-匿名和L-多样化方法验证数据脱敏有效性,保障敏感、隐私数据的全生命周期安全。③

(五)关键词:渐进与分级分类保护

在大数据时代,缘于证据结构性偏在困境,举证人客观上往往对电子数据掌握不深、距离较远。为更好兼顾当事人间诉讼武器平等、发现真实、促进诉讼的基本要求,既要明确权利清单也要制定责任清单,通过明确平台拒绝协助调查取证义务的正当理由,比较证据重要性、取代可能性、他方接近证据的程度等因素,确定制裁手段,以此促进平台履行义务及保障合法权益。因此,法院需进行利益衡量,平衡证明利益与提出负担,确定是否构成妨害诉讼,适用推定、罚款等阶梯式自由裁量结果,从系统角度使有限义务能够更好地服务于司法认定。

与此同时,概括式数据安全保护模式显然无法应对数据保护利用需求更加多元的趋势,对此,数据分类分级保护制度能够充分回应上述困境。具体可参照《数据安全法》第21条规定,根据数据重要程度实行分类分级保护,从影响对象、影响程度和数据等级数量三大要素构建分类分级框架,包括三层解释含义:其一以重要数据认定为核心,分为国家核心数据、关键重要数据、一般重要数据、敏感数据、一般数据;其二按照数据对国家安全、公共利益或者个人、组织合法权益的影响和重要程度采取不同保护措施;其三根据数据的不同类别、层级,采取相应安全保护措施(如脱敏、加密、主动公开等),实现对个人信息的动态管理与细致保护。

三、平衡与修正:平台有限协助调查取证义务的转化坐标

从发生互动关系理解,平台权力及其行为有别于传统的私权利和商事行为,必须以公共性为逻辑起点对平台私权力进行规制,并且为最大程度发挥司法调节平台经济功能,除借助公法原理外,还需综合考量平台企业属性(经济效率与规律维度)和社会责任(竞争与道德维度)等维度内容,以明确平台有限协助调查取证义务构建方向。④

---

① 参见姜世明:《新民事证据法论》,我国台湾地区新学林出版股份有限公司2009年版。
② 参见郑伊:《论网络平台的涉税信息披露义务》,载《税务研究》2021年第10期。
③ 参见王毛路等:《数据脱敏在政府数据治理及开放服务中的应用》,载《电子政务》2019年第5期。
④ 参见夏志强等:《公共性:中国公共行政学的建构基础》,载《中国社会科学》2018年第8期。

（一）公正维度：公平正义与诉讼武器平等

> **案例6**：上诉人河北大午酒业有限公司、山东大众报业集团鲁中传媒发展有限公司与被上诉人宜宾五粮液股份有限公司侵害商标权纠纷案。
> **简要案情**：河北大午酒业申请法院向中国万网调取河北大午酒业官网受攻击证据。
> **法院认为**：河北大午酒业应对其官方网站确实受到过攻击事实提交初步证据加以证明，因其未提交相关证据，故法院对其该项申请亦不予准许。

从发现真实保障实体公正出发，虽然法律允许不负举证责任的当事人及案外第三人可以协助证据调查，但这种协助义务仍需控制在合理且正当的范围内，也即需从平衡诉讼风险和合理分配权利义务角度进行综合考量。

第一，守门人可以被理解为作为消费者与企业之间连接的中间人，强调平台的门户性和连接作用，不具备守护性特征。平台掌握大量关于用户的信息，就信息信义义务而言，平台对个人所负义务与个人对平台所负义务具有不对等性，一方面个人很少拥有对方的信息，因平台具有的排他性，虽有无必要引入数据控制者信义义务仍存争议，但对数据主体进行倾斜性保护，既能为公共执法提供法律空间，也有利于提升个人信息保护，这一点是普遍共识。[①] 另一方面，政府或者法院作为第三方机构，很难做到及时、准确和正确地判断平台与用户两者之间所发生纠纷的细节，希望公权力穿透平台组织内部来规范其对用户个人信息的使用行为并不现实，而是需要在数据生产之初便开始规制。第二，就权利保障而言，负有举证责任的申请人应首先具体阐明之所以要获得协助的理由，避免申请人将其作为摸索证明手段。[②] 换言之，申请人应当在自身穷尽各种调查措施后仍无法取得相关数据的情况下，才能申请法院向平台调取，如对象不明确、没有具体线索，法院可以申请不特定为由不准许（如案例6。[③] 从证据规则看，证明程度应为高度盖然性标准，防止协助义务过重。第三，平台协助义务的履行尚需信息数据相对方参与，必要时应征求相对方意见，考量是否与相对方有数据保护协议关系，进而作出是否协助的判断，如此程序的公正维度将会逐步增添有分量的砝码。

（二）经济效率维度：成本控制与促进诉讼

对于平台有无协助义务及义务范畴，实际上涉及公共利益与企业、个人利益之间的平衡，平台毕竟作为市场新兴经济形态，如何在规制平台中兼顾好确定性与灵活性，还需充分考虑平台自身经营成本问题。在监管上，对平台规制采取前置模式，实行动态事前规制并施加积极性义务，比如向用户开放数据共享，能从源头上遏制

[①] 参见邢会强：《数据控制者的信义义务理论质疑》，载《法制与社会发展》2021年第4期。
[②] ［日］高桥宏志：《重点讲义民事诉讼法》，张卫平、许可译，法律出版社2007年版。
[③] 参见山东省高级人民法院（2016）鲁民终811号民事判决书。

侵害用户权益行为的发生，在规则上简化法官论证难度，促进发现真实。在具体操作上，明确遵循比例原则，通过设定信息数据层级，划定平台定期主动报送义务，既可克服当事人自身信息不足而降低举证成本，亦可防止平台公共性异化而激励平台积极履行公共职能。①

众所周知，程序效率要求投入与产出比例恰到好处，在保证结果公正的前提下，防止程序拖沓，尽可能减少和节约诉讼参与人及国家的成本。同时，根据程度不同将事前公开区分为一般公开、依申请公开与强制公开，可有效降低市场主体经营成本与提升效率，避免事后监管可能导致市场竞争者错过竞争机会。为此，法院在具体审查中，需主动与平台进行对话，在与不同类型平台对话的过程中确定协助义务的履行方式和范围。通过对话具体确定积极性义务内容应包括尊重用户个人信息权、为商业用户提供公平交易环境、为竞争者提供进入市场的必要信息。同时，鼓励相关平台自发采取措施关注个人信息保护，对于诉讼资源的投入与案件的难易、复杂程度合乎比例地呈现正相关，基本可以断定效率值已然达标。②

（三）竞争维度：市场规范有序

对平台加以规制，防止其不公平协助行为造成用户个人合法权益受损，最终目的仍然是促进平台正常经营、市场流动。更具体一点，将更多生产要素连接起来，有了稳定连接网络，亦可缩短交易流程，促进平台提供高质量信息服务。故可将平台公共性价值构成归结为三个层次：最底层是数据安全，中间是网络空间的开放多元价值，上层是维护社会公共利益、提升公共生活质量。③ 总体上，针对不同信息，首先通过明确报送程度、条件、拒绝理由及救济途径，尤其是在具体操作中设置披露通知前置程序，可以促进当事人充分履行举证责任同时保护案外人合法权益。其次，根据平台服务的公共性特征，对于公共性服务应当保持开放中立，而非公共性服务比如非普惠性服务，则可归于拒绝提交的正当性理由。④ 最后，平台在行使私权力过程中，不仅分享信息，还包括利益竞争、相互制约，因而有必要通过程序过程中当事人的有效竞争来实现利益竞争和制约，使公共性始终处于可控范畴。

（四）规律维度：准用空间与免责事由

在此需要注意的是，一方面，从制度安排看，根据《民事证据规定》第99条第2款规定，关于书证的规定适用于电子数据。而书证提出义务适格主体的当事人，广义上还包括有独立请求权的第三人和无独立请求权第三人中的被告型第三人，因此为避免实际适用过程中因功能重叠导致程序相互挤压竞争，以及加强权利救济的

---

① 参见刘权：《论网络平台的数据报送义务》，载《当代法学》2019年第5期。
② 参见张新宝：《互联网生态"守门人"个人信息保护特别义务设置研究》，载《比较法研究》2021年第3期。
③ 参见张志安等：《互联网平台公共性的构成维度及现实挑战》，载《新闻与写作》2020年第5期。
④ 参见张晨颖：《公共性视角下的互联网平台反垄断规制》，载《法学研究》2021年第4期。

考虑，应将案外第三人纳入申请主体范畴。① 就此而言，为电子证据适用书证提出命令提供了依据，对于第三人协助调查取证义务，可参照书证提出命令程序纳入规制范畴。另一方面，从现实考虑看，由于第三人协助调查取证义务的公法性质，加上民事调查令现实运行效果不尽如人意，本文也赞同将民事调查令与书证提出命令制度融合。② 并且，值得一提的是《电子商务法》第 61 条、第 62 条也规定了电子商务经营者的证据协助义务，从功能匹配出发，应进行适当扩大解释，将平台证据协助义务延伸至民商事全领域。

就管制限度而言，列举式方案似乎更符合思维逻辑，但无法应对平台经济更新换代快、行为模式复杂等特点，何况法律本身具有滞后性，显然无法应对日新月异的平台经济行为；而概括式方案，则可能导致裁量权过大和认定程序复杂等问题。恰当的平台规制体系应实施合理限度的动态化管制，平衡平台规制体系的确定性和开放性，对于由于技术存储原因确实无法提供证据的，可以认定为正当理由（如案例 4），但不宜设定为无条件免责事由。

（五）道德维度：监督体系完善

国家负有保护个人信息的义务，但这种信息权利并不意味着具有排他性与支配性。仅从功能属性分析，强调国家保护义务及其落实，更利于个人信息保护目标实现，对抗和缓解平台"数据权力"对个人信息造成的侵害风险。③ 但为避免履行协助义务过度加重企业负担，可能带来泄露商业秘密等负面效应，出于平衡不同主体的利益关系考虑，亟待引入披露豁免机制，在形式上和内容上对不同主体的协助义务进行区分，如不能提出证据证明必要性，就会被认为不合比例行事，比如欧洲人权法院 L. L. v. France 一案，④ 认为能够不使用收集离婚诉讼用医疗档案而胜诉，就不应当收集该信息并作为证据使用。另外，为了促使平台保障数据信息安全，当平台明知存在信息安全管理方面的漏洞时，如未及时采取有效保护措施导致损失扩大，则应承担相应法律后果。⑤

关于责任处置，从体系解释出发，《民事证据规定》第 95 条规定了对证明妨碍行为的处理，法院可根据举证人申请作出对控制人不利的推定，一定程度上可弥补协助调查取证义务法律后果的缺憾，并与《民事诉讼法》第 114 条、第 117 条形成完备的责任归属体系。在具体做法上，可从申请、救济、操作和制裁四个方面对平台第三人协助义务予以具体化，视事实重要性、义务履行情况等具体因素，对第三人违反协助调查取证义务行为予以罚款、拘传或者拘留。

---

① 参见最高人民法院民事审判第一庭编著：《最高人民法院新民事诉讼证据规定理解与适用（上）》，人民法院出版社 2020 年版，第 435~436 页、第 452 页。这一观点得到了司法实践的认可。
② 参见曹建军：《论民事调查令的实践基础与规范理性》，载《法学家》2019 年第 3 期。
③ 参见王锡锌：《个人信息国家保护义务及展开》，载《中国法学》2021 年第 1 期。
④ 参见 ECHR, L. L. v. France, no. 7508/02, 12/02/2007.
⑤ 参见北京市第一中级人民法院（2017）京 01 民终 509 号民事判决书。

四、探索与构建：平台协助调查取证义务的柔性限定

在"诉讼模式转换论"视角下，前文要素识别和坐标限定为构建平台协助调查取证义务提供了方向。就整体方案而言，以约束性辩论、比例原则、发现真实、正当程序原则为指导划定基本框架，从外部控制和内部约束两个层面，通过条件控制、原则指导、程序竞争、监督审查等方面对平台协助义务进行柔性限定，形成权力与权利竞争和制约的机制（构建模式详见表2）。①

表2 构建模式

评价指标	指标分解	要素识别	考量因素	法条依据
公正维度	公平正义	守门人	事前+事中+救济：通过程序和实体上对数据的全过程进行规制	《电子商务法》第17条、第25条，《网络交易监督管理办法》第22条
公正维度	诉讼武器平等	共票赋能	将平台数据的生产者、管理者和消费者连接在同一利益链条内，在前端消除企业与个人在数据相关权益方面的分歧	《电子商务法》第69条，《数据安全法》第39条
经济效率维度	成本控制	中立	1. 从契合国家规范网络治理角度出发，任何类型的平台本质上都具有公共属性，无疑具有协助调查取证的义务，并且发展规模越大、关涉人群越广，承担的责任也就越重 2. 权力来源于法律授权的平台所承担的义务程度要高于自赋权的平台 3. 允许平台参考《政府信息公开信息处理费管理办法》收取协查所需合理费用	《电子商务法》第22条，《数据安全法》第35条，《互联网信息服务管理办法》第14条
经济效率维度	促进诉讼	自制规制	1. 对于无关国家秘密、商业秘密的个人注册类、交易类、聊天记录类信息等，在对姓名、身份证号码等基本信息进行脱敏处理后，于平台内设置自查询通道，即通过代码进行治理 2. 不单独为申请人设置救济程序，如申请人认为属于主要证据，可通过上诉或启动再审程序申请救济	《电子商务法》第31条、第32条、第33条，《民事证据规定》第51条

---

① 参见王锡锌：《行政自由裁量权控制的四个模型——兼论中国行政自由裁量权控制模式的选择》，载《北大法律评论》2009年第2期。

(续表)

评价指标	指标分解	要素识别	考量因素	法条依据
竞争维度	市场规范有序	异化	1. 对于涉及国家安全、公共安全和公民人身安全或生命健康的，在任何情况下都应当协助提供 2. 涉及国家秘密、商业秘密或个人隐私的数据，原则上应提交但以不公开质证方式保障正常竞争秩序	《电子商务法》第23条、第25条，《民事证据规定》第47条，《互联网信息内容管理行政执法程序规定》第18条
		数据可携带权	在前述共票赋能基础上，通过联盟链技术加强信息自治的能力，由用户保护各自数据，赋予节点与节点之间私钥权限，用户之间可通过获取节点私钥进行信息交换和数据交流，提升用户当事人程序选择权利、兼顾数据开放与保密	《区块链信息服务管理规定》《最高人民法院关于互联网法院审理案件若干问题的规定》
规律维度		准用空间渐进	1. 参照书证提出命令程序纳入规制范畴 2. 将平台协助调查取证义务从电商领域延伸至民商事全领域……	《民诉法解释》第112条，《民事证据规定》第95条、第99条第2款、第45~48条，《电子商务法》第61条、第62条
		免责事由 分级分类保护	1. 分为国家核心数据（涉及国家秘密）、重要数据（涉及社会秩序、公共利益）、敏感数据（涉及个人隐私、商业秘密）、一般数据 2. 对一般数据采取形式审查履行脱敏和通知前置程序即可，并鼓励主动开放施行代码治理，对于敏感数据、重要数据，需另采取实质审查进行判定 3. 含比例性判断原则	《数据安全法》第21条，《网络安全法》第21条、第42条、第77条，《民事证据规定》第88条
道德维度	监督体系完善	责任归属	1. 只能用于该案的审理；技术处理标记存卷；不公开质证 2. 从申请、异议、操作和制裁四个方面对平台第三人协助义务予以具体化，违反协助调查取证义务的，视具体情况对其予以罚款、拘留 3. 数据报送时应当遵循透明原则，如数据相对方认为平台履行协查义务有损其合法权益，可另行起诉	《网络安全法》第41条、第49条，《民事诉讼法》第114条、第117条，《电子商务法》第75条

（一）范围限度：以"一体+多元"构建框架

从数据生产、处理、沟通和分享的系统运作逻辑出发，考虑数据属性、主体角色、数据关系、分享形式等特征变量，让权利人获得充分参与权，构建数据安全与隐私保护的规范框架。

1. 事前规制。从契合国家规范网络治理角度出发，任何类型的平台本质都具有公共属性，均有义务协助调查取证，并且发展规模越大、关涉人群越广，承担的责任越重。(1) 在《电子商务法》基础上，以维护网络安全为核心，分类制定各类型网络平台的制度规范；(2) 权力来源于法律规定和行政委托的平台所承担义务程度高于自赋权的平台；(3) 探索适用分布式的联盟链技术，为平台、用户、公权力机关等主体设置预选节点，只有在该联盟链上的节点才可以读取数据，用"零知识证明"兼顾数据开放与保密，通过"智能合约"在要式条件达成的情况下自动获取相关数据。①

2. 事中控制。

(1) 区分报送内容：涉及国家安全、公共安全和公民人身安全或生命健康的，在任何情况下都应当协助提供。涉及国家秘密、商业秘密或个人隐私的数据，原则上应提交，但以不公开质证方式保障正常竞争秩序。对于个人注册类、交易类、聊天记录类数据等，在对姓名、身份证号码等基本信息进行脱敏处理后，于平台内设置自主查询通道，允许数据信息所有人进行查询，即通过代码进行治理。

(2) 区分审查方式：司法实践中调取数据类型主要有身份注册信息、交易记录、转账记录、侵权证据等，② 根据内容性质不同，可在《数据安全法》分级分类保护基础上区分国家核心数据（涉及国家秘密）、重要数据（涉及社会秩序、公共利益）、敏感数据（涉及个人隐私、商业秘密）、一般数据，对一般数据采取形式审查履行脱敏和通知前置程序即可，并鼓励平台主动开放施行代码治理，对于敏感数据、重要数据，另需采取实质审查进行判定。

(3) 合比例性判断原则：在"可干涉可不干涉"之间坚决"不干涉"，所获材料作为证据如可用可不用则坚决不用。③

(二) 程序设计：以"条件+程序"形成指引

第一步：受理审查。采取申请+审查模式，以当事人在举证期限届满前向法院书面申请为原则。申请应载明所调取证据的名称、内容，意欲证明的事实及事实对请求的重要程度。要求申请需达到具体化程度。如否，则不予受理，但补正后符合要求的除外。

第二步：必要性审查。考虑调取申请是否必要进行初步审查，同时根据初审内容决定依申请启动或需依职权启动。该步骤的解答有两个出发点：其一为是否必要，

---

① 参见杨东等：《区块链与法院工作创新——构建数据共享的司法信用体系》，载《法律适用》2020 年第 1 期。
② 分别参见天津市和平区人民法院（2021）津 0101 民初 383 号民事判决书、广东省广州市海珠区人民法院（2020）粤 0105 民初 30979 号民事判决书、辽宁省大连市甘井子区人民法院（2022）辽 0211 民初 948 号民事判决书、北京互联网法院（2020）京 0491 民初 31251 号民事判决书。
③ 参见郭渐强等：《网络平台权力治理：法治困境与现实出路》，载《理论探索》2019 年第 4 期。

考虑以下要素：(1) 证据处于平台控制且有提交可能性；(2) 申请人已穷尽其他取证方式而不得；(3) 证明程度达到高度盖然性即可。其二如何启动（《民诉法解释》第 94 条、第 96 条）：(1) 判断是否因客观原因当事人及其代理人无法调取；(2) 是否系案件审理所必需证据。如是则进入下一步，否则不应准许，但补正后符合要求的除外。除非系案件审理所必需证据而需依职权调取，否则应依当事人申请进行。

第三步：合理性审查。该步骤考虑履行协查义务的可行性及免责事由。具体而言：

1. 对于 (1) 涉及国家利益、社会公共利益；(2) 平台履行协助义务明显过于艰难繁重（或技术或成本原因，以一般理性人有能力理解的明显为准）；(3) 不是相关数据持有者且已采取合理协助措施的，应认定为免责事由。

2. 对于涉及国家秘密、商业秘密与个人隐私的，原则上属于附条件免责事由，以脱敏及不公开质证方式实现衡平。如存在正当理由则不应准许，如无则进入下一步。

第四步：综合判断。此步骤侧重履行前置程序，保障知情权和数据信息安全。以通知与脱敏为前置程序。(1) 平台应当尽量将申请人诉求"反通知"给数据信息相对方，保障相对方知情权，由于个人隐私或商业秘密不属于绝对免责事由，因此不论相对方是同意、不同意或未表态，均应进入下一阶段审查。期限上，本文认为，有确定相对方的以 15 日为限，无确定相对方或者不特定多数人的，可采取公告方式以 30 日为限。(2) 由于敏感数据的公开和传播不仅会带来隐私权损害，还可能妨害人格尊严和基本权利，应采取严格的数据安全保护措施。① 实际操作中，平台应在方法上采取字符遮罩、加密等脱敏算法进行技术处理。关于审查标准：法院结合个案情势特殊性，应以普通大众能够接受且理解但不能苛责于非专业人士进行专业认定的标准进行综合判断。

第五步：得出结论。以上如不符合受理审查、必要性审查、合理性审查、综合判断，每一步均可得出最终结论，形成闭环。法官在考量比例原则、诉讼法理、权利保护等因素时，综合证据材料、查明事实以及程序保障完备程度，运用逻辑推论和经验法则自由形成心证。

（三）限缩解释：以"救济+规范"进行规制

均衡性原则要求手段所促进的公共利益与损害成比例，在强制公开时还需附以下条件：

1. 形式上：(1) 强化对行为规则和法律后果的释明，重视说理、辩论等程序，注重与当事人、平台之间的信息传递、交叉对话；(2) 法院对平台提供的数据，应加以标记存入案件卷宗，在公开的裁判文书中应当对该部分信息进行适当技术处理；

---

① 参见高富平主编：《个人数据保护和利用国际规则：源流与趋势》，法律出版社 2016 年版，第 65 页。

(3) 应保障平台履行义务所产生的合理费用支出,检索、复制、邮寄等成本费用,标准参照《政府信息公开信息处理费管理办法》确定,如有数量巨大或者可能对平台造成不适当负担的,还应当支付额外费用。

2. 内容上:(1) 应进行关涉性审查,如果调取的数据信息中有不涉及案件事实的,应予以屏蔽;① (2) 平台协助提供相应数据信息,以合目的性为准则,做到全面、完整、真实、通俗易懂;(3) 平台在获取、储存、披露、查询数据信息时,需坚持最低程度侵入性和最小损害原则,尽可能少查询和少监控,以平衡公权力与私权利关系。

3. 救济上:(1) 对于应尽未尽义务的,比如丢失、伪造、篡改、销毁、隐匿或者拒绝提供数据信息等的,区分故意或重大过失,根据情节轻重予以罚款、拘留,构成犯罪的,依法追究刑事责任;(2) 所需证据对于待证事实是直接事实、间接事实、辅助事实,分别适用推定证据存在、待证事实为真的法律后果;(3) 若为主要证据,当事人可在二审及再审中再次申请,故不再为申请人单独设置救济程序;(4) 数据报送时应当遵循透明原则,如数据相对方认为平台履行协查义务有损其合法权益的,可另行起诉。

结　语

本文认为,平台语境下对《民事诉讼法》第 70 条应理解为:当事人提供证据、法院调查取证与审查核实三个阶段,这一区分对应平台公共性、企业属性、社会责任,通过区分不同阶段的权利与义务构成要件,可为平台协助调查取证义务理解与适用提供依据。在程序和条件控制上准用书证提出命令和《电子商务法》相关规定,采取"申请+审查"模式。具体而言,当事人客观原因不能自行收集而申请调查取证,根据举证责任,适用程序法理规制;法院认为审理案件需要收集,根据公平程序原则,部分适用程序法理规制;无论何种收集方式,法院均应履行审查义务,保障知情权和数据信息安全,在公权力、私权力与私权利之间找到平衡。在个案中综合案件事实、程序完备程度运用逻辑推论和经验法则自由形成心证。另外,本文还探索借助共票及脱敏等信息技术实现事前、事中、事后全周期规制,期冀为平台治理困境化解提供思路。

---

① 参见张新宝:《个人信息处理的基本原则》,载《中国法律评论》2021 年第 5 期。

从"叙事"到"融合":司法政策个案实施的困境与出路

——以典型案例中政策运用场景考察为切入点

江西省会昌县人民法院　李晓霞
江西省会昌县人民法院　曾志强
江西省南昌市中级人民法院　郭雨歌

引　言

　　司法政策是我国公共政策的重要组成部分,它可以引领裁判理念,指引法官在个案审判中更好地灵活适用法律和贯彻落实国家的方针政策,从而在司法领域体现和落实国家的治理策略。但如果仅仅借助常规的法律论证方法来解释法律,那么,法律功能与价值的传递将难以达到相应的预期效果。建构性诠释理论作为法外求法的社会学解释方法,它接近社会现实,能产生更为直接的社会影响。通过建构性诠释的方法,有助于体现司法政策意图并进行扩散,进而实现法院的公共政策执行功能。因此,本文以近3年最高人民法院发布的524个典型案例为分析场域,综合分析背后所包含的具体的公共政策因素,深入观察司法政策个案实施的行动逻辑。同时,借助建构性诠释理论,在司法政策的制度、本土、事件三个情境诠释中寻找价值点,从而解决司法政策在个案实施中的困境并提出对策,以此来优化和完善司法政策在实践中的运行机制,从而促使司法政策实现制定出台的预期目标和起到良好的效果。

一、现实之困:典型案例中司法政策的实施样态分析

　　司法政策的作用和价值不言而喻,最高人民法院为了深入贯彻落实习近平新时代中国特色社会主义思想和习近平法治思想、贯彻落实党和国家的方针政策,从而促进国家和社会治理现代化,在不同的时代背景下制定出台了一系列司法政策。这些司法政策制定的出发点不外乎是为了弥补法律漏洞、促进经济发展、实现社会和谐、回应社会需求、体现司法为民等。然而,这些司法政策在司法实践中的运行现状、在个案实施中的实际效果却值得我们进行深入的分析与思考。为此,本文以最

高人民法院发布的 524 个典型案例①为分析样本（见表 1），这些案例经过层层筛选发布，具有代表性和权威性，可以进一步深入观察在个案中法院执行司法政策的行动逻辑。

表 1 最高人民法院近三年发布的典型案例汇总

序号	发布时间	案件名称	政策倾向
1	2022 年 7 月 8 日 2022 年 6 月 14 日 2022 年 3 月 1 日 2021 年 11 月 25 日 2021 年 6 月 4 日 2021 年 2 月 25 日 2020 年 12 月 14 日 2020 年 9 月 25 日 2020 年 6 月 5 日 2020 年 5 月 8 日 2020 年 1 月 9 日 2020 年 4 月 15 日	依法惩处盗采矿产资源犯罪典型案例 森林资源民事纠纷典型案例 固体废物污染环境典型案例 黄河流域生态环境司法保护典型案例 2020 年度人民法院环境资源典型案例 长江流域生态环境司法保护典型案例 耕地保护典型行政案例 长江流域水生态司法保护典型案例 黄河流域生态环境司法保护典型案例 2019 年度人民法院环境资源典型案例 长江经济带生态环境司法保护典型案例 依法惩处妨害疫情防控犯罪典型案例（共三批）	环境司法保护
2	2022 年 4 月 29 日	依法惩处妨害疫情防控犯罪典型案例	疫情防控
3	2022 年 7 月 25 日 2022 年 4 月 19 日 2022 年 2 月 28 日 2022 年 5 月 11 日 2021 年 9 月 27 日 2021 年 9 月 24 日 2021 年 9 月 3 日 2021 年 5 月 19 日 2020 年 4 月 22 日	助力全国统一大市场建设典型案例 助力中小微企业发展典型案例 服务保障自由贸易试验区建设典型案例 行政协议典型案例（共三批） 反垄断和反不正当竞争典型案例 服务保障京津冀协同发展典型案例 助推民营经济高质量发展典型民商事案例 保护产权和企业家合法权益典型案例 服务保障疫情防控期间复工复产典型案例（共三批）	服务保障经济

---

① 笔者通过最高人民法院官网搜索到 2020 年 1 月至 2022 年 8 月发布的典型案例共 524 个。

(续表)

序号	发布时间	案件名称	政策倾向
4	2022年8月24日 2022年4月28日 2022年4月11日 2022年3月18日 2022年3月15日 2022年3月2日 2021年12月31日 2021年12月14日 2021年12月2日 2021年12月1日 2021年8月26日 2021年2月24日 2020年6月24日 2020年5月18日	重点打击六类养老诈骗犯罪典型案例 药品安全典型案例 《民法典》颁布后人格权司法保护典型民事案例 "农资打假"典型案例 消费者权益保护典型案例 未成年人权益司法保护典型案例（共两批） 危害食品安全刑事典型案例 台胞权益保障十大典型案例 残疾人权益保护十大典型案例 依法惩戒规避和抗拒执行典型案例 劳动人事争议典型案例（共三批） 老年人权益保护十大典型案例 维护船员合法权益典型案例 依法严惩侵害未成年人权益典型案例	保护老年人/未成年人/农民/劳动者/残疾人/台胞/消费者/船员/申请执行人等个人权益
5	2022年2月28日	涉"一带一路"建设典型案例（共三批）	共建"一带一路"
6	2022年2月23日	大力弘扬社会主义核心价值观典型民事案例（共三批）	社会主义核心价值观
7	2022年4月21日 2021年9月7日 2021年4月22日 2021年2月26日	2021年10大知识产权案件和50件典型知识产权案例 种业知识产权司法保护典型案例 2020年10大知识产权案件和50件典型知识产权案例 2020年10件技术类知识产权典型案例	知识产权保护
8	2022年6月25日 2021年9月24日 2020年11月19日	2022年十大毒品（涉毒）犯罪典型案例 依法惩处证券、期货犯罪典型案例 电信网络诈骗犯罪典型案例	打击特定犯罪如毒品/网络等犯罪
9	2021年9月15日	新时代人民法庭建设案例选编（共三批）	助推乡村振兴

（一）典型案例中司法政策的实施方式

最高人民法院出台制定的司法政策在个案中的指引功能主要表现在：在各级法院编写、运用案例的过程中，对司法政策进行阐释，对法律规则进行引导，从而对类似案件起到政策引导的作用。具体体现在以下几个方面：（1）在案例标题的选择上，如助力中小微企业发展典型案例中，每个案例的副标题都呈现了司法政策的立场。① （2）在裁判结果/要旨的认定上，发布的典型案例的裁决一般都会简化，呈现

---

① 如某投资公司、陆某某与某油品公司、王某股权转让纠纷执行案——执行法院推动案外融资盘活被执行企业无形资产。

的是法律论证的过程,可呈现与政策立场是否相悖或一致。(3)在典型意义的归纳上,此部分是裁判结果的延伸,最能体现裁判的政策性倾向。综上,为进一步考察司法政策在典型案例中的运行方式,笔者将收集的案例进行了案件标题、裁判结果/要旨和典型意义的文本整理,以进行详细的论证分析。

1. 直接运用。最高人民法院制定出台司法政策的最直接目的就是引领裁判理念,为法官作出有倾向性的判断提供依据、方向。然而,这并不意味着将司法政策直接作为法律论证的大前提,而是需进一步提炼将这一司法政策所传递的价值导向或价值衡量作为确定的大前提。因此,在具体的审判实践中,有的裁判文书上会直接载明"根据……综合考虑""依据××原则……"等语句。通过分别对样本案例的标题、裁判结果/要旨和典型意义的文本分析可以发现,体现政策性倾向的热词集中体现在案例的副标题和典型意义中,裁判结果/要旨对司法政策的论证较少,524个案件中有294个案件的副标题、371个案件的典型意义有直接相关政策性倾向词汇,而裁判结果/要旨仅有86个案件将司法政策作为裁决的依据。不难看出,法官在具体办案过程中对司法政策仍持谨慎态度,尤其是在论证过程中,并不会直接运用司法政策,更多是在后期加工时,将司法政策作为一种案件价值提升的载体。

2. 间接运用。司法政策的适用必须以法律标准为依托,通过法律标准获得具体化和有效实施,同时,司法政策作为一种宏观指导,必须紧密结合个案的具体情况,在法律规则的基础上进一步发挥补充性解释的作用。相比于直接援引,间接援引适用的情形更为普遍,即司法政策的内容不直接在裁判文书中展现,在这种情况下,司法政策只是作为案件裁判的一种语境,在潜移默化中无形地影响或引领司法裁判。具体表现如下:

(1)公共政策因素的提炼。如"社会主义核心价值观典型案例"中,法官主要从个案的论证分析和裁判结果的导向中提炼与社会主义核心价值观有关的公共政策因素,通过这些社会认同的共同因素的传导,进一步增进社会团结。(2)宏观政策立场的宣示。在司法实践中,法官通常将司法政策作为价值宣示的依据,以此评判某一案件的法律解释是否正当合理。由此,实现司法政策背书的社会效果,进一步促进法律解释的能动性、价值性和倾向性。如应急性司法政策就是在特定时期对相应案件的裁判理念进行倾向性指引。① (3)法律原则的补充。如浙江省遂昌县人民检察院诉叶某成生态破坏环境民事公益诉讼先予执行案中,法官从《森林法》的立法目的和基本原则中阐述了绿色保护的政策性理念。

(二)典型案例中司法政策的公共因素

公共政策因素是个案回应社会发展的诉求、实现政策执行目标的要求和体现实

---

① 《最高人民法院、最高人民检察院、公安部、司法部关于依法惩治妨害新型冠状病毒感染肺炎疫情防控违法犯罪的意见》重点强调对抗拒疫情防控措施、暴力伤医、制假售假、哄抬物价等行为的处罚之后,法院也将疫情期间发生的买卖口罩和消毒用品而赚取"非法利益"(尽管该利益数额微小)、商业竞争中的"囤货"、将出口口罩转为内销以及向封闭地域"提要求"的行为,都归入刑法处罚范畴。

质正义的需求。通过对样本案例的分析可以发现，法院通过司法裁判贯彻司法政策，主要蕴含着以下三类公共因素（见图1）。

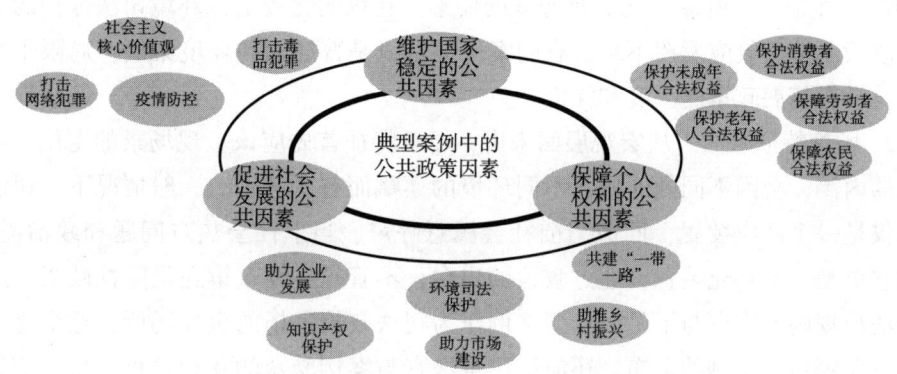

图1 典型案例中的公共政策因素

1. 维护国家稳定的公共因素。在样本案例中，有的案件具有明显的维护国家利益和社会利益的政策性倾向。如基于疫情防控出台的典型案例，彰显了法院服务疫情防控大局的政策立场；为打击特定犯罪（网络犯罪、毒品犯罪等）出台的典型案例，昭示法院对特定犯罪从严惩处的政策立场；社会主义核心价值观典型案例中通过对"社会主义核心价值"进行法律解释，从而实现对维系国家认同公共政策的贯彻执行。

2. 促进社会发展的公共因素。在典型案例中，法官将司法政策作为促进社会发展载体时，能动性较强，价值导向明显，所触及的领域基本集中在环境司法保护、助力经济发展和产权保护等。如长江流域、黄河流域等生态司法保护典型案例、助推民营经济高质量发展典型案例、涉"一带一路"建设典型案例等。

3. 保障个人权利的公共因素。法院通过司法裁判实施公共政策对个人权利的保障主要体现在对弱者权益的保护。例如，消费者在交易中处于弱势地位，因此在监管市场交易中，加强对消费者的倾向性保护已成为公认的公共政策；而老年人、未成年人在心理上、生理上、能力上均处于劣势地位，通过发布典型案例实现法院对弱者的保护。

（三）典型案例中司法政策的场景分析

为了加深对法院通过司法裁判实施公共政策的理解，应当进一步分析法院在公共政策执行中的相关场景，具体可从场景类型、场景特征、场景效应和场景作用层面展开。

1. 场景类型层面。从场景类型看，无论是民商事领域还是刑事、行政领域，并未有鲜明的区别，空间要素与环境要素在各个领域仍是主要的关注点，而政策要素的体现并不多。以环境司法保护典型案例为例，在横向比较上，比如民事领域的关键词主要体现在"污染""生物"和"噪声""健康",刑事领域的关键词仅突出了"渔业""采砂",而"污染""水域""农业"与民事领域均有重叠,行政领域的"资源""生态""损害"就更是普遍的要素。在纵向比较上,环境司法保护的典型案例政策示范性效应发挥不足,有的案例甚至只是普通的涉环境案例,局限于案件本身,没有拓展政策的广度和深度。

2. 场景特征层面。从宏观层面来讲,场景特征首先应该呈现场景的定位,司法政策的内涵,会因不同的区域、不同环境的禀赋而有所区别。一般情况下,司法政策不仅是一个回应装置,回应当前社会民意呼声、当下社会热点问题和政治需要;同时它更是一个补充装置,通过政策的出台,不管是显性政策还是隐性政策,进而弥补法律规则的空白与不足。典型案例作为司法政策宣扬的重要场所,这个过程应该不仅仅停留于案例的发布,还应该注重法官与案例受众的互动过程。从目前典型案例的考察来看,典型案例并未更多地体现群众认同导向,很少出现情感倾向的词汇,忽视了正面积极情绪的传达。

3. 场景效应层面。司法政策不仅实现了法律与政治的联系,而且实现了法律与政治的相互平衡,法官通过在个案中对各种案件因素进行全盘考量,以寻求最佳效果的裁决。① 因此,司法政策在个案中的场景效应是一个持续不断的过程,其目的是通过诉讼调和各种的冲突,以实现最大利益的保护,但从目前来看,司法政策的利益衡量其治理成效在个案中并不明显。在有的典型案例中,法官对其中涉及的司法政策概念式的直接援引、归纳概括式的转述援引体现的是非解释性的适用样态,即不对司法政策的真实意图和内涵进行阐述解释,而只是相对简单、机械地将司法政策的规定内容罗列在裁判文书中。事实上,如果法官无法准确清晰地传达出司法政策的价值导向和深层意义,那么司法政策则无法很好地引领裁判理念,而且也难以发挥司法政策协调各类主体利益冲突和弥补法律漏洞的功能。以"农资打假"典型案例为例,此批案例中仅有简单案情和裁判结果,而对案件所反映的政策导向及价值意义并未进行深入阐释。

4. 场景作用层面。司法政策在典型案例个案中的实施与运用情况是司法政策执行的内在动力,因为它决定着这一司法政策执行的方式和效果。与此相反,它也会对司法政策的制定出台与研究产生作用,司法政策的执行能够产生良好的作用、起到预期的效果,必然会促进司法政策的制定发布。但从现有样本看,典型案例发布属于个别性、经验性、零散性的情形,未能有效结合司法政策需求进行系统化调查、有针对性发布。同时,在司法实践中,各种案件的案件类型、考量的情节、涉及的主体等存在很大的差异,法官如何把司法政策所体现的价值或导向有效地融入实实在在的司法审判中去,都是个案实施司法政策过程中需要考虑的因素。比如,城镇

---

① [美]埃德加·博登海默:《法理学:法律哲学与法律方法》,邓正来译,中国政法大学出版社2004年版,第158页。

地区与乡村地区地域的不同，所涉群体也不同，对相关司法政策的理解也会存在偏差。然而，有的法官未能对司法政策的理念价值或者利益考量上做到全面深刻的理解与领会，从而导致在处理案件时出现理解偏差或者偏向一边的情况。因此，倘若司法政策在个案中的实施不能完全契合本地实际，则其政策执行的效果将大打折扣。

二、深层反思：司法政策在个案实施中的潜在不足

法律是社会不断发展的产物，法律效果的呈现又取决于其对社会体系与制度发展的影响。司法的功能是有层次性的，也是有内在逻辑顺序的。[①] 司法政策在个案中的适用和实施是一个整体性、系统性的工程，它要求相关要素和子系统必须形成并保持一种应然有序的状态。然而，从目前典型案例的考察来看，法院在执行司法政策中仍呈现出定位不清、功能异化等困境。

（一）政策运用价值固化

法律的价值内涵和制定意义往往不是单一的，但是在运用的过程中并不要求我们实现法律的全部价值和意义，在通常情况下，它更多是作为一种"正确性的宣示"。法律制度的内容除了一部分是纯粹的技术性规定外，法律制度几乎都体现出了法律秩序对不同案件当事人各种利益考虑后的取舍，这种取舍过程本质就是法律政策的选择。[②] 在法律价值上，司法政策制定的初衷和目的，在本质上是为了使法律在参与社会治理中提供一种符合法律理性思维的参考、运用方法或方式。其中，这个重要的出发点就是对一些案件的审理裁量，提供更加科学、合理、符合整个社会发展利益的裁判智慧，从而彰显法律参与公共社会管理的作用与价值，最终引导裁判、传递真实价值。因此，从司法运行的规律来看，法院不仅是司法机关，也是政治机关，其参与社会治理活动就必然会与国家政治相连。法官在司法审判中，需要综合考虑案件发生的各方原因，而不是仅仅依据法律条文进行裁判说理。

以环境行政公益诉讼为例，环境司法治理不应局限于个案效应，而应和环境行政治理形成系统集成效应，而这也是国家治理能力的体现。因此，法院在审理涉环境行政诉讼案件时，不应该把重点放在怎么处理行政机关对环境保护的不作为上，而是应拓宽于通过个案促进相关制度的完善，提高社会的整体福利。在这一意义上，法官不是在简单地运用法律规定进行审判，而是在通过国家公共政策阐释法律所传达的价值和内涵。每一个典型案例在形式上都代表着一种权威的司法态度，都内含着一种经验理性，都具有参考价值。从目前典型案例中法官运用公共政策作为说理依据的现实场景看，有些案例只停留在案件的外在形态，并未真正区分案件场景类型的差异与特征。如黄河流域和长江流域生态司法保护典型案例，并未突出流域性

[①] 黄文艺：《中国政法体制的规范性原理》，载《法学研究》2020年第4期。
[②] 姜战军：《损害赔偿范围确定中的法律政策》，载《法学研究》2009年第6期。

的生态特征,从外观上看,与传统司法保护典型案例并无区别。

(二) 政策运用方式僵化

在法律价值上,司法政策制定的初衷和目的,本质上是为了使法律在参与社会治理中提供一种符合法律理性思维的参考、运用方法或方式。其中,这个重要的出发点就是对一些案件的审理裁量,提供更加科学、合理、符合整个社会发展利益的裁判智慧,从而彰显法律参与公共社会管理的作用与价值,最终引导裁判、传递真实价值。然而,我们必须注意到,在有些司法政策中,其所蕴含的思维、智慧、理念往往是单一的、一元的,但是,实践中各种案件的类型、情节、涉及主体、具体情况往往是千差万别的。而有些法官在个案中对司法政策的理解拘泥于形式化,陷入机械司法、强硬说理的泥沼。如贯彻实施《民法典》典型案例中,有的案例在裁判要旨的归纳上仅是对《民法典》的相关条款进行重复性的宣示,而关于条款运用、背后价值的阐释都未予以深入说理。

同时,法律体系是整个社会体系不可或缺的一部分,随着社会的深入发展和社会功能的不断细化,规范性指引功能不断凸显,而司法治理在践行公平正义的过程中,如何将法律体系外部与内部实现良好衔接,以进一步维持规范性的行为期待就显得至关重要。典型案例是司法治理动态的政策执行功能发挥的重要场域,尤其是将静态的法律规则通过典型案例的宣示将形式合法性与实质合法性相互关联。因此,典型案例所扮演的角色和发挥的功能是复杂和多层次的,它不仅是纠纷双方当事人利益衡量的场域,也是公共政策参与者和政治上的行动者博弈的空间。①

具言之,公共政策与典型案例的融合是一个"双重开放"过程:一方面,社会公共政策通过在各种案件审理中的引用体现其对司法公共性的塑造,同时,典型案例通过引用公共政策实现法律的价值和意义;另一方面,在公共政策当中引入法律规则并通过裁判释法体现司法政策的公共属性。② 在这一过程中,司法不仅从整体完成了自身的内、外公共转型,还延伸了法院参与公共治理的社会功能。但从目前典型案例的发布来看,很多案例仍局限于一种演绎性的释法模式,即寻找宏观性的政策作为释法的出发点,然后结合案件的具体问题进行分析。这种"一案一释"的释法模式所起到的作用和效果相对单一,一般情况下只能达到解决某一个单独性问题的目的。例如,最高人民法院第三批"一带一路"建设典型案例中,其中有 7 起系象征性执行③的典型案例,剩余 3 起系试验性执行,④ 此种形式化、程式化的执行本身对于司法治理的实际效果影响较小(见表2)。

---

① 方乐:《司法说理的市场结构与模式选择》,载《法学》2020 年第 3 期。
② 孙海波:《"同案同判":并非虚构的法治神话》,载《法学家》2019 年第 5 期。
③ 象征性执行的目标是发挥一种象征或宣示的作用,如强调某种价值、重申既有目标。
④ 由于"一带一路"政策在司法场域属于模糊性高而冲突性低的公共政策,法院在政策执行时,有时是一种探索性执行。

表2 最高人民法院第三批"一带一路"建设典型案例政策执行分析表

案件	政策执行类别	政策执行方式
广东本草药业集团有限公司与意大利贝斯迪大药厂产品责任纠纷案	试验性执行	系首个国际商事判决,实行一审终审制,对国际商事法庭的运行和发展作出了有益的探索
中国水利水电第四工程局有限公司与中工国际工程股份有限公司独立保函欺诈纠纷案	象征性执行	对涉及预付款保函,保障承包工程的案件提供了参考
吉美投资有限公司与河南鹰城集团有限公司、张某义、张某股权转让纠纷案	象征性执行	阐明外商投资准入负面清单实施后的外资合同效力规则,依法保护外商投资者合法权益
波兰INDECO股份公司与广东澳美铝业有限公司国际货物买卖合同纠纷案	象征性执行	准确适用《联合国国际货物销售合同公约》依法保护当事人合法权益
重庆孚骐汽车销售有限公司诉重度中外运物流有限公司等物权纠纷案	试验性执行	该案在现有法律框架下对铁路运单及其交易模式予以认可,有利于推动中欧班列国际陆上贸易规则的构建
新鑫海航运有限公司与深圳市鑫联升国际物流有限公司、大连凯斯克有限公司海上货物运输合同纠纷案	象征性执行	准确查明和适用外国法维护当事人合法权益
福建元成豆业有限公司与复兴航运有限公司海上财产损害责任纠纷案	象征性执行	合理认定承运人提单批注义务维护提单在国际贸易的流通性
上海捷喜国际货物运输代理有限公司与重庆市公路工程(集团)股份有限公司海上货运代理合同纠纷案	象征性执行	准确界定合同当事人责任和风险负担,促进物流业健康发展
美国布兰特伍德工业有限公司申请承认和执行外国仲裁裁决案	试验性执行	明晰仲裁裁决籍属认定规则,明确外国仲裁机构在中国作出的裁决视为涉外仲裁裁决
崔某与尹某申请承认和执行韩国法院判决案	象征性执行	积极适用互惠原则承认和执行外国法院判决

(三) 政策运用功能异化

一般而言,"适用的规则"强调"规则",即立法层面规则的完整性,"规则的适用"强调"适用",即司法层面的裁判规范,它更多是法律解释方法的运用和裁判论证的过程。① 以规则为导向的司法政策是与司法实践最密切相关的,发挥着规制自由裁量权的积极作用。司法政策的制定科学、严谨,经过层层价值考量和目的论证,不管是其作为正确的法律适用,还是其作为司法参与和完善社会治理的途径方式,都是以理性精神为依据,以正确科学引导社会和被社会大众接受为目的。② 司法政策的价值和内涵主要体现在设定司法目标、对法律空白或存有缺陷的内容进行正确解释来指导法官在案件审判中作出正确的价值判断和准确的利益考量。

因此,在个案中司法政策的实施应立足于为同类案件的解决提供治理技术方面的借鉴,尤其应强调执行公共政策的显著功能及治理成效的转化。但就目前典型案例的发布情况来看,有些法院只是很好地完成了政策"搬运工"的角色,所采用的治理技术也十分有限。如有的典型案例系新类型案件,实际上是司法裁判对新类型案件审判问题的价值判断,在某种程度上可以促进相关领域公共政策的完善。但从现有案例来看,未对社会公众或所涉特定行业形成广泛影响。如适用环境惩罚性赔偿的首例案件公布后,对于"情节严重"的认定和赔偿数额的确定,在法律适用和事实认定方面仍未厘清,对于环境公益诉讼审判指引作用并未凸显。

三、机理归纳:基于建构性诠释司法理论的分析

建构性诠释司法理论对于思考法律、对于共同体生活具有独特价值,它追求从"合理化"到"证立"的功能回归,体现了由"立法定向"法学向"司法定向"法学转化的智识追求。③

(一) 定位回溯——文本主义下内置型建构任务

法律到底是什么?法律的目的是什么?对此,德沃金的回答是,法律是整个法律实践的合法性存在。④ 这就是德沃金的内置理论。他的基本立场是:法律本来就有明确的规则,为什么法官在选择法律适用的过程中仍会产生各种争议?这就表明法律不是一种标准概念,而是一种诠释型概念。作为一种诠释型概念,需要与其整全法思想保持一致并用建构性诠释工具展开诠释。建构性诠释是法律诠释实践的首要目的,同时又利用建构性诠释来重构我们的实践,使我们的实践朝着最佳方向发展。⑤

在德沃金看来,现实中的法官是以"由内而外"的方式来工作的,因为我们当前的法律实践包含了一些原则,它们能够对发生于个案中的某个教义性领域中更具有一般性的法律实践发挥指导意义。⑥ 因为,在社会实践中,我们经常会对某一个

---

① 顾培东:《人民法院改革取向的审视与思考》,载《法学研究》2020年第1期。
② 陈兴良:《刑法的刑事政策化及其限度》,载《华东政法大学学报》2013年第4期。
③ 王琳:《司法裁判中的道德判断——德沃金整全法理论辩护》,中国社会科学出版社2020年版,第35页。
④ [美] 罗纳德·德沃金:《法律帝国》,许杨勇译,上海三联出版社2016年版,第21页。
⑤ 李锦:《法律理论的第三条道路——德沃金的解释转向及其意义》,湖南大学出版社2017年版,第72页。
⑥ 王彬:《论法律解释的融贯性——评德沃金的法律真理观》,载《法制与社会发展》2019年第5期。

具体问题的回答预先设定论证前提，可想而知，其结果是显而易见、不言自明的。但有时在具体的裁判领域，法官尽管是从某个较为具体的法律领域开始思考，但是他们所追求的是法秩序统一下的融贯体系。因此，在案件审理实践中，当法官面临无法很好地作出抉择的道德难题时，必须尝试提出符合法秩序的一般性道德原则，而这与司法政策的功能机制是不谋而合的。在法律制度中，无论是不确定的法律概念还是一般性的规定，它的功能是减轻规范体系的僵化程度。① 而司法政策在个案的实施和运用中不仅在很大程度上弥补了法律的稳定性导致其无法及时跟上社会快速变化发展这一缺陷，同时，司法政策在个案中的运用还为法律的灵活性注入了源头活水，为一些阐述不够明确、表述比较模糊的法律概念和条款提供了很好的阐释机制。

（二）动态演示——建构性诠释的运行方式

1986年，德沃金在其著作《法律帝国》一书中从内置型司法理论出发，论证了法律是诠释性概念，他认为这种诠释需要符合价值整体主义、用建构性诠释工具进行解释，从而提出了具体可划分为预诠释阶段、诠释阶段、后诠释阶段这三个阶段的建构性诠释理论。②

第一个阶段，即预诠释阶段，主要是识别并确定与实践相关的一般抽象特征，并赋予该抽象特征的实践价值证成，同时根据实践目标的要求对实践进行评价，并适时作出调整。预诠释阶段是识别、确认实践内容之共识和标准的阶段（见图2中解释的第一步和第二步）。因为法官的案件审理过程是一个从主观分析到客观分析的过程。主观分析是案件裁决的出发点，而客观分析则是路径的演化过程，这两种分析状态在不同阶段呈现出不同的样态。法官在判案时，所做的不是一件对法律条文进行文义解释的工作，也不是一个简单的涵摄和逻辑推理的问题，而是应当在案件中注重以后果为导向的论证。法官在论证判决结果的时候，其中一定会涉及价值论证，即参考其他更具一般性、更为根本以及更为确定的信念来进行推理验证。

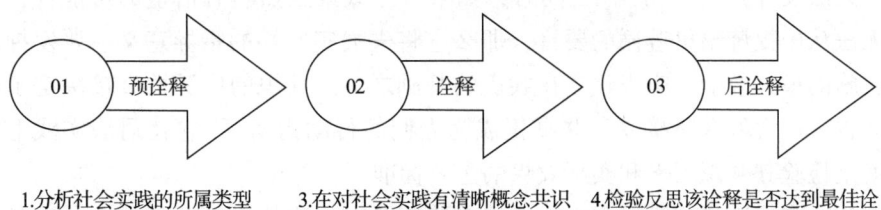

图2 建构性诠释导图

---

① 陈辉：《德国法教义学的结构与演变》，载《环球法律评论》2019年第1期。
② 范立波：《作为诠释事业的法律——德沃金〈法律帝国〉的批判性导读》，载《法哲学与法社会学论丛》2014年卷。

第二个阶段是建构的问题，即诠释阶段。在此阶段，诠释者必须对预诠释阶段确定的主要实践共识作出一般性解释。这个阶段的诠释内容并不要求与第一个阶段（预诠释）描述的内容和效果保持一致，它只要求诠释者在最小的程度上对照实践进行诠释即可。德沃金认为，每个人对实践的理解都是不同的，而如何去化解其中的分歧，则需要提炼出明晰的标准，这个标准应该符合"可以使实践更符合其自身的价值"之要义。尽管每个个案都有其自身的特殊性，但是司法政策在个案中的实施实现了从特殊到一般的总结，并完善了其中蕴含的法律规则、政策目标或者裁判方法，从而形成具有普遍适用和指导性适用的效果。司法政策的个案场景意义就在于此，认可该判决结果符合相关法律实践，并且使得该法律实践获得一种更佳的理解。在这个过程中，我们把眼光从具体个案上暂时移开，去考虑相关的法律领域，或者把眼光抬得更高，在相对普遍的层次上，对相关政策的执行等作出考虑。

第三个阶段是后诠释阶段。这是一种修订阶段，这是诠释者在前两个诠释阶段的前提下作出对社会实践的看法和建议。在这个阶段，诠释者纠正了对"真实"要求实践的理解，并通过对之前作出的诠释进行反馈与修正，使诠释达到最佳状态。法律是有一定逻辑的，法律秩序的根基本质上就是逻辑理性，法的价值体现与逻辑理性相关联，主要体现在确定性、可预见性和一致性方面。① 从根源上看，法律规范是不涵盖司法政策的，法律规范更多是以规范的法律条文和法律形式体现出来，其特点相对稳定、规范、严谨，而司法政策的特点更多表现为灵活性和适应性。因此，从二者的特点来看，法律规范与司法政策是截然不同的。那这是否说明他们二者是不兼容或者存在根本冲突的呢？我们通过司法实践分析可以发现，事实上裁判的逻辑理性为司法政策在个案中的运用提供了良好的渠道。司法政策之所以能被遵循，其重要原因是它们形成了得以被后续遵循的要素。

换言之，它是一种有说服力的解决方案，可以解决行为评估的不确定性和冲突。如果司法政策虽然具有宣示意义，但若在个案中无法权衡规范性或利益性冲突的可能，则无法发挥其引导功能。② 同时，如果有些政策虽然具有借鉴的可能性，但是如果无法从中提炼出可遵循的要旨，那么它将失去实质性的指导意义。要发挥司法政策实施的最大效能，应当建立在共识的基础之上。共识的广泛性直接决定了司法判决能否被广大群众所接受，并真正成为人们的行动指南，③ 它在司法实践上的接受程度是检验其共识因素和实际效果的主要标准。

因此，在后诠释阶段，我们需保持着修正既有思想体系的开放性，并准备随时把它修缮得更为融贯与完整。换言之，司法政策个案适用的情况可以作为弥补法律缺陷和漏洞的工具，也可以作为利益衡量的标准，当然，它更可以作为援引法律解

---

① ［美］卡多佐：《法律的成长——法律科学的悖论》，董炯等译，中国法制出版社2002年版，第5页。
② 刘亚东：《民法案例群方法适用的中国模式》，载《环球法律评论》2021年第1期。
③ 许德风：《论法教义学与价值判断：以民法方法为重点》，载《中外法学》2018年第2期。

释的依据。从这个角度去考虑的话，当司法政策在个案中实施和适用时，尤其是规则指引型司法政策，针对个案中需要进一步作出法律解释的普遍性法律问题，可通过案例的转化形成具有法律指导意义的司法解释。

四、路径探寻：司法政策在个案实施中的情景诠释

路径依赖理论指出，制度沿着一定的历史轨迹发生变化，但是在外力的干预下，制度的路径会以主动适应情境而发生改变。[①] 在思维活动中，没有任何事情比把情境纳入已知范畴更普遍、更基础的了。司法政策在个案中的建构性诠释本质上是因为其具有一定的情境共识基础。其一，在案例建构的预诠释阶段，每一个案例特殊情境的确定和归纳是案例生产的前提；其二，在案例建构的诠释阶段，司法政策供给能力影响共识和自发秩序的形成；其三，在案例的后诠释阶段，共识因素可以进一步巩固司法政策的宣示作用，但在如若人们的特定共识与案例的共识系统不完全兼容的情境下，则可能引发不同秩序之间的冲突。因此，法院作为参与社会治理的主体，可以根据不同政策的变化和在有特殊情况发生时作出适当调整。具体而言，可分为制度情境依赖、本土情境依赖、事件情境依赖三种类型进行建构性诠释，即由于当前国家制度要求、地方环境的特殊要求、特定情境下利益需求而作出适应性演变。

（一）制度情境诠释

法律作为社会管理工具，对于社会行为具有规范价值的引领作用。但"判决不是法律的精准复写，司法也不是逻辑三段论的简单运作，事实和法律都因为人的因素而变得复杂和多元。"[②] 在个案裁判中适用法律，对特定的法益和行为作出评判，总是无法避免地包含着价值因素。[③] 因此，司法政策于法官而言更多是在价值层面的影响，尤其是在逻辑理性与社会效果的平衡过程中，呈现出一种法官内心的准约束力。

一方面，案例的适用是一个双向沟通的过程，法官在裁判时需要在案件原始事实的基础上考虑可适用的法条，并形成案件事实的最终陈述，在这个过程中，规范的内容应趋于精确化。[④] 另一方面，通过个案，可以运用特定的司法政策对相关政策进行进一步阐释，从而对类似案件起到政策引导的作用。在这种机制运行中，要注重对案件的核心要义进行总结提升，如果只是简单地对法律规定和司法政策进行

[①] 刘义强、黄上真：《从路径依赖到情境依赖：宗族乡村治理格局的适应性演化》，载《云南行政学院学报》2021年第1期。

[②] 邹碧华：《审判要件九步法》，法律出版社2014年版，第163页。

[③] [德] 魏德士：《法理学》，丁晓春、吴越译，法律出版社2005年版，第52页。

[④] 高尚：《司法类案的判断标准及其运用》，载《法律科学》2020年第1期。

宣传,并不能真正起到典型案件的指导作用。① 只有立足于实际案件的原始情境,并对案件进行概况凝练和归结,使得大众能够理解案例所传达的法律原理和法律价值,才能深层次地对法治的运行起到正面效果,提高法院的公信力。因此,法院应注重个案中司法政策的甄别与挖掘,通过法律逻辑向社会大众展示法院的政策性倾向。换言之,在整个建构性诠释过程中,可依据制度差异形成不同诠释路径,以环境司法政策的个案实施为例(见图3):

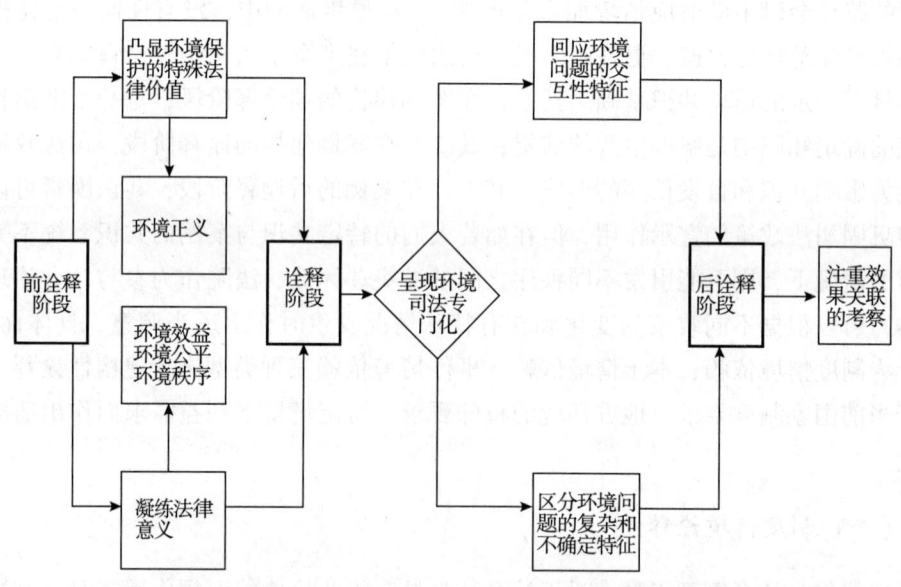

图 3　制度情境下环境司法政策个案建构性诠释路径图

1. 在预诠释阶段,要凝练法律意义,凸显环境保护的特殊法律价值。在司法实践中,法律的适用不仅是法律规则的论证过程,更是在论证过程中进行价值利益衡量的过程。因此,在制度情境的预诠释阶段,法官应在加强整体价值判断的基础上,确定不同司法政策在法律原则和规则背景下的适用。对于环境法而言,其目的价值就是环境正义,包括环境效益、环境公平、环境秩序等。

2. 在诠释阶段,要跳出法官认知的固化思维,以功能为导向,进行司法政策诠释。司法政策不似法律规则,可以直接作为裁判依据,法官在个案中适用司法政策时仍需要结合法律精神和价值进行阐释,形成适合个案的裁判理由。因此,在制度情境的诠释阶段,以个案裁量的不同阶段为切入点,借助多元化的法律方法规范的适用过程,实现司法政策司法适用目标。如环境司法,涵盖了土地、森林、水资源的开发利用、保护、环境污染治理等多种法律关系。② 一方面,要回应环境问题的

---

① 黄成:《环境民事公益诉讼十年回顾、反思与建议——基于2008—2017年典型案例的实证分析》,载《环境法评论(第二辑)》,中国社会科学出版社2019年版。
② 吕忠梅、张忠民:《环境司法专门化与环境案件类型化的现状》,载《中国应用法学》2017年第6期。

交互性特征，实现对人身、财产和生态环境的周延保护；另一方面，要区分环境问题的复杂和不确定特征，实现案件的专业审理以区分于普通民事案件。

3. 在后诠释阶段，要注重效果关联的考察，比如在回应社会关切、社会效果的预判等方面的意义，若意义较大，则要有所侧重。因为司法政策介入自由裁量的过程游离于强制和柔和之间，着重于由内而外的精神指引，通过自上而下、由此及彼的层级式的冲击效应，潜移默化地介入法官的思维模式并固化为趋同的认知状态，对法律理念、法律认知、法律推理、法律解释、法律适用等法律方法过程之间进行方向性的链接，防范法官恣意自由裁量，防止法官认知、判断与裁量过于多样，使得司法裁判更具可预见性、稳定性，从更大的范围维护法律的普适性，并保障法律效果与社会效果的统一。①

（二）本土情境诠释

法律和社会二者之间是不断互动的，社会的情境会影响法律的产生与发展，法律又会对社会情境产生不同的效应。政治学意义上的公共属性要求司法政策本身最大限度地反映社会各方力量及其利益诉求的理性主张。② 有些个案的发生往往带有强烈的本土情境色彩，它往往会打破法官裁判的定式思维。因此，在最初的有效裁判中，考虑的是个案的情境，但在确定该案的司法政策执行情境后，更多考虑该案件在本土情境中所产生的辐射效应，前者是在个案层面，后者是在社会层面。虽然正式的司法制度可以通过立法规范确定下来，但是对于具体的案件而言，却并不完全受限于制度情境之内，尤其是司法政策的执行，它往往在不同的时间、不同的地域会有不同的表达方式，具有一定的局限性和随机性。③ 通过本土情境变通司法政策在个案中的实施，一方面，它可以为法官论证适用法律规则、弥补法律漏洞提供规范性解释思路；另一方面，从整体法秩序而言，它对于法律体系的稳定性和自主性具有规范、指导作用。

以长江流域环境司法保护为例，长江流域生态系统不仅包括水面、水体、水下等自然生态的各种客体保护，而且包括与之相关的各种社会利益关系的协调。④ 同时，长江流域的环境治理也是一个动态变化的过程，它更加强调生态系统损害的预防和修复。因此，在本土情境的环境司法政策个案的建构性诠释上，法官应根据区分流域内不同生态功能区，并结合相关利益需求，进一步采取有效的环境司法方式（见图4）：

---

① 庄绪龙：《裁判文书说理如何对待司法政策？》，载《中国应用法学》2022年第2期。
② 邱本：《发现法理的方法》，载《苏州大学学报（法学版）》2021年第1期。
③ 时显群：《论社会学法律解释方法在司法实践中的运用》，载《贵州社会科学》2017年第11期。
④ 崔金星、覃冠文、冯金龙：《海洋环境行政公益诉讼中诉前检察建议的阙如与拓新》，载《南宁师范大学学报（哲学社会科学版）》2021年第4期。

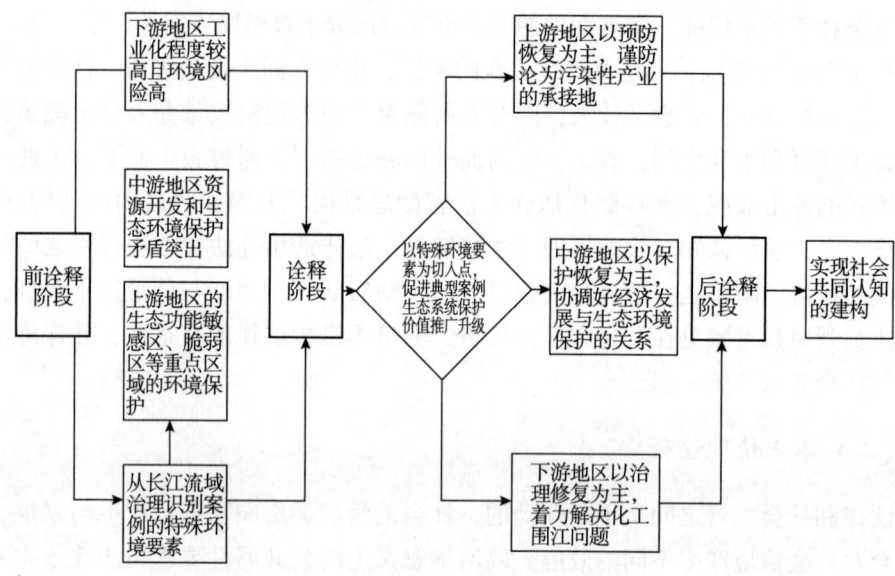

图4 本土情境下环境司法政策个案建构性诠释路径图

（1）在前诠释阶段，要注重从长江流域治理，识别案例的特殊环境要素。比如，上游地区的生态功能敏感①区、脆弱区较多；中游区以矿产、水资源集中分布区为主；下游工业化程度高，环境风险高。②（2）在诠释阶段，以特殊环境要素为切入点，促进典型案例生态系统保护价值推广升级。如上游地区应以预防和修复为主；在中游地区通过保护与修复来协调经济发展与生态环境保护关系；下游地区，以治理修复为主，重点解决企业污染问题。（3）在后诠释阶段，应实现社会共同认知的建构，通过环境司法治理的本土化进程，激活公众参与的空间和主动性，最终实现全流域保护。

（三）事件情境诠释

司法治理具有日常事务性和应急性特征，对于日常事务性情境，传统的司法治理模式足矣，但是对于一些特殊事件情境，则需要突破传统治理模式不断探索。个案的事件情境是法律事实经验与法律规则经验的集中体现，是一种实实在在的法律运作过程。通过选取某一个或者几个事件作为个案，可以对过程、事件和行动进行深度描述，来阐述个案的社会意义。法官通过事件情境，可以进行创造性解释，通过这种解释，帮助普通民众理解规则之治，并塑造他们的法律行为，以实现最初的法律预期。

---

① 曲昇霞：《论环境民事公益诉讼调解之适用》，载《政法论丛》2016年第3期。
② 刘义强、黄上真：《从路径依赖到情境依赖：宗族乡村治理格局的适应性演化》，载《云南行政学院学报》2021年第1期。

以环境污染事故为例，在涉及生态利益的同时，也往往涉及群体性利益，处理起来比普通环境案件更加复杂和困难。① 因此，基于事件情境，环境保护司法政策个案的建构性诠释须强化利益衡量这一法律方法，这是为了进一步促进司法裁判的可接受性，使得存在冲突的案件当事人甚至案外的多方群体都能达到基本认同的状态，最终达到裁判效果的平衡（见图5）：（1）预诠释阶段，从统一性的角度出发，在法律边界对相关利益进行识别，将案件有关的事实与案件的法律关系相对应，对案件所涉利益进行初步分析。（2）在诠释阶段，从正当性的角度出发，对法律适用、相关利益进行权衡与择取，在这个阶段，法官居于中立的位置对各方利益进行统筹兼顾：公共利益和个人利益、环境利益和经济利益、即期利益和长远利益，在环境保护的博弈中循环反复。（3）在后诠释阶段，从合理性的角度出发，对衡量的结果进行检验，以实现裁判效果的平衡，通过在法律文本中寻找依据将之适用于衡量的结果，同时，从社会公众的立场出发，提升结果的可接受性。

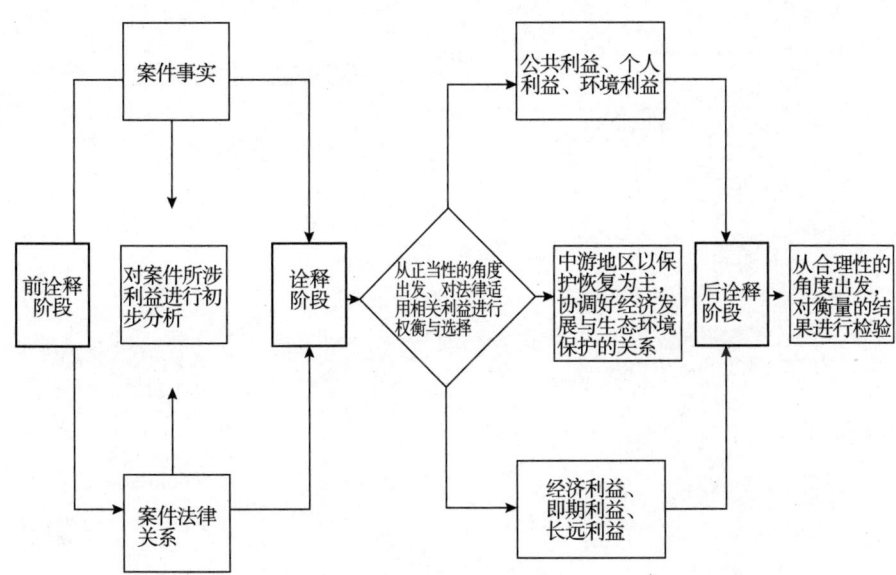

图5　事件情境下环境司法政策个案建构性诠释路径图

结　语

本文以司法政策在环境保护典型案例中的实施情况为分析切入点，系统分析了司法政策在典型案例实施中存在的问题，描述了个案中如何理性对待司法政策，并对可能存在的"政策不当适用"这一潜在问题作了分析论证，最后提出了司法政策

---

① 王灿发、程多威：《新〈环境保护法〉下环境公益诉讼面临的困境及其破解》，载《法律适用》2014年第8期。

在个案实施中的改进方向和实施路径，以期为司法裁判及其文书说理的科学化、规范化提供些许思考和参照。具体而言，在司法实践中，我们需要从"制度情境""本土情境"和"事件情境"三个方面去探寻案例背后司法政策的价值意义，并借助建构性诠释工具在司法裁判中去引领和影响民众的行为，最终实现司法政策制定的预期目标，在司法实践中实现司法政策的效果最大化。

人工智能融入司法：算法证据真实性的认定规则

——以要素式审判为视角

江西省景德镇市中级人民法院　董美霞
江西省南昌市中级人民法院　吕昌燕
江西省会昌县人民法院　王文娟

随着互联网技术的发展与进步，日渐多样化的案件向司法审判机关提出了新的需求。人工智能算法、大数据、区块链等逐步渗入证据法领域，成为法学理论界与实务界的研讨对象。其中，算法技术通过对大量的案件信息加以运算，建立结构化、信息化的场景，自动判断结论，与案件事实认定紧密相关。囿于缺失算法证据真实性的认定标准与运行规则，法院容易陷入认定迷雾，至今仍处于探索状态。在建设智慧法院的进程中，梳理目前算法证据真实性认定的实践现状，通过类型化区分算法证据真实性的构成要素与搭建认定风险预防机制，对认定算法证据真实性进行充分探讨，促使法院更为合理地认定算法证据的真实性，保障其对算法证据的客观性评判。

一、算法证据真实性认定的实践透视

算法是一种计算机软件人工智能的特定形式，通常是指为处理某种特殊问题必须进行的各种过程。不过，作为相关研究前沿的领域之一，其真实性认定是作为定案证据的前提与基础。

（一）算法证据真实性的要素界定

算法位于人工智能技术底层，具有高度保密性。其作为非管制型技术方法，具备一定的技术功能和物理界限，通常拥有较为稳定的表现形式，能够进行法律上的确定和流转；能够成为一种单独的对象，被简单地表达，甚至解读；能够被用于处理特殊的科技问题，存在应用与交流的价值。[①] 换言之，人工智能算法拥有技术上的独特性和物理上的可分离性，在符合技术标准的前提下，可以在实际使用中被认

[①] 张玉洁：《智能量刑算法的司法适用：逻辑、难题与程序法回应》，载《东方法学》2021年第3期。

识、应用与流转。算法技术转化而来的材料可以传递有效信息,生成数据产品,即算法证据。

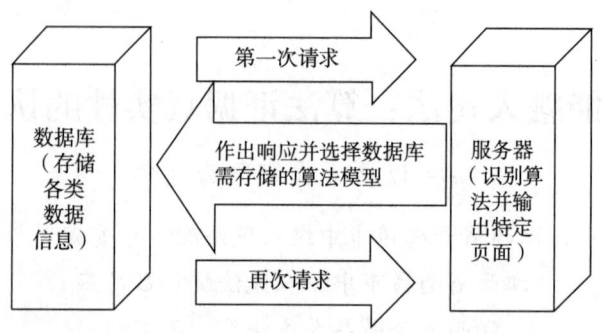

图 1 算法技术运作流程(算法证据生成过程)

如图 1 所示,算法是通过人工智能在数据库中处理信息,运用程序设定好的模型进行数据提取,并自动推理。"算法证据通常体现为通过算法所形成的个性化推送、检索过滤等某种材料。"① 简而言之,人们通过输入数据库的电子信息,进行算法过滤,便可提取算法运行结果,即算法证据(图 1 中服务器输出的特定页面即为算法证据)。算法证据通常具象化为诉讼主体提供的书面材料,"其既有算法运行的程序结果,又包含算法技术的实质内容"②。算法证据的实质是通过数据挖掘的程序、编码和算法等的技术方法,确认案件真实存在。

由此可见,基于算法证据的产生机制,可以将其真实性认定分为"形式+实质"双视角的四个不同维度:一是算法载体真实性,即法官需要核查算法来源的原始性,及其在移送、流动等过程中的一致性;二是审查算法依托的数据真实性,确保其数据不存在被删除、更换、修改、叠加等变更情况,具备完整性;三是审查算法主体的同一性,即确保其与案件当事人无利害关系;四是审查算法内容的真实性,即算法证据所反映的信息能准确证明案件事实。上述四个方面具有不同的内涵和要求,在确定算法证据真实性的认定规则时,应针对上述四个方面的内容分层次有序展开,而非笼统地将其视为一个整体。

(二)算法证据真实性的认定差异

算法证据真实性认定的实际困境是分析与研究的现实需求。为检视其在实践中的认定差异,进而反思其存在的问题,笔者在中国裁判文书网、北大法宝、威科先行、法信等平台,以算法为关键字,共计检索出直接对人工智能算法进行了陈述(认定或不认定)的案例有 37 件,经梳理比对,可分为五类。(见表 1)

---

① 杨继文:《算法证据:作为证据的算法及其适用规则前瞻》,载《地方立法研究》2022 年第 5 期。
② 何家弘、谢君泽:《网络平台犯意的算法证明》,载《中国人民大学学报》2021 年第 4 期。

表 1　司法实践对算法证据真实性的认定概况①

种类	认定真实性的情形	典型示例	论述摘要
种类一	基于电子数据的属性进行认可（11 件）	案例 1 广哈通信公司诉颐希颉公司专利权权属纠纷案	广哈通信公司在提交该电子数据原件的同时，未能举证证明其中涉及混音算法技术内容的原始生成时间。故法院对广哈通信公司提交的《PCM-FPGA 逻辑设计规范》的内容不予采信，不能据此确定广哈通信公司所述混音算法技术的内容及其原始录入时间
种类二	结合鉴定意见进行认定（7 件）	案例 2 元图公司、王某等诉龙软公司侵害计算机软件著作权纠纷案	第 202-2 号鉴定意见、第 2020020 号复函，作为本案证据提交。但第 202-2 号鉴定意见未对双方源代码的步骤、逻辑结构、算法的相似程度进行评述。其他内容根据第 202-2 号鉴定意见、第 2020020 号复函的相关比对结果和结论，进行综合判断和认定
种类三	基于软件技术的属性进行认可（8 件）	案例 3 王某琳因实用新型专利申请被驳回复审的履行法定职责案	对硬件装置"编解码芯片"来说，同样也需要通过软件方法设计并固定后的硬件电路来实现，编解码芯片的核心就是一种软件算法，这种软件算法通过硬件电路呈现。法院支持专利局的观点，认为本申请权利要求涉及对计算机软件程序的改进，而对于硬件编码芯片，是通过硬件电路实现某种算法，并不是通过计算机软件程序实现某种算法
种类四	基于第三方大数据证据进行认可（7 件）	案例 4 姚某、郭某、张某等走私、贩卖、运输、制造毒品罪	四川省昭觉县公安局通过公安大数据信息应用服务平台查询结果，证实：姚某和张某×年×月×日至×月×日的住宿记录……综合前述证据，认定该三被告人参与了指控贩卖、运输毒品海洛因 350 克的犯罪事实
种类五	认为不符合证据采信标准、无法当庭审查（4 件）	案例 5 阿图什市农村信用合作联社诉胡某意、李某莲等金融机构贷款案	原告向法院请求被告支付金融借款本金 90387.68 元，利息及预期罚息 68897.38 元，并主张涉案利息与逾期罚息是通过银行的算法模型计算而来，但其并未向法庭提供该算法模型并进行证明。法院认为其未当庭核验，不予认可

① 案例 1 详见最高人民法院（2020）最高法知民终 1460 号民事判决书。
案例 2 详见最高人民法院（2020）最高法知民终 1639 号民事判决书。
案例 3 详见北京市高级人民法院（2018）京行终 5541 号行政判决书。
案例 4 详见山西省高级人民法院（2020）晋刑终 296 号刑事裁定书。
案例 5 详见新疆维吾尔自治区阿图什市人民法院（2022）新 3001 民初 748 号民事裁定书。

由表 1 可知，刑事诉讼、民事诉讼与行政诉讼对算法证据真实性认定存在较大差异。具体表现为：刑事诉讼中，有法官基于第三方大数据平台对其进行认定，以此适用大数据证据的证明规则（案例 4）。民事诉讼中，有法官认为其是电子数据，应适用电子数据中证据真实性的认定规范（案例 1），但有法官则认为其未通过当庭核验，不符合证据采信的规定，进而对其不予认定（案例 5）。除此以外，还有法官认为其系鉴定意见的组成内容，应当结合鉴定意见的真实性标准，对其进行认定（案例 2）。行政诉讼中，有法官认为其属于计算机程序软件，受知识产权法的保护，其真实性认定应当适用专利的认定标准（案例 3）。概言之，三大诉讼对算法证据的真实性认定，未实现同一审查标准，亦未适用统一的认定规则。

（三）算法证据真实性认定的隐匿性

1. 调取算法证据具有任意性。实践中，公安机关在火车站、地铁站等重要道口上配置具有算法能力并与执法系统互联互通的实时监测装置，只要辨识出网上通缉的人就可以马上自动报警。换言之，民警可自行决定通过"警务通"等计算平台，随时随地对在履职中出现的疑似对象实施计算。诚然，在大数据的环境中运用人工智能算法技术，能够有效为查实犯罪嫌疑人的相关信息助力，但不论是远程算法系统或是个案算法，将启用的选择权和执行权都一并由办案人员掌控，缺乏必要的程序约束，导致其可任意调取算法证据。

2. 默认算法创设人与当事人间无利害关系。算法证据是指电子数据经算法技术过滤而来的材料。算法证据提交人与算法技术创设人间关系微妙，若二者间无利害关系，将增强算法证据的真实性与证明力；反之，则会降低，甚至否定。如案例 5，法院以算法证据未向法庭出示，无法质证为由，驳回原告主张的利息及预期罚息。退一步而言，即便原告向法庭出示了该算法证据，法院仍需查明算法技术创设人是其单位技术人员还是案外第三方的技术主体。法院默认二者间无利害关系，无疑由中立的审判地位决定。

3. 算法证据真实性的庭审形式化。当事人往往将算法证据编入其他证据中进行复合举证，从而架空算法证据的证明功能。即便双方对算法证据形成共识，但在庭审中就其论证也缺乏针对性。如案例 1 中双方对是否涉及混音算法技术内容即便认可其重要性，广哈通信公司仅提交该算法证据的书面材料，而颐希颉公司也仅发表"《PCM-FPGA 逻辑设计规范》中描述的所谓混音算法技术与涉案专利技术存在根本区别"的质证意见，并未详细质证混音算法技术与已有专利技术间的根本区别。简言之，辩方未具体阐述算法证据何以说明或不能说明涉案待证事实，变相地避开了对方举证权利，也稀释了己方质证权。

4. 对算法证据真实性存在主观倾向。例如，案例 4 中法院根据 S 省 Z 县公安局通过大数据信息应用服务平台的查询结果并综合前述证据分析，最终认定该三被告人参与了指控的贩卖、运输毒品海洛因 350 克的犯罪事实。虽然该案中算法运行结果经过法院综合分析认定其与其他证据形成印证关系，但不可否认的是，法院并未对算法证据本身的真实性、合法性、关联性进行认定，突出了法院没有认识到由于方法使用不当产生的误认后果，也未能严格掌握证据的证明力量，反映了承办人对公诉方所提供的算法证据的主观倾向。

（四）算法证据真实性的审查规则具有"依附性"

囿于缺乏专业的算法知识，法官在无详细审查规则的情形下，难以审查其真实性，而是通过依附于其他常规证据对其进行印证审查，呈现出算法证据真实性审查规则的"依附性"。①

1. 依附于传统证据类型的真实性审查规则。在大部分案件中，算法证据一般以电子数据经过算法技术运行转化而成的书面材料，继而被当事人在庭审中出示，而非将算法证据的生成过程完整地予以展示，即当事人仅展示算法运行的推理结果或算法数据分析的结论。如案例2中，即便双方对源代码的步骤、逻辑结构、算法均已详细举证质证，但法院仍将其作为第202-2号鉴定意见、第2020020号复函的内容进行认定，而非从数据、内容、模式等构成要素进行真实性认定。概言之，体现差异性的源代码、逻辑结构、算法等并未促使法官形成内心确信，导致法官仍然需要依托鉴定意见审查规则进行算法真实性认定。

2. 依附于印证结论。"印证证明是利用不同证据之间的同一性来证明事实。"② 换言之，相互印证的证据数量与证据的证明结论间不存在充分必要的条件关系，而是其与证据结论的可信度具备充分条件关系，相互印证的证据数量越多，证据结论的可信度就越高。

法官通常以庭审证据之间相互印证为由，对证据予以采信。如案例3，法院认为硬件装置"编解码芯片"需通过软件方法设计并固定后的硬件电路来实现。涉案专利申请应具备对计算机软件程序的改进，并体现在编解码芯片的差异上，继而通过硬件电路来实现，并非略过编解码芯片，直接通过计算机软件程序实现，故对其主张不予支持。可见，法官并没有说明算法证据真实性认定的过程，而是将其置于计算机软件、专利技术等证据中，审查是否相互印证。算法证据真实性认定的"依附性"规则体现了法官固守传统证据的经验判断，另一方面，也是囿于缺乏算法证据真实性审查"坐标系"。

二、算法证据真实性认定的风险识别

智慧法院的建设进路中，人工智能算法由于其技术理性向庭审认定证据提出了新的需求，冲击着现有裁判对证据真实性的认定，给司法活动带来了潜在的风险。

---

① 马明亮、王士博：《论大数据证据的证明力规则》，载《证据科学》2021年第6期。
② 栗峥：《印证的证明原理与理论塑造》，载《中国法学》2019年第1期。

(一) 技术场景: 权利异化与场景欺骗

"知识—权力"话语的存在,使得"专门知识"在进入司法领域时获得符号权力,一定程度上影响着裁判的作出。① 算法证据具有高科技性质的特征,可以看作是某方面的"专门知识",而其真实性的审查则需要更强大的技术支撑与程序规范的有效结合;同时,算法数据在诉讼过程中不断传递和流转,这也导致法院离不开相应的有效规范来审核其所依托的数据准确性。此外,经算法创设者创设的算法技术,通常融合于其载体中,具有不公开性和专属性,若算法创设者或其共同利益人,意图使用该技术实施类似侵害他人财产、窃取商业秘密、不当使用个人信息等违法犯罪行为,则很难被发现。并且,进行真实性审查,即算法证据的真实性审查,关系着其证据运用中是否存在权利异化,甚至具有进一步侵害其他个人权益的可能性。②

在技术理性的加持下,算法的不当监管衍生了算法权利"异化"问题和技术场景"欺骗"问题,前者表现为通过算法权力"异化",而使得算法证据材料的证据能力存在可疑之处,其合法性和关联性需要进一步研判;而对于后者,由于算法技术场景"欺骗",算法程序的公正性无法保障,进而滋生歧视性、可责性、公开透明度较低等现象,③ 导致算法证据的真实性存疑。

囿于算法技术得不到有效管理,程序权力所产生的算法数据常常作为一个单独的决定因素,从而滋生司法裁判意义上的不公平性,挑战了正当程序的原则与公正审判的立场。④ 同时,"算法权力的异化又突出体现为其公开监督机制欠缺、滥用与知识产权侵犯及个体数据权利赋权与保障等问题。"⑤ 如果算法证据都是由这种变异甚至滥用的计算技术所产生的,将很容易忽略算法的场景特性,也很容易造成在犯罪证据收集中的身份歧视,也无法对犯罪人身份作出同一性判断。

除此以外,算法证据适用过程中可能还存在技术场景"欺骗"。算法技术的发挥与其应用场景息息相关,其采用的自动推理和数据信息自动更新的可视化,给社会发展与人民生活带来了便捷,值得肯定。但应当注意的是,算法运行过程中的隐匿性和非解释性可能会对特定场域的群体造成歧视,进而形成了所谓的"算法歧视"和场景"欺骗",正如上文所描述的,尽管算法证据庭审质证具有走过场的"嫌疑",但法院对算法技术具有主观倾向,进而出现相应的应用场景欺骗。"这种算法歧视主要是在特殊场景中产生的,表现为偏见代理的算法歧视、特征选择的算

---

① 谢澍:《刑事司法证明中的专门知识: 从权力支配到认知偏差》,载《法律科学》2018 年第 4 期。
② 肖冬梅:《"后真相"背后的算法权力及其公法规制路径》,载《刑法学研究》2020 年第 4 期。
③ [美] 约叔华·克鲁尔等:《可问责的算法》,沈伟伟、薛迪译,载《地方立法研究》2019 年第 4 期。
④ 张凌寒:《算法权力的兴起、异化及法律规制》,载《法商研究》2019 年第 4 期。
⑤ 丁晓东:《论算法的法律规制》,载《中国社会科学》2020 年第 12 期。

法歧视,以及大数据杀熟三个基本形式。"① 通过算法技术歧视所形成的算法证据,将会引导法官错误地判定案件事实。

可见,算法证据可能由于歧视性的算法技术,而被自动产生的技术"理性"场景所"欺骗"。算法行为是自动化的行为过程,是把整个行为过程的知识杂糅在自己的计算中得到相应结论,而结果又是在过程中瞬间实现,而不能再分离出行为的过程与方法,进而因信任技术而出现场景"欺骗"现象。

(二)事实认定:歧视问题与算法黑箱

算法证据的真实性认定体现为算法本身的技术理性偏颇所导致的算法证据中的歧视问题和算法黑箱问题。前者在美国体现为歧视算法技术,导致作为算法结果的算法证据的歧视性;② 后者则体现为算法技术自身的不透明度造成了计算黑箱乃至计算霸权,使得算法权力结构得以形成。数据分析的结构犹如一条"黑箱",除算法创制者外,一般人只知道通过计算得出的结论,而不知道结论得出的过程,这就造成数据服务商有可能对司法机关办案进行不合理干涉。③

案例6:赵某诉浙江省某网络有限公司网络服务合同一案,④ 原告指出,由于被告运用平台的竞争优势,对某些商品和某个品牌产品设定了算法歧视,使得其无法搜索到需要的商品。被告并没有按照合同条款提供检索服务,构成瑕疵履行,应承担违约责任。但法院认为,从合同目的来看,该网购平台提供了基于价格、销量、信用、综合等不同选择的排名顺序,帮助不同消费者基于自身偏好检索到欲购买的商品,亦提供了检索反馈渠道等辅助工具,为用户提供了检索服务的个性化反馈通路,从一定程度上可以弥补算法的不足。故不能因为检索结果未完全贴合于赵某个人预期,即认定网购平台提供的检索服务存在违约,遂判决驳回原告的诉讼请求。

应当注意的是,法院驳回诉请的理由系认为该平台基于价格、销量、信用、综合等不同选择的排名顺序,提供了检索反馈渠道等辅助工具,为用户提供了检索服务的个性化反馈通路,从一定程度上可以弥补算法的不足。但是被告浙江某网络公司提供的购物平台是否针对不同产品存在算法歧视,仍未确认。

(三)本质冲突:由安全风险向证据风险转化

如何恰当地使用算法证据,存在人工智能技术运行与数据传递事实认定两层面的忧虑。针对人工智能算法融入司法领域的适当性,核心注意力应当从技术本身的"安全风险"转化为事实认定的"证据风险"。

---

① 郑智航、徐昭曦:《大数据时代算法歧视的法律规制与司法审查——以美国法律实践为例》,载《比较法研究》2019年第4期。
② 曹博:《算法歧视的类型界分与规制范式重构》,载《现代法学》2021年第7期。
③ 肖冬梅:《"后真相"背后的算法权力及其公法规制路径》,载《刑法学研究》2020年第4期。
④ 详见浙江省杭州互联网法院(2020)浙0192民初2295号民事判决书。

诉讼双方对算法证据仍采取保守和谨慎的态度。这除了算法技术具有很强的专业性，而司法机关人员又对其基本原理的了解不足，容易产生理解误差外，还因为法证认定规范没有统一，因此即使承认了计算证明的资格，也会产生法律适用无序性。① 同时，也缘于算法技术自身存在安全风险和技术局限性，其可靠性遭到质疑。如此，使得司法裁判者对算法证据在司法适用中面对技术理性与司法理性的双重挑战。

算法具有区别于大数据的独特的自身技术特征，即便法院按照大数据、区块链电子证据审查模式，② 摸索算法证据适用规则，但囿于法官不具备相应技术识别知识，也难以准确界定其应有的法律性质，无法进行精密处理和操作。为了充分发挥算法技术和比对推理的优势，应当促进算法技术与区块链技术的融合，以此防范数据被删减、算法被篡改，③ 保障算法证据依托的数据真实、客观。

为有效矫正算法证据真实性认定的依附性，防范其适用风险，有必要根据算法证据的产生机制，根据其构成要素，辩证地参考域外规范的合理内核，立足司法实践，确定其真实性认定标准，并形成适合的证明效力审查规则，促使"算法向善"。

三、算法证据形式真实性的认定规则

算法证据的形式要素包括其载体与数据，算法数据的修改、删除等不会对算法载体构成影响，存储于载体之中的数据可自由地在载体之间转移；算法载体发生变化并不意味着算法数据为假。

（一）算法证据形式真实性的范围框定

1. 算法载体。载体真伪性是指保存算法的软件、区块链等信息技术载体，在采集、存放、交易、认证、检索过程等各环节中的原始性、同一性、完整性，并具有被人损毁、更改、替换、伪造等可能性。在审核载体的真伪时，应当从载体的原始性、数据的准确性和获取流程的合法性、管理流程的完备性等三个角度加以检验。

2. 算法数据。由于真实因素而不能扣押的原件数据存储内容时，该如何核查原数据载体资源的准确性，以确定采集流程的合规性。实务中，当不能扣押原件存储介质时，侦查人员通常采取异地勘验笔录、在线抽取笔录等方法，以获取、固定相关数据。算法数据则存在被修改、损毁、删除、增加等风险。

（二）算法证据形式真实性的自我验真原则

为减轻数据载体认证负担，《美国联邦证据规则》第902条确立了"自我验真"证据原则，详细列举数据自我验真类别，无需外在真实性认定要求。同时，允许反

---

① 温颖、张玉洁：《电子证据时代司法区块链的实践困境与因应》，载《长江论坛》2021年第4期。
② 杨继文：《区块链证据规则体系》，载《苏州大学学报（哲学社会科学版）》2021年第3期。
③ 韩康：《论区块链存证的模式——"第三方存证"与"自主存证"之比较》，载《学术探索》2021年第10期。

对者提出反证，反驳自我验真证据。关于其真实性问题，美国采用散列值手段验证二者是否同一。① 如原件和副本的散列值不同，则副本与原件不完全相同；如原件和副本的散列值相同，则原件和副本不相同的可能性非常小。

他山之石，可以攻玉。对载体与数据真实性的审核可以借鉴美国自我验真的方法，形式审核算法载体运行正常规范，并附有算法的保管链、创制人，且当录制证据与庭审证据一致时，则符合形式真实性推定满足鉴真要求，减轻举证者的举证责任。除非被告有足够理由质疑，否则即可认定算法载体与数据具有真实性。

（三）算法证据形式真实性的认定标准

1. 载体客观。算法证据以区块链、软件程序、计算机等为载体，其真实性有赖于该载体真实性，故应当对承载算法证据的区块链、软件程序、计算机进行鉴真。②

申言之，对于算法载体真实性的认定首先应审查其数据中有无写明数据出处，获取方法的具体原因、目的、日期、地点和持有人以及原始存储介质的存放位置，有没有见证者到场等。其次，算法数据中有无明确填写的算法数据信息的主体内容、存放地点、完整性校验值、电子标识等。其中的电子标识、数字证书、完整性校验值等，均构成了算法数据的独特性标志，存在独特性，对信息主体的同一性确定十分重要。最后，方法采集、获取的信息有无可以重现性。在部分"P2P"金融诈骗案件中，被告人使用的"P2P"金融服务平台都是在云平台上构建，同时囿于银行系统的信息量很大，不方便扣押银行存储介质，侦查部门在银行信息系统冻结时，采取网上实时提取的方法，查询案件有关的信息，并统计完整性校验值。

2. 数据完整。算法数据的真实性主要关注算法内容在流转过程中的同一性。③ 若缺乏完整性则意味着算法数据可能存在增减、破坏或丢失等情况，导致其真实性可能无法得到保障。④ 依托哈希值计算比对技术，将数据随机输入，利用散列函数方法转化为固定的输出数据，以符合唯一性与确定性，前者指两个不同数据经过哈希函数运算后得到的哈希值不同；后者指对同一数据输入或相同数据输入，无论经过多少次哈希函数运算，得到的哈希值都相同。⑤ 任何一条数据，不管其存储量多大，有且仅有唯一的哈希值，若数据完整性发生增减或修改，其哈希值也会发生变化。

获取完整性校验有时直接影响能否对数据进行有效鉴真。如陈某某贩卖毒品一案，⑥ 公安机关在受害人处查获手机后获取涉案数据，并制成了勘验检测笔录，但

---

① 陆银清：《智慧法院建设背景下声音真实性的辨认分析——以电话交谈为视角》，载刘贵祥主编：《审判体系和审判能力现代化与行政法律适用问题研究——全国法院第32届学术讨论会获奖论文集》，人民法院出版社2021年版。
② 谢登科：《电子数据的技术性鉴真》，载《法学研究》2022年第2期。
③ 褚福民：《电子证据真实性的三个层面——以刑事诉讼为例的分析》，载《法学研究》2018年第4期。
④ 喻海松：《刑事电子数据的规制路径与重点问题》，载《环球法律评论》2019年第1期。
⑤ 陈鹏：《区块链本质》，清华大学出版社2019年版，第48页。
⑥ 云南省通海县人民法院（2018）云0423刑初279号刑事判决书。

由于该笔录中没有持有者、见证者的签字，也没有记录提取流程和内容，且取证过程中没有录像，也就不能计算数据的完整性及校核价值。法庭认为该数据取证程序具有严重瑕疵，且无法进行合理解读，遂对该数据进行排除适用，不予认定。

但值得注意的是，手机内的信息仅在勘验检测后形成书面笔录，表明相应的数据一方面发生载体上的变化，另一方面由于勘验检测主体的介入，其数据完整性存疑，无法因勘验检测笔录具有瑕疵而认定手机内的原始数据的完整性。

四、算法证据实质真实性的认定规则

算法证据除形式真实性需认定外，其实质真实性的认定也是算法证据整体真实性的重要组成部分。实质真实性的认定更加关乎其能否有效传递证明信息，从而具备证明效力，达到证明目的。

（一）算法证据实质真实性的范围界定

1. 算法主体。虽然算法证据已被广泛应用于诉讼中，但我国尚未建立统一的算法资质考核与认证制度，而放任非专业机构和人员在诉讼中任意提取，既不符合算法证据本身的技术性要求，也将在一定程度上影响其作为证据的证明力。

2. 算法内容。算法证据从实质上来说是由零和一数字信号量所组成的数据信号，其必须遵循程序代码中的逻辑顺序存放。但因为法院并不掌握解读算法专业知识和设备仪器，所以大量的数据信息在当庭呈现之前，就必须先经过算法技术手段的分析并转换为算法证据书面文本。由于算法系运行模型，电子数据经算法过滤后，其数据本身的真实性在未被篡改的前提下，仍然存在。[①]

（二）算法证据实质真实性的推定原则

证据原件传递的证明信息是证明效力认定的最强基础。判定算法证据的证明力实质上是对算法内容的推定，隐藏了"推定"的逻辑思维，借鉴域外内容真实推定的方法，对算法内容的真实性进行推定。

放眼域外，IBA证据规则对不利推定作出了简单规定，Sharpe通过对判例进一步研究，丰富了不利推定的适用标准。[②] 例如，算法的技术规则具有以下情形时，可以推定网络平台对相应的具体犯罪行为是明知的：①针对某类非法数据进行技术规则回应，如通过设立不良信息过滤系统等进行管控；②针对某类非法数据进行过多次技术处置，如通过指令日志发现曾对非法数据进行专门分析。

立足本土，《最高人民法院关于民事诉讼证据的若干规定》第94条规范了由中立第三方平台所提交或确认之数据的真实性推定，依其"可以确认"之表述方式，

---

① 张军：《刑事证据规则理解与适用》，法律出版社2010年版，第233~234页。
② 崔起凡：《国际商事仲裁程序中的不利推定》，载《北京仲裁》2011年第2期。

可归为许可性推理,即事实确认者可以而不是应当去确认待证事实。该条正式回应了电子数据真实性审查难题,其强调数据载体运作可靠,数据保存完整客观,提起数据主体正当等因素进行推定审查,此不失为算法证据推定规则的起点。

与此同时,将不利推定规则移植于算法证据认定中,将其界定为:算法证据处于不利地位的一方当事人有责任就其错误提供证明,否则视为接受算法证据的证明内容。侦查机关作为算法证据的应用主体,当被告人就算法证据的内容提出质疑时,侦查机关有义务就其相关对象鉴定为真、符合技术性要求等提供相应证明,否则就推定该算法证据不具备真实性、合法性、完整性要求,不能作为定案依据。

(三) 算法证据实质真实性的认定标准

人工智能算法关键技术的研究特点和使用方法是相关治理系统形成的关键。当宏观的管理思想贯彻到具体的执行阶段,就必然要求相应的基本原则必须符合技术效果和司法效果的双重需要。

1. 内容真实。为了起到说明案件真相的作用,往往需要在算法信息与书面文本的内容间建立联系,而事实鉴真则为了证明这些联系是实际产生的。事实鉴真需其信息被准确地转换为书面文本。"以印证为最重要条件的证明体系中,成功证明的关键在于获得了互相支持的其他证明。"[①] 各个环节、节点算法信息的相互作用印证了电子信息在互联网传播、流动的环境中,绝不是孤立存在的。从移动端到服务器端,再到云端空间,在数据传递的各个节点、过程中,均有可能保存着大量与犯罪分子有关的算法信息和痕迹资料。对电子信息来说,一旦可以与其他过程、节点中的电子信息相互证实,便可确认犯罪真相。

2. 主体正当。算法技术要求的科学基础理论、专业知识和经验,其创制者是否进行了该领域学科专业基础知识的专门培训,是否具有相应的从事该领域的从业经验或累积了相应的实践经验,有无对算法主体所要处理的专门性问题有过进一步思索和深入研究,均影响认定算法证据的证明效力。故是否适用算法主体资格的预先授权,是对其既存专业状况的预判,但也认识到其存在他人操作的危险性。这主要是因为人的精力有限,人的学习能力、对专业知识的掌握范围也是有限的,存在对某些更细微领域的专业知识空白的可能性。

除以授权方式规范承办人提取算法证据的行为之外,参照鉴定机构与鉴定人员的管理方式,对参与算法证据分析的人员主体资格作出专门规范,要求其应当具有专业知识背景,并通过国家或地方权威机构资质认证,防止其与案件当事人存在利害关系。

3. 算法可理解。数字化时代,人们借助"指尖行为"和在人机交互界面输入命令,触发一定程序规则,从而实现与虚拟空间的数据交换,从而完成了真实空间和

[①] 龙宗智:《印证与自由心证——我国刑事诉讼证明模式》,载《法学研究》2004年第2期。

虚拟空间之间的连接。数据解构了行为所拥有的直观的特征，从而重构出行为中不可直观的数据化实在性。大量的算法信息之所以能够形成规律，是因为在分析数据前，人为地选定了分析数据的方法，也就预先设定了输出的数据结构化关系结果。①

事实上，任何大数据分析的算法模型也必须以假设即理论为前提。

虚拟空间中，行为分解为数据，其特征相应地转化为数据特征。通过对数据表征的聚合发现规律，并同现实空间预设的模型加以比对，其中金额表征作为行为镜像映射在虚拟空间。② 例如，参加、领导的犯罪案件，对手账户可以是下一层的行为人账户，因上下层次间具有返利联系，其成交的数量都具有一定的金额特征。通过分析该金额特征，找到与行为人账户有交易关系的对手账户。

五、算法证据真实性认定的风险预防机制

在人工智能融入司法的过程中，认可算法证据的法律属性，形式上旨在强化其独立证据地位，但其本质上仍具备电子证据之核心属性，其真实性认定仍需谨防其给司法领域带来的技术风险。

（一）构建认定算法证据真实性的独立调查模式

1. 算法证据的提取。算法证据真实性的认定无法仅凭单一存证、固证技术，仍然需要完善的证据提取制度的加持。对提取算法证据的过程不加以规范，任意获取的算法证据真实性难以认定。此外，算法证据提取制度的完善也将更大范围地化解纠纷，因为庭外解决纠纷的可能性与当事人对诉讼结果预测的清晰度密切相关。③ 而我国目前尚未建立起完备的针对第三方平台的证据提取制度，滋生当事人任意提取算法证据，迫使法院陷入其真实性难以认定的窘境。

《最高人民法院关于互联网法院审理案件若干问题的规定》（以下简称《互联网法院审理规定》）第5条第2款对电商平台经营者、互联网服务提供商、相关国家机关施加了提供证据的义务，但并未规定证据持有第三方的拒绝提出权或保密权以及不履行提出义务的不利后果。当发现案件真实与个人权利发生冲突时，法院往往会趋向于案件真实。而对于个人权益的保护，则有必要把对第三人的主张义务限制在特定区域内，并赋予其在特定情况下的拒绝权利。④

2. 证据真实性的质证。在司法电子证据平台机制下，法官作为公权力一方调取证据的成本以及程序复杂度都大幅降低。"对于一些法院可通过电子证据平台直接调取的结构化信息，可不必再由当事人举证"，⑤ 如区块链存储的双方当事人身份信

---

① 彭知辉：《论大数据环境下公安情报学研究范式的发展》，载《图书与情报》2017年第1期。
② 倪春乐等：《大数据认识论视角下的侦查认知研究》，载《中国人民公安大学学报》2021年第3期。
③ 李永泉：《民事诉讼当事人证据收集权研究》，中国法制出版社2013年版，第125页。
④ 吴如巧、郭成、谢锦添：《论中国文书提出命令制度适用范围的扩展——以第三人文书提出义务为视角》，载《重庆大学学报（社会科学版）》2017年第1期。
⑤ 李诗文：《论区块链证据的真实性认定》，西南政法大学2020年硕士学位论文。

息、软件、专利等。这也符合《互联网法院审理规定》第 9 条的规定，尽管该条款对于在线证据交换的规定过于概括，没有具体化为结构化信息，但不应视其违背"谁主张，谁举证"的原则。①

为满足电子证据的多样化形态，法院可设置多种证据接受途径，将类似大数据证据、区块链证据、算法证据的新类型证据的审理模式进行创新，使其脱离传统庭审模式。具体就算法证据而言，当事人提取案涉算法证据后，法院应及时督促当事人将其证据上传、导入诉讼平台，进行在线证据交换；当不能实现原始算法证据线上交换时，则将线下证据通过扫描、翻拍、转录等方式进行电子化处理后上传至诉讼平台进行举证。

3. 证据真实性认证。正如上文所述，算法证据真实性按照其构成要素可类型化为形式要素真实与实质要素真实，这两个层面的真实性均与算法证据真实性的认定息息相关，其中任意要素的真实性无法认定，则将使得算法证据真实性存疑。据此，法院对算法证据真实性进行认定时，基于法官案件审判的经验法则，依托算法技术专家的技术识别辅助，在充分保障双方当事人的举证、质证、辩论等诉讼权利的基础上，平衡证据裁判与自由心证，保障算法证据真实性认定正当、合理。

（二）赋予认定算法证据真实性的解释权

算法解释权已在《欧盟通用数据保护条例》中正式确立了下来，并且成为一项实证性的权利。这一权利在欧洲范围内早已得到了广泛接受。因为计算具有不易感知和无直觉性两大特性，平台必须对计算进行选择所依据的基本原则和规范加以说明。因此，在消费者要求平台提供有关商品价格差异的说明时，其应当提供造成计算价值差异的合理理由，而不是对当事人的询问置之不理。

"算法黑箱"的隐喻，表示了对因为计算不透明而导致人们缺乏对信息的掌握这一可能性的恐惧。由于所有人类对关乎自身权利义务的事情，都有一种自身所不能掌控的黑盒子，这显然意味着实现计算数据透明的可能性低乃至不可能，② 由此也带来了真实性认定的风险。

（三）完善认定算法证据真实性的监管措施

算法技术场景化特征促使同样的算法在不同场景中，因输入变量以及数据处理内容等存在不同，而出现迥异的算法证据。据此，可以对算法技术及其使用的情景进行分类、分级监督。③ 当算法作为生态系统内的资源配置方法时，以是否涉及其他利害关系主体为标准，确定监管的强弱标准。当涉及其他主体的利益保护时，采

---

① 胡仕浩、何帆、李承运：《〈最高人民法院关于互联网法院审理案件若干问题的规定〉的理解与适用》，载《人民法院报》2018 年 9 月 8 日。
② 汪庆华：《算法透明的多重维度和算法问责》，载《比较法研究》2020 年第 6 期。
③ 陈兵、林思宇：《"数据+算法"双轮驱动下互联网平台生态型垄断的规制》，载《知识产权》2021 年 8 期。

用重监管方式;反之,则适用一般监管方式。

在具体监管措施层面,"2020年《欧盟人工智能白皮书》将明确应当从使用环境、发展目的、安全保障、用户健康以及基本权利五大层面形成基于风险的五级监控框架,清晰划分各种人工智能技术的评价尺度,并进行差别化管理。"[1] 对于信息服务领域并不能仅仅进行简单化的监管,而是需要区分其中的场景,尤其是信息应用的关键环节上的特殊场景(比如购物情景)。

同时,采用了场景控制和精准管理的思路,以危害范围、波及范围、社会影响程度为依据,逐步建立起基于环境维度的考核标准。在影响维度指标的制定过程中,各国立法者都嵌入意识到在算法控制进程中所必须保障的社会基础利益。因此,基于透明度、有效性、数据公平和正义的基本含义,要建立基于算法问责制维度的影响评估指标,并设定相应的补救制度和惩罚机制。

结　语

算法证据的真实性认定与案件事实的客观认定与实质正义的实现紧密相连,其真实性的认定具有系统性与规则性,可按照形式要素真实到实质要素真实的逻辑进行认定。第一层是对形式要素真实——载体与数据的审查,采用审核认定规则;第二层是对实质要素真实——算法主体与内容的审查,采用推定规则。倘若一个层面或一项要素的失真,将导致整个算法证据真实性的认定出现差错。同时,从单独调查模式的构建、算法解释及场景监管的角度,细化算法真实性认定的风险预防机制,便于法官在认定算法证据真实性时,能够从容适法,实现案件事实认定的真实客观。

---

[1] 张欣:《算法影响评估制度的构建机理与中国方案》,载《法商研究》2021年第2期。

三等奖

侵犯公民个人信息罪场景化印证的样态、逻辑与结构

——以传统印证场景的多重对比分析为切入点

江西省会昌县人民法院　侯为民

江西省赣州市中级人民法院　肖昌明

江西省会昌县人民法院　李晓霞

引　言

在大数据场景中，社会互动从现实空间扩展到虚拟空间，个人信息作为一种流动元素，使个人信息犯罪呈现涉众性、链条性等特征。不同于传统犯罪"事→人"的证据审查模式，侵犯公民个人信息犯罪涉及的信息数量非常庞大，在定量型犯罪认定模式下，此类案件的证明变得极为困难。因此，基于传统证据形态建立起来的印证证明模式正在受到严峻考验，必须深入分析侵犯公民个人信息罪的证明难点，需要对传统印证模式予以审视和完善，探索建立一套特殊的印证证明模式。鉴于个人信息与数据一体两面的客体特征，应注意个人信息流通产业链的不同环节、不同的处理目的、不同的数据类型、不同的处理方法以及不同主体等场景的差异性。本文基于场景理论，以信息生态链结构为基础，构建线性结构、伞形结构、环形结构的流转场景，针对不同的场景进行印证，以破解侵犯公民个人信息罪的证据印证审查问题。

一、侵犯公民个人信息罪传统印证证明实践样态考察

传统"印证"证明是指不同证据信息因内容指向同一而相互支持形成的一种稳定的证据结构，是判断证据充分性的重要因素。[1] 即两个或两个以上的证据相互佐证，并在证明指向力一致性的基础上进一步检验单一证据的有效性。根据证明指向力的不同，又可细分为"形式印证"和"实质印证"，前者重在证据之间的外部印证，后者重在对证据本身的检验。[2] 侵犯公民个人信息罪不同于传统犯罪行为，这类犯罪通过"网络延伸"将部分证据分离于线上线下。因此，如何通过"虚拟"与

---

[1] 龙宗智：《印证与自由心证——我国刑事诉讼证明模式初探》，载《法学研究》2004年第2期。
[2] 汪海燕：《印证：经验法则、证据规则与证明模式》，载《当代法学》2019年第4期。

"现实"空间的证据相互补强进而还原案件事实尤为重要。为了全面考察侵犯公民个人信息罪的传统印证场景样态,下文将选取部分存在争议的案件在"形式印证"场景和"实质印证"场景两个层面进行分析。①

(一)"形式印证"场景考察

"形式印证"的场景焦点在于各种证据的信息反馈是否一致,并不对证据本身的证明力进行考察。而基于证据信息反馈的一致性,又可分为"直接印证"与"间接印证",前者由于证据信息内容同一,可以直接对证据信息内容进行比较,而后者则需要通过信息对比和证据推论方能得出印证结果。②

1. "直接印证"场景。传统的印证证明场景中往往具有数个独立信息来源的直接证据,其证据构造是:少量证据+直接证据+传统证据。③ 在直接印证过程中,来源不同的直接证据之间在所含的具体事实信息方面完全相同,这些证据所含的信息只需要做到部分重叠或交叉即可。但侵犯公民个人信息罪案件中,存在大量电子化的间接证据,这便转化成了以下证据构造:大量证据+间接证据+电子证据。通过对样本案例的直接印证场景考察可以发现,其与传统直接印证模式并无差异。

场景一:争议事实只有单一直接证据。针对某些争议事实只有单一直接证据的案件,由于没有其他证据相互印证,法官往往结合某些法律规则或法律原则进行印证。如案例1,④ 被告人提供了公司规章制度,证明其使用爬虫技术获取员工信息的行为是公开合法的,并非通过窃取的途径收集员工信息。但法官认为,该证据虽能证明被告人有权限查询员工信息,但是被告人的行为系个人行为且违反了个人信息保护的合法性原则。

场景二:争议事实有多个直接证据。在侵犯公民个人信息案件中,直接证据多以电子数据的方式展现,往往具有弱相关性和强隐蔽性的特点。因此,在印证过程中往往需要在多个直接证据之间进行反复印证。如案例2,⑤ 被告人辩称,其所获取的手机号码等个人信息并非从涉案公司获取的数据,但法官认为,没有证据能证明被告人提取和输出的数据是一致的,故不能认定这些信息是被告人用于贩卖的个人信息。

而当争议事实有多个直接证据时,关于这些证据的具体印证过程并未有所体现,且涉及证据裁判说理的呈现亦明显偏少。在大部分案件中,先有对案件事实的描述,然后是各种证据的清单式梳理,且直接证据多以口供为主,而对于这些证据之间如

---

① 笔者于2022年6月22日在中国裁判文书网,以"刑事案由""侵犯公民个人信息罪""争议焦点""判决书"为关键词进行检索,总共获得242篇文书。
② 龙宗智:《刑事印证证明新探》,载《法学研究》2017年第2期。
③ 纵博:《印证方法的不足及其弥补:以多元证据分析方法体系为方向》,载《法学家》2020年第6期。
④ 参见浙江省余杭区人民法院(2017)浙0110刑初737号刑事判决书。
⑤ 参见湖北省宜昌市中级人民法院(2018)鄂05刑终365号刑事判决书。

何形成证据链法官并没有进行相关论证。① 甚至有的案件中仅在案件事实描述后就直接得出结论。② 因此，不难看出：在侵犯公民个人信息犯罪案件中，我国法官群体对于印证过程仍持谨慎态度，很少有法官敢于在裁判文书中呈现心证过程。

2. "间接印证"场景。间接印证主要是通过证据信息的筛选、证据推理等方式进行证据信息内容的比较和验证。以个人信息类别为例，因信息的私密度不同，其印证的场景往往具有差异性。

场景三：擅自处理未公开的敏感个人信息。针对未公开的敏感个人信息，在获取途径上相对单一，大多基于被告人职权便利获取，尤其是在《刑法修正案（九）》未出台之前，这种情形更加明显。③ 但是也正是因为获取信息的途径单一，所以对信息的识别也更为简单，一般并不需要其他个人信息证据结合印证。比如案例3④中，被告人非法获得的"房产信息"涉及公民的姓名、身份证号码、联系电话、地址和房地产面积，部分信息涉及公民房地产过去的交易价格，直接反映了公民的经济状况，属于公民的敏感个人信息。

而对于擅自处理此类信息，司法实践中法官多持同意否定论立场，即从行为目的进行印证，认为侵犯公民个人信息罪所侵害的客体不仅仅是公民的人身权利，还包括社会管理秩序。即使在被害人知情同意的情况下，如果信息处理行为影响到正常的社会管理秩序，仍应由刑法加以规制。如案例4⑤中，被告人提供了聊天记录和转账记录，证明其收集的淘宝店主的注册个人信息是经过授权同意的，且支付了对价获得该信息，不具有违法性，但法官认为，即使有证据证明店主知道并认可该行为，但被告人的行为影响了社会管理秩序，应构成侵犯公民个人信息罪。此印证模式是基于超个人法益的立场，即知情同意并不影响罪名的成立。（见图1）

场景四：擅自处理非敏感个人信息。在样本案例中，涉及擅自处理非敏感个人信息的案件有167起，而对于敏感个人信息是否重复、真实，法官普遍通过固定hash值的电子证据勘验笔录来认定。当被告人对此提出抗辩时，法院主要有以下几种回应方式：如案例5⑥以司法鉴定检验报告作为认定依据；案例6⑦以侦查机关电子证据检查工作记录进行认定，案例7⑧则是依据被告人在侦查阶段签字认可的书证。（见表1）此外，在涉及大量公民个人信息的刑事案件中，对于被告人提出的信

---

① 其中较为通用的表述为："有公诉机关提供并经当庭质证的下列证据：……犯罪事实清楚，证据确实、充分，应当以……罪追究其刑事责任。"
② 如湖南省新化县人民法院（2022）湘1322刑初88号刑事判决书仅表述为"经审理查明的事实、证据与公诉机关的指控一致"，之后就直接认定被告人违反国家有关规定，非法获取、出售公民个人信息，情节特别严重，构成侵犯公民个人信息罪。
③ 《刑法修正案（九）》修正后，将非法获取公民个人信息罪和出售、非法提供公民个人信息罪合并为侵犯公民个人信息罪。
④ 参见山东省青岛市中级人民法院（2018）鲁02刑终295号刑事判决书。
⑤ 参见广东省开平市人民法院（2018）粤0783刑初215号刑事判决书。
⑥ 参见安徽省潜山市人民法院（2020）皖0824刑初94号刑事判决书。
⑦ 参见四川省泸县人民法院（2020）川0521刑初32号刑事判决书。
⑧ 参见四川省南充市高坪区人民法院（2019）川1303刑初2号刑事判决书。

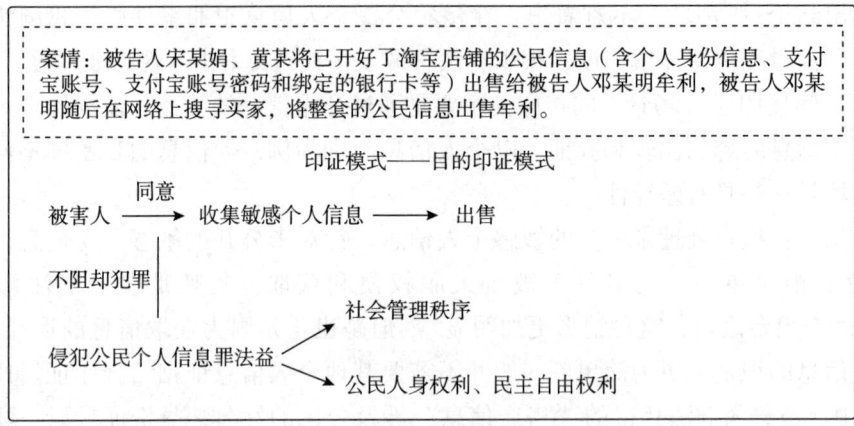

图 1 案件 4 案情及模式

息真实性问题,大多数法院并未进行正面回应。如案例 8[①] 仅载明"被告人(辩护人)的辩护意见于法无据,本院不予采纳。"案例 9[②] 则是直接援引有关法律法规,即被告人不能提供相反的证据,则直接推定信息为真;案例 10[③] 辩护律师建议可以拨打相关电话号码对证据信息的真伪进行核实,但法官认为此方法可能会侵犯公民隐私权,不予采纳。

表 1 擅自处理非敏感个人信息典型案例

案例	信息类型	认定方式	证据
案例 5	纯手机号码、姓名(姓氏)、手机号码、QQ 登记信息、期货信息	以鉴定方式认定	无表述,以司法鉴定检验报告为核心证据认定
案例 6	微信号、QQ 号、通讯录等个人信息	以侦查机关电子证据检查工作记录认定	电子证据检查工作记录,办案单位出具的统计详单
案例 7	微信号、支付宝账号等个人信息	以被告人在侦查阶段签字认可认定	微信信息、支付宝信息,证实经被告人签字确认

场景五:使用已公开个人信息。关于使用已公开个人信息的行为,在目前刑事司法实践中法官立场普遍一致,认为获取信息的行为不以同意为要件。个人信息公

---

① 参见江苏省无锡市惠山区人民法院(2019)苏 0206 刑初 405 号刑事判决书。
② 参见江苏省鼓楼区人民法院(2017)苏 0106 刑初 653 号刑事判决书书。
③ 参见广东省四会市人民法院(2021)粤 1284 刑初 263 号刑事判决书。

开后即具备公共信息性质,在公共领域的获取行为无疑是合法的。然而,对于获取之后的出售或者提供等行为,司法实践中法官们大多持严格保护立场,一般从目的主义出发,即个人信息处理行为需严格符合公开个人信息的目的,即行为人必须获得"二次授权"。如案例11①中,法官认为,房东同意将其房地产信息在中介门店公布,并不意味着房东同意在网上披露信息,被告出售他人披露的房地产信息违反了最初公开的目的,应当视为侵犯他人个人信息。(见图2)

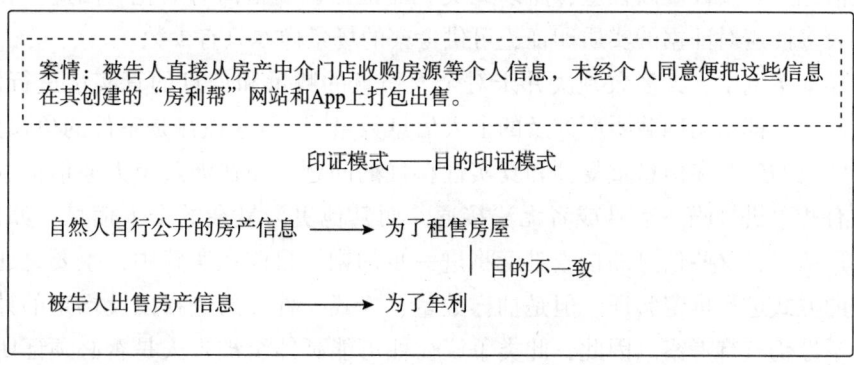

图 2 案件 11 案情及模式

对于被动公开的个人信息,未经授权的处理行为,大多数法官亦是以信息公开的目的进行相互印证。如案例12,② 法官认为企业信用信息在网上公开是为了满足公众信息查询的需要,因此其公开范围仅限于通过系统查询相关企业信息,而不包括查询信息后向他人出售信息以获取利润的行为。(见图3)

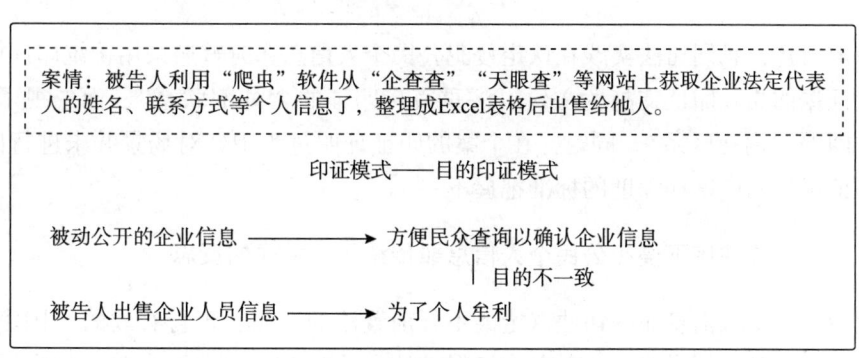

图 3 案件 12 案情及模式

---

① 参见上海市金山区人民法院(2018)沪 0116 刑初 839 号刑事判决书。
② 参见福建省安溪县人民法院(2019)闽 0524 刑初 397 号刑事判决书。

(二)"实质印证"场景考察

实质印证通过对单个证据证明力的检验以促进法官内心确信的形成。在传统犯罪中,证据材料分布相对集中,证据之间的联结也较为紧密,比较容易形成一个相互支持的证据链,因此证明指向力更强。相比之下,侵犯公民个人信息罪的证据之间以及证据与事实的相关程度均弱于证据相对集中的传统刑事犯罪。同时,由于海量个人信息的真实性难以核查,所以此类犯罪证据证明指向力弱化。因此,在实践中法官大多回避对证据的实质印证,可供考察的场景样本只有少数。

在样本案例中,大多数判决并未对个人信息的数量和信息的真实性进行回应,有的案件甚至都未明确载明所涉及的个人信息数量。[①] 但这往往是案件的争议焦点,有些案件也的确存在信息重复性和真实性存疑的问题。如在涉及个人通信信息的案件中,有些手机号码系空号或者无法接通,而其他更为复杂的个人信息,如住址、银行账户信息,这些信息的核查难度将进一步加剧。目前在实践中,主要是通过抽样筛查的方式进行推定验证。但是抽样数量、方式、种类的选择以及推定的计算比例的科学性仍有待考察。因此,此类争议往往可能延伸至被告人是否必须证明每一条无效信息,是否也可以将无效信息的证明类推适用?如案例13[②] 中,辩护律师对个人信息的数量和真实性提出抗辩,认为存在大量重复信息,且抽样结果也具有偶然性。法官认为,尽管存在无效信息和重复信息的可能情形,但是并不影响该罪的成立。可是如果确实存在大量的无效或重复信息,这不仅会影响该罪的量刑,甚至会影响罪名的认定。

(三)小结

综上所述,我国司法实践在认定侵犯公民个人信息罪时普遍采用传统印证模式,以直接证据的相互印证支持为关键,注重直接印证的"外部联系",而忽视了实质印证之间的"内在联系"。同时,在个案的印证证明过程中,对场景并未进行区分,导致印证证明的广度和深度的标准把握不一。

二、整体法秩序下侵犯公民个人信息罪传统印证模式的反思

侵犯公民个人信息罪的司法认定离不开前置法的适用,现行有效的"国家有关规定"主要包括《民法典》《个人信息保护法》《全国人大常委会关于加强网络信息保护的决定》等。

(一)个人信息分类的"静态化"印证局限

在现实中,具有天然的相互独立性的主张几乎是不存在的。所有的主张都会在

---

① 参见广东省鹤山市人民法院(2018)粤0784刑初120号刑事判决书。
② 参见浙江省绍兴市越城区人民法院(2018)浙0602刑初365号刑事判决书。

某种程度上被另外一个主张所影响,而这一影响程度随着条件因素的变化而变化。① 所以,相互独立的证据和相互依赖的证据并非能够被截然区分的两个概念。目前,在保护公民个人信息方面,我国刑法领域倾向于对个人信息的传统静态分类保护模式。② 但是仅从个人信息的类型去区分不同层级的保护是远远不够的,且个人信息种类之间的差异性也是相对的,很难应对实践中的复杂情形。

同时,个人信息所处的环境不同,其体现的价值也会有所区别,且这种价值往往不能进行精密计算。因此,个人信息的刑事静态保护模式很难真正达到预期的保护目的。在具体的信息应用场景中,个人信息的价值需要通过相关的利益衡量进行区分,而利益衡量本身亦是一个动态立体的过程。但在刑事领域则主要集中在收集环节,只要在收集环节履行了告知义务并征得信息主体同意后,后续的处理、交易和使用环节就不再受刑法保护了。③ 因此,个人信息的刑法保护应跳出碎片化的印证逻辑,从整体法秩序的平衡下,结合前置法的"场景化"判断,实现部门法之间的有序衔接。

(二)印证证明模式潜在的"公式化"现象

从证据印证的逻辑来看,是一个证据材料→证据事实→要素事实→案件事实的推导过程。④ 这个过程具有论辩性质,通过证据覆盖率进行选择印证,实现个别证据和整体证据的有效审查。⑤ 然而,在侵犯公民个人信息罪的印证中,尤其是复杂案件中大多采用"综合考量"模式,忽略了证据、论证和事实之间的互动。

以出罪的印证为例,在刑法上是以违法性为前提,但是在实践中法官往往会回避违法性的印证。如案例14,⑥ 被告人通过一系列软件撞库攻击或自动更换 IP 等批量操作手段盗取账号及密码。辩护律师主张,专家意见中只对其中一个软件进行了检测,且并未具体说明该软件可以实现什么功能,是否进入淘宝安全防护系统,且检材来源可能并非直接检材,不能证明其手段具有违法性。针对此辩护意见,法官并未进行回应,裁判文书只是简单载明"从涉案系列软件运行的实际效果考量,鉴定意见具有证明效力"。显然,这种形式化的"综合考量"证明模式并没有提供最佳解释。(见图4)

---

① 周俊彦:《印证何以证明?——对印证原理和印证规则的概率论反思》,载《中山大学法律评论》2021年第1期。
② 敬力嘉:《大数据环境下侵犯公民个人信息罪法益的应然转向》,载《法学评论》2019年第2期。
③ 劳东燕:《个人数据的刑法保护模式》,载《社会科学文摘》2020年第4期。
④ 杜国栋:《论证据的完整性》,中国政法大学出版社2012年版,第200~201页。
⑤ [美]罗纳德·J. 艾伦、理查德·B. 库恩斯、埃莉诺·斯威夫特:《证据法文本、问题和案例》,张保生、王进喜、赵滢译,高等教育出版社2006年版,第150页。
⑥ 参见浙江省绍兴市越城区人民法院(2016)浙0602刑初1145号刑事判决书。

```
┌─────────────────────────────────────────────────────────┐
│ 案情：被告人通过"林某2""凌某"系列软件，并由马某销售给他人用于批量获取淘 │
│ 宝、支付宝系统中的数据信息。经查，通过运行"林某2""凌某"系列软件，能够规 │
│ 避多重限制条件，批量获取淘宝、支付宝系统中的数据信息。             │
└─────────────────────────────────────────────────────────┘
                              │
                    印证模式——"综合考量"印证
                              │
                  借助软件通过批量操作等形式获取个人信息
                              │
                综合考量软件的实际运行效果，确认鉴定报告的证明效力
                              │
                            罪名成立
```

图 4　案件 14 案情及模式

相反，《民法典》在个人信息保护上倾向于法益的衡平，将"知情—同意"作为免责事由，而这其实与"被害人同意"的出罪功能是一致的。因此，为了实现法秩序统一，在出罪印证时有必要结合《民法典》的免责事由对违法性判断进行更为细化的论证，以实现公民个人信息的层阶保护。①

（三）海量事实要素的"客观化"印证难题

印证证明不仅与证据的发现、收集、运用的客观过程紧密相关，而且是一个通过证据印证构建案件事实的主观活动过程。谈及某一证据时，我们必须将其放在先验优势以及其他证据共同构成的框架下综合考虑，而不能独立对待。因此，印证证明是建立在证据间相互支持上，这也就意味着法官在定罪量刑时，必须尽可能地实现外部证据的最大化。② 反之，如果证据相互印证中未形成证据链，即使法官通过部分相互印证的证据已达成了内心确信，也不应据此确立法律事实或权衡刑情节作出裁决。在此情境下，个人信息数量在定罪量刑过程中，应进行严格的论证。按照传统印证模式而言，每一个信息要素作为证据都应形成一个封闭的证据链进行相互印证。只有证据指向同一以及证据能力和证明力符合相关标准时，才能作为定案证据。而在个人信息犯罪中，存在着向个人信息流向数据、资金往来数据、手机或电脑数据等大数据证据，作为最新的自发证据，在证明印证上存在诸多难题。

一方面，大数据本身的真实性无法保证，面对海量的个人信息数据，依据小数据时代精确性思维要保证每一个数据真实是无法做到的，尤其是在司法能力有限的情形下，很难应对海量事实要素的客观印证。另一方面，大数据结论的真实性亦不确定。在对大数据进行分析时，采取的是抽样分析，如果算法出现问题，那么导致的结论自然也会出现偏差。相关司法解释也仅是提到对于有证据证明是重复数据或

---

① 夏伟：《个人信息嵌套保护模式的提出与构造》，载《中国政法大学学报》2021 年第 5 期。
② 张平寿：《网络犯罪计量对象海量化的刑事规制》，载《政治与法律》2020 年第 1 期。

者不真实数据的,可予以剔除,但是该如何剔除,以及如何识别、确认这些信息是无效信息却并未作出规定。

综上,传统的印证模式在当前侵犯公民个人信息罪认定上存在以下两大困境:一是案件证据审查困难。法官无法对像传统刑事犯罪那样对所有个人信息进行——核查。二是案件事实的整体性构建可能因为海量信息的复杂性无法完全还原,每个信息要素很难做到证据完全充分。精准的印证模式可能会降低案件审理的质量,个人信息犯罪中的事实认定不能对每一个客体进行具体的核实,在构建定量证据体系时也难以实现每一个事实要素的充分证据对应。

三、侵犯公民个人信息罪场景印证模式的理论塑造

个人信息的处理广泛应用于跨场景信息流通中。不同类型的个人信息与人格关联度差异较大,而且在个人信息流转过程中,不同行为对法益的侵害程度也不同,传统的印证模式已不能适应于个人信息的多元保护。但场景理论侧重于个人信息的场景识别和动态保护,可以为我们提供一个理论分析框架。

(一)个人信息刑事保护的内在逻辑:场景理论的引入

海伦·尼森鲍姆基于隐私权的保护提出了场景理论,他认为个人信息没有一个精确的定义,它是动态的、不断变化的,且高度依赖于场景。个人信息保护应基于具体的场景作出合理性的保护,脱离场景的预判式保护是不完整的。[1] 因此,了解场景是至关重要的——谁在收集信息,谁在分析信息,谁在传播信息给谁,信息的本质以及信息主体之间的关系等。且个人信息类别在个人信息流通的各个环节并不是固定不变、静态的,而是随着环节的不同,相同的个人信息可能会发生类型上的变化,前一个流转环节的间接个人信息经过处理后到了下一个流转环节可能就会成为直接个人信息。由于场景要素的多元化,对个人信息合理性保护应综合多种要素进行"程度性"的判断。即个人信息不在于安全或控制,而在于适当的流通,但是否适当应基于所处的特定场景作出判断。这实质上是技术运用场景下通过平衡个人利益和公共利益实现个人信息保护。[2]

与传统静态分类信息保护模式相比,场景理论立足于海量信息要素流通的各个动态场景,提取相关场景元素后根据具体情况识别和综合判断。如信息的类型、信息的对象和来源以及信息流通的条件等。在个人信息的动态流转过程中,这些要素将作为不同场景流转的相关变量影响着场景的构建。[3] 同时,基于实际情况的不同,

---

[1] Helen Nissenbaum, Privacy as Contextual Integrity, Washington Law Review 79, no. 1 (February 2004), p. 119–120.
[2] 范为:《大数据时代个人信息保护的路径重构》,载《环球法律评论》2019年第5期。
[3] 周汉华:《探索激励相容的个人数据治理之道——中国个人信息保护法的立法方向》,载《法学研究》2019年第40期。

将这些变量归纳为一个多元模型,最终回归到"公平信息实践"的初衷。①

(二)个人信息生态结构的场景层面:场景类别的区分

在大数据时代,个人信息处理场景的类型并不是绝对的,每个个人信息处理场景的组合不同,个人信息保护的难度也不同。针对侵犯公民个人信息认定的实践困境,应依据信息流转的信息主体、流通环节、处理方式等进行场景预设。同时,某些场景由于重叠存在共性,可以在共有的场景模式下进行层级化判断。

第一层级的判断:线性结构的信息流转场景。(见图5)个人信息生态链结构是指个人信息生态链中的信息生产者、传递者、加工者和利用者之间以网络和现代信息技术为纽带而形成的信息与信息流动的途径和传达关系。② 线性结构的信息流转场景表现为信息流转的递进模式,与此对应的正是信息的整个生命周期,即收集、分析、处理、转移、利用、消亡等六个阶段。

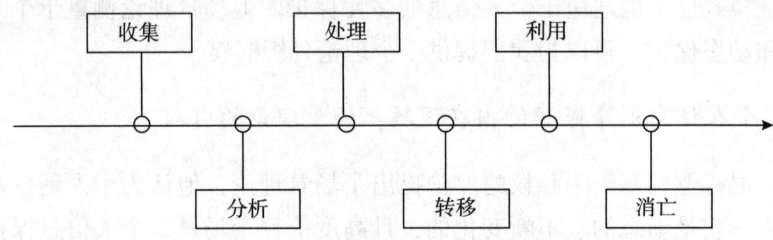

图5 线形结构的信息流转场景

第二层级的判断:伞形结构的信息流转场景。(见图6)伞形结构的信息流转场景不同于线性结构单一的流通指向,其往往存在核心节点,信息流转上游节点或者下游节点均通过该核心节点衍生和发展,具有明显的发散性。如个人信息处理场景承前启后,不仅是连接收集和后续交易、使用环节的关键环节,而且也是个人信息是否能够实现增值的重点环节。具体包括个人信息预处理、个人信息存储和个人信息挖掘三个节点。

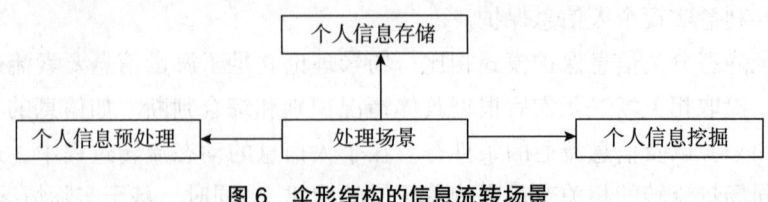

图6 伞形结构的信息流转场景

---

① 倪蕴帷:《隐私权在美国法中的理论演进与概念重构——基于情境脉络完整性理论的分析及其对中国法的启示》,载《政治与法律》2020年第10期。
② 毕达宇:《商务网络信息生态链动态平衡机理》,中国社会科学出版社2018年版,第86页。

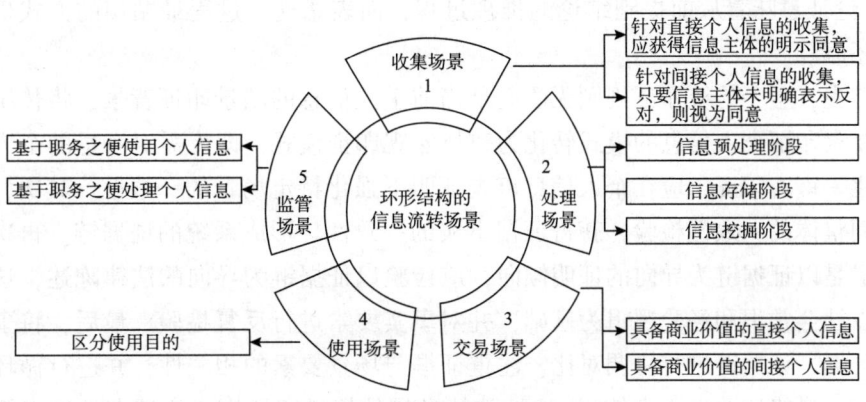

图 7　环形结构的信息流转场景

第三层级的判断：环形结构的信息流转场景。（见图 7）环形结构的信息流转场景可以看作是线性结构的衍生形式，由于信息流通的节点有多个，且多表现为从一个节点或多个节点流向另一节点或多个节点，最终形成闭环结构。如收集场景可能直接跳过处理场景进入到交易场景，使用场景和处理场景也可能相互流转。因此，无论是直接个人信息还是间接个人信息，在个人信息生命周期的各个环节中并不是固定不变的、静态的。例如，收集环节的间接个人信息经过处理后到了交易环节可能就会成为直接个人信息。因此，在环形结构信息流转场景中，要把每一个流动环节视为一个特定场景，依据特定场景的各种不同要素来确定何种行为需要受到刑事规制。如在收集场景中，应区分直接个人信息收集和间接个人信息收集；在交易场景中，应区分商业价值的间接个人信息和直接个人信息的隐私评估。

（三）电子数据证据特征的场景层面：场景印证的融贯

传统的印证证明注重证据之间的同源性，即单个证据之间的证明指向同一，因此对证据数量尤其是关键证据有一定要求。[1] 在侵犯公民个人信息罪案件的所有证据中，电子证据无论是在数量还是关联性上均处于核心地位。此类证据的取得难度往往较大，且传统的印证模式已难以适应复杂的法律未知概率转化。因此，有必要将证明范式从非单调逻辑和整体非线性的角度进行转换，摒弃以往片面强调单个证据之间的矛盾分析，而转为对证据的全面检视。[2]

场景印证从侵犯公民个人信息罪所涉及的时间、空间不同场景的广度和深度出发，运用场景分析来完善证据印证的有效性和一致性。

它摆脱了传统印证的"全有全无"的一元模式，要求基于不同场景适用不同判断标准，即将证据切换成论证，将"某事有证据"转变为"某事有场景支持的论

---

[1] 龙宗智：《比较法视野中的印证证明》，载《比较法研究》2020 年第 6 期。
[2] 谢澍：《反思印证："亚整体主义"证明模式之理论研判》，载《华东政法大学学报》2020 年第 3 期。

证"。论证意味着从前提到结论的推理过程，而表意这一过程最贴切的方式仍是场景的还原。

首先，鉴于传统印证规则无法满足当前个人信息的场景印证背景，将传统通过事实要素印证个人信息的模式转化为整体宏观印证模式，即无需对海量的个人信息进行逐一审查印证，应在个人信息审查证明下强化特定场景的一致性。其次，加强证据间整体的一致性检验，获得证据事实的一致性，形成系统的证据链。再次，证明融贯是以证据链为导向的证明倾向，应检验以证据链为导向的法律陈述，这个过程应以社会常识和经验逻辑为基础，并对事实要素进行反复检验。最后，将事实描述与证据、证据链进行协调对比，注重证据与场景要素的相关性，并进行循环往复的检验，最终达致内心确信。① 这种整体融贯的场景印证模式能够有效地克服电子数据证据分散、定量证据印证技术薄弱等问题，有助于进一步强化案件事实的建构，并且通过场景信息不断填充证据信息的空白。

四、侵犯公民个人信息罪印证证明的场景分解与演绎

在侵犯公民个人信息罪案件中，大量个人信息证据本身的不完整性、不确定性、模糊性等特点决定了事实认定的盖然性。因此，有必要锚定一定的案件事实，运用整体思维建立场景模型，并通过个人信息的不同场景要素进行不断印证。

（一）场景归入的标准：侵犯公民个人信息罪场景要素的考量（见表2）

表2 前置法合规性考察下个人信息保护要素提炼

要素	合规要点	规范性文件
行为人和受害人职业	互联网医疗机构实施第三级信息安全等级保护的要求	《互联网诊疗管理办法（试行）》
	物流行业的合规要求：核验义务、报告义务、提前通知义务等	《快递暂行条例》
	金融行业的合规要点：建立数据治理组织机构、建立数据管理制度、建立数据质量控制制度等	《银行业金融机构数据治理指引》
	征信行业合规要点：禁止采集个人的宗教信仰、基因、指纹、血型、疾病和病史等信息	《征信业管理条例》

---

① 杨继文：《印证证明的理性构建——从刑事错案治理理论争出发》，载《法制与社会发展》2019年第6期。

(续表)

要素	合规要点	规范性文件
影响范围	个人信息收集环节是否遵循目的明确、选择同意、最少够用等原则	《信息安全技术 个人信息安全规范》（GB/T 35273—2020）
	个人信息处理是否可能对个人信息主体合法权益产生不利影响，包括处理是否会危害人身和财产安全、损害个人名誉和身心健康、导致歧视性待遇等	
	匿名化或去标识化处理后的数据，被重新识别出个人信息主体的风险	
	共享、转让、公开披露个人信息对个人信息主体合法权益可能产生的不利影响	
	人民法院认定网络用户或者网络服务提供者转载网络信息行为的过错及其程度，应当综合以下因素：（1）转载主体所承担的与其性质、影响范围相适应的注意义务；（2）所转载信息侵害他人人身权益的明显程度；（3）对所转载信息是否作出实质性修改，是否添加或者修改文章标题，导致其与内容严重不符以及误导公众的可能性	《最高人民法院关于审理利用信息网络侵害人身权益民事纠纷案件适用法律若干问题的规定》
行为目的、方式、后果	处理个人信息应当采用合法、正当的方式，遵循诚信原则，不得通过误导、欺诈、胁迫等方式处理个人信息	《个人信息保护法》
	处理个人信息应当具有明确、合理的目的，并应当限于实现处理目的所必要的最小范围，采取对个人权益影响最小的方式，不得进行与处理目的无关的个人信息处理	
	网络运营者的收集个人信息的告知事项应当包括：（1）收集使用的目的；（2）收集、使用个人信息的规则；（3）根据提供产品或服务的不同业务功能分别收集的个人信息类型；（4）对外共享、转让、公开披露的有关情况等	《数据安全管理办法》《互联网个人信息安全保护指南》
	网络服务提供者和其他企业事业单位在业务活动中收集、使用公民个人电子信息，应当遵循合法、正当、必要的原则，明示收集、使用信息的目的、方式和范围，并经被收集者同意，不得违反法律、法规的规定和双方的约定收集、使用信息	《全国人大常委会关于加强网络信息保护的决定》

（续表）

要素	合规要点	规范性文件
个人信息的私密性程度	个人信息处理者具有特定的目的和充分的必要性，方可处理敏感个人信息。敏感个人信息是一旦泄露或者非法使用，可能导致个人受到歧视或者人身、财产安全受到严重危害的个人信息，包括种族、民族、宗教信仰、个人生物特征、医疗健康、金融账户、个人行踪等信息	《个人信息保护法》
	网络运营者收集个人敏感信息的，应当取得个人信息主体的明示同意。应确保个人信息主体的明示同意是其在完全知情的基础上自愿给出的，并逐一、同步说明个人敏感信息为完成何种附加功能所必需。此外，收集未满14周岁的未成年人的个人信息前，应征得未成年人监护人的同意	《信息安全技术 个人信息安全规范》（GB/T 35273—2020）《App违法违规收集使用个人信息行为认定方法》
	网络运营者在收集用户的个人信息后，应当结合个人信息处理的具体场景，判定所收集的个人信息哪些属于个人敏感信息，对敏感信息和非敏感信息应当分类存储	《信息安全技术 个人信息安全影响评估指南》（GB/T 39335—2020）

场景理论从客观性评价要素而言，将个人信息侵权的价值权衡契合其行为的特殊性，将"信息主体身份、信息处理方式、信息类别评估、信息风险评估"四个要素特定化为场景的变量。[①] 同时，通过对侵犯公民个人信息罪前置法内容的全面梳理，可知我国个人信息保护将行为人和受害人的职业、影响范围、行为目的/方式/后果、个人信息的私密性程度等几个要素作为信息处理行为规范化的标准。为此，结合个人信息合规性要点以及刑事规制的特质，笔者尝试将以下要素归纳为侵犯公民个人信息罪的场景变量。

要素一：公民个人信息关联程度。在印证过程中，所获取的个人信息应依据信息流通场景区分公开信息和敏感信息。根据信息种类的不同确定行为的性质，如果所涉个人信息符合一般识别标准，而获取信息的途径是非法的，则符合侵犯公民个人信息罪的构成要件。对于网络公开的个人信息数据则需结合主观状态进入下一个层次的要素分析。[②]

要素二：个人信息处理方式。对于传统的侵犯公民个人信息的手段，可采取传统的印证方式进行证明；对于采取人工智能手段处理个人信息，则电子数据的真实性应根据信息生成、传输、存储的环境及提取手段来确定。

---

① See Helen Nisenbaum, Privacy in Context: Technology, Policy, and the Integrity of Social Life, Stanford University Press, 2010, p. 140–147.
② 宁园：《敏感个人信息的法律基准与范畴界定——以〈个人信息保护法〉第28条第1款为中心》，载《比较法研究》2021年第5期。

要素三：个人信息处理同意的场景形态。一般而言，"知悉同意"是个人信息的处理行为的合法性来源，即合法性基于权利主体的真实"同意"。① 但"同意"的界定应建立在"知悉"的基础上，即权利主体对该信息处理行为知情，并通过理性判断认可该行为。目前在民法领域，将"同意"区分为概括同意和逐项同意，明示同意和默示同意。因此，在刑法规制领域，可根据个人信息处理的不同场景区分为绝对同意和相对同意。原则上，绝对同意意味着处理个人信息的行为必须获得权利主体的知情同意，如果权利主体对此未提出异议应视为相对同意。但是，处理个人生物特征数据和儿童个人信息等敏感数据时，应将同意严格限制为"绝对同意"。

要素四：行为人掌握的数据资源与利用能力。个人信息的处理应充分考虑到行为人对技术技能和数据资源的利用，以及信息识别的成本。《最高人民法院、最高人民检察院关于办理侵犯公民个人信息刑事案件适用法律若干问题的解释》虽然提及了"不能复原的信息"，但是其内涵不同于技术层面的"不能复原"。随着大数据技术和云计算的发展，个人信息的识别较之小数据时代更为容易。所以，针对能否复原仅能进行相对性判断，即法官应根据再识别的难度、成本和时间，并结合行为人掌握的数据资源与利用能力进行综合评估。

要素五：行为人控制的个人信息数据。个人信息数据是存储在电脑、云端、纸张及其他媒介上的个人资料的集合，扩大或缩小行为人所持有的个人信息数据的范围会影响入罪。在个人信息犯罪链条中，如果被告人提供信息的时间、地点不同，其所提供的个人信息的类别和真实性也会发生差异。因此，在对所侵犯个人信息的数量进行认定时，可以基于场景的不同，针对不同的行为对象采用分层抽样的方式。即根据不同阶段和不同对象，把数据资料分成若干组，然后以随机抽样方式决定最终的比例。②

（二）场景印证的路径：侵犯公民个人信息罪场景模型的构建

关于场景的分析路径，有学者曾根据隐私权的民事保护提出了具体思路：（1）确定信息的使用场景，以及信息披露所满足的目的；（2）评估这些信息是如何使用的；（3）寻找数据对象或其他二次使用造成的不良后果；（4）寻找在原始场景中人们可能保留的信息，作为保护自己免受这些不利后果的方法；（5）评估信息保护性措施将在多大程度上阻碍原始场景目标的实现。③ 在此思路基础上，下文将借助场景理论和证据印证模式，形成以下路径：

---

① 杨志琼：《非法获取计算机信息系统数据罪"口袋化"的实证分析及其处理路径》，载《法学评论》2019年第6期。
② 于力超：《抽样调查领域分层结构数据分析方法研究》，载《调研世界》2019年第2期。
③ Mark MacCarthy, Privacy Policy and Contextual Harm, I/S: A Journal of Law and Policy for the Information Society 13, no. 2 (Spring 2017), p. 399-464.

步骤一：整合案件证据，形成证据摘要。证据摘要的整理应将每一个司法过程中的待证事实作为一个场景片段，根据这些场景片段的叙事要素进行证据整理。

步骤二：通过证据信息，进行案件事实的粘连，实现场景判断。即上文所述的线性结构、伞形结构、环形结构的信息流转场景。此阶段要结合场景类型采取相应的印证方法。如线性结构的流转场景一般代表传统的信息流转，且流转方向是单向的，因此在这个场景印证中采取传统的印证思路即可；伞形结构的流转场景一般是某一个重点场景，在印证过程中要注重场景中重点环节和处理手段的印证；而环形结构中每一个流动环节都是一个特定场景，依据特定场景的各种不同要素采取不同的印证模式；如在收集和交易场景中，基于信息类别的不同，采取直接印证和间接印证方式，在使用场景中基于使用目的的不同采取目的印证方式。

步骤三：通过对具体场景要素进行确认，形成场景模型。此步骤是个人信息流动过程中共性的凝练，即将上文整理的共性要素纳入场景。例如，将个人信息类型作为第一阶段参考标准，个人信息处理方式作为第二阶段参考标准，以个人信息同意形态作为第三阶段参考标准，以个人信息控制形态表作为第四阶段参考标准，最终形成个人信息处理场景"树"，根据不同的个人信息处理场景"树"选择不同的印证思路，如图8所示。

步骤四：通过相关要素的场景印证，实现案件故事的最终确证。由于不同场景中个人信息的印证规则是不同的，此步骤需充分考量场景的要素特征，并关注这些要素排列组合构成的场景故事的真伪与否。

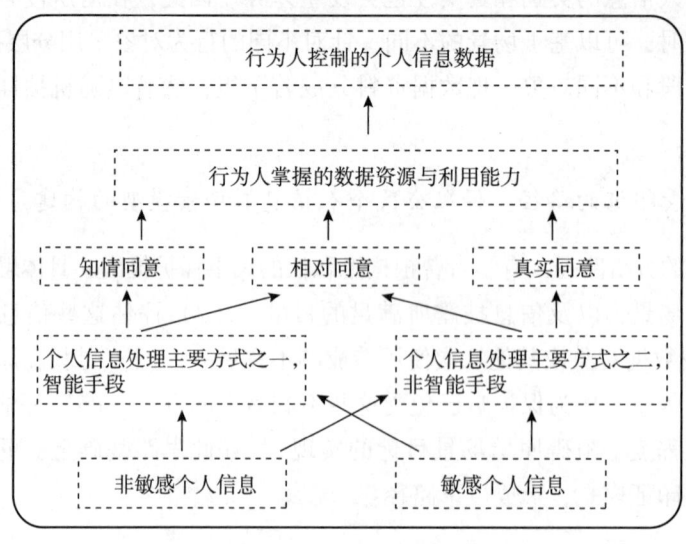

图8 个人信息场景要素印证思路

（三）场景印证的演化：以一起典型案例为例

下文拟从一起典型案件①入手，通过传统的印证静态分析和场景的动态印证相对比的方式来呈现"传统印证"与"场景印证"的差异化效果，最终实现从"原子分析"到"整体认知"的转变。

简要案情： 2017年4月23日18时，被告人谢某某通过某淘宝网店客服向一些用户发放购买订单信息的广告。后有少量用户在诱骗下提供了订单网页的源代码。4月24日至25日期间，涉案淘宝店家的网页订单被异常IP地址的用户非法访问31580次。其间，被告人谢某某向该网店客服陆续转账390元。同年5月10日19时，被告人谢某某采取同样的方式又陆续诱骗了5家淘宝网店客服获取买家的网页源代码。同日20时至次日11时期间，涉案的5家淘宝网店的订单信息被异常IP地址的用户非法访问14964次。

1. "传统印证"模式的证明分析。在该案中，被告人在骗取淘宝订单页面的源代码后，淘宝商家的订单信息遭遇了非法访问，其中订单信息包括订单号、淘宝账号、买家姓名、联系电话、收货地址、商品内容等。传统的印证模式强调通过相互比照来获得事实。因此，证据关系的表达公式为：证据A—订单页面的网页源代码，证据B—网店订单的个人信息，二者相互印证，待证明指向为：该个人信息被窃取。然而，传统的印证模式注重单一证据之间的相互佐证，不能充分发挥整个案件的综合证据在事实认定中的作用。印证符合司法证明的实际需要，建立于证明待证事实存在的证据之上，而不重视证明待证事实不存在的证据。② 也就是说，传统的印证容易造成简化事实认定结论的隐患，即证据实现了相互印证，就认为达到了证明标准，而忽略了合理怀疑的主观判断。

因此，本案如果运用传统印证模式将存在一个问题：从形式看，证据A与证据B是相互印证的，但是无法排除该行为可能系被告人以外的人所为，故被告人非法获取的数量是存疑的。而该案无论是在事实认定还是裁判说理上均未对此问题进行回应。

2. "场景印证"模式的证明分析。通过对证据整理形成的证据摘要，可知侵犯公民个人信息所涉场景并非传统的线性结构的流转场景，而是伞形结构的几个重点场景，即收集场景、处理场景和交易场景。因此，需进一步结合案件的相关证据对场景要素进行印证。

证据摘要：

1. 被告人谢某某的供述及辨认笔录→供认2017年4月，受他人指使，在阿里旺旺群里发布广告。

---

① 参见浙江省瑞安市人民法院（2018）浙0381刑初364号刑事判决书。
② 栗峥：《印证的证明原理与理论塑造》，载《中国法学》2019年第1期。

2. 证人柴某的证言→证明旺旺号"某旗舰店：小意"曾向其批量获取客户信息的转换码。

3. 证人潘某的证言→证明自己公司店铺的子账号泄漏客户信息31000多条。

4. 证人唐某的证言→证明其通过代码向对方提供了订单信息。

5. 证人蒋某的证言→证明网店订单信息包含订单号、客户姓名、淘宝账号、电话、收货地址、下单时间、下单内容、支付信息等。

6. 提取笔录、截图与照片→提取了柴某所使用的电脑中其与收购信息的一方的QQ聊天记录、手机支付宝交易往来记录，证人潘某与阿里客户的聊天记录，证人唐某的手机QQ聊天记录。

7. 电子物证检查笔录、勘验检查照片记录表、聊天记录→证明被告人从证人唐某处取得的网页源代码，部分客户订单信息。

8. 浙江淘宝网络有限公司说明→证明2017年4月24日至25日期间"某旗舰店"的子账号存在异常订单信息访问行为，且子账号访问商家后台已卖出订单详情页面时所使用的IP不是账号常用登录地的IP，访问频率较日常也存在异常，访问频率很高。商家后台已卖出订单详情页面可获取订单编号、商品信息、订单价格、卖家账号、买家账号、收货人、收货地址、联系电话、下单时间等信息。

（1）收集场景。首先，在个人信息的收集场景中，个人信息类型是淘宝网店订单信息，此类信息除了包含购物信息，还有个人的住址、联系方式等，具有可识别性。同时，被告人利用代码技术可以获取淘宝商店的cookies网页源信息。此种入侵手段具有强隐蔽性，需进行深层次印证：其一，为了防止非法访问，淘宝网站登录参数采用了代码 AES 和 UA 等技术进行加密保护。但是这些代码可以通过网页源代码提取。其二，cookies 是用户登录的数据，一般存储于用户终端，只要获取了cookies 即可登录。但是如果获取了网页源代码，也可以从中获取cookies。其三，行为人通过网页源代码获取的加密密码和cookies就可以登录淘宝网站并获取订单详细信息。

本案中，被告人通过他人骗取网页源代码，而只要受害人提供了网页源代码，其网店订单信息就会遭到非法访问。但在相同时间段，其他淘宝店铺并未发现非法访问痕迹，且受骗人仅向中间联络人提供了网页源代码。因此，非法获取淘宝店铺订单信息应归咎于被告人骗取网页源代码的行为。

（2）处理场景。在该案中，处理场景和收集场景是相互关联的，场景元素的特征是参与者所掌握的数据资源及其使用能力，以及参与者所控制的个人信息数据的验证。由于电子数据可重复使用，行为人可通过截屏、批次复制、捕捉及输出，或浏览、拍摄等途径提取个人信息。以上所有操作都必须在对网页非法访问之后进行。因此，在未经认证的情况下通过互联网获取公民的个人信息，无论其可复制性如何，都应被视为非法获取。此外，通过对行为人控制的个人信息数据中的场景元素进行验证，以一次非法访问只能获取1条个人信息为计算基数，那么非法获取的信息数量可以确定为 46544 条，符合"情节严重"。

（3）交易场景。由于网络犯罪具有地域性和隐蔽性的特点，无法从现有的电子设备上查找出犯罪链条上所有的参与者，从而获得直接证据。且随着犯罪链条的拉长，如本案中的骗取、盗窃、转移等行为可以由多个人完成，证据链可能会被切断。为了弥合该不足，从交易场景出发，可知交易的时间即汇款时间与网页源代码被窃取的时间是吻合的，这足以证明被告人谢某某对该行为的违法性和危害性在主观上是明知的。

综上，"场景印证"是在遵循证据规则的基础上吸收了经验法则，通过场景要素的确证去弥合案件"合理怀疑"的生产空间。以上案例的论证，以场景信息为切入点，在分析证据来源时，通过场景要素将数据信息进行关联，实现证据分析从"原子"到"整体"的转变，有助于对现有证据信息进行补充和参考。

结　语

在大数据时代，个人信息的刑事保护应趋于整体化治理，即立足于个人信息所有者、个人信息管理者和社会公众之间的利益平衡。然而，随着云计算和人工智能技术的快速发展，个人信息分类静态标准已无法满足个人信息的动态保护，个人信息流通场景的不同，将会影响个人信息处理行为的性质。本文从个人信息流转的全过程出发，突破传统的印证模式，以线性关系对个人信息的刑事规制场景进行了形塑，构建了各个场景、环节以检验不同类型的个人信息的不同行为是否具有法益侵害性，从而实现证据原子分析与案件整体事实的交互性融贯。

审判中心视野下刑事案件繁简分流要素识别

——以轻罪的智能化识别路径建构为视角

江西省大余县人民法院　廖宝莲

引　言

近年来，我国的刑事立法呈现出活跃的态势，刑法更积极参与到社会治理中。受积极刑法观①的影响，大量原来不被列为犯罪的轻微违法行为被纳入刑法规制，原本一些由行政处罚规制的违法行为犯罪化，轻罪新罪增多，犯罪圈层、刑罚裁量方面呈现扩大趋势，我国已经进入轻罪治理时代。《五五改革纲要》②提出要"推进刑事诉讼制度改革，深化以审判为中心的刑事诉讼制度改革""充分运用大数据、云计算、人工智能等现代科技手段破解改革难题、提升司法效能"。以审判为中心的刑诉改革，关键环节是推进庭审实质化，大量轻罪案件由此进入法院诉讼程序，法院有限的司法人力资源更为紧张，案多人少的矛盾更为突出。审判中心视野下，亟待在保护当事人权益的基础上，充分发挥技术治理效能，推动刑事轻罪案件要素的智能化识别，简化轻罪案件诉讼程序，建立罪责刑相适应的轻重分流处理机制，实现程序分流、治理分离，达到司法效率与公平的协调统一，推进社会治理现代化。

一、现状：轻罪案件识别的实践困境

近5年，我国法院刑事案件生效判决中宣告刑三年以上的重罪率从2017年的23.17%下降至2021年的14.90%，轻罪率则从76.70%上升至85.05%，我国的犯罪结构呈现出重罪和重罪率下降、轻罪和轻罪率上升的特点。③犯罪治理迎来了新挑战，轻罪成为犯罪治理的主要对象。但我国刑事立法并未明确"轻罪"的概念，学

---

① 积极刑法观强调赋予刑法积极参与社会管理，解决社会突出矛盾的功能，通过增设轻罪实现妥当的处罚。参见周光权：《论通过增设轻罪实现妥当的处罚——积极刑法立法观的再阐释》，载《比较法研究》2020年第6期。
② 最高人民法院发布的《关于深化人民法院司法体制综合配套改革的意见——人民法院第五个五年改革纲要（2019—2023）》，简称《五五改革纲要》。
③ 数据来源于相应年份全国法院司法统计公报，载 http://gongbao.court.gov.cn/ArticleList.html? serial_no = sftj，最后访问时间：2022年6月5日。

术界在轻重罪的划分界限上也存在不同的认识。当前开展的轻罪识别陷于失序、不科学、失范之困，不能充分释放轻罪识别的社会治理效能，助力审判中心化刑事诉讼改革价值实现，促进当前宽严相济的刑事政策功能发挥。

（一）轻罪的概念界定

关于轻罪界定，主要有以下几个观点：（1）形式标准说。主张以刑罚的轻重来进行轻罪的识别，认为对犯罪分类的研究和轻罪范围的划定是"在我国刑法典所划定的犯罪圈基础上的研究，评价轻罪重罪的范围也应该以此为限"。[①] 刑罚有法定刑和宣告刑之分，形式标准说又分法定刑罚说、宣告刑罚说。（2）实质标准说。主张以犯罪性质、犯罪的社会危害性来识别轻重罪，认为采用实质标准进行犯罪分层"符合人类思维逻辑，提高了立法科学性和民主性，因此也更为可取"。[②]（3）形式、实质综合说。主张综合考量刑罚轻重等表面因素、犯罪性质及社会危害性等内在因素来综合考虑识别，认为轻重罪识别"既要考虑某一罪名法定刑的轻重差异，也要考虑某一犯罪的严重程度的差异，采取综合法定刑和严重程度两方面因素的复合标准来区分《刑法》规定的罪名的分类问题。"[③] 轻罪范围界定的认识不一，引发识别的失范、失序，陷于识别实践困境，轻罪识别的程序与实体价值未能充分实现。综合说较为全面、科学，笔者赞同综合说，并借此来研究轻罪案件的智能化识别要素及路径建构。

（二）实证研究：刑事轻罪案件识别处理的困难与问题

表1 样本法院分布情况

地区	城市	样本法院数量（个）		
		中级法院	基层法院	合计
华北	B市、T市	7	34	41
华东	S市、D省J市及Q市、J省N市、Z省H市、F省F市、X市	9	79	88
华中	H省Z市、N省C市、B省W市	3	39	42
华南	G省S市、G市	2	22	24
西南、西北	C市、S省X市	6	53	59
东北	L省D市、Y市	2	28	30
合计（个）	18	29	255	284

---

① 徐岱、刘佩：《论犯罪分层理论的立法走向——以宽严相济刑事政策为视角》，载《北方法学》2010年第5期。
② 叶希善：《论犯罪分层标准》，载《浙江师范大学学报（社会科学版）》2008年第2期。
③ 高长见：《轻罪制度研究》，中国政法大学出版社2012年版，第213页。

2014年6月,十二届全国人大常委会第九次会议通过决定,授权最高人民法院、最高人民检察院在北京等18个城市开展刑事案件速裁程序试点工作。刑事速裁程序探索简化轻罪案件诉讼,以提高刑事诉讼效率,及时惩治犯罪保障人权,以满足轻罪时代的社会治理需求。本文以此为切入点,从开展刑事速裁程序试点的18个城市的中基层法院中,剔除海事法院、金融法院、知识产权法院、互联网法院等,从中选出284家法院为分析样本,样本具体分布情况如表1所示。通过研究样本法院刑事一审、二审轻罪案件①的识别要素及路径,检视轻罪识别现实困境。

1. 轻罪案件识别失序。本文选取部分典型样本法院轻罪识别标准进行研究(见表2),通过实证分析,探究轻罪案件识别失序的实践难题及困境。

表2 部分样本法院轻罪识别标准

法院	识别标准
B市E、G、J法院	(1) 法定最高刑为三年以下有期徒刑、拘役、管制的案件;(2) 案件事实清楚,证据确实充分;(3) 限定为危险驾驶、交通肇事、盗窃、诈骗、抢夺、伤害、寻衅滋事等情节较轻案件;(4) 被告人认罪认罚的案件
B市F、H、I、K、L法院	(1) 可能判处三年以下有期徒刑、拘役、管制的案件;(2) 案件事实清楚,证据确实充分;(3) 涉案标的低于100万元、被告人少于3人;(4) 排除社会影响大的案件
S市M法院	(1) 可能判处三年以下有期徒刑、拘役、管制的案件;(2) 案件事实清楚,证据确实充分;(3) 社会影响小;(4) 法律适用明确、规范
S市N法院	(1) 法定最高刑为三年以下有期徒刑、拘役、管制的案件;(2) 限定为盗窃、伤害、交通肇事等情节较轻的案件;(3) 排除"四类监管案件"、社会影响大案件

(1) 识别要素不统一。如表2所示,在司法实践中,各级法院对轻罪与重罪的划分究竟是对"犯罪性质"的轻重的划分,还是对"罪行"轻重的划分并未形成统一认识,各级法院对轻罪概念的认识不一,导致轻罪案件的识别要素五花八门。甚至存在同一城市的不同法院识别要素也不同,如S市的M法院、N法院,虽然在同一个城市,但也未形成轻罪案件市域识别要素的统一。

(2) 轻罪识别方式不一。如表2所示,一些法院以正面列举方式进行识别,设定标的额、涉案人数、案件类型等标准值,将符合一定量化标准指标的刑事案件识别为轻罪案件。如前表所示的B市E、G、J法院;一些法院则通过否定性列举的方

---

① 《刑事诉讼法》第21条规定:"中级人民法院管辖下列第一审刑事案件:(一) 危害国家安全、恐怖活动案件;(二) 可能判处无期徒刑、死刑的案件。"考量中级人民法院一审刑事案件的犯罪性质、社会危害性等因素,其不宜列入本文轻罪识别范畴研究,本文在样本分析时不予以考量。

式,将不是轻罪的案件排除,从而识别出轻罪,如表2所示的S市N法院排除"四类监管案件"、社会影响大案件等;一些法院采用范例法识别轻罪案件,即通过平时审判经验的积累确定轻罪案件范例,通过案件审查,类型相同的确定为轻罪案件。

(3) 识别时机偶发随意,识别阶段不一。通过对样本法院的数据分析(见表3),可以得知各法院对何时进行轻罪案件精准化识别存在认识差异,持不同看法。一些法院在立案阶段进行人工识别,这样识别轻罪案件比较迅捷,立案审查时,就能通过基本筛查确定案件性质及配套程序。但"欲速则不达",这种识别方式覆盖面过广,效率低下,且准确度不高。一些法院在分案后由承办法官阅卷后进行判断,由于时间成本等因素影响,也无法实现对轻罪案件聚焦式的精准识别。一些法院认为轻罪案件识别不应当有特别的程序,不管是立案阶段还是阅卷阶段,应当在开庭后由承办法官进行判断识别,并由此更好地实现轻罪识别机制的实体和程序价值。这样提高了轻罪识别的精准性,但程序过于延后,让轻罪识别失去了应有的程序价值意义。

表3 样本法院情况统计表

样本法院轻罪识别情况统计	
识别主体	①立案/速裁员额法官;②立案庭司法辅助人员、书记员、临聘人员;③承办法官;④人工智能
识别方式	①列举法;②反向排除法;③范例法;④漏斗法
识别路径	人工/技术智能识别/综合
识别阶段	立案/承办法官阅卷后/开庭后
识别要素	罪行/主观恶性/社会危害性/社会影响力/案件事实、证据情况/法律适用是否明确

(4) 轻罪案件的划分界限不一。轻罪案件的划分界限不一,导致用此用彼的选择困难。轻重罪的划分界限上存在较大的分歧认识。样本法院中有29%的法院采用形式标准说,以刑罚的轻重进行识别,其中又有19%的法院采取的法定刑罚说,10%采用宣告刑说,有16%法院采用实质标准说,以犯罪性质及社会危害性进行识别,有55%的法院采用形式、实质综合说。

2. 轻罪识别不科学。轻罪案件识别过程中存在识别要素不周延、识别要素抽象模糊、识别标准主观随意、识别路径不科学等问题。

(1) 识别要素不周延。在司法实践中对何为"轻罪",何为"重罪",甄别标准不好把握,加上技术、人员等原因制约影响,一些法院图简便,遂以某些要素进行简单的轻罪标签化识别,识别要素不周延。如样本中的L省D市法院,轻罪识别即简单地以刑法规定的法定最低刑、案情繁简程度为识别要素。这会导致一些虽然案情简单、法定最低刑为三年以下，但社会危害大、宣判刑重的案件被识别为轻罪进行处理，一些法院以法院可能判处的刑罚高低来进行轻罪识别，但考虑到轻罪识别审查人员专业素养高低、司法成本、形式审、涉众类犯罪等因素，这都直接影响其轻罪识别的科学性。一些法院以涉案标的、案情复杂程度作为轻重识别处理的要素，但案件的难易程度、轻重有时与案件的诉讼标的、案件类型本身并没有必然联系。

（2）识别要素抽象、模糊。样本中的B市E法院以案件事实清楚、证据确实充分作为轻罪识别的一项考量因素，B市F法院以涉案人数少、涉案标的小作为考量因素，识别要素没有指标量化，如涉案标的低于多少。法院本身还需要通过技术手段或专业人员通过量化指标进行二次识别认定，本身的操作性不强。

（3）识别标准具有很强的主观随意性。正如德沃金所言："司法的过程不是纯粹理性的产物。"① 司法的过程是司法理性与个人主观价值判断相结合的一项复杂技艺。样本法院中，有36%的法院未制定刑事轻重案件繁简分流的规范性文件，这些法院轻罪案件的识别往往映射的是识别分流人员自身的主观判断及实践经验。一些法院虽然制定了识别分流标准，但如空中楼阁，实际操作性不强，被束之高阁。

（4）识别路径不科学。如表3所示，样本法院主要采取人工识别、技术智能识别、综合识别三种识别路径。其中51%的法院仍然采取的是人工识别，33%的法院通过技术处理智能化识别。只有16%的法院综合运用两者，将智能化识别与人工识别结合起来。单独采取人工识别方式，耗时费力，不利于发挥轻罪识别的实体及程序价值，而技术处理有其复杂性及局限性，存在少量特殊案件无法自动识别等问题，在司法实践中应当以智能化识别为主，结合实际辅以人工调整为宜。

3. 轻罪识别适用的失范性：为用而用、能用而不敢用。为解决人案矛盾突出的问题，一些法院滥用轻罪识别机制，为用而用，违背轻罪识别机制构建初衷和价值追求，将一些重罪也识别为轻罪或应当识别为轻罪案件因种种因素影响而不被识别为轻罪，从而使得轻罪案件识别失去其应有的实体和程序价值。轻罪识别也存在能用而不敢用的情况，这在中级法院中尤为突出。中级人民法院对一审刑事上诉案件进行轻罪识别适用简易程序处理持审慎态度。在样本中的29家中级人民法院中，只有9家法院形成了相关的以繁简分流、轻重分离、快慢分道为主要内容的轻罪案件识别分流处理机制，占比约为31%，不足一半。究其原因是中级人民法院囿于这样一项固定认识：一审刑事上诉案件大多都是被告人、自诉人及其法定代理人对裁判文书认定的案件事实或适用法律、量刑等存在异议，案件本身的内在性质就不适宜适用轻罪识别、简易程序，而且适用普通程序进行审理，能有效规避职业风险，最

---

① See Ronald Dworidn, On Gaps in the law, in Paul Amselek and Neil Maccomickeds, Edinbui universities Press, 1991, p. 84-85.

终采取更为稳妥的"审慎原则"。中级人民法院有必要对上诉案件进行必要的甄别，实现轻重分离，让轻罪案件得到尽快处理，集中力量审理重大、疑难、复杂的刑事重罪案件，实现司法资源的合理优化配置，提升司法效率，这也是审级职能定位效能的应有之义。

二、引入：轻罪案件智能化要素识别基点理论

实现轻罪案件智能化识别的精准化、科学化、高效化，首先需要借助恰当实用的理论工具扎根理论，[①] 从复杂、抽象的社会事实与现象中提取出清晰的、核心的识别要素范畴，再将识别要素具象化为机器语言。

三级编码是扎根理论最重要的组成部分，贯穿了模型构建的整个过程。三级编码分别为开放式编码、主轴式编码和选择式编码。开放式编码是指分析文本资料，并对其进行概念化、范畴化的过程；主轴式编码是指采用典型编码范式或根据副范畴之间的逻辑关联，将两个及以上的副范畴合并提升为一个主范畴；选择式编码则是通过整合与凝练，在所有命名的主范畴中提炼出核心范畴，得出初步结论。[②] 由三级编码进行归纳总结得出初步研究结论，最后通过理论饱和度检验得出最终研究结论。扎根理论流程如图 1 所示。

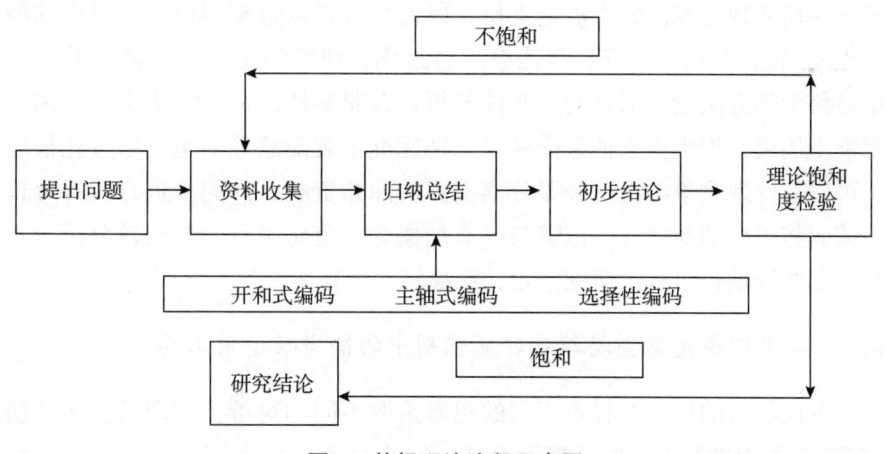

图 1　扎根理论流程示意图

具体运用到轻罪案件识别中，表现为：（1）提出问题：轻罪案件识别要素；（2）资料收集：收集样本法院历年的相关工作报告、公布的相关规范性文件等原始资料为分析样本；（3）归纳总结：通过三级编码将收集到的原始资料不断概念化、范畴化、抽象化，得出轻罪识别核心指标；（4）理论饱和度检验：将预留的样本进

[①] 扎根理论是格拉斯（Glaser）和斯特劳斯（Strauss）提出的一种质性研究方法，是在系统收集资料的基础上寻找反映社会现象的核心概念，通过概念联系建构相关的社会理论。参见霍明奎、竺佳琪、谭景平：《基于扎根理论的公务员信息安全行为影响因素分析及保障对策研究》，载《情报科学》2019 年第 3 期。

[②] 参见李枭：《基于扎根理论的网络赌球犯罪研究》，载《中国人民警察大学学报》2022 年第 2 期。

行重新编码,并将编码结果与先前编码得出的轻罪识别要素核心范畴进行比对,未出现新的核心范畴则得出轻罪案件识别要素核心范畴,反之则重新进行编码,直至理论饱和。轻罪案件识别引入扎根理论,具有正当性和合理性,具体运用价值逻辑如下:

(一)扎根理论有利于轻罪识别要素的质性化研究

扎根理论是一种运用系统化的程序,针对某一现象来发展并归纳式地引导出扎根的理论的一种质化研究方法。[①] 轻罪识别要素研究是一种质性研究,是在轻罪内涵和外延尚不明确的情况下对轻重分离现象进行探索性整体性研究,其关键在于对复杂的社会性事实层层解析,使用归纳法分析资料,从中化约出具有普遍适用意义的可供识别的要素、量化指标,从而实现对轻罪案件的精准化、科学化识别。轻罪案件识别包含复杂情境和多元变量,采用社会学中的扎根理论进行质性探究,能比较好地得出研究结论。

(二)扎根理论助力实现轻罪识别的科学性

扎根理论遵循理论采样、连续比较、理论饱和等基本方针,技术严谨,其克服了一般定性研究缺乏规范的方法论支持,研究过程难以追溯和检验,得出的结论说服力不强的问题,[②] 使得研究过程能够进行追溯,研究结论可以重复检验,是定性研究中最科学的方法论。根据前文实证分析,轻罪案件识别在司法实践运用中陷入识别要素不周延、识别要素抽象模糊、识别标准主观随意等困境。通过扎根理论研究方法可以系统地收集各法院轻罪分离实践的原始资料,并同步进行资料分析,通过三级编码将得出的新概念、范畴与已有的概念、范畴进行不断比较分析,直至理论饱和,归纳性地得出科学研究结论,解决轻罪识别不科学、不周延之困。

(三)扎根理论是类型思维在轻罪识别中的恰当性适用工具

犯罪分层的目的旨在对轻重不同的犯罪采取不同的对策,实现对犯罪的精准治理。[③] 轻罪案件识别是刑事案件繁简分流、轻重分离的生动写照,其实质也是犯罪分层的一种运用实践。从刑法教义学上来看,轻罪迄今难以获得相对明确和统一的内涵和外延,再从概念思维出发研究轻罪犯罪,其意义是有限的。对轻罪识别的研究应当从概念思维界定转向类型思维,[④] 在梳理和分析轻罪现态的基础上,结合法学的类型化思维研究,形成认识轻罪类型化案件的多元视角。扎根理论通过分析轻

[①] 李志刚:《扎根理论方法在科学研究中的运用分析》,载《东方论坛》2007年第4期。
[②] 参见贾旭东、谭新辉:《经典扎根理论及其精神对中国管理研究的现实价值》,载《管理学报》2010年第5期。
[③] 卢建平:《犯罪分层及其意义》,载《法学研究》2008年第3期。
[④] 类型思维根据研究对象的特征来进行类属的划分,并且把具有类似特征的社会现象和经验事实,依据一定的标准划分为一个类型的行为事实,组成一个统一的类型体系。参见张斌峰、陈西茜:《试论类型化思维及其法律适用价值》,载《政法论丛》2017年第3期。

罪案件现实原始样本，形成类型化思维，从中抽象出轻罪案件核心范畴，是类型思维运用在轻罪识别中的理论工具，与轻罪识别内在的类型化演绎目的逻辑是相吻合的。

三、分析：轻罪案件智能化识别要素框定与指标建构

轻罪案件识别要素体系的含义是：案件本身是否符合适用轻缓化处理机制及简易程序的条件及价值，可以从犯罪构成理论体系维度进行判断。轻罪案件的智能化识别，需要统筹考量轻罪案件的犯罪构成要件，进而厘定识别要素。轻罪案件构成要件要素，具有抽象性、模糊性、复杂性，因此有必要通过扎根理论对涉轻重罪判断的相关要素进行分析，识别提炼达到周延性，并通过神经网络方法等将识别要素核心范畴转化为机器语言，构建具体指标，实现轻罪识别的科学性、精准性。

（一）逻辑前提：刑事轻罪案件智能化识别路径构建的必要性

1. 轻罪案件智能化识别路径的理性逻辑优势。轻罪案件的人工识别依赖于个体的主观认识，包括其个人情感、认知、经验等因素，受个人主观价值判断影响较大，而个人主观印象又受个人的审判实践经验、业务理论水平、学历高低等因素影响，且在司法实践中为应对人案矛盾，在提升司法效率的压力下，易于出现片面追求轻罪处理简化程序、将一些不适宜识别为轻罪的案件识别为轻罪，进行简化程序处理的异化现象。对轻罪案件的识别单纯依靠个体的预测、评估、识别，客观上存在着较大的失治风险。而智能化识别具有工具理性优势，通过技术处理工具克服主观判断的失准、异化，实现对轻罪案件的精准、理性识别。

2. 轻罪案件智能化识别路径的化约逻辑优势。技术治理，是指通过应用各种技术手段，尤其是信息技术，将复杂、模糊的社会问题化约为清晰、可视化、可计算的具体指标，从而构建一种理性化的治理程式。① 福柯认为，治理就是将社会变成可理解的图解。② 技术治理的本质便是化简问题的复杂性。轻罪案件的识别，就是要依托技术处理的逻辑与限度，通过应用技术的各种手段，将复杂的、抽象的、模糊的轻罪识别指标量化为清晰、可识别的机器语言，以充分发挥好智能化识别的优势，同时也应充分认识到智能识别的限度，进行好人机互构，克服人工智能识别的不足与缺陷，实现对轻罪案件的精准、科学识别。

3. 轻罪案件智能化识别的效率逻辑优势。大数据时代的来临，催生了技术治理的全面扩张。技术治理展现出一种治理工具和行为方式，人类以技术逻辑建构社会逻辑，产生了对社会结构和社会行动的思辨和实践。③ 作为技术治理代表的人工智

---

① 颜昌武、杨郑媛：《什么是技术治理？》，载《广西师范大学学报（哲学社会科学版）》2020 年第 3 期。
② ［法］米歇尔·福柯：《安全、领土与人口》，钱翰译，上海人民出版社 2010 年版，第 255 页。
③ 张成岗、王宇航：《社会治理的技术逻辑：源流、特征及趋向》，载《江苏行政学院学报》2021 年第 6 期。

能系统在信息筛选、分析判断、逻辑推理等方面具有人类无法比拟的效率优势,①其应用可以实现案件繁简分流,减少负累,确保各项司法资源的合理配置和高效利用。随着轻罪案件的增多,每年都会有大量的案件涌向各级人民法院,人案矛盾愈加凸显。在这种现实情况下,人工智能技术作为一种提升效率的强大工具,被应用于轻罪识别分流系统是必然的趋势。

(二) 基于犯罪构成理论的轻罪要件分解

犯罪构成理论是刑法学理论的基石,它为司法者提供了一套判断犯罪的基本思维方法和步骤,在认定犯罪的司法实践中发挥着重要的指导作用。② 轻罪案件智能化识别需要基于犯罪构成四要件理论先对轻罪案件进行解耦,通过对主客观构成要件的厘定,定性轻罪的内涵与外延,实现靶向识别。

1. 轻罪的客体要件。轻罪案件的客体要件即轻罪犯案人侵犯的为刑法所保护的社会利益。法益的确认是轻罪标准确立的基础,③ 研究轻罪案件的客体要件有助于认识轻罪案件的本质特征,是对轻重罪案件进行程序分流、治理分离的前提。从刑法教义学来看,轻罪案件客体要件应规范性地解释为犯罪人所侵犯的为刑法所保护的较轻法益,这其中涉及法益保护的价值判断与衡量问题。只有犯罪人侵害的是较低、较轻层级位阶的法益,才存在轻罪案件认定可能。

法益保护位阶是法律世界的客观现象,反映了不同法益之间在刑法规范上的轻重或主次关系。④ 法益依据主体分类的不同,可以划分为国家法益、社会法益、个人法益。结合轻罪识别,对法益保护可作如下阶层划分:第一阶层:国家法益,能造成重大人身伤亡、财产损失且结果不可逆的公共法益,有重大人身、财产损失危险或结果的个人法益;第二阶层:涉群体性利益且结果具有可逆性的公共法益,影响性较小的公共法益,没有导致严重人身伤亡危险的、较为严重的财产损失的个人法益;第三阶层法益:造成较轻财产、人身等损害的个人法益,法定最高刑较轻(可以大数据分析技术处理确定界值) 的其他法益。对第一阶层法益,无法也不适宜纳入轻罪案件范畴,这是由轻罪本身的内在性质所决定的。对第二阶层法益需要结合具体情况进行判断识别,这也是轻重罪案件判断的重中之重。对涉第三阶层的法益,原则上应进行轻罪评价,当然,鉴于社会事实的复杂性与多样性,仍然需要结合案件具体情况予以判断。

2. 轻罪的客观方面要件。轻罪的客观方面要件,即是指"说明行为对刑法所保护的社会关系造成侵害的客观外在事实特征"。⑤ 主要包括危害行为、危害结果、犯

---

① 参见赵杨:《人工智能时代的司法信任及其构建》,载《华东政法大学学报》2021年第4期。
② 贾济东等:《我国犯罪构成理论体系之完善》,载《法商研究》2014年第3期。
③ 凌萍萍、焦冶:《我国刑事立法中的轻罪标准设置研究》,载《西南民族大学学报(人文社科版)》2019年第1期。
④ 姜涛:《基于法益保护位阶的刑法实质解释》,载《学术界》2013年第9期。
⑤ 高铭暄、马克昌主编:《刑法学》,北京大学出版社、高等教育出版社2000年版,第64页。

罪的时间、地点、方法等。客观方面要件均对轻重罪的识别分离具有一定的意义。对于轻罪案件识别，着重需要强调分解的是危害行为与结果。轻罪案件的危害行为与结果应当相较于同类案件更轻。

对第一阶层的法益，即使造成的危害结果更轻，考虑到其危害行为的严重性，其也超出轻罪评价范畴，无论其后续结果如何都不能归类为轻罪。针对第二阶层法益的轻罪认定模式可以确定为第二阶层法益性质+犯罪构成要件不充分+可能宣告刑较低模式。需要注意的此处犯罪的构成要件不充分是客观方面要件不充分，如存在犯罪预备、未遂、中止的未完成形态，需与主观方面构成要件不充分进行区分。因为犯罪构成不充分实现的是客观危害结果的减轻，而不是主观恶性、人身危险性的降低，其评价主要聚焦于危害行为的直接影响，具有客观性。而主观因素导致的从轻从宽情节，如自首、立功等虽然也具备从宽从轻处罚的理由，但涉及一个司法人员的主观判断认定问题，还需后续综合考量。对第三阶层法益认定为轻罪仍然需要涵摄犯罪人客观方面表现较轻评价。

3. 轻罪的主体、主观要件。轻罪案件的主体是指实施轻罪犯罪行为，并且依法应当负刑事责任的主体。对于轻罪案件的主体，达到刑事责任年龄、具有刑事责任能力的自然人、单位均可构成轻罪案件的主体。值得一提的是，对于涉及特定身份的主体，如"贪污罪""玩忽职守罪"主体还必须具有"国家工作人员"的身份，对于此等犯罪可以进行轻罪认定，释放司法善意，利于其回归社会，也可以充分释放轻罪识别分流效能。本文部分样本法院对此采取的绝对否定态度并不可取。但考虑到此类案件人民群众的高度关注性，且与人民群众利益息息相关，对该类案件需秉持审慎态度，对于此类案件，主体身份可以作为一个负面扣分项指标纳入轻罪识别考量要素，综合考量主观恶性、危害结果轻重、社会影响、舆论状况等其他要素予以认定。

轻罪主观要件即该轻罪主体对其实施的犯罪行为及其危害结果的心理态度，一般以主观罪过原则进行认定。罪过即故意或过失的心理态度，对于犯案人持故意、过失的心理态度的案件均可审查认定为轻罪案件。对犯案人持故意心理态度案件的轻罪识别，应当采取更为严格的程序性、客观性的实质审查标准，综合考量犯罪主体的主观恶性、危害结果、社会影响等予以考量。对过失犯罪则采取更为宽松的形式审查标准，即重点对该类案件的危害结果进行形式审查判断，对于没有造成损失或损失较轻的原则上予以轻罪评价。

（三）标准框定：基于扎根理论的轻罪案件识别要素提取

笔者以收集到的样本法院历年的相关工作报告、公布的相关规范性文件等为分析样本，以扎根理论进行分析研究编码，并预留三分之一的样本数据作为饱和度检验。

1. 开放式编码。

表 4　部分开放式编码

原始资料	开放式编码
犯罪事实简单、清楚、证据确实充分	事实繁简 证据三性 法律适用
法律适用无异议	法律适用
犯罪嫌疑人认罪,且犯罪嫌疑人所犯罪行的法定最高刑在三年有期徒刑以下的案件	认罪态度 罪行轻重
可能判处三年以下有期徒刑、拘役、管制	刑罚轻重
排除涉法涉诉、社会影响大案件	负面影响 社会影响
排除"四类监管案件"	司法风险 审判监督
涉案人数少于3人，涉案标的额低于10万元	涉案人数 涉案标的 公共利益
涉案人数少于5人，涉案标的额不高于5万元	公共利益
排除易引发舆论、信访、群体性事件案件	信访隐患 公共秩序
限定为危险驾驶、交通肇事、盗窃、诈骗、寻衅滋事等情节较轻案件	罪行轻重 犯罪情节
限定为盗窃、伤害、交通肇事等情节较轻的案件	案件类型
排除危害国家安全、公共安全、黑社会性质组织等特殊类案件	国家安全 公共安全
排除涉政府等敏感案件……舆论争议大	舆情 案件争议大
否定社会公众关注大的案件	社会舆论
排除职务类案件	贪污腐败
否定被发回重审、指令审理、指令再审的案件	案件质量
涉疫情防控、生态保护等类犯罪案件	公共利益
排除人大代表、政协委员关注的案件	社会监督
……	……

如表4所示进行本文样本数据开放式编码。将收集到的原始资料，通过比较分析，获取初始概念。对于原始资料语句依据类似性、相关性、因果关系等原则进行

总结，将初始概念范畴化，尽可能多地发现概念范畴。

2. 主轴式编码、选择性编码。

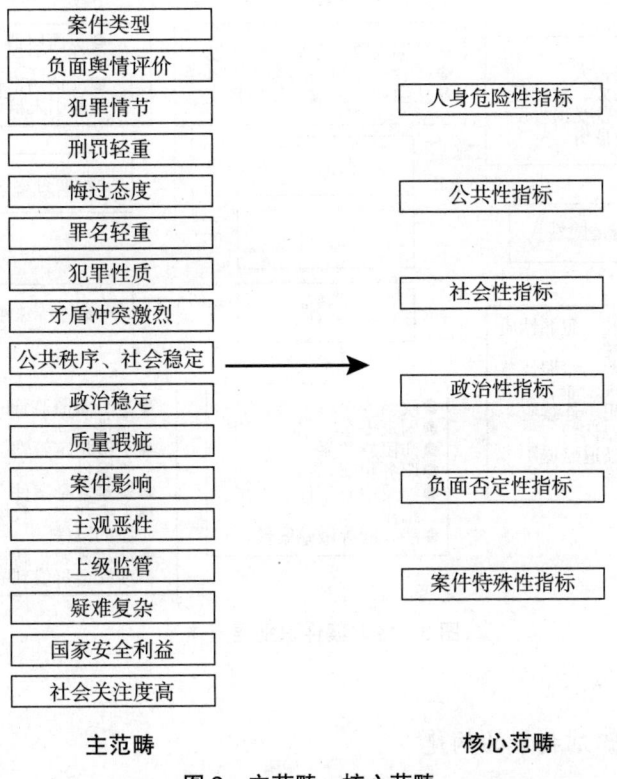

图 2　主范畴、核心范畴

如图 2 所示，将样本资料中进行开放性编码得出的概念、范畴，经主轴式编码提炼出主范畴，主轴式编码的逻辑关系可以是因果联系、并列关系等，如基于并列关系可以将"涉案人数""涉案标的"合并为"犯罪情节"。最后经选择性编码提炼出人身危险性指标、公共性指标、社会性指标、政治性指标、负面否定性评价指标、案件特殊性指标六个核心指标。

3. 轻罪识别要素体系的构建。经三级编码得出的初步结论还需要最后通过理论饱和度检验得出最终研究结论，如果经检验不饱和则需要重新返回收集资料。笔者将原始资料中的三分之一重新编码并对编码结果进行理论饱和度检验，未发现新的概念及范畴，证明本次编码形成的理论模型包含的范畴已经足够充分。因此，本次编码对轻罪案件识别影响要素形成的模型在理论上饱和。将基于扎根理论提炼出的识别要素与轻罪犯罪构成的分解要件结合起来，由此构建轻罪案件识别要素体系，如图 3 所示。

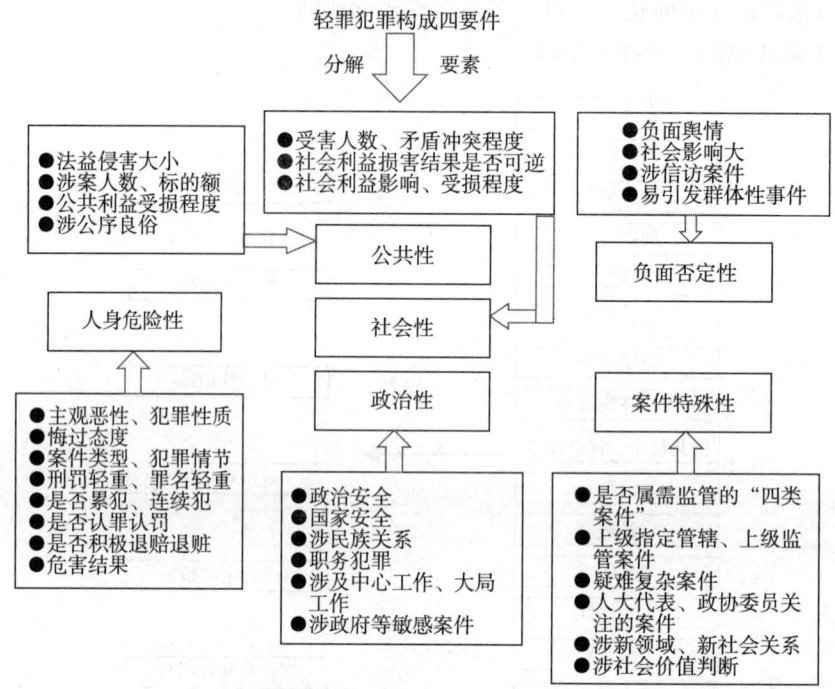

图 3　轻罪案件识别要素体系

(四) 具体识别指标的构建

在通过扎根理论将识别要素提炼为人身危险性指标、公共性指标、社会性指标、政治性指标、负面否定性评价指标、案件特殊性指标六个核心识别后,接下来就需要将这些核心识别指标具体化,化约为机器可以理解的机器语言。

1. 大数据分析。大数据分析技术是一种建立在海量数据基础上的新兴数据分析方法,其利用数据挖掘和机器学习从结构化、半结构化以及非结构化的数据中挖掘隐含的文本、语音、图像等信息,从而实现大规模数据的处理分析、规则挖掘和模型预测。轻罪识别需要将以往审理的一些案件进行画像,建立案件数据库,通过数据分析和机器学习,得出轻罪识别要素的最优解。如对于一些不涉及实质性内容的轻罪识别要素,如公共性指标中的"涉案人数""涉案标的",就可以通过大数据分析,界定出司法风险值标准,不必多层次抽象计算。

2. 神经网络法构建轻罪智能识别模型。首先通过大数据分析、德尔菲法[①]等方

---

① 德尔菲法也称专家调查法,其大致流程是在对所要预测的问题征得专家的意见之后,进行整理、归纳、统计,再匿名反馈给各专家,再次征求意见,再集中,再反馈,直至得到一致的意见,即获得专家的共识。

法构建轻罪识别要素标签集、识别要素标签权重集、赋分集，接下来通过模糊法①构建轻罪识别要素赋分矩阵，最后通过神经网络方法对提取的标签数据进行处理，进而构建精准识别判断模型，将该模型嵌入智能识别系统，可智能计算出每个刑事案件轻重程度的分值。具体步骤如下：

步骤一：建立轻罪识别要素标签集 L。L = $\{L_1, L_2, \cdots L_n\}$，L_q（q = 1, 2, …, n）是轻罪识别标签，n 是标签数量。

步骤二：构建轻罪识别要素标签权重集 W。W = $\{W_1, W_2, \cdots W_r\}$，W_x（x = 1, 2, …r）是 L_q（q = 1, 2, …, n）标签在标签集中的权重。其中，$\sum_{q=1}^{n} W_x = 1$，$0 \leq W_x \leq 1$。

步骤三：构建轻罪识别赋分集 A。A = $\{A_1, A_2, \cdots A_s\}$，A_z（z = 1, 2, …s）是对标签的赋分值，s 是赋分等级数。

步骤四：建立赋分矩阵 M。设定 M_{qz} 表示 L_q 对 A_z 的隶属度，由此建立矩阵。赋分矩阵 M 涵盖赋分集 A 对要素标签集 L 的全部赋分值。

步骤五：归一化计算案件轻重分值 P。将权重 W 与赋分矩阵 M 结合，计算案件轻重分值。P = W°M = $(p_1, p_2, \cdots p_n)$，其中 $P_z = \sum_{q=1}^{n} w_{qz} m_{qz}$，z = (1, 2, …s)。

3. 构建价值维度知识图谱。知识图谱通过知识抽取、知识表示、知识融合、知识推理和知识存储进行建构，是推动数据价值挖掘和支撑智能信息服务的重要基础技术。② 知识图谱是信息化时代知识计量统计的关键技术之一，对于刑事案件的轻罪分离也有重要的应用价值。轻罪案件识别涉及的重要价值判断要素，因其复杂性和多元性，需要以案件库、专家意见等海量原始资料，建立价值维度知识图谱，并在此基础上通过智能化识别系统进行深度学习，进而实现判断。

四、建构：基于 SIPOC 模型的轻罪智能化识别分流路径

SIPOC 模型是一代质量大师戴明提出来的组织系统模型，是一门用于流程管理和改进的技术，"SIPOC"中每个字母具体含义分别是："Suppliers（供应商）；Inputs（输入）；Process（过程）；Outputs（输出）；Customers（客户）"。③ 应用到轻罪智能识别流程中，路径模型如图 4 所示。

SIPOC 模型有利于优化轻罪识别流程。SIPOC 模型将轻罪识别流程分解为若干点，明确目标及要素，有助于改善工作流程，缩短周期时间，并通过流程分析发现问题弥补不足。SIPOC 模型可以用一个框架来勾勒全部流程，保持"全景"视角，

---

① 模糊数学方法利用一个隶属度概念，来描述处在属于和不属于概念之间的模糊事物，通过模糊变换原理对各指标进行综合，得到模糊综合评价结果向量，达到对事物的整体认识。参见郭秀君、马广：《基于模糊数学方法的房地产企业偿债能力分析》，载《数学的实践与认识》2014 年第 4 期。

② 参见杭婷婷、冯钧、陆佳民：《知识图谱构建技术：分类、调查和未来方向》，载《计算机科学》2021 年第 2 期。

③ 谭芳：《SIPOC 模型在企业风险管理中的应用》，载《财会通讯》2009 年第 8 期。

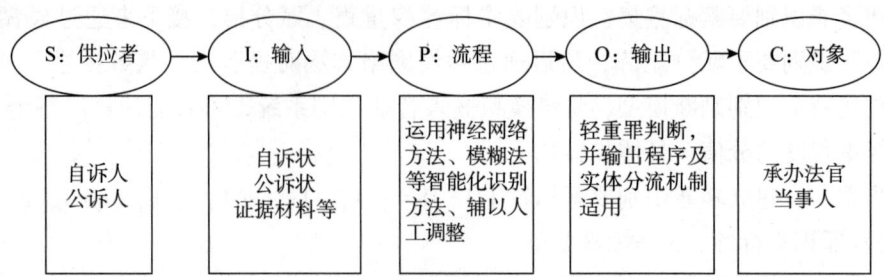

图 4　轻罪识别 SIPOC 模型图

还可以向全景中增加附加细节，完善流程。形成严谨、周密的闭环。在轻罪案件识别中引进 SIPOC 模型，可以充分发挥其作用与优势，以全视野的角度分析研判轻罪识别全流程，实现全周期性管理，并发现补足智能化识别要件判断中存在的局限，优化轻罪案件智能化识别流程。

（一）轻罪识别分流整体流程

基于 SIPOC 流程管理模型的视角，本文将轻罪案件的识别分流处理的过程视为一个整体流程，将供应者、识别要素、认定部分等视为子流程（如图 3 所示），通过优化分流流程、精准要素识别，达到对轻罪案件的科学化、靶向性分流处理目的。输出程序流程解析如下：

1. 供应者（S）：本文主要以法院的轻罪识别为研究对象。案件供应者主要为刑事自诉人及公诉人。需审查其主体资格是否符合《刑事诉讼法》及相关司法解释的规定，是否具有法定的资质和条件。如《刑事诉讼法》规定，只有自诉案件的受害人及其法定代理人、近亲属才具有自诉人资格。

2. 输入（I）：输入对象主要为受害人提交的自诉状、检察院提交的公诉状、证据等案卷材料。需要对自诉状、公诉状进行刑事诉讼规则审查，对证据材料进行刑事证据规则的筛选，以筛选过的材料作为原始资料库，进行智能信息提炼后匹配轻罪识别要素，避免识别失准，保证轻罪识别的科学性、客观性、严谨性。

3. 流程（P）：将基于扎根理论研究的轻罪识别影响因子输入，化为技术处理下的机器语言，应用于以智能化和信息化为技术支撑的识别系统，并内嵌集成至人民法院立案信息系统内网。通过立案信息系统内网智能提取、分析自诉状、公诉状（主要提取案件事实、罪名、量刑建议）等案卷材料信息，通过提前输入的识别要素进行验证，对轻重罪案件进行"智能识别"分流，辅以人工调整进行人机互构。

4. 输出（O）：输出轻重罪判断，并由此进行程序分流处理，对轻罪案件适用简易或速裁程序。输出实体处理机制，结合识别结果情况区分适用相应的犯罪治理机制。受积极刑法观影响，刑事轻罪的立法呈现出扩张趋势。为充分发挥轻罪治理效能，可以探索轻罪案件犯罪记录封存制度，并建立有条件的前科消灭制度，助力其改过自新、回归社会。通过建立轻罪制度有效运行的实体制度机制配套，实现轻罪治理的目标。

5. 客户（C）：即接受输出的对象。对内，轻罪识别输出对象为承办法官，并需进行人案适配。有条件的法院可以建立轻罪、重罪专业化审判团队，将轻重罪案件针对性地分流到不同审判团队，在审判团队内部实行随机分案。尚不具备建立专业审判团队条件的法院，可以部门作为案件分类归口，但也要注重人案的类型化适配。可以将重罪案件分配给院庭长或者法官级别和职务级别高的法官，轻罪案件分配给群众工作能力强、资历或经验更浅的法官。

对外，轻罪识别输出对象为刑事诉讼当事人。经过要素识别为轻罪后，承办法官就可以适用刑事简易程序或速裁程序进行分流处理。刑事简易程序与刑事速裁程序是包含与被包含的关系。被识别为轻罪的案件必须同时符合《刑事诉讼法》规定的简易、速裁程序适用的要件，方能进行相应程序适用。

（二）轻罪识别分流配套机制

1. 立审双识别机制。在立案阶段，以智能化识别为主、立案法官人工识别为辅的方式。自诉案件，根据《最高人民法院关于适用〈中华人民共和国刑事诉讼法〉的解释》第1条①规定，对属于该解释第1条规定的前两项自诉案件类型，根据其案件性质由立案法官人工识别一级标注为轻罪案件推送给承办法官，最后一项自诉案件由智能识别系统运用上文提到的神经网络法、模糊法、德尔菲法等，判断其风险程度，再由立案庭法官识别，经系统和人工识别结果一致的，进行一级标注推送给承办法官，不一致的推送给刑事庭庭长判断后分流处理。公诉案件由智能识别系统判断后，若识别为轻罪，一级标注为轻罪案件推送给承办法官，若识别为重罪，由立案法官进行人工判断，意见一致推送给承办法官，不一致的进行二级标注推送给承办法官。

2. 建立案件错误识别救济机制。在立案阶段推送结果与承办法官或刑事庭庭长审查结果不一致的，启动救济机制。对轻罪案件错误识别为重罪的，由轻罪审判团队快速审理。对重罪案件错误识别为轻罪的，由承办法官在一定工作日内提出，经刑事庭庭长或分管院领导确认，重新标注为重罪，退回立案庭重新分配给重罪审判团队。未在一定工作日内提出的，组成以重罪团队法官为审判长、原承办法官为成员的合议庭进行审理。

3. 轻罪智能化识别情境下的人机互构机制。识别的准确率直接影响轻罪分流处理的法律效果与社会效果。智能化识别能够较好地进行轻罪案件形式要件识别，如

---

① 《最高人民法院关于适用〈中华人民共和国刑事诉讼法〉的解释》第1条规定，人民法院直接受理的自诉案件包括：（1）告诉才处理的案件；（2）人民检察院没有提起公诉，被害人有证据证明的轻微刑事案件；（3）被害人有证据证明对被告人侵犯自己人身、财产权利的行为应当依法追究刑事责任，且有证据证明曾经提出控告，而公安机关或者人民检察院不予追究被告人刑事责任的案件。

可以将涉案人数化约为具体的低于多少人,但对于抽象化的实质性识别要件,复杂性程度越高,简化的层次越多,信息失准的可能性便越大,可能会出现瞄准偏差。为了有效解决少量特殊案件无法自动精准识别问题,可以在轻罪识别过程中构建人机互构的识别模式,在以智能化识别为主的基础上结合实际辅以人工调整,以提高识别的准确率。

4. 轻罪案件智能化识别视角下的人案适配机制。实行轻罪案件的智能化识别后,还需进行相应的人案适配分流,才能充分释放轻罪识别效能。人案适配,是指人的特性与案件属性的适当配合,即将智能系统识别出的轻罪、重罪分流给相对应的类型化法官,实现案件的类型识别匹配,达到适配最佳效果。人案适配的前提是通过对法官类别、职业经历、专业背景、裁判理念、审判特征等信息的提取,对法官既往案件信息进行分析,建立数据模型,对法官认知进行镜像分析画像,在入围法官中进行随机分案,实现人案适配。有条件的法院可以建立专业审判团队,没有条件的法院也要注重人案的类型化适配。

(三)基于 SIPOC 模型的轻罪案件智能化识别三阶七步法演示:以司法实践的一个案件为例

案例:邱某某诈骗案①。

2021 年 6 月至 11 月,被告人邱某某通过"××车""××网"平台发布虚假货运信息或虚假招聘司机信息,后以缴纳押金、资金周转等名义骗取被害人袁某、顾某某等 8 人共计 38485 元。D 县检察院以其涉嫌诈骗罪提起公诉。

1. 第一阶段:(1)由具有一定办案经验的立案庭法官助理或员额法官对材料进行刑事诉讼规则检验,确保该刑事案件属于本院管辖范围,诉讼主体资格符合法律规定,避免浪费司法资源的无效性识别。(2)检验通过的案卷材料扫描进智能系统,通过智能系统从检察院提交的起诉状、《认罪认罚具结书》、证据材料等材料中提炼信息。智能系统从案卷材料中提炼出"认罪认罚""退赔""前科劣迹、多次诈骗""骗取被害人袁某、顾某某等 8 人共计 38485 元""建议判处……三年九个月"等信息。

2. 第二阶段:(1)通过智能系统将识别的信息提炼对应为相应的识别要素,如"骗取被害人袁某、顾某某等 8 人共计 38485 元"可以抽象化为"受害人数""涉案标的",进一步提炼为六大核心识别要素"公共性指标","前科劣迹、多次诈骗"可以提炼为"人身危险性指标"。(2)识别要素指标的权重、赋分可以通过上文提到的大数据分析法、德尔菲法予以确定。对照内嵌的智能计算模型系统明确地识别要素权重、赋分,通过建构好的智能化计算模型,将识别要素的赋分、权重结合起来,计算得出本案案件轻重分值 P。(3)通过已审结案件的大数据分析,结合案件

---

① 参见余法刑检(2022)16 号。

实际情况，倒推轻重案件分界值。根据上阶段计算模型计算出的轻重分值，可实现在立案阶段的轻重罪智能化判断。

3. 第三阶段：人机适构和人案适配。（1）本案经智能识别系统识别为轻罪的，通过智能系统进行一级标注，由立案庭推送给 D 县法院轻罪案件审判团队法官承办。智能系统识别为重罪的，由立案法官进行二次识别，意见一致的，进行一级标注推送给重罪案件审判团队法官承办，不一致的进行二级标注推送给轻罪案件审判团队法官承办。（2）承办法官进行最后一次识别审查，有异议的按照上文提到的流程在一定工作日内提出，最终实现轻罪案件的高效化、精准化、科学化识别。

结　语

我国已经进入了轻罪治理时代，明确轻罪案件识别要素，建构轻罪案件智能化识别路径，既有现实需要，也有实际条件。只有基于扎根理论剖析轻罪识别要素核心范畴，才能减少"失序""不科学""失范"之困，才能更好地按照深化刑事诉讼制度改革的要求，完善刑事案件轻重分流机制。通过 SIPOC 模型建构轻罪案件的智能化识别路径，推动落实轻重分离，贯彻宽严相济的刑事政策，充分释放轻罪识别社会治理效能，实现轻罪快办、重罪精办，推进以审判为中心的刑事诉讼制度改革。

审判重心下沉背景下案件提级管辖机制完善

——以识别标准和程序机制为研究基点

江西省赣州市中级人民法院　郭　敏
江西省赣州市中级人民法院　钟　琰
江西省赣州市中级人民法院　程艳红

引　言

四级法院审级职能定位改革试点工作正如火如荼开展，提级管辖机制改革进入新阶段。提级管辖在《人民法院第二个五年改革纲要（2004—2008）》便作为改革的内容，并被确认于三大诉讼法，尽管承载了改革者的期待，但由于案件识别标准、流转程序不完备，上下级法院动力不足，提级管辖在实践中遇冷，并未充分发挥促进法律适用统一、完善四级法院职能定位的应有作用。此次审级制度改革，通过调整民事、行政案件级别管辖标准，将案件整体下沉，以实现中级、基层人民法院新的职能定位。在审判重心下沉背景下，提级管辖机制发挥着实现上下级法院审级良性互动，优化高层级法院案件结构，为高层级法院审级职能新定位之目标实现提供支撑的核心枢纽作用，事关审级制度改革成败。有鉴于此，本文通过实证调研当前提级管辖机制运行的困境，深入分析提级管辖实践掣肘之原因，结合审级制度理论，提出完善提级管辖机制的建议，以期提升提级管辖促进审级良性互动的效能。

一、案件提级管辖机制运行困境描摹

本文综合考量地域差异、案件情况、试点区域分布等因素，以全国11个高级人民法院[①]及其辖区的部分中级人民法院以及各地法院公布的45件提级管辖"首案"[②]作为研究样本，深入实证研究，检视审判重心下沉背景下提级管辖机制的实践困境。

（一）提级管辖案件识别标准主观不一

《最高人民法院关于完善四级法院审级职能定位改革试点的实施办法》（以下简

---

　①　本文调研了北京、上海、江苏、山东、广东、河南、湖南、江西、重庆、四川、陕西等11个省（市）高级人民法院及其辖区的部分中级人民法院推行案件提级管辖的实践情况。
　②　本文以全国各地法院自试点改革以来发布在官方微信公众号以及官网的首例提级管辖案件为分析对象，截至2022年8月1日，共收集45件。

称《试点实施办法》）虽然在 2010 年《最高人民法院关于规范上下级人民法院审判业务关系的若干意见》（以下简称《规范意见》）及三大诉讼法之相关规定基础上，进一步明确了适用提级管辖"特殊类型案件"的识别标准，但实践中仍存在着标准主观随意、不一致的困境。

1. 标准主观随意。样本法院中，多数法院未在《试点实施办法》的基础上对提级管辖案件识别标准进行细化，即使少部分法院予以细化规定，但标准仍然相对笼统抽象、可操作性不强。如，D 省和 F 市高级人民法院虽然对案件提级管辖的相关情形进行了细化规定，但因缺乏具体、可量化的识别要素，依然难以为法官提供精准的指引。

实践中，提级管辖案件识别标准主要由法官把握，经验色彩浓、主观性强、差异性大。部分学者亦观察到此现象，标准的主观性导致法官在面对那些每一点均有一定的解释余地的识别标准，尤其是那些"非典型"案件时，在识别上时常产生争议。①

2. 标准不统一。统一法律适用事关社会公平正义、事关人民群众切身利益、事关人民法院的司法权威。② 法律适用是否统一，既是判断法律实施效果的载体，也是判断司法是否公正最直观的体现。③ 最高人民法院要求各高级人民法院严格按照《试点实施办法》第 4 条、第 5 条的规定，研究制定符合辖区实际的实施细则。各地法院在细化标准时，既要符合当地实际，又要遵守法律适用统一原则。

实践中，只有少数法院制定了提级管辖案件细化识别标准，然而，不同地域的法院细化标准不一，甚至同省域的不同中级人民法院也存在较大差异。在实际运行中，各地法院对识别标准把握的差异性则更为明显，如，D 省两家中级人民法院的提级管辖"首案"都涉及对"具有普遍法律适用指导意义"的认定，但却分别从"可能发生复杂的法律适用问题"和"法律问题涉及众多群体利益"两个不同角度进行判断。笔者梳理样本法院的不同做法，提级管辖案件识别标准总体可分为五种不同类型（见表1）。"同等情况同等对待"不仅是自然正义的体现，而且是现代法治的基本原则。④ 各地法院差异明显的提级管辖案件识别标准，可能悖于法律适用统一原则和正义要求，制约提级管辖制度改革目标实现。

---

① 参见龙宗智：《审级职能定位改革的主要矛盾及试点建议》，载《中国法律评论》2022 年第 2 期。
② 李群星、罗昆：《论法律统一适用的判断标准》，载《中国应用法学》2020 年第 5 期。
③ 上海市第一中级人民法院课题组：《司法责任制背景下统一法律适用标准研究——以类案同判为目标》，载《中国应用法学》2020 年第 5 期。
④ 吴颖超、吴光侠：《法律统一适用体系研究》，载《法律适用》2020 年第 11 期。

表 1　部分样本法院提级管辖案件识别标准

类型	提级管辖案件识别标准	
简化《试点实施办法》	B 省高级人民法院	
	基层人民法院可以报请的情形为：(1) 涉及重大国家利益和社会公共利益的；(2) 存在重大法律适用分歧的；(3) 具有普遍示范意义的，后两种为中级人民法院可以报送的情形	
照搬《试点实施办法》	D 省、F 市、G 省、H 市高级人民法院	D 省 d 中级人民法院、H 省 h 中级人民法院
	照搬《试点实施办法》的标准	照搬《试点实施办法》的标准
基本照搬，有少量细化标准	C 省高级人民法院	B 省 b 中级人民法院
	对"辖区内""具有普遍法律适用指导意义""人民法院之间""近三年"作出了细化规定，增加"受地方因素影响程度"的识别要素，其他基本照搬《试点实施办法》	对"具有普遍法律适用指导意义"作出了细化规定，其他基本照搬《试点实施办法》
有相对完善的细化标准	A 市高级人民法院	E 省高级人民法院
	在遵循《试点实施办法》的基础上，对"重大利益""新类型且疑难复杂""具有普遍法律适用指导意义""上一级法院""近三年""重大法律适用分歧""更有利于公正审理"作出了细化规定，标准更为明确具体，更具有可操作性	在遵循《试点实施办法》的基础上，对"重大国家利益、社会公共利益""新类型且疑难复杂""具有普遍法律适用指导意义""重大法律适用分歧""更有利于公正审理"作出了细化规定，标准更为明确具体，更具有可操作性
未制定细化标准	C 省 c 中级人民法院等	
	法院未制定细化标准，依照《试点实施办法》、高级人民法院规定+法官主观把握	

实践中，提级管辖案件识别标准不统一、识别不精准问题普遍存在。统计数据显示，2021 年第四季度与 2022 年第一季度，各中级、基层人民法院报请提级管辖案件 412 件，被上一级人民法院提级管辖的仅有 148 件。

(二) 提级管辖程序机制不善

现代审判活动的每一环节都呈现出专业性和复杂性的特点，这种专业而复杂的活动非常讲究程序和形式理性。① 案件提级管辖程序主要可以分为发现识别、研判报请和审查决定三个阶段，但改革实践中该三阶段的程序机制各地不一、模糊无序、效力不明、流程不畅，严重影响案件提级管辖的程序规范性与公正性。

1. 发现识别程序不科学。提级管辖案件的发现识别是提级管辖机制的起始基

---

① 杨知文：《法院组织管理与中国审判管理体制的建构》，载《河北法学》2014 年第 10 期。

础，发现识别程序科学与否直接影响案件能否进入提级管辖流程。然而，各地法院的实践中普遍存在发现识别主体不清、路径无序之困，导致案件提级管辖推进缓慢，报请提级管辖案件质量参差不齐。

（1）发现识别主体不明。许多法院未明确发现识别提级管辖案件的责任主体，相关庭室部门分工不明、职责不清，实际运行中谨慎保守、主动性弱的情况时有发生。有的法院规定了广泛的发现识别主体，如D省d中级人民法院规定"基层法院立案庭工作人员在立案审查、承办法官在案件审理中发现案件存在需要报请提级管辖情形的，应当及时向庭长报告并说明情况"，然而，此种寄予"人人参与"而缺乏相应责任追究或激励机制的制度设计，在实践中往往陷入人人视之与己无关的境地，最终演变为"人人不参与"。据笔者追踪调研，D省d中级人民法院立案庭工作人员和承办法官发现提级管辖案件寥寥无几，陷入美好愿景的制度设计却实践遇冷的尴尬。

（2）发现识别路径无序。一些法院未积极探索提级管辖案件前期发现识别路径，一些符合提级管辖的案件在临近开庭或开庭后才能被发现。有的法院设置了通过条线会议、大要案专报和人大代表监督等发现识别方式，但实际运用较少，实践效果不佳。有的法院则借用审判业务一体化平台、大数据排查等智能方式拓展发现识别路径，但受制于技术瓶颈，功能难以发挥。此外，对于当事人可否申请提级管辖，各地法院做法不一。样本法院中，一半多的法院明确将当事人申请提级管辖单列，作为法院内部识别的补充路径，有少数法院还制定了专门的《当事人申请提级管辖案件办理规范》，而其余法院对此未作明确规定。

2. 研判报请程序不畅。案件经初步发现识别属需要报请提级管辖的，将进入案件提级管辖的重要环节——研判报请程序。对于案件提级管辖的研判主体与程序，各地法院模式不同（见表2），案件研判的程序规范性和结果准确性有待加强，研判报请流程衔接与推进不够通畅。

表2 部分样本法院提级管辖案件研判主体与程序

模式	提级管辖案件研判主体与程序
审委会研判	B省高级人民法院
	仅规定报请案件均须审判委员会讨论决定
合议庭或审委会研判	D省高级人民法院
	合议庭评议并报院长批准；涉及法律统一适用问题的，审判委员会讨论决定
审判组织或审委会研判	C省高级人民法院
	涉及法律统一适用问题的，审判委员会讨论；涉及其他问题的，院长在充分听取相关审判组织意见后视情决定

(续表)

模式	提级管辖案件研判主体与程序
专业法官会议或审委会研判	A 市高级人民法院、B 省 b 中级人民法院
	涉及法律统一适用问题的,审判委员会讨论决定;涉及其他问题的,专业法官会议讨论
合议庭或专业法官会议或审委会研判	E 省高级人民法院
	合议庭评议,确有必要的提交专业法官会议讨论;涉及法律适用统一问题的,审判委员会讨论
	D 省 d 中级人民法院
	合议制普通程序案件由合议庭评议;独任制普通程序案件和简易程序案件由专业法官会议讨论;涉及法律适用问题或者案件已经开庭审理的,由审判委员会讨论决定
层报院长或专业法官会议+审委会研判	F 市高级人民法院
	仅规定层报院长批准;涉及法律统一适用问题的,先提交专业法官会议讨论,并经审判委员会讨论决定
合议庭+审判庭庭长(专业法官会议)+院领导(审委会)研判	G 省高级人民法院
	合议庭审查;审判庭庭长审核合议庭意见,必要时提请专业法官会议讨论;院领导认为有必要的,提请审判委员会讨论决定

(1) 研判主体与程序不规范。从表2可见,各地法院的提级管辖案件研判主体与程序有很大不同,大部分规定比较粗放、研判主体不一、程序不严谨,如规定报请案件须经审委会讨论决定,但对上审委会前的研判及提请审委会讨论的主体和程序机制不明确。此外,研判结果效力不定。提级管辖案件经合议庭评议、专业法官会议讨论或审委会讨论,其评议讨论结果发挥何效力不明确,评议讨论意见分歧该如何处理,各地法院均未明确规定,严重影响研判结果的确定性与科学性,研判进程也易受阻。

(2) 报请时限各地法院规定不一。《试点实施办法》规定"至迟于案件法定审理期限届满三十日前报送",大部分法院的规定与之一致,但少部分法院亦有"未过法定审限二分之一"等不同规定。报送的时机不仅与审限有关,还与开庭因素有关。对于开庭后发现的案件能否报请提级管辖,各地标准不一。大部分样本法院规定已开庭审理的案件不报请提级管辖,但有少部分法院支持已开庭案件报请。

(3) 再次提级管辖各地法院态度不一。中级人民法院对于基层人民法院报请提级管辖的案件能否再次报请高级人民法院提级管辖,实践中各地做法不同。大部分法院支持符合一定条件的案件可以再次报请提级管辖,如 A 市、C 省等高级人民法院规定,对于具有普遍法律适用指导意义的案件,中级人民法院经审查后认为确有必要再次报请的,层报最高人民法院批准后,可再次报高级人民法院提级管辖。也有少部分法院不支持再次报请提级管辖，如 D 省高级人民法院坚持提级管辖一次为限原则。

3. 审查决定程序不规范。审查决定程序对案件作最后把关，关涉提级管辖案件的质量，过滤"不当报请"，引导下级法院往后的发现识别研判报请工作。然而，实践中，各地上级法院审查决定提级管辖案件的程序差异明显，存在一定随意性，审查决定的规范性不足。

（1）审查主体与程序不明确。样本法院中，上级法院审查决定程序中都引入审判庭参与，但对于立案庭是否须形式审查，专业法官会议、审判委员会参与审查的适用条件及审查程序未明确规定。案件提级管辖审查决定具体操作流程不明晰，如 C 省高级人民法院仅规定"由立案庭转相关审判庭审查，并应当在十五天内作出同意或不同意提级管辖的处理"，相关主体在案件审查过程中有时陷入无所适从的窘境，导致审查流程推进受阻，审查程序规范性受损。

（2）审查主体的审查结果效力不定。提级管辖案件经上级法院审判庭组成合议庭审查，有的法院还规定必要时提请专业法官会议讨论或审判委员会讨论，但其审查讨论的结果发挥何效力不明确，合议庭、专业法官会议审查意见一致同意或一致不同意案件提级管辖发挥何效力，审查意见分歧该如何处理，各地法院未明确规定，影响审查结果的合法性与科学性。

（3）上级法院作出处理结果说理随意。各地法院对审查后作出同意或不同意提级管辖处理的结案文书是否需要说明理由普遍未作规定，实际操作中文书说理随意性较大。大部分同意的文书仅简单说明符合哪种案件提级管辖的情形，而未阐释理由依据，不同意的文书也大多仅简单说明结果。裁判文书释法说理的目的是通过阐明裁判结论的形成过程和正当性理由，提高裁判的可接受性，实现法律效果和社会效果的有机统一。① 提级管辖文书说理，一方面是对案件提级管辖认真审查、审慎决定的过程体现，倒逼规范审查决定行为；另一方面对往后的案件提级管辖工作具有引导作用。简单笼统的文书说理无疑不利于规范提级管辖程序运行，丧失其本该有的引导作用，甚至放任不当报请和不当审查。

（三）提级管辖成效未充分显现

最高人民法院要求加大案件提级管辖的工作力度，力争在 2022 年 8 月前，以提级管辖方式审结一批规则确立意义大、审判示范效果好、人民群众获得感强的典型案件，但提级管辖试点情况与此改革目标有一定差距。

1. 适用提级管辖的案件数量有限。据最高人民法院公布的数据显示，试点以来至 2022 年 8 月，各高级、中级人民法院共提级管辖案件 435 件。② 在全国庞大的一

---

① 《最高人民法院关于加强和规范裁判文书释法说理的指导意见》第 1 条。
② 周强：《最高人民法院关于四级法院审级职能定位改革试点情况的中期报告——2022 年 8 月 30 日在第十三届全国人民代表大会常务委员会第三十六次会议上》，载《人民法院报》2022 年 9 月 3 日。

审案件体量中,提级管辖的案件数量可谓极其有限。具体到单个法院,提级管辖案件数量少是普遍的共同现状。如,C 省 c 中级人民法院自试点后截至 2022 年 8 月仅提级审理了 3 件案件,均为"下报上"提级管辖案件。

2. 提级管辖案件未充分实现改革目标。从价值导向看,提级管辖旨在解决法律适用分歧、排除外部干预,而非单纯把有规则意义的案件提至上级法院审理。① 提级管辖机制改革的目标之一在于通过高层级法院的审理,确立裁判规则、体现审判示范效果、增强人民群众获得感。

实现提级管辖机制改革目标,不仅依赖于将案件提到上级法院审理,更依赖于成果转化机制的有效建立。提级管辖案件"首案",本应是各地具有典型意义的案件,成为发挥提级管辖价值的有力抓手。然而对样本中的 45 个"首案"调研发现,大部分"首案"只是起到暂时的宣传作用,有的典型意义不够,有的未被充分归纳提炼。这一现象不仅体现在"首案"中,在试点以来提级管辖的 435 件案件中,虽有 34.91% 的案件具有普遍法律适用指导意义,但转化为参考性案例、指导性案例的案件较少。实践中,提级管辖机制的运行往往随着提级审理案件的结案而止步,案件素材未得到有效利用,案件蕴含的裁判规则也未及时总结,成果转化缓慢,提级管辖统一法律适用的功能未得到有效实现。

二、案件提级管辖实践掣肘因素剖析

(一)识别标准与程序机制明确规范缺位

1. 上层规定多为宽泛的原则性规范。我国《民事诉讼法》第 39 条第 2 款、《刑事诉讼法》第 24 条、《行政诉讼法》第 24 条第 2 款规定了案件提级管辖机制,但条文仅赋予了上下级法院可以移送案件、提级管辖的权力,没有规定具体情形和操作流程,规定过于笼统。最高人民法院 2010 年的《规范意见》也就相关机制运行提出要求,确定了可以提级管辖的四类案件,② 但描述较为简单,更多只为司法实践指明方向。此次《试点实施办法》进一步明确了"特殊类型案件"的标准和"自上而下流转"的操作流程,但整体上仍是较为宽泛的原则性规定。

基于我国幅员辽阔、地域差异大,由最高人民法院制定一个适用于全国的提级管辖案件细化识别标准客观上难以实现,需要全国各地法院根据当地实际深入探索,因地制宜制定相关细则。例如,《试点实施办法》里提到的"重大国家利益、社会公共利益"目前仍是不确定的抽象法律概念,有学者认为更多是原则性规定,需要从具体的案件出发去讨论,看法官如何在个案适用从而进行具体化。③ 位于东部的

---

① 何帆:《中国特色审级制度的形成、完善与发展》,载《中国法律评论》2021 年第 6 期。
② 《规范意见》规定可以提级管辖的四类案件:(1)重大、疑难、复杂案件;(2)新类型案件;(3)具有普遍法律适用意义的案件;(4)有管辖权的人民法院不宜行使审判权的案件。
③ 吴义龙:《如何界定公共利益——以"电梯劝烟猝死案"切入》,载《南大法学》2020 年第 2 期。

A 市高级人民法院的细化规定指出，"重大利益"应统筹考虑相关利益的涉及广度、关联深度、覆盖群体、政策依据、政策制定部门和案件审理难度等多种因素综合判断。而位于中部的 E 省高级人民法院对于这一标准的细化还包括了"可能引发外事交涉"，其原因在于相对于 A 市，E 省的涉外案件较少，而且更可能成为影响较大的案件。

《试点实施办法》的程序规定为具体操作提供了一定指引。但鉴于改革初期经验不足，各地法院试点情况、内部运作存在差异，最高人民法院层面在程序机制方面的规定也较为宽泛笼统，具体操作流程需要由地方法院结合各地实践情况予以细化。

2. 地方法院未能深入探索科学细化规则。提级管辖机制改革试点已近一年。一年时间虽紧张，但也够各地法院结合当地实际对案件提级管辖识别标准和程序机制作一番有益探索。然而，各地法院在这两个关键方面都探索创新不足，习惯沿用老办法，未将改革职责落到实处。

最高人民法院为地方法院细化提级管辖案件识别标准指明了方向和具体化的方式，例如，对"具有法律普遍适用意义的案件"进行了一定阐释。[①] 各地法院应以此为指引，结合当地实践探索，总结梳理出符合本地提级管辖案件的细化识别标准。但实践中，大部分地方法院没有结合实践对提级管辖案件识别标准进行细化，出现了直接照搬或是基本照搬甚至简化《试点实施办法》案件识别标准的现象。该标准作为原则性的规定比较周全，弹性大，缺乏确定性和稳定性，让法官在识别案件时难以参考，更多依靠主观判断。[②] 样本法院中仅有部分法院进行了较为完善的细化，如 A 市高级人民法院，在《试点实施办法》的基础上，基本上对五类特殊类型案件的识别标准都作出了细化规定。但接受访谈的 A 市法官表示即使是目前细化后的标准，科学性也有待提升、操作性不强、不能达到预期效果，操作中还须依靠法官经验去识别研判，容易产生对同一标准的不同理解，严重制约识别结果的精准性。

实现四级法院司法效益最优配置的掣肘在于案件在各层级法院流通不畅，很多应由高层级法院审理的案件因程序的限制而止于低层级法院。[③] 提级管辖机制的目的就是将一些特殊类型案件提级审理，完善四级法院职能定位，但各地法院提级管辖的程序机制设计还不完善，导致提级管辖运转不畅。一方面，程序机制的运行涉及方方面面的流程节点，多数法院倾向在实践操作中逐步总结、形成惯例，而不以制度规定的形式予以确定。另一方面，目前最高人民法院仅就报请、审查程序的最后一步作出了规定，地方法院仅能在权力范围内进行细化，但整体来看这些规定还是过于粗疏，没有形成一个完整的操作流程，在一些关键性的环节如审查主体的审

---

① 刘峥、何帆：《〈最高人民法院关于完善四级法院审级职能定位改革试点的实施办法〉的理解与适用》，载《人民司法》2021 年第 31 期。
② 宋朝武：《我国四级法院审级职能定位改革的发展方向》，载《政法论丛》2021 年第 6 期。
③ 梁平：《我国四级法院审级职能定位改革的规范与技术进路》，载《政法论丛》2021 年第 6 期。

查结果效力认定等问题还无据可依,地方法院探索创新机制。

（二）提级管辖统一协同机制缺失

1. 不同地域法院之间缺乏统一联动机制。如前文所述,实践中,不同省域法院的案件提级管辖识别标准和程序机制差异较大,即便同一省域的不同法院也不尽统一,与提级管辖机制实现统一法律适用的目标背道而驰。笔者调研11个省域的样本法院发现,不同地域法院之间案件提级管辖统一联动机制缺失,各高级人民法院在该项工作方面的交流协同普遍缺乏,同一省域的不同中级人民法院及基层人民法院之间的交流协同也较少。最高人民法院关于案件提级管辖的相关标准富有弹性及程序机制规定较为原则,各地经济社会发展、案件情况、法官业务能力等均有较大差异,无统一协同机制,各地法院各自为阵,案件提级管辖的识别标准和程序机制在各地不一也就事出有因了。

案件整体下沉后,中级人民法院将成为大多数案件的终审法院,而中级人民法院审级较低以及数量众多,不同中级人民法院对类似案件在法律适用上很有可能存在重大差异。① 最高人民法院和高级人民法院统一司法的作用更明显,相较而言中级人民法院统一司法的功能就次之。② 因此,充分利用好提级管辖制度极为必要。地方高级人民法院应细化标准和程序等方面的规定给中级人民法院提供充分指引,建立统一联动机制,努力实现案件提级管辖机制统一。各地法院结合当地实际制定完善相关细则,应保持基本统一下的有限合理差异,否则有悖法律适用统一,阻碍案件提级管辖良性运行,不利于司法正义的实现。

2. 上下级法院未建立统一协同机制。上下级法院之间的统一协调本应比不同地域法院之间更易推行,遗憾的是,在案件提级管辖运行实践中,上下级法院间的协同统一却不容乐观。在提级管辖制度的细化探索中,各高级人民法院、大部分中级人民法院和部分基层人民法院制定了相关实施细则,但是,地方三级法院之间缺少纵向贯通的统一协同机制。上级法院对下级法院在案件提级管辖实施细则的制定和实施上的指导普遍不足,未能有效协同辖区内不同下级法院的实际做法,下级法院经常对上级法院制定的细则产生不同的理解,导致同一辖区内的上下级法院及同级法院间的案件提级管辖机制不统一。多数地方法院出台的实施细则操作性不强,下级法院往往靠上级法院的推动才将案件报送提级管辖,同时上级法院拥有绝对的决定权,下级法院始终处于被动地位,难以通过提级管辖制度实现案件的良性分流,发挥促进审级良性互动,优化上级人民法院案件结构的作用。③

---

① 张亮、黄茂醒:《我国民事审判重心全面下沉的体系性应对》,载《河北法学》2022年第7期。
② 曹志勋:《论指导性案例的"参照"效力及其裁判技术——基于对已公布的42个民事指导性案例的实质分析》,载《比较法研究》2016年第6期。
③ 靳栋:《结构与功能:四级法院审级职能定位改革研究》,载《政法学刊》2022年第39期。

(三) 上下级法院提级管辖动力不足

1. 下级法院缺乏报请提级管辖案件的动力。审级制度改革后，审判重心整体下沉，大量案件由基层人民法院审理。尽管《试点实施办法》强调要完善相应的配套机制，如编制、员额配备等，但司法人员作为"社会人"意义上的人，由于利益、能力或价值观等因素，会有不同的选择，① 相应的人力资源等配套措施也会滞后。中级、基层人民法院的办案压力大，工作庞杂、任务繁重，法官未必有足够时间精力识别应当提级管辖的案件。

下级法院在识别具有普遍法律适用指导意义的案件上可能缺乏动力，他们更愿意将那些处理难度大的案件，甚至是容易成为社会敏感或当事人缠讼的案件报请提级管辖，存在滥用提级管辖机制将问题上移和矛盾上交的可能性。② 尽管目前推进人财物省级统管以减少地方对司法的影响，但司法"去地方化"未竟全功，地方法院仍在诸多方面受制于地方，对于一些存在"诉讼主客场"的案件，地方法院向上报请提级管辖有顾虑。此外，提级管辖缺乏相应的激励反馈机制，这都使得下级法院缺乏报请提级管辖的动力。

2. 上级法院缺乏推动案件提级管辖的积极性。对于提级管辖上来的案件，有些案情疑难复杂、容易成为社会敏感的案件，上级法院也可能觉得棘手。提级管辖之后，上级法院作为一审法院，须从头开始进行事实认定和法律适用，加重了工作负担，上级法院难以有积极性。③

三、审判重心下沉背景下案件提级管辖机制优化路径

(一) 建立省域统一的提级管辖机制

《试点实施办法》为完善提级管辖机制作了总体性规定。由于我国幅员辽阔，各地经济社会实情差异大，针对提级管辖制定全国统一的细化规则难以实现，需各地法院结合实际探索实施细则。笔者认为，建立横向协同、纵向贯通的案件提级管辖省域统一机制是可行的优化路径。

1. 横向协同。实践现状表明，各地法院案件提级管辖机制尚不完善，离预期目标有较大差距。在审判重心下沉背景下，为了确保提级管辖改革目标实现，各高级人民法院应依照《试点实施办法》的规定，综合权衡提级管辖机制推动上下级法院审级良性互动的功能，根据各地经济社会、法官业务能力、案件特点等实际情况，对辖区内的提级管辖案件识别标准、运行程序予以明确规定，以形成省域统一的案件提级管辖机制。

---

① 左卫民：《刑事诉讼中的"人"：一种主体性研究》，载《中国法学》2021年第5期。
② 龙宗智：《审级职能定位改革的主要矛盾及试点建议》，载《中国法律评论》2022年第2期。
③ 方斯远：《我国飞跃上诉的制度构建：兼论有限三审制的改革路径》，载《中国法学》2020年第5期。

省域内的各中级人民法院应遵照高级人民法院的规定，结合实际制定适合本辖区的案件提级管辖实施细则。高级人民法院需畅通各中级人民法院的横向协同渠道，加强辖区各中级人民法院之间的协同，增强操作性的同时保持机制的省域统一。

2. 纵向贯通。从长远来看，我国审级制度改革的最终目标是在实现四级法院职能科学分层的基础上，遴选出具有普遍法律适用意义的案件由最高人民法院进行法律审，发挥政策形成功能。提级管辖也是服务于此，要实现提级管辖机制良好运行促进审级互动，实现金字塔式的司法统一机制的功效，在提级管辖机制推行上四级法院也要科学分工与协作。具体而言，最高人民法院做好顶层设计，确定案件提级管辖在识别标准和流转程序上统一的原则和方法；高级人民法院科学细化识别标准与程序，省域内各法院统一施行；中级人民法院承上启下，既要贯彻落实高级人民法院制定的细则，又要加强对基层人民法院提级管辖工作的指导和监督，尽可能通过审理疑难、复杂、新类型案件，解决具有普遍适用意义的法律问题，使审判工作直接起到指导基层人民法院办案的作用；① 基层人民法院应严格按照统一识别标准与程序进行案件识别与报请，对实践中的问题及时梳理并向上反馈，提供完善意见。

在试点阶段，充分适用提级管辖机制还有一个过程，上级法院需加强对下级法院的指导、审判监督管理，以此纵向贯通，实现四级法院审级良性互动。充分发挥提级管辖机制的作用，将确实具有法律统一适用意义的案件，交由高层级法院审理，协调各地法院适用法律的冲突，让最高人民法院通过判决发挥更大的公共政策的作用。②

（二）构建提级管辖案件识别标准体系

正确把握"特殊类型案件"的认定标准，是促进相关案件有序运转，实现上下级法院审级良性互动的关键。③ 激活实现提级管辖促进审级良性互动的功能，必须在充分考量各种相关因素基础上，把抽象的识别标准具体化，指导后续的案件识别与审查。同时，在发现识别程序中嵌入智能识别系统，提高发现识别的效率与准确度，构建具有实践性、可操作性的提级管辖案件识别标准体系。

1. 细化识别标准考量要素与指标。根据《试点实施办法》规定，适用提级管辖的特殊类型案件主要分为五类。笔者在五类案件的基础上，归纳出重大利益、新类型、疑难复杂、普遍法律适用指导意义、重大法律适用分歧、更有利于公正审理六大识别标准，并借助法律规范体系提供的解释资源，将评价性识别标准描述化或通过适当"量化"方式，展现识别标准的描述性意义成分。④ 结合样本法院和"首

---

① 何帆：《论上下级法院的职权配置：以四级法院职能定位为视角》，载《法律适用》2012 年第 8 期。
② 侯猛：《司法的运作过程：基于对最高人民法院的观察》，中国法制出版社 2021 年版，第 220 页。
③ 周强：《深入开展四级法院审级职能定位改革试点 推动构建公正高效权威的中国特色社会主义司法制度》，载《人民司法》2021 年第 31 期。
④ 参见杨铜铜：《论不确定法律概念的体系解释——以"北雁云依案"为素材》，载《法学》2018 年第 6 期。

案"的实践探索,从形式、实体、后果等维度细化分解每类识别要素的具体指标。(如表3)

表3 提级管辖案件识别要素及指标

要素	指标
重大利益	涉及利益广度
	与民生、社会稳定关联深度
	覆盖群体范围
	社会关注度
	标的额
	……
新类型	辖区范围
	业态新旧
	社会关系新旧
	经济形式新旧
	……
疑难复杂	事实认定难度
	法律关系复杂程度
	意见分歧大小
	专业性
	……
普遍法律适用指导意义	法律、司法解释规定明确程度
	裁判标准统一程度
	客观情况变化
	……
重大法律适用分歧	法律适用原则差异
	法律适用标准差异
	类案冲突
	……
更有利于公正审理	原被告身份
	受地方因素影响程度
	外部干预可能性
	……

2. 搭建提级管辖案件智能识别模型。实践中，鉴于提级管辖案件识别标准主观不一、主体分工不明，大多数法院在发现识别阶段，都难以根据现有标准精准、高效地识别出适宜提级管辖的案件。对于人工智能而言，像"法律人那样思考"已经不再是一种愿景，更不是一种奢望。① 可在发现识别阶段嵌入提级管辖智能识别系统，通过构建人机互联的识别模型，确保符合情形的案件都能顺利进入提级管辖程序之中。

具体而言，可在提级管辖案件识别标准的考量指标细化后，利用大数据样本建立要素指标矩阵；通过大数据分析、德尔菲法等方法为指标设定权重、进行赋值，利用模糊数学方法得出模糊评价矩阵；通过神经网络方法对提取的指标数据进行数据处理，计算出每个案件提级管辖适用程度的分值。提级管辖案件智能识别模型如下：

步骤1：根据表3建立提级管辖案件评价指标集

$A = \{a_1, a_2, \cdots, a_n\}$ 其中 a_i ($i=1, 2, \cdots, n$) 为提级管辖评价指标，n 为同一层次指标总数。

步骤2：构建提级管辖评语集和数值集

对每个提级管辖识别指标设定评语集和数值集 $V = \{v_1, v_2, v_3, v_4, v_5\}$

其中 v_i ($i=1, 2, 3, 4, 5$) 为评价结果，代表具体案件对提级管辖指标的符合程度。对应状态为完全适用、比较适用、可考虑适用、比较不适用、完全不适用提级管辖，对应的数值集为 $Y = \{y_1, y_2, y_3, y_4, y_5\}^T$。

步骤3：建立提级管辖目标分配权重集

$W = \{w_1, w_2, \cdots, w_n\}$　　$\sum_{i=1}^{n} w_i = 1$，$0 \leq w_i \leq 1$

其中 w_i ($i=1, 2, \cdots, n$) 表示评价指标 a_i 的权重，由各法院根据大数据分析、德尔菲法等设置符合法院实际情况的权重。

步骤4：构造提级管辖模糊评价矩阵集R

$R = [r_{ij}]_{n \times 5}$，其中 $r_{ij} = \dfrac{\text{第}i\text{个指标选择}v_j\text{人数}}{\text{参与评价的总人数}}$

r_{ij} 表示 a_i 对于 v_j 的隶属度，模糊评价矩阵 R 包含评语集 V 对于管辖评价指标集 A 的所有评价结果。

步骤5：归一化计算

进行模糊评价矩阵的复合运算 $S' = W * R$，归一化处理后得到最终评价向量 S；最终计算出案件提级管辖适用程度分值 $Q = S * Y$。

各高级人民法院根据实际，将辖区内一定量的典型提级管辖案件代入智能识别模型，得出提级管辖案件分值分布，倒推设置适用提级管辖案件的分界值。最后，

---

① 周尚君、伍茜：《人工智能司法决策的可能与限度》，载《华东政法大学学报》2019年第1期。

以模型计算所得的分值与设置的分界值进行比对,初步识别出适用提级管辖的案件。该智能识别模型除了能提高发现识别适宜提级管辖的案件的效率和精准性,其识别结果在一定程度上也能为下级法院的研判报请和上级法院审查决定提供参照。搭建此智能识别模型在初期阶段主要是辅助发现识别适宜提级管辖的案件。随着案件提级管辖改革的深入推进,各项标准程序机制不断完善,此模型技术水平不断提升、识别要素的不断科学细化以及与法院类案推送、繁简分流识别归类等系统的进一步结合,提级案件管辖智能识别结果将可直接为案件的研判报请、直至审查决定提供科学精准的参照,极大提高案件提级管辖机制运行的整体效率,促进案件提级管辖机制效能释放。

(三) 规范畅通提级管辖机制程序衔接

总体而言,启动案件提级管辖有三种方式:一是下级法院报请提级管辖;二是上级法院决定提级管辖;三是当事人申请提级管辖。试点初期,提级管辖主要依托下级法院报请,故本文主要论述"下报上"提级管辖程序。我国参与审判活动的主体众多,法院内部多个主体可以介入审判权运行。[①] 提级管辖程序中也存在众多主体的参与,为这些主体的行为选择提供明确指引尤为重要。笔者认为,由审管办牵头,立案庭与审判庭承办法官发现识别,审判庭组成合议庭研判,必要时由专业法官会议、审委会讨论,经由院长批准后报请,上级法院立案庭形式审查和对口审判庭实质审查,由此完善案件提级管辖程序机制是可行路径。

1. 发现识别程序。下级法院立案庭法官在立案或审查当事人申请提级管辖案件,以及审判庭法官审理案件时,应依照提级管辖案件标准发现识别符合提级管辖情形的案件,建立相应的激励机制促使法官落实发现识别职责。经初步识别为提级管辖案件(原则上未开庭),随即启动研判程序,交由相关审判庭研判。(如图1)

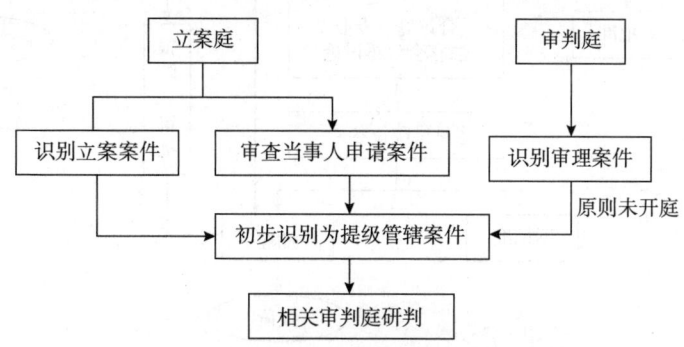

图 1 发现识别程序流程图

---

① 高欧、郭松:《审判权与审判管理权、审判监督权的关系重塑》,载《交大法学》2022 年第 1 期。

2. 研判报请程序。在提级管辖案件研判中，对于涉及法律统一适用问题的案件应直接报审委会讨论，其他特殊类型案件则先由相关审判庭组成合议庭评议。合议庭一致同意提级管辖的，报院长审批；合议庭一致不同意的，则不报请；若合议庭意见存在分歧，提交专业法官会议讨论，汲取集体司法智慧，为案件处理提供专业性意见。① 笔者认为，提级管辖案件的研判并不对案件作出实体审理，对专业法官会议的讨论意见可以赋予一定的效力，以更充分汲取集体智慧促进提级管辖机制有效运行。专业法官会议讨论若有三分之二多数同意，报院长审批；三分之二多数不同意，则不报请；意见出现较大分歧的，报审委会讨论决定。审委会的主要功能不在于解决个案纠纷，而是通过个案的讨论和决定审判工作中的重大问题，指导审判实践，以达到统一法律适用、统一裁判标准的目的。② 审委会讨论同意的，报院长批准并报请提级管辖；若不同意则不报请。对于不需要通过审委会讨论而报院长审批的案件，院长同意则报请，院长若有异议，可要求合议庭或专业法官会议再讨论，院长参考其意见最终决定是否批准。(如图2)

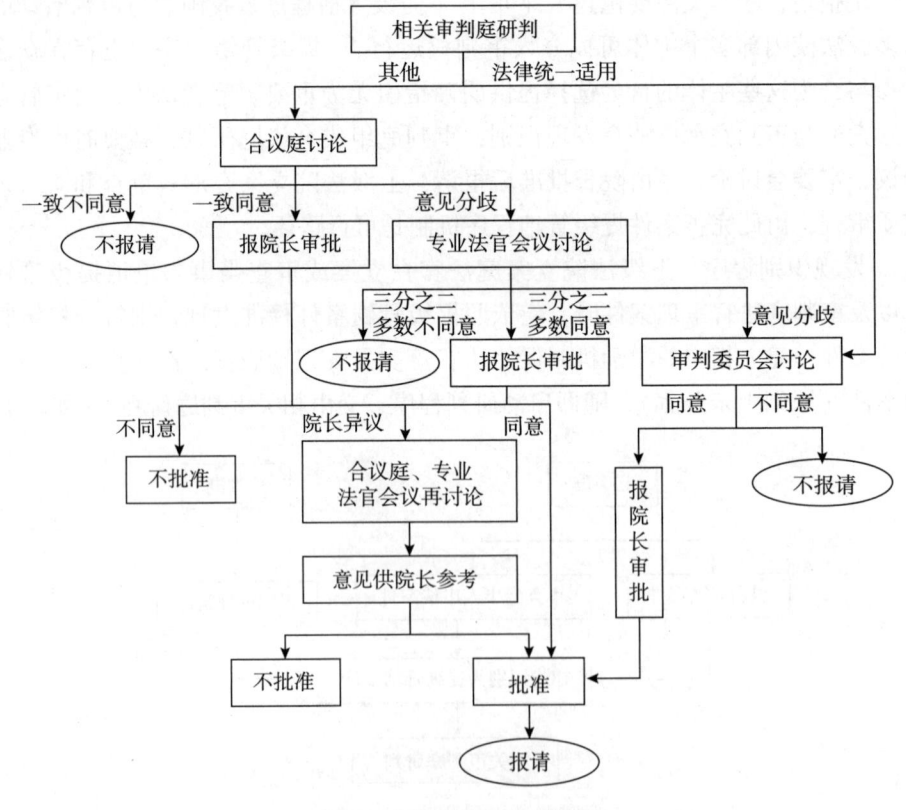

图2　研判报请程序流程图

---

① 梁桂平：《论专业法官会议的功能定位及运行模式》，载《法律适用》2016 年第 8 期。
② 钟宣、胡继先：《〈关于健全完善人民法院审判委员会工作机制的意见〉的理解与适用》，载《人民司法》2020 年第 1 期。

调研发现，部分案件提级到中级人民法院审理依然难以解决法律适用分歧、排除外部干预问题。鉴于此，笔者认为有必要建立中级人民法院"二次"报请提级管辖机制，发挥高级人民法院审级职能，实现法律适用统一、打破诉讼主客场。基于充分保障上诉权，不建议中级人民法院向高级人民法报请提审的案件"二次"报请最高人民法院审理。同时，应严格限制"二次"报请提级管辖的案件范围，设置层报最高人民法院批准的审查程序，并积极向当事人释明，引导当事人诉讼权的恰当行使，保障当事人诉讼权。①

3. 审查决定程序。在上级法院的审查阶段，建立"立案庭形式审查+审判庭实质审查+分管院领导审批"的程序（如图3）。由上级法院立案庭负责接收材料并在5日内作出形式审查的决定，符合报请形式要件的移送审判庭进行实质审查，形式审查不通过则由下级法院补交材料，形式审查可确定不符合提级管辖的则决定不同意。为了防止审限因提级管辖而过分拖延，审判庭实质审查决定应当在10日内作出。审判庭应当组成合议庭对案件进行实质审查，合议庭一致同意的，报分管院领导审批确定同意提级管辖；一致不同意的，确定不同意提级管辖；合议庭意见出现分歧的提交专业法官会议讨论。

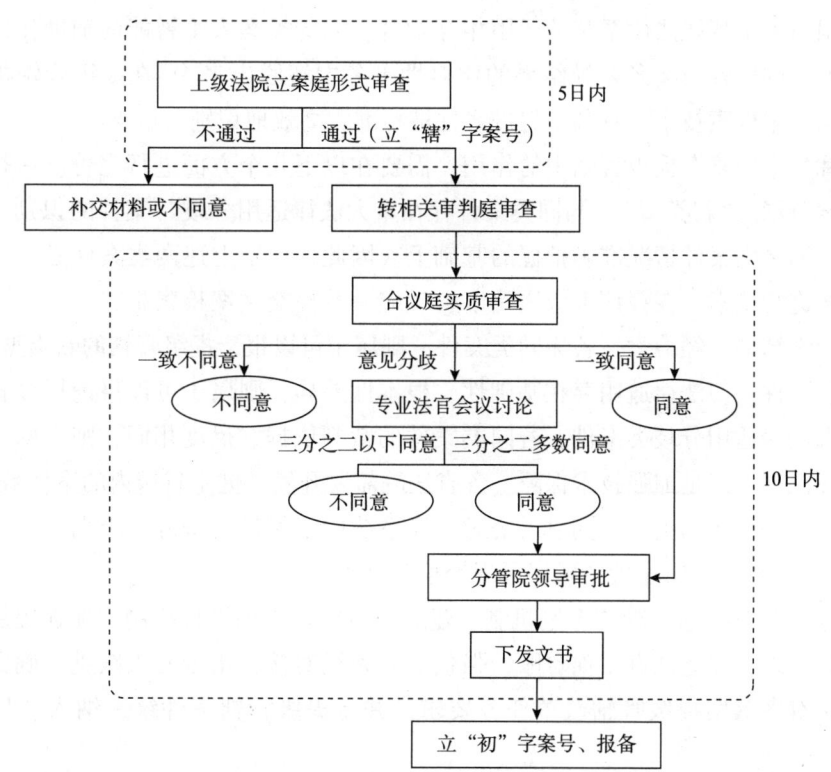

图3 审查决定程序流程图

---

① 顾培东：《人民法院改革取向的审视与思考》，载《法学研究》2020年第1期。

在一般案件的审判过程中,专业法官会议的讨论意见供合议庭复议时参考,采纳与否由合议庭决定。①但对于"下报上"案件的审查,由于不直接涉及案件的实体审理,不直接影响当事人实体权利。同时考虑到提级管辖机制尚未完善,对于合议庭难以把握的案件,多数人通过平等、民主进行观点交流与碰撞,总是胜过少数人的独断与孤立,②笔者认为可以赋予专业法官会议讨论结果一定的决定效力。专业法官会议讨论三分之二多数同意的,报分管院领导审批决定同意提级管辖;若只有三分之二以下同意的,确定不同意提级管辖。

上级法院作出的同意或不同意提级管辖处理结果,应在文书中说明理由,以规范提级管辖程序和正确引导往后的提级管辖工作。案件被确定提级管辖后,上级法院进入审理阶段,应纳入院庭长案件监督管理,并注重案例转化,涉及法律统一适用的,纳入示范性案例参考范围。

(四)推进配套建设增强提级管辖动力

1. 完善类案检索,强化类案指导。在审判重心下沉背景下,类案检索在控制裁判偏离度、保证办案质量上具有重要意义。积极探索类案人工智能应用,将法律方法的运用与人工智能法律系统的运用相互融合,完善类案人工智能的辅助作用,将法官从繁杂的检索与类案差异结果的比对性事务中解脱出来。③在提级管辖机制之中,运用类案检索技术,有利于促进案件被精准、高效地识别与审查。

发挥类案检索在提级管辖中的作用,需要在以下几个方面进行完善:一是确立类案检索范围。"新类型""与同类案件存在重大法律适用分歧"案件的识别,需要建立在对辖区内案件情况准确把握的基础上。因此,识别上述两类案件必须对辖区内的类案进行检索,在报请上级法院审查时应一并提交类案检索报告。二是合理运用类案检索结果。经检索,若无同类案件,则属于可以报请提级管辖的新类型案件;若有同类案件,但法律适用存在基础性、根本性差异,则属于可以报请提级管辖的存在重大法律适用分歧类案件;若同类案件的裁判依据、尺度相同,则不属于提级管辖案件范围。三是加强技术保障。各省法院需要开发、健全省域内的案例数据库,为案例检索提供数据支撑。同时需要对类案系统的案例进行来源、级别与质量上的明确标示,④根据法官设置的顺序呈现经检索结果。

2. 加强审查监督,建立激励机制。建立提级管辖专项管理机制,加强提级管辖统一归口管理,建立试点专项台账、强化业务条线对接、指派专人跟进,确保辖区各级法院有序落实提级管辖改革任务要求,并将提级管辖案件统一纳入"四类案

---

① 详见《最高人民法院关于完善人民法院司法责任制的若干意见》第8条。
② 戴建军:《专业法官会议制度的功能辨析》,载《人民司法》2018年第10期。
③ 何春芽、管俊兵、陈国平:《类案强制检索结果的司法适用规则研究——基于从类案到类判的功能主义视角》,载《法律适用》2020年第18期。
④ 左卫民:《如何通过人工智能实现类案类判》,载《中国法律评论》2018年第2期。

件"范畴加以标记、监督和管理,确保案件质效过硬。可以通过运用信息技术手段,完善提级管辖案件信息化管理机制,实现报请、审理全流程网上运行,监督管理各环节网上留痕。

将案件提级管辖工作纳入法院绩效考核内容,建立提级管辖专门评估体系,将参考性案例、指导性案例转化情况等作为提级管辖效果评估的重要指标。建立裁判规则提炼和典型案例示范机制,通过适当方式向社会公众及辖区法院发布提级管辖案件,启发、引导、规范裁判思路,统一辖区法律适用和裁判尺度,充分释放提级管辖制度效能。

结　语

四级法院审级职能定位改革试点工作延续我国所坚定奉行的渐进性审慎立法政策,将合理配置司法资源作为基本原则,侧重审判重心下沉的同时,完善"特殊类型案件"提级管辖机制,以平衡案件下沉后基层人民法院面临的案件压力、案件难度等问题,优化高层级法院案件结构,促进高级人民法院与最高人民法院统一法律适用等审级效能释放。本文通过对部分省高级人民法院及中级人民法院推行案件提级管辖情况进行实证研究,梳理实践困境,剖析原因,进而尝试通过建立提级管辖统一协同机制、完善案件提级管辖识别标准与程序机制,推进配套机制建设增强提级管辖动力,以促进审级良性互动,发挥案件提级管辖促进四级法院审级效能释放之作用。

总体国家安全观下涉种子犯罪"轻刑化"现象的检视与修正

——从风险社会中粮食种子法益的"跃迁"切入

江西省抚州市中级人民法院　饶辉华

种业是农业之母,袁隆平院士曾说,"关键时刻,一粒小小的种子可以绊倒一个大国"。[①] 种子作为粮食生产的核心要素,是粮食安全领域的"芯片"。2021年7月,中央深改委审议通过《种业振兴行动方案》,把种源安全提升到国家安全的战略高度。2022年3月,最高人民法院发布了《关于进一步加强涉种子刑事审判工作的指导意见》(以下简称《指导意见》),为人民法院依法惩治涉种子犯罪、保障种源安全提供了指引。为贯彻落实《指导意见》,需在总体国家安全观下辨明涉种子犯罪所涉法益的变化,重新判断风险社会中涉种子犯罪对粮食安全、国家安全的影响,厘清涉种子犯罪的法益跃迁至国家法益后对刑事司法保护的新需求,对当前危害国家粮食安全的涉种子犯罪的刑责进行检视和思考,引入积极预防性司法观对涉种子犯罪进行精准惩治。

一、实证:涉种子犯罪"轻刑化"现象的检视与反思

(一)涉种子犯罪的案件类型

涉种子犯罪是对犯罪对象为"种子"的犯罪的统称。《种子法》第2条规定:"本法所称种子,是指农作物和林木的种植材料或者繁殖材料,包括籽粒、果实、根、茎、苗、芽、叶、花等。"有的学者甚至将非法买卖毒品原植物种子、幼苗罪等毒品犯罪中的"种子"也列入其中[②],笔者认为不妥,《种子法》所保护的"种子"显然不含毒品原植物的种子、幼苗。

司法实践中,涉种子犯罪涉及《刑法》中七大类10余个罪名(见图1)。

[①] 毛莉:《袁隆平:关键时刻一粒小小的种子可以绊倒一个大国》,载《中国社会科学报》2013年12月16日。
[②] 刘育金、李春雷:《总体国家安全观下我国种子安全问题》,载《西北农林科技大学学报(社会科学版)》2022年第2期。

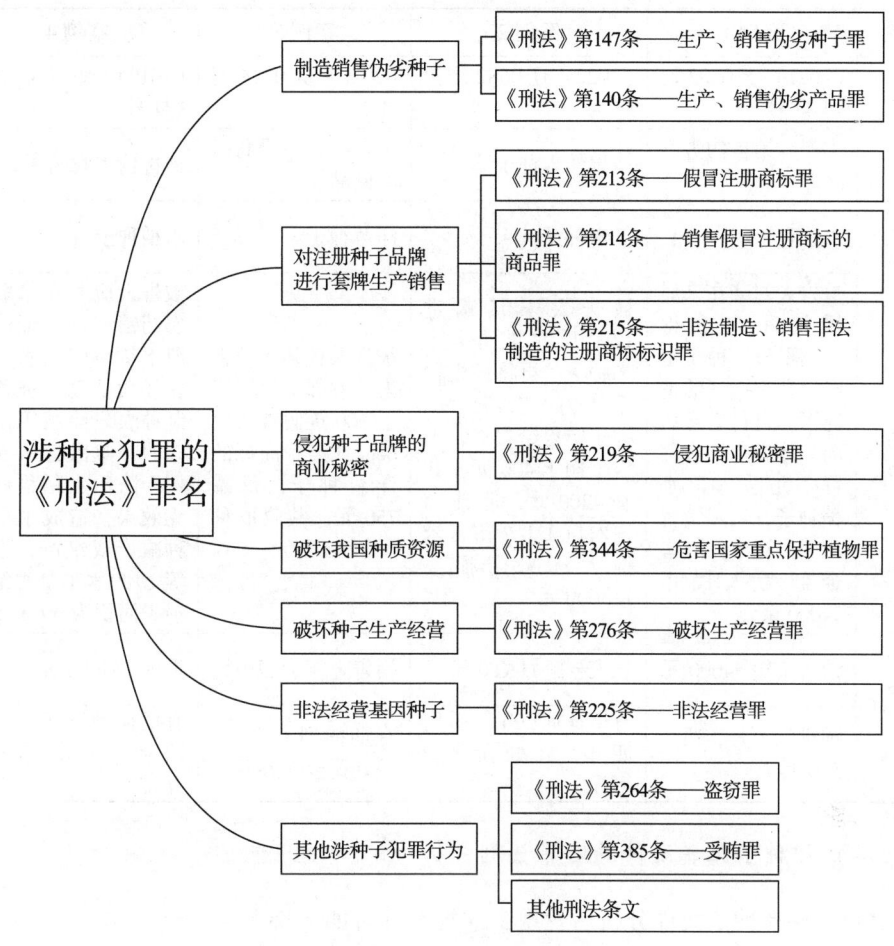

图 1　涉种子犯罪涉及的《刑法》罪名

笔者在中国裁判文书网随机筛选了 191 件涉种子案件作为研究对象，通过梳理具体典型案件后发现（见表 1），案件类型主要集中于生产、销售伪劣产品（种子）犯罪，如案例 1、案例 2，这类案件占 82.7%；侵害知识产权而产生的想象竞合犯罪——对注册种子品牌进行套牌犯罪，如案例 3，这类案件占 15.7%。上述两大类案件属于狭义概念下的典型涉种子犯罪。此外，还有极少量以种子生产、管理为间接侵害对象的犯罪占比为 1.6%，例如，为非法套取种子补贴的职务犯罪、破坏制种农户种子生产的非典型犯罪等，如案例 4，从广义角度亦纳入涉种子犯罪范畴。

表 1 涉种子犯罪的常见典型案例

案例	案例 1	案例 2	案例 3	案例 4
案号	（2021）吉 0202 刑初 44 号	（2022）辽 0682 刑初 33 号	（2020）冀 0724 刑初 50 号	（2019）闽 0130 刑初 184 号
案由	生产、销售伪劣产品罪	销售伪劣种子罪	销售假冒注册商标的商品罪	销售伪劣农药罪
种子类型	水稻种子	玉米种子	洋葱种子	水稻种子
犯罪事实	被告人刘某在未经授权和未取得"九稻 70"种子生产经营许可证的情况下，自行繁育后向个体商户销售假冒"九稻 70"水稻种子，实际销售 18000 余斤，销售金额为人民币 54000 余元	被告人宋某购进 1200 斤散装伪劣玉米种子，再将该批种子作为"良玉 99"种子销售给农户，销售金额 14400 元，获利 4200 元，造成 24 户农户 221.2 亩玉米地大量减产损失 113600 元	被告人孙某向被害人菜农郝某等销售了 200 罐假冒荷兰 bejo 红美牌商标的洋葱种子，每罐 750 元，共收取种子款 15 万元	被告人应某在未取得农药销售许可证的情况下从事网上农药销售经营活动。被害人制种农户涂某等使用该假"拿敌稳"农药用于防治水稻稻瘟病无效果，造成水稻制种减产或绝产，涂某等 10 户水稻制种绝产损失面积为 69.8 亩
犯罪金额	销售金额 54000 元	损失金额 113600 元	销售金额 15 万元	损失 164000 元
量刑	拘役五个月，罚金 5 万元	有期徒刑三年，缓刑四年，并处罚金 2 万元	有期徒刑五个月，并处罚金 3 万元	有期徒刑三年，缓刑四年，并处罚金 3 万元

（二）涉种子犯罪案件的定罪量刑分析

对 191 件涉种子案件分析后发现，这类案件有如下特点：

1. 侵害对象以粮油类种子为主。涉种子犯罪侵害的农作物种子类型多样（见图 2），以种子品种划分，玉米种子 64 件，占 33.51%；辣椒、胡萝卜、南瓜等蔬菜种子 34 件，占 17.80%；花生、大豆种子 35 件，占 18.32%；稻、麦、高粱种子 35 件，占 18.32%；其余为花草等种子，而重要经济作物——棉花种子仅 1 件。以种子类型划分，粮油类种子（稻、麦、玉米、花生、大豆等）131 件，占比为 70.16%，成为涉种子犯罪的"重灾区"。

2. 刑罚处罚呈"轻刑化"特点。在 191 件涉种子案件中共有 306 名被告人被定罪（见图 3），其中被判处免予刑事处罚、单处罚金、适用缓刑、一年以下有期徒刑或拘役的 229 人，占比高达 74.84%，尤其是缓刑率高达 58.50%，远远超过其他刑事案件的缓刑适用率。

在犯罪对象为水稻、小麦、玉米等主要粮食种子案件中，如案例 1、案例 2、案例 4 的犯罪对象为水稻、玉米种子，但刑罚处罚均为拘役或缓刑，并未因为犯罪对象为粮食种子而从重处罚，即总体国家安全观下的重点粮食种子保护未引起重视，呈现"轻刑化"特点。

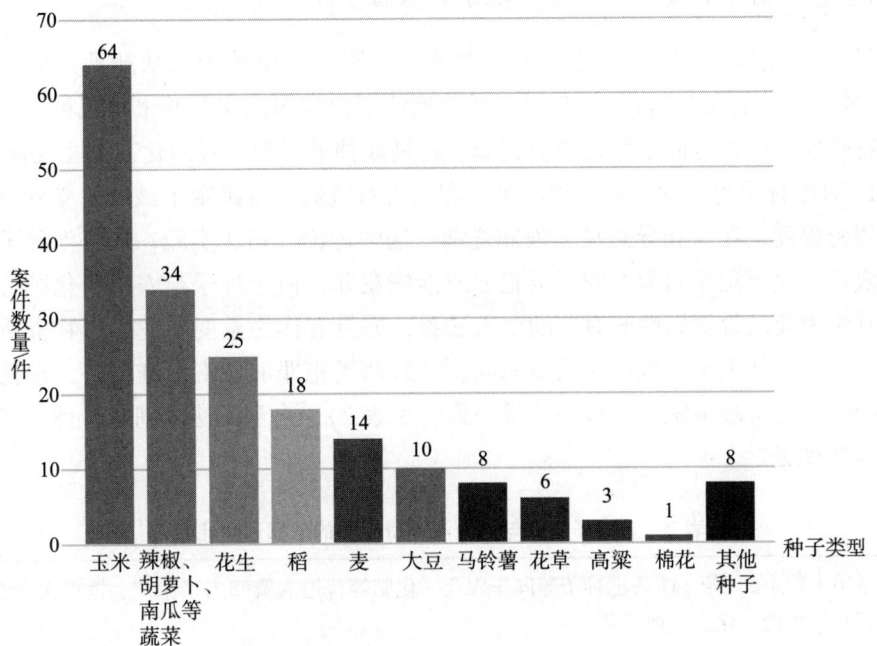

图 2　涉种子犯罪侵害的农作物种子类型

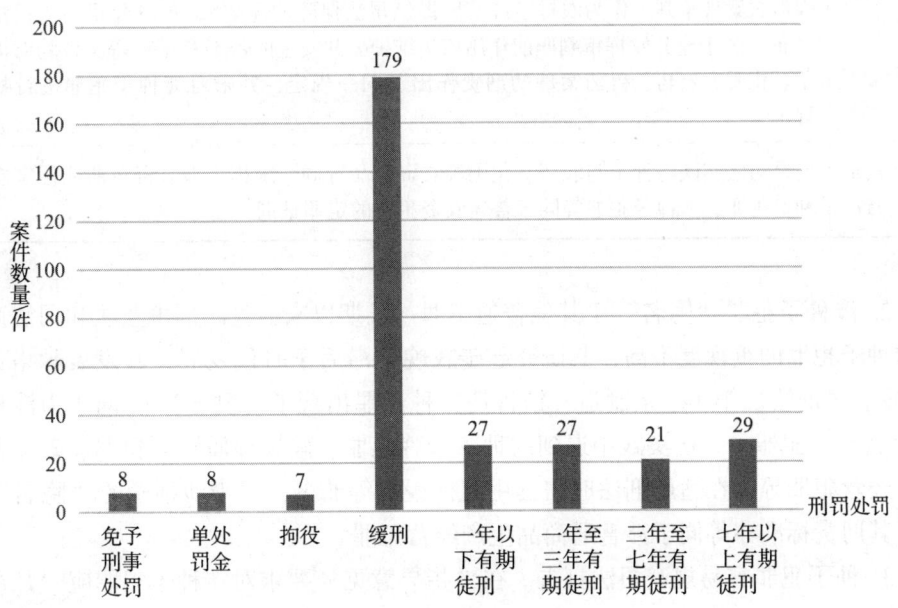

图 3　涉种子犯罪量刑情况图示

(三) 涉种子犯罪"轻刑化"现象的原因分析

最高人民法院《指导意见》强调对种子犯罪要"坚持依法从严惩处的基本要求""重拳出击，形成震慑"。但显然传统刑法理论和司法实践并未重视种子法益保护的特殊性，将其等同于普通农资犯罪，这是涉种子犯罪"轻刑化"的主要原因。

1. 对涉种子犯罪的法益认识不足。利益所对应的法益决定了该利益受到刑法保护的周密程度。在《指导意见》发布之前，法学理论和司法实践一般将涉种子犯罪与涉农药、化肥犯罪归为涉农资类犯罪或涉农犯罪，由于种子与农药、化肥等农资均具有作为商品价值属性所对应的个人法益，亦具有作为重要农业生产物资所对应的社会法益，从表象分析两者法益相同，导致两类犯罪的刑责标准同一，包括法律适用同源、司法政策统一、司法裁量一致（见表2），自然无法做到对涉种子犯罪单独"从严惩处"。

表2　涉种子犯罪与其他涉农资犯罪的法律适用比较

法律适用的同源	《刑法》第147条把种子等同于农药、化肥等普通农资归入了生产、销售伪劣农药、兽药、化肥、种子罪
司法政策的同一	最高人民法院发布的一系列司法文件，如1996年《最高人民法院关于进一步加强对生产、销售伪劣种子、化肥等纠纷案件审理的通知》《最高人民法院关于认真贯彻实施〈农业法〉加强涉农案件审判工作的通知》、2004年《最高人民法院关于加强涉农案件审判工作为农村经济发展提供司法保障的通知》、2015年最高人民法院发布《关于充分发挥审判职能作用切实维护公共安全的若干意见》等文件均对涉种子、化肥、农药、兽药案件的刑责作出了同一规定，并未对涉种子犯罪进行特别规定
司法裁量的一致	刑事司法实践将种子与农药、化肥等农资产品等同，统称为涉农资犯罪或侵害农民利益犯罪，涉种子犯罪等同于普通农资犯罪的定罪量刑

2. 涉种子犯罪"隐名"于其他普通犯罪。长期以来，我国刑事立法和司法政策对涉种子犯罪的重视度不高，其研究起步较晚且滞后于时代发展，其发展脉络见图4。除了《刑法》第147条制造、销售伪劣种子罪出现了"种子"一词成为涉种子的"显名"犯罪，司法实践中遇到的种子套牌犯罪、破坏种质资源犯罪、破坏种子生产经营犯罪等，在适用刑法时需套用商标侵权等罪名，属于涉种子的"隐名"犯罪，其刑责标准亦等同于涉普通商品生产经营犯罪。

3. 种子犯罪容易规避司法打击。在《指导意见》要求对涉种子犯罪应"从严惩处"之前，涉种子犯罪完全"同化于"普通刑事犯罪，其原因如下：

（1）犯罪危害性不为社会所重视。相较于制售假药、制售有害食品等直接侵害公众生命健康的刑事案件，涉种子犯罪的社会危害性不为公众所注意，只认识到犯罪行为造成的经济损失，而忽视其对粮食安全的危害。案发后被告人通过积极赔偿

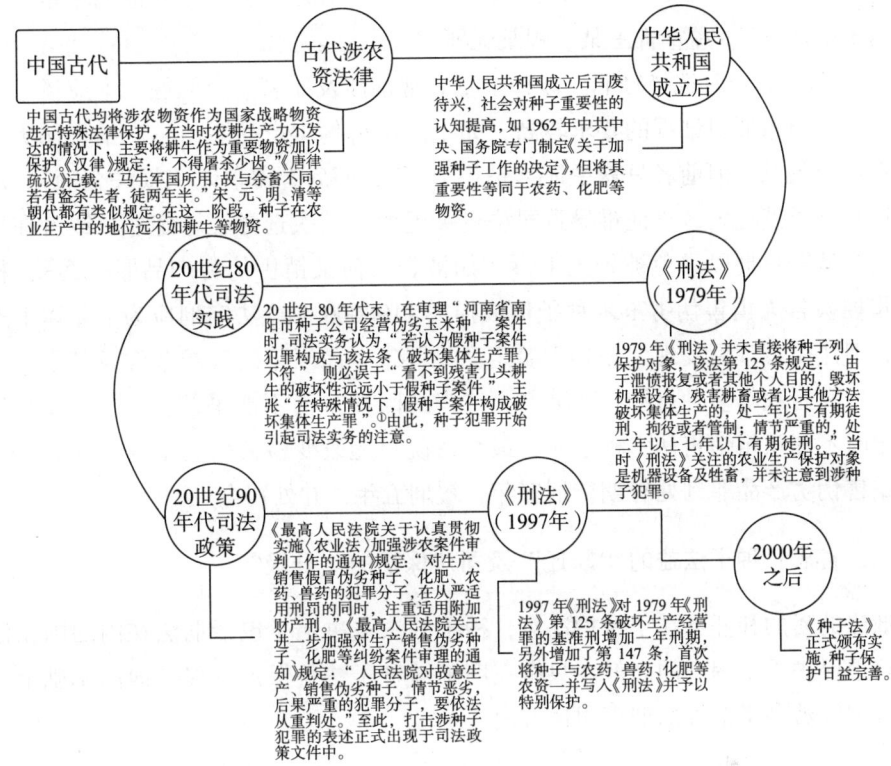

图 4 涉种子犯罪法律政策的历史演进

得到被害人谅解并在检察机关认罪认罚,司法机关认为犯罪损害已得到弥补而从轻处罚。

(2)取证难导致容易逃脱打击。涉种子犯罪的取证存在天然性困难,主要包括:首先,假种子的鉴定难。被告人常以司法机关认定假种子的证据不足为由进行抗辩,司法机关甚至需要使用基因技术,如马某等人生产、销售伪劣种子罪一案[①],该案由鉴定机构对胡萝卜种子分别进行图谱分析比对后发现"SSR 指纹图谱在 47 个位点上,有 36 个位点带型不一致",由此才作出种子系假冒的鉴定结论。其次,假种子的损失计算难。由于伪劣种子播种减产造成实际损失后才会被受害人发觉,而假种子用于播种后"犯罪物证"已经消失,如何证明假种子的存在及如何计算假种子造成的损失一直是司法难题,实践中还由此产生证据不足宣告无罪的案件,如王某、程某生产、销售伪劣种子案,检方指控王某、程某生产销售 20 余万元的伪劣马铃薯种子构成犯罪,并提供了"马铃薯种薯质量问题是造成黄某某马铃薯田间不出苗、薯块腐烂、薯块出芽率低的主要原因"的鉴定意见书,法院审理后认为鉴定组的组成不符合规定,对该鉴定意见不予采信,同时认为"种薯没有留存样本,无法

---

① (2020)内 0404 刑初 578 号。

再进行鉴定""公诉机关指控二被告人犯有生产、销售伪劣产品罪证据不足，指控的罪名不能成立"，遂宣告王某、程某无罪。①

（3）罪名竞合时选择轻罪。涉种子犯罪常常涉及罪名竞合问题，本应择一重罪定罪量刑，但重罪对证据的要求较高，如生产销售伪劣产品罪与生产销售伪劣种子罪存在竞合关系，但前者只需举证"销售金额"，而后者需举证"损失金额"，后罪的举证难度显然更大，举证难导致司法机关退而求其次选择轻罪定罪，或者在证据不扎实时从轻量刑以避免被告人上诉。如被告人何某销售伪劣产品罪一案②，检察机关指控被告人销售伪劣玉米种子造成损失1198000元，法定刑应为七年以上有期徒刑，但法院审理后发现"该损失鉴定意见因未考虑当年的气候条件及种子、化肥农药、田间管理等多种可能导致减产、绝产的因素"而不能采信，"损失金额"无法确定时不能认定销售伪劣种子罪，最终法院只能改变检察机关指控的罪名，以何某犯销售伪劣产品罪判处有期徒刑三年，缓刑五年，并处罚金。

二、省思：种子法益的"跃迁"及司法保护的"升级"

刑法的目的和任务在于保护法益，种子的法益决定了包括刑法在内的国家法律对其给予保护周密程度的高低。只有在明晰涉种子法益保护发展方向的基础上，才能准确把握涉种子案件的刑事司法方向。

（一）风险社会理论实践推动种子法益"跃迁"

德国的乌尔里希·贝克将后现代社会诠释为风险社会，"其主要特征在于：人类面临着威胁其生存的由社会所制造的风险"③。我国对种子利益的保障不断升级，其根源在于新形势下种子安全已经成为影响粮食安全、国家安全的重大风险变量。

1. 种子的科技属性带来集约式社会风险。科技改变了种子在农业中的地位，现代农业打破了传统育种方式，"经过上百年的发展，现代种业已发展成为典型的高科技产业：不仅是高科技含量，而且是高附加值、高资本投入，同时周期长、风险高、品种经济寿命短、更新换代快。从国外的跨国种业公司来看，种业的高科技属性尤其明显"④。这一属性改变了我国数千年农耕文明传承的"种植—留种—种植"的自给自足的育种模式，发展成"种植—购种—种植"的新农业模式，"良种对我国粮食增产贡献率达45%以上"⑤，农业生产已离不开高科技现代种业支持。高科技育种成为农业大生产整体链条中的核心环节，且越来越集中于资金、技术雄厚的大公司，如拜耳（孟山都）、科迪华公司（陶氏益农）等外国种业巨头，这给我国种

---

① 参见史赞文：《报告、销售假良种、化肥案的处理意见》，载《法学》1988年第8期。
② （2019）黑0231刑初130号。
③ [德]乌尔里希·贝克：《风险社会》，何博文译，译林出版社2004年版，第201页。
④ 杨辉：《外资进入视野下我国种子产业安全法律制度研究》，载《社会科学》2018年第3期。
⑤ 刘趁：《我国农业科技进步实现历史性跨越》，载《农民日报》2022年8月11日。

子安全带来社会风险隐患。

2. 转基因种子的生物安全风险。关于转基因技术对粮食安全的影响一直存在很大争议,"支持者认为,转基因作物的发展能带来显著的社会效益和经济效益,有效地促进粮食增长,保障粮食安全。反对者则说,转基因技术发展时间短,转基因农产品不一定可以保障粮食安全,反而可能存在生态安全、食品安全、粮食主权风险等一系列问题"[①]。此外,生物恐怖主义成为新的风险来源,"关于农业恐怖主义的现实担忧来源于 2002 年美军在阿富汗发现的恐怖分子藏身处发现描述制造动植物毒物方法的农业文件和手册,同年,美国便通过了《农业生物恐怖主义保护法》"[②]。转基因种子犯罪已经在我国出现,典型案例见表 3。转基因种子种植后并不会造成产量损失,如案例 5 和案例 7 均未造成粮食产量损失,案例 6 的损失是案发后执法部门责令种植户将非法转基因玉米苗铲除所致。转基因种子犯罪隐蔽性强不易被发现,暴露出来的案例仅是冰山一角,这类种子存在威胁人类健康及危害国家种源安全的风险,须引起司法机关高度重视。

表 3 转基因种子犯罪典型案例

案例	案例 5	案例 6	案例 7
案号	(2021)吉 0184 刑初 419 号	(2019)兵 9001 刑初 266 号	(2017)黑 1025 刑初 67 号
案由	销售伪劣产品罪	生产、销售伪劣种子罪	生产、销售伪劣产品罪
种子类型	转基因玉米	转基因玉米	转基因玉米
犯罪事实	被告人孙某在明知涉案种子来源不明的情况下,仍然通过经销商唐某、任某夫妻二人以每小袋 39 元的价格销售给被害人 12000 小袋玉米种子,销售金额共计人民币 78000 元。经吉林省转基因检测中心鉴定,该批种子转基因检测呈阳性	被告人张某将 4250 公斤种子(实际为转基因玉米种子"金庆 707")发送到被告人李某处,二人以非转基因玉米种子"怀玉 18 号"到 143 团农业科进行种子备案,后将转基因玉米种子以 15 元/kg 的价格销售给农户,计划待秋天转基因玉米种子产出后,从农民处收购后再将种子卖给张某赚取差价。案发后,种植的转基因玉米植株被铲除。经鉴定,1651.71 亩转基因玉米共计给农户造成生产损失 718400 元	被告人叶某等 5 人明知涉案玉米种子没有生产许可证、种子经营许可证、产地检疫证的情况下,仍购买玉米种子并各自向农民销售。经司法鉴定,涉案玉米种子是转基因种子,属假种子。5 名被告人各自售出的假种子累计金额共 849000 元

---

① 付争艳、王瑞彬、唐华仓:《基于转基因视角下粮食安全文献综述》,载《农业经济》2015 年第 1 期。
② 刘育金、李春雷:《总体国家安全观下我国种子安全问题》,载《西北农林科技大学学报(社会科学版)》2022 年第 2 期。

(续表)

案例	案例 5	案例 6	案例 7
量刑	判处有期徒刑七个月，并处罚金 5 万元	张某被判处有期徒刑七年，李某被判处有期徒刑六年，两人分别并处罚金 6 万元	5 人分别被判处有期徒刑三年、缓刑五年，有期徒刑二年、缓刑三年，并处或单处罚金

3. 国际形势变化的"卡脖子"风险。2000 年《种子法》颁布后，我国种业开始启动市场化进程，但外国种业巨头大量涌入后，原本发展就较为弱小的我国种子产业面临着外资的巨大威胁。这引起国内专业人士的担忧，如"出口型蔬菜生产基地，国内种子品种面临全线失守、全军覆没的困境"①。此外，近年来一些国际转基因公司屡屡设置转基因"专利陷阱"，向别国的农产品、研发技术以及作物种子植入自己的专利"芯片"，企图垄断转基因产品市场，获得定价权以赚取暴利。② 我国半导体"芯片"产业被西方国家制裁表明，风险社会中的粮食"芯片"——种业的属性已经发生了巨大变化，从普通农资跃升为事关国家安全的核心战略物资。粮食生产不仅仅是农业问题、经贸问题，更是政治问题、国家安全问题，加大刑事审判工作力度，确保我国种子安全、粮食主权已刻不容缓。

(二) 种子法益的"跃迁"带来司法保护的"升级"

国家安全风险是社会风险中最为突出和最为危险的风险，为此需要"健全国家安全体系，加强国家安全法治保障，提高防范和抵御安全风险能力"③。种子研制生产周期很长，一旦出现重大风险将对粮食安全和国家安全造成无可挽回的灾难性后果。因此，总体国家安全观下种子法益的司法保护需要全面"升级"，通过从严惩治涉种子犯罪来加固种子安全和粮食安全的堤坝，防范可能出现的社会风险。

1. 种子法益已跃迁为国家法益。法益理论存在一元论、二元论之争，"但最常见的是将法益分为国家法益、社会法益和个人法益"④。国家法益是指以国家作为法律人格者所拥有的公法益。近年来，我国种子保护方面法律和政策已经出现明显变化，这些变化凸显了国家对种子安全的高度重视（见图 5）。新的《种子法》将种子安全上升为确保我国粮食安全、国家安全的高度。种子利益已经不仅仅是个人、集体的权益，而是上升成为国家利益，"国家利益就是统治阶级的利益与其支配的社会公共利益的一种混合"⑤，种子法益也实现了从保护商品价值属性的个人法益、

---

① 邵长勇、唐欣等：《基于粮食安全视角下的中国种子产业发展战略》，载《中国种业》2010 年第 4 期。
② 姜晓晓、李玲：《警惕粮食转基因的"专利陷阱"》，载《农药市场信息》2009 年第 14 期。
③ 习近平：《习近平关于总体国家安全观论述摘编》，中央文献出版社 2018 年版，第 14 页。
④ 张明楷：《刑法学》，法律出版社 2021 年版，第 77~78 页。
⑤ 俞可平：《权利政治与公益政治》，社会科学文献出版社 2000 年版，第 133 页。

保护农业生产的社会法益到保障粮食安全、国家安全的国家法益的跃迁。涉种子犯罪侵害了国家作为法律人格的权益，当然应予严惩。

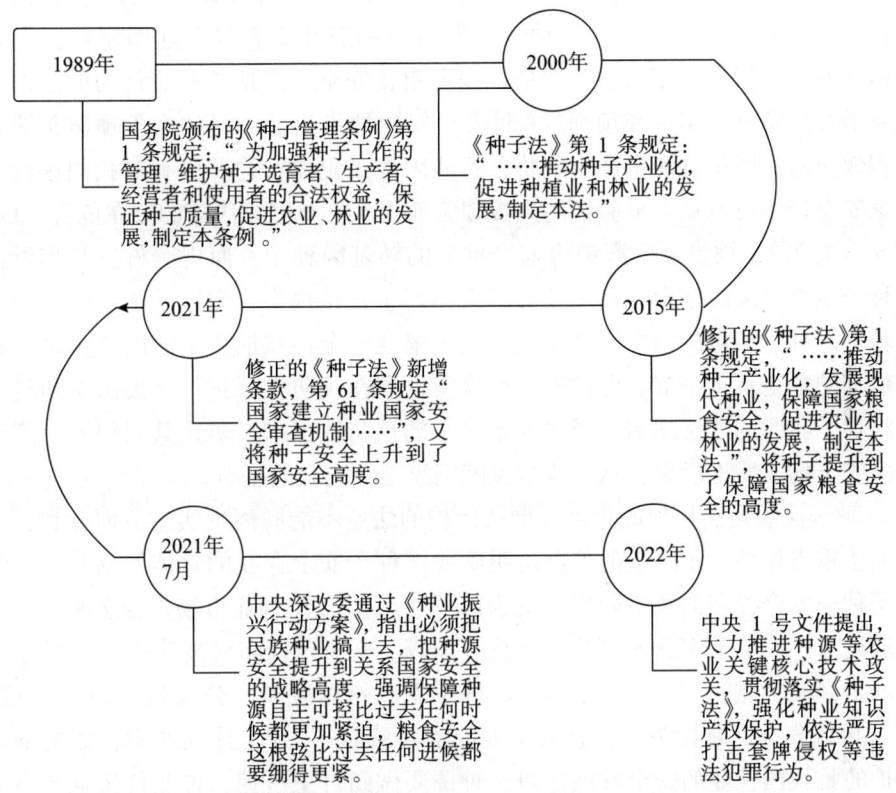

图 5　近年来我国种子保护方面的法律和政策变化

2. 司法保护"升级"的内涵。种子法益跃迁至国家法益后，对种子法益予以重点保护成为刑事司法工作的职责和使命，需从以下三个方面"升级"对种子法益的司法保护：

（1）多属性保护。涉种子法益的跃迁特性，使得涉种子犯罪可能同时侵犯多个法益，如被告人假冒知名水稻种子公司的商标销售劣质种子并给农户造成巨大经济损失，不仅损害了农户和种子公司的个人法益，破坏了粮食生产和市场秩序的社会法益，更对粮食安全产生了潜在威胁，从而损害了国家法益，其触犯了《刑法》规定的多个罪名，对这类侵害多个法益的涉粮食种子犯罪应当择一重罪惩处。

（2）集体性保护。社会法益和国家法益又称为"集体法益"，集体法益"具有不可分割性及其根源上的特殊性"，包括使用上的包容性、消耗上的非竞争性和不可分配性，"每个国民都能享受到整份的国家安全，但国家安全不能分配给具体的公民"。① 种子法益保护具备集体性保护特征,《刑法》通过保护种子的社会法益和国家法益让全体国民共同受益,故涉种子犯罪案件不能仅仅因为赔偿了受害人经济损失获得谅解而草草从轻处罚,而应通过从严惩治实现对国家法益的整体性保护。

(3) 预防性保护。单一的涉种子犯罪行为一般并不直接引起国家粮食安全危机,但判断是否侵害国家法益,即是否侵害粮食安全,需从该犯罪行为的量的累积效应及潜在风险进行衡量和预判。《刑法》保护种子法益的目的在于预防犯罪行为的累积效应对我国粮食安全产生威胁,不能因为该犯罪行为并没有对我国粮食安全和国家安全产生可看见、可验证的直接损害而否认其对国家法益的潜在危害。例如,案例5至案例7,被告人生产销售未经批准的转基因种子,而现有科技却难以证明这些种子生产出来的粮食在食用后会对人体产生直接损害,但这并不妨碍人民法院认定转基因种子产生的潜在生物风险与损害粮食安全存在刑法上的因果关系并将其作为量刑的酌定从重情节。保护国家粮食安全重在预防性保护,人民法院通过对每一起涉种子犯罪的依法惩治实现对国家法益的预防性保护,防止其累积效应产生损害国家安全的实质性后果,从而筑牢保障国家粮食安全的基石。

3. 种子法益司法保护的重点。刑法保护的法益不能脱离现实生活而存在,明辨需要刑法重点保护种子法益的前提是明确我国种子安全存在的具体问题隐患。学者将我国种子安全存在的风险隐患归纳为以下几点:(1) 种业市场外企垄断,民族种业发展迟滞;(2) 转基因种子安全性尚存争议,知识产权布局被动;(3) 种子市场鱼龙混杂,执法监管压力巨大;(4) 种子犯罪错综复杂,公安机关打击难度大;(5) 非传统安全问题抬头,粮食安全面临潜在威胁。② 在上述问题中,需要刑法重点保护的是我国种业的安全发展,即"种源要做到自主可控,种业科技就要自立自强。这是一件具有战略意义的大事"③。刑事审判工作需要通过从严惩治犯罪以实现对种子研制、生产、销售等环节的全方位保护。

(三) 用"从严惩治"取代"轻刑化"增强法益保护力度

新《种子法》颁布及《种业振兴行动方案》发布后,最高人民法院通过发布《指导意见》等方式对刑事司法政策予以积极调整。《指导意见》第4条、第5条、第6条共三处提到了"酌情从重"的情形,表达了人民法院用"从严惩治"取代"轻刑化"的鲜明态度。

1. 摒弃"轻刑化"是种子法益跃迁后的司法需求。"无论是刑事立法还是刑事司法,对犯罪的刑罚供应首先必须满足惩治犯罪、保护法益的基本需求。""片面、过度强调轻刑化必然导致刑罚供应不足、惩治犯罪不力,从而削弱对刑法法益保护

---

① 王永茜:《论集体法益的刑法保护》,载《环球法律评论》2013年第7期。
② 刘育金、李春雷:《总体国家安全观下我国种子安全问题》,载《西北农林科技大学学报(社会科学版)》2022年第2期。
③ 杜尚泽:《习近平:只有攥紧中国种子才能端稳中国饭碗》,载《人民日报》2022年4月11日。

的力度。"① 刑事司法须用"从严惩治"取代"轻刑化",严格控制缓刑等非监禁刑的适用范围,加大对涉种子犯罪的处罚力度,有力震慑犯罪,增强刑法惩治犯罪、保护法益的效果。

2. "从严惩治"是贯彻落实总体国家安全观的现实需要。"种子是我国粮食安全的关键。只有用自己的手攥紧中国种子,才能端稳中国饭碗,才能实现粮食安全。"② 保障粮食安全成为贯彻落实总体国家安全观的重要内容,面对种子安全风险对总体国家安全观带来的挑战,须坚持以国家安全法治理论为指导,在法治轨道内从严惩治涉种子犯罪,用我国法治优势应对风险挑战冲击,保证我国种子产业和粮食安全处于没有危险和不受外国势力威胁的状态,提升抵御防范国家安全风险的能力。

3. 保护种子法益是贯彻预防性刑法观的实践需要。"过去,安全是以事后的手段消除危险来保障的,是静态的安全。但在现代成为问题的不仅仅是现在的损害和事后的措施,还有事前预防避免将来的风险,其中危险与风险不同,风险始终存在,因而要求国家事前考虑,出现了'安全的动态化'。"③ 为应对种子安全风险的挑战,刑事审判必须践行积极预防性的刑法理论,在具体案件的办理中对种子法益进行周密保护,通过严惩犯罪来管控并消弥种子安全风险。

三、进路:功能主义刑法解释体系下种子犯罪刑责修正

"法官受法律约束,不仅指法官要适用具体的法律命令,还包括法官必须遵守制定法背后的整个价值秩序,保护制定法认为值得保护的利益的整体。"④ 法官应从保护国家粮食安全的高度,以功能主义刑法解释为工具对涉种子犯罪的刑法条文进行解读和适用,对当前涉种子犯罪"轻刑化"刑责标准进行修正,使司法行为契合立法目的和刑法功能。

(一)涉种子犯罪重点惩治对象的限缩解释

"风险社会促使现代刑法的使命发生变轨,应对不确定的风险和维护安全秩序已然成为刑法必须实现的主要目标,社会治理语境下刑法的工具属性更凸显。"⑤ 但同时,刑法工具化的危险容易出现"过度工具化"现象,须警惕脱离法治原则的极端工具化倾向,例如,打着保护国家种子安全的名义"从严惩处"普通的涉瓜果种子、花卉种子犯罪,这显然没有正当性,故应对种子法益的保护范围进行廓清。

1. 种子概念的泛滥化问题。国家标准 GB20464—2006 将种子分类为粮食作物种

---

① 孙国祥:《反思刑法谦抑主义》,载《法商研究》2022 年第 1 期。
② 杜尚泽:《习近平:只有攥紧中国种子才能端稳中国饭碗》,载《人民日报》2022 年 4 月 11 日。
③ 王贵松:《论法治国家的安全观》,载《清华法学》2021 年第 2 期。
④ 参见 [德] 菲利普·黑克:《利益法学》,傅广宇译,商务印书馆 2016 年版,第 29 页。
⑤ 高铭暄、孙道萃:《预防性刑法观及其教义学思考》,载《中国法学》2018 年第 2 期。

子、瓜菜作物种子、经济作物种子、牧草种子及果苗树木五大类。"种子"属于《种子法》和《刑法》保护的范畴，销售伪劣水稻种子和瓜果种子、蔬菜种子、花卉种子都会给农业生产和农户带来经济损失，甚至因为蔬菜、瓜果等经济作物的经济价值高，其涉案金额高于侵害水稻等主要粮食品种的涉案金额而导致量刑更高，如前文统计的306名涉种子罪犯中刑期最高的6人，其中5人侵害的对象为胡萝卜种子、葫芦瓜种子。① 可见，如果不从国家粮食安全视域对各种不同类别的种子法益进行区分，笼统地把这五大类的种子都不加区分地视为刑法从重惩治的涉"种子"的对象，则显然无限扩大了总体国家安全观下种子法益保护的范围。

2. 刑法重点保护的粮食安全所涉"种子"。我国作为世界第二大种子需求国，种业市场规模超千亿元。涉种子犯罪侵害的对象主要有玉米、水稻、小麦等主要粮食作物种子，辣椒、胡萝卜、南瓜等蔬菜种子，花生、大豆等油料种子，瓜果、花草、棉花等其他农作物种子。上述种子中，哪些属于粮食安全的重点保护范畴需要具体探讨。

（1）主要粮食种子的司法保护。主要粮食作物的种子是保障粮食安全的关键，根据国家统计局发布的数据，2021年我国主要粮食作物包括稻、麦、玉米三类，这三类作物占据了粮食总产量的92.55%。在随机统计的涉种子犯罪案件中，玉米种子是头号被侵害对象，稻和麦亦是常见被侵害品种，三者占比为50.26%。故这类主要粮食种子应纳入刑法保护的重点对象。

（2）油料种子和薯类种子的司法保护。大豆、花生等油料作物和薯类并非主要粮食范畴，但其是主要粮食的重要补充，发挥着粮食调节器的作用。且花生、大豆、马铃薯等亦是种子犯罪的常见被侵害品种，随机统计案件中油料、薯类种子占比为22.51%，故亦应纳入刑法保护的重点对象，但量刑应区别于侵害主要粮食犯罪。

（3）果蔬种子的司法保护。辣椒、西红柿等"菜篮子"作物是食物的重要原料，但其法益重要性尚未达到影响粮食安全的程度。同时，当前我国果蔬种子大量从外国进入，如"蔬菜、瓜类等影响生活品质的作物，优质资源大部分依靠国外进口，如蔬菜中的青菜、胡萝卜、芦笋、金针菇等作物资源完全依靠国外进口，80%的西兰花种子是国外品种"②，很多涉种子犯罪侵害的对象是外国进口果蔬种子品牌，若从重处罚并无合理性。

（4）棉花种子的司法保护。《指导意见》规定，针对棉花种子实施的犯罪行为属从重处罚的情形，这一规定值得商榷。棉花种子虽然属于《种子法》第90条第3项规定的5种"主要农作物"范围，但并不属于粮食安全的范畴，虽然作为人民群众"衣食住行"中"衣"的重要原料，以及作为御寒用品满足基本群众生存需要的物资，其重要性原本等同于粮食等战略物资。但是，现代社会中化纤产品的出现，

---

① 参见（2020）内0404刑初578号、（2019）辽1322刑初1264号、（2017）兵0801刑初68号。
② 王磊、张璐等：《中国种子协会2021年种子企业调研报告》，载《中国种业》2022年第8期。

使得棉花在满足人民群众基本生存权的"衣"方面存在可替代性,其已不具备国家安全高度的保护属性,且近年来涉种子犯罪中以棉花种子为对象的案件极为罕见,统计中仅发现 1 例,①故对其司法保护程度不宜比照粮食种子。

(5)其他经济作物种子的司法保护。并非所有的涉种子案件都对应国家法益,如花卉种子属《种子法》调整范围,但假冒某著名公司的郁金香种球用于出售牟利,或者出售伪劣观赏花卉种苗,这些违法行为与国家法益所保护的粮食安全、国家安全毫不相关,按照一般涉财产犯罪处理即可。

(二)涉种子犯罪的法条竞合及定罪量刑改进路径

在明确涉种子犯罪中需要"从严惩治"的具体种子品种的"靶心"后,采取何种方式依法从严定罪量刑就成为需要重点研究的课题。

1. 制售伪劣种子犯罪的法条竞合及司法改进方法。最常见的涉种子犯罪主要是《刑法》第 147 条、第 140 条规定的制售伪劣种子罪和制售伪劣产品罪,根据笔者随机统计数据,这两大类型案件占全部涉种子案件的 82.7%。上述两大类案件存在竞合关系,罪名竞合结果直接影响量刑。

(1)《刑法》第 140 条与第 147 条的法条竞合。《刑法》第 140 条规定的生产、销售伪劣产品罪属于普通法条,第 147 条规定的生产、销售伪劣种子犯罪属于特别法条,根据特别法条优于普通法条的原则,在处理制售伪劣种子犯罪的案件时,应该适用第 147 条定罪量刑。对比两者定罪刑期后不难发现(见图 6),在相同的犯罪数额下,适用第 147 条的刑期高于第 140 条的刑期。

(2)适用《刑法》第 147 条是避免"轻刑化"的关键。在涉种子犯罪案件中,销售金额与损失金额是完全不同的概念,在王敏生产、销售伪劣种子案中,销售金额与损失金额的比例为 1∶29。②该案若按照《刑法》第 140 条定罪,因销售金额不满 20 万元,只能在二年有期徒刑以下量刑,但按照第 147 条量刑,则应处七年以上有期徒刑或者无期徒刑。因此,从严打击制售假种子犯罪的关键在于法条竞合时适用《刑法》第 147 条定罪,按照损失金额大小对犯罪行为进行量刑,才能避免"轻刑化"现象。

(3)适用《刑法》第 147 条的难点是确定"损失金额"。在大量制售伪劣种子案件中,公安、检察机关常依照《刑法》第 140 条而非第 147 条进行侦查和公诉,之所以如此,在于《刑法》第 147 条定罪量刑须依据"损失金额"确定,而认定伪劣种子造成的损失一直是司法难题。检察机关曾发布指导性案例认为,对伪劣种子造成的损失可考察以下几方面:"一是根据现场实地勘察,邀请农业、气象、土壤等方面专家,分析鉴定农作物生育期异常的原因,能否正常结实,是减产还是绝收

---

① 参见(2020)新 2722 刑初 48 号。
② 参见(2018)赣 01 刑终 722 号。

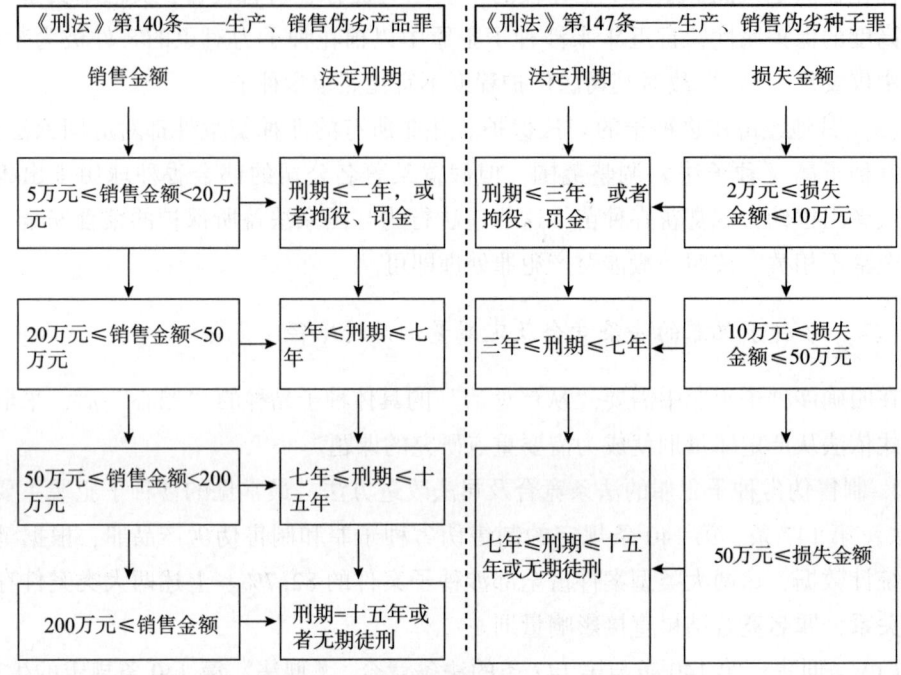

图6 《刑法》第140条与第147条定罪量刑对比

等,分析减产或者绝收面积、产量。二是通过审定的农作物区试平均产量与根据现场调查的往年产量,结合当年可能影响产量的气候、土肥等因素,综合评估平均产量。三是根据农作物市场行情及平均单价等,确定直接经济损失。"① 但如此一来,确定涉种子案件的损失金额要耗费大量司法资源和社会资源。司法实践中制售假种子案件的涉及面广,受害人损失情形各不相同,如同一案件的同一批伪劣水稻种子由不同的受害人播种后出芽率各不相同,受害人的应对措施亦不相同,有的重新播种将损失降到最低,有的增补秧苗弥补损失,有的干脆改种其他农作物,具体损失情况无从精准衡量。当公安、检察机关难以承受认定"损失金额"所需的上述巨大司法资源付出时,自然会选择更为简单的"销售金额"并依据《刑法》第140条提起公诉,而人民法院受案后只能"萧随曹规"进行"轻刑化"处理。

(4)简化损失金额计算方式。《指导意见》第7条指出:"使生产遭受的损失难以确定的,可以依据具有法定资质的种子质量检验机构出具的鉴定意见、检验报告,农业农村、林业和草原主管部门出具的书面意见,农业农村主管部门所属的种子管理机构组织出具的田间现场鉴定书等,结合其他证据作出认定。"这一规定扩大了作出鉴定意见的主体范围,可以有效缓解损失金额认定难问题,但仍难以解决被告

---

① 检例第61号:王某生产、销售伪劣种子案,参见最高人民检察院发布第十六批指导性案例(2020年3月5日)。

人对鉴定机构采取的具体鉴定方法的质疑问题,如鉴定时是否考虑了天气影响、水肥管理等,这些"合理"的质疑常让法官陷入纠结境地。种子犯罪造成的损失金额难以精准计算是客观事实,当损失金额难以鉴定时,须增设新的损失金额认定标准。

各地法院在司法实践中也探索了一些损失金额的简化计算方式,如蒋某、吴某销售伪劣(花生)种子罪一案以被告人在案发后实际赔偿给被害人的赔付金额作为损失金额,刘某、党某销售伪劣(枸杞)种子罪一案以受害农户的种植成本作为损失金额,张某等销售伪劣(农林)种子罪一案以被告人的销售金额作为损失金额。[①] 在上述损失金额简化方案中,以销售金额作为损失金额较为妥当,因为实际损失金额系客观数据且通常大于销售金额,根据"疑点利益归于被告"的原则,采取这种方式并不损害被告人权益,而若以赔付金额作为定罪标准,则会导致被告人担心增加刑期而不愿意赔付被害人损失。此外,最高人民法院、最高人民检察院制定的《关于办理侵犯知识产权刑事案件具体应用法律若干问题的解释》第12条对"非法经营数额"计算标准规定"侵权产品没有标价或者无法查清其实际销售价格的,按照被侵权产品的市场中间价格计算",这一计算方法值得借鉴。

综上,笔者认为对涉种子犯罪的"损失金额"可作如下解释:(1)制造、销售伪劣种子犯罪的"损失金额"由专业人员根据现场勘查情况对农业生产产量及其损失进行综合计算,或者按照被侵权产品的当地市场中间产量和中间价格计算;(2)当实际损失金额确实无法查清时,按照伪劣种子的销售金额计算。即当无法查明实际损失时,为避免适用《刑法》第140条出现"轻刑化"问题,可推定销售金额为实际损失金额并按照《刑法》147条定罪量刑。

2. 种子套牌侵权的想象竞合及司法改进方法。保护国内制种企业知识产权是刑事审判工作的重要任务,须适用《刑法》第213条、第214条、第215条等侵犯商标权条款惩治种子套牌侵权犯罪。

(1)制售伪劣种子犯罪与知识产权犯罪之间的想象竞合。制售伪劣种子常涉及到假冒品牌种子的商标等犯罪情节,由此产生想象竞合问题,即《刑法》第147条、第140条规定的制售伪劣种子犯罪与《刑法》第213条、第214条、第215条规定的套牌生产销售种子犯罪存在想象竞合关系,应按其中较重犯罪的法定刑定罪处罚。

(2)想象竞合的取舍难点。从两者法定刑比较(见图6、图7),《刑法》第140条、第147条法定刑最高为无期徒刑,而《刑法》第213条至第215条的最高法定刑为有期徒刑十年,当犯罪数额巨大或情节特别严重时应当按照第140条、第147条定罪量刑。对于一般数额的犯罪则存在竞合难题。由于第140条是按照销售金额分4档量刑,第147条按照损失金额分3档量刑,第213条至第215条按照非法经营金额或违法所得金额分2档量刑,各种罪名的涉案金额认定标准均不相同。

---

① 参见(2017)吉0821刑初188号、(2017)甘0922刑初2号、(2019)苏1322刑初1176号。

非法经营金额是指"行为人在实施侵犯知识产权行为过程中,制造、储存、运输、销售侵权产品的价值",《刑法修正案(十一)》将原第214条的"销售金额"修改为"违法所得数额",此前的司法解释将"销售金额"定义为销售假冒注册商标的商品后所得和应得的全部违法收入,而《刑法》修改后的"违法所得数额"的含义存在分歧,一般认为是指"获利数额",即违法销售获得的全部收入扣除其直接用于经营活动的合理支出后剩余的数额。上述罪名的损失金额、违法所得金额均难以确定、难以比较,且不同罪名之间的刑期档次更难以比较,例如,犯罪行为人制造、销售假冒他人注册商标的假种子时,存在《刑法》第140条与第215条竞合,而第140条分为4个量刑档,第215条仅2个量刑档,不同档次之间的刑期难以评判孰轻孰重。因此,司法机关往往选择最容易实施(计算数额)而非量刑最重的条款,难以实现从严惩处。

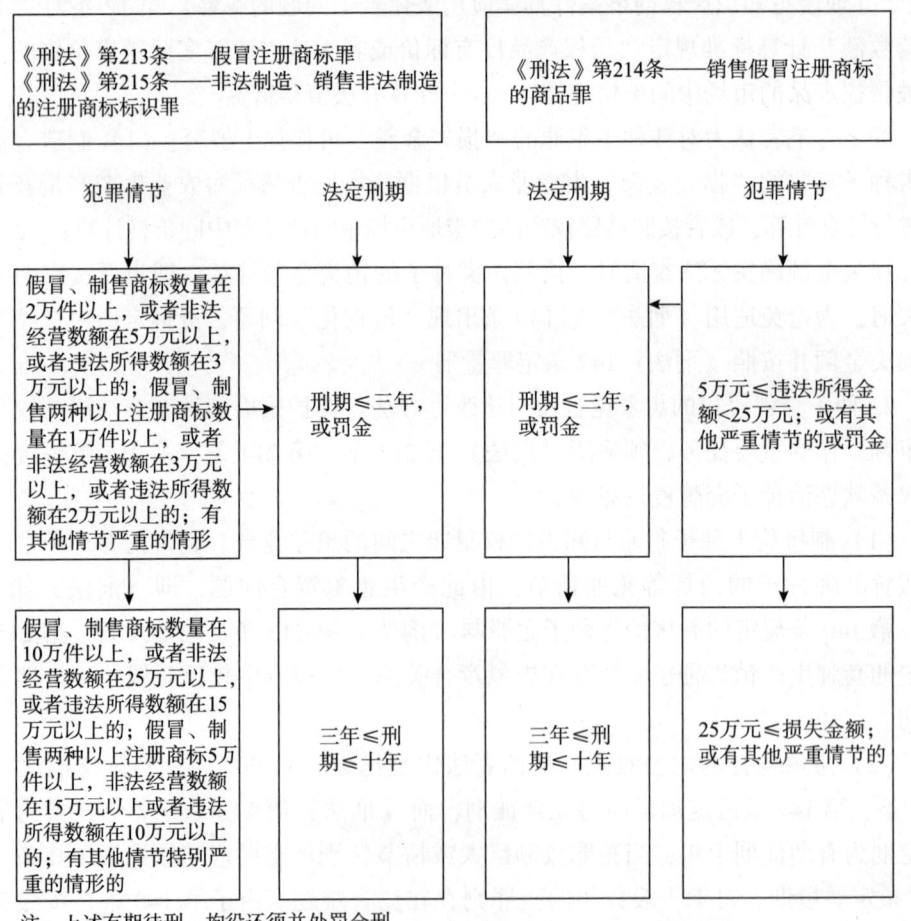

图7 制售伪劣种子犯罪与知识产权犯罪的定罪量刑对比

(3)侵害国内种子企业知识产权犯罪情节的二元认定。《指导意见》提出"将种子套牌侵权行为作为从重处罚情节",这一司法政策的主旨是为了重点保护国内种子企业而非外国企业的种业知识产权,因为侵犯外国企业知识产权的行为只侵犯个人法益或集体法益,并未侵犯国家法益。为此,须采取数额与情节综合认定的二元标准方式,借助情节对数额认定标准进行修正,规定"针对国内种子企业实施的侵犯知识产权套牌犯罪"这一特定情节的犯罪,可根据种子销售金额予以量刑:第一,种子销售金额在5万元以上的,或者侵犯两种以上商标且销售金额3万元以上的,认定为"情节严重";第二,种子销售金额在25万元以上的,或者侵犯两种以上商标且销售金额15万元以上的,认定为"情节特别严重"。用便于认定和计算的销售金额作为定罪量刑的数额标准,有利于法官从多个罪名中择一重罪对侵犯国内种子企业知识产权的套牌犯罪行为定罪量刑。

(三)涉种子犯罪从重处罚的具体情形

"过度强化预防性刑法,蕴含着过度刑法化的隐忧、滋生司法恣意的危机、导致刑法机能失衡的风险。"[①] 为消除涉种子犯罪的"轻刑化"现象,须严格限制缓刑的适用,同时为防止对法益保护的过度解读导致犯罪认定标准的模糊化、概念化、扩大化导致司法恣意的风险,需在法治化轨道内框定从重处罚的具体情形如下:

1. 针对主要粮食或粮食补充类农作物种子、牲畜良种实施的。根据前文所述,为保护国家粮食安全所涉种子法益,按照犯罪侵害客体划分,须从重惩处的犯罪类型如下:(1)针对稻、麦、玉米等主要粮食作物种子实施的犯罪行为,应从重处罚,原则上不适用缓刑;(2)针对大豆、花生、红薯、马铃薯等我国主要油料、薯类种子实施的犯罪行为,可酌情从重处罚;(3)针对肉类、水产品、禽蛋类我国主要蛋白质食品所涉猪、牛、羊、鸡、鸭、鱼等动物良种实施的犯罪行为,可参照《指导意见》的精神依法惩处。中央深改委通过的《种业振兴行动方案》的种业、种源一词的内涵不仅包含了《种子法》的"植物种子",还包括《畜牧法》的良种牲畜等,故司法机关在办案中对损害《方案》所涉国产良种牲畜的刑事案件,亦可参照《指导意见》进行处理。

2. 二年内曾实施涉种子行政违法或民事侵权行为的。"量刑只能以过去的事实为根据判断犯罪人将来再次犯罪的危险性大小,所以,对影响预防性的情节的判断,实际上也是对特殊预防必要性大小的判断。"[②] 不论是涉种子违法行为受过行政处罚的被告人,还是因种子民事侵权而承担赔偿责任的被告人,其均属于"再犯"情形,从预防刑的角度应当从重处罚。司法实践中,有的法院对涉种子犯罪的被告人适用了禁止令。如王某某等销售伪劣种子罪一案,[③] 法院判决"禁止被告人王某某在缓刑考验期内从事种子销售等相关活动",这一做法可以推广到"再犯"案件的

---

① 房慧颖:《预防性刑法的风险及应对策略》,载《法学》2021年第9期。
② 张明楷:《刑法学》,法律出版社2021年版,第767~768页。
③ 参见(2021)豫1481刑初239号。

定罪处罚，即对于属于"再犯"情形的被告人判处拘役或缓刑的，还应适用禁止令禁止被告人在一定时间内实施种子生产、销售等行为。

3. 对国内重点企业研制生产的新种子侵权的。种子科学无国界，但种子安全有国界。如 M 国跨国公司种子冲击我国原有种子产业，但是在现有法律框架内外国公司知识产权亦应受到我国法律保护。若农民假冒 M 国某跨国公司的种子产品，损害的是跨国公司的经济利益，虽然按照我国《刑法》对等原则对外国种子公司的合法权益也应予以保护，但从法益分析其并不影响我国粮食安全，只需按照一般犯罪处理。《刑法》所重点保护的种子法益是以国内制种企业权益、制种产业发展、制种市场秩序为对象，对于侵犯国内重点企业新种子研发的犯罪行为，其社会危害性及侵害的法益均高于其他涉种子犯罪，毫无疑问应当从重惩处，且原则上不适用缓刑。

4. 破坏我国种子科研单位的重点科研项目的行为。我国种子法益保护的重要对象是我国的种子的科学研究，在科研取得成果之前，科研单位并不能具有新品种权或商标权，但科研过程中的种子产品非常重要，需要《刑法》予以特别保护。如 1968 年水稻之父袁隆平在试验田中种植了 700 多株珍贵不育材料秧苗，然而这些珍贵的秧苗全部被人为恶意拔除、毁坏。① 这一行为显然具有危害粮食安全的社会危害性，如果发生在现在则应按照破坏生产经营罪从重处罚。

5. 非法采集或者采伐天然种质资源的犯罪行为。这类犯罪较为隐蔽，但危害性极大，尤其在种质资源库、种质资源保护区或者种质资源保护地实施上述行为的，按照《刑法》第 344 条以危害国家重点保护植物罪从重处罚，且原则上不适用缓刑。

6. 涉及非法生产、销售转基因粮食种子的犯罪行为。这类犯罪隐蔽性极强，但严重危害我国粮食安全，须作为从重处罚情节，原则上不适用缓刑。

结　语

仓廪实，天下安，粮食安全是"国之大者"。在风险社会中，种子法益从个人法益、社会法益跃迁为国家法益而成为《刑法》的重点保护对象，须以国家安全法治理论为指导，对刑事司法实践进行适当修正。人民法院应根据我国保障粮食安全的社会需要对涉种子犯罪的定罪量刑进行调整，用"从严惩处"取代"轻刑化"处理方式，适应新时代社会发展和国家法益保护的需要。对危害主要粮食种子的犯罪以及侵害我国种子产业、种子科技创新发展的犯罪行为应予严惩，充分运用法条竞合、想象竞合择一重罪定罪量刑，并限制缓刑的适用，全面保障我国种子安全、粮食安全、国家安全。

---

① 《邓则回忆 1968 年，袁隆平杂交水稻被人破坏》，载 https://page.om.qq.com/page/ODN-l8IRvdZ7Ff Xiwu-QeGlig0，最后访问时间：2022 年 8 月 15 日。

风险社会视角下司法警察保护审判安全"全周期"机制探究

——以 100 件法院突发应急事件"过程—情境"式解释范式为样本

江西省乐安县人民法院 谢晨康
江西省乐安县人民法院 李 依

引 言

身处转型时期的中国社会，正经历着深刻的利益分化、结构调整与社会心理变迁，与之相伴而生的各种风险矛盾也层出不穷，风险社会已经成为了我们这个时代的必然境遇。法院作为国家司法机关，在直面风险社会所带来的问题与挑战上，肩负着重大的使命与责任。司法警察作为人民法院一支武装性质的力量，在保障审判执行工作顺利进行、保卫法院安全和处置突发事件工作中发挥了重要作用，作出了积极的贡献。在肯定成绩的同时，我们也要清醒地认识到司法警察工作在履行职能和队伍建设等方面还存在执法权威不足、处置突发事件能力不强、队伍规范建设不足、人员结构不合理等方面的问题。要解决上述情况必须要以问题导向切实提出加强保护审判安全的方法，并构建司法警察保障审判安全"全周期"机制和司法警察执法履职容错机制，从而有效控制各种审判活动风险，维护司法权威，提升司法公信力的效果。

一、审判安全"全周期"机制运行现状

全周期管理是一个管理学概念，也称为全生命周期管理，它将产品的生命周期划分为导入、成长、成熟、衰退等不同阶段，在每一阶段跟踪并介入，全流程保证产品质量，提升企业市场竞争力。① 它原本是西方工业社会的管理模式，伴随着实践和理论的发展，逐步延伸到治国理政领域。2020 年 3 月 10 日，习近平总书记在武汉考察疫情防控时强调，要着力完善城市治理体系和城乡基层治理体系，树立

---

① 常保国、赵健：《"全周期管理"的科学内涵与实现路径》，载《光明日报》2020 年 9 月 4 日。

"全周期管理"意识。① 全周期管理思维也为推进社会法治现代化提供了新的方向和思路。总体而言,全周期管理是对管理对象的各要素进行全过程整合和全周期统筹,整个体系是由前期源头预防、中期多元治理、后期经验总结形成的一个有机闭环。②

在风险社会中,面对着社会发展相伴相生的各种不确定性因素,司法警察保障法院审判安全更需要以"全周期"管理思维为指导,再造和优化审判安全风险"事前—事中—事后"的全过程应对流程,增强忧患意识,强化应对审判安全突发应急事件的能力,进一步推进转型期的警务保障工作。

人民法院司法警察的任务是预防、制止和惩治妨碍审判活动的违法犯罪行为,维护审判秩序,保障审判工作顺利进行。③ 基于法院警务工作的特殊性质和全周期管理体系的三阶段运行流程,笔者根据审判安全风险不同阶段的阶段性特征和司法警察在不同阶段的应急处理行为反馈模式,借助"过程—情境"式的解释范式,建构出了审判安全风险事件演化过程与司法警察反映策略相契合的"全周期"运行框架(见图1)。④

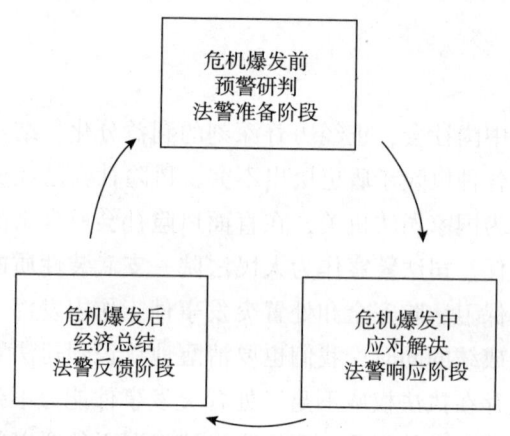

图1 审判安全风险事件的"全周期"运行框架

(一)危机爆发前期的审判安全风险预警研判

近年来,全国各级法院危害审判安全的事件时有发生,这严重影响了法院审判工作的正常开展。法院审判安全防范工作的形势依然严峻,加强审判安全保障已经迫在眉睫。

---

① 习近平:《在湖北省考察新冠肺炎疫情防控工作时的讲话》,载《求是》2020年第7期。
② 周云:《树立"全周期管理"意识,打造市域社会治理南昌品牌》,载《中共南昌市委党校学报》2022年第3期。
③ 《人民法院司法警察条例》第3条规定:"人民法院司法警察的任务是预防、制止和惩治妨碍审判活动的违法犯罪行为,维护审判秩序,保障审判工作顺利进行。"
④ 李志强、曹杰:《组织适应性视域的城市社区应急治理——"过程—情境"式解释范式的案例分析》,载《南通大学学报(社会科学版)》2022年第2期。

在风险社会中，事后处置固然重要，事先预防才是根本。"全周期"首当其冲的就是要事前预防，将解决关口前移，从源头进行控制。目前，诸多法院已经形成了处置突发事件的事前应急预案，并有部分法院针对本辖区内发生概率较高的应急事件有针对性地制定了专门工作指引，笔者将部分法院已发布的应急机制进行了归纳总结（见表1）。

表 1 各地法院形成的常态应急机制和预案

法院名称	应急机制	可借鉴的经验做法
云南省保山市隆阳区人民法院	司法警察预防和处置突发事件应急预案	按照可控性、严重程度和影响范围，将突发事件划分为一般、较大、重大、特别重大四个等级，并根据四个等级制定了具体的应急处理措施
河南省义马市人民法院	义马市人民法院应急突发事件预案	根据审判活动节点即庭审中和刑事、民事、行政、执行不同过程，规定了突发事件的处置流程
江苏省南京市中级人民法院	南京市中级人民法院关于预防和处置家事诉讼突发事件工作指引	专门针对家事纠纷突发事件的制定机制，并根据突发事件的危害程度、危害形态、影响范围等因素，划分为高度、中度、一般风险，并分级进行风险预防和评估
宁夏回族自治区固原市中级人民法院	固原市中级人民法院防风险护公正迎大庆应急处突工作预案	按照对危害程度、影响范围等因素，对突发事件等级进行了划分，并对相关环节的具体职责进行了划分，成立了四个应急处理分队和五个工作小组
山东省滨州市中级人民法院	法院警务"199"应急处置机制	建立"法院警务199指挥中心"，统一指挥调度应急出警，并确定了199指挥中心5项职能；建立"公安110"与"法院199"协作联动机制，实现信息共享
山西省吕梁市中级人民法院	吕梁市中级人民法院机关安全保卫制度	规定了安全保卫工作由法警大队和办公室共同负责，并设立了24小时轮流值班和节假日轮岗值班制度

从表1中可以得出各地法院应急预案中的共性特点：第一，大多数法院根据审判安全风险危害程度、影响范围等因素的高低对其进行了风险等级的划分和评估，并制定具体举措；第二，部分法院将本院应急处理机制对接至公安机关等其他系统，通过信息共享来实现审判安全风险的协同综合治理；第三，部分法院根据民事、刑事、行政、执行的不同类型或庭审中和庭审外的分类来规范应急处置流程。

引申到具体实践中，不同类型的案件在审判流程运转到不同的阶段，法院所遭遇的审判安全风险程度各不相同。因此，法院制定应急预案也需要综合考量在立案、收案、开庭、宣判、执行等审判流程各个节点所存在的风险程度。另外，要做到审判安全风险因素的准确评估，信息的共享与获取、技术后勤的支持也颇为关键。法院通过对审判安全应急事件进行风险因素辨识和评估，可以预先对法警警务保障的人力资源、设备物资、处置流程等诸多环节作出事先安排，探索针对性措施和办法，做到有备无患。

（二）危机爆发中期的审判安全风险应对治理

安全危机的突然爆发往往会给审判安全防控系统的常态运行带来明显的压力增量，面对这种突发性压力风险的冲击，司法警察队伍对应急事件进行排除妨害、强制惩罚等快速响应的防御行为就显得尤为关键，而这种防御行为中法警们的反应效率和处置能力也颇为重要。接下来笔者分别从民事、刑事、执行中挑选了部分具有代表意义的应急事件，详细描述了司法警察在遭遇不同风险程度的应急突发事件时个案处置情况（见表2）。

表2 各地法院遭遇应急突发事件的个案处置情况表

风险类型（分为一般、较大、重大）	风险详情	风险所处节点	风险发生地点	应急措施和处置结果
一般风险	离婚案件中女方当事人不配合调解，并堵在法院门口扬言找男方讨说法	民事案件调解阶段	山东省沾化区人民法院调解法庭	先用民用车将男方送离法院，同时派人做女方家属思想工作
一般风险	被告人庭审中突然情绪激动，并用头部突然猛烈撞击囚椅自残	刑事案件开庭阶段	广东省珠海市香洲区人民法院审判庭	值庭法警立即制止，并用手护住其头部，将其安全押解，并安排人员心理疏导和医护身体检查
一般风险	当事人抽烟将未掐灭的烟头丢进花坛从而引发局部火灾	审判活动之外	青海省海晏县人民法院门口花坛	处突法警立即使用灭火器进行灭火，不到3分钟大火即被扑灭
一般风险	当事人准备离开时，一名当事人开车别停另一个当事人驾驶的车辆，并使用榔头打砸对方车辆，两人扭打在一起	婚姻家庭纠纷调解结束后	四川省兴文县人民法院	安检法警迅速将两人拉开，并夺下榔头，并对情绪激动的当事人进行心理疏导

(续表)

风险类型（分为一般、较大、重大）	风险详情	风险所处节点	风险发生地点	应急措施和处置结果
一般风险	刑事辩护人违规使用摄像功能的眼镜进行阅卷并拒绝交出，脱光上衣哭闹	刑事案件阅卷过程中	河南省高级人民法院安保室	法警在检查被拒之后，强制收缴了眼镜，并对其扰乱行为罚款1000元
一般风险	两被告在庭审过程中就谁承担金融借款的债务发生争执，一被告一怒之下用手背殴打了另一被告的眼部，庭审中断	金融借款合同纠纷开庭阶段	江西省吉安县人民法院	法院当场进行批评教育，因受害人构成轻微伤，法院对其扰乱庭审秩序行为判处拘役三个月，缓刑五个月
较大风险	被告欲将小孩强行带走，当事人发生抓扯，双方亲属20余人聚集法庭	同居关系纠纷庭审结束后	四川省通江县人民法院杨柏法庭	增派20余名干警进行警方支援，并立即向巴中市中级人民法院请求支援，市、县两级法院警力联动处突
较大风险	被执行人的其他30余名债权人认为以物抵债有损己方权益，到现场进行阻扰，情绪激动	执行以物抵债资产交付过程	贵州省兴义市人民法院	立即成立执行应急小分队赶往现场，并联系就近的两县法院和公安局协助执行，当晚资产交付完毕
较大风险	银行副行长拒绝配合法院办理扣划业务，并且在法院将副行长带离现场时，其他银行人员上前阻碍发生肢体冲突	执行外出扣划阶段	云南省昆明市盘龙区某银行支行	执行干警迅速赶至现场支援，并将阻碍人员带至法院进行罚款，不到3小时就解决完毕

人民法院司法警察应对审判安全风险事件的防御学习能力必须要随着应急事件的压力剧增而随之提升，只有法警自身适应风险压力的学习能力不断提升，才能使法警队伍的防御能力与审判安全压力阈值达到均衡程度，助力法警灵活应对和妥善解决各类突发事件。

为了让法警队伍的反应能力和学习能力在较短时间内能跟上应急事件发展的时间节点和风险压力强度，各地法院司法警察都采取了不同的行动模式。

1. 组织法警及安保人员开展应急处突演练。大多数法院为了提高法警们突发事件的处置能力，有效应对缠访闹访、自杀自残、携带管制刀具、携带易燃易爆或有毒物品等极端行为的人员，多次开展了具有实战性质的应急处突演练，确保参演的每一位司法警察均能熟练掌握各个处置环节的标准、要求和工作程序，及时保障法院办公场所的办案秩序及办案人员的人身安全。

2. 法院司法警察队伍联合开展"练兵模式"。各地法院为提升法警体能和警务技能，围绕着基础理论、基本体能（以力量、速度、耐力、柔韧和协调等为主题的训练）、基本技能（徒手防卫与控制、警械武器的使用、卫生急救等）、专业技能（安检、值庭、押解、应急突发事件处置能力、配合强制执行等）和战术战法等内容，组织法警之间实行"学习共进、技能共帮、结对共保"岗位练兵模式，① 结合不同法警的技能特长进行发挥，取长补短有针对性地相互指导训练。除此之外，还将法警的学习成绩与效果作为季度和年度评优评先的重要依据。

（三）危机爆发后期的审判安全风险经验总结

任何事情的处理都应该"慎始善终"，突发事件的应急处置固然重要，但是也不能忽视事后的恢复环节和经验总结，审判安全"全周期"机制的复盘总结环节应当包括应对风险解决的经验反馈、创新解决路径、过程评估等。②

这一阶段的重点在于要将前期行动情景存储到司法警务保障系统的记忆网络当中，提出创新治理风险的经验。以 A 法院为例，该院在每解决完一件应急事件后都将其记录在册，逐步形成了审判安全事故调查台账。审判安全事故台账的内容主要有事件基础信息、解决措施、事件完成结果、经验教训，其中经验教训和解决措施这两部分所占比例较高，体现危机学习的倾向，加强了从事故中汲取经验教训的组织能力。另外，在经验教训的总结上，A 法院尽量避免过于宏观性的指向，针对性地提出具体防范措施，便于学习借鉴，将危机学习落在实际行动中。

在应急事件的演化过程进入第三阶段后，审判安全系统内外的压力就会进入相对平缓的状态，也就是常态防控阶段。突发事件被控制，为确保风险信息的循环和交流，法院系统需要进一步把握事件包括风险发生的起因、过程和结果等信息公布的各个方面，并且吸收社会公众对风险公布后所反馈的信息。此外，每个应急事件的发生都是可以溯源的，法警的突发应急处置只能解决一时的问题，更重要的是要利用危机处置过程中反映出的风险隐患以及风险背后的社会问题，深刻反思并总结，推动司法警察应急保障机制的完善。

要达到这一阶段，首先，法警需要继续从处置不同的突发应急事件过程中汲取经验并获得信息反馈，从而减少因风险发生而产生的不确定因素。其次，要维持并强化已经建立的审判安全系统内部风险沟通机制和反馈评估能力，并为后续司法警察保护审判安全的机制消除障碍和提供行动路径。

从危机爆发到常态防控，跨越了司法警察应对法院突发事件的整体过程，并逐步构建了较为完善的司法警察应急警务保障机制。经过这一系列的演化过程，有效

---

① 湖北省黄石市下陆区检察院：《强化司法警察岗位练兵》，载 https://mp.weixin.qq.coms/（a1ABU)-774SRrOmHVmCnLoA，最后访问时间：2022 年 8 月 2 日。

② 韩春梅、乔桐：《基于风险因素识别的应急警务保障措施》，载《中国人民公安大学学报（社会科学版）》2018 年第 1 期。

提升了司法警察风险与危机的应对能力和学习能力。但也受其他诸多风险因素的影响，比如法警应急保障资源不足、突发性应急事件的二次冲击、前期信息反馈更新不及时、危机爆发阶段的重大风险等，对于这些复杂变量都应当纳入审判安全"全周期"运行机制进行分析考量。

二、审判安全"全周期"机制存在的运行风险

历史经验和审判实践状况表明，在审判安全"全周期"机制运行过程中，难免会出现一些客观变量，有些变量是自始至终一直存在且根深蒂固，有些变量是因突发应急事件的重大影响而出现的。鉴于此，笔者以凸显审判安全风险问题为反思视角，全方位探究法院系统审判安全风险治理在危机爆发前、危机爆发中及危机爆发后三个阶段存在的漏洞与风险。

（一）危机爆发前期的源头风险

危机爆发前期主要是对审判安全风险进行预警研判，为了明晰突发事件的应对举措，最重要的就是事先对风险因素进行评估和识别，比如法警自我处置的关键、警力资源如何调配、信息如何共享和获取。做好审判安全前期工作要明确源头风险，为接下来的应急处置提前做好预防准备。审判安全风险爆发前期的源头风险主要有以下几个：

1. 权责不一导致司法警察执法权益保障失衡。警察工作效率会影响社会秩序的稳定，而当代警务效能又取决于警察法治化程度。① 审判过程中的突发事件具有紧迫性、突然性、多变性、后果不确定性等特点，留给司法警察的处理时机稍纵即逝。司法警察面临危机爆发的复杂环境，需要迅速反应并作出决定，及时控制危机，这也是法警处理应急事务中所必备的职责。在法警依法采取了相关措施，由于突发事件的种种不确定性因素导致事态扩大甚至造成了伤亡，再加上舆论的反面引导，法警就会被认为处置不当，被迫承担相应责任。这导致司法警察面对突发事件不敢使用正当的警察职权。在实践中，有些突发事件甚至因当事人得不到满意的处置，进而演变为恶性事件。

2. 复杂环境导致司法警察的执法权威弱化。审判过程中的突发事件不仅会冲击司法权威，更会侵犯法警的执法权威。从风险发生场景来看，在法院内部（立案、审判区域等）发生的应急事件较多，涉及群体性纠纷较多，处置难度也较大。从风险发生阶段来看，许多风险事件都是发生在开庭、调解或强制措施执行阶段，在法警依法制止和调解现场当事人之间矛盾纠纷时，当事人不愿配合就有可能将矛盾重点转向法警。从风险表现形式来看，影响法警执法权威主要表现为妨碍公务、发表辱警言论、暴力

---

① 马钰淇：《论警务工作的当代内核——基于〈人民警察法〉（修订草案稿）词频统计与分析》，载《河南警察学院学报》2021年第1期。

伤害等，这种行为主要表现以侮辱性、伤害性为主。甚至稍有一个小疏忽或漏洞，就有部分当事人通过网络方式无限地放大和曲解，引发法警的负面舆情。

3. 司法警察及警务后备力量的缺陷、警力资源调配不合理。基层人民法院普遍法警配备不足，在法院审判安全保障方面尤其是派出法庭的安保措施相对落后。许多基层人民法院除了刑事案件外，其他案件的审理和执行很少有法警参与秩序维护，这也造成了一旦其他案件当事人对法院有了不满而暴力抗法时，法官及其他审判人员的人身安全就处于真空保护中，有些突发事件甚至要公安机关伸出援手才能平息。除了警力资源不足之外，警力资源的调配和整合不合理也是一个问题，大部分基层人民法院的法警除了从事基本警务保障活动之外，还兼职了办公室司机、执行局人民陪执员等任务，不能在事件发生的第一时间协调好警务保障工作和日常工作的关系，也无法做到优化警力配置和警力资源的合理整合。

（二）危机爆发中期的互动风险

应急事件的突发往往是法院与当事人之间激烈的矛盾冲突所致，而要妥善化解应急事件就需要法警参与其中。因此，要做到"全周期"防控审判安全风险，需要解决当事人、法官、法警三大主体的互动模式中存在的风险。

1. 法院外部互动带来的审判安全风险。应急事件起始阶段冲突的激烈爆发，大多是因为法院与当事人之间呈现出三阶段矛盾递增的模式。在法院应急事件的发生，往往呈现出渐进式的规律，第一阶段：处置不满，矛盾产生。案件相关当事人找到法院的承办法官或其他审判辅助人员寻求解决办法，法院工作人员的答复和处置方式令相关当事人不满，导致矛盾产生；第二阶段：问题发酵，矛盾积累。当事人在等待法院处置结果过程中，问题不断发酵，法院与当事人之间的矛盾愈演愈烈；第三阶段：冲突爆发，暴力反抗。冲突发生后相关当事人不断采取一些非制度性的组织化行动，如暴力对抗、自残、聚众堵路、哄闹法庭等，造成应急事件爆发。从上述三阶段可以看出应急事件的冲突爆发主要有以下几个特点：一是事件爆发的突然性和偶然性；二是当事人行动过程非常快，影响面迅速扩大；三是当事人集体化的非制度性表达方式过于激烈。

2. 法院内部互动带来的审判安全风险。一是法官与法警互动风险。在突发事件处置中，司法警察执行性职能过多，自主性职能更少。司法警察的职能分为自主性职能和执行性职能。① 在突发事件处置中，司法警察职能的履行往往是按照法官的指令进行的，这说明法警更偏向于执行性职能，但是因为应急事件的突发性和偶然性，又要求司法警察具有更多的自主性职能。比如紧急情况突发时，法警有权果断先行处置，待险情消除后，再向部门领导或承办法官请示或报告，根据命令决定是否进一步采取措施。《民事诉讼法》和《刑事诉讼法》仅赋予了法院的审判长和独

---

① 刘书星、孙莹：《人民法院司法警察职能的界限与冲突救济》，载《法律适用》2012年第9期。

任审判员能够提出拘留、罚款等强制措施的处理意见,并报请院长批准,司法警察只有听令而行使的执行权。① 二是法警与法院内部上级互动风险。法官调配司法警察的审批流程过于繁琐。司法实践中,法院面临应急突发事件时,法官调配司法警察需要部门出具调警函,并经由分管院领导层层审批之后,才能调动法警出警。对于特别紧急情况,可以先由法警出警,事后再补齐审批手续,法官与法警在法院内部的互动模式(见图2)。

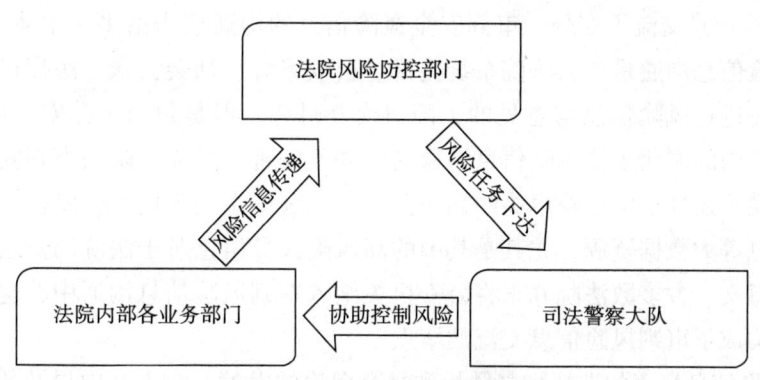

图2　法院当前的内部互动模式

3. 法院外部互动带来的审判安全风险。法院的外部互动主要就是法官与当事人在审判执行过程中的互动模式,这种互动模式风险主要是取决于法官与当事人之间的信任程度,在诉讼活动中当事人对法官的不信任程度极其容易被放大,以至于扩张到对司法机关和司法活动的不信任。一方面,法院法官在出具裁判文书时说理不够充分,或是判后答疑不够明晰,对当事人释法明理的说服力不够的情况下,极其容易让当事人对法官产生怀疑和误解。另一方面,法官司法审判行为(如开庭、审判流程公开、裁判文书上网等)的公开度和透明度不够时,也会引发当事人的不信任感和危机感。在当事人对法官不信任时,就极其容易爆发应急事件,有些当事人甚至会通过网络散发不实舆论消息来损害法院的司法权威和公信力。

(三)危机爆发后期的信息风险

在危机爆发后期,审判安全风险已经步入了常态防控阶段。审判安全常态防控的核心能力之一就是风险沟通,风险沟通换句话说就是审判安全风险信息的交流,由于信息交流在内容、形式、渠道上具有一定局限性,审判安全风险信息在交流过程中就较为容易产生沟通障碍,除此之外,有些风险治理过程中信息的封闭与封锁也会引发舆论风险,上述几个方面都有可能构成治理信息"缝隙"的风险。

1. 风险信息采集不完整及信息反馈不及时。审判安全风险的科学决策和应急举

---

① 崔海梅:《司法警察在突发事件处置中的职权行使研究——基于注释法学的视角》,载《法治研究》2014年第12期。

措的准确把控需要对信息的全方位收集与高效分析。大多数法院都是强调在突发应急事件发生后,及时总结应急处置经验,并将应急事件进展情况、处理结果、法院应对措施等对外公布,但是却忽视了前期的信息交流。但因当前法院审判安全机制结构下风险信息传递系统结构单一,信息采集不充分,信息沟通效率低,信息孤岛普遍化,因此才导致信息治理存在隐患。例如,法院保安对进出人员信息采集漏洞,就会为审判安全风险埋下了隐患。

2. 风险信息交流不充分。审判安全风险信息的沟通应当由多个主体共同参与。理想的风险信息沟通是各级法院系统内部、公安系统、社会公众、医疗机构等风险治理共同体进行风险信息与意见的无障碍交互过程。但是包括了公安、社会公众、医疗机构在内的多元主体风险信息沟通网络并不完善。目前法院的审判安全风险的信息沟通模式还处于由法院牵头的初级阶段。以公安系统为例,公安机关拥有丰富的人员信息等大数据资源,尤其是其中的高风险人员信息对于法院的安全防控预警具有重要意义。大多数法院并未将公安机关纳入审判风险信息沟通中,这种沟通主体的缺失构成了审判风险信息交流的堵点。

3. 风险信息交流的选择性封锁导致社会舆论的发酵。在上文中提及的法院与当事人矛盾发展"三阶段"模式中,当事人在为了让自己的案件得到更多人关注,而选择一些具有组织化、集体化的非制度性表达方式,使网络舆论、新闻媒体竞相报道和传播该突发事件。而法院在处置上述影响面较大的突发事件时,往往会选择性地对外封锁消息,严密监控网络谣言,等到事件全部解决完毕之后再对外公布处理结果和方式,这种信息滞后的半封闭式公开,会导致信息披露不及时。这样即使法院内部花费了大量精力和资源维护因当事人利益诉求表达而扰乱的司法秩序,也容易给社会公众造成"息事宁人"、逃避责任的印象。但当法院新闻发言人或官微平台展现积极态度,开放媒体采访,全流程地正面回应事件进展,突发事件引发的社会舆论危机便会自然化解。

三、审判安全"全周期"管理机制的理论基础和建构思路

要将协同高效"全周期管理"的理念注入审判安全风险治理的过程,审判安全风险治理的关键是要进行全流程治理、系统治理、分级治理和依法治理,① 从而构建一个治理边界更清晰、治理主体更多元、治理层级更明确、治理机制更联动的审判安全治理新体系。

(一)宏观层面上的"全周期"理论基础

坚持全流程管理风险,无论是事前、事中还是事后的风险防控,审判安全风险都需要从立案、审判、执行全流程来进行管理。以民事案件为例,立案、收案、开

---

① 黄建:《引领与承载:全周期管理视域下的城市治理现代化》,载《学术界》2020年第9期。

庭、调解、判后答疑、执行等各阶段均需要对风险因素进行识别，包括诉前调解阶段的沟通协调、立案环节的起诉材料递交、审判过程中的开庭调解、审判结束后的判后答疑、执行阶段的强制措施等具体节点来针对性地制定安全举措。

1. 坚持系统性管理风险。审判安全风险的管理不是单个机制的建立与完善，而是多项机制的优化与创新。应当从风险的分析、控制与评价这三个方面来推进审判安全风险的管理，从风险管理的各个环节进行多方面构建管理制度。构建制度的同时要兼顾系统性、整体性、配套性与协同性，从法院内部和外部进行风险管理，以此真正实现审判安全风险的系统管理。

2. 坚持分级管理风险。审判安全风险的评估需要结合危险发生频率与危险发生的严重程度两者进行评估。在前期对风险源的评估完成之后，根据评估计算出的风险值高低对审判安全风险实行分级管理。分级管理风险的关键就是根据风险程度的高低来针对性制定风险防控措施，风险程度越高，防控措施更加严格，风险管控主体的级别也越高。

3. 坚持依法管理风险。法院应坚持法治原则，面对突发事件时，必须要有底线思维，切忌不能突破底线，不讲原则。一个应急事件如果超越底线来解决将增大更多潜在风险的发生概率，加之这种解决方式仅具有暂时效应，其产生后果的消极面明显大于积极面。我们应当根据突发事件的事态进程、严重程度、影响范围等采取科学的对策。采取的措施应兼具妥当性、必要性和法益相称性，能够实现解决应急事件的目的，处理的过程与结果对涉及事件的各方当事人的合法利益损害降到最低，真正实现司法权威、维护司法公信力。

（二）微观层面上的"全周期"机制建构思路

1. 构建层级分明的审判安全风险管理组织。要构建层级分明的审判安全风险管理组织，应贯彻"三道防线"理念（见图3），[①]将审判安全风险的管理主体及其职责分为三个层级，第一道防线是初步风险治理部门（如法院内各业务部门及立案庭、审管办等）主要负责处置一些风险评估值较低（即风险程度较小）的简单应急事件，如对当事人或旁听人员哄闹的行为进行警告和训诫。第二道防线是风险防控执行部门（如司法警察大队、门卫、保安等）具体负责贯彻落实风险管理政策及操作流程，在第一道防线被突破的情况下针对不同风险评估结果执行不同等级的应急措施，执行管控职责的管控人员，为风险管控的直接责任承担者。第三道防线是决策和管理部门，决策部门（如院党组或审判管理委员会）主要负责对风险发生后需要采取何种措施来应对显性和隐性风险的决策者；而管理部门（如综合办、政治部）具体负责风险管理政策及操作流程、提出风险管理组织机构设置及其职责方案等管理工作。

[①] 张雷：《试论企业内控与风险管理体系中的三道防线》，载《财会学习》2022年第7期。

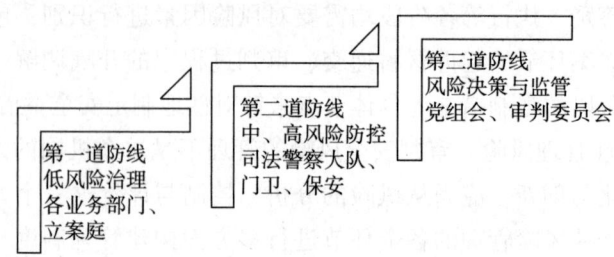

图3 "三道防线"审判安全风险管理组织架构

2. 构造"事前—事中—事后"三阶段的法院应急突发事件风险管理流程。当前风险社会下，各种矛盾关系错综复杂，法院在处理这些纠葛过程中，难免意外会发生，因此对法院风险管理者提出了更高的要求。只是针对事前的风险管理，或者事后的补救，无法有效的控制人民法院这一特殊场景下的风险，要将风险意识贯彻全周期阶段。法院突发应急事件的风险管理可以分成事前、事中、事后三个阶段。笔者从事前、事中、事后三个阶段，结合法院工作特点，对审判安全应急事件的风险管理流程进行了全面的梳理（见图4）。

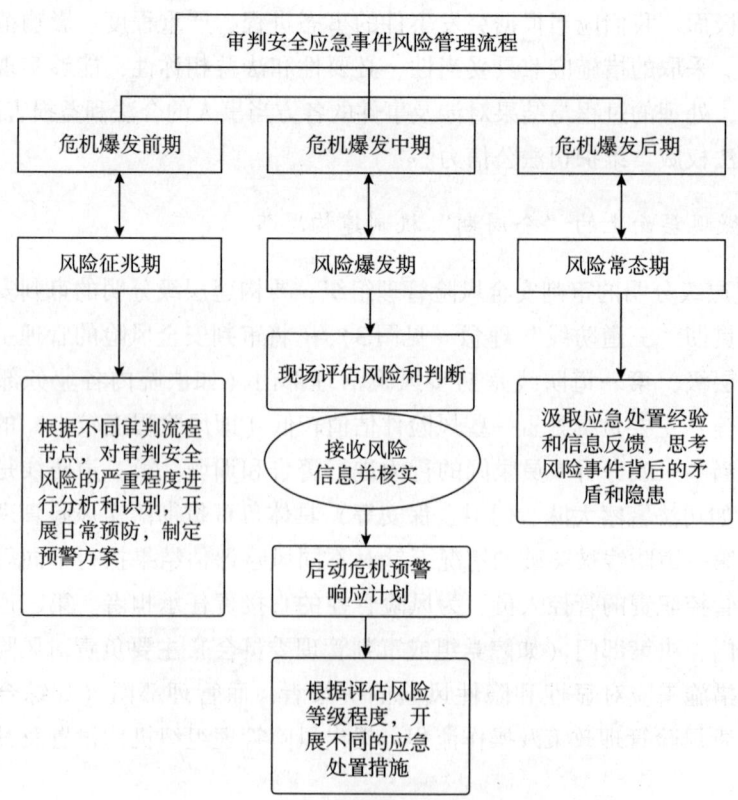

图4 审判安全应急事件的风险管理流程

从图 4 流程中也可以看出审判安全风险管理机制包含三个重要元素，即风险分析、风险评价和风险控制。因此，构建"事前—事中—事后"三阶段的审判安全风险管理机制可从风险分析、风险评估与风险应对三方面着手。

（1）建立风险分析机制。审判安全风险评价可以选择风险矩阵评价法（LS），矩阵评价法是对风险频率（L）、损害后果（S）进行定性、定量评价，将风险发生频率定量赋值为 L、风险损害后果进行定量赋值，用两者的乘积通过具体数字的方式，直观地表现风险程度 R 的大小，即 R=LS。[1]

（2）建立风险评估机制。风险评估即评估法院应急事件的风险状况，识别事件中的具体风险隐患针对性制定措施并进行建档。风险评估主要分两步走：一是根据审判安全风险的发生频率、严重程度、影响范围评价风险等级程度；二是制定并规划可能的安全风险降低措施。[2]

（3）建立风险应对机制。预防型风险应对措施是通过降低危险事件的发生频率，如加强庭审巡查，降低哄闹法庭的风险。风险频率可以降低，但没办法清零，对于无法避免的风险可采取措施减轻危险事件的后果，这种被称为缓解型风险应对措施。例如，开庭前得知被告人自身有重大疾病风险，开庭时庭外有医护人员待命，被告人出现异常生理情况，也能得到及时的治疗。

四、审判安全"全周期"机制管理的新路径

审判安全问题是一个复杂的整体性问题，仅仅单方向研究难以适配系统性的审判安全问题治理的现实诉求，需要在法院应急事件风险管理流程再造的基础上不断优化针对应急事件的处置策略，全方位审视风险来源，全要素资源整合，并施以整体性治理，以期进一步提升审判安全重大突发应急事件的全周期管理效率。基于此，笔者将从"源头—过程—末梢"三个阶段提出消弭审判安全治理风险的"全周期"管理新路径。

（一）从源头健全对审判安全风险的预警监测

全周期管理思维在审判安全的具象表现形式为事前预防、事中处置、事后反思与调整。要从源头遏制风险，洞察隐秘的安全隐患是关键，这样才能避免风险向灾害演化升级。[3] 审判安全风险的事前预防主要包括风险分析、风险评价和风险管控三个方面：第一步先对审判流程不同节点存在的安全风险进行识别和分析（风险分析）；第二步将已识别出的风险通过矩阵评价法对风险严重程度进行评价（风险评价）；第三步根据风险的严重程度进行分级预警和管控（风险管控）的审判安全风

---

[1] 杨玲玲：《基于 AHP-模糊评价法的化工企业风险分级管控研究》，载《西昌学院学报（自然科学版）》2021 年第 4 期。

[2] ［挪威］马文·拉桑德：《风险评估理论、方法与应用》，刘一骝译，清华大学出版社 2013 年版，第 100 页。

[3] 任勇：《大数据与社会公共安全源头治理》，载《中共中央党校（国家行政学院）学报》2020 年第 1 期。

险预警监测机制。接下来笔者将以 L 县法院为例来阐述具体如何运用审判安全风险预警监测机制进行风险分析、评价和管控的流程。

1. 建立审判安全风险和危险事件的初步识别和分析机制。审判安全风险是指在法院审判过程中，可能会对法院司法环境的安全造成损害的不安全源头，这种安全风险早期开始是一种潜伏状态，未来会以某种不稳定形式突然爆发出来。初步识别和分析审判安全风险主要应用于早期识别风险事件和风险事故，其主要目标包括识别需要保护的对象、识别可能会发生的风险类型、识别风险事件的主要原因、可能发生的频率、危险事件的严重程度、可采取的防护措施。① 笔者在网上检索并提取了 L 县法院不同类型案件审理过程中常见的突发应急事件，按照上述目标分类对上述应急事件的审判安全风险因素进行了分项识别和分析，为后期阶段管控风险提供了基础材料（见表3）。

表3　审判安全风险因素分析表

序号	行为发生节点	风险事件	发生原因	后果	风险频率（从高到低为1、2、3）	降低风险措施
1	民事审判过程	民事案件庭审过程中双方当事人斗殴	当事人不满法官或另一方当事人的态度或言词	妨害了庭审秩序，严重地致人受伤或财产损坏	1	庭前安排法警站庭，庭审过程中密切关注双方当事人举动
2	刑事审判过程	刑事案件当事人召集数十名家属旁听审哄闹法庭，庭前庭后围堵法院门口	当事人不满法院宣判结果或检察院公诉请求	严重影响法院正常办公秩序	3	事前安排干警和法警组成庭审保障机动小组，随时关注庭审动态
3	立案阶段	要求立案的当事人在立案大厅哄闹，并言词辱骂和威胁立案窗口人员	当事人立案材料未准备齐全或其他情况导致无法立案	损害了司法权威和尊严，给法院司法公信力带来负面影响	2	由法警或保安将当事人带至接待室，并由法官耐心解释理由，对情节严重人员事后进行警告乃至罚款、拘留

---

① 伍红梅：《审判风险的分析、评价与控制机制研究》，载《司法体制综合配套改革中重大风险防范与化解——全国法院第31届学术讨论会获奖论文集（上）》，人民法院出版社2020年版，第50~66页。

（续表）

序号	行为发生节点	风险事件	发生原因	后果	风险频率（从高到低为1、2、3）	降低风险措施
4	信访阶段	信访当事人多次通过电话和微信辱骂法院工作人员，甚至在法院立案大厅企图闹事	对法院生效判决不服，以缠访闹访、非法信访方式来达到个人目的	挑战法律的权威和尊严，妨害了正常法院诉讼活动	3	首次进行批评教育并释法明理，对于屡教不改的信访人员作出罚款乃至拘留的惩罚举措
5	互联网平台	当事人通过互联网平台发布对承办其案件的法官的不实言论，用词恶劣	当事人因法院对其诉请没有满足	严重影响法院的权威和形象，侵犯了承办法官的名誉权	3	对影响范围小的当事人进行警告教育乃至罚款，对影响情节恶劣的当事人提起公诉

2. 建立审判安全风险矩阵表。为更直观地评估审判风险，笔者根据风险矩阵评价法，将审判安全风险按照其严重程度和发生概率的乘积，所得数值反映其风险度和风险等级，最后用红、橙、黄、绿表示，建立审判安全风险矩阵表（见表4）。风险值12~16之间为红色重大风险，风险值8~9之间为橙色较大风险，风险值3~6之间为黄色一般风险，风险值1~2之间为绿色轻度危险。

表4 审判安全风险矩阵表

风险等级程度（R）		后果严重性（S）			
		1 轻微损害	2 一般损害	3 严重损害	4 灾难性损害
事件发生概率（L）	1 极少发生	1 低风险	2 低风险	3 一般风险	4 一般风险
	2 可能发生	2 低风险	4 一般风险	6 一般风险	8 较大风险
	3 有时发生	3 一般风险	6 一般风险	9 较大风险	12 重大风险
	4 经常发生	4 一般风险	8 较大风险	12 重大风险	16 重大风险
12~16 重大风险　　8~9 较大风险　　3~6 一般风险　　1~2 低风险					

风险评价除去按照风险矩阵法进行风险程度等级的横向评估之外，还需要通过整个审判流程节点（即立案、收案、开庭、宣判等）进行风险程度的纵向评估，接下来笔者分别以L县法院中的民事、刑事、执行中的某类特定案件为例，按照审判流程的节点对其风险等级程度进行二维曲线图分析（见图5、图6、图7）。

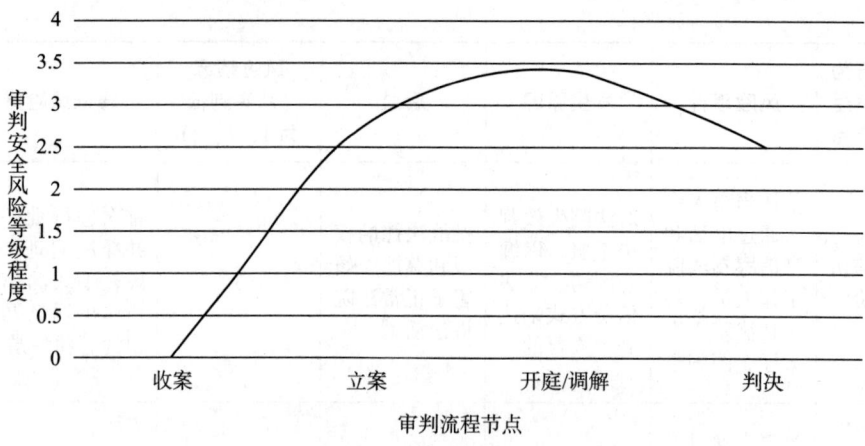

图 5　婚约财产纠纷 A 案审判安全风险等级变化图

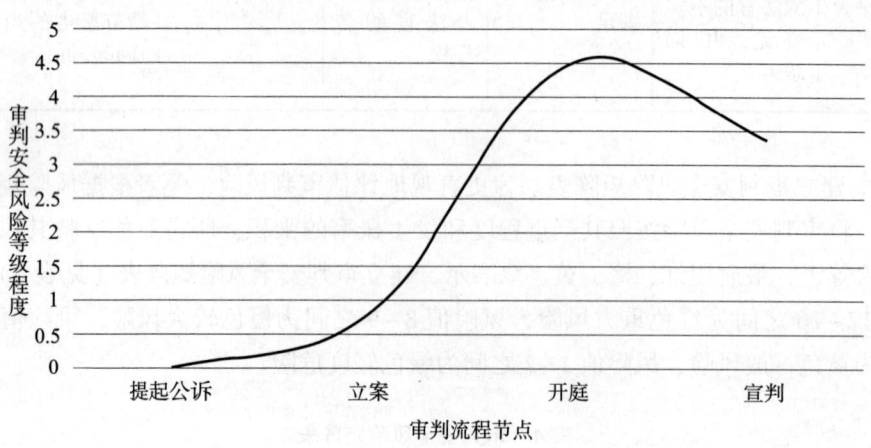

图 6　社会舆论较大的 B 案审判安全风险等级变化图

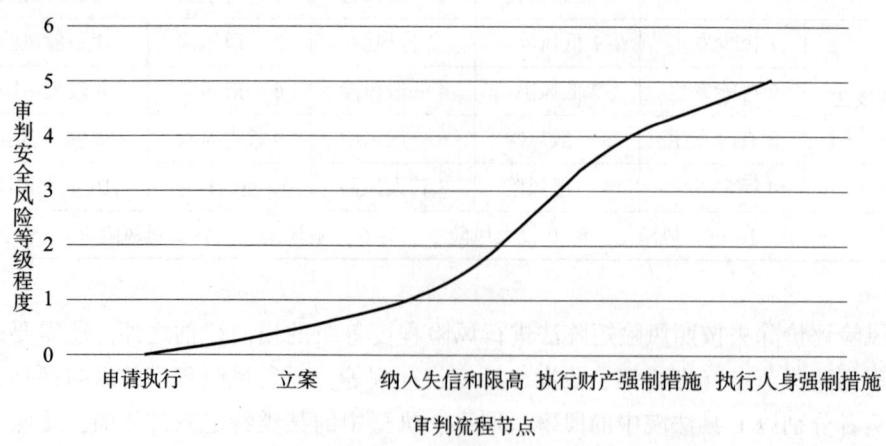

图 7　民间借贷纠纷执行 C 案审判安全风险等级变化图

从上述三个审判安全风险程度的曲线图明显可以看出，L县法院三种不同类型的案件在不同的审判流程节点面对的审判安全风险等级也各不相同，随着审判流程的推进，审判安全风险总体呈现递增的特点。因此，在建立审判安全风险评价机制的同时，一方面要通过矩阵法横向确定风险程度，另一方面应当纵向根据案件类型将审判流程节点的风险等级变化与风险评估机制结合建模，确定不同案件的高风险点和低风险点，并针对性采取措施降低风险。

3. 建立科学有序的审判安全风险管控机制。如表4所示，本文根据风险值系数大小将管控层级划分为四级，分别为政法委、法院审委会或党组会、司法警察大队、业务庭及职能部门管理人员。第一级是红色（12~16），即属于灾难性的重大风险，由当地政法委牵头协调成立临时风险管控小组，协调公安、检察院、法院、司法部门等各相关部门，并立即采取措施应急处置，直至风险降至可接受程度；第二级是橙色（8~9），即属于较大风险，由司法警察大队向本院审判委员会报告，审判委员会讨论决议后制定具体的应急处置流程，再交由法警大队落实；第三级是黄色（3~6），即属于一般风险，司法警察大队随机应变，针对风险灵活制定具体应急处置措施；第四级是蓝色（1~2），即属于低风险，由于该风险的等级较低可由审判长、庭长尽可能当场解决，化解矛盾。（见图8）

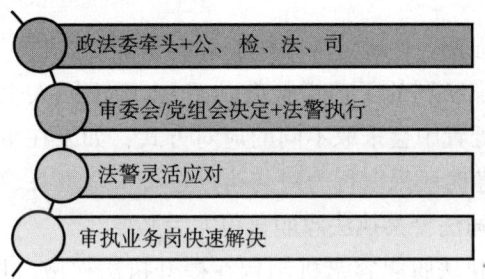

图8 审判安全风险分级管控机制

除此之外，通过风险系统与审判流程办案系统、重大敏感案件监管预警系统、院庭长"四类案件"监管平台、全媒体舆情智能监测系统、12368司法公开平台、法官e助理平台、档案e管理平台、当地政务平台抓取风险数据，借助"智慧法院"平台进一步优化审判安全风险预防识别机制，优化完善风险点指标。

（二）从过程健全审判安全风险的化解机制

当应急事件爆发后，对审判安全风险的治理必须要统筹和综合考量影响风险治理的全要素，并施之以整体化治理。

1. 完善审判安全协同治理体系。要想高效应对不可预测的庭审突发事件，离不开司法警察与院内设机构、政府部门控联防联动，需要各业务部门相互协调配合，在各个风险环节履行自己的职责。业务部门及时全面的庭前风险评估是前提。人民法院业务部门在开庭前，需要将案件存在的风险、涉及人群、开庭时间等信息告知司法警察部门。在庭审过程中，审判法官要掌握审判庭内的场景，既要注意原、被告双方的情感变化，也要关注旁听人员的情绪波动，若出现不好的苗头，第一时间告知司法警察，从而当突发事件发生时采取有效的控制与处置措施，并进行心理安抚与疏导工作。在审理涉及人数众多、矛盾激烈的案件时，人民法院自身警力不足，就需要公安机关帮助维护法庭秩序，及时制止扰乱法庭秩序、危害庭审安全的行为。如若出现哄闹、围观、冲击法庭等不法行为，必要时对行为人采取强制措施。此外，还需提前与医疗机构沟通。庭审期间，若被告人和旁听人员情绪激动，突发疾病，医护人员在场能及时救治，避免庭审案件引起其他矛盾。

2. 实现对网络安全舆论的弹性化管控，形成约束极端舆论的法律红线。在风险多发的环境中，法院应当最大限度地调度法院内部民主参与的力量，通过运用互联网和其他通信工具（如微信、QQ、钉钉、微博）作为载体，建构线上的舆情风险防控组织平台。对网络舆情的应对，大数据分析等技术手段对极端词汇、敏感信息精准识别是关键，敏感词汇被反馈至审判安全风险防控平台，能有效防止负面舆情发酵再生逾越言论自由的合理限度。①

（三）从末梢构建司法警察执法履职容错机制

党的十九大报告强调："建立激励机制和容错纠错机制，旗帜鲜明为那些敢于担当、踏实做事、不谋私利的干部撑腰鼓劲。"由于不同人生活经验、性格、判断力各不相同，在应急处置中会采取不同的应对方式，如果在事后审查时以极其客观理性的思维去衡量应急时所采取行为对与错，过于求全责备。② 在处置应急事件中，建立"容错机制"对司法警察执法履职显得尤为必要。

1. 建立司法警察执法履职容错机制旨在提升执法权威。权力与权威一体两面，权威的强弱一定程度体现在执法效果上。执法者的软弱带来的直接后果就是权威的弱化。③ 司法警察作为人民法院预防、制止和惩治妨碍审判活动的司法力量，司法警察的执法效果体现着法院的权威。执法履职容错机制意在打消警察的顾虑，旨在提升执法权威，在一定执法情境下给予司法警察宽容性、后援性支持。

2. 因地制宜明确制定容错免责清单。为保障公安民警依法履职，公安部于2019年2月1日正式施行《公安机关维护民警执法权威工作规定》。但针对法院这一特殊场景下，司法警察容错的法律法规并未出台，顶层设计缺失。综合考虑问题发生的客观条件、程序方法、动机态度、后果影响、性质程度以及损失挽回等要求，对司法警察的错误进行综合分析，科学认定责任性质。看动机，是因为客观条件造成的还是主观故意；看程序，是否经过科学民主决策、风险评估和调研论证；看政策，

---

① 张广利、赵时雨：《"网络舆论审判"中的符号暴力及其风险治理》，载《长白学刊》2022年第2期。
② 贾建平：《应急性警察权行使的原则与优化路径》，载《长白学刊》2019年第4期。
③ 江宜怀：《警察权威略论》，载《公安研究》2012年第12期。

是否有党纪国法的明令禁止、制度规章的明确要求；看后果，是否造成不可挽回的损失。

3. 设定履职容错的程序。公平和效率是司法警察履职容错机制的重要理论价值。容错免责清单的明确，关乎司法警察履职尽责是否能得到公正的对待。高效的运行机制，则意味着司法警察能否快速解决因执法所面临的风险。因此应按照方便高效的原则，设计容错司法警察执法容错适用程序设计，故而不宜过于复杂、繁琐，既要横向运行清晰明了，又要纵向层级简单流畅。① 建议容错机制适用程序，可按照"事情发生后—司法警察提出申请—部门审核受理—组成调查小组—形成书面报告—会议讨论—上级请示—公示公告—归档备查"的流程来进行。

结　语

西汉学者戴圣所言："知不足，然后能自反也；知困，然后能自强也。"当前，法院司法活动安全形势复杂严峻，因此，要坚持从"全周期"角度思维考量审判活动风险运行机制，辨析人民法院审判实践中不同节点环节中可能存在的风险并科学有效地进行评估，并建立司法警察履职容错机制，以促进审判安全机制达到良性运行动态平衡的状态。

---

① 李侠、黄一峰、刘丹阳：《警察执法容错机制及其构建》，载《中国人民公安大学学报（社会科学版）》2019年第4期。

严字当头：性侵未成年人案件认罪认罚从宽制度的特殊构建

——以构建精细量刑规则为目的

江西省高级人民法院　杨云欣

未成年人是祖国的未来和希望。近年来，法律对未成年人的保护越来越周延，尤其是刑法领域，在对未成年人犯罪案件涉及权利保障作出特殊规定的同时，关爱的天平也慢慢向未成年被害人进行倾斜，主要体现在性侵未成年人犯罪中，如《刑法修正案（十一）》从修改奸淫幼女犯罪、增加特殊职责人员性侵犯罪、修改猥亵儿童罪三方面加大了对性侵未成年人犯罪的惩治力度。认罪认罚从宽制度作为一项刑事司法改革成果，现有规范仅仅规定了未成年加害人认罪认罚案件的办理，并没有对未成年被害人的保护作出规定。为填补这一法律空白，本文提出对性侵未成年人案件认罪认罚从宽制度的特殊构建。

一、树立导向：性侵未成年人案件应从严适用认罪认罚从宽制度

随着网络世界的迅猛发展，越来越多的猥亵、强奸等性侵未成年人案件呈现在人们的视线中，引起社会高度关注，不断挑战着公众敏感的神经。根据"女童保护"2021年性侵儿童案例统计及儿童防性侵教育调查报告，2020年媒体公开报道的性侵儿童（18岁以下）案例223件，受害人数569人，其中年龄最小的为2岁。①经调查，39.89%的人表示非常关注性侵儿童问题，38.67%的人比较关注，超七成的受访者对于儿童性侵害问题保持着较高的关注度，而2015年只有29%的人表示很关注儿童性侵案件。可见，公众对性侵未成年人犯罪的容忍度越来越低，对此类犯罪嫌疑人进行严惩的期望越来越高。

认罪认罚从宽制度从2014年十八届四中全会提出改革任务到2016年的开展试点，到2018年《刑事诉讼法》明确规定，再到2019年《最高人民法院、最高人民

---

① 本报告由中国少年儿童文化艺术基金会女童保护基金和北京众一公益基金会共同发布。报告性侵儿童案例统计部分，数据来源于当年媒体公开报道案例，当年实际发生或者判决的案例未经媒体报道的不在统计范围内。因此，报告统计的案例数量并不等同于全年性侵儿童案例总量。

检察院、公安部、国家安全部、司法部关于适用认罪认罚从宽制度的指导意见》（以下简称《指导意见》）的规范，经历了一个由暗到明、由粗到细不断完善的过程。然而，任何一部法律制度不可能很快做到尽善尽美，认罪认罚从宽制度的很多适用规则尚未清晰，给法官留有许多自由裁量空间。如《指导意见》第 1 条规定"对严重危害国家安全、公共安全犯罪，严重暴力犯罪，以及社会普遍关注的重大敏感案件，应当慎重把握从宽"具有概括性，性侵未成年人犯罪是否属于这一范围由法官自由裁量认定。但 2021 年 2 月 4 日，最高人民法院副院长沈亮强调："对于严重危害公共安全犯罪、严重影响人民群众安全感的暴力犯罪，如绑架、抢劫、爆炸犯罪，以及社会影响恶劣、各界广泛关注的案件，如性侵未成年人犯罪等挑战法律和社会伦理底线的严重犯罪，即使被告人认罪认罚，该重判的仍要坚决依法重判。"[①] 明确了性侵未成年人犯罪系"应当慎重把握从宽"的范围，奠定了性侵未成年人犯罪在适用认罪认罚从宽制度时的总基调："严字当头"。这也是本文笔者对这一领域进行特殊构建的前提性、贯穿性的导向。

二、现状扫描：性侵未成年人案件从严适用认罪认罚从宽制度力度不够

考虑到强奸未成年人和猥亵儿童的犯罪为性侵未成人案件常见类型，笔者通过中国裁判文书网，搜索近两年来的 100 篇强奸未成年人认罪认罚案件和 100 篇猥亵儿童认罪认罚案件作为样本，分析性侵未成年人案件适用认罪认罚从宽制度的总体情况。[②]

（一）性侵未成年人的认罪认罚从宽制度适用率高，未体现从严

如表 1 所示，在猥亵儿童和强奸未成年人的 200 件认罪认罚案件中，各有 3 件未适用认罪认罚从宽制度。其中有 3 件系被告人翻供，故适用率为 98.5%。3 件未适用认罪认罚从宽制度的原因为：一是陈某志猥亵儿童案，虽然被告人与公诉机关签订了认罪认罚具结书，但法院基于综合考虑本案具体情况，仍不予从宽处罚；二是陈建恒猥亵儿童案，法院认为被告人到二审阶段认罪认罚，对节约司法资源、查清本案事实作用较小，不适宜对其从宽处罚处罚；三是潘永现强奸案，虽被告人如实供述犯罪事实，但是检察院、法院均未主动适用认罪认罚从宽制度，具体原因裁判文书并未提及。

---

① 沈亮：《就认罪认罚从宽制度相关问题答记者问》，载最高人民法院刑事审判第一、二、三、四、五庭编：《刑事审判参考》（总第 127 辑），人民法院出版社 2021 年版。
② 最后搜索时间为 2022 年 6 月 2 日，以强奸、未成年人、认罪认罚为关键词，共搜索到 432 篇，按时间倒序将前 100 篇强奸未成年人的认罪认罚案件作为分析样本；以猥亵儿童、认罪认罚为关键词，共搜索到 1248 篇，同样按时间倒序将前 100 篇猥亵儿童的认罪认罚案件作为分析样本。

表 1　未适用认罪认罚从宽制度的 8 份判决书相关信息表

序号	案号	案件名称	不适用理由
1	（2021）粤 0803 刑初 69 号	陈某志猥亵儿童案	综合考虑被告人的犯罪对象、主观恶性、社会危害性以及对被害人健康成长造成的不良影响，不足以对其从轻处罚
2	（2021）川 19 刑终 22 号	薛某益猥亵儿童案	被告人翻供，对其实施侵害行为予以否认，未能如实供述其犯罪事实
3	（2021）粤 18 刑终 292 号	陈某恒猥亵儿童案	其在本案二审审结前要求作认罪认罚对节约司法资源、查清本案事实作用较小，且其在校园当众猥亵年幼学生，主观恶性较大，根据案情不适宜以其二审认罪认罚对其从轻处罚，因此，对其提出要求认罪认罚具结的申请不予采纳
4	（2020）鲁 1392 刑初 87 号	刘某强强奸案	被告人翻供，虽系自动到案，但开庭时否认全部犯罪事实，系当庭无正当理由翻供且无有效证据予以证实，故对其不宜认定为自首，亦不适用认罪认罚从宽制度
5	（2020）桂 07 刑终 189 号	李某坚强奸案	被告人翻供，庭审中检察院将其对指控事实即受害人是否年满十四岁进行辩解视为不认罪认罚，并当场修改量刑建议
6	（2019）桂 0109 刑初 143 号	潘某现强奸案	被告人潘永现能如实供述奸淫幼女、猥亵儿童的罪行，依法可以从轻处罚（仅适用坦白）

（二）性侵未成年人案件有个别案件适用缓刑，适用认罪认罚从宽制度在裁判文书中表述不一

在样本中，强奸未成年人案件无适用缓刑情形，但猥亵儿童案件有 1 例适用缓刑；两类案件无适用免于刑事处罚以及其他非监禁刑的情况。

在裁判文书样本中，法院适用认罪认罚从宽制度的文字表述有多种形式，总体上分为三种情况：

1. 单独表述，即将被告人认罪认罚的情节与自首、坦白等其他情节区分开来，单独评价。在适用认罪认罚从宽制度的猥亵儿童犯罪的 97 件中，其中有 47 件是单独表述，强奸未成年人犯罪的 97 件中有 58 件是单独表述。在单独表述形式中也存在两种情况：一种表述为"被告人自愿认罪认罚，可予以从宽处罚"；另一种表述是引用《刑事诉讼法》第 15 条规定，即"被告人自愿如实供述自己的罪行，承认指控的犯罪事实，愿意接受处罚，可以依法从宽处理"。这种表述方式充分体现了认罪认罚情节适用的独立地位。

2. 隐晦表述，即在裁判文书中，并未对公诉意见或者辩护人意见中适用认罪认罚从宽情节予以明确回应，仅以"对于公诉机关的意见予以采纳"或者"对于辩护人意见予以采纳"一语带过。这种情形较少，两类案件各有两三件。

3. 杂糅表述，或者与其中一种或几种从宽量刑情节一起评价，或者与所有从宽量刑情节一起表述为一条。例如，被告人具有自首、认罪认罚量刑情节，依法从轻处罚。

（三）性侵未成年人案件的认罪认罚从宽幅度参差不齐，个别案件过宽

此类情况通过样本中的两个案例比较呈现。

案例1[①]：2021年9月20日，10周岁的女孩邓某某与其哥哥等人到永胜县玩耍，期间邓某某独自一人来到翠湖村委会芮官村濮美天家中找水喝、要石榴，濮美天将邓某某带至其家中杂物房内对其实施了亲吻等猥亵行为。云南省永胜县人民法院认为，被告人濮美天对未满14周岁的儿童实施猥亵，构成猥亵儿童罪。被告人对留守儿童实施猥亵，应酌情从重处罚；具有自首情节，且自愿认罪认罚，可对其减轻处罚；案发后被告人家属到受害人家中进行了赔礼道歉，可酌情从轻处罚。据此，法院判处被告人拘役四个月。

案例2[②]：2020年11月4日19时30分许，被告人苗锦斗以"进家坐坐"为由，骗取邻居被害人张某某（案发时12周岁）信任进入张某某家中，趁张某某书写作业之际，强行隔衣抚摸张某某胸部，遭到张某某反抗驱赶后，苗锦斗仍对张某某予以阻拦并再次将手伸进张某某衣服内，以抚摸张某某胸部的方式对被害人进行猥亵。山东省烟台经济技术开发区人民法院认为，被告人苗锦斗猥亵儿童，其行为已经构成猥亵儿童罪。被告人苗锦斗自首，自愿认罪认罚，对被害人进行补偿并取得亲属谅解，可从轻处罚。据此，法院判处被告人有期徒刑二年。

以上两个案例的法定刑均在五年以下有期徒刑，通过对以上两个案例的量刑情节进行梳理（见表2），笔者发现：案例1有"一重三轻"四个量刑情节，案例2仅三个"轻"量刑情节。对比之下，案例1比案例2的处罚理应更重，原因不仅在于案例1比案例2多一个从重处罚情节，而且案例2对被害人进行补偿还取得了被害人家属的谅解，而案例1仅是进行了赔礼道歉。但是两个法院的判决结果大相径庭，案例1仅判处拘役四个月，案例2判处有期徒刑二年，相差居然有一年六个月，反映了认罪认罚从宽制度的适用下不同法院量刑标准的不统一。

---

① （2021）云0722刑初363号。
② （2021）鲁0691刑初50号。

表2 量刑情节适用表

序号	案例1		案例2	
	从轻或减轻处罚情节	从重处罚情节	从轻或减轻处罚情节	从重处罚情节
1	被告人具有自首情节，可以从轻或者减轻处罚	被告人对不满十二周岁的留守儿童实施猥亵，应酌情从重处罚	被告人具有自首情节，可以从轻或者减轻处罚	无
2	被告人认罪认罚，可以依法从宽处理	—	被告人认罪认罚，可以依法从宽处理	—
3	被告人家属到被害人家中进行了赔礼道歉，可酌情从轻处罚	—	被告人家属对被害人进行补偿并取得亲属谅解，可从轻处罚	—

综上，在现有的认罪认罚从宽制度规范下，法官对于性侵未成年人案件适用认罪认罚从宽制度的是否从宽、怎样从宽、从宽多少尚未统一，从严不够，亟须顶层设计，制定相应的量刑规范，对未成年人进行特殊保护。

三、考量因素：性侵未成年人案件从严适用认罪认罚从宽制度的原因剖析

对性侵未成年人案件从严适用认罪认罚从宽制度，主要基于以下几个方面的因素：

（一）社会因素：刑法具有社会伦理道德基础性，社会伦理道德是性侵未成年人案件适用认罪认罚从宽制度的重要考量因素

古人云："礼之所去，刑之所取，出礼则入刑，相为表里。"一语点明了刑法的伦理道德基础。从古至今，无论社会怎么演变，理论如何变迁，都无法否认这一现实：刑法立法和刑法适用都在一定程度上要面对来自基于社会伦理道德的挑战。① 例如，最近几年发生的"辱母案""昆山反杀案""涞源反杀案"等，均是受到来自社会伦理道德秩序的压力，最终正当防卫条款被重新激活。认罪认罚从宽制度的适用理所应当，也会受到案件中社会伦理道德因素的影响。案件中的社会伦理道德因素越强，认罪认罚从宽制度适用应越谨慎越严格。任何一项改革都必须照顾到人们的心理承受能力，顺应现阶段人们的平均价值观念。② 笔者认为，可从公众容忍程度、行为受谴责和排斥程度分析得出，性侵未成年人案件具有很强的社会伦理道德因素，应从严适用认罪认罚从宽制度。

---

① 时延安：《刑法的伦理道德基础》，载《中国刑事法杂志》2019年第3期。
② 杨会新：《"被害人保护"与"刑罚轻缓化"：刑事和解不能承受之重》，载《法律科学（西北政法大学学报）》2011年第6期。

1. 性侵未成年人案件公众容忍程度低。刑法规范的设计和适用，基本上就是和"容忍规则"联系在一起的。① 刑法给予否定性评价的犯罪行为，肯定是超出了公众的容忍程度。公众容忍程度越低的案件，认罪认罚从宽制度越应严格把握，正如《指导意见》中规定"从严把握"和"不予从宽"的情形，均是公众容忍程度很低的严重刑事犯罪。随着性侵未成年人的案例和数据不断增长和现代传媒的传播速度，人们对于性侵害未成年人的犯罪日渐憎恶，容忍度越来越低，并成为要求严惩性侵未成年人犯罪的深厚社会意识根源。

2. 性侵未成年人案件受谴责程度高。违反刑法规范的行为人，肯定是受到谴责的，受谴责的程度越高，说明行为人的人身危险性越大，人身危险性越大，公众对其刑罚的严厉性期待就越高。性侵未成年人案件的行为人将罪恶的黑手伸向极其弱小的未成年人，对其成长和心理都将产生不可估量的影响，与其他犯罪行为类型相比，行为人的人身危险性相对较高，受谴责程度也较高。

3. 性侵未成年人案件受排斥程度大。谴责带来的直接效果就是排斥，排斥程度的大小在刑法中的体现就是刑罚的轻重。对于人民排斥程度大的犯罪行为，国家设定的刑罚相应就会越重。如前所述，对未成年人的法律保护越来越严密，对性侵未成年人的刑罚越来越严格，体现人民对性侵未成年人的犯罪行为排斥程度越来越大。

（二）法理基础：性侵未成年人案件应以"正义优于效率"作为价值取向

认罪认罚从宽制度的设计兼顾正义与效率，但是当正义和效率发生价值冲突时如何取舍成为难题。陈卫东教授认为：认罪认罚制度改革的核心价值取向是"公正为本，效率优先"。② 左卫民教授则认为应当对一味追求效率价值的现状进行反思，在追求效率的同时更要注重实现案件审理的正义。③ 笔者认为，在性侵未成年人案件中，应将司法的天平向正义倾斜，将正义作为该类案件的主要价值追求，从严把握认罪认罚从宽制度的适用问题，其原因主要体现在：

1. 对被害人权益的侵害性更为严重。对于被告人而言，认罪认罚从宽制度的适用是与司法机关的等价交换，虽然放弃了部分权利，促进司法办案效率，但也从中获利，换取了从宽处理。然而这一交易并未使被害方受益，《刑事诉讼法》与《指导意见》对认罪认罚从宽制度的规定，虽就被害人权利给予了一定程度的关照，但却力度不足而弹性过剩。④ 正义必须是被告人、被害人、社会三主体兼顾的正义，缺乏被害人参与或损害其权利的制度，无论在追诉犯罪上多么有效，也很难视为公正或正义。在美国，在有被害人的案件中，检察官在依法作出重大决定，包括达成答辩协议时，应通知被害人并征求其意见。若被害人强烈反对答辩协议之内容，法

---

① 时延安：《刑法的伦理道德基础》，载《中国刑事法杂志》2019年第3期。
② 陈卫东：《认罪认罚从宽制度研究》，载《中国法学》2016年第2期。
③ 左卫民：《认罪认罚何以从宽：误区与正解——反思效率优先的改革主张》，载《法学研究》2017年第3期。
④ 王静：《认罪认罚从宽制度中的被害人权利保障》，载《华东政法大学学报》2021年第4期。

院必须允许被害人出庭并当庭发表其反对意见。① 性侵未成年人犯罪，其侵害对象是正处于成长阶段的未成年人，侵害行为不仅给其身体健康带来严重损伤，还给其心理带来难以估量的伤害，甚至有的未成年人遭遇性侵后，因未能得到很好的心理疏导和安置而轻生，造成难以挽回的悲剧。因此，性侵未成年人案件与其他刑事案件相比，应充分尊重被害方的意见方能凸显公正。

2. 侵害的法益具有不可恢复性。认罪认罚从宽制度是"放弃审判制度"大家族中的一员，它与刑事诉讼"第四范式"同频共振。② 它借鉴了国外的辩诉交易、认罪协商等诉讼制度的一些合理因素，将对被害人的赔偿、取得被害人的谅解作为考量因素，相较于自首、坦白等量刑情节，具有更强烈的恢复性司法色彩。然而认罪认罚从宽制度并非绝对适用，对于受损法益可以完全得以修复的罪名予以适用并无障碍，如盗窃罪，被告人的退赃退赔以及取得被害人的谅解，使得被害人的占有权这一法益能够得以完全恢复，对其从宽处罚并无不益；但对于严重暴力犯罪绝不会因犯罪人的赔偿道歉就会抹去其对社会的侵害与威胁，重大人身伤害的法益不可恢复，应进行从严控制。同理，性侵未成年人犯罪会造成未成年人的身体和心理的双重打击，其后果可能辐射到被害人的性格养成、人生价值观等方方面面，具有不可修复性，从严适用认罪认罚从宽制度才能显示司法公正。

（三）心理层面：某些性侵未成年人的被告人具有心理疾病，人身危险性很高

研究表明，实施性侵未成年人的作案人存在着明显的性倒错、恋童癖、儿童性骚扰、儿童性虐待等倾向。③ 在200件分析样本中，有不少案件的被害人不止一人，甚至被侵害的时间长达多年；5件猥亵儿童案件的被害人还是多名男童，虽然法院并未对该类案件的被告人进行心理健康方面的司法鉴定，但从理论上不能排除这些被告人具有一定的恋童倾向。如果基于恋童倾向而性侵未成年人的被告人，其人身危险性会更大，正如具有国际精神治疗领域权威吉恩路阿贝尔表示，如果没有外力干预，有恋童癖的人一生中会多次侵犯孩子，少则20多次，多则200多次。④ 在社会评价中，有恋童癖的人侵犯孩子应受到法律严惩，以保障社会稳定。

（四）制度衔接：性侵未成年人认罪认罚案件应加速与刑事法律的制度衔接

近年来，在若干社会瞩目的恶性案件及经由媒体传播产生的轰动效应推动下，人们对性侵未成人犯罪的严惩期待越来越强，立法和司法政策也随之作出调整，呈

---

① ［美］伯恩敬：《"交易"还是"协议"——一个美国检察官眼中的辩诉交易》，载《法学》2008年第7期。
② 熊秋红：《比较法视野下的认罪认罚从宽制度——兼论刑事诉讼的"第四范式"》，载最高人民法院刑事审判第一、二、三、四、五庭编：《刑事审判参考》（总第127辑），人民法院出版社2021年版，第200页。
③ ［英］布莱克本：《犯罪行为心理学：理论、研究和实践》，中国轻工业出版社2000年版，第237页~255页。转引自贺小芳：《性侵害未成年人的犯罪原因及对策分析》，载《牡丹江大学学报》2018年第3期。
④ 李鹏：《行走在病与罪中的"恋童癖"》，载《北京科技报》2014年10月20日。

现出不断织密对未成年人的保护网、加大对性侵犯罪惩处力度的鲜明导向。2013 年最高人民法院、最高人民检察院、公安部、司法部出台《关于依法惩治性侵害未成年人犯罪的意见》，突出体现对性侵害犯罪分子的依法严惩，为保护未成年人权益架起一道不容任何不法犯罪分子触碰、逾越的高压线。2015 年《刑法修正案（九）》废除嫖宿幼女罪，将猥亵犯罪扩大保护范围，并增设"有其他恶劣情节"的加重处罚条款；2020 年，随着《未成年人保护法》的修订，《刑法修正案（十一）》将"奸淫不满 10 周岁的幼女或者造成幼女伤害的"增设为加重处罚条款；增设负有照护职责人员性侵罪；增设多种猥亵儿童罪的加重处罚情节，一一体现出我国法律对性侵未成年人犯罪的严惩政策。在《刑法》等规范对性侵未成年人犯罪越来越严的背景下，认罪认罚从宽制度作为后来者应保持一致，注意与以上法律的衔接，在进行制度构建、立法规范时作出特殊回应，从严把握这一特殊领域的适用。

四、规则构建：性侵未成年人认罪认罚案件的"从严"设计

目前，有关认罪认罚从宽制度的规范文件对于实体从宽以及量刑的规定都过于粗糙，导致实践适用过于随意，我国亟待制定一部专门的"认罪认罚从宽案件量刑指南"。其他国家和地区的做法可资借鉴，如英国除专门制定有《关于认罪的量刑减让》之外，还规定有很多特殊犯罪领域的量刑指南，其中就包括《量刑基本原则——袭击和残忍对待儿童犯罪的量刑指南》《性犯罪的量刑指南》。① 本文在确定性侵未成年人犯罪从严适用认罪认罚从宽制度的前提下，在对从宽范围进行"瘦身"的基础上，对实体从宽进行精细的量刑原则与幅度设计，以期对我国制定专门的认罪认罚从宽制度量刑指南起到抛砖引玉的作用。

（一）是否从宽：延伸"不予从宽"的适用范围

认罪认罚是从宽处理的必要条件，但并非充分条件。《指导意见》第 8 条规定："对犯罪性质和危害后果特别严重、犯罪手段特别残忍、社会影响特别恶劣的犯罪嫌疑人、被告人，认罪认罚不足以从轻处罚的，依法不予以从宽处罚。"该条框定了不适用认罪认罚从宽制度的范围，但第 5 条又同时规定"犯罪嫌疑人、被告人认罪认罚后是否从宽，由司法机关根据案件具体情况决定"，为延伸设置性侵未成年人犯罪"不予从宽"范围提供了法律依据。笔者认为，出于对未成年人的特殊保护，除第 8 条规定情形外，从严适用认罪认罚从宽制度还可从以下情节因素予以限定：

1. 人身危险性较大的不予从宽。人身危险性即"犯罪主体本身对于社会的潜在威胁和再次犯罪的危险程度"②，是行为人对社会、对他人的危险状态。一般来说，

---

① 李玉萍：《英国量刑委员会和量刑指南》，载《人民法院报》2012 年 8 月 17 日。
② 张明楷：《刑法学》，法律出版社 1997 年版，第 51 页。

对人身危险性可从被告人是否有前科、是否累犯、犯罪手段是否残忍、主观恶性大小等方面进行评估。对于性侵未成年人的犯罪嫌疑人、被告人，具体可从以下几方面认定人身危险性较大：（1）前科是严重危害国家安全、公共安全犯罪、严重暴力犯罪或者性侵类犯罪；（2）性侵对象为多人或者多次；（3）性侵的行为时间持续很长；（4）强奸的对象年龄太小，为6岁以下。对于人身危险性较大的性侵未成年人的犯罪嫌疑人、被告人，即便其认罪认罚，也不予以从宽，体现从严适用的根本宗旨。

2. 未取得被害方谅解的不予从宽。根据我国刑事司法的基本经验，仅仅重视被告人的自愿认罪和宽大处理，而无视被害人的诉讼请求和实体权益，这是根本行不通的。[①] 被害人在认罪认罚从宽制度中的参与殊为重要，其不仅构成程序适用与从宽处理的正当性依据，更是纠纷解决、社会关系恢复之基础与核心。[②] 虽然《指导意见》中规定有被害方的权益保障，但对于性侵未成年人的案件来说，应以更严格的标准适用。在性侵未成年人的案件中，被害方在适用认罪认罚从宽制度所处的地位更为重要，应将犯罪嫌疑人、被告人退赔、被害方谅解与"是否从宽"直接挂钩，对于只是认罪悔罪、愿意接受刑罚处罚，而不予以赔礼道歉或者经济赔偿，未取得被害方谅解的，一律不予从宽处罚。

3. 二审阶段才认罪认罚的不予从宽。《指导意见》中规定："认罪认罚从宽制度贯穿于刑事诉讼全过程，适用于侦查、起诉、审判各个阶段。"对于这一规定，存在一定的模糊性，其只将侦查、起诉、审判不同适用主体的三阶段予以明确，却未将法院的一审、二审、再审程序是否贯穿适用进行说明，给法官的自由裁量造成一定的困扰。实践中，在二审阶段才认罪认罚的情况下，一般均予以从宽处理，但也有以各种理由不予适用的情形：有的认为认罪认罚从宽制度的直接目的是提高效率，如果在二审程序适用该制度会导致与这一目的相违背；[③] 有的认为二审案件认罪认罚应具有推翻一审判决的价值，不能满足的，应拒绝对其从宽处罚；有的认为认罪认罚必须是真诚悔罪，二审阶段的功利性认罪认罚将无法获得从宽处罚。[④] 对于性侵未成年人犯罪案件，被告人到了二审阶段才认罪认罚，认罪悔罪态度将大打折扣，对于查清犯罪事实助益很小，并未起到节约司法资源目的，立足于从严掌握角度，应不予从宽处罚。

（二）如何从宽：制定"适当从宽"的量刑规则

在框定"不予从宽"的范围后，对于可以从宽的性侵未成年人案件，也要坚持

[①] 陈瑞华：《"认罪认罚从宽"改革的理论反思——基于刑事速裁程序运行经验的考察》，载《当代法学》2016年第4期。
[②] 王静：《认罪认罚从宽制度中的被害人权利保障》，载《华东政法大学学报》2021年第4期。
[③] 黄绍伟：《二审程序能否适用认罪认罚从宽制度》，载《法制与社会》2020年第8期。
[④] 刘少军：《二审认罪认罚案件如何从宽》，载《中国刑事法杂志》2021年第4期。

严格责任理念,对犯罪嫌疑人、被告人适当从宽,即便被告人系未成年人也不例外。

1. 性侵未成年人案件要在裁判文书中体现认罪认罚予以从宽的明确表述。裁判文书是整个司法工作流水线上的最终产品,是人民法院司法公开、增强裁判透明度、维护法律权威和司法公信力的有效方式。性侵未成年人认罪认罚案件必须将"如何从宽"在裁判文书中予以体现,方能展现人民法院适用认罪认罚从宽制度的量刑规则,主要基于以下三方面原因:

一是认罪认罚是法定的量刑情节。认罪认罚与自首、坦白一样,都是法定从宽情节。在量刑规范里具有相同的地位,都作为"一般量刑情节"调解基准刑。不同的是自首、坦白均是实体从宽情节,规定在《刑法》实体法中,而认罪认罚兼具实体从宽与程序从宽双重属性,规定在《刑事诉讼法》程序法中。

二是认罪认罚是独立的量刑情节。认罪认罚作为一种新的量刑情节,在本质上是通过被告人与国家的合作,以简化程序作为代价而换取从宽处罚的权利,作为一个合作型司法和犯罪治理模式的重大变革,其具有独立的立法价值,也是一种独立的量刑情节。① 因此,认罪认罚从宽制度的适用,在裁判文书中应与其他从宽量刑情节区别开来。

三是性侵未成年人案件适用认罪认罚从宽制度在裁判文书中明确表述,才能让被害方真正体会到"看得见的正义"。性侵未成年人案件适用认罪认罚从宽制度要给予被害方充分的参与权,在性侵未成年人案件的裁判文书中对认罪认罚量刑情节予以充分、明确、单独的表述,展现公开、透明、清晰的量刑适用规则。

2. 性侵未成年人案件必须判处实刑。性侵未成年人的案件类型中,除引诱、容留、介绍卖淫罪有判处管制的规定外,其他几类罪名的刑罚均无管制、单处罚金等规定,所以性侵未成年人案件适用非监禁刑的可能除了管制,就是判处缓刑。另外还有免于刑事处罚的情形。笔者的观点是对于性侵未成年人这一特殊领域案件,即便适用认罪认罚从宽制度,也不应判处管制、缓刑或者免于刑事处罚,应当判处实刑。理由如下:

一是性侵未成年人犯罪不具备适用管制、缓刑的现实条件。由于公众对性侵未成年的犯罪行为人容忍度很低,会产生强烈排斥心理,如对其判处管制、缓刑可能会引起所在社区居民的恐慌和不安全感,很难开展社区矫正活动。另外,《刑法》第 72 条规定:"对于被判处拘役、三年以下有期徒刑的犯罪分子,同时符合下列条件的可以宣告缓刑:(一)犯罪情节较轻;(二)有悔罪表现;(三)没有再犯罪的危险;(四)宣告缓刑对所居住社区没有重大不良影响。"第 3 项和第 4 项的判断具有主观性,很难量化、客观化体现,对于性侵未成年人案件不能承担此类不确定性的风险。因此,性侵未成年人认罪认罚案件应从严把握,不能适用缓刑。

二是性侵未成年人犯罪不能构成"犯罪情节轻微"。《刑法》第 37 条规定:"对

---

① 李勇:《从认罪认罚独立性把握"禁止重复评价"》,载《检察日报》2021 年 8 月 4 日。

于犯罪情节轻微不需要判处刑罚的，可以免予刑事处罚。"性侵未成年人犯罪针对的是弱小儿童，并且是性权利的侵害，大部分是女性弱势群体，行为人的主观恶性和人身危险性相对于其他一般性犯罪明显偏大，不属于"犯罪情节轻微"情形，不能免予刑事处罚。

3. 性侵未成年人案件要严把"减轻"处罚关。《刑法》关于"减轻"处罚的量刑情节分为"应当减轻"和"可以减轻"两种情况。认罪认罚的性侵未成年人犯罪不可突破法律规定，对于具有"应当减轻"量刑情节的案件必须减轻。《刑法》中"可以减轻"的量刑情节包括：（1）已满75周岁的人故意犯罪的；（2）尚未完全丧失辨认或控制自己行为能力的精神病人犯罪的；（3）又聋又哑的人或者盲人犯罪的；（4）防卫过当和紧急避险的；（5）犯罪预备；（6）犯罪未遂的；（7）被教唆的人没有犯被教唆的罪的教唆犯；（8）自首与避免特别严重结果发生的坦白；（9）立功。对于行为人具有"可以减轻"情节，在认罪认罚情况下，要严格适用，予以区分：

前三种量刑情节，犯罪行为人均系特殊群体：老年人、精神病人和残疾人，在无其他特殊情况下，在认罪认罚的性侵未成年人案件中也可以减轻，符合特殊群体犯罪自身的心理、生理特点，体现出刑法的人道主义精神，有利于促进社会和谐稳定。

第四种量刑情节没有存在空间，性侵未成年人犯罪不具有实施防卫和紧急避险的正当性。

第五种和第七种量刑情节为犯罪预备和教唆犯，这两种情形中的犯罪行为均未着手实施，也未对未成年人造成任何伤害，没有产生实质性的犯罪后果，在认罪认罚的性侵未成年人案件中可以对行为人减轻处罚。

第六种量刑情节为犯罪未遂，在性侵未成年人的犯罪类型中，构成犯罪未遂的主要是强奸罪，其他罪名犯罪未遂的情况较少。由于犯罪未遂的犯罪行为已经实施，只是由于意志以外的原因未能得逞，但已经对被害未成年人造成身心伤害，不应予以减轻处罚。

第八种和第九种量刑情节为自首、特别坦白和立功的情形，如已犯罪既遂，已经对未成年被害人造成实质伤害，自首、坦白或立功均是事后行为，对于性侵未成年人案件而言，即便认罪认罚也不可以减轻处罚。

综上，犯罪未遂、自首、特别坦白和立功四种犯罪情节无须减轻处罚。需要特别说明的是，如行为人同时具有以上的两种或多种量刑情节情况下，可以对其减轻处罚。

4. 性侵未成年人的从宽幅度要严格把握。认罪认罚案件，从宽幅度要与被告人的认罪阶段早晚、认罪认罚的主动性、稳定性、彻底性相关联，体现出一定的差异。在性侵未成年人案件中不仅体现出差异，而且要严格把握：从宽幅度在侦查阶段大于检察阶段，检察阶段大于一审阶段，二审不再适用从宽；主动认罪认罚大于被动认罪认罚，而且要谨慎劝导行为人认罪认罚，不愿认罪认罚的不适用该制度；对于翻供后又认罪认罚的，压低从宽幅度，反复翻供的，如无其他法定或酌定从轻或减轻情节，可不适用从宽处罚。

（三）从宽多少：量刑幅度的精细设计

2021年的《最高人民法院、最高人民检察院关于常见犯罪的量刑指导意见（试行）》（以下简称《量刑指导意见》）在常见量刑情节的适用一章中，增加了被告人认罪认罚案件的量刑幅度规定，前半部分是"基础版"规定，即"对于被告人认罪认罚的，综合考虑犯罪的性质、罪行的轻重、认罪认罚的阶段、程度、价值、悔罪表现等情况，可以减少基准刑的30%以下"；后半部分是"升级版"规定，即"具有自首、重大坦白、退赃退赔、赔偿谅解、刑事和解等情节的，可以减少基准刑的60%以下，犯罪较轻的，可以减少基准刑的60%以上或者依法免除处罚"。同时规定"认罪认罚与自首、坦白、当庭自愿认罪、退赃退赔、赔偿谅解、刑事和解、羁押期间表现好等量刑情节不作重复评价"。但意见仍然过于原则性。为此，笔者通过对性侵未成年人认罪认罚案件的从宽幅度进行分层、细化，先确定"基础版"认罪认罚从宽幅度，再在此基础上与其他从宽量刑情节进行叠加确定"升级版"认罪认罚案件从宽幅度，以期解决认罪认罚从宽量刑适用难题。

1. "基础版"细化：从宽幅度采用由高到低递减式。根据2021年《量刑指导意见》规定，影响"基础版"认罪认罚从宽幅度的为：犯罪的性质、罪行的轻重、认罪认罚的阶段、程度、价值、悔罪表现等情况。"犯罪的性质"与行为人所犯罪名有关，性侵未成年人案件属于社会影响恶劣、社会敏感性很大以及公众关注度高的案件罪名，在认罪认罚从宽幅度设计上要体现从严。"罪行的轻重"主要涉及刑罚档次问题，所犯罪行适用刑罚档次越高，行为人的主观恶性、人身危险性和社会危害性就越大，适用认罪认罚从宽制度就应越严格，性侵未成年人更应如此，比一般犯罪从宽幅度更要从严把握。"认罪认罚的阶段、程度、价值和悔罪表现等情况"是与被告人的认罪阶段早晚、主动性、是否有翻供等情节紧密相关。根据以上分析，对"基础版"认罪认罚情节作如下由高到低的层级设计：

（1）"犯罪性质+认罪的早晚"确定从宽最高层级：认罪的早晚关乎司法资源的投入，根据2021年《量刑指导意见》规定，认罪认罚的可以减少基准刑的30%以下，很多地方法院均采用"321"阶梯式量刑从宽模式，[①] 本文基于性侵未成年人的案件性质给予相应的减让，即将侦查阶段从宽幅度设置为25%，审查起诉阶段为15%，审判阶段为10%。这是"基础版"认罪认罚情节适用的最高幅度，其他"基础版"认罪认罚情节在此基础上进行向下调节。

（2）"认罪被动"递减：行为人认罪认罚的主动性一定程度上反映了行为人的认罪悔罪态度，为了鼓励行为人认罪悔罪的积极性、主动性，对于认罪认罚表现被

---

① 宋一心、李晨：《"认罪越早，从宽越多"量刑理念的实例应用及价值探究》，载《法律适用》2019年第22期。

动的行为人给予从宽幅度的递减,减少5%的幅度,即侦查阶段为20%,审查起诉阶段为10%,审判阶段为5%。

(3)"罪行轻重"递减:性侵未成年人犯罪一般只有两档刑罚,第一档的从宽幅度即最高层级,第二档的从宽幅度要减少5%,即侦查阶段减少20%,审查起诉阶段减少10%,审判阶段减少5%。

需要注意的是,当行为人所犯罪行适用第二档刑罚,又同时具有认罪被动情节的情况下,就要叠加减让适用,即侦查阶段减少15%;审查起诉阶段减少5%;审判阶段适当减少,但不得超过5%,适当从宽。

(4)"翻供"打回原形:分为两种情况,一种是翻供后始终不认罪的,不得从宽处罚;一种是翻供后在一审判决之前又认罪的,则以其最后认罪的阶段来适用以上从宽幅度。

2."升级版"细化:从宽幅度采用由低到高叠加式。2019年《量刑指导意见》中明确规定,"认罪认罚与自首、坦白不作重复评价"。2021年《量刑指导意见》将"不作重复评价"范围扩大至"自首、坦白、当庭自愿认罪、退赃退赔、赔偿谅解、刑事和解、羁押期间表现好等量刑情节"。要对认罪认罚从宽"升级版"细化,必须先要解决对"不作重复评价"的理解问题。认罪认罚中的"认罪"与自首、坦白中的"如实供述自己的罪行"具有相同的含义,换言之,认罪认罚与自首、坦白在"如实供述自己的罪行"的范围内具有交叉、重合。① 当庭自愿认罪与"认罪"完全重合。因此,对于同时具有认罪认罚和自首、坦白和当庭自愿认罪的情节的,在量刑上对于"认罪"的重合部分不得重复减让量刑幅度。2021年《量刑指导意见》规定:"认罚"考察的重点是犯罪嫌疑人、被告人的悔罪态度和悔罪表现,应当结合退赃退赔、赔偿损失、赔礼道歉等因素考量。因此,认罪认罚与退赃退赔、赔偿谅解、刑事和解、羁押期间表现好等量刑情节在"认罚"部分也存在交叉、重合,在量刑上对于"认罚"的重复部分不得重复减让量刑幅度。当认罪认罚案件中,同时存在"认罪"和"认罚"其他量刑情节时,都不得重复减让量刑。

如上分析,因认罪认罚从宽量刑情节与其他从宽量刑情节会发生交叉、重合的现象,因此在性侵未成年人认罪认罚从宽案件中进行量刑减让时,在从严把握前提下,具体操作规范为:以"基础版"认罪认罚从宽幅度作为"地基",结合2021年《量刑指导意见》各种从宽量刑情节从宽幅度规定,对超出认罪认罚从宽情节的部分进行叠加,以确定最终的从宽量刑幅度。下面针对"不作重复评价"的七种从宽情节,在性侵未成年人认罪认罚案件中作如下设计:

(1)自首:相比于"认罪"而言,自首还有"主动投案"的从宽情节,应进行叠加减让。在2021年《量刑指导意见》规定中,认罪认罚从宽幅度为30%以下,自首情节的从宽幅度最低档为40%以下,最高档可免予刑事处罚,性侵未成年人从

---

① 李勇:《从认罪认罚独立性把握"禁止重复评价"》,载《检察日报》2021年8月4日。

严掌握,可在性侵未成年人"基础版"认罪认罚从宽幅度上叠加减少基准刑的10%。

(2) 坦白:对于普通坦白情节,与认罪认罚从宽情节完全重合,无须叠加。对于被告人有重大坦白情节的,比"认罪"多"避免特别严重后果发生"的情节,应予以叠加,2021年《量刑指导意见》规定为30%~50%,性侵未成年人案件可叠加减少基准刑的5%~10%。

(3) 当庭自愿认罪:与认罪认罚从宽情节完全重合,不予叠加。

(4) 退赃退赔:在性侵未成年人案件中不存在此类量刑情节。

(5) 赔偿谅解:2021年《量刑指导意见》中规定,赔偿和谅解并不是认罪认罚从宽处罚的必要条件,因此,当被告人具有赔偿谅解的从宽情节时,可以予以叠加。2021年《量刑指导意见》规定既赔偿又谅解的最高可减少40%,由于性侵未成年人案件对被害人伤害的特殊性和不可恢复性,要严格叠加幅度5%。

(6) 刑事和解:同赔偿谅解一样,刑事和解与否并不影响认罪认罚从宽处罚的适用,也可以叠加减让幅度。关于性侵未成年人案件是否可以刑事和解的问题,无论是理论界还是实务界都存在很大争议。本文在假定可以适用的前提下进行设计。2021年《量刑指导意见》规定,刑事和解最低档从宽幅度为50%以下,最高可免于刑事处罚。性侵未成年人案件要从严把握,可在"基础版"认罪认罚从宽情节基础上叠加减少20%。

(7) 羁押期间表现好:系"认罚"情节,体现被告人良好的悔罪表现和态度,不予叠加。特别说明的是,除认罪认罚外,具有两种以上可以叠加的从宽量刑情节的,直接相加叠加减让,但不得突破2021年《量刑指导意见》规定的60%。

结 语

今天的认罪认罚从宽制度还有待完善,在其不断成长过程中我们应像胡云腾大法官所期待的那样坚持量力而行,逐步推进,不是越多越好,也不是越少越好,而是越公正越高效越好。性侵未成年人认罪认罚案件的从严适用,就是在保证高效的同时追求最大的公正。求木之长者,必固其根本;欲流之远者,必浚其泉源。认罪认罚从宽制度要想走得更远更顺畅,规范的顶层设计须再深再细,本文虽无睿思卓识、宏论妙谛,但期为司法实务工作者排疑释结、解惑辩难,以达抽钉拔楔,清源正本之目的。

院庭长类案监督的实践困境与完善路径

——以信息传递为视角

江西省鹰潭市中级人民法院 孔梦娜

最高人民法院2021年印发《关于进一步完善"四类案件"监督管理工作机制的指导意见》（以下简称《"四类案件"监管指导意见》）规定了"类案冲突"案件类型，明确了院庭长类案监督职责，赋予院庭长对类案广泛指导监督权限，通过对院庭长赋权方式统一法律适用。类案监督应是系统性、全过程的监督，然而《"四类案件"监管指导意见》对院庭长如何进行类案监督缺乏具体操作细节。个案监督主要纠正的是个别正义，而类案监督试图去发现和解决带有共性、普遍性的问题，实现普遍正义，类案若脱离监督，容易引发"同案不同判"风险，影响审判质效和司法公信力。本文从信息传递角度，分析院庭长类案监督的实践困境，剖析类案监督无序产生的原因并提出修正路径，以期为实践中院庭长类案监督机制构建提供借鉴。

一、审视院庭长类案监督的现实困境

以所涉法律关系、案由等不同标准，同一类型的案例可组合成一个案例类别。除了"初现"案件和"新颖"案件外，常规案件都可以被纳入到某一类别之中，故法院大量案件都属于类案。全部纳入监督并不可能、也无必要，《"四类案件"监管指导意见》将"类案冲突"案件纳入院庭长监督范围，然而实际监督情况并不理想。

（一）类案监督"遇冷"

根据"组织化行权、全程留痕"原则，院庭长对类案监督应通过办案平台全程留痕。如图1所示，自2019年10月J全省法院开始运行"四类案件"事中监管平台以来，Y市两级法院在平台中标注的"类案冲突"案件数相当之少。其中，Y市中级人民法院每年"类案冲突"案件数均为零、三个基层人民法院案件数也仅为个位数，这与"四类案件"总数及逐年大幅度增长的受案数大相径庭，着实难以让人信服。以2021年为例，Y市两级法院因"适用法律错误"被发回、改判、再审的案件有 18 件,而该年度标注的"类案冲突"案件仅为 9 件,可进一步印证,实践中许多"类案冲突"案件脱离了院庭长监督。

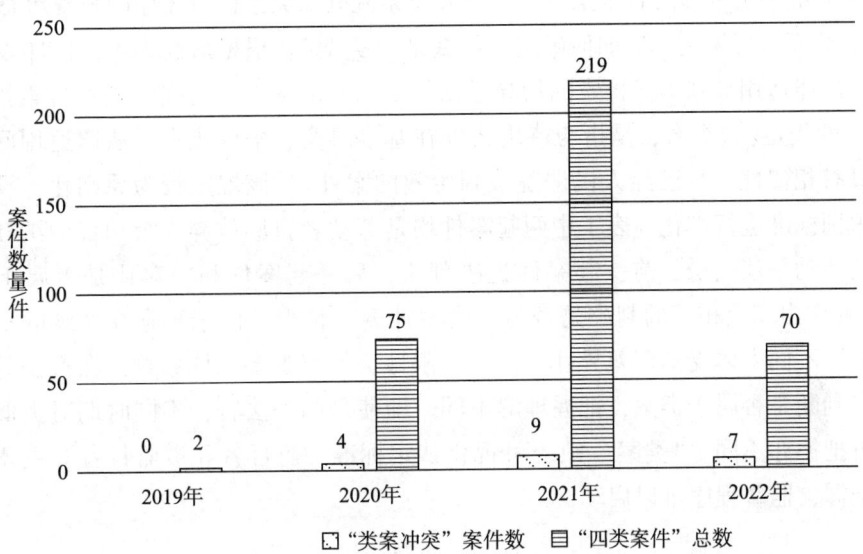

图 1　Y 市法院被纳入监督的"类案冲突"案件数

从 J 省法院 2021 年第一季度"四类案件"监管平台应用总体情况看,在平台中标注的"类案冲突"案件占"四类案件"占比非常小,仅为 4.85%。客观上,"类案冲突"案件的确没有"疑难复杂"案件和"涉群体性"案件那么多,当然也不乏主观原因,一些"类案冲突"案件并没有被发掘标注纳入监管中。与"疑难复杂"和"涉群体性"个案监督不断强化相比,"类案冲突"案件监督似乎"遇冷"。(见图 2)

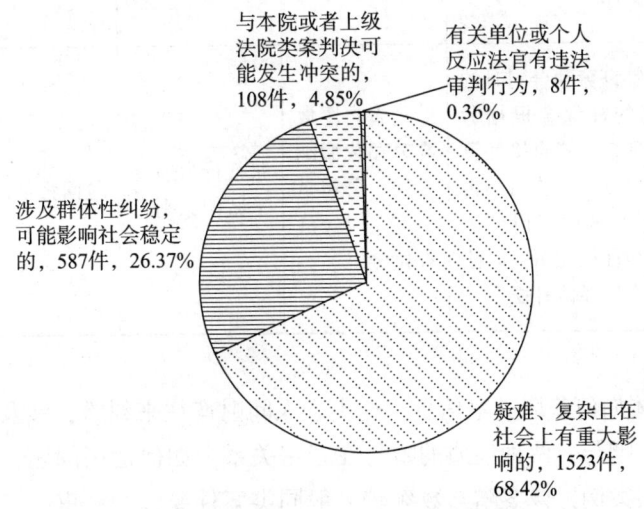

图 2　J 省法院 2021 年第一季度平台应用情况

(二) 类案监督"无序"

从 Y 市法院审理的若干案件中发现和思索院庭长类案监督无序的表现形态。

1. 类案监督识别标准如何确定。什么是"类案"？根据最高人民法院印发《关于统一法律适用加强类案检索的指导意见（试行）》（以下简称《类案检索指导意见》）的规定："类案，是指与待决案件在基本事实、争议焦点、法律适用问题等方面具有相似性，且已经人民法院裁判生效的案件。"该规定较为原则化，没有对类案识别标准进行细化。表 1 中两起案件均是劳动者自愿放弃由公司代缴纳社保而产生的劳动争议纠纷，前一起案件先决判决，后一起案件和之对比是否属于"类案"，其作出完全相反的判决是否为"类案冲突"情形。由于不存在客观的量化标准，基于不同主体受知识差异性、认知局限性、价值观多元性影响，在根据具体案件情况判断是否属于类案，把握理解不同。即使是同一法官，不同时期对类似案件的理解把握亦不同。"类案"缺乏可视化认定标准，监督者和被监督者等主体难以识别把握，监督程序难以启动。

表 1　Y 市法院不同法官先后审理的两起劳动争议纠纷案

基本案情	争议焦点	裁判理由	裁判结果
刘某在与某广告公司签订劳动合同时，自愿签订放弃公司代为其缴纳社保的条款，后刘某生病，医疗费用得不到报销，其认为自己生病的医疗费不能报销是因为公司没有缴纳社保，故而起诉公司承担本应由医保报销的医疗费用	劳动者自愿放弃公司代缴纳社保，公司是否应给予经济补偿	刘某在入职时自愿签署的放弃缴纳社保条款因违反法律的强制性规定而无效	支持刘某诉讼请求，其因为公司没有为其缴纳社保而得不到报销自行支付的医疗费用应当由公司承担
张某在与某公司签订劳动合同时约定"每月应缴纳的社保金根据劳动者个人要求以现金方式直接计算发放到每月工资总额中，公司不再缴纳社保"，张某离职时候以公司没有依法为其缴纳社保为由，向法院起诉要求公司支付经济补偿金	劳动者自愿放弃公司代缴纳社保，公司是否应支付经济补偿金	张某行为违反了诚信原则	驳回张某诉讼请求

2. 监督主体如何获取类案信息。这类恋人间财产往来纠纷，涉及赠与属于无偿赠与还是附条件赠与，两种性质的赠与在亲密关系中如何适用问题，最高人民法院发布过相关典型案例，该案赠与数额较一般同类案件要大，一审、二审合议庭审理中并未进行类案检索，也未向院庭长汇报。（见表2）

表2　Y市法院审理的一起婚约财产纠纷案

基本案情	审级	裁判理由	裁判结果
肖某（男）与艾某（女）相恋两年，期间肖某向艾某转账支付大额钱款200余万元，另还购买了婚纱，为艾某所有的新房进行装修花费100余万元，双方分手后，肖某起诉要求艾某返还300余万元	一审	恋人之间的无偿赠与合法有效，不得撤销，对于赠与财产价值过高的，酌情返还	艾某返还肖某20万元
	二审	恋人间无偿赠与应认定有效，不属于附条件赠与，不认定为彩礼，兼顾公平原则，酌情返还	维持原判
	再审	进一步查清肖某向艾某支付款项用途、去向，明确款项性质认定	艾某返还肖某60万元

一些类案案件本身并不复杂，合议庭审理时不会刻意去进行类案检索或主动向院庭长汇报，案件信息难以进入院庭长视野中。除了明显的疑难、复杂、敏感的"类案"会被院庭长监管，其他隐性属于特定被监督的类案并没有被充分挖掘出来，因为从一开始缺少相应监督，没有被发现的类案将会通过发回、改判、再审案件、长期未结案件、引发舆情案件、涉诉信访案件等形式予以显现。院庭长如何从源头上充分获取类案件信息，成为院庭长类案监督的关键。

3. 监督如何从应然向实然转变。《"四类案件"监管指导意见》要求各级人民法院根据实际情况进一步细化"四类案件"启动程序、监管方式，然而实践中，鲜有法院建立专门的类案识别机制，类案监管指向的具体内容尚不清晰，监督内容与监督方式不配套，监督信息流通不畅，监督者与被监督者之间缺乏反馈互动。如表3中的案例，该案系《民法典》实施后Y市法院审理的首例涉债务加入的案件，其不仅涉及"债务加入"这一新条款适用条件的认定，还涉及《民法典》适用时效问题，一审承办法官发现新案件及时向庭长汇报，但庭长并未作出回应反馈，最终该案因适用法律错误为由，被二审法院改判，案件未得以监管而影响裁判质量。

表3　Y市法院审理的一起民间借贷纠纷案

基本案情	审级	裁判理由	裁判结果
某建筑公司承建某房产建设，因建设资金短缺，房产公司主动为建筑公司牵线向许某借钱融资，建筑公司向许某借款后出具了借条，同时房产公司向许某出具承诺"在建筑公司未将第一笔工程款优先归还许某借款的情况下，由房产公司直接归还"。后许某一直未收到还款，故以房产公司属于债务加入为由，起诉要求建筑公司和房产公司承担连带还款责任	一审	某建筑公司和许某借贷法律关系真实有效，建筑公司应承担还款责任。房产公司不属于债务加入，根据合同相对性，不需要承担还款责任	建筑公司承担还款责任
	二审	房产公司属于债务加入	房产公司和建筑公司承担连带还款责任

（三）监督效果"弱化"

院庭长对于已经标注为"类案冲突"案件的监管亦多流于形式，表现为：日常的调度和指导不多，合议庭发表意见只有简单的同意，未发表实质性意见，在系统操作中除了同意结案外，没有其他的表现。Y市中级人民法院一件在平台中标注为"类案冲突"案件的监督情况，平台上的合议监管仅是简单地上传合议庭笔录；结案时需分管领导发表监管意见，如前所述，监管意见系由书记员在系统里面填写"同意"以便顺利完成结案程序，合议监管、合议、院领导监管、结案均在同一天内完成，监管较为形式化。同时，通过专业法官会议和审判委员会讨论或决定的类案亦有限，未充分发挥专业法官会议案件咨询指导、审判经验总结、类案裁判统一的功能。

二、探究类案监督信息传递不足原因

从院庭长类案监督现状分析，可发现"信息"在监管中发挥不可或缺的作用，并很大程度上决定了监管效果。在司法场域内，信息是不对称的，不同主体对案件的了解各不相同。① 信息不对称导致作为审判主体的法官与作为审判监督者的院庭长之间信息传递与信任的缺失。②

（一）类案信息标准未统一致监督启动受阻

法官在案件办理过程中形成特定的司法知识，"类案"亦属于司法知识。各地

---

① 郭建勇：《区分司法品质：法院、法官与判决》，载《法律适用》2013年第7期。
② 信息传递理论系经济学理论，其基本思想在于通过信息传递解决信息不对称问题。详细理论论述可参见张维迎：《博弈论与信息经济学》，格致出版社2012年版，第19页。

法院对类案识别标准尚未统一，未形成类案知识体系，严重影响了类案监督机制的启动。

1. 形式标准不一致。《"四类案件"监管指导意见》明确了"类案冲突"案件范围，① 各地法院在细化标准上，一定程度上存在扩张。例如，Y 市中级人民法院在此基础上，将"类案冲突"案件细化为"（一）与本院或上级法院已生效类案裁判可能发生冲突的案件；（二）与上级法院的裁判指引、类案处理规则、指导性案例、典型案例、参考案例等裁判结果可能发生冲突的案件；（三）与本院正在审理的其他同系列案件需要统一裁判尺度的案件；（四）新类型案件或在辖区内认识分歧较大，需要统一裁判尺度的案件；（五）法律、法规、司法解释未作规定，或虽有规定但规定不明确，或规定之间存在冲突的案件；（六）审理时处于新法和旧法衔接阶段的案件"。Y 市中级人民法院进一步细化了最高人民法院"类案冲突"案件的情形，但是未采用最高人民法院"近三年"的时间限制。先决判决案例会因新的法律法规、司法解释出台或政策变化等因素而失效，而不是因超过三年而失效，最高人民法院"近三年"的时间限制的合理性有待商榷。且"类案冲突"案件均应进行类案检索，类案检索系类案发现的程序性机制。然而实践中，法官进行类案检索意愿较低，存在规避检索、选择性检索现象，难以从形式上准确发掘类案。

2. 本质标准难把握。是否为类案冲突，关键在于判定两个案件是否为"类案"？类案的本质标准是什么：是指严格意义上完全相同的案件，还是指在主要案情和争议焦点、法律适用等方面具有高度相似性的类型化案件；指同相同案由和类型下任何案件具有相似性的案件，还是同相同案由和类型下重大、疑难、复杂、热点案件具有相似性的案件；指通过演绎三段论推理出具有相似性的案件，还是指通过类比推理在价值权衡、规范目的、法律原则适用方面具有相似性的案件。对于类案本质内涵如何把握，并无定论。无论是承办法官或识别标注主体抑或院庭长，均无特定的类案识别标准。

（二）启动主体信息不对称致监督信息源堵塞

根据《"四类案件"监管指导意见》规定，类案启动为相关主体在办案平台进行识别标注，标注主体有：立案部门、承办审判组织、院庭长、审判管理、审务督察、新闻宣传等职能部门。然而各识别主体之间对案件信息的把握并不对称，如涉及群体性纠纷可能影响社会稳定的"类案"，尤其是一方或者双方人数较多的案件，在立案之初就能够引起立案人员的注意将其进行标注，对于其他"类案冲突"案件，由于立案人员并不对案件进行实质审查，无法知晓更多案件信息，也不会对案件进行类案检索，大多数类案基本上由承办法官发现并启动标注。院庭长对"类

---

① 《"四类案件"监管指导意见》第 5 条规定："与本院或者上级人民法院的类案裁判可能发生冲突的案件主要包括下列案件：与本院或者上级人民法院近三年类案生效裁判可能发生冲突的；与本院正在审理的类案裁判结果可能发生冲突，有必要统一法律适用的；本院近三年类案生效裁判存在重大法律适用分歧，截至案件审理时仍未解决的。"

案"信息的掌握也非常有限,在承办法官不愿意、不主动去标注和向院庭长汇报案件的情况下,院庭长也难以真正实施监管权。

(三) 信息反馈互动匮乏致监督效力不足

合议庭等审判组织在审判信息结构中总是以独立单元的形式运行,无论是个案的关键节点信息、质量信息以及类案的经验总结信息,都处于相对闭塞的状态,①难以在院庭长和法官之间进行有效信息传递。一方面,合议庭、法官只能从院庭长有限的审判指导活动和审判庭单一的审判管理活动中获取零散的个案质量信息,对类案的经验总结信息和审判整体运行态势信息获取有限;另一方面,院庭长对法官审判信息的知悉、掌握也存在渠道不畅、途径狭窄,获取时间滞后,影响监管效果。当"同案不同判"案件被卷入舆论漩涡成为影响性诉讼,对法院公信力的损害是不可逆,而院庭长作为监管者,对案件信息的事先甄别和监督远比危害发生后再追究相关人员的责任更为重要。加之,司法责任制改革后,部分院庭长不同程度存在不愿管、不敢管、不会管的问题,在法官不主动报告类案信息或有选择性告知的情况下,监管亦多流于形式,法官和院庭长未形成双向反馈互动机制。

(四) 示范信息传递不足致知识再造缺失

在科层系统下的审判监管体系更多在于管控,通过绩效认定来控制审判绩效和质量,而忽略了自身的行为示范作用。院庭长参加合议庭审理或直接承办类案是院庭长对类案进行监督最直接的方式。

表4 2021年J省法院院领导办案情况

办案数(件)	人均结案数(件)	占全省结案总数(%)	办繁案数占比(%)	办简案数占比(%)	开庭审理案件占比(%)
85612	120.8	13.66	3.04	33.92	27.1

如表4所示,J全省法院入额院领导承办案件占总案件比较少,办简单案件仍较多,存在趋易避难式办案,办理疑难复杂案件占比很少,开庭审理案件数亦不多,甚至只是出庭参加庭审,并未实际行使审判权。其中值得关注的是,某市法院院长全年共办理15件案件,均为借款合同纠纷申请执行人申请财产保全的案件。在这种情况下,院领导亲历审理类案的主动性、积极性不言而喻,院庭长没有充分发挥院领导带头办理类案的示范引领作用。加上现处于审判监管体系新旧交替阶段,一些院庭长不适应由个案把关向宏观指导转变,不习惯通过类案指导、典型案例经验总结等方式进行引导,院庭长作为资深法官,未积极主动发挥传帮带作用,对青年法

---

① 孙海龙:《实现审判信息对称——审判管理性质及功能的再认识》,载《人民法院报》2010年8月25日。

官审判知识和技能的传授、指导和迁移运用能力培育不足。青年法官作为办案主力和新生力量，司法认知有限，审判经验缺失，案件定性把握不准确。

三、借鉴类案示范诉讼和类案裁量中的监督机制

院庭长类案监督亦处于起步阶段，各地法院也在探索类案裁量、类案庭审、类案示范诉讼等类案监督模式，从这些探索模式中分析其信息流通方式，为类案监督机制的建立提供借鉴。

（一）群体性纠纷的类案示范诉讼

"示范性诉讼"是指法院在处理涉众型案件或群体性案件的过程中，选取代表性案件予以先行审理和判决，通过发挥示范案例的引领作用，高效处理系列类案的诉讼形式。① 实践中，"示范性诉讼"针对证券市场中大量证券类侵权纠纷、劳动和社会保障领域中拖欠工资和欠缴社会保障等劳动争议纠纷、房地产市场中因商品房预售和租赁等违约行为引起合同纠纷等类案进行类型化化解，② 从该角度看"示范性诉讼"为类案审理实践范本。下列选取长春市中级人民法院、河南省高级人民法院、上海金融法院示范诉讼为样本（见表5），分析院庭长在示范诉讼中参与方式和监督特点。

1. 案件信息的源头把控。三个法院均明确了示范案件和平行案件的定性、选取范围和确定标准，并规定"人民法院可依当事人申请或依职权选取示范案件"，且示范案件的最终确定应由院庭长把控决定，河南省高级人民法院还规定在审判流程管理系统中以显著方式对示范案件和平行案件加注标记纳入监管。示范案件应具有典型性、代表性，院庭长作为业务型领导法官，从源头对示范案件进行把控，充分掌握案件信息，为群体性纠纷的同案同判奠定基础。

表5 各地法院群体性纠纷的类案示范诉讼示例

时间	名称	院庭长参与方式
2020年	《长春市中级人民法院关于证券群体性纠纷案件示范判决机制的工作指引（试行）》	示范案件可以依任何一方当事人的申请或者本院依职权选定。在审理群体性证券纠纷时需要选定示范案件的，合议庭评议后，应层报庭长、院长 合议庭对示范案件评议后，作出示范判决前，可以提交本院民商事专业法官会议讨论，必要时可以提请本院审判委员会讨论决定

---

① 王彦明、于淼、王殳昊：《中国示范诉讼制度的构建——以证券欺诈民事纠纷的应用为例》，载《社会科学战线》2019年第2期。

② 参见吴慧琼、梁春霞：《化解民商事群体性纠纷示范诉讼机制研究——以类型化分析为视角》，载《上海法学研究》集刊2020年第16卷。

（续表）

时间	名称	院庭长参与方式
2021 年	《河南省高级人民法院关于行政案件示范性诉讼的指导意见（试行）》	【示范案件的确定】人民法院可依当事人申请或依职权选取示范案件。立案部门在系列案件立案时应当进行甄别、筛选，选取示范案件。拟确定为示范案件的，报请立案部门主管领导决定 【标记】示范案件和平行案件，应在审判流程管理系统中以显著方式加注标记纳入监管 【示范案件的裁判】示范案件一审形成裁判意见的过程中，必须进行类案检索。合议庭形成裁判意见后，应提交法官会议讨论；案情重大、疑难、复杂，需要提请审判委员会讨论的，依照程序提请审判委员会讨论决定
2022 年	《上海金融法院关于证券纠纷示范判决机制的规定》	示范案件可以以依据任何一方当事人申请或本院依职权选定。群体性证券纠纷示范案件应由合议庭评议后选定，并提交专业法官会议或本院证券业案件法官专业委员会讨论决定 示范案件选定后，合议庭应当及时在审判管理信息系统中进行标识，并登记、录入相关案件审理信息 示范判决作出前，应当提交本院证券业案件法官专业委员会讨论，必要时可以提请审判委员会讨论决定 加强示范案件节点式管理，严格执行案件选定、损失核定、开庭、评议、判决等重要节点的审限管理规定，提高示范案件审判效率

2. 裁判结果的"把脉会诊"。案件裁判需要法官作出价值判断和裁量，过于专业化的视角和信息获取的有限性使法官个人裁量具有局限性。① 院庭长一定程度介入和提示，从更加宏观的角度把握案件反映的本质矛盾，往往有利于作出更优的价值判断。三个法院均规定法官会议或审判委员会对合议庭形成的裁判意见的讨论或决定程序，明确了院庭长对示范诉讼裁判结果进行把控。在示范诉讼的审理中不仅要关注具体争议，还应考虑后续同类纠纷的示范效果和对社会公众的引导作用，② 故类案示范诉讼特殊性决定了法官需要接受院庭长的监管指导，否则对外难以独立承担这类案件的政治、法律以及社会责任。③

---

① 王贺：《构建新型审判监督管理机制的缘由与逻辑》，载《黑龙江省政法管理干部学院学报》2020 年第 15 期。
② 俞惠斌：《示范诉讼的价值再塑与实践考察》，载《北方法学》2009 年第 6 期。
③ 刘新平、赵国军：《理念重塑、权责重整、模式重构：院庭长监督管理"四类案件"对策探究——以 S 法院综合配套改革实践为样本》，载《司法体制综合配套改革中重大风险防范与化解——全国法院第 31 届学术讨论会获奖论文集（上）》，人民法院出版社 2020 年版，第 262 页。

(二) 自由裁量权行使疑难的类案裁量

审判权行使具有裁量性和分散性等特性，是造成"同案不同判"的主要因素之一。有的法院创新机制，出台意见规范法官自由裁量权的行使，进一步统一裁判尺度。笔者选取北京市高级人民法院于 2020 年出台的《关于规范民事案件自由裁量权行使保障裁判尺度统一的工作意见（试行）》（以下简称《北京意见》）为范本，分析自由裁量权行使疑难的类案裁量运行模式。

1. 加强关联类案识别发现。《北京意见》明确类案检索的应用、类案检索方法及范围，要求"民事审判中，法官应注重通过类案检索分析发现自由裁量权行使中存在的裁判尺度不统一问题""以案由、关键词、当事人、法律关系等为要素对类案进行检索"，对类案识别方法提供了初步指引。《北京意见》还从法官的审判工作、院庭长监督等不同角度规定了裁判尺度问题发现机制，打破信息壁垒，从程序监督、审级监督、类案同判方面强化制约监督，确保法官自由裁量权依法公正行使。

2. 形成监督者与被监督者的互动协商。《北京意见》要求法官在案件审理中发现存在自由裁量权行使疑难问题的应主动报请院庭长进行监督指导，院庭长如果发现的应主动标识进行监督并告知承办法官。明确了主审法官和院庭长均具有"自由裁量权行使疑难问题"的发掘启动职权，使得案件信息资源在审判主体与监管主体之间合理分配，有利于民事类案裁判的规范、可控、高效。

四、构建"识别—示范—反馈—评价"四阶双向全流程监督范式

为破除院庭长和法官之间信息不对称格局，通过识别应用、行为示范、双向反馈、联动评价四个模式构建信息传递机制，使监督者与被监督者对类案进行"量"与"质"的双重把握，实现类案信息的收集与再分配，促进关键节点类案信息有效流通，最大化提升类案监督质效。

(一) 识别标准界定："定量""定性"统一类案信息

在信息不对称条件下，任何单一的信息均无法准确定性某一案件是否属于类案。要解决"类案不同判"首先要明确类案标准、类案裁判规范化问题，在严格遵循《类案检索指导意见》《"四类案件"监管指导意见》精神之下，"定量""定性"确定类案识别标准，形成监督前的信息统一化。

1. 构建类案正反双向信息识别标准。世界上不存在完全相同的两个案件，类案实质上是进行相似性判断。判断案件的相似性本质上是法官所担负的一种"论证性责任"。[①]

量上尽可能缩小：判断类案应尽可能地缩小比较范围，首先从"构成要件"相

---

① 孙海波：《重新发现"同案"：构建案件相似性的判断标准》，载《中国法学》2020 年第 6 期。

似上将类案框定在某一法律关系或者案由之下，把比较范围框定在较小范围内。

质上尽可能精准：抓住重点，提炼出能够展现两个案件最核心内容的要素，《类案检索指导意见》将"基本事实、争议焦点、法律适用问题"作为相似性判断的基础，故应以该三大要素作为核心要素论证案件的相似性，进行正向要素式判断和反向排除适用判断。

正向要素式判断主要有三个层次：（1）着眼于提炼关键性事实与争议焦点，提炼案件共通的事实和法律争议，从而进一步限定类案范围；（2）"提取公因式"异同点识别，要在关键事实中继续区分出相同点和不同点，异同点识别过程需要法官进行类比推理，有时需要借助于法感、经验、直觉以及其他形式的判断；（3）价值权衡实质性判断，表面看上去相似的案件实质上并一定是同案，法官需要从规范目的及可能涉及的原则、政策等角度出发获得案件之间实质相似性判断。

在正向要素式判断后，再进行反向排除判断：（1）对比唯一要素的区别，如果指向法律后果的唯一要素不一致，则为非类似案件；（2）案件事实的区别，若关键事实在案件中发挥作用的不同情形，导致案件事实的不同，则非类似案件；（3）法律适用的区别，若关键事实与法律后果之间因果关系不同，则为非类似案件。①

2. 修正类案冲突限缩条件。《"四类案件"监管指导意见》将类案限定为"近三年""类案冲突"案件，以时间限制有利于限缩类案数量，方便实际操作，但也容易引发重大类案脱离监管的风险，故在具体检索场景及"类案冲突"判断中，仍然需要结合实际需要和所涉规范时效性进行准确把握。类案主要是解决法律适用问题，故可将类案细分为"法律适用困难型""法律漏洞型""法律冲突型"类案。对于"法律适用困难型"类案，可梳理案件可能涉及的主要法律规范，以相关法律规范生效适用时间为起始时间，检索类案生效裁判进行比对。如《民法典》生效后有288条实质性改变了已废止的九部民事单行法内容，若类案适用中涉及该288条内容范围，应将2021年1月1日之后生效并适用了《民法典》的生效类案作为比对案例，判断是否存在"类案冲突"情形。由于"法律适用困难型"类案更多地涉及司法政策目标、社会价值导向、民间公序良俗等因素，法官在比对中应关注先决案例中的价值衡量。对于"法律漏洞型"类案，因缺乏法律规则、无法可依，可提取核心要素，提炼关键词进行检索，此类案件对比范围原则上不应受时间限制，但也要注意先决案例所确定的裁判规则无法适用司法现状的情况，这种情形下与之不一致不应认定为"冲突"。对于"法律冲突型"类案，可根据相冲突的法律规范的生效和失效时间确定可参照类案的时间范围，并根据"上位法优于下位法""特别法优于一般法""新法优于旧法"等原则进一步确定是否存在"类案冲突"。

3. 明确类案信息有效认定程序标准。根据"亲历性"特点，法官是类案强制检

---

① 北京市第三中级人民法院课题组安凤德等人：《类案裁判的适法标准和规范机制研究》，载《中国应用法学》2021年第3期。

索的首要启动主体和责任主体。《类案检索意见》要求承办法官在合议庭评审、专业法官会议讨论、提交审判委员会时对类案检索情况进行说明或者报告，具体内容就包括对是否参照类案进行说明。① 这里突出了院庭长作为监督者在连接独任法官、合议庭与专业法官会议或审判委员会的纽带作用，明确院庭长对类案检索应用的监督性程序补正。

作为专业法官会议或者审判委员会主要成员的院庭长，应认真审查承办法官提交的类案检索的说明或者报告，并对类案检索的情况进行评判，肯定或者修正类案检索的结果。一方面，从形式上进行审查，并不是所有案例具有参照价值，检索的案例文本应属于最高人民法院发布的指导性案例、公报案例、典型案例、经典案例以及地方高级法院发布的参阅案例、典型案例、经典案例的裁判文书。另一方面，从内容上进行审查，类案识别选取的参照案例要具有指导性、权威性和评价性。② 这具体表现在：参照案例对某法律问题如何裁判具有代表性和指引性，案例的发布程序显示是正义的，案例的裁判结果是终局生效的，并可起到统一裁判尺度、增强司法公信力的作用。而这些审查评判结果就正式确定了有效参照的类案，在类案认定的实体标准主观性强的前提下，程序标准相对清晰明确，而院庭长的监管发挥不可或缺的作用。

（二）行为信息传递：示范指导促进办案柔性指引

组织中的个体通过对领导行为示范的观察，并调整自身的认知资源对所观察到的行为进行模仿，以此来进行学习，形成行为信息的传递。③ 院庭长的示范作用会对法官群体办案产生重大影响，院庭长应从示范办案、语言框架等构建方面形成促进型信息传递，从而发挥头雁效应，放大监管效能。

1. 示范办案推动类案审理经验传授。"法律的生命在于经验"，类案审判从事实认定、法律认定、对相关社会后果的评估和预测，这一系列负责过程，是难以用显性的法律规范来界定的，④ 这时候法官的经验和价值导向显得尤为重要。大部分院庭长都是审判业务专家，审判经验丰富，应充分发挥院庭长类案审理的表率和示范作用，建立院庭长办案正负清单，构建院庭长示范化办案长效机制。完善"随机+指定"分案机制，建立院领导和庭长库，立案阶段识别标注的类案，应在院庭长库中随机分案，根据案件所涉情形、复杂程度等因素，确定是由院领导还是由庭长担任审判长。案件进入审理阶段后被识别标注为类案的，一般由院领导指定或各审

---

① 孙光宁：《类案检索的运行方式及其完善——以〈关于统一法律适用加强类案检索的指导意见（试行）〉为分析对象》，载《南通大学学报（社会科学版）》2022年第1期。
② 钟明亮：《发挥类案识别技术在审判中的应用价值》，载《人民法院报》2019年1月24日。
③ 尚玉钒、李磊：《领导行为示范、工作复杂性、工作调节焦点与创造力》，载《科学学与科学技术管理》2015年第6期。
④ 《法官"声誉"评价研究》，载 http://xqqfy.tjcourt.gov.cn/article/detail/2021/09/id/6296792.shtm，最后访问时间：2022年6月25日。

团队、合议庭提请庭长承办，经审查认为符合标准的，变更庭长为审判长，原承办法官作为合议庭成员参与审理；对于重大疑难复杂的类案案件，指定变更院领导为审判长。对院庭长开庭审理的类案，组织年轻法官、法官助理旁听观摩，发挥院庭长办案"传帮带"作用。院庭长在办理案件过程中要及时了解和掌握审判工作中的最新动态，注重裁判经验的提炼、总结、发布。通过院庭长办类案、带头示范庭审，使院庭长回归"精英法官"身份，总结优化适法统一语境下类案裁判方法，推动类案办理规范化机制形成。

2. 语言效应激发法官主体责任。目前，院庭长作为监管者，对法官的言辞聚焦于抑制型语言框架，更多的是发号指令性要求，法官办案的主观能动性没有得到最大限度的调动和发挥。院庭长监督要淡化控制理念，更加注重向导向性、服务性的"柔性"的一面延伸。[①] 院庭长的言辞应转向促进型语言框架，领导激励对法官公正性和技术性的培育起着不可替代的作用。[②] 院庭长应以平等的姿态加强与法官之间研讨交流，为审判法官提供全面、有效的案件相关信息，包括类案信息（案例、学说等）推送；提示案件背景信息，帮助合议庭及独任法官全面了解案件情况；提供信息协助对某些敏感和受社会关注案件进行效果预判等，为法官正确判断和处理案件提供必要资讯条件。[③] 通过院庭长的语言促进，进一步发挥院庭长监管的引导、激励、服务作用，促进法官办案更加积极主动、高质高效。

（三）双向反馈互动：节点把控实现信息有效流通

要保障"类案同判"，应抓住关键节点，促进类案识别主体与监管者的良性互动、双向反馈，使各自获取和拥有对方所掌握的信息，实现类案监督从应然到实然的转变。

1. 建立院庭长类案监督的前置预警机制。创新类案监督在立案环节适用方式，实现审判监督阵地前移，加大审判流程入口监控力度，推动院庭长监管职能靠前发挥。

完善自动识别启动机制。加强智能化识别，将类案的识别要素、识别规则库嵌入信息系统平台，在立案阶段智能化分析案件信息，进行类案信息的收集整理和生成，将类案进行归口，在审判流程起点建立预警提示，纳入院庭长实质化监管，初步建立院庭长类案监督体系。

加强特殊程序类案监督功能。由于长期未结、发改再案件涉"类案冲突"的比重较高，对于这类案件应特别关注，通过智能识别及审判管理部门二次识别，确定是否属于"类案冲突"案件，是否应纳入类案监管范围。对已纳入审委会讨论的再

[①] 席建林、王伟等：《构建新型审判监督管理制度的路径分析——以法院内设机构改革的典型实践为样本》，载《上海法学研究》集刊 2020 年第 3 卷。

[②] 陈卓媛、白佳鑫：《浅析员额制背景下法官的激励机制》，载《法学研究》2017 年第 9 期。

[③] 龙宗智、孙海龙：《加强和改善审判监督管理》，载《现代法学》2019 年第 2 期。

审审查案件，立案部门应经审查后形成类案检索报告，建立类案再审审查案件库，构建类案裁判规则培育机制，为院庭长类案监督和类案类判指导适用提供参考。

明确分环节审定职责。明确三个环节的审定程序，分别规定庭长、分管副院长、院长的审查权限，防止院庭长怠于监督情形出现。各相关部门在各自的识别权限范围内发现"类案"的，可直接对案件进行标注，推送给庭长，庭长审查后认为属于监管范围的，直接决定进入监管程序；认为不属于自己监管范围的，层报分管副院长决定，对于庭长未及时处理的，系统3天内自动推送至分管副院长；分管副院长可以决定由自己监管、指令业务庭庭长监管或报请院长监管；院长可以直接决定由自己行使监管权，或指令分管院长进行监管。

2. 建立互动与对话的全流程指导机制。无论是合议庭处理意见还是院庭长监管意见并非天然正确，故应建立科学有效的对话机制，推动院庭长敢管、愿管、会管，承办法官主动申请接受监管逐渐成为常态。

双方互动确定监管方式。院庭长可以根据具体案件情况选择监督方式，然而院庭长处于案件信息的弱势地位，其难以事先研究案件最适用的监管方式，而深知案情的承办法官等识别主体等却恰恰相反。因此，可首先由承办法官对案件的情况作出说明，包括提炼简要的案情介绍，内容涵盖案件的关键事实构成、主要争议焦点和法律适用问题及类案检索情况等，并对监管方式的选择提出建议，再由院庭长确认如何监管。在予以否定的情况下，院庭长可以重新决定监管启动方式，利用充分的信息沟通修正逆向选择问题。

庭审把控确定裁判规则。院庭长作为类案审理合议庭成员且为审判长，应加强类案审理把控和指导，对可能属于"类案冲突"的案件，主动引导或要求承办法官引导当事人、代理人、检察官等在限定时间内提交类案检索报告。庭审中有针对性地进行争议焦点归纳，积极引导诉讼参与主体就类案识别及裁判规则适用在辩论环节发表意见。庭审后，组织合议庭将待决案件与类案检索结果进行相似性识别和对比，进行裁判规则梳理、识别、提炼活动，实现各审判流程节点场景化的类案监督。强化对裁判文书质量审核，院庭长重点加强对裁判文书说理部分的指导，对于所采用的类案检索报告中的法律适用观点和理由，均可作为裁判文书说理素材使用，但不得直接引用。

双方对话确定分歧解决。《最高人民法院关于建立法律适用分歧解决机制的实施办法》对于中级、基层人民法院关于法律适用分歧该如何解决的问题并未明确规定。类案裁判分歧的解决，需借助院庭长监督、专业法官会、审判委员会机制的监督来实现。在"全程留痕"要求下，可依托信息化打造高效对话平台。在审判管理系统中增设监管模块，对于已标识的类案，院庭长可以实时通过监管模块提出具体监督建议，如提供办案思路、推送类案裁判或建议提交专业法官会议或审判委员会讨论，承办法官应及时在系统反馈案件进展情况及建议。设置提交专业法官会议或审判委员会专栏，赋予主审法官和院庭长提交权限。提请研究应注明提请研究内容及理由,若由院庭长提请研究的,其理由应限于合议庭拟裁判意见与本院或者上级法院的生效裁判在法律适用问题上发生冲突或重大、社会广泛关注、可能影响社会稳定的类案,且不得将个人对案件的倾向性处理意见直接提请研究。案件提交研究后,系统应自动将案件信息转至审判管理部门,由审判管理部门在线审查,同意的则在线安排研究时间,不同意的应加注意见退回补充材料等。案件经研究后,审判管理部门或会议秘书应将专业法官会议或审委会的结论上传系统中,便于对比审查合议庭最终裁判意见对专业法官会议及审委会意见的采纳情况。① 由于专业法官会议具有咨询功能而无强制约束力,故合议庭最终是否采纳专业法官会议结论必须予以登记,未予采纳的,应在结案信息中作出说明,未说明的,系统不予确认结案。

(四)内外联动评价:结果应用激发监督效能

一些类案信息依赖于外部信息源,为提升类案监督的精准性,建议引入内外联动监督机制,加强监督结果的应用,使监管效果得以实现。

建立多维度类案评查体系。成立由院庭长为主,视情况邀请专家学者、资深法律工作者为成员的类案评查委员会。加强常规评查,对应当进行类案检索的案件进行评查,对应进行类案检索而未进行类案检索的,责令补充类案检索材料,重新纳入监督。突出重点评查,对当事人、代理人在案件审理中提交类案检索报告,法官未采纳检索报告意见而被改判、发回重审、再审、信访申诉、引发舆情等案件,进行重点评查。将法官承办的类案与类案检索报告中的最高人民法院判决、指导性案例、省高级人民法院参考性案例等类案在裁判要旨、法律适用等是否相符作为重点评查内容。拓展评查成果运用,通过评查形成分析报告,对重点类案裁判规则进行总结和发布,为类案审理和监督提供指引。

建立外部信息衔接平台。为更好地识别风险,需要保证信息收集渠道畅通,明确类案监督线索来源,建立与公安机关、检察机关、政府部门对接平台,依托信息化实现数据共享和全流程监管模式。对当事人因向政府相关部门申诉提供的类案监督线索、涉检察建议、督办的类案线索进行备案登记,进行动态跟踪管理,纳入院庭长类案监督。

建立类案裁判和监督考评机制。一方面,将法院专项评查类案和外部启动类案监督案件纳入考评范围,对类案裁判进行核查,核查结果纳入法官考核评价机制。另一方面,将类案裁判纳入院庭长监督清单,对院庭长类案监管情况进行单独考核评价,院庭长参加合议庭审理类案、参加专业法官会议、审判委员会评议、讨论类案应计入工作量,并根据其在案件审理中的地位和作用,按照权重比例在绩效考核中予以量化计分,实现类案裁判和监督的良性制约。

---

① 陈青:《论扁平化管理模式下审判权运行的异化与矫正——以F法院交通事故案件裁判标准化进程为样本》,载 http://fzszy.chinacourt.gov.cn/article/detail/2021/02/id/5811971.shtml。

结　语

类案监督是对传统个案监督方式的一种突破和超越，能更好地促进司法公正，提升法院公信力。同样或近似的事实要获得相同的裁判结果，首先要求法官群体必须有一套相对统一的司法理念、裁判技术和规则体系，完善类案信息在监督者与被监督者之间合理分配和有效传递机制，以进一步实现类案审判权和监督权的有效平衡。

具体危险犯形态下"危险"的实质解释与判断

——以《刑法修正案(十一)》第 4 条的适用为中心

江西省安义县人民法院 刘志成
江西省安义县人民法院 万 艳
江西省南昌市中级人民法院 陈 洁

引 言

在我国《刑法》分则规定的罪名中,具有"严重危险""危害公共安全"等罪状表述的罪名不在少数,使得此类罪状表述呈现标准不明的特点。因此,司法适用时通常习惯借助指导意见、司法解释等对这些构成要件要素作出补充规定,从而予以明确其具体内容。然而,大部分罪状不明的罪名并不存在明确的指导意见或司法解释,使得司法适用面临"标准不明"的困扰,甚至有时导致罪名适用范围的不当缩小或扩大等问题,《刑法修正案(十一)》第 4 条增设的危险作业罪也系其中之一,该罪在内容上不仅明确了违法行为类型,同时还附加了"具有发生重大伤亡事故或者其他严重后果的现实危险"的入罪条件。从现有实践来看,危险作业罪已经被广泛运用于无证从事高危生产作业类行为的惩治,而司法适用中可能存在因"危险"内容不明导致处罚范围不当、认定泛化及打击面过大等问题。在此背景下,应对该罪所涉及的法益保护、犯罪形态等问题进行全面分析与厘清,以保障这一新设犯罪的正确适用。有鉴于此,笔者通过全样本分析方式,从危险作业罪在司法实践中存在的问题入手,[①]进行深入检视,通过借助现有理论明晰本罪的法益保护内涵、具体危险犯形态,以期能在"危险"的判断方向和路径上进行些许尝试。

一、实践样态:危险作业罪中"危险"认定形式化、解释模糊化

笔者以 47 份已公开的裁判文书为样本分析,[②]通过全景描绘危险作业罪司法适用的现实图景,以期能为"危险"认定问题探明方向。

[①] 实践中,危险作业罪的司法适用主要集中于《刑法》第 134 条第 3 项(共 46 篇),故本文除进行普适性原则分析外,其余均针对《刑法》第 134 条第 3 项,即无证从事高危生产安全作业类案件的具体适用的探讨。

[②] 截至 2022 年 4 月 15 日,笔者通过中国裁判文书网、法信网搜索"危险作业罪",检索到有效裁判文书 47 篇。

(一) 样本的总体性考察

自 2021 年 3 月 31 日《刑法修正案（十一）》生效实施以来，危险作业罪案件总量不多，而且高度集中于对"无证从事高危生产作业"类行为的惩治，案件数量为 46 件，占全部样本文书的 98%。其他两种行为类型中，"故意掩盖事故隐患"类仅 1 件，"拒不消除事故隐患"类仍为 0 件。对比之下，"无证从事高危生产作业"行为方式具有高发性，"故意掩盖事故隐患"和"拒不消除事故隐患"行为方式则较罕见。（见表 1）

此外，通过对样本文书的查获机关进行统计分析发现，23 起无证非法经营、储存爆炸类危险物品的查获机关均为公安机关，6 起无证非法经营、储存有毒有害类危险物品的查获机关均为应急管理局，2 起非法从事矿山开采的查获机关均为国土所，1 起故意掩盖事故隐患的查获机关为能源局，其他 15 起裁判文书未载明。（见表 1）

另外，通过样本文书的犯罪行为承担方式进行统计分析发现，有 21 份法律文书对被告人适用了缓刑，缓刑适用率约为 43%。这在一定程度上反映，司法机关对新设罪名适用的开放性与行政机关对新设罪名查获的保守性存在一定差异。（见表 1）

表 1 危险作业罪司法适用样态的总体性考察

危险行为类型			查获机关				刑罚适用方式	
故意掩盖事故隐患类	拒不消除事故隐患类	无证从事高危生产作业类	能源局	国土局	应急管理局	公安局	缓刑	实刑
0 份	1 份	46 份	1 份	2 份	6 份	23 份	21 份	26 份

(二) 危险认定的实践审视

危险作业罪是《刑法修正案（十一）》新增罪名，其司法适用尚处于初步检视期。从现有的裁判文书来看，该罪的司法适用存在危险认定形式化、危险解释模糊化倾向。

1. "危险"认定形式化。通过对上述 46 份无证从事高危生产作业类的危险作业罪案件裁判文书进行阅读梳理发现，司法实践中对危险作业罪中的"危险"认定呈形式化倾向，刑法规制与行政制裁之间的界限逐渐被吞噬。笔者选取其中几份法律文书进行比较分析（见表 2）。

表2 司法实践"危险"认定标准的对比分析

案号	法院认定事实	危险认定情况	案件数量
（2021）鲁1625刑初285号	未经有关部门批准，李某祥使用非法改装的面包车收购散装汽油后在博兴县内擅自售卖散装汽油约5吨	未阐述	35件
（2021）浙0112刑初454号	经应急管理科学研究院风险评估，涉案危险化学品仓库存在重大事故隐患，具有发生重大伤亡事故的现实风险	依据评估意见	8件
（2021）川0114刑初508号	在抽油过程中，杨某违规操作导致油罐起火，致厢式货车和金杯汽车烧毁，见火势无法控制后逃离现场	出现小事故	3件

通过对比分析可知，司法实践中对危险作业罪"危险"的认定存在较大差异，47份裁判文书中有35份未详细阐述案件"危险"情况，即以抽象危险犯的认定标准来认定"危险"，行为类型均为私设"流动加油站"，占比75%。司法适用时，对行为人非法经营、储存成品油等高度危险品的行为，是否真正具有构成要件所要求的"重大伤亡事故……现实危险"，即是否危及公共安全，则在所不问。司法实践对这种对法条进行形式化的认定倾向，虽然在某种程度上遏制、预防了重大生产事故犯罪的发生，但同时这种降低入罪门槛的认定，将会模糊行政不法与刑事不法的界限，从而导致行政规制丧失发挥机能的空间。

2."危险"解释模糊化。危险作业罪在司法适用中存在的另外一个共性问题是："具有发生重大伤亡事故……现实危险"作为本罪的构成要件要素，存在解释模糊化倾向，具体体现在裁判文书的说理部分，主要存在两种情况：一种是直接引用刑法条文作为裁判理由（详见案例1），共20例，占比43%，此类型的裁判文书直接对照《刑法》第134条之一的条文规定进行引用，而没有对危险作业的行为造成的危害结果进行解释。另一种是直接以违反行政法规定作为裁判理由（详见案例2），共计19例，占比40%，此类型的裁判文书忽视了"具有发生重大伤亡事故……现实危险"这一构成要件要素，弱化了对"危险"的判断。

案例1：在张某虎危险作业案中，法院认为，被告人张某虎违反有关安全管理的规定，未经批准许可擅自生产、储存危险物品等高度危险的生产作业活动，具有发生重大伤亡事故或者其他严重后果的现实危险，其行为已构成危险作业罪。

案例2：在莫某强、莫某峰危险作业案中，法院认为，被告人莫某强、莫某峰未经依法批准或者许可，擅自从事危险物品的经营活动，二被告人行为已触犯《刑法》第134条之一的规定，构成危险作业罪。

通过分析可知，司法实务人员可能出于罪状本身表述不明等多方因素的问题，在对是否"具有发生重大伤亡事故……现实危险"的认定上,形成了一种较为常见的做法,即根据物品的危险性质或《安全生产法》《危险化学品管理条例》等相关"前置法"规定对"危险"进行定性判断,也就是默认违反前置法=刑事违法。另外,对于作为结果构成要件要素的"具有发生重大伤亡事故……现实危险"解释能力不足,常常处于被忽略地位,从而进行模糊化认定。

(三)司法适用的反思

1. 目的层面:界定处罚范围不当。在对"危险"的事实认定和要件解释中,司法实践中主要考察非法储存危险物品的种类或是否违反行政管理规定,使危险作业罪在具体认定时,既有可能产生违反行政管理规定,却不应认定为危险作业罪的情况,这种形式化的司法适用,实质上是忽略了其他影响"危险"与否或是否实质造成法益侵害等需要考量的因素,既不符合危险作业罪的实然处罚范畴,更不符合《刑法修正案(十一)》增设该罪的应然处罚目的。如前文提及的莫某强、莫某峰危险作业案,① 法院裁判理由直接以被告人未经依法批准或者许可,擅自从事危险物品的经营活动,继而认定被告人行为触犯了危险作业罪的规定,构成危险作业罪。该案中,行为人虽然违反了危险化学品许可这一管理制度,符合行政法规制的范畴,但实际上并不必然侵害本罪所需保护的法益,某种程度上混淆行政违法与刑事违法边界,导致了处罚范围的不适当。

2. 经验层面:实质解释方向偏离。实质解释是以法条的保护法益为指导,对构成要件进行解释,而不是仅停留在法条的字面含义上。② 在危险作业罪的司法适用中,多数法院判决采用的是"二元"判断结构对"危险"进行解释,即"前置法定性"和"刑法定量"的判断结构。此种解释脱离了法益保护指导下的实质解释方法,实际采取的是对条文进行形式解释。因为行政管理制度规范语境下的禁止性行为并不必然等同于刑法上的法益侵害行为,即违反安全管理制度的行政违法行为并非必然导致本罪所要求的危险发生。如,在翁某翔危险作业案③中,行为人自2010年开始经营化工公司并取得了相应许可证。2018年因工艺流程发生变化导致生产出危险物品环戊酮,法院据此认定行为人未取得环戊酮生产许可,故认定其构成危险作业罪。然而,且不说行为人生产环戊酮是否取得许可证,仅仅因工艺流程变化导致生产出来的环戊酮,是否符合此前的生产环境和储存条件?是否必然导致重大安全事故等现实危险的产生?实际上,只因行为形式上符合法条条文,就直接适用刑法予以打击,并不一定具备正当性与合理性。

3. 价值层面:刑法最小化观念被虚置。在司法适用中,76%的无证从事高危生产作业类案件均系"流动加油站"案件,预防该类案件只需要对单位、企业的油品

---

① 参见广西壮族自治区南丹县人民法院(2021)桂1221刑初184号刑事判决书。
② 张明楷:《实质解释的再提倡》,载《中国法学》2010年第4期。
③ 参见浙江省海盐县人民法院(2021)浙0424刑初291号刑事判决书。

储存库进行严格管控一般即可禁止。通俗地说,只要让"流动加油站"无处进购汽油,则"流动加油站"就自然死亡。所以说,在同时可以采用的多种社会治理手段的条件下,如果能通过民事、行政等代价较小的治理方式就可以消弭"流动加油站"式的危险作业行为,刑法打击的治理方式则完全无须启用,将刑法作为首要的治理方式也非最优路径。否则,将无异于陷入同酒驾入刑的打击泛化境地。如在徐某森危险作业案①中,在其没有获得许可的情形下,向他人购入汽油储存在面包车和大货车内,并以每升4.5元的价格进行零售,查获汽油6.6吨,法院据此认定被告人构成危险作业罪。该类案件中,在不考虑行为人的行为是否具有发生重大伤亡事故的现实危险的情况下,只要查明购入汽油的源头,通过对贩卖油品的行为进行管控就可以予以打击,如批发油品时要求买方出示许可证,违反者将对卖方予以行政处罚,如此一来便可规范"流动加油站"式的违法作业行为。从某种程度上来讲,对"流动加油站"的治理仅仅是行业治理层面的问题,无须上升到刑法治理层面。

二、解释路径:厘清危险作业罪的保护法益与犯罪形态

法益指引着构成要件的规范与实质解释。②危险作业罪的司法认定出现了形式化认定、要件解释模糊化倾向,其问题的背后实质反映的是法律解释机能发挥的缺失和犯罪形态的模糊不清。因此,需要明确本罪所保护的法益,并在法益的指导下对"危险"进行实质解释。

(一)观点聚讼:双重法益观和秩序法益观

就现有理论见解来看,主要有"双重法益观"和"单一法益观"两种观点。"双重法益观"认为,危险作业罪作为从重大责任事故罪中的从重情节分离出来的罪名,二者是基本犯与结果加重犯的关系。而重大责任事故罪在本质上是对违反安全生产管理秩序的矫正和惩治。所以,国家在制度设计层面时就兼顾了违法行为和危害后果,且更加偏重于对危害后果的矫正和惩治。③换言之,该观点认为危险作业罪与重大责任事故罪所侵犯的均是双重法益,即安全生产管理秩序法益与生产作业公共安全法益,但是,两者在各自罪名中的主次地位有所侧重,危险作业罪更多的是侵犯安全生产管理秩序,重大责任事故罪更多的则是侵犯生产作业等不特定多数人的生命财产安全。

"单一法益观"也即"秩序法益观",该观点认为危险作业罪保护的法益上实质是生产管理秩序,如在《刑法修正案(十一)》公布相关罪名之前,关于危险作业

---

① 参见广东省佛山市南海区人民法院(2021)粤0605刑初3346号刑事判决书。
② 马春晓:《中国经济刑法法益:认知、反思与建构》,载《政治与法律》2020年第3期。
③ 代海军:《风险刑法背景下我国惩治危害生产安全犯罪功能转向——基于〈刑法修正案〉(十一)危险作业罪的分析》,载《中国法律评论》2021年第5期。

罪的罪名如何准确表达的问题存在不同观点。其中，有的学者认为危险作业罪是典型的违反行政法规的不法行为，因此，其主张使用"违反生产、作业安全管理罪"命名，这样一来，既符合安全生产管理规范发展的需要，又可以反映危险作业罪的行政违法性质。[①] 还有学者提出，行为人只要实施了故意掩盖事故隐患等法定的三种实行行为，其就具备了危险作业罪所要求的发生重大伤亡事故的现实危险。[②] 换言之，其认为危险作业罪的保护法益就是生产管理秩序。

（二）现实之需：生产作业公共安全保护法益

1. "秩序法益观"的实践悖论：易混淆行政不法与刑事不法，不当地扩大刑事制裁范围。按照该观点，行为人只要违反了安全管理规范，其行为就符合危险作业罪的犯罪构成要件。但事实上，仅实施违反安全管理规范的行为也可能仅属行政违法。

其一，在我国"刑罚+行政处罚"的双重处罚体系下，二者的区分标准主要在于危险行为对法益造成的侵害程度。与此同时，"管理制度"作为一种抽象性"法益"，一旦将其作为我国《刑法》法益所保护的对象，那么如何测定、衡量这种抽象的法秩序利益的损害程度就成为一个问题。[③] 这是因为，如不考虑实体法益损害程度的情况下，所谓的"制度违反"可能只存在一个"是否"或"有无"的问题，而并不存在"大小"的问题。[④] 此外，如果将"管理制度"作为刑法保护的法益同等对待，让"管理制度"同时承担起形式与实质的"双重判断"功能，则必定造成司法适用中存在的界定处罚范围不当的问题。

其二，如果将那些没有造成法益侵害，而只是单纯违反行政管理制度的行为，也纳入国家刑法调整和打击的范畴，缺乏正当化事由，也与"刑法最小化"理念相悖。退一步说，如果将抽象的安全生产管理制度作为危险作业罪的保护法益，其价值何在？另外，即使危险作业罪的保护法益是安全生产管理制度，那么只要违反了安全生产规定就是实害犯（对管理制度法益造成了实际侵害），这将导致刑事制裁范围的不当扩大，有违"刑法最小化"原则。因此，我国《刑法》第134条之一为危险作业罪设置了"具有发生重大伤亡事故……现实危险"这一入罪条件，是区分行政不法与刑事不法以及恪守刑法补充保障地位的现实意义所在。

2. "双重法益观"的实践悖论：按照该观点，在司法适用中同样会产生悖论，同时还可能造成刑事处罚范围漏洞。一方面，当某一类型的危险作业违法行为只侵犯了安全生产管理制度，但行为却并未造成发生重大伤亡事故的现实危险，并未危

[①] 孙道萃：《关于〈刑法修正案（十一）〉新增罪名的立法建议》，载《青少年犯罪问题》2021年第1期。
[②] 黎宏：《安全生产的刑法保障——对〈刑法修正案（十一）〉相关规定的解读》，载《中国刑事法杂志》2021年第2期。
[③] 李文吉：《我国刑法中管理秩序法益还原为实体性法益之提倡》，载《河北法学》2020年第5期。
[④] 敦宁：《妨害药品管理罪的法教义学分析》，载《政治与法律》2021年第12期。

及生产作业等不特定多数人的生命财产安全时，如果将其认定为危险作业罪，无疑会产生与"秩序法益观"同样的问题，即不当扩大刑事制裁范围。另一方面，如果违法危险作业行为并未危及生产作业等不特定多数人的生命财产安全，但将该行为认定为无罪，则将安全生产管理制度作为危险作业罪独立保护的一种法益，该种法益保护设定的意义又在哪里？这就是"双重法益观"面临的实践困境。

3. 生产作业公共安全法益的证成：上述实践困境和论理悖论的形成，实际上是忽视了安全生产管理制度与生产作业人员等不特定多数人的生命财产安全在安全生产事故类犯罪认定体系中的层次定位和不同功能。

根据我国刑法理论对犯罪的划分方式，危险作业罪应属于法定犯（行政犯）。从法定犯的构成体系来看，行为违反某种管理秩序，只是其构成要件的组成要素。① 对于这种要素，陈兴良教授将其称之为独立于事实因素之外的法律评价因素，即"在法定犯的构成要件中，规范要素是行为成为构成要件行为的逻辑前提"②。换言之，法益承担的是判断是否构成犯罪的功能，即实质判断功能，管理秩序要素承担的是判断是否符合犯罪条件的功能，即形式判断功能。法官在司法适用时，一般应当从形式到实质逐次展开。

以危险作业罪为例，司法适用时首先对"管理秩序"是否违反展开判断，以此满足危险作业罪中有关安全管理规定这一构成要件要素的形式符合性，而后再对不法作业行为是否对本罪保护的法益产生了危险进行判断，用以确定危险作业罪构成要件（具有发生重大伤亡事故的现实危险）的实质违法性，即刑事违法性。也就是说，行为如果不具备违反行政管理制度要素，其在形式判断上就不符合法定犯的构成要件要素。但是，如果行为具备了违反某种行政管理制度要素，也不能就此直接推定行为具有法益侵害性，即刑事违法。例如，无证从事高危生产作业的行为无疑是违反了安全生产管理制度，但如果并未危及生产作业等不特定多数人的人身财产安全，就不能因此推定行为构成危险作业罪，这就是作为违法性实质根据的法益在法定犯认定中的体系功能。如果将管理秩序作为危险作业罪的保护法益，不仅让其承担实质判断功能，还令其承担形式判断功能，则必定会造成行政违法与刑事违法的混淆，对"危险"认定形式化、解释模糊化，从而不当扩大刑事处罚范畴。

因此，危险作业罪的保护法益只能是生产作业公共安全法益。危险作业罪中"具有发生重大伤亡事故……现实危险"的罪状描述，并非承担的仅仅是限制处罚范围的功能，也是立法对危险作业罪保护法益的有效提示。实际上，正是由于这一特定条件的设置，才能合理地区分危险作业犯罪与危险作业违法。明确了危险作业罪的保护法益内容，无论是将有无造成重大伤亡事故的现实危险（法益侵害）作为定罪的根据，还是将造成重大伤亡事故的现实危险（法益侵害）程度作为划分犯罪

---

① 陈兴良：《法定犯的性质和界定》，载《中外法学》2016年第6期。
② 参见陈兴良：《教义刑法学》，中国人民大学出版社2010年版，第164页。

形态的标准，也就迎刃而解了。

（三）进一步解释：具体危险犯形态下的危险作业罪

法益是判断构成要件犯罪特征的风向标。[①] 以"具有发生重大伤亡事故……现实危险"为构成要件要素的危险作业罪，到底属于何种犯罪形态，笔者以为，应从其与重大责任事故罪等安全生产事故类犯罪的位阶关系及其自身的规范构造特征予以判断。根据上述界分标准，应当将危险作业罪界定为具体危险犯。

其一，符合体系解释的一般要求。以道路交通安全领域为例，醉驾型危险驾驶罪的设立促成了抽象危险犯（第133条之一、之二）、具体危险犯（第114条）、实害犯（第115条、第133条）的罪行形态体系的充实性，形成了从危险到实害层层递进的道路交通安全规制体系。相对于实害犯重大责任事故罪而言，新设危险作业罪的目的是严厉打击生产安全领域的突出问题，遏制重大安全事故犯罪的发生，将危险作业罪置于系统治理的体系下进行解释，并赋予其具体危险犯的属性，表明危险作业的行为较之于重大责任事故罪所造成的法益侵害程度而言更弱，但又有必要予以规范打击。因此，将危险作业罪界定为具体危险犯，既避免了抽象危险犯的立法扩张，又能够反映故意掩盖事故隐患等三种危险作业行为在安全生产事故犯罪体系中形成的处罚位阶，符合体系解释的一般要求。

其二，便于区分行政不法与刑事不法。危险作业罪中所规定三种不法行为类型不仅受到我国《刑法》的规制，同样也受到行政法律的规制。例如，我国《安全生产法》第36条第3款、第39条、第70条分别规定了危险作业罪的三种危险作业类型，第99条、第100条又规定了对三种危险作业类型的处罚。由此可见，危险作业罪中规定的三种危险作业类型，早在入刑之前就是我国《安全生产法》规制的对象，与此同时，如何准确区分行政不法和刑事不法，便成为了危险作业罪面临的难题。笔者认为，如果我们把危险作业罪归属为具体危险犯犯罪形态，即只要实施了故意掩盖事故隐患等三种不法危险作业的行为，并且不法危险作业的行为超越了安全生产法规制的范围，达到了刑法对危险作业罪保护法益侵害的危险程度，该行为才具备刑事不法性。一定意义上来说，具体危险犯形态下的危险作业罪为准确区分行政不法和刑事不法提供了现实可能。

其三，符合危险作业罪的规范构造。抽象危险犯是直接由立法方式推定"只要从事该行为即具危险性"，因此条文中不再以行为在个案中确实已经招致一定的危险状态为构成要件要素。[②] 简言之，行为人只要实施了符合某一罪名的构成要件，一般情况下，其行为就造成了法益侵害的危险，而且法官也并不需要考虑其他因素去进一步证明行为人的行为是否存在造成法益侵害的危险性。如我国《刑法》分则

[①] 徐凯：《抽象危险犯正当性问题研究——以德国法为视角》，中国政法大学出版社2014年版，第28页。
[②] 参见林钰雄：《新刑法总则》，我国台湾地区元照出版有限公司2019年版，第101~102页。

第125条第1款，该罪的罪状则只是描述了"非法制造、买卖、运输"等行为类型，除此之外，再无其他构成要件要素。在此种情况下，司法机关在具体适用时仅需要认定行为是否符合罪状所表述的"非法制造、买卖、运输"等行为类型，如果符合，则即可构成犯罪，无须再进一步考虑其他要素。

与此完全相反的是，危险作业罪除了对故意掩盖事故隐患等三种危险作业行为进行类型化规定之外，还规定了"具有发生重大伤亡事故……现实危险"这一结果性构成要件要素。该种罪状表述，要求法官在具体适用时，除了判断行为人有无实施上述三种行为类型的危险作业行为，还需要法官结合具体的案件事实，判断行为人实施的行为是否达到了"具有发生重大伤亡事故……现实危险"的程度，否则不能构成危险作业罪。因此，危险作业罪不符合抽象危险犯的规范构造特征，如果认为其应归属为抽象危险犯犯罪形态，我们就无法对危险作业罪罪状中有关"具有发生重大伤亡事故……现实危险"的规定作出合理解释。

综上所述，危险作业罪以不法作业的行为达到了"具有发生重大伤亡事故……现实危险"的法益侵害程度，并以此作为犯罪成立的结果构成要件要素，其犯罪形态理应被归属为具体危险犯。而刑法构成要件论中的具体危险犯，是指行为人除了实施符合犯罪的所有构成要件的行为之外，还需要法官根据个案进行实质性地展开判断，判断不法行为是否确实达到了对刑法所要求保护的法益危险程度。因此，根据上述结论，法官在认定行为人的行为是否构成危险作业罪时，应当根据不同的案件事实进行个别化地独立判断，判断不法作业的行为是否对安全生产法益产生了并且构成了具体、现实且紧迫的危险。

三、具体判断：危险作业罪中"危险"的限缩适用

实质解释是以法条的保护法益为指导，对构成要件进行解释。[1] 就危险作业罪而言，生产作业公共安全是本罪的保护法益，"危险"是本罪的构成要件要素，在生产作业公共安全法益和具体危险犯形态的路径指引下，对"危险"的判定会直接影响到本罪的该当性，继而揭示不法作业行为的违法性。因此，笔者在本部分重点讨论对"危险"的具体判断问题。

（一）判断前提：恪守刑法的补充保障地位

在严格限制入罪的情形下，基于预防安全生产作业过失犯罪和遏制重大安全事故故意犯罪发生的双重目的，[2]《刑法修正案（十一）》第4条将曾作为重大责任事故罪中的从重处罚情节的三类危险作业行为分离出来，并立法入刑予以打击，从某种程度上来说，一方面扩大了刑法的打击半径，另一方面实质上对我国的"行刑"

---

[1] 张明楷：《实质解释的再提倡》，载《中国法学》2010年第4期。
[2] 黄京平：《危险作业罪的规范目的及其实现——刑法修正案（十一）的标志性立法实践》，载《北京联合大学学报（人文社会科学版）》2021年第2期。

二元处罚体系产生了冲击。因此，为维护统一的安全生产秩序，在对不法作业行为造成的"危险"展开判断前，应当立足我国二元处罚体系的背景下，恪守刑法的补充保障地位，充分合理运用行政处罚手段在犯罪评价中的作用，以确保行政规制与刑事规制的顺畅衔接，即使不法作业行为未被司法入罪，同样能实现良好的犯罪预防和治理效果。

事实上，作为典型的具体危险犯，危险作业罪还有别于一般具体危险犯的特征，这主要反映在罪状中有关"具有发生重大伤亡事故……现实危险"这一规定方式，对是否存在发生重大事故的现实危险，在行政违法和刑事犯罪之间的判断存在较大裁量空间。例如，我国《安全生产法》将不同危险等级程度的事故隐患均纳入了其规制范畴，根据《安全生产法》第36条第3款、第39条、第70条的规定，安全生产法的处罚类型主要限于"发生重大伤亡事故或严重后果"的行为。这也充分表明，立法早已关注到危险作业违法与危险作业犯罪区分问题，因此，危险作业罪的特殊罪状表述与《安全生产法》对三种危险作业行为进行行政规制，可以理解为我国立法机关赋予司法机关进行适当裁量的空间。换言之，刑法对于危险作业行为的介入，不应超出预防、控制和消除安全事故隐患发生，保障生产作业等不特定多数人的安全界限。因此，违反行政管理法规的危险作业行为，不必然成立危险作业罪的构成要件行为，即使因为不法作业活动造成事故隐患，在没有造成重大伤亡事故或严重后果的现实危险的情况下，也应当限缩构成要件的认定范围。

（二）主观标准：站在行为时从一般人的立场出发

危险应当如何判断，首先取决于人们如何界定危险。[①] 一般理解，具体危险犯中的危险作为构成要件中的结果要素，应属结果的危险。具体到危险作业罪中，从构成要件的角度上分析，危险作业罪的成立首先是违反了安全生产等行政管理制度，主观罪过构造应体现为：违反行政管理制度的故意+重大安全事故发生的过失，即对违反行政规定是故意，对发生严重后果是过失。"本罪作为从传统过失结果犯（重大责任是事故罪）分离而来的罪名，应当延续重大责任事故罪的罪过形式。"[②] 因此，在判断是否成立危险作业罪时，应当要求行为人对于行为是否"具有发生重大伤亡事故……现实危险"要具有一般人的预见可能性，而对是否"具有发生重大伤亡事故……现实危险"预见可能的判定，则在一定程度上可以有效抑制司法实践中出现的形式化认定，即可有效堵截过度扩张的客观要件认定。

在此，可以参考刑法理论上的通说见解对危险进行判断，即以一般人所可能认识的事实以及行为人所特别认识到的事实作为基础，站在行为时从一般人的立场出

[①] 谭堃：《论虚开发票罪中"情节严重"的具体危险构造及其判断》，载《政治与法律》2021年第6期。
[②] 冀洋：《公共安全刑事治理的教义学评析——以〈刑法修正案（十一）〉为例》，载《法学论坛》2021年第5期，其认为危险作业罪的主观罪过形式应为过失，笔者也赞同其观点。

发判断发生结果的危险性。① 简言之，该见解是指法官在判断危险时，应当以普通人可以认识到的事实作为判断基础，辅之以行为人特别认识到的事实作为判断补充，这既避免了一般行为人的认知危险并进行主观归责的问题，也保证了危险判断的客观性。而且，该见解同时还解决了对危险行为具有特殊认知的行为人（行为人的认识能力高于一般人）进行结果归责的问题。这是因为，一方面，刑法规范是一种引导公民行为的规范，其规制的对象必须是具有规范意识的人，因此，必须要考虑行为人的主观内容。另一方面，刑法规范作为一种行为规范，以行为时存在的事实进行事前的判断，才符合行为规范的本质要求。因此，主观层面上站在行为时从一般人的立场出发的判断标准去判断具体危险，无疑具有妥当性和可借鉴性。

（三）客观限制：将现实危险进行"实害化"解释

将危险作业罪的危险进行"实害化"解释，强调不能将行为危险等同于具体危险，也非等同于发生符合构成要件的危险结果，而是以一定的外在、客观的危险结果，表明行为具有法益侵害性、具有导致危害结果发生的后果。

1. "实害化"是能够表明行为具有法益侵害性的外在彰显。危险作业罪作为具体危险犯，其认定本质仍然坚持具体危险犯成立的适用条件，即行为本质上具有危险性，行为程度上具有法益侵害性。

在此，可借鉴德国耶塞克教授提出的"双重危险"概念，"本罪的成立需要满足行为的危险和行为客体的危险同时存在。"② 比如，行为人以营利为目的，利用改装车辆进购汽油并进行流动销售的行为，虽然违反了行政管理规定，但未造成任何后果，也未有任何重大安全隐患表征可能造成重大安全事故的发生，此种情形，便只有行为的危险，欠缺行为客体的危险，无须作为刑事犯罪处理，只要予以行政处罚即可。又如，行为人为躲避行政机关执法检查，将进购的成品油储存在一个偏僻山村准备流动贩卖时，由于操作失误，还未开始售卖便将油品全部烧尽，但未造成其他后果。此种情形下，行为人虽然造成油品全部烧尽的危害后果，但也不能据此认定行为人的行为构成危险作业罪。这是因为，行为人操作失误引发的危险未达到构成具体危险犯所要求的危险的量（程度），即其所处的条件不可能对不特定多数人生命财产安全造成现实危害。

就危险作业罪而言，危险作业行为达到了立案标准并不等同于危险作业的行为对法益已经产生了具体危险，即存在虽然有无证从事危险作业行为，但危险作业的行为却符合《安全生产管理法》的相关安全生产条件；抑或危险作业行为经批准许可，但仍存在操作不规范导致危险作业行为已经产生侵害法益的具体危险。因此，如前言述及，在认定危险作业罪时应坚持具体危险犯的特征要求，在认定不法危险

---

① 参见周光权：《行为无价值论的中国展开》，法律出版社 2015 年版，第 280 页。
② 参见［德］汉斯·海因里希·耶赛克、托马斯·魏根特：《德国刑法教科书》，徐久生译，中国法制出版社 2001 年版，第 700 页。

作业行为是否造成了刑法要求的生产安全法益侵害危险时，法官必须结合案件具体事实对不法作业的行为展开判断，如确实能够导致"具有发生重大伤亡事故……现实危险"所要求的危险状态，才能认定行为人的行为具备了成立危险作业罪所需的刑事不法。

2. "实害化"是能够表明行为足以导致危害结果发生的后果。危险作业罪作为安全生产领域内的专业危险犯罪，不法行为是否产生了足以危害生产作业等不特定多数人员的危险程度，一般人往往很难根据生活经验、办案经验等经验法则进行判断，因此，应根据"实害化"的表征确定不法作业的行为是否引发了"具有发生重大伤亡事故……现实危险"所要求的具体危险，如果不法作业行为造成的现实危害后果并不足以表明能够导致危害结果的发生，应否定该行为具有现实危险性。对此，"实害化"判断维度可从以下方面考虑：

首先，具体危险作为一种结果性危险，可借助危险品的种类、吨量、储存条件、持续时间、周边环境、重大事故隐患等条件因素来判断现实危害后果的表征。如已经具备了向重大安全事故转化的充分条件，危险物品的储存条件极为恶劣，生产作业人员严重违规操作，周边环境有重大财产和密集的人群，即不法作业行为已经具备了导致重大伤亡事故的可能性，如果没有外界因素的介入就会自然而然地产生重大伤亡事故等严重后果。又如，已经出现了"冒顶""渗漏"等"小事故"这类"千钧一发"的重大危险，一般应当认定为现实危险"实害化"了。

其次，当行为人的不法作业行为已经造成了"危害后果"的情形下，我们应进一步考察行为造成的现实危害后果是否足以导致重大伤亡事故"危险结果"的发生。如虽然不法作业行为造成了"渗漏"等危害后果，但经过一般人的判断后，危害后果正好能够表明该不法作业的行为所能造成的危险结果已经确定，即无论如何也不可能进一步导致危害结果的发生，则该行为就不应认定构成危险作业罪。再如，在前述列举的被告人杨志伟危险作业案中，其在抽油过程中违规操作导致油罐起火，致货车及车内汽油烧毁，未另外造成其他危害结果，该行为虽已经发生"危害后果"，即造成火灾等相对重大伤亡事故的"小事故"，但事实表明，因油品已全部燃尽，不可能具有再发生爆炸燃烧的条件，也不会造成具有导致重大伤亡事故的后果，则就不能推定行为符合危险作业罪要求的"危险结果"。

再次，当危害结果未发生是由于一些偶然性因素的介入时，应根据一般经验法则对此类偶然性因素的介入进行判断，判断偶然性因素是否由于超脱生活常规所致。而对于此种现实危险的认定，可参考张明楷教授的观点，即以具体危险犯中没有造成实害结果的产生纯粹只是出于偶然的原因来进行判断，[①] 简言之，危害结果不发生如果具有必然性，也就意味着危险自始不存在。例如，储存危险物品、非法采矿等不法生产作业行为未造成实害结果，但未造成实害结果的原因是介入了外部因素，

[①] 参见张明楷：《刑法学（上）》（第五版），法律出版社2016年版，第167页。

如进行了有效救援等其他偶然原因未导致危害后果发生。但是，如果不法危险作业的行为已经对周围的不特定多数人产生了现实紧迫危险的情况下，行为人积极主动消除了危险，则不属于外部介入、干预因素，不能排除符合危险作业罪应当具有的危险条件，其仍然可以构成危险作业罪，但量刑上可以考虑从轻、减轻或适用非监禁刑处理。

最后，需要注意的是，由于安全生产领域涉及的专业性较强，对于紧迫危险的认定不能通过人的感官判断直接得出结论，可借助专门技术人员通过专业知识和方法进行评估确认。在这方面，2021年《安全生产法》第8条第3款也已经明确要建立完善安全风险评估与论证机制。因此，对于现实危险的"实害化"判断，可参考专门的安全风险评估与论证机构所作意见再进行具体判断。

四、结语

危险作业罪的设立和司法实践的广泛运用，已充分表明刑法在社会治理方面发挥的积极作用，并显著发挥了刑法参与社会治理的工具性价值。对此，我们在充分认可危险作业入刑的积极价值时，务必要及时调整刑事司法理念，摒弃形式化机械司法，逐步确立积极立法与谦抑司法并行的刑法治理结构。本文对危险作业罪在司法实践中的认定问题进行探讨，并提出对危险作业罪具体危险的认定进行"实害化"限缩解释的实质解释思路，不仅是对法益保护原则的贯彻，也是对刑法人权保障、刑法最小化等理念的贯彻，为相关危险犯的"危险"认定提供了方向和路径可能，为下一步更为积极、有效、合理地发挥刑法参与社会治理的作用提供了现实和理论参考。

虚开增值税专用发票罪的扩张与规制

——以中国裁判文书网变票虚开案件裁判文书为分析样本

江西省武宁县人民法院　蔡报刚

江西省武宁县人民法院　刘　宏

江西省九江市中级人民法院　顾佰成

大宗商品变票虚开增值税专用发票刑事案件越来越受到社会关注，尤以成品油变票虚开最为明显。2020年6月12日，国家发展改革委、国家能源局联合发布《关于做好2020年能源安全保障工作的指导意见》，强调"加大成品油打击走私，偷税漏税等违法行为力度，维护市场秩序"。司法实践中，变票虚开行为性质一直存在争论。有鉴于此，本文以变票虚开的司法裁判为视角，旨在刑法体系内厘清虚开增值税专用发票罪与其他相关涉税犯罪之间界限，避免虚开增值税专用发票罪适用的扩张，以期更好地规范本罪的适用。

一、裁判分析：虚开增值税专用发票罪扩张的司法现状

自增值税专用发票抵扣制度产生以来，各种虚开行为披着市场经济外衣随之登场，刺痛着市场经济的敏感神经，比较典型的是变票虚开情形。为了反映变票虚开在司法场域的现状，本文以52份刑事裁判文书为样本进行分析。[①] 由于变票存在变名、变换、变更、当作等相似表达，本文获取样本能力有限，但涉案金额普遍较大，[②] 量刑亦偏重，[③] 不妨碍对变票虚开行为的研究。

52份样本涉及案情较为复杂，在对变票虚开行为性质的争议中，被告方为了争取降格量刑乃至无罪辩护，大多以不构成虚开增值税专用发票罪抑或构成逃税罪进行抗辩，其中判决逃税罪的仅有1件，被告人及其辩护人的抗辩意见似乎不被采信。

---

① 本文以"变票"为关键字，以危害税收征管罪具体罪名为案由，在中国裁判文书网检索到56份刑事裁判文书，剔除掉重复的部分，符合条件的52份裁判文书为2022年3月19日的检索结果。

② 在52份样本中，涉案金额在千万元以上的有41个，其中亿元以上的有18个。

③ 在52份样本中，量刑区间在三年以下、三年以上七年以下、七年以上十年以下、十年以上分别有4个、13个、6个、29个，即量刑为七年以上占比达到67%。

经样本分析，成品油领域变票最为突出，占比近90%（见表1）。其实，市场上石油化工产品种类繁多，有数十万种之多，现有的成品油凭票按照各税目征税，这种以票控税方式存在巨大漏洞，造成变票、变名等方式逃避缴纳税款行为适时登场。① 涉税实务中，为了堵住成品油市场偷漏税等违法行为的漏洞，被纳入消费税征税范围的化工产品税基亦不断扩大。②

表1 变票虚开涉及主要领域

大宗商品	数量
成品油	47件
煤	2件
农产品	2件
黄金	1件

经对成品油变票虚开的进一步分析，还存在以下两个方面问题：

（一）变票虚开增值税专用发票的行为模式

前已述及，变票虚开主要集中在成品油领域。根据我国《税法》规定，成品油征税环节是生产加工环节，也就是实际上的炼油环节。受经济利益趋势，成品油变票销售一般会形成一个闭环，即通过炼油企业主导，再经过变票、过票环节操作，最终又回到炼油环节。这种通过给国家增加纳税环节的方式，达到隐瞒生产环节，最终帮助炼油企业逃避缴纳消费税。在司法实践中，这种变票虚开存在以下两种行为模式：

1. 虚假抵扣行为模式。成品油消费税纳税环节位于成品油链条的前端，天然缺乏相互制约的增值税链条抵扣机制，在制度层面为虚开成品油增值税专用发票提供了空间。为了加强应税行为的管控，税务机关转而倒逼对发票的监管，并不在乎真实的交易目的，由此在管理层面衍生出虚假抵扣的乱象。③ 以被告人张锐虚开增值税专用发票罪案为例，④ 一审法院将勾兑的化工原料当作汽油变名销售，且变名后的增值税专用发票被受票方抵扣的变票虚抵消费税行为当作虚开增值税专用发票罪来认定。样本中，将沥青等化工产品及化工产品的原料变名为成品油并经过票让下

---

① 参见李玲：《整治逃税油品势在必行》，载《中国能源报》2021年5月17日。
② 我国实行分税制改革时只对汽油、柴油征收消费税，后石脑油、溶剂油、润滑油、燃料油、航空煤油及进口环节轻循环油、混合芳烃、稀释沥青等调油组相继纳入消费税征收范围。
③ 详见《国家税务总局关于消费税有关政策问题补充规定的公告》（国家税务总局公告2013年第50号）第8条以及《国家税务总局关于消费税有关政策问题的公告》（国家税务总局公告2012年第47号）第3条。
④ 参见湖南省祁东县人民法院（2017）湘0426刑初208号刑事判决书。

游企业抵扣增值税专用发票的变票行为屡见不鲜。①

2. 配票流通行为模式。司法实践中，除了通过上述虚假抵扣外，还存在对应征消费税的油品采取变名的销售方式，诸如石油炼化企业将成品油以化工产品的名义销售给成品油经销企业，后成品油经销企业通过变名方式再销售给下游的用油企业，如此逃避了生产环节的消费税。表1反映的成品油变票多数属于掩盖了成品油生产加工环节，帮助炼油企业逃避缴纳消费税等税收。②

（二）变票模式下虚开增值税专用发票罪扩张的司法现状

在经济利益诱导下，成品油领域变票虚开的乱象愈演愈烈。经对样本裁判分析，司法实践中对成品油变票虚开对象范围、变票虚开目的解释、抵扣税款运用等不同程度的扩张，具体情况如下：

1. 虚开对象范围的扩大化。样本裁判中，成品油变票虚开行为普遍当作虚开增值税专用发票罪来认定。有的裁判认为虚开增值税专用发票罪中的国家税款损失，是增值税还是其他税款并不影响罪名的成立。③ 还有的裁判认为刑法和司法解释均没有明确规定要求构成虚开增值税专用发票罪以偷逃增值税为前提。④

2. 目的标准表述的扩张化。样本裁判中，为了达到虚开增值税专用发票罪定罪的目的，其主观目的的表述出现混乱（见表2）。多数将本罪目的表述为谋取非法利益抑或具体化为开票费用、非法利润等，此时偷逃税款容易被解释为骗取税款。有的认为以其他目的的虚开增值税专用发票行为，根本不需要考虑是否造成税款损失，由于缺乏法益的指导和制约，导致将行政违法行为当作刑事犯罪。

表2 变票虚开定罪主观目的的表述

案号	犯罪主观目的	是否考虑税款损失认定
（2021）鲁08刑终432号	牟取非法利益	不考虑
（2020）浙01刑初30号	牟取非法利益	考虑（帮助逃避缴纳消费税）
（2019）浙1102刑初112号	牟取开票费	考虑（逃避缴纳消费税）
（2019）皖06刑初8号	骗取税款	考虑（逃避缴纳消费税）
（2019）皖06刑终289号	牟取非法利润	考虑（帮助逃避缴纳消费税）
（2019）皖0602刑初77号	牟取非法利益	不考虑

---

① 参见湖北省大冶市人民法院（2019）0281刑初396号刑事判决书、安徽省芜湖市中级人民法院（2020）皖02刑初1号刑事判决书等。
② 参见四川省自贡市自流井区人民法院（2020）川0302刑初117号刑事判决书、浙江省杭州市中级人民法院（2020）浙01刑初30号刑事判决书等。
③ 参见浙江省高级人民法院（2019）浙刑终22号刑事裁定书。
④ 参见浙江省高级人民法院（2018）浙刑终361号刑事判决书。

针对表 2 反映虚开犯罪主观目的的多种表达方式，与之对应的逃避缴纳消费税是否属于虚开增值税专用发票罪中的"国家税款损失"，有待下文进一步分析。

3. 抵扣税款运用的扩充化。虚开增值税专用发票罪的社会危害性主要体现在非法抵扣税额，这一认识在成品油变票领域得到充分运用。从样本裁判来看，多数按照一般货物的增值税专用发票税款抵扣机制来认定税款损失，① 以及将消费税损失作为情节特别严重的标准。即使考虑隐瞒生产加工环节消费税的情形下，有的将抵扣的消费税税额当作虚开税款损失，其行为在定性上偏离虚开，而最后定罪偏向增值税。②

表 3　变票虚开税款损失认定的差异化

案号	可抵扣对象	虚开税款损失认定
（2020）皖 02 刑初 1 号	增值税	按照抵扣的增值税税额认定
（2019）鄂 0281 刑初 396 号	增值税	按照抵扣的增值税税额认定，将消费税损失作为情节特别严重考虑
（2018）浙刑终 397 号	增值税	未区分未缴纳消费税和抵扣增值税税额
（2018）鄂 02 刑初 29 号	增值税	按照抵扣的增值税税额认定，将消费税损失作为情节特别严重考虑
（2018）浙 01 刑初 9 号	消费税	按照抵扣消费税税额认定
（2018）鄂 02 刑初 20 号	增值税	按照抵扣的增值税税额认定，将消费税损失作为情节特别严重考虑
（2017）湘 0426 刑初 208 号	增值税	按照抵扣增值税税额扣减退缴部分认定
（2014）六刑初字第 00032 号	增值税	按照抵扣增值税税额认定，并考虑未缴消费税税额

经对表 3 分析，部分司法实践关注增值税专用发票税额抵扣的表象，未注意到变票环节所隐瞒的消费税税率比增值税税率要高的事实，甚至忽视变票虚抵消费税行为与虚开骗抵增值税行为的差异。

二、问题检视：虚开增值税专用发票罪扩张适用的弊端

在牟取非法利益的掩盖下，成品油变票隐瞒的课税事实抑或该环节缴纳税款性质容易被扭曲，使得偷逃税行为未被追责，反而被定性为罪名更重的虚开增值税专用发票罪。虚开增值税专用发票罪适用的扩张，带来了混淆虚开增值税专用发票罪与逃税罪等涉税犯罪的界限、虚开目的解释路径不足、量刑过重超越国民心理预期

---

① 从增值税购进扣除法的原理来看，只有在进项中缴纳增值税税款的交易主体，才能在销项中拥有抵扣税款权利。
② 参见浙江省高级人民法院（2018）浙刑终 361 号刑事判决书。

等弊端。

(一) 混淆与逃税罪等涉税犯罪的界限

1994年分税制改革以来,虚开增值税专用发票的行为异常猖獗,造成国家税款流失十分严重。在这种情况下,1995年全国人大常委会通过了《关于惩治虚开、伪造和非法出售增值税专用发票犯罪的决定》,由此虚开增值税专用罪才正式确立。虚开增值税专用发票罪设立之初,虚开行为普遍被认为具有骗取国家税款的目的。随着经济发展,实践中不断出现如实代开、挂靠等不具有骗取国家税款为目的的情形,要求对虚开行为采取目的限缩解释,将本罪解释为非法定目的犯的呼声越来越高。在最高人民法院、最高人民检察院出台一系列解释、复函及典型案例中,① 明确提出认定增值税专用发票罪时,要求行为人主观具有骗取税款的目的,客观造成国家税款损失。逃税罪作为《刑法修正案(七)》对偷税罪修改形成的罪名,是指行为人对国家负有缴纳税款的情况下,采取欺骗、隐瞒手段虚假纳税申报或不申报的违法行为。由此可见,逃税的本质是对国家税收和税收征管秩序法益的违反。虚开增值税专用发票罪、逃税罪作为违反市场经济秩序犯罪,相同点是造成国家税收损失且具有非法获利性,主要区别点在于造成国家税收损失的方法,"虚开"的危害本质在于骗,将原属于国家的税款部分据为己有,属诈骗行为;而"逃税"的危害本质在于逃,通过欺骗、隐瞒手段使国家应征缴的税款未能征缴,属于义务犯的性质。因此,在多数场合下,两罪之间的界限不应该产生认定上的困难。但是,在变票虚开场域下,尤其是成品油增值税、消费税均涉及增值税专用发票及税款抵扣环节,使得虚开增值税专用发票罪与逃税罪在适用上容易产生混乱。虚开增值税专用发票罪的扩张,侵犯了可能属于逃税罪的范围,由此造成罪与罪之间紧张关系,有违罪刑法定原则。

从最高人民法院、最高人民检察院系列观点来看,毫无例外都是针对有实际生产经营活动的"有货"型虚开。例如,行为人以其他单位名义对外开具发票,其行为特征符合虚开增值税专用发票罪的犯罪构成,根据前述最高人民法院研究的复函内容,挂靠开票不属于《刑法》第205条规定的虚开增值税专用发票。事实上,以挂靠方式经营在社会经济活动中具有普遍性,税法已对挂靠开票的性质形成了判断,实际上已放宽了行政违法性的认定,② 对于以行政不法前置的行政犯来说,自然不具有刑事违法性。又如,根据《财政部、国家税务总局关于再生资源增值税政策的通知》规定,取消了废旧物资发票按10%计算抵扣进项税额的优惠政策,导致废旧物资经营企业进项税额抵扣不足的困局。为了修复增值税抵扣链条机制,废旧物资

---

① 详见《最高人民法院研究室关于如何认定以"挂靠"有关公司名义实施经营活动并让有关公司为自己虚开增值税专用发票行为的性质征求意见的复函》;2018年最高人民法院发布保护产权和企业家合法权益典型案例(张某强虚开增值税专用发票案)及2020年《最高人民检察院关于充分发挥检察职能服务保障"六稳""六保"的意见》等。

② 详见《国家税务总局关于纳税人对外开具增值税专用发票有关问题的公告》及其解读。

经营单位通过第三方如实代开增值税专用发票。需要注意的是，如实代开时，已足额缴纳了增值税，受票方拿着代开发票再进行抵扣，国家税款从整体上来说并没有损失，因而不能评价为刑法上的虚开。

总而言之，上述情形明确"不具有骗取税款目的且不会造成国家税款损失"不构成虚开增值税专用发票罪的结论，只能确保某些个案处理的合理性，不能形成具有规范作用的标准。① 前述样本裁判过分强调造成国家税款损失，而不着眼于国家税款损失性质的区分，事实上混淆了虚开增值税专用发票罪与逃税罪等其他涉税犯罪的界限。

(二) 变票虚开目的解释路径不足

在没有真实交易实际经营的情形下，"对开""环开"增值税专用发票行为是较为常见的类型。此类开票行为仅是为了夸大经济实力，为企业在贷款、融资等活动中提供便利，各交易参与方之间事实上形成了一个闭环，所开具的增值税专用发票税额是相同的，不会造成国家税款损失。就此而言，此类虚开行为并无骗取税款目的。主观上具备骗取税款的目的，应以积极追求结果的直接故意为限。② 例如，为他人虚开、介绍他人虚开两种情形中，行为人只是帮助他人实施犯罪的预备行为，至于他人是否实施骗取税款行为，行为人往往不具有支配性。因此，很难得出行为人必然以偷税或逃税为目的。③ 以前述成品油变票样本裁判为例，开票公司为了帮助成品油炼化企业逃避缴纳消费税，将非应税化工产品增值税专用发票变名为成品油增值税专用发票，如认定具有骗取国家税款的目的，则会导致变票行为难以纳入《刑法》规制的范围。为了妥善解释上述变票行为，理论上存在将虚开增值税专用发票罪主观目的解释为牟取非法利益，④ 前述样本裁判大多运用此种解释方法。然而，如运用牟取非法利益目的去解释"为自己虚开""让他人为自己虚开"情形，原先被解释出罪的为了融资、夸大经济实力等情形又会解释成入罪。

在"有货"型变票虚开案件中，不管是将化工产品勾兑为成品油进行销售还是将成品油以沥青、MTBE、重质油等品名对外开票，其变票动因是偷逃消费税，如不考虑是否造国家税款损失的结果或危险，将虚开发票抵扣税款在刑法中进行评价，⑤ 将不以骗取国家税款为目的虚开行为当作虚开增值税专用发票罪，不当扩张本罪的处罚范围。如前所述，过分强调骗取税款的目的，会导致应缴未缴消费税被忽视或简化处理。应当指出，在变票案件中，国家税款损失一般不是通过增值税专用发票抵扣税款来实现，而是应缴消费税与增值税之间的差额，这才是实际受益

---

① 参见陈金林：《虚开增值税专用发票罪的困境与出路》，载《中国刑事杂志》2020 年第 2 期。
② 参见陈兴良：《教义刑法学》，中国人民大学出版社 2010 年版，第 453 页。
③ 参见牛克乾：《虚开专用发票犯罪的法律适用》，载《人民司法》2006 年第 7 期。
④ 参见周光权：《刑法各论》(第三版)，中国人民大学出版社 2016 年版，第 296 页。
⑤ 参见湖南省祁东县人民法院 (2017) 湘 0426 刑初 208 号刑事判决书。

人通过变票、过票行为达到逃税的目的。换言之，变票、过票行为的危害在于偷逃消费税，与增值税税款不存在关联，不能将消费税损失作为虚开增值税专用发票罪的税款损失。

（三）量刑过重超出国民一般心理预期

从前述样本裁判来看，变票虚开行为的认定容易出现差错，从而导致罪刑不相适应。比如，成品油变票隐瞒消费税未作出认定，从而造成了对行为人主观逃避缴纳消费税的目的及因抵扣税款造成消费税损失的结果，基本上没有纳入司法考量范围。反而以增值税专用发票抵扣税款来认定虚开数额，完全脱离了成品油变票的实际。诚然，少数案件对应缴未缴消费税损失进行了认定，但是作为虚开增值税专用发票罪的情节严重、特别严重情节来考虑，甚至还将消费税损失与增值税损失一并作为虚开税款数额。可以看出，虚开增值税专用发票刑罚与变票行为性质之间关系逐渐背离。即便是在大多数被告人抗辩不构成虚开增值税专用发票罪抑或构成逃税罪的情形下，也只是基于退缴非法所得、认罪认罚、立功表现等量刑情节，少数案件的量刑出现降格，仍无法扭转量刑偏重情形。而且，一旦以虚开增值税专用发票定罪后，只要涉案金额较大，往往会判处较重的刑罚，有些裁判甚至会超出国民的一般心理预期，相应的刑罚超出一般人容忍的严厉程度。①

前已述及，成品油变票虚开严重扭曲了税收征管制度，特别是亿元以上的变票虚开案件备受关注。在适用逃税罪的量刑与变票行为后果难以匹配时，较普遍通过适用虚开增值税专用发票罪来改变量刑不匹配的现象。从前述成品油变票的裁判来看，当案件事实处于被公诉机关指控重罪与被告人抗辩轻罪纷争时，基于国家税收利益的保护目的，司法机关偏向重罪量刑，体现出对成品油变票行为采取高压态势。正如有的学者认为："在刑罚法规的解释特别是构成要件的解释上，应当从处罚的合理性和必要性、当罚性这一实质的观点出发。"② 基于此，构成要件不是判断行为入罪及处罚的标准，关键在于行为的当罚性，基于法益保护的目的，可对不在刑法条文射程范围内的行为予以处罚。如此定罪主张与量刑反制定罪理论相契合，将刑罚的当罚性作为目的，构成要件只是手段，手段要服从目的的安排。③

实际上，量刑反制定罪理论有违罪刑法定原则，其弊端是显而易见的。罪名的目的本身就在提示犯罪的社会危害性，并服务量刑的安排。必须看到的是，定罪的终极目的就在于服务公正量刑，但不在于实现量刑公正而不择手段。④ 同时，构成要件的确定性是区分罪与罪的界限，而量刑反制定罪完全脱离构成要件，实则是对

---

① 参见朱苏力：《法条主义、民意与难办案件》，载《中外法学》2009年第1期。
② ［日］大谷实：《刑法讲义总论》（新版第2版），黎宏译，中国人民大学出版社2008年版，第88页。
③ 参见叶良芳：《量刑反制定罪：实践与理论的双重批判》，载《东南大学学报（哲学社会科学版）》2018年第1期。
④ 参见郑延谱：《量刑反制定罪否定论》，载《政法论坛》2014年第6期。

罪刑法定原则的违背。

三、厘清认识：虚开增值税专用发票抵扣税款的释义

从前述变票虚开适用来看，有必要厘清虚开增值税专用发票抵扣税款在虚开增值税专用发票罪构成要件中的要义，避免将抵扣税款拘泥于虚开发票性质的理解。基于此，本部分从增值税抵扣机制、骗取增值税留抵退税行为性质等两个方面进行分析。

（一）从增值税抵扣机制来分析

增值税专用发票核心在于抵扣税款，其前提是纳税人业已承担增值税进项税，且进项税构成经营所需的实质条件。在论及虚开骗取增值税税款时，由于虚开增值税专用发票罪的行为对象是直接抵扣税款的发票，通过虚开的增值税专用发票来抵扣税款，从而造成国家税款损失。司法实践中，依据增值税专用发票完成抵扣就认定变票虚抵消费税是虚开增值税专用发票罪行为，事实上，忽略了变票虚抵消费税与虚开骗抵增值税之间的差异。消费税税额是根据增值税专用发票上记载的价格或数量来计算抵扣税款的，即计算抵扣，而增值税是根据增值税专用发票上记载的进项税额来抵扣税款，属于凭票抵扣，两者抵扣原理存在本质上的区别。进一步来说，前述变票虚抵消费税侵犯的是国家税收增量权利，并未涉及国家已有的税款损失，而虚开骗抵增值税侵犯税收存量权利，涉及国家已有的税款损失，前者的主观恶性及社会危害性相对较小。① 其实，变票虚抵消费税属逃税行为，与虚开骗抵增值税的行为的性质完全不同，逃税罪的法定刑明显低于虚开增值税专用发票罪。例如，将偷逃税行为以虚开增值税专用发票罪论处，容易造成轻罪重判，因此，虚开增值税专用发票罪中的税款损失，仅限于增值税税款损失。将变票虚抵消费税当作虚开骗抵增值税对待，扭曲了增值税税款抵扣功能。

（二）从骗取增值税留抵退税行为性质来分析

为了护航增值税留抵退税政策落地，六部门将骗取增值税留抵退税作为当前常态化打击虚开骗税工作的重点。② 从网上曝光的骗取增值税留抵退税案例看，大多以虚增进项、隐瞒收入及其他欺骗手段等骗取留抵退税。③ 实际上，行为人骗取增值税留抵退税主要从增值税进项税额和销项税额这两个方面着手，具体存在以下三种形式：

1. 以虚增进项税方式骗取增值税留抵退税行为。随着增值税留抵退税政策红利

---

① 参见赵景川：《以"变票"方式虚开增值税专用发票行为的司法认定》，载《中国检察官》2021年第10期。
② 2022年5月17日，国家税务总局、公安部、最高人民检察院、海关总署、中国人民银行、国家外汇管理局联合发布了《关于严厉打击骗取留抵退税违法犯罪行为的通知》。
③ 参见苟晓阳：《以不同罪名论处骗取留抵退税行为》，载《检察日报》2022年6月11日。

释放，使得骗取留抵退税更为便利。不法分子在没有真实交易的情形下，通过虚开增值税专用发票来骗取留抵税额，涉嫌构成虚开增值税专用发票罪。如此定罪，仍是基于虚开发票的进项税额处于留抵状态，按照现行增值税政策，该部分税款可以退还给受票方，只不过在这种情形下骗取留抵退税环节少、链条短，并非否定抵扣税款原理。与之不同的是，行为人为了骗取留抵退税，将虚开增值税专用发票或其他可抵扣发票列入成本费用，可以在所得税前扣除，造成少缴企业所得税，此时不是通过进项税额抵扣来影响国家税款损失，故不构成虚开增值税专用发票罪。

2. 以通过隐瞒收入、少报收入方式虚假申报骗取增值税留抵退税行为。行为人通过隐瞒销售收入的形式来减少销项税额，以此向税务机关虚假申报留抵退税，属于偷漏税违法犯罪行为，情节严重的，构成逃税罪。在这种行为模式下，由于增值税进项税额是真实的，亦不存在利用虚开增值税专用发票抵扣税款的可能，故不构成虚开增值税专用发票罪。

3. 以其他欺骗手段虚假申报骗取留抵退税行为。司法实践中，部分不满足留抵退税条件的纳税人，利用关联企业转嫁留抵退税或采取其他虚假申报方式骗取留抵退税行为，主要是通过增值税进项税抵扣来实现，因而构成虚开增值税专用发票罪。当然，把不符合退税条件的进项，经过真实交易安排转移到符合条件企业上，此种情形是否满足合规出罪，这是厘清骗取留抵退税行为性质时需要注意的问题。

从增值税进项税额和销项税额这两个方面对不同骗取留抵退税行为的甄别，其目的就是厘清罪与罪之间适用的界限，通过虚增进项骗取留抵退税是虚开增值税专用发票罪的典型特征。

四、规制路径：我国刑法体系中虚开增值税专用发票罪的判断

《刑法》第 205 条规定的虚开增值税专用发票罪，并未对是否以主观上骗取国家税款为目的，客观上造成国家税款损失的构成要件予以规定，而只是简单列举为他人虚开、为自己虚开、让他人为自己虚开及介绍他人虚开的方式。从法益保护目的来看，并不要求只在侵害法益时才产生刑事责任。其实，从我国刑法修正案内容来看，对同一法益设计了"抽象危险犯、具体危险犯、实害犯"的阶梯式犯罪类型。[①]

《刑法》分则第三章第六节危害税收征管罪作为《刑法》第 205 条中"虚开"的规范语境，为论证"虚开"提供了分析视角与判断依据，因为"虚开"需要结合虚开发票类犯罪的其他罪名确定其犯罪类型，便于罪名体系解释。因此，应先将虚开发票罪、逃税罪等相关罪名已明确的犯罪类型作为确定的判断标准。

（一）以刑法规制虚开发票类犯罪的目的进行规范分析

1997 年《刑法》设立虚开增值税专用发票罪时，未对虚开普通发票单独规定犯

---

① 参见李翔：《论微罪体系构建——以醉酒驾驶型危险驾驶罪研究为切入点》，载《政治与法律》2022 年第 1 期。

罪。伴随着金税工程的推行及后来的虚开增值税专用发票罪设立，不法分子将违法犯罪目标由虚开增值税专用发票转向其他发票，虚开普通发票行为变得非常猖獗。为进一步加强普通发票管理，加大惩处虚开发票行为力度，2011年《刑法修正案（八）》在《刑法》第205条后增加一条，即第205条之一的虚开发票罪，其行为表述的虚开为"本法第二百零五条规定的以外"其他发票。需要指出的是，此处"本法第二百零五条规定的以外"属于界定要素，而非构成要件要素。① 对比虚开增值税专用发票罪，虚开发票罪的行为对象是不直接用于抵扣税款的普通发票，因而虚开不具有可抵扣税款的增值税专用发票行为可涵括在《刑法》第205条之一的构成要件范围内。如果没有抵扣税款的区别，这两种类型的虚开增值税专用发票行为的社会危害性是相同的。

其实，虚开发票罪罪名设立，与虚开行为泛滥并诱发逃税等涉税犯罪有关。② 也就是说，虚开普通发票往往会虚增成本或费用，从而间接影响企业所得税。但是，行为人虚开发票，除了可能虚增成本费用偷逃所得税外，还有可能衍生财务造假、贪污罪、挪用资金罪、职务侵占罪等犯罪。因其目的不同，可能是逃税罪中的骗，也可能是非法占有目的中的骗，还有可能是侵吞国家财产中的骗。如属于逃税罪中的骗，则造成国家增量税收的损失；如属于非法占有目的中的骗，则造成他人合法财产的损失；如属于侵吞国家财产的骗，则造成国家财产的损失。如前所述，如属于虚开增值税专用发票罪中的骗，则造成国家存量税收的损失。由于虚开目的的各异，最终导致所侵犯的犯罪客体不限于税收征管秩序，如不对虚开发票类犯罪目的加以限制，将所有虚开发票行为当作虚开发票罪论处，势必导致罪与罪之间适用混乱，以及混淆虚开发票行为的刑事不法与行政不法的界限。换言之，刑法规制虚开发票类犯罪目的，在适用危害税收征管类犯罪同时，对危害其他客体的犯罪应由其他罪名定罪处罚。

（二）以虚开增值税专用发票罪的行为结构作为论证起点

对"虚开"的理解，如仅限于文字语义，则无法对"虚开"的行为结构进行认定。从虚开增值税专用发票罪罪状的表达来看，存在三个罪刑单位，③ 都是以虚开为中心。从法条文字表述上并不论及骗取税款行为，有观点认为本罪不包含骗取税款行为。④ 以相关司法解释而论，诸如1996年《最高人民法院关于适用〈关于惩治

---

① 参见张明楷：《刑法学》，法律出版社2016年版，第817页。
② 参见全国人大常委会法制工作委员会刑法室：《〈刑法修正案（八）〉条文说明、立法理由及相关规定》，北京大学出版社2011年版，第34页。
③ 参见《刑法》第205条第1款规定。
④ 参见周道鸾、张军主编：《刑法罪名精释》（第四版），人民法院出版社2013年版，第419页。

虚开、伪造和非法出售增值税专用发票犯罪的决定〉的若干问题的解释》第1条①规定，虚开增值税专用发票的数额和虚开增值税专用发票导致国家税款被骗的情节都作为定罪量刑的标准。对比不同罪刑单位下的数额和情节的规定，除了虚开数额外，还存在国家税款被骗的表述。同时，从2022年4月29日《最高人民检察院、公安部关于公安机关管辖的刑事案件立案追诉标准的规定（二）》第56条规定来看，虚开增值税专用发票罪追诉立案标准为虚开增值税专用发票的税款数额在10万元以上和虚开增值税专用发票造成国家税款损失数额在5万元以上。根据对比，虚开增值税专用发票罪的立案标准提高了10倍，该罪名被追责的风险似乎在降低。

从虚开增值税专用发票的形式来看，存在为自己虚开和为他人虚开两种不同情形，在为他人虚开的情形下，当他人尚未实施骗取国家税款行为时，属于骗取国家税款的预备行为的帮助犯，由于刑法将此类帮助行为设立为犯罪，故而构成虚开增值税专用发票罪。例如，行为人为他人虚开的同时，他人实施骗取国家税款行为，此时构成虚开增值税专用发票罪的共犯。在这种情形下，此时存在虚开行为和骗取国家税款行为两个行为。从本罪的保护法益来分析，如本罪的行为结构仅仅是虚开行为，则属于侵害增值税专用发票管理制度行为，这并不能揭示虚开行为的严重社会危害性。如本罪的行为结构包括虚开行为和骗取国家税款行为，则本罪保护的法益包括增值税专用发票管理制度和国家税收利益。

从前述分析来看，《刑法》第205条规定的虚开增值税专用发票罪包含虚开行为和骗取税款行为，应在本罪的构成要件中予以明确。②通过虚开增值税专用发票罪行为结构的阐述，本罪以造成国家税款损失为构成要件难以自洽。

（三）虚开发票罪等相关犯罪提供价值判断依据

"刑法设立的罪名在侵害法益的性质上存在不同的类型，由此可以将犯罪划分为各种类型。"③因此，在对"虚开"进行解释时，不能仅局限于《刑法》第205条规定的内容，而应立足于虚开发票涉及的具体罪名，并为不同罪名犯罪形态提供更为精准化的评价标准，以此来区别罪与罪之间的界限。经由此论证得出的具体内容抑或适用标准，为"虚开"的认定提供认识基础和判断视角。

《刑法》第201条和第205条之一条确立了刑法上骗取税款行为的不同处罚点与态度，即刑法对不同发票违法行为适用不同罪名以示区别，故可依此来约束并指引骗取税款行为认定的具体化。《刑法》第205条之一条规定以"情节严重"作为

---

① 《最高人民法院关于适用〈关于惩治虚开、伪造和非法出售增值税专用发票犯罪的决定〉的若干问题的解释》第1条规定，虚开税款数额1万元以上的或者虚开增值税专用发票致使国家税款被骗取5000元以上的，应当依法定罪处罚。虚开税款数额10万元以上的，属于"虚开的税款数额较大"；具有下列情形之一的，属于"有其他严重情节"包括因虚开增值税专用发票致使国家税款被骗取5万元以上的……

② 参见陈兴良：《虚开增值税专用发票罪：罪名沿革与规范构造》，载《清华法学》2021年第1期。

③ 陈兴良：《虚开增值税专用发票罪的不法性质与司法认定》，载《法律科学（西北政法大学学报）》2021年第4期。

虚开发票罪构成要件的限制条件。① 换言之，虚开发票罪确立以行为对法益产生的危险达到"情节严重"程度为构成要件，在犯罪属性上归属为具体危险犯。② 由此，虚开发票罪中构成要件"情节严重"不包含损害结果的内容。《刑法》第 201 条关于逃税罪采取"数额+比例"的入罪标准，同时又规定"经税务机关依法下达追缴通知后，补缴应纳税款，缴纳滞纳金，已受行政处罚的，不予追究刑事责任"出罪通道。这是因为《税收征管法》对逃税行为的处罚是以"不缴或者少缴税款"为前提，在没有不缴或者少缴税款的情况下，逃税行为并不具有《税收征管法》上的可罚性，故而逃税罪应作为实害犯。

由于逃税罪一般不存在虚开进项增值税专用发票，相比而言，虚开发票罪涉及不具有抵扣税款的增值税专用发票，其实起到限缩虚开增值税专用发票罪中的发票范围，其立法渊源更具有可比性。从虚开发票罪的法益保护来看，在判断实施虚开发票行为是否达到"情节严重"的程度时，尤其是虚增成本费用逃避缴纳企业所得税较为普遍时，需要站在一般人所认识角度判断虚开的发票用于偷逃企业所得税款的可能性很大，③ 这为"虚开"的认定提供了价值判断的依据。

（四）在刑法内部体系中证成"虚开"

《刑法》第 205 条对虚开行为采取简单描述，对何为"虚开"并未作出明确规定。但是，通过《刑法》中危害税收征管罪其他条款在价值层面确定的虚开发票罪的处罚位阶，其对法益保护较浅，也就是侵犯发票管理制度。而虚开增值税专用发票罪保护的法益具有双重性，发票管理制度只是表层的，更为深层次的是国家税收安全。两者之间的位阶关系即由浅入深，在解释《刑法》第 205 条时，应对虚开增值税专用发票罪的适用范围进行限制，但该限制应建立在虚开增值税专用发票罪与虚开发票罪等相关犯罪的位阶关系上，避免处罚范围不当。

从虚开罪名来看，虚开增值税专用发票罪与非法抵扣税款之间存在高度关联，考虑到市场经济交易具有明显的匿名性和市场对损害结果的发生具有放大效果，这种关联性在个案层面难以证明，需要刑法进行提前干预，加强对违反市场经济秩序行为的规制，而非让实际损失发生时进行干预。④ 随着增值税改革的推进，虚增进项骗取留抵退税链条更短、成本更低、时间更快，如打击不及时会对国家税款造成难以挽回损失，对虚开行为的刑法保护前置化，更有助于法益保护功能的实现。其实，《刑法》第 205 条规定的虚开增值税专用发票罪采用预备行为吸收实行行为的

---

① 我国《刑法》分则中"情节严重""情节恶劣"等罪量因素，一般而言，属于决定犯罪成立与否的构成要件要素。参见王彦强：《犯罪成立罪量因素研究》，中国法制出版社 2018 年版，第 212 页。
② 参见谭堃：《论虚开发票罪中"情节严重"的具体危险构造及其判断》，载《政治与法律》2021 年第 6 期。
③ 有学者认为，在不考虑行为人的认识内容的情况下对一项危险是否存在作出评价，根本不可能。参见［德］路易斯·葛雷克：《客观归责领域的主观面：论特殊认知"问题"》，陈晰译，载《当代德国刑事法研究》（第 3 卷），法律出版社 2019 年版，第 9 页。
④ 参见马晓春：《中国经济刑法法益：认知、反思与构建》，载《政治与法律》2020 年第 3 期。

立法体例。因此，将虚开增值税专用发票罪作为抽象危险犯，体现刑法规制"虚开"的更重处罚位阶。毕竟，从抽象危险犯与具体危险犯之间的差异来看，具有法益侵害可能性存在程度上不同的倾向。

在对行为是否具备抽象危险性进行判断时，不能仅限于形式判断，还要着眼于实质性的考量，[①] 否则，容易扩大抽象危险犯的处罚范围，容易混淆虚开增值税专用发票罪与其他发票类犯罪之间的界限。

1. 从事实层面来看。在事实层面即从犯罪事实出发，以一般人可能认识的事实为基础，站在一般人立场采取事中判断是否存在侵犯法益的危险。随着交易链条的延伸，虚开行为在时间上具有转化性，虚开抵扣认定不能局限于某一时点，而应该秉持整体性判断，这决定了不可能基于事前形成的危险来判断。因此，为了让判断更加符合一般经济运行规律，应该站在事中进行判断，将不具有抽象危险相当性的行为排除出犯罪圈之外。在司法实践中，诸如在特定主体之间形成闭环的变票虚开案件，且各主体按照增值税专用发票上的税额已缴纳增值税税款，站在事中进行判断，显然不具有造成增值税税款损失的抽象危险。

2. 从规范层面来看。在规范层面即对行为是否处于虚开增值税专用发票罪的规范目的涵摄内进行价值判断。从虚开增值税专用发票罪规范目的进行分析，就是防止受票人、出票人非法利用增值税专用发票抵扣税款，从而造成国家增值税税款损失。易言之，不可能造成国家增值税税款损失的"虚开"，自不在本罪规范目的的范围。在解释这一抽象法益时，需要考虑到法益的可损性。例如，在没有实际经济活动的情形下，短时间频繁为他人虚开增值税专用发票后逃走，此时为他人虚开增值税专用发票的销项税额不可能纳税，但进项税额存在被抵扣的抽象危险，应以虚开增值税专用发票罪定罪处罚。又如，在虚开增值税专用发票流转过程比较复杂以及虚开或变票去向不明的情形下，行为人利用富余的发票虚开抑或从事变票行为，其行为本身蕴含着国家税款损失的抽象危险。然而，伴随着经济利益的驱动，市场经济中的虚开发票行为越来越多样化，既有利用富余票、税收政策虚开的情形，也有变票洗票、对开、环开以及如实代开等情形，若不从规范层面考虑法益的可损性，直接作为入罪处理，将导致刑法适用上的混乱。因此，在解释《刑法》第205条时，应结合虚开行为的典型特征，通过法益侵害的危险性来对"虚开"作出判断。

抽象危险犯的提出其实迎合了"风险社会"中防范风险及提前保护法益的必要，并通过特殊构成要件的设定旨在一定程度上减轻控方的证明负担，[②] 如"运用实害的构成要件保护法益，往往遭遇举证的困难"。[③] 抽象危险犯的入罪标准，在于

[①] 参见劳东燕:《法条主义与刑法解释中的实质判断——以赵春华持枪案为例的分析》，载《华东政法大学学报》2017年第6期。
[②] 参见闫二鹏:《持有型犯罪立法动向及其正当化根据》，载《国家检察官学院学报》2019年第3期。
[③] 林东茂:《危险犯与经济刑法》，我国台湾地区五南图书出版有限公司1996年版，第15页。

行为本身创设了类型化的高度危险,① 因此,只要行为人实施了相应的行为就推定存在这种程度的危险,自不需要控方证明危险的存在。基于此种推定的危险,应当允许反证之危险不存在而出罪,②"如实代开"就属于这种情形。虚开增值税专用发票罪实质危害在于骗取抵扣税款,且刑法为此配置了较重刑罚,是严重犯罪,如认为只要虚开行为具备抽象危险性,即构成犯罪并判处重刑,不符合罪刑相适应原则。而且,抽象危险犯的设定本身意味着犯罪圈扩大,直面虚开增值税专用发票罪追诉标准的提高,在对"虚开"予以刑事处罚的同时,司法更应体现从宽精神,充分认识到近年来经济下行压力加大,适度加大对初犯、偶犯以及及时补缴税款、挽回税收损失等虚开骗抵税款犯罪行为从宽从轻、免于刑罚,甚至不作为犯罪处理。如此,才能将刑法手段更好地融入国家治理体系之中,③ 为市场主体创新创业营造宽松的社会环境。

结　语

虚开增值税专用发票罪作为增值税税制改革而产生的罪名,发票管理制度仅是表层的保护法益,更深层的保护法益是国家税收安全。随着增值税征管模式的变革,新型犯罪模式与新的虚开行为相伴而生。尤其是在增值税留抵退税政策改革的背景下,骗取留抵退税链条变得更短,以"更快速度"遏制虚开进项骗取留抵退税等违法犯罪行为,作为一种基于法益的前置化保护措施,符合抽象危险犯的逻辑,如此为增值税留抵退税政策落地提供有力的司法保障,更好地护航统一的市场竞争秩序。

---

① 参见马春晓:《经济刑法中抽象危险犯入罪标准的类型化适用》,载《南京大学学报(哲学·人文科学·社会科学)》2020年第5期。
② 参见付立庆:《应否允许抽象危险犯反证问题研究》,载《商法研究》2013年第6期。
③ 参见代桂霞、冯君:《轻罪治理的实证分析和司法路径选择》,载《西南政法大学学报》2021年第5期。

网络开设赌场涉案资金处置的现状审视与处置机制完善
——兼论动态性账户资金没收标准构建

江西省萍乡市中级人民法院　刘　浩
江西省萍乡市安源区人民法院　黄　轲
江西省萍乡市安源区人民法院　王石莎

引　言

网络开设赌场犯罪是涉网络犯罪较多的形式之一。近年来，全国网络开设赌场犯罪案件剧增。在查办此类案件过程中，为不放过可疑资金，公安机关往往会冻结大量银行账户，有的个案查控的资金超亿元，账户达万余个。账户资金性质复杂、涉资金证据采集困难、是否没收认定标准不一、第三人[①]权利救济途径不畅、涉案资金处置机制缺位等问题和困境，造成法官难以对涉案账户资金的权属和性质作出准确认定。2021年3月1日起施行的《最高人民法院关于适用〈中华人民共和国刑事诉讼法〉的解释》对涉案财物处置进行了进一步的修改和完善，要求建立庭审对案件的定罪、量刑与涉案财物审理并重理念。[②] 本文通过对网络开设赌场涉案资金处置现状进行勾勒，归纳涉案资金处置中存在的问题，分析原因并提出完善建议，以期对网络开设赌场涉案资金处置提供有益借鉴。

一、考察：网络开设赌场涉案资金处置的现状分析

在中国裁判文书网上，以"开设赌场、网络、冻结、没收"为检索词，时间限定2017年1月1日至2022年6月30日，检索出判决书1781份，通过查阅每份判决书，从中挑选起诉前已冻结第三人账户的200份判决书作为样本进行分析。另外，笔者查阅了20件网络开设赌场案件的全部案卷卷宗，并通过向30名刑事法官开展问卷调查等方式，了解法官在办理该类案件时对于涉案资金处理的问题和困惑以及

---

① 本文所指第三人为与冻结账户内资金存在利害关系的人。
② 葛宪运：《刑事涉案财物审理的庭审实质化路向》，载《人民司法》2021年第31期。

对不同类型账户资金的处置意见,勾勒出当前司法实践中网络开设赌场涉案资金处置的基本现状。

(一)网络开设赌场涉案资金没收的现状扫描

1. 流转赌资数额大,涉及账户、资金众多。网络赌博往往参与人数多、涉及面广,加之当前全国网络开设赌场犯罪打击力度较大,此类案件涉案账户呈现出数量多、金额大、交易频次高、流转资金量大的特点(见表1),导致司法机关难以准确厘清具体账户内资金性质及权属关系。

表1 200份网络开设赌场裁判文书资金没收情况表

统计项目		案件数(件)	占比
流转赌资	超1亿元	98	49.0%
	5000万元至1亿元	38	19.0%
	1000万元至5000万元	36	18.0%
	1000万元以下或未显示	28	14.0%
没收账户数	500个以上	41	20.5%
	200个至500个	36	18.0%
	100个至200个	16	8.0%
	100个以内	107	53.5%
判处没收资金数额	1亿元以上	32	16.0%
	5000万元至1亿元	43	21.5%
	1000万元至5000万元	69	34.5%
	100万元至1000万元	54	27.0%
	100万元以下	34	17.0%

2. 多数判决对账户资金不予区分直接没收。案例1对于冻结的银行账户资金全部予以没收,并未区分应予没收和不应没收情形。案例2对于冻结的银行账户资金根据账户资金情况区分应予没收和不应没收情形。据统计,样本200份判决书中有179份判决,判决没收的账户数量及资金数额与侦查机关冻结的完全一致,占比高达89.5%;有21份判决对移送至法院处理的涉嫌赌博账户资金进行区分后予以部分没收,占比仅为10.5%。(见表2)

表 2　网络开设赌场涉案资金没收案例对比情况表

类型	案件索引	主文表述	占比（份数）
全部没收	案例1：(2021) 川14××刑初×号	对公安机关扣押、冻结的参与网络赌博人员赌资7845860.51元，冻结涉嫌违法交易银行账户4316个（涉案赌资149613882.74元），依法予以没收上缴国库	对移送账户资金全部没收占比89.5%（179份）
部分没收	案例2：(2020) 赣0×刑终1××号	该判决书中详细列明了侦查机关冻结256个账户基本情况，包括利害关系人、开户行、冻结金额等，对于冻结的256个账户中，认定可以没收账户203个，其中对该196个账户内资金予以没收，对于其中7个账户内资金予以部分没收，另外53个账户接收涉案赌资的证据不足，不予没收	对移送账户资金全部没收占比10.5%（21份）

3. 资金处置说理不充分、判项不明确。（1）说理不充分。裁判说理性要求法官必须在法律原则、理念以及规定的范围内进行论证，一定程度上制约法官自由裁量权的行使，有利于消解人们关于"肆意、专断"的疑虑，维护司法公信力。网络开设赌场中对涉案资金没收或返还缺乏详细证据分析和裁判说理，如直接以"被冻结账户内资金系赌资或违法资金"为由予以没收，说理难以让人信服。据统计，200份样本判决书中，没有对没收账户资金进行说理的有154份，阐述资金处置理由的有46份。46份阐述资金处置理由的判决书中，其中41份判决说理为冻结账户资金系赌资，予以没收；5份判决说理为第三人提出的异议成立，账户资金不予没收。（2）判项不明确。裁判文书判决主文是审后没收与返还的直接依据，判项明确与否直接关系到后续的执行，裁判主文表述内容应全面反映涉案资金处置结果。据统计，样本200份判决书中有34份判项仅简单表述为被冻结账户中资金予以没收，未载明具体账户信息及没收金额，导致执行缺乏可操作性，影响实质处理，亦直接关系到账户第三人权利救济。

4. 审理周期过长。迟来的正义非正义，如果公正的裁判迟迟难以作出，或者过迟告知第三人，裁判可能成为非正义的。实践中，侦查机关冻结的在案资金，一般会留待法院处理。据统计，200份样本判决书中，犯罪嫌疑人被采取强制措施至判决平均用时近16个月。案情复杂、涉及面广的案件，资金被冻长达2~3年亦屡见不鲜,大家都不希望在没有充足的时间收集信息并思考其意义的情况下草率作出处理。① 合法资金被冻时间过长,影响利害关系人合法利益,易引发社会矛盾。

5. 第三人参与程序缺失。第三人对于账户资金来源的陈述是判断资金性质的重要依据。经分析发现,200 份判决书中仅有 8 份判决在文中提及第三人提出解冻申请。对于第三人提出异议、提供证据和参与庭审等情况 200 份判决书中均未体现。另外,笔者查阅 20 件网络开设赌场案件全部卷宗,发现该 20 案件均未通知第三人参与庭审,其中有 16 件案件存在第三人向法院申请解除账户冻结的情况,但对第三人提出的异议法院仅进行书面审查,宣判后也未主动告知第三人判决结果或邮寄判决书。

上述对资金不同处置结果表现出审判实践中网络开设赌场案件涉案资金处置的混乱和失范。当前,对第三人账户资金扩大没收现象频发,科学有效的没收理论机制尚未建立,实践中多数情况下以接收赌资账户内的资金即为非法资金的先入为主观念长期存在,不利于保护第三人合法财产权益。在侦查机关从严、从快打击网络赌博行为的导向下,此类案件成为问题案件的风险大为提高,考察资金处置的凸显问题以及从实体和程序上解决根源问题已具有实践的必要性和紧迫性。

(二) 网络开设赌场第三人账户资金没收类型化分析

200 份样本判决中,均未对账户资金没收或不予没收的理由进行细述。但在实际处理中,对冻结账户资金是否应予没收,有着不同的处置意见。通过查阅 20 件网络开设赌场案件卷宗,梳理账户内资金不同情形,走访 30 名办理过网络开设赌场案件的法官并发放调查问卷及开展座谈,笔者归纳出以下账户资金类型和实践中一般处置意见。

1. 被告人控制的账户资金。对于被告人控制的用于流转赌资的案外人账户,包括使用亲属、朋友或通过购买、欺骗、租赁而获得的其他个人银行卡,无证据证明账户资金系合法资金的,基本上一致意见为予以全部没收。

2. 参赌人员控制的账户资金。网络开设赌场中,往往注册会员多达上万人,冻结的账户大部分是参赌人员控制的账户。账户中参赌人员个人合法资金、赌资、他人资金混同,资金流水复杂,存在多种不同流转情况,给具体认定带来困难。一种观点认为应以账户接受赌资数额为限对参赌人员进行追缴没收,追缴没收范围包括参赌人员的合法资金和其他资金;一种观点认为应认真分析账户内资金性质,如能证明属于合法资金即不应予以没收;一种观点认为参赌人员账户接收了赌资即为违法账户,账户内一切资金均应予没收。下面列举实践常见的类型以及 30 名法官对参赌人员控制账户资金没收观点(见表 3)。

---

① [美] 迈克尔·贝勒斯:《法律的原则——一个规范的分析》,张文显等译,中国大百科全书出版社 1996 年版,第 32 页。

表 3 30 名法官对参赌人员控制账户资金没收观点对比

类型	案件索引	处理观点	理由	支持人数
类型一	案例 3：10 月 9 日，王某银行账户共接收赌博网站流转赌资 50 万元。根据银行流水显示，10 月 11 日，他人转账 60 万元至该账户，10 月 12 日王某账户中 50 万元被转出或取现，同日，公安机关将该账户冻结。王某认可其参与网络赌博，但提出异议称公安机关冻结的 60 万元系个人合法资金，并提供资金流水作为证据	观点一：应对该账户 60 万元全部没收	现有证据足以证实冻结账户从赌博网站接收赌资，则参照《最高人民法院、最高人民检察院、公安部关于办理网络赌博犯罪案件适用法律若干问题的意见》第 3 条规定，应当予以全部没收	13 名（43.3%）
		观点二：应对该账户中 50 万元予以没收	只要冻结时金额在查实的接收赌资数额内，均可依法没收	15 名（50%）
		观点三：予以解除冻结	接收的赌资与个人合法资金混同，无法区分账户内资金性质，从有利于保护第三人财产权利出发，不应予以没收	2 名（6.7%）
类型二	案例 4：10 月 9 日，李某账户共接收赌博网站流转赌资 50 万元。10 月 11 日，李某某账户中 50 万元被转出或取现，10 月 12 日，他人将 60 万元款项转至该账户，同日，公安机关将该账户冻结。李某提出异议称公安机关冻结的 60 万元系个人合法资金，并提供资金流水作为证据	观点一：应对该账户 60 万元全部没收	同案例 3 观点一	6 名（20%）
		观点二：应对该账户中 50 万元予以没收	同案例 3 观点二	10 名（33.3%）
		观点三：对该账户予以解除冻结	根据流水显示，赌资已被转出，新入账的 60 万元非接收的赌资，不应没收	14 名（46.7%）

3. 其他类型资金。其他类型账户资金主要分为无人提出异议或联系不上账户所有人，账户被冻结后他人转入账户资金，与本案无关的非法资金，对于上述类型账户资金实践中处理观点亦存在差异（见表 4）。

表4 30名法官关于其他类型账户资金没收观点的对比

类型	账户情况	处理观点	理由	支持人数
类型三	无人提出异议或联系不上账户所有人	观点一：对该账户内资金全部予以没收	无人提出异议或者联系不上账户所有人，则大概率为专门用于非法资金流转的账户，对该账户内余额应当予以全部没收	29名（96.7%）
		观点二：应对该账户中50万元予以没收	对第三人冻结账户的没收，主要是基于赌资的非法性，即便账户所有人或控制人未提出异议或无法取得联系，亦只能在接收赌资范围内进行没收	1名（3.3%）
类型四	账户被冻结后他人转入账户的资金	观点一：不能说明合法来源的，全部没收	同案例3观点一	6名（20%）
		观点二：以该账户接收赌资数额为限进行没收	赌资基于其本身的非法性，只要冻结账户内资金少于从赌博网站流转的赌资的，对差额部分均应当予以追缴没收，故账户冻结后他人转入的资金亦应当认定为账户所有人的资金，在接收赌资范围内予以没收	10名（33.3%）
		观点三：不予没收	账户冻结后他人转入的资金可以确定不属于赌资，不应予以没收	14名（46.7%）
类型五	与本案无关的非法资金（如洗钱或地下钱庄流转资金）	观点一：无论是否有人提出异议，全部不予没收，由公安机关依法处理	该部分资金既不属于赌资，亦不属于《刑法》第64条规定应当予以没收的财产，与案件处理无关，不应予以没收	12名（40%）
		观点二：无人提出异议，或异议不成立，全部没收	该部分资金亦具有非法性，应当予以全部没收	14名（46.7）
		观点三：第三人提出异议，能够证明系个人合法资金的，予以全部解除冻结	与本案无关的资金，如能够证明系个人合法资金的，应予以解冻	30名（100%）

另外，笔者通过走访办理过网络开设赌场案件的刑事法官，总结出相关问题7个，并制作调查问卷，30名法官对存在的问题进行勾选，反馈如下（见表5）：

表 5 30 份刑事法官问卷调查反馈情况表

存在的问题	勾选人数
电子数据量庞大，缺乏条理性，法官难以清晰梳理资金流转情况	27 名
查控平台或电脑后台数据追踪资金流转，并未附卷相应记录	25 名
利害关系人未出庭参与庭审，而导致质证、辩论程序空转	25 名
检察机关对冻结账户进行不实质审查，未提供资金分析报告书	23 名
未建立资金卷宗，赌资利害关系人、账户使用人的联系记录、办案说明、询问笔录等缺失	26 名
利害关系人提供的证据三性难以确认	15 名
判决生效后，资金已被扣划没收上缴至国库后，利害关系人才提出异议的，缺乏有效救济途径	30 名

二、根源探究：网络开设赌场资金处置困境成因透视

（一）证据之疏——主观偏差与客观困境下的财产处置取证不足

1. 司法观念的主观偏差。就程序层面而言，涉案资金的处置具有刑事属性，但长期以来，涉案资金没收附属于定罪量刑指控活动，没有作为独立的诉讼请求存在。传统"定罪—量刑"二元审理模式以及"重人身轻财产"思维使得侦查机关弱化对冻结账户调查取证，实践中对资金来源、权属、性质、价值的证据收集仍不充分，导致审判阶段涉案资金信息不全或不明。资金证据全面收集耗时过长，然而侦查机关办案时间有限，在未有充分理由条件下，容许使用扩大没收而回避应有的举证责任负担程度，这可能是对司法怠惰的默许。侦控机关在上述司法观念的作用下，往往缺乏对于资金证据的分析研判，比如侦查机关通过其网上查控平台追踪涉案赌资的流转，冻结涉案银行账户，往往只是出具《办案说明》说明冻结情况，不会对随案移送的电子数据（硬盘）进行逐一分析核实，亦不会基于涉案资金交易数据出具能够详尽反映冻结账户资金流转情况的资金分析报告，导致难以对涉案资金的权属进行准确判断。样本 200 份判决书中仅有 12 份中存在资金分析报告。

2. 资金取证的客观困难。网络开设赌场案件客观证据主要是电子数据，且一般数据量巨大，在浩瀚的电子数据中整理出对应冻结账户流转资金的情况须耗费大量时间精力，受到办案力量、条件及时间的限制，实践中难以做到。另外，网络开设赌场案件冻结账户情况复杂，第三人关于资金具体来源的言词证据及银行流水亦难以收集，使法官在审阅卷宗和庭审时缺乏对涉案资金实质审查的基础。经与侦查人员座谈了解案件缺乏冻结账户所有人言词证据的原因如下（见表 6）：

表6 涉案资金证据取证难四大原因

原因一	原因二	原因三	原因四
账户所有人不配合调查	账户多且分布广，缺乏联系方式，侦查机关办案力量有限	账户为洗黑钱而购买，所有人与使用人分离	部分账户金额少，无调查价值
备注：账户所有人不配合调查主要因为：一是担心电信诈骗，不相信，不愿做笔录；二是害怕以赌博、帮信、掩饰隐瞒犯罪所得罪追究其刑责			

（二）观念之异——资金性质证明责任与证明标准的二元分化

当前立法体系中注重对被告人和被害人涉案财物处置，尚无明确规则指引网络开设赌场赌资流转后第三人账户资金追缴和没收。面对无法参照的账户处置中遇到的各种情形，办案人员运用自己内心价值判断进行判定，受个人价值观念、业务能力等影响，最终裁量导致结果上的迥异。其中主要涉及证明标准的适用与证明责任分配问题，司法实践中对于资金处置的证明标准持有两种观点，即刑事诉讼的排除合理怀疑与民事诉讼的高度盖然性，以此为基础进行的举证责任分配亦有所不同。另外还存在因担心解除冻结错误被追责不予区分全部没收，为追求审判质效而不希望账户第三人参与诉讼，为提升裁判文书容错率而概括性对账户判定等问题。有学者认为法官形成确信为没收前提要件，因此在立法文字上没有特别强调的必要。笔者认为，对账户资金来源的证明本来就是证明财产来源系违法的一环，为了实现赌资的追缴和没收，实践中自然是让证明账户资金来源系违法的举证程度降低。

（三）立法之弊——案外人参与程序与救济渠道的制度缺位

梳理现有的追缴、返还规则，目前追缴和返还立法规范构成多元且复杂、粗疏且原则，部分立法规范存在冲突与矛盾，侦查、起诉、审判各个阶段返还规则过于笼统，具体标准不一、随意性较大，可谓"仁者见仁，智者见智"。核心法律的缺失，是导致资金追缴没收失范的重要因素。

1. 涉案资金前置处置程序不足。《刑事诉讼法》第145条规定，对已采取查封、扣押、冻结措施的财产，如经调查确与案件无关，应在3日内解除相关保全措施并发还给权利人。①《刑事涉案财物处置意见》也提出处置涉案财物应严格遵循法定条件和程序，对于与案件无关的应在3日内解除查封、扣押、冻结，及时发还并通知

---

① 《刑事诉讼法》第145条规定，对查封、扣押的财物、文件、邮件、电报或者冻结的存款、汇款、债券、股票、基金份额等财产，经查明确实与案件无关的，应当在3日以内解除查封、扣押、冻结，予以退还。

权利人。① 网络开设赌场案件中，上述规定适用率并不高，侦查机关主动解除冻结的情形非常少。主要原因在于：一是条款中"与案件无关"的财产具体指向模糊，若对其作出宽泛解释，则赌资汇入的任何账户内的资产都可能是与案件有关的财产；二是"经查明确实与案件无关"的解除强制措施时限起算点完全取决于原决定主体，侦查机关为稳妥起见大部分会将实体处理留待法院裁判。

2. 第三人参与庭审确认程序缺失。《最高人民法院关于适用〈中华人民共和国刑事诉讼法〉的解释》第279条②明确法庭在审理过程中应调查核实冻结、扣押、查封在案财物的权属状况，查明是否犯罪违法所得或其他应当追缴、没收的财物。第三人可对财产权属提出异议，法院应认真审查并处理。上述规定是借鉴执行程序中的案外人异议程序而来，但仍不能满足司法实践的规范需求。《中共中央办公厅、国务院办公厅关于进一步规范刑事诉讼涉案财物处置工作的意见》（以下简称《刑事涉案财物处置意见》）第12条③也明确人民法院应通知第三人参加诉讼，当事人或第三人对处理决定不服，可以上诉或请求检察院抗诉寻求救济。结合上述规定，人民法院应当通知被冻结账户户主等第三人参加诉讼，且他们也有权对涉案财物的处理提出异议。但是，第三人往往因未被告知账户被冻结，其提出异议的方式、渠道、期限和程序，以及参与诉讼的身份等问题没有具体的法律规定，给第三人异议权利的实现带来了困境。④ 第三人能否顺利参与审判程序、陈述观点、表达诉求，提出证据，进行辩论，关系其权利救济的实现。但实践中，第三人不知如何提出，办案人员也不知如何实施，部分案件会直接对涉案资金处置问题予以忽略。此类案件被冻结账户动辄多达几百上千个，出于诉讼效率考虑，一般不会通知第三人参与庭审，庭审中也基本不设置专门环节对涉案资金的权属进行专门调查，第三人难有机会对资金处置发表意见。

3. 审后救济程序缺失。一审宣判后，法院基本不会将判决书送达给第三人。被告人不上诉，判决送达后10日后即生效，异议人没有上诉权利。《最高人民法院关于刑事裁判涉财产部分执行的若干规定》第15条赋予第三人对涉案财物性质认定

---

① 《中共中央办公厅、国务院办公厅关于进一步规范刑事诉讼涉案财物处置工作的意见》第2条规定，规范涉案财物查封、扣押、冻结程序。查封、扣冻结涉案财物，应当严格依照法定条件和程序进行。严禁在立案之前查封、扣押、冻结财物。不得查封、扣押、冻结与案件无关的财物。凡查封、扣押、冻结的财物，都应当及时进行审查；经查明确实与案件无关的，应当在3日内予以解除、退还，并通知有关当事人……在查封、扣押、冻结涉案财物时，应当收集固定依法应当追缴的证据材料并随案移送。

② 《最高人民法院关于适用〈中华人民共和国刑事诉讼法〉的解释》第279条规定，法庭审理过程中，应当对查封、扣押、冻结财物及其孳息的权属、来源等情况，是否属于违法所得或者依法应当追缴的其他涉案财物进行调查，由公诉人说明情况、出示证据、提出处理建议，并听取被告人、辩护人等诉讼参与人的意见。案外人对查封、扣押、冻结的财物及其孳息提出权属异议的，人民法院应当听取案外人的意见；必要时，可以通知案外人出庭。经审查，不能确认查封、扣押、冻结的财物及其孳息属于违法所得或者依法应当追缴的其他涉案财物的，不得没收。

③ 《中共中央办公厅、国务院办公厅关于进一步规范刑事诉讼涉案财物处置工作的意见》第12条规定明确利害关系人诉讼权利。善意第三人等案外人与涉案财物处理存在利害关系的，公安机关、国家安全机关、人民检察院应当告知其相关诉讼权利，人民法院应当通知其参加诉讼并听取其意见。被告人、自诉人、附带民事诉讼的原告和被告人对涉案财物处理决定不服的，可以就财物处理部分提出上诉，被害人或者其他利害关系人可以请求人民检察院抗诉。

④ 江必新：《最高人民法院刑事诉讼法司法解释理解与适用》，人民法院出版社2015年版，第979页。

的结果提出异议的权利，以及通过申请再审进行救济的程序。① 根据该条规定，由于第三人提出异议的对象是资金性质的认定，执行机关没有审查的权力，第三人应根据《最高人民法院关于适用〈中华人民共和国刑事诉讼法〉的解释》第457条规定申诉，但是该条所规定的十种可以启动再审的申诉情形中并不包括"刑事裁判中对涉案财物、资金的没收错误"。同时，在司法实践中，提出的异议并不涉及案件刑事部分事实认定、定罪与量刑问题，故很难以"有新的证据证明原判决、裁定认定的事实确有错误，可能影响定罪量刑"为由启动再审，法院也不会仅仅因为单笔涉案资金的问题启动再审程序。即便启动再审，程序上应该如何处理？是仅就提出异议的部分进行审查还是对全案进行审查？如何支撑案外人的异议？除申诉外，第三人也不能同期以民事诉讼的方式寻求救济。资金被没收上缴国库后，返发则更加困难。因此，无论哪种形式，基于司法实践对于刑事判决认定的事实效力的宽泛理解，第三人也很难在判决生效后通过诉讼或异议的方式获得救济。

三、价值定位——网络开设赌场涉案资金处置的理论基础

刑事案件的价值判断，应当首先明确最应该保护的价值利益。前文所示已剖析网络开设赌场资金处置困境成因，为锚定涉案资金处置的准确路径，有必要厘清涉案资金处置机制在刑事案件中的应有之义。

（一）涉案资金处置机制的规范目的

卡尔·拉伦茨曾说过："经常只有追溯到法律的目的，以及（由准则性的价值决定及原则所构成之）法律基本的'内在体系'，才能真正理解法律的意义脉络。"② 因此，只有深入探析规范目的并以此为指引，法律才能够得以准确适用。关于涉案资金处置机制设立的规范目的，从宏观层面看，其应当符合刑法的规范目的——法益保护和人权保障。从微观层面看，本项机制设置的具体目的在于对再犯的预防。

1. 价值目的——保护。正如美国法哲学家戈尔丁所言："我们需要价值的指引，以便评价结果和事实，并权衡各种冲突的利益，我们若不指出法律体系应当促进的价值，就不能具体说明法律的限度。"③ 在不同的价值取向指引下，相关的处置规定或者司法人员做法可能会大相径庭。刑事程序既是惩罚犯罪的工具，也是公民权利不受恣意侵犯的保障和衡量。④ 从立法上看，当前我国法律对于刑事诉讼中公民财产权保障、救济体系保障设计还有很大不足，在追诉网络开设赌场犯罪过程中，只有通过现代化司法理念的贯彻和一系列财产权保障、救济制度的设计、落实，兼顾

---

① 《最高人民法院关于刑事裁判涉财产部分执行的若干规定》第15条规定："执行过程中，案外人或被害人认为刑事裁判对涉案财物是否属于赃款赃物认定错误或者应予认定而未认定，向执行法院提出书面异议，可以通过裁定补正，执行机构应当将异议材料移送刑事审判部门处理；无法通过裁定补正的，应当告知异议人通过审判监督程序处理。"
② [德] 卡尔·拉伦茨：《法学方法论》，陈爱娥译，商务印书馆2003年版，第207页。
③ [美] 戈尔丁：《法律哲学》，齐海滨译，生活·读书·新知三联书店1987年版，第133页。
④ 韩阳：《刑事诉讼的法哲学反思——从典型制度到基本范畴》，中国人民公安大学出版社2012年版，第203页。

国家、利害关系人的各种利益，财产权保障理念才能健全。第三人通过刑事诉讼程序来维护自己的财产利益是法律赋予的正当权利，相对于国家权力机关，其各方面相对处于弱势，如果不从法律原则或程序制度上对公民财产权予以充分保障，当公民合法财产权利受到侵犯时，其权利救济就无法实现。

2. 直接目的——恢复。从样本案件判决结果来看，网络开设赌场涉案资金处置最终的结果主要包括没收和返还。对于没收而言，违法所得的没收，既要贯彻从根本上消除行为人经济基础的最终目标，又必须考虑人道和秩序，注重手段的必要性和适当性。刑事司法权作为国家公权力的重要组成部分，在没收财产刑的适用过程中同样应当遵循公权力的行使规则。① 涉案资金的没收和返还就是为了剥夺违法所得和参赌赌资，保障合法涉案资金物归原主。从保护对象来看，犯罪行为破坏了社会既定秩序，行为基于涉案财产的微观改变打破了以人的能力和贡献为基础的社会财产之分配正义。② "任何人不得因其犯罪而获利"，没收和返还正是为了消除社会财产的不法分配，恢复正义的财产法秩序。对于网络开设赌场案件而言，没收和返还不仅是为了保证开设赌场者、参赌人员不得因违法行为获利，还要保证未参与赌博或未用于赌博的合法资金不得因案件的办理无辜受损。

3. 根本目的——预防。首先，网络开设赌场涉案资金处置中没收赌资是剥夺特定行为人的违法财产，阻止其为实施新的犯罪投入资本，消灭下次犯罪的经济基础，此为特殊预防效果。这也是规定财产刑的根本目的之所在。其次，涉案资金的没收和返还机制的设立具有阻却功能，其他潜在的犯罪行为人可以预见自己的犯罪行为并不能稳定获利，进而形成心理强制，降低或打消犯罪动机，此为消极的一般预防。最后，没收和返还使得财产权属人意识到自己的合法财产受法律保护得以恢复，进而稳定对法秩序的信任感，增强其遵守法律规范的积极性，此为积极的一般预防。因此，只有准确认定涉案资金的合法性问题，将违法资金准确没收追缴，才能最终实现对个体的具体预防。

（二）涉案资金处置机制的功能厘定

1. 实体层面上的对物处分措施。网络开设赌场涉案资金的处置机制存在，在于犯罪成立且涉及特定财产被非法占有、处置为前提。从效用角度论证供犯罪所用的财物没收制度的存在依据，该项制度是根据没收犯罪关联物品的方式，从而达到制约公民财产权不得滥用的目的。通常情况下，对犯罪行为的处罚是针对犯罪行为基于的事实作出处理，尽可能使改变的"法益"恢复原状。刑罚及于行为人本身，通过财产刑无法达到恢复被告人和第三人的原始状态，故需要借助没收和返还资金的处置机制来进行弥补。这种功能亦是相对独立的，故在网络开设赌场涉案资金处置

---

① 曾粤兴、陈艳飞：《"扫黑除恶"中没收财产刑的扩张及其规制》，载《甘肃政法大学学报》2022年第3期。
② 沈敏荣：《市民社会与法律精神——认定品格与制度变迁》，法律出版社2008年版，第74页。

中不以行为人受到刑罚处罚为前提，行为人死亡、逃匿、另案处理、免予刑事处罚的，均不影响涉案资金违法性与否的认定和没收、返还的处理。

2. 事实层面上的"独立刑事措施"。涉案资金处置机制特殊情形下也可作为独立的刑事措施。《刑事诉讼法》第 298 条已确立独立的违法所得没收程序，特定案件的犯罪嫌疑人、被告人通缉一年后不能到案或者死亡的，应当"追缴其违法所得及其他涉案财产"。另外，在一些涉资金处置的民刑交叉案件中，通常"先刑后民"是司法实践中处理刑民交叉案件的方式。采取民刑案件分开办理最根本的目的，并非彰显公权力优先的价值理念，旨在刑、民程序冲突时的合理选择。从程序正当性与案件适配性分析，所有涉案财产状况复杂的刑事案件均可借鉴独立没收程序，将定罪量刑与涉案财产处置分离处理，这对于网络开设赌场犯罪这种涉案资金数额巨大的刑事案件而言，将有利于及时处理违法财产，返还第三人的合法财产。

四、实践出路：网络开设赌场涉案资金处置完善路径

针对网络开设赌场案件实践中被冻结的账户资金处置上的失序与混乱，结合涉案资金处置法益保护和人权保障的刑法规范目的，需要从没收赌资的性质及证明标准出发，探寻网络开设赌场涉案资金处置的实体裁判规则，完善程序保障机制，畅通审执衔接工作。

（一）前提：厘清赌资的性质及证明标准

对于网络开设赌场案件，公安机关冻结的账户基本都有赌博网站流入资金的记录，但该流入的资金是什么性质，以何种理由进行追缴或没收，司法实践中并未进行区分。实际上，该流入的资金既有可能是赌博参与者投入赌资赌输后的剩余部分（相当于作案工具），亦有可能是赌博参与者赌赢后的违法所得。根据《刑法》第 64 条规定，违法所得应予追缴，但供犯罪所用本人财物只规定应予没收。没收的作案工具，基本是现场查获，若作案工具已被转化为其他财产，则一般不再进行追缴。《最高人民法院、最高人民检察院关于办理赌博刑事案件具体应用法律若干问题的解释》第 8 条规定"赌博犯罪中用作赌注的款物、换取筹码的款物和通过赌博赢取的款物属于赌资"，并规定"赌资应当依法予以追缴"。由此可见，刑法意义上的赌资同时包含赌博作案工具及赌博违法所得，且明确均应予以追缴。

虽然确定作为赌博作案工具和违法所得的赌资均应予以追缴没收，但裁判者在既有的证据面前以何种标准认定属于赌资，则涉及证明标准的问题。"从一般认识活动的角度来讲，人类对客观世界的认识是永远也无法达到绝对真实这个想象中的至高点的"[①]，证明标准就是在无法获得绝对客观真实的情况下进行利益权衡的结

---

① 冀祥德：《证明标准及其功能与层次》，载 http://iolaw.cssn.cn/zxzp/200410/t20041014_4593404.shtml，最后访问时间：2022 年 10 月 11 日。

果。刑事案件一般采取"排除合理怀疑"的高证明标准,体现立法者对于刑事错案低容许度,相反民事案件一般采取优势证据的低证明标准,体现对民事错案高容许度。除此之外,还应当考虑承担证明责任一方调查事实、获取证据的能力和水平。检察机关对于被冻结的涉案资金系违法资金的事实,只需要达到优势证据或者高度可能性的程度,大体相当于民事诉讼的证明标准。同时只要第三人提出的证据能达到高度可能性的程度,就能将举证责任重新转移至检察一方,从而实现举证责任分配的平衡。

(二) 实体:明晰赌资没收的实体裁判规则

"实体公正是考量裁判正当的终极标准,要求法律和制度的公正及一贯执行。"① 合理、准确把握认定标准,正确界定可以没收的资金范围,是确保裁判结果正当、实现实体公正的前提条件。

侦查机关根据赌资流向往往对账户资金进行全部冻结而非额度冻结,当第三人账户接收赌资与其个人合法资金混同,如第三人未能提出证据证明账户资金合法,对于移送处置的账户,不少地方未尽到对资金性质的实质审查义务,存在被冻资金即为赌资或非法资金的先入为主思维,司法机关多以账户涉赌进行全部没收。如第三人提出证据能够证明部分资金合法时,司法实践中,决定不予没收或及时返还仍存在顾虑,账户内资金具有流动性,账户合法资金与非法资金混同时,给没收带来难题。对相关涉案账户资金的不同处置方式,涉及涉案资金处置审判与指控、查控、合法资金与非法资金的区分,各种涉案资金的处理规则等方面的问题。解决前述问题和争议,必须明晰资金处置的法理原则及依据,充分审查分析涉资金方面的证据,听取账户所有人及利害关系人的意见,作出合理、适当的处置。笔者认为,可分两步把握赌资追缴、没收的实体裁判规则。(见图1)

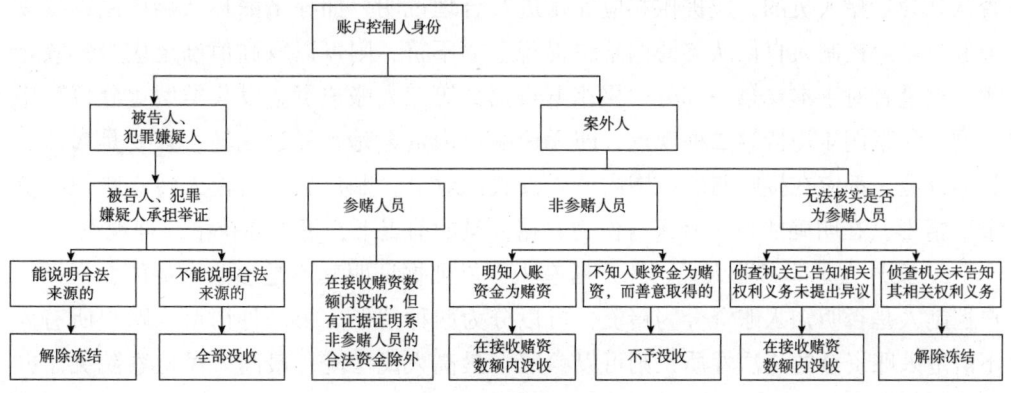

图1 赌资追缴、没收的实体裁判规则示意图

---

① 姚莉:《司法公正:二维评判与司法论证方法》,载《人大法律评论》2015年第1期。

第一步：判断冻结账户的控制人身份。

1. 冻结账户的控制人是犯罪嫌疑人、被告人。《最高人民法院、最高人民检察院、公安部关于办理网络赌博犯罪案件适用法律若干问题的意见》第 3 条规定："对于开设赌场犯罪中用于接收、流转赌资的银行账户内的资金，犯罪嫌疑人、被告人不能说明合法来源的，可以认定为赌资。向该银行账户转入、转出资金的银行账户数量可以认定为参赌人数。"从体系解释的角度，结合上下文理解，该条"用于接收、流转赌资的银行账户"应当仅限于犯罪嫌疑人、被告人控制的银行账户。对于此类银行账户，上述部门规章已经明确犯罪嫌疑人、被告人不能说明账户内资金合法来源的，可以认定为赌资，故举证责任在于犯罪嫌疑人、被告人一方，当犯罪嫌疑人、被告人不能提供证据证明账户资金的合法性时，则可以直接判决予以没收。

2. 冻结账户的控制人是案外人。当冻结账户的控制人是案外人时，需要核实该案外人是否为参赌人员，以进一步确定需要没收的赌资数额。实践中，可能存在参赌人员用自己名下银行账户提现赌资，也可能存在用他人银行账户提现赌资，还可能出现被冻结账户户主是否为参赌人员无法核实的情况。不同情形对应的赌资确认规则亦有所不同，具体将在下一步中进行分析。

第二步：确定案外人控制冻结账户的没收赌资数额。

1. 该案外人是参赌人员。账户控制人承认为参赌人员或者未提出异议视为参赌人员的，由于参赌人员的赌资全部可以追缴，该账户内资金无论是否经过流转，最终来源是否合法，只要冻结时金额在查实的接收赌资数额内的，均可依法没收，但有提供证据证明系非参赌人员的合法资金除外。如前所述，刑事诉讼中资金性质的举证达到优势证据或者高度可能性的程度即可。对于网络开设赌场案件，如已查实冻结账户从赌博网站提现资金，则可以初步确认账户控制人为参赌人员，账户主体否认其为参赌人员的，应提供相应证据进行合理说明。如冻结账户从赌博网站提现金额与账户控制人自认从赌博网站中提现金额不符，则可以取高值确定应当没收金额。故笔者对于本文第一部分"网络开设赌场第三人账户资金没收类型化分析"中案例 3 和案例 4 均持第二种观点，即无论账户内资金是否经过流转，只要是参赌人员的资金，都应在接收赌资范围内予以没收；对于"账户冻结后他人转入账户的资金"情形，在明确账户所有人身份为参赌人员的前提下，笔者亦持第二种观点。

2. 案外人是非参赌人员。账户所有人提供证据证明其不是参赌人员的，根据账户控制人是否明知入账资金为赌资，可以分为两种情形。第一种情形为账户所有人不清楚入账资金的违法性质，则可以参照《最高人民法院、最高人民检察院关于办理诈骗刑事案件具体应用法律若干问题的解释》第 10 条对于将诈骗财物用于清偿债务或转让给他人的情形处理，即如果他人善意取得诈骗财物的，不予追缴。如其他违法犯罪人员将洗钱资金作为归还账户所有人账款，账户所有人不明知入账资金的性质而善意取得赌资的，可以不予追缴。第二种情形为账户控制人自愿将其银行账户提供给参赌人员使用，或者明知入账资金系从赌博网站提现等可以确认其清楚入账资金为赌资的情形，则应依法按提现赌资金额予以追缴。

3. 无法核实案外人是否为参赌人员。如前所述，实践中网络开设赌场案件关联账户所有人可能因担心被追究法律责任或是电信网络诈骗而不愿意配合侦查机关调查，部分冻结关联账户还可能是参赌人员或违法犯罪分子为逃避公安机关打击而购买的他人银行账户，加之存在人户分离、办案力量有限等原因，导致冻结账户控制人是否为参赌人员可能无法核实。在此情形下，可以区分具体原因进行处理，如侦查机关已尽告知义务，冻结账户所有人不配合调查的，可以视为其放弃异议及举证等权利，对其账户内资金在从赌博网站提现金额内予以没收；如侦查机关未查找冻结账户关联人，未告知其相关权利义务，导致其未对其账户资金处理发表意见及提供证据的，应对该冻结账户予以解冻。如经查实，冻结账户系购买的他人账户等可能涉嫌其他犯罪或违法资金，应当交由公安机关依法处理（如继续侦查或移送人民银行调查处理）。故对于本文第一部分"网络开设赌场第三人账户资金没收类型化分析"中无人提出异议或联系不上账户所有人的情形，笔者认为观点一、观点二都有失偏颇，应当区分账户控制人未提出异议的原因是侦查机关未尽告知义务还是其对自身权利的放弃决定是否予以没收，至于联系不上账户所有人的情形应当视为未尽告知义务，其账户内资金不应予以没收；对于"其他发还账户资金"的情形，笔者均持第一种观点。

（三）程序：完善第三人涉案资金处置程序与参与规则

"程序正义是法律正义的前提和基础"，而程序参与规则及救济权利则是程序正义的应有之义。

1. 建立审前涉案财物处置的司法审查机制。目前制度体系下，审前阶段对当事人、利害关系人的账户资金采取强制措施完全由办案机关决定并实施，没有经过中立的司法审查程序，致使当事人和利害关系人无法通过参与"两造对抗"的类诉讼程序来充分表达诉求，只能被动接受办案机关对财产的处分结果。建议从制度设计的层面建立审前涉案资金处置的司法审查机制，如在审前处分前以电话、短信或书面通知等形式通知账户所有人，联系不上的，可通过媒体、报纸、公众号等方式尽可能多渠道告知，督促其向侦查机关申报权利，让第三人可以通过申请进入审前程序表达意见，给予其举证、申辩的机会，以保障其审前救济的权利。建立独立的资金卷宗，账户众多、资金复杂的应进行审计鉴定并出具资金分析报告。

2. 完善对物之诉程序。如前所述，相关法律规定不能满足实践中涉案资金处置的规范需求第三人救济权利的保障。笔者建议参照《刑事诉讼法》第四章对违法所得特别没收程序的有关规定完善对物之诉程序，通过完善立法强化涉案资金处置程序的独立性，厘清涉案资金的性质，对涉案资金进行独立处理，明确第三人在对物之诉中诉讼地位及参与审判程序的前提条件；建立对第三人的告知程序，保障其知情权；构建第三人参与庭审活动的程序，赋予其对涉财产部分举证、质证和辩论等权利；进一步明确刑事涉案资金处置的证明责任和标准等；对第三人不服法院没收决定时设置救济手段，明确可向上一级人民法院上诉或通过审判监督程序寻求救济。当然，所谓的独立并非一定要另行组织对涉案财物单独审理，对于事实清楚、争议不大的，可以在庭审过程中直接审理，以查明涉案财物的所有权、性质等情况并足以认定为原则。对于情况稍显复杂的，可就定罪、量刑事实与资金处置分别进行法庭调查和辩论。涉案金额巨大、涉及人数众多，性质复杂、争议较大且短期内难以处置的案件，为避免案件久拖不决，可先就案件定罪量刑部分判决，再另行审理涉案资金的处置问题，以保障第三人的深度参与，确保对涉案资金作出公正的裁判。

3. 改革审后刑事涉案财产救济体系。《最高人民法院关于刑事裁判涉财产部分执行的若干规定》第 15 条赋予第三人对涉案财物是否属于赃款赃物认定提出异议的权利以及通过审判监督程序进行救济的程序。笔者建议如第三人针对没收其资金提出异议的，由立案部门或执行局将申请材料移送刑事审判部门审查，认为原判决认定错误的，可单独出具补正裁定将资金返还给案外人，而无须对全案进行再审。

（四）审执衔接：确保裁判的可执行性

如前所述，笔者选取的样本中存在涉案财产处置判项表述模糊和不确定的问题，影响实质处理，导致执行缺乏可操作性。一方面剥夺了被告人和第三人的知情权，影响其申请救济的权利；另一方面判项中没收账户对象、开户行、金额不明确，也将给执行带来难题。人民法院应严格执行《最高人民法院关于刑事裁判涉财产部分执行的若干规定》第 6 条①之规定，以高度的责任感查清涉案资金性质，对涉案资金作出明确的处理并阐明理由，使第三人信服。具体应做到以下几个方面：其一，法院对于公诉机关移送处置涉案账户必须进行全面审查，不得因账户情况复杂而忽视账户资金性质的厘清；其二，裁判文书必须阐明资金处置理由并罗列证据；其三，法院关于涉案资金主文表述必须用词规范，逻辑严密，简明扼要，明确具体；其四，对于全案冻结的资金如何处置，是否属于赌资、违法所得、退赃款、其他非法资金等均予以表述清楚，且需满足可执行性的基本要求；其五，应写明账户名称，数额，开户行等，详情另列清单作为附件；其六，应考虑账户所有人家庭基本生活保障。另外，刑事审判部门移送执行时，应尽可能多地提供需要执行的账户资金的详细信息。

---

① 《最高人民法院关于刑事裁判涉财产部分执行的若干规定》第 6 条明确刑事裁判涉财产部分的裁判内容，应当明确、具体。涉案财物或者被害人人数较多，不宜在判决主文中详细列明的，可以概括叙明并另附清单。判处没收部分财产的，应当明确没收的具体财物或者金额。判处追缴或者责令退赔的，应当明确追缴或者退赔的金额或财物的名称、数量等相关情况。

结　语

本论文研究目的在于，对网络开设赌场刑事案件规范化处置涉案资金提供参考和借鉴。随着互联网信息技术的飞速发展，科技在改善我们生活的同时，也被不法分子利用充当牟利的工具，我们只有跟随科技发展脚步，重新审视过去涉案资金处置过程中的习惯思维和实践做法，积极创新，从理论上深化研究，对涉案资金的没收建立统一的司法裁判规则，在程序上构建第三人能够深度参与的涉案资金处置程序，才能在助推打击犯罪的同时保护好公民的合法财产权益。

善意执行理念下失信修复分类分级机制的实践图景与制度构建

——基于二维矩阵模型为分析视角

江西省吉安县人民法院　刘清林

江西省永新县人民法院　欧阳晓凤

引　言

2020年1月,最高人民法院发布《关于在执行工作中进一步强化善意文明执行理念的意见》,将"善意文明执行"理念置于高光之下,并提出探索建立守信激励机制。2021年《最高人民法院工作报告》指出,坚持惩戒失信与褒奖诚信并重,探索建立信用修复机制。但在司法实践中,如何让失信修复措施更加精准高效、更具规范性和可预期性、如何在失信修复中实现双方当事人的利益平衡,仍是一个待拓荒之地。因此,建立健全一套切实可行的失信修复分类分级机制,实施精准修复,对服务经济高质量发展、优化法治化营商环境、营造诚信社会,显得尤为重要。

一、现实之困:我国失信修复机制运行之实践考察

(一)实践困境:当前失信修复机制的运行问题表现

为检验各地法院失信修复制度在司法实践中的适用情况,笔者通过互联网的搜索引擎检索后,选取国内9家最具代表性的高级、中级、基层三级法院为分析样本,这9家法院均是近年来率先开展失信修复工作的"领航者",并在实践中取得了较好的效果。但是,笔者通过对9家三级法院的实证考察后,发现失信修复机制在司法实践中仍存在诸多不足,阻碍了信用修复效能的最大发挥,无法实现预期的法律效果和社会效果。

1. 修复条件不一。从失信修复条件来看,9家样本法院的可修复条件、不得修复情形规定详略不一,呈现出两极化的条件差异(见表1、表2),缺乏科学性和合理性。因此,缺乏一个统一规范的失信修复判断标准和适用条件,这在一定程度上

扩大了执行法官的自由裁量空间,可能存在滥用自由裁量权、消极执行等风险,这无疑是该制度功能发挥的"瓶颈"。

表1 9家样本法院失信修复条件差异化对比

样本法院	信用可修复条件	
	相同条件	不同条件
湖南省高级人民法院	1. 被执行人已履行完毕或已被执行完毕的; 2. 被执行人有充分证据证明有到期债权已进入执行程序的; 3. 被执行人虽未履行,但同时具有按时到庭配合执行、严格遵守财产申报规定、严格遵守限制消费令、配合法院处置现有财产、有部分履行行为及明确的履行计划五种情形的; 4. 双方当事人达成执行和解,且被执行人承诺按期履行的; 5. 被执行人具有主动履行意愿,且提供充分有效担保的; 6. 被执行人有主动履行意愿和履行计划,生产经营状况良好,相关单位为其预期收益提供担保或提供充分证据证明的; 7. 申请执行人同意暂停对被执行人采取信用惩戒措施; 8. 其他积极履行生效法律文书确定的义务或主动纠正失信行为的	1. 被执行人仅承担物的担保责任,积极配合人民法院处置担保物的; 2. 因违反财产报告令和限制消费令被纳入失信,能诚恳悔过、接受处罚并主动纠正失信行为的
江西省高级人民法院		1. 被执行人为其他企业生产、经营需要提供担保,积极配合法院执行,且有证据证明其本身生产经营情况良好的; 2. 企业的法定代表人及其家庭成员为企业生产、经营需要提供担保,而被列为被执行人,积极配合法院执行的; 3. 被执行人确因自然灾害、重大突发公共卫生事件、生产运输管控等不可抗力因素暂时无法履行生效法律文书确定的义务,或因抢险救灾、疫情防控等公共利益需要,不宜纳入失信被执行人名单的; 4. 全日制在校学生因"校园贷"纠纷成为被执行人的(江西省高级人民法院无此规定)
黑龙江省高级人民法院		
山东省威海市中级人民法院		1. 被执行人暂无履行能力,在列入失信被执行人名单后,被执行人积极履行法定义务达到申请执行人或者人民法院认可的必要比例的; 2. 人民法院依法裁定不予执行或者终结执行的; 3. 被执行人的法定代表人或负责人职务变更且其又非公司或企业实际控制人的; 4. 情况紧急,继续失信惩戒可能给被执行人造成重大损失,经被执行人申请、人民法院审查同意的
福建省厦门市中级人民法院		提供通信方式、经常居住地、送达地址确认书等基础信息和相关证明材料的
福建省三明市中级人民法院		1. 终结本次执行程序后,经网络查控系统查询被执行人财产两次以上,未发现有可供执行财产的,且申请人或其他人无法提供有效的可供执行财产线索的; 2. 企业法人因审判监督或破产程序,被依法裁定中止执行的
浙江省宁波市鄞州区人民法院		无
江苏省睢宁县人民法院		无
浙江省余姚市人民法院		无

表2　9家样本法院不予失信修复条件差异化对比

样本法院	不予信用修复条件	
	相同条件	不同条件
湖南省高级人民法院	1. 以伪造证据、虚假诉讼、虚假仲裁、虚假承诺等方法恶意规避、逃避执行的；2. 以伪造、暴力、威胁等方法妨碍、抗拒执行的；3. 其他有履行能力而不履行情形或其他不得申请信用修复的情形	无
黑龙江省高级人民法院		1. 涉及特别严重的违法失信行为的；2. 隐蔽、转移、故意损毁或无偿转让财产，以明显不合理的低价转让财产
江西省高级人民法院		无
山东省威海市中级人民法院		无
福建省厦门市中级人民法院		1. 因拒不履行生效法律文书行为被追究刑事责任的；2. 故意违反法律或司法解释规定而拒不履行生效法律文书确定的义务的
福建省三明市中级人民法院		1. 违反《最高人民法院关于公布失信被执行人名单信息的若干规定》的失信行为；2. 有拖欠工资违法失信行为被纳入"失信企业黑名单"，因被执行人自己（非担保）债务在国家信用信息系统、征信系统等信用信息平台有不良记录
浙江省宁波市鄞州区人民法院		无
江苏省睢宁县人民法院		1. 具有拒绝报告或者虚假报告财产情况，违反限制高消费及有关消费令等行为的；2. 伪造、毁灭其履行能力的重要证据，妨碍法院查明其财产状况的；3. 拒不履行法定行为，致使判决、裁定无法执行的
浙江省余姚市人民法院		隐藏、转移、故意损毁或无偿转让财产，以明显不合理的低价转让财产的

2. 修复方式单一。从失信修复方式来看，9家样本法院的失信修复方式较为单一，一般仅为删除式修复，即屏蔽或删除失信信息。这种修复方式虽能满足对被执行人的信息修复需求，但这种"一刀切"式的修复方式，在实践中仍存在诸多弊端。与此同时，实践中并不是所有的失信信息都适合用删除予以修复，比如删除某些被执行人的曝光失信信息可能会侵犯公众的知情权。此外，对主动履行全部债务的被执行人而言，若只采取删除式修复方式，可能无法达到失信修复制度的预期效果。

3. 修复程序粗放。从失信修复程序来看，9家样本法院规定的失信修复流程大致分为当事人提出申请-法院受理申请-失信修复审查-法官提出意见-公示-数据处理。然而，不同法院之间的失信修复程序具有较大的差异性，尤其是其核心程序亦不统一。与此同时，不同法院之间的失信修复时限和救济程序亦存在较大的差异，这在一定程度上降低了失信修复机制实践的规范性。

(二) 问题源流：失信修复机制的运行困境反思

1. 失信分类机制缺失。最高人民法院的指导意见作为纲领性文件，并未指明如何操作，对于失信如何修复，修复条件如何确定并未作出统一规定，而各地法院在制定失信修复条件时，没有相关的参考依据和参照标准，往往是各自为战，这就使得各地法院的失信修复条件差异性较大。司法实践中，被执行人之间并非是相同的个体，他们之间个体差异明显，即不同被执行人的履行能力、社会地位、失信动机、失信程度等都不具有同一性，而且不同被执行人通过其自身名誉能够获得的社会价值亦不相同。此外，被执行人相同权利的丧失也会具有一定程度上的区别。若采取无差别的修复条件和修复方式，将会违背矛盾的相对性原理，也难以取得令人满意的执行效果。

2. 修复限度模糊不清。在一部分人的认知中，对于信用修复机制总是会存在一种误解和错觉，即失信被执行人在任何情况下都可通过信用修复恢复信用。[①] 实践中，由于不同被执行人的失信行为、动机、性质、情节等均存在着较大差异，倘若在失信修复时未厘清修复的限度边界，未根据被执行人的不同情况实行分类分级修复，则会人为地抹杀不同被执行人失信行为之间的个体差异，也会让被执行人对之前的失信惩戒无所畏惧，这不仅有违公平正义原则，还可能造成较为严重的社会问题，更不利于社会信用体系建设的完善。由此可见，失信修复应该是一种有限容错机制，即被执行人的失信行为哪些属于可修复、何种情况下可修复都是有条件的，而并非所有的失信行为都能得以修复。

3. 失信修复匹配失灵。失信修复条件，取决于被执行人失信行为的性质，即不同的失信行为，其修复条件应当有所不同。具言之，倘若让失信被执行人可以轻易修复其失信，就会降低失信惩戒带来的效果和威慑，使失信惩戒机制难以发挥出失信惩戒的功能；倘若让修复成本和修复门槛过高，则失信被执行人就难以有改过自新机会，还会弱化修复功能，甚至会产生一定的社会问题。[②] 然而，笔者借助于大数据分析，发现当前失信修复措施在一定程度上存在"无差别""一刀切"的适用倾向，存在与不同被执行人个体差异匹配失灵的现象。

二、类型聚焦：被执行人不同类型的矩阵分析

(一) 思路缘起：基于两起真实案例的启发

案例1：江苏省无锡市梁溪区人民法院利用大数据为被执行人标注专属失信码

[①] 卢护锋：《失信修复的法理意蕴与制度形塑》，载《法治社会》2021年第4期。
[②] 王伟：《失信修复实践与法治路径分析》，载《中国市场监管报》2019年2月26日。

标识。① 2022年1月，刘某因装修事宜与装修公司发生争议，后被诉至法院，经无锡市梁溪区人民法院判决生效后刘某仍未履行。在执行过程中，法院及时告知刘某信用码的规则和信用惩戒的后果，督促其及时履行义务，并给予了一定的履行期限，此时刘某的信用码转为绿码。但刘某仍拒不履行。法院将其信用码由绿码转为黄码，因黄码将对其生活及出行等产生诸多不利影响，当刘某在信用码查询系统上得知自己的信用"黄码"后，顿时慌了神，主动来到法院一次性支付所拖欠的全部货款，并申请信用修复。随后，法院运用信用修复机制，帮助刘某提升了信用评价，及时消除了负面影响。

案例2： 浙江省宁波市北仑区人民法院根据分期履行精准适用失信分级修复。② 2020年1月，浙江某电梯公司因拖欠货款500余万元，被宁波某机电公司诉至法院，经法院审理判决生效后，但其仍未履行，后宁波某机电公司向法院申请了强制执行。但此时正值疫情期间，法院积极组织双方进行执行和解，双方却因各自的担忧和顾虑而陷入停滞。为贯彻落实善意文明理念，平衡双方当事人的利益，宁波市北仑区人民法院最终决定适用"信用分级修复"机制，促成双方当事人达成"按月分期履行、信用分级修复"的和解方案，即被执行人先期按约定支付了100万元货款，其银行账户得以解冻；被执行人在按约定履行三期每月偿还50万元货款的义务后，其失信名单予以屏蔽；被执行人再按约定履行三期后，其高消费限制如约解除。最终，浙江某电梯公司按约定全部履行了债务，案件得以圆满解决。

案例1是江苏省无锡市梁溪区人民法院利用数字化手段自动生成被执行人专属的失信二维码，并以"绿、黄、红"三色码进行标识，通过大数据为被执行人失信等级精准画像，以勾勒出每一位被执行人的失信"底色"、评估出每一家企业的失信风险程度，失信码的激励让不少案件的失信者从"拒不还"到"主动还"，并取得了较好的法律效果。案例2是浙江省宁波市北仑区人民法院根据被执行人的分期履行情况，精准适用失信分级修复方式，既给予了被执行人正向履行激励，保障了被执行人正常生产经营，又化解了申请执行人的担忧，有力兑现了其胜诉权益，帮助两家企业平稳度过疫情危机。

从上述2则案例中可以看出，失信修复分类分级机制在司法实践中效果显现。但是，信用分类、修复分级的做法只是某些地方法院开展失信修复的试点性探索。此外，囿于法律制度供给不足，失信修复分类分级机制在实践运行中可能存在突破合理性边界、甚至突破修复有限性问题，导致其缺乏可操作性，由此可能会引发实践性危机。

---

① 参见李思红、闵仕君：《借力大数据，诚信建设快"码"加鞭》，载《人民法院报》2022年6月1日。
② 参见李阳：《强化正向激励 推进失信修复 宁波法院为诚信"背书"，擦亮营商环境法治底色》，载《人民法院报》2022年3月23日。

(二) 模型搭建——被执行人类型的矩阵分析

如何准确区分被执行人的失信类型,如何实行动态化评价,是研究失信修复分类分级机制精准化、有效性的首要问题。矩阵分析法是通过确定坐标变量,以纵向和横向两个要素构成的交点特性区分出不同象限,可作为思考具有多种考量因素的综合性、复杂性问题的有效方法。运用矩阵模型区分被执行人的不同类型,有助于失信修复措施向精细化发展。实践中,对被执行人分类主要是根据被执行人的履行意愿和履行能力两个因素来判定。因此,可将被执行人类型的区分标准归纳为两个方面:一是履行意愿的高低;另一个是履行能力的强弱。提出以履行意愿为横坐标,以履行能力为纵坐标,构建被执行人类型矩阵,通过综合考虑两方面因素可构成四个象限,从而区分被执行人的不同类型。(如图1所示)

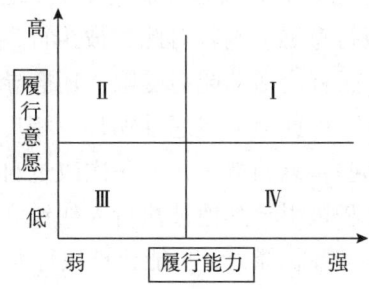

图1 被执行人类型矩阵分析

1. 第Ⅰ象限:履行意愿高——履行能力强。实践中,该类被执行人主要表现为被执行人因自身过失等非主观故意而未履行法定义务,导致被法院强制执行。例如,公告案件中被执行人不知道生效判决书或被执行人在收到判决后因一时遗忘等而未履行法定义务的,但此类被执行人具有较高的履行意愿和履行能力,在进入执行程序后,执行法官通过电话、短信等方式催促后,此类被执行人能及时主动予以履行。因此,对此类型已履行完毕的被执行人,法院应该及时地开展失信修复,即对已被纳入"黑名单"的被执行人要予以屏蔽、删除,及时将被执行人的人格权恢复至失信惩戒前。

案例3:王某信用修复案。① 李某、余某等4人与王某机动车交通事故责任纠纷一案在枣阳市人民法院被立案执行后,因王某在外打工未及时履行近7万元赔偿义务,故法院对其采取了纳入失信被执行人名单及限制高消费措施。王某回到枣阳从事个体经营后,执行干警向其讲明拒不履行的法律判决的后果。王某认识到了自己的错误,表示只是当下经济困难,无法一次性支付,希望法院促成和解,分期履行赔偿义务。最终,在法院的主持下,双方达成执行和解协议,被执行人分两期将赔

---

① 参见沈梁军、欧阳亚男:《失信修复,助失信企业"摘帽"重生》,载《扬子晚报》2022年5月19日。

偿款全额支付给了执行申请人。考虑到王某在执行案处理过程中的积极态度，及失信记录对今后的生活、经营可能受到影响，执行干警不仅即刻解除了对王某采取的信用惩戒措施，同时也向其出具了《信用修复证明》。

从案例3中可以看出，被执行人王某在欠下债务后，没有消极应对，而是在困境中坚守诚信，积极主动地与对方达成分期分批履行债务的执行和解协议，被执行人这种积极主动履行的行为是一种诚实守信品质的体现。而在司法实践中，失信修复机制的设立初衷就是让诚信债务人有机会重获"新生"，为营造宽容失败、鼓励创新的社会氛围起到先导和启蒙作用。

2. 第Ⅱ象限：履行意愿高——履行能力弱。该类被执行人在司法实践中较为常见，属于"诚实而不幸"被执行人，即主要表现为被执行人在客观上因不可抗力因素、公共利益需要等特殊情况影响导致暂无履行能力或暂时缺乏一次性履行能力，但其主观上却有着强烈的履行意愿。倘若对此类被执行人给予持续的失信惩戒，这不仅会导致其社会评价降低，社会活动能力受限，还会导致其生产经营活动更加困难，履行能力被进一步削弱，由此会形成恶性循环。相反，倘若对此类被执行人给予失信修复，不仅能给予那些善意的被执行人一次改过自新的机会，帮助其渡过难关，还能通过失信修复制度积极引导其他被执行人纠错守信，激活其他被执行人的主动履行意愿，恢复和提高其履行能力，更能让被执行人从对抗执行转向配合执行，实现其"造血再生"功能，营造了诚实守信的社会环境。由此可见，失信惩戒措施对这类"诚实而不幸"被执行人的社会效果并不理想，有时还会起到反作用。

善意执行不仅具有平衡个案执行当事人利益的微观面向，而且具有服务党和国家发展战略大局的宏观面向。[①] 现实生活中，有很多被执行人的失信行为往往是非主观、非恶意产生的，如有些被执行人因疫情影响导致经营失败；或因家人疾病缠身导致生活困难，长期深陷债务"泥潭"等，但是他们对纠正自身失信行为，改善自身声誉形象有着强烈意愿，即通过失信承诺、有效担保、达成分期履行的执行和解等方式积极主动地配合履行，不存在抗拒执行或规避执行等严重失信行为。因此，为了平衡双方当事人的利益，实现互利共赢，应该给予此类"诚实而不幸"的被执行人宽容的执行环境，通过保障被执行人的合法正当权益，来彰显善意文明执行理念和司法温度。

案例4：上海某渔业公司信用修复案。[②] 上海某渔业公司因生产经营困难，未能按约还款，被江苏某公司诉至法院，江苏省响水县人民法院判决该渔业公司一次性归还借款500万元。后在执行过程中，法院依法对该渔业公司账户进行了冻结，并对该公司采取了信用惩戒措施。渔业公司向法院提出申请，请求法院解除对其银行账户的冻结，对其进行信用修复，以便于公司恢复正常运营，为疫区提供物资保障。

---

① 参见陈杭平：《"善意执行"辨》，载《华东政法大学学报》2021年第2期。
② 参见沈高轩、万承元：《失信修复，助失信企业"摘帽"重生》，载《扬子晚报》2022年5月19日。

法院在收到申请后，立即展开调查，并秉持善意文明执行理念，多次组织双方当事人开展协调化解工作，最终促成双方达成执行和解协议，该渔业公司在支付首付款15万元后，法院在经过申请执行人的同意下解除信用惩戒措施。后渔业公司顺利投入生产经营，在上海疫情期间，该公司积极组织货源，主动承担社会责任，为上海提供优质水产品等，助力打赢疫情防控"大上海保卫战"。

案例5：江苏某民营建筑企业失信修复案。① 江苏某民营建筑企业因对某市政公路工程公司向银行借款提供了担保，被法院判决承担连带清偿责任。后受疫情影响企业生存压力巨大，尤其是被纳入失信被执行人名单后，企业不仅丧失了投标的资格，也被银行系统停止授信，面临倒闭困境。于是向法院申请信用修复，法院在收到信用修复申请后第一时间了解核实相关情况。鉴于建筑企业属担保人，法院主动协调，约谈双方当事人调解，在取得申请执行人谅解的基础上，决定屏蔽其失信名单，这让该企业重振"诚而不幸"企业发展生机。

案例6：安徽省安庆某建材公司失信修复案。② 安徽省安庆某建材公司因替他人借款担保被法院判决承担连带清偿责任。但苦于主债务人失联、连带担保人胡某又拒不履行义务，该公司无力支付巨额担保款，被法院纳入失信黑名单，生产经营陷入停滞状态。该公司参加了安庆市中级人民法院举办的信用修复辅导培训班，经法院与某银行积极协商，银行根据其履行义务的积极态度，同意该公司承担部分责任，放弃部分追偿权。该公司完成信用修复相关程序后，法院将其从失信黑名单中删除，得以恢复正常生产经营。

从案例4、案例5中可以看出，法院在执行过程中应当充分考虑疫情防控期间的特殊性，在积极维护各方当事人合法权益基础上开展失信修复工作，助力疫情防控，助力困难企业重获"新生"，取得了很好的法律效果和社会效果。案例6中，法院针对不同案件、不同被执行人，制定不同的失信修复措施，就不同案件制定符合不同条件的履行和解方案，履行方案遵循平等自愿、债权人利益与企业正常经营双保护原则。

3. 第Ⅲ象限：履行意愿低——履行能力弱。执行效果和债权的实现是民事执行的正当性底线，在利益平衡中居于首要位置。该类被执行人主要表现为其主观上没有履行意愿，客观上亦没有履行能力，在司法实践中大多数是不按时到庭、拒绝报告财产情况、不配合法院执行等行为，虽具有一定的主观恶性和社会危害性，但其主观恶性和社会危害性尚未达到严重程度。因此，一般情况下对于此类被执行人不予失信修复，但若其符合特定的修复条件，可给予一次失信修复机会。

4. 第Ⅳ象限：履行意愿低——履行能力强。该类被执行人主要表现为被执行

---

① 参见孙彩萍、常文金、陈雄：《失信修复：重振"诚而不幸"企业发展生机》，载《人民法院报》2022年5月10日。

② 参见金根林：《安庆法院帮助失信企业修复失信》，载《人民法院报》2019年4月21日。

人有履行能力而拒不履行，其主观上有规避或暴力抗拒执行的故意，客观上也实施了规避或抗拒执行的行为，表明该类被执行人主观恶意较深，具有拒不履行的主观恶性和社会危害性，其失信程度较为严重。司法实践中，此类被执行人的故意拒执行为不仅严重侵害了申请人的合法权益，还严重损害了司法权威和司法公信力，应该予以重点打击。由此可见，为强化失信惩戒效果，对于此类主观恶意明显、违法情节严重、多次违法失信的被执行人，应不予失信修复。

三、理性思辨：失信修复分类分级机制的价值衡量

（一）逻辑动因：构建失信修复分类分级是优化营商环境的客观需要

优质的营商环境是一个国家或地区经济软实力、核心竞争力、全球影响力的重要体现，而打造优质的营商环境离不开法治，法治是衡量营商环境优劣的关键指标，是推进优质营商环境建设的重要抓手，法治化营商环境建设重在依托法治实现构建优质营商环境的目标追求。① 然而，作为实现法治、通向正义的"最后一公里"，执行工作直接关系到法治化营商环境的整体质量。如前所述，由于不同被执行人的失信行为、失信动机、失信程度、失信情节以及失信所致的损害效果均存在着较大差异。倘若不加区分被执行人的不同情形就采取"一刀切"修复或不予修复，将会在一定程度上影响其生产经营，进而影响法治化营商环境的优化。由此可见，建立失信修复分类分级机制不仅是贯彻善意文明执行理念的具体体现，还是优化法治化营商环境的准确回应，更是进一步完善社会信用体系建设的客观需求。

（二）价值衡量：失信修复分类分级的成本收益比较分析

法律虽然以追求公平正义为主要目标，但是也不应该忽视效率，必要时还应当进行一定程度的成本收益分析。② 失信修复机制亦是如此，即要求失信修复的潜在社会收益应超过其潜在社会成本。笔者尝试借助"庇古税理论"③，分析失信惩戒与失信修复措施中隐藏的成本，通过成本收益分析定量精确比较失信修复所耗费的成本与增加的收益，以实现修复措施与被执行人失信行为匹配的帕累托最优。

成本收益模型。理性的经济人在决定实施某项行为前，经常会进行精确的数学计算，以确定如何以最小的成本获取最大的收益。④ 正如边沁的功利主义学说所揭示的那样，人总是会选择能使自己获得最大利益或最大幸福的行为。然而，不同被执行人的个体差异可以引发其对不同修复措施的敏感度，在具体适用失信修复时应

---

① 石佑启、陈可翔：《法治化营商环境建设的司法进路》，载《中外法学》2020年第3期。
② 参见刘权：《比例原则的精确化及其限度——以成本收益分析的引入为视角》，载《法商研究》2021年第4期。
③ 庇古税理论核心是通过向私人活动征收相当于其对社会所造成的外部成本的税收以实现其活动外部成本内部化，进而实现个人边际收益曲线与社会边际收益曲线趋同以及整个社会的福利最大化。
④ 参见刘权：《比例原则的精确化及其限度——以成本收益分析的引入为视角》，载《法商研究》2021年第4期。

考虑适用成本收益。具言之,对于"诚实而不幸"的被执行人而言,其对失信修复需求较为敏感、更为迫切,所实施的修复效果亦较为明显;而对于那些主观恶性较深的严重失信被执行人,其对失信修复措施不敏感,所实施的修复效果并不明显。因此,失信修复措施应该是有条件、有限度、分类分级的使用,以实现最精准、最经济、最有效的修复效果。

社会生活中的每个人都是理性经济人,他们都会根据自己的理想预期判断作出最佳选择,由于他们个人所处的生长环境、工作经历和学习教育等不同而成为有限理性人,但是有限理性人在面临抉择时会通过努力让自己的利益最大化。而失信被执行人作为社会生活中的理性经济人亦是如此,只有当失信修复所带来的预期收益大于失信惩戒预期成本时,其才会积极主动地申请修复;若相反,则其不会去申请失信修复。在司法实践中,被执行人拒不履行法律义务,其所获得的收益是不当占有的执行标的,而其所承受的可能仅仅是失信惩戒措施所带来的成本。具体而言,被执行人在获得自身利益的同时,还将会给个人和社会带来两种外部成本:一是无法实现债权人合法权益的损失;二是会破坏社会市场秩序,增加市场失灵交易成本,使交易主体之间无法建立相互的信任关系,由此破坏了法治化营商环境和社会诚信体系建设。因此,可以各种成本作为横坐标,以预期收益作为纵坐标,构建失信修复分类分级的成本——收益矩阵模型(见图2),分析影响失信修复分类分级的各个因素作用大小。

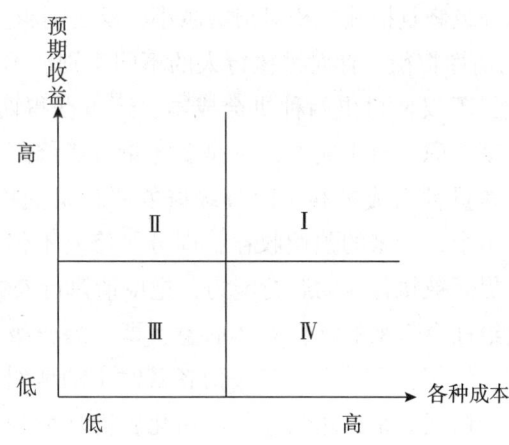

图2 失信修复分类分级的成本收益矩阵模型图

(三)成本收益考量

失信修复机制,其深度修复的是社会生态,全面矫正的是价值导向。① 失信修复分类分级机制的价值功能如何,笔者尝试对失信修复分类分级机制的损益因素进

---

① 参见张培元:《"失信修复"也是一种生态修复》,载《贵州日报》2019年7月18日。

行适当量化，以促成社会整体福利最优。对"诚实而不幸"被执行人失信修复，因其主动配合执行、纠正自己失信行为所带来的收益是法治化营商环境的优化和社会诚信体系建设的构建，其价值明显大于失信行为造成的损害与失信修复所消耗的成本的总和。

1. 分级修复的最小损害判断。准确计算手段的权利损害成本和收益，是准确判断手段是否具有最小损害性的前提。[①] 法院在开展失信修复时应当符合比例原则，即应选择对双方当事人权利造成最小损害的方式，既能提高被执行人的履行能力，又能实现申请执行人的债权，还能最大程度地优化营商环境和构建社会诚信体系建设。笔者借助成本收益分析方法，对不同的失信修复方式所造成的损害进行客观比较分析，最终确定一个最小损害的修复方式——失信修复分类分级措施。与此同时，在比较不同修复方式的损害大小时，不能忽视修复方式的不同有效性程度。笔者借助于分级修复措施的相对损害计算公式，对不同修复方式在 1 个单位收益下的权利损害大小进行定量比较，可以较为准确地选取一个相对最小损害的分级修复方式。

分级修复措施的相对损害计算公式如下：

$$Y = \frac{C1}{S}$$

其中，C1 表示分级修复措施的权利损害成本，S 表示分级修复措施的收益，Y 表示分级修复措施的相对损害大小，即 1 个单位收益下的权利损害大小。由此可见，Y 的数值越大，表示分级修复措施的相对损害越小，反之则越大。

2. 分级修复的均衡性权衡。针对被执行人的不同类别、不同情形、不同阶段实施分类分级修复方式，不仅要付出两种机会成本，还可获得两种较大的预期收益。从成本收益分析的角度考虑，对于成本，一是要考量分级修复过程中申请执行人权利损害成本；二是要考量社会成本和法院分级修复所耗费的机会成本。对于收益，一是要考量分级修复给个人带来的预期收益，即分级修复不仅可以解除申请执行人的后顾之忧，还可以提高被执行人的履行能力，把申请执行人的成本损失降至低点；二是要考量分级修复给社会带来的社会总体收益，即开展分级修复不仅可以挽救失信者，还可以警示潜在失信者和激励更多失信者及时主动地纠正失信行为、重塑个人失信，从而改善社会信任关系，达到优化法治化营商环境和构建社会诚信体系建设。笔者借助于成本收益分析的赋值计算方法，通过均衡性判断公式，可得出失信分级修复的总成本与总收益的比例值。均衡性判断公式如下：

$$Z = \frac{C1 + C2}{S1 + S2}$$

其中，C1 表示申请执行人权利损害成本，C2 表示社会成本和法院分级修复所耗费的机会成本，S1 表示分级修复给个人带来的预期收益，S2 表示分级修复给社

---

① 参见刘权：《比例原则的精确化及其限度——以成本收益分析的引入为视角》，载《法商研究》2021 年第 4 期。

会带来的社会总体收益。由此可见，分级修复的各种成本相对于分级修复所带来的预期收益的比例值越小，则表示分级修复措施就具有较高的精准性、有效性，反之则较低。

概言之，为了让失信修复机制更精准、更有效，应当建立失信修复分类分级机制，即根据被执行人的失信程度和分期履行情况选择不同的分级修复方式，做到被执行人分类与分级修复双向动态匹配，而非无差别地一刀切修复或不予修复。

四、探索之路：失信修复分类分级机制的构建路径

根据分类分级原则，在失信修复时要设定与违法失信情形相对应的失信修复期限、程序、方式等，确保失信修复差别化、精准性。笔者认为应综合考量被执行人的失信行为的性质、情节等因素，结合当事人纠正失信行为、消除不良影响等情况，构建一套行之有效的与失信程度相匹配的失信修复分类分级机制，以达到失信修复措施与被执行人的失信行为有效应对，实施精准高效修复。

首先，必须对不同被执行人进行分类。司法实践中，每个被执行人的情况各异，必须要对被执行人在主观因素、客观因素两个方面进行综合考量后进行分类。其次，必须对失信修复措施进行分级。如前所述，在失信惩戒分级分类的情况下，要做到失信修复精准适用，若不进行分级，被执行人的分类也难以嵌入失信修复的具体实践中。因此必须对失信修复进行分级。最后，必须将被执行人分类情况与分级后的修复措施进行一一对应。

（一）构建数字化的失信分类模型

被执行人失信等级分类模型是构建失信修复分类分级机制的路径起点，其功效在于对不同类别被执行人实施精准分类，以便区分对不同类别的被执行人采取不同的失信修复方式。但是分类的标准应当适当，不宜过细或过粗，分类过粗则达不到分类分级的目的和效果；分类过细则可能会带来额外的成本负担。因此，被执行人失信分类可从两个维度考虑，即通过大数据，[①] 可视化方式分析评定被执行人的履行意愿和履行能力，以此作为被执行人失信分类的标准。

由于我国金融系统已经有了关于个人失信评级模型，在构建被执行人失信等级核心模型时，可借鉴全国个人通用失信评分系统[②]。它是基于全国统一的个人信用信息基础数据库的数据，采用统计分析和数据挖掘的方法，通过综合考察个人的失信行为特征和失信程度，对个人的还款意愿和还款能力进行评估计算后得到的分值，并能科学预测出未来一定时期内客户的违约概率。因此，笔者借鉴了个人通用失信评分系统内的还款意愿和还款能力两种评分因素，用来构建被执行人失信等级核心

---

① 大数据不仅可以让分级模型更精准地反映被执行人的真实情况，还可以做到无缝对接、动态调整、及时反馈。
② 个人通用失信评分系统是中科院虚拟经济与数据科学研究中心与中国人民银行合作开发出来的，是一套定量评估个人失信风险的应用系统。

模型。

1. 被执行人失信分类模型的核心组成部分。(1) 主观因素之履行意愿。为客观评价被执行人的履行意愿高低，可根据被执行人是否主动配合法院执行的情况来开展定性分析。按时到庭、主动申报财产、遵守限制消费令、配合处置现有财产均是被执行人应当履行的法律义务。实践中，被执行人的个人情况可能瞬息万变，而被执行人按时到庭能迅速掌握其行踪情况，主动申报财产能迅速查明其实际财产状况，遵守限制消费令、配合处置现有财产能强化其履行法律义务的紧迫感和责任感，从而提高法院的执行效率，及时保障债权人的合法利益。

(2) 客观因素之履行能力。为客观评价被执行人的履行能力强弱，可将被执行人行为轨迹和财产交易作为主要依据并进行定量分析（见表3）。实践中，可借助于"贝叶斯决策"①原理搭建"拟人思考"分析模型，为不同被执行人的履行能力"精准画像"。一是依据被执行人的行为轨迹分析模型。在执行情境化分析过程中，通过截取被执行人在交易支付平台的消费频率、登录 IP 等数据，抓取被执行人送货地址、车辆导航、电话通信等要素，综合对比分析出被执行人活跃交易时段、高频交易类型、密切联系人等关键信息，从而洞察其网络活动轨迹。二是依照被执行人财产交易分析模型。聚焦被执行人的银行开户信息、资金流向、现金存取、支付记录、医保社保、电信保险、开票纳税等要素在内的信息数据，通过大数据分析研判其准确地址、消费地点、生活区域、金融交易轨迹等信息，从而寻找其隐匿财产。②

此外，对被执行人有无履行能力的分析还可借鉴无锡市中级人民法院自行研发的"被执行人履行能力大数据智能分析系统"，通过全方位查询被执行人名下的银行账户、证券、股权、车辆、房产等主要财产以及纳税、失信等级等信息，对被执行人的社会关系、资金往来、生活消费等相关情况进行全方位、精细化、具体化分析，最终综合确定被执行人是否具备履行能力。

表3 被执行人行为分析模型评价指标与参考变量

评价指标	参考变量	数据对接
行为轨迹	统计月份、消费频率、消费总额、所在城市	滴滴打车记录、住宿登记信息、出租登记信息、电商平台绑定收货地等
履行能力	总支出额÷全国年均总额 总收入÷全国平均收入 总支出÷申请执行标的额	实名会员卡消费记录、子女就读私立学校情况、纳税信息、社保信息等

---

① 贝叶斯决策方法能够不断吸纳新信息，并将对新信息的判断转化融入后验概率，实现微观上的决策推进。

② 参见李艳玫、黄驿媚：《"执行不能"何以鉴真：运用大数据为被执行人精准画像——基于数据全生命周期视角》，载刘贵祥主编：《审判体系和审判能力现代化与行政法律适用问题研究——全国法院第 32 届学术讨论会获奖论文集》，人民法院出版社 2021 年版，第 1273 页。

2. 被执行人失信等级类型划分。如前所述，对被执行人失信等级分类要"精准"，须在全面分析、客观判定被执行人财产申报情况、履行情况等基础上，通过利用大数据等信息技术手段对被执行人的失信实行精准分类。因此，法院在受理执行立案后，基于不同被执行人的失信等级评价不同，应对被执行人的身份属性、履行意愿、履行态度以及失信行为情节轻重等情况及时调查和识别，根据调查和识别结果对被执行人的失信状况进行分类评价，可将失信评价标准分值定为满分100分，然后根据被执行人的失信考核得分情况，可将被执行人失信评价等级划分为A、B、C、D四类（见表4）。此外，为切实规范失信评价行为，对有履行能力而拒不履行的且情节严重的被执行人应建立熔断机制，即在失信评价周期内，对具备主观恶性、社会危害性的被执行人可直接评定为D类被执行人。

表4 被执行人失信等级分级分类类型表

序号	指标考核得分	分类类型	被执行人类型
1	80分以上	A类	普通被执行人（履行意愿高+履行能力强）
2	60~80分	B类	信用瑕疵被执行人（履行意愿高+履行能力弱）
3	40~60分	C类	一般失信被执行人（履行意愿低+履行能力弱）
4	40分以下	D类	严重失信被执行人（履行意愿低+履行能力强）

3. 被执行人失信等级动态调整。司法实践中，被执行人分类模型必须要符合动态设计原则。当被执行人的履行意愿和履行能力或其外部环境等因素发生重大变化时，若一直拘泥于原先的失信等级评定结果，不仅会导致被执行人的失信评级结果与失信修复不符，还会导致善意文明执行目的落空。因此，在瞬息万变的执行过程中，需要对被执行人的失信分类评价实行动态化调整。

通过借鉴国内某银行个人信用评级过程中的评级调整，[①] 有针对性地选择评级调整中的预警因素和外部因素作为被执行人失信评级调整中两大类因素，以确保被执行人信用等级评价"可上可下"动态式调整，其具体的评级调整如表5所示。

---

① 该银行的个人失信分类模型是针对不同客户的失信等级进行流程化的评定，具体的流程为：首先是输入客户的财务报表和定性指标发起评级，其次根据系统内的大数据分析得出级别，最后再根据预警因素和外部环境因素进行动态调整，使客户的评级结果更准确，能有效降低金融风险。

表5 被执行人失信等级调整分析表

调整因素	指标选项	调整规则	解释说明
预警因素	有履行能力而拒不履行法律义务	向下调整类别（可直接定为D类被执行人）	以上六种行为属于被执行人的恶意行为所致，且性质恶劣，不仅严重损害了申请执行人的合法权益，还严重损害了司法权威和司法公信力，应该予以最严厉的惩罚
	以伪造证据、暴力、威胁等方法妨碍、抗拒执行		
	以虚假诉讼、虚假仲裁或者以隐匿、转移财产等方法规避执行		
	违反财产报告制度		
	违反限制消费令		
	无正当理由拒不履行执行和解协议		
	因拒不履行生效法律文书行为被追究刑事责任	向下调整类别（以最低类别调整）	由于此类被执行人妨碍、抗拒执行情节严重或具有多次违法失信行为，为能真实地反映被执行人的实际情况，应再向下调整一级
	涉及特别严重的违法失信行为		
	多次违法失信行为		
外部因素	积极配合执行	根据具体的相关情况向上调整类别	若被执行人有积极配合执行、作出信用承诺或提供人保、物保的，说明被执行人是善意的，不仅增强了被执行人履行能力，还提高了案件顺利执结的可能性
	作出信用承诺		
	提供担保		
	外部客观因素	可在一定期限内维持类别不变	如因不可抗力、公共利益需要等客观因素导致被执行人无法按期履行义务，鉴于此类情况，应该考虑到被执行人实际情况，给予他们1~3个月的信用宽限期

（二）构建动态化的修复分级模型

司法实践中，被执行人失信的原因有很多，失信行为的表现形式也多种多样，被执行人的生活水平、主观恶性大小、履行标的大小以及债权紧迫度大小等都存在着较大差异，而且被执行人未履行原因无论是从数额上还是从性质上都可能存在着较大差异。因此，根据责任自负理论，并参照刑法领域中"罪责刑"相适应的原则，针对被执行人的不同种类、不同失信程度，从而构建"靶向对应关系"，[①] 以避免陷入"一刀切"的修复模式，其对应关系如图3所示。如果针对不同性质的被执

---

① 所谓"靶向对应关系"是指针对不同的被执行人采取差异化的失信修复方式，从而达到对症下药，达到满意的执行效果。

行人或针对不同种类的失信行为,采取相同的失信修复方式,将有纵容失信者、削弱强制执行措施的嫌疑,更有违公平公正原则。

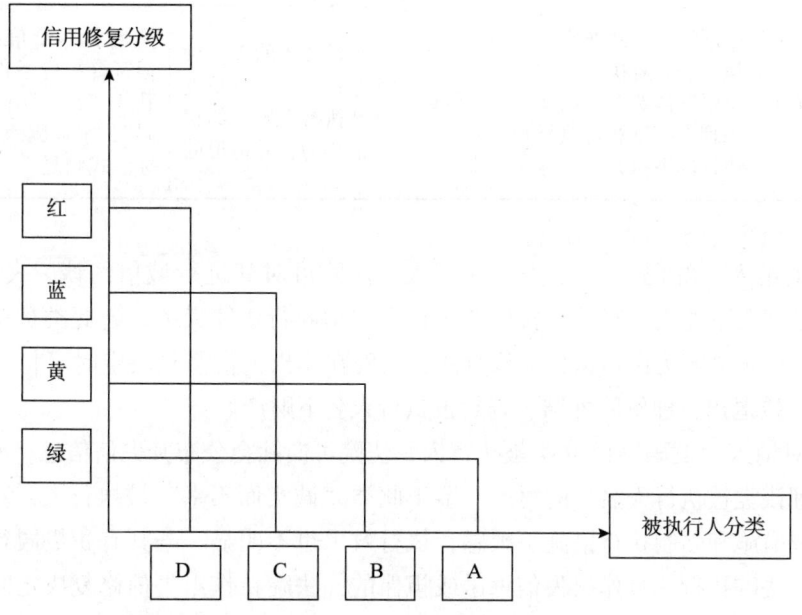

图 3　被执行人分类与失信修复分级双向匹配关系图

根据被执行人失信行为的轻重程度和失信行为所造成的后果等因素,对被执行人分类与修复分级可以实现最佳的执行效果,对不同类型的被执行人采取与其失信状况相适应的"绿、黄、蓝、红"码进行分级分类管理,并实行差别化、动态式修复(见表6)。

表 6　失信被执行人失信分类管理与动态式分级修复类型表

序号	信用分类	概括情形	分级管理	可修复条件	分级修复方式
1	A类	执行立案后,经法院敦促后及时履行了义务的被执行人	绿码	经信用提醒、敦促后及时主动地履行了法律义务	直接从绿码中退出
2	B类	执行立案后,因特殊情况导致暂无履行能力但有积极履行意愿且积极配合法院执行的被执行人	黄码	虽暂时无履行能力,但能积极配合法院执行或主动提供担保财产的	停止公示失信信息,将其从"黄码"降至"绿码"(给予一定的承诺缓冲期)
3	C类	没有积极履行意愿,未按照《执行通知收》规定的履行期限履行义务的被执行人	蓝码	一般失信被执行人确已纠正失信行为,并向法院作出信用承诺的	删除式修复,将其从"蓝码"降至"黄码",(给予1~3个月的信用宽限期,并暂停对其信用惩戒)

(续表)

序号	信用分类	概括情形	分级管理	可修复条件	分级修复方式
4	D类	以恶意的方式妨碍、抗拒执行、规避执行、故意违反限制消费令的以及无正当理由拒不履行执行和解协议的被执行人	红码	但经过2年的失信惩戒考察期后，严重失信被执行人确已纠正失信行为，并情形的	原则上不予信用修复，但符合特殊条件下可将其从"红码"降至"蓝码"，采取删除式修复+标注式修复

1. 对纳入"绿码"的A类被执行人，法院可对其进行诚信约谈、失信提醒、采取冻结其名下的银行账户来督促被执行人主动履行法律义务。若此类被执行人以全部履行法定义务为由申请失信修复的，法院在作出失信修复决定时可将其从"绿码"中直接退出，即解除冻结、查封被执行人名下财产。

2. 对纳入"黄码"的B类被执行人，法院可向社会公布其失信信息，冻结、查封、扣押该类被执行人名下的财产。鉴于此类"诚实而不幸"被执行人，对其采取失信惩戒措施和强制执行措施不敏感，执行效果也不明显。若其有积极履行意愿并主动配合法院执行，且作出失信承诺或担保的，法院在作出失信修复决定时可将其从"黄码"下降至"绿码"，并停止公示其失信信息、暂停失信惩戒。

3. 对纳入"蓝码"的C类被执行人，法院在向社会公布其失信信息，冻结、查封、扣押该类被执行人名下财产的基础上，可将其纳入"黑名单"、限制高消费、作出司法拘留等强制执行措施。若此类被执行人与申请执行人达成分期分批履行的或已全部履行完毕的，法院在作出失信修复决定时将其从"蓝码"下降至"黄码"或"绿码"，并给予1~3个月的失信考察期，在其纠正自身错误或全部履行完毕后应采取删除式修复方式。

4. 对纳入"红码"的D类被执行人，原则上不予失信修复。虽然严重失信被执行人的失信行为对社会失信秩序造成的损害是不可逆的，即使其纠正了失信行为也可能无法破镜重圆，但从目的论维度而言，采取失信惩戒措施只是一种手段，不是目的，法院最终目的是通过失信惩戒措施来迫使失信被执行人主动履行债务，促进社会诚信体系建设。因此，法院在开展失信修复时绝对不能实行"一刀切"，而要根据具体情况具体分析，若严重失信被执行人符合一定的条件下亦可以给予其一次重塑个人失信的机会。

修复时限制度能较好地实现失信被执行人权益保护和维护市场秩序之间平衡的功能，它既能维护失信惩戒措施在一定时间内的稳定性，又能为激励失信被执行人积极主动改进自身失信预留足够空间。① 通过对被执行人的违法失信程度和失信次数两个方面进行考量，可将严重失信被执行人分为一般严重失信被执行人和特别严

---

① 卢护锋：《失信修复的法理意蕴与制度形塑》，载《法治社会》2021年第4期。

重失信被执行人（见表7）。一般严重失信被执行人在同时具备以下三种条件下可申请失信修复：一是严重失信被执行人受到了严重的失信联合惩戒且惩戒期限满1年以上；二是严重失信被执行人已主动纠正自己错误并积极配合法院执行；三是严重失信被执行人经过了1年以上的失信考察期。对于符合失信修复条件的一般严重失信被执行人，法院应予分级修复，即可先将其从"红码"下降至"蓝码"，经过2年失信考察期过后，法院可根据相应情形将被执行人下降至"黄码""绿码"管理。但是，一般严重失信被执行人与一般被执行人应实行差别化对待，其失信修复效果不能达到失信惩戒前的程度，即只有在经过一定期限的失信考察期后才可在一定范围内恢复失信评价，这不仅可以维护失信惩戒制度的严肃性、有效性，还可以通过修复过程中的时间成本和经济成本的付出，让失信被执行人强化诚信意识，亦可激励更多的失信被执行人及时主动地纠错、重塑个人诚信。

此外，从成本收益分析而言，特别严重失信被执行人因拖延执行时间久、主观恶性深、失信情节严重，对社会秩序的危害和影响较大，故应当承受和付出更多的内部化成本，即应受到更加严厉、更加精准的失信惩戒措施，对此类被执行人绝对不能予以失信修复。此外，若将此类被执行人纳入失信修复范围，则会让法院的公信力大打折扣，不仅容易被公众质疑，还可能会对其他被执行人树立一种错误的价值导向。

表7 严重失信被执行人不予失信修复分类分级类型表

序号	被执行人类型	包含的情形	不予信用修复类型	分级修复方式
1	一般严重失信被执行人	1. 以伪造证据、虚假诉讼、虚假仲裁、虚假承诺等方法恶意规避、逃避执行的； 2. 以伪造、暴力、威胁与方法妨碍、抗拒执行的； 3. 隐藏、转移、故意损毁或无偿转让、以明显不合理的低价转让财产； 4. 违反财产报告制度的； 5. 违反限制消费令的； 6. 有拖欠工资违法失信行为被纳入"失信企业黑名单"，因被执行自己（非担保）债务在国家信用信息系统、征信系统等信用信息平台有不良记录； 7. 无正当理由拒不履行执行和解协议的； 8. 存在其他不诚实守信的情形	相对不予信用修复	经过2年失信惩罚期限后，对确已主动纠正错误，且积极配合法院执行的一般严重失信被执行人，可逐步将其从"红玛"下降至"黄码"、从"蓝码"下降至"黄码"进行分级修复，对确已履行完毕的，应向其出具信用修复证明书

(续表)

序号	被执行人类型	包含的情形	不予信用修复类型	分级修复方式
2	特定严重失信被执行人	1. 恶意规避执行、逃避执行、暴力妨碍、抗拒执行且情形严重的； 2. 因拒不履行生效法律文书行为被追究刑事责任的； 3. 失信被执行人在信用修复中再次发生恶意失信行为； 4. 涉及多次违法失信行为的或特别严重的违法失信行为	绝对不予信用修复	不予信用修复

结 语

失信修复已经成为了失信被执行人重塑诚信的救济之路，亦是完善守信联合激励机制和失信联合惩戒机制的重要环节。通过对失信修复和被执行人双向分类分级，达到双向动态匹配，这不仅能大力提高失信修复的精准性、有效性和可预期性，还能最大程度地实现双方当事人利益平衡。为更具象地呈现出失信修复分类分级机制的功能设想，笔者起草了《关于建立失信修复分类分级机制的若干意见（建议稿）》，以期对司法实践有所裨益。

附录：

关于建立信用修复分类分级机制的若干规定（试行）
（建议稿）

第一章 总 则

第一条 为贯彻善意文明执行理念，加快建立全国统一的执行信用评级标准，科学构建差异化的信用修复模式，全力推进社会信用体系建设，根据《最高人民法院关于公布失信被执行人名单信息的若干规定》（以下简称《若干规定》）、《最高人民法院关于在执行工作中进一步强化善意文明执行理念的意见》，制定本意见。

第二条 本意见所称的信用修复分级分类机制是指人民法院根据被执行人的核心信息和调解信息等进行采集、评价、分级。并按照比例原则，予以相对应的信用修复措施的制度。

第三条 本意见适用于未履行全部生效法律文书所确定义务的被执行人（以下简称被执行人）。

第四条 开展信用修复分类分级，应遵循客观公正、标准统一、分级分类、动态调整的原则，根据信用评价指标体系，通过大数据分析处理和综合计分结果，建立科学合理的信用修复分类分级机制。

第五条 各省、自治区、直辖市高级人民法院应积极与相关部门建立信用信息共建共享机制，推动执行信息与其他社会信用联动管理。

第二章 被执行人信息采集、调整

第六条 被执行人信用信息采集工作由执行法院组织实施，采集周期为6个月。申请执行人、被执行人、第三人均可向法院提供，法院也可依职权采集。

第七条 被执行人信息包括被执行人核心信息和调整信息。

被执行人核心信息包括被执行人履行能力信息和履行意愿信息。履行能力信息主要包括被执行人履行周期、清偿间隔、资产、负债及生活开支等；履行意愿信息主要包括被执行人申报财产情况、按期到庭情况等。

被执行人调整信息包括预警信息和外部信息。预警信息主要包括被执行人因违反相关规定影响被执行人信息等级评价的信息；从相关部门取得的影响被执行人信用等级评价的信息。外部信息包括提供担保信息和外部客观因素等信息。

第三章 被执行人信用等级评价分类

第八条 各法院受理执行案件后，应对被执行人信用状况及时调查和识别，并根据识别结果分级分类采取与其信用状况相适应的失信惩戒、信用修复措施。在实施失信惩戒措施时，应根据其实际履行情况等及时、动态地调整和优化被执行人的信用等级。

第九条 被执行人信用等级评价采取评价周期内评级指标得分和直接评级方式。评级指标包括被执行人核心信息和调整信息。

评级指标得分采取加分方式。评价指标得分由被执行人履行能力信息和履行意愿信息组成，两部分各占30分。

被执行人可在三年内履行完毕，且清偿间隔小于或者等于30天，得30分。被执行人可在三年至五年内履行完毕，且清偿间隔小于或者等于30天。或者被执行人可在三年内履行完毕，但清偿间隔超过30日，得10分。

被执行人每六个月或者在财产情况发生重大变化时，主动如实申报财产，得10分。

除客观原因不能到庭之外，被执行人每次按期到庭并配合法院处置现有财产的，得10分。

被执行人作出信用承诺并提供人、财、物担保的，得10分。

被执行人积极与申请执行人达成分期履行执行和解的并已开始履行的，得10分。

第十条 被执行人信用等级分类评价周期为12个月。

第十一条 为准确反映被执行人信用风险等级，根据信用综合评价结果，可将被执行人信用评价等级划分为A、B、C、D四种信用类别。A类为评价周期内指标得分为 80 分以上的；B 类为评价周期内指标得分为 60 分以上不满 80 分的；C 类为评价周期内指标得分为 40 分以上不满 60 分的；D 类为评价周期内指标得分为 40 分以下的直接评级确定的。

第十二条 被执行人因遗忘等过失原因导致未履行生效法律文书确定义务的，经执行法院通知后及时履行了法律义务，属于普通被执行人，评级为 A 类。

第十三条 被执行人具有下列情形之一，且未履行生效法律文书确定义务的，属于信用瑕疵被执行人，评级为 B 类。

（1）无其他在执案件的被执行人；
（2）虽有少量其他在执案件，但不影响本案履行；
（3）无影响履行的在先失信信息记录的；
（4）其他信用瑕疵情形。

对于信用瑕疵被执行人，执行法院应采取信用提示、执行约谈等方式督促其履行，并视情况决定是否采取实施财产查封、扣押、冻结等执行措施。

第十四条 被执行人具有下列情形之一，且未履行生效法律文书确定义务的，属于严重失信被执行人，评级为 D 类：

（1）以暴力、威胁等方法妨碍、抗拒执行的；
（2）以虚假诉讼、虚假仲裁或者以隐匿、转移财产等方法规避执行的；
（3）具有拒绝报告或虚假报告财产情况，违反限制高消费行为的；
（4）伪造、毁灭其履行能力的重要证据，故意妨碍法院查明其财产状况的；
（5）无正当理由拒不履行执行和解协议的；
（6）经专业法官会议讨论，法院认定的其他严重失信情形。

对于严重失信被执行人，执行法院应对其名下财产及时实施查封、扣押、冻结等执行措施，对其实施罚款、拘留等强制措施，并视情况决定采取纳失、限高等惩戒措施。

第十五条 被执行人除具有本规定第十一条、第十二条以及第十三条规定的情形外，属于一般失信被执行人，评级为 C 类。

对于一般失信被执行人，执行法院可视情况采取相应的执行措施，并向其出具《预罚款通知书》《预拘留通知书》，警示、督促其在一定期限内履行生效法律文书确定的义务。

第十六条 被执行人有下列情形的，在一定的宽限期内不影响其分级评价：

（1）由于疫情影响、不可抗力等客观因素，造成被执行人未能及时履行义务；
（2）经申请执行人同意的；
（3）法院认定的其他不影响分级评价的情形。

第四章 被执行人权益保护

第十七条 人民法院要加强被执行人信用信息安全保护，建立健全安全管理、查询使用、应急处理等制度，保障被执行人信用信息在信用评价、分级分类全过程的安全。

第十八条 人民法院要建立被执行人信用评价、信用分类分级活动全流程管理体系，建立侵权责任追究机制，对泄漏、篡改被执行人信用分类分级结果或利用信用分类分级结果谋私等行为依法进行处罚，切实保护被执行人的合法权益。

第十九条 建立异议处理机制，当事人对被执行人分类分级评价结果存在异议的，可以书面向人民法院申请复议，人民法院应在五个工作日内按本意见第三章规定进行复评。对确保错误的，人民法院要重新对其信用进行评价，申请人对复评结果不服的，按照《若干规定》第十六条处理。

第五章 被执行人分级评价结果的应用

第二十条 人民法院应当按照守信激励，分级修复的原则，根据信用评价结果，对不同类别的被执行人实施差异化的信用分级修复措施。

第二十一条 对纳入"绿码"管理的A类被执行人申请信用修复的，法院在作出信用修复决定时可将其从绿码中直接退出。

第二十二条 对纳入"黄码"管理的B类被执行人，法院在作出信用修复决定时可将其从"黄码"下降至"绿码"。

第二十三条 对纳入"蓝码"管理的C类被执行人，法院在作出信用修复决定时将其从"蓝码"下降至"黄码"后进行管理。

第二十四条 对纳入"红码"管理的D类被执行人，人民法院原则上不予信用修复。但同时具有下列情形的，法院可给予其一次信用修复机会，可将其从"红码"下降至"蓝码"。

（1）严重失信被执行人受到了严重的失信联合惩戒且惩戒期限满1年以上；

（2）严重失信被执行人已主动纠正自己错误并积极配合法院执行；

（3）严重失信被执行人经过了1年以上的失信考察期限。

第二十五条 本意见自颁布之日起施行。

袭警罪行为要素"暴力袭击"之检视

——以方法论范式上的主体间性为视角

江西省吉安市中级人民法院　肖征元

2015年,《刑法修正案（九）》第21条增设第5款,将暴力袭警行为单列作为妨碍公务罪从重处罚情节,以此凸显对民警特殊保护。2021年,为满足实践需要,更好地震慑和预防暴力袭警犯罪行为,《刑法修正案（十一）》增设袭警罪,将暴力袭警行为在原有基础上单设成罪。作为新增罪名,袭警罪在司法适用中存在若干争议问题,其中较为显著的是该罪行为要素"暴力袭击"的范畴厘定。这个问题直接关涉罪与非罪、此罪与彼罪的适用,正基于此,本文尝试对暴力袭击行为范畴进行准确厘定,从而推进该罪的正确理解与公正适用。

一、袭警罪适用的现实图景

通过在中国裁判文书网上以关键词"袭警罪"精准检索BJ市、SH市、ZJ省、JX省从2021年3月至2022年2月关于袭警罪的裁判文书共265份作为研究样本。

（一）定罪量刑情况定量分析

研究样本中,涉案被告人定罪量刑情况如表1所示：

表1　研究样本中案件罪名认定情况表

数量＼罪名	无罪	袭警罪		变更认定为妨害公务罪（含检察院指控变更和法院认定变更）
		基本犯罪构成	加重犯罪构成	
数量/件	0	252	0	13

表 2 研究样本中构成袭警罪案件被告人量刑情况表

人数 \ 刑期	缓刑考验期（含区间起点，不含终点）				实刑刑期（含区间起点，不含终点）					
	三个月至六个月	六个月至九个月	九个月至十二个月	十二个月至十五个月	拘役三个月以下	拘役三个月至六个月	有期徒刑六个月至九个月	有期徒刑九个月至十二个月	有期徒刑十二个月至十五个月	有期徒刑十五个月至十八个月
被告人人数/人	37	8	1	14	2	21	142	25	8	1

从表 1、表 2 的实证分析可以看出，袭警罪案件呈现以下特点：

入罪门槛层次较低。涉嫌犯袭警罪案件中不存在宣告无罪案件，只存在 13 件案件因被害人不符合民警身份、暴力程度轻微或者文书未说明原因变更认定为妨害公务罪，在研究样本中占比仅为 4.9%。变更被告人行为定性的原因虽有被告人行为暴力程度轻微，但更多的轻微暴力袭警案件，被告人被认定构成袭警罪。无罪或者变更罪名案件占比较低固然与我国当前刑事案件无罪判决率低的司法大环境有关，但已足以反映出袭警罪的入罪门槛较低。

行为不法程度轻微。从表 1 可知构成袭警罪的案件中，全部案件均适用基本犯罪构成；从表 2 进一步可知，被告人判处缓刑的人数占比 23.16%，判处有期徒刑不满九个月或者拘役的实刑人数占比 63.7%，袭警罪案件量刑呈现明显轻刑化倾向；结合下文图 1 可知，"使用自身肢体直接主动攻击民警"是典型的暴力袭击行为类型，此类行为具体表现为捶打、踢踹、撕咬民警等，占比高达 84%。综合分析可以发现，实践中适用袭警罪予以规制的暴力袭击行为不法程度相对较为轻微。

（二）暴力袭警行为类型归纳

在认定被告人构成袭警罪的研究样本中，被告人采取的暴力行为可以归纳为六种方式，具体暴力行为方式和数量占比如图 1 所示：

从图 1 的实证分析可以看出，被告人袭警行为方式呈现典型性与多样性的统一。典型性表现在暴力袭击方式主要是使用自身肢体直接主动攻击被害人，此类型占比高达 84%。多样性表现在：暴力方式上既有采取主动攻击性暴力，也有采取被动防御性暴力；暴力对象上既有直接针对民警人身，也有作用于民警警帽、党徽、执法记录仪等贴身物品；暴力手段上既有赤手空拳袭击，也有使用生活琐物、器械袭击。

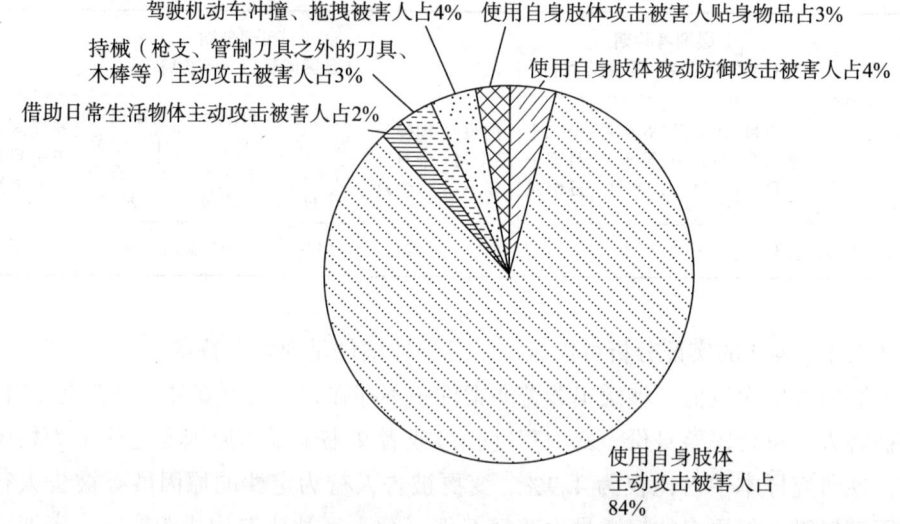

图1 研究样本中暴力袭警行为类型情况图

二、袭警罪"暴力袭击"适用的三重困境

通过实证分析,可以发现适用该罪时,围绕该罪的行为要素"暴力袭击"主要存在以下三重阶层式困境。

(一)行为内涵模糊不清

《刑法》中的暴力行为因缺乏系统分类导致袭警罪暴力袭击内涵模糊不清。《刑法》中罪状涉及"暴力"一词的罪名包括袭警罪共有29个。早期有学者将刑法中的暴力划分三类:一是最狭义暴力论,指对人的身体行使有形物理力并达到足以压制对方反抗的程度;二是狭义暴力论,仅指不法对人行使有形物理力,不包括对物体实施的暴力;三是广义暴力论,即非法实施有形物理力的所有类型,包括威胁使用暴力,暴力对象可以是人或者物。① 也有学者借鉴引入日本刑法理论的四类型论,② 四类型论其实是对各种暴力行为的重新归类,与三类型论内容大同小异,在此不再赘述。实践中对刑法分则各罪中的"暴力"内涵缺乏应有关注,导致对于何种行为能够纳入各罪对应暴力范畴并不明确,各罪对应的暴力内涵模糊不清,相互套用,袭警罪亦是如此,司法实践中存在侦查机关将暴力威胁民警、徒手推搡民警、使用剪刀捅刺民警等明显程度不一的行为均纳入袭警罪暴力袭击范畴案件。③

---

① 参见林亚刚:《暴力犯罪的内涵与外延》,载《现代法学》2001年第6期。
② 参见张明楷:《袭警罪的基本问题》,载《比较法研究》2021年第6期。
③ 参见山西省平遥县人民法院(2021)晋0728刑初189号刑事判决书、北京市昌平区人民法院(2021)京0114刑初1192号刑事判决书、浙江省新昌县人民法院(2021)浙0624刑初464号刑事判决书。

（二）行为类型过度扩张

暴力内涵的模糊不清直接导致司法实践中袭警罪暴力行为类型的过度扩张。研究样本中认定构成袭警罪案件占比高达 95.09%，在符合袭警罪其他犯罪构成要件前提下，只要被告人实施有形物理力的暴力行为而无论程度、方式、后果等均被认定为暴力袭击民警，进而得出入罪结论，袭警罪暴力袭击行为范畴呈现出不断扩张趋势。虽然司法实践中被告人及其辩护人常以"被告人行为未达袭警罪暴力袭击程度"为由作无罪辩护，如黄某明犯袭警罪案和李某红犯袭警罪案，① 但最终裁判结果显示均未获支持。

（三）行为阙如法益表征

袭警罪暴力袭击类型的过度扩张直接导致袭击行为法益表征功能丧失。刑法的目的是保护法益，犯罪构成要件中的行为要素与法益之间具有共通性，行为方式所造成后果的反面推演应为该罪所保护法益，这也是构成要件中行为要素的法益表征功能。② 袭警罪保护法益是国家执法权威和民警人身安全，应然层面上适用袭警罪予以规制的行为应是侵犯国家执法权威和民警人身安全法益的行为，但袭警罪适用情况却并非如此，研究样本中存在一定比例的轻微暴力行为，从而导致暴力行为的法益表征功能阙如，难以从行为要素中探寻该罪保护法益。

三、袭警罪"暴力袭击"的宏观界定

方法论范式视野下的主体间性在刑法解释学领域表现为不同的解释主体通过平等、协商对话达到主体间视域融合和理解上的共识，从而使得解释结论大体能够被各方接受。③ 主体间性强调刑法解释的标准是多元解释主体通过对话协商获得的共识，解释的实质是具有多元价值观的解释主体通过制度化的对话、协商，从而形成可接受的合理结论。④ 对袭警罪暴力袭击范畴的宏观界定实质就是如何解释该罪中的行为要素"暴力袭击"，《刑法》中的"暴力"存在最狭义暴力论、广义暴力论、狭义暴力论，早在《刑法修正案（九）》增设袭警条款时，对袭警条款中的暴力内涵就出现争议，少数学者认为"暴力"在形式和程度上应以足以阻碍人民警察执行职务为界限从而提倡最狭义暴力论，⑤ 有学者主张袭警行为的暴力可以包括对物暴

---

① 参见上海市闵行区人民法院（2021）沪 0112 刑初 1851 号刑事判决书、上海市崇明区人民法院（2021）沪 0151 刑初 302 号刑事判决书。
② 参见张明楷：《催收非法债务罪的另类解释》，载《政法论坛》2022 年第 2 期。
③ 参见姜涛：《基于主体间性分析范式的刑法解释》，载《比较法研究》2015 年第 1 期。
④ 参见袁林：《超越主客观解释论：刑法解释标准研究》，载《现代法学》2011 年第 1 期。
⑤ 参见郭喜鸽：《暴力袭警从重处罚条款的法律适用》，载《天津法学》2016 年第 4 期。

力从而主张广义暴力论,① 而狭义暴力论则为张开骏、张永强等学者所提倡。②

袭警罪暴力袭击范畴的界定之所以在理论上呈现众说纷纭并进而导致适用的三重困境,关键在于解释者往往是以主体性视角来解释该罪而忽略了多元主体之间的对话协商和利益平衡,鉴于此,本文采用主体间性视角对袭警罪行为要素"暴力袭击"进行解释,通过论证上的对话协商和法益上的平衡保护形成多元主体均能接受的共识,从而妥善界定袭警罪中暴力袭击范畴,最大限度在司法实践中实现该罪维护警民关系和谐的立法价值。

(一) 最狭义暴力论不当限缩袭警罪适用空间导致立法虚化

最狭义暴力论关注国民和被告人的主体性,从国民和被告人的视角出发,强调袭警罪的暴力袭击要达到足以抑制对方反抗程度,极大限缩该罪适用,引发其他主体异议。

1. 法益顺序位阶的倒置与解构。袭警罪保护法益是国家执法权威和民警人身安全,其位于《刑法》分则第六章。从体系解释的角度来看,各方主体均可接受的共识是:国家执法权威应为该罪的第一顺位法益,民警的人身安全应位于国家执法权威之后。而最狭义暴力论将本罪的侧重点偏向于国民和被告人的主体性,片面强调国民和被告人的"自我",当运用置换思维对最狭义暴力论进行校验时,其难以获得国家、民警主体的认可,因为如要求袭警罪的暴力程度达到足以抑制民警反抗程度,则会不当提高入罪的暴力程度,将袭警罪保护法益侧重于民警人身安全而非国家执法权威,若如此,则会倒置袭警罪保护法益位阶,进而解构立法上以法益为基础构建的刑法分则内部体系。

2. 行为不法程度的矛盾与冲突。《刑法》诸多包含"暴力"的罪名中,仅有抢劫罪、强奸罪等严重侵犯法益罪名才要求暴力达到足以抑制对方反抗程度,该类罪法定刑远高于袭警罪。罪责刑相适应原则强调刑罚轻重与行为不法程度相适应,法定刑越重则意味着该罪规制的犯罪行为不法程度越高,这亦是贝卡里亚刑罚阶梯论核心内容。③ 袭警罪刑罚明显低于抢劫罪、强奸罪,基于不同主体间的共识,势必要求袭警罪暴力表露出的不法程度低于抢劫罪、强奸罪中的暴力。因此要求袭警罪中的"暴力袭击"需达到强奸罪、抢劫罪中足以压制对方反抗程度的解释结论未与该罪刑罚表明的行为不法程度相匹配,难以被国家、民警等主体接受。假设被告人甲使用棍棒从背后殴打民警背部致使民警轻微伤,后甲迅速被该民警制服,因甲被制服说明其暴力尚未达到足以抑制民警反抗程度,在此种情形下倘若采用最狭义暴

---

① 参见冯红新、马雷:《"暴力袭警"法定刑的补足与适用——基于〈刑法〉第277条第5款的教义学阐释》,载《公安教育》2021年第5期。

② 参见张开骏:《公务保护与人权保障平衡下的袭警罪教义学分析》,载《中外法学》2021年第6期;张永强:《袭警罪的规范演进与理解适用》,载《重庆大学学报(社会科学版)》2022年第1期。

③ 参见[意]贝卡里亚:《论犯罪与刑罚》,黄风译,北京大学出版社2008年版,第18页。

力论则不能认定甲构成袭警罪,该结论显然难以被国家、民警甚至国民等主体所接受。

3. 现实力量对比的忽略与弱化。基于民警警用装备和身体素质优势,现实中发生的袭警案件难以出现被告人实施的暴力足以抑制民警反抗程度情形,研究样本中无一例案件被告人的暴力达到足以抑制民警反抗程度并可以印证此事实,这是袭警罪适用不可忽略的基础。刑法是一种关系性的存在,主体间性下的刑法解释所追求的理性是多元主体均可接受的重叠理性而非科学、实证的单一理性,① 最狭义暴力论仅关注国民和被告人主体的理性导致其忽略与弱化民警与被告人之间的现实力量对比基础,易致使袭警罪在司法实践中几无适用空间,既如此,袭警罪会丧失其作为新增罪名的价值,难以弥合主体理性多元化与司法裁决唯一性之间的矛盾,沦为宣示性、象征性立法。

(二) 广义暴力论任意扩大袭警罪规制范围导致司法泛化

广义暴力论关注国家和民警的主体性,主张扩大袭警罪暴力袭击范畴,将对物暴力、暴力威胁等纳入该罪暴力范畴,却忽略了国民、被告人主体的利益保护,难以获得国民、被告人主体支持。

1. 刑法谦抑性的违反与背离。广义暴力论仅从维护国家主体的执法权威与社会秩序出发,将对物暴力甚至是暴力威胁纳入袭警罪的暴力范畴,寄托于提高刑法的威慑实现袭警罪应然功能。然而,广义暴力论忽略了秩序的建立有赖于其他主体承认规范的有效性,而要其他主体承认规范的有效性必须通过对话、协商方式使得解释结论能够为其他主体所接受,其突破刑法谦抑性导致实践中袭警罪案件数量呈现井喷式增长,② 容易使袭警罪丧失对国民行为规制调整的正当性基础,引发袭警罪的认同危机。在对 JA 法院 50 名刑事办案人员的访谈中,③ 高达 72% 的访谈对象认为把对物暴力、暴力威胁纳入袭警罪规制范畴存在违反刑法谦抑性的嫌疑。

2. 刑法观理念的单一与失范。风险社会的到来导致积极主义刑法观受到关注。积极主义刑法观进一步强化了国家"自我"的话语权,具有本能入罪倾向,袭警罪便是其表现之一,但其低估了社会治理中各方主体平等对话沟通的重要性,极易造成刑法功能、目的异化。倘若在解释论领域继续坚持积极主义刑法观,将扩张国家权力对公民权利的干预,使得国民具有成为袭警罪被告人之极大可能,破坏警民之间正常对话与交流,进而可能导致警民关系越发紧张的窘境。袭警罪适用不能一味

---

① 参见姜涛:《基于主体间性分析范式的刑法解释》,载《比较法研究》2015 年第 1 期。
② 2021 年 4 月 24 日,孙风娟在《检察日报》第 1 版发表《高检发布一季度检察机关主要办案数据,适用刑法修正案(十一)新增罪名公诉 258 人》一文。从该文中可以看到,《刑法修正案(十一)》生效 1 个月后,各级人民检察院起诉的新增罪名中,袭警罪位列榜首为 101 人、催收非法债务罪为 91 人、妨害安全驾驶罪 30 人、高空抛物罪 21 人、危险作业罪 14 人。
③ 2022 年 5 月至 2022 年 8 月,笔者通过电话方式对随机抽取的 JA 全市法院刑事庭 50 名办案人员进行访谈,了解其对于袭警罪行为要素"暴力袭击"解释的简要看法。

坚持积极刑法观，要通过平等对话、沟通使得适用结论能够被各方主体所接受，如此才能避免警民关系越发紧张的窘境。

3. 管理者角色的偏移与错位。随着人权和法治理念发展，共建、共治、共享逐渐取代原有的主体——客体二元治理方式而成为现代社会治理的主要路径，在国家与国民之间的关系中，国家虽然依旧扮演"管理者"角色，但今时之"管理"侧重于"理"，强调理顺国家权力与公民权利的关系，国家权力之行使应为公民权利之保护。广义暴力论仍沿袭原有管理思维，坚持原有的国家主体性角色，其将被告人实施的不具有法益侵害性的行为予以入罪，是国家主体权威的习惯性尊崇在法律解释领域的体现，偏移其应然的"管理者"地位，虚化法治理念，容易陷入工具主义的泥沼，解释结论难以获得国家、民警之外其他主体的可接受性支持。

（三）狭义暴力论通过平等对话、沟通缓和国家公务保护和公民人权保障之间矛盾

狭义暴力论强调多元主体通过对话、沟通逐步实现重叠效应形成共识结论，平衡多元主体的利益保护，通过主体间性的转向使得解释结论能够被各方主体所接受，实现袭警罪维护警民和谐关系的目标。

1. 社会主体共识的沟通与形成。最狭义暴力论、广义暴力论虽均有其充分理由，但由于缺乏主体间的共识基础导致其解释理由陷入自说自话的"独白"困境，其二者忽略了法律实际意义产生于多元主体在社会场域的交流过程，无助于解决实践中的法律适用问题。狭义暴力论关注到了执法过程中的警察、国民主体的平等地位，认同国民面对民警的正当执法行为而实施的反抗行为并不一定要施以刑罚，其是多元主体平等对话、沟通的产物，多元主体通过对话相互间不断形成既定的约束力，从而发生聚焦重叠效应，最终达成各方均能大体接受的共识合意——暴力限于对民警实施的有形物理力。

2. 多元主体利益的兼顾与平衡。狭义暴力论以袭警罪保护法益作为解释暴力袭击的基础依据，在划定该罪打击半径时，通过平等沟通、对话实现主体间利益最大化，平衡国家公务保护与公民人权保障之间的矛盾。主体间性视角下法律解释追求的是解释结论在交谈中不断通过合理的修改，从而使得被多元主体所认同，狭义暴力论兼顾多元主体利益，恰当描绘了多元主体间的社会关系图像，是交往实践的多元主体共同修改、整合的效果。狭义暴力论通过多元主体的对话沟通，不断在社会多元主体间"利益矩阵"上寻求平衡中心点，最终因同时兼顾多元主体间利益能够被多元主体所接受，从而使得其具有正当性。

3. 警民和谐关系的调和与维护。《刑法修正案（十一）》增设袭警罪的目的固然是加强对国家执法权威和民警人身安全的保护，但这只是该罪的原始起点，其最终目的乃是通过刑法规制在社会治理中形成和谐警民关系。刑法具有各种机能，需要满足多元主体不同需求。无论最狭义暴力论抑或是广义暴力论均会因偏重某一主

体利益而遭受对方异议引发对抗，唯有狭义暴力论赋予各方主体平等对话、沟通平台，使该罪适用结果能够获得多元主体共识支持，在社会治理中发挥应有的报应和预防功能，最终实现警民关系和谐的目标。如宋某东犯妨害公务罪案中，① 宋某东在民警至其家中处警时以辱骂、威胁方式阻碍执法，被侦查机关以袭警罪拘留，被告人辩称不构成该罪，后经沟通变更指控妨害公务罪，庭上被告人认罪悔罪并向民警道歉。此类个案表明采取狭义暴力论对被告人行为准确认定有利于维护和谐的警民关系。

四、袭警罪"暴力袭击"的中观类化

狭义暴力论中的"暴力"本质特征是对被害人身体实施的有形物理力，立足这一特质，并结合前述实证分析中关于袭警罪暴力手段的典型性和多样性特征，从狭义暴力外延的周延性考虑可以将狭义暴力论中的暴力类型化为主动直接接触性暴力行为、主动间接接触性暴力行为、被动防御接触性暴力行为和主动轻微次接触性暴力行为。

主动直接接触性暴力行为是被告人率先使用肢体或工具攻击民警，危及民警人身安全的行为。主动间接接触性暴力行为是被告人率先采取抢夺、打砸、撞击等手段损毁民警正在使用的警用装备或其他物品，进而作用于民警人身，给民警造成人身危险的行为，此类行为的典型特征是并非直接针对民警人身。被动防御接触性暴力行为是指在采取保护性措施、行政强制或刑事强制中，被告人为逃避抓捕而实施的摆臂、甩手、蹬腿等有形物理力行为，此类行为特征是被告人实施暴力行为是应对民警先行实施的强制行为。主动轻微次接触性暴力行为是指打落、掀翻民警贴身警用装备或者拉扯、推搡民警肢体部位等，并难以对国家执法权威和民警人身造成危险的行为，此类行为特点是不会侵犯国家执法权威和民警人身安全法益。其中，前两者可以纳入袭警罪暴力袭击范畴从而用该罪予以规制，而后两者则应排除于袭警罪暴力袭击范畴之外，被告人对民警实施此两类行为不构成袭警罪。四类暴力行为如表 3 所示：

表 3 狭义暴力论中的暴力类型化情况表

序号	暴力类型化	典型特征	是否属于袭警罪"暴力袭击"范畴
1	主动直接接触性暴力行为	率先对民警人身实施	是，入罪处理
2	主动间接接触性暴力行为	率先对物实施并作用于民警人身	是，入罪处理

---

① 参见北京市密云区人民法院（2021）京 0118 刑初 366 号刑事判决书。

(续表)

序号	暴力类型化	典型特征	是否属于袭警罪"暴力袭击"范畴
3	被动防御接触性暴力行为	针对民警采取强制性或保护性措施而实施的暴力行为,时间晚于民警的行为	否,出罪处理
4	主动轻微次接触性暴力行为	对国家执法权威和民警人身安全法益缺乏侵害性	否,出罪处理

(一)暴力袭击行为的正向索引

1. 主动直接接触性暴力行为隶属袭警罪暴力袭击范畴的正当性。主动直接接触性暴力行为是袭警罪"暴力袭击"的主要典型方式之一,研究样本中较高比例案件的暴力袭击行为属于此种类型,如葛某兔犯袭警罪案,① 被告人葛某兔因未戴头盔被民警拦下后,使用装有百余枚硬币的塑料袋砸向民警头部,最终被认定构成袭警罪;又如赵某、陈某犯袭警罪案,② 被告人赵某、陈某在民警处理其二人与第三方纠纷时拒不配合,共同殴打民警头部造成民警头部外伤、软组织挫伤,其二人最终被认定均构成袭警罪。主动直接接触性暴力行为纳入袭警罪暴力袭击范畴应是毋庸置疑。

主动直接接触性暴力行为归属暴力袭击范畴吻合多元主体认知习惯。社会多元主体的行为或者思维会自然而然被一般的定式所规范和左右,这是习惯对多元主体的影响,习惯具有某种不言而喻的合理性和可接受性,凝结着人类行为的实践式智慧。③ 主动直接接触性暴力行为是生活中通常意义的暴力袭击行为,属于典型的习惯暴力,这一点可以从前文暴力行为实证分析中主动直接接触性暴力行为(包括图1中的第3类型、第4类型、第5类型、第6类型)占比远高其他种类暴力手段予以体现。社会多元主体受习惯性影响会自然而然将主动接触性暴力行为纳入袭警罪暴力袭击的范畴,这亦是隐性的习惯法律化体现,也符合多元主体日常生活形成的"法感"。

主动直接接触性暴力行为呈现"暴力袭击"整体形象。类型思维是以相似为思维基础,围绕意义中心的一组特征结合而形成的整体形象。④ 袭警罪中暴力袭击的整体形象表现为被告人使用自身肢体或者作案工具主动对民警身体实施打击从而侵犯国家执法权威和民警人身安全法益,这也是袭警罪中暴力袭击的"区别要素"和

---

① 参见浙江省诸暨市人民法院(2021)浙0681刑初234号刑事判决书。
② 参见北京市朝阳区人民法院(2021)京0105刑初1732号刑事判决书。
③ 参见冯彦君:《劳动法上的"合理"的多重意蕴及其运用》,载《中国法学》2018年第5期。
④ 参见王美舒:《类型思维下的金融消费者:从语词认识到裁判逻辑》,载《法律科学(西北政法大学学报)》2019年第2期。

"意义中心"。主体间性不仅表现在认知和评价的理性思维上，也表现在感觉、体验、心理等感性层面，从不同主体的感性认识来讲，主动直接接触性暴力行为具备袭警罪暴力袭击的这一区别要素，与袭警罪暴力袭击的意义中心贴近，符合袭警罪暴力袭击的整体形象，可以纳入袭警罪暴力袭击范畴。

主动直接接触性暴力行为具有法益侵害性。妨害公务罪与袭警罪属于一般条款与特殊条款的关系，妨害公务罪属于具体危险犯，因此袭警罪并非实害犯而是具体危险犯。① 袭警罪保护法益是国家执法权威和民警人身安全，在民警执法过程中，被告人不服从指令对民警实施主动直接接触性暴力，首当其冲的是民警的人身安全，进而阻碍民警执行职务，从而损害国家的执法权威。被告人损害法益这一过程是在主体间交流的情境中描述而得出的前提结论，因而可以确保"主动直接接触性暴力行为切实侵犯袭警罪保护的双重法益"这一论断的正当性和可接受性。

需注意的是，司法实践中当被告人实施主动直接接触性暴力行为导致民警轻伤以上后果时，其行为则同时构成袭警罪和故意伤害罪甚至故意杀人罪，应根据想象竞合从一重罪予以处罚，某些情形下适用数罪并罚，这一规则亦适用于主动间接接触性暴力行为情形。例如，甲在交警乙查酒驾过程中，因对交警执法不满遂抱摔交警乙致使交警乙手臂骨折，经鉴定为重伤二级。该案例中，被告人甲抱摔交警，其行为构成袭警罪，又因其抱摔行为致使交警重伤亦符合故意伤害罪构成要件，故而甲的一种行为同时构成袭警罪和故意伤害罪，对其应从一重罪处罚。

再如上诉人李某胜犯寻衅滋事罪、袭警罪、故意杀人罪案，② 上诉人李某胜操作挖掘机用铲斗将执法民警叶某辉、辅警尚某琳撞倒在地后，仍继续使用铲斗对倒地的叶某辉连续拍击致其死亡。法院二审以寻衅滋事罪、袭警罪、故意杀人罪对李某胜数罪并罚，③ 判处死刑。该案中，上诉人李某胜驾驶挖掘机袭警后，仍用铲斗对倒地民警连续拍击，其行为属于数个故意支配下的数个行为，应以袭警罪和故意杀人罪数罪并罚。

2. 主动间接接触性暴力行为归入袭警罪暴力袭击行为的合理性。被告人叶某亮妨害公务罪一案，④ 叶某亮在民警执法过程中，为发泄不满驾车撞击无人驾驶的警车，法院经审理适用《刑法》第 277 条第 1 款规定认定其构成妨害公务罪。该案虽发生在袭警罪生效之前，但对于理解袭警罪暴力袭击行为仍有参考价值。该案中，叶某亮虽有攻击警用装备的行为，但由于案发时警车上没有民警，不可能对民警造成危险，因此法院适用第 277 条第 1 款规定认定其构成普通妨害公务罪，而非适用

---

① 参见王美舒：《类型思维下的金融消费者：从语词认识到裁判逻辑》，载《法律科学（西北政法大学学报）》2019 年第 2 期。

② 参见赵栋梁：《开挖掘机摧毁房屋，用铲斗拍打民警致死，李国胜故意杀人、袭警、寻衅滋事二审被判死刑》，载《人民法院报》2022 年 2 月 22 日。

③ 该案中，李某胜在民警赶到事发现场之前实施了肆意打砸、毁坏他人财产的行为，所以河南省高级人民法院认定其另行构成寻衅滋事罪。

④ 参见彭严、王梅玲：《暴力袭警的构成要件》，载《人民司法》2021 年第 14 期。

该条第 5 款暴力袭警的规定。该裁判暗含暴力袭警行为必须要针对民警人身,单纯针对警用装备实施的暴力行为不构成暴力袭警,具有超前性和预测性,值得赞赏。与之相反的是,时至今日,假设叶某亮驾驶车辆撞击民警车辆时,民警正在车内,则被告人的行为属于主动间接接触性暴力,可以认定构成袭警罪。

一方面,主动间接接触性暴力行为属于对人暴力。《最高人民法院、最高人民检察院、公安部关于依法惩治袭警违法犯罪行为的指导意见》第 1 条第 2 款可以为主动间接接触性暴力属于袭警罪暴力袭击范畴提供依据。① 该款规定,对正在使用中的警用装备实施打砸、毁坏行为从而对民警进行人身攻击的属于"暴力袭击"。主动间接接触性暴力行为,虽然被告人实施暴力行为作用的直接对象并非民警人身,而是使用中的警用装备,但将此行为解释为对人暴力是符合各方主体的共识,诚如拟制的叶某亮犯袭警罪案例情形,被告人行为展露表象虽为暴力袭击警用车辆,但实质是其借助于袭击警用车辆这一警用装备作用于车上的民警人身,和其借助作案工具袭击民警并无刑法意义上的区别,因而其属于对人暴力,这符合各方主体的价值判断。

另一方面,主动间接接触性暴力行为纳入暴力袭击范畴符合同质性解释规则。同质性解释规则是刑法中常用来对罪状中的兜底条款进行解释的重要方法,② 虽然此处并非是解释"兜底条款"问题,但却与解释"兜底条款"具有异曲同工之处,同样可以适用同质性解释规则。主动间接接触性暴力行为典型特征是通过警用装备等物品对民警实施有形物理力,从不同主体的角度观察,其与主动直接接触性暴力行为具有手段方式和法益侵害后果的同质性,参照适用同质性解释规则将其纳入袭警罪暴力袭击范畴,并未超出其他主体对结论的容忍可能性。

(二) 暴力袭击行为的反向排除

1. 袭警罪暴力袭击范畴排斥被动防御接触性暴力行为的刑法逻辑。被动防御接触性暴力行为虽然属于社会学领域的暴力袭击行为,但却不能"转译"为刑法中袭警罪的暴力袭击,对于实施此类暴力行为的被告人应予以出罪处理,符合其他犯罪构成的,可以认定其他罪名。

其一,出罪处理是文义解释的必然结论。文义解释可以为解释结论的正当性提供最有效背书。袭警罪罪状中的"暴力"后有"袭击"一词予以限定,"袭击"的意思是比喻突然打击或者军事上出其不意地打击,③ 从其含义解释可以看出"袭击"核心文义在于出乎对方意料,具有突然性、意外性特征,即袭警罪的暴力袭击行为

---

① 《最高人民法院、最高人民检察院、公安部关于依法惩治袭警违法犯罪行为的指导意见》第 1 条第 2 款规定,对正在依法执行职务的民警实施下列行为的,属于《刑法》第 277 条第 5 款规定的"暴力袭击正在依法执行职务的人民警察",应当以妨害公务罪定罪从重处罚……实施打砸、毁坏、抢夺民警正在使用的警用车辆、警械等警用装备,对民警人身进行攻击的。

② 参见李军:《兜底条款中同质性解释规则的适用困境与目的解释之补足》,载《环球法律评论》2019 年第 4 期。

③ 参见吕叔湘主编:《现代汉语词典》,商务印书馆 2008 年版,第 1459 页。

必须是被告人对民警实施超出民警预料的突然攻击行为。解释主体对语言符号的使用不能脱离主体间社会约定、共享的文化内涵，被动防御接触性暴力行为是针对强制措施作出的反应，民警在对被告人采取措施时可以预料到被告人会采取暴力行为予以反抗，而且被告人的反抗行为在国民主体看来具有通常性，所以被动防御性暴力行为无法涵摄"袭击"约定俗成的突然性和意外性特征，因而不属于袭警罪暴力袭击范畴。

其二，被动防御接触性暴力行为因缺乏期待可能性而具有出罪事由。民警执法过程中，基于现代社会治理对原有的主体——客体二元治理方式的变革，其与执法对象处于平等地位，虽然其对被告人采取措施时因合法执行职务而具有正当化依据，但被告人作为社会治理中的主体，为应对民警实施的执法行为而实施被动防御性接触暴力明显属于人之趋利避害的本能反应，能够被社会大多数主体予以接受，因为我们无法期待任何个体在遭受公权利惩罚时束手待毙。也正是基于此，刑法中才创设自首制度，对主动到案并如实供述的被告人予以从轻处罚。因此，倘若仅仅因感性相符而将"被动防御接触性暴力行为"解释为袭警罪中的暴力袭击行为，这一解释结论缺乏共识基础，因为当其他主体从观察者的角度变更为参与者时，从内部及主体间的尺度来审视"被动防御接触性暴力行为"这一自我行为时，必会得出属于人之本能的结论，因而应以缺乏期待可能性为由对被告人实施的被动防御接触性暴力行为予以出罪处理。

其三，出罪处理实现"宽严相济"刑事政策中"宽"之面向。"宽严相济"刑事政策中"宽"之内涵在司法上强调能不入罪尽量出罪，充分考虑各种酌定和法定从宽、从轻、减轻情节；"济"则强调宽、严之间相互协调，保持平衡。《最高人民法院关于贯彻宽严相济刑事政策的若干意见》第 1 条第 1 款规定，① 要根据犯罪具体情况实现区别对待，做到该宽则宽，当严则严。积极主义刑法观主导下的《刑法修正案（十一）》通过增设袭警罪织密法网，体现的是刑事政策中"严"之一面，凸显对国家、民警主体的法益保护，易激化国家、民警与国民、被告人之间的矛盾，为通过主体间的平等对话缓和、消除这一矛盾，应倾向于在司法实践中适用"宽严相济"政策中"宽"之面向，从而实现刑罚轻缓化，而将感性相符，但理性对立的被动防御接触性暴力行为排除于袭警罪暴力袭击范畴之外恰好能够实现这一目的。

2. 袭警罪暴力袭击范畴摒除主动轻微次接触性暴力行为的理论旨趣。被告人刘某伟犯妨碍公务罪案，② 刘某伟不服从民警管理，向民警挥拳示威并拉拽民警警服上的党徽，造成民警皮肤擦伤（未达轻微伤），检察院在审理过程中主动将指控罪名由袭警罪变更为妨碍公务罪并最终获法院认定，对此应持认同态度。该案中，被

---

① 《最高人民法院关于贯彻宽严相济刑事政策的若干意见》第 1 条第 1 款规定，贯彻宽严相济刑事政策，要根据犯罪的具体情况，实行区别对待，做到该宽则宽，当严则严，宽严相济，罚当其罪，打击和孤立极少数，教育、感化和挽救大多数，最大限度地减少社会对立面，促进社会和谐稳定，维护国家长治久安。

② 参见北京市石景山区人民法院（2021）京 0107 刑初 261 号刑事判决书。

告人虽然实施主动攻击性有形物理力,形式上符合袭警罪暴力袭击行为要素特征,但其行为属于主动轻微次接触性暴力,应将其排除在暴力袭击范畴之外,从而认定被告人不构成袭警罪。

主动轻微次接触性暴力行为予以出罪处理固守罪刑法定原则。具体危险犯不同于抽象危险犯之处在于具体危险犯关注的具体危险须有一定的外在表征,而抽象危险犯关注的行为危险的证成则直接通过行为推定存在危险。① 如前文所述,袭警罪并非抽象危险犯而是具体危险犯,被告人实施的此暴力行为要纳入袭警罪,被暴力袭击的范畴必须要能够对国家执法权威和民警人身安全的法益造成危险,这种危险是具体危险而非行为危险。主体间性视角下的法正义是建立在交谈共识基础上,而不仅仅是与罪状概念上的相符,国家、民警等主体在平等对话、商谈过程中应认可的是,主动轻微次接触性暴力行为难以对国家执法权威和民警人身安全造成具体危险,在此种背景下,如果任由主动轻微次接触性暴力行为入罪处理,将会使得袭警罪逐步由具体危险犯异化为抽象危险犯,丧失"具体危险"限缩功能的袭警罪势必成为新的口袋罪,破坏刑法的安定性和可预测性,有违罪刑法定原则。

主动轻微次接触性暴力行为予以出罪处理贯彻法秩序统一性。刑法属于最后保障法的地位是社会多元主体历经数个时代交往和商谈达成的理性共识。从《最高人民法院、最高人民检察院、公安部关于依法惩治袭警违法犯罪行为的指导意见》第1条第5款规定可知,② 并非只要行为人实施暴力袭警行为就构成袭警罪,对于情节轻微的暴力袭警行为适用治安管理处罚处理。换言之,治安管理处罚在暴力袭警问题上具有适用空间,刑法仍应坚守其最后手段性和二次保障性的定位,这是采取民主协商和开放性论证方式得出的可接受性结论。倘若将主动轻微次接触性暴力也纳入袭警罪的规制范围,则针对暴力袭警行为的治安管理处罚将完全无适用空间,会导致对行为人违法行为的评价直接越过行政处罚而径直适用刑法规制,刑法干预过度提前介入,进而破坏不同部门法域适用的位阶顺序。

主动轻微次接触性暴力行为予以出罪处理融合国民常情、常理。主体间性强调采纳开放式而非封闭式的刑法裁判体系,裁判结论要融入国民主体的常情、常理。③ 支持弱者是国民常情、常理的重要表达,袭警罪的规制对象呈现出弱者图像,而其保护法益对应主体为国家和民警,呈现出强者图像。轻微次接触性暴力虽然属于对民警实施的有形物理力暴力,从形式解释角度考察符合袭警罪行为要素,但其对于国家执法权威和民警人身安全的损害极其有限,未侵犯袭警罪的保护法益,从实质解释角度考察无处罚必要性,所以对于此类可争辩的主动轻微次接触性暴力行为类型,应当采取对弱者有利的解释予以出罪处理,从而与国民的常情、常理相融贯,

---

① 参见于冲:《论具体危险的"结果化"认定》,载《法制与社会发展》2022年第2期。
② 《最高人民法院、最高人民检察院、公安部关于依法惩治袭警违法犯罪行为的指导意见》第1条第5款规定,对袭警情节轻微或者辱骂民警,尚不构成犯罪,但构成违反治安管理行为的,应当依法从重给予治安管理处罚。
③ 参见童德华:《主体间理论对刑法现代化的再造》,载《当代法学》2017年第3期。

为国民常情、常理的公共表达开辟出口。

五、袭警罪"暴力袭击"的微观识别

被告人实施行为应归属于何种类型暴力行为是司法实践需面对的具象问题。基于提高司法效率的目的，可以构建"反向识别"的操作体系，即在借助主体间性明确被告人行为属于狭义暴力的前提下，直接进一步识别是否属于被动防御接触性暴力行为和主动轻微次接触性暴力行为，如果属于则出罪处理，反之则构成袭警罪。

（一）识别标准体系的构建

"反向识别"标准体系的构建，主要是通过识别被告人行为是否属于被动防御接触性暴力行为和主动轻微次接触性暴力行为予以判断，被动防御接触性暴力行为和主动轻微次接触性暴力行为的具体识别可以采用以下标准。

1. 被动防御接触性暴力行为的辨别。被动防御接触性暴力行为的辨别较为简单，可以依据暴力行为实施的主体先后次序予以判断。被动防御接触性暴力行为中的"被动防御性"限定此类暴力行为必须是后于民警实施，因此，民警先行准备采取或者正在采取强制措施，被告人予以反抗实施暴力袭击行为可以认定其行为构成被动防御接触性暴力行为。需注意的是，倘若被告人在民警的强制措施结束后乘民警不备实施暴力袭击行为，或者反抗逃离后因心生怨恨又折返对民警实施暴力袭击行为的，此时其行为衍生为主动直接接触性暴力行为，可以适用袭警罪予以规制。

在常某犯袭警罪案中，[①] 常某酒后打车因车费与司机发生争执，后因司机报警其被民警采取强制措施带回派出所调查，在派出所等待之际，常某乘民警不备之时殴打民警脸部，最终法院认定其构成袭警罪。该案中常某的行为不属于被动防御接触性暴力行为，因为在派出所之时，民警并未采取强制措施对其控制，先前采取的强制措施已结束。

2. 主动轻微次接触性暴力行为的区分。关于主动轻微次接触性暴力行为与纳入袭警罪规制的两类暴力袭击行为的区分，实践中存在疑难。立足袭警罪具体危险犯特质，借助于"危及人身安全"要素进行识别具有可行性，即结合案情从日常生活经验角度对能否给国家执法权威和民警人身安全造成具体危险进行实质判断，具体识别标准如下：

（1）犯罪主体犯意表示。民警执行职务过程中，前期被告人不服从指令与民警处于静态对峙状态，后期虽有暴力举动但同时明示或者默示表示"以暴力伤害自己身体为由阻碍民警执行职务"的犯意，并且实施社会学意义上的暴力行为时主动与民警拉开距离的，宜认定其行为属于主动轻微次接触性暴力行为甚至是非暴力袭击行为。

---

① 参见浙江省宁波市海曙区人民法院（2021）浙0203刑初971号刑事判决书。

（2）双方力量对比差距。通过对比考察双方人数、所持武器、防御装备的情况认定双方力量的差距，倘若被告人与民警在攻击力量和防御力量方面存在悬殊差距，难以对国家执法权威和民警人身安全造成损害的，其行为宜纳入主动轻微次接触性暴力行为范畴，如被告人赤手空拳，而民警多人手持警械且全副武装，被告人徒手使用普通智能手机砸向民警胸前，此种情形难以认定被告人的行为能够危及民警人身安全，宜认定其行为属于主动轻微次接触暴力行为。

（3）犯罪主体使用工具。被告人袭击民警所使用的工具可以作为判断其行为是否对法益造成危险的标准，被告人使用具有较大危险性的作案工具攻击民警或者攻击警用装备并作用民警的，宜认定其行为不属于主动轻微次接触性暴力行为，而属于主动直接接触性暴力行为或主动间接接触性暴力行为。如被告人使用棍棒殴打民警，利用刀具、弩箭砍射民警或者驾驶机动车拖拽民警等，此种情形可以认定其行为属于主动直接接触性暴力行为。

（4）行为打击身体部位。可以通过袭击民警的部位判断其行为是否危及民警人身安全，倘若被告人直接袭击或者通过袭击警用装备作用于民警头部、裆部、颈部、脏器等重要身体部位，因袭击上述身体部位极大可能对民警人身安全造成严重危害后果，危害国家执法权威，所以此种情形宜认定其行为属于主动直接接触性暴力行为或主动间接接触性暴力行为。

（5）行为造成损害后果。犯罪后果应是最有力的判断标准，被告人未使用危险性作案工具袭击民警非重要身体部位，如果造成民警轻微伤以上实害后果，因被告人的行为已出现实害结果，可以直接认定被告人实施的暴力袭击行为构成袭警罪的"暴力袭击"；如果未造成轻微伤以上实害后果的，难以说被告人行为具有危及国家执法权威和民警人身安全风险，宜认定其行为属于主动轻微次接触性暴力行为。

（6）兜底识别推定标准。被告人对民警实施暴力袭击行为，在运用上述标准不足以认定危及国家执法权威和民警人身安全时，原则上宜认定其行为属于主动轻微次接触性暴力行为。之所以如此认定，是存疑有利于被告人和公诉机关对指控犯罪承担举证责任的必然要求。如被告人在面对三名交警执法时，基于对执法的不满，徒手拉扯其中一名交警的手臂但未造成民警轻微伤以上后果。由于该情形下被告人未使用作案工具，也未袭击重要身体部位且未造成轻微伤以上后果，无法证明被告人的行为对袭警罪法益造成危险，故宜认定其行为构成主动轻微次接触性暴力行为。

（二）暴力袭击行为的司法解释条文范式参考

立足主体间性视角穿梭于实践层面"暴力袭击"的归纳化和规范层面"暴力袭击"的类型化，并在建构暴力袭击行为微观识别体系的基础上，未来制定司法解释时，对于暴力袭击行为方式可以采取"正向列举—反向排除"范式予以具体列举，供司法人员识别运用，具体条文范式设计如下供参考：

拟制条文1：对正在依法执行职务的民警实施以下行为的，属于《刑法》第

277 条第 5 款规定的"暴力袭击":

（一）使用肢体对民警身体实施撕咬、拳击、踢踹、抱摔、掐颈等能够危及民警人身安全的行为;

（二）使用棍棒、非管制刀具等工具对民警实施砍杀、殴打等能够危及民警人身安全的行为;

（三）对民警身体投掷石块、手机、背包等能够危及民警人身安全的物品;

（四）打砸、毁坏、抢夺正在使用的警用装备致使危及民警人身安全的;

（五）其他具有主动攻击性并危及民警人身安全的行为。

拟制条文 2：对正在依法执行职务的民警实施以下行为的，不属于《刑法》第 277 条第 5 款规定的"暴力袭击"，不构成袭警罪：

（一）实施暴力威胁、辱骂、侮辱等非物理上有形力行为;

（二）打砸、毁坏、抢夺民警未在使用的警用装备;

（三）拉扯、打落、掀翻民警佩戴的警用执法记录仪、警帽、警务通、党徽等贴身警用设备和衣裤的行为;

（四）采取保护性措施、行政强制或者刑事强制等过程中，行为人为逃避抓捕而实施的摆臂、甩手、蹬腿等被动防御性行为;

（五）其他不具有危及民警人身安全的行为。

结　语

袭警罪作为新增罪名，其适用势必存在难以尽如人意之处。引入主体间性理论对该罪行为要素"暴力袭击"进行解释，为袭警罪的适用提供了有益探索。然而袭警罪的适用疑难不仅囿于暴力袭击的解释，对执行职务、民警身份、加重构成手段方式等要素理解与适用上也存在较大争议，因此亟须司法机关予以回应。同时要认识到，刑法只是应对袭警行为的最后途径，从社会治理现代化的顶层设计出发，加强民警执法规范化和提升国民法治意识，方是有效应对袭警这一问题的上策。

最有利于保护原则下未成年人认罪认罚规则之反思与重构

——以法定代理人、辩护人异议权为视角

江西省吉安市中级人民法院　尹　菁
江西省永丰县人民法院　王涌森
江西省萍乡市中级人民法院　陈　晶

一、缘起：基于热点刑事案件的思考

【吴某聚众斗殴、故意伤害案①】吴某认罪认罚，在法定代理人、辩护人见证下签署具结书，检察机关提出以聚众斗殴罪判处有期徒刑二年、以故意伤害罪判处有期徒刑五年的量刑建议。一审期间，法定代理人、辩护人提出无罪意见，吴某坚持认罪认罚，一审法院认定吴某具有认罪认罚情节，以吴某犯聚众斗殴罪判处有期徒刑三年，犯故意伤害罪判处有期徒刑八年，数罪并罚，决定执行有期徒刑十年。宣判后，检察机关抗诉，吴某上诉。二审期间，法定代理人、辩护人坚持无罪意见，吴某仍认罪认罚，二审法院亦认定吴某具有认罪认罚情节，以吴某犯聚众斗殴罪判处有期徒刑三年，犯故意伤害罪判处有期徒刑五年，数罪并罚，决定执行有期徒刑六年六个月。

本案是典型的未成年人认罪认罚而法定代理人、辩护人行使异议权案例。未成年人心智尚未成熟，认知和处分能力不足，刑事诉讼行为能力有所欠缺，认罪认罚作为一种刑事诉讼行为，其未必准确知晓认罪认罚的性质和法律后果，亦无法独立主张或放弃由此获得的量刑从宽利益。未成年人作为弱势群体，理应给予特殊保护，立法为此构建了法定代理人到场、指定辩护制度保护屏障。由此，法定代理人、辩护人便成为未成年人的诉讼辅助人，辅助未成年人准确适用认罪认罚。案例中，吴某坚持认罪认罚，法定代理人、辩护人坚持无罪意见，法院始终认定吴某具有认罪认罚情节，又表明法定代理人、辩护人异议并未影响吴某适用认罪认罚。案例裁判

---

① 详见（2021）赣0829刑初29号、（2021）赣08刑终196号，该案二审期间两度上了热搜，是全民关注的热点刑事案件，入选"J省法院认罪认罚五大典型案例"。

与未成年人保护理论似乎有所冲突，此种裁判是否违反立法规定？未成年人适用认罪认罚应以谁的意志为准？法定代理人、辩护人能否提出异议？带着这些疑问，笔者将目光投向了刑事立法和司法实践以寻求答案。

二、检视：异议情形下未成年人认罪认罚呈现差异化

（一）立法规定：异议情形下未成年人认罪认罚无须签署具结书

《刑事诉讼法》第174条第2款①规定，法定代理人、辩护人对未成年人认罪认罚有异议的，无须签署具结书。《最高人民法院、最高人民检察院、公安部、国家安全部、司法部关于适用认罪认罚从宽制度的指导意见》（以下简称《指导意见》）第31条②规定，法定代理人、辩护人异议不影响未成年人认罪认罚的适用。立法创设了一种未成年人认罪认罚特殊样态，即法定代理人、辩护人对未成年人认罪认罚提出异议且未签署具结书的，未成年人有权作出适用认罪认罚的选择。此种样态包含以下要素：一是审查起诉阶段提出异议，二是未成年人未签署具结书，三是认罪认罚以未成年人的意志为准。

疑问：法定代理人、辩护人辅助未成年人准确适用认罪认罚，当二者对认罪认罚产生意见冲突时，又仅以未成年人的意志为准，立法初衷缘何？认罪认罚案件中，量刑建议于未成年人而言是对刑罚处罚的一种合理预期，亦是服判息诉的逻辑起点。若未签署具结书，则径直缺少量刑建议，量刑利益的可预期性将大大降低，未成年人是否欣然接受判决结果、是否上诉未曾可知，由此，又将如何增强量刑利益的预期性？

（二）司法实践：异议情形下未成年人认罪认罚已然签署具结书

从地域上，笔者选取J省下辖13个基层人民法院的J市法院和下辖5个基层人民法院的P市法院③作为调研对象；从时间上，笔者选取2020年1月1日至2021年12月31日④审结的未成年人犯罪案件作为研究样本。通过对比分析，确保统计数据全面、客观反映法定代理人、辩护人异议情形下未成年人认罪认罚的适用情况。

---

① 《刑事诉讼法》第174条第2款规定："犯罪嫌疑人认罪认罚，有下列情形之一的，不需要签署认罪认罚具结书：（一）犯罪嫌疑人是盲、聋、哑人，或者是尚未完全丧失辨认或者控制自己行为能力的精神病人的；（二）未成年犯罪嫌疑人的法定代理人、辩护人对未成年人认罪认罚有异议的；（三）其他不需要签署认罪认罚具结书的情形。"

② 《最高人民法院、最高人民检察院、公安部、国家安全部、司法部关于适用认罪认罚从宽制度的指导意见》第31条规定："犯罪嫌疑人认罪认罚，有下列情形之一的，不需要签署认罪认罚具结书：（一）犯罪嫌疑人是盲、聋、哑人，或者是尚未完全丧失辨认或者控制自己行为能力的精神病人的；（二）未成年犯罪嫌疑人的法定代理人、辩护人对未成年人认罪认罚有异议的；（三）其他不需要签署认罪认罚具结书的情形。上述情形犯罪嫌疑人未签署认罪认罚具结书的，不影响认罪认罚从宽制度的适用。"

③ J省下辖11个地级市，按县区数量排序，J市排名第3，P市排名第8，笔者选取县区数量较多和较少的进行对比分析，以期全面、客观反映法定代理人、辩护人异议情形下未成年人适用认罪认罚的现实状况。

④ 因《最高人民法院、最高人民检察院、公安部、国家安全部、司法部关于适用认罪认罚从宽制度的指导意见》于2019年10月11日施行，故本文选取2020年和2021年数据为研究样本。

1. 未成年人适用认罪认罚的总体情况（见表1）。

表1 2020年至2021年未成年人犯罪案件中未成年人适用认罪认罚的总体情况①

总体情况		J市法院			P市法院		
年份/年		2020	2021	总数	2020	2021	总数
未成年人人数/人		116	89	205	14	15	29
未成年人认罪认罚	未成年人人数/人	116	83	199	14	15	29
	认罪认罚比例	100%	93%	97%	100%	100%	100%
认定未成年人具有认罪认罚情节	未成年人人数/人	116	83	199	14	15	29
	认定认罪认罚情节比例	100%	100%	100%	100%	100%	100%

从上述数据可看出，未成年人适用认罪认罚呈现"双高"特点，即未成年人认罪认罚比例高（90%以上）、认定未成年人具有认罪认罚情节比例高（已达100%）。由此可知，未成年人适用认罪认罚已成为实践中办理未成年人犯罪案件的主要选择，且一旦未成年人自愿认罪认罚，法院即认定其具有认罪认罚情节。可见，实践与立法不谋而合，认定是否具有认罪认罚情节以未成年人的意志为准。

疑问：未成年人及其法定代理人、辩护人对认罪认罚产生意见冲突时，将选择权交由未成年人的前提应是未成年人能够作出明智选择。但法定代理人、辩护人异议具有正当可能性，且认罪认罚除给未成年人带来量刑利益外，亦可能造成程序利益减损，而未成年人刑事诉讼行为能力有所欠缺，能否作出明智选择存疑，故认罪认罚以未成年人的意志为准是否适宜？

2. 法定代理人、辩护人异议的总体情况（见表2）。

表2 2020年至2021年未成年人的法定代理人、辩护人异议的总体情况②

总体情况		J市法院	P市法院	总数
未成年人认罪认罚人数/人		199	29	228
法定代理人	异议人数/人	4	2	6
	异议比例	2%	7%	3%
	审查起诉阶段异议人数/人	0	0	0
	审判阶段异议人数/人	4	2	6
	未成年人未签署具结书人数/人	0	0	0

---

① 为方便论述，本文所指未成年人特指未成年被告人。
② 根据《刑事诉讼法》第281条第1款之规定，合适成年人包括法定代理人和其他合适成年人，考虑到实践中法定代理人到场占绝大多数，为方便论述，本文用法定代理人代指所有合适成年人。

(续表)

总体情况		J市法院	P市法院	总数
辩护人	异议人数/人	51	9	60
	异议比例	26%	31%	26%
	审查起诉阶段异议人数/人	0	0	0
	审判阶段异议人数/人	51	9	60
	未成年人未签署具结书人数/人	0	0	0

从上述数据可看出，法定代理人异议较少、占比较低（低于10%），相较而言，辩护人异议较多、占比较高（高于25%）。此种差距，源于二者对法律知识、诉讼程序等掌握程度不同。从上述数据还可看出，法定代理人、辩护人均于审判阶段提出异议，未成年人均已签署具结书。可见，实践与立法在异议时间和具结书签署上又截然不同。

疑问：异议情形下未成年人认罪认罚，实践与立法确有差异，原因为何？立法视签署具结书为非必要条件，而实践却视为必要条件，则签署具结书是否可有可无？若未签署具结书，又有何不妥之处？实践中，法定代理人、辩护人为何总在具结书签署后的审判阶段提出异议？在此阶段提出异议，有何顾虑？再者，何时可以提出异议？

3. 法定代理人、辩护人异议被采纳的总体情况（见表3）。

表3 2020年至2021年未成年人的法定代理人、辩护人异议被采纳的总体情况①

异议主体	异议人数/人	异议类型	异议人数/人	占比	被采纳数/件	被采纳率	理由
法定代理人	6	犯罪事实	4	67%	0	0	—
		量刑建议	2	33%	0	0	—
辩护人	60	犯罪事实	16	27%	2	12.5%	部分事实未认定
		量刑建议	44	73%	2	5%	量刑建议明显不当

从上述数据可看出，仅有少部分异议被采纳（4件、占6%），其中，法定代理人倾向于对犯罪事实提出异议，异议鲜被采纳；辩护人主要针对量刑建议提出异议，

---

① 根据《刑事诉讼法》第15条之规定，"认罪"是指自愿如实供述自己的罪行，承认指控的犯罪事实，"认罚"是指愿意接受处罚，表现为同意量刑建议，故本文将异议类型分为犯罪事实和量刑建议。根据《刑事诉讼法》第176条第2款之规定，量刑建议主要包括对主刑、附加刑、是否适用缓刑的建议，故本文将对除主刑、附加刑、是否适用缓刑提出异议之外的统归于对犯罪事实提出异议。

相较而言，辩护人更能提出有效异议。此种差距，亦源于二者对法律知识、诉讼程序等掌握程度不同。从上述数据还可看出，若异议有理有据，就有可能被采纳，其中，对量刑建议所提异议，仅在量刑建议明显不当时，才会被采纳，且相较而言，异议被采纳几率更低。

疑问：基于特殊保护理念，立法构建法定代理人到场与指定辩护制度，旨在最有利于未成年人。而数据显示，法定代理人、辩护人于审判阶段提出异议被采纳几率很低（仅占6%），故在此阶段提出异议是否真的有利于未成年人？若不利，何时提出异议最有利于未成年人？

三、剖析：异议情形下未成年人认罪认罚的理性思辨

（一）异议情形下未成年人适用认罪认罚的正当性分析

对于法定代理人、辩护人异议的效力问题，试点阶段的规定与现行立法规定有所不同。《最高人民法院、最高人民检察院、公安部、国家安全部、司法部关于在部分地区开展刑事案件认罪认罚从宽制度试点工作的办法》第2条①明确指出，法定代理人、辩护人对未成年人认罪认罚有异议的，明确排除适用认罪认罚。而现行立法构建的特殊样态，则将是否适用认罪认罚的最终选择权交由未成年人。可见，异议是否影响未成年人适用认罪认罚经历了"不适用——适用"的重大调整。立法初衷，可归结两方面：

1. 最有利于保护未成年人原则之体现——获得亲权保护。《未成年人保护法》第4条明确规定"保护未成年人，应当坚持最有利于未成年人的原则"，此种司法理念同样适用于刑事审判领域。亲权理念下法定代理人异议不影响未成年人适用认罪认罚，即是最有利于保护未成年人原则之充分体现。

（1）法理层面应然之意。一方面，诉讼行为能力是当事人可以亲自实施诉讼行为，并以自己的行为行使诉讼权利和承担诉讼义务的诉讼法上的资格。②我国《刑法》第17条对刑事责任年龄作了明确规定，即已满12周岁且不满18周岁的未成年人可以作为当事人进入刑事诉讼程序当中。可见，未成年人作为刑事诉讼当事人当然具有刑事诉讼行为能力，理应享有认罪认罚独立选择权。另一方面，犯罪过程之亲历性、刑罚处罚之不可替代性亦决定了未成年人享有认罪认罚独立选择权。未成年人具有基本的感知事实和作出判断的能力，其作为犯罪亲历者，对犯罪过程、案件事实最为清楚，其本人应有作出其行为是否构成犯罪、是否认罪认罚的判断。认

---

① 《最高人民法院、最高人民检察院、公安部、国家安全部、司法部关于在部分地区开展刑事案件认罪认罚从宽制度试点工作的办法》第2条规定："具有下列情形之一的，不适用认罪认罚从宽制度：（一）犯罪嫌疑人、被告人是尚未完全丧失辨认或者控制自己行为能力的精神病人的；（二）未成年犯罪嫌疑人、被告人的法定代理人、辩护人对未成年人认罪认罚有异议的；（三）犯罪嫌疑人、被告人行为不构成犯罪的；（四）其他不宜适用的情形。"

② 毛泽金：《基于诉讼行为能力分析视角下的未成年人认罪认罚研究》，载《预防青少年犯罪研究》2019年第5期。

罪认罚与最后陈述权类似，具有强烈的人身专属性，故应尊重并认可未成年人之意思表示。加之，刑罚是对犯罪人适用的建立在剥夺性、限制性的痛苦基础上的最严厉的强制措施。① 未成年人作为刑罚的最终承受者，理应有权选择是否适用认罪认罚。

（2）立法层面实然之意。一方面，为充分保障未成年人的诉讼利益，《刑事诉讼法》赋予法定代理人享有独立的申请回避权、上诉权等权利，法定代理人独立行使即可产生申请回避、启动二审程序等法律后果，但这些权利都不会给未成年人带来不利后果。若赋予法定代理人认罪认罚独立选择权，就可能存在法定代理人失职或怠于行使职责而提出异议的情形，此种情形将会导致未成年人不能因认罪认罚获得量刑从宽利益或量刑从宽利益予以减损的不利后果，这与最有利于保护未成年人原则背道而驰。故《刑事诉讼法》第 174 条第 2 款和《指导意见》第 31 条仅赋予法定代理人享有异议权，法定代理人异议以不损害未成年人可能获得的诉讼利益为限。另一方面，《未成年人保护法》第 7 条第 2 款明确规定"国家采取措施指导、支持、帮助和监督未成年人的父母或者其他监护人履行监护职责"，以此强调国家亲权对父母亲权的监督作用。当未成年人的法定代理人失职或怠于行使职责时，国家通过立法规定（《刑事诉讼法》第 174 条第 2 款和《指导意见》第 31 条）赋予未成年人享有认罪认罚适用选择权，即体现了国家亲权理念下对未成年人的特殊保障，这也与最有利于保护未成年人原则相契合。

2. 诉讼利益最大化之必要——获得有效辩护。辩护权在未成年人犯罪案件中不可或缺，是未成年人诉讼利益最大化的有力保障。有效辩护下辩护人异议不影响未成年人适用认罪认罚，即是未成年人诉讼利益最大化之必要前提。

（1）弱化辩护权与诉讼效率冲突。《刑事诉讼法》第 223 条明确将未成年人排除于速裁程序的适用范围之外，由此，办理未成年人犯罪案件的首要价值要素并非效率，而是确保公平公正处理结果的同时，在各个诉讼阶段落实对未成年人的帮教，未成年人认罪认罚案件亦是如此。有学者揭示了实践中的某一现象，当辩护人在认罪问题上提出独立的辩护意见，例如无罪辩护，很有可能直接影响专门机关对案件的评估，从而难以适用快处程序，并大大削弱专门机关从宽处理的动力。② 换言之，当辩护权影响诉讼效率时，很有可能产生消极的辩护效果，从而减损未成年人认罪认罚的诉讼利益。此种辩护权与诉讼效率之间的冲突，在普通认罪认罚案件中是一个不可回避的问题。而在未成年人认罪认罚案件中，不以效率优先的独特价值理念即可弱化辩护权与诉讼效率之间的冲突，无须担心辩护人异议影响诉讼效率，进而产生消极的辩护效果，控、辩、审三者之间的关系也会更为协调。

（2）扩展辩护空间。基于意见独立原则，辩护人有权依据事实和法律作出与未

---

① 张明楷：《刑法学》，法律出版社 2021 年版，第 667 页。
② 闫召华：《辩护冲突中的意见独立原则：以认罪认罚案件为中心》，载《法学家》2020 年第 5 期。

成年人意志不一致的辩护选择，在未成年人认罪认罚案件中亦可如此，且辩护空间更大。一是审查重点转移。《人民检察院刑事诉讼规则》第 468 条规定，人民检察院应对法定代理人、辩护人的异议情况如实记录并随案移送。据此，异议材料成为审判阶段的审查重点。二是辩护重心转移。签署了具结书，辩护重心侧重于认罪认罚是否自愿、签署过程是否存在违法等程序性问题；若未签署具结书，辩护重心则侧重于是否构成犯罪、罪名和适用法律是否正确、应否从轻处罚等实体性问题。倘若辩护人无罪、罪轻意见有理有据，法官则会采纳该辩护意见，未成年人即可获得更轻刑罚。三是法定代理人诉讼权利的行使将进一步扩展辩护空间。立法规定未成年人签署具结书时须辩护人或值班律师和法定代理人在场并签字，笔者认为，二者所起作用不同，前者起见证作用（对未成年人签署具结书时没有被强迫、威胁、利诱等违法行为发生的形式性见证，[①] 后者起确认作用（对未成年人认罪认罚的程序选择、量刑建议等表示同意）。签署了具结书，法定代理人一般不会在审判阶段提出异议；若未签署具结书，法定代理人则有权对定罪量刑及程序适用等提出意见。《刑事诉讼法》第 281 条第 1 款所明确的"到场的法定代理人可以代为行使未成年人的诉讼权利"，在一定程度上扩展了辩护空间，更有利于保障未成年人的诉讼利益最大化。

（二）异议情形下未成年人认罪认罚呈现差异化的成因分析

实践中，法定代理人、辩护人为何总在具结书签署后的审判阶段提出异议，主要基于两方面原因。

1. 无奈选择——一种维护诉讼利益的策略。认罪认罚从宽制度具有一种压迫性的力量，在制度上被设计为"权力型"或者"压制型"的结构。[②] 实体上，罪行性质、罪数认定均由检察机关单方面依照法律规定决定；程序上，听取多方意见、告知未成年人可以认罪认罚并签署告知书乃至未成年人认罪后提出量刑建议的主体亦为检察机关。检察机关主导地位明显，不仅主导整个认罪认罚进程，很大程度上也决定了认罪认罚的最终结果。实践中，认罪认罚率已成为检察机关的重要考核指标，未签署具结书势必影响认罪认罚统计数据，进而影响检察机关提起认罪认罚的积极性，再影响检察机关在实体上作出量刑减让的幅度。基于此种实践考量，法定代理人、辩护人存有顾虑，尽管内心可能并不认同检察机关提出的量刑建议，但也慑于未签署具结书将可能丧失认罪认罚所获量刑从宽利益的担心，更慑于起诉重判的威胁，无奈只能"退而求其次"，不得不辅助未成年人签署具结书，先违心认罪认罚，让未成年人至少具备定罪轻处的先决条件抑或具有因良好认罪态度而得以宣告缓刑的机会。此种"兜底保障"，即成为法定代理人、辩护人一种比较理性而务实的维

[①] 参见韩旭：《认罪认罚从宽案件中的"骑墙式辩护"》，载《西南民族大学学报（人文社会科学版）》2022 年第 2 期。

[②] 参见龙宗智：《完善认罪认罚从宽制度的关键是控辩平衡》，载《环球法律评论》2020 年第 2 期。

护诉讼利益的策略。

2. 投机心理——以期获得更大幅度量刑从宽利益。一方面，量刑利益可预期。《刑事诉讼法》第 201 条第 1 款对认罪认罚案件量刑建议的效力规定为"一般应当采纳"，源于对控辩合意的尊重，只要量刑建议没有违反罪责刑相适应原则，没有违反宽严相济刑事政策要求，没有影响法律统一适用，一般应当采纳。① 加之，《刑事诉讼法》第 176 条第 2 款和《指导意见》第 33 条规定检察机关一般对主刑、附加刑、是否适用缓刑等提出确定刑量刑建议，法定代理人、辩护人认为只要签署具结书，法院一般会采纳检察机关的确定刑量刑建议，即对未成年人的构罪罪名、刑罚种类、刑期长短、刑罚执行方式等有了明确的心理预期。另一方面，从宽利益可期待。从刑事立法角度看，《刑事诉讼法》第 15 条已将"认罪认罚从宽"作为一项重要原则规定下来，"可以"从宽，不是可有可无，应当理解为一般应当从宽，即没有特殊理由的，都应当体现法律规定和政策精神，从宽处罚。② 法定代理人、辩护人认为只要签署具结书，办案机关即会在量刑上作出减让，体现实体量刑从宽。从形式主义角度看，具结书以书面形式将罪行、量刑建议、程序适用等问题予以固定，是检察机关和未成年人签订的具有独立价值功能的重要法律文书，是未成年人认罪认罚最直观的表象。法定代理人、辩护人认为只要签署具结书，即可作为未成年人获得从宽利益的有效凭证。从司法公信力角度看，认罪认罚案件的量刑建议作为控辩双方的合意，对检察机关和未成年人都有约束力。法定代理人、辩护人认为只要签署具结书，检察机关即会协助未成年人共同维护协商合意达成的产物，促使法院采纳量刑建议，给予从宽优待。由此，法定代理人、辩护人便认为于审判阶段提出异议可利益均沾，既可固定认罪认罚所带来的量刑从宽利益，又期待法院采纳无罪、罪轻意见而给予更轻刑罚。此种投机心理，意欲为未成年人争取更大幅度的量刑从宽利益。

四、追问：异议情形下未成年人认罪认罚应关注重点

关于未成年人认罪认罚的法律条文分散在《刑事诉讼法》和《指导意见》中，数量较少，且缺少异议处理规定，亦缺乏体系构建。此种立法背景下，应重点关注以下三个方面：

（一）异议阶段：各个诉讼阶段均可提出异议

《指导意见》第 22 条、第 27 条、第 39 条规定公安机关在侦查阶段、检察机关在审查起诉阶段、法院在审判阶段应听取辩护人或值班律师意见，第 55 条规定检察机关在审查起诉阶段、法院在审判阶段应听取法定代理人意见，而《刑事诉讼法》

---

① 杨立新：《关于认罪认罚从宽制度常见问题解释》，载《刑事审判参考》（总第 127 辑），人民法院出版社 2021 年版，第 133 页。

② 胡云腾主编：《认罪认罚从宽制度的理解与适用》，人民法院出版社 2018 年版，第 79 页。

第34条又规定侦查阶段只能委托律师作为辩护人，不能委托法定代理人作为辩护人。可见，辩护人在各个诉讼阶段享有提出意见的权利，而法定代理人在侦查阶段并不享有提出意见的权利。笔者认为，听取意见是提出异议的主要途径，异议可在听取意见的各个诉讼阶段提出，侦查阶段讯问未成年人时法定代理人到场却不能对认罪认罚发表意见，此种规定并不合理。第一，《刑事诉讼法》将认罪认罚从宽作为一项重要原则予以规定，意味着认罪认罚从宽贯穿于整个刑事诉讼活动之中，适用于所有诉讼阶段。第二，《刑事诉讼法》第278条之指定辩护制度、第281条第1款之法定代理人到场制度表明法定代理人、辩护人是未成年人在整个刑事诉讼程序中必不可少的诉讼辅助人。第三，《刑事诉讼法》第174条第2款和《指导意见》第31条规定的"犯罪嫌疑人"，并未框定仅为审查起诉阶段的"犯罪嫌疑人"，也可为侦查阶段的"犯罪嫌疑人"。由此，法定代理人在侦查阶段应当享有提出意见的权利，可对未成年人认罪认罚提出异议。

（二）异议时间：具结书签署前异议最有利于未成年人

实践中，法定代理人、辩护人存有顾虑，认为于审判阶段提出异议更有利于未成年人，既可固定量刑从宽利益，又可期待法院采纳无罪、罪轻意见给予更轻刑罚。笔者不以为然，此种做法不宜提倡，法定代理人、辩护人于具结书签署前提出异议方才最有利于未成年人。第一，实证可知（见表3），法定代理人、辩护人于审判阶段提出异议被采纳几率很低（仅占6%），可见在此阶段有效异议很少。第二，《刑事诉讼法》第201条第1款虽规定除法定情形外"一般应当"采纳量刑建议，但第2款亦明确法院对量刑建议明显不当的可予调整。相反，若量刑建议并无明显不当，法院则不予调整。实证可知（见表3），检察机关量刑建议明显不当的只有极少数（仅2件），故法院采纳检察机关所提量刑建议的几率很高。第三，我国刑法对现有罪名的量刑均为幅度刑，检察机关也是从法定幅度内选取某个刑罚作为量刑建议。若法定代理人、辩护人于具结书签署前提出异议，既能充分发挥诉讼辅助作用，确保未成年人了解异议理由的同时明智作出认罪认罚选择，也可充分参与量刑建议协商过程，有利于检察机关兼听则明，① 促使检察机关在法定幅度内选取精准、公正的刑罚作为量刑建议。法定代理人、辩护人由被动变主动，完全有可能在协商过程中为未成年人争取到几天、几个月、甚至缓刑、乃至无罪的从宽量刑，对未成年人而言这才是最有利于自己的量刑从宽。

（三）异议后果：以保障未成年人诉讼利益为出发点

1. 异议如何保障未成年人认罪认罚的明智性。一方面，法定代理人、辩护人认为未成年人无罪或罪轻，抑或检察机关提出的罪名、量刑建议不准确，由此提出异

---

① 朱孝清：《认罪认罚从宽制度中的几个争议问题》，载《法治研究》2021年第2期。

议,具有正当可能性。另一方面,认罪认罚既包括实体上从宽处罚,也包括程序上从简处理。① 未成年人心智尚未成熟,认知和处分能力不足,但异议情形下未成年人又是认罪认罚的最终决策者,决策很有可能带来不利后果。有学者认为,"检察官面对势单力孤的被告人,从心理上就具有明显的优势,通常会利用被告人不了解案情、无法得到及时有效的律师帮助的状况,对其进行威胁、引诱和欺骗,迫使被告人接受某一未必公平的量刑方案。"② 再者,这种实体从宽却是以减损其程序权利为代价的,并不直接表现为程序从宽。③ 由此,未成年人能否作出明智选择存疑,能否获得更轻刑罚待定,则保障明智性即成为关键问题。

2. 未签署具结书如何增强量刑利益的预期性。具结书将审前程序中控辩双方关于嫌疑人罪责与程序问题的协商内容予以固定,同时作为审前程序的记载在后续的审判过程中成为法院审判的对象,因而在认罪认罚案件中居于承上启下的地位。④ 据统计,在 J 市法院、P 市法院未成年人适用认罪认罚的案件中,量刑建议采纳率分别为 95%、93%,一审服判息诉率分别为 89%、93%。可见,具结书可使未成年人认罪认罚量刑利益预估性更强,控辩协商结果也更具稳定性和可接受性。若未签署具结书,未成年人的量刑利益将缺少书面形式加以固定,量刑利益的可预期性将大大降低,检察机关量刑建议也缺少约束机制,较难保证检察机关提起公诉时所提量刑建议与协商时所提量刑建议的一致性,很有可能导致认罪认罚从宽不能真正落实,极易增加上诉、抗诉风险,以致浪费司法资源,徒增司法诉累。

3. 规则不明时如何增强实践操作的规范性。立法赋予法定代理人、辩护人提出异议的权利,但又无法排除权利滥用的可能,故对异议应作必要限制。首先,《人民检察院刑事诉讼规则》第 468 条仅规定检察机关对法定代理人、辩护人异议应如实记录并随案移送,而对异议提出方式(书面或口头)、应否阐释理由、产生何种后续效力(如程序审查)未予规制。其次,异议情形下如何保障未成年人及其法定代理人、辩护人二者之间沟通顺畅,以确保未成年人全面、深入了解异议理由,亦未予规制。再者,立法虽将速裁程序排除在外,却仍可适用简易程序和普通程序。根据《刑事诉讼法》第 218 条、《指导意见》第 46 条的规定,相较普通程序,简易程序缺少合议庭对量刑建议等意见的讯问及公诉人、辩护人、审判人员对未成年人的讯问、发问环节,且未成年人及其辩护人同公诉人互相辩论需经审判人员许可。事实上,法定代理人、辩护人异议时应在庭审中给予更大空间。可见,上述活动要在庭审中充分有效展开与简易程序并不匹配,而异议是否排除简易程序的适用未予明确。

---

① 苗生明、周颖:《认罪认罚从宽制度适用的基本问题——〈关于适用认罪认罚从宽制度的指导意见〉的理解和适用》,载《中国刑事法杂志》2019 年第 6 期。
② 陈瑞华:《认罪认罚从宽制度的若干争议问题》,载《中国法学》2017 年第 1 期。
③ 郭华:《认罪认罚从宽制度中程序从宽的误释与重述》,载《法学杂志》2021 年第 5 期。
④ 刘少军:《性质、内容及效力:完善认罪认罚从宽具结书的三个维度》,载《政法论坛》2020 年第 5 期。

五、疏解：异议情形下未成年人认罪认罚的规则重构

前述已对异议情形下未成年人认罪认罚应关注重点进行了分析，除因未成年人系特殊主体外，还因现行立法缺乏体系构建。由此，异议情形下未成年人认罪认罚的重构路径应立足于未成年人特性，也应思考如何完善相关规定以确保未成年人准确适用认罪认罚。

（一）司法保护贯穿诉讼全过程以保障明智性

未成年人身心发育未臻健全，[①] 应予特殊保护，须法定代理人、辩护人补足其认知和处分能力。立法赋予未成年人认罪认罚独立选择权，即要求法定代理人、辩护人辅助未成年人作出明智选择。笔者认为，强制法定代理人到场和强制指定辩护即是明智选择的制度保障。

1. 强制法定代理人到场制度。法定代理人到场可以舒缓未成年人的心理压力，辅助其理解和判断，也可监督和见证讯问合法性。侦查阶段作为未成年人认罪认罚意思表示的最初形成阶段，法定代理人理应在讯问中提供保护和帮助，辅助未成年人形成明智判断。有学者经调查发现，侦查阶段存在不少在公安派出所对未成年人进行首次讯问时未通知法定代理人到场的情形，且第一次讯问之后的后续讯问也不同程度地存在未到场的情形。[②] 侦查机关处于强势地位，在此种情形下，讯问压迫性极易导致未成年人在尚不明智的状态下决定认罪认罚。由此，《最高人民法院关于适用〈中华人民共和国刑事诉讼法〉的解释》第94条明确，讯问未成年人时法定代理人不在场的程序性后果是未成年人供述不得作为定案依据，从而约束讯问行为。认罪认罚贯穿刑事诉讼全过程，目前立法尚未规定审查起诉和审判阶段不履行或不及时履行通知义务所应承担的法律后果，无法全方位保障未成年人认罪认罚的明智性。立法层面亟须明确，在此阶段法定代理人未到场的，不仅构成程序违法，还应追究责任人员相应的法律责任。

2. 强制指定辩护制度。目前立法尚未规定不履行或不及时履行通知义务或者指派义务应当承担的法律后果，实践中仍然存在应当指派辩护而未指派辩护的情形。[③] 未成年人若没有委托辩护人，侦查和审查起诉阶段又无法律援助帮助，将致其无法在辩护人辅助下从法律层面对案件及认罪认罚的实体和程序后果有更为客观准确的理解和把握，亦无法保障其认罪认罚的明智性。再者，《刑事诉讼法》第33条将辩护人分为律师和其他辩护人，二者在专业能力、辩护经验、诉讼权利[④]上都存在差

[①] 尹冷然：《合适成年人讯问时在场：以参与讯问为中心的讨论》，载《国家检察官学院学报》2021年第2期。
[②] 参见何挺：《合适成年人讯问时在场：形式化背后的"无用论"反思》，载《环球法律评论》2019年第6期。
[③] 娄秋琴：《实现刑事案件律师辩护全覆盖目标之路径》，载《云南社会科学》2020年第3期。
[④] 相较律师，其他辩护人仅享有受限的会见、通信和查阅、摘抄、复制案卷材料权，且不享有向未成年人核实有关证据的权利。

距。当未成年人委托律师以外的其他辩护人时，在审查起诉阶段所享权利非常有限，无法最大程度保障未成年人认罪认罚的明智性。为此，应从以下两方面着手：一是建立未成年人强制指定辩护制裁机制。首先，公安机关应落实指定辩护制度，确保有辩护律师在侦查阶段为未成年人提供法律帮助。针对侦查阶段未委托辩护律师以及无法确定委托辩护情况的案件，公安机关必须通知法律援助机构指派援助律师。援助律师提供法律援助后，未成年人另行委托辩护律师的，援助律师自动退出诉讼程序。其次，检察机关应在审查起诉阶段核实未成年人委托辩护情况，若未成年人未委托辩护人且侦查阶段也未提供法律援助的，应向公安机关提出纠正意见并及时指派援助律师。再者，立法应明确责任人员的法律责任。若责任人员未履行通知义务或法律援助中心未及时指派律师，追究其相应责任。最后，立法应明确未成年人没有辩护人而作出认罪认罚行为的效力，如规定未成年人没有辩护人在场的具结程序违法等。二是充分发挥援助律师作用提供全程专业法律帮助。当未成年人委托律师以外的其他辩护人，应继续为未成年人提供法律援助帮助。基于认罪认罚量刑协商的专业性和风险性，加之其他辩护人专业能力和诉讼权利的不足，此时援助律师无须退出诉讼程序，应继续提供法律援助，确保未成年人认罪认罚的明智性。

（二）具结书之形式要件不可或缺以增强预期性

回归法律条文，《刑事诉讼法》第174条第2款规定，异议无须签署具结书，却并未严令禁止签署具结书。具结书作为控辩双方合意的直观体现，不仅将罪名、量刑建议、适用程序等关键要素予以固定，也将对控辩双方产生约束力，其作为认罪认罚不可或缺的形式要件，并非可有可无。笔者认为，现行具结规定应予重构，异议仍应签署具结书。一方面，该条主要是针对限制行为能力人所作的特殊规定，从根本上否认了盲、聋、哑、尚未完全丧失辨认或控制自己行为能力的精神病人签署具结书的行为能力，而对未成年人则是附条件否定，间接承认了法定代理人、辩护人未提出异议时未成年人能够签署具结书的行为能力，且法定代理人、辩护人异议并不代表其辅助未成年人认知和处分能力作用的缺失。另一方面，"以审判为中心"的刑事诉讼要求"案件事实查明在法庭、裁判结果产生于法庭"，"使庭审在查明事实、认定证据、保护诉权、公正裁判上，发挥决定性的作用"，即使在认罪认罚案件中，此种要求仍然没有发生根本变化，法院依法独立行使审判权仍是基本原则，以定罪量刑为核心内容的裁判权仍由法院掌控。换言之，即使未成年人签署具结书，法院仍会听取法定代理人、辩护人的异议理由，签署具结书并不必然导致法院径行依照量刑建议作出裁判。[①]

异议仍应签署具结书需遵从以下规则：一是法定代理人、辩护人必须在场（辩

---

① 实证可知（见表3），只要法定代理人、辩护人所提异议有理有据，即会被采纳（有4件）。

护人不是律师的，应有援助律师在场）。二是法定代理人、辩护人（包括在场的援助律师）应在具结书上签字确认，提出异议的法定代理人、辩护人应注明对未成年人认罪认罚持有异议，但具结书签署程序合法。提出异议的法定代理人、辩护人拒绝签字的，应由工作人员予以注明。

（三）分诉讼阶段细化适用程序以增强规范性

为最大程度消除顾虑，鼓励法定代理人、辩护人于具结书签署前提出异议，更好地实现控辩审三方良性互动，以前述仍应签署具结书为前提，区别普通认罪认罚案件，分诉讼阶段对关键程序予以重构。

1. 侦查阶段："两个明确""十个步骤"。法定代理人、辩护人于侦查阶段即提出异议，首先立法应做到"两个明确"：一是明确法定代理人有权在侦查阶段提出异议，二是明确异议情形下未成年人认罪认罚不适用简易程序。再遵从以下"十个步骤"（如图1）：第一步，听取意见——侦查机关应听取法定代理人、辩护人的意见，将异议记录在案，形成书面材料并随案移送至检察机关。第二步，全面审查——检察机关接收案卷材料后应结合法定代理人、辩护人异议进行全面审查。第三步，听取意见——检察机关应于法定代理人、辩护人均在场时公开听取其对未成年人认罪认罚的意见及《刑事诉讼法》第173条第2款规定的其他事项的意见，记录在案并形成书面材料。第四步，告知书面异议——听取意见环节告知法定代理人、辩护人若在具结环节仍提出异议，应提交书面异议并注明理由。第五步，具结前置程序——保证法定代理人、辩护人单独会见未成年人（辩护人不是律师的还应有援助律师在场），辩护人应与未成年人沟通辩护方案，并确认法定代理人、辩护人的最终意思表示。第六步，重申告知义务——签署具结书前询问未成年人是否已经了解法定代理人、辩护人的异议及理由。第七步，具结签署程序——签署具结书并在具结书上注明法定代理人、辩护人异议情况（制作具结书时增加法定代理人、辩护人对认罪认罚意见一栏），必要时可同步录音录像。第八步，说明理由——若法定代理人、辩护人异议未被采纳，检察机关应在起诉书中说明理由，会同书面异议随案移送至法院。第九步，全面审查——法院接收案卷材料后应结合法定代理人、辩护人异议进行全面审查。第十步，听取意见——法院在庭审中应结合异议材料对未成年人认罪认罚的自愿性、真实性等进行发问，并对异议进行程序性审查，当庭听取检察机关和法定代理人、辩护人的意见及理由。

2. 审查起诉阶段："两种情况"。法定代理人、辩护人于审查起诉阶段提出异议，可分"两种情况"：第一种是具结环节前提出异议，此时遵从上述第三步至第十步。第二种是具结环节前未提出异议，直至具结环节提出异议，此时遵从上述第五步至第十步（若法定代理人、辩护人未提交书面异议，检察机关应将异议理由记录在案并随案移送）。

3. 审判阶段："一个原则""两个步骤"。法定代理人、辩护人于审判阶段提出

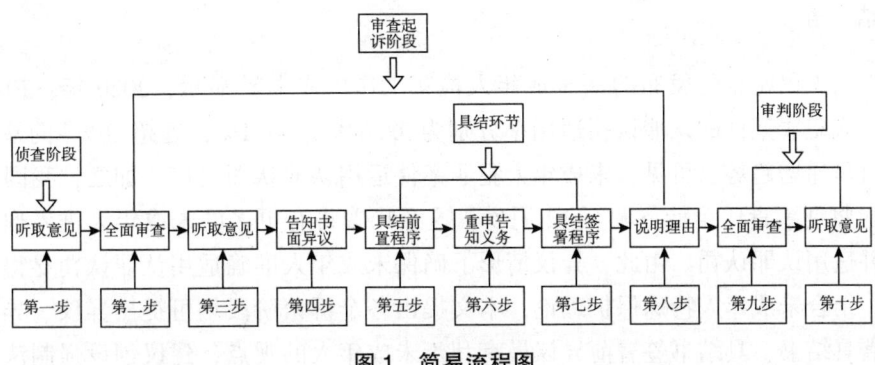

图 1 简易流程图

异议，具结书已签署，未成年人认罪认罚"格局"基本形成。但量刑建议作为检察机关请求法院判处被告人刑罚的意见载体，只是一种建议，不具司法约束力。法院作为定罪量刑的最终决定机关，必须切实履行好审查职责，坚决防止冤假错案发生，确保司法公正，避免审理程序沦为量刑建议的确认程序。① 量刑建议能否被采纳，异议是否有理有据，应由法院依法审理后作出判决。法院应发挥裁判者角色，唯裁判时听取控辩双方意见，并遵从"一个原则、两个步骤"。期望以此裁判规则，理顺法检职能定位，最大程度消除法定代理人、辩护人顾虑，促使检察机关"心平气和"审查异议，确保未成年人认罪认罚有序审理，最终契合未成年人犯罪之"教育、感化、挽救"方针和"教育为主、惩罚为辅"原则。

"一个原则"，即最有利于保护未成年人原则，具体而言：一是法定代理人、辩护人异议不影响未成年人认罪认罚情节的认定，二是法定代理人、辩护人异议不利于未成年人时应采纳未成年人认罪认罚的意见，② 三是法定代理人、辩护人异议有利于未成年人时应采纳法定代理人、辩护人的意见。

"两个步骤"：第一步，综合全案案情实质审查量刑建议（当然包括量刑建议的基础和程序等要素）。一是依法审查是否符合认罪认罚的适用条件，是否具有认罪认罚情节，重点审查认罪认罚的自愿性和签署具结书的真实性、合法性；二是全面审查认罪认罚的事实基础和证据基础，重点审查异议是否有理有据；三是对量刑建议进行实质审查，具体审查罪名是否正确、刑种是否适当、刑期是否恰当、量刑是否平衡。第二步，综合全案案情依法作出判决。经实质审查，未成年人自愿认罪认罚，案件事实清楚，证据确实、充分，指控罪名准确，量刑建议适当的，应予采纳，量刑建议明显不当或异议有理有据，告知检察机关调整量刑建议，量刑建议调整后适当的，应予采纳，不调整或调整后仍明显不当的，则依法判决。

---

① 刘亚军、黄琰：《认罪认罚案件中量刑建议的审查和调整问题研究》，载《刑事审判参考》（总第127辑），人民法院出版社2021年版，第240页。

② 前提当然是建立在检察机关量刑建议适当的基础上。

结　语

最高人民检察院发布的《未成年人检察工作白皮书》显示，2020 年、2021 年未成年人犯罪案件的认罪认罚适用率分别为 92.63%、94.1%，远超 80%[①]的最低要求，且呈递增趋势。可见，未成年人犯罪案件运用认罪认罚之广。加之，我国《刑法》已将刑事责任年龄下调至 12 周岁，这意味着将有更多的未成年人进入刑事诉讼中并适用认罪认罚。由此，异议情形下确保未成年人准确适用认罪认罚显得尤为重要。结合未成年人特殊保护理论，本文提出各个诉讼阶段均可提出异议、异议仍应签署具结书、具结书签署前异议最有利于未成年人的观点，建议创设强制法定代理人到场、强制指定辩护的制度保护屏障，确立最有利于保护未成年人原则的裁判规则，分诉讼阶段细化适用的关键程序，以期对刑事司法有所裨益。

---

① 2020 年 4 月 21 日《最高人民检察院关于加强新时代未成年人检察工作的意见》第 10 条规定："自 2020 年开始，未成年人犯罪案件认罪认罚从宽制度总体适用率达到 80%以上。"

网络暴力行为的犯罪化限度与进路

——以秩序法益观为视角的刑事一体化思考

江西省万安县人民法院 曾庆连

引言：问题的提出

根据第 50 次《中国互联网络发展状况统计报告》数据显示，2022 年 6 月我国网民数量已经达到 10.51 亿，互联网普及率达 74.4%。[①] 互联网已然成为我们不可分割的生活场域，伴随着大数据、元宇宙等概念的发展，也易使人们陷入各种矛盾，最常见的问题即网络暴力行为肆意横行。这一现象不得不引起重视：为何网络暴力事件频繁发生，它不仅给当事人带来不可磨灭的身心影响，还会给社会带来恶劣影响。基于此，我国近十多年来对通过信息网络实施侮辱、诽谤、寻衅滋事等犯罪行为给予积极的刑法投入。2013 年 9 月，我国出台《最高人民法院、最高人民检察院关于办理利用信息网络实施诽谤等刑事案件适用法律若干问题的解释》（以下简称《办理网络诽谤案件解释》）对利用信息网络实施侮辱、诽谤、寻衅滋事等明确入罪标准。[②] 自 2015 年《刑法修正案（九）》全面修正后，《刑法》第 246 条第 3 款逐渐成为规制网络实施侮辱诽谤的法律依据。2019 年政府工作报告中，提及"加强互联网内容建设"。2020 年 10 月，十九届五中全会审议通过《中共中央关于制定国民经济和社会发展第十四个五年规划和二〇三五年远景目标的建议》，[③] 提出要强化网络文明，要创建健康网络文化。2021 年政府工作报告中再次提及，足以彰显其重要性。"十四五"时期是加强网络文明建设的关键时期。然而，随着我国加速推动"十四五"规划、清朗网络的现实需求，相关问题随之出现：刑法在发挥治理效能时，对网络暴力行为的规制是否需要有所克制？侮辱诽谤罪、寻衅滋事罪等是否可以游刃有余地应对"新情况、新问题"？通过一则案例可以窥见诽谤的刑法规制在

[①] 中国互联网络信息中心发布第 50 次《中国互联网络发展状况统计报告》，载中国互联网络信息中心网，http://www.cnnic.cn/gywm/xwzx/rdxw/20172017_7086/202208/t20220831_71825.htm，最后访问时间：2022 年 9 月 2 日。

[②] 2013 年 9 月 9 日，最高人民法院、最高人民检察院印发《关于办理利用信息网络实施诽谤等刑事案件适用法律若干问题的解释》，该解释共计 10 条，自 2013 年 9 月 10 日起施行。

[③] 2020 年 10 月 29 日，中国共产党第十九届中央委员会第五次全体会议通过《中共中央关于制定国民经济和社会发展第十四个五年规划和二〇三五年远景目标的建议》。

网络时代呈现扩张趋势。例如，"杭州女子取快递被造谣出轨案"[①] 成为我国从自诉转为公诉的第一案，以往诽谤罪一般为自诉案件。尽管如此，我国在法律上对网络暴力行为犯罪尚无系统法律规制，学术上对网络暴力暂无确切的法律定义，司法实务上没有针对网络暴力行为作出的判决，往往以网络侮辱诽谤、网络寻衅滋事等行为来判决是否入罪，且裁判标准不一。

一、网络暴力行为犯罪的司法裁判标准不统一

通过在中国裁判文书网以关键字"刑事案件""侮辱罪""诽谤罪""寻衅滋事罪""侵害英雄烈士名誉、荣誉罪""判决书"搜索近三年的数据，共477件，剔除无效数据，共抽取384篇有关网络暴力行为构成侮辱罪，诽谤罪，寻衅滋事罪，侵害英雄烈士名誉、荣誉罪的裁判文书。通过分析样本可知，近年来我国对网络暴力行为犯罪的规制具有一定的法律效果和社会效果。如"杭州女子取快递被造谣出轨案"由自诉转为公诉，显示国家对治理网络诽谤的决心，亦得到较好的社会效果。但是，通过实证考察发现在司法实践中还存在诸多问题。

（一）司法实务中裁判标准不统一

首先，我国在法律上对于网络暴力行为犯罪尚无系统法律规制，学术上对网络暴力暂无确切的法律定义，司法实务上没有针对网络暴力行为作出的判决，往往以网络侮辱诽谤、网络寻衅滋事等行为来判定是否入罪，对于网络暴力行为本身却没有相对应的罪名，如表1所示。

表1 网络暴力行为涉及罪名分类表

罪名	案件总数（件）	一审									二审	
		自诉（件）	公诉（件）	自诉转公诉（件）	无罪（件）	拘役、管制或者剥夺政治权利（件）	有期徒刑一年以下（件）	有期徒刑二年以下（件）	有期徒刑三年以下（件）	有期徒刑五年以下（件）	维持（件）	改判（件）
侮辱罪	149	64	85	0	42	0	85	0	22	0	43	21
诽谤罪	85	43	21	21	0	21	21	43	0	0	0	0
侵害英雄烈士名誉、荣誉罪	22	0	22	0	0	22	0	0	0	0	0	0
寻衅滋事罪	128	0	128	0	0	0	85	43	0	0	42	0
总数	384	107	256	21	42	21	213	86	22	0	85	21

[①] 余建华、庞楚楚：《杭州"取快递女子被造谣出轨"案一审宣判：二被告人捏造并散布损害他人名誉的事实被以诽谤罪判刑》，载《人民法院报》2021年5月7日。

其次，司法实践中，对于相同或者类似的案件存在不同的判决，这种现象不利于保护权利人的正当利益，也难以有效地促进互联网清朗环境的构建。总之，如何在识别网络暴力行为时有效地发挥司法审判的指示作用，如何在保护公民言论自由的同时保持刑法理性，这无疑是目前我国司法实践中亟待解决的问题。

（二）量刑普遍偏低

样本案例可知，总体上对于网络暴力行为犯罪的案件存在量刑偏低的问题。

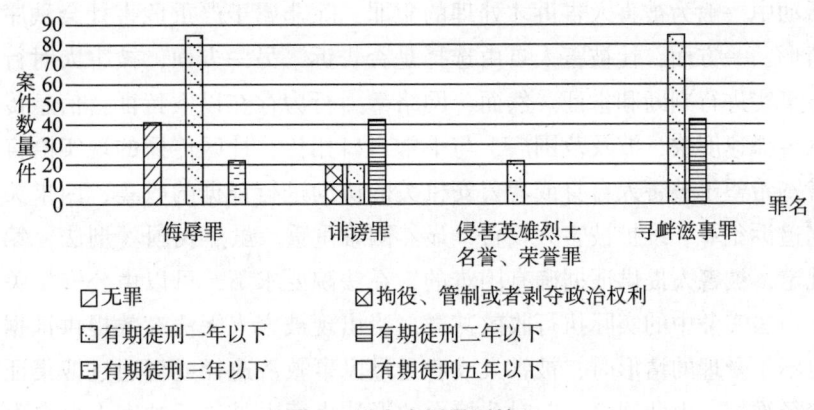

图1 样本案例量刑情况

由图1可知，网络暴力行为涉及侮辱诽谤罪，侵害英雄烈士名誉、荣誉罪，寻衅滋事罪的量刑较轻，被判处无罪的占比10.93%，被判处拘役、管制或者剥夺政治权利的占比5.46%，被判处有期徒刑一年以下的占比55.47%，被判处有期徒刑二年以下的占比22.4%，被判处有期徒刑三年以下的占比5.73%，被判处有期徒刑五年以下的占比0%，其中被判处有期徒刑一年以下的占半数。

综上所述，网络暴力行为规制的司法实践中存在着司法裁判标准不统一、量刑过低等问题，从侧面反映理论上网络暴力行为存在刑法规制失范的风险。如何做到罪责刑相适应，规范司法裁判标准，是网络暴力行为犯罪案件所面临的亟须解决的问题。

二、网络暴力行为的法益定位

上述分歧表面上是司法实务中缺乏明确标准的问题，但究其根本，是保护网络暴力行为所侵害的法益定位不同对法官决策产生影响的问题。网络社会蓬勃发展、法益博弈失衡化、前置法旧化等因素共同作用，造成了具体网络暴力犯罪行为刑法规制中的不同认定。

（一）私法法益观导向下网络暴力行为犯罪化边际模糊

1. 犯罪主体难以认定，犯罪行为难以掌握。在虚拟的网络世界，网民现实身份的隐匿性导致现实世界对责任主体的约束虚无化。网络的虚拟性、网民身份的隐匿性、责任主体的约束虚无化，致使网民的在网络社会的自我约束力薄弱、道德责任感不强，肆意实施网络暴力行为，给他人造成人格权的侵害，甚至引起被害人的自我危险行为。虽然推进实名制的实施发挥了一定程度的遏制作用，但是网络社会与现实社会的身份切换较为迟滞，仍然对实行网络暴力行为的犯罪主体难以认定，犯罪行为难以掌控。

2. 证据难以收集，因果关系难以证明。侮辱诽谤罪与其他的犯罪特殊性在于其在诉讼活动中一般为被害人告诉才处理的犯罪，除非属于严重危害社会秩序和国家利益的情形，一方面，让被害人自由选择是否告诉，另一方面，被害人对行为人犯罪化侵害事实进行判断和举证。然而，网络暴力行为存在以下特征：信息传播内容多、信息传播速度快、波及范围广，与平常口口相传、社区传播的现实语言暴力行为迥异，寄希望于被害人自身或者公安机关的协助进行证据的收集、因果关系的证明，以期追诉犯罪、维护被害人权益，显然困难重重。虽然我国《刑法》第246条第3款规定，被害人提供证据确有困难的，在法院要求下，可以由公安机关提供协助，但是司法实务中的实际执行收效甚微。当出现被害人无法有效提供证据，人民法院裁定不予受理的情形时，被害人或者通过民事救济途径或者通过搜集证据继续报案的路径维权。由此观之，此时公权力的退让表面上是给予被害人更自由的选择维权的方式，但实际上是国家责任的不当回避，反而不利于被害人有效地维权。在认定网络暴力行为非法性的过程中，被害人虽然是网络暴力的当事人，但是网络社会具有错综复杂的属性，被害人要实现完全权利救济似乎步步难行。

3. 是否违法难以确定，是否入罪难以定性。网络暴力行为倾向于一种由不特定或者多数人在网络上参与的暴力行为。从立法层面上看，通过《刑法》第246条发现对"情节严重"的合理判断是网络暴力侵权行为与网络暴力犯罪行为的边界。从司法层面上看，刑法与民法对于通过信息网络实施侮辱、诽谤行为方面存在共识：承担责任的前提是承认公民的名誉权受到侵害。然而，刑法与民法在规制网络暴力行为上也存在分歧，主要体现在：一是类似行为在刑法责任与民法责任的承担上有所区分。二是主体上，网络暴力案件一般包含三方行为主体，即网络服务提供者、网络暴力语言首发者及网络暴力语言散布者，"网络水军"的横空出世给网络暴力的行为主体裹上了层层"面纱"。网络服务提供者一般为单位，其承担侵权责任的趋势不断攀升。然而，刑法规制体系中并不会存在网络侮辱、诽谤、寻衅滋事等单位犯罪的情形。这将导致民事侵权与刑法犯罪所采取的预防措施存在较大不同。三是网络诽谤、寻衅滋事的入罪标准主要依据是《最高人民法院、最高人民检察院关于办理利用信息网络实施诽谤等刑事案件适用法律若干问题的解释》（以下简称《办理网络诽谤案件解释》）的第2条、第5条，其中第2条对网络诽谤罪的认定是以数量为标准。然而，在民事网络诽谤侵权行为的认定更加注重网络诽谤内容，而不是数量标准。"情节严重"是对网络暴力行为选择刑法规制或民法规制的关键。

我国司法实践中，主要是依据数量标准来认定"情节严重"。然而，数量标准的计算标准依然存在困难，主要是数量认定形式和数量认定标准不一，存在机械适用问题。例如，网站数据存在僵尸账号等无效传播导致数据增长而难以剔除，实际有效的人工浏览次数难以统计。

4. 量刑尺度难以把握，打击力度难以掌控。正如前文所述，网络暴力行为的刑法规制与民法规制的边界不明确，由此引发诸多问题。众所周知，网络暴力将导致比现实社会的传统暴力或者谣言等更为严重的后果。网络暴力可能致使被害人社会性死亡，加上被害人的自我危险行为，更严重者可能导致被害人自残自杀。比如，德阳安医生自杀案①，被告人常某一、常某二及孙某某最终被判侮辱罪，并判处刑罚。事件反转后，男孩一家遭受舆论反噬。网络暴力行为的破坏力和高速传播性使其社会危险性高于普通的现实侮辱诽谤行为，而现行《刑法》中的侮辱、诽谤罪的最高法定刑为有期徒刑三年，可能与罪责刑相适应原则有所出入。另外，现行的刑法罪名体系中绝大多数与网络暴力相关的刑法罪名，例如侮辱、诽谤罪，侵害英雄烈士名誉、荣誉罪，侵犯公民个人信息罪，均以达到"情节严重"为标准。然而，网络暴力行为会引发包括侵害名誉、破坏隐私、精神失常、财产毁损等多个危害结果，加上被害人的自我危险行为，甚至导致被害人自残自杀，其中危害结果的危害程度如何认定，是亟待解决的问题。网络暴力犯罪成本低，危害后果严重，罪责刑不相适应，则难以实现有力有节有效地规制效果。

5. 刑法与其他法律的衔接失衡，规范性的期待缺然。目前没有一部法律明确对网络暴力作出定义或者解释。虽然我国现有《全国人民代表大会常务委员会关于维护互联网安全的决定》（以下简称《维护互联网安全决定》）、《互联网信息管理办法》《文明上网自律公约》等，但是目前的网络社会秩序的变化使得现有的法规还不能完全适应，还存在些许漏洞，导致一些行为无法受到约束。现有的行政法对网络暴力的规制范围较为狭隘，主要是针对公民个人信息的保护，例如《治安管理处罚法》《计算机信息网络国际联网安全保护管理办法》等法律法规，且行政法对网络暴力的规制大多体现为事后规制，无法对网络暴力进行事前事中的预防规制。

《刑法》第 246 条规定中的"他人"，在现行刑法理论通说被认为是"特定自然人"，②死者能否是这里的特定自然人，并成为侮辱、诽谤罪的对象？③有人持肯定态度，④但并未被大家所接受。⑤然而，民法中设立对英烈名誉保护的条款后，我国出台的《英雄烈士保护法》亦对侮辱诽谤英烈的人格权作出了相关规定。显然，这些英烈保护条款对侵害英烈名誉权的行政责任和刑事责任作出了进一步的规定，形

---

① 《绵竹市人民法院关于常某一、常某二、孙某某犯侮辱罪一案的说明》，载绵竹市人民法院微信公众号，https://mp.weixin.qq.com/s/ma13S_lrZ7zp7XoOE9y7LQ?，最后访问时间：2022 年 6 月 21 日。
② 高铭暄、马克昌主编：《刑法学》（第七版），北京大学出版社、高等教育出版社 2016 年版，第 477 页。
③ 薛进展：《死者能否作为侮辱罪、诽谤罪的对象》，载《法学》1991 年第 5 期。
④ 陈正云：《死者可以作为侮辱罪诽谤罪的对象》，载《法律科学》1991 年第 6 期。
⑤ 刘艳红：《刑法理论因应时代发展需处理好五种关系》，载《东方法学》2020 年第 2 期。

成了规定侮辱诽谤罪的前置法。由此可知,现阶段民法等相关规定仍是刑法对于网络暴力侵权保护被害人人格权的前置法。民法基于意思自治着重全面保护市民生活,而刑法基于罪刑法定原则,应保持谦抑性。唯有兼顾遵循民法的意思自治原则与发挥刑法保障功能,才能使自然人的权利保护形成刑民一体化的有效保护机制。①

总之,在网络时代,网络暴力行为既可能涉及民事、行政违法,也可能构成犯罪,基于维护法秩序与互联网文明发展的需要,对网络暴力行为进行合理刑事规制极为必要。

(二)信息网络不断发展过程中的秩序法益观应然选择

刑法理论界与司法实务界基于对私法法益视角下网络暴力行为犯罪化边际模糊问题的反思以及对网络社会发展规律的考量,开始认为刑法是对网络秩序的保护。网民的网络社会评价作为私法法益的人格权,必然受到保护,但网络秩序作为国家秩序的日益重要的部分亦应当是刑法所保护的范畴,而且从刑法变革来看,后者日益为大家所期盼。因此,网络秩序法益观开始形成,但时至今日仍不是主流观点。

秩序法益观相较于私法法益观,在对网络暴力行为的规制方面有诸多进步:首先,价值定位明确。长期以来,人格尊严是人格权立法的价值追求,刑法保护公民的人格权是言论自由的边界。私法法益观过于狭隘,网络暴力行为所侵犯的法益并非仅针对被害人私权益的具体风险,更重要的是保护网络社会秩序,预防可能引发的危害网络秩序和安全等风险。其次,犯罪化界限更加清晰。私法法益观强调的是对被害人私权益诉求的保障,仅当民事、行政或者前置法救济无法实现时才让刑法介入,以此寻求对被害人私权益最大限度的保障。秩序法益观强调对网络秩序的保护,更加注重规范秩序不法的网络暴力行为,从而预防引起对被害人的具体私权益的侵害。互联网的飞速发展变化,导致传统犯罪也开始网络化。例如,在"杭州女子取快递被造谣出轨案"中,由于网络的聚焦和传播作用给被害人和社会秩序造成的巨大冲击为众人所知,直接由"告诉才处理"的自诉案件转化为"严重危害社会秩序和国家利益"的公诉案件。上述两方面的进步既是法律上的体现,也是符合当前的互联网络发展规律。我国互联网络发展的新态势要求积极转变固有理念,尤其是网络言论自由的定位,逐步从绝对保障过渡到相对规制,充分规制网络主体的网络行为,充分尊重言论自由同时兼具刑法理性保护网络秩序安全,因此,互联网络秩序应当是目前网络暴力行为的保护法益。在秩序法益观的导向下,刑法的工具机能增强,更趋向于维护网络秩序的安全。后文将以秩序法益观为视角进行讨论。

三、网络暴力行为犯罪化的边界

在秩序法益观的框架下,刑法对网络暴力行为的规制更强调对网络秩序安全的

---

① 刘艳红:《刑法理论因应时代发展需处理好五种关系》,载《东方法学》2020年第2期。

保护，同时严守刑法谦抑性原则。在秩序法益观的定位下，刑法发挥着能动防御功能，基于此，对网络暴力行为犯罪化构成有着新的解读，即从网络暴力行为的"非法"性的形式判断与实质判断进行犯罪化的限缩。美国心理学家亚伯拉罕·马斯洛提出的马斯洛需求层次理论，将人类需求像楼梯一样由低到高分为五种层次，据其研究显示人的需求从低级向高级发展，人在满足低层次的需求后，则追求高层次的需求。人类首要的需求是生理需要，其次是安全需求。如果生理需求得到了相对满足，就会出现新的需求，即安全需求（安全感、稳定、免遭焦躁和混乱的困扰，对制度、法律的需求等）。[①] 人们需要安全感，在"互联网+"时代，无法保证人们在网络上的安全、不受他人的侵害和攻击，又何谈言论自由、人格尊严、秩序安全。与他人侵害相比，不可预测的刑罚惩罚远胜于他人侵犯人权的行为。[②] 因此，刑法贯彻罪刑法定原则，在案件定性中始终坚持法条主义为本。[③] 尤其是，网络暴力与线下传统侮辱诽谤、寻衅滋事等不同，现实社会秩序与网络空间秩序亦存在差异，网络暴力行为对判断被害人社会评价的显著或者存在降低的紧迫风险可以通过各种方式和技术进行部分衡量，以期评价该行为对公民名誉权或者社会秩序的现实侵害程度。[④] 因此，鉴于以上重大变化，理应对网络暴力行为非法性进行重点判断。就方式而言，需要采取形式判断与实质判断相结合的方法。

（一）现实社会秩序与网络空间秩序的区分

《刑法修正案（九）》的修正增加了规制网络实施侮辱诽谤行为的法律依据，该罪位于《刑法》第四章侵犯公民人身权利、民主权利罪。后来，《刑法修正案（十一）》增设了侵害英雄烈士名誉、荣誉罪，且该罪位于《刑法》第六章妨害社会管理秩序罪中的扰乱公共秩序罪。按照体系解释，这越来越体现出立法者对法益的保护开始扩展到对社会秩序和国家利益的法益保护。"互联网+"时代的飞速发展，互联网在众人工作、学习、生活上有着至关重要的作用，网络秩序也与社会秩序紧密相连，一些网络言论可能引起网络平台的瘫痪，甚至引发社会秩序的混乱。然而，网络秩序又有别于社会秩序，妨害网络秩序的行为相较于妨害现实社会秩序的行为而言具有特殊性。目前，刑法对网络暴力行为扰乱现实社会秩序行为犯罪构成的认定是以构成"严重危害社会秩序和国家利益"为标准。笔者认为，随着"互联网+"的发展，人民群众通过互联网从事工作、社交、学习、生活、娱乐等与现实社会几乎无异的活动，人民群众在从事以上活动时所需的安全感与现实社会一致。因此，对于现实社会秩序的认定，应当与时俱进，现实社会秩序应当包含网络空间秩序。

[①] ［美］亚伯拉罕·马斯洛：《动机与人格》，许金声等译，华夏出版社1987年版，第44页。
[②] 张明楷：《罪刑法定对现代法治的贡献》，载《清华法治论衡》2002年第2期。
[③] 叶良芳：《刷单炒信行为的规范分析及其治理路径》，载《法学》2018年第3期。
[④] 阮齐林、李希慧：《刑法各论》，中国人民大学出版社2016年版，第216页。

(二) 网络暴力行为非法性的形式判断

张明楷教授指出，在交通肇事罪中交通肇事的结果必须由违反规范保护目的之行为引起。例如，交通运输管理法规禁止酒驾的目的是防止驾驶人因饮酒而减退或者丧失驾驶能力导致交通事故的发生，若酒驾并未导致驾驶人减弱驾驶能力或者丧失驾驶能力，而是由于被害人自身横穿马路造成其死亡结果的，对驾驶人不能以交通肇事罪论处。① 虽然我国已经出台的《维护互联网安全决定》《互联网电子公告服务管理规定》《互联网信息管理办法》《文明上网自律公约》等，但尚不能完全适应网络的飞速变化，从规范保护目的理论来看，违反合法性原则的网络暴力行为，可以认定为"非法"。

所谓合法性原则，是说利用互联网应该符合我国法律、行政法规、部门规章等有关网络行为的规定，否则将可能被认定为网络暴力行为而入罪。我国《办理网络诽谤案件解释》对办理利用信息网络实施诽谤、寻衅滋事、敲诈勒索、非法经营等刑事案件进行了规定。作为这些罪名的前置法，主要包括《维护互联网安全决定》《互联网电子公告服务管理规定》《互联网信息管理办法》等。这些法律法规基本都确立了利用互联网要遵循合法性原则。比如，《维护互联网安全决定》第4条规定："为了保护个人、法人和其他组织的人身、财产等合法权利，对有下列行为之一，构成犯罪的，依照刑法有关规定追究刑事责任：（一）利用互联网侮辱他人或者捏造事实诽谤他人；（二）非法截获、篡改、删除他人电子邮件或者其他数据资料，侵犯公民通信自由和通信秘密；（三）利用互联网进行盗窃、诈骗、敲诈勒索。"第6条规定："利用互联网实施违法行为，违反社会治安管理，尚不构成犯罪的，由公安机关依照《治安管理处罚法》予以处罚；违反其他法律、行政法规，尚不构成犯罪的，由有关行政管理部门依法给予行政处罚；对直接负责的主管人员和其他直接责任人员，依法给予行政处分或者纪律处分。利用互联网侵犯他人合法权益，构成民事侵权的，依法承担民事责任。"这些规定说明，利用互联网实施网络暴力行为，也有法律依据对其进行违法性的认定。

不过，这些法律法规虽然涉及对人身、国家安全和社会秩序稳定免遭网络暴力行为的保护，但毕竟不是专门针对规制网络暴力行为的立法，换言之，这些均属于规制网络暴力行为犯罪的前置法。截至目前，最重要的前置法当属我国《维护互联网安全决定》。该决定第4条第1项规定，为了保护个人、法人和其他组织的人身、财产等合法权利，对利用互联网侮辱他人或者捏造事实诽谤他人，构成犯罪的，依照《刑法》有关规定追究刑事责任。可见，利用互联网侮辱他人或者捏造事实诽谤他人的网络暴力行为的违法性根据，可以从我国《维护互联网安全决定》第4条中找到，该条规定不得利用互联网侮辱他人或者捏造事实诽谤他人等危害个人、法人

---

① 张明楷：《交通肇事的刑事责任认定》，载《人民检察》2008年第2期。

和其他组织的人身、财产等合法权利的规定，实际上要求利用互联网必须遵循合法性原则。违反合法性原则实施了侮辱或者诽谤他人等网络暴力行为是非法的。我国司法实践亦采取了相同的立场。

（三）网络暴力行为非法性的实质判断

基于刑事一体化的谦抑原则并非局限于《刑法》范围之内的原则，也是《刑事诉讼法》所必须坚持的原则。① "刑罚是双刃剑，若使用不当，则国家和个人均将受害。"② 因此，对网络暴力行为是否构成犯罪，尤其是其中的非法性判断，还须从实质层面进行考量。司法实践中对网络暴力行为规制的"先民后刑"的做法值得赞许，特别是当前打击网络犯罪呈扩张趋势的背景下具有重要意义。在立法方面，《办理网络诽谤案件解释》对利用信息网络实施侮辱、诽谤、寻衅滋事等明确了入罪标准，2015年《刑法修正案（九）》增加"通过信息网络实施第一款规定的行为，被害人向人民法院告诉，但提供证据确有困难的，人民法院可以要求公安机关提供协助"。显而易见，立法对网络暴力行为犯罪的打击体现的是扩张趋势，体现私法法益观向秩序法益观的转换。然而，这一立法导向并未对司法实务产生巨大影响。简而言之，我国《刑法》尚无规制网络暴力的单独罪名，还未形成规制网络暴力及其他网络犯罪的完整法律体系，只是通过法律和司法解释规制网络暴力，相对零散。在我国还没有统一的网络暴力规制法律的现实下，可以发挥刑法实质解释的功能对网络暴力行为犯罪化进行价值评价，弥补网络暴力犯罪前置法违法性上拦截短板，无疑具有重要价值。

根据传播学理论，按照直接测量与否来分类，可分为认知层面的表层传播效果和情感、态度、行为层面的深层传播效果。③ 囿于传播效果的可观察性局限，《办理网络诽谤案件解释》只对情节严重的表层效果进行形式判断，却没有规定深层传播效果的认定方式。就网络诽谤的认定而言，点击量、转发量对产生降低社会评价危害结果的间接证据，并不能说明对他人法益的侵害，按照点击量、转发量的机械理解则可能涉及无罪或有罪。对于接收网络侮辱诽谤信息的受众的情感、态度等深层传播效果，需要法官进行实质判断。受众接收侮辱诽谤的内容后进行情感加工，当情感层面发生反应后，随之而来的是受众的态度变化，只当受众对当事人形成负面消极态度时，才发生法益的实质侵害。司法实务中，只有少数判决是以深层传播效果是否构成情节严重进行非法性实质判断。对网络暴力行为非法性的实质判断，可以作为出罪的依据，体现刑法的谦原则。

1. 网络暴力行为具有民事救济可能性时，一般不成立犯罪。刑法具有最后性，是谦抑原则的核心要义。在法律体系中，对于不法行为的规制，只有在穷尽民法、

---

① 卓泽渊：《刑法学者不可"独享"刑法谦抑性探讨》，载《检察日报》2021年5月25日。
② 出自德国学者耶林语，转引自林山田：《刑罚学》，我国台湾地区商务印书馆1985年版，第127页。
③ 董璐：《传播学核心理论与概念》，北京大学出版社2008年版，第205~206页。

行政法等手段且无法达到应有的治理效果的情形下,才能启动刑法。在涉及民事侵权及刑事侮辱诽谤的难以认定的情形下,应当采取"民先刑后"的诉讼思路。首先,网络暴力行为必须达到"情节严重"情形才能入罪,反之,则属于民法范畴,该种行为可以通过民事诉讼解决。当网络暴力行为实施后,被害人实际上并没有因此引发危险行为,虽然达到了"情节严重"中的散布网络侮辱诽谤信息的数量和次数,受众亦未对被害人产生负面态度,则具有民事救济可能性。其次,若被害人虽然对行为人的网络暴力行为具有民事救济可能性,但引起网络秩序的混乱的,则该种网络暴力行为不能排除犯罪。

2. 网络暴力程度不构成情节严重的,一般不成立犯罪。对于必须适用刑法进行评价的网络暴力行为,应当准予当事人双方民事调解并减轻刑罚。例如"王某群侮辱罪案",① 一审法院认定被告人王某群利用信息网络散布二自诉人的隐私照,其行为系侮辱行为,但尚未达到情节严重程度,自诉人袁某香称对其身心健康造成了无法弥补的伤害,但未能提交相应的证据,本案无法认定情节严重,因此判处王某群不构成侮辱罪。二审法院认为,王某群与上诉人唐某光、袁某香产生婚姻及情感纠葛后,为发泄愤恨,采取将二上诉人的生活私密照片和上诉人袁某香的裸体照片上传至 QQ 空间及微信上,在朋友圈、亲友圈等范围内传播,对二上诉人进行侮辱,其行为已对二上诉人的生活及声誉造成了影响,情节严重,构成了侮辱罪,王某群能如实供述自己实施的侮辱行为,且实施侮辱行为之前曾与上诉人唐某光发生冲突,上传后又及时进行删除,并就此事向二上诉人赔礼道歉,故其行为属犯罪情节轻微,可免于刑事处罚。从侵害法益角度看,保护网络暴力行为犯罪所侵犯的法益,既要与《民法典》《英雄烈士保护法》的规定相衔接,又要从法益保护的角度进行实质解释。公民的荣誉、名誉等人格权都是社会情感,牺牲的烈士和在世的英雄的名誉、荣誉都是社会情感、社会公共利益的重要部分,网络暴力行为犯罪可能同时侵害个人人格、国家利益和社会公共秩序,如果机械地区别对待,将会导致法律适用的巨大困惑。法律不有意识的推理活动并不是抽象的结构,因此,法律成为了更大认知框架的部分之一,通过法律可以看到时代的情感。②

3. 网络暴力行为实为网络反腐,一般不成立犯罪。互联网技术是反腐利器,是拓宽公众参与的渠道的利器。网络反腐是互联网时代的新型反腐方式之一,特别是通过网络反腐促进一批大案要案的查处办结,极大地增强了公众对于网络反腐倡廉的积极性,网络反腐正呈现出多种多样的发展趋势。网络反腐行为反映出公民积极行使监督权的现状,《宪法》赋予公民行使社会监督的权利,给予公民合理、合法地表达自身的诉求空间。虽然网络反腐在客观上符合犯罪构成要件,但实质上网络反腐行为人并非以当事人社会评价下降为目的,亦非以侵害国家利益和社会秩序为

---

① 云南省丽江市中级人民法院(2016)云 07 刑终 68 号刑事判决书。
② [美] 威廉·B. 埃瓦尔德:《比较法哲学》,于庆生、郭宪功译,中国法制出版社 2016 年版,第 65 页。

故意,网络反腐的存在正是体现了对言论自由保障。在此种情形下,网络反腐一般不成立犯罪。

4. 网络暴力行为能以特定罪名评价的不得任意选择其罪名。刑法具有谦抑性,刑法的适用应当具有节俭性,应当以尽可能少的投入刑法资源,获取尽可能多的刑法效益。① 刑罚的适用必须坚持罪责刑相适应原则。比如量刑环节,对于涉及财产犯罪的尽量适用罚金刑。具体而言,若被告人的行为符合轻罪的构成要件的,不得认定为重罪。网络暴力行为本质上是一种侵害已去世或者在世的当事人名誉、荣誉的行为,甚至侵害社会公共秩序的行为。这种行为涵摄侮辱诽谤罪,侵害英雄烈士名誉、荣誉罪,寻衅滋事罪的构成要件的行为类型,因而司法实务当中,对于网络暴力行为犯罪的罪名评价不够统一。例如,当事人实施网络暴力犯罪行为既侵害了被害人的隐私权、名誉权、荣誉权,同时引起社会秩序混乱侵害了秩序法益,由此产生的罪名评价可能是侮辱罪、诽谤罪、寻衅滋事罪等。对此,笔者认为,对网络暴力行为进行罪名评价应当以该行为所侵犯秩序法益为判断依据。

5. 网络暴力行为未引起被害人的社会评价显著降低的,一般不成立犯罪。有学者提出,依据德国克努特·阿梅隆有关功能性名誉的观点,存在这种心理社会现象,即外部名誉和自我赋予的名誉组成了公众用于自由交流的名誉,外部名誉是常量,自我赋予的内部名誉是增量,在侮辱诽谤罪、寻衅滋事罪等涉及自然人名誉的情形,刑法当中应坚持规范目的性为名誉保护的基础,同时也具有考虑增量的必要性,并从功能性的角度进行理解。② 网络暴力行为中捏造的内容是否具有足够的杀伤力,是否足以引起网民的对当事人的负面评价,需要进行实质审查。对于网络暴力行为的认定,还须结合受众对网络侮辱诽谤信息的辨别。网络暴力是否让受众接受并相信,也是影响当事人社会评价变化的因素之一。

结　语

虽然网络暴力行为的本质是暴力行为,但是这并不意味着传统暴力的规制模式可以完全套用于规制网络暴力行为上。目前,界定网络暴力行为所侵害法益的视角以及法益内容均发生调整,然而始终没有跳出私法法益观的束缚,既有理论不可避免地存在缺陷。在我国司法实践中,当立法没有满足现实发展需求时,司法实务将根据具体情况进行调适。当前网络暴力行为的规制存在公民名誉权保护与言论自由关系间价值失衡、私法法益观与秩序法益观的定位失当现象恰恰说明了这一点。本文提出从私法法益观转向秩序法益观,以秩序法益观为视角对网络暴力行为犯罪化进行非法性形式判断与实质判断。希望本文关于网络暴力行为犯罪化的限度与进路的粗浅探索能引起理论界和实务界更多的关注与研究,对审判实践有所增益。

---

① 陈兴良:《本体刑法学》,商务印书馆 2001 年版,第 79 页。
② 车浩:《诽谤罪的法益构造与诉讼机制》,载《中国刑事法杂志》2021 年第 1 期。

印证视野下"刷单"辩解证明规则的偏差与校正
——以最佳解释推理原则为视角

江西省吉安市中级人民法院　张慧斌
江西省吉安市中级人民法院　曾　莹

引　言

网络"售假卖假",涉及多种刑事犯罪,可能构成销售假冒注册商标的商品罪、生产、销售伪劣产品罪、假冒注册商标罪、非法经营罪等犯罪,可统称为网络售假犯罪。随着电子商务的蓬勃发展,网络销售市场的竞争愈加激烈,为吸引顾客,增加网店搜索排名和竞争力,"刷单"[①]成为增加网店人气和信誉的主流手段。因此,"刷单"辩解成为被告人瓦解控方指控犯罪金额的常用招式,并以此请求依法核减"刷单"金额。但对于"刷单"辩解的证明责任由谁承担,是按照无罪推定原则分配给控方?还是由反驳指控的被告人承担?如果由被告人承担,被告人"刷单"辩解的证明模式和标准又该如何厘定?这些都是亟待理论和实践解决的问题。

一、审视:"刷单"辩解司法证明方式的应然与实然

被告人抗辩事由可分为积极抗辩事由和消极抗辩事由。"消极抗辩事由是对符合犯罪构成要件入罪的否认,积极抗辩事由则是对违法性、有责性要件的辩解。"[②] 消极抗辩事由以控方承担举证责任为原则,被告人不承担证明责任。

（一）应然:被告人不承担"刷单"证明责任

网络售假犯罪中,被告人的"刷单"辩解到底属于何种性质的抗辩,关乎被告人是否负担证明责任。

1."刷单"辩解非量刑事实乃定罪事实。无罪推定原则下,被告人无须就自己是否构成犯罪承担证明责任,而对于量刑事实的证明责任,"控辩双方都要遵循'谁主张谁举证'原则,对本方提出的积极的量刑事实承担证明责任"。[③] 网络售假

---

① 所谓"刷单",指网络电商与卖家合谋,为提高商品信誉及搜索排名进行的虚假交易。
② 李昌盛:《积极抗辩事由的证明责任:误解与澄清》,载《法学研究》2016年第2期。
③ 陈瑞华:《刑事证据法学》,北京大学出版社2012年版,第240页。

犯罪中，被告人除了要符合犯罪构成要件外，还需要满足一定犯罪金额，因此，对于犯罪金额的证明亦属于对构成要件事实的证明。证明犯罪金额的电商平台销售数据、交易流程等证据是判断网络售假犯罪的关键证据，也是控方指控网络售假犯罪金额的最有力证据，但"刷单"辩解的存在，弱化了这些证据的证明力，使得控方举证陷入真伪不明之中。尽管被告人"刷单"辩解引发了新的争议焦点，但就网络犯罪金额的争议依然属于犯罪构成要件范畴。根据证明责任分配原理，控方指控的犯罪数额是否包含"刷单"金额属于犯罪构建要件事实的证明对象，应由控方承担证明责任。

2. "刷单"辩解非积极抗辩乃消极抗辩。消极抗辩是指"被告人就其辩护理由而提供证据，目的是反驳控方的指控，不是证明自己无罪"。[①]"积极抗辩事由为出罪要件，与作为入罪要件的犯罪本体要求性质不同，它本质不属于犯罪事实，而属于独立于犯罪事实的例外情形。"[②] 积极抗辩，并非单纯地否认指控犯罪，而是对检察机关指控的基于证据印证的犯罪事实外，被告人抛出了超出犯罪构成要件外的新事实主张，"按照证明责任分配原理，只要一方提出积极主张，就应承担证明责任"。[③]

被告人"刷单"辩解是否属于"积极抗辩"呢？控方通过电商销售记录及交易记录等核心证据，证明被告人犯罪金额后，被告人提出的"刷单"辩解对象正是犯罪数额，其本质依然是否认或弱化控方证据与犯罪金额之间的关联程度和证明能力，系消极否认行为，辩方不对否认的事实承担证明责任，这种责任包括举证责任和说服责任。表面上看，"刷单"辩解是一种突发情况，是一种难以查明的事实，但不管"刷单"辩解如何难以精确查证，也不能否认"刷单"辩解对于构成要件的犯罪事实这一证明对象没有改变，控辩双方争议的焦点自始至终都是犯罪金额——这一本应控方证明的对象。故"刷单"辩解是对犯罪数额的消极抗辩，即使被告人就"刷单"辩解提出证据加以证实，也并非被告人应承担证明责任，这只是被告人诉讼策略的选择。

(二) 实然："刷单"辩解证明责任形态多样

不同的法院、不同的裁判者在处理"刷单"辩解证明责任时有着截然不同的做法。为探析"刷单"辩解在司法实践中的证明规则，以"刑事案件""销售假冒注册商标的商品罪""刷单"等为关键词在中国裁判文书网上进行精确检索，共搜索到 244 篇被告人"刷单"辩解的刑事判决书，剔除一、二审同一案件和无法体现被告人辩解意见的判决书，随机选取了 100 份判决书进行实证分析。

---

① 全国人大常委会法制工作委员会刑法室：《关于修改中华人民共和国刑事诉讼法的决定条文说明、立法理由及相关规定》，北京大学出版社 2012 年版，第 45 页。
② 李昌盛：《积极抗辩事由的证明责任：误解与澄清》，载《法学研究》2016 年第 2 期。
③ 陈瑞华：《刑事诉讼中的证明责任问题》，载《警察法学》2013 年第 1 期。

1. 检察机关证明模式。若检察院在公诉阶段直接对"刷单"金额予以核减并在庭审时向法院提出,无论检察院核减"刷单"金额的证据仅仅是被告人较为详细的"刷单"情况说明,还是结合证人证言、淘宝"刷单"处罚决定书、"刷单"平台记录和"刷单"人微信聊天记录等证据作出,也就是说,无论控方基于"口头说明式",还是"证据证明式"作出"刷单"金额的核减,法院均会采纳,控方无论证明方式还是证明程度都相对自由和宽松。在 100 个判决书中有 29 个系检察院已就"刷单"金额进行了核减,其中 28 个被法院采纳,仅有 1 例未采纳公诉意见。[①] 在庭审时被告人提出"刷单"辩解,仅 3 起案件,法院将证明责任直接分配给了检察机关,在检察机关不能用确实充分的证据证明"刷单"不存在时,法官根据存疑有利于被告人原则,作出了有利于被告人的判决。

2. 辩方严格证明模式。当前司法实践普遍认为,被告人辩解网络销售数额中有部分销售系"刷单"交易,此时,被告人适当就"刷单"辩解承担部分证明责任,或者向司法机关提供证明线索并协助收集。共有 69 个判决认为应由被告人承担"刷单"辩解证明责任,其中 60 个规定了较为严格的证明标准,53 个被告人的"刷单"辩解不被法院所采纳。不采纳被告人"刷单"辩解意见的主要有两种情形:一是以证据不足直接不采纳,共 44 个;二是判决书不回应"刷单"辩解意见,共 9 个。有些"刷单"辩解被告人即使提供了证人证言等证据,法院依然会以都是言辞证据为由不予采纳,需要被告人就"刷单"辩解的证明标准达到法官内心确信无疑的严格程度。而被法院采纳的"刷单"辩解,法院也谨慎地倾向于对小金额的"刷单"予以确认,大金额的"刷单"辩解对证据的要求更为严格。

3. 辩方自由证明模式。自由证明,即"以相对自由的方法使人相信某一件事实具有可能性的推理证明活动"[②]"自由证明"所要达到的标准为高度可能性就足以,也即"合情的确信"。[③] 被告人提出"刷单"辩解被法院采纳时,一般需要提供证据予以证明,但也存在仅凭口头说明即被法院采纳,口头说明有如下几类情形:(1) 特定交易价格区间区别于一般消费价格的为"刷单";(2) 使用特定快递发货的商品为"刷单"商品;(3) 在特定时间段进行的交易为"刷单"交易;(4) 在商品销售记录中对刷单商品作了小星星、小黄旗、小红旗等特殊标记的为"刷单"等。在 16 个被告人"刷单"辩解被法院采纳的案件中,有 9 个案件被告人仅凭类似上述口头说明就让法官对被告人犯罪金额存在部分"刷单"产生了合理的怀疑与确信,并相应核减了"刷单"犯罪数额。

4. 法院推定证明模式。并非一种独立存在的证明模式,也属于被告人证明模式的一种。为避免被告人承担过重的证明责任,同时又考虑"刷单"辩解证明的现实

---

① (2019) 粤 0307 刑初 800 号陈某伟销售假冒注册商标的商品案一审刑事判决书认为:"被告人指认的'刷单'数额纯属其个人主观判断,无相应的证据印证,故公诉机关指控的已销售金额不当,应予纠正。"

② [德] 罗科信:《刑事诉讼法》(第 24 版),吴丽琪译,法律出版社 2003 年版,第 207 页。

③ 周洪波:《刑事定罪证明标准类型的哲学辨析》,载《国家检察官学院学报》2016 年第 5 期。

难度，法官积极运用经验法则、间接证据或已经被证实的间接事实推定被告人"刷单"辩解事由存在与否。司法实践通常以"刷单"辩解与控方提供的证据存在相互矛盾、被告人"刷单"辩解前后不一、"刷单"辩解与其他在案已证事实存在冲突等直接推动被告人"刷单"辩解事由不存在，但考虑到"刷单"的普遍情况，对被告人量刑从轻①的，有2个案件判决系这种思路。（见表1）

表1 "刷单"辩解的司法证明方式

证明模式	证明责任分配	证明标准	数量	占比
检察机关证明模式	由公诉机关承担证明责任	证明标准较低，对于检察院已核实的被告人存在"刷单"情节，无论是基于证人证言，还是被告人"刷单"说明，法院通常都予以认可	29件	29%
辩方严格证明模式	由辩方承担证明责任	证明标准高，被告人需要有较为充分的证据证实存在"刷单"情节，且不能和控方提交的证据相互矛盾	60件	60%
辩方自由证明模式	由辩方承担证明责任	证明标准较低，一般仅需被告人"刷单"说明或证人证言等简单的证据，法院即予以认可	9件	9%
法院推定证明模式	法院依据现有证据和事实推定"刷单"存在与否，但法院非证明主体，乃由被告人负担证明责任	证明标准较高，法院根据现有的证据以及证据之间的相互印证，包括运用间接证据和已证事实，对被害人是否存在"刷单"情节，直接进行推定	2件	2%

二、追问："刷单"辩解司法证明的实践偏差与根源

（一）"刷单"辩解司法证明规则的实践偏差

1. 过于强调证据链条的全面化：辩方承担证明标准之高。印证视野下，对被告人构成犯罪的证明过程是一种封闭、单向的入罪证明演绎过程，缺乏反向证据的证伪能力。因此，对于被告人用于证明"刷单"的证据不能达到确实充分的标准时，法官通常会将其置于控方指控的网络犯罪总金额证据体系中予以审视，若与控方证据不能相互印证，甚至与控方证据相互矛盾，破坏已有的证据链条，法官通常不会采纳被告人之证据或证据解释。因此，法官对于被告人"刷单"辩解的证明标准通

---

① （2019）粤1322刑初1021号郭某文销售假冒注册商标的商品罪案的刑事判决书认为："刷单"金额部分仅有被告人供述，且被告人指认的"刷单"数额合计明显高于被告人的销售总额，与常理不符，故不予扣除。但考虑到网络平台的销售确实存在"刷单"的情况，故在量刑时对被告人予以从宽处理。

常要求达到足以推翻检察院总体犯罪金额的指控,有 44 个案件,被告人就"刷单"情节作了解释说明,或提供了证人证言等初步证据,但法官依然以控方提供的证据能相互印证不予采纳。

2. 反向证据未印证被边缘化:辩方证明责任分配之严。印证基本是控方有罪证据之间的相互印证,在形式化的庭审下,即使有辩护证据,也难以进入裁判者的视野。① 因此,被告人的"刷单"辩解不被裁判者所重视也在情理之中。法官通常以控方提供的网络电子交易数额、快递记录、进货单等能相互印证,从而认定控方证明责任已完成,证明责任转移至被告人,若被告人不能证明"刷单"真实存在,须承担不利后果。这也得到了最高人民法院指导案例 87 号指导案例的认可。② 尽管,指导案例将"刷单"辩解的证明责任分配给了辩方,但并未明确被告人是仅承担提出证据证实争点存在的举证责任,还是提供充分证据说服法官的说服责任? 然而,司法实践不仅将主观证明责任分配给了被告人,还将客观证明责任也一并归于被告人,44 个案件被告人"刷单"辩解未被法院采纳后,不利结果均由被告人负担。

3. 过于强调证据内容的一致性:控辩证明标准差距之大。印证视角强调证据内含的信息同一,或是具有相同的证明指向性。"③ 集中于对各个证据信息同一性的判断,这种形式化的证据判断,在当前非实质化庭审下,主要是控方案卷证据间的印证判断。在"刷单"情节的证明规则上,控方"刷单"公诉意见更容易被法院采纳;而被告人的"刷单"辩解很难被采纳。如前所述,对于检察机关提出的被告人存在"刷单"情节的控诉意见,无论是基于证人证言还是被告人的"刷单"的口头说明,法院几乎都予以认可;而法院对于被告人"刷单"辩解的证明标准以严格证明为主,即使存在被告人自由证明模式,也是极少数法院的做法。

4. 印证结果过于强调客观化:"刷单"辩解认定差距之大。"印证规则过于追求证明标准的具象化和客观化",④ 忽视了诉讼主体的主体性,其实,刑事诉讼证明过程是多主体一同参与下的证据共同推理过程。基于不同的诉讼地位,控方和辩方根据自己掌握的证据和案件事实,向法官展示两个故事版本。而司法实践,却过于强调单一法官运用证据规则判断"刷单"情节存在与否,而忽略被告人"刷单"辩解解释推理的故事版本,过于强调单一法官的裁量,必然会导致标准把握的不一致。司法实践对于被告人"刷单"辩解证明程度的要求存在明显偏差。一方面,对于有证人证言证实的"刷单"或者初步证据证实的刷单,法院也可能不采纳;⑤ 而另一

---

① 杨波:《审判中心主义下印证模式之反思》,载《法律科学》2017 年第 3 期。
② 指导案例 87 号:郭某升、郭某锋、孙某标假冒注册商标案,法院认为:"被告人辩解称网络销售记录存在刷信誉的不真实交易,但无证据证实的,对其辩解不予采纳。"载最高人民法院网站,https://www.court.gov.cn/fabu-xiangqing-37702.html,最后访问时间:2022 年 8 月 1 日。
③ 向燕:《印证证明与事实认定——以印证规则与程序机制的互动结构为视角》,载《政法论坛》2017 年第 6 期。
④ 王星译:《"印证理论"的表象与实质——以事实认定为视角》,载《环球法律评论》2018 年第 5 期。
⑤ (2020)苏 03 刑初 67 号林某销售假冒注册商标的商品案一审刑事判决书认为:"证人刘某的证言亦证明'优乐洗护'存在'刷单'。但此节事实仅有言辞证据在卷,并无客观证据予以证实。"

方面即使被告人提供的证据线索刷单网站关闭,导致"刷单"与否无法核实,法院也采纳被告人刷单之辩解。①

(二)制约"刷单"辩解证明责任的现实桎梏

为何被告人"刷单"辩解难被法院采信?既有对被告人"刷单"辩解性质认识的观念误区,也有网络销售数额难以认定的实践困境,还有囿于法官对网络"刷单"的主观认知。

1. 实践困境:网络犯罪的数额难以认定。传统的刑事犯罪,犯罪对象相对单一,即使人数众多,也有一定地域和数量的界限。但网络犯罪则打破了这一特征,"传统犯罪社会危害性逐渐异化,被害人人数多、辐射地域广且危害后果差异明显。"② 于是,学者倡导:"在处理网络犯罪众多无法统计的被害人时以等约计量的方式,以应对犯罪对象海量化下数额认定的困境。"③ 网络售假犯罪对象同样难以统计,且数量巨大,对网络售假犯罪犯罪数额的证明标准也相对原则、模糊。被告人在电商平台售假,买家涉及全国各地,无法逐一核查每一个被害人的具体金额,被告人网络犯罪金额自然难以全部核准。大量"刷单"现象的存在,也让公诉机关掌握的网络销售数据和快递等流程数据"注水"了,无法有效地区分真实交易额度和"刷单"数额。因此,"刷单"现象让网络售假犯罪金额的认定难上加难,如果一味强调控方承担对网络售假金额精准核算的证明责任,有点强人所难,也不利于打击网络售假犯罪。

2. 证据距离:"刷单"证据被告人容易掌控。在"刷单"进入产业化、平台化运作后,为防止被电商平台智能监测和识别,在进行"刷单"虚假交易时,网络电商除发送空包裹有别于真实交易,其余交易操作、流程和真实的网络购物完全一致。这不仅给控方识别并剔除"刷单"金额带来了困扰。但也相应地说明,对于一个具有完全行为能力的被告人,只要其进行了"刷单"行为,就应该能较为清晰地知晓"刷单"的相关信息和数据,并能较为准确地陈述完整的"刷单"过程,包括选用的"刷单"平台、"刷单"时间段、"刷单"专用的快递,或为了区别于真实交易对"刷单"商品作的特殊标记。并且"刷单"后,通常需要通过电商平台以外的即时通讯工具如QQ、微信等返佣金给"刷单"人或在"刷单"平台充值缴费,这必然会留下交易痕迹。因此,在司法实践中,若被告人既不能详细地说明"刷单"交易过程,又不能提供具体的返佣金等证据线索,显然是违反基本认知和常识的,通常不会被法院所采纳。

---

① (2020)粤0303刑初692号李某辉销售假冒注册商标的商品案一审刑事判决书认为:"认定涉案销售金额时应当考虑刷单事实。李某辉自营的淘宝店铺存在刷单的行为,尽管因刷单平台关闭而无法核实到具体刷单的金额,但是根据存疑有利于被告人的原则,应当减去刷单金额。"
② 卢建平、姜瀛:《犯罪"网络异化"与刑法应对模式》,载《人民检察》2014年第3期。
③ 罗猛、邓超:《从精确计量到等约计量:犯罪对象海量化下数额认定的困境及因应》,载《预防青少年犯罪研究》2016年第2期。

3. 认知制约：法官对网络"刷单"相信程度。"在司法裁判过程中，裁判者往往会根据一般的社会常识进行基本的价值判断。"① 因此，在特定社会活动中，经多次验证并反复证明具有确定的生活经验和常识，会成为法官判断证据证明力的重要参考和依据。在此基础上，"有些无证据支持但符合生活常识和生活经验的抗辩主张也会被法官认为具有合理性，从而减轻辩方主观证明责任，或适当强化控方客观证明责任。"② 当下而言，"刷单"几乎成为了电商行业的潜规则，社会公众其实也对"刷单"有了越来越多的认知。因此，对于网络售假犯罪金额中包含一定的"刷单"交易，法官具有一定的认知。但每个法官的生活经验、知识结构和价值观念各异，也决定了法官对"刷单"炒信的认知程度不一。如前文所述，对于网络犯罪金额的认定标准已经原则化或模糊化，但对于"刷单"的内心确信程度还是会影响法官对于被告人提出的"刷单"辩解的确信程度，进而影响法官对被告人承担证明责任和证明标准的不同理解。

三、引入：最佳解释推理之于司法证明的价值和意义

最佳解释推理最初是哲学领域的论题，后被用于司法证明的事实构建。

（一）最佳解释推理原则基本内涵与原理分析

最佳解释推理过程本质上是法官的内心确信，排除合理怀疑的过程。最佳解释推理过程可作如下表达："如果假说 H 为真，那么，假说 H 对证据 E 所作出的解释的充分程度就是我们根据证据 E 推出假说 H 是否真实的依据。"一般而言，法官根据证据作出的事实认定，可用公示表达如下：

E 是证据；假说 H 解释了 E，且在诉讼过程中没有其他假说能更好地解释 E（H 为代证事实、待证明的诉讼主张）；则 H（很大可能）为真（即诉讼主张 H 成立，代证事实如 H 表示的那样）。

最佳解释推理有两个显著的特点值得关注，一是最佳解释推理具有故事结构，即裁判者对事实的认定是通过证据解释构建的事实，"而这种证据解释往往运用故事或叙事的方式"③；二是最佳解释推理是假说不断验证的证明过程，法官先生成潜在假说，然后评估假说可能性，再生成新的假说用于验证先前假说，并在众多假说中选择最佳解说，从而实现最终事实的结论或推论。在获得最佳解说之前，是各种假说反复彼此验证的过程。

（二）最佳解释推理之于司法证明的价值

1. 检验证据的印证。在印证模式下，当法官无法直接认定某个证据的证明力，

---

① 姜瀛：《网络假冒注册商标犯罪中被告人"刷单"辩解的证明模式和证明标准——以第 87 号指导案例及相关案例为分析对象》，载《政治与法律》2017 年第 9 期。
② [美] 乔恩·华尔兹：《刑事证据大全》，何家弘等译，中国人民公安大学出版社 2004 年版，第 15 页。
③ 向燕：《论司法证明中的最佳解释推理》，载《法制与社会发展》2019 年第 5 期。

或无法认定某个证据的真实性,通常会转而注重在案证据间的融贯性。当相互印证的证据都不能保证真实性的前提下,就无法排除虚假印证。这时,可运用最佳解释推理对印证进行检验:在控方有罪证据相互印证的情况下,是否存在证实被告人有罪的证据"可采纳但难以解释的情形,如果有这样的证据,那么基于之前证据印证的事实结论将不能成立"①。证据间的相互印证,只是表明存在一个并非最佳的待证事实的潜在假说。证据信息间的相互印证只是完成了设定一个潜在假说的第一步,更为关键的是,对方可根据掌握的案件证据和事实作出新印证并对印证结果有不同的解释,一旦全新的印证解释比前一印证解释包含更多合理的信息,就可以否定前一印证。最佳解释推理还涉及价值衡量,如果抗辩双方的印证解释或假说势均力敌,没有一方更优最佳,那么,按照存疑有利于被告人原则,裁判者应作出有利于被告人的裁判。

2. 摆脱过度客观化。所谓案件事实不过是已有证据的似真事实,而非绝对客观事实,因此完善刑事证明模式要"在证据思维中发挥经验法则的作用,综合推论、联想、直觉等逻辑与与非逻辑的方法综合认定事实"②,避免过于强调证明的客观化。在最佳解释推理原则下,控辩双方依据各自证据构建"合理故事"的解释版本,"形成控方有罪解释推理版本、辩方合理怀疑版本,实现由整体阐述、综合举证到局部质证反驳的目标"③,从而实现控方双方在诉讼地位平等的前提下,继续激烈的庭审对抗,而法官则需要在双方充满矛盾甚至完全相反的故事解释中选择最佳解释。"允许在多种印证指向的待证事实之间展开竞争,法官从中选择能影响自己的一方,或突破控辩双方的印证,生发出自己的印证版本。"④ 即使在面对孤证时,在只有孤证能证明案件事实的情况下,即使没有其他证据予以印证,只要孤证证据的解释足够令人信服,且没有其他最佳更优的解释,法官也可以认定案件事实,作出有罪或无罪的裁判,避免孤证不能定案的困境。

3. 加强法官的心证。最佳解释推理对个体推理的强化过程与法官自由心证的过程具有同质性,都是从证据推理出最真的结论,法官内心确信这一自由心证的过程就是恰当地运用最佳解释推理进行证据推理的过程。一方面,法官要产生确信取决于控辩双方证据力的强弱,而双方对各自证据的合理解释又直接影响证据证明力大小。法官为了提高心证的确信度,必然要求控辩双方对各自证据作出最佳解释,这个循环反复的过程,就是不断加强法官心证的过程。另一方面,法官除了从控辩双方提供的解释中选择最佳解释外,还可以基于自身对证据的理解、知识背景和价值倡导,构建自己的合理解释,然后与控辩双方的合理解释反复比较,最终选择一个

---

① 罗维鹏:《印证与最佳解释推理——刑事证明模式的多元发展》,载《法学家》2017年第5期。
② 龙宗智:《印证证明新探》,载《法学研究》2017年第2期。
③ 李作:《"不认罪型"案件证明模式研究——最佳解释推理模型至提倡》,载《厦门大学法律评论》2021年第1期。
④ 胡铭、邱十辉:《司法证明的印证规则与事实认知》,载《浙江学刊》2018年第3期。

合理解释或重新构建一个合理解释从而形成内心的确信。

(三) 最佳解释推理之于司法证明规则的意义

1. 改变证据审查思路：从"先供后证"到"先证后供"。在印证模式下，刑事证据规则讲究以实物证据印证言词证据，是典型的"先证后供"的思路，是先有被告人的供述，然后再找能证实"供"的"证"，是以实物证据印证言辞证据。而最佳解释推理则是"先证后供"的思路，是先有"证"再去找"供"，是以言词验证实物。具体在"刷单"辩解的司法证明中，法官不能只依赖控方提供的证据验证被告人的供述，同时也关注辩方证据，将被告人提供的"刷单"辩解的证据、证据线索或说明作为印证的信心来源和事实认证的证据基础，改变司法实践过于依赖控方证据的单轨制现状，回归双轨制。因此，法官应该在区分控方证据和辩方证据的基础上，明确辩方"刷单"证据在"刷单"事实认定中的基础信息地位，充分保障辩方的举证权，鼓励辩方积极举证。

2. 改变证据说服机制：从"严格标准"到"合理区间"。说服机制是平衡型证据裁判的核心环节。① 在印证规则下，法官对证据的审查是基于案卷中心主义的静态的证据判断与推理，法官除要求检察机关证明被告人有罪的证明标准达到证据确实充分，排除合理怀疑外，对被告人的无罪或罪轻的辩护也要求了较高的证明标准，也需说服法官能排除合理怀疑。这也是"刷单"辩解被告人严格证明模式成为司法实践主流的主要原因之一。在最佳解释推理下，合理的说服机制应是：控辩双方按照"各自事实主张和证据体系进行叙事说理，形成各自的故事，在证据体系和待证事实主张体系之间建立联系"②，让事实和证据相互融贯。而法官则在两个故事版本中选择"最佳解释"。体现在"刷单"证明中，网络犯罪数额系犯罪构成要件应由之一，应由控方负担说服法官被告人不存在"刷单"的证明责任，即承担客观证明责任；而对于被告人而言，由于控方就网络犯罪数额提供了充足的举证和说服行为，被告人面临裁判的不利后果，因此辩方需要就其存在"刷单"情节进行举证证明，或进行合理的解释，以说服法官相信解释并采纳，即承担主观的证明责任。当然，法官在面对控辩双方两种完全相反的叙事故事或解释体系时，选择其中一个为最佳解释时乃是以证明标准的规范为依据，选择其中更符合证明标准的最佳解释。

3. 改变法官心证过程：从"外部性"到"内省性"。印证模式最显著的特征就是注重证明的外部性，进行事实认定需要两种以上的证据，且更多关注实质证据，受证据数量和证据形式的严格限制，无法充分发挥法官的主观能动性。而最佳解释推理热衷于主观主义的证据审理路径，是一种基于事实和证据的批判性的内省性的思维活动。最佳解释推理强调证据的解释不过分要求证据的数量。印证证明的质变

---

① 左卫民：《反思过度客观化的重罪案件证据裁判》，载《法律科学》2019 年第 1 期。
② 左卫民：《反思过度客观化的重罪案件证据裁判》，载《法律科学》2019 年第 1 期。

基于证据数量的量变,而最佳解释推理的质变是基于"解释质量"的积累。具体体现在"刷单"证明规则上,法官对被告人是否存在"刷单"最佳解释的选择,不必在意被告人就"刷单"辩解提供的证据的多寡,而在于被告人就"刷单"情节提交的证据能否作出有质量的解释,从而影响法官的内心确信。而法官也不必担心被告人单一的证据或证据解释,在无其他证据印证的情况下,不敢作出有利于被告人的裁判,只要法官内心确信被告人存在"刷单"之可能,法官就可以采纳被告人的"刷单"辩解。

四、校正:最佳解释推理下"刷单"辩解的证明规则

不可否认,网络售假犯罪中被告人"刷单"辩解证明责任的分配,存在理论与司法实践的冲突,"刷单"证明规则应充分考虑刑事司法实践,并在最佳解释推理的指引下逐步校正。

(一)重构"刷单"辩解证明模式

犯罪数额属于犯罪构成要件的事实,一般由控方承担证明责任,但是,"若一方当事人具有获取某种信息的优势地位和条件,让缺乏优势地位和更劣条件获取信息的当事人提供信息显失公平,也不经济。"① 因此,基于公正、效率、便捷的原则,即使刷单辩解系消极抗辩事由,被告人也须承担一定的证明责任。

1. 确立被告人自由证明的模式。"刷单"辩解的证明模式司法实践呈现多种形态。控方证明模式于被告人而言最有利,也更最契合无罪推定原则和刑事证明责任分配原理,但不利于打击网络售假犯罪,也不被当前司法实践所接受。辩方严格证明模式,对被告人过于严格,也不符合刑事理论证明构造论;法院推定证明模式并非常态,且法院乃居中裁判之主体,无负担证明义务之必要和法理正当性。综合当前司法实践,立足理性刑事政策,辩方自由证明模式更符合当前刑事证明责任之新发展,也有利于平衡打击刑事犯罪与保障人权。

自由证明模式下,法官的内心确信是一种主观的真实或者说是一种相对真实。这种主观真实的意义在于,虽然法官也许知道被告人的"刷单"辩解存在说谎的可能,但基于对电商平台普遍存在"刷单"的主观认知,依然愿意相信"刷单"的盖然性大于不"刷单"的盖然性,在主观上认为"刷单"辩解系真实的。当然在自由证明模式下,法官对网络销售"刷单"现象的认知极大影响法官的内心确信,通常会导致两种结果:一是法官对"刷单"的认可度低,则法官往往倾向于被告人能提供证据证明其"刷单"为真,但这种证明程度相对要求较低,一般初步的单个证据甚至某一清晰的证据线索,就能让法官产生被告人存在"刷单"的内心确信;二是法官对"刷单"认可度高。则被告人往往凭借口头对"刷单"的详细过程进行口头

---

① [美]迈克尔·贝勒斯:《法律的原则》,中国大百科全书出版社1996年版,第67页。

陈述，就能得到法官内心的确信。

2. 明确被告人证明责任的条件。当然，被告人承担一定的刷单辩解证明责任，有一个先决条件是控方已经就被告人网络售假犯罪数额这一待证事实提供了充分的证据和证据解释予以证实。

一是提供完备的证据解释。就网络犯罪数额的证据解释，控方不仅要做到提供证据量上的最大化，还要将大量证据信息进行最大化的展现，充分展示被告人网络犯罪数额的细枝末节的各项信息。支撑控方网络犯罪数额的证据解释的证据数量越多、越充分，法官就越容易产生合理的内心确信，成为法官内心的最佳解释，此时被告人为避免不利后果，才有必要就"刷单"情节的存在提供证据予以证实，或就"刷单"情节进行详细地说明，以影响法官内心确信。

二是提供清楚的证据解释。控方对被告人网络犯罪数额的指控，其中网络售假犯罪证据中的销售清单、清货记录的说明和认定理由都是对被告人犯罪数额的证据解释。控方对被告人网络犯罪数额的直接影响被告人的定罪量刑，故控方对被告人网络犯罪金额的证据解释必须做到清楚、明确、唯一，要是不存在唯一解释能合理地说明控方提供网络犯罪数额的证据解释，则控方尚未完成指控被告人网络犯罪数额指控的充分标准。

三是提供令人信服的证据解释。最佳解释推理中"假说为证据提供解释，反过来证据证明了假说，属于良性的自我证明"。[①] 控方就被告人网络犯罪数额多少的解释是基于销售清单、证人证言、网站售卖记录等进行指控，这些证据就为指控被告人网络犯罪金额提供支持。因此，作为承担说服责任的控方就应责无旁贷地对被告人网络售假犯罪金额事实完成证明责任，达到让法官产生确信的内心心证，排除合理怀疑的的证明标准。

3. 在合理解释中选择最佳解释。承担指控犯罪成立的控方也承担着证据解释的义务。控方应承担说服责任，让法官相信控方证据解释所构建的故事具有唯一性，成为唯一的最佳解释。被告人提出"刷单"辩解，即"刷单"竞争性解释。则需要区分"刷单"辩解这一消极抗辩事由的类别。若被告人的"刷单"竞争性解释仅仅只是单纯地否认部分网络犯罪金额，"而没有就'刷单'作出说明、提供证据、线索，属于单纯的消极抗辩"，[②] 此时若控方的证据解释体系能直接证明被告人的此类抗辩不存在，则被告人承担客观证明责任；但若控方的证据解释并非最佳，不能排除"刷单"之可能，控方继续承担举证责任；若被告人"刷单"的竞争性解释"附带了详细的说明或提供了证据、线索，属于有实质内容的消极抗辩"，[③] 若法官认为被告人的解释达到了盖然性的标准，而控方网络犯罪金额的证据解释并非唯一，若依然有"剩余疑点"，控方继续举证，但若被告人举证更便捷，甚至非被告人举证

---

① 罗维鹏：《印证、最佳解释推理与争议事实证明方法》，载《法学家》2021年第2期。
② 孙泳：《刑事抗辩事由的类型化证明及规范》，载《人民司法》2021年第13期。
③ 孙泳：《刑事抗辩事由的类型化证明及规范》，载《人民司法》2021年第13期。

无法证明,并且控方已就被告人网络犯罪数额的证据解释达到形成了排除合理怀疑的程度,被告拒不举证,被告人应承担客观的证明责任。

4. 建立多元化的反驳证明规则。被告人提出"刷单"辩解时,控方若有异议,则反驳证明应当达到充分的程度,否则根据存疑有利于被告人原则,应作出有利于被告人的判决。控方反驳证明不充分有三种情况:一是被告人能提供具体证据证明"刷单"辩解,而控方却没有证据证明反驳或反驳理由不够充分;二是被告人虽不能提供证据证明"刷单"辩解,但却能提供证据线索,控方没有提出异议或者控方没有根据证据线索收集证据;三是被告人既没有证据,也没有证据线索证明"刷单"辩解,但却能详细说明"刷单"细节与过程,控方没有异议或异议的理由不充分。具体而言:

(1) 被告人对"刷单"辩解提出证据,达到让法官产生合理怀疑,动摇法官有罪的内心确信即可。

(2) 控方对被告人"刷单"辩解的反驳要达到充分的程度。当被告人提供证据或线索甚至口头说明证明其"刷单"辩解主张成立的可能性大于不成立的可能性时,证明责任即转移给控方,控方对"刷单"辩解的反驳,也必须以同样的标准进行积极抗辩。也就是说,控方对辩方"刷单"辩解的反驳无须达到确信无疑的证明程度,只要达到充分或者优势证据即可。此时控方一方面提出证据证明,另一方面需要说服法官相信其举证已经达到了充分的程度。

(二) 重构"刷单"事实证明方法

1. 构建"刷单"辩解事实认定动态论证结构。最佳解释推理蕴含的认定事实之过程,是一个动态变化的过程,按照其推理步骤,就"应该尽可能地允许所有与案件事实有关的证据进入事实判定者的视野,允许竞争性假说与证据之间的解释与反驳关系得到充分呈现",[①]才能发挥最佳解释推理精准认定事实的作用。印证是判断被告人刷单辩解事实真实与否的一种方式,证据确实充分不能仅仅狭隘地解释为证据之间相互印证,应改变过于追求客观、唯一、静态的证据审查标准,转向具有主观判断的、多维的、动态的证据审查标准。对于证据充分,能充分证明被告人网络售假犯罪金额的,书面印证这种静态的印证模式无疑高效便捷,但一旦被告人提出"刷单"辩解,且"刷单"难以查证时,证据又不充分时,对于"刷单"事实的认定就陷入困境,此时,动态的事实论证更具有优势。

一是扩大"刷单"事实认定的证据基础,准确审查被告人可信度。应尽可能地拓展证据类别,不能仅仅局限于实质证据,要让更多丰富的证据进入裁判者的视野,无论是反映诉讼主体肢体语言的情态性证据,还是表现诉讼主体陈述情境的形成性证据,抑或是用于否认证人信用资格的弹劾性证据,都应成为认定"刷单"事实与

---

① 向燕:《论司法证明中的最佳解释推理》,载《法制与社会发展》(双月刊) 2019 年第 5 期。

否的刑事基础，成为影响法官内心确信的重要考量。尤其在仅有证人证言、被告人刷单情况说明等"口头说明式"言辞证据证明被告人"刷单"事实时，法官应当综合观察陈述者的神态神情、举止言行对陈述者作出综合的判断，从这些辅助性证据中对被告人是否"刷单"的真实性选择最佳解释推理。

二是运用抽样调查询问，通过刑事推定实现"刷单"金额的检验。被告人刷单辩解获得采纳，法官内心确信被告人存在"刷单"，但在"刷单"金额难以准确确定时，可通过抽样调查询问，以刑事推定实现客观检验。事实上，抽样调查询问早已应用于其他司法实践中，在个人信息犯罪案件中，"由于查获的个人信息数量巨大，难以逐一证明每一个涉案信息的真实性，司法实践会通过随机抽选若干信息，通过拨打电话等方式抽样调查真实性，从容推定查获信息的真实性"。① 最高人民法院第 87 号指导案例对"刷单"数额的认定，也采用了这一方法。在网络售假犯罪中，部分案件被告人的"刷单"辩解已足以让法官产生合理怀疑，但却因为数额难以准确认定而未被采纳。因此，在被告人"刷单"辩解让法官产生内心确信，却无法准确判定"刷单"数额时，抽样调查询问作为一种通过局部估算整体的相对科学的检验方法，可通过样本中的"刷单"比例合理推定被告人的犯罪金额中"刷单"的占比，作为法官酌定量刑的依据。

2. 修正"刷单"辩解事实认定的融贯性标准。"发生在过去的案件事实作为整体不可被观察，但在关于案件事实的陈述集合中，部分陈述可以通过与当下特定事实的部分符合获得直接检验。"② 正因如此，可将印证证明中事实认定的融贯性标准修正为符合性标准，即完全可以通过对先前经验的观察，从而锚定没有争议的案件事实或者对某一特定事实进行确定，并以此为中心或参照，对整个证据体系内部融贯性进行审视，具体如下：一是证实被告人"刷单"辩解之证据或陈述与证实网络售假犯罪案件整体犯罪金额证据之间不存在非此即彼的矛盾冲突，被告人之"刷单"辩解符合正常网络抄信刷单之基本认知和特征，比如"刷单"单价金额正常，刷单总额没有高于整体犯罪金额等。二是在全案证据中，应当证据信息获得知觉经验的直接经验。比如，证实被告人"刷单"的证人证言真实性获得确认，或关于"刷单"的细节描述与控方指控被告人网络犯罪数额的证据信息相互印证或补强，比如特定快递或在销售时有特殊标记等。三是以经过知觉检验的"刷单"证据信息作为可靠证据或事实核心，考察被告人"刷单"辩解陈述与全案事实的关联度和一致性，经过知觉检验的"刷单"证据信息不能被充分证据推翻的前提下，法官可形成被告人存在"刷单"之内心确信。

---

① 付玉明：《侵犯公民个人信息案件之"批量公民个人信息"的数量认定规则》，载《浙江社会科学》2017 年第 10 期。

② ［英］尼尔·麦考密克：《法律推理与法律理论》，姜峰译，法律出版社 2005 年版，第 85 页。

结　语

　　基于网络犯罪数额难以精准界定的特点和刑事证明理论的发展，刑事证明责任不再局限于皆由控方承担，受证据距离、诉讼效益和竞争性事实庭审的需求，将"刷单"辩解的证明责任适当分配给被告人，并不违反疑罪从无原则。引入最佳解释推理校正"刷单"辩解证明规则，主要意义绝不仅仅是实现"刷单"证明规则的规范化、科学化、合理化，而在于对构建控辩均衡的刑事司法证明模式有所借鉴，让法官居中裁判，从更多合理的故事版本中选择最佳解释，也更有利于法官科学分配控辩双方的证明责任，厘定刑事诉讼中控辩双方基于不同诉讼地位的不同诉讼证明标准。

刑事诉讼分案与合并审理制度的智能化识别
——以技术治理的合理性与合理限度为视角

江西省景德镇市中级人民法院 董美霞

《最高人民法院关于适用〈中华人民共和国刑事诉讼法〉的解释》第220条的规定弥补了刑事诉讼分案与合并审理制度的规范空白，值得肯定。但也应认识到其规定仅对分案与合并审理的案件范围、适用情形、限制条件等进行了原则性规范，缺失具体运行规则的指引，无法满足实践需要。实践中，针对共同犯罪或者关联犯罪案件分案与合并审理的运行，全国各地法院做法不一，歧见纷呈，广泛存在合而不分或分而不合的不当情形，影响被告人质证、辩护等诉讼权利，背离分案与合并审理制度本意。究其原因，分案与合并审理适用案件的界限不明确，法官难以识别分案与合并审理制度适用案件的要素。刑事诉讼分案与合并审理问题不是法院机械的事务性问题，而是基于各诉间的关联性与可分性形成的审判权的核心对象，其涉及多种要素的考量。鉴于此，提炼该疑难复杂难题的要素，引进技术治理，探究刑事诉讼分案与合并审理制度适用案件的智能化识别路径，实现技术理性与司法理性的有效融合。

一、刑事诉讼分案与合并审理制度的实践探索

诉的分案与合并审理制度适用的前提是维护被告人受到公平审判的权利。但是，单一适用当事人数量的标准已无法满足刑事案件日渐多样化的需求，其对刑事诉讼合并与分案审理的适用提出了更加灵活的要求。

（一）以Z、G、H、S、L五省为例的实证分析

为考虑刑事诉讼分案和合并审理制度适用的客观样态，并兼顾地区划分、案件数量等因素，通过针对性地选择东部Z省、南部G省、中部H省、西部S省、北部L省为调研样本，并在中国裁判文书网中以"合并审理""另案处理""分案处理"等为关键词，搜索了上述五省2021年度公开的刑事裁判文书，并以此为基础进行分析。

1.数量分布情况。以上五省在上一年度公布的刑事案件判决书总数分别24419

件、57165件、40929件、30571件、38439件。其中，涉及合并审理的有159件、161件、404件、295件、476件，分别占总数的0.65%、0.28%、1.32%、0.96%以及1.24%；有关分案审理的有3236件、5539件、1772件、1163件、1362件，分别占总数的13.25%、9.69%、4.33%、3.80%和3.54%。

根据样本的分析，东、南、中三区域法院采取分案审判的比率略高于西北部区域法院。这主要是源于东、南、中三省为我国经济发达地区，案件标的额大，新类型案件多，合并审理不利于案件事实的查明，分案审理便于案件事实各个击破。就合并审理而言，由于合并审理共同犯罪或者关联犯罪案件，在提高诉讼效率的同时节省司法资源。受司法资源的限制，西部、北部的法院适用合并审理的比例较高。

2. 案件类型梳理。按照分案审理与合并审理的标准，五省中各类别案件各选取了50件样本，即分案与合并审理各250份。其中，分案审理的主要罪名包括走私罪（116件）、危害公共安全罪（52件）、侵犯财产罪（162件）、生产销售伪劣商品罪（79件）、组织卖淫罪（64件）、其他案件（27件）；合并审理的典型主要分布在盗窃罪（173件）、走私罪（95件）、拐卖妇女儿童罪（41件）、组织卖淫罪（106件）、赌博罪（53件）、其他案件（32件）。

通过抽样梳理分案与合并审理适用的案件类型，可知其适用案件均在犯罪主体、犯罪行为、犯罪结果等方面存在关联性，如组织卖淫罪，可分案审理，可合并审理。概言之，通常情况下当各刑事各诉间存在关联性时，方可存在分案与合并如何取舍的难题。

（二）刑事诉讼分案与合并审理的特点概况

通过上述数据分析，可知刑事诉讼分案与合并审理制度适用的案件在被告人数量与案件事实方面，呈现出以下四个特点。

1. 被告人人数众多。检索样本中：10人以下的46件，10~20人的35件，20~30人的21件，30~40人的37件，40人以上的18件。

法院受理若干相关刑事案件，特别是刑事犯罪人员达到20人时，必须逐项查清每个被告人参与作案的犯罪事实，并判断各被告间是否存在组织、领导、教唆、胁从等关系。相较之涉及单个被告人和20人以内被告人的案件，此类刑事案件的人数多，审理难度大。

2. 犯罪行为覆盖范围广。分案与合并审理适用的案件均分布在侵犯财产罪、走私罪、组织卖淫罪、拐卖妇女儿童罪、涉黑涉恶有组织犯罪等诉讼中。无论分案审理还是合并审理，法院除审查各被告人单独犯罪行为外，还需审查其是否涉及共同犯罪或者有组织犯罪，保障各案符合事实清楚，证据充足的标准，各被告人得到公正审判。

3. 犯罪时间跨度大。样本中涉及三年以下的有70件，仅占总数的14%；三年至五年的有120件，占总数的24%；五年至八年的有205件，占总数的41%；十年以上的有105件,占总数的21%。《刑事诉讼法》严格规定了案件审理期限,但在短短的6个月内审结涉及多年的数个刑事案件,并要达到精准定罪量刑的目的,无疑增加了法官的审理难度。例如,林某贩卖、运输毒品案,① 该案自2016年7月15日立案审理,直至2021年5月31日复核终结,除去2021年2月18日至2021年5月31日的复核期间外,林某贩卖、运输毒品的犯罪行为审理期限长达4年之久,说明案件审理难度较大。

4. 犯罪事实的关联性紧密。分案与合并审理制度所适用案件的犯罪事实间均具有紧密的关联性,其以集团犯罪最为典型。如毛某玉、陈某诈骗案,② 由该二人创建的轩宇(广州)艺术传媒有限公司实施如下诈骗方式:(1)由网络技术人员在150家假冒知名网站投放拍卖、销售藏品的虚假广告。(2)后勤部将收集的被害人信息转发至市场部,市场部各部总监再将该信息分发至业务员。(3)业务员与"鉴定专家"相互配合,诱骗被害人签订服务合同,并以收取"咨询费""鉴定费""拍卖费"的方式骗取钱财。(4)当合同到期后,公司便以流拍为由,诱骗被害人续签合同并重新交费推广。可见,该犯罪集团从技术人员、业务员、部门总监到后续网站购买、鉴定专家等各部门、人员之间紧密配合,通过电话、微信、互联网等电信网络技术手段,虚构事实,设置骗局最终达到诈骗他人财物的目的。

(三)样本呈现的典型困境

刑事诉讼中,合理的分案与合并审理制度的适用,可以实现公正与效率的正和博弈,但经梳理上述500件样本,可知刑事诉讼分案与合并审理制度在实践中,呈现"分而不和"与"合而不分"两种典型样式,导致二者陷入了负和博弈的困境。

困境一:分而不合,即本应作为一案起诉、一案审理的案件被分拆为两个以上案件的情形。适当的合并审理可以有效缩短庭审时间、提高审判效率,同时保障各被告人的合法权益,实现程序扩容的效果。将本该合并审理的案件进行分案审理,背离了合并审理的本意。

以龚某、龚某辉等生产、销售伪劣产品及龚某对非国家工作人员行贿案和张某中、程某龙、许某伟等7人生产、销售伪劣产品及张某中对非国家工作人员行贿案的对比为典型,③ 该两案犯罪行为均为生产、销售伪劣产品及对非国家工作人员行贿,犯罪地点为平顶山市,犯罪结果均为既遂。

换言之,该两案除犯罪主体不一致外,其他犯罪行为、犯罪结果、犯罪情形等各个要素方面均符合诉的主客观合并审理情形,且不存在《最高人民法院关于适用〈中华人民共和国刑事诉讼法〉的解释》(以下简称《刑事诉讼法解释》)第220条规定的涉黑涉恶、人数众多的有组织犯罪等分案审理的例外情形,但平顶山市检

---

① 详见广西壮族自治区贵港市中级人民法院(2018)桂08刑初18号刑事判决书。
② 详见湖南省娄底市中级人民法院(2021)湘13刑终141号刑事判决书。
③ 详见河南省高级人民法院(2021)豫刑终472号~473号刑事裁定书。

察院却将两案分开进行立案,适用分案审理,导致出现分而不合的困境,严重降低了案件审理效率。

困境二:合而不分,即未考量各案件间的逻辑性,机械地按照共同犯罪的审理模式。当案件当事人人数过多,事实过于复杂,各当事人的情形呈现多样化时,已然超过合并审理的应有限度,此时合并审理无法实现程序扩容的目的,反之可能造成部分当事人刑期倒挂的情形,存在关联案件应分案审理而未分案审理的情形。

例如,石某平、黄某等人组织卖淫案,[①] 该案组织卖淫与协助组织卖淫的犯罪主体共计近29人,石某平、黄某等人成立某馆,以经营洗浴、保健等项目为掩饰,在该馆二楼组织卖淫,并逐步形成了以被告人石某平、黄某为首要分子的卖淫集团,且该犯罪集团的主要成员寇某某还处于在逃状态,尚未逮捕归案,各被告人也羁押在不同的看守所。在此情形下,法院未充分考虑案件各被告人的羁押地、抓捕状态、组织卖淫的行为关联性等要素,径直按照立案庭随机分案系统的结果,进行合并审理,妨碍了部分被告人的质证权的实现,降低了庭审效率,滋生了根据涉案人数、犯罪行为、各被告人抓捕羁押等不同情形应当分案而未分案的窘境。

二、刑事诉讼分案与合并审理制度的困境反思

囿于刑事诉讼分案与合并审理制度适用案件范围的抽象性、识别方法的非线性和识别标准的不确定性,滋生了"分而不合""合而不分"等错位适用的情形,只有在充分认知其成因的基础上,方可形成清晰、具体的缓解方案,增强分案与合并审理制度与案件需求的适配性。

(一)分案与合并审理制度适用案件的范围标准模糊

当前,《刑事诉讼法》在司法实践方面践行被告人数量作标准,考虑到合并审理难以提高审判质效,才将共同犯罪或者关联犯罪案件分案审理。而实践中,因为我国各地司法机关对当事人数量的情况了解不一,也未规定具体工作人员比例和办案标准,所以出现了一定程度的分案随意性。特别是为了降低审判困难度,对具备合并要求的刑事案件实行了分案审理。有的情况分案太多,或者分案不规范,使分案后有的当事人数量较少,违反了共同犯罪一并处理的一般原则。

应当承认,规范刑事诉讼分案与合并审理的适用范围与具体条件离不开各地的司法认知。这也是最高人民法院抽象规范的缘由之一,旨在赋予各地法院弹性解释的空间。[②] 但是,适用标准的模糊性、条文语义的开放性、相应解释的缺失性,均极易造成刑事诉讼分案与合并审理制度的错位,不利于实现有序放权与有效审理的有机统一。

[①] 详见贵州省贵阳市中级人民法院(2020)黔01刑终308号刑事判决书。
[②] 龙宗智:《有组织犯罪案件分案审理问题研究》,载《法学研究》2021年第3期。

(二) 分案与合并审理制度适用案件的要素识别困难

诉的分案与合并审理的底层逻辑是各诉间的关联性与可分离性，若合并审理时无视案件关联性，但不将案件可分性作为关联案件分案审理的考量因素，则衍生分案不合理。存在联系的几个案例中，在对其不适当的分案后，由于后案的主要裁判事实都已被前案事先锁定了，并受该院作出判决的法律效力影响，所以对后案判决结果来说，也在相当程度上没有实际意义，因此阻碍了后案中被告人得到公正判决的权利。因此，在对共同犯罪案件以是否交代认罚为标准进行分案判决，以及交代认罚案件先审后的情况下，"如果运用认罪认罚程序的裁判结果有影响后案裁判结果之嫌，或者运用认罪认罚程序的裁决结果既判力上存在扩张的问题情况"，妨碍程序与实体的公正性，从而陷入了两难境地。

尽管《刑事诉讼法解释》第220条对适用对象作一个大致的规范，将其界定为共同犯罪或者关联犯罪案件，并未设置客观操作的具象规则或者可识别指标。全国各级法院刑事审判庭在适用分案或者合并审理制度时，仅以被告人数量为参考标准，如"当事人人数在20人以上"。仍然缺乏具体识别的路径，如"案件疑难复杂"如何判断？何为影响力大的案件？社会影响大、疑难复杂如何认定？

分案与合并审理适用规则与案件识别方法的缺失促使二者适用陷入无标准的困境。实践中，类似被告人数量的部分要素可由立案人员识别并注明，但类似可能存在信访、司法舆情等倾向的案件，除由信访局或宣传部门监管外，若法官发现时能否提请合议庭进行分案审理？实践中，刑事诉讼分案与合并审理制度适用呈现三种运行模式，但均难以有效发挥其适用案件的识别效用。(见表1)

表1 刑事诉讼分案与合并审理制度适用案件的三种模式梳理[①]

模式	类型		适用主体	效果
模式一	主观合并	普通共同诉讼	立案庭立案决定、或业务庭审查决定	仅以当事人数量为标准便于识别，但识别要素单一，难以满足实践需求
		必要共同诉讼		
模式二	客观合并	牵连客观合并	法官经审查认为符合客观合并审理	以诉讼标的间的关联性与可分性为标准，其对法官要求高，初期识别难
		预备客观合并		
		单纯客观合并	院庭长	
模式三	分案审理	共同犯罪	相关规范表述为：法院认为可以，便可决定适用	以人数众多或案件疑难复杂为标准，其适用条件高度概括，难以识别
		关联犯罪案件		

---

① 段文波：《类型化视角下诉讼请求合并的程序展开》，载《中外法学》2022年第3期。

（三）分案与合并审理制度适用具有主观性

囿于适用条件的抽象化与原则化，刑事诉讼分案与合并审理的适用具有较强的主观性。但是，正如著名法学家德沃金所言："司法的过程不是纯粹理性的产物，而是一项融合纯粹理性与实践理性的复杂技术。"① 具体到适用过程中，案件审理、相关法律规范、案件背后复杂的利益与刑事实体法规范所追求的价值冲突、不同审判方案等利益权衡，无一不受法官个人的认知、偏好、感受等影响。概言之，刑事诉讼分案与合并审理的合理适用，更多地体现为法官主观视角对于案件及其所涉及的社会环境、人情世故的整体性认知。

实际上，部分法院立足案件审理顺利开展，维护庭审秩序，便于法官掌控庭审的角度，将本应合并审理的共同犯罪或关联犯罪案件进行分案审理，不利于庭审质证，从而导致过度分案，有悖程序平等和程序公正。以一起抢劫案为例，近15名被害人的共同刑事案件因为社会关注度较高，且审判难度大，往往被分成几个单独的案子，在同一城市的基层法庭上同时开庭；其中的5名主犯，4人已供述并认罚，对该4名被告人适用了简易程序或速裁程序，严重背离了将抢劫罪作为八大重罪处理的基本原则，而对1名不认罪的被害人实行独立审查，冲击了分案审理的本意。此外，不认罪被告人以及其辩护人的质证权利，也受到了严重限制。从庭审角度而言，尤其是对分案后关联被告人的审理，法庭基本通过书面供述对他案被告人行使调查权。如此一来，既妨碍了辩方质证权的行使，又阻碍了审判实质化。

司法承受限度内的合并审理有效提高庭审质量，可充分保障各被告人的诉讼权利。但也应看到，对超出司法承受能力外的共同犯罪或者关联犯罪案件，进行合并审理时，则滋生程序溢出效应，背离合并审理程序扩容之功能，暴露了对诉讼行为完整性认识的不足与诉讼行为合法性评价的混乱。而分案审理的适当性在于"司法机关可以防止合并审理出现明确的起诉迟延而使用分裂案情的起诉指挥权"。②

三、移植人工智能技术治理的理论证成

技术治理是指通过应用各种技术手段，将复杂、模糊的问题化约为清晰、可视化的具体指标，构建一种理性化的治理程式。③ 立足技术治理的逻辑性，通过智能化手段探索分案与合并审理制度适用案件这一复杂问题的合理解决方式。

（一）以数理逻辑补足个人的主观感知

刑事诉讼分案与合并审理制度适用案件的识别离不开法官个人的主观觉察，而

---

① See Ronald Dworkin, On Gaps in the law, in Paul Amselek and Neil Mac Comick eds, Edinburgh Universities Press, 1991, p. 84-85.
② 唐巧：《刑事案件的分案处理机制研究》，载中国法院网，最后访问时间：2019年12月10日。
③ 颜昌武、杨郑媛：《什么是技术治理》，载《广西师范大学学报（哲学社会科学版）》2020年第3期。

这种觉察力,一方面依赖于经验累积,另一方面也与个人的直觉、情感、感知等要素密不可分。在刑事诉讼中不当适用审理制度,容易滋生司法风险。常规风险预测比法律逻辑推断复杂与困难得多,单纯依靠个体的预测、评估、识别,存在着较大的失治风险。并且,司法风险的产生大致是因果性的,但在风险发展的过程中,却并不一定时时呈现因果性规律。① 事物发展逻辑一旦脱离经验主义的因果性判断,法官的认知就难以识别。

案例 A:张某、李某、苑某龙帮助信息网络犯罪活动案、苑某龙交通肇事案。② 法院不仅合并审理了涉案被告人共同犯帮助信息网络犯罪活动罪,还合并审理了上述共同犯罪与被告人苑某龙犯交通肇事罪,涉及帮助信息网络犯罪活动罪与交通肇事罪两个客观诉的合并审理,极可能使得张某等共同被告人受苑某龙交通肇事罪审理的影响,审限不断拉长,陷入刑期倒挂的窘境。

案例 B:高某骗取出口退税案。③ 本案中被告人只有高某一人,并且经法庭审理查实,被告人高某在其他人(张某等人,已另案处理)的帮助、指导下,采取诈骗方式,骗取了大量出口退税款,且金额特大,其行为已构成了诈骗出口应退税款的犯罪,依法应予惩处。但鉴于高某系从犯,且部分犯罪未遂,依法对其减轻处罚。

经对比上述两案结果,证明人的主观判断一定程度上存在片面性与局限性,而智能化技术恰可以数理逻辑补强个体的直觉感知。

1. 以"关联性"获取公共理性。④ 算法分析是以"概率论"而非"因果论"为认知模式,即通过对海量数据的采集分析,发现事物之间的关联性,从而建立起事物之间的联系。算法分析的这种认知模式恰好补足了人类认知模式的不足,同时通过海量数据分析能够对公共理性作出预判。案例 A 中,当通过对该类案件进行大数据分析后,发现涉及刑事犯罪与交通肇事案件的线索之间具有相关关系,则可对其进行预警提示,避免法官因司法经验不足而不能及时发现风险。

2. 以非线性评估预测舆论导向。舆情具有一定的随机性、不确定性和模糊性,法官很难对舆情的产生、走向作出客观和准确的预判。⑤ 但神经网络、不确定性知识系统、深度学习等人工智能技术可以通过构建多层次感知器、模糊计算等方法,处理大量的非线性关系,构建起舆情预警模型,辅助法官在裁判重大案件时准确预判舆论风险。

3. 以量化方式统一类案裁判尺度。当前,"同案推送""关联案件推送""206

---

① 祝吟:《同案犯分案处理机制研究》,西南政法大学 2020 年硕士学位论文。
② 详见黑龙江省南岔县人民法院(2022)黑 0726 刑初 19 号刑事附带民事判决书。
③ 详见北京市高级人民法院(2021)京刑终 147 号刑事裁定书。
④ 吴智永:《诉的理解与案件事实的认定——合并审理与另案处理的价值考量》,载《山东法官培训学院学报》2018 年第 6 期。
⑤ 李明德、邝岩:《大数据与人工智能背景下的网络舆情治理:作用、风险和路径》,载《北京工业大学学报(社会科学版)》2021 年第 11 期。

系统"① 等智能化技术已经可以实现类案不类判预警以及精准量刑,智能系统在不干涉法官自由裁量的界限之内,可以提供纠偏认知的客观理性,辅助法官的审判工作。

(二) 以技术理性平衡主观性决策

在《刑事诉讼法》颁布之前,刑事诉讼分案与合并审理,呈现出法无明文规定的空白。正因为此,实践中关于刑事诉讼分案与合并审理制度的适用,法官一般参照《民事诉讼法》的规定,或按照公诉机关的起诉,进行适用,凸显了刑事诉讼中关于分案与合并审理制度适用的任意性。② 但自2021年《刑事诉讼法解释》修正后,该解释第220条对刑事诉讼分案与合并审理制度的应用作出了概括性规定,弥补了在此之前法无明文规定的空白,值得肯定。但在此时,必须了解到本条只规定了其适用刑事案件种类是企业合伙人的相关刑事案件,并应满足案例总量巨大、案情疑难繁杂的情况,亦如前文所述,该两项标准仍缺乏具象规范,仍难以避免该两制度的任意性适用。

在员额制改革下,法官独立行使审判权,自主决定所收案件的分案或合并审理,其权能否恰当行使、能否合理有效运行,最终靠的是法官个人的能力与自律。技术治理通过将部分决策权限让渡给技术,从而一定程度上平衡两者制度适用的压力,防止任意决策、裁判结果偏离度分析、同案异判等不利情形发生。

(三) 技术治理疑难问题的风险

人工智能的机器或者算法本身没有价值取向,人工智能是通过"深度学习"人类的情感、道德与价值判断标准,这种"习得"是经验主义和逻辑实证主义下的产物。然而,涉及价值取舍与权衡的个案正义实现是实质理性的价值判断,正如霍姆斯所言,"对时代的需求、盛行的道德、政治理论以及公共政策的直觉"③ 在裁判中起着更为重要的作用。人工智能虽然能够通过形式理性来表达和定义义务、公正等价值概念,但其毕竟只是对现实世界的一种模拟,离不开先验的知识累积。随着社会的发展,衡量正义的标准日渐更迭,人们提炼出的价值规律具有滞后性,人工智能系统难以识别出新的价值范畴与冲突。

此外,人工智能技术所采用的化约逻辑存在瞄准偏差的可能。技术治理逻辑便是将主观复杂化问题简化为客观可量化指标。在这一过程中,对问题的裁剪和简约处理,因不得不剥离难以被量化的主观判断因素,必然会导致识别信息失准。案件事实的复杂性与识别指标的清晰化、动态性与静态化、主观性与非人格化之间本身

---

① 上海刑事案件智能辅助办案系统。
② 胡之芳:《刑事案件另案处理概念及其适用范围再议——以〈关于规范刑事案件"另案处理"适用的指导意见〉为参照》,载《法学杂志(司法实践与改革)》2016年第9期。
③ Oliver W. Holmes, The Common Law, Oxford University Press, 1993, p. 9.

便存在矛盾,问题复杂性程度越高,简化的层次越多,信息失准可能性也就越大。

四、刑事诉讼分案与合并审理制度的智能化识别机制

智能化识别是运用人工智能,从可能引起分案与合并审理的刑事案件中提取可供识别的要素及量化指标,即对复杂、模糊的案件事实进行层层解构,从中提取出简单、清晰的判断要素,再确定合理适用。

（一）k-means 聚类算法的智能化分析

k-means（k-均值）聚类算法适用于海量文本聚集的情况下,通过聚类对比主题种类,可以进行移动改变分类个数,识别案件间的关联性,因此这种方式也具有相当的实用价值。通过相似度阈值方法关联相邻期间内的主题信息,再将主题效果可视化展现,以清晰的形式呈现相应主题的可能形式。①（见图1）

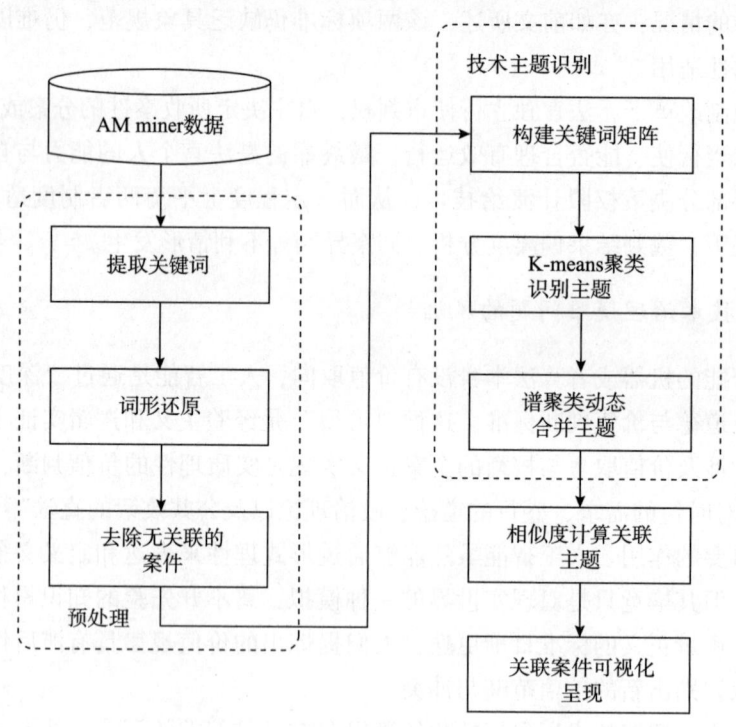

图1 k-means 聚类算法的智能化分析流程

正如图1所示,首先应当构建关键词矩阵,通过 AM miner 确定法律领域中相关要素的数据库,并利用 API 获得这些案件的特征。数据预处理过程主要包括提取关键词、词形还原、去除无关联案件。

---

① 周源、张超、唐杰等:《基于主题变迁的领域发展路径智能化识别——以人工智能为例》,载《国家情报工作》2018 年第 7 期。

1. 提取关键词。主观合并以案件当事人间的关联性为标准,如当事人同一,其便于识别,而不需要再次分词处理。但是,客观合并体现的意思不具体,其是指各案的诉讼标的存在单纯、预备、牵连等关联关系,并在广泛存在竞合的刑事诉讼中难以被识别。这也为引入人工智能进行治理提供了现实需求。

通过 r 算法提取标题和摘要中两个词汇至三个词汇,将其作为关键词加载到关键词列表中。同时,r 算法还通过标点符号将基本案件划分为若干个子句,再通过停用动词,将短语继续分为若干短语,从而把这些短语视为二级关键词。故而每个要素的分值都是根据构成要素的关键词数量累加而成的:

公式(1)① $score(w) = \dfrac{wordDegree(w)}{wordFrequency(w)}$

2. 词形还原。刑事案件类型多变,所以必须对关键词进行词形还原处理,如合并一个实际意义相似,但类型不同的关键词。针对词形回归,可通过 NLTK 中 Stemming 方法实现词形回归。

3. 去除无关联案件。词形还原后,去掉一些含义较为广泛的、无关联的案件,从而得到自己的关联案件列表。如算法,初步检索结果可能是人身损害赔偿的算法,可能是人工智能算法证据的算法。

(二)案件特征识别主题

在关键词举证中,尝试以案件为对象,关键词为行向量,以案件为列方向,再通过 k-means 聚类算法对一个时间片内的词进行集类,所得出的词群就可以认为是时间片的主题。关键词可通过向量空间模型来描述,其中一个案件是一个维度则将每个关键词的 t 映射为:

公式(2)②

$$Matrix = \begin{matrix} & \begin{matrix} a_1 & & a_i & & a_n \end{matrix} \\ \begin{matrix} t_1 \\ \\ t_j \\ \\ t_m \end{matrix} & \begin{bmatrix} t_1f_1 & \cdots & t_1f_i & \cdots & t_1f_n \\ \cdots & & \cdots & & \cdots \\ t_jf_1 & \cdots & t_jf_i & \cdots & t_jf_n \\ \cdots & & \cdots & & \cdots \\ t_mf_1 & \cdots & t_mf_i & \cdots & t_mf_n \end{bmatrix} \end{matrix}$$

实践中,通常运用 k-means 聚类算法识别主题,并在此同时,使用光谱聚类法合并相邻主题。申言之,在初次聚类分析法时需要专家先判断主题数量范围,然后再通过 k-means 聚类算法,其识别出来的主题再次进行二次聚类分析法,最后结合

---

① score 表示为关键词 w 的得分,而 word Degree 则表示为关键词 w 的程度(每当和某个关键词共现时,度为 1),而 word Frequency 则表示为关键词 w 在整个系统中所存在的平均时间。

② 其中 ai (i=1, 2, …, n) 表示第 i 个案例,tjfi 表示为在第 i 个案件所有的关键词 tj 出现的频次。

同一时间图片内的所有相似主题得出最终主题。

(三) 要素提起与分类

按照上述逻辑,对刑事诉讼分案与合并审理制度的适用对象,建立识别要素体系。(见图2)

刑事诉讼分案与合并审理制度适用案件的识别要素体系的含义是:案件是否具有分案或合并审理的必要性,可以从三个维度予以判断。其中:形式要件是案件的表面要素,即案件本身具有的主观性,可以从涉及被害人数量、控告罪行的数量等方面去衡量;实质要件是案件在进一步实体处理过程中,发现有关价值衡量或者法律规范的竞合,即案件事实背后的原因,可从诉讼标的、犯罪行为的特殊性、被告主体的特殊性以及法律价值衡量等方面为关键词,进行搜索;后果要素是从影响司法公正与公信的可能性程度进行反向推断,即案件的社会不良影响、程序瑕疵或者办案人员违法违纪等风险,应当分案审理的例外情形。

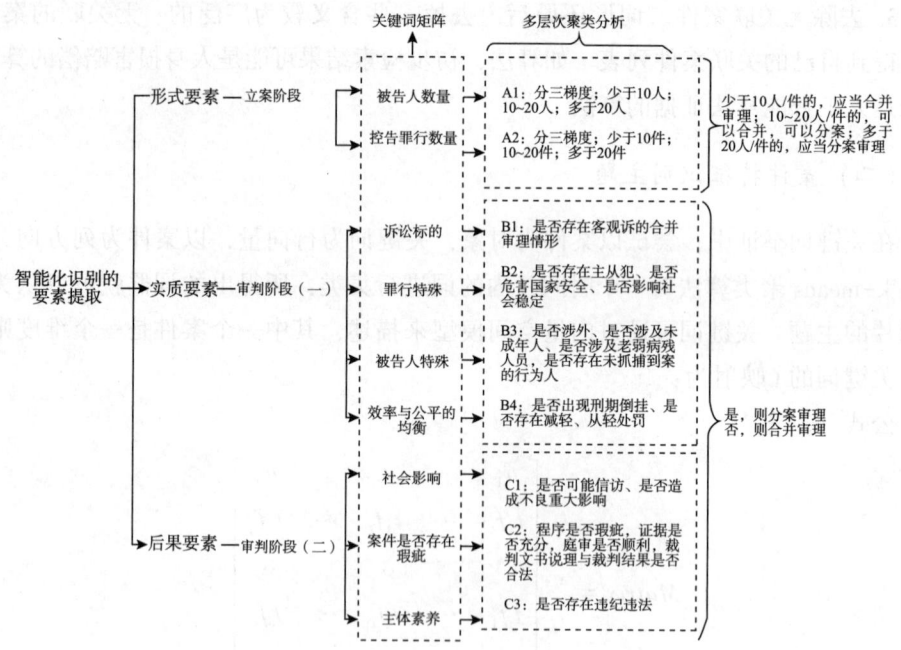

图2 分案与合并审理制度适用案件的要素提取与分类

(四) 可视化体系构建

通过对相关结果的可视化呈现,有利于审判员与司法辅助工作人员更直观地掌握相关案例的庭审动态。通过采用相似度算法,各个时间窗口的主体之间形成了关系,而通过可视化处理,更便于了解和研究技术问题的进展。主题变迁包含了四级数据:主题强度、主题内容、主题关联关系。

在可视化结构上，包含了点、线两个表示要素，其中点代表时间片中的主题，而线代表主题间的关系。为展现更多的内容，该方法所生成的案例审判路径均可在官网浏览，但同时增加了一定高度的互动性：将鼠标移到主题节点上，选择最前面 5 个的高频词或者相关度较高的前 5 个案例，用鼠标按住节点即可进行拖拽。

1. 主题强度。这是指题目的关注度，而通过标识出来的主要是一个关键词的集合，所以主题力度可以通过主旨中涉及的所有关键词的词频总和进行衡量。在可视化设计中，主题力度使用节点长度的 node-width 表示：$\text{node\_width}_i^s = \dfrac{w(T_i^s)}{\sum_{j \in s} w(T_j^s)} \times \text{num\_doc}(s)$

公示（3）① $\text{node\_width}_i^s = \dfrac{w(T_i^s)}{\sum_{j \in s} w(T_j^s)} \times \text{num\_doc}(s)$

2. 主题内容。其分为主题名称与最主要的关键词，不同的关键词共同组成了一个主题的主要内容。可以通过选择题目中词频较高的关键词成为题目名称，并在弹框内出现最前面 5 位高频词。

3. 关联关系。同一时间片的关键词间相互连接，构成了关联关系。假定主题 T_i^s 和 T^{s+1} 能形成关联，由于相同的名词在各个时间中的所占比重不同，因此连接两端的时间长短也不同。

前向宽度为连接线在 s+1 时间片上显示的宽度，

公式（4）② $\text{forward\_width} = \text{node\_width}_j^{s+1} \times \dfrac{\text{sim}(T_i^s, T_j^{s+1})}{\text{sim}(T_j^{s+1})}$

后向宽度为连接线在 s 时间片上显示的宽度，

公式（5）③ $\text{backward\_width} = \text{node\_width}_i^s \times \dfrac{\text{sim}(T_i^s, T_j^{s+1})}{\text{sim}(T_i^s)}$

（五）具体识别指标

1. 形式要素具体化。形式要件是案件敏感性和重要性的表面指征，因其并不涉及案件事实和内容的实质性判断，不需要多层次的抽象与计算过程，且对于第一层次的形式要件识别，可以适当降低识别的精准性要求。对于案件涉及利益群体人数、利益大小可通过大数据分析，计算出具有一定司法风险的界值，如"当事人数超过 10 人""涉案标的价值超过 500 万元"等。对于案件影响范围，对社会秩序的破坏性大小，是否涉及公共利益、政治安全、民族关系，是否影响大局工作等判断方法，

---

① 其中，node-width_i^s 表示第 s 时间片上第 i 个主题的强度，$w(T_i^s)$ 表示该主题的总词频，$\text{num-doc}(s)$ 为第 s 时间片内案件的数量。

② 其中，$\text{sim}(T_j^{s+1})$ 表示和主题 T_j^{s+1} 形成关联关系对应的相似度和。

③ 其中，$\text{sim}(T_i^s)$ 表示和主题 T_i^s 形成关联关系对应的相似度和。

可采取德尔菲法,通过确定案由、特殊主体或特殊标的的具体化,如涉危害国家安全犯罪、涉众型金融犯罪、涉黑涉恶犯罪、重大贪污受贿犯罪案件,当事人为外国人、人大代表、少数民族等案件。

2. 实质要素具体化。实质要件是案件影响性和风险性的实质判断,也是对符合形式要件的案件进一步筛选的过程。对所涉价值普适性程度、权利基础性程度、矛盾尖锐程度等作出判断。据此,可以尝试通过构建人工神经网络的判断模型予以智能化识别。①

步骤1:建立评价指标的因素集及权重向量。按照层次化的方法,为识别要素建立多级评价因素集:(见图3)

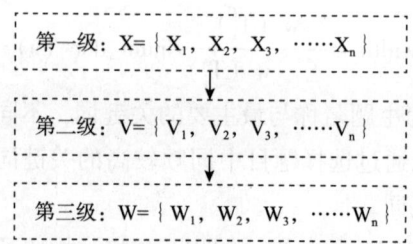

图3　构成因素多级评价的集合

其中,Xi(i=1, 2, 3……n)是评价因素,n是同一层次上因素个数。建立评价结果的合集为第二级的结果,其中Vj(j=1, 2, 3……n),此时n是等级数,等级数同样可以采用德尔菲法。再设权值向量为第三阶的结果,其中Wh(h=1, 2, 3……n)表示Xi(i=1, 2, 3……n)的重要性程度,即权重。其权重亦应当符合如下标准:

$$\sum_{i=1}^{n} w_h = 1, \quad 0 \leq w_h \leq 1$$

步骤2:模糊性评价。假设对Xi评价为Vj的占比为rij,那么判断矩阵为:[rij] MzN。

步骤3:归一化计算。将权重向量W与判断矩阵R合成就是最终的评价结果,即:B = W°R =(b₁, b₂, …, bₙ)

其中:

$$b_j = \sum_{i=1}^{n} w_{ij} \cdot r_{ij}, \quad j = 1, 2, \cdots m$$

由此,可得到一级评价因素的评价结果y,继续重复上述步骤,依次求解上一级评价结果,可最终得到总体的模糊性评价,即可进行价值层级的比较和判断。对于舆情预测,同样可采用类似方法进行预测。对于案件特殊性的识别要素,如法律空白、法律解释冲突和类案冲突可采取人工智能法律推理进行识别,外界监督案件

---

① 姜洋、陈树文:《感知团队断裂带概念的构建思路——基于扎根理论研究方法》,载《中外管理》2020年第2期。

则可人工标注。

3. 后果要素具体化。后果要件指从案件审理效果的负向功能出发，考虑案件适用分案或者合并审理的适当性，其是对案件实体（如证据不足）和程序瑕疵（延时询问）等方面的判断识别指标，一般常用来识别一年以上长期未结案件，非程序性理由发回重审案件，检察机关抗诉案件，年轻法官承办的难度较大案件，承办人有失职、渎职嫌疑等违纪违法的案件等。

五、刑事诉讼分案与合并审理制度的智能化识别程序

诉讼为当事人表达内心提供了法律空间，但在该场域内关于如何根据案件的类型、性质进行合理配置分案与合并审理制度，并对其识别程序进行理性规范，是实现人工智能解决复杂问题程序正义的保障。（见图4）

（一）立案阶段：识别适用案件的形式要件

自实施立案登记制以来，立案难问题得到有效缓和，立案不再难于上青天。刑事诉讼中案件来源主要是检察机关公诉案件与当事人自诉案件，对于前者，由于案件事实已初步被检察机关侦查，相对较为清晰，立案庭法官便于识别基本案情，决定适用何种审理方式。① 但是，自诉案件因其与民事、行政诉讼一般，仅初步审查是否具备起诉条件。故相对于自诉案件，此时立案庭法官难以发觉案件间的实质要素，需依托 k-means 聚类算法自动识别。概言之，立案阶段主要以智能系统自动化识别为主、立案法官人工识别为辅的方式进行。诚然，应当赋予被告人分案申请权，当且仅当其认为合并审理可能影响自身利益时，可以在法定期限内向法院提出。②

可见，合并与分案在立案庭按照随机分案的方式进行，当案件流转至业务庭室，承办人经审查，认为该案应当合并或分案审理时，提请合议庭合议决定，若赞成承办人意见，则交由庭长进行分案，最终可确定由同一合议庭的不同法官承办关联案件，缓和同一法官的司法承受力的同时，也保障了同一合议庭把握关联案件的整体事实；反之，则继续进行审理。为此，各方几乎无一例外地承认法院有权选择联合或分案审查。以美国为例，③ 法庭有责任保证法庭流程的有序实施，即便控方或被告人并未提起具体请求，法庭也有权选择分离诉讼。

（二）审判阶段：识别适用案件的实质要件和后果要件

其中承办法官或合议庭和智能系统同时进行实质要件识别，智能系统作为人工识别的补充，若智能系统识别出应当启动合并或分案审理制度时，可将识别结果推

---

① 赵志超：《法官合并审理自由裁量权之规制——以诉的客观合并适用为中心》，载《河北法学》2022 年第 2 期。
② 张泽涛：《刑事案件分案审理程序研究——以关联性为主线》，载《中国法学》2010 年第 5 期。
③ [美] 伟恩·R. 拉费弗、杰罗德·H. 伊斯雷尔、南西·J. 金：《美国刑事诉讼法》，卞建林、沙丽金等译，中国政法大学出版社 2003 年版，第 247 页。

送至承办人,当承办人或合议庭未取得一致意见时,将相关所有意见推送给庭长,由庭长进行审查。承办人及监察部门认为应提起注意的舆情风险,便可直接进行标注推送给庭长,尔后庭长经审查后可决定是否进行分案或合并审理。此外,后果要件由审判管理部门、信访部门、庭长共同负责,若识别出后果要件,亦可推送给庭长。

(三)舆情监督:该识别阶段贯穿始终

由智能系统识别后推送给宣传部门,宣传部门进行二级标注推送给庭长。

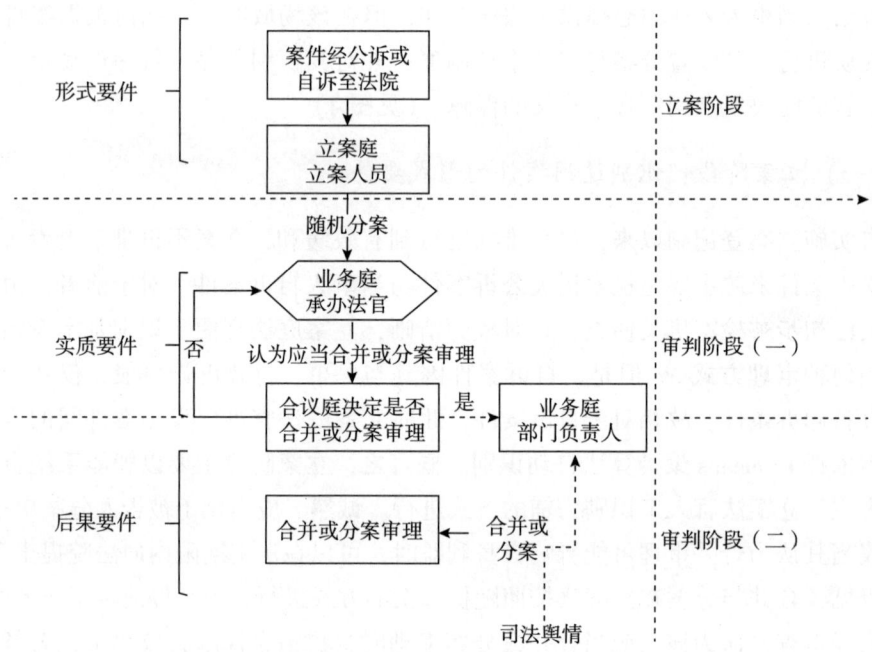

图4 刑事诉讼分案与合并制度适用案件的智能识别程序

(四)智能化识别风险预防机制

1. 构建价值维度的知识图谱。知识图谱技术即是通过大数据的信息获取,从海量文本中自动获取知识,选择置信度较高的加入知识库,或者按照专家在先定义的数据模式,依赖专家系统形成知识结构。① 由于技术治理在价值判断维度的不周延性,智能化识别系统需要依赖人工事先建立的价值知识图谱进行学习。如"社会不良影响"这一识别要素,就需要通过大量事例,人工建立起价值判断的逻辑体系,再由机器进行自动化学习,逐步完善知识图谱。故要不断提高智能化识别的精准度,就需要法律专家们根据地方司法实践与经济社会发展的具体情况,不断对"识别知

---

① 王岑岚:《在线交互平台用户价值与粘性的可持续研究》,上海大学2022年博士学位论文。

识"进行提炼与归纳。

2. 构建人机互构的识别模式。刑事诉讼分案与合并审理制度的形式要件智能化识别，存在因信息丢失而造成识别失准的风险，此时，可适用人工辅助，进行失准矫正。实质要件因价值判断所涉的广度与深度已难以通过技术治理进行化约，可依靠法官智慧予以补足。故如图4所示，在"立案阶段""审判阶段（一）"中可构建人机互构的识别模式，除通过法官自行识别外，还可通过合议庭、专业法官会议合议的方式进行人工识别。

3. 开放与封闭的识别标准设置。形式要件与实质要件对分案与合并审理制度适用的重要性具有差异，应当加以区别。对于形式识别要件，可设置封闭、规范的识别标准；对于实质识别要件，则应给其一定的发散空间，对识别标准进行开放性设置，以容纳更多的价值判断空间。

综上所述，根据诉的关联性与可分性，引入人工智能技术，对刑事诉讼分案与合并审理制度适用对象的要素，按照 k-means 聚类算法，类型化庭审各阶段可识别的要素，构建智能化识别体系，充分保障人工智能技术融入司法治理的合理性与可行性，同时合理规制识别程序，完善风险预防机制，谨防越过技术治理的合理限度。

结　语

刑事诉讼分案与合并审理制度适用案件的智能化识别，实际上是一个如何定义和提取案件要素，将主观标准客观化的过程。技术治理的本质是简化社会的复杂性，但在化简过程中，又难以避免价值排涉、信息失准、形式主义等问题。本文以技术治理的合理性与合理限度为视角，阐释了刑事诉讼分案与合并审理制度适用案件智能化识别系统建构的逻辑与过程，提出了识别要素体系构建和指标具体化的方法，并从立案至庭审各阶段的识别作出程序规制，辅之风险预防机制的构建，保障刑事诉讼分案与合并审理制度适用案件的智能化识别。

行政诉讼费用制度的"功能性"失调及完善
——以审级职能和诉讼收费的有效协同为视角

南昌铁路运输中级法院　占子明
南昌铁路运输中级法院　章鹏在

引　言

2021年9月27日，最高人民法院出台《关于完善四级法院审级职能定位改革试点的实施办法》，拉开了四级法院审级职能定位改革试点的序幕。审级改革试点覆盖面广、集成性高、配套性强，相关司法配套机制是否与之协同影响着改革试点效果。行政诉讼费用制度作为司法配套机制的一个具体制度，从其与审级制度的生成逻辑来看，两者在保障诉讼权利、均衡资源配置和案件梯次过滤方面存在功能上的有机协同。但囿于行政诉讼费用交纳标准与经济发展形势的不相适应和程序性处理案件退还费用的制度设计，行政诉讼成本与收益的根本性失衡导致行政诉讼费用制度"功能性"失调，未有效规范人民群众依法行使行政诉权，制约着行政诉讼审级职能的实现。应在明确不同诉讼程序功能位阶的基础上，建立"倒金字塔型"收费模式，通过适度提高行政诉讼费用交纳标准与规范司法需求、完善行政诉讼上诉收费机制与发挥审级梯次过滤、建立申请再审预收费机制与凸显再审有效监督的有机协同，完善行政诉讼费用制度，实现与审级职能改革的有效协同。

一、行政诉讼费用制度与审级制度的生成逻辑

（一）行政诉讼费用制度：成本补偿与保障诉权的接续探索

放眼世界各国诉讼制度，都将交纳法定的诉讼费用作为进入诉讼程序的必要条件之一。[①] 这主要是基于司法作为解决社会纠纷的主要方式之一，司法资源具有公共资源属性，其每一次运行都必然消耗稀缺、拥挤的公共资源。为补偿司法运行成

---

① 廖永安、段明：《民事诉讼费用缴纳标准的设定原理与完善建议》，载《烟台大学学报（哲学社会科学版）》2017年第5期。

本和保障司法有效供给，当事人提起诉讼原则上应预先交纳相应的诉讼费用。① 因此，除刑事诉讼系因国家代表提起公诉不交纳诉讼费用外，民事诉讼和行政诉讼都规定提起诉讼应当交纳诉讼费用。1989 年 9 月 1 日起执行的《人民法院诉讼收费办法》② 就明确规定当事人提起行政诉讼应当交纳诉讼费用。因当时我国的诉讼模式属于职权主义诉讼模式，法官包揽调查取证，在诉讼成本主要集中于审理成本，当事人的私人成本显著轻微时，《人民法院诉讼收费办法》作出主要依靠"当事人负担"来支撑审判资源的制度安排。③ 随着以强化当事人举证为突破口的审判方式改革带来的诉讼模式的转变，《人民法院诉讼收费办法》本身制度设计的弹性条款和行政诉讼案件有争议金额按财产案件收费导致的行政诉讼收费高、弹性大以及行政诉讼"立案难"带来"诉讼难"问题，大大抑制了人民群众的诉讼需求。为满足人民群众日益增长的诉讼需求，保障人民群众的诉讼权利，现行《诉讼费用交纳办法》明确行政诉讼收费范围、降低行政诉讼收费标准、创设诉讼费用返还制度，④ 总体上形成了以按件 50 元交纳标准+程序性处理案件退还诉讼费用以及败诉方最终负担的行政诉讼费用制度。可见，从行政诉讼费用制度的生成逻辑来看，其不同的制度设计始终围绕补偿司法成本和保障人民诉权两个核心展开，是对司法成本补偿与诉权保障的接续探索。

（二）审级制度：优化案件结构与凸显审级效能的现实因应

立法体现分配正义，司法体现矫正正义，⑤ 司法效能如何也检验着不同诉讼制度的设计及运行情况。随着经济发展水平和法治国家、法治社会、法治政府建设水平的提升，人民群众维权观念不断强化，在行政诉讼 50 元交纳标准带来的诉讼成本与预期收益的严重失衡和立案登记制的多重作用下，人民群众的诉讼行为也因时而变。立案登记制的施行，一方面充分保障了人民诉权，从源头上解决了人民群众"立案难"的顽疾，成效显著；但另一方面，少数当事人片面理解立案登记制的精神实质，认为只要提交诉状法院则必须登记立案，导致行政诉讼中出现诉权滥用的不良现象。人民群众从过去的"不敢诉"到积极主张诉权甚至滥用行政诉权，导致人民法院受理的行政案件数量大幅增长，人案矛盾逐步凸显。为破解人案矛盾，人

---

① 参见吴杰：《诉讼费用的三原则与司法政策的价值导向》，载《法律适用》2016 年第 11 期。
② 《人民法院诉讼收费办法》明确了行政诉讼案件收费范围、"区分有无争议金额的财产案件收费标准+按件收费"的收费标准和"败诉方负担+双方都有责任的由双方分担受理费"的诉讼费用负担机制。
③ 徐雁：《诉讼费用制度改革的法经济学思考——以〈诉讼费用交纳办法〉为切入点》，载《中共福建省委党校学报》2009 年第 6 期。
④ 取消之前《人民法院诉讼收费办法》中非常笼统的"其他诉讼费用"规定，同时对于程序性处理上诉案件和行政赔偿案件不交纳案件受理费。对于行政诉讼案件，无论有无争议金额，全部以按件标准方式收费，除商标、专利、海事行政案件每件交纳 100 元外，其余行政案件每件交纳 50 元。对于行政协议类案件，2021 年《最高人民法院关于行政机关不依法履行、未按照约定履行行政协议案件诉讼费用如何交纳问题的答复》，明确取消行政协议案件按财产案件收费，明确一审裁定不予受理、驳回起诉的，应当退还已交纳的案件受理费。
⑤ 徐伟：《案多人少问题分析》，载《赤峰学院学报（汉文哲学社会科学版）》2013 年第 5 期。

民法院通过优化和调整法院诉讼制度，侧重人民的主体维度进行了一系列改革，提高司法运行的效率。① 如参与诉源治理、加强一站式多元解纷和诉讼服务机制建设、开展繁简分流改革、制定在线诉讼规则等。② 但这些改革举措囿于行政案件级别管辖和再审申请的制度设计，人案矛盾仍未得以彻底解决，尤其是各级法院审理行政案件的同质化问题仍然突出，行政案件审级分布不佳以及审级效能不显。为优化案件结构、凸显审级效能，审级职能改革针对四级法院审级职能定位不清、过滤分层功能不足、统一法律适用不够等问题，重点就行政案件管辖下沉、完善提级管辖制度和改革再审程序等方面作出试点改革，以实现一审、二审和再审的审级职能。③ 从审级制度的生成逻辑来看，其制度设计是新时代当前司法领域优化案件结构与凸显审级效能的现实因应。

二、行政诉讼费用制度与审级制度的功能协同

诉讼费用是推动诉讼程序制度得以运转的结构性条件，一个运行状态良好的诉讼程序必定有一个与之相适应的费用机制支撑。④ 审级制度要良好运行，也需要辅之以与其相适用的诉讼费用制度予以支撑。从前文行政诉讼费用制度和审级职能改革的生成逻辑来看，两者同属司法制度下的具体制度安排，行政诉讼费用制度侧重于保障诉权、调节案件、引导程序和抑制滥诉，⑤ 审级制度侧重于保障诉讼利益、实现有效监督、推动案件分流、配置审判资源和统一法律适用等。⑥ 两者的功能存在多方面的协同。

（一）目标任务的一致与融合以保障诉讼权利

共同目标是协同形成的前提。⑦ 行政诉讼费用制度和审级制度有一致的目标任务，且相互融合。行政诉讼费用制度虽然作出当事人交纳诉讼费用才得以启动行政诉讼程序的制度安排，具有保障、调节、引导和抑制滥诉等多重功能，但低廉的诉讼费用标准设计以及"原则上败诉方负担"的诉讼费用负担机制足以证明保障人民群众的诉讼权利，满足诉讼需求仍系其核心功能。其要实现的目标任务亦是围绕保障诉讼权利，通过诉讼费用杠杆来规范诉讼行为。

---

① 徐伟：《案多人少问题分析》，载《赤峰学院学报（汉文哲学社会科学版）》2013年第5期。
② 周强：《深入开展四级法院审级职能定位改革试点 推动构建公正高效权威的中国特色社会主义司法制度》，载《人民司法》2021年第31期。
③ 党的十八届四中全会通过的《中共中央关于全面推进依法治国若干重大问题的决定》提出，要完善审级制度，一审重在解决事实认定和法律适用，二审重在解决事实法律争议、实现二审终审，再审重在解决依法纠错、维护裁判权威。
④ 王福华：《费用推动程序》，载《法学家》2010年第6期。
⑤ 冉崇高：《以实现诉讼费制度功能为视角论我国诉讼费用制度改革》，载《法律适用》2016年第2期。
⑥ 何帆：《中国特色审级制度的形成、完善与发展》，载《中国法律评论》2021年第6期。
⑦ 王冠中：《政治学视野中协同概念三维解析——兼论国家治理协同性的增强》，载《中国行政管理》2015年第12期。

审级职能改革虽然探索下沉司法权，将审理难度低、受地方因素影响小、适宜就地解决的政府信息公开案件、不履行法定职责的案件、复议机关程序性处理案件以及自然资源权属争议行政裁决案件交由基层法院审理，① 但下移纠纷解决重心，并不意味着以剥夺当事人的权利救济为对价。相反，便利当事人权利救济是审级制度设计的决定因素，② 保障诉讼权利仍是审级制度的重要功能。唯有审级制度充分保障和有效发挥当事人的权利救济功能，才能沿着中国特色社会主义法治轨道继续前进，确保审级职能改革的合理性，避免落入无本之木，无源之水之境地。且审级的设置，首要目的是确保人民获得正确、周全、审慎的裁判结果，③ 而这需以充分保障人民的诉讼权利为前提。审级制度的目标任务是围绕保障诉讼权利，发挥审级效能。可见，行政诉讼费用制度和审级制度分别通过规范当事人诉讼行为和发挥审级效能以保障当事人诉讼权利。

（二）供需维度的互补与叠加以合理配置资源

合理配置司法资源是现行法律在分配四级法院管辖案件范围的重要标准。④ 行政诉讼费用制度和审级制度通过司法供给侧和需求侧的不同侧重维度，发挥功能的互补与叠加作用，从而合理配置司法资源。人民群众日益增长的司法需求与人民法院司法能力相对不足的矛盾，是中国司法发展中的一对主要矛盾。⑤ 为解决这一矛盾，法院一直在推进司法体制改革，通过提高法院的司法能力，满足人民群众的司法需求。行政诉讼费用制度基于"理性人"诉讼成本与诉讼收益的理性考量，通过设置一定的诉讼成本发挥程序引导、调节案件甚至抑制滥诉来规范诉讼需求。因为诉讼能否启动，在很大程度上取决于理性的、追求个人效用最大化的经济人对每一种权利维护方式的成本评估和收益预期的比较。⑥ 诉讼费用的高低，直接关系着当事人启动诉讼程序的货币成本，与诉讼需求存在着反比关系。如诉讼费用高，当事人通过诉讼获得的预期收益则明显降低，必然会抑制其随意启动诉讼程序的需求。相反，如果诉讼费用低，其通过诉讼获得的预期收益则会大幅增加，无疑又会刺激其启动诉讼程序的需求，出现对司法"非理性消费""两审不终审"和破坏再审纠错功能等情形。可见，诉讼费用制度重在通过需求侧管理以规范司法需求，保障理性、正当行使诉讼权利，避免司法资源的浪费。

审级制度侧重通过司法供给侧改革来合理配置司法资源。审级制度在构建时有

---

① 详见《最高人民法院关于完善四级法院审级职能定位改革试点的实施办法》第 2 条。
② 梁平：《我国四级法院审级职能定位改革的规范与技术进路》，载《政法论丛》2021 年第 6 期。
③ 何帆：《中国特色审级制度的形成、完善与发展》，载《中国法律评论》2021 年第 6 期。
④ 《民事诉讼法学》编写组：《民事诉讼法学》（第二版），高等教育出版社 2018 年版，第 101 页。
⑤ 方乐：《司法供给侧与需求侧管理——从司法的供需结构切入》，载《法制与社会发展（双月刊）》2017 年第 5 期。
⑥ 徐雁：《诉讼费用制度改革的法经济学思考——以〈诉讼费用交纳办法〉为切入点》，载《中共福建省委党校学报》2009 年第 6 期。

其共同的构建原理,即越靠近塔顶的程序在制定政策和服务于公共目的方面的功能越强;越靠近塔基的程序在直接解决纠纷和服务于私人目的方面的功能越强。① 因此,层级越高法院的职能越侧重于统一裁判尺度和统一法律适用,其职能从微观上的修复社会关系转向宏观上的统一法治。鉴于司法需求与司法供给尖锐的供需矛盾,此次审级职能改革通过调整级别管辖标准以下沉司法权、完善提级管辖以建立审级分流机制、限缩向最高人民法院申请再审的事由与范围以发挥再审管辖的制度效能,弹性调节不同层级法院的案件分配,使不同层级的人民法院实现其应然职能。② 审级制度重在通过供给侧改革配置审判资源,提高高层级法院审理质效,以增强司法确定性,彰显生效裁判的权威性,减少不必要的上诉或申请再审数量。因此,行政诉讼费用制度和审级制度通过调控供需维度,达致司法供需高水平的动态平衡。

(三) 运行机制的交互与勾连以梯次过滤案件

交互作用是协同的表现形式。③ 诉讼费用制度与审级制度通过优化案件量性结构与提升质性结构的交互作用,相互勾联以梯次过滤案件。司法高质量发展不仅包含审理纠纷数量与司法资源供给达致平衡状态即案件量性结构④的平衡,同时也包括司法裁判权威的彰显和经得起历史的检验即案件质性结构⑤的保障,两者缺一不可。正是通过司法量性结构与质性结构的不断优化和相互勾联,交互促进,最终达致司法的良性运行态势。行政诉讼费用制度通过优化案件量性结构,借助通过不同诉讼程序设置不同的收费规则,在保障当事人规范行使诉权的基础上,影响当事人的诉讼行为,梯次过滤非必要纠纷。

审级制度的运行机制则突出通过案件质性结构的优化,梯次过滤案件。一方面通过下沉审判重心,使绝大多数普通案件化解在中基层法院;另一方面,激活提级管辖机制,明确提级管辖标准和程序,优化高层级法院受理的案件类型,实现高层级法院"审理一件,指导一片"的示范、指导作用。而随着高层级法院统一适用法律审级效能的有效发挥,当事人更能理性"预见"裁判结果,反过来又影响着其他同类纠纷的诉讼行为,从而过滤纠纷。

三、行政诉讼费用制度与审级制度功能协同的实践样态

既然行政诉讼费用制度与审级制度两者的功能多重协同,那么在当前审级职能

---

① 傅郁林:《审级制度的建构原理》,载《中国社会科学》2002年第4期。
② 基层人民法院实现"明辨是非、定分止争",中级人民法院实现"重在解决事实、法律争议、实现二审终审",高级人民法院实现"统一裁判尺度、依法纠错",最高人民法院实现"制定规则,统一法制"的应然职能。参见范跃如:《司法改革背景下四级法院职能定位研究》,载《山东审判》2017年第6期。
③ 王冠中:《政治学视野中协同概念三维解析——兼论国家治理协同性的增强》,载《中国行政管理》2015年第12期。
④ 案件量性结构是指案件收案数量的表现形式和特征。
⑤ 案件质性结构是指案件审判质效的表现形式和特征,如案件发改、服判息诉和实质化解等。

改革视野下，我国的行政诉讼费用制度与其协同效果如何？是否有助于实现审级效能，发挥两者功能协同整体增强的"协同效用"值得思考。因审级职能改革下沉部分行政案件管辖，而 N 市两级法院 2017 年就将以县（区）级政府为被告的行政案件交由基层法院管辖，与当前审级职能改革中行政案件管辖下沉做法一致，故本文以 N 市两级法院 2017 年以来受理的行政诉讼案件为样本，检视当前行政诉讼费用制度与审级制度功能协同的实践样态。

从行政诉讼实践的总体样态上看，行政诉讼费用制度并未充分发挥杠杆调节的功能性作用，其功能性失调直接影响着审级效能的发挥，具体表现在：

（一）保障功能过度强化加剧人案矛盾

N 市两级法院 2018 年以来共计受理行政案件 9803 件，其中 3305 件案件因起诉并无事实依据和法律依据，经释明后仍然坚持行使诉权并要求出具相关裁定，最终裁定不予立案或驳回起诉，占比 33.7%。集中表现在起诉的被告不适格、不属于行政诉讼受案范围、超过起诉期限起诉、是否具有原告主体资格等诉讼要件的非适法性上。如有的是在已有法律明确规定适格被告的情形下，错列适格被告的上级行政机关为被告，且经释明后仍坚持不变更被告；① 甚至还存在释明后起诉适格被告，但仍坚持原错列被告行政案件的诉讼程序；② 有的是提起政府信息公开、行政复议、不履行法定职责之诉，以规避起诉不符合诉讼要件的审查；③ 有的是直接起诉要求确认征收土地行为违法；④ 有的就同样的事实和理由重复起诉；⑤ 有的就过程性行为起诉；⑥ 有的诉讼标的已经为生效判决所羁束。⑦ 这些程序性处理案件，数量多，无论起诉时是否有事实和法律依据以及法院如何释法明理，当事人仍然坚持起诉，虽保障了诉权，但导致很多非必要提起诉讼的纠纷都进入法院司法审查，造成诉讼程序空转，客观上加剧了人案矛盾。

（二）调节功能显著轻微偏离审级职能

理想的审级制度状态下，一个案件经过一审，应当已经查明了案件事实且有效

---

① 如（2018）赣 7101 行初 1004 号案中，原告未以市、县级人民政府确定的房屋征收部门为被告，坚持将市、县级人民政府作为被告。
② 如（2019）赣 7101 行初 1036 号和 1037 号案中，原告因错列被告而被裁定驳回起诉后，均上诉且坚持二审诉讼程序，二审作出（2020）赣 71 行终 77 号、78 号裁定维持原审裁定，同时另行就适格被告单独起诉。
③ 如（2021）赣 71 行初 51 号至 56 号案中，原告等人在征地批复已经公告且已签订征地补偿协议的情形下，以通过政府信息公开方式获得征地批复为由申请行政复议，请求撤销征地批复。因其复议申请被驳回而诉至法院请求撤销复议决定并责令受理复议申请。
④ 如（2020）赣 71 行初 1 号案中，原告因房屋征收问题提起多起行政诉讼，因安置补偿问题未得满意结果，后又直接起诉要求确认征收土地行为违法，因征收土地行为包括一系列行政行为，诉讼请求不明被裁定驳回起诉。
⑤ 如（2020）赣 7101 号行初 781 号、（2021）赣 71 行终 36 号与（2021）赣 7101 行初 431 号、（2021）赣 71 行终 280 号案中，同一起诉人因相同事项就自然资源部门履行不动产登记法定职责重复诉讼。
⑥ 如（2021）赣 7101 行初 434 号案，起诉人就行政处罚中的过程性行为起诉被裁定不予立案。
⑦ 如（2021）赣 7101 行初 210 号至 213 号案件，在征收决定的效力已经由生效裁判予以认定的情形下，当事人起诉撤销征收决定。

实质解纷。经过二审，应当有效终审和精准定分止争。经两级法院审理后，除新类型案件或实践中尚未形成共识的，如何适用法律在不同层级法院应无明显出入，因此案件的上诉和申请再审率应相对较低。但从N市两级法院行政诉讼实践来看，近四年来上诉案件2555件，一审服判息诉率为62%。① 在上诉的案件中，有1249件上诉案件为程序性处理案件，占比48.9%，几乎占上诉案件的一半。申请再审案件数共计982件，二审案件申请再审率为32.6%，② 占二审已结案件数的三分之一。就上诉和申请再审的事由和裁判结果来看，当事人上诉和申请再审的事实与理由与一审基本相同，但二审改判或发回重审114件，二审纠错率为3.8%；经再审审查指令或指定再审57件，再审纠错率6.4%。可见，一审能有效查明事实，二审能依法有效纠错，大量案件在一审和二审诉讼程序能依法公正处理，但大量一审、二审裁判正确的案件进入了上诉和再审审查程序，案件"上浮"现象突出，这表明行政案件调节功能显著轻微，一审和二审并未发挥出应有的审级职能，审级职能严重偏离。

（三）引导功能明显失范影响资源配置

当前的行政诉讼费用制度，不能有效引导行政争议向行政复议程序及多元解纷机制流动，程序引导功能并未有效发挥。N市两级法院受理的行政案件中，经过复议程序的诉讼案件977件（复议前置41件，非复议前置936件），占总受案数的9.97%。从复议结果看，复议维持或不予受理案件956件，约占97.85%；复议改变具体行政行为21件，约占2.15%。从裁判结果看，裁判变更或撤销复议决定的109件，约占总数11.16%；维持复议结果868件，约占总数88.84%。可见，经行政复议的行政纠纷，维持复议结果的裁判比例高，复议程序能够较好地保障当事人合法权益。

另，N市两级法院针对征地拆迁领域纠纷频发和行政复议领域纠纷集中开展了诸多有益的多元解纷探索，与自然资源部门和行政复议机关建立矛盾纠纷联合化解机制。从实践效果来看，通过多元化解机制解决的案件数量为220件，其中实质化解70件。虽然多元化解案件多数由法院直接导入化解程序，但解纷效果较好，尤其对涉疫情、涉政策性和征迁领域等案件，多元化解机制具有保障相对人合法权益、维护行政管理秩序、高效及时化解行政争议的显著优势，更好实现社会效果、政治效果、法律效果的统一。尽管行政复议、多元解纷机制在保障当事人权益、化解行政争议方面具有优势，但总体来看，行政复议和多元解纷机制在受理行政争议数量方面依然较少，当事人选择频率不高。除了行政诉讼高效权威、行政诉讼制度运行

---

① 计算公式：服判息诉率=1－（一审已结案件中上诉案件数÷一审结案数）×100%。因一审结案至二审立案之间一般有相当长一段时间，目前一审服判息诉率的计算方式无法对此情况予以考虑，可能存在一定误差。

② 计算公式：行政二审案件申请再审率＝（行政二审案件申请再审审查收案数÷行政二审结案数）×100%。因二审结案至申请再审审查立案之间一般有相当长的一段时间，目前行政二审申请再审率的计算方式无法对此情况予以考虑，可能存在一定误差。

成熟等对当事人有吸引作用外,行政诉讼费用制度中的收费标准低、收费模式单一也是行政诉讼吸引当事人的重要原因。相较而言,当前行政诉讼缴纳标准与行政复议、多元解纷机制不收费并没有太大区别,诉讼费用明显不能成为当事人选择解纷机制时重点考量的因素,一定程度上造成行政争议不能有效向其他解纷渠道流动,不能发挥程序引导功能。

(四)抑制滥诉功能完全虚化不利过滤案件

在行政诉讼中,当事人或基于有限理性下对裁判结果的"偏见"或为谋求"过高"利益,往往围绕征迁领域的补偿或赔偿标准低、不到位等实质诉求以政府信息公开、要求履行法定职责、行政复议等形式提起众多诉讼,滥用诉权现象仍然突出。N市两级法院受理的行政案件中,有多起滥用诉权现象,如李某华因房屋征迁共提起55起行政诉讼,李某良因征地纠纷共提起70起行政诉讼,许某云因房屋征迁共提起63起行政诉讼,吴某东因征地拆迁共提起58起行政诉讼。鉴于上述当事人存在滥用诉权的情形,N市两级法院根据上述规定,认定李某华、许某云、吴某东构成滥诉等,① 上级法院并未认定构成滥诉,而是从上诉人的诉请是否属于行政诉讼受案范围和诉讼目的等方面进行裁判说理并维持一审裁判结果。② 可见,实践中人民法院对滥用诉权的认定非常谨慎。因此当事人提交诉状及相关证据材料至法院,根据立案登记制的要求,法院无论是否受理,均应出具相关裁判文书,导致抑制滥诉功能过滤不足。

从实践中反映出的问题来看,行政诉讼费用制度与审级制度并未实现功能上的有效协同,诉讼行为逻辑与司法治理逻辑仍然存在裂缝。其中固然有立案登记制的影响以及行政诉讼系统化的法律逻辑与日常化生活逻辑的差异性导致当事人有限理性下对裁判结果的"偏见",但不可否认的是,行政诉讼普遍50元的诉讼费用交纳标准,尤其是程序性处理案件预先交纳的诉讼费用予以退还机制和申请再审不交纳申请费用的制度设计,当事人因行政诉讼成本低廉导致行使诉权不规范、不理性,未有效规范司法需求也是一个重要诱因。为破解人案矛盾,虽然人民法院进行了一系列改革,多措并举提高司法审判质效,但在行政复议化解行政争议的主渠道作用尚未得以充分凸显、多元解纷机制群策群力作用仍未有效发挥、行政诉讼仍然作为化解行政纠纷主要场域的形势下,如果仅从法院端进行改革,不注重对当事人端进行有效规范,人案矛盾仍会成为制约审级功能有效发挥的主要阻力。因此在审级职能改革中,行政诉讼费用制度应融入审级职能改革进程,以充分发挥行政诉讼费用的杠杆功能作用为导向,通过在不同的审级中发挥不同的功能作用,有效调节人民群众的司法需求,以更好实现与四级法院审级职能的功能协同。

---

① 参见(2020)赣71行终87号、(2019)赣71行初51号、(2020)赣71行初8号。
② 参见(2021)赣行申147号、(2020)赣行终128号、(2020)赣行终373号。

四、行政诉讼费用制度融入审级职能改革的协同路径

(一) 总体原则：明确不同诉讼程序的功能位阶

审级职能改革明确了不同诉讼程序应实现的审级效能。行政诉讼费用制度要融入审级职能改革，首先就要结合审级职能考量行政诉讼费用制度各功能在不同诉讼程序中的配置与平衡问题，明确不同诉讼程序行政诉讼费用的功能位阶。

基于一审明辨是非、定分止争的职能定位，在一审程序中，行政诉讼费用制度的诉权保障是首要功能，因此诉讼费用标准不能过高，仍应坚持较低的准入门槛，满足群众对司法解纷的需要，让人民群众打得起官司。同时也要注意凸显其他非诉纠纷解决途径尤其是行政复议化解行政争议的内在优势，引导行政纠纷向非诉解纷机制流动，发挥程序引导作用和案件调节功能。因此，就一审而言，行政诉讼费用制度应当优先保障诉权，注重发挥程序引导功能，同时兼顾抑制滥诉和调节案件功能。

二审重在有效终审，二审程序中，行政诉讼费用制度应当在诉权保障、治理"程序空转"、维护裁判既判力方面发力，重点发挥保障上诉权和案件调节功能。因二审裁判的终局性，二审程序设置更加注重对一审程序的监督，也更加注重上诉权的保障，即当事人对一审裁判不服的，应当具有要求上级法院重新审理的权利。因此，二审的诉讼费用制度不能在当事人行使上诉权的道路上设置额外、更高的门槛，应与一审保持一致。就二审而言，行政诉讼费用制度应当在保障上诉权的基础上，发挥调节案件功能，同时兼顾抑制滥诉和程序引导功能。

再审重在解决依法纠错、维护裁判权威。此次审级职能改革通过限缩向最高人民法院申请再审的事由与范围，及完善向最高人民法院申请再审的标准与程序，一方面将大量的再审审查任务移交给了高级人民法院；另一方面，强化了最高人民法院"择案而审"的能力，构建分级分层的再审之诉，改善当前行政案件普遍申请再审而呈现的"上重下轻"的"倒挂"态势和"上浮"现象，调整四级法院案件"同质化"结构。再审程序中，应注重对随意申请再审的制约，增加申请人申请再审的司法成本，防止"低门槛""零成本"的制度设计制约再审功能的发挥，同时又要联动最高人民法院"择案而审，审理一件，指导一片"的新型审判监督指导机制。因此，在再审程序中，行政诉讼费用制度应以为高级人民法院过滤没有错误的案件，筛选出真正的错案，实现高级人民法院统一裁判尺度的功能和为最高人民法院提供"有案可审"，实现最高人民法院统一法律适用的功能为价值旨归。

(二) 具体举措：建立"倒金字塔型"收费模式

1. 适度提高行政诉讼费用交纳标准与规范司法需求的有机协同。

(1) 继续沿用按件收费模式。《诉讼费用交纳办法》规定行政诉讼采用按件收取模式，区别于民事诉讼按件收费、按金额浮动收费并存的混合模式，开启了独立探索符合行政诉讼特点的收费模式之路。这主要是基于行政诉讼的特殊性，考虑被诉行政行为及行政诉讼类型化特征，大部分行政诉讼案件鲜有具体争议金额，且即使在行政协议案件中有争议金额，该争议金额也与被诉行政行为是否合法的结果紧密相关。鉴于审级职能改革下一审的首要审级职能仍然是保障诉权，因此应继续沿用按件收费模式，区别行政诉讼与民事诉讼收费按诉讼标的浮动收费基准，切实减轻人民群众行政诉讼负担，继续彰显司法为民理念。

（2）结合行政案件案由建立诉讼费用"二元"交纳标准。

①适度提高行政诉讼费用一般交纳标准。诉讼费用交纳标准作为启动诉讼程序的"入场券"，其标准的高低及是否适应社会经济发展态势直接影响着人民群众的司法需求。司法为民理念的有效彰显并非一味简单地降低诉讼费用交纳标准，而应在确保人民群众都能负担得起的基础上，科学合理制定交纳标准。行政诉讼费用制度要融入审级制度，助力发挥审级效能，首先要适度提高交纳标准。理由主要有以下四个方面：

一是更好实现行政诉讼立法目的的需要。化解争议、保护权利、监督权力是行政诉讼的三大目的，其中监督权力是基础，保护权利是根本，化解争议是目的。①原告提起行政诉讼的目的，在于让受到行政行为侵害的合法权益得到恢复、补偿或者赔偿，故从本质上来说，行政诉讼仍是利益之诉。② 因此，当事人提起行政诉讼必然要考量诉讼成本与诉讼收益。因滥用诉权现象在行政诉讼领域表现较为突出，为此，《最高人民法院关于审理行政赔偿案件若干问题的规定》（以下简称《若干规定》）专门明确在保障当事人依法合理行使诉权的基础上，要严格规制恶意诉讼和无理缠诉等滥诉行为，防止当事人行使诉权偏离《行政诉讼法》的规定和立案登记制改革的精神实质。③ 适度提高行政诉讼收费标准，设置适当的诉讼费用收费门槛，能进一步引导当事人理性诉讼和释放司法效能，更好地实现行政诉讼的立法目的。

二是提高收费标准并不当然制约当事人诉权行使。诉讼费用制度是一个系统的制度，除了收费标准外还有诉讼费负担机制、司法救助制度等，提高收费标准并不当然减损当事人的诉讼权利，尤其对理性诉讼、敬畏司法、尊重裁判的当事人而言更是如此。如符合司法救助条件的，无论是否提高收费标准，均会纳入司法救助范畴，缓、减、免交诉讼费用。诉讼费用的适度提高，更主要的是为了让当事人规范行使行政诉权，理性启动诉讼程序。

---

① 参见郭修江：《以行政行为为中心的行政诉讼制度——人民法院审理行政案件的基本思路》，载《法律适用》2020 年第 17 期。

② 参见郭修江：《以行政行为为中心的行政诉讼制度——人民法院审理行政案件的基本思路》，载《法律适用》2020 年第 17 期。

③ 参见《最高人民法院行政审判庭负责人就〈关于审理行政赔偿若干问题的规定〉答记者问》，载最高人民法院官网。

三是顺应非诉解纷机制挺在前面的要求。当前，行政复议作为新时代化解行政纠纷主渠道的功能定位已然明确。① 鉴于人民群众对行政复议公正权威的质疑和行政诉讼成本低廉，过度依赖行政诉讼，无法凸显行政复议审查监督更彻底和零成本化解行政争议的内在优势，因此行政复议化解行政争议的"前哨站"和"隔离带"功能尚未充分发挥，诉讼救济仍然是化解行政争议的主渠道。提高行政诉讼费用交纳标准，鼓励人民群众将纠纷及时导入复议程序，发挥复议制度化解行政争议的内在优势，激活诉源治理和多元解纷的活力。

四是融入审级职能定位的需要。随着部分行政案件管辖下沉的审级职能改革试点和行政诉讼被告主体资格进一步厘定，大量的行政争议进一步下沉，基层法院人案矛盾将会更加凸显。行政诉讼因高上诉率和申请再审率，② 案件上浮明显，尤其是对高级人民法院来说，除了要审理相当数量的行政二审案件和本身向其申请再审的再审审查案件外，还要审理大量向最高人民法院申请再审的再审审查案件，高层级法院的人案矛盾也将进一步凸显。如不从诉讼入口端有效规范司法需求，引导人民理性行使行政诉权，不仅无法实现基层法院化解矛盾的职能定位，同时也制约着中级法院、高级法院审级功能的发挥，案件同质化问题仍会明显存在，审级结构极易转向"漏斗型"结构，四级法院仍无法有效实现其应然职能。

在提高收费标准时，既需要考量行政审判的显性成本，体现行政诉讼费用交纳数额与行政诉讼资源消耗的相当性，同时又需要结合当前经济发展指数凸显行政诉讼费用制度和审级制度诉权保障的基本功能。对此，可通过恩格尔系数③、消费者物价指数④和居民人均可支配收入⑤等三个体现经济发展形势和人民群众收入指数为参考，合理确定如何提高行政诉讼费用交纳标准。首先就恩格尔系数来说，以2006年和2021年为对比，2006年农村居民家庭恩格尔系数从43%下降到32.7%，城镇居民家庭恩格尔系数从35.8%下降到28.6%，下降幅度为24%和20%。这表明居民有更多的收入用于非食品性消费，全国居民家庭富足程度明显提高。其次就消费者物价指数来说，近五年居民消费价格均比上一年度上涨0.9%~2.9%。⑥ 最后，就居民人均可支配收入来说，同样以2006年和2021年为对比，农村居民人均可支配收入从3587元上涨到18931元，城镇居民人均可支配收入从11759元上涨到47412元，⑦ 分别增长5.28倍、4.03倍。行政诉讼50元交纳标准占农村居民人均可支配

---

① 中共中央、国务院印发《法治政府建设实施纲要（2021—2025年）》，明确指出要全面深化行政复议体制改革，发挥行政复议化解行政争议主渠道作用。
② 近四年，从全国行政诉讼上诉和申请再审情况来看，上诉率达49.5%，申请再审率达22%。数据来源：最高人民法院2018—2021年全国法院司法统计公报。
③ 恩格尔系数是食品支出总额占个人消费支出的比重，是用来衡量家庭富足程度的重要指标。
④ 消费者物价指数是反映与居民生活有关的消费品及服务价格水平的变动情况的重要指标。
⑤ 居民人均可支配收入是居民可用来自由支配的收入，标志着居民的购买力。
⑥ 居民消费者价格指数在3%以下则在合理期限内，说明物价涨幅与经济发展水平相适应。
⑦ 数据来源：《中华人民共和国2021年国民经济和社会发展统计公报》，载国家统计局网，www.stats.gov.cn，最后访问时间：2022年5月15日。

收入的比例从1.3%下降到0.26%，占城镇居民人均可支配收入的比例从0.43%下降到0.11%。根据上述数据，以当前农村和城镇人均可支配收入为基数和2006年行政诉讼费用占比为比例，当前行政诉讼应当交纳的诉讼费用应为204元至246元。从人均可支配收入的增长幅度来看，15年总共增长4.5倍，因此未来15年根据2006年行政诉讼费用占比的比例，行政诉讼费用应为1022元左右。在全国居民家庭富足程度明显提高、物价上涨幅度与经济发展水平相适应的整体向上向好的经济发展形势下，行政诉讼费用交纳标准应结合居民人均可支配收入增长的趋势，适度提高交纳标准。为适应今后经济发展形势和居民人均可支配收入的增长幅度，在保障诉权的基础上，又能适当发挥诉讼费用规范司法行为的作用，行政诉讼费用交纳标准调整到500元较为合理。

②建立特殊情形下特殊的诉讼费用交纳标准。如前所述，当前的行政诉讼费用制度滥用诉权过滤不足，不理性行使行政诉权行为在行政诉讼领域日益增多。要使行政诉讼费用制度融入审级职能改革达到规范人民群众司法需求的目的，除了要适度提高一般行政诉讼案件的诉讼费用交纳标准，同时还需要对行政诉讼滥用诉权高发、频发的案件类型有所考量和回应。可结合《最高人民法院关于行政案件案由的暂行规定》（以下简称《暂行规定》）明确的二级案由，[①] 明确特殊情形下行政诉讼费用交纳标准。在《暂行规定》的22类二级案由中，政府信息公开、行政复议和不履行职责之诉是当事人滥用诉权的高发区。诚然，相较于其他行政案件，虽然上述行政案件审理相对简单，但鉴于此类案件是少数当事人滥用诉权的高发领域，数量多，严重挤占和浪费了司法资源，影响司法权威。为凸显诉讼费用制度的抑制滥诉功能，有必要设置特殊的诉讼费用交纳标准，提高当事人的诉讼成本，以抑制其非理性的司法需求。同时，也要注意并非所有政府信息公开、不履行法定职责等案件的当事人都是滥用诉权，还需要根据《若干规定》的相关规定，从当事人及其近亲属提起诉讼的数量、周期、目的以及其是否具有正当利益等角度进行综合考量，以年度为周期、关联性为维度，综合当事人提起诉讼是否涉及征迁领域、是否有签订相关安置补偿协议、是否有就具体征迁行为提起过诉讼。对于一年内提起5件以上且与征地拆迁关联不大的案件，可认定属于滥用诉权、恶意诉讼，2倍收取诉讼费，提高当事人的诉讼成本抑制其非理性司法需求。

（3）根据矫正因素最终确定行政诉讼一审受理费用。在明确了行政诉讼费用"二元"交纳标准后，一审的行政诉讼费用交纳数额还需要根据适用程序情况、调撤情况和裁判情况等矫正因素最终确定。如行政案件适用简易程序进行审理，减半收取诉讼费用；如一审调撤的，充分发挥撤诉案件减半收取诉讼费用的传统优势，按照现有诉讼费用制度中调解或撤诉减半收取规定，也减半收取诉讼费用。因行政

[①] 《暂行规定》明确行政案件案由按照被诉行政行为确定，并将行政案件案由分为一级案由、二级案由和三级案由，其中二级案由基本涵盖了所有被诉行政行为类型。

诉讼费用以按件方式收取，为防止一个行政案件中出现多种减半收取诉讼费用情况导致数次减半后实际收取的诉讼费用过低，无法发挥诉讼费用杠杆功能，因此，一个行政案件减半收取一次为宜。（见表1）

表1 一审行政诉讼费用交纳办法建议稿

案由	诉讼费用交纳模式	诉讼费用交纳标准	诉讼费用交纳标准矫正因素	最终负担数额	负担方
行政处罚、行政强制措施、行政强制执行、行政许可、行政征收或者征用、行政登记、行政确认、行政给付、行政允诺、行政征缴、行政奖励、行政收费、行政批复、行政处理、行政裁决、行政协议、行政补偿	按件收费	500元	适用程序或调撤情况	普通程序：全额收取 简易程序：减半收取 调撤：减半收取 未调撤：全额收取	败诉方
政府信息公开、行政复议、不履行职责	按件收费	1000元	年度提起政府信息公开、行政复议、不履行法定职责5件以上（含本数）且与实质争议关联度不高的	普通程序：全额收取 简易程序：减半收取 调撤：减半收取 未调撤：全额收取	败诉方
		500元	除上述情况外，按照一般交纳标准收取	适用程序或调撤情况	
备注：一个案件减半收取一次，不累计减半					

2. 完善行政诉讼上诉收费机制与发挥审级梯次过滤的有机协同。审级职能定位改革着眼于构建梯次过滤、层级相适的案件分布格局，推动纠纷分层解决，使绝大部分案件在基层法院化解、部分案件在中级法院解决、少量案件在高级法院纠错。在行政诉讼中，无论是裁定类还是判决类结案的案件，一审法院一旦作出相应裁判，对裁判结果不利的一方当事人或基于裁判结果的有限理性"偏见"或基于依法行政及行政机关败诉率的考量，往往发生上诉，一审的服判息诉率较低，高层级法院也陷入疲于办案中，审级梯次过滤不足。因此，为有效规制滥用上诉权、保障一审有效实质解纷，在完善行政诉讼费用制度时，还需要对上诉费用进行有效规制，使诉讼费用的功能向案件梯次上升端发力，实现与审级制度梯次过滤纠纷的有机协同。

（1）有效规制裁定类案件上诉。《诉讼费用交纳办法》对裁定不予立案或驳回起诉程序性处理上诉案件规定不缴纳二审受理费用。不收取上诉费的制度设计，让原本对较高层级法院抱更大发改希望的当事人能够"零成本"启动上诉程序。虽然程序性处理案件未对当事人诉争的行政行为是否合法作出认定，但一个案件从进入法院开始，就已经开始消耗司法资源了。实践中，对于程序性处理案件，法院均会与当事人详细释法明理并建议其正当行使诉权，但鉴于此类案件"零"上诉成本，当事人撤诉的积极性非常低，最后二审不得不依法作出程序性处理，严重浪费了司法资源。综合考虑当事人未获得裁决其实体权益的判决，但又存在司法资源消耗、发改率低的客观实际，二审应对行政诉讼"程序空转"现象作出回应，明确程序性处理案件与其他行政案件一样，均应预交二审诉讼费用，适度增加当事人的司法成本，防止当事人对司法资源的非理性消费行为。在具体的制度设计上，注重鼓励不上诉、有效规制上诉和鼓励二审撤诉，精细化设置撤回上诉的时间与二审诉讼费用收取问题。

（2）审慎规制判决类案件上诉。实体判决，不仅是对当事人实体权益的裁判，而且是人民法院作出的解决纠纷的方案。对于判决类案件上诉的，应结合一审裁判类型和行政机关违法行政行为的违法性程度，在保障上诉权益的基础上，同时发挥诉讼费用抑制滥诉的功能。因此，对于一审裁判驳回诉讼请求的上诉案件，上诉费应按一审标准收取；对于一审判决撤销行政行为或责令履行法定职责等行政机关败诉的上诉案件，为推动纠纷在一审得以尽快解决，增加行政机关违法成本，助推依法行政，及时兑现行政相对人的胜诉权益，上诉费应按照一审诉讼费用的2倍进行收取。另外，对于确认行政机关强制拆除房屋违法、强制清除地上附着物违法两类违法较为普遍、危险性大且矛盾尖锐的上诉案件，按一审诉讼费的3倍收取上诉费。

（3）利用减半规则合理矫正二审费用负担。与一审适用程序情况、调撤情况矫正一审诉讼费用一致，二审还需要结合二审的裁判结果来矫正最终二审的诉讼费用负担。如当事人上诉后，二审认定原审裁判正确，驳回上诉，则预收的二审诉讼费用和一审诉讼费用均不予退还；如二审审理认为原审裁判错误，撤销原审裁判并指令继续审理或立案受理的，预收的诉讼费用予以退还，待继续审理和立案受理后的裁判结果，最终确定预交的一审诉讼费用的负担问题。（见表2）

表2　二审行政诉费用交纳办法建议稿

一审一级结案方式	一审二级结案方式	交纳模式	上诉费用交纳标准	交纳标准矫正因素	最终负担数额	负担机制
判决	驳回诉讼请求	按件收费	按一审标准交纳	适用程序及调撤情况	普通程序：全额收取。简易程序：减半收取。调撤：上诉立案受理之日起10日内撤诉，全额退还二审受理费；上诉立案受理10日以上撤诉，减半受理二审受理费	败诉方
判决	撤销	按件收费	按一审标准交纳	适用程序及调撤情况		败诉方
判决	继续履行、采取补救措施或赔偿损失	按件收费	按一审2倍标准交纳	适用程序及调撤情况		败诉方
判决	履行给付	按件收费	按一审2倍标准交纳	适用程序及调撤情况		败诉方
判决	确认无效	按件收费	按一审2倍标准交纳	适用程序及调撤情况		败诉方
判决	变更	按件收费	按一审2倍标准交纳	适用程序及调撤情况		败诉方
判决	确认违法	按件收费	确认强制拆除房屋或者设施、强制清除地上物的，按一审3倍标准交纳	适用程序及调撤情况		败诉方
判决	确认违法	按件收费	除上述情形外，按一审2倍标准预交	适用程序及调撤情况		败诉方
裁定	不予立案	按件收费	500元		上诉立案受理10日内撤诉，全额退还预交上诉费	指令立案受理，上诉费予以退还；驳回上诉，上诉人负担
裁定	不予立案	按件收费	500元		上诉立案受理10日至20日申请撤回上诉，退还上诉费一半	指令立案受理，上诉费予以退还；驳回上诉，上诉人负担
裁定	驳回起诉	按件收费	一审预交起诉费暂不退还，同时比照一审收费标准预交上诉费	撤回上诉情况	上诉立案受理之日起10日内申请撤回上诉，一、二审案件收费全部予以退还	指令继续审理的，一、二审案件受理费予以退还；驳回上诉的，一、二审案件受理费由原告及上诉人负担
裁定	驳回起诉	按件收费	一审预交起诉费暂不退还，同时比照一审收费标准预交上诉费	撤回上诉情况	上诉立案受理之日起10日至20日申请撤回上诉，一审受理费不予退还、二审予以退还	指令继续审理的，一、二审案件受理费予以退还；驳回上诉的，一、二审案件受理费由原告及上诉人负担
裁定	驳回起诉	按件收费	一审预交起诉费暂不退还，同时比照一审收费标准预交上诉费	撤回上诉情况	上诉立案受理之日起20日至30日及以上申请撤回上诉，一审受理费不予退还、二审减半收取	指令继续审理的，一、二审案件受理费予以退还；驳回上诉的，一、二审案件受理费由原告及上诉人负担

备注：一个案件减半收取一次，不累计减半

3. 建立申请再审预收费机制与凸显再审有效监督的有机协同。（见表3）当前，在审判监督程序中，已进行了再审诉权化改造，构建了"再审之诉"。这不仅为当事人再审诉权的行使提供了制度保障，也为申请再审预收费提供了理论支持。因为不管是一审诉讼程序、二审诉讼程序，还是再审诉讼程序，其共同点就是这些程序的启动是基于当事人的一种广义诉权和诉讼请求。① 既然当事人启动一审诉讼程序、二审诉讼程序需预交案件受理费，那么启动再审程序也应预交案件受理费。应建立申请再审预收费机制，以维护生效判决既判力、支持判决实质解纷力和维护诉讼程序秩序，阻断当事人"零成本"进入再审程序。

（1）明确并提高申请再审预缴费标准。案件经过一审和二审后，已经充分保障了当事人的诉权，再审的功能定位是依法纠错和有效监督。从比较法视域看，域外部分国家或地区对于再审之诉受理费用实行差异化收费，以彰显再审之诉的特殊职能定位。如德国对于再审阶段的诉讼费用实行"倍增"制度，日本区分不同的裁判类型应交纳差异化的受理费用，我国台湾地区则区分专属层级法院的管辖情况，规定是否另行加征诉讼费用。② 为充分发挥调节人案矛盾和抑制滥诉功能，凸显再审有效监督和统一法律适用职能，申请再审预收费标准以二审上诉费用交纳标准为基准，预交2倍的二审诉讼费用作为再审申请费用，让再审制度回归特殊救济程序的定位。

（2）结合再审审查的裁判结果决定是否退还预交的再审申请费用。如再审申请被驳回，说明生效裁判正确，预交的再审申请费用不予退还，以抑制"申请再审权滥用"现象。如决定再审的，说明生效裁判存在认定事实不清、适用法律错误或程序严重违法等情况，为凸显再审有效监督的职能，因再审审查指令或指定再审增加的司法成本应由法院负担，预交的再审申请费予以退还；但决定再审事由系当事人自身原因的除外。如因未上诉申请再审后指令或指定再审的，预交的再审申请费则不予退还。对有新的证据和据以作出原判决、裁定的法律文书被撤销或者变更的，暂不退还。同时，鉴于当事人申请再审往往依据多个事由，如决定再审的事由既有新的证据或裁定的法律文书被撤销或者变更的，同时还存在其他法定事由时，鉴于即使不存在上述两种情形，也会决定再审，此时根据是否存在其他不予退还再审申请费用的法定事由来决定是否予以退还。

---

① 张卫平：《民事再审：基础置换与制度重构》，载《中国法学》2003年第1期。
② 《德国法庭费用法》对当事人收取的法庭费用，根据审级程序的不同依次递增，一审收费系数是3，二审收费系数是4，三审收费系数是5。参见王忠伟、冉崇高：《我国诉讼费用制度改革的理论与实务问题研究》，法律出版社2016年版；[日]新堂幸司：《新民事诉讼法》，林剑锋译，法律出版社2008年版，第671页；杨建华：《民事诉讼法要论》，北京大学出版社2013年版，第115页。

表 3　申请再审诉讼费用交纳情况

申请再审费用交纳模式	申请再审费用交纳标准	再审事由	诉讼费用交纳标准矫正因素及负担	负担机制			特别规定
				启动再审	驳回再审申请		
					申请再审或不支持检察监督	驳回再审申请后启动检察监督或依职权再审	
按件收费	按二审2倍标准交纳（未提出上诉，判决、裁定或调解书生效后又申请再审，按一审2倍标准交纳）	不予立案或者驳回起诉确有错误的	适用程序及撤回申请情况	予以退还	申请人负担	予以退还	(1) 未上诉申请再审后启动再审程序的，不予退还申请费；(2) 多个法定再审事由同时存在时，只要存在一个退还申请费用的情形，均予退还；(3) 最高人民法院受理的再审申请，退还申请费
		有新的证据，足以推翻原判决、裁定的		暂不退还。再审改判由败诉方负担，再审维持由申请人负担			
		原判决、裁定认定事实的主要证据不足、未经质证或者系伪造的	普通程序：全额收取；简易程序：减半收取；撤回：减半收取；未撤回：全额收取	予以退还			
		原判决、裁定适用法律、法规确有错误的		予以退还			
		违反法律规定的诉讼程序，可能影响公正审判的		予以退还			
		原判决、裁定遗漏诉讼请求的		予以退还			
		据以作出原判决、裁定的法律文书被撤销或者变更的		暂不退还。再审改判由败诉方负担，再审维持由申请人负担			
		审判人员在审理该案件时有贪污受贿、徇私舞弊、枉法裁判行为		予以退还			

备注：一个案件减半收取一次，不累计减半

（3）最高人民法院决定受理申请再审的，退还再审受理费。根据《最高人民法院关于完善四级法院审理职能定位改革试点的实施办法》的规定，最高人民法院受理的申请再审案件，一是再审申请人认为适用法律有错误，二是原判决、裁定经高级人民法院审判委员会讨论决定报请最高人民法院的。实践中，这两类案件总体数量不大，且并非符合上述两个条件之一必然由最高人民法院审查，最高人民法院认为存在事实不清、程序违法或不具有法律适用指导意义的仍可以移交给高级人民法院审查。因此，经过高级人民法院初步筛查，最高人民法院决定受理的再审申请总体数量并不会很大。为了给最高人民法院提供更多的有效案件供给，突出个案在解决法律分歧、填补法律漏洞、确立裁判规则、统一法律适用方面的功效，对最高人民法院决定受理的再审申请案件，无论裁判结果如何，预收的再审受理费均予以退还。

结　语

四级法院审级职能改革旨在发挥四级法院应然职能。行政诉讼的审级效能并未得以充分发挥，四级法院的案件同质化现象仍然突出。行政诉讼费用制度事关当事人提起诉讼的司法成本，在规范司法需求方面一直发挥隐而不彰的功能性作用。完善行政诉讼费用制度，应在保障诉权的基础上，从诉讼入口端发力，充分发挥行政诉讼费用的杠杆功能作用，规范当事人依法行使行政诉权，使行政诉讼费用制度融入审级职能改革，发挥与审级制度整体增强的协同效用。

从"分离"到"回归"：跨域管辖行政案件融入诉源治理的巡回审判路径选择与结构重塑

——以 N 铁路法院巡回审判实践为样本

南昌铁路运输中级法院　郑　怡

南昌铁路运输法院　石春芳

引　言

自 1989 年《行政诉讼法》颁布以来，我国行政诉讼管辖制度即开始了规则创制的不断探索——从借鉴民事诉讼"原告就被告"管辖到提级管辖、异地管辖的探索；从相对集中管辖到跨域管辖的探索。[①] 建立与行政区划适当分离的司法管辖制度优势在于减少地方行政干预，助推政府依法行政，促进裁判标准统一。但是，由于缺乏地缘优势，跨域管辖法院在实质化解纠纷方面受到掣肘，行政诉讼成本增加、跨域管辖法院与诉源地沟通不畅等问题也日益凸显。应该说，跨域管辖法院及诉源地法院在管辖问题上各有优劣。

《人民法院第五个五年改革纲要（2019—2023）》提出，"完善'诉源治理'机制，坚持把非诉讼纠纷解决机制挺在前面，推动从源头上减少诉讼增量"。考虑到自身短长，在行政审判领域"与行政区划适当分离"的管辖制度已初步建立的情况下，跨域管辖法院如何打破地域屏障壁垒，"回归诉源地"实质化解行政纠纷，是亟待解决的问题。各地跨域管辖法院对此展开探索，在改革实践中，有一项重要内容即是推进巡回审判制度改革。[②] 不少法院除常态化开展巡回审判工作外，还在诉源地设有巡回审判点或巡回审判法庭，这些巡回审判点或巡回审判法庭除进行个案审判外，往往还兼具诉源治理及多元化解职能。但鉴于跨域管辖法院与诉源地行政区划分离，其巡回审判制度与一般法院有极大区别。本文将跨域巡回审判作为统

---

① 本文所述"跨域"指的是"跨行政区划"。具体指的是跨县（区）、跨市、跨省等。
② 法学界对"巡回审判"并未下明确定义。有学者认为："'巡回审判'是一个概念模糊的描述，就其最简单的含义来讲，只要有法官在不固定的地点听审诉讼，就可以称之为巡回审判。"参见何勤华、王帅：《中世纪英格兰的巡回审判：背景、制度以及变迁——兼论我国巡回审判制度的构建》，载《法律科学（西北政法大学学报）》2015 年第 2 期。本文在巡回审判的定义方面采用此处观点。

合新时代行政审判内外里表职能的一个观察和时间窗口,以 N 铁路法院实践为样板,① 运用社会学结构功能主义分析方法,对跨域巡回审判融入诉源治理这一议题进行思考,以期厘清跨域管辖法院在行政诉讼管辖制度中的角色及定位。

一、样板:N 铁路法院行政案件跨域巡回审判制度设计

根据 J 省高级人民法院的决定,2017 年 10 月 1 日起,N 铁路法院开始跨区划管辖 A、B、C 三市一审行政案件。为践行便民举措,融入诉源治理,实质化解争议,N 铁路法院在巡回审判模式方面进行了诸多实践探索。

同时,为了更深入理解和展现样本特点,本文借鉴社会学结构功能主义分析方法。结构功能主义代表人物帕森斯认为,任何社会系统存续、发展须满足四种功能。(1) 适应功能,即系统必须有能力从外部环境摄取生存资源并分配给各个部分;(2) 目标实现功能,即系统必须具有一定目标,并且能够调动资源以实现其目标和定出优先次序;(3) 统一功能,即系统必须把各组成部分协调配合成一个功能总体;(4) 模式维持功能,即系统的过程必须按一定规范连续地进行,并且能够缓和其内部的紧张状态。② 本文对样本研究亦密切关注行政案件跨域巡回审判制度功能与结构的关系,尝试从功能价值、机构设置、角色定位、资源统筹四方面进行分析。如果将跨域巡回审判视为不断存续、演变、发展的行动系统,则其需要在资源统筹方面满足适应功能、在价值追求方面满足目标实现功能、在角色定位方面满足统一功能、在机构设置方面满足模式维持功能。

(一) 功能价值追寻"三效统一"

功能指的是一定组织或者体系发挥的作用,以及为发挥作用而进行的一整套任务、活动与职责。③ 在功能价值层面,N 铁路法院巡回审判工作坚持既方便人民群众诉讼,又便利人民法院依法独立、公正、高效行使审判权的原则;把当地群众司法获得感和满意度作为衡量巡回审判工作成效的重要标准,充分关注群众对司法过程和司法结果的评价,追求政治效果、法律效果、社会效果的有机统一,提高司法公信力。④ 就是说,巡回审判在价值功能层面既追求个案公平和正义,还兼顾诉讼成本和效益。

---

① 2017 年,J 省 N 铁路法院经省委全面深化改革领导小组会议审议通过,并报请最高人民法院批准,跨市域管辖行政案件,除管辖 N 铁路法院所在地 J 省省会 A 市行政案件外,同时受理邻近 B、C 两市行政案件。另,N 铁路法院上级法院为 N 铁路中院,对 N 铁路法院裁判结果不服可上诉至中院。近三年,N 铁路法院一审行政案件量占据全省案件数量的 20%~30% 左右,因其跨域范围广、行政案件量大,巡回审判实践亦具有一定代表性、独特性、创新性,本文选择 N 铁路法院样本作为研究对象。
② [美] 塔尔科特·帕森斯、尼尔·斯梅尔瑟:《经济与社会》,刘进、林午、李新、吴予译,华夏出版社 1989 年版,第 2 页。
③ [法] 莫里斯·迪韦尔热:《政治社会学——政治学要素》,杨祖功、王大东译,东方出版社 2007 年版,第 180 页。
④ 参见《N 铁路法院行政诉讼巡回审判实施方案》。

（二）机构设置逐步增设完善

在行政案件跨域巡回审判机构设置及运行上，N铁路法院历经了三个阶段的发展过程，机构设置从服务审判扩张至纠纷化解并最终在诉源地与当地政府搭建起诉源共治平台。（见图1）

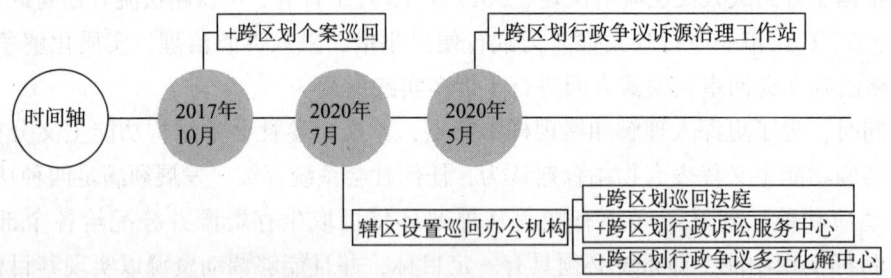

图1 N铁路法院机构跨域巡回机构设置时间轴

第一阶段（2017年10月至2020年7月），该阶段未形成巡回审判常态化模式，巡回审判主要就个案情况具体分析，依赖法官对所收案件进行类型化分析筛查，将个别群体性案件、争议较大的案件、当事人众多的案件、有信访舆情的案件放在诉源地处理，在方便当事人诉讼的同时力求得到诉源地政府的支持。第二阶段（2020年7月至2022年5月），N铁路法院在辖区B、C两市异地设置巡回法庭，法庭内设跨区划行政诉讼服务中心、跨区划行政争议多元化解中心，承担行政审判、诉讼服务、多元化解三大职能，在巡回法庭设立的同时规定巡回工作"四本地"工作目标和"四必巡"工作方案。"四本地"工作目标与巡回工作方式密切相关，系"本地立案""本地开庭""本地协调""本地化解"；"四必巡"规范巡回案件类型，将"原告为老弱病残""重大权属纠纷""群体性纠纷""社会关注度高"的四类案件纳入巡回审判范围。（见图2）第三阶段（2022年5月至今）进一步扩张巡回功能，依托巡回法庭设立行政争议诉源治理工作站，建立争议预防、非诉在前、裁判终局的工作体系，搭建法院与诉源地政府诉源治理基本框架。

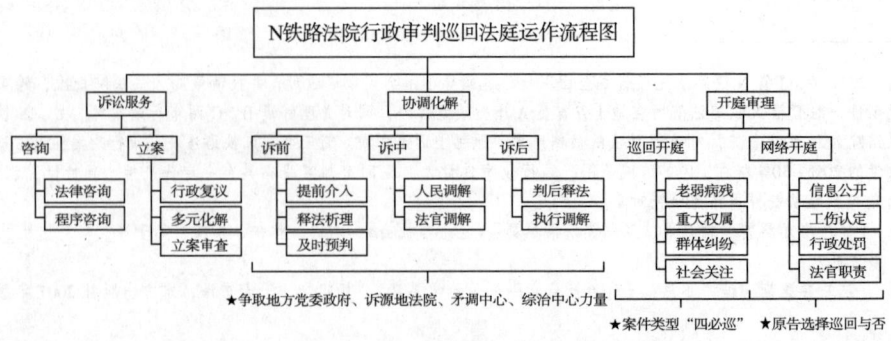

图2 N铁路法院行政审判巡回法庭运作流程图

(三) 角色定位参与诉源治理

在巡回法庭角色定位上，N铁路法院在巡回审判模式创建之初的个案审判的基础上，逐步延伸审判职能，将跨域巡回审判职能从"审理裁判""定分止争"扩张至"纠纷实质化解""诉源治理""社会治理"等。上文所述"行政争议诉源治理工作站"即是延伸审判职能之产物。主要做法体现在：一是从"单打独斗"到"多方参与"，充分发挥非诉机制功能，实现行政复议、仲裁、行政调解、人民调解等多渠道解纷，把矛盾纠纷吸附在当地并化解在初始阶段。二是从"坐庭审判"到"深入走访"，充分考量社情民意，前往当地调研、勘察，尽可能考虑当地民间传统、文化风俗等现实情况，探索跨域行政审判"枫桥经验"。三是从"个案裁判"到"法治引导"。在法庭设置法律咨询服务点，进行诉讼引导及法治宣传。针对辖区各地纠纷特点，定期开展座谈、案件回访及普法活动；坚持司法公开贯穿始终，选取典型案件，邀请地方人大代表、政协委员、党政机关领导、人民调解员旁听庭审，扩大巡回审判效果。

(四) 资源统筹寻求外部支持

在跨域巡回审判资源统筹层面，N铁路法院除充分调动本院专业化审判资源外，还加大力度争取诉源地党政资源及法院资源优势，构建系列配套制度。一是借助诉源地法院人力、财力、物力组建法庭。与其签订行政审判服务协作协议，在人员安排上，引入诉源地法院人民陪审员、人民调解员参与巡回审判，委托诉源地法院在当地聘任行政审判法官助理及书记员；在法庭基础设施建设上，综合考虑辖区地理位置、人口状况、争议特点、案件数量，借用诉源地法院及法庭办公场所及软硬件设施办公。二是借助诉源地党委政府资源优势化解争议。与诉源地政府联合出台跨域府院良性互动机制，加强与三市司法行政部门的常态化沟通，对疑难案件、复杂纠纷共同处理。三是充分运用信息化技术成果，构建跨域巡回法庭与诉源地行政机关、诉源地法院的信息互联系统。通过该信息互联系统，可实现案件异地查询、府院专人对接、远程调解、开庭、会议、协作办公等。(见图3)

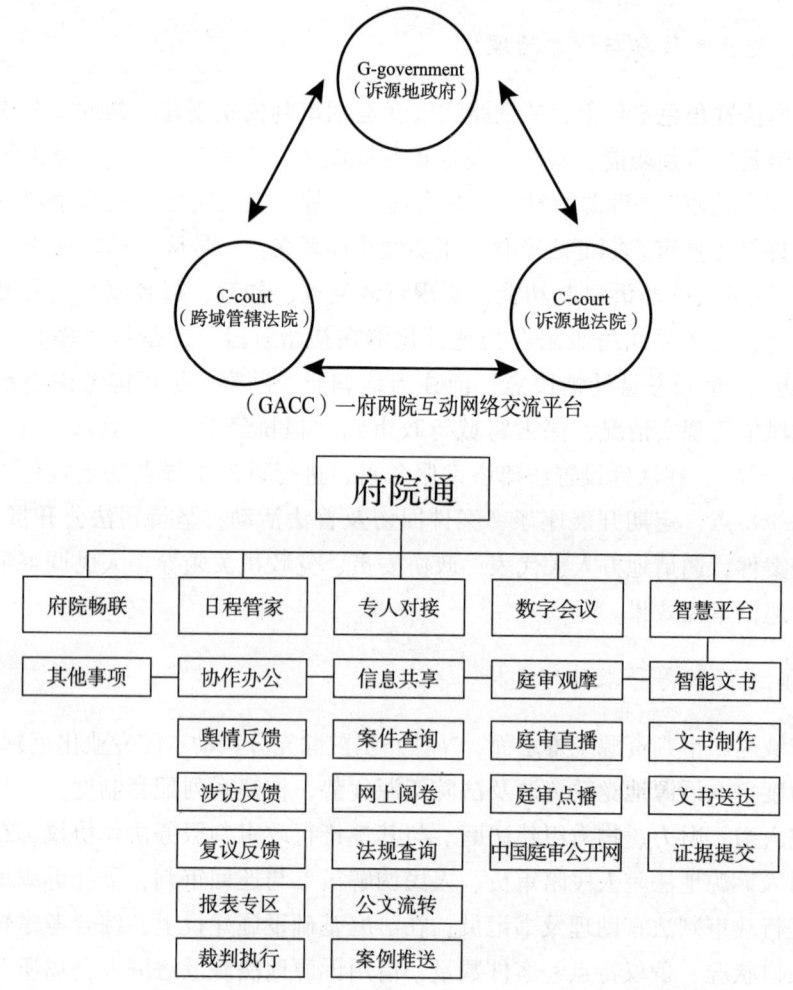

图 3 N 院跨域巡回法庭与诉源地的信息互联系统

二、检视：N 铁路法院跨域巡回审判融入诉源治理的实证分析

N 铁路法院办公地点位于 J 省省会 A 市。2020 年 7 月、9 月，该院分别在 B、C 两市设立行政审判跨域巡回法庭。其巡回审判实践也基本以法庭建立为分水岭，前后有较大区别。现对其 2018—2021 年行政案件跨域巡回审判与参与诉源治理整体情况作数据可视化分析，以结构功能主义为视角对其实践效果进行审视。

（一）N 铁路法院行政案件巡回审判融入诉源治理的效果检视

1. N 铁路法院巡回案件数及诉源地案件数大幅提升。如表 1 所示，N 铁路法院在 B、C 两市诉源地行政案件数量总体呈增长趋势，巡回审理行政案件数量亦逐年增加，2020 年以后，尤其是在 B、C 两市设立行政案件跨域巡回法庭后，行政案件巡回审判数量呈现跨越式增长。同时，巡回案件数占诉源地案件比重不断攀升。

表1 N铁路法院跨域巡回审判案件数量及巡回占比

地域	2018年			2019年			2020年			2021年		
	案件数	巡回数	巡回占比	案件数	巡回数	巡回占比	案件数	巡回数	巡回占比	案件数	巡回数	巡回占比
B市	84件	8件	9.52%	152件	21件	13.82%	123件	34件	27.64%	277件	89件	32.13%
C市	167件	5件	2.99%	132件	13件	9.85%	278件	29件	10.43%	265件	132件	49.81%

数据显示，一方面，在当事人可选择巡回与否的前提下，诉源地解决行政争议和巡回审判工作模式在一定程度上得到了当地群众的认可，满足行政案件个案审判和争议化解的现实需求，跨域巡回审判工作具备紧迫性和必要性。另一方面，如表2所示，在当地常住人口基数变化不大的情况下，案件数量攀升趋势体现诉源治理效果亟待进一步挖掘。

表2 N铁路法院受理两市行政案件数、两市常住人口（万人）情况及二者比率

地域	2018年度			2019年度			2020年度			2021年度		
	案件数/件	人口/万人	比率/%	案件数/件	人口/万人	比率/%	案件数/件	人口/万人	比率/%	案件数/件	人口/万人	比率/%
B市	84	118.67	0.71	152	119.34	1.27	123	120.25	1.02	277	120.21	2.30
C市	167	117.50	1.42	132	118.16	1.12	278	115.44	2.41	265	115.50	2.29

2. N铁路法院个案巡回审判推动诉源治理效果局限。如表3所示，N铁路法院跨域巡回工作方式主要集中为立案、开庭、调查、协调四项内容。从个案审判推进诉源治理的角度看，巡回个案审判从早期的案件筛选、争议化解功能不断扩张，后期巡回审判深入诉源地便利当事人诉讼、节约成本的功能和价值尤为凸显。

表3 N铁路法院跨域巡回审判工作方式统计

年份	巡回立案/件		巡回开庭/件		巡回协调/次		巡回调查/次	
	B市	C市	B市	C市	B市	C市	B市	C市
2018年	0	0	0	0	5	3	2	3
2019年	0	0	0	0	7	4	5	3
2020年	24	5	24	21	19	15	9	8
2021年	52	76	61	122	28	21	19	13

如表4所示，在行政争议实质化解、案件定分止争的几个重要衡量指标当中，

年度数据差异不大。诉前化解数、调撤率、服判息诉率在不同年份间或上升或下降，发展规律不明显。巡回审判质效难以实现质的提升。但应当说明的是，数据统计一定程度上受到集体诉讼及一审服判息诉率计算方式时间差因素的影响；且法院与诉源地政府的有效沟通，分流了本可能进入行政诉讼内的矛盾纠纷。

值得注意的是，行政机关负责人出庭的案件在跨域巡回审判案件中占比较高，且高于 N 铁路法院行政机关负责人出庭的占比数。行政机关负责人出庭应诉率大幅提高，一定程度有效构建起行政机关与当事人间的沟通桥梁，促成了诉源地行政争议实质化解。

表4　N铁路法院跨域巡回审判案件质效指标统计

年份	诉前化解数/件			调撤率			服判息诉率			行政机关负责人出庭率		
	整体	B市	C市	整体	B市	C市	整体	B市	C市	整体	B市	C市
2018年	45	3	2	28.02%	25%	60%	70.12%	50%	60%	19.80%	—	—
2019年	153	2	2	20.43%	33.33%	28.57%	51.58%	62.07%	50%	23%	—	—
2020年	167	5	7	20.14%	26.47%	10.34%	56.03%	47.06%	49%	79.87%	100%	85.71%
2021年	89	8	6	18.05%	17.98%	15.50%	56.62%	56.18%	50.76%	86.90%	95.08%	90.16%

3. N铁路法院巡回职能延伸推动诉源治理效果初显。如表5所示，跨域巡回审判工作对接地方政府社会治理工作并在诉源治理方面作了探索，主要体现在：定期或不定期组织、参与座谈会议分析个案问题或纠纷态势；对审理终结的案件进行跟踪回访，总结归纳；对审判中发现的行政机关存在的问题向政府及有关部门发送司法建议或工作建议；按照当事人实际需求进行释法明理工作或有目的、有针对性地结合诉源地纠纷特点开展巡回普法。从巡回工作延伸职能参与诉源治理的情况看，法院向内挖掘潜力，参与诉源共治、社会治理的深度及广度在不断增强。

表5　行政案件跨域巡回工作参与社会治理情况统计

年份	联席座谈/次		定期回访/次		司法建议/次		工作建议/次		巡回普法/人	
	B市	C市	B市	C市	B市	C市	B市	C市	B市	C市
2018年	3	3	1	1	2	1	1	1	0	0
2019年	6	5	1	1	1	2	3	4	0	0
2020年	11	7	2	2	5	4	5	8	78	46
2021年	23	19	2	2	5	6	7	9	195	177

（二）结构功能主义下跨域巡回审判融入诉源治理的困境思考

在帕森斯结构功能主义视域下，如使行政案件跨域巡回审判参与诉源治理获得最大成效，其在功能价值、机构设置、角色定位、资源统筹四方面应整体均衡、自我调节、相互支持、逻辑自洽。总的来说，行政案件跨域巡回审判在诉讼内应通过推进专业化审判、优化组织系统实现案件定分止争、争议实质化解、监督政府依法行政；诉讼外则应通过加强沟通协调实现源头化解纠纷、促进法治理念形成。但通过检视发现，N铁路法院跨域巡回审判融入诉源治理进程中在诉讼内、外两方面四维度面临困境。

1. 功能偏重：经济效益为主，专业挖潜较少。在跨域巡回法庭构建后，巡回审判功能向便捷、经济集中，在深化诉源治理、推进行政争议的实质化解上成效并不显著。究其原因在于，伴随跨域巡回案件数量的增多，跨域巡回审判工作在一定程度上弱化了对案件类型化的过滤和筛选，使巡回审判质效不如预期，即使在制度设计之初有"四必巡"之规定，但运用起来不如法官根据案情筛选更为灵活、机动、合理。也可以说，过度追求巡回审判率一定程度上造成司法资源的浪费，无法实现巡回审判效益的最大化。另外，作为行政案件专门管辖法院，跨域巡回审判未能从推进审判专业化角度作制度考量，稍显遗憾。

2. 机构设置：组织架构单一，运行规范失效。跨域巡回法庭设有跨区划行政诉讼服务中心、跨区划行政争议多元调解中心、诉源治理工作站。虽制定文件确定工作规则与流程指引，但比较宽泛，存在组织架构虚置、运行规范欠缺等问题。例如，巡回审判案件的类型选择上具有较大随意性，机制设置之初"四必巡"未贯彻，实质对诉源地行政争议采用了"普遍巡回"的巡回方式；在审判人员案件分配上机械化，将某辖区所有行政案件"一刀切"地归口特定庭室审理；在巡回人员选派上未形成制度，巡回人员内因激励不足，异地巡回缺乏自主性；巡回法庭与本部相分离，诉讼服务的水平无法与本部相比较，相关程序规范需进一步落细落实；多元调解中心和诉源治理工作站工作方式较为随意，工作方式及流程亟待完善。

3. 角色定位：职责定位不清，实际效果欠佳。跨域巡回审判工作试图立足纠纷的诉源治理和实质性化解，不断将诉讼环节前移。通过加大与当地行政复议中心、矛调中心、综治中心等对接，推动行政诉讼与人民调解、行政调解、行政复议和行政裁决等非诉讼纠纷解决方式有序衔接。通过争取诉源地法院支持，将其人民陪审员、人民调解员、特邀调解员等多元解纷力量进行资源整合。但总体而言，跨域巡回审判融入政府负责、社会协同、公众参与的社会治理体系角色定位不清，法院与其他多元解纷主体在社会治理、诉源治理中的关系尚未理顺，在个别疑难复杂纠纷的处理上还留有真空地带。对接社会治理方式多表现为"座谈会议"，数据形式主义的现象一定程度存在，实际效能不佳。

4. 资源配置：依赖外部支持，内生动力不足。跨域巡回法庭未纳入法院机构编制管理，亦未取得专门财政列项，凸显非正式性，有名无实。实际操作过程中，资源统筹依赖诉源地党委政府及诉源地法院的支持。法庭办公场所、设备仪器、司法辅助人员工资等基础物资无法通过自有渠道保障。且因案多人少困难客观存在，巡回审判人员的抽调成为问题,专业审判人员无法长期驻扎于诉源地。具体而言,巡回法庭在人民陪审员的选任、审判辅助人员的管理、审判法庭的使用等方面完全借用诉源地法院。由此造成的后果是:一方面挤占当地司法资源。如由诉源地选派的法官助理及书记员在履行跨域法院分配职责同时须兼顾诉源地法院工作任务,实际作用发挥有限;另一方面,与本院组织管理相分离的人财物配置,一定程度上限制了专门领域跨域管辖法院巡回功能的发挥。

三、析理:跨域巡回审判融入诉源治理构建模式的考量要素

N铁路法院巡回审判实践融入诉源治理效果方面不如预期。究其原因在于跨域巡回审判制度设计本身存在缺陷或不足,且在对外参与诉源治理中定位不清、职能不明、方式单一,鉴于实践中的种种不适,有必要对跨域巡回制度之构建作更深层次的探索。

(一)本土化语境下巡回审判制度经验镜鉴

有学者认为,我国古代钦差大臣到各地巡查、督办案件审理情况,一定程度上可以视为我国巡回审判渊源。① 1925年广州国民政府初次试行巡回法院制度,但不久废除。陕甘宁边区时期,边区政府在党的领导下开展巡回审判工作,形成了"马锡五审判方式"。② 中华人民共和国成立后,各地对巡回审判工作经验总结创制,被形象称为"草原法庭""马背法庭""海上法庭""田间法庭"。③ 1982年《民事诉讼法(试行)》明确提出法院应根据需要派出法庭巡回审理,就地办案。20世纪90年代以后,巡回审判被视为"司法为民""司法能动"的重要载体,愈来愈受重视,最高人民法院在制度设计层面陆续出台了关于巡回审判的重要文件。④ 各地也进行地方经验探索,积累了内涵丰富的实践样态。2014年,党的十八届四中全会《中共中央关于全面推进依法治国若干重大问题的决定》提出设立最高人民法院巡回法庭,审理跨行政区域重大行政和民商事案件,最高人民法院陆续设立6个巡回法庭,巡回法庭制度创新进入新阶段。下面简要对影响较大的巡回审判制度进行分析。

1. 马锡五巡回审判方式——践行群众路线。马锡五巡回审判方式对就地审判的运用,是基于解决边区法官不足、素质不高等问题,便利人民诉讼,在群众路线指导下产生的极具特色的审判方式。有学者总结,马锡五巡回审判制度特点包括"一

---

① 袁秀挺:《专门审判领域推进巡回审判改革的路径选择——以知识产权审判为例》,载《人民论坛》2020年第15期。
② 贾宇:《陕甘宁边区巡回法庭制度的运行及其启示》,载《法商研究》2015年第6期。
③ 刘方勇、廖永安:《回归价值本源:巡回审判制度的考证与思索》,载《湘潭大学学报(哲学社会科学版)》2013年第2期。
④ 参见1999年《最高人民法院关于人民法庭若干问题的规定》、2005年《最高人民法院关于全面加强人民法庭工作的决定》、2010年12月《最高人民法院关于大力推广巡回审判方便人民群众诉讼的意见》等。

是了解案情，处理问题适当；二是不拘于形式，便利人民诉讼；三是依靠群众民主理案，提高群众法制观念；四是锻炼培养干部，搞好司法工作"四个方面。① 其指导思想系群众路线，生命力在于对公平正义的需求，但较少关注巡回审判组织形式、工作制度建构。②

基于特定时代背景产生的马锡五巡回审判带来的启示在于，巡回审判制度构建应体现国家司法方略延续性且根据不同时期的不同制度目的，如普法、培育干部、满足群众司法需求等进行创制。

2. 巡回审判的地方经验——参与社会治理。当前正处在社会转型期，全国法院对巡回审判实践不断总结并进行制度创新，针对纠纷多样化、复杂化的特点，回应群众司法期待。例如，阿巴嘎旗人民法院根据牧区特点，与基层司法所、草原监督管理所、公安派出所取得密切联系，建立"三所一庭"能动调解模式，共同发挥司法调解、行政调解和人民调解的合力以及基层综治单位的机动性和灵活性。③ 又如江西寻乌法院立足乡土，探索出以法官为主导、以"联村共治、法润乡风"为核心内涵，以自治、法治、德治相结合为路径选择，深度参与乡村治理的"寻乌经验"。④

各地巡回审判积累的宝贵经验在于从国情出发，根据各地人文背景、地理特点，发动和依靠群众就地化解纠纷，将人民法院作为充分发挥司法职能，积极参与社会治理，加快推进基层社会治理现代化的前沿阵地。

3. 最高人民法院巡回法庭探索——完备制度设计。与地方巡回审判践行司法为民不同，最高人民法院巡回法庭职能定位上更侧重于依法公正审理跨行政区域重大行政和民商事等案件，推动审判工作重心下移、确保国家法律适用统一，方便群众诉讼只是其中一个重要方面。⑤ 在机构设置上，巡回法庭将综合行政、后勤事务、政工检查工作统一归综合办公室负责。在与本部关系上，规定了特定类型案件的移送制度，审判管理工作纳入最高人民法院统一管理，廉政监督由最高人民法院监察局进行。在审判权力运行机制上，选拔办案能力突出、审判经验丰富的人员担任主审法官，遵循合议庭内部平权原则，不设定固定合议庭、审判长职位，法官人人平等，每名主审法官配备相对固定的审判助理和书记员。

最高人民法院巡回审判制度的顶层制度探索带来的启发在于巡回审判制度如作为一项常态稳定存续制度，则应当具备良好的组织体制、制度设计以作为发挥其功能的实体基础。值得注意的是，在本文重点研究的跨域行政审判领域。2021年9月，最高人民法院印发《关于完善四级法院审级职能定位改革试点的实施办法》，

---

① 杨永华、方克勤：《陕甘宁边区法制史稿（诉讼狱政编）》，陕西人民出版社1986年版，第126页。
② 杨永华、方克勤：《陕甘宁边区法制史稿（诉讼狱政编）》，陕西人民出版社1986年版，第15页。
③ 孔耀闻：《民族地区巡回审判制度研究——以锡林郭勒盟阿巴嘎旗为例》，中央民族大学2017年博士学位论文。
④ "寻乌经验"写入最高人民法院2018年工作报告。
⑤ 贺小荣、何帆、马渊杰：《〈最高人民法院关于巡回法庭审理案件若干问题的规定〉的理解与适用》，载《人民法院报》2015年1月29日。

将 2015 年《行政诉讼法》修订以来各地大量由最高人民法院巡回法庭审理的行政再审案件交由各高级人民法院审理，最高人民法院跨域行政审判案件量大幅降低，巡回法庭在人员配置等方面亦有了新变化。①

（二）结构功能主义下跨域巡回审判融入诉源治理的要素厘定

帕森斯认为，任何生命系统要维持生存必须满足两个条件：一是处理系统内部状态与应对外部环境；二是追求目的与选择手段。② 如将跨域巡回审判作为统合新时代行政审判内外里表职能的一个观察和时间窗口，须在经验总结基础上结合自身特点进行制度创新，既要处理好内部与外部的关系，也要有明确的目的与价值追求，并根据条件理性结构设置，可以从以下几个方面进行思考。

1. 价值要素——"专业化为重点"的理念重塑。从我国对巡回审判的探索来看，其产生、发展，甚至式微、消亡不能脱离国情及社会背景。基于权力分配、公平、正义、效益、秩序等考量，巡回审判模式也体现对法的多重价值层面的不同侧重。以样本法院实践来看，跨域巡回审判模式更侧重于经济效益价值，即从人民性观点出发，解决纠纷至少不能在程序上给群众造成障碍，而应当尽可能给予便利。但须注意的是，对行政审判跨域管辖来说，将行政案件集中审理，是为了预防和避免诉讼出现主客场现象，阻断行政机关对法院行政诉讼不当干预，提高行政审判的独立性和公正性。故在巡回审判价值选择上，与地方法院不同，经济便捷亦非首要考量因素，而应在公平正义、审判效益方面体现专门管辖法院特点。诸如：在公正层面，特定类型案件处理上考虑"巡"与"不巡"，更注重审判规律总结，体现跨域管辖法院优势；在审判效益层面，巡回应体现专业审判，即行政审判力量的整合，价值选择尤其应注重处理好"公平正义"与"经济效益"之间的矛盾关系。

2. 结构要素——"目标高效共治"的机构重置。巡回审判或巡回法庭结构创制与组织运行首要考虑的是制度设计是否能够达成功能目标。作为社会渗透度最深的法院组织，行政案件跨区域巡回审判机制设置或巡回法庭创建首要当然需考量司法需求及司法供给的匹配度。样本法院实践中历经了从不定期巡回到集中定期巡回、从个案巡回到普遍巡回、法官异地巡回到常设法庭建制的过程。但在"法律溢出了自身的领域，进入到整个社会的治理实践中"③的大背景下，尚不足以满足司法治理和社会治理的双重需求，导致"跨区划审判法庭""跨区划行政诉讼服务中心""跨区划多元化解中心"机制创制实质效果不如预期。要改变这种状况，组织结构创制从审判职能角度，需要考量审判权力运行模式。例如，制定合理的审判权运行流程和工作规范、确保专业审判领域法官的主体地位、对人员扁平化管理提升审判

---

① 2015 年《行政诉讼法》第 15 条第 1 项规定，对国务院部门或者县级以上地方人民政府所作的行政行为提起诉讼的案件由中级人民法院管辖。大量由中级人民法院受理的一审案件经二审，由最高人民法院再审。
② 王翔林：《结构功能主义的历史追溯》，载《四川大学学报（哲学社会科学版）》1993 年第 1 期。
③ 强世功：《法制与治理国家转型中的法律》，中国政法大学出版社 2003 年版，第 123 页。

质效;从职能延伸角度,主要考量巡回审判或巡回法庭在社会治理的嵌入程度,寻求法庭在司法治理及社会治理间的制度交汇点,例如:重点在专业性司法建议或行为指导方面发挥作用、避免能动司法不断扩大化。

3. 角色要素——"精准参与治理"的职能重设。基于中国司法独特土壤,现实国情下,不得不承认,作为深入诉源地的巡回组织或巡回法庭往往无法回避中国乡土秩序和法律规范的冲突。一个普遍现象是,很多行政纠纷如地方党政机关重视,纠纷很容易解决,通过正常的行政诉讼程序反而易于激化矛盾。也鉴于此,全国各地巡回审判经验往往致力在刚性推进法治和柔性司法便民方面寻找平衡点。有学者指出,当前人民法庭在多元化解纠纷机制中出现角色偏差,甚至"部分人民法庭在调解功能上所展现出的与同级司法所的职能趋同"。① 结合自身短长,专门行政巡回审判在方便诉讼外,应注重在专门领域法治理念传播、监督政府依法行政方面发挥职能作用。在巡回参与社会治理时尤其避免和地方政府、地方法院在纠纷调处、诉讼争议化解的角色混同。诸如在纠纷类型上,相比司法行政部门主导的调解机制,应更侧重解决行政争议诉讼内纠纷;在参与治理方式上,促使司法权与行政权有序对接互动,科学分流特定类型纠纷,避免专门管辖法院巡回审判在参与社会治理中弱化了行政审判对行政争议解决的终局效力。

4. 资源要素——"弥补地缘缺陷"的统筹调配。如将专业审判领域"科学案件分流""统一法治理念"看作跨域管辖法院优势,在文化习俗、民意社情、跨域成本等方面的先天缺陷则是跨域法院首先需要克服的困境。行政审判跨域管辖后,改革法院普遍反映与地方行政机关、诉源地法院沟通协调存在问题,当事人诉讼成本加剧,司法资源和人员调配滞后。在这种现实背景下,集中巡回审判或巡回法庭在走出"坐庭审判"后寻求诉源地外部环境支持,弥补自身缺陷看似顺其自然,但却陷入两难境地:(1) 部分地方政府对跨区域管辖"心存芥蒂"以及诉源地法院行政审判职能退化,使跨域法院调动行政审判人力、财力、物力资源的效果不如预期。(2) 即使在当地政府、法院极其配合的情况下,过度依赖地方或过度嵌入地方治理体系很可能弱化行政审判跨域管辖法院特色,使专门管辖法院丧失行政审判跨域管辖去地方化,维护当事人合法权益、监督行政机关依法行政的最大优势。在这种情况下,加快改革法院,尤其是各地铁路法院转制进程,理顺相关编制、职级、人员异地安置、住房待遇等问题亟待提上议程。同时,针对改革法院人案矛盾突出、一般法院行政审判功能弱化问题,应着力培养一支专业化审判队伍。针对地缘缺陷,也可如样本法院,依托智慧法院信息化建设,达到信息互联、便利诉讼等目的。

四、创制:跨域巡回审判融入诉源治理路径选择与结构重塑

在实践分析基础上,为弥补当前跨域管辖行政案件巡回审判制度的缺陷与不足,

---

① 陶伯进:《乡村人民法庭转型研究》,南京大学 2018 年博士学位论文。

可在延续、发展、传承我国巡回审判经验做法的基础上，着眼新时代行政审判诉讼内外职能定位，对跨域管辖行政案件巡回审判制度进行结构重塑。以期实现巡回审判在实现功能价值上更有侧重、在司法资源配置上更具效能、在规范审判运行上更为合理、在参与诉源治理中更为自洽。

（一）科学构建跨域巡回审判案件分类处理机制

行政案件跨域巡回审判机制构建可首要凸显跨域管辖法院的专业优势，科学构建跨域巡回审判案件分类处理机制。

一是合理确定巡回审判案件类型。在争议进入诉讼之时即通过专业人员对案件甄别、筛选，实现案件分流。以诉讼主体、涉行政纠纷领域、案件影响力、巡回效果预判、诉的利益大小等为考量确定案件巡回与否的标准。如确定适宜巡回的案件如下：（1）当事人一方为老弱病残或交通不便的；（2）涉及征地纠纷、山林权属等具体类型的；（3）涉诉当事人人数众多、涉诉利益较大、社会关注度高的；（4）涉及规范执法有必要进行沟通协调和实地走访的；（5）适宜延伸个案巡回审理效果实现法治宣传目的的；（6）采用巡回审判方式有利于争议实质化解的。不适宜采取巡回审判的案件如下：（1）涉嫌滥用诉权的；（2）巡回审判可能增加当事人诉讼成本或造成司法资源浪费的；（3）巡回审判可能存在重大风险隐患的；（4）其他不适宜进行巡回审判的情形。

二是实现案件在法院内部的分流。将现行"一刀切"定向分案、系统随机分案向相对固定的类型化分案模式转变。以实现集约化处理、专业性对接及统一裁判尺度的目的，突破现行繁简标准场域外的分流，侧重对审判效率的利益化衡量，同时也更有利于专业化队伍建设。可设置若干专业审判团队或以审判庭室进行划分，结合争议特点对案件进行处理。如针对行政纠纷易发的工伤社保类、权属登记类、拆迁安置类、行政处罚类争议可适当进行"定向式"分流、"统一式"审理。

（二）推动优化跨域巡回审判法庭内部运行机制

从结构出发，跨域巡回审判法庭要保障个案审判与诉源治理二元功能，首先须理顺法庭内部运行机制，结合当前法院工作重点，可进一步深化跨域巡回法庭"两个一站式"建设，提供高质量诉讼服务、化解矛盾纠纷、传递法治理念。

对跨域诉讼服务中心和审判法庭建设，重点可在以下方面进行：确定巡回法庭工作人员的职责职能和权利义务；完善诉讼材料跨域流转的细则；制定巡回审判的工作流程和方案；健全网上诉讼服务、跨域法院诉讼服务与巡回审判服务融合的工作流程。对于跨域行政争议多元化解中心的建设，重点可在以下方面进行：健全多元化解中心组织架构，完善人员岗位设置，吸纳诉源地多元化解资源，明确多元化解案件范围和诉调对接操作流程，设置专门的联络员与其他调解组织、机构进行沟通和联系，对协调化解情况定期进行总结通报和发布典型案例。

(三) 探索重构跨域巡回审判诉源治理工作体系

跨域管辖法院在党委、行政机关、社会公众多方主体参与的社会治理中准确定位角色须重点回应解纷需求、优化治理模式。

一是在诉源治理大格局中准确定位角色。除与矛调中心、综治中心、地方政府在解纷前移化解中加强对接、深化沟通外，还可试图进一步厘清法院与其他治理主体间的权责关系。如图4所示，党委政府、行政机关作为权力部门，对诉源治理模式维持、资源分配等方面承担组织或领导职能。法院则承担纠纷化解联结者角色，作为"理性人""中间人"发挥桥梁作用。同时，争取行业协会、社会组织作为参与人发挥助力作用。例如，行政机关内部，以内挖潜能提质增效为抓手，在行政诉讼较多、重点领域、重点行业市级行政机关内部试点探索设立诉源治理办公室，形成行政机关主导、法院服务指导、多方协调、统筹发展的组织格局。

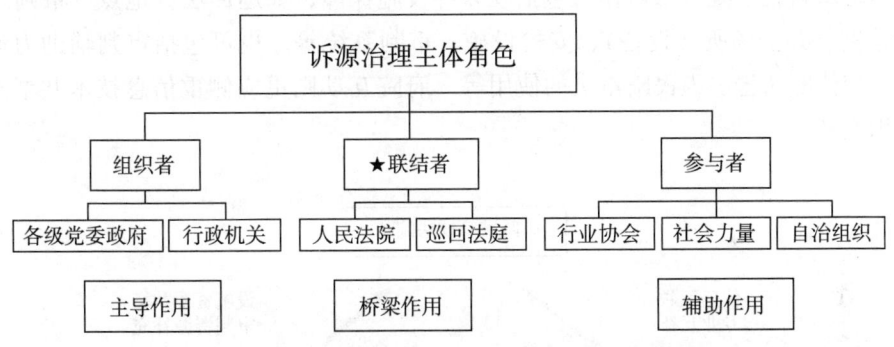

图4 诉源治理体系中各方主体角色定位及职能作用

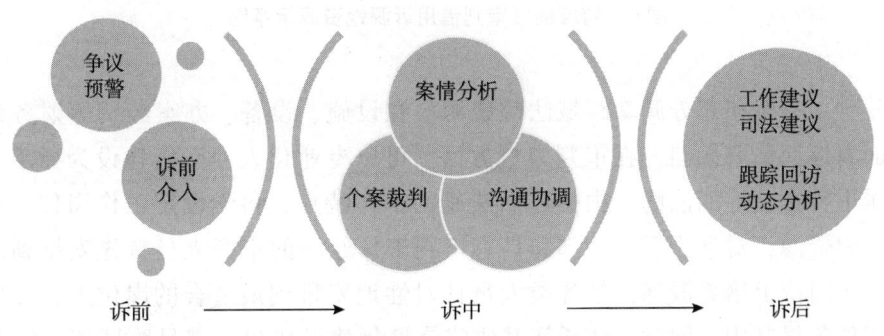

图5 法院个案巡回审判推动诉源治理流程示意图

二是通过个案审判对复杂社情动态作出回应。已进入诉讼视野的行政争议的诉源化解更体现法院对纠纷的前瞻性和预判性。法院并非对接其他主体开展诉源治理，或在纠纷化解中仅仅提供司法保障服务，而要通过法官积极主导以在个案审判中达到定分止争作用。如图 5 所示,在重大敏感案件的诉源治理中,可首先通过诉源治理共治平台,通过排查预警、清单管理等获取信息。其次发挥专业优势,充分回应争议方司法需求,保障合法权益。最后,借助社会其他解纷力量协力化解矛盾。

(四)合理统筹跨域巡回审判法庭司法资源配置

从行政审判跨域管辖公正审理的制度愿景出发,跨域管辖巡回法院远期目标应在人财物方面从对诉源地的"依赖"中剥离。基于当前源头化解争议需求、跨域管辖法院诉源地案件数量增长、巡回审判人案矛盾突出、法庭建设经费不足、机构转制缓慢等现实考量,现阶段跨域巡回审判在资源统筹方面可以重点从以下两方面考虑:

首先,转型期深化与诉源地党委政府、诉源地法院协作。如图 6 所示,协作方式应有所侧重。在资源统筹方面对比府院合作,院院协作的最大优势在于确保审判公正。跨域管辖法院寻求协作可包括硬软件设施保障,如巡回法庭地点、审判(科技)法庭、办公场所(设备)、安检设施、审判系统等。也可包括审判辅助力量的补足:如值庭法警、人民陪审员的使用等。府院互动则更应侧重信息技术共享及专业知识互补。

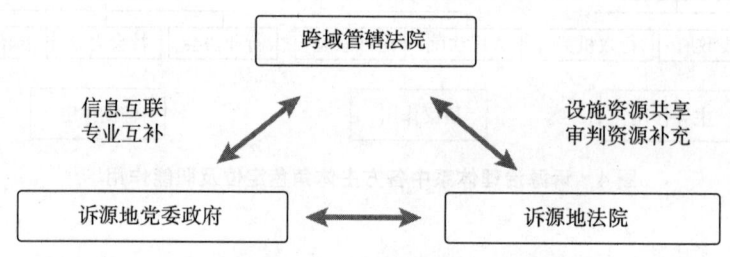

图 6 跨域巡回审判借用诉源地资源示意图

其次,过渡期充分调动跨域法院资源。在设施、设备、办案经费等财务保障等方面向巡回法庭倾斜。在审判力量方面,可以专业化人才队伍建设为抓手,定期选派干警常驻巡回法庭,根据巡回法庭的工作特点,科学设定工作岗位,合理配置人力资源,对列为后备干部和具有审判工作经验的审判人员首先安排到巡回审判工作岗位上培养锻炼,把各类人员针对性地安排到最适合的岗位上,发挥所长,实现各尽其用。同时,依托智慧法院信息化建设成果,满足跨域巡回审判多元诉讼需求。

结　语

事物的发展总是螺旋式上升和波浪式前进的。跨域行政审判从建立与行政区划适当"分离"的司法管辖制度,弱化地方干预到"回归"诉源地寻求地方源头治理行政争议,看似矛盾,却是行政审判发展规律循环往复地被验证、推敲、修缮和优化的过程。以跨域管辖制度建构愿景看,跨域巡回审判融入诉源治理,如一味强调赴诉源地能动司法,则新时期跨域行政审判职能会被大大限缩。在此情形下,通过研究跨域巡回审判机制创制,思考如何发挥跨域管辖"分离""回归"二者优势,意义匪浅。在此基础上,也有助于厘清跨域管辖法院改革定位及新时期行政审判之路,[1] 希望本文能对相关机制的构建有所裨益。

---

[1] 现阶段对样本铁路法院等跨域管辖改革法院来说,即使其对某一方向专业审判进行诸多探索,但其发展定位尚待研究。有观点认为:"不宜将专门法院与跨行政区划法院混为一谈……2018年修订《人民法院组织法》时,因跨行政区划法院'定位不够明确',全国人大宪法和法律委员会经研究,决定'暂不作规定,待条件成熟时再作规定'。有论者将跨行政区划法院理解为特殊类型的专门法院,甚至冠以综合性专门法院的名称,既不严谨,也于法无据。"参见何帆:《新时代专门人民法院的设立标准和设置模式》,载《中国应用法学》2022年第3期。

由"二维"至"精准":认罪认罚从宽制度中被追诉人反悔之量刑考量

——以282份"侵犯公民人身权利、民主权利罪"的生效裁判文书为研究样本

南昌铁路运输中级法院　孙　琴

引　言

自2018年《刑事诉讼法》正式确立认罪认罚从宽制度以来,关于被追诉人在认罪认罚后反悔的一类问题,学者的关注点主要集中在对反悔行为本身的研究上,包括对反悔行为正当性认定、反悔行为的动因、应对之策以及对合法实施反悔行为的保障与规制等基础性问题进行探讨,多主张在认罪认罚从宽制度中允许被追诉人反悔,是保障认罪认罚自愿性、防止出现冤错案件、提高审理质效和司法公信力的必要环节,但对于实务中普遍存在的被追诉人反悔后如何进行科学量刑之问着墨甚少。本文拟以从中国裁判文书网上检索的282篇"侵犯公民人身权利、民主权利罪"的裁判文书为分析样本,分别从反悔后的量刑现状、困境生成的实践根源、宏观逻辑的思维导向和操作模型的建构路径四个方面加以论证,以期能为认罪认罚的被追诉人实施反悔行为后的量刑实践提供一点思路。

一、现实之困:盘点"反悔后量刑"司法样态中的微观映射

笔者于2022年6月26日在中国裁判文书网以"认罪认罚""反悔""近3年""刑事"为检索条件,共获得1586份裁判文书(见图1)。

为降低实证分析难度,提高抽样结果的可靠性,本文将以某一类案为切入口,折中选取282份案由为"侵犯公民人身权利、民主权利罪"的裁判文书作为样本,重点探究司法机关在被追诉人认罪认罚后又反悔的这一场景中的量刑情状。经对该类样本的逐一查阅,不难发现以下三大量刑之困:

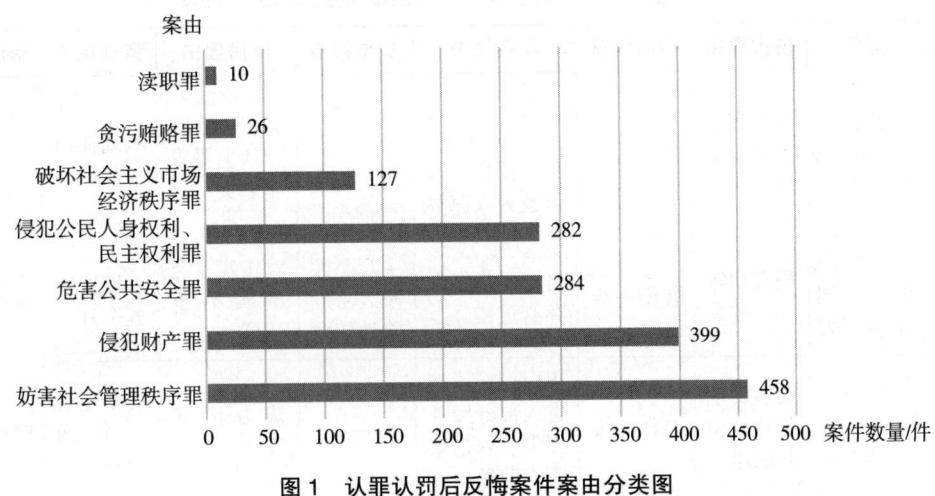

图 1 认罪认罚后反悔案件案由分类图

(一) 失衡：被追诉人反悔后的量刑结果难以统一

认罪认罚从宽制度的核心在于保障被追诉人在整个诉讼程序中的自主性，如果其在认罪认罚后又基于个人利益衡量而实施了反悔行为，法律理应对该种行为的正当性予以保护。但因不同案件反悔形态各异，所涉因素纷繁复杂，其正当性与否的认定未有具体标准，故司法机关在评价被追诉人反悔后的量刑上往往莫衷一是。

1. 横向检视：一审类案量刑结果有失均衡。以"侵犯公民人身权利、民主权利罪"中的197件"故意伤害罪"为典型，按照随机抽样法的科学比例（介于3%～6%之间），抽取12份裁判文书，分别建立损伤程度为"轻伤一级""轻伤二级"的两个对比组（以下称为对比组A、B），并从伤害事由、从重从轻情节、反悔理由、量刑结果等方面进行列表比较。

在对比组A中，除序号2之外，其余5个案例的伤害事由相当，均可看作因琐事发生口角而互殴，主观恶性及人身危险性较小。从量刑情节上看，序号1与序号3相似，但在反悔理由方面，序号1的被追诉人无理由当庭否认主要犯罪事实，序号3的被追诉人认为量刑过重反悔，序号1的被追诉人规则意识更弱、随意性更大，但序号3的量刑结果相比序号1却明显偏重。序号2中，双方因积有宿怨互相辱骂，主观恶性及人身危险性较大，具有从重情节，但该案量刑结果明显轻于具有相同从轻量刑情节且主观恶性及人身危险性相对更小的序号4，存在量刑结果畸轻表现。（见表1）

表 1 "轻伤一级"典型案例反悔理由及量刑结果一览表

序号	案号	伤害事由	损伤程度	从轻情节	从重情节	反悔理由	量刑结果	备注
1	（2021）京 0105 刑初 419 号	酒后言语不和发生冲突	轻伤一级	自首、与被害人达成和解、赔偿损失、取得被害人谅解	—	无理由当庭否认主要犯罪事实	有期徒刑一年	—
2	（2020）川 1126 刑初 60 号	积有宿怨互相辱骂	轻伤一级	自首、被害人存有过错	主观恶性及人身危险性较大	对伤残鉴定事实不予认可	有期徒刑九个月	畸轻
3	（2020）浙 0191 刑初 247 号	琐事发生争吵而相互推搡	轻伤一级	坦白、赔偿被害人部分经济损失、取得被害人谅解	—	认为量刑过重	有期徒刑一年四个月	畸重
4	（2021）桂 0330 刑初 8 号	土地纠纷打斗	轻伤一级	自首、被害人具有一定过错	—	认为行为属于正当防卫，对犯罪事实认定有异议	有期徒刑一年三个月	—
5	（2021）豫 1522 刑初 98 号	邻里纠纷打斗	轻伤一级	坦白、被害人有一定过错、被告人刘某国系初犯且年龄在 70 岁以上	—	对自己行为性质的辩解	拘役五个月，缓刑六个月	—
6	（2021）赣 1003 刑初 52 号	琐事发生冲突	轻伤一级	自首	—	认为量刑过重	有期徒刑一年三个月	—

在对比组 B 中，皆是因相邻权、土地、买卖等日常交往引发的纠纷而发生打斗，6 个不同案例的量刑情节具有一定差异。在序号 2 中，被追诉人未支付医药费等各项损失，亦无任何悔罪表现，且无理由当庭否认主要犯罪事实，但最终只判处有期徒刑七个月，量刑结果明显畸轻。再者，以序号 3、序号 4、序号 6 为例，相较于序号 1、序号 5，均不存在从重情节，在从轻情节方面也大致相当，且都因认为量刑过重而反悔，但序号 1、序号 5 的量刑结果均有缓刑一年，相对而论，序号 3、序号 4、序号 6 的判处结果畸重。（见表 2）

表2 "轻伤二级"典型案例反悔理由及量刑结果一览表

序号	案号	伤害事由	损伤程度	从轻情节	从重情节	反悔理由	量刑结果	备注
1	(2021)云2601刑初416号	因生意往来发生争执	轻伤二级	自首、与被害人达成和解、赔偿损失、取得被害人谅解	—	认为量刑过重	有期徒刑七个月,缓刑一年	—
2	(2020)粤1426刑初41号	因相邻权纠纷发生争吵	轻伤二级	—	无任何悔罪表现、未支付原告人医药费等各项损失	无理由当庭否认主要犯罪事实	有期徒刑七个月	畸轻
3	(2019)黔0524刑初249号	因琐事发生口角后互殴	轻伤二级	自首、赔偿损失、被害人具有过错	—	认为量刑过重	有期徒刑十一个月	畸重
4	(2021)豫1624刑初17号	因出售树木发生矛盾	轻伤二级	坦白、初犯、偶犯、被害人具有过错	—	认为量刑过重	有期徒刑一年零二个月	畸重
5	(2019)云0111刑初1990号	因口角之争产生冲突	轻伤二级	自首、赔偿损失、取得被害人谅解	—	认为量刑过重	有期徒刑一年,缓刑一年	—
6	(2021)豫1624刑初1号	因土地纠纷发生争执	轻伤二级	坦白、被告人残疾、被害人具有过错	—	认为量刑过重	有期徒刑一年零四个月	畸重

2. 纵向求索：二审"维持原判"与"改判"各行其道。综观282件样本裁判文书，涉及二审反悔上诉的裁判文书共93篇，裁判结果为"驳回上诉，维持原判"的51篇，"依法改判"的27篇，"准许撤回上诉"的15篇。由于本文暂不探讨被追诉人反悔上诉之后又反悔的"二次反悔"问题，即"准许撤回上诉"的案例样本不纳入研究范围。司法实务中，对于被追诉人在一审宣判后又反悔上诉之情态，为何类案二审会出现"维持"和"改判"两种不同结果？有学者认为，主要因素可能在于，法官在查明基本事实的前提下，将"反悔上诉理由"作为了一项重要的评判指标。在78篇（仅包含"维持"和"改判"）裁判文书中，反悔上诉理由不尽相同（见图2），主要集中在被追诉人认为量刑过重。从两种不同的裁判结果所依托的反悔上诉理由（见表3）来看，对于被追诉人认为量刑过重、无罪、适用法律错误、审判程序违法等理由进行上诉，法院给出的结果多是"驳回上诉，维持原判"，肯

定了一审裁判的公信力。而对犯罪事实、量刑情节认定有异议的情况，基本上都给予了"依法改判"。对于仅为留所服刑而上诉的情况，被追诉人具有一定主观恶意，"驳回上诉，维持原判"是否能真正实现个案正义？对具有主观恶意心态的上诉人是否需要以某种方式加以非难，以保障法律的权威性等问题都是需要理论和实务界认真思考的。

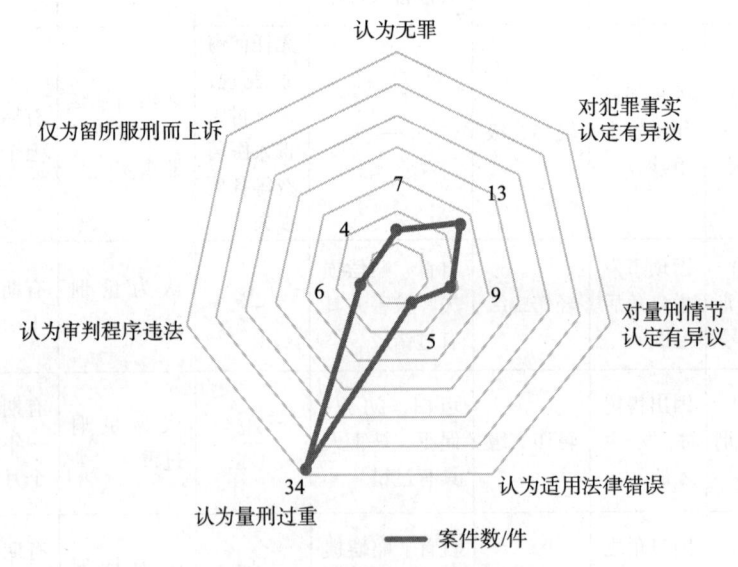

图2 二审反悔上诉理由分布图

表3 "维持"和"改判"反悔上诉理由统计表

单位：件

裁判结果	反悔上诉理由						
	认为无罪	犯罪事实认定有异议	量刑情节认定有异议	认为适用法律错误	认为量刑过重	认为审判程序违法	仅为留所服刑而上诉
维持原判	7	4	2	5	30	5	4
依法改判	0	9	7	0	4	1	0

（二）分歧：被追诉人反悔后检方量刑建议重新调整的差异

定罪问题在认罪认罚案件中已无较大争议，若被追诉人在认罪认罚后表示反悔，检察机关重新提出量刑建议是否科学实用毫无疑问将会是解决量刑问题的"牛鼻子"。① 面对重新提出量刑建议的紧迫任务以及实务中并未对此规定统一做法的情

---

① 参见卞建林、陶加培：《认罪认罚从宽制度中的量刑建议》，载《国家检察官学院学报》2020年第1期。

况，检方在量刑建议的提出方面易存在分歧，这一前置环节的差异也将导致后续法院在最终量刑结果上的不一。通过对所选样本的分析，笔者得出，司法实践中主要存在两种情形：一是检方积极发挥能动司法作用，在遵循量刑方法标准化的基础上，重新提出明确的量刑建议，如裁判文书中直接载明类似为"当庭撤回基于上诉人认罪认罚作出的量刑建议，调整量刑建议为九个月以上有期徒刑"的表述；二是检方在被追诉人违背认罪认罚态度之后，以"原量刑建议偏轻，建议二审法院依法予以纠正"等说法提出抗诉意见。在司法实践中，以第二种情形居多（见图3）。

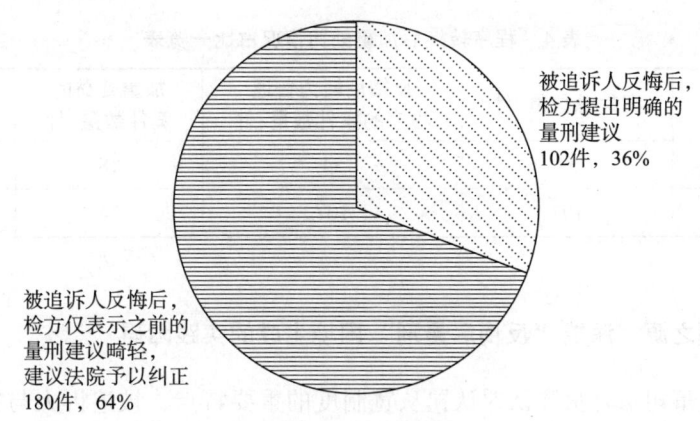

图3 检方量刑建议重新调整的样态类型图

（三）背离：被追诉人反悔对繁简分流机制下量刑的冲击

被追诉人的反悔行为往往会对司法程序产生一系列连锁效应，其中亦包括对繁简分流改革运用效果下的量刑影响，由于"守秩序者不应被苛责"，因此法律在承认和包容正当反悔行为的同时，也应对其消极后果进行识别和兜底。

1. 案件大量回流加剧量刑说理不足之现状。认罪认罚具结书缔结后，案件多转为简易、速裁等程序进行快审快结，这是认罪认罚从宽制度对繁简分流机制的一次成功践行。但在这一程序的运用中，常会出现被追诉人反悔、拒不认罪认罚的现象，这将造成大量案件回流至普通程序，降低诉讼效率。在适用普通程序审结的裁判文书样本中，关于认罪认罚反悔后的定罪说理部分一般较为详细，但对量刑部分的重视程度却不够，在该部分的论述中通常只枚举对量刑产生基本作用的情节要素，未考虑反悔行为对量刑的影响，对相关要素如何发生作用未进行证成，对被追诉人同时兼具从重从轻情节时如何进行顺位量刑的思维轨迹、如何在说理据点与解释规范之间进行互动、如何适用量刑计算方法规则等均缺乏详细说明。①

2. 审判程序转换滋生重刑难以防控之风险。被追诉人反悔使得不再适用简易或

---

① 参见王丽枫、韩锋：《量刑说理指引模式的理性构建》，载《人民司法》2019年第7期。

速裁程序，此时需转换成普通程序，通过实现三种程序间的顺畅衔接，保障实体正义。实务中，被追诉人反悔往往会使司法机关工作量变大，之前已经进行的程序归于无效。部分法院认为实施反悔行为的被追诉人具有一定人身危险性，从而加重处罚。[①] 从282份裁判文书样本中，笔者共检索出34篇认罪认罚后适用速裁程序、107篇认罪认罚后适用简易程序的案例，其在被追诉人反悔后均转为普通程序审理，并且在该程序中加重处罚的案件数量占比过半（见表4），潜在的重刑风险极易导致个案结果有欠公允。

表4 程序转换后加重处罚情况占比一览表

认罪认罚后程序类型	案件总数量/件	反悔后转为普通程序的案件数量/件	加重处罚的案件数量/件	占比
速裁程序	34	34	18	52.94%
简易程序	107	107	74	69.16%

二、问题之源：深挖"反悔后量刑"困境生成的实践障碍

协商性刑事司法是贯穿认罪认罚从宽制度的重要特点，被追诉人与检察院之间通过协商达成具结书内容，法院参照检察院量刑建议作出最终裁判。[②] 现实中，被追诉人有可能会因各种原因而作出错误的认罪认罚，赋予被追诉人反悔的权利能更好彰显刑事司法的协商性。但因认罪认罚从宽制度在我国司法领域的应用还不完善，故有很多诸如逃避入监服刑等在内的恶意反悔，对不同的反悔行为目前尚不存在统一的处理口径，反悔行为滥用现象时有发生。面对涉不同反悔行为的认罪认罚案件，法官应充分考虑该因素对最终量刑评价的影响，而在此之前，更须对量刑困境背后的深层原因作一个分析。

（一）反悔行为纳入量刑考量因素尚不存在统一标准

自2018年认罪认罚从宽制度被写入我国法律并正式施行以来，仅不到5年时间，人们对于新事物的理解需要一个过程，司法实践中难免会出现瑕疵和错误。为使被追诉人的合法利益最大化，势必要赋予其行使反悔的权利，并对不同的反悔行为加以甄别，分别考量不同场景下的量刑后果。但因不同个案的反悔表现不尽相同，法官在自由裁量过程中的价值判断能动不足，暂未形成一套统一适用规定。例如，在制度构架上对反悔行为的主体、时间、条件、理由、方式等方面的不同未予以区分认定，对检察机关提起公诉前、检方提起公诉后法院宣判前、一审判决生效前被

---

① 参见马明亮、张宏宇：《认罪认罚从宽制度中被追诉人反悔问题研究》，载《中国人民公安大学学报》2018年第4期。

② 参见陈瑞华：《刑事诉讼的前沿问题》，中国人民大学出版社2016年版，第37页。

追诉人上诉等三个主要阶段的反悔行为的细节把控未加以明确。只有具备正当性的反悔行为，在之后的量刑过程中才可不被作为加重情节考虑，甚至某些因前置行为导致被追诉人利益受损而必须进行反悔的情形还可作为量刑减让的依据。由于认罪认罚从宽制度在我国全面展开的时间尚短，因此其认定标准应是一个由宽到严、由松及紧的过程，赋予反悔行为一定正当性的初衷是保障被追诉人的自愿性得到最大满足，但同时也应对被追诉人进行制约，为其合理实施反悔行为构建正确的法律程序。

（二）反悔后的量刑建议和量刑说理均未形成具体操作规范

针对被追诉人在认罪认罚后实施的反悔行为，检方会重新提出量刑建议，一般分为确定刑量刑建议和不确定刑量刑建议，对两者的适用范围，法律没有明确规定，实务界也未形成惯用办法。考虑到案件性质的不同，对轻刑如故意伤害造成轻伤，提出确定刑量刑建议的占主流，而对如故意杀人、强奸等重罪案件提出确定刑量刑建议的则为少数，这种适用上的分歧很大程度上由检察院单方面决定。至于法院一方，《刑事诉讼法》规定的"量刑建议一般应当采纳"在司法实践中存在争议，关键一点是因为，此种表述在"法定主义"与"便宜主义"之间未找到平衡点，且对于法院直接采纳精准的量刑建议是否会使法官量刑权形同虚设，对被追诉人反悔后的"建议加重"式量刑建议该如何直接采纳"等疑问没有确切答案。[1] 至于量刑说理，同样也是反悔案件量刑处理中的重要一环，但长期以来"重定罪，轻量刑"的司法观念使这一环节并未真正发挥价值。缺乏对量刑说理形式内容的严格要求，大多量刑部分的说理仅用"应当从重处罚"之类似表述，这使得量刑情节所具体发挥的作用以及法官对于判罚结论的自由裁量显得更加扑朔迷离，易引发案件当事人及社会民众对判决公信力的合理怀疑。[2] 加之法官量刑说理的热情度不高、刑事裁判文书未建立规范化的量刑说理制度、对量刑证据欠缺"三性阐释"、未将反悔行为纳入量刑说理的考量范围等原因，使反悔类案量刑说理不具规范性。

（三）反悔上诉案中检察院抗诉程序的启动条件不明确

我国《刑事诉讼法》规定，二审法院对被告人或者他的法定代理人、辩护人、近亲属上诉的案件，不得加重被告人的刑罚。检察院抗诉和自诉人上诉的不受此限。"上诉不加刑"虽在很大程度上保障被追诉人充分行使辩护权，但也为其滥诉提供了土壤，若盲目限制反悔上诉权，将难以保障认罪认罚从宽制度的长久生命力。[3] 在认罪认罚类案中，被追诉人多在取得较宽的裁判结果后，又通过反悔上诉来拖延时间，获取诉讼利益。针对此种情况，检察院基本都会通过抗诉冲破"上诉不加

---

[1] 参见孙远：《"一般应当采纳"条款的立法失误及解释论应对》，载《法学杂志》2020年第6期。
[2] 唐世齐：《刑事判决说理制度研究》，黑龙江教育出版社2013年版，第48页。
[3] 参见孙长永：《比较法视野下认罪认罚案件被告人的上诉权》，载《比较法研究》2019年第3期。

刑"原则的桎梏,其目的在于以抗诉方式约束被追诉人频繁粉碎认罪认罚承诺的这一行为,减少反悔上诉权的滥用。但不同案件中的检察院抗诉权的行使并不统一,在类案的二审程序中,未经检察院抗诉的案件最终裁判结果多为维持原判,部分改判案件的结果甚至更轻,这正契合了某些滥用反悔权上诉的被追诉人的不法动机,而若一味对上诉案件进行抗诉,又在很大程度上损害了善良上诉人的正当利益,加重量刑结果。因此,抗诉程序启动标准不一也是造成类案不类罚的主要原因之一,在鼓励能动司法的同时,也应遵循刑法谦抑主义的价值理念,结合比例原则,从妥当性、必要性、相称性三个层面加以考虑。

三、方法之镜:厘清"反悔后量刑"宏观逻辑的思维导向

我国目前暂无相关法律法规明确赋予被追诉人在认罪认罚从宽制度中的反悔权,这使得反悔权在司法实践中难以拥有一定的支持率。为创建一套科学合理的规范体系保障被追诉人充分行使反悔权利,在此之前,需在宏观上厘清量刑工作思维导向,尤其是要形成对反悔量刑评价的正确思路,以"定性→定量"的逻辑顺序严格对待量刑认定,不得将被追诉人的反悔简单理解成所谓的"翻供",从而定性为社会危险性较高的行为,最终提出更重的量刑建议或判处更重的刑罚。①

(一)根据反悔行为的法律属性设定直观的量刑操作指引

目前,被追诉人反悔已成为大多认罪认罚案件的附随行为,这一情形在重罪中尤显普遍。如何评价反悔行为,是否应给予被追诉人从严或从宽处理,或者处理的幅度如何调整在司法实践中缺乏明确的指引。② 笔者认为,解决这类问题的重点在于对反悔行为的法律属性进行认定,即在何种情况下,反悔行为的行使是正当的。在具体设定环节上,可对反悔行为所囊括的各种因素,如反悔的行使主体、行使理由、行使阶段、行使方式等加以细化,分类讨论上述因素在不同排列组合之下的量刑标准,论证不同量刑标准之间的具体调整幅度,通过阶梯式的量刑保障个案结果的合理性。③ 这里主要想提两点,一是在反悔理由方面,可从主观上将其分为善意和恶意两类,同时因检察机关对被追诉人知情权、辩护权的侵害,缺乏事实依据而用欺骗、胁迫等手段逼迫被追诉人认罪等滥用公权力而实施的反悔行为动因要格外注意,定好量刑评价总基调。例如,对恶意程度较轻者,停止适用认罪认罚程序;对恶意程度较重者,在前述后果的基础上,适当考虑在同一刑罚幅度内从严处罚。二是在反悔阶段方面,通过合理限制反悔行为的时间节点,并对不同时间阶段的反悔行为进行分类评价,能有效督促被追诉人及时行使反悔权,提高诉讼效率。反悔权作为被追诉人的一项基本权利其行使具有一定边界,因此有必要建立反悔权约束

---

① 参见郭松:《认罪认罚从宽制度中的认罪答辩撤回:从法理到实证的考察》,载《政法论坛》2020年第1期。
② 参见林振宇:《审判阶段中认罪认罚从宽制度中反悔权行使的问题和对策》,载《法制博览》2021年第9期。
③ 参见李松杰:《认真对待认罪认罚从宽制度中的反悔》,载《西部法学评论》2021年第4期。

机制规避恶意反悔和随意反悔行为，在减少诉讼程序回转可能的同时，实现公正和效率的平衡。

（二）摒弃传统模式实现"反悔后量刑"的规范化

针对上述问题，由"粗放型"向"精细型"转变的量刑规范化改革适时登上历史舞台，该种量刑方法秉承"定性→定量"的分析思路，依照"量刑起点→基准刑→宣告刑"的逻辑顺位，得出最终结果。① 其目的在于，实现量刑方法步骤的标准化以及事实认定和法律适用的统一化，保证量刑均衡。② 量刑规范化突出强调量刑证据、量刑建议、量刑释明及量刑辩护，赋予整个环节中不同角色的重要责任，公诉人、嫌疑人、辩护人从案件侦查阶段便全部参与到量刑规范工作中来。③ 需要注意的是，相对于普通认罪认罚案件来说，反悔案件在量刑程序设置上的考虑应更加细致，除严格落实量刑规范化相关精神、充分考虑包括反悔行为因素在内的广义上的各类量刑情节之外，应当将事实判断与价值判断结合起来，避免量刑完全陷入量化、形式化的僵局。在具体工作中，应先进行定性分析，将复杂案件与简单案件进行区别，对轻微刑事案件可采取简易程序集中审理模式，一并作出量刑裁决，节约司法成本。相对于以往的法庭审理过程只是法官"内心确信"之印证的传统量刑模式，量刑规范化要求法官在审理反悔案件时，应充分听取控方重新提出的量刑建议、辩方的反悔理由、被害人的意见等，对影响量刑的多重因素进行斟酌和权衡，对量刑过程进行论证和说明，在规范化的前提下实现量刑的科学化、公正化。④ 在结果无法确保绝对公正的情况下，程序的公正则有可能为司法的公正作最好的说明。

（三）在量刑建议精准化基础上完善反悔案件的量刑说理机制

针对特殊的反悔案件，检察机关在重新提出检察建议时，通常只是根据被追诉人恢复到认罪认罚前的具体情况进行建议，很少考虑反悔是否可作为加重量刑的因素。事实上，被追诉人作出反悔的情形较为复杂，有合乎情理难以对其苛责的反悔，有为获取非法利益的恶意反悔，有在诉讼不同时间阶段的反悔，也有外观表现各具特色的反悔，等等，对此制定适用各类反悔场景的"细分式"量刑建议标准，实现量刑建议"标尺化"便成为必然趋势。⑤ 检察机关应全方位、全过程考察，分场景、分类别建议量刑，将反悔的时间阶段、反悔的动机理由、反悔的具体情态等纳入量刑建议评定体系，横向拓展对被追诉人量刑建议幅度的广度，结合其他各类因素，

---

① 参见骆多：《规范化量刑方法构建基础之检讨》，载《法商研究》2016年第6期。
② 参见熊选国：《量刑规范化办案指南》，法律出版社2012年版，第33页。
③ 游涛：《认罪认罚从宽制度中量刑规范化的全流程实现——以海淀区全流程刑事案件速裁程序试点为研究视角》，载《法律适用》2016年第11期。
④ 参见刘冠华：《对人民法院量刑规范化改革的检视与修正——以量刑程序独立改革为视角》，载《法律适用》2019年第13期。
⑤ 参见闫丰锦：《检察主导抑或审判中心：认罪认罚从宽制度中的权力冲突与交融》，载《法学家》2020年第5期。

设计出逐级量刑建议，向量刑建议精准化持续发力。① 在司法关系中，当事人对法官的量刑公允理应有所期待，而说理便是直接满足这一期待的重要工作。长期以来，量刑说理缺乏必要的理论引导与内容支撑，导致其成为裁判文书中较具争议的部分。② 试想之，对这一部分的完善，既要有原则性的指导，更要有操作性强的具体措施：在现有裁判文书格式基础上，适当调整行文结构，单独规定量刑说理的一段，该部分内容可分三个层次进行阐明：首先对包括不同反悔场景的量刑事实及其影响进行陈述；其次对各方量刑建议和意见进行分析论证，明确法院是否予以采纳的态度和理由；最后宣布法院的量刑结果，并详述根据相关事实和法律进行证成的全过程。③

（四）明确反悔上诉案中检察院启动抗诉的"唯一触发条件"

在认罪认罚从宽制度中，存在特殊的制度困扰，即对被追诉人的反悔上诉，检察机关提起抗诉的界限是什么。由于上诉不加刑原则的适用是刑事诉讼过程合法运转的基础，检察机关不能任意提起抗诉来破坏这一原则，因此抗诉适用条件须严格控制。有的学者提出，在上诉案中，对被追诉人否认指控的犯罪事实或以实际行为打破具结书中所作出的承诺，如不积极履行具结书中要求包括退赃退赔、赔偿损失、赔礼道歉等义务，符合抗诉条件的，检察机关可以提出抗诉。④ 实务中，在承认反悔权正当的同时，应将抗诉的条件、程序及不予抗诉的情形进行明确，对被追诉人的反悔理由是否正当合理、反悔动机是否善意进行审查，判断一审裁判在事实认定和法律适用方面是否存在错误。严格意义上讲，仅在符合"认为一审判决、裁定存在错误"这一"唯一触发条件"的情况下，检察机关才能获得履行法律监督职能的依据，并不能简单因为被追诉人反悔理由不正当、反悔动机恶意及其他有违诚实信用的行为而启动抗诉程序，提出加重的量刑建议。当然，若一审判决、裁定没有错误，对于被追诉人出于恶意而滥用反悔上诉权，导致司法资源浪费这一情况，虽法律未将其明确规定为抗诉的触发条件，但在具体个案中法官可因缺乏法律依据或无正当理由，而对被追诉人的恶意上诉予以驳回。

四、破局之路：紧扣"量刑个别化"，探索反悔场域中量刑模型的二维建构路径

实现被追诉人反悔量刑之科学考量是一项长期而艰巨的任务，结合反悔事实、法律规范、个人偏好等多重因素进行量刑评价，以"量刑个别化"原理为指导，总

---

① 参见鲍键、陈申骁：《认罪认罚从宽制度中量刑建议的精准化途径与方法——以杭州市检察机关的试点实践为基础》，载《法律适用》2019年第13期。
② 参见彭文华：《量刑说理：现实问题、逻辑进路与技术规制》，载《法制与社会发展》2017年第1期。
③ 参见焦悦勤：《刑事判决书量刑说理现状调查及改革路径研究》，载《河北法学》2016年第2期。
④ 参见苗生明、周颖：《认罪认罚从宽制度适用的基本问题——〈关于适用认罪认罚从宽制度的指导意见〉的理解和适用》，载《中国刑事法杂志》2019年第6期。

结出一套成熟且可操作性强的量刑模型需经反复试验和摸索。笔者想强调的"量刑个别化"原理在反悔案件中的运用,并非意味着个案反悔后的量刑结果必定不同,而是要求个案反悔后量刑结果需与反悔行为的内在价值与具体样态等因素的影响相适应,这也是实质刑法观和能动司法在量刑问题上的集中体现。①

(一)以价值等级为基础构建统一化的反悔量刑范式

人们的行为在一定社会关系中所具有的意义,我们称其为行为价值,这一哲学概念在法学研究中起到了重要作用。② 认罪认罚后被追诉人的反悔行为在满足一定条件时同样具备行为价值,应获得法律认可,这种价值不能只根据行为的后果确定,还要看它由此产生的动机和目的,对其进行主观上的善恶区分。厘清反悔行为价值,以价值等级为根据细化减让比例,对反悔行为进行严格审查,重点通过审查反悔心理、反悔前认罪认罚表现及反悔对司法效率的影响程度来区分不同反悔行为所具有的实质价值,形成三级价值序列(一级价值>二级价值>三级价值)(见表5),并以价值等级为基准,明确不同等级影响基准刑的具体比例(见表6),为量刑结果的科学性提供计算依据。

表5 反悔行为价值等级序列认定明细表

反悔审查因素	反悔心理			反悔前表现		反悔对司法效率的影响程度		
具体样态	违背意愿认罪认罚	对裁判结果不满意	恶意滥用反悔权	简单认罪认罚	退赃退赔赔偿损失赔礼道歉	侦查阶段反悔	审查起诉阶段反悔	审判阶段反悔
价值等级	一级	二级三级	—	二级三级	一级	一级	二级	三级

表6 各价值等级对应的基准刑减让比例一览表

价值等级	一级价值	二级价值	三级价值
减让比例	可减少基准刑的20%	可减少基准刑的10%	可减少基准刑的5%

根据反悔行为表现,笔者认为,只有同时具备"被追诉人认罪认罚违背主观意愿""有退赃退赔、赔偿损失、赔礼道歉等悔罪行为表现""在侦查阶段提起反悔"

---

① 参见石经海:《量刑的个别化原理》,法律出版社2021年版,第57页。
② 参见李德顺:《价值论》,中国人民大学出版社2007年版,第8页。

三个条件，反悔行为才能被认定为具有一级价值，获得最大限度的量刑减让。对裁判结果不满意以及没有具体悔罪表现仅简单签署具结书后的反悔，可结合个案实际情况，认定为二级或三级价值。对于恶意滥用反悔权的情形，应认定为不具备反悔价值，在最终的量刑评价中不予考虑减让比例。特别是像极为恶劣且具有严重社会危害性的滥用行为，法院甚至可将其作为加重最终量刑结果的考量因素之一，通过明确条文规定反悔后的"从重"幅度，并纳入禁止性规定。有调查显示，非反悔案件平均审查起诉的时间是5天，而反悔案件平均审查起诉的时间是30天，足有非反悔案件平均用时的6倍之多，司法进程被严重阻滞。① 这足以表明，恶意滥用反悔权行为将对司法效率造成极为恶劣的影响。概言之，针对被追诉人反悔后的具体量刑这一情况，以犯罪的主客观事实为基础，坚守量刑规范化和量刑个别化的核心要义，适度考虑反悔因素的价值影响来对基准刑进行调整，将有助于量刑工作的顺利开展。②

（二）以量化指标为依托梳理类型化的反悔量刑模型

在利用价值等级影响构建出反悔量刑范式的基础上，根据不同的反悔场域分类推导出具体的量刑模型乃本文研究的主要目的。对此，笔者欲借鉴经济学分析中的指标评价法，把被追诉人的反悔行为细分为若干项指标，划定每项指标权重，并对其分别赋值，再通过相关计算公式得出不同反悔场域的最终量刑结果。③

首先，将反悔行为进行因素解剖，把所涉及的主要方面作为考量指标，根据指标的影响程度大小，在综合研判后对其进行合理赋值，参考标准如下：

1. 反悔的内生因素。如因事实认识错误而认罪认罚后的反悔、因违背意愿而认罪认罚后的反悔以及为获取留所服刑而故意拖延羁押时间的恶意反悔行为等。前两种反悔动因皆为被追诉人具有正当理由的反悔，可对其赋值为1；对于为获取留所服刑而故意拖延羁押时间的反悔、藐视法律程序权威的滥用反悔权等情况，被追诉人具有主观恶意，对其赋值应为-1。

2. 他方过错导致反悔。如检方打破合意导致量刑建议过重后的反悔、法院超出量刑建议作出判决后的反悔，作为处于弱势地位的被追诉人，很难对公权力在程序上的瑕疵甚至错误加以制约，相比上述赋值为1的两项指标，此时的被追诉人是善意的，其合法权益理应受到更大程度的保护，因此，可对上述指标赋值为2。

3. 反悔前认罪认罚的表现形式。以"关系修复"为焦点，根据被追诉人在认罪认罚中是否具有实质意义上的悔罪表现，对其后续反悔的善恶程度作出评价，是恢

---

① 参见马明亮、张宏宇：《认罪认罚从宽制度中被追诉人反悔问题研究》，载《中国人民公安大学学报》2018年第4期。
② 参见彭文华：《量刑的价值判断与公正量刑的途径》，载《现代法学》2015年第2期。
③ 参见张曙、彭钰：《认罪认罚案件量刑建议的大数据模型建构》，载《辽宁大学学报》2021年第5期。

复性司法理念在现代量刑考量中的有力渗透，体现了恢复司法式的量刑个别化。[①] 对于只签署具结书之后的反悔和有退赃退赔、赔偿损失、赔礼道歉等关系修复性认罪认罚行为之后的反悔，其行为价值程度是不一样的。对反悔的先前行为如退赃退赔、赔偿损失的比例大小以及赔礼道歉是否取得被害人的谅解，也应针对具体问题形成梯度式的赋值标准。对单纯签署具结书后的反悔赋值为1，对有实质意义的悔罪表现之后的反悔赋值为2，根据悔罪表现对关系修复的能力大小，再次进行评估，并在（1，2）的区间内保留一位小数依次赋值。

4. 反悔的时间阶段。认罪认罚反悔必须在具结书签署之后，如果在签署之前，控辩双方都可以不受量刑协商意思表示的约束。因此，在签署具结书之后，法院作出一审判决之前，被追诉人都可以反悔。[②] 依照司法的公平效率原则，不同阶段实行反悔行为会造成不同的司法影响，因此，对各个阶段的反悔也需区别赋值。首先是在检察院提起公诉前，这一时间节点处于诉讼程序的前端，此时行使反悔行为对整个司法进程的影响最小，不具有明显破坏性，可对此种情况赋值为2；其次是在检察院提起公诉后法院宣判前，不论被追诉人反悔的理由是否合理，反悔行为在客观上都可能造成程序的回转，在浪费司法资源的同时对案件正常审理也将产生一定的挑战，应赋值为-1；最后是在一审判决生效前，此时间段的被追诉人可以基于新事实、新证据行使反悔上诉权，赋值为1，若只是为了钻"上诉不加刑"原则的"空子"，则应对其赋值为-2。

其次，根据各项指标的重要性设定不同的权重，因反悔理由是反悔行为的动因，是促成反悔行为的先决条件，其重要性应高于反悔前认罪认罚的表现形式、反悔的时间阶段，故对上述第1项、第2项指标的权重应设定为50%，反悔的时间阶段与司法效率价值具有直接关联性，其权重可设定为30%，至于反悔前认罪认罚的表现形式这一因素，主要反映被追诉人人身危险性的高低以及再次犯罪可能性的强弱，认罪认罚后的反悔会导致对先前相关认定的重新判断，对反悔后量刑评价的间接影响力较小，故其权重应适度调低，以10%~20%为宜。

最后，根据不同指标的具体值以及所占权重，对各类反悔场域进行量刑计算，设定基准刑为BS，宣告刑为DS，利用公式算法（见表7），评估反悔行为对量刑结果的类型化影响，实现量刑过程的可视高效，量刑结果的科学可靠。但需要注意的是，所有的指标体系并不是恒久不变的，应随着经济社会发展、法治理念的更新而进行不断调整。现在已经确定的指标体系，包括权重和赋值也不一定是精确无误的，还需在未来的司法实践中进行不断地研究求证。

---

① 参见石经海：《量刑个别化的基本原理》，法律出版社2010年版，第402页。
② 谢小剑：《认罪认罚从宽制度中被追诉人反悔权研究》，载《江西社会科学》2022年第1期。

表7 不同反悔场域中的量刑计算表

因素		阶段			
		被追诉人签署具结书后,检察院提起公诉前	检察院提起公诉后,法院宣判前	一审判决生效前	
				基于新事实证据行使反悔上诉权	无理由滥用反悔上诉权
反悔内生因素	善意	场域1	—	—	—
	恶意	—	场域2	—	场域4
反悔外发因素		—	—	场域3	—
反悔前的认罪认罚有无实质悔罪表现	无	—	场域2	场域3	—
	有	场域1	—	—	场域4

量刑公式

场域1　　DS＝[50%×BS×1+30%×BS×2+(10%,20%)×BS×(1,2)]－BS
场域2　　DS＝BS－[50%×BS×(-1)+30%×BS×(-1)+(10%,20%)×BS×1]
场域3　　DS＝[50%×BS×2+30%×BS×1+(10%,20%)×BS×1]－BS
场域4　　DS＝BS－[50%×BS×(-1)+30%×BS×(-2)+(10%,20%)×BS×(1,2)]

结 语

认罪认罚从宽制度的施行是推进国家治理体系和治理能力现代化的重要探索,不仅有利于更好地实现司法公正与效率的统一,更契合了被追诉人的特殊心理需要,是司法体制改革中所释放出的巨大红利,但随之而来的反悔量刑问题却成了该制度运行过程中的一大难点。为达到量刑公正这一价值目标,任何有关方法制度都应在理论与实践的不断碰撞中完善。本文着眼于对认罪认罚从宽制度中被追诉人反悔后的量刑评价研究,透过司法现状观测背后的问题本质,尝试构建出了一套科学化、规范化、个性化的反悔量刑模型以解决司法实践中的量刑问题,期望可为我国法治事业的向好发展贡献出微薄力量。

惩治网络犯罪利益链条罪刑均衡的体系化构建

——以网络犯罪去中心化为视角

江西省宜春市袁州区人民法院 苏 州

引 言

网络犯罪去中心化是指犯罪行为纵向被切割成若干环节，同时横向分工细化，交错形成环环相扣的利益链条，每一个链条对于犯罪的发生均至关重要，破除了传统犯罪以实行行为为中心的犯罪模式，呈现明显的去中心化特征。[①] 在此背景下，为保证人民的生命财产安全，全利益链条惩治成为了刑事政策的当然之举，但传统以实行行为为中心构建的罪刑规范与网络犯罪去中心化之间出现了落差，利益链条中端内部、前后之间出现罪刑失衡。理论上对此未形成通说，传统由罪至刑思维逻辑道路出现了阻碍，无法缓解罪刑失衡问题。本文拟对网络犯罪罪刑失衡问题进行解构分析，以探究犯罪利益链条惩治的现状，突破传统由罪至刑正向思维，实现惩治网络犯罪全利益链条的罪刑均衡体系。

一、网络犯罪去中心化裁判的考察

网络犯罪的利益链条环环相扣，每一个链条均为一个环节，构成了犯罪整个过程。各个链条按照犯罪流程概括为前端、中端、后端。中端链条是指包含传统实行行为在内的数个犯罪环节群，往前为前端链条，往后为后端链条。前中后端链条的边缘存在交叠，无法精准划分。为方便探讨，本文所称中端链条是指实行行为所在的犯罪团伙行为所涉及范围，其他归为前后端链条范围之列。（见图1）

[①] 参见喻海松：《网络犯罪形态的碎片化与刑事治理的体系化》，载《法律科学》2022年第3期。

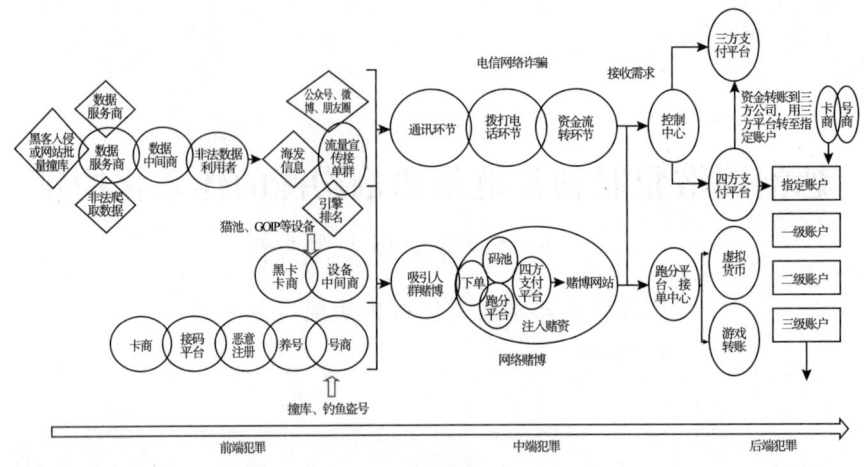

图 1　网络犯罪全链条流程

（一）内部责任划分困难致中端链条罪刑失衡

1. 主从犯责任认定困难。传统犯罪主要以是否是实行行为以及对犯罪所起的作用大小来判断主从犯，但在网络犯罪中存在不同的组织形式以及分工模式，加上信息技术的作用，导致网络犯罪中主从犯的责任划定变得复杂困难。

示例：①被告人朱某、艾某依托成立公司的形式，组建榆林农惠现货交易平台，并控制产品大盘行情走向，以达到犯罪的目的。在被告人朱某的统筹管理下，该公司各个部门分工明确，各部人员除经理外经常轮岗更换，且人员流动较大。（见图2）

该案中，最直接侵害被害人权益的是风控部操盘手史某、赵某、王某乙、王某涛等四人，在传统案件中属于当然的主犯，但在本案只是犯罪链条的一环，并非组织策划者，未有相关提成，甚至有些副操盘手只有固定工资，应当被认定为从犯。对于传统概念中辅助人员，例如艾某、陈某、姚某、杨某四人虽没有与被害人实际接触，直接参与实行行为，但不能当然地确定四人为从犯，实际该四人具有管理权限，在整个犯罪中地位较高，所起的作用比几名操盘手更大，属于犯罪链条的重要环节。

在本案中，四名部门经理存在三种处理结果，被告人艾某通过给操盘手下达指令控制平台虚拟行情走势，实施欺诈行为，被认定为主犯，按照其所参与和组织、指挥的全部犯罪处罚。陈某、姚某各自依照被告人朱某的安排，在各自环节中为实现犯罪目的起了帮助作用，被认定为从犯，依法被减轻处罚，杨某未被刑事立案。

对于负责平台的搭建、管理、维护的技术支持人员，按照主犯还是从犯处理，

---

① 案例详见湖南省南县人民法院（2015）南法刑初字第62号刑事判决书、湖南省益阳市中级人民法院（2016）湘09刑终144号刑事裁定书。

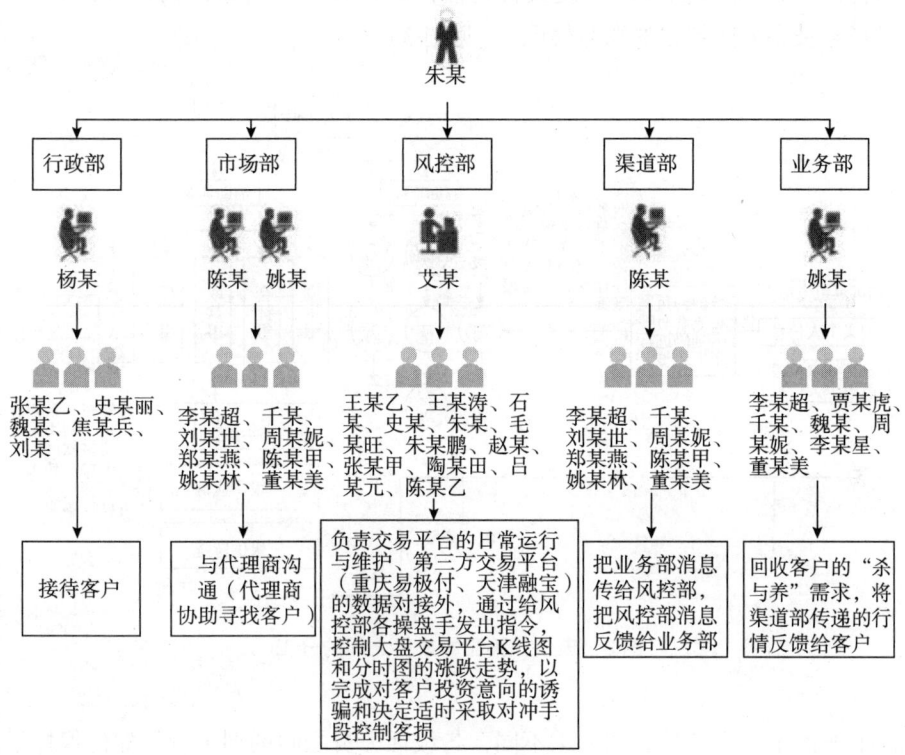

图 2 中端链条成员内部分工

实践中出现了多种观点。第一种观点认为其在共同犯罪中起次要或者辅助作用，系从犯；① 第二种观点认为，其负责控制该网站后台，起主要作用，是主犯；② 第三种观点认为其不仅负责电脑、网络及软件的安装、维护、更换，还为诈骗犯罪提供资金、技术支持，虽然没有具体实行诈骗行为，但在共同犯罪中起到了主要作用，应认定为主犯。③ 示例中对于被告人艾某的处理为第二种观点。

2. 共犯间责任认定困难。在网络犯罪中，各利益链条分工细化，每一个环节下有数个小环节，共犯因分工不同在案件中所起作用不同。因此，要让共犯间责任认定达到平衡变得非常困难。以一个经典的电信网络诈骗案为例，犯罪分工一般分为信息流、拨打电话流、资金流三个阶段，④ 每个阶段由数个链条层层勾连，环环相扣，比如拨打电话阶段的话务员可以分为一级话务员、二级话务员、三级话务员等。在求职类诈骗中，一级话务员通过话术广撒网，让被害人加入诈骗人员专门的微信

---

① 案例详见重庆市长寿区人民法院（2020）渝 0115 刑初 51 号刑事判决书。
② 案例详见江苏省盐城市亭湖区人民法院（2020）苏 0902 刑初 270 号刑事判决书。
③ 案例详见四川省广元市利州区人民法院（2017）川 0802 刑初 260 号刑事判决书。
④ 参见孙少石：《电信诈骗是如何"组装"的——对犯罪组织及形成机理的考察》，载《法律和社会科学》2018 年第 2 期。

或者QQ，二级话务员依靠话术使被害人信任公司开出的高薪以及美好前景，三级话务员指导被害人向特定的账号转账。（见图3）

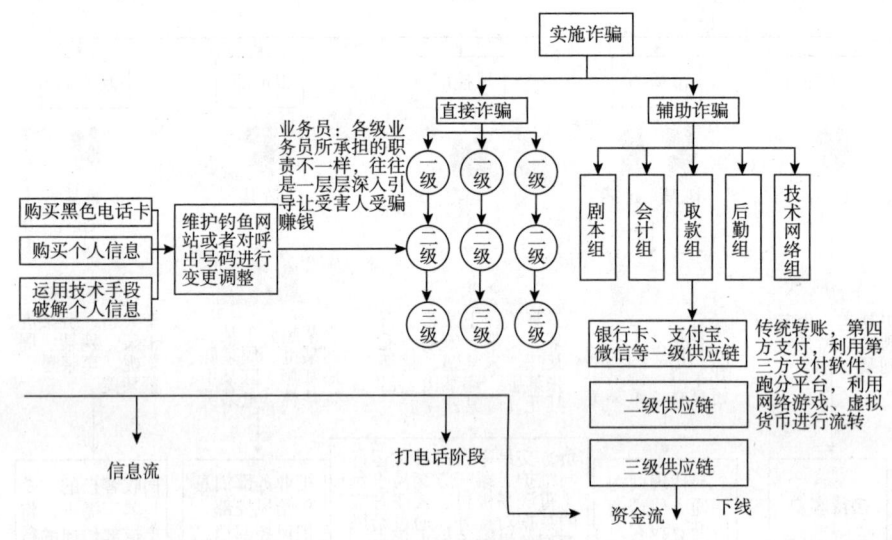

图3　电信诈骗犯罪成员之间的分工

　　以上案例中，话务员之间分工不同，各级话务员之间的刑事责任如何保持平衡。特别是一级话务员存在"外包"情形，即诈骗广撒网环节，游离于整个组织之外，独立成为一个利益团体，当"外包型"话务员先归案时，在审判实践中存在三种处理可能。第一种为被告人是诈骗犯罪的从犯，以其参与的诈骗金额确定刑事责任，在此基础上进行从轻减轻；① 第二种为同样认定被告人是诈骗犯罪的从犯，按照其拨打电话次数作为计量方式，以诈骗犯罪未遂确定刑事责任；第三种为认定被告人是非法利用网络信息犯罪，其拨打电话的行为是诈骗罪的预备行为，应当独立定性，按照其所发送短信、电话次数、联系人数确定刑事责任。② 其中第二种、第三种可能与后续归案且按照实际诈骗金额评价的二级、三级话务员相比，所获刑罚容易出现不平衡。

　　此外，网络犯罪各环节隐蔽程度不同，往往各环节成员先后归案，前后归案的被告人因评价方式不同，量刑容易失衡。在上述电信诈骗案例中，资金流与被骗资金直接接触，容易通过资金流向被先行查获，又因网络犯罪各环节组织间呈现松散状，资金流阶段成员与犯罪团伙联系并不紧密，该被告人通常不会被认定为诈骗罪共犯，诈骗金额亦难以查实，评价标准通常按照流水或者次数计算，而后归案的其他环节成员

---

① 案例详见吉林省通榆县人民法院（2021）吉0822刑初52号刑事判决书、吉林省白城市中级人民法院（2021）吉08刑终40号刑事判决书。
② 案例详见吉林省白城市中级人民法院（2021）吉08刑终13号刑事判决书、吉林省白城市洮北区人民法院（2020）吉0802刑初387号刑事判决。

又常按照诈骗金额进行量刑评价,因此,各环节同案犯之间出现量刑失衡。

(二) 外部责任平衡困难致前后链条罪刑失衡

网络犯罪去中心化特征让网络犯罪分工逐渐链条化、产业化,形成上下游一体化的关联性犯罪产业链。

1. 量刑倒挂:前后产业链一对多效应。在法哲学视域的公正视角和司法实践的立场下,基于同一笔事实,"下游犯罪量刑不高于上游犯罪"被普遍承认,下游犯罪量刑高于上游犯罪则被学者称之为量刑倒挂。① 下游犯罪究其实质为帮助行为,因此,量刑倒挂可辐射至独立定性的帮助行为与实行行为犯罪。传统犯罪中因帮助行为与实行行为犯罪普遍为一对一的关系,故帮助行为犯罪低于实行行为犯罪为常态,但在网络犯罪中由于前后产业链的一对多、多对多效应,导致前后端犯罪的危险性并不完全低于中端犯罪,平衡量刑倒挂成为亟待解决的问题。

网络犯罪因组成要素的不同,上下游犯罪链条出现差异,但是离不开信息类物料、工具类物料、推广、技术、资金结算等五大要素。② 这五类要素衍生出大量黑灰产业链,形成网络犯罪的前端、后端犯罪。以网络赌博资金结算为例,为逃避公安机关的侦查,一个网络赌博犯罪可能存在支付宝、微信等第三方支付、聚合支付、虚拟货币、空包单号转移资产、跑分平台等多种资金结算通道。每一种资金结算通道背后均可形成独立的产业,结算平台搭建各种资金进出及赌博上分、下分的网站和小程序,拥有一套完整的操作流程。这些资金进出通道往往对应业务上毫无关联的多个赌博网站,甚至包括境外的赌博网站,突破了传统的共犯"一对一"的关系,通过网络形成了"一对多""多对多"的关系。(见图4)

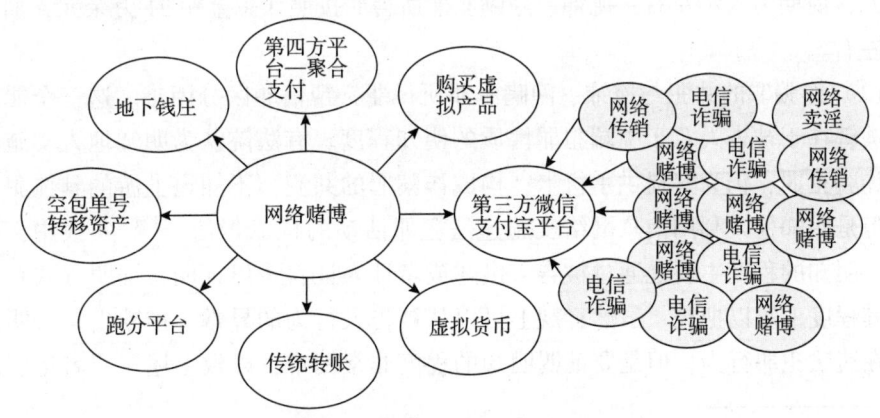

图4 资金结算平台与中端链条关系图

---

① 参见庄绪龙:《上下游犯罪"量刑倒挂"困境与"法益恢复"方案——从认罪认罚从宽视角展开》,载《法学家》2022年第1期。
② 参见喻海松:《网络犯罪黑灰产业链的样态与规制》,载《国家检察官学院学报》2021年第1期。

非法支付结算业务具有链条长、环节多的特性，加上犯罪分子多相互隐蔽、单向联系，要根据流水走向查清楚资金结算平台所对应的每一个上游犯罪是非常困难的。实践中通常出现资金结算阶段的流水呈千万元或亿元，但查实对应的赌博数额、诈骗数额只有几万元甚至无法查实精确数额。例如，赵某帮助信息网络犯罪案中，①赵某明知他人利用信息网络实施犯罪的情况下，仍将本人名下银行卡借给他人使用，其中该银行卡流水为500余万元，但是查实的对应诈骗金额只有15000余元。按照传统共犯理论，下游犯罪作为上游犯罪的帮助犯，只以查实的上游犯罪金额进行量刑，在网络犯罪全链条打击中无疑放纵了犯罪。如果依靠下游犯罪流水进行处罚，则有可能出现量刑倒挂现象，例如上述案例中，如果下游犯罪以掩饰、隐瞒犯罪所得500万余元进行量刑必定高于以15000余元进行量刑的诈骗罪。

2. 定罪混乱：前后端犯罪类案不类判。网络犯罪各个利益链条所侵犯的法益不一致，其各端犯罪所牵涉的罪名也不尽相同，司法实践中有两种处理方式：一种是独立罪名，例如构成侵犯公民个人信息罪，帮助信息网络犯罪活动罪（以下简称帮信罪），掩饰、隐瞒犯罪所得罪等罪名；另一种是构成网络犯罪实行行为的共犯，例如，诈骗罪、开设赌场罪等犯罪共犯。

各地法院认定标准并不相同，导致罪名适用混乱，甚至在同一个案件中都存在公安机关、公诉机关、一审、二审观点截然相反的情形，量刑更是千差万别。例如，王某某提供资金支付结算服务一案②中，公安机关认为全案构成帮信罪，检察机关认为王某构成诈骗罪，杨某某、李某构成帮信罪，法院认为全案构成掩饰、隐瞒犯罪所得罪，排除个人预防刑的从轻减轻情节，三个罪名之下的责任刑差距巨大，帮信罪按照支付结算金额500余万元，刑期一年六个月左右；诈骗罪按照诈骗金额21万余元，刑期为六年左右；掩饰、隐瞒犯罪所得罪按照诈骗金额21万余元，刑期为四年左右。

(1) 诈骗罪的共犯与掩饰、隐瞒犯罪所得罪，帮信罪区分困难。这三个罪名区分的关键在于被告人对于中端犯罪性质的明知程度。有法院认为明知他人实施电信网络诈骗犯罪，仍为其提供手机卡，构成诈骗罪的共犯；不知道上游的具体犯罪性质，但是明知他人利用信息网络实施违法犯罪活动的构成帮信罪。③ 实践中，是否明知、明知的程度主要是通过被告人供述或者证人证言予以证明，证明方式较为主观，其程度上难以把控。虽然客观上可以从被告人行为的异常，推断出是否明知上游存在违法犯罪行为，但是要证明明知的程度非常困难，以致上述三罪名定罪出现

---

① 案例详见辽宁省大连市旅顺口区人民法院（2021）辽0212刑初193号刑事判决书、辽宁省大连市中级人民法院（2022）辽02刑终183号刑事裁定书。

② 王某某明知"巅峰"App聚合支付平台为网络电信诈骗提供资金支付结算服务，仍成为该平台一级代理。后王某某发展杨某某成为其下线成立跑分工作室，并雇用李某等5名业务员进行跑分。该跑分工作室共计支付结算500余万元，涉及电信诈骗金额21万余元。参见张艳：《支付结算型帮助信息网络犯罪活动罪认定中的争议问题》，载《中国检察官》2022年第4期。案例详见山西省太原市中级人民法院（2021）晋01刑终897号刑事判决书。

③ 案例详见湖南省湘西土家族苗族自治州中级人民法院（2022）湘31刑终22号刑事裁定书。

混乱。

（2）帮信罪与掩饰、隐瞒犯罪所得罪区分困难。在不足以构成诈骗罪共犯情况下，如何区分帮信罪和掩饰、隐瞒犯罪所得罪，实践中存在多种观点。有观点认为主要看是否实施了帮助转移支付赃款的行为，即构成掩饰、隐瞒犯罪所得罪，反之则构成帮信罪。① 实践中，转移行为与帮信罪规定的提供支付结算等帮助区分亦存在困难，如提供银行卡后，提供人脸识别方式是否属于帮助接收转移行为，存在争议。还有观点认为，上游犯罪已经既遂，再提供资金结算帮助，对资金来源及去向起到掩饰、隐瞒的效果的为掩饰、隐瞒犯罪所得罪，反之帮信罪则不需要符合前述条件，任何对正犯提供帮助的支付结算都可以进行评价。② 还有观点直接按照转移支付的作用确定被告人罪名，例如将转移支付中起主要控制作用的被告人认定为掩饰、隐瞒犯罪所得罪，对下线或者雇请的业务员认定为帮信罪。③

二、网络犯罪罪刑关系双向思维逻辑的提出

（一）难题：正向思维的争议无理论通说

为解决传统以实行行为为中心构建的罪刑规范与网络犯罪去中心化模式之间出现的落差，学者从由罪至刑的思维逻辑出发，积极探索，但至今未能形成理论通说，无法解决出现的罪刑失衡问题。以电信诈骗罪为例，张三提供银行卡并为境外诈骗集团提供支付结算帮助，后被公安机关查获，银行转账流水为30万余元，其中被害人李四向其转账2000元，境外诈骗集团因转移及时并未归案，无法查实所有诈骗金额。

在此案中对于被告人张三的处理，理论上有几种观点：一是将帮助行为独立正犯化，④ 即帮助行为可单独入罪，不管正犯是否构成犯罪，张三的行为均构成帮信罪，不能适用《刑法》总则的从轻、减轻情节。二是帮助行为相对正犯化，既对帮助行为本身有明知的要求，又要求正犯构成犯罪。⑤ 本案查实的诈骗金额为2000元，如未存在其他构罪情节，诈骗行为不构成诈骗罪，即正犯构罪存疑，张三不构成犯罪，如果正犯能够构成诈骗罪，张三构成帮信罪且属于正犯，教唆其犯罪的人可以构成帮助犯。三是帮助犯的量刑规则，帮信罪依然是帮助犯，只是因为《刑法》分则条文对其规定了独立的法定刑，而不适用《刑法》总则关于帮助犯的处罚规定，⑥ 这种观点坚持正犯中心说，如正犯不构罪，张三同样不构成犯罪，但如果

---

① 案例详见安徽省寿县人民法院（2021）皖0422刑初372号刑事判决书。
② 参见李先民：《支付结算型信息网络犯罪帮助行为的法律适用》，载《中国检察官》2022年第8期。
③ 案例详见湖南省益阳市中级人民法院（2022）湘09刑终68号刑事裁定书。
④ 参见陈兴良：《共犯行为的正犯化：以帮助信息网络犯罪活动罪为视角》，载《比较法研究》2022年第2期。
⑤ 参见王爱鲜：《帮助行为正犯化视野下的帮助信息网络犯罪活动罪研究》，载《河南大学学报（社会科学版）》2017年第2期。
⑥ 参见张明楷：《论帮助信息网络犯罪活动罪》，载《政治与法律》2016年第2期。

正犯能够构成诈骗罪，张三构成帮信罪且仍旧属于帮助犯，教唆其犯罪的人不构成犯罪。

上述帮信罪性质争议只是网络犯罪中正犯、共犯理论争议的一个缩影，网络犯罪的时代特征给传统刑法带来了巨大冲击，为解决出现的困境，理论界百家争鸣，目光多聚焦于罪名，虽每一种理论均有理论原点，但易陷入罪名争议的泥沼，无法形成通说缓解罪刑失衡问题，传统由罪至刑的思维逻辑道路出现了阻碍。

（二）出路：网络犯罪罪刑均衡二元论

罪刑均衡是刑法基本原则之一，是指确立罪与刑之间的等价、相适应、均衡关系，其基本含义是"罪当其罚，罚当其罪"，其本质是被告人所犯的罪要与刑事责任相适应，量刑作为刑事责任下位概念也要与罪相适应。传统刑法理论中罪刑均衡分为以康德为代表的报应主义[①]和以贝卡利亚、边沁为代表的预防主义，[②] 二者虽然所追求的价值不同，但是均体现出犯罪限制刑罚权的意蕴。随着刑法理论的发展，罪刑之间的关系渐渐出现了不同观点，罪刑均衡的含义也变得更为充实和丰富。

有学者认为不管被告人定何种罪名均要归结于量刑，被告人以及受害人最为关心亦是量刑，量刑是定罪的目的。量刑公正才代表刑法正义，判断罪名只是公正量刑的手段，[③] 罪与刑中不是"罪"作为主导，"刑"作为附属，而是双方共存，互相配合。在理论与立法存在一定缺陷的网络犯罪领域，量刑在一定程度上可予以强化，罪名认定可在一定程度上相对弱化，由刑至罪进行逆向思维，可避免陷入罪名争议的泥沼，确保实现罪刑均衡。

以资金结算环节犯罪行为为例，如果逆向思考该行为的量刑，再确定罪名，在前述王某某提供资金支付结算服务一案中既可以避免陷入是构成诈骗罪共犯还是独立构成掩饰、隐瞒犯罪所得罪抑或是帮信罪的争议，又可以平衡全链条成员之间的量刑，法院亦可以在因观点不一致而构成不同罪名情况下，达到量刑相一致，以取得良好社会效果。

当然这并不表示由罪至刑的思维逻辑在网络犯罪中应当彻底抛弃，罪刑均衡二元论是指罪与刑之间为二元能动关系，犯罪决定刑事责任，刑事责任反制犯罪，由罪至刑、由刑至罪的正反两种思维逻辑予以共存、相互配合。在网络犯罪复杂多发亟待有效遏制下，不妨突破传统思维，以罪刑均衡二元论为指导，构建网络犯罪利益链条惩治的罪刑均衡体系，为网络犯罪寻求一条新出路，从而带动刑事理论体系的革新。

---

① 参见[德]康德：《法的形而上学原理——权利的科学》，商务印书馆1991年版，第165~166页。
② 参见[意]贝卡利亚：《论犯罪与刑罚》，中国大百科全书出版社1993年版，第65页。
③ 参见高艳东：《量刑与定罪互动论：为了量刑公正可变换罪名》，载《现代法学》2009年第5期。

（三）阐释：逆向思维逻辑的具体内涵

逆向思维逻辑是指"以刑制罪"思维逻辑，又被学者冠以"以刑定罪""以刑释罪""量刑反制定罪""以刑择罪""以刑议罪"等不同名称。综合学者现有研究，究其实质可以将逆向思维逻辑的内涵理解分述为以下三类：

第一类是解释学方法的一种，包括解释犯罪构成要件时要考虑比较法定刑的种类和严厉程度，从而思考解释犯罪构成应当进行扩张解释还是限缩解释；① 根据被告人行为是否应当科处刑罚及轻重，对犯罪构成作对应的实质解释，或者说以刑制罪本身是一种可行的刑法实质性解释方法；以刑制罪是检验定罪是否恰当的一种方法，量刑畸轻与畸重代表定罪存在问题。②

第二类是犯罪界定的参照标准。立法层面依照犯罪行为是否应承担刑事责任，从而反映在罪的设置上，在司法上对被告人是否应当被科处刑罚，决定了被告人的出罪与入罪。③

第三类是罪名界定的参照标准。可以量刑妥当性为基点，反过来考虑与相对妥当性的量刑相适应的构成要件，来确定定何种罪名。④

三、惩治利益链条罪刑均衡场景化描述

为更好地运用罪刑均衡二元论解决网络犯罪全利益链条打击过程中的罪刑失衡问题，下文将重点描述利益链条划分场景、平衡场景、识别场景等三大基础性罪刑均衡场景，为体系化构建筑牢基础。

（一）划分场景：以"重要作用学说"为描述路径

确定网络犯罪中端链条群各责任划分，应当依据其对结果的发生所起作用大小。根据"重要作用说"，其认为起重要作用的就是正犯，反之则是共犯。⑤ 虽然该学说主要是为了区分正犯与共犯，但是其采取的是单层区分制，⑥ 正犯、共犯的区分既包含了定罪又涵括量刑，故在我国量刑上的责任划分问题，可以基于"重要作用"的理论进行分析。

判断是否起重要作用，需要以犯罪成员内部的地位以及对实行行为加功的有无、样态、程度等为标准。虽然网络犯罪去中心化特征，实行行为并不当然对结果发生

---

① 参见裘霞、李佑喜：《以刑制罪：一种定罪的司法逻辑》，载《河南社会科学》2004年第6期。
② 参见徐松林：《以刑释罪：一种可行的刑法实质解释方法——以对"组织卖淫罪"的解释为例》，载《法商研究》2014年第6期；陈昊明：《"以刑解罪"——一种新的刑法解释方法？》，载《政法论坛》2021年第3期。
③ 参见冯亚东：《罪刑关系的反思与重构——兼谈罚金刑在中国现阶段之适用》，载《中国社会科学》2006年第5期。
④ 参见梁根林：《现代法治语境中的刑事政策》，载《国家检察官学院学报》2008年第4期。
⑤ 参见阎二鹏：《共谋共同正犯理论中国化的障碍及其解释对策》，载《中外法学》2014年第4期。
⑥ 参见钱叶六：《双层区分制下正犯与共犯的区分》，载《法学研究》2012年第1期。

起主要作用，但仍旧可以实行行为为基准，构建网络犯罪成员责任划分的图谱。

以示例朱某等人电信网络诈骗为例，首先确定着手实行行为的风控部操盘手史某、赵某、王某乙、王某涛等人的刑事责任为 N，并明确四人在该案中定位仅为链条分工中的普通一环，根据上级指示进行工作，并未有相关提成，对于犯罪结果所起作用一般。后在犯罪链条中寻找与其定位类似的成员，刑事责任同样确定为 N，包括各部门的其他普通成员李某超、钱某等人。各个部门的经理艾某、陈某、姚某、杨某四人因为具有一定的管理权限，其刑事责任均为 N+1，部门职能只是分工不同，不能因为艾某管理的是风控部，从而加重其刑事责任。因艾某还存在与朱某一起成立公司，以 4 万元价格请中介注册公司，出面购买交易平台等重要情节，艾某系组织策划者之一，应增加刑事责任为 N+2。朱某成立公司并且统一管理整个犯罪流程，属于当然的组织谋划者，与艾某的刑事责任应当一致，故其刑事责任为 N+2。从而构建了中端利益链条成员的刑事责任图谱。(见图 5)

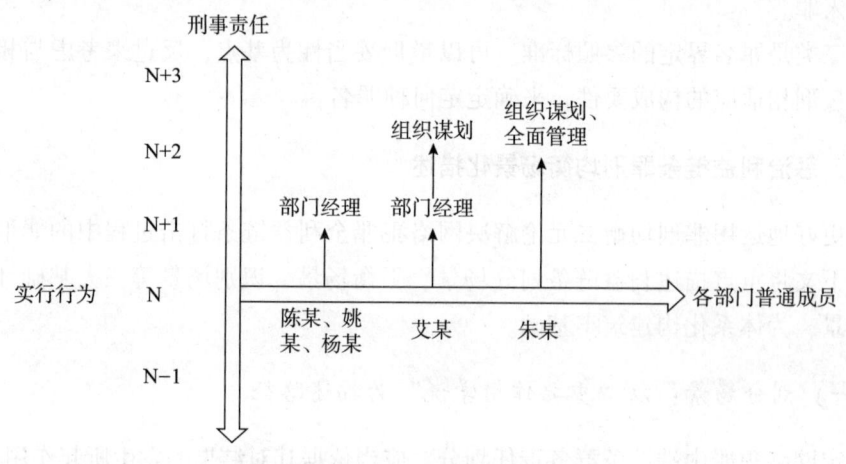

图 5　示例案例犯罪成员的责任图谱

再以图 3 所阐述的电信诈骗罪为例，首先确定实行行为即拨打电话话务员的刑事责任为 N，且各级话务员只是分工不同，对结果的作用都是一样的，故所有话务员刑事责任均为 N。其根据上级指示进行工作，未有相关提成，对犯罪结果所起作用一般，后在犯罪链条中寻找与其定位类似的成员，即各个小组中普通成员刑事责任确定为 N。各个小组的小组长，如果在犯罪过程中能够得到额外分成，或者具有一定管理权限的，刑事责任为 N+1。对于组织关系散状的信息流与资金流成员，第一层级成员所起作用与普通成员一致，刑事责任为 N，对于其发展的下线，如对犯罪明知程度与参与程度不高，刑事责任根据参与程度与作用力减少为 N-1、N-2。技术维护人员则从实际对犯罪所起作用进行区分，如果是普通维护刑事责任为 N，如果起到非常关键的作用，例如搭建赌博网络平台，刑事责任应当为 N+1，如果涉及参与管理或有巨大分成可以增加为 N+2。对于犯罪的发起者以及管理者可以根据

是否有分阶层确定为 N+2、N+3。（见图 6）

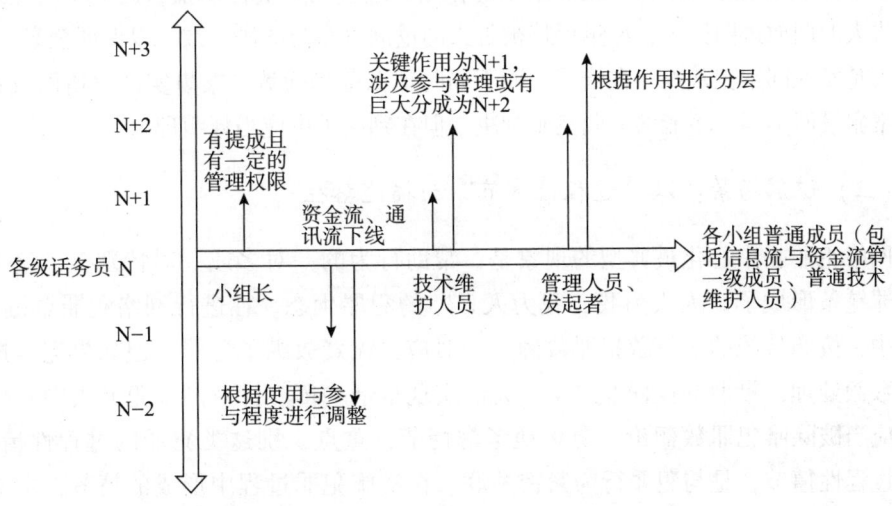

图 6　图 3 中电信诈骗犯罪成员的责任图谱

（二）平衡场景：以"全案之平衡"为描述路径

共犯间量刑平衡的裁判逻辑分为地位之平衡和全案之平衡。地位之平衡与链条责任划分场景中确定的责任刑图谱是一致的；全案之平衡指的是法官综合全案情节对各被告的刑期进行调节与平衡，从而做到量刑均衡。① 司法实践中量刑除了责任刑情节还有预防刑情节，例如累犯、认罪认罚、自首等情节。这些情节会影响被告人最后的宣告刑，导致出现主犯与从犯之间、从犯与从犯之间出现量刑逆转。法官可对共犯间的拟宣告刑进行全案之平衡，使宣告刑尽可能回归地位之平衡的位阶。

实际上，学界一直有声音认为，预防刑应当处于量刑的边缘地位，首先应当确定被告人的责任刑，然后依靠预防刑对其进行微调。② 在网络犯罪中除认定预防刑情节会出现量刑逆转问题，还可能因为新旧量刑标准评价的转变而出现类似问题，如主犯按照既遂的诈骗金额与从犯按照未遂的拨打电话数量，所得出的量刑相差无几，甚至出现从犯高于主犯现象。

对此，在案件审理过程中，确定完责任刑、预防刑之后，如出现量刑逆转，应适当地调整起点刑或基准刑，进行全案平衡调节，以保证最后确定的宣告刑能够使得各共犯间的量刑与其在共同犯罪中的地位和作用相适应。在逆向思维逻辑中，因尚未根据量刑规范化进行计算，没有起点刑、基准刑一说，可以将合理性量刑尽量靠近责任刑刑期。

对于分案审理的案件，要高度重视已经宣判了的同案犯刑期。例如在网络电信诈

---

① 参见武鑫：《共犯间量刑平衡的裁判逻辑与适用情形》，载《法律适用》2020 年第 15 期。
② 参见周光权：《量刑的实践及其未来走向》，载《中外法学》2020 年第 5 期。

骗罪中，外包型一级话务员已经判决生效了，法官在审理其他同案犯案件时，应当尽可能还原犯罪成员分工以及对犯罪结果的作用，绘就刑事责任图谱，然后将已经判决的被告人刑期放进图谱中，尽量保持被告人的量刑分布与图谱一致，以保证全案平衡。当然若是发现同案犯裁判存在错误、囿于当时证据范围导致全案事实评价错误或者所判同案犯量刑不当，不能参考同案犯判决，但在判决书中应当释明理由。

（三）识别场景：以"过程性情节"为描述路径

网络犯罪去中心化最典型的现象是，帮助行为的一对多或一对特别多，整个网络犯罪链条形成了"人人为我，我为人人"的犯罪生态。在进行网络犯罪全链条①打击中，按照传统的上下游犯罪数额一一对应，无疑放纵了犯罪，但如果完全按照流水数额处理，量刑倒挂程度严重，无法实现量刑均衡。针对网络犯罪去中心化特征，应当破除唯犯罪数额论，更多地考虑情节，重点识别这类犯罪的过程性情节。犯罪过程性情节，是与犯罪行为紧密关联、在实施犯罪过程中形成的情节，主要包括犯罪行为的样态、具体手段、犯罪工具、危害结果、对社会的影响，被害人的受害程度，犯罪的起因，共犯关系，行为人的参与程度，犯罪故意的类型等。

审查犯罪过程性情节对于量刑的影响，主要有两方面的考虑：一方面要查清影响量刑的违法事实，其对于量刑有根本性的制约。在评价资金结算环节犯罪情节中，首先，要考虑犯罪后果及危险性是否严重，包括上游犯罪的危害程度及犯罪金额、帮助犯罪的次数、团体个数、结算金额、违法所得等情形；其次，要考虑行为的恶劣性及犯罪方式，包括以转移支付手段、发展下线人数、组织严密程度、对上游犯罪明知及参与程度、是否作为犯罪；最后，要分析与犯罪接近的客观事实，包括被告人和被害人的关系、是否属于从犯、犯罪动机等。另一方面，要考虑影响责任刑的罪责事实。这包括被告人的年龄、精神状况、违法性认识、期待可能性的有无等。

过程性情节对于确定责任刑均非常重要，但根据这些情节对于社会的危害性与危险性不同，权重应有所区分。同样以资金结算环节犯罪情节为例，其中上游犯罪危害程度、犯罪金额是已经造成的后果，属于重要的量刑情节，帮助犯罪次数及帮助的犯罪团体个数均属于对社会的严重危险，亦属于重要量刑情节，权重系数为第一。对上游犯罪明知及参与程度、资金结算环节结算流水、违法所得、是否作为犯罪的危险性其次，权重系数为第二，其中结算金额因为无法查实是否全部属于犯罪金额，金额数所代表的危害性略微降低，故权重系数为第二。其他过程性情节权重系数为第三。

四、惩治利益链条罪刑均衡正反向思维逻辑的构建

应对网络犯罪所运用的由罪至刑正向思维逻辑与由刑至罪逆向思维逻辑并不互

---

① 参见张明楷：《责任刑与预防刑》，北京大学出版社2015年版，第275~288页。

斥，两者应当相互协调、相互配合。网络领域犯罪与传统罪刑规范存在落差，立法上存在较多的空白，实践中新型犯罪样态百变。无争议的案件适用正向思维逻辑，罪名、量刑存在争议的案件适用传统的正向思维逻辑并不能很好地解决问题，应当启用逆向思维逻辑。但所有的网络犯罪均可适用以刑制罪的解释方法论。将以刑制罪作为定罪量刑是否恰当的检验方法，如刑期不合理、不符合一般民众的预期，需要重新审视定罪量刑。

（一）逆向思维逻辑下的网络犯罪量刑规则

逆向思维逻辑量刑规则从启动至宣判共计四个步骤：第一步，出现罪名争议后启动逆向思维逻辑裁判模式；第二步，进行量刑合理性的考量；第三步，根据合理性量刑确定罪名；第四步，进行融贯性验证，形成判决书。其中进行量刑合理性的考量以及融贯性验证为核心步骤。

1. 确定合理性考量原则。逆向思维逻辑裁判模式最关键的是对量刑作出合理性的考量，即具体案件的行为人应当承担何种刑事责任，并以此对具体行为的罪名作出选择。在处理网络犯罪案件时，因其去中心化、链条化特征，除个罪本身量刑的合理性外，还应当考量其在整个利益链条中的量刑合理性。其可分为中端链条犯罪的全案考虑模式与前后端链条犯罪的综合认定模式。

（1）中端链条犯罪的全案考虑模式。被告人属于中端链条犯罪的，可以按照以下几个步骤确定各被告人的合理性量刑。（见图7）

步骤一：根据对链条责任划分场景的展开，构建网络犯罪成员责任划分的图谱，明确各成员的责任指数。

步骤二：精准识别整个犯罪团伙的过程性情节、个别性情节。犯罪的过程性情节形成于犯罪过程之中，是最终量刑的决定性因素，个别性情节是犯罪过程之外的与一般或特殊预防有关的情节，在量刑活动中处于边缘地位，[①] 例如认罪认罚、自首坦白等情形。根据社会的危害性与危险性不同，对过程性情节按照链条责任识别场景明确权重指数。

步骤三：根据过程性情节确定责任刑的合理性量刑。以示例朱某等人电信网络诈骗为例，分别根据朱某、艾某、程某的过程性情节确定其责任刑合理性量刑为 Z_1、A_1、C_1。合理性考量要不断将本案的情节数额运用类案检索方式，比对类似案情的量刑结果、类似罪名中相对应数额及情节的量刑结果，认真考虑被告人、被害人和群众的反映，最终确定合理性量刑。

步骤四：对责任刑量刑进行平衡调整。首先，根据案情确定不同刑事责任同案犯之间对应的刑期幅度比例，如确定 N+1 刑事责任对应的刑期比 N+2 刑事责任对应的刑期减少 20% 或减少四个月，N 刑事责任对应的刑期比 N+1 刑事责任对应的刑

[①] 参见周光权：《量刑的实践及其未来走向》，载《中外法学》2020年第5期。

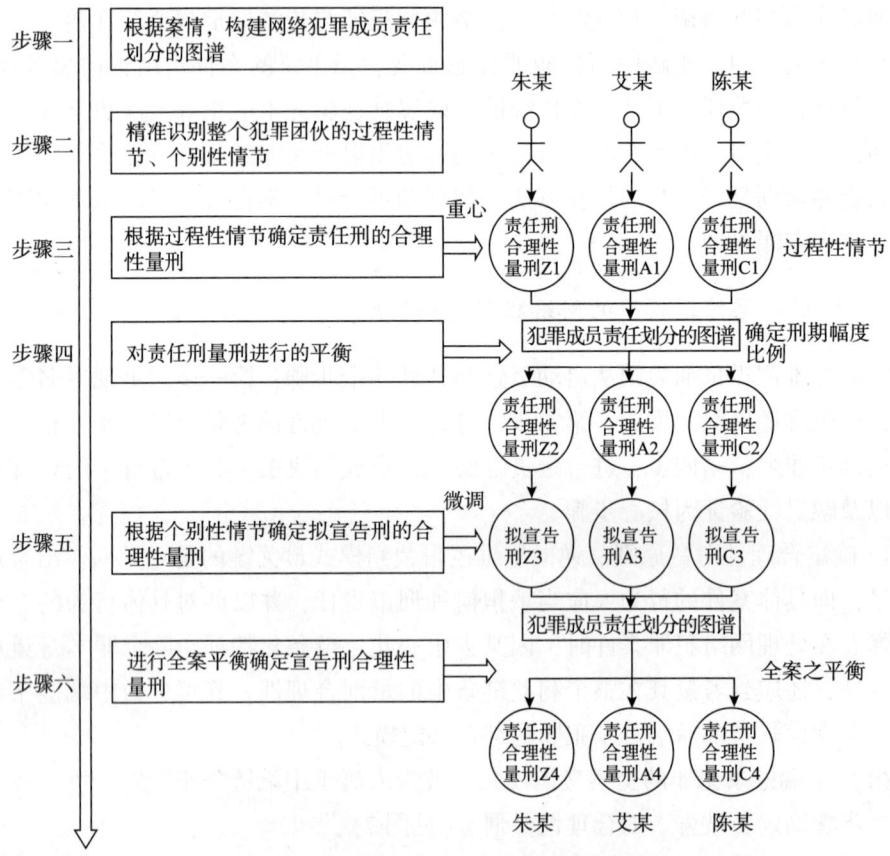

图 7　中端链条犯罪合理性量刑步骤图

期亦减少 20% 或减少四个月。其次将被告人朱某、艾某、程某的责任刑合理性量刑 Z1、A1、C1 放入网络犯罪成员责任划分图谱中,根据比例差距对 Z1、A1、C1 适当调整为 Z2、A2、C2。

步骤五:根据个别性情节确定拟宣告刑的合理性量刑。根据各被告人的个别性情节对 Z2、A2、C2 进行微调,① 确定拟宣告刑合理性量刑为 Z3、A3、C3。

步骤六:进行全案平衡确定宣告刑合理性量刑。将所有被告人拟宣告刑合理性量刑 Z3、A3、C3 再次放入网络犯罪成员责任划分图谱中,如果出现主从犯、从犯与从犯间的合理性量刑与责任划分的图谱层次相差过大,则进行全案平衡的调整,最终确定被告人的合理性量刑为 Z4、A4、C4。

(2)前后端链条犯罪的综合认定模式。被告人属于前后端链条犯罪的,可以按照以下几个步骤确定各被告人的合理性量刑。

步骤一:查明是否存在上下游犯罪已被查获。如果存在上下游犯罪已经宣判,本案量刑应当参考该案量刑或者依靠该案结果检验本案量刑是否合理。

---

① 参见 [日] 井田良:《讲义刑法学·总论》,日本有斐阁 2018 年版,第 625 页。

步骤二：精准识别本案的过程性情节、个别性情节，并确定过程性情节的权重指数。对于实际被点击数、下载量、系统和信息时长这些情节的数据，由于计量对象的海量数据特点，在量刑情节的证明标准上可以变更传统印证模式，采取综合认定，[①] 即不苛求其他证据印证，综合分析在案各类证据对犯罪事实进行认定，从而降低证明难度和成本。

步骤三：不断横向、纵向类比，得出合理性量刑 A。在关键量刑情节中采用了综合认定模式，可以在最后对量刑 A 进行下调，以弥补事实证据的不足。

2. 实现内外融贯性验证。每一个案件的裁判结果均存在结果意义上的后果和影响意义上的后果，即法律内部后果和法律外部后果。[②] 良好的法律效果与社会效果有机统一，是法律内部协调和裁判结果引起的法律外部可欲性、正确性的有机结合，法律内外的融贯性验证是案件裁判结果效果良好的应有之义。

在逆向思维逻辑裁判模式中，可以采取三步法实现内外融贯性验证。第一步列举争议罪名。列举有争议的罪名 A、B、C，并且确定其背后的正向思维逻辑理论为 LA、LB、LC。第二步根据合理性量刑确定合理性罪名。将争议罪名 A、B、C 根据本案案情得出相对应的量刑范围 A1、B1、C1，将未涵盖合理性量刑的罪名 A 予以剔除。将剩余 B、C 罪名的法定刑以及法定刑幅度反复进行对比，对 B1、C1 与合理性量刑反复进行对比，从而确定合理性罪名 C。第三步形成判决书。按照罪名 C 背后的正向思维逻辑理论 LC 在判决书中进行推导，可对犯罪构成采取实质解释的方法，形成逻辑自洽，以保证裁判结果罪刑法定。（见图 8）

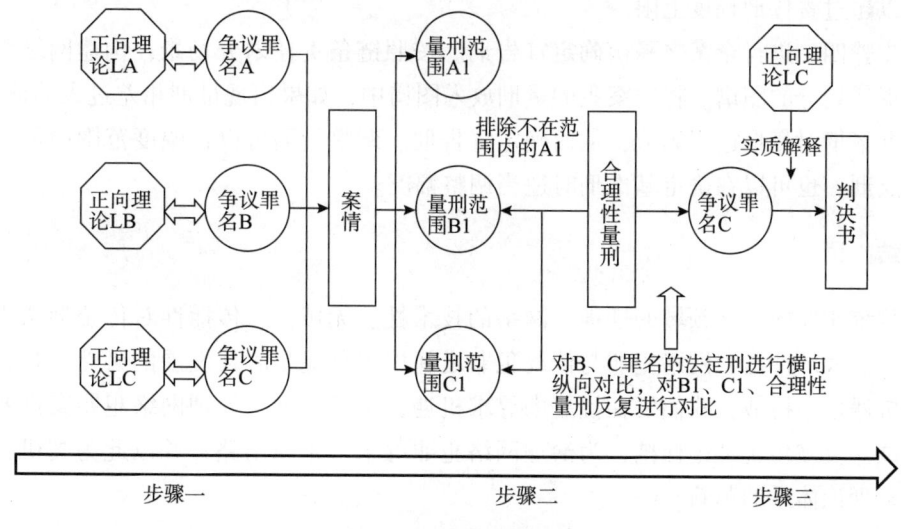

图 8　融贯性验证步骤图

[①] 参见高艳东：《网络犯罪定量证明标准的优化路径：从印证论到综合认定》，载《中国刑事法杂志》2019 年第 1 期。

[②] 参见冷枫、阴建峰：《"以刑制罪"裁判模式的理论透视与运用规则》，载《河南师范大学学报（哲学社会科学版）》2021 年第 5 期。

(二) 正向思维逻辑下的网络犯罪量刑规则

在网络犯罪去中心化特征下，为保证各链条成员罪刑均衡，网络犯罪正向思维逻辑的量刑规则与传统犯罪司法实践中的量刑规范化略有不同，应当精准识别犯罪的过程性情节和犯罪人的个别化情节，并进行分层次的量刑评价。①

步骤一：精准识别网络犯罪的情节。如前文所述，应当精准识别过程性情节以及个别性情节，并且根据社会危害性以及危险性确定情节权重。

步骤二：确定第一层次责任刑评价。首先按照罪名的基本构成、加重构成事实及特别加重事实确定起点刑。对于网络犯罪的犯罪数额应当客观认识到，技术形态的存在导致合法经营与非法牟利共存、网络脱域性导致犯罪金额难以查清等特殊性情况。将发送信息数、拨打电话数量、实际被点击数、下载量、信息时长、其所帮助犯罪团体个数等情节作为起点刑的评价标准。

其次，依据其他过程性情节确定案件的基准刑。在确定基准刑的时候，要特别考量过程性情节的权重，从而确定加重比例，假如发展下线人数增加了半个月基准刑或者上调2%，那么明知上游犯罪的情节则可以增加基准刑一个月或上调5%，上游犯罪造成了恶劣影响则可以增加基准刑两个月或上调10%，具体增幅应当根据案情进行调整。

步骤三：确定第二层次预防刑评价。根据个别情节对基准刑进行微调，调节的范围不可过大。因为责任刑具有幅度，预防刑情节对基准刑进行微调时，最后量刑不可以超过责任刑幅度上限。②

步骤四：进行全案之平衡确定宣告刑。按照链条责任划分场景，构建网络犯罪成员责任划分的图谱。将同案犯的量刑放入图谱中，如果出现量刑相差过大的情况，要根据案情对量刑进行调节，从而确定宣告刑。调整量刑可以在幅度范围内灵活调整起点刑，也可以在确定基准刑时适当调整幅度。

结　语

传统犯罪向网络领域的迁徙，网络的技术性、无域性、传播性对传统刑法规范带来了极大的冲击，网络犯罪与传统犯罪之间出现落差是时代发展的必然产物，这既是机遇也是挑战，我们要在挑战中寻求机遇，勇于创新。处理网络犯罪案件要敢于尝试，突破传统理论桎梏，为治理网络犯罪寻求一条新出路，并以此为契机，带动刑事理论体系的革新。

---

① 参见刘崇亮：《量刑机制的分层量化实证研究——以防卫过当案件为例》，载《政治与法律》2021年第9期。
② 参见张明楷：《犯罪常态与量刑起点》，载《法学评论》2015年第2期。

类案证据认定智能化模型构建
——基于刑事证据审查判断模式的人机交互改造

江西省宜春市袁州区人民法院　邓永民
江西省宜春市中级人民法院　李　佳
江西省南昌市西湖区人民法院　吴芳兰

引　言

类案证据的认定，意在对证据审查、判断、运用等环节进行明确指引，有利于提高证据分析、事实认定的准确性，最终提升司法裁判的质量。具体到证据认定领域，上海市高级人民法院"206"智能系统等在刑事证据合法性自动审查方面已取得进展。既有"证据认定"模型大都以类案的探索为进路，又有以同类证据为基础，构建证据认定的模型。类案证据模型的构建，不仅搭建了全案证据的基本架构，还涉及证据元素采纳和采信的要求与准则。但是，证据认定中关于证据采纳的规定和要求占主要篇幅，而关于证据认定的模型虽常有涉及，但明显粗陋。在"智慧司法"的新形势下，只有发挥人的主体性，让技术与主体思维彼此交互形塑融合，才能构建数字化、程式化的"证据认定模型"。因此，本文针对证据认定规范，完善刑事证据审查判断模式以构建相应的类案证据认定智能模型。

一、现状描摹：类案证据认定智能化的困境

综观现有类案证据认定现状，其已构建起证据与待证事实间、程序法与实体法间的联动，并能为类案的证据实践提供更详尽、更明确的指引。需要指出的是，现有类案证据认定应用仍具有显见不足：就待证事实要素一端，类案证据标准对于要件要素的解构不全面、不彻底、不科学；而在类案证据运用规律一端，则存在与待证事实要素不匹配、认定规律粗疏等弊病。

（一）要素制约：类案要件解构不全面

实践中，既有证据认定常以类案的进路构建，类案的范式已经成为证据认定构建的常态。其原因可以从所涉类案和证据标准自身两方面分析。一方面，就既有证

据标准所涉类案而言，部分案件具有严重的社会危害性，从而导致行为人应受极为严重的刑罚处罚，如毒品犯罪、故意杀人犯罪、故意伤害犯罪、抢劫犯罪、强奸犯罪等；另有部分案件在特定时空背景下，具有频发性，从而引发处断的规范性与回应性，如交通肇事案件、涉访刑事犯罪案件等。无论前述哪类案件，均具有对可以指引和规范证据分析、事实认定全过程的证据标准的迫切需求，严重刑事案件难以弥补的错判损害，要求其认定必须符合客观事实；频发刑事案件社会普识的广泛影响，要求其认定和处断公平、合理、类案类判。另一方面，就证据认定自身而言，若要突出其之于证明认定的具体性、详尽性、全面性及实践回应性，并意图将"证据确实、充分"这类原则性规定具象化，则必须将证据标准置于特定案件之下。也就是说，证据认定的定位和特性须在类案中予以显现。然而人工智能对于证据要素的"数据投喂"学习还缺乏深度，不能客观、充分地进行理解。① 因此，虽然类案研究本身就可将抽象规则具体化，但依然存在要件解构不全面的问题。

（二）技术掣肘：类案证据认定智能化欠缺

人工智能技术在司法审判领域的运用，目前还处于比较浅显的表征阶段，尚不能完全模拟法官审判思维，② 其局限性主要体现：一是计算机在执行算法时对证明标准判断难以准确理解；二是计算机技术无法完全模拟人类逻辑思维进行证据判断；三是人工智能技术没有人类经验来判断证据证明标准。③ 目前，虽然在原理上可结合人工智能思想初步建立和训练证据分析系统算法，但是数据库领域知识定义本身需要人为判断。比如，在证据智能模型应用中，通过融合人工智能与案件证据数据库技术，可以提高审判效率，促进智能系统对该证据裁判知识的理解掌握。但在司法实践中，要想将人工智能与海量、异构的证据数据库技术相结合，绝对不是易事。④ 证明标准难测、证据规则难查等算法瓶颈制约着类案证据智能化的运用。证明度的判定依赖于法官的良心和知识，视案件具体情况把握。⑤ 从技术理论层面来看，证据数据与计算机的结合可以修正司法人工智能算法，但法官思维逻辑却无法与之融合。

（三）认定粗疏：难以准确模拟类案证据认定思维

法官在进行证据推论时，一般是通过证据 E^* 到概括 G1、G2、G3、G4 直至终待证事实 P 的实现。（见图1）其中"G"的演绎则千变万化。法官在证据推论和判断时的认定思维，不仅包括多学科知识，还运用了人类特有的经验思维进行逻辑判

---

① 左卫民：《关于法律人工智能在中国运用前景的若干思考》，载《清华法学》2018年第2期。
② 左卫民：《从通用化走向专门化：反思中国司法人工智能的运用》，载《法学论坛》2020年第2期。
③ 刘洋：《人工智能在刑事案件证据认定中的应用研究》，吉林大学2021年博士学位论文。
④ 李致、徐彦婷：《一种人工智能与数据库结合的设计方法》，载《电子技术与软件工程》2022年第6期。
⑤ 张卫平：《证明标准建构的乌托邦》，载《法学研究》2003年第4期。

断。如若人工智能对于证据认定进行不当的证据推理，则可能引发错案。大数据深度学习模式是近年人工智能获得飞速发展的重要模式，其在法律科技中也有相关的应用，并引发了部分法律人的担忧或欢迎，该模式能够协助法律人进行工作与研究，但不可能取代法律人。① 在证据认定智能化领域，因为证据推演规则的误用会产生完全相反的结论，所以需要对计算机系统封闭检验，还需辅以人工审查。

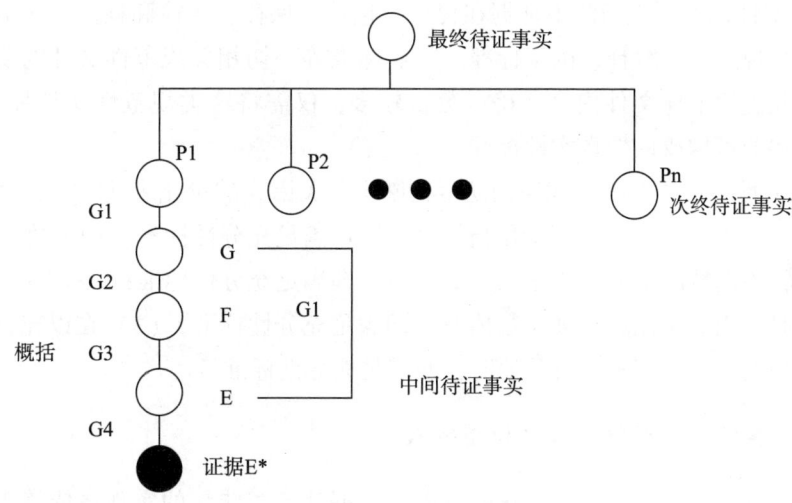

图 1　证据推论链条

二、深度解析：刑事类案证据认定智能化的基本原理

关于人工智能与证据认定的结合，当前学界研究成果不多。已有成果从不同角度思考证据认定智能化运行机理，例如，推理与算法、可视化与可计算路径、数据与目标驱动推理。上述成果忽略了证据这一关键要素，未能体系化揭示证据认定智能化机理。而证据认定智能化则必须将证据规范转化为人工智能可以识别、运算、推理的数据并进行符号逻辑推演，具体而言则需从证据采信、证据理解、证据决策的闭环视角阐释类案证据认定智能化进路。

（一）类案证据采信：证据认定解构

谈及证据的采信，应首先明确其所对应的待证事实，也即在何种事实语境下，考量证据的采信。比如，就正当防卫证据认定而言，仅能聚焦于案件的来源事实，或者判定正当防卫行为曾否发生的事实，而不能是当事人是否为犯罪行为人的终局事实。将证据认定的事实判断分为三个层次：有罪推断、行为推断以及来源推断。研究科学证据采信标准的量化，应当在来源层次或者特定情况下可以在行为层次的

---

① 吴旭阳：《法律与人工智能的法哲学思考——以大数据深度学习为考察重点》，载《东方法学》2018 年第 3 期。

命题判断上与证据认定标准进行交流对话。在明确正当防卫证据采信所处的待证事实语境后,便要进行此类证据认定标准的构建。《刑事诉讼法》修正后,在证据概念的定义上"材料说"取代了"事实说",①在考虑证据采信标准的整体内容时,应首先判断特定证据是否满足真实性标准。因此,在构建证据认定模型示例时,有必要探讨证据认定的标准。

1. 真实性标准。正当防卫证据在提取、包装、保存、送检和检验的全流程,须遵守法律法规、司法解释、国家标准、行业标准等一切相关规范性文件的要求与准则。由于此类规范性文件内容明确,数量较多,仅需将这类规范性文件加以梳理、整合、转述即可构成证据真实性标准。

2. 充分性标准。基于上述正当防卫判断中相关因素的量化表述方式,在满足真实性标准的前提下,达到以下量化指标时,即可满足充分性标准。(1)在以耦合频率呈现时,当偶然匹配概率小于某一数值时,即满足充分性标准;(2)在以似然比形式呈现时,当似然比大于某一数值时,即满足充分性标准;(3)在以充分判断法呈现时,当概率值达到某一百分比时,便满足充分性标准。

(二)类案证据理解:证据模型融入

识别证据仅是证据认定智能化的基础,证据认定智能化的实现还依赖于计算机像法官一样具有完备的证据规则知识,据此形成决策和思考。(见图2)故人工智能可对证据进行形式上的审查判断,法官则参考人工智能在证据认定判断中的辅助把关,从而在证据实质性上进行审查判断。②目前通过语言文字将证据法规范表述出来,使其符合计算机识别模式,因此,只需完成证据规则的植入,即可在证据认定时对这些证据规则信手拈来。对证据分析模型和系统进行对比,可设定为"时间线、人物、行为"三个维度,对应着"在何时、当事人说或做、具体内容"。结构化数据一致后便可运用到多个证据分析模型,比如,输入证据(某个具体罪名)结构化数据时,不同模型就可以输出要件事实、待证事实、要件证据、附属证据、概况等各类相关指标值。③

---

① 林劲松:《证据真实性的回归——兼论证据概念的解释方法》,载《浙江大学学报(人文社会科学版)》2014年第4期。
② 纵博:《人工智能在刑事证据判断中的运用问题探析》,载《法律科学(西北政法大学学报)》2019年第1期。
③ 许世红、刘军民、王时舟、曾海:《人工智能视域下课堂教学智慧评价:理论建构、模型支撑与技术实现》,载《教育测量与评价》2022年第2期。

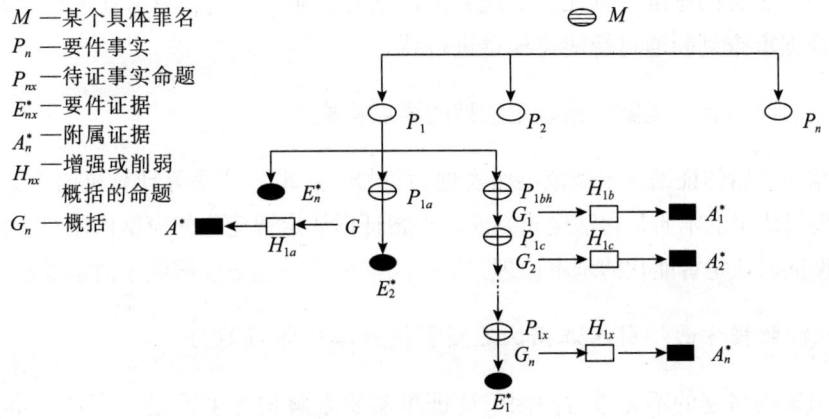

图2 证据问题理解模型

（三）类案证据决策：证据认定算法

证据认定智能化不仅要求计算机能够识别证据，还必须运用证据规则进行证据认定、证据组合以生成事实。（见图3）（1）在证据数据获取阶段，首先要对现实裁判案例库的数据获取进行评估改造，在数据库中记录相关证据材料类型分类和索引。（2）人工智能在深度学习证据数据过程中，也要不断将数据转化与人工交互相结合，从而提高证据认定人工智能性。（3）在证据数据使用阶段，可采取可视化和统计分析需考虑将面临的案件证据内容进行证据识别、文本聚类等，获取相关证据智能认定的数据。

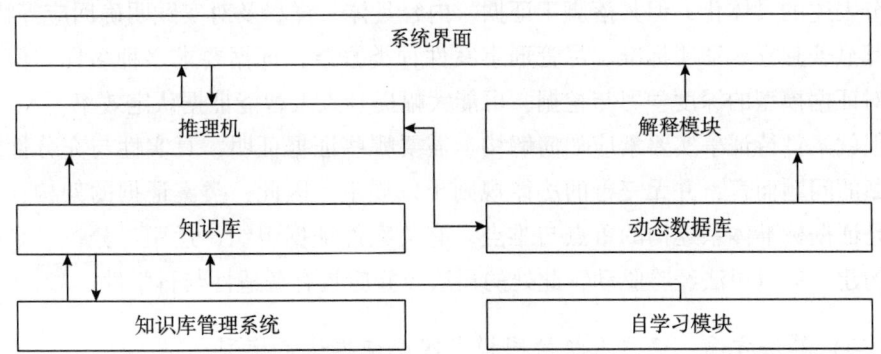

图3 证据认定问题算法模型

当然，在人机交互的刑事证据审查模式中，法官个体在分配好证据审查判断任务后，还需要将其思维不断融入人工智能，协调人工智能证据认定系统。[1] 人工智

---

[1] 郑勤华、覃梦媛、李爽：《人机协同时代智能素养的理论模型研究》，载《复旦教育论坛》2021年第1期。

能如果缺少法官的思维，则无法实现类案证据的智能化运用，只有让人机交互融合，才能让证据审查判断通过智能化模型进行认定。

三、思路对策：类案证据认定模型的要点构建

数据化之后的证据认定规范虽然表现为符号、逻辑、算法等计算机语言，但证据智能化模型认定的本质是司法逻辑判断。类案证据认定智能化的模型构建及长久运行，需要遵循证据认定智能化的基本原理，解决当前面临的类案证据认定模型难题。

（一）数据方面：引入证据认定指引提升深度学习能力

证据架构搭建的不完善可归因于待证事实要素解构程度不足。当待证事实要素为"具有逮捕必要性"时，并不能准确定位用以证成此要素的证据，对其所需基本证据种类及具体证据形式的规定，也就无法通过案例分析获得。证据认定将量刑证据与定罪情节的错置之所以可通过定罪要件要素的深度解构得以避免，是因为待证事实要素的再度细化，可令其与证据间的不匹配无处遁形。在搭建类案的证据架构标准时，无论是犯罪的主观方面还是客观方面要件，均需被深度解构。

认定案件事实所依证据应当满足的要求及应当达到的程度具体内容包括有关认定案件事实应当证成哪些事实要素、需要哪些证据以及这些证据在不同属性层面应满足什么要求及达到何种程度的准则。比如，运用贝叶斯模型的衍化，在刑事案件事实的证据论证中，通过大数据、算法和区块链技术的变革产生的计算模型来丰富人工智能认知逻辑，以定量研究来认定案件事实，从而使证据指向案件事实的过程更加准确、精细和科学。[①] 从形式上看，它是"证据确实、充分"这一刑事证明标准部分表述的具体化；但其落脚于证据、内容具体、详尽及对实践明确回应等特性，均使其显著独立于证明标准。尽管刑事案件种类繁杂，证据要求多种多样，但人工智能对证据模型的深度学习与挖掘，可能大幅提升人工智能证据认定效率。

但就案件待证事实要素应如何解构、需要哪些证据证明、真实性与充分性应如何评断的问题而言，并无完善的法律规则予以规定。因此，类案证据的架构、认定探索是证据标准体系建构的重点与难点。有关案件证据组织、运用、分析、采信标准的构建，应以司法经验驱动，此处的司法经验应具有普适性与科学性。

（二）算法方面：建立人机协同模式实现证据认定模型

证据认定标准，是指判断证据能否证成其所对应的待证事实要素的准则。作为认证的第二阶段，证据采信与事实认定具有密切联系，可谓是对同一事物的两个不同角度的考察。从认定证据的角度分析，该标准就是证据采信标准；而从证成事实的角度分析，该标准就是事实认定标准。证据采信标准，又可分为两个逻辑递进的

---

① 魏斌、郑志峰：《刑事案件事实认定的人工智能方法》，载《刑事技术》2018年第6期。

方面，即证据的真实性标准及充分性标准。一般认为，真实性判断是充分性的前提，只有证据是真实的，才能进行后续的充分性判断。但在实践中，证据真实性和充分性的判断时常同时进行，无法分出逻辑上的先后顺序。（见图4）

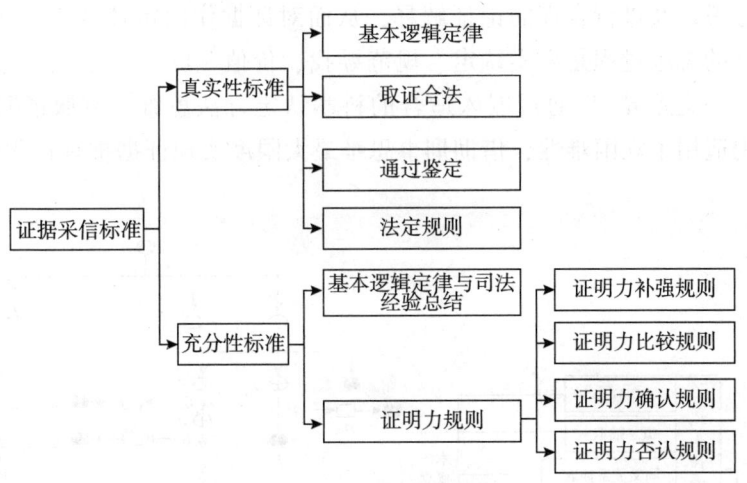

图4　证据认定标准体系

理论研究应作为实践的先导，证据认定被置于"错案预防""审判中心"，乃至当下"智慧司法"等政策情势的背景下，应对"证据认定"进行系统性的理论研究。人工智能对案件事实认定的介入，需要将证据数据化、对数据进行运算整合、输出人可以理解的结论。[①]当前，由于绝大多数的"证据认定"实践与研究均聚焦于刑事诉讼，且准确运用证据、认定案件事实在刑事语境下更具有迫切需求。人机交互认定模式对刑事证据认定智能化具有深刻作用，如通过深度学习证据数据，提高人工智能模拟法官的证据认定的思维及法官审查证明材料的标准，从而构建智能化的类案证据认定模型。（见图5）

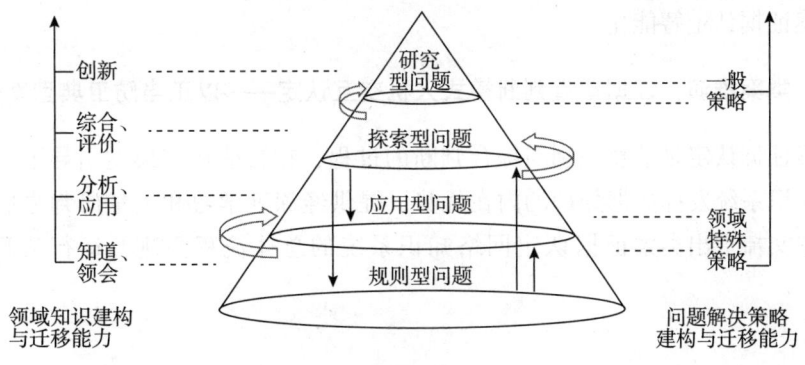

图5　证据规则智能认定模型

---

① 栗峥：《人工智能与事实认定》，载《法学研究》2020年第1期。

（三）论证方面：实现类案证据认定智能化

证据规则并不能自动在法律适用中得到运用，而需要法官依循法律逻辑辅以价值取向思考以及进行合理的论证解释，从而对证据作出审核认定。在司法裁判领域，法官的思维过程是事实认定、规范寻找、价值判断三个层次的过程，与人工智能存在一定差异。① 通过嵌入适合的科学认定方法思维，克服证明标准把握与证据规则适用主观困难性，借助刑事思维最大限度实现证据推理过程的智能化。（见图6）

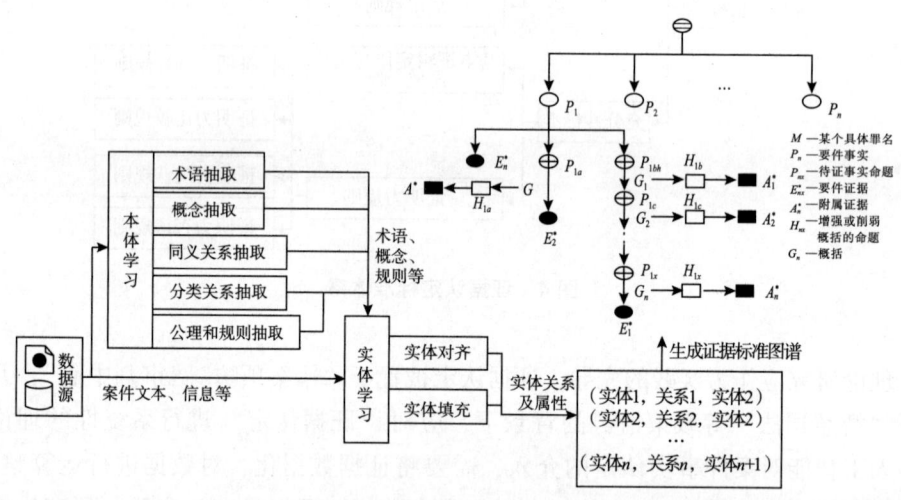

图6 类案证据智能认定模型

参考上文的研究，本文通过人工智能与数据库技术的结合，通过贯穿证据数据价值链各阶段，构建满足证据要素判断需求的人工智能应用系统。但还需要利用证据样本与证据法则反复试错，训练机器综合相关因素认定证据、组合证据的能力，实现类案证据认定智能化。

四、类案推演：证据审查判断模式人机交互认定——以正当防卫典型案件为例

类案证据认定是信息识别与综合判断的过程，在智能认定模型引导下，证据认定网络知识系统发挥数据处理的内在优势，提供经深度学习和大量研判之后的输出结果。本文梳理出类案证据认定网络知识系统的总体流程呈现，运行流程如图7所示：

---

① 江秋伟：《论司法裁判人工智能化的空间及限度》，载《学术交流》2019年第2期。

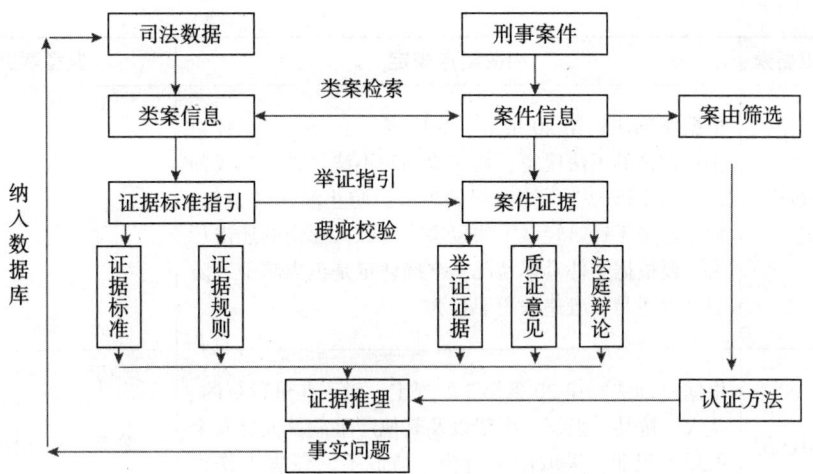

图 7 类案证据认定总体运行流程

（一）类案要素解构参考——以正当防卫案件为例

各类刑事案件在基本事实、法律关系、证据规则方面存在差异，需采用差异化的类案认定方法。本文遵循类型化呈现当然思路，结合思维导图和文字标注，选取正当防卫案件，呈现相应的类案证据认定模型运行流程要点。（见表1）

表 1 正当防卫类案认定要素参考

正当防卫要素	相关要点规定	典型案例
案件起因条件	根据《刑法》第20条第1款规定，正当防卫的前提是存在不法侵害，这是正当防卫的起因条件。既要防止对不法侵害作不当限缩，又要防止将以防卫为名行不法侵害之实的违法犯罪行为错误认定为防卫行为	汪某佑正当防卫案
时间条件	正当防卫的前提是存在不法侵害，必须是针对正在进行的不法侵害，必须是针对不法侵害人进行	盛某平正当防卫案
限度条件	防卫是否"明显超过必要限度"，应当综合不法侵害的性质、手段、强度、危害程度和防卫的时机、手段、强度、损害后果等情节，考虑双方力量对比，立足防卫人防卫时所处情境，结合社会公众的一般认知作出判断	陈某杰正当防卫案
界分条件	根据《刑法》第20条第2款规定，防卫过当应当同时具备"明显超过必要限度"和"造成重大损害"两个条件，缺一不可	刘某胜故意伤害案

(续表)

正当防卫要素	相关要点规定	典型案例
滥用与过当认定	根据《刑法》第20条第1款规定，正当防卫是针对正在进行的不法侵害，而采取的对不法侵害人造成损害的制止行为。要注意把握界限，防止滥用防卫权，特别是关于针对轻微不法侵害实施致人死伤的还击行为，要根据案件具体情况，准确认定是正当防卫、防卫过当还是一般违法犯罪行为	赵某正当防卫案
特殊防卫认定	根据《刑法》第20条第3款规定，对正在进行行凶、杀人、抢劫、强奸、绑架以及其他严重危及人身安全的暴力犯罪，采取防卫行为，造成不法侵害人伤亡的，不属于防卫过当，不负刑事责任	陈某浮正当防卫案

基于以上分析，正当防卫证据认定可以表述为：

1. 合法性。如当事人供述和辩解的获得，应由侦查人员两人或以上进行讯问，讯问开始时应表明身份，并制作《讯问笔录》；当事人的供述和辩解应具有以下内容：事实、动机、目的、时间、地点、手段方式以及有无见证人等。此外，作为当事人口供，要严格遵循获取合法性要求。

2. 真实性。当事人供述和辩解的真实性无法独立判明，需基于前述有关当事人身份的公文书、经过说明、过程的视听资料以及鉴定意见等核心证据判明。由于上述核心证据真实性的易判性，在核心证据的真实性得以认定后，仅依据逻辑同一律、矛盾律便能判定当事人供述和辩解的真实性。

3. 充分性。基于上述当事人供述和辩解的非决定性、非必要性以及后验性，当事人口供在正当防卫中并不发挥实质证明作用，仅在核心证据均予认定后，发挥形式上的、有限的印证作用。当然，应进行科学地考量与论证，最终以规范形式予以确认。

(二) 正当防卫典型类案证据认定逻辑提炼

1. 防卫正当与否的逻辑。当前对正当防卫的认定，在防卫限度上采取严苛的标准，防卫过当则一般按故意犯罪来处理。① 在最高人民法院指导案例93号"于欢故意伤害案"的裁判理由中，法院首先明确了本案中具备实施正当防卫的前提，其次否定该案成立特殊防卫，最后指出该案属于防卫过当，构成故意伤害罪。在对防卫过当的论证中，法院并未单纯着眼于保护法益与侵害结果之间的比较，而是从侵害行为和防卫措施的性质、方式、强度等方面来综合分析判定，考察了侵害人一方的

---

① 劳东燕：《防卫过当的认定与结果 无价值论的不足》，载《中外法学》2015年第5期。

数量、意图、是否使用器械以及不法侵害的性质，民警赶到的情况，防卫行为的手段、后果等。应当说，该判决作为指导案例，相比于涉及防卫过当的其他绝大多数判决，对于为何属于防卫过当的理由的论述是较为详细充分的。

2. 多重学说收集归纳。在邓某娇故意伤害案中，一审生效判决认定邓某娇将邓某大刺死、将黄某智刺成轻伤的反击行为属于防卫过当，对此，理论界除了少数学者认为邓某娇的行为属于正当防卫外，大部分学者赞成判决结论。判决书中并未论述邓某娇的行为构成防卫过当的理由，而学者们提出的理由大致可以分为两种。一种是采取基本相适应说，比较侵害行为与防卫行为的强度，认为邓某娇所面临的不法侵害不属于严重的人身侵害，她却使用刀具造成死亡结果，应认定构成防卫过当。从比例性上看，邓某娇的防卫行为与她遭受的不法侵害在强度上显著失衡，同时满足行为过当与结果过当。具体而言，邓某娇受到的调戏连猥亵都说不上，并且现场还有很多人，不存在实施猥亵或者强奸的可能性，故邓某娇面临的侵害行为强度较低，相比之下，她使用刀具进行防卫的行为属于高强度防卫行为，具有致死的危险。另一种是采取必需说来判断防卫限度。例如，有学者认为，邓某大等人将邓某娇推倒在沙发上，这只是轻微的暴力行为，虽然邓某娇两次试图离开房间未成功，但是邓某大等人并未实施更高强度的不法侵害，也没有这种迹象，邓某娇直接用刀捅人，属于行为明显过当。也有学者提出，为了保护自身安全，邓某娇并非不能实施攻击行为，但是她所针对的是颈部、胸部这样的要害部位，并且造成多达四处的伤害，最终导致死亡后果，从防卫限度和目的来说，其防卫行为已然明显过当。

3. 防卫限度标准提炼。这主要存在基本相适应说、必需说和折中说这三种判断标准。（1）基本相适应说是指如果防卫行为与侵害行为基本相适应，则防卫行为没有超过必要限度，否则应视为超过必要限度。① 该说之下又可具体分为手段相适应说和法益衡量说。前者强调行为本身，一个典型表现是武器对待原则；后者要求防卫后果小于或者基本等于侵害人正在造成或者可能造成的危害后果。由于基本相适应说脱离具体防卫情境，机械要求防卫手段（保护法益）与侵害手段（侵害法益）相适应，因此，既有可能在某些情形下过分限制防卫权，以至于不能实现防卫目的，又有可能在另外一些情景下过分纵容防卫人，导致防卫权的滥用。（2）折中说主张，正当的防卫行为，一方面是制止不法侵害所需要的，另一方面也与侵害行为在性质、手段及后果方面大体相当。折中说虽然试图融合另外两种学说，但是基本相适应说才是其中的决定性标准，这也注定了两者具有相同的弊端。同时，折中说通过对法益抽象价值进行简单对比来认定防卫限度，对正当防卫的成立施加了过分严苛的限制。（3）必需说认为，制止不法侵害的实际需要才是决定防卫限度的标准。必需说与《刑法》第20条的立法目的相一致，能正确反映"行为过当"与"结果过当"的关系，同时契合正当防卫的正当化根据和对正当防卫结果的归责，也符合

---

① 陈兴良：《正当防卫教义学的评析与展开》，载《中国刑事法杂志》2021年第2期。

刑事政策所追求的遏制不法侵害的目的，能够纠正司法实践中对正当防卫的成立限制过严的现状。在适用必需说时，应当结合具体案情，根据影响防卫限度的因素进行综合判断。但是即使某一行为是制止不法侵害所必需的，也不能为了保护微小法益造成重大损害，否则构成防卫过当。进行这一限制的正当化根据来源于社会相当性和基本团结义务。当防卫人相对于侵害人已经处于绝对优势时，就没必要继续进行防卫。同时，对于是否过当的判断，应当采取事前判断说和行为人基准说。通过庭审审核全案证据，以事实为考察对象，法官依循高度盖然性标准、运用自由心证规则对事实证据进行多角度、多方位分析。①

4. 防卫限度判断。防卫过当只要求防卫行为超过必要限度，但是依照我国《刑法》的规定，并非所有的过当行为均具有刑事可罚性。负刑事责任的防卫过当需要满足行为与结果两方面的要求。就行为过当与结果过当的关系而言，本文主张行为限度单独标准说，防卫是否过当仅应就行为本身进行判断，只要防卫行为超过了必要限度，就属于防卫过当。只是在不满足超过必要限度的程度要件及结果要件的情况下，不负刑事责任。

（三）正当防卫典型案件证据之人机交互认定示例演示

案件示例1："昆山于某明案"。

第一步，审阅案卷证据。

第二步，整理案件证据。

第三步，智能校验其他证据。由人工智能根据证据标准指引进行智能校验。情形：侵害人的凶器被防卫人或者第三人夺下，因该证据符合证据"三性"标准，人工智能可以对该组证据作出初步认定。

第四步，作出证据认定判断。具体认定如下：侵害人的凶器被防卫人或者第三人夺下，在司法实务中一般认为侵害仍在继续。有人提出，防卫人于某明抢到砍刀后，就不存在正在进行的不法侵害了。办案机关认为，是否存在正在进行的不法侵害，取决于侵害人是否还在犯罪现场或者还可能继续实施侵害。在砍刀脱手被于某明抢到后，刘某马上上来夺刀，此时仍然存在正在进行的不法侵害。因此，在于某明持砍刀反击时，刘某仍然身处犯罪现场，并且具有再次实施侵害的可能，不法侵害仍在继续。可见，在该案中，虽然防卫人已经夺下了侵害人手中的砍刀，但是由于侵害人立即上前争夺，并且又跑向藏匿砍刀的汽车，侵害人既没有丧失侵害能力也没有表示将要放弃侵害意图，所以办案机关认定不法侵害仍在继续。像本案这样的，虽然防卫人因为夺过侵害人的凶器而处于优势地位，但是从侵害人的样态能够预测到存在侵害人实施进一步攻击的危险，例如，在凶器被夺后试图夺回凶器，或者仍然摆出将要攻击的架势或者继续与防卫人对峙，则应当认为侵害仍然存在。（见图8）

---

① 魏斌：《论法律人工智能的法理逻辑》，载《政法论丛》2021年第1期。

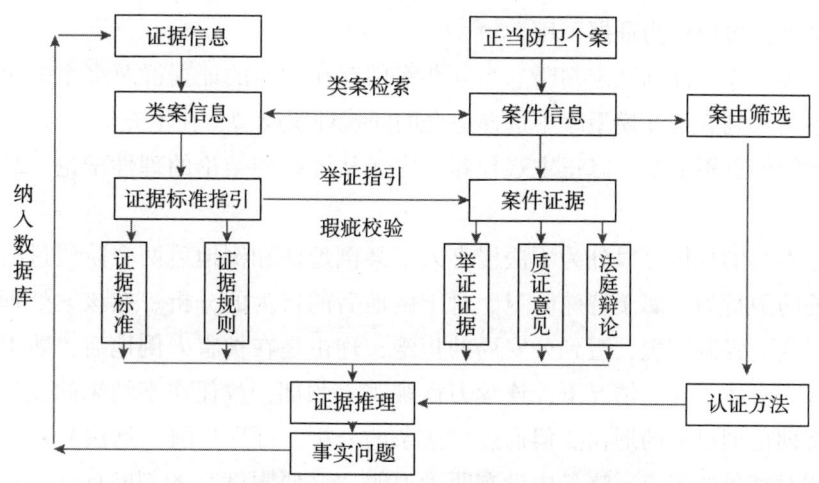

图 8 正当防卫典型案件证据审查判断模式人机交互认定示例

不法侵害结束后,于某明继续对刘某龙实施了攻击行为。对于该事后追击行为的性质,于某明所实施的追击行为成立量的防卫过当,但是根据我国《刑法》规定不可罚。首先,于某明的追击行为发生在不法侵害终了后。在于某明刺中刘某龙腹部导致其身受致命伤倒地后,于某明继续砍击刘某龙的臀部等部位,并且还实施了追砍行为。其次,追击行为与反击行为在时间上和场所上非常接近。不法侵害终了前的刺戳行为与之后的追砍行为完全是连续实施的,时间间隔非常短并且发生于同一场所。再次,追击行为与反击行为在行为样态上具有连续性,两者都体现为用砍刀攻击,使用工具完全相同。最后,在实施事后追击行为时,于某明具有防卫意识,同时处于恐惧、惊愕等精神上的不安之中。于某明并没有意识到不法侵害已经结束,因为刘某龙遭受致命伤后,从其客观行为上难以认定其已经不再具备加害能力,相反,他迅速爬了起来,在又被砍了一刀后才转身逃离,并且跑出 30 多米才最终倒地。于某明实施事后追击行为是出于制止刘某龙的侵害行为的目的,这从他之后为了防止刘某龙打电话召集人员报复,所以拿走刘某龙的手机也可以得到佐证。同时,面对刘某龙穷凶极恶的持刀攻击行为,于某明处于一种紧张、恐惧的精神不安状态中。因此,于某明的行为成立量的防卫过当。但是,于某明的追击行为并没有造成重大损害。因为根据事后查明的事实,致命伤是由在夺刀过程中于某明最初捅的两刀造成的,与不法侵害结束后实施的追击行为之间没有关系,事后追击行为没有造成《刑法》第 20 条第 2 款所要求的"重大损害",于某明的事后追击行为不成立可罚的量的防卫过当。

案件示例 2:"河北涞源反杀案"。

第一步,审核全案证据。

第二步,整理基本事实、证据。

第三步，智能校验其他证据。根据类案证据认定指引，综合全案相互印证的基本事实证据，可以作为证据采用。

第四步，作出证据认定判断。当复杂案件存在相悖的证据群及多个争议间接事实时，事实裁判者可在模型库中选择适合的间接证明模型，在填充证据环的过程中，厘清证据间的逻辑关系，修正主观预断，完成从证据到结论的理性推论。具体认定如下：

对于本案的分析可以分为不法侵害人王某倒地前和倒地后两个阶段进行，对于倒地前的防卫行为，属于特殊防卫。对于倒地后的行为的分析。在该案处理最初检察院建议变更强制措施，遭到公安局的拒绝，理由是在被害人倒地后，防卫人在未查明被害人身体状况的情况下，连续刀砍被害人颈部，放任伤害结果的发生，可能被判处有期徒刑以上的刑罚。但通过对法条的分析，可见我国《刑法》对防卫过当采取了相对简单的规定，法条中没有明确说明"必要限度"的判断标准，也未阐述"明显"的内涵，更没有规定"重大损害"的范围。原则性的条文表述带来了广阔的解释空间，这一方面导致理论上对于如何判断正当防卫的限度众说纷纭，另一方面也导致司法实践无所适从，为实务任意扩大防卫过当的成立范围提供了可乘之机。

参考类案情形1：侵害人追赶防卫人，一般认为不法侵害仍在继续。相关案例如"韩某故意伤害案"。该案案情：王某（被害人）将韩某（防卫人）拖到一边，踹了韩某一脚。韩某开始逃跑，王某等人开始追赶，在追逃的过程中，王某因被韩某挥舞的匕首刺中颈部而死。一审法院认为，本案属于防卫不适时，否定成立防卫过当。理由是，王某等人在追赶韩某的过程中并未携带凶器，也未对韩某实施殴打，此时不存在正在进行的不法侵害，韩某捅刺王某属于防卫不适时，只能作为普通的犯罪。二审法院推翻了一审判决，认为属于防卫过当，理由是，王某之前对韩某实施了殴打，并且明显未放弃侵害意图。在违法阻却事由的状态中，所遵从的标准就是受到较高评价的利益优于受到较低评价的利益（二元论也是变相的利益衡量）。[①] 在韩某开始逃跑后王某等人仍然进行追赶，因此，韩某的人身安全仍然面临紧迫的威胁，具备实施防卫行为的前提。

参考类案情形2：被告人将侵害人打倒在地。侵害人法益值得保护性的下降程度影响着防卫权边界的划定，从而与防卫限度的判断密切相关。[②] 被告人将侵害人打倒在地，对于此时不法侵害是否已经终了，在司法实践中存在不同意见。认为侵害仍在持续的案例如"范某秀故意伤害案"。在该案中，法院认为，在防卫人将侵害人按倒在地后，侵害人实施侵害的可能性明显下降，防卫人用木棒两次击打侵害人的关键部位致其死亡，属于防卫过当。可见，法院认为，在被告人将被害人按倒在地后，虽然被害人的攻击性大大减弱，但是不法侵害并未消失。

---

① 张明楷：《正当防卫的原理及其运用——对二元论的批判性考察》，载《环球法律评论》2018年第2期。
② 陈璇：《侵害人视角下的正当防卫论》，载《法学研究》2015年第3期。

参考类案情形 3：侵害人开始逃跑后，不法侵害是否已经终了，在司法实践中存在不同意见。认为不法侵害已经终了的案例如"湛某国故意伤害（致人死亡）案"。该案案情：侵害人趁防卫人不备，用锄头击打了防卫人的身体后扔掉锄头逃跑。在防卫人追赶的途中，侵害人摔倒，防卫人追上后用锄头猛击了侵害人的头部一下，后致使侵害人死亡。法院认为，从侵害人开始逃跑时，不法侵害已不再继续。侵害人在追赶过程中摔倒后，已经不具备攻击能力了。

结　语

类案证据认定智能化的研究对于实现以司法活动为核心的智慧法院建设不可或缺。未来，我们可以运用大数据、人工智能技术对类案中证据分析、运用的规律进行大样本研究，这种分析能够降低司法经验获取的主观偏见，以提高结果的科学性与普适性，为搭建案件证据架构、构建证据认定模型奠定基础。

不止于"同判":功能主义视角下法院运用类案参与社会治理的反思与完善

——以"个案智慧到类案经验"为模式展开

江西省宜春市中级人民法院　李　佳
江西省宜春市袁州区人民法院　邓永民
江西省进贤县人民法院　肖　慧

引　言

通过司法实现对国家和社会的治理是整个国家治理体系必不可少的部分。[①] 相比于个案,类案因其在案由、争议焦点、法律适用等方面的相似性而具有更高的广泛度和代表性,[②] 其所蕴含的裁判规则能够实现社会公众所期待的"同判"正义、提升司法效率以及降低法官的论证负担。[③] 然而,类案的研究目前集中在司法裁判领域,其潜在的社会治理功能没有得到充分挖掘。随着四级法院审级职能定位改革推进,各级法院在法律统一适用和矛盾纠纷化解两个层面的分工更加清晰。与此同时,法院作为社会综治责任单位,需要在履行司法职责的基础上,积极参与社会治理。通过考察近三年全国法院运用类案的情况,本文从功能主义视角出发,发掘从个案裁判智慧总结提炼类案经验的模式,并将该规则运用于社会治理的全过程,以期充分释放类案在诉讼中和诉讼外的潜能。

一、近三年法院运用类案参与社会治理的实践样态

法院审理的涉及类案的案件数量众多。2017 年,最高人民法院发布《关于落实司法责任制完善审判监督管理机制的意见(试行)》,要求各级法院建立类案及关联案件强制检索机制,确保类案裁判标准的统一。在聚法案例数据库中检索相关关键词,发现自 2019 年 1 月 1 日至 2021 年 12 月 31 日近三年来,分别涉及的指导案例、典型案例和其他类案的数量一直处于高位态势。(见表1)然而,从法院回应的

[①] 李红海:《案例指导制度的未来与司法治理能力》,载《中外法学》2018 年第 2 期。
[②] 高尚:《司法类案的判断标准及其运用》,载《法律科学(西北政法大学学报)》2020 年第 1 期。
[③] 孙跃:《论类案裁判规则及其提炼方法》,载《湖北社会科学》2021 年第 8 期。

当事人援引类案的案件比例、各级法院发布的类案指引规范和类案本身的适用结果可以发现：尽管类案在司法裁判实践中运用广泛，但因个案适用方法和裁判结果差异，实际的法律效果和社会效果尚未完全显现。

表1　2019~2021年聚法案例数据库中类案的出现频次

年份 \ 关键词	指导案例	典型案例	（其他）类案
2019年	2007件	957件	7798件
2020年	2655件	1620件	14900件
2021年	1800件	1221件	17400件

（一）现状审视

类案是否能够实现"类案类判"一直备受各界关注。[①] 随着司法信息公开化程度的提高，各方主体都希望通过以找寻先例的方式来证明自己的主张。各级法院为进一步贯彻落实2020年最高人民法院发布的《关于统一法律适用加强类案检索的指导意见（试行）》，相继出台类案检索指引。具体内容包括：类案检索的情形、类案检索的范围、类案检索内容的适用标准等几方面的内容。

1. 表象：法院对类案援引回应不足和类案治理规则缺失。数量上，当事人援引类案多而法院回复少，社会问题回应不足。以2019~2021年不同地区法院司法裁判中涉及的指导案例为例，法官在案件裁判中回应当事人援引指导案例的比例较低，（见图1）存在部分法院仅以当事人援引的类案并非指导案例为由，对当事人提出的"类案类判"的请求不予采纳。[②] 即使对当事人援引的指导案例有所提及，也会以指导案例所描述的案件事实与本案存在差异为由，拒绝当事人按照类案进行裁判的诉请。[③] 法院对当事人援引类案的回应不够使得类案的指引功能发挥不足。

内容上，法院发布的类案指引多缺少说理规范，治理规则缺失。从现有的法院发布的类案适用标准来看，法院层级的权威性在类案选用的实践中依然占据很大的权重，并针对类案的发布层级作出了应当参照适用和可以参照适用两种类型。然而，对于检索出的类案如何适用，如类案能否直接适用和法官援引类案的说理方式等，并无详细内容。（见表2、表3、表4）在法官和当事人参与的同一裁判场域中，因

[①] 周少华：《同案同判：一个虚构的法治神话》，载《法学》2015年第11期；孙海波：《"同案同判"：并非虚构的法治神话》，载《法学家》2019年第5期。

[②] 参见无锡惠宇工程机械有限公司与王某朋、何某梅买卖合同纠纷二审民事案（2021）苏02民终2280号；宿迁市东兴房地产开发有限公司与王某萍民间借贷纠纷二审民事案（2020）苏13民终109号；河南藏金源仓储有限公司与潘某鸿民间借贷纠纷二审民事案（2021）粤01民终12275号。

[③] 参见罗某与张某华民间借贷纠纷二审民事案（2020）桂02民终4768号；韩某友与重庆市永川区公安局再审行政案（2020）渝行申110号；王某与让某等合同纠纷民事二审民事案（2021）川32民终438号。

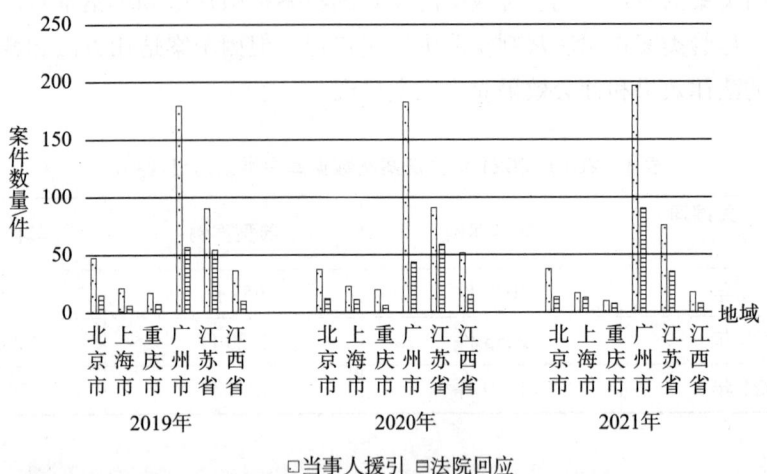

图 1 2019~2021 年部分地区法院司法裁判中回应指导案例的情况

没有类案援引和说理方式的详细指引，这不仅影响裁判说理的统一，还让类案所展现的价值难以传递至当事人以外的社会公众，使得类案的教育功效落空。

表 2 全国部分基层人民法院类案检索指引

文件名称	类案检索情形	类案检索范围	类案援引方式	类案说理方式
广东省珠海市金湾区人民法院《类案检索规范化指引》	√	√	×	×
《河南省南阳高新技术产业开发区人民法院关于开展关联案件和类案检索工伤的指导意见》	√	√	×	×
《贵州省黔东南苗族侗族自治州凯里市人民法院关于类案与关联案件检索暂行办法（试行）》	√	√	×	×
《河北省沧州市河间市人民法院关于类案检索报告制度工作方案》	√	√	×	×

表 3 全国部分中级人民法院类案检索指引

文件名称	类案检索情形	类案检索范围	类案援引方式	类案说理方式
安徽省黄山市中级人民法院《类案及关联案件检索规定》	√	√	×	×
《深圳市中级人民法院速裁庭关于类案、关联案件检索的工作意见（试行）》	√	√	×	×

(续表)

文件名称	类案检索情形	类案检索范围	类案援引方式	类案说理方式
内蒙古自治区锡林郭勒盟中级人民法院《锡盟两集法院类案检索应用工作规则（试行）》	√	√	×	×
《重庆市第四中级人民法院关于统一法律适用加强类案检索的实施细则》	√	√	×	×
山东省威海市中级人民法院《类案检索工伤指引》	√	√	×	×

表4 全国部分高级人民法院类案检索指引

文件名称	类案检索情形	类案检索范围	类案援引方式	类案说理方式
《湖南省高级人民法院关于类案检索的实施意见（试行）》	√	√	×	×
《宁夏回族自治区高级人民法院关于建立类案检索制度统一法律适用的暂行规定》	√	√	×	×
《河南省高级人民法院关于进一步加强案例指导统一裁判标准的意见（试行）》	√	√	×	×
四川省高级人民法院《类案与关联案件检索规定（试行）》	√	√	×	×

2. 效果：类案运用结果存在矛盾。由于不存在审判监督关系，不同区域的法院对于同类型案件如何秉持一致法律标准，是实现法律统一适用的重点和难点。[①] 以"职业打假"案为例，不同地区的法院对职业打假人索赔诉请的裁判结果支持不一，（见图2）职业打假人在重庆的胜诉率高于其他地区，使得其他地区职业打假人纷纷涌入。[②] 各地法院对同类型的案件给出了不同的裁判结果，这会影响人们根据类案进行预测和行为决策。

此外，法院内部对类案采用标准也存在矛盾。不同的专业庭室甚至是合议庭的不同成员对于同类案件裁判中法律适用及解释的差异也时而产生。不同层级法院之间对上诉和再审案件的裁判尺度把控也存在不一致。

[①] 陈煮、刘宇琼：《"同案同判"的涵摄与超越——兼论区域法律统一适用与司法协同治理》，载《山东社会科学》2020年第3期。

[②] 赵长江：《警惕职业打假人变"恶龙"（以重庆裁判文书为样本）》，载腾讯新闻，https://www.sohu.coma/（547503367_121123853），最后访问时间：2022年8月19日。

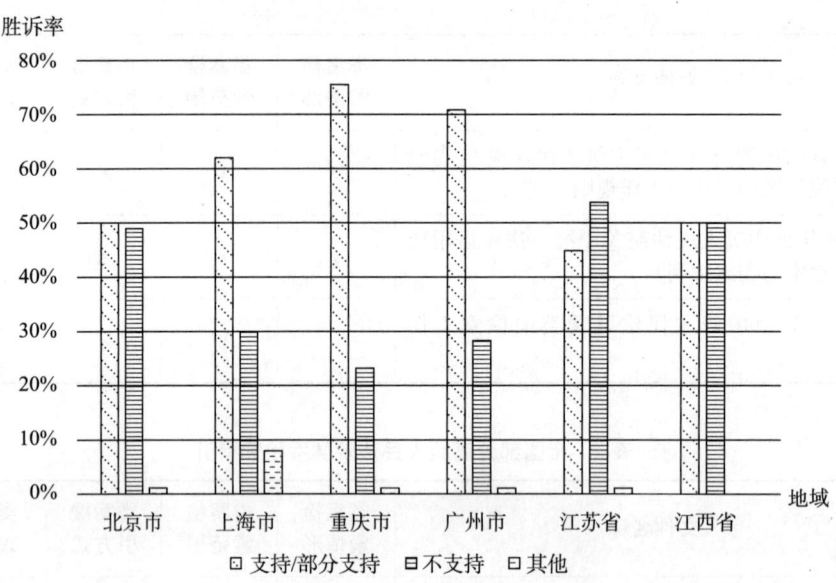

图 2 2019~2021 年职业打假人案例在部分地区法院的一审判决结果分布

(二) 制约追因

法治是社会治理的重要模式，司法裁判活动能对社会价值观和主流行为模式的塑造与形成起到引导作用。作为社会矛盾纠纷解决的"排头兵"，法院在新时期社会治理中肩负重任。福柯所谓社会治理至少蕴含理念、主体和方式三个功能要素。① 类案是法院参与社会治理的资源，也是治理渠道之一。然而，法院在运用类案进行社会治理的过程中，集中在个案裁判中的类案运用存在治理制度落后、治理资源杂乱、治理理念迟滞以及治理方式模糊的障碍，制约了法院运用类案参与社会治理的效果。

1. 治理制度：拘束力不定影响适用依据。无论是法院回应当事人的类案援引的低比例，还是各级法院对类案适用方法规定的空白，都指向类案本身的拘束力问题。类案在何种程度上能够对后案产生拘束力是讨论后续问题的起点。2020 年最高人民法院发布的《关于统一法律适用加强类案检索的指导意见（试行）》第 2 条规定了需要进行类案检索的情形。这些需要进行类案检索的案件本身便具备了一定的复杂性，存在法律适用上的空白或争议。② 在实践中，因演变进路的缺失引致类案拘束力不定，导致法院对于类案的主动援引和回应均不积极。从现有的规定来看，最高人民法院发布的指导性案例相比于其他案例而言，具有"应当参照适用"的地位。

---

① 鲁篱、凌潇：《论法院的非司法化社会治理》，载《现代法学》2014 年第 1 期。
② 刘亚东：《民法案例群方法适用的中国模式》，载《环球法律评论》2021 年第 1 期。

但其是属于法律义务还是道德义务依然存在争论。① 类案在个案裁判中的适用路径并不明确,其演变和转化路径的缺失导致类案在司法参与社会治理的起点便出现障碍。

以2019年S省T市发布的一则关于忠诚协议的典型案例为例。该案的典型意义在于:因司法实践中对于夫妻忠诚协议的效力并没有统一的定论,各法院之间裁判尺度并不统一。在此情形下,对夫妻忠诚协议约定的赔偿数额合理或基本合理的情况下,可直接判决过错方按忠诚协议约定内容赔偿无过错方,依法维护无过错方的合法权益。② 但在后续的审理实践中,依然有不同的法院对此存在不同的裁判做法,类案裁判规则失效。(见表5)

表5 涉忠诚协议的不同类案裁判规则示例

案例一:时某某与李某某离婚纠纷案
原、被告双方婚前签订忠诚协议,约定一方在夫妻关系存续期间存在出轨、一夜情等不忠于婚姻的行为,则赔偿无过错一方400万元。因被告在婚姻关系存续期间与他人有不正当关系,法院认为,对夫妻忠诚协议约定的赔偿数额合理或基本合理的情况下可直接判决过错方按忠诚协议的内容赔偿无过错方,依法维护无过错方的合法权益。但在赔偿数额约定极高的情况下,法院可综合权衡予以调整
案例二:王某与陈某等分家析产纠纷案
王某与程某在夫妻关系存续期间签订的《房产协议》中约定了忠诚协议的内容。法院认为,夫妻忠诚协议属于情感道德的范畴,应当事人本着诚信原则自觉履行。当事人依据夫妻忠诚协议约定要求赔偿或承担违约责任的,不能通过诉讼方式强制予以履行,是否履行全凭当事人自愿。夫妻一方以对方违反协议约定提起诉讼的,人民法院不予受理;已经受理的,应当裁定驳回起诉

2. 治理方式:选用方法模糊影响审理质效。不同类案的功能在司法裁判中的定位并不相同。类案可分为指导性案例、示范性案例以及一般性案例三种类型,其法源属性分别为约束性法源、引导性法源和智识性法源。③ 因类案的检索与运用没有注明应该借鉴的方式和程度,导致类案适用存在不确定性,其在司法裁判的说理和释法中难以做到统一,影响社会价值观引导作用的实现。以最高人民法院发布的指导性案例为例,无论是最高人民法院还是各级人民法院发布的类案检索指引文件中都要求对指导性类案进行参照适用。

然而,指导性案例所载明的裁判要点忽视对事实要素的描述,导致法官无法从法律和事实两个层面对类案的相似性展开判断。从运作过程看,待决案件的事实与

---

① 朱振:《从依据到理由——迈向一种实质性的同案同判观》,载《浙江社会科学》2022年第4期。
② 原告时某某与被告李某某离婚纠纷案,载 https://www.jufaanli.comdetail/,最后访问时间:2022年12月21日。
③ 王静:《同案同判下司法技术与情理的平衡》,载《法学论坛》2022年第1期。

被选定的指导性案例的事实之间，难以做到完全对应。因此，法官只能按照类推的方式对案件事实加工，对用以认定案件的某些重要特征因素进行增减，以此来确定指导性案例在个案中的适用。这一增减的过程出自法官自身的决断，时常难以通过直观的方式获取。（见图 3）① 在规范的指导性案例中的适用尚且如此，相较而言，典型案例和其他类案并不存在如指导性案例那样具备完整的内容，这使得法官对于其他的类案援引更加具备不确定性，也导致类案原本预设的功能得不到有效的发挥。

指导性案例的事实 A 的特征是 X、Y 和 Z
↓
指导性案例中归纳出处理事实 A 的法律原则是 P
↓
列举待决案件的事实 B 的特征 X、Y 和 A 或者 X、Y、Z 和 A
↓
对比事实 A 和 B 的特征，发现 A 和 B 之间的关联性
↓
因为 A 和 B 之间具有共同之处，所以待决案件也适用法律规则 P

图 3　待决案件与指导性案例的案件事实相似性认定

3. 治理理念：考核条件单一影响治理内在驱动。首先，当前类案在司法裁判领域集中体现在法律统一适用方面，这导致类案参与社会治理的作用并未在考核条件中有所展现。在深化司法责任制综合配套改革的背景下，最高人民法院发布的各项文件以类案助推法律统一适用，地方各级人民法院纷纷响应并在案件审理过程中加强对类案的检索与适用。然而，无论是针对类案适用的监管还是考核指标均没有涉及类案在社会治理中的功能，理念引领和监督效果不足。

其次，对法官和当事人而言，类案检索仅仅是为案件审理提供一定的参考，未能考虑到在司法裁判之外的类案预防和矛盾化解效用。当前的纠纷解决理念已经不限于在司法裁判范围之内。从"枫桥经验"到多元解纷机制的建立都传达出了将诉讼纠纷止于未兴之时的治理观念。这也就意味着法院需要通过构建多元化社会纠纷解决机制，并结合地方实际积极探索相匹配的社会治理模式。类案不仅需要在司法裁判中发挥法律统一适用的作用，还需要在实现社会矛盾的消弭中体现一定的功效。实际上，检察院已经开始意识到类案在社会治理中的作用，将个案监督的视角转向类案监督，并运用信息技术等手段发现潜在的矛盾苗头，实现社会的溯源治理。例如，某市人民检察院利用大数据等信息技术手段，对一批类案诉讼进行审查，并发

---

① 于同志：《论指导性案例的"参照适用"》，载《人民司法》2013 年第 7 期。

现其中的犯罪线索。法院处于矛盾纠纷解决的中心地位,对于类案的运用应不止于裁判尺度的统一。

二、法院以类案参与社会治理的功能价值

探寻法院运用类案实现社会治理的路径,需要立足现实问题,可引入功能主义研究方法。从字面含义进行考究,功能是指局部活动对整体活动所作的贡献。在法律规则体系内进行理解,是既关注规则在部分中的意义,又关注其在整体中的意义。拉尔夫·迈克尔利用功能主义将法律制度理解为社会对具体问题的回应,而非单纯的理论构造。① 从研究范式上来看,功能主义的侧重点在于对具体问题的提炼和比较,关注法律在实践中适用的效果而非形式逻辑的自洽。其将法律规范背后的目的和运行实效置于优先地位,实现从形式到效果的转变。(见图4)

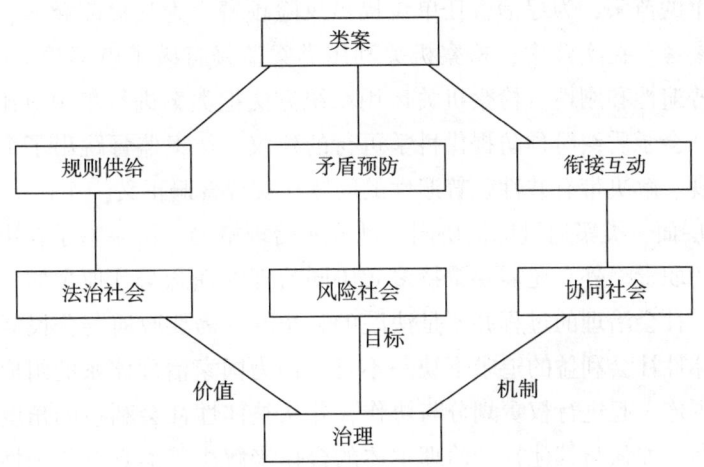

图4 类案参与社会治理的功能价值示意图

(一)理论证成

1. 诉讼层面:类案通过纠纷裁判营造法治社会的规范共识。类案通过矛盾纠纷解决传递法律规范的价值。类案助力法律统一适用是其基础性功能,法院立足审判职能,是提升社会治理水平的必由之路。随着传统乡村社会向城市社会的逐渐转型,社会矛盾呈现出复杂化、弥散化和重叠化的特征。② 法律在整个社会治理的过程中逐渐取代道德和习惯,人们倾向于通过司法途径寻求公正客观的结果。传统的集中于个案纠纷解决的裁判规则已经无法满足现代社会治理需求,需要从单一的矛盾解

---

① Ralf Michaels, The Functional Method of Comparative Law, in Mathias Reiman & Reinhard Zimmerman Ed., The Oxford Handbook of Comparative Law, Oxford University Press, p.342.
② 陈建斌、侯丹丹:《基层政府社会矛盾治理能力评估指标体系构建研究——基于扎根理论的视角》,载《湘潭大学学报(哲学社会科学版)》2022年第2期。

决样态过渡到集约化的裁判规则提炼，以提升社会治理实效。随着四级法院职能定位改革推进，案件审理进一步下沉至中级人民法院、基层人民法院。① 法院在具体矛盾纠纷的解决的过程中，需要及时修正或推翻先前的裁判规则，这是不确定法律概念以及概括条款开放性的表现。② 从大量的判决先例中及时归纳总结出抽象的裁判规则，形成统一的裁判见解。

2. 非诉层面：类案通过矛盾预防实现风险预警的治理目标。类案作为具有示范意义的先例裁判，其所具备的价值不仅在于案件裁判过程中，还贯穿于社会矛盾的预防和化解全过程。社会治理现代化需要充分调动其他力量，司法机关则应当在确保公平公正行使审判权的同时，主动作为，延伸司法功能，为社会治理提供坚强的法治保障。③ 相比于个案，类案能在很大程度上体现社会治理中存在的问题。从案件数量和案件类型方面考虑，这些反复出现的同类矛盾能够直观、集中地反映社会潜在风险发生的苗头，为综治责任单位提供风险预警，为其提前介入、夯实社会治理基础提供参考。在实践中，检察机关利用类案监督打破了就案论案的单一模式，具有更强的普遍性和刚性。检察机关运用系统方法把类案进行集中对比、分析、判断，为后续社会矛盾纠纷预防提供科学可行的建议。类案监督跳出了个别正义的局限，能够发现、解决带有共性、普遍性的问题，实现普遍正义。④

3. 综治层面：类案通过综治协同推动多元治理格局。法院除了在审判职能中履行社会治理的职责之外，还需要秉持多元协同治理的理念与其他主体一起开展社会治理的工作。社会治理的过程并不是法院的独角戏，需要政府与公民等其他主体的参与，在整体性社会利益的追求下缺一不可。作为国家治理体系的组成部分，法院需要与其他主体一起进行权责划分与协作，并从整体性社会利益的角度出发来思考如何利用类案，加强与其他社会治理主体的合作来解决某类具有代表性的问题。类案的特点在于其能够体现某一时期社会矛盾的焦点和多发区域，利用这一数据能够起到预防、服务和辅助的功效。以类案为沟通桥梁，促使参与社会治理的各方主体达成合作意识。同时，人民法院依靠党委领导加强与社会组织、团体的联动合作，构建社会治理共同体，最终实现"共建—共治—共享"多方互利共赢的社会治理新格局。⑤

（二）域外考察

如果说个案体现的是法官对具体矛盾纠纷解决的智慧，类案则具备更广泛和典

---

① 黄祥青：《关于四级法院审级职能定位改革的几点思考》，载《民主与法制周刊》2022年第13期。
② 王洪：《法的不确定性与可推导性》，载《政法论丛》2013年第1期。
③ 曹磊：《市域社会治理中的司法贡献——以J市法院行政审判大数据应用为例》，载《云南大学学报（社会科学版）》2020年第6期。
④ 胡火箭、曾涛：《类案监督之途径》，载《人民检察》2012年第10期。
⑤ 杜前、赵龙：《诉源治理视域下人民法院参与社会治理现代化的功能要素和路径构建》，载《中国应用法学》2021年第5期。

型的示范意义。与成文法规范相比较,从类案中所提炼出的裁判规则更偏向于在具体案件事实的基础上形成的"量体裁衣"式的规则。

在成文法系国家,法官运用抽象的成文法规范对案件进行裁断。在案件事实认定之后,法官凭借着自己的知识和经验适用某个成文法规范,将该规范套入案件事实中进行判断。如果存在较大出入,则在更换法律规范之后再进行判断;如果差别不大且已经没有更合适的法律规范可供检验,则需要法官对规范本身进行解释并得出最终结论,这也是法官说理的一部分内容。然而,对于疑难案件来说,案件事实和法律规范之间可能会出现不匹配的情况。若仍以同样的思路进行案件裁断,难免会捉襟见肘,出现事实和结论之间的断层。[①]

相比而言,普通法系法官同样是在案件事实的基础上进行规范选用的检验。不同的是,普通法系法官选用的规范依据不是来源于成文法的规定,而是从自然法中衍生出的常理以及从案件事实本身所发展出来的具体规则。具体规则的形成在于双向解释,即一方面,将抽象的原则解释为具有法律性质的规范;另一方面,直接从案件事实中提炼出技术性要点,并与先前的具体规则相结合,最终形成可适用于后续案件的规范表达。[②]

(三) 优势比较

相对于成文法规范,类案所展现的裁判规则更加具体,更加贴合个案。类案裁判规则的位阶处于个案说理和成文法规范之间,较好地融合了该二者抽象与具体的特色,对于疑难案件的解决有很好的功效。除此之外,类案裁判规则还能够对后续的社会治理活动产生作用。例如,将类案裁判规则上升为司法解释或司法建议等司法政策的内容,为法官和社会公众提供更加准确和可靠的指引。(见图5)

司法参与社会治理最常见的方式便是司法建议和司法白皮书等。司法建议是司法机关为提醒其他社会主体注意某种可能存在的多发社会问题而作出的监督性文件。司法白皮书则是介绍当前司法运行的现状以及存在的问题的文件。这些均是司法机关参与社会治理的重要方式,能够从漏洞弥补的角度对某一多发社会问题进行监督和建议。

类案通过司法数据的积累能够预测社会多发矛盾,将司法端口前移,止矛盾于未发之时。类案参与社会治理的效能在指导性案例中便有所体现。就指导性案例参与社会治理而言,最高人民法院通过定期发布的特定案件,载明裁判要点,不仅为法院提供裁判指引,还能够针对某一时期的多发矛盾提醒社会公众,以达到社会治理的目的。随着法律统一适用的进一步推进,典型案例和其他类案也被纳入。与此同时,从类案中提炼规则能够被进一步落实到司法建议和司法政策文件中,实现社

---

① 王玲芳:《法官的裁判结论是如何产生的:论涵摄模式下的法律论证规则》,载《天府新论》2020年第6期。
② 李红海:《"选购成衣"与"量体裁衣":欧陆与英美司法进路之比较》,载《比较法研究》2019年第1期。

会治理政治效果、社会效果和法律效果的统一。①

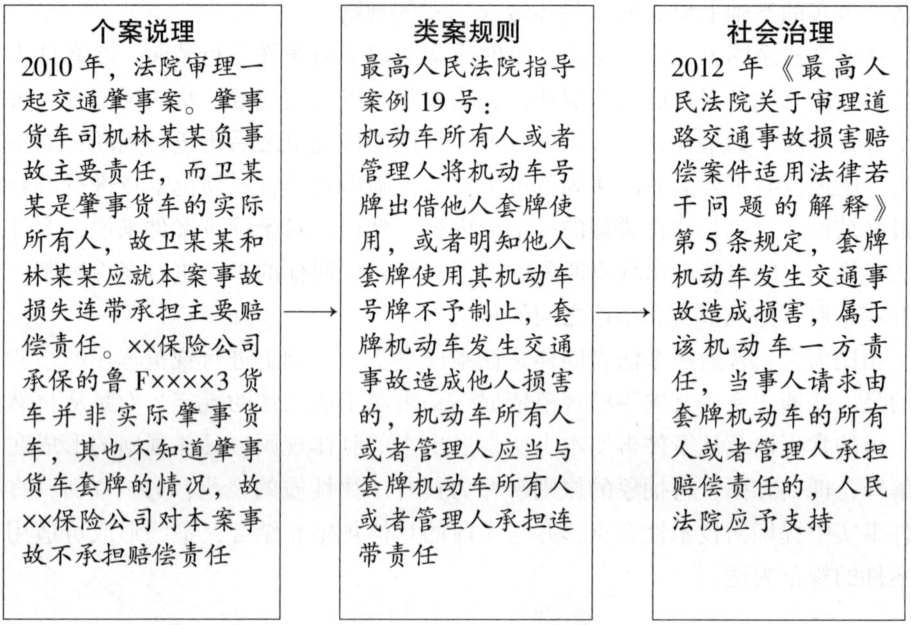

个案说理	类案规则	社会治理
2010年，法院审理一起交通肇事案。肇事货车司机林某某负事故主要责任，而卫某某是肇事货车的实际所有人，故卫某某和林某某应就本案事故损失连带承担主要赔偿责任。××保险公司承保的鲁F××××3货车并非实际肇事货车，其也不知道肇事货车套牌的情况，故××保险公司对本案事故不承担赔偿责任	最高人民法院指导案例19号：机动车所有人或者管理人将机动车号牌出借他人套牌使用，或者明知他人套牌使用其机动车号牌不予制止，套牌机动车发生交通事故造成他人损害的，机动车所有人或者管理人应当与套牌机动车所有人或者管理人承担连带责任	2012年《最高人民法院关于审理道路交通事故损害赔偿案件适用法律若干问题的解释》第5条规定，套牌机动车发生交通事故造成损害，属于该机动车一方责任，当事人请求由套牌机动车的所有人或者管理人承担赔偿责任的，人民法院应予支持

图5　个案裁判与类案规则的互动模式

三、"个案智慧到类案经验"模式的功能设计

类案在裁判中的应用有助于实现"类案类判"的朴素正义向往，而公正司法则是法院参与社会治理的支点。② 法院运用类案参与社会治理的架构设计可以从类案分类入手，探寻类案规则的生成机制，为后续的裁判和治理活动提供高质量的治理资源。

（一）基础：类案分类是参与社会治理的起点

类案发挥治理效能需要从治理规则的生成入手。作为规范法律统一适用的重要工具，类案所传递的法律适用规则无论是在诉讼中还是诉讼外都能发挥尺度效用。从前述的类案参与社会治理现状来看，当前的类案运用仍然局限于解决个案问题。因个案的内容和质量杂乱，未能从整体格局考虑其在社会治理中的功效。从类案在社会治理中如何满足需求的功能主义视角出发，需要将类案从单个的个案形式扩展到以案例群为表现方式的类案形式，提炼裁判规则和典型意义，以起到更强的聚集和示范效果。从法律层面和事实层面进行观察，可以将类案分为监督型、解释型、补充型和宣扬型四种。

---

① 《通过类案监督治理一个领域解决一类问题》，载信阳市淮滨县人民检察院网，http：//www.xinyanghb.jcy.gov.cnfljd/202204/t20220422_3636309.shtml，最后访问时间：2022年4月22日。
② 戴建志：《公正司法是法院参与社会管理的支点》，载《人民司法》2011年第13期。

1. 监督型类案。对于事实清楚、法律规定明确的案件，类案发挥监督上下级法院审判质效的功能，旨在纠正原审中可能存在的错误，确保个案得到公正的裁决。与此同时，这种监督关系还表现在下级法院对上级法院的反向监督，① 即上级法院需要尊重下级法院在合理限度范围内发挥裁量权，不随意更改已经查明的事实或法律适用的尺度，以实现审级功能和审级利益。（见表6）

表6 监督型类案示例

案例群	裁判规则
案例一：亿阳集团股份有限公司与亿阳信通股份有限公司合同纠纷二审民事案	该类案群基于《公司法》第16条提炼的类案规则为：上市公司签约代表越权，担保合同无效；担保人存在内部管理不当，应对主债务人不能清偿的部分向债权人承担二分之一的赔偿责任。在浙江省高级人民法院审理的一起借款纠纷案中，直接提出纠正该三个类案的一审判决
案例二：广东恒润互兴资产管理有限公司与湖南天润数字娱乐文化传媒股份有限公司民间借贷纠纷二审民事案	
案例三：安通控股股份有限公司与安康营业信托纠纷二审民事案	

2. 解释型类案。在只存在法律原则而没有法律规则的情况下，类案可以通过裁判规则的归纳和提炼实现解释功能，这也是最高人民法院发布司法解释的重要来源。因为存在立法模糊，导致不同法院的解释存在差异，从而影响裁判结果和后续治理效果。其中所提取出的裁判规则不仅能够为后续案件提供审判指导，还能够让社会公众形成统一的认识，对自己和他人的行为有一个准确的预测。（见表7）

表7 解释型类案示例

案例群	裁判规则
案例一：当事人许某利用ATM机故障取出17.5万元并据为己有	《刑法》第264条规定，只使用了"盗窃"二字来表示行为，而实际生活中的"盗窃"却千变万化。通过对"许某案""何某案"等类案群的事实归纳，"盗窃"可提炼解释为：非出于自身原因导致本人账户可以支取并不存在于自己账户内的大额款项，当事人恶意支取的行为
案例二：当事人何某利用农行计算机系统发生故障，盗刷现金40余万元	
案例三：当事人于某水利用存取款机故障，钱没存进去，但账户余额却有所增加，其账户余额多出9万余元	

3. 补充型类案。在既不存在法律规则也不存在法律原则的情形下，类案可起到补充作用。这部分的类案群主要体现在弥补立法缺失的功能。例如，随着数字经济

---

① 北京市第一中级人民法院课题组：《司法改革背景下加强人民法院法律统一适用机制建设的调查研究——以中级法院审判职能作用发挥为视角》，载《人民司法·应用》2018年第13期。

兴起的网约车司机、网络主播与网络平台的劳动争议问题。该类争议具有新型化、集约化和复杂化的特点，凸显了劳动争议立法方面的空白。（见表8）

表8 补充型类案示例

案例群	裁判规则
案例一：郭某康与汪某觉生命权、健康权、身体权纠纷二审民事案	网络配送员与平台企业之间的用工关系属于《劳动法》规定上的空白。随着网络配送平台业务的开展，网络配送员（快递员）的数量急剧增加。网络配送员与平台企业之间的诉讼逐步增多，争议焦点主要是双方之间究竟是否存在劳动关系，从而决定网络配送员在因工作受伤时能否获得工伤赔偿。该类案规则为：认定网络配送员与平台企业之间构成劳务关系，雇主承担赔偿责任
案例二：国泰财产保险有限责任公司与施某莎等机动车交通事故责任纠纷二审民事案	
案例三：邬某开与裴某华、北京三快在线科技有限公司机动车交通事故责任纠纷一审民事案	

4. 宣扬型类案。《最高人民法院关于完善四级法院审级职能定位改革试点的实施办法》规定了关于提级管辖的案件类型，在"四类案件"的基础上增加了"上一级法院或者其辖区内同级法院之间近三年裁判生效的同类案件存在法律适用分歧"的判断标准。将这些示范案件交由上一级人民法院进行审理，以发挥更大范围内的教育指引意义。（见表9）

表9 宣扬型类案示例

案例	裁判规则
H市M区某小区业主郭某某、郝某某购入一台新能源汽车，为在自己地下停车位上安装充电设施，请求小区物业出具安装汽车充电桩意见书，遭到物业公司拒绝。两位业主遂以该物业公司为被告向M区人民法院提起诉讼	该案系本区域新类型案件且案情疑难复杂，向中级人民法院报请提级管辖，中级人民法院受理后认为该案符合提级管辖条件，裁定提级管辖

（二）架构：类案参与社会治理的规则生成机制

从个案裁判中提炼类案规则，需要从具体的案例中归纳出同类型案件的裁判要点。类案的形成是以生效裁判先例为基础，是案件的主审法官从多种法源中通过理解、总结、提炼和内化而产生的一种规则。①

1. 以指导性案例提炼类案裁判规则。现代科技手段在司法领域的推广应用和裁判文书公开力度加大等司法体制改革措施的推进，使得每年从海量裁判先例中遴选

---

① 高尚：《德国判例使用方法研究》，中国法制出版社2019年版，第130页。

出优质的指导性案例具备可行性。以《商业银行法》规定的商业银行的义务为例进行说明。《商业银行法》第 6 条规定，商业银行应当保障存款人的合法权益不受任何单位和个人的侵犯。

第一步是获取先前裁判。在已生效裁判中，检索到最高人民法院 2021 年发布的第 30 批指导性案例第 169 号"徐欣诉招商银行股份有限公司上海延西支行银行卡纠纷案"。通过此案例可以获取的裁判要旨为：银行卡遭盗刷发卡行违反保障义务和合同义务需担全责。

第二步是进行类似性判断，形成案例群。比较点为行使权利是否违反银行保障义务和合同义务。以该结论为标准在类案中检索相似的案例可以发现，无论是指导性案例出台之前还是之后法院所作出的裁判均与指导性案例所提出的裁判规则相同，① 由此形成的案例群可称为"银行违反安全保障义务和合同义务的情形"。

第三步是总结替代性构成要件。首先，持卡人需要提供证据以证明他人盗用持卡人名义进行网络交易；其次，发卡行未能提供证据证明持卡人违反信息妥善保管义务；最后，发卡行以持卡人身份识别信息和交易验证信息相符为由不足以主张不承担赔偿责任。② 之后法院在遇到此类案件时，可将待决案件涵摄替代性构成要件，直接作出裁判。

2. 以习惯法总结类案裁判规则。《民法典》第 8 条规定了公序良俗原则。此处以"违反道德以及社会伦理秩序"的类案为代表来展示类案规则向习惯法演变过程。

首先，选定个案。"泸州遗赠案"是运用公序良俗原则的经典案件。其争议焦点在于个人对其财产处分权利和婚姻制度之间的冲突。从案件历经的多次审理结果来看，法院运用公序良俗原则认定遗赠行为无效。《民法典》第 10 条也规定处理民事纠纷不得违背公序良俗原则。

其次，进行类似性判定，形成案例群。通过类案检索，发现"男子遗赠保姆案"③"护工索要继承案"④ 等案件在案件事实上具有相似性，即夫妻一方在婚姻关系存续期间将共同财产赠与第三人。

最后，通过整理不同法院的判决可以发现，对于此类遗嘱或赠与合同均认定无效。由此提炼出的替代性构成要件为"违反道德或社会伦理的赠与合同无效"，尽管这些判决均不具备拘束力，但可指导法官在具体个案纠纷裁判中依照公序良俗原

---

① 参见中国农业银行股份有限公司高安市支行与贾某荣银行卡纠纷二审民事案（2019）赣 09 民终 1535 号；中国建设银行股份有限公司深圳龙岗支行与周某谈储蓄存款合同纠纷二审民事案（2016）粤 03 民终 17156 号；刘某荣与交通银行股份有限公司天津复康路支行银行卡纠纷一审民事案（2021）津 0104 民初 11272 号。

② 最高人民法院指导案例 169 号：徐欣诉招商银行股份有限公司上海延西支行银行卡纠纷案，载 https://www.court.gov.cnzixun-xiangqing-331201.html，最后访问时间：2022 年 8 月 22 日。

③ 杨某、陈某 1 遗赠纠纷二审民事案（2019）粤 03 民终 21725 号。

④ 《遗产赠小三被判无效 法官：符合公序良俗原则》，载中国新闻网，https://www.chinanews.com.cn/cj/2013/11-08/5477993.shtml，最后访问时间：2022 年 8 月 22 日。

则解释"违反道德或社会伦理的赠与合同无效"。

(三)例外:类案参与社会治理的特殊因素

从法社会学的角度来讲,法律与民族志一样,都是跟所在地方性知识相关联的工作,法律知识本身就具备地域社会的价值观念,① 这会导致法院在类案适用的实践中会出现以地域为标准的情况。例如,在没有明确法律规范的情况下,法院采当地民间习俗作出的裁判依据,以缓和当事人之间的矛盾;② 又或者因各地的地方性立法不同,法院依照地方性立法作出的裁判不一致。地方立法的冲突集中在公路交通、盐业、公证和林业等领域。③ 无论是民间习俗的应用,还是地方立法的实践,都为社会治理提供了工具和资源,更好地促进个案的解决和矛盾纠纷的化解。(见表10)

表10 特殊型类案的案例示例

案例类型	内容
地方民间习俗型	案例一:在一起交通事故案件中,原告的父亲驾驶摩托车与被告驾驶的汽车相撞后身亡,原告起诉要求赔偿相关损失,其中一项包括亲友料理原告丧事期间产生的误工费。当地法官考虑到当地的民间习惯,为更好地促进纠纷解决,支持了原告的该项诉请
	案例二:原被告因商业往来引发民事纠纷,争议之焦点在于双方之间是否存在债务关系。由于是熟人交易,双方都拿不出具体有效的证据来支持自己的主张。在审理期间,一方当事人向法庭提出,双方之间的业务往来是基于本地区业界的一种民间习惯法来进行的,且这种商事习惯在当地是广为百姓遵循和认可的,但合议庭经过讨论最终没有采纳该意见
地方立法规定型	案例一:邓某龙诉深圳市社会保险基金管理局工伤保险待遇决定案。《工伤保险条例》第33条规定,职工因工作遭受事故伤害或者患职业病需要暂停工作接受工伤医疗的,在停工留薪期内,原工资福利待遇不变,由所在单位按月支付。停工留薪期一般不超12个月。《广东省工伤保险条例》(2011年修订)第26条第1款、第2款规定,职工因工伤需要暂停工作接受工伤医疗的,在停工留薪期内,原工资福利待遇不变,由所在单位按月支付。停工留薪期根据医疗终结期确定,由劳动能力鉴定委员会确认,最长不超过24个月。法院按照《广东省工伤保险条例》作出判决
	案例二:北京某公司诉天津市宝坻区生态环境局环保行政处罚案。《天津市水污染防治条例》(2017年修正)第12条第1款规定,本市实行水污染物排放浓度控制和重点水污染物排放总量控制相结合的管理制度。排放水污染物的,其污染物排放浓度应当符合严于国家标准的本市地方标准;本市地方标准没有规定的,应当符合国家标准,排放重点水污染物的,应当符合总量控制指标。在地方性法规对适用国家标准和地方标准有明确规定的情况下,且在国家标准及地方标准对检测方法有明确要求的水污染防治领域,地方环境保护部门施行环境保护政策,应在执法中严格遵循国家标准及地方标准。法院采当地标准对案件进行裁判

---

① [美]克利福德·吉尔兹:《地方性知识:阐释人类学论文集》,中央编译出版社2000年版,第222页。
② 彭军:《最高人民法院如何应对地方立法适用冲突》,载《法学》2021年第11期。
③ 彭军:《最高人民法院如何应对地方立法适用冲突》,载《法学》2021年第11期。

四、类案"动能"向治理"势能"的完善路径

类案是作为"动能"的治理资源,向治理"势能"的转变也是其法律统一适用功能的延伸。功能主义视角下法院运用类案参与社会治理是从实质效果出发,将类案的法律统一适用功能予以拓展。在微观层面上,从具体的个案纠纷中提炼类案裁判规则以涵摄后续司法裁判;在中观层面上,将统一提炼的类案裁判规则总结上升为司法政策以指导法律适用和凝聚社会价值观;在宏观层面上,将类案融入多元解纷机制的全部流程以实现矛盾预防和化解。该治理路径可简单概括为"个案—类案—社会治理",即从个案纠纷解决到类案裁判规则,再到社会治理格局的呈现,以此来提升和完善法院运用类案参与社会治理的路径。(见图6)

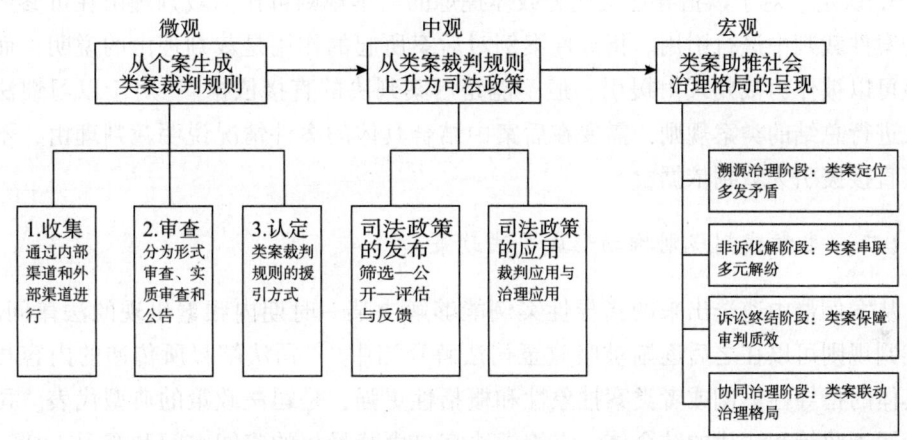

图6 "个案—类案—社会治理"的路径构建

(一) 从个案到类案裁判规则的认定

类案的范围十分庞杂。除了最高人民法院发布的指导性案例和典型案例之外,还有大部分的判决先例。如何从繁杂的类案中提取出具备可适用性的裁判规则是类案参与社会治理的重要环节。

1. 收集。类案的收集可以通过内部渠道和外部渠道两部分进行。内部渠道包括法官在案件检索中发现、上级法院通过审判监督的方式发现、各级法院审管办在案件评查中发现以及院庭长履行审判监督职能时发现这四种情况。根据类案分类的标准对发现的类案进行审查,对属于分类项下具备条件的类案进行标注。

外部渠道主要是通过当事人在上诉或申请再审中提交的类案检索报告中发现、检察院抗诉时发现、信访检举中发现的各种线索,法院根据情况进行甄别标注,为后续的审查工作提供类案资源。

2. 审查。第一步:形式审查。对于从各种途径征集来的类案资源进行形式审

查,查看各种材料是否齐全,案件事实和裁判说理部分是否清晰明了。若材料不齐全则退回并限定在一定期限内补充或说明理由,符合条件的则报送,进行下一步的实质审查。第二步:实质审查。对只有法律原则而没有法律规则的案件可以通过遴选指导性案例或者总结习惯法这两种方式对类案规则进行提炼;对于既不存在法律规则也不存在法律原则的案件可以通过总结习惯法的方式提炼类案规则;对于监督型类案和宣扬型类案,需要结合个案审判的实际情况和法院辖区内的具体情况予以甄别。对于提炼的类案规则需要进行论证和检验,若认为该规则会引发新问题和争议,则需要引入第三方专家的意见。第三步:公告阶段。对于提炼的类案规则,可以指导性案例或司法建议、司法白皮书等文件形式予以公布。对于类案规则的表述需要在其中的显眼位置予以标注。

3. 认定。对于以指导性案例为载体提炼的类案规则可作为裁判理由在可参照适用的案件裁判中进行引用。指导性案例对后案所起的作用是裁判理由的说明,而且应该可以被作为裁判理由援引,但不能是后案判决的直接依据。[①] 对于以习惯法的形式进行总结的类案规则,需要在后案中结合具体的案件情况说明裁判理由,不可将其直接援引为裁判依据。

(二) 类案裁判规则推动形成司法政策

从案例群中遴选出来的指导性案例能够解决某一时期内频繁出现的法律问题,该裁判规则可以在之后逐渐被吸收至司法解释当中。[②] 司法解释所传递的内容相比于具体的指导性案例或者类案抽象性和概括性更强,是司法政策的典型代表。司法政策属于政策和法律的结合体,它给予法官自由裁量权的广阔空间和有力支持,使其可以采取最有效的方式处理案件。[③] 司法政策可具体解释为一定时期内司法工作的方针政策。司法政策在解决司法个案的同时,引导司法参与社会治理,推动法治目标的实现。

1. 司法政策的发布。(1) 从类案提炼的裁判规则中进行筛选。筛选的重点范围包括在没有规范性法律文件的情况下填补漏洞,进而对受到损害的权益进行救济,或者将国家大政方针和时代需求更好地融入审判执行工作,最大限度地回应社会需求,推动实现司法正义。[④] 前提是必须要论证制定的必要性,避免出现司法政策重复的情况出现。(2) 确保制定过程的公开。司法政策的内容需在一定公共范围内进行讨论,征求公众意见。讨论的重点可集中在更加有效地统筹、权衡利弊得失,在原则性与灵活性之间寻求有机平衡。通过某一类型、某一领域、某些地区遇到的特

[①] 王琳:《论我国指导性案例的效力——基于实践诠释方法论的思考》,载《四川师范大学学报(社会科学版)》2016年第6期。
[②] 孙跃:《指导性案例与抽象司法解释的互动及其完善》,载《法学家》2020年第2期。
[③] 李红勃:《通过政策的司法治理》,载《中国法学》2020年第3期。
[④] 焦洪昌、潘堃:《论司法政策的规范内涵、适用范围和实际功效——以最高人民法院制定的司法政策为例》,载《北京行政学院学报》2021年第5期。

殊性问题总结形成意见内容,用政策灵活性最大化消除或弥补法律滞后性带来的弊端。(3) 引入评估和反馈机制。因司法政策存在时效性强的特点,需引入第三方评估和反馈机制及时了解政策的实施效果,进行动态调整。

2. 司法政策的应用。类案所归纳的司法政策一方面可以通过非正式法源的方式引入案件裁判中实现治理目标;另一方面可以通过司法理念引领的方式实现价值观的传递和凝聚。

司法政策的裁判应用:可通过直接援引和隐形适用的方式进行。直接适用以司法解释为代表,隐形适用则以"社会主义核心价值观"的司法政策为例。裁判文书中出现"社会主义核心价值观"司法政策有上万余篇,如在于欢故意伤害案中,法院认为:"于欢捅刺杜某2等人时难免不带有报复杜某2辱母的情绪,在刑罚裁量上应当作为对于欢有利的情节重点考虑。杜某2的辱母行为严重违法、亵渎人伦,应当受到惩罚和谴责……于欢行为属于防卫过当,构成故意伤害罪,既是严格司法的要求,也符合人民群众的公平正义观念。"①

司法政策的治理应用:以司法模式参与社会治理最显著的标志就是在案件裁判过程中以统一裁判标准推动法治社会建设。类案的运用则是在该模式的下的必然产品。② 类案作为具有示范意义的先例裁判,其所具备的价值不仅在于案件的裁判过程中,还贯穿于社会矛盾的预防和化解的全过程。

(三) 类案贯穿多元治理全流程

菲利普·科比在其《流程思维》一书中提出要实现生产效率的优化,需要具备全流程思维。③ 从事前、事中和事后全方位入手,构建全方位多阶段治理格局,即诉源治理阶段、非诉化解阶段、诉讼终结阶段以及协同治理阶段。

1. 诉源治理阶段:类案为标,精准定位多发矛盾。依托类案数据的积累,类型化的纠纷能够直观反映某一地区的社会矛盾集中度。基于此,可加强对类案纠纷的诉源治理。其一,针对司法数据积累的内容,可以比较便捷地查询到某地区特定类型纠纷的增长态势。其二,借鉴劳动纠纷仲裁前置程序的设计,在小范围的试点中规定某类特定案件需经诉前调解或仲裁,若仍未能实质性化解矛盾,才可到法院起诉。

2. 非诉化解阶段:类案为绳,串联多元解纷机制。一方面,在诉前调解阶段加入类案强制检索,能够为调解提供参照标准,提升调解成功的数量和质量,减少直接案件和衍生案件进入诉讼程序。另一方面,对诉前调解的司法确认程序中加入类案检索报告环节,明确类案检索报告作为诉前调解程序的正当性一环,当事人可以诉前调解程序存在瑕疵为由申请撤销调解。

---

① 于欢故意伤害案,详见 (2017) 鲁刑终151号。
② 彭宁:《最高人民法院司法治理模式之反思》,载《法商研究》2019年第1期。
③ [美] 菲利普·科比:《流程思维》,人民邮电出版社2018年版,第9页。

3. 诉讼终结阶段：类案为规，确保审判质效。若诉前调解不成功，纠纷案件进入诉讼程序，诉前类案检索报告可充当繁简分流的筛网。此外，类案所提炼的裁判规则能够辅助法官寻找法律适用路径，减少事实对比的工作环节，直接提示案件争议焦点和裁判难点，为精准解决矛盾纠纷提供快速通道。

4. 协同治理阶段：类案为桥，联动社会治理格局。以类案为沟通桥梁，促使参与社会治理的各方主体达成合作意识。例如，引入律师和网格员的力量，利用类案进行基层社会普法以及提供必要的法律援助。同时，人民法院依靠党委领导加强与社会组织、团体的联动合作，构建社会治理共同体，以更好地传递主流社会价值，凝聚社会公众对良法和善治的美好期许与追求，形成整个社会崇尚法治信仰的氛围。

结　语

在四级法院的层级秩序中，案件裁判的关注焦点从事实到法律分别有所侧重。同样，为解决社会矛盾纠纷履行裁判功能，下级法院关注的重点是具体矛盾纠纷的解决效果和对个案法律问题的专门解答，上级法院则跳脱出法律问题的范畴，将关注的焦点放在法律统一适用和其他同类问题的规则创制方面。这一层级构造恰好对应了"个案—类案—社会治理"的路径安排。从众多的案例中提取具备代表性的裁判规则，再转而应用于后续案件裁判和社会治理格局的构建中。这种从微观到宏观，从裁判到治理的螺旋式上升路径是类案参与社会治理的"良方"。将类案引入司法模式参与社会治理，从社会矛盾的源头治理到诉讼纠纷的终结，均能一以贯穿始终，实现全流程多阶段式的矛盾化解和社会治理，并充分发挥司法的价值导向，以适应法院在案件裁判和社会治理功能之融合。

碰撞与融合：乡村司法视域下在线诉讼的困境与出路

江西省德兴市人民法院　童　慧

一、现状检视：在线诉讼在乡村司法中的应用情况概览

在"互联网+"时代下，信息化遇上乡村振兴，乡村司法遇上在线诉讼，是融合还是各行其是，是当下必解的难题。司法领域的改革逐渐渗透至乡村，但由于乡村自身固有的局限性与传统性，目前在线诉讼这一模式与乡村司法的融合尚有广阔空间。为反映在线诉讼在乡村司法中实然状态，笔者一方面以Y县法律工作者、律师、A自然村村民为研究对象，总共发放调查问卷950份，收回问卷708份，问卷回收率74.5%；另一方面以Y县人民法院2019年4月至2022年4月在线诉讼案件办理情况为研究样本，以数据体现的多维度信息直观聚焦在线诉讼在乡村司法中的应用现状。

（一）情况一：主要受众参与在线诉讼意愿

乡村司法中在线诉讼的主要受众除了人民法庭的法官以外，还包括法律工作者、律师以及群众。在调查访谈过程中，法律工作者及律师的在线诉讼意愿较高，尤其是在疫情防控常态化背景下，具有一定法律素养的专业人员更倾向于"足不出户"的诉讼模式，对其而言，只是在诉讼场域上发生了变化，诉讼难度及工作量上并没有产生额外的负累。反观乡民，完全有意愿参与在线诉讼的仅占总人数的27%，集中于青年、中青年群体，乡民对在线诉讼的整体态度上表现出较低的参与意愿。（见表1）这主要原因在于乡民知识文化水平受限、诉讼理念较为落后，主观上认为操作困难，客观上受生产生活时间影响鲜有调配时间关注在线诉讼。

表1　Y县A村村民在线诉讼意愿

年龄 \ 各年龄段人数	在线诉讼意愿			
	愿意	附条件愿意	由于客观原因不愿意	由于主观原因不愿意
<18岁（142人）	20人	15人	66人	41人
18~30岁（210人）	81人	52人	37人	40人
30~50岁（190人）	61人	41人	30人	58人

（续表）

年龄＼各年龄段人数	在线诉讼意愿			
	愿意	附条件愿意	由于客观原因不愿意	由于主观原因不愿意
50~70岁（105人）	24人	32人	28人	21人
>70岁（61人）	5人	7人	27人	22人

（二）情况二：法官在线办理案件情况

以Y县人民法院为切入视角，以2019年至2022年为时间轴，该院交出第一份在线诉讼成绩单时间为2020年3月，表现为审查通过网上立案申请并完成立案。在此之前，除了广州、杭州、北京互联网三家法院外，在线诉讼模式尚未得到广泛推广，突发的新冠疫情使得这一模式在基层法院"闪亮登场"。可见，在疫情的"旋涡"之下，司法活动并不能够置身事外。近两年，在线诉讼在Y县法院的适用犹如雨后春笋般茁壮成长，但在其法庭办理的所有案件中，作为在线诉讼发端阶段的网上立案数的增长却呈现出举步维艰情况。（见图1）

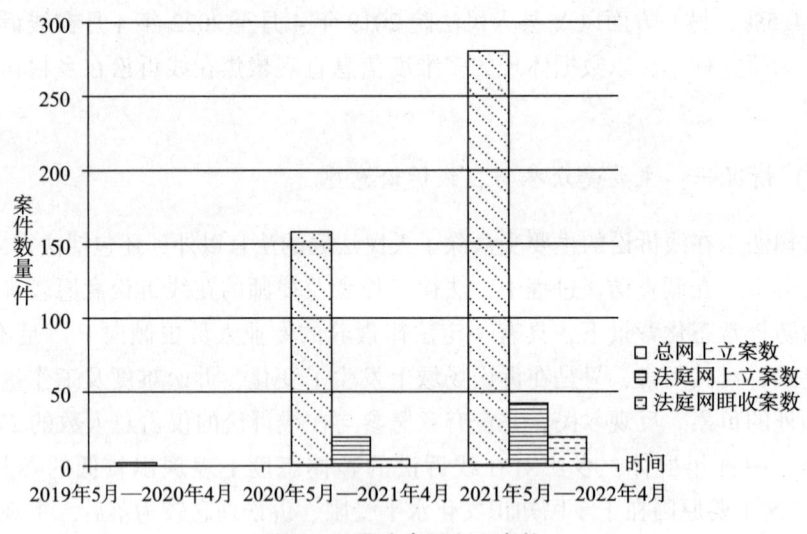

图1　Y县法庭网上立案数

（三）情况三：法庭在线诉讼硬件设施配备

在线诉讼能否有效开展，离不开硬件设施的配备到位。在线上调解方面，Y县各法庭均配备远程调解室，法官需要在专门的远程调解室展开调解工作；2021年以后，Y县法院调解均通过统建平台即人民法院调解平台进行，突破了时间地点限制，真正实现一部手机即可完成调解、协议签订及调解书签收的"一条龙"服务。但在线上庭审方面，四个法庭均未配备远程庭审设备，如遇到需要线上开庭的案件，承办法官与书记员则需要前往机关专门远程审判庭进行开庭。

二、壁垒成因：在线诉讼适配乡村司法的掣肘

纵使疫情的发生打破了诉讼亲历性的传统模式，将传统诉讼的物理空间延伸至互联网空间，为在线诉讼模式的下沉提供了契机，但就乡村这一特殊场域而言，要从在线诉讼与乡村司法的激烈碰撞中找到适配的螺丝扣最终达到融合的理想状态，就必然要找到症结，对症下药后才能根治在线诉讼在乡村司法的"水土不服"。

（一）意识阻却：乡土理念与庭审庄严化的鸿沟难以跨越

费孝通先生曾说："从基层上看去，中国社会是乡土性的。"① 历经了时代的更迭，如今的乡村社会已经发生了质的飞跃，乡村司法也取得了长足发展，但是在线诉讼尚且一时难以成为乡民诉讼模式的首选。

一方面，对于"被告"地位，乡民自始有一种"良心审判""道德评判"的心理期待，他们更希望看到"违法者"站在"被告席"上接受审判来彰显正义，但在线诉讼一改过往两造对抗的庄严庭审模式，无法还原最初乡民信赖司法公正的外在仪式，对于知识文化水平相对较低的乡民来说，难以对此种形式产生信任感。另一方面，由于乡民在日常生活中对手机的使用主要为微信、抖音等社交平台，用途上限于聊天、刷视频，对此以外的软件使用较少，了解较为浅显，因此，在当前电信、网络等诈骗猖獗的背景下，乡民在对在线诉讼的实名认证是否会陷入诈骗等骗局的辨识上缺乏足够的鉴别能力，以致于对通过线上途径参与诉讼的顾虑较深。

（二）信息壁垒：信息闭塞阻隔乡村司法与在线诉讼的互动

乡村司法中纠纷主要来源于乡民中的老一辈人，这类人群往往是在土地、林地纠纷、相邻关系等争议中占有较高比例的群体。

截至 2021 年，我国网民规模达到 10.11 亿，手机网民规模为 10.07 亿，农村网民规模为 2.97 亿，占网民整体的 29.4%，② 可见乡村在网络普及率上相比于城镇存在着先天不足。乡民自古"厌讼"的理念与淳朴的生活环境导致该群体对在线诉讼的探索主动性较低，加上目前在乡村司法中应用在线诉讼非必要的现状，在线上诉讼的宣传力度上较为薄弱，乡民对在线诉讼的了解甚少，造成信息闭塞。

基于生产生活的需要，乡民投入到诉讼的精力和时间有限，加上案涉标的额一般较小，委托律师成本较高，如果是通过在线诉讼平台参与诉讼，乡民可根据自身

---

① 费孝通：《乡土中国生育制度》，北京大学出版社 1998 年版，第 35 页。
② 中共中央网络安全和信息化委员会办公室、中华人民共和国国家互联网信息办公室、中共互联网络信息中心：《第 47 次中国互联网络发展状况统计报告》，载 http://www.cac.gov.cn2021-0203/(c)-1613923423079314.htm，最后访问时间：2022 年 5 月 9 日。

需要灵活安排参与在线诉讼的阶段与时间，这样的现实情况实则为在线诉讼在乡村的广泛应用奠定了基础。但由于在线诉讼的电子化特征与在线诉讼宣传上存在张力，乡民一是对在线诉讼的优势与操作流程缺乏了解，二是缺乏信任基础，形成了乡民是最需要在线诉讼的参与群体却也是最难以参与到在线诉讼群体的尴尬局面。

（三）实务屏障：乡村纠纷性质阻却法官在线办案热情

在乡村这一特殊社会环境下产生的矛盾纠纷，大部分不仅仅局限于一个独立的事件、一个小小的纠纷，背后往往隐藏着一个巨大的矛盾，比如，农村建房、相邻关系等引发的纠纷，一次简单的争吵，很有可能是一个无穷无尽的索引链上的一环，即乡里纠纷具有常人方法学意义上的索引性特征。① 一方面乡民在纠纷化解上倾向于以传统习惯如"以屋檐滴水为界"等作为内心"断案"规则，对于完全依照法律规定作出的判决往往难以接受，这就使得针对这一系列的矛盾在解纷方式上如果就事论事的话，判决后未必能达到"案结事了"的效果。这就迫使法庭在解纷过程中，出于巩固乡村治理成果的考量，需要更多地从妥善化解矛盾、促进乡村社会和谐的角度发挥治理职能；另一方面，由于乡民与法学专业人士之间形成所谓"想象的法律"同"法律的想象"的尖锐对立，乡民们所熟悉的"法律"与法学专业人士所认知的"法律"往往存在着较大差异，而法官以专业法律逻辑思维作出的裁判也难免与当事人所想象的法律发生冲突，即便法官是依法裁判，也可能会遭到当事人的抵制。因此，法庭在纠纷解决上，往往更倾向协同村干部等地方力量，上门或组织当事人在调解室等相对轻松的环境下，在现场引入情理、道德等礼俗规则以纾解当事人情绪的方式促成调解。

线上调解是在线诉讼这一模式的重要组成部分，法庭以及乡民对调解效果的偏好，使得在线诉讼在乡村司法中的适用率难以提升。一方面，法庭调解主要是通过基层自治组织以及司法所等基层治理单位参与调解，但法庭目前并没有全面开展相关多元化解工作，没有充分发挥和延伸分调裁审的社会性解纷功能：Y县4个法庭下的13个辖区，在线上调解平台已经注册账号的基层治理单位仅有2个，而诉前调解案件必须委派基层治理单位，就出现了基层治理单位不能够全面参与到线上调解工作中的现象，故常规做法就是通过线下委托方式实现委派调解；另一方面，虽然2022年《人民法院在线调解规则》开始实施，填补了在线调解程序的空白，但由于发生在乡民之间的矛盾更多是需要法律以外的社会规范进行调和，纵使在线调解缩短了当事人与调解员的物理距离，但也不可避免地产生了电子距离，由于该距离的存在限制了调解员面对面调解时倾听当事人倾诉、帮助纾解情绪等调解技巧的

---

① "索引性"是常人方法学关于日常实践活动的重要概念之一，其特征为：一项表达（或行动）的意义必须诉诸（即索引）其他表达（或行动）的意义才可以理解，而这些被涉及的表达（或行动）本身也具有索引性。李猛：《常人方法学40年：1954—1994》，载李培林、覃方明编：《社会学：理论与经验》（第二辑），社会科学文献出版社2005年版，第115~118页。

发挥，以致不能够根据当事人的情绪对案件特定问题的灵活性化解有一个准确的判断。

（四）两极分化：时代转型背景下司法资源分配不均

两极分化主要体现于城市与乡村之间的司法资源配置。城镇化进程日益加快，大量乡民主动或者被动地向城市聚集，最终留在农村的，有较大比重为老年人、残疾人等存在需要帮扶情形的"数字弱势群体"，加之文化、经济水平以及纠纷类型的差异，诉至法庭成为乡民们维护受损权益的首选已经实属不易，而在线诉讼是法院在化解纠纷过程中顺应"互联网+"时代发展步伐的更高阶的创举，乡村司法因一定程度上的滞后性难以做到紧随其后；加上乡土社会简单、生活习惯淳朴理所应当地被延伸至对乡民的司法供给层面，司法供给以生活习惯为依托，生活习惯一时难以改变，司法供给自然以"试点"式逐步推进为主基调，因此，虽在疫情爆发后各县市网上立案数激增，但乡村司法在线上诉讼模式适用上仍处于一个与机关法院断层的现象。按照"有需求就有市场"的逆向经济学原理，正是在乡民缺乏在线诉讼需求及法庭在线诉讼设备使用率低的双重作用下，司法资源难以做到均衡的分配。

三、意义考量：在线诉讼与乡村司法的融合价值体现

（一）正向碰撞：在线诉讼改变乡村传统诉讼形态

一方面，在线诉讼渗透乡村是推进乡村治理现代化的重要体现，数字乡村是乡村振兴战略下的重要品牌，在线诉讼模式向乡村司法渗透正是在司法领域中乡民自下而上参与社会治理的关键。不言而喻，传统的线下诉讼符合乡民内心长期形成的对于诉讼活动"两造对抗"、原被告"对簿公堂"的场景预期，有利于满足知识水平相对较低的乡民参与诉讼活动的稳定性需求，同时也是数字弱势群体这一"绝对少数"群体参与诉讼的兜底选择。

但不可否认的是，在传统模式下，乡民在案件信息的获取及诉求的传达等方面存在较大的局限，庄严的审理秩序在法庭与当事人间蒙上了一层"神秘面纱"，造成乡民与法庭之间存在天然隔阂与疏离，乡民在诉讼中时常处于被动参与的状态。如今，基于乡村社会传统结构的瓦解，纠纷类型多样，乡民维权行动力提升，加上互联网技术的开放、交互与即时性，乡民申请立案、提交证据、提出申请等可不受时间、地点的限制，通过一部手机、一个App就能实现，从而逐步消除隔阂，打破法庭在乡村司法中唱独角戏的传统偏见，实现司法祛魅，让乡民在诉讼参与过程中感受到司法便利，收获司法红利，参与乡村治理的主人翁意识得到提升，进一步推动共建共治共享治理格局的有效构建。

此外，从公共法律服务均等化角度来看，城市的在线诉讼并不等于全民在线诉讼，要实现这一模式的长足发展，可通过打通城乡梗阻，将在线诉讼模式下沉，让

乡民能够根据个人情况无差别选择诉讼模式，从而推动在线诉讼向乡村延伸。

（二）发展趋势：在线诉讼渗透进乡村已势不可挡

首先，在乡村推进在线诉讼是推动智慧法院建设的必由之路。随着乡民法律意识的觉醒，一方面，对法律服务乡村的专业性与高效性提出了更高的要求；另一方面，更多的纠纷涌入法庭，社会对于法庭的解纷能力寄予了更高的期望。法庭作为乡村振兴战略下化解纠纷的前沿阵地，担负着以敏锐触角探寻乡村司法变革、进步的重要使命。

智慧法院即"智慧"与"法院"的有效结合，而法庭是基层法院不可分割的一部分，在智慧法院的建设过程中，法庭发挥至关重要的作用。智慧法院的建设初衷为借助互联网、大数据等现代化技术贯彻司法便民、降低诉讼成本、节约司法资源的司法追求，在线诉讼在乡村司法的推进，有利于突破调解格局单一的局面，将所有解纷力量进行有效整合，从而推进多元化纠纷解决格局的再深入，将矛盾纠纷解决在萌芽状态、化解在基层；对于办案力量未有壮大而收案数量逐年增加、纠纷类型日趋多样的法庭来说，在线诉讼的应用有利于合理有效安排案件办理进度，能够有效减少法庭人员现场办案压力，应对"案多人少"的现实矛盾。同时，乡村司法的数字化程度是检验智慧法院人性化建设的关键衡量标准，① 智慧法院的建设需要与广大人民群众的需求相适应，推进在线诉讼在乡村司法的应用有利于实现智慧法院枢纽效用的最大化。

此外，在线诉讼融入乡村是顺应后疫情时代发展的应有之义。诉讼模式的可持续性在于诉讼参与人的认可与实践，在疫情防控常态化的时代背景下，随着疫情防控手段的不断强化与提升，形势虽整体向好，但局部爆发的情况仍时有发生，基于乡村目前已实现社会结构转型，人员流动性增加但抗风险能力仍较弱的现状，"不碰面"的在线诉讼模式展现出其特有的优势，与过去相比，在线诉讼模式在乡村司法的出现与推广打破了传统法庭服务乡村振兴在时间和空间上的制约，为乡民诉讼提供新型模式选择。

（三）基础导向：在线诉讼保障乡村司法弱势群体诉权

法治振兴是乡村振兴的一项重要内容，在乡村司法与在线诉讼间产生的现实困境下，数字弱势群体的诉权能否得到充分保障是二者能否实现融合的先决问题。当前，学界就在线诉讼的研究主要聚焦于当事人程序选择权、证据交换、异步审理等微观程序上，鲜有以乡村司法为视域，以数字弱势群体为研究对象，探讨其在诉讼层面数字资源的接入上存在的困境。在线诉讼在基层的成绩单普遍呈现出"数字优

---

① 如最高人民法院于2022年5月部署开展人民法院调解平台"进乡村、进社区、进网格"演练工作，推动线上调解在基层的应用与推广，正是将智慧法院建设与乡村司法实际相结合，以接地气的工作部署促进在线诉讼的人性化运作。

势群体服务趋优，司法弱势群体服务缺位"这般"偏科"情形，实质上弱化了在线诉讼的主体性，不利于从根本上保障数字弱势群体的"数字享益权"，诉权也就缺乏保障，以致数字弱势群体同时沦为司法弱势群体。而将研究视角从在线诉讼本身转向后疫情时代下，乡村中司法弱势群体如何打破数字鸿沟，顺利参与到在线诉讼中，有利于细化在线诉讼参与主体，聚焦乡村司法弱势群体司法需求，平衡城乡司法供给，保障乡民参与诉讼选择权、知情权与答辩权，深刻践行以当事人为中心的司法理念，确保乡村司法在应对社会进步发展时能紧跟时代潮流，乡民诉讼权利得到充分保障。

四、路径选择：对接在线诉讼与乡村司法的进路探究

乡村司法搭上"互联网+"时代快车，与在线诉讼实现有效融合是司法领域重大革新的现实之需。但并不是所有的案件都适合在线诉讼模式。因此，要实现在线诉讼与乡村司法的融合，就必须超越二者间的对立语境，注重二者间的并存与互动，从两者相得益彰的现实出发寻求进路。

（一）坚持价值导向

技术本身并无价值立场，但运用技术进行治理实践却是有价值取向的。① 价值取向直接决定了互联网技术在司法领域制度层面的设计与实践走向，要寻求在线诉讼与乡村司法的适配性，就需要在总结在线诉讼融入乡村司法实践的基础之上，切实改变乡民参与意识不强、法官运用在线诉讼模式意愿低的情况。

在主体观念层面，信息化浪潮席卷全球，时代发展的步伐正催生着多元信息化产物，在线诉讼在乡村司法中的应用与推广须对法官与乡民主观意识进行纠偏：（1）对乡民而言，在线诉讼的推广应用并不意味着强制参与，也不等于必须全程参与，而是有效调节生产生活与参与诉讼时间冲突的润滑剂，在线诉讼平台安全保障措施日趋完善的当下，乡民可根据个人需求选择诉讼模式与阶段式线上参与，因此，可强化信息辨别能力，勇于尝试，提升自主参与意识；（2）对法官而言，应当认识到新事物的诞生总是伴随着革命的阵痛，在线诉讼的发展已势不可挡，法庭法官应当从高调撤率思维中解放出来，树立"互联网+"思维，结合审判实际，将在线诉讼与法庭办案实际情况进行有效结合，积极搭建在线诉讼交流、互动、参与平台，借助信息技术更好地发挥法庭在乡村治理中的审判职能。

在客观实践层面，在线诉讼这一现代化模式以"便民"为宗旨，一刀切式僵化方式不可取，不以消灭传统为导向。乡土社会所表现出的非现代化逆向发展的低层次需求，与其长期形成特有地理分布、乡土文化传统相适应，其所衍生出的参与社会生产生活的主观选择亦有差别，应当予以尊重；对于这些"绝对少数"如没有

---

① 陈遥：《推动互联网与新媒体融入乡村治理的实践与思考》，载《南方农业》2021年第3期。

智能机、没通网络的乡民们的现场诉讼需求，我们应当审慎保留，既要引导、倡导、教导乡民享受诉讼现代化的福利，也要保护简单、传统的生活样态，结合案件实际情况人性化区分诉讼模式，彰显司法的人民立场。

（二）完善在线诉讼法律规范

在线诉讼的规制是一项系统性工程，继《人民法院在线诉讼规则》后，《民事诉讼法》（2021年修正），为在线诉讼的合法化提供了法律依据。当前，在线诉讼的启动主要来源于当事人的授权，虽然《人民法院在线诉讼规则》规定了"同等法律效力"原则，但其只是解释性规定而非在线诉讼程序法。对于在线诉讼这一新型诉讼制度应通过全国人大进行法律创设，因为如果诉讼主体的实质正义与形式正义长时间不能得到契合，将不利于法律的权威性，且在线诉讼在本身不能得到专门法律规范的情况下，要实现与乡村司法的融合更如"空中楼阁"般无从下手。因此，有必要单独制定一部专门的线上民事诉讼规范《在线民事诉讼特别程序法》，[①] 该程序法以专门规制在线诉讼行为为出发点，继续坚持《民事诉讼法》《人民法院在线诉讼规则》中的基本原则、基本程序规定，不同的是，不对线下诉讼进行规范，不再强调线上线下诉讼行为的等效性，而是更多地考量技术的发展性与保障性，在确认线上诉讼参与人作出真实意思表示的情况下，直接对在线诉讼行为的各个子项目作出效力认定。

当前乡村振兴的逐步深入并成效显著，乡村不论是互联网还是法治等方面的发展都呈现出良好的发展态势，因此，应当基于司法便利普惠性原则，考虑乡村司法的发展性，对于在线诉讼的受限领域作出原则性规定，给予乡村场域的在线诉讼适用效力更大裁量空间。该特定场域的适用规范可由司法解释加以完成，如依据地域发展水平的差异对在线诉讼适用统一电子诉讼系统平台还是多元化电子诉讼系统平台进行确定。

（三）把握乡村转型契机

当前，乡村已经从脱贫攻坚步入了乡村振兴发展阶段，伴随着经济的高质量发展，乡村也实现了由"熟人社会"向"半熟人社会"的转型，不再拘泥于传统的关键少数、权威老者的调解说和，在涉及土地、产权及相邻关系等积怨较深的纠纷时，往往更倾向于寻求司法救济，"厌讼"思想随着乡村秩序的重构日益淡化，这是司法领域的重大突破。这也说明当前乡民们法律意识觉醒，在选择解纷方式时，具备经济人理性思维。[②] 但相比于城市，乡村社会解决纠纷矛盾仍受"人情""习惯""风俗"等自有规范指引，因此，在线诉讼的推动仍需要回应乡村"人情社会"秩

---

① 张卫平：《在线诉讼：制度建构及法理——以民事诉讼程序为中心的思考》，载《当代法学》2022年第3期。
② 陈雪琴：《传统与现代交织下的农村纠纷解决机制——基于福建漳州经济开发区大径村的实证调查》，载《武汉商学院学报》2017年第4期。

序，以乡民差别化需求为导向，提供"量身定制"式精准化在线诉讼服务。

回归乡村本位。在熟人聚居的乡村传统秩序未被完全打破的前提下，相比于法院的官方推广，在线诉讼的成效一定程度上取决于有在线诉讼经验乡民之间的口耳相传。在线诉讼形式上依托于互联网，实质上只是线下诉讼的电子化延伸，本质上可以适应乡民的诉讼习惯与诉讼思维。因此，对在线诉讼的宣传可以立足于"社交+邻里"式自传播模式，立足于乡村居民间的关系网络，充分发挥青年、中青年这一在线诉讼参与主要群体作用，以"在线诉讼带头人"激发在线诉讼宣传内生动力，提升乡民对在线诉讼的信任感与参与感。

实现多元供给。可通过借鉴"共享法庭"模式，加大司法投入，构建行政化、社会化、市场化在线诉讼运行方式，① 以法庭管辖范围为场域划分标准，在基层治理单位设置信息化服务点，配备在线解纷设备，如自助立案设备、远程调解室等，收案时组织当事人填写"线上参与诉讼意愿表"，由驻村法律工作者、律师对案件进行分流，对线上线下纠纷解决模式进行识别，对标乡民需求，对是走线上还是走线下进行精准定位，对于无法自主参与但有意愿参与线上诉讼的当事人，通过现场、信息、邮件、电话等方式进行点对点指导，消除乡民在线诉讼客观障碍，有效构建"漏斗式"涉乡村纠纷在线多元化解机制，打造"没有围墙的在线法庭、司法服务的便民超市"。

城镇辐射乡村。当前外出务工的人员激增，城镇化进程加快，科技、制度、资本等缩短了乡村与城市的距离，可进一步发挥城镇的辐射作用，以城市为中心，向街道、郊区、乡村延伸，定期开展在线诉讼宣传与现场指导；对法庭干警开展线上办案培训，从网上立案这一环节着手，提升在线诉讼在乡村司法的推动力，从阶段性在线诉讼逐步推广至全流程性在线诉讼。

（四）技术加持程序选择

《人民法院在线诉讼规则》赋予了当事人是否同意适用在线诉讼的程序选择权，该选择权是基于当事人主体性理论②而创设，是当事人可依据自身的实际情况与程序利益自由选择是否通过线上方式参与诉讼的权利，排除被动性接受程序适用。这体现出相比于纯粹的技术应用，当事人的程序与实体权利更为重要的价值取向。在乡村司法中，乡民拥有对是否借助互联网参与在线诉讼的自主选择权，结合当前乡民主观意愿及乡村客观障碍的现实状况，乡民在程序选择上并未展现出对在线诉讼程序的积极与主动性，该程序选择权在强调了当事人意志的决定性意义的同时也为乡民拒绝线上参与诉讼留有较大余地。（见图2）

以当事人选择权为切入点、以需求为导向、以技术为加持。在线诉讼包含在线

---

① 参见胡晓霞：《我国在线纠纷解决机制发展的现实困境与未来出路》，载《法学论坛》2017年第32期。
② 谢登科：《论在线诉讼中的当事人程序选择权》，载《南开学报（哲学社会科学版）》2022年第1期。

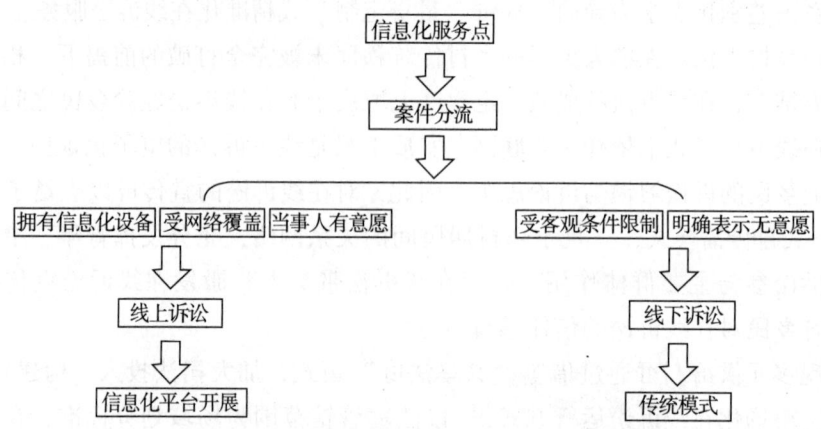

图 2 基层治理单位信息化服务点案件分流示意图

提交立案申请、在线庭审、在线调解、电子送达等子项目，具备阶段性特征，要使在线诉讼能在乡村得到广泛应用，就必须抓住当事人的经济人理性思维，着眼于在线诉讼能够灵活参与诉讼、降低诉讼成本、减少讼累等功能，从拓展在线诉讼平台服务项目着手，嵌入人工智能技术为案件起草模板化法律文书、实时派单给在线律师回复法律咨询等服务，技术上实现线上诉讼流程的良性运作，降低在线诉讼平台的使用门槛，丰富服务种类，满足多元需求，以更具吸引力的形式、以全流程化的在线服务，化被动接受为主动选择，为乡民解决参与线上诉讼的堵点、难点、痛点。

网上立案是启动在线诉讼的最初环节，也是诉讼信息化的重要体现，该环节目前对所有案件类型开放，在线诉讼平台要得到广泛的推广和应用，聚焦的主体不仅是律师、法律工作者、文化水平普遍较高的城镇居民这样的"常客"，还是文化水平普遍不高的乡民、老年群体这样的"潜在客户"，唯有如此，方能实现在线诉讼的全民性。因此，在线诉讼平台应当迎合乡民群体的认知特点，① 将在线诉讼带来的便民化端口前移，在平台主页嵌入"线上调解、立案流程动画指引"，从认证到提交审核均给予详细的解说与指导。在充分宣传的基础上，以技术加持为数字弱势群体打破数字鸿沟，从阶段性在线诉讼入手，逐步实现在线诉讼全程化。

当然，可行性并不全等于必然性，对于案情较为复杂、证据繁多的案件，在线诉讼不利于证据的展示及案件事实查明的，并非必须选择在线诉讼模式。但通过互联网对案件进行审理的形式与证据繁多的复杂案情之间的张力也不全是否定和对立的，通过技术的改进仍然可以化解：对书证、物证等高度依赖于亲历现场进行辨识的证据，随着技术进步可实现全方位的高清展示且伴随着5G网络的发展，对于当事人在屏幕前的神情、举止，法官完全可以通过实时或慢动作回放的方式实现高清审查，法官对案件情况的掌握甚至因为技术进步、通讯高效而形成更加准确的内心

---

① 参见韩振文、魏丹丹：《论社会主义核心价值观融入乡村司法的方法与载体》，载《法治社会》2019年第5期。

确信。

(五) 打造"网格化+"在线诉讼模式

法庭处于距离群众最近的基层,与当地的文化、经济、社会发展水平紧密相连,具有地域性特色。尊重乡土性是法庭职能发挥的前提,同时法庭审判职能并不仅仅体现于个案纠纷的解决,而是经由个案审理向乡民传达法律的规则价值,由此实现法律普及和规则之治。[1] 法庭也是乡民们解决纠纷、参与诉讼的最便利场所,其审理模式的转型直接影响乡民对当下司法改革成果及发展趋势的认知与诉讼参与的行为规划,可以说,法庭是辖区司法动向的总舵手,而基层治理单位是多元化解的风向标,在线诉讼要想实现与乡村司法中的有效融合,就必须坚持强基导向,落实"把非诉纠纷解决机制挺在前面"要求,深入推进调解平台进乡村、进社区、进网格,由法庭协同基层治理单位以地方工作实际为基础,共同研制纠纷化解长效机制,专章设计在线调解规程,形成推动多元解纷工作在线化解,切实让乡民们感受到司法公正对乡村振兴的助力。

打造"市人民法院—法庭—乡镇—村(社区)—网格员"五级联动在线解纷平台,[2] 建立"网格员协助在线解纷群",所有的乡村网格员均是乡村司法的切实联络员和行动派,把化解矛盾纠纷的力量借助互联网进行整合,实现在线诉讼上下运行全域覆盖。建立定期培训制度,由机关及法庭共同对辖区内的网格员进行专业化在线诉讼实操培训,且常态化关注、回复、报送在线诉讼新难题与新路径,致力构建新型乡村司法在线诉讼格局。

结　语

针对在线诉讼融入乡村司法的问题,主要参与主体即法官与乡民,需要从主观上接纳在线诉讼的融入,客观上制定特别程序法,把握乡村转型契机,凭借技术的针对性改良助力数字弱势群体打破数字鸿沟,从而以"网格化+在线诉讼"模式实现在线诉讼的全域覆盖。立足问题症结,着眼乡民需求痛点,方能逐步打通在线诉讼融入乡村司法的壁垒,化低应用率为发展前景,优化司法资源配置,合理审慎推进在线诉讼在乡村司法的推广与应用,促进社会公平正义。

---

[1] 参见潘鑫、张青:《乡村司法的模式转型及其内在逻辑》,载《法治现代化研究》2021年第5期。
[2] 参见张青:《当代中国社会结构变迁与乡村司法之转变》,载《中国农业大学学报(社会科学版)》2019年第5期。